西周有銘銅器斷代研究綜覽

黃鶴 著

吳振武題

·上·

上海古籍出版社

本書爲國家社會科學基金項目

"西周銅器銘文斷代研究疏證"（批准號18CZS003）階段性成果、

全國高等院校古籍整理研究工作委員會項目

"西周金文斷代研究綜覽"（批准號1430）成果。

凡　例

一、本表收録範圍

1. 本表收録對象爲西周有銘青銅樂器和容器的斷代觀點。收録的文獻主要爲1911—2010年一百年間的中文銅器斷代研究文獻。

2. "西周"指滅商以後至平王東遷之間的西周王朝，而非周族，此概念不包括"先周"。商晚至周初、西周晚至春秋初者，我們也酌情收録。

3. 酌情收録其他書的斷代意見：

（1）部分重要著録書的斷代意見，如《殷周金文集成》《近出殷周金文集録》《近出殷周金文集録二編》《中國青銅器全集》。

（2）部分外文專著，如白川靜《金文通釋》。

4. 共收録斷代論著約1400種，收録西周有銘銅器26類5000餘件。

二、表格的構成

（一）表格按照器類排列，同類器下基本按照字數由少到多排列，次序大體參照《殷周金文集成》。

（二）表格主要由"序號""器名""字數""銘文著録""時代""出處""依據"等欄構成。其中，"序號""器名""字數""銘文著録"是對有銘銅器的描述；"時代""出處""依據"三欄相對應，每一橫行對應一種文獻的斷代意見、斷代意見出處及斷代依據。

1. "序號"欄

（1）指所收銅器的自然編號，全表統一編號。

（2）同人作同類型器物若銘文相同，本表只置一個序號。如史痶簋，同銘者二（集成04030、04031），本表只列一個序號2321。如果斷代學者只對其中某器進行討論，則在"依據"欄以"*"加銘文著録號的方式特別指出。

（3）由於書稿後續不斷修改，删去了個別器，存在序號不連續的現象，並非缺號；新增補的器，以"器號–1"的形式來表示。

2. "器名"欄

（1）收録斷代論著對銅器的不同命名。

（2）首列《殷周金文集成》《近出殷周金文集録》《近出殷周金文集録二編》的器名，其他命名另起一行列於其後。

（3）器名使用不同異體字的情況，視字形差異程度，酌情處理。如"令簋"或作"令殷"，則不算異名。

3. "銘文著録" 欄

（1）標明銘文著録情況，主要列出《殷周金文集成》《近出殷周金文集録》《近出殷周金文集録二編》《新收殷周青銅器銘文暨器影彙編》的著録號，後三書分別以 "近出" "近二" "新收" 等簡稱冠於著録號前，著録於《殷周金文集成》者則逕書著録號。

（2）同一 "序號" 下的若干銅器，若著録號連續，以 "–" 連接此連續著録號中的首尾著録號；如不連續，則以 "；" 連接各著録號。同一器在以上著録書中重見時，則以頓號隔開各著録號。

（3）以上四書未録者則標明所見其他著録，見《凡例》後附《簡稱對照表》。

4. "時代" 欄

（1）此欄列出各家的斷代觀點。

（2）斷代術語的解釋。

①"西周前段" "西周後段"。以穆王爲界，將穆王以前的西周各王（包括穆王）歸於西周前段；穆王以後各王歸於西周後段，見容庚《商周彝器通考》、郭寶鈞《商周銅器群綜合研究》等書。

②"西周早期" "西周中期" "西周晚期"。三期各家限定的範圍不同，陳夢家所定範圍爲：西周早期（武王—昭王）、西周中期（穆王—夷王）、西周晚期（厲王—幽王）。多數學者從此，其他不同觀點是：

a. "西周中期" 指 "穆王—孝王"，"西周晚期" 指 "夷王—幽王"，從此觀點者如李學勤《西周中期青銅器的重要標尺》、朱鳳瀚《中國青銅器綜論》。

b. "西周早期" 指 "武王—穆王"，如謝元震《西周年代論》。

③"西周早期前段" "西周早期後段" "西周中期前段" "西周中期後段" "西周晚期" 的範圍。

a. 西周早期前段（武成）、西周早期後段（康昭）、西周中期前段（穆共）、西周中期後段（懿孝）、西周晚期（夷王—宣王），見吳鎮烽《陝西西周青銅器斷代與分期研究》。

b. 西周早期前段（武成）、西周早期後段（康昭）、西周中期前段（穆王）、西周中期後段（共懿孝）、西周晚期（厲—幽），見朱鳳瀚《中國青銅器綜論》。

④西周十二王：武王、成王、康王、昭王、穆王、恭王（共王）、懿王、孝王、夷王、厲王、宣王、幽王，另外有學者認爲還有 "周公" "共和" 兩個時段，分別指周公、伯和父攝王政單獨紀年。表格只標出論著的王世歸屬意見，至於列王的年代範圍見原文。

（3）斷代意見的録用原則。

①對於原文中的 "疑爲某王" "或爲某王" 等結論，逕書 "某王"。對於具體斷定到某王某年某月某日的結論，我們只書 "某王某年"，不詳記其具體日期。

②同人斷代意見在同一論著中前後文不同時，我們以括號括注第二種意見。如陳夢家《西周銅器斷代》司鼎（本書 1375 號），陳夢家在擬定的寫作計劃中定於成康，而在器目表中列爲成王時，即用 "成康（成王）" 表示。

③墓葬出土銅器，若非發掘報告特別指出其特徵與墓葬時代不一致者，則以墓葬時代作爲銅器時代。

④以作器者存在時代作爲銅器時代，如吳鎮烽《金文人名彙編》，我們以其對器主時代的判斷作

爲所鑄銅器的時代。

⑤部分學者討論斷代相關問題，但未明言王世，我們未妄自揣測，以 "未" 入欄。如李朝遠《西周金文中的 "王" 與 "王器"》指出師虎鼎（本書 1502 號）爲追謚 "穆王"，但并未説明是恭王還是孝王，故 "時代" 欄我們只標明 "未"。

　　5. "出處" 欄

（1）"出處" 欄承 "時代" 欄，列斷代觀點的出處。

（2）出處採用 "論著簡稱（包括 "作者名 + 著述年代" 和 "書名簡稱 + 時間" 兩種方式）+ 頁碼" 的形式，如 "彭裕商 2003：頁 313"，"彭裕商 2003" 指彭裕商 2003 年出版的《西周青銅器年代綜合研究》，"頁 313" 指該書第 313 頁。

（3）簡稱與全稱的對照見表後的《參考文獻》（簡稱對照表）。

（4）同文被反復收録的情況，包括：a. 某文被收入另一個文集中；b. 原來文本有增訂、修改；c. 文章題目改變。我們儘量選録最早的版本，有時則酌情録用其他版本。後一種情況，我們會用 "作者名 + 最早著述年代" 綴以 "（實録版本時間）"，如：董作賓 1953（1978），指其《函皇父諸器之年代》一文，該文最早著録於《真理世界》1953 年第 45 期，又録於 1978 年《董作賓先生全集乙編》，本書頁碼據後者。

（5）出處首列《集成》《近出》《新收》的斷代意見，餘者基本按照時間先後順序排列。

　　6. "依據" 欄

（1）"依據" 欄承 "出處" 欄，簡單概括同行 "出處" 欄文獻的斷代依據。

（2）本欄 "斷代依據" 概括的詳略，只代表筆者的理解水平，而不反映各論著的篇幅、討論深度及其他。

（3）本書主要從銘文内容（如涉及的人物、事件等）、曆法、字體、形制、紋飾、組合、墓葬等方面概括研究者的斷代依據。若原文恢宏，難於簡短概括，則只標出所用以上斷代角度。

（4）斷代依據中若涉及其他銅器，則在所涉及的銅器器名後括注銘文著録號。如 "字體近康王時太保方鼎（02157）"，括號内數字指《集成》著録號。

（5）有的研究者將某些銅器放在一起集中討論，我們只在其中一器下列舉相關斷代依據，他器采用參見的方式標注。如 "劉啓益 2002" 將見有 "濂公" 的厚趠方鼎、嗣鼎、宲鼎三器統稱濂公組，我們只在宲鼎處列舉斷代依據，另外兩器則標明 "參宲鼎（02740）"，括號内數字則指《集成》著録號。

（6）斷代依據中使用的工具書，我們使用統一的簡稱，具體對照如下：

《曆譜》——吳其昌《金文曆朔疏證·曆譜》，北京圖書館出版社。

《張表》——張培瑜《中國先秦史曆表》，齊魯出版社。

《董譜》——董作賓《西周年曆譜》，《歷史語言研究所集刊》第 23 本下册。

《年表》——《西周青銅器銘文年曆表》，《商周青銅器銘文選（三）》，文物出版社。

（7）因爲銘文釋讀往往具有斷代意義，因此在概述斷代依據引用銘文時，基本保持銘文釋讀原貌。

三、參考文獻（簡稱對照表）

1. 以"作者名 + 著述年代"代稱相關文獻

（1）作者名稱較長時，也採用如下形式：

a. 採用首幾字附加字母 A、B、C 等的簡稱形式，如："陝西省考古研究所、寶雞市考古研究所、眉縣文化館" 以 "陝西 A" 代稱；"陝西省考古研究所、寶雞市考古工作隊、眉縣文化館、楊家村聯合考古隊" 以 "陝西 B" 代稱。

b. 採用 "第一作者 + 等 + 著述年代" 的方式，如以 "王世民等 1999" 代指 "王世民、陳公柔、張長壽《西周青銅器分期斷代研究》"。

（2）對於同一作者同一年的多個著述，則在首次出現以外的簡稱後分別加 a、b、c 等區別，如 "張懋鎔 2002""張懋鎔 2002a""張懋鎔 2002b"，分別指張懋鎔先生於 2002 年發表的三篇文章。

2. 部分論著採用 "書名簡稱 + 時間" 的代稱方式，如《殷周金文集成》，中華書局，2007 年"，簡稱 "集成 2007"。

3. 同一斷代專著有多個版次，簡稱時作者名後首列初版的時間，後括注所使用版本時間，頁碼依據後者。如 "容庚《商周彝器通考》，1941 年哈佛燕京學社出版；2008 年 8 月，上海人民出版社再版"，我們簡稱爲 "容庚 1941（2008）"，頁碼採用 2008 年上海人民出版社版。

4. 前後內容有較大改動的專著，如郭沫若於 1932 年出版《兩周金文辭大系》，其後 1935 年的增訂本《兩周金文辭大系考釋》有較多改動，作者自言前版作廢，此種情況我們簡稱時時代取後者，以體現其斷代觀點的準確時間。

5. 按照簡稱的首字拼音的音序排列。

四、檢索對照表

1. 收錄部分銘文著錄書及斷代論著的著錄信息與本書編號對照情況。

2. 檢索表一至四分別收錄《殷周金文集成》《新收殷周青銅器銘文暨器影彙編》《近出殷周金文集錄》《近出殷周金文集錄二編》器號與本書編號的對照表。末表爲不見於以上著錄書的銅器與本書編號對照表。

3. 附表爲部分斷代專著收錄銅器與本書編號對照表，主要包括以下幾種斷代專著：《金文曆朔疏證》《兩周金文辭大系圖錄考釋》《西周銅器斷代》《西周青銅器銘文分代史徵》《西周青銅器分期斷代研究》《西周紀年》《西周青銅器年代綜合研究》。

附　銘文著錄簡稱對照表

《集成》　《殷周金文集成》修訂增補本，中國社會科學院考古所編，中華書局。

《近出》　《近出殷周金文集錄》，劉雨、盧岩編，中華書局。

《近二》　《近出殷周金文集錄二編》，劉雨、嚴志斌編，中華書局。

《新收》　《新收殷周青銅器銘文暨器影彙編》，藝文印書館。

《周原》　《周原出土青銅器》，曹瑋主編，巴蜀書社。

《總集》　《金文總集》，嚴一萍輯，藝文印書館。

《文物》　　文物編輯委員會編，文物出版社。

《文物天地》　　中國文物報社文物出版社。

《文博》　　陝西省博物館、秦始皇兵馬俑博物館編，陝西人民出版社。

《古文字研究》　　中國古文字研究會、中華書局編輯部合編，中華書局。

《考古與文物》　　陝西省考古研究所，考古與文物編輯部。

《上海文博論叢》　　上海博物館，上海辭書出版社。

《南開學報》　　《南開學報（哲學社會科學版）》，南開大學學報編輯部，南開大學。

《出土文獻》　　清華大學出土文獻研究與保護中心編，中西書局。

《史學集刊》　　吉林大學《史學集刊》編輯部，吉林大學。

《論集（三）》　　《古文字與青銅器論集（第三輯）》，張懋鎔，科學出版社。

《中國古董》　　《中國古董——崇源國際 2008 年春季藝術品拍賣會》，崇源國際出版。

《王仲殊紀念文集》　　《新世紀的中國考古學——紀念王仲殊先生八十華誕紀念論文集》，科學出版社。

《雪齋二集》　　《雪齋學術論文二集》，張光裕著，藝文印書館。

《首陽》　　《首陽吉金——胡盈瑩、范季融藏中國古代青銅器》，首陽齋、上海博物館、香港中文大學文物館編，上海古籍出版社。

目　　録

緒　論

第一節　西周銅器斷代的重要意義

西周時期，是中國上古史上有銘青銅器最發達的時期[①]。西周青銅器的最大特點，就是有較長的銘文，這些銘文是西周史研究的第一手資料，對於補充傳世文獻不足、探尋古代社會發展規律，均具有重要史料價值，楊寬在《西周史》前言中指出：

> 現存的主要西周史料，即儒家作爲經典的《詩》《書》《禮》《樂》，都經過戰國時代儒家的編選和修訂，有其家派的局限性……五百篇以上的西周金文就顯得特別重要了。[②]

西周銘文不僅有數量上的優勢，且多爲長篇銘文，内容豐富，正如陳絜所言："我們今天之所以能對周代的歷史、政治、經濟、文化、社會、曆法等有比較清晰的認識，無不得益於金文資料的大量出土與相關研究的逐步深入。"[③]

明確銘文時代是充分發揮其史料作用最重要的前提。由於銘文的製作往往與銅器鑄造同時，因此，我們一般把銅器鑄造的時間看作銅器銘文製作的時間。所以，從這個角度看，西周銅器銘文的斷代，也是西周銅器的斷代，兩者具有一致性。郭沫若在很早的時候就指出銅器斷代的重要意義：

> 時代性没有分割清白，銅器本身的進展無從探索，更進一步的作爲史料的利用尤其是不可能。就這樣，器物愈多便愈感覺着渾沌，而除作爲古玩之外，無益於歷史科學的研討，也愈感覺着可惜。[④]

如何在衆多的銅器中區分出西周器，成爲西周銅器研究的首要任務。從宋代開始，一些銅器著録書如《博古圖録》《歷代鐘鼎彝器款識法帖》《嘯堂集古録》等，著録銅器時就已經開始區分商周。然而，當時學者指出的時代過於籠統。今天我們所作的西周銅器斷代主要是指判斷銅器的"世代"，而非"朝代"[⑤]。

---

① 劉華夏《金文字體與銅器斷代》，《考古學報》2010 年 01 期，頁 43–72。
② 楊寬《西周史》，上海人民出版社，2003 年，頁 1。
③ 陳絜《商周金文》，文物出版社，2006 年，頁 7。
④ 郭沫若《青銅時代》，人民出版社，1954 年，頁 301。
⑤ 馬承源《中國青銅器》，上海古籍出版社，2003 年，頁 393。

通過銅器斷代明確銘文時代是可行的，但有兩點需要注意：

首先，雖然多數情況下銅器時代與銘文時代是一致的，但是也有一些極爲特殊的情況，如東周時期齊國陳喜壺（09700）[①]，有學者認爲壺本身時代較早，從器形上看應該不晚於春秋早期，而銘文則爲典型的戰國文字。銘文可能是後來鑲嵌在壺上的，所以出現了銘文年代與器物年代不一致的情況[②]。西周是否存在這種情況，目前還不清楚，即使有，也是極爲特殊和偶然的。

其次，也是最需要注意的，銅器銘文記述内容的時代與銘文的鑄作時代即銅器的時代不一致，這種情況并不罕見。如有的學者指出某些銅器銘文所記錄的王世及事件可能係追述，也就是說銘文記述内容的年代要早於器物的年代。顯著的例子如豳公盨[③]，銘文是一篇《尚書》類文獻，與大禹治水有關，而該器的形制、紋飾則屬於西周中期後段[④]。學術界在使用"銅器斷代"這個詞的時候，一般也是指器物的斷代，而非銘文内容的斷代。所以本文也這樣界定和使用"銅器斷代"一詞，特殊情況會在正文表格的"依據"一欄中加以説明。

第二節　西周銅器斷代研究概述

對銅器時代的考證，早在西漢時期就已經出現萌芽。《漢書·郊祀志》記載西漢宣帝年間，"美陽得鼎"，張敞識讀鼎銘，指出該鼎出於岐豐，可能是西周岐梁豐鎬宗廟之物。此後，在西周銅器斷代方面有所爲的當屬宋、清兩代。

（一）宋、清兩代的西周銅器斷代研究

1. 宋代的斷代研究

宋代是金石學作爲一門獨立學科的形成期，在器物定名、著録體例、文字考釋等方面均有開創之功。除此，宋代學者對於銅器時代的判斷也有很多有益的嘗試。當時的銅器著録書開始標明所著録器物的時代，如《博古圖録》在目録中於每類器下都區別商、周；薛尚功《歷代鐘鼎彝器款識法帖》將銅器分爲夏、商、周、秦、漢等，每期下再分別器類；《嘯堂集古録》的做法與薛尚功類似。對於宋人在銅器斷代中取得的成績，馬曉風《宋代金文學研究》[⑤]已有很好的總結：（1）建立判定商器的標準。a.認爲銘文只有一字者多爲商代器物。b.銘文紀年用"祀"者爲商器。c.以天干稱已故父祖名者爲商器。d.出土於商故地的銅器是商器。（2）運用繫聯法。（3）根據出土地判別時代。（4）用曆法推勘銅器時代。

2. 清代的斷代研究

雖然宋代學者對銅器斷代作了有益嘗試，但是因爲缺乏科學性，難免有穿鑿之弊。或許是爲了避免前人之弊，清初學者在斷代方面的做法比較保守。清代著録書如《恒軒吉金録》《攀古樓彝器款識》《攗古録金文》等，皆不分時代。宋人的斷代研究固然有不科學之處，但是清人爲了避免錯誤而

---

① 本書著録號不作特別説明者，皆爲《殷周金文集成》著録號，中華書局，2007 年。

② 安志敏《陳喜壺商榷》，《文物》1962 年 06 期，頁 21-23。

③ 《中國歷史文物》2002 年 06 期，頁 4。

④ 李學勤《論燹公盨及其重要意義》，《中國歷史文物》2002 年 06 期，頁 5-12；裘錫圭《燹公盨銘文考釋》，《中國歷史文物》2002 年 06 期，頁 13-27。

⑤ 馬曉風《宋代金文學研究》，陝西師範大學博士學位論文，2008 年。

刻意迴避，却不利於學術的發展。到了清代晚期，這種過度謹慎的做法得到了扭轉，一些學者在銅器斷代上的探索，時至今日，依然具有借鑒意義。郭國權的《清代金文研究綜論》①對此作了很好的總結，結合其觀點，我們認爲清代在斷代研究方面有以下幾點是值得注意的：

（1）據曆日斷代。據四分術及三統曆推斷銅器時代，如羅士琳，推斷無叀鼎（02814）爲宣王十六年器②；張穆推斷虢季子白盤（10173）在宣王時③；劉師培推斷 30 餘器的時代④。

（2）以人物聯繫傳世文獻斷代。如孫詒讓指出“楚公逆”即熊咢，楚公逆鐘（00106）當宣王時⑤。清代銘文考釋成績斐然，人名的正確釋讀，推進了以人物聯繫傳世文獻斷代法的發展。

（3）有意識地對兩周銅器銘文字體進行分類。方濬益在《綴遺齋彝器款識考釋》⑥中指出夏商周三代器當通過字體加以區分：西周前期，“劃中肥而首尾出鋒”；西周後段，“劃圓而首尾如一”；春秋戰國“體漸狹長，儼然小篆”。第一次總結了兩周銘文的字體特點，并將西周銅器細分爲前、後兩段。

（4）繫聯斷代法。如方濬益指出，虢季子白盤（10173）爲宣王時器，輾轉繫聯，將召伯虎簋（04292）、虢文公鼎（02635）也歸爲宣王時⑦。又如他提出太保鼎（01735）中“太保”的“保”字，從“王”作“儽”，與康王時大盂鼎（02837）寫法相同，而定太保鼎在康王時⑧。

綜上，宋、清兩代學者已經有意識地對銅器的時代進行說明，雖然“目的不大明確，方法也不大講求，只供收藏家作爲估計價值的一種標識而已”⑨。但是他們已經從出土地、銘文字體、銘文長短、人物關係、曆日等多個角度對銅器時代進行探討，這已經涉及了後世斷代方法中的多數方法。然而，必須指出的是，其各角度的討論都不够科學、系統，如宋人通過字數、稱“祀”、父祖名、出土地來區分商周器的標準，也是今天我們區分商周器的重要參考角度。但是，這幾條標準都失於絕對：以“以天干稱已故父祖名者爲商器”爲例，一些明確的西周銘文中也有稱已故父祖天干者，如西周早期燕國人仍在使用日干名稱祖考⑩；西周晚期姬姓貴族應公仍稱武王廟號“日丁”⑪。利用是否稱父祖日名區別商周器，需要詳加辨析⑫。不可否認，宋、清兩代學者的斷代研究確實存在種種弊端，然而，他們對於青銅器的斷代研究却有開創之功。

（二）1911—1979 年間的西周銅器斷代研究

經過清代學者的努力，金文的釋讀取得了很大的成就，一方面促進了銅器銘文的史料化進程，對斷代研究提出了迫切要求，同時也爲以銘文内容爲主要手段的斷代研究提供了必要準備。這一時

① 郭國權《清代金文研究綜論》，吉林大學 2011 年博士學位論文，頁 143。
② 羅士琳《周無叀鼎銘考》，《叢書集成》第 1549 本，商務印書館，1936 年。
③ 張穆《虢季子白盤文跋》，《金文文獻集成》16 册，綫裝書局，2005 年，頁 619。
④ 劉師培《周代吉金年月考》，《國粹學報·美術篇》1910 年 73 期，頁 5–9。
⑤ 孫詒讓《古籀拾遺》，《金文文獻集成》10 册，頁 228。
⑥ 方濬益《綴遺齋彝器考釋·彝器説中》，商務印書館，1935 年，頁 4–6。
⑦ 方濬益《綴遺齋彝器考釋·彝器説中》，頁 5。
⑧ 方濬益《綴遺齋彝器考釋·彝器説中》，頁 4–6。
⑨ 容庚、張維持《殷周青銅器通論》，文物出版社，1984 年，頁 11。
⑩ 見燕侯旨鼎（02269）。
⑪ 《河南平頂山應國墓地八號墓發掘簡報》，《華夏考古》2007 年 01 期，頁 45。
⑫ 參看張懋鎔《再論“周人不用日名説”》，《文博》2009 年 03 期，頁 27–29。

期最主要的斷代成就莫過於"標準器斷代法"的建立和發展。

1. 自身可表明時代的器的確定——標準器斷代法的理論準備

20世紀初，王國維提出了著名的"王號生稱"說和月相"一月四分"說，對西周銅器斷代研究產生了深遠的影響。

（1）"王號生稱"說

1921年王國維作《遹敦跋》①，該文認爲謐法是在西周恭懿以後產生的，金文中敘述周王活動時所稱的周王王號，都是"生稱"。據此，王國維將有穆王王號的遹簋（04207）、成王王號的獻侯鼎器（02627）分別置於穆王、成王時。"王號生稱"說置銅器時代於王稱之世，直接將斷代精準至具體王世，很快爲多數斷代學者接受。此後，徐中舒作《遹敦考釋》②，增加宗周鐘（00260）、剌鼎（02776）生稱"昭王"，十五年趞曹鼎（02784）生稱"恭王"，匡簋（05423）生稱"懿王"四例，指出這些銅器皆作於王稱在世之時。郭沫若又補充長由盉生稱"穆王"爲穆王時器③。"王號生稱"說涉及的相關銅器，能够"自身表明時代"，後來都成爲郭沫若"標準器斷代法"據以繫聯的標準器。

（2）"一月四分"說

1915年王國維作《生霸死霸考》④，首創月相"一月四分"說：初吉，一日至七、八日；既生霸，自八、九日至十四、十五日；既望，自十五、六日至二十二、二十三日；既死霸，自二十三日以後，至於晦日。完整的金文紀日包括年、月、月相、日，利用曆日推斷法判斷這些銅器的時代，前提是如何解釋金文中的"月相"。王國維"月相四分"說一經提出，引起了學者們的充分重視。王國維據該說將兮甲盤（10174）斷爲宣王五年器⑤。下文要介紹的吳其昌的《金文曆朔疏證》，也依據"四分月相"說，用四分術、三統曆推算60餘器的年代，作爲其他銅器繫聯的標準。

王國維提出的"王號生稱"說、"一月四分"說，對西周銅器斷代研究產生了重要影響："王號生稱"說是郭沫若《兩周金文辭大系》確立標準器的重要方法之一，而吳其昌的《金文曆朔疏證》是在"一月四分"說的基礎上撰寫而成。據今天的研究現狀來看，王國維的這些說法可能是有問題的，但却一度成爲據銘文內容斷代的兩大重要法則。在尚不能科學系統利用形制、紋飾、出土情況等因素，主要依靠銘文內容進行斷代的情況下，以上兩說是西周銅器斷代研究中非常重要的奠基理論。

2. 標準器斷代法的產生

學界公認的最早對西周青銅器年代作系統整理研究的學者是郭沫若。他於1931年作《兩周金文辭大系》，後增補爲《兩周金文辭大系圖録考釋》⑥。該書上編仿《尚書》體例，將161件西周器按照王世先後排列。在序言中郭沫若總結其斷代方法，主要包含兩個層次的內容：

（1）確立標準器。主要指據銘文內容自身能體現時代的銅器：a. 利用有周王王稱的銘文斷代。其一，生稱王號者，如獻侯鼎（02626）、匡卣（05423），置於王稱之世；其二，時王與王稱有親屬關係者，大豐簋（04261）稱文王爲父考，當武王時；其三，時王祭祀先王，小盂鼎（02839）言時王

---

① 後收於《觀堂集林》，中華書局，1959年，頁895-896。

② 徐中舒《遹敦考釋》，《歷史語言研究所集刊》第3本第2册，1931年，頁279-294。

③ 郭沫若《長由盉銘釋文》，《文物參考資料》1955年02期，頁128。

④ 後收入《觀堂集林》，中華書局，1959年，頁19-26。

⑤ 《兮甲盤跋》，《觀堂集林·別集》卷二，中華書局，1959年，頁1206。

⑥ 《郭沫若全集·考古編》第七、八卷《兩周金文辭大系圖録考釋》（一）（二），科學出版社，2002年。

禘祭成王，禘祭近祖，一般不超過三代，故時王爲康王。b. 新舊史料合證。將銘文内容與傳世文獻材料比照，據後者判斷前者的時代，如指出虢仲盨（04435）人物、記事見於《後漢書·東夷傳》，當屬厲王時。

（2）以標準器繫聯其他銅器。a. 以人名繫聯他器。以恭王時趞曹鼎（02783）"井伯" 繫聯師虎簋（04316）、師毛父簋（04196）、豆閉簋（04276），將其皆置於恭王時。b. 以事迹繫聯他器。據屬王時虢仲盨（04435）記事繫聯無曩簋（04225），將後者亦置於厲王時。

（3）文字體例、文辭格調、器物花紋、是否合曆，僅作爲參驗標準。

郭沫若在後來的《青銅時代》①中，首次將這種確立標準器繫聯他器的斷代方法稱爲 "標準器斷代法"。所謂 "標準器斷代法"，是使自身不能表明具體時代的銅器以某種條件與時代比較明確的標準器確立聯繫，是利用器與器之間的關係確定銅器時代的方法。這種繫聯方法擴大了銅器斷代範圍，解决了更多的銅器的斷代問題。

1929 年吴其昌作《金文曆朔疏證》②，有學者認爲，該書在郭沫若之前已經開始使用 "標準器" 聯繫其他銅器斷代③。二者孰先孰後甚或同時，不得而知，但吴其昌所使用的確實也是 "標準器" 繫聯法。在標準器的確定原則上，與郭沫若不同，該書 "擇其年、月、分、日，全銘不缺者，用四分、三統諸曆推算六七十器，確定其時代"。在標準器確立後，"更以年、月、分、日，四者記載不全之器，比類會通，考定其時代，則可得百器外矣。然後更以此百餘器爲標準，求其形制、刻鏤、文體、書勢相同似者，類集而參綜之，則無慮二三百器矣"。在繫聯的方式上以年、月、分、日不全之器與標準器的曆日的相容情况，確定百餘件次標準器；在此基礎上以形制、銘文、字體等繫聯他器斷代。由於曆術推步法條件不足，吴其昌確定的標準器存在很多問題，該書遭到學者們的詬病④。但是，從今天的學術研究來看，"吴氏研究具有的價值更多的是在學術史上，即他較早地作了利用西周銅器銘文中的曆法資料編訂西周王年曆譜的嘗試，這對後世研究者無疑是具有重要啓發作用的"⑤。

《兩周金文辭大系》《金文曆朔疏證》兩書最早系統地利用銅器間繫聯進行西周銅器斷代研究，標誌着 "標準器斷代法" 的建立。

3. 標準器斷代法的發展

郭沫若、吴其昌之後，陳夢家、唐蘭、郭寶鈞、李學勤等學者在其斷代研究中使用并發展了 "標準器斷代法"。這些學者將大量考古發掘材料引入繫聯體系中，增加了可斷代銅器的數量。更重要的是他們指出了確立標準器的新標尺，提出了標準器群的概念并建立起一個個標準器群，促進了 "標準器斷代法" 的發展。

（1）陳夢家的西周銅器斷代研究

20 世紀中葉，陳夢家在《考古學報》上連續發表《西周銅器斷代》（一）至（六），後來連同未發

① 郭沫若《青銅時代》，群益出版社，1947 年。
② 吴其昌《金文曆朔疏證》，《燕京學報》1929 年 06 期，頁 1047–1128。
③ 劉華夏《金文字體與銅器斷代》，《考古學報》2010 年 01 期，頁 48。
④ 郭沫若《毛公鼎之年代》，《金文叢考》，人民出版社，1954 年，頁 292–293；容庚《商周彝器通考》，上海人民出版社，2008 年，頁 38。
⑤ 朱鳳瀚、張榮明《西周諸王年代研究述評》，《西周諸王年代研究》，貴州人民出版社，1998 年，頁 415。

表的遺稿，由考古研究所學者整理爲《西周銅器斷代》[①]。該書對約218件（或組）銅器進行斷代，涉及近500件銅器，吸納了更多的出土銅器資料。書後《略論西周銅器》總結其斷代方法：a.“同處、同墓出土的銅器，因爲它們常是同時代的，所以形制、花紋之相近和銘文之相關聯是很可能的”。如恭王時盠組器，懿王時的白庸父組及白首父組，孝王時白鮮組、中義父組、函皇父組，夷王時梁其組等，在分組的基礎上綜合同組各器的特點判斷時代。b.“對於某處、某墓的一組或一件銅器的斷代，可以用作爲標準來斷定它處、它墓的銅器的年代”。首次提出了標準器組（群）的概念。（3）“銅器内部的聯繫（即銘文的和形制、花紋的）在斷代上是最要緊的”。并指出銘文内容的聯繫可以包括：同作器者、同時人、同父祖關係、同族名、同官名、同事、同地名、同時等，都可以藉以聯繫相關銅器。

陳夢家在斷代中重視出土器群的形制、紋飾及組合的分析，將考古學的方法用於西周銅器斷代研究。對於不能劃歸具體王世的銅器，只舉其大致時期，如在成王銅器、康王銅器之外，又列成康銅器，這種方法是比較科學的。但大量傳世銅器的斷代仍然以銘文内容爲主，形制、花紋、字體只限於銅器間的對比。在斷代結論上，陳夢家與郭沫若大體一致，不同的是，他將郭沫若歸於穆王時期的許多銅器上提至成康時；將郭沫若所定的多數屬宣時期銅器上提至懿、孝、夷時期，如將郭沫若所定厲王時師晨鼎（02817）、伯晨鼎（02816）、師俞簋（04277）、諫簋（04285）、揚簋（04294）等都提至懿王時，函皇父簋（04141）、叔向父簋（04242）、師獸簋（04311）提至孝王時，克組器及虢叔旅鐘（00238–00244）上提至夷王時，將郭沫若所定宣王時召伯虎簋（04292）等器移至孝王時，休盤（10170）、毛公鼎（02841）、師詢簋（04342）移至夷王時。導致成康和懿孝夷銅器很多，而昭穆、厲宣時期銅器過少，與對應各王世的積年嚴重失調。

（2）郭寶鈞“分群界標法”及李學勤“銅器群”標尺

以往的標準器斷代法，建立的是一個個標準器，而郭寶鈞和李學勤則找到了可以作爲參照的標準器群。

郭寶鈞《商周銅器群綜合研究》[②]成書於1970年，最早提出“分群界標法”，收録1966年以前發掘出土和採集的共175個青銅禮器群，以六個時代明確的器群作爲劃定時代的界標，將商周銅器分爲六段。其中以穆王時長安普渡村長由墓銅器群[③]作爲界標，將31個西周銅器群分爲西周前、後兩期。因此學者評價郭寶鈞所用“分群界標法”，“仍然是郭沫若同志的標準器法的擴大應用”[④]。該西周標準器群，根據長由盉（09455）銘“生稱穆王”確立時代，歸根結底，其標準器群的確立没有擺脱銘文内容的限制。但是在繫聯方式上卻不同於以往據人物、事項等銘文内容手段，而是通過器群組合及銅器鑄作、形制、花紋、銘刻、用痕等幾個角度與標準器群對照，具有突破意義。該書的不足是與傳世的有銘器對比不夠，而分期過於粗略。

標準器斷代法利用人名繫聯銅器斷代，這種繫聯“不僅有横的聯繫（同器主同時代的器物），也要有縱的聯繫（器主家族幾個世代的器物）”，而這一時期重要窖藏的青銅器群，具有一個家族幾代

① 陳夢家《西周銅器斷代》，中華書局，2004年。
② 郭寶鈞《商周銅器群綜合研究》，文物出版社，1981年。
③ 《長安普渡村西周墓的發掘》，《考古學報》1957年01期，頁75—86。
④ 鄒衡、徐自强《整理後記》，《商周銅器群綜合研究》，文物出版社，1981年，頁196。

人的鑄刻銘文，同時具有横、縱向的聯繫，"可以當作一種標尺"①。

李學勤《西周中期青銅器的重要標尺——周原莊白、强家兩處青銅器窖藏的綜合研究》②，以牆盤（10175）作於恭王時、烈祖在武王時爲世系定點，通過窖藏銅器群銘文內容的世系分析，確定莊白一號窖藏中折、豐、牆、癲四代，縱跨周昭王至屬王這一時段及各代的大致時代；以師詢鼎（02830）在恭王時，確定强家村窖藏的師詢、師望、即、師丞四代人所屬的時代。而且以微氏四代器物爲標準，據人物、事件、器形、紋飾等條件聯繫，確定了昭、穆、恭、懿、孝、夷等幾個王世的一系列銅器。李學勤的"標準器群"的建立有兩個重要條件：一是銅器群的銘文能够提供明確的家族世系；二是在這個家族世系中至少有一代人作器的時間是確定的。

這些作爲參照標準的銅器群，其作用與標準器相同，因此可以稱爲"標準器群"，"標準器群斷代法"是對郭沫若"標準器斷代法"的繼承和發展。

（3）唐蘭與標準器的確定

唐蘭最重要的貢獻是建立了三個確立標準器的原則，即"康宫説""南征伐楚""名'獣'之周王爲屬王"③。三個原則確立了一批自身時代明確的銅器，增加了可以據以繫聯的參照標準。

自徐中舒指出宗周鐘（00260）之"卲王"爲生稱，并定該器爲昭王後④，學者多從之。1936年唐蘭作《周王獣鐘考》⑤提出了不同看法。他從器形、詞例、文字書法、史迹等方面考察該鐘非周初器，提出"昭""王"不連稱，"昭"爲動詞，訓爲"見"，并認爲"獣"讀爲胡，是周屬王名。此説一經提出，得到了一致認同，或有學者增補其説⑥。此後相繼問世的獣簋⑦、五祀獣鐘⑧，與宗周鐘一樣，皆具有西周晚期風格。至此，"獣"作器有三。綜合考察三獣器的器形、詞語和文字，"獣"爲屬王胡是可信的⑨。近年雖有質疑之聲⑩，但根據薄弱。"獣"爲周屬王名，三"獣"器爲屬世器仍被普遍認可，"遂爲西周銅器斷代樹一絶對標準，永不動摇"⑪。

1929年，羅振玉最早指出矢令方彝（09901）及矢令尊（06016）的"康宫"就是康王之廟，據之可將矢令諸器置於成康以後⑫。此説得到一些學者的支持⑬，但也有不少學者予以反

---

① 李學勤《西周中期青銅器的重要標尺——周原莊白、强家兩處青銅器窖藏的綜合研究》，《中國歷史博物館館刊》1979年第1期，頁29。

② 李學勤《西周中期青銅器的重要標尺——周原莊白、强家兩處青銅器窖藏的綜合研究》，《中國歷史博物館館刊》1979年第1期，頁29-36。

③ 李剛《唐蘭的青銅器及銘文研究》，吉林大學2010年博士學位論文，頁111。

④ 徐中舒《遹敦考釋》，《歷史語言研究所集刊》第3本第2册，1931年，頁279-294。

⑤ 唐蘭《周王獣鐘考》，《故宫博物院年刊》1936年7月，頁1-16。

⑥ 陳夢家指出該器用韻，當較晚，見《西周銅器斷代》，中華書局，2004年，頁310。

⑦ 羅西章《陝西扶風發現西周屬王時獣簋》，《文物》1979年04期，頁89-91。

⑧ 穆海亭、朱捷元《新發現的西周王室重器五祀獣鐘考》，《人文雜誌》1983年02期，頁118-121。

⑨ 張亞初《周屬王所作祭器獣簋考——兼論與之相關的幾個問題》，《古文字研究》05輯，中華書局，1981年，頁151-168。

⑩ 李朝遠《"獣簋爲屬王之器"説獻疑》，《古文字研究》24輯，中華書局，2002年，頁220-224頁；李朝遠《〈五祀獣鐘〉新讀》，《華學》07輯，中山大學出版社，2004年，頁104-116；郭偉川《宗周鐘（周王獣鐘）新考》，《華學》08輯，紫禁城出版社，2006年，頁26-37；葉正渤《屬王紀年銅器銘文及相關問題研究》，《古文字研究》26輯，中華書局，2006年，頁195-200。

⑪ 見張政烺《唐蘭先生金文論集·序》，紫禁城出版社，1995年。

⑫ 羅振玉《矢彝考釋跋》，1929年，《金文文獻集成》28册，綫裝書局，2005年，頁1-5。

⑬ 吳其昌《矢彝考釋》，《燕京學報》1931年09期，頁1701；容庚《武英殿彝器圖録》，燕京學社，1934年，頁92-93；馬敘倫《令矢彝》，《國學季刊》1934年04卷01期；唐蘭《作册令尊及作册令彝銘考釋》，《國學季刊》1934年04卷01期。

駁①。對此，唐蘭專門撰寫了《西周銅器斷代中的“康宮”問題》②一文，系統論述了“康宮”爲康王廟，建立起“康宮”原則：“康宮”是康王的宗廟，銅器上有“康宮”的記載一定在康王之後。根據“康宮”原則，唐蘭將令彝（09901）、令尊（06016）置於昭王初年，又據“伐楚”將令簋（04300）置於昭王末年，與此同時根據銘文内容上繫聯了一大批銅器，如據人物“明保”“明公”繫聯作册䰧卣（05400）、魯侯簋（04029）；據人物“王姜”繫聯叔卣（04132）、不壽簋（04060）、叟卣（05407）；與叟卣（05407）相關的“王在斥”組器，包括遣尊（05992）、遣卣（05260）、麥尊（06015）；而與遣器聯繫的有安州六器、瞏鼎（02731）、旅鼎（02728）、小臣謎簋（04238）、班簋（04341）；與麥尊有聯繫的還有麥彝（09893）、麥盉（09451）、麥鼎（02706）等幾十個銅器，將這些以往學者多置於成康時的銅器徙置昭王時（幾件屬康末）。同時，認爲“康宮”里的“昭宮”“穆宮（新宮）”“徲宮”“剌宮”分别是昭、穆、夷、厲等王宗廟，而對頌器、克器、師遽器、盠器等器重新斷代。而這些銅器又可以繫聯一批銅器，成爲幾個王世銅器斷代的參照。

除“康宮”原則外，唐蘭的《論周昭王時代的青銅器銘刻》③，以昭王“南征伐荆楚”内容聯繫了53篇銘文，將這些銅器作爲昭王時期的標準器。而據同銘異器、同人作器、同氏族器、器形、圖案、文字書法等關係繫聯的銅器，不下百篇。該文是唐蘭利用傳世文獻與出土文獻對照，判斷銅器時代的典型代表。至此，“康宮”説和“南征伐荆楚”構成了其確定昭王時銅器的兩大標尺，有學者評價説唐蘭“在西周銅器斷代上的最大貢獻是昭王銅器的認定”④。這是很中肯的。

按照《論周昭王時代的青銅器銘刻》的思路，即傳世文獻與出土文獻對照，唐蘭於 20 世紀 70年代中葉開始作《西周青銅器銘文分代史徵》⑤。該書只完成了穆王以前各王世的斷代。在每一王世前，皆結合傳世文獻介紹該期的主要歷史現象，藉以聯繫銅器判斷時代。同時，也更加重視形制、紋飾、字體等方面的斷代作用，如以“保”字是否從“玉”：太保簋（04140）“保”字不從玉，作於成王初期；董鼎（02703）“保”字從玉，作於成王後期。又如據鳥紋確定命簋（04112）、孟簋（04162）爲穆王時器。當然，該書最重要的斷代手段仍然是銘文内容。

4. 其他研究

這一時期最重要的成就即標準器斷代法，此外，其他角度的斷代研究也有很多有益的嘗試。

20 世紀 40 年代容庚著《商周彝器通考》⑥，列舉了武王至幽王間的 250 餘件有銘銅器，其結論與郭沫若“同者十之七八”。該書最重要的貢獻是第一次比較全面地對銘文形式、銅器形制、花紋進行專門分類研究，共選録了 77 種紋飾及 57 類 2100 餘件銅器。該書的出版，“標誌着中國青銅器研究

① 郭沫若《由矢彝考釋論到其他》，《中國古代社會研究》，科學出版社，1960 年，頁 309–319；郭沫若《矢令簋考釋》，《中國古代社會研究》，科學出版社，1960 年，頁 324–333；徐中舒《遹敦考釋》，《歷史語言研究所集刊》第 3 本第 2 册，1931 年，頁 279–294；郭沫若《兩周金文辭大系圖録考釋》（二），科學出版社，2002 年，頁 28；莫非斯《西周銅器中之宮廟及由之而考訂其年代》，《考古社刊》1937 年 06 期；陳夢家《西周銅器斷代》（二），《考古學報》1955 年 10 月，頁 86。

② 唐蘭《西周銅器斷代中的“康宫”問題》，《考古學報》1962 年 01 期，頁 15–48。

③ 唐蘭《論周昭王時代的青銅器銘刻》，《古文字研究》02 輯，中華書局，1981 年，頁 12–143。

④ 裘錫圭、朱德熙《評〈西周青銅器銘文分代史徵〉》，《光明日報》1987 年 11 月 5 日。

⑤ 唐蘭《西周青銅器銘文分代史徵》，中華書局，1986 年。

⑥ 容庚《商周彝器通考》，哈佛燕京學社，1941 年。

由舊式金石學邁入現代青銅器學的里程碑"①。郭沫若在《青銅器時代》②《彝器形象學試探》③等文中將
青銅時代共分爲五期，指出各期的器類、器制、紋飾、字體等方面的特點，"第一次將考古類型學
的方法應用於銅器研究"④。而陳夢家在1945年美國紐約全美中國藝術學會第六次會議上宣讀的《中
國青銅器的形制》⑤一文，對250餘件青銅卣進行型式劃分并指出大致時代。但其劃分的標準從器的
大小、形制到紋飾，未能統一，劃分的型式并不體現年代的早晚。孫次舟《虢季子白盤年代新考》⑥
列舉西周金文及石鼓文中20餘字的寫法，與虢季子白盤銘對照，認爲該銘可據字體特徵歸於東周
桓王時。以上都是在銘文内容之外，從其他角度對銅器斷代作出的努力。

　　利用曆日判斷銅器時代的學者還有新城新藏和董作賓。新城新藏根據《日月食典》重新編訂曆
譜，推算出比較合天的《西周月朔表》，取銘文中有曆日者與其對照確定時代⑦。董作賓支持月相定
點説，他的《西周年曆譜》⑧將40餘篇具備年、月、月相、日名的銘文，在四分術或三統術曆譜中尋
找其合適位置。學者們在構建西周曆譜的過程中，確定了一批銘文帶曆日的銅器的時代。曆日推步
法在理論上是可行的，但是由於當時對於西周曆法、月相等問題的認識不足，導致學者對這些銅器
的時代判斷差異巨大。因此，吳其昌之後，雖有不少學者嘗試西周曆譜的構擬，却少有人利用這些
銅器繫聯他器進行斷代。

　　這一時期還有許多學者都在銅器斷代研究中作出了貢獻。如董作賓考察虢季子白盤（10173）、
函皇父諸器的時代⑨。徐中舒對禹鼎（02833）、利簋（04131）時代都有考察⑩，同時，其《金文嘏辭例》
對金文嘏辭進行系統的分類、解釋，還指出了部分詞語的主要流行時代⑪。黃盛璋對保卣（05415）、
大豐簋（04261）、詢簋（04321）、儰匜（10285）、班簋（04341）、微氏家族銅器等的時代都有考察⑫；
其《釋初吉》⑬，以"初吉"爲初干吉日，在"一月四分"説外又提出了一種新的意見。

　　綜上所述，這一時期的斷代研究有以下幾個特點：a.斷代以銘文内容爲主，使用的主要方法是
"標準器斷代法"。學者提出了"王號生稱説""康宫説""昭王伐荆楚"以及曆日推步等標準器確定的
原則，同時討論并確立了長甶墓器群、微氏家族器群、强家村器群等標準器群。b.器形、紋飾、字
體等因素雖得到了足够重視，但未成體系，這與類型學在我國考古學界的認識水平相應。20世紀

①　容庚《商周彝器通考》，上海人民出版社，2008年，頁7，再版曾憲通前言。
②　郭沫若《青銅器時代》，《青銅時代》，群益出版社，1947年，頁253–263。
③　郭沫若《彝器形象學試探》，《青銅時代》，群益出版社，1947年，頁272–279。
④　王世民、陳公柔、張長壽《關於夏商周斷代工程中的西周青銅器分期斷代研究》，《文物》1999年06期，頁48。
⑤　陳夢家《中國青銅器的形制》，《西周銅器斷代》，中華書局，2004年，頁525–539。
⑥　孫次舟《虢季子白盤年代新考》，《齊大國學季刊》1941年新01卷02期。
⑦　新城新藏《東洋天文學史研究》，中華學藝社，1933年。
⑧　董作賓《西周年曆譜》，《歷史語言研究所集刊》第23本下册，1952年，頁681–760。
⑨　董作賓《虢季盤時代》，《大陸雜誌》1951年02卷02期；董作賓《函皇父諸器之年代》，《真理世界》1953年45期。
⑩　徐中舒《禹鼎的年代及其相關問題》，《考古學報》1959年03期，頁53–66；《西周利簋銘文箋釋》，《四川大學學報（哲學社
會科學版）》1980年02期，頁109。
⑪　徐中舒《金文嘏辭釋例》，《歷史語言研究所集刊》第6本第1分册，1963年，頁1–43。
⑫　黃盛璋《保卣銘的時代與史實》，《考古學報》1957年03期，頁51–59；《大豐毀銘製作的年代、地點與史實》，《歷史研究》
1960年06期，頁81–95；《關於詢毀的製作年代與虎臣的身份問題》，《考古》1961年06期，頁330–333；《岐山新出儰匜若干問題
探索》，《文物》1976年06期，頁40–44；《班簋的年代、地理與歷史問題》，《考古與文物》1981年01期，頁75–82；《西周微家族窖
藏銅器群初步研究》，《社會科學戰線》1978年03期，頁194–206。
⑬　黃盛璋《釋初吉》，《歷史研究》1958年04期，頁71–86。

20 年代考古類型學進入我國之初，學者所使用的類型學還是簡單的分類與對比[①]。在一段時間内，類型學研究依然處於摸索過程之中。此階段的西周銅器斷代研究中，器形、紋飾、字體等因素并未建立起系統的型式排序，往往只是作爲對斷代結果的一種參驗手段，銘文内容仍是銅器斷代的主要標準。

（三）20 世紀 80 年代以來的青銅器斷代研究

經歷了 20 世紀六七十年代的中國學術研究的低谷，80 年代以後，青銅器斷代研究蓬勃發展起來，取得了前所未有的成就。這一方面得益於前期考古發掘資料的積累，另一方面在於學者認識水平的逐漸提高。以往以銘文内容爲主要研究對象的傳統斷代方法得到了更爲深入的探討；而以形制、紋飾、字體等作爲切入點的斷代研究也逐漸專門化、系統化，并出現了一系列的專題研究論著，本節將就以上方面進行介紹。

1. 科學的類型學方法用於西周銅器斷代

新中國成立以來，一系列大型墓葬被科學發掘，其中據豐鎬、洛陽地區墓地建立起的比較科學可信的西周陶器的分期序列[②]，極大地促進了西周銅器斷代研究的科學化。這一時期，考古學之於西周銅器斷代的最大成就在於科學的類型學方法的運用。

李豐的《黄河流域西周墓葬出土青銅禮器的分期與年代》[③]是這一時期比較有代表性的文章。該文對以關中地區爲主的黄河流域的 137 座墓葬銅器群的組合形式和器形發展演變進行了探討，將其中 96 座墓葬分爲六期，討論了各期銅器群的組合和器形、紋飾特點，并利用各期陶器與可靠的澧西陶器排序對照，檢驗銅器發展序列的準確性。同時聯繫其他可確定時代的銅器，確定這六期的具體王世範圍。盧連成、胡智生在《陝西地區西周墓葬和窖藏出土的青銅禮器》[④]一文中，亦依據青銅禮器的器類發展序列及共存陶器序列，對陝西、甘肅、河南等地區 136 座科學發掘的西周銅器墓葬，進行分期和組合研究，判斷各期的年世。朱鳳瀚《中國青銅器綜論》[⑤]第十一章《西周青銅器》，則將以關中和洛陽地區爲主的西周墓葬分爲五期，指出各期銅器的組合及形制特徵，通過與有銘標準器的對照，確定各期的對應年代。據此分期，對周邊諸侯國青銅器的時代進行判斷。

除上舉對墓葬進行分期的研究成果，形制、紋飾、字體等專題研究也取得了很大成績，介紹如下：

（1）形制方面

王世民、陳公柔、張長壽的《西周青銅器分期斷代研究》，收集了 11 類 352 件西周銅器典型資料，分別按形制、紋飾進行詳細的型式劃分，并逐件説明各器的形制紋飾特點、出土地、銘文内容、繫聯他器情況及大體年代。該書充分利用出土銅器與傳世有銘器的對比研究，是 "第一部全面

---

① 孫祖初《考古類型學的中國化歷程》，《文物季刊》1998 年 04 期，頁 38–53。

② 中國社會科學院考古研究所《澧西發掘報告——1955—1957 年陝西長安縣澧西鄉考古發掘資料》，文物出版社，1963 年；中國社會科學院考古研究所澧西發掘隊《1967 年長安張家坡西周墓葬的發掘》，《考古學報》1980 年 04 期，頁 443–456；陝西周原考古隊《陝西岐山賀家村西周墓葬發掘報告》，《文物資料叢刊》1983 年 08 輯，頁 77–94；張劍《河南洛陽西周墓葬陶器初探》，《中原文物》1993 年 01 期，頁 40–49；劉富良《洛陽西周陶器墓研究》，《考古與文物》1998 年 03 期，頁 44–68。

③ 李豐《黄河流域西周墓葬出土青銅禮器的分期與年代》，《考古學報》1988 年 04 期，頁 383–419。

④ 盧連成、胡智生《陝西地區西周墓葬和窖藏出土的青銅禮器》，《寶雞強國墓地》，文物出版社，1988 年，頁 470–529。

⑤ 朱鳳瀚《中國青銅器綜論》，上海古籍出版社，2009 年。

系統運用類型學方法研究青銅器年代的著作" [1]。此後，學者在銅器斷代時，往往尋找研究對象的形制在該書所排序列中的位置以判斷時代。彭裕商在《西周青銅器年代綜合研究》[2] 中闢專章討論西周青銅容器的器形分類，尤其對西周時期常見的器類鼎和簋，作了詳細的型式劃分和流行年代考察，也很有參考價值。

　　這一時期，專題討論某種器類的單篇文章也十分重要。以對簋類器的討論爲例，陳芳妹的《商周青銅簋形器研究》[3]，以足部形態爲第一標準，器耳爲第二層標準，劃分型式并指明時代。張懋鎔先後作《西周方座簋研究》[4]《再論西周方座簋》[5]，根據簋體將67件西周方座簋分爲六型，型下分式，指出各型式的時期，歸納西周早、中、晚三期方座簋的表現形式，梳理出方座簋的發展綫索。彭裕商的《西周銅簋年代研究》[6]，以器腹和圈足的形態爲第一標準將西周銅簋分爲八型，以器耳、圈足下的方座和柱狀足等標準劃分式，指出各形式的流行年代，并總結了西周早、中、晚三期銅簋器形的分布情況。李倩的《立鳥形耳簋初探》[7] 則指出立鳥形耳簋盛行於昭穆時期，晚期雖復興但鳥耳形態上的生動性已減弱，對西周銅器斷代有一定的參考作用。

　　對其他器類進行討論的如高崇文《西周時期銅壺的形態學研究》[8]，沈長雲、杜勇《關於弧壁方彝的分期斷代問題》[9]，張懋鎔、王勇《再議青銅盆——從新發現的中市父盆談起》[10]，張婷《兩周青銅簠初步研究》[11]，皆針對某類銅器進行專門的型式劃分及排序。另外，張懋鎔指導的一批學位論文[12]，都是對某類器的專題研究，很有參考價值。

　　（2）紋飾方面

　　上海博物館青銅器組編輯的《商周青銅紋飾》[13]，輯錄了以館藏青銅器的紋飾爲主的1006件紋飾拓本，分爲10大類。書中馬承源所撰寫的《商周青銅器紋飾綜述》對各種花紋的型式和年代作了探討。還有一些研究論文對某一種紋飾進行專門的分類并指明各類的時代，其中比較重要的如：陳公柔、張長壽《殷周青銅容器上鳥紋的斷代研究》，對233件青銅器上鳥紋進行型式劃分，將鳥紋分爲

　　① 劉華夏《金文字體與銅器斷代》，《考古學報》2010 年 01 期，頁 51。

　　② 彭裕商《西周青銅器年代綜合研究》，巴蜀書社，2002 年。

　　③ 陳芳妹《商周青銅簋形器研究》，《商周青銅粢盛器特展圖錄》，臺北 "故宮博物院"，1985 年。

　　④ 張懋鎔《西周方座簋研究》，《考古》1999 年 12 期，頁 69–76。

　　⑤ 張懋鎔《再論西周方座簋》，《陝西歷史博物館館刊》2002 年 09 輯，頁 10–22。

　　⑥ 彭裕商《西周銅簋年代研究》，《考古學報》2001 年 01 期，頁 1–42。

　　⑦ 李倩《立鳥形耳簋初探》，《文博》2012 年 03 期，頁 43–49。

　　⑧ 高崇文《西周時期銅壺的形态學研究》，《考古類型學的理論與實踐》，文物出版社，1989 年，頁 177–233。

　　⑨ 沈長雲、杜勇《關於弧壁方彝的分期斷代問題》，《文物》2002 年 08 期，頁 61–62。

　　⑩ 張懋鎔、王勇《再議青銅盆——從新發現的中市父盆談起》，《陝西歷史博物館館刊》15 輯，三秦出版社，2008 年，頁210–214。

　　⑪ 張婷《兩周青銅簠初步研究》，《四川文物》2009 年 01 期，頁 45–51。

　　⑫ 梁彥民《豐鎬地區出土西周青銅容器的分期斷代研究》，西北大學 2002 年碩士學位論文；張靜《商周青銅甌初論》，西北大學 2002 年碩士學位論文；張小麗《出土商周青銅尊研究》，西北大學 2004 年碩士學位論文；張婷《商周青銅盤的初步研究》，西北大學 2004 年碩士學位論文；王文娟《商周青銅瓿研究》，西北大學 2005 年碩士學位論文；張翀《商周時期青銅豆綜合研究》，西北大學 2006 年碩士學位論文；馬軍霞《出土商周青銅卣研究》，西北大學 2006 年碩士學位論文；胡嘉麟《兩周時期青銅簠研究》，陝西師範大學 2007 年碩士學位論文；曹斌《商周青銅觶研究》，陝西師範大學 2007 年碩士學位論文，又喬美美《商周青銅鬲研究》，陝西師範大學 2008 年碩士學位論文；陰玲玲《兩周青銅匜研究》，陝西師範大學 2008 年碩士學位論文；吳偉《銅罍研究》，陝西師範大學 2009 年碩士學位論文；王宏《商周青銅罍研究》，陝西師範大學 2010 年碩士學位論文。

　　⑬ 上海博物館青銅器研究組《商周青銅器紋飾》，文物出版社，1984 年。

小鳥紋、大鳥紋、長尾鳥紋3類，并指出各類鳥紋的大致流行時間[1]。張懋鎔的《芮公簋蓋識小——兼論垂冠大鳥紋》進一步根據51件青銅器上的垂冠大鳥紋進行分型分期，指出垂冠大鳥紋興於康王時期，成熟於昭穆時期，直至恭懿時期開始衰退，春秋早期以後消失[2]。竊曲紋方面有《西周青銅器上的竊曲紋》[3]和《西周青銅器竊曲紋研究》[4]，前者據有無目將竊曲紋分兩型，每型下又分爲5式；後者按照竊曲紋的來源分爲兩大型。此後的《青銅器竊曲紋的來源及分型》[5]按竊曲紋是由C形或G形構成分爲兩型，再按照這兩種竊曲紋的形態及目紋的有無和位置分式。幾篇文章都對所分型式進行了時代説明。陳公柔、張長壽又有《殷周青銅容器上的獸面紋的斷代研究》[6]，以科學發掘銅器上的獸面紋爲主要對象，將之分爲4型，并指出每種的大致流傳時期。彭裕商還對西周銅器上的龍紋及鱗紋進行了型式劃分及流行年代的考察[7]。以上文章都是針對西周銅器上的典型紋飾進行專門的類型學分析，且都附有圖片，方便銅器斷代研究者使用。

（3）字體方面

將字體作爲斷代依據古已有之，而較早的對銘文字體特徵進行總結的有張振林、劉華夏、夏含夷等學者。張振林在《試論銅器銘文形式上的時代標誌》[8]中將西周分爲西周前期、西周中期、西周後期，每一期都從族氏文字、點畫結體、章法佈局、文辭格式等方面分析該期銘文形式上的特徵。劉華夏對"貝""王""宀""首""自""萬""馬"等7個常用字，分三期介紹其特徵[9]。夏含夷選取了"王""隹""月""令""易""其""子""用""作""寶"等10個關鍵字，敘述其字體演變規律，但未進行分期[10]。此後張懋鎔作《金文字形書體與20世紀的西周銅器斷代研究》[11]，認爲運用字形書體斷代的"具體操作，仍應採用'標準器斷代法'，即從已確定的標準器中選取富有變化的常用字"。他選取了16件西周標準器上"令""公""寶""尊"4個關鍵字，構成"標準器常用字形表"，對作册矢令器等12件年代爭議較大的銅器，從字形書體方面與之對照，判斷時代。

與張懋鎔的字體"標準器斷代法"相對應，王帥提出了"金文字形書體演變斷代法"：從書體佈局、字形架構、形體筆勢三個方面考察西周金文字形書體的演變過程，綜合其他方面的因素討論銅器的所屬時代。在實踐中對金文書體先分期，再斷代，開啓了金文字體類型學研究[12]。稍後劉華夏的《金文字體與銅器斷代》[13]，亦是先分類再斷代。該文對周代500件銅器銘文中的"貝""宀""易""尊""王""首""馬""叔""正""其""公""永"等12個關鍵字進行了類型劃分，先根據字形演變規律確定其早

① 陳公柔、張長壽《殷周青銅容器上鳥紋的斷代研究》，《考古學報》1984年03期，頁265–285。
② 張懋鎔《芮公簋蓋識小——兼論垂冠大鳥紋》，《古文字與青銅器論集（第三輯）》，科學出版社，2010年，頁80–88。
③ 陳公柔、張長壽《殷周青銅器上鳥紋的斷代研究》，《西周青銅器分期斷代研究》，文物出版社，1999年，頁194。
④ 彭裕商《西周青銅器竊曲紋研究》，《考古學報》2002年04期，頁421–436。
⑤ 張德良《青銅器竊曲紋的來源及分型》，《文物》2009年04期，頁83–91。
⑥ 陳公柔、張長壽《殷周青銅器上獸面紋的斷代研究》，《考古學報》1990年02期，頁137–168。
⑦ 彭裕商《西周青銅器年代綜合研究》，巴蜀書社，2002年，頁530。
⑧ 張振林《試論銅器銘文形式上的時代標記》，《古文字研究》05輯，中華書局，1981年，頁49–88。
⑨ В. М. Крюков, Ритуальная коммуникация в древнем Китае М.,1997, с .261.
⑩ 夏含夷《西周史料：銅器銘文》，芝加哥大學出版社，1991年，頁158–162。
⑪ 張懋鎔《金文字形書體與20世紀的西周銅器斷代研究》，《古文字研究》26輯，中華書局，2006年，頁188–192。
⑫ 王帥《西周早期金文字形書體演變研究與銅器斷代》，陝西師範大學2005年碩士學位論文；又《西周金文字形書體研究芻議》，《陝西歷史博物館館刊》15輯，三秦出版社，2008年，頁64–68。
⑬ 劉華夏《金文字體與銅器斷代》，《考古學報》2010年01期，頁43–72。

晚關係，再對照記有王號的標準器關鍵字，確定各類型的大致年代。

　　除了上述專門就某一方面討論銅器時代的論著之外，對於以上三種都有專題研究的學者有馬承源、林巳奈夫、朱鳳瀚等。馬承源《中國青銅器》①一書雖然僅對形制、紋飾、字體等作了分類，不屬於類型學研究，但它却爲學界提供了豐富的資料。日本學者林巳奈夫《殷周時代青銅器之研究》②一書的上册第二編，以三章的篇幅分別探討了殷至春秋前期的器形、紋飾、銘文的時代變遷。該書的特點是："一、引用了不少最新的材料與研究成果；二、注意到從出土層位、共存關係、型式早晚，即以考古學方法爲基礎進行斷代研究。"但是，在型式劃分中以側視形作爲標準，"由於不好掌握，恐怕還需要進一步探索"③。朱鳳瀚先後作《古代中國青銅器》④《中國青銅器綜論》⑤，是銅器研究的重要論著。尤其是《中國青銅器綜論》一書，在前者的基礎上增加了近年新的發掘資料，充分吸收了新的研究成果，在器形、紋飾的型式分析、銘文字體的演變、墓葬分期等方面均有專門的研究，是一部集大成的力作，對西周青銅器斷代研究具有重要意義。

　　形制、紋飾、字體的研究是類型學運用於銅器斷代研究中的三個主要方面，然而三者各自序列的發展却不是同步的。王世民等認爲："形制上相對穩定的時間較長，紋飾上變化明顯。"⑥杜勇、沈長雲認爲形制紋飾的變化快於字體⑦，而劉華夏則認爲字體的變化最明顯⑧。以上對於形制、紋飾、字體的時代敏感性的討論，使類型學斷代法不斷趨於科學和嚴謹。

　　2. 以銘文内容爲主的斷代方法的深入研究

　　隨着對西周銅器形制、紋飾、字體等因素研究的系統化，以及對西周史、銘文釋讀認識的提高，學者對以銘文内容爲主的斷代研究不斷檢討、反思，促進了該角度斷代的深入研究。

　　(1)西周王號爲生稱或死稱問題的討論

　　"王號生稱説"的提出，在學術界產生巨大影响，此後斷代學者從之如流，雖偶有異説⑨，却未提供有力的論證。直到李學勤、盛冬鈴兩位學者改變了這一局面，他們利用現存甲骨文、金文中時王稱"王""天子"而非美稱的普遍現象來否定"王號生稱説"，認爲所謂"王號生稱"現象事實上是一種對前事的追述，王號爲死謚⑩。而其中最重要的一則材料是1976年發現的牆盤(10175)銘，該銘列舉自文王到穆王等先王功業時皆稱王號，而歌頌時王時只稱"天子"。稍後杜勇指出西周中期開始諸侯、妃、重臣皆有謚：班簋(04341)記子請謚父曰"大政"；虢氏家族幾代人所作諸器有兩套稱名系統，其中美稱當爲死謚；西周晚期妻從夫謚已開始流行。并認爲謚法是從上下行，西周早期周王王稱當是死謚⑪。

　　①　馬承源《中國青銅器》，上海古籍出版社，2003年。

　　②　林巳奈夫《殷周時代青銅器之研究——殷周青銅器綜覽(一)》，東京吉川弘文館，1984年。

　　③　陳公柔《評介〈殷周時代青銅器之研究——殷周青銅器綜覽(一)〉》，《考古》1986年03期，頁286-288。

　　④　朱鳳瀚《古代中國青銅器》，南開大學出版社，1995年。

　　⑤　朱鳳瀚《中國青銅器綜論》，上海古籍出版社，2009年。

　　⑥　王世民、陳公柔、張長壽《西周青銅器分期斷代研究》，文物出版社，1999年，頁4。

　　⑦　杜勇、沈長雲《金文斷代方法探微》，人民出版社，2002年，頁126。

　　⑧　劉華夏《金文字體與銅器斷代》，《考古學報》2010年01期，頁52。

　　⑨　董作賓《中國年曆總譜·凡例》，香港中文大學，1959年，頁53；吳靜淵《謚法探源》，《中華文史論叢》總11輯，中華書局，1979年，頁79-94。

　　⑩　盛冬鈴《西周銅器銘文中的人名及其對斷代的意義》，《文史》1983年17輯，頁41。

　　⑪　杜勇《金文"生稱謚"新解》，《歷史研究》2002年03期，頁3-12。

其後，天馬-曲村北趙晉侯墓地第三次發掘的晉獻侯夫人墓中，出土了一件有銘玉環[①]，李學勤先生指出"文王"乃是身後謚法[②]。"王號死謚説"持有者在論證過程中提供了較爲詳實的證據，經過多位學者的闡釋後，獲得了較多支持，如李伯謙、張懋鎔、韓巍、劉華夏在其斷代文章中皆支持"王號死謚説"[③]。

（2）"康宫"問題的深入研究

進入20世紀80年代，"康宫"原則仍受到許多質疑[④]，"康宫"究竟是不是康王之廟，支持者與反對者所據以論證的資料是相同的，但是對於昭穆制度、宗廟制度的認識始終無法達成一致，導致對"康宫"的認識截然相反。"康宫"問題的解決亟待新材料的發現或新方法的加入。

張懋鎔將類型學引入該問題的解決中，他指出到西周早期後段，方彝已經較殷末周初發生變化："一是由高大變得橫寬；二是腹壁不是直壁，腹部外鼓，作曲壁狀；三是圈足下有高階；四是饕餮紋已變得面目柔和。"他認爲這種傾垂現象是西周早期後段青銅器的演變通則，夨令方彝（09901）的最大徑在腹的中部，置於昭王時是比較合理的[⑤]。賈洪波《論令彝銘文的年代與人物糾葛——兼略申唐蘭先生西周金文"康宫説"》從相關銅器的年代和人物論證"康宫"説成立，并對唐蘭論證不縝密處多有糾正[⑥]。尹盛平《西周的昭穆制度與金文中的"康宫"問題》討論昭穆制度以補證"康宫"原則[⑦]。王帥則從字形書體的角度，指出"康宫"所涉及諸器的時代當在昭王時[⑧]。上文我們所敘"王號死稱"説的確立，證成"文""武""成""康"等字爲周王謚號，鞏固了"康宫"説的可信性[⑨]。至此，"康宫"原則真正確立起來，成爲"西周銅器斷代的一把尺子，即凡是銘文中出現'康宫'字樣，此器一定是康王以後器物"[⑩]。

（3）四要素俱全銅器的時代判斷

與"王號死謚"説、"康宫"原則確定銅器相對王世不同，曆日推步法可以判斷銅器的絶對年代，是一種更精確的斷代方法。考察紀年銘文的合曆情況，確定王世，可以作爲標準器繫聯其他銅器。一篇四要素俱全的銘文包括年、月、月相、紀日干支，它涉及四個問題：所屬王世、西周曆法制度、月相術語含義、共和以前列王年數。只有後三個要素明確，才可以確定銅器的王世[⑪]。長期以來，這三個問題一直是西周年代研究學者致力的方向，相關研究成果極其豐富，但是學者間的意見

① 山西省考古研究所、北京大學考古學系《天馬-曲村遺址北趙晉侯墓地第三次發掘》，《文物》1994年08期，頁22-33、68，圖12-14、16。

② 李學勤《文王玉環考》，《華學》01輯，中山大學出版社，1995年，頁71。

③ 李伯謙《陝西眉縣出土窖藏青銅器筆談》之李伯謙部分，《文物》2003年06期，頁53-55；張懋鎔《周原出土西周青銅器分期斷代研究》，《古文字與青銅器論集（第二輯）》，科學出版社，2006年，頁209-234；韓巍《親簋年代及相關問題》，《古代文明》6卷，文物出版社，2007年，頁162；劉華夏《金文字體與銅器斷代》，《考古學報》2010年01期，頁43-72。

④ 趙光賢《"明保"與"保"考辨》，《中華文史論叢》1982年01期，頁181-196；何幼琦《論康宫》，《西北大學學報（哲學社會科學版）》1985年02期，頁10-16；杜勇、沈長雲《金文斷代方法探微》，人民出版社，2002年，頁51。

⑤ 張懋鎔《西周青銅器斷代兩系説芻議》，《考古學報》2005年01期，頁3。

⑥ 賈洪波《論令彝銘文的年代與任務糾葛——兼略申唐蘭先生西周金文"康宫説"》，《中國史研究》2003年01期，頁3-18。

⑦ 尹盛平《西周的昭穆制度與金文中的"康宫"問題》，《西周文明論集》，朝華出版社，2004年，頁83-92。

⑧ 王帥《西周昭王銅器新探》，《殷都學刊》2008年03期，頁41-45。

⑨ 唐蘭提出"康宫"爲康王廟，但是却否認周初王號死稱，這一點影響了"康宫"説被接受，許多學者對"康宫"原則的質疑正是基於"周初無謚"的前提。

⑩ 張懋鎔《西周青銅器斷代兩系説芻議》，《考古學報》2005年01期，頁3。

⑪ 張培瑜《西周年代曆法與金文月相紀日》，《中原文物》1997年01期，頁15。

分歧却很大。如劉啓益、馬承源、何幼琦、張汝舟、夏含夷、趙光賢、張聞玉、張培瑜、李學勤等學者，都先後討論了西周列王在位年數問題，其主要文章收録於朱鳳瀚、張榮明編《西周諸王年代研究》①。書後兩人作《西周諸王年代研究述評》，總結以往研究成果及得失，提出未來研究中需要注意的問題。而金文月相概念的研究主要有"月相定點"説、"月相四分"説、"月相二系"説，每説之下又分别有許多修正觀點，其研究成果蔚爲大觀，可參看杜勇、沈長雲《金文斷代方法探微》②、葉正渤《金文月相紀時法研究》③等書的相關介紹。1996年啓動的夏商周斷代工程極大地推動了這幾方面的研究，其建立的《西周金文曆譜》④，將66篇四要素俱全的銅器銘文納入。但是有學者指出該譜仍存在一些問題，如朱鳳瀚建立《西周金文年曆表》⑤，將以上66件器入譜，與《夏商周斷代工程簡報》的斷代仍有不同，其中王世變動較大的如：師詢簋（04342）由恭王改置夷王；無㠱簋（04225）由恭王改置屬王；牧簋（04343）由懿王改置屬王；宰獸簋⑥由夷王改置恭王；師望簋（03682）由屬王改置恭王。可見，曆日推步法判斷銅器時代仍然有較長的一段路要走，對於西周曆法、金文月相及列王年數的研究，仍是未來努力的方向。

　　（4）標準器群世系問題研究

　　利用窖藏世系銘文建立的標準器群，往往可以繫聯一批銅器。但是對於標準器群世系關係及其對應時代的確定，却是一個十分複雜的過程，此間學者進行了很多有益的探討，仍以强家村、扶風莊白兩處窖藏爲例：

　　學者對强家村器群重新建立了兩種世系關係：a. 三代世系説，即虢季——師訊、師望、即——師㝨。《西周青銅器分期斷代研究》認爲師訊、師望和即均爲師㝨的父輩，師㝨鐘（00141）的年代較師訊鼎（02830）、師望鼎（02812）、即簋（04250）稍晚，在西周中期後段懿孝時期⑦。周言認爲强家村器群作五代安排，世系過多。他以爲數代祖并舉時會以不同稱呼嚴格區分而不用"烈祖"，虢、寏爲同姓異宗的國族，據此認爲强家村爲師丞家族的連續三代世系，師訊、師望、即爲同輩⑧。b. 四代世系説，即虢季——師訊——即——師㝨。代表人物是彭裕商、韓巍，他們認爲應將師望鼎從師㝨器群摘除。彭裕商認爲師望器的銘文、器形、紋飾等都具有晚期特徵，師望不應是師訊之子，師望鼎（02812）之"文考寏公"和師㝨鐘的"烈祖寏公"非同一人⑨。韓巍則將師㝨鐘（00141）銘斷讀爲"烈祖虢季寏公、幽叔、朕皇考德叔"，認爲師訊是"幽叔"，活動於穆恭時期；即是"德叔"，活動於恭懿時期；師㝨當孝夷時，下限可至屬王⑩。

　　羅泰指出莊白瘕器器型及風格具有明顯的西周晚期的特點，牆盤銘所記的微氏世系是否連貫如一值得懷疑。他認爲"高祖"指立族者，"烈祖"是數代微氏祖先的統稱，"亞祖"爲小宗立族者，都

①　朱鳳瀚、張榮明《西周諸王年代研究》，貴州人民出版社，1998年。

②　杜勇、沈長雲《金文斷代方法探微》，人民出版社，2002年，頁166。

③　葉正渤《金文月相紀時法研究》，學苑出版社，2005年。

④　《夏商周斷代工程1996—2000年階段成果報告·簡本》，世界圖書出版公司，2000年。

⑤　朱鳳瀚《中國青銅器綜論》，上海古籍出版社，2009年，頁1221。

⑥　《文物》1998年08期，頁85圖三。

⑦　王世民、陳公柔、張長壽《西周青銅器分期斷代研究》，文物出版社，1999年，頁173鐘15。

⑧　周言《也談强家村西周青銅器群世系問題》，《考古與文物》2005年04期，頁54–57。

⑨　彭裕商《西周青銅器年代綜合研究》，巴蜀書社，2003年，頁423。

⑩　韓巍《周原强家西周銅器群世系問題辨析》，《中國歷史文物》2007年03期，頁70–78。

是世代共奉的特定祖先。根據周王世系每代的平均數，認爲微世系"高祖""乙祖"兩者之間還有三四代，折、豐、牆、癲之年代皆當後推：折器約穆恭時；豐器約懿王前後；癲器約宣王前後；牆盤可能作於孝王時。因政治原因，銘文只歷數從文王至穆王而不提恭王、懿王①。後來，李學勤的《西周青銅器研究的堅實基礎——讀〈西周青銅器分期斷代研究〉》②，根據王世民等所建立的西周銅器序列，指出癲所作的鐘、盨、壺形制有較晚的特徵，當置於西周晚期約厲王時。該文雖未明確否定自己之前的世系排列，但是確實注意到了癲器的較晚特徵。

（5）以人名繫聯他器方式的檢討

標準器斷代法中利用標準器推斷他器時代，人物是繫聯他器的最重要的紐帶之一。隨着以銘文内容爲主的斷代研究的深入，對於這一繫聯方式的認識也不斷成熟。

較早對人名繫聯進行反思的學者是李學勤，他指出："這種青銅器組的方法是有一定局限的，有時會導致不妥當的推論。銘文中同樣人名，有時不是同一個人；即使同一個人，也可能生存於一個以上的王世。"③此後全面總結人名重要斷代作用的文章，是盛冬鈴的《西周銅器銘文中的人名及其對斷代的意義》④，該文在系統論述西周銅器銘文中人名表現形式的基礎上，介紹了以人名斷代的兩種方法：一是據人名與文獻材料的對應確定銅器的時代；二是據人名之間橫向或縱向的聯繫斷代。同時指出利用人名聯繫斷代，必須確定銘文與文獻、銘文與銘文中的人名是同一個人，要注意異人同名和同人多名現象。作者還舉例利用人名爲主要線索，結合其他因素，確定了部分恭、懿、孝、夷銅器。何幼琦的《試評銅器斷代法的得失》⑤指出"斷代成果的是非、得失，也都集中在人名問題上"。他列舉的斷代容易出現的五種失誤，多與人名有關：a.忽略異人同名現象；b.以彝銘中的人名牽强附會歷史人物；c.對文獻中的史事、文義理解錯誤而斷代失誤；d.據銘文中多個人物繫聯一批銅器的集體斷代。e.據人名輾轉繫聯某王世明確器，連鎖斷代。同時文末附錄一、二分別列舉了可據人名表明王世的器物及同私名而非同人諸銘。之後吳鎮烽的《金文人名彙編》⑥，全面匯集了見於金文中的人名，并指出每個人名的大致時代及身份，異人同名的分條放置體現了作者對於該問題的思考。其《金文人名研究》⑦則對金文人名的種類、組成方式、取字命名特點、同名現象等特徵進行了介紹。韓巍的《西周金文中的"異人同名"現象及其對斷代研究的影響》舉例説明金文中的異人同名現象及相關器斷代，指出名、字這種與個人關係更加密切的稱謂，其"異人同名"的可能性尚未得到足够重視，在利用人名斷代時必須盡可能綜合考慮其他各項因素以避免錯誤⑧。同一人可能經歷幾個王世，對於如何確定同人作器的時代，彭裕商在《西周青銅器年代綜合研究》⑨中指出，

① 羅泰《有關西周晚期禮制改革及莊白微氏青銅器年代的新假設：從世系銘文説起》，《中國考古學與歷史學之整合研究》，（中研院歷史語言研究所會議論文集之四），1997 年，頁 651–676。

② 李學勤《西周青銅器研究的堅實基礎——讀〈西周青銅器分期斷代研究〉》，《文物》2000 年 05 期，頁 90。

③ 李學勤《西周中期青銅器的重要標尺——周原莊白、强家兩處青銅器窖藏的綜合研究》，《中國歷史博物館館刊》1979 年 01 期，頁 29–36。

④ 盛冬鈴《西周銅器銘文中的人名及其對斷代的意義》，《文史》1983 年 17 輯，頁 27。

⑤ 何幼琦《試評銅器斷代法的得失》，《江漢論壇》1987 年 04 期，頁 62–67。

⑥ 吳鎮烽《金文人名彙編》，中華書局，2006 年。

⑦ 吳鎮烽《金文人名研究》，《周秦文化研究》，陝西人民出版社，1998 年，頁 423。

⑧ 韓巍《西周金文中的"異人同名"現象及其對斷代研究的影響》，《東南文化》2009 年 06 期，頁 113–116。

⑨ 彭裕商《西周青銅器年代綜合研究》，巴蜀書社，2003 年。

同一人任右者的年代必定不會太寬，因此右者爲同人的銅器當作於同時。

　　就人物進行專門討論的文章也十分豐富，比較重要的如：劉啓益《西周金文所見的周王后妃》①、張長壽《論井叔銅器——1983～1986年澧西發掘資料之二》②、彭裕商《伯戁父考》③、楊亞長《金文所見之益公、穆公與武公考》《再説金文所見之益公——兼與韓巍先生商榷》④等。

　　上面的概述，我們介紹各斷代論著所側重的方法，事實上，任何學者的斷代研究都不可能僅依賴一種手段，而往往是多種方法的綜合運用。劉啓益於90年代前後發表了一系列西周銅器斷代文章⑤，後來增益爲《西周紀年》，其前言指出“類型研究、月相、共生關係”是構成該書的斷代方法的三個要素⑥。該書在每個王世下將有銘銅器按照銘文内容進行分組，并在其後列出該王世的主要墓葬（或窖藏）出土的銅器。作者稱：“把銅器分爲若干類型，每一類型按已知時代早晚來排列先後，在排列中觀察器形的變化，從變化中找出其時代特徵，經過反復對比、校正，就組成了每一類型的發展序列，序列形成了，每一類型銅器形制的變化特點就出來了。”⑦在方法上該書較多使用的仍是對比法和分類法。彭裕商《西周青銅器年代綜合研究》⑧對銅器的斷代研究建立在其器形分析的基礎上，他以專章討論了西周青銅容器的型式劃分及時代流變，并介紹了龍紋、鱗紋及竊曲紋。在此基礎上對西周359件青銅容器進行斷代研究，其中的很多觀點和方法是需要我們重視的。

　　除以上斷代專著外，一些學者也有很多重要的文章，對斷代研究作出了重要貢獻。李學勤多年來一直致力於西周年代學的研究，有很多重要的研究文章。如他對穆公簋、鮮簋、克罍、克盉、吳虎鼎、膳夫山鼎、虎簋蓋、頌器、親簋等許多斷代有較大爭議的銅器都有討論，修訂西周中、晚期曆譜，對西周吉日進行研究，等等，其研究成果主要收於《新出青銅器研究》⑨《夏商周年代學札記》⑩《重寫學術史》⑪《中國古代文明研究》⑫等論著中。其斷代研究能够嫺熟綜合考古、文獻與銘文

　　① 劉啓益《西周金文所見的周王后妃》，《考古與文物》1980年04期，頁85。

　　② 張長壽《論井叔銅器——1983~1986年澧西發掘資料之二》，《文物》1990年07期，頁32-35。

　　③ 彭裕商《伯戁父考》，《四川大學考古專業創建四十周年暨馮漢驥教授百年誕辰紀念文集》，四川大學出版社，2001年，頁224。

　　④ 楊亞長《金文所見之益公、穆公與武公考》，《考古與文物》2004年06期，頁71-75；《再説金文所見之益公——兼與韓巍先生商榷》，《考古與文物》2009年05期，頁60-62、67。

　　⑤《西周武成時期銅器的初步清理》，《古文字研究》12輯，中華書局，1985年，頁207-256；《西周康王時期銅器的初步清理》，《出土文獻研究》01輯，文物出版社，1985年，頁69-106；《西周昭王時期銅器的初步清理》，《出土文獻研究續輯》，文物出版社，1989年，頁56-106；《西周穆王時期銅器的初步清理》，《古文字研究》18輯，中華書局，1992年，頁326-389；《西周懿王時期銅器的初步清理》，《文史》36輯，1992年，頁27-46；《西周孝王時期銅器的初步清理》，《出土文獻研究》03輯，中華書局，1998年，頁43-59；《西周夷王時期銅器的初步清理》，《古文字研究》07輯，中華書局，1982年，頁139-163；《西周夷王時期銅器續記》，《于省吾教授百年誕辰紀念文集》，吉林大學出版社，1996年，頁85-89；《西周厲王時期銅器與“十月之交”的時代》，《考古與研究》1980年01期，頁80（按：《西周紀年》未收該篇）；《西周厲王時期銅器補記》，《周秦文化研究》，陝西人民出版社，1998年，頁387-393；《西周宣王時期銅器的初步清理——附共和及幽王時期銅器》，《出土文獻研究》05輯，科學出版社，1999年，頁79-107；《西周宣王時期銅器的再清理——［附］共和及幽王時期銅器》，《出土文獻研究》05輯，科學出版社，1999年，頁79-107。

　　⑥ 劉啓益《西周紀年》，廣東教育出版社，2002年，頁1。

　　⑦ 劉啓益《西周紀年》，頁63。

　　⑧ 彭裕商《西周青銅器年代綜合研究》，巴蜀書社，2002年。

　　⑨《新出青銅器研究》，文物出版社，1990年。

　　⑩《夏商周年代學札記》，遼寧大學出版社，1999年。

　　⑪《重寫學術史》，河北教育出版社，2002年。

　　⑫《中國古代文明研究》，華東師範大學出版社，2005年。

多方面的因素，取得了顯著成就。張懋鎔除上文介紹的對字體及器形、紋飾的研究，其主要成果還有：修正前人以有無"日名""族徽"區別商周銅器的做法[①]；認爲月相指具體的某一天，是定點的[②]；對厲王、懿王、孝王、夷王在位年數進行考察[③]；提出斷代"兩系"説[④]、"非均衡性"説[⑤]，解釋了西周銅器斷代中呈現的複雜現象；重點分析了周原墓葬和窖藏出土西周青銅器的年代和王世[⑥]。朱鳳瀚除專著《中國青銅器綜論》外，還發表了一系列文章對個別銅器進行了專文討論，如對琉璃河克器、士山盤、眉縣窖藏銅器、師西鼎和師酉簋、柞伯鼎、覎公簋、伯戔父簋、衛簋及伯狱諸器的時代均有研究[⑦]。其他學者如李朝遠、王世民、王永波、韓巍等，也有許多重要研究文章[⑧]，極大推動了西周銅器斷代研究的進程。

綜上所述，整個西周銅器斷代研究史是一個不斷趨於成熟的過程，不僅各種斷代方法在不斷的討論中得到更加科學的認識，多種斷代方法的綜合運用也成爲斷代的必要手段。當然，這并不意味着西周銅器斷代研究已經到了完善的地步。以上文我們介紹的幾個確定標準器的標尺爲例，時至今日仍然有許多爭議。斷代研究需要我們在一個較長時期内進行不懈的努力和探索，而這種努力的起點在於對以往研究成果的全面掌握，本書的寫作目的即在於此。本書共收録文獻約1400種，收録西周有銘銅器26類5000餘件。希望這項基礎整理工作能够爲西周銅器斷代研究提供一個平臺。

————————————

① 《周人不用日名説》，《歷史研究》1993年05期，頁173–177；《周人不用族徽説》，《考古》1995年09期，頁835–840。

② 《西周王年問題瑣談》，《追尋中華古代文明的蹤迹——李學勤先生學術活動五十年紀念文集》，復旦大學出版社，2002年，頁30–34。

③ 《周厲王在位年數考》，《遠望集——陝西省考古研究生華誕四十周年紀念文集》，陝西人民美術出版社，1998年，頁357–360；《西周懿、孝、夷三王在位年數蠡測》，《古文字與青銅器論集》，科學出版社，2002年，頁203–210；《西周王年問題瑣談》，《古文字與青銅器論集》，科學出版社，2002年，頁211；《逨盤與西周王年》，《古文字與青銅器論集（第二輯）》，科學出版社，2006年，頁241–243。

④ 《西周青銅器斷代兩系説芻議》，《考古學報》2005年01期，頁1–26。

⑤ 《試論西周青銅器演變的非均衡性問題》，《考古學報》2008年03期，頁337–353。

⑥ 《周原出土西周青銅器分期斷代研究》，《西部考古——西北考古專業成立50周年紀念文集》，三秦出版社，2006年，頁145–164。以上張懋鎔研究文章收於科學出版社出版的《古文字與青銅器論集》及二輯、三輯。

⑦ 朱鳳瀚《房山琉璃河出土之克器與西周早期的召公家族》，《遠望集——陝西省考古研究生華誕四十周年紀念文集》，陝西人民美術出版社，1998年；《士山盤銘文初釋》，《中國歷史文物》2002年01期；《師西鼎與師酉簋》，《中國歷史文物》2004年01期；《柞伯鼎與周公南征》，《文物》2006年05期；《覎公簋與唐伯侯於晉》，《考古》2007年03期。《由伯戔父簋銘再論周厲王征淮夷》，《古文字研究》27輯，中華書局，2008年；《衛簋與伯狱諸器》，《南開學報》（哲學社會科學版）2008年06期。

⑧ 參文後《參考文獻》（簡稱對照表）中幾位學者的相關引文。

一、鐘類、鎛類

序號	器 名	字數	銘文著錄	時 代	出 處	依 據
1	𣄰鐘	1	新收 1104	西周晚期	新收 2006：頁 788	
				不晚於西周晚期	李步青、林仙庭 1991a：頁 916	形制同莊白之瘨器。
				西周晚期	林仙庭 1997：頁 87	形制。
2	用享鐘	2	00002	西周晚期	集成 2007（1）：頁 763	
				西周晚期	陝西 1980（3）：頁 10 器 61	
				西周中期	曹瑋等 2005（2）：頁 268	
				西周晚期	張懋鎔 2006a：頁 231	
3	永寶用鐘周盤雲鐘	3	00004	西周晚期	集成 2007（1）：頁 763	
4	䢅册鐘	3	近二 0001	西周晚期	近二 2010（一）：頁 3	
				西周晚期	寶雞 C2007a：頁 10	
5	公彀鐘楚公逆鐘	4	近二 0002、新收 0897-0898	西周晚期	近二 2010（一）：頁 4	
				西周晚期	新收 2006：頁 655	
				西周末年	山西·北京 1994b：頁 19	
				厲王前後	徐天進 2000：頁 335-337	墓葬。
				未	李伯謙 2002：頁 31	據出土器物的特徵，M64 在西周晚期晚段。
				西周晚期	張長壽 2002：頁 77	據出土器物，M64 在西周晚期。
				未	朱鳳瀚 2009：頁 1449	墓葬年代當西周晚期偏晚。
6	天尹鐘天尹鈴	5	00005-00006	西周晚期	集成 2007（1）：頁 763	
				春秋戰國	容庚 1941（2008）：頁 375	
				成康	殷瑋璋、曹淑琴 1991：頁 9-12	參高卣（05431）。
7	己侯𤝔鐘己侯鐘、己侯虎鐘、紀侯𤝔鐘	6	00014	西周晚期	集成 2007（1）：頁 764	
				西周後期	容庚 1941（2008）：頁 373 鐘 9	
				孝王	陳夢家 1966（2004）：頁 228	形制花紋屬懿孝時。紀侯譖齊哀公於周王，在懿孝夷時，見《周本紀》《齊世家》等。
				西周晚期	馬承源等 1988：頁 343 器 499	
				西周晚期	彭裕商 2003：頁 498	器形，紋飾，字體。
				西周晚期	吳鎮烽 2006：頁 245	紀侯𤝔，西周晚期人。
				西周晚期	朱鳳瀚 2009：頁 1396	
8	益公鐘	7	00016	西周晚期	集成 2007（1）：頁 764	
				康王	吳其昌 1929（2004）：頁 174	"益公"見於康王時芮白敦（04331），寫法相同。

續表

序號	器 名	字數	銘文著錄	時 代	出 處	依 據
8	益公鐘	7	00016	夷王	陳夢家 1966（2004）：頁 302	作器者即休盤（10170）、十七祀詢簋（04321）的右者"益公"，兩器皆夷王時。
				共王	唐蘭 1972：頁 59–60	據人物"益公"等繫聯他器。
				共王	唐蘭 1976—1978（1986）：頁 429	
				共王	唐復年 1983：頁 34–35	
				恭王	馬承源等 1988：頁 139 器 205	"益公"爲恭懿時人，見乖伯簋（04331）、永盂（10322）。
				夷厲	彭裕商 1999：頁 57–62	
				共懿	劉啓益 2002：頁 273	益公，共懿時人。
				西周中期	吳鎮烽 2006：頁 273	益公，西周中期人。
9	馘侯鎛	7	00017	戰國早期	集成 2007（1）：頁 764	按：此器誤收。
				春秋戰國	容庚 1941（2008）：頁 383	
				西周中期	馬承源等 1988：頁 262 器 383	
				戰國早期	吳鎮烽 2006：頁 426	馘侯，戰國早期人。
10	魯原鐘魯邍鐘	8	00018	西周晚期	集成 2007（1）：頁 764	
				夷王	陳夢家 1966（2004）：頁 303 器 203 附	
				西周晚期	馬承源等 1988：頁 337 器 486	
				西周晚期	彭裕商 2003：頁 501	紋飾，字體。
				西周晚期	陳佩芬 2004：頁 614 器 432	
				春秋早期	吳鎮烽 2006：頁 382	魯邍，春秋早期人。
11	𣪘鐘佣友鐘、朕鐘	8	00020	西周晚期	集成 2007（1）：頁 765	
				西周晚期	吳鎮烽 2006：頁 269	朕，西周晚期人。
12	在上鐘	8	近二 0003、新收 0656	西周晚期	近二 2010（一）：頁 5	
				西周晚期	新收 2006：頁 487	
				西周中晚期	高西省 1994：頁 91–96	形制，紋飾。
13	鄭井叔鐘鄭丼叔鐘、鄭邢叔綏賓鐘	9（又合文 1）	00021–00022	西周晚期	集成 2007（1）：頁 765	
				懿王	郭沫若 1935（2002）：頁 186	"奠井叔"即懿王時康鼎（02786）之"康"。
				懿王	容庚 1941（2008）：頁 39	"井叔"見於懿王時㝬鼎。
				孝王	吳其昌 1934（2004）：頁 328	鄭丼叔在懿、夷間。
				孝王	陳夢家 1966（2004）：頁 215	此"奠井叔康"即康鼎（02786）之"康"、舀鼎（02838）之"井叔"，皆懿孝時器。

序號	器 名	字數	銘文著錄	時 代	出 處	依 據
13	鄭井叔鐘 鄭丼叔鐘、鄭邢叔綏賓鐘	9（又合文1）	00021–00022	共王	唐蘭 1976—1978（1986）：頁 432	
				懿王	尚志儒 1987：頁 294	作器者同康鼎（02786），後者爲懿王時器。
				厲王	馬承源等 1988：頁 289 器 415	*00022。
				厲王	彭裕商 2003：頁 434	器形、紋飾。
				西周晚期	吳鎮烽 2006：頁 323	奠井叔，西周晚期人。
14	中義鐘	10	00023–00030	西周晚期	集成 2007（1）：頁 765	
				接近共和時期	段紹嘉 1963：頁 10	
				夷厲	郭沫若 1963：頁 5	形制、花紋、銘體皆同夷厲時柞鐘（00133），當爲同人鑄器同人書銘。
				西周後期	郭寶鈞 1970（1981）：頁 60–62	墓葬與穆王時長安普渡村長囚墓對照。
				西周中晚期	陝西 1980（2）：頁 19 器 142–149	
				西周後期	辭典 1995：頁 167 器 583	
				厲王前後	王世民等 1999：頁 179 鐘 28	器形。
				西周晚期	曹瑋等 2005（1）：頁 125–148	
				西周中晚期	張懋鎔 2006a：頁 230	
15	內公鐘 芮公鐘、太公鐘	10	00031	西周晚期	集成 2007（1）：頁 765	
				西周後期	容庚 1941（2008）：頁 373 鐘 10	
				厲王	唐蘭 1976—1978（1986）：頁 517	
				西周晚期	馬承源等 1988：頁 349 器 512	
				西周晚期	彭裕商 2003：頁 510	紋飾。
				春秋早期	吳鎮烽 2006：頁 190	芮公，春秋早期人。
16	內公鐘鈎 芮公鐘鈎、從鐘鈎	8	00032–00033	西周晚期	集成 2007（1）：頁 766	
				春秋戰國	容庚 1941（2008）：頁 383 鐘鈎 1	
				西周晚期	馬承源等 1988：頁 349 器 513	
				西周晚期	彭裕商 2003：頁 510	
				春秋早期	吳鎮烽 2006：頁 190	芮公，春秋早期人。
17	猶鐘 獣狄鐘 髮鐘	11（又重文1）+16（又重文4）	00035；00049	西周晚期	集成 2007（1）：頁 766	
				懿王	郭沫若 1935（2002）：頁 183	"猶"，古顏字，與《史記》《索引》記懿王名"囏""堅"音近，疑"猶"爲懿王名本字。
				厲宣間	唐蘭 1936：頁 10–11	

續表

序號	器　名	字數	銘文著錄	時　代	出　　處	依　　據
17	猷鐘 戲狄鐘 髮鐘	11（又重文1）+16（又重文4）	00035；00049	厲王	唐蘭 1976—1978（1986）：頁 517	
				不早於孝夷	宗靜航 1993：頁 163	用語、句式符合晚周鐘銘。
				西周中晚期	吳鎮烽 2006：頁 355	猷，西周中晚期人。
				厲王（或宣王）	韓巍 2008：頁 30 注 1	據"先王"一詞，器主爲一代周王，厲王、宣王的可能性均有。
18	姓仲鐘 兄仲鐘	12	00036	西周中期	集成 2007（1）：頁 766	
				西周中期	吳鎮烽 2006：頁 314	姓仲，西周中期人。
19	叔旅魚父鐘	13	00039	西周晚期	集成 2007（1）：頁 766	
				約宣王前後	天津 A1964：頁 35	虢叔旅鐘（00238）爲厲王時器，此鐘是其子所作，可能屬宣王時。
				西周晚期	吳鎮烽 2006：頁 197	叔旅魚父，西周晚期人。
20	眉壽鐘	13	00040-00041	西周晚期	集成 2007（1）：頁 766	
21	楚公豪鐘 楚公鐘、楚公家鐘	15（又重文2）	00042-00045；近出 0003、新收 0659	西周中晚期	集成 2007（1）：頁 766	
				西周晚期	近出 2002（一）：頁 6	
				西周晚期	新收 2006：頁 490	
				未	郭沫若 1935（2002）：頁 354	楚公即熊咢之子熊儀。
				西周後期	容庚 1941（2008）：頁 373 鐘 4	
				夷王或厲王早期	張亞初 1984a：頁 95-96	據形制、紋飾、銘文字體當在西周中期；楚公家即楚熊渠。
				厲王	劉彬徽 1984：頁 333	從朱德熙等人之説，楚公豪，即熊摯，厲王時人。
				春秋中期	夏淥 1985：頁 52-59	楚公豪，即楚成王熊惲，當春秋中期。
				春秋早期	李零 1986：頁 353-398	楚公豪，即熊眴。
				西周晚期	馬承源等 1988：頁 329 器 468	*00043。
				兩周之際	李學勤 1995a：頁 71	楚公豪即熊咢之子熊儀，兩周之際人。
				厲王	朱德熙、裘錫圭、李家浩 1996：頁 249	楚公豪，即熊摯，厲王時人。
				西周晚期	青全 1997（6）：頁 109 器 112	

續表

序號	器 名	字數	銘文著録	時 代	出 處	依 據
21	楚公豪鐘 楚公鐘、 楚公家鐘	15（又 重文 2）	00042– 00045；近 出 0003、 新收 0659	幽王	羅西章 1999：頁 21	從造型、紋飾、字體看，鑄造於幽王時。楚公豪即若敖，宣幽時人。* 近出 0003。
				西周晚期早段	高至喜 2002：頁 348	形制，紋飾。
				西周晚期	彭裕商 2003：頁 492	紋飾，器形，字體。
				西周晚期	曹瑋等 2005（10）：頁 2036	* 近出 0003。
				西周晚期	張懋鎔 2006a：頁 231	
				西周晚期	吳鎮烽 2006：頁 336	楚公豪，西周晚期人。
22	昆疕王鐘	14	00046	西周晚期	集成 2007（1）：頁 767	
23	粵鐘	15	00048	西周中晚期	集成 2007（1）：頁 767	
				夷王	陳夢家 1966（2004）：頁 304	形制，花紋。
				西周中晚期	吳鎮烽 2006：頁 316	粵，西周中晚期人。
24	姑仲衍鐘	17	近二 0004	西周晚期	近二 2010（一）：頁 6	
				西周晚期	寶雞 C2007：頁 17	
				西周晚期	寶雞 C2007a：頁 10	
25	走鐘 周寶和鐘	20（又 重文 2）	00054– 00058	西周晚期	集成 2007（1）：頁 768	
				孝王	吳其昌 1929（2004）：頁 334	“走”即孝王時徒毀（04244）之“徒”。
				恭王	郭沫若 1935（2002）：頁 175	“走”即恭王時走簋（04244）之“走”。
				懿王	白川靜 1968：頁 524–532 器 122	
				共王	唐蘭 1976—1978（1986）：頁 420	
				懿王	劉啓益 2002：頁 306	作器者同十二年走簋（04244），後者作於懿王時。
				西周晚期	吳鎮烽 2006：頁 137	走，西周晚期人。
26	逆鐘	21+ 21+ 21（又 合文 1） +21	00060– 00063	西周晚期	集成 2007（1）：頁 768	
				厲王元年	劉啓益 1979：頁 19	形制似屬王時克鐘（00204）。曆日合於屬王元年。
				西周晚期	曹發展、陳國英 1981：頁 8	形制，花紋，字體。
				夷王元年	何幼琦 1982：頁 111	曆法。
				孝王	馬承源 1982：頁 52	曆日。

序號	器 名	字數	銘文著録	時 代	出 處	依 據
26	逆鐘	21+21+21（又合文1）+21	00060-00063	恭懿	王輝 1983：頁 54	據一組編鐘的數目的增加趨勢，此編鐘很可能在恭懿時。
				夷王	何幼琦 1983a：頁 57-58	叔氏賜命逆的一套儀式程序與國君賜命臣下基本相同，叔氏當即位前的夷王。
				厲王元年	劉啓益 1984：頁 243	
				西周中期	陝西 1984（4）：頁 27 器 185-188	
				孝王	丁驌 1985：頁 42	曆日。
				懿王	張聞玉 1987：頁 155	據曆日推算。
				孝王	馬承源等 1988：頁 198 器 274	*00060、00063。
				孝王	李仲操 1991：頁 67	曆日。
				厲王元年	趙光賢 1992：頁 48	曆日。
				西周後期	辭典 1995：頁 163 器 566	
				厲王元年	劉雨 1997：頁 247	
				孝夷前後	王世民等 1999：頁 173 鐘 17	器形。
				厲王元年	斷代工程 2000：頁 20、32	考古類型排比。排西周金文曆譜。
				宣王	周言 2000：頁 66	曆日。
				宣王	范毓周、周言 2002：頁 25	銅器曆日繫聯。
				宣王	彭裕商 2003：頁 441	紋飾、字體、用語皆爲厲宣時期，日辰合於宣王時元年師兌簋（04274）。
				西周晚期	吳鎮烽 2006：頁 239	逆，西周晚期人。
				孝王	王輝 2006：頁 189	
				厲王	朱鳳瀚 2009：頁 1222	曆日。
				夷王	葉正渤 2010：頁 185	夷王元年爲公元前 903 年，該器曆日合於夷王元年。
27	通泉鐘 通禄鐘	22	00064	西周晚期	集成 2007（1）：頁 768	
				宣幽	韓巍 2008：頁 30	
28	兮仲鐘	27（又重文 2）	00065-00071	西周晚期	集成 2007（1）：頁 768	
				西周後期	容庚 1941（2008）：頁 373 鐘 7	*00069。
				西周	鑫 1957：頁 81	*00068。
				夷王	陳夢家 1966（2004）：頁 303 器 203 附	
				西周晚期	吳鎮烽 2006：頁 56	兮仲，西周晚期人。

續表

序號	器 名	字數	銘文著錄	時 代	出 處	依 據
29	成鐘	31	近二 0005、新收 1461	西周晚期	近二 2010（一）：頁 7	
				西周晚期	新收 2006：頁 1011	
				厲王	陳佩芬 2000：頁 131–133	曆日合於《年表》孝王、厲王十六年。兩銑較直、于部彎曲甚小，屬西周晚期器。刻銘現象亦見於上博厲王時晉侯蘇鐘（近出 0035）。
				厲王十六年	李學勤 2002a：頁 46–47	形制、紋飾、刻字等特徵與厲王時鐘相近。銘“周康宫夷宫”而紀年十六者不外厲、宣二世。該器曆日合於斷代工程曆譜厲王十六年。
				厲王	陳佩芬 2004：頁 599	形制。
				厲王	吳鎮烽 2006：頁 114	成，西周厲王時期人。
30	單伯昊生鐘 單 伯 鐘、單伯昊生鐘	33（又合文 1）	00082	西周晚期	集成 2007（1）：頁 770	
				厲王	吳其昌 1929（2004）：頁 362	“單白昊生”即厲王時虡殷（04294）之“嗣徒單白”。
				厲王	郭沫若 1935（2002）：頁 254	“單伯”亦見於厲王時揚殷（04294）。
				厲王	容庚 1941（2008）：頁 40	右者“單伯”同厲王時揚簋（04294）。
				懿王	白川靜 1968b：頁 87–94 器 132	
				恭 王（或懿王）	馬承源等 1988：頁 164 器 235	“單伯”見於恭王時衛盉（09456）及懿王時揚簋（04294）。器形亦屬此間。
				西周中期	馬承源 2003a：頁 277 鐘 2	器形。
				西周晚期	曹瑋 2003：頁 63–65	據形制、紋飾、銘文看為西周晚期器，或為逑本人作器。
				恭、懿	董珊 2003：頁 42–46	單伯昊生即逑盤（新收 0757）之“零伯”，當恭懿時。
				厲王	彭裕商 2003：頁 422	據器形、紋飾、字體、常用説法推斷，在厲王時。
				恭懿	陳佩芬 2004：頁 399	單伯之名見於恭王三年衛盉（09456）、懿王時揚簋（04294）。
				西周早期	吳鎮烽 2006：頁 315	單光，西周早期人。
				厲王	白光琦 2006：頁 69	詞語“▨堇大命”，形制，紋飾。

序號	器　名	字數	銘文著録	時　代	出　　處	依　　據
30	單伯昊生鐘 單伯鐘、 單伯昊生鐘	33（又 合文 1）	00082	孝、夷	田率 2008：頁 85	人物聯繫。
				幽王（或 稍晚）	韓巍 2008：頁 28 注 2	單伯昊生很可能是單逨之子，應在幽王時期或更晚。
31	虘鐘 叔鐘	35	00088- 00092	西周中期	集成 2007（1）：頁 771	
				春秋戰國	容庚 1941（2008）：頁 374 鐘 11	*00088。
				懿王	陳夢家 1966（2004）：頁 191 器 137 附	虘所作之簋（04252）在懿王時。
				懿王	白川靜 1968a：頁 46-54 器 126 附	
				懿王	唐蘭 1976—1978（1986）：頁 476	
				孝王	丁驌 1985：頁 43	曆日。
				夷王	馬承源 等 1988：頁 267 器 390、391	*00088、00089、00092。
				孝王前後	王世民 等 1999：頁 163 鐘 5、頁 173 鐘 14	根據大師虘簋（04252），約在孝王時。器形。
				懿王	劉啓益 2002：頁 310	作器者同太師虘簋（04252），後者作於懿王時。
				西周晚期	彭裕商 2003：頁 356	據器形、紋飾、曆日等爲西周晚期器。與大師虘簋（04251）、大師虘豆（04692）非同一人作器。
				西周中期	吳鎮烽 2006：頁 284	虘，西周中期人。
				懿孝	張懋鎔 2008：頁 349	
32	遲父鐘 遲父鐘	36（又 重文 3）	00103	西周晚期	集成 2007（1）：頁 772	
				宣王	吳其昌 1929（2004）：頁 525	"遲父"即宣王時㝬卣（05425）、㝬簋（04134）、楷妃彝（04269）之"白犀父"。
				孝王	陳夢家 1966（2004）：頁 227	"遲父"即孝王時害簋（04258）之"宰犀父"、白遲父鼎（02195）之"白遲父"。
				孝王	劉啓益 2002：頁 338	"犀父"見於孝王時瘋壺（09723）。
				西周中期後段	吳鎮烽 2006：頁 349	遲父，西周中期後段人。

序號	器　名	字數	銘文著錄	時　代	出　處	依　據
33	昊生鐘 昊生殘鐘	存 37	00104－ 00105	西周晚期	集成 2007（1）: 頁 772	
				厲王	吳其昌 1929（2004）: 頁 364	"昊生" 即屬王時𤰸毀（04294）之 "嗣徒單白"。
				厲王	郭沫若 1935（2002）: 頁 255	與厲王時單伯鐘（00082）爲同人之器。
				懿王	陳夢家 1966（2004）: 頁 194	形制紋飾屬懿王。"單伯昊生" 即懿王時揚簋（04294）之右者 "單白"。
				懿王	白川靜 1968b: 頁 91–94 器 132 附	
				恭王（或懿王）	馬承源等 1988: 頁 165 器 237	
				西周晚期	曹瑋 2003: 頁 63–65	與單伯昊生鐘（00082）爲同人作器，彼器屬西周晚期。
				厲王	彭裕商 2003: 頁 422	據器形、紋飾、字體、常用説法推斷，在厲王時。
				西周晚期	吳鎮烽 2006: 頁 229	昊生，西周晚期人。
				宣幽	韓巍 2008: 頁 30	
34	井叔采鐘	37	00356－ 00357	西周中期	集成 2007（1）: 頁 795	
				西周	社科院 A1986: 頁 22–27+ 頁 11	
				懿王	張長壽 1990: 頁 32–35	據所出墓葬時代。
				西周中期	青全 1997（5）: 頁 176 器 184	*00356。
				夷王	李仲操 1998a: 頁 317	祖 "穆公" 見於恭王時尹姑鼎（00754）、懿王時盠駒尊（06011）等器。井叔只有一人，用事於夷王時。
				懿王	社科院 1999: 頁 367	
				懿孝	王世民等 1999: 頁 173 鐘 16	器形。
				孝王	劉啓益 2002: 頁 336	據花紋歸爲孝王時器。
				西周中期後段	吳鎮烽 2006: 頁 83	井叔采，西周中期後段人。
				夷王	韓巍 2008: 頁 31 注 3	
35	師宝鐘	存 37	近二 0008、 新收 0657	西周晚期	近二 2010（一）: 頁 10	
				西周晚期	新收 2006: 頁 488	
				西周中晚期	高西省 1994: 頁 91–96	形制，紋飾，字體。

序號	器　名	字數	銘文著錄	時　代	出　　處	依　　據
35	師㝬鐘	存 37	近二 0008、新收 0657	西周晚期	劉雨 2006：頁 165-171	銘文所述七代先祖名與《管蔡世家》曹世家世系基本相同，此器當爲西周晚期曹器。
				西周晚期	張懋鎔 2006a：頁 233 器 112	
				西周晚期	吳鎮烽 2006：頁 263	師㝬父，西周晚期人。
36	楚公逆鐘楚公鐘、楚鐘、夜雨雷鎛、楚公㝬鐘、楚公逆鎛	39	00106	西周晚期	集成 2007（1）：頁 772	
				西周末年	郭沫若 1935（2002）：頁 354	此楚公即熊咢，從孫詒讓。
				宣王	容庚 1941（2008）：頁 43	"楚公逆" 即熊咢，據《史記·十二諸侯年表》，當宣王時。
				屬宣	張亞初 1984a：頁 95-96	逆，即熊咢，當西周晚期約屬宣時。
				西周晚期	劉彬徽 1984：頁 335	逆，即熊咢。
				宣王	李零 1986：頁 353	楚公逆即熊咢，前 821-800 年，當宣王 7-28 年。"逆其萬年" 爲西周晚期習語。
				西周晚期	馬承源等 1988：頁 329 器 467	
				宣王	李學勤 1995a：頁 71	"楚公逆" 即熊咢，宣王時人。
				西周晚期或春秋早期	柯鶴立 2002：頁 357	形制，紋飾，用語。
				宣王	彭裕商 2003：頁 467	"楚公逆" 即熊咢，據《史記·楚世家》，爲宣王時人。
				西周晚期	吳鎮烽 2006：頁 336	楚公逆，西周晚期人。
				宣王	黃盛璋 2006：頁 15	記錄 "司四方吳林" 同逨盤（新收 0757），後者在宣王時。
				宣幽	韓巍 2008：頁 30	
37	應侯見工鐘應侯編鐘、應侯視工鐘、應侯鐘	39（又合文 2）+30（又重文 2 合文 1）	00107-00108；近二 0009-0010、新收 0082-0083	西周中期	集成 2007（1）：頁 772	
				西周中期	近二 2010（一）：頁 11	
				西周	新收 2006：頁 73	
				恭王	靭松、樊維嶽 1975：頁 69	"榮伯" 見於康鼎（02786）、卯殷（04327）、永盂（10322）等器，皆爲恭王時。*00107。

續表

序號	器　名	字數	銘文著録	時　代	出　　處	依　　據
37	應侯見工鐘、應侯編鐘、應侯視工鐘、應侯鐘	39（又合文2）+30（又重文2合文1）	00107-00108；近二 0009-0010、新收 0082-0083	恭王	吳鎮烽 1987：頁 275	"榮伯"見於恭、懿二世裘衛盉（09456）、永盂（10322）等。據銘文風格歸爲恭世器。
				恭王（或懿王）	馬承源等 1988：頁 163 器 234	
				西周中期	青全 1997（6）：頁 93 器 95	
				西周晚期	徐錫臺 1998：頁 349	"康"屬西周康宮。"榮伯"見於康鼎（02786）、衛盉（09456）等。
				恭王前後	王世民等 1999：頁 166 鐘 13	器形。
				西周中期偏晚	朱鳳瀚 2001b：頁 156–159	形制，紋飾，鑄銘位置，同人作簋的時代。
				西周中期末（孝夷）	王世民 2001d：頁 257	據衛盉（09455）、永盂（10322）、五祀衛鼎（02832）銘文人物分析，井伯與榮伯同時在朝，榮伯地位低於井伯。井伯又見長由盉（09455）、利鼎（02804）、走簋（04244）等器，爲穆恭時人。榮伯與井伯共事而稍晚，恭懿至孝夷或夷屬時期人。又本器形制紋飾與屬王元年逆鐘（00060）基本一致，本器當爲西周中期後段之末，即孝夷時期。
				共懿	劉啓益 2002：頁 275	形制、紋飾均西周中期稍前之物。
				屬王	彭裕商 2003：頁 415	器形、紋飾流行於屬宣時期。右者"榮伯"即榮夷公。
				孝夷	李朝遠 2005：頁 110	"榮伯"是西周重臣，恐非同一人。與應侯見工鼎（新收 1456）作者爲同一人，後者爲屬王時器。結合同人作簋的形制紋飾，時代可定爲孝夷時。
				西周中期前段	吳鎮烽 2006：頁 413	應侯，西周中期前段人。
				孝夷	王龍正、劉曉紅、曹國朋 2009：頁 57	據本器及其他應侯見工器的形制、紋飾判斷，當屬孝夷時。
				西周中期偏晚至晚期之初	朱鳳瀚 2009：頁 1355	

序號	器 名	字數	銘文著録	時 代	出 處	依 據
38	丼人女鐘 丼人妾鐘、丼人佞鐘、邢人鐘	41（又重文3）+40（又重文7）	00109–00112	西周晚期	集成 2007（1）: 頁 772	
				共和	吳其昌 1929（2004）: 頁 446	"穌父"即共伯和。
				宣王	郭沫若 1935（2002）: 頁 316、245	"丼人"爲其考"穌父"作鐘，是"共伯和"之子。
				西周後期	容庚 1941（2008）: 頁 373 鐘 8	*00111。
				宣王	李學勤 1959: 頁 46	人名。
				夷王	陳夢家 1966（2004）: 頁 302	形制，花紋。
				共和	白川静 1970b: 頁 776–784 器 190	
				宣王	周文 1972: 頁 9–12	形制、紋飾、字體皆同宣王時丼人妾鐘（00109），銘文部分相同，應爲同組器物。*00112。
				厲王	唐蘭 1976—1978（1986）: 頁 517	
				西周晚期	陝西 1980（3）: 頁 10 器 60	*00112。
				厲王	尚志儒 1987: 頁 295	
				夷王（或厲王）	馬承源等 1988: 頁 272 器 396	*00109、00112。
				西周後期	辭典 1995: 頁 167 器 581、586	
				西周晚期	青全 1997（5）: 頁 178 器 186	*00109。
				宣王	晁福林 2001: 頁 188	"和父"即共伯和，"丼人妾"爲其子。
				宣王	劉啓益 2002: 頁 401	"丼人妾"爲共伯和之子，同意郭沫若説。
				厲王	彭裕商 2003: 頁 430	器形、紋飾、措辭多同癲鐘（00246）及梁其鐘（00187），後幾器在厲王時。
				西周晚期	陳佩芬 2004: 頁 602 器 430	形制，紋飾，銘文内容，字體風格。*00109。
				西周中期	曹瑋等 2005（2）: 頁 271	*00112。
				西周晚期	張懋鎔 2006a: 頁 231	
				西周晚期	吳鎮烽 2006: 頁 83、135	丼人妾，西周晚期邢國族人。
				夷厲	張懋鎔 2008: 頁 351	
39	柞鐘 三年柞鐘	45（又重文3）	00133–00139；首陽 41	近厲王	陳公柔 1962: 頁 89	形制，花紋。
				接近共和時期	段紹嘉 1963: 頁 10	

續表

序號	器　名	字數	銘文著録	時　代	出　處	依　據
39	柞鐘 三年柞鐘	45（又 重文 3）	00133– 00139；首 陽 41	夷厲	郭沫若 1963：頁 5	"對揚仲大師休"，知有恩人仲大師而不知有王，爲夷厲時代現象。器制、花紋、銘體、文字亦合。柞即幾父，仲大師即同仲，見幾父壺（09721）。
				幽王	白川靜 1965d：頁 156	日辰可排入幽王，文辭、用韻、册命儀式、右者等皆合。
				夷王	陳夢家 1966（2004）：頁 303	形制，花紋。
				西周後期	郭寶鈞 1970（1981）：頁 60–62	與穆王時長安普渡村長囟墓對照。
				幽王	白川靜 1971：頁 898–917 器 198	
				西周中晚期	陝西 1980（2）：頁 21 器 156–163	
				懿王	何幼琦 1982：頁 110	曆法。
				幽王三年	劉啓益 1984：頁 219	朔日干支合於《日月食典》幽王三年。
				恭王（或孝王）	丁驌 1985：頁 37、42	曆日。
				西周晚期	馬承源等 1988：頁 323 器 454	曆日合於《年表》幽王三年。
				幽王	李仲操 1991：頁 92	曆日。
				孝王三年	趙光賢 1992：頁 47	曆日。
				西周後期	辭典 1995：頁 167 器 584	
				夷王三年	劉雨 1997：頁 247	
				厲王前後	王世民等 1999：頁 179 鐘 27	器形。
				厲王	周言、魏宜輝 1999：頁 57	曆日。
				幽王三年	李學勤 1999h：頁 222	依幽王建丑，本器曆日合於曆表幽王三年。
				厲王前後（幽王三年）	斷代工程 2000：頁 21、35	據考古類型學方法在厲王前後。據金文曆譜可排在幽王三年。
				宣王	彭裕商 2003：頁 444	據器形、紋飾、同出器物判斷，在厲宣時。
				西周晚期	曹瑋等 2005（1）：頁 97–122	
				西周中晚期	張懋鎔 2006a：頁 218、230	
				西周晚期	吳鎮烽 2006：頁 224	柞，西周晚期人。

序號	器 名	字數	銘文著録	時 代	出 處	依 據
39	柞鐘 三年柞鐘	45（又 重文 3）	00133– 00139；首 陽 41	西周晚期	王輝 2006：頁 270	
				西周晚期	首陽 2008：頁 120 器 41	
				宣幽	張懋鎔 2008：頁 351	
				幽王	朱鳳瀚 2009：頁 1223	曆日。
40	師㝬鐘 師丞鐘、 師㝬鐘	48	00141	西周晚期	集成 2007（1）：頁 776	
				懿王	吳鎮烽、雒忠如 1975：頁 58	據祭祀對象"亮公"和作器者職官，師㝬爲師望之子，望擔任師職在共王十三年後，則㝬襲職當在懿世或稍早。
				屬王	李學勤 1979：頁 31	據家族世系排列。
				西周中期	陝西 1980（3）：頁 17 器 107	
				懿王	黃盛璋 1984：頁 289	與即簋同坑出土，且據父祖名，師要爲即之子輩。
				夷王	吳鎮烽 1987：頁 279	參即簋（04250）。
				孝王	馬承源等 1988：頁 227 器 312	
				屬王	宗靜航 1993：頁 159	
				西周後期	辭典 1995：頁 163 器 566	
				屬王	彭裕商 1999：頁 58	銘文中有流行於西周晚期的詞語。字體及器形皆較晚。
				懿孝	王世民等 1999：頁 173 鐘 15	據祖父人物關係，師龢、師望和即均爲師㝬的父輩，鐘的年代稍晚於以上三人作器，當在西周中期後段懿孝時期。
				夷王	劉啓益 2002：頁 354	據同出同一家族銅器的人物關係判斷，此器當在夷王時。
				屬王	彭裕商 2003：頁 425、361	參虎簋蓋（新收 0633）。
				屬王	周言 2005：頁 54–57	"虢季""亮公""幽叔"爲同輩兄弟，強家器群人物關係是一個家族的三代世系，師丞爲第三代，當屬王時。
				西周中期	曹瑋等 2005（2）：頁 317	
				西周中晚期	張懋鎔 2006a：頁 218、232	
				西周晚期	吳鎮烽 2006：頁 260	師丞，西周晚期人。

序號	器 名	字數	銘文著録	時 代	出 處	依 據
40	師𢅁鐘 師丞鐘、 師要鐘	48	00141	孝 夷（或 至厲王）	韓巍 2007b：頁 72–73	強家村器群銘文人物當爲一個家族的四個世系，師酉活動於穆王後期到恭王時期；其子輩即活動於恭懿時，師𢅁活動於孝夷時，甚至可進入厲王時。
				厲王	韓巍 2008：頁 31	
41	鮮鐘	52（又 重文 2）	00143	西周晚期	集成 2007（1）：頁 776	"王才成周䢃土淲宫" 亦見於孝王十三年癲壺（09723）。相同紋飾多見於西周中期偏晚或西周晚期偏早器。
				孝王	劉啓益 2002：頁 340	
				西周中期 前段	吳鎮烽 2006：頁 411	鮮，西周中期前段人。
42	士父鐘	存 56 （又重 文 4）	00145– 00148	西周晚期	集成 2007（1）：頁 776	
				厲王	郭沫若 1935（2002）：頁 272	辭例字體酷似厲王時虢叔旅鐘（00238）。"皇考叔氏" 與虢旅之氏 "叔" 同，"士父" 是 "旅" 之字。
				夷厲	白川靜 1969a：頁 382–387 器156	
				厲王	唐蘭 1976—1978（1986）：頁 517	
				夷 王（或厲王）	馬承源等 1988：頁 271 器 395	*00147。
				厲王	高至喜 1991：頁 86–87	形制紋飾近虢叔旅鐘，紋飾多見於夷厲時。*00146。
				宣王	劉啓益 2002：頁 402	"皇考叔氏" 見於厲王時元年逆鐘（00060），士父爲叔氏之子，此器在宣王時。
				西周晚期	吳鎮烽 2006：頁 4	"士父"，西周晚期人。
				宣幽	韓巍 2008：頁 30	
43	南宫乎鐘	67	00181	西周晚期	集成 2007（1）：頁 780	
				西周晚期	羅西章 1980：頁 6–22	
				西周晚期	陝西 1980（3）：頁 22 器 140	
				宣王	吳鎮烽 1987：頁 283	"南宫乎" 見於宣王時善夫山鼎（02825）。
				宣王	馬承源等 1988：頁 315 器 446	南宫乎，在宣王時山鼎（02825）銘中爲儐相。
				西周後期	辭典 1995：頁 167 器 582	

序號	器　名	字數	銘文著錄	時　代	出　處	依　據
43	南宮乎鐘	67	00181	西周晚期	青全 1997（5）：頁 177 器 185	
				西周末年	羅泰 1997：頁 662	人物"南宮乎"見於西周末年善夫山鼎（02825）。
				厲王晚年	李學勤 1999：頁 55	形制紋飾最近虢叔旅編鐘（00238），後者作於厲王晚年時。
				宣王前後	王世民等 1999：頁 181 鐘 29	聯繫山鼎（02825）。
				宣王	劉啓益 2002：頁 397	"南宮乎"即宣王三十七年善夫山鼎（02825）之右者南宮乎。
				宣王	李伯謙 2003：頁 53–55	形制紋飾與宣王時逨鐘（近出 0106）幾乎全同。
				宣王前後	王世民 2003：頁 44–45	與宣王時逨器相聯繫。
				宣王	彭裕商 2003：頁 474	"南宮乎"見宣王時善夫山鼎（02825）。器形、紋飾、措辭。
				宣王	張懋鎔 2006a：頁 232 器 110	
				宣王	吳鎮烽 2006：頁 226	南宮乎，名乎，南宮氏，西周宣王時人。
44	沴其鐘梁其鐘	74（又重文 4）	00187–00192	西周晚期	集成 2007（1）：頁 780	
				西周末年	郭沫若 1943：頁 155	文例字體當西周末年。花紋類宣王時毛公鼎（02841）。
				西周晚期	上海 1959：頁 36	*00189。
				夷王	陳夢家 1966（2004）：頁 277	據梁其所作諸器的形制、花紋，當屬夷王時。
				夷王	白川靜 1969a：頁 388–400 器 157	
				厲王	唐蘭 1976—1978（1986）：頁 516	
				夷厲	陳佩芬 1983：頁 23	梁其所做諸器，鐘的形制、銘文似虢叔旅鐘（00238）、邢人鐘（00109）；鼎的形制、紋飾似函皇父鼎（02548）；壺的形制類似虢季子組壺（09655），皆爲西周晚期較早之器。
				西周晚期	李學勤、艾蘭 1995：頁 348 器 114	*00190。
				西周後期	辭典 1995：頁 168 器 587	
				西周晚期	青全 1997（5）：頁 179 器 187	*00188。

續表

序號	器 名	字數	銘文著録	時 代	出 處	依 據
44	沴其鐘 梁其鐘	74（又 重文 4）	00187- 00192	西周晚期 前段	王世民等 1999：頁 176 鐘 22	器形。
				厲王	彭裕商 2003：頁 431	梁其作器包括鐘（00187）、鼎（02768）、簋（04147）、盨（04447）、壺（09716），諸器從器形、紋飾、用語、措辭、字體等方面考慮，在厲宣之間。鐘較早，在厲世，餘器在厲宣之際或宣初。
				西周晚期 （夷厲）	陳佩芬 2004：頁 608-609	形制，銘文與傳世的虢叔旅鐘（00238）、邢人妄鐘（00109）、狀鐘（00260）等相似，大致在夷厲之際。
				西周晚期	吳鎮烽 2006：頁 294	梁其，西周晚期人。
				宣幽	韓巍 2008：頁 30	
45	克鐘	40（又 重文 2）	00204- 00208	西周晚期	集成 2007（1）：頁 782	
				厲王十六年	吳其昌 1929（2004）：頁 398、397	日辰合於厲王十六年。
				夷王	郭沫若 1935（2002）：頁 241	克鐘爲夷厲時，參見伯克壺（09725）。"士舀"即懿王時舀鼎（02838）、夷王時蔡段（04340）之"宰舀"。
				厲王	莫非斯 1936：頁 244	
				厲王十六年	容庚 1941（2008）：頁 39	作器者同厲王時大克鼎（02836）。
				恭王十六年	董作賓 1952：頁 695	曆法。
				夷王	俞靜安 1957：頁 17	曆日，月相。
				恭王十六年	董作賓 1959（1977）：頁 54	曆法。
				宣王	唐蘭 1962：頁 45	"剌宮"即厲王廟。
				孝王	白川靜 1965d：頁 152	曆日可排入孝世曆譜。
				夷王	陳夢家 1966（2004）：頁 259	與夷王時善夫克鼎（02836）、盨（04465）同出而稍早；銘記十六年不合於孝王積年十五，當置於夷王十六年。
				孝王	白川靜 1969c：頁 531-540 器 171	

序號	器 名	字數	銘文著録	時 代	出 處	依 據
45	克鐘	40（又重文2）	00204-00208	宣王	唐蘭 1976—1978（1986）：頁 517	
				非厲王時	戚桂宴 1981：頁 82	厲王十六年出奔彘，不當在周。
				夷王十六年	何幼琦 1982：頁 111	曆法。
				孝王	馬承源 1982：頁 52	曆日。
				宣王	劉雨 1983：頁 155	"剌宫"，厲王之廟。"初吉"不是月相。從"克"到"膳夫克"官職逐年有加，克鐘、克盨、克鼎爲同一王世的連續紀年，克盨紀年十八，據《史記》陳、衛、齊世家，厲王在位不超過 18 年，克器無法納入，故置於宣王。
				孝王十六年	陳佩芬 1983：頁 18	同人作大克鼎（02836）銘中佑導人"﨏季"亦見於恭王五年衛鼎（02832）。該鐘曆日合於《張表》孝王十六年，大克鼎當作於孝王初年。*00206、00208。
				厲王十六年	劉啓益 1984：頁 244	
				孝王	丁驌 1985：頁 44	曆日。
				夷王	何幼琦 1985：頁 12	曆日。
				宣王	高木森 1986：頁 143	曆日。
				孝王	吳鎮烽 1987：頁 279	參師克盨蓋（04468）。
				宣王十六年	張聞玉 1987：頁 155	據曆日推算。
				未	張政烺 1987（2011）：頁 75	贊成唐蘭"康宫説"。
				孝王	馬承源等 1988：頁 212 器 294	曆日合於《年表》孝王十六年。
				夷王	王明閣 1989：頁 113	
				夷王十六年	王雷生 1990：頁 27	
				宣王	張聞玉 1990：頁 10	
				西周中期	辭典 1995：頁 163 器 566	
				宣王	劉雨 1997：頁 247	
				宣王	榮孟源 1997：頁 356	宣王十六年是公元前 811年，該器曆日與之合。

序號	器 名	字數	銘文著錄	時 代	出 處	依 據
45	克鐘	40（又重文2）	00204–00208	宣王	白光琦 1997：頁 309	與善夫克非同人。"康剌宫"是康宫内属王宗廟，克鐘作於属王後，幽王不足十六年，當宣王時。
				属王	黎東方 1997：頁 230	
				宣王	李學勤 1998：頁 30	曆日與《張表》所推差一個月，而與宣王時吴虎鼎（新收 0709）相調和。
				宣王十六年	周曉陸、穆曉軍 1998	以前 841±1 年爲宣王元年，該器曆日合。
				宣王	彭裕商 1999：頁 58	"周康剌宫"爲宣王廟。
				属王前後	王世民等 1999：頁 176 鐘 21	器形。
				属王	周言、魏宜輝 1999：頁 57	曆日。
				宣王十六年	斷代工程 2000：頁 21、34	考古類型學方法。排西周金文曆譜。
				宣王	李學勤 2000b：頁 92	形制，字體，銘文格式，曆日。
				懿孝	馬承源 2000a（2007）：頁 174	克之祖父輔佐穆王，克當懿孝時人。
				宣王	張懋鎔 2002a：頁 125	
				宣王	劉啓益 2002：頁 386	曆日合於《張表》宣王十六年。
				夷王	杜勇、沈長雲 2002：頁 88	克器曆日不相容，根據克的職務不同，本器稍早，置於夷王時。
				西周中期	馬承源 2003a：頁 277 鐘 3	器形。
				宣王前後	王世民 2003：頁 44–45	與宣王時逑器相聯繫。
				宣王	彭裕商 2003：頁 451	"剌宫"即属王廟，器在宣王時。
				宣王	彭裕商 2005：頁 100	參大克鼎（02836）。
				西周中期後段	吴鎮烽 2006：頁 139	克，又稱伯克、師克、善夫克，西周中期後段人。
				宣王	張懋鎔 2008：頁 350	
				宣王	夏含夷 2010	以公元前 827 年爲宣王元年，該器曆日合。
46	虢季編鐘	4 至 51 不等	近出 0086–0093、新收 0001–0008	西周晚期	近出 2002（一）：頁 211–226	
				西周晚期	新收 2006：頁 1–8 器 1–8	
				西周晚期	河南 D1999：頁 524	形制，紋飾。
				西周晚期後段	王世民等 1999：頁 178 鐘 23	器形。
				宣王	張彦修 2004：頁 76–78	墓主爲周宣王時虢文公。

續表

序號	器 名	字數	銘文著錄	時 代	出 處	依 據
47	楚公逆編鐘	68	近出 0097、新收 0891–0898	西周晚期	近出 2002（一）：頁 237	
				西周晚期	新收 2006：頁 654–655	
				西周末年	山西·北京 1994b：頁 19	
				宣王	李學勤 1995a：頁 71	"楚公逆"即熊咢，宣王時人。存於晉穆侯墓。
				宣王	黃錫全、于炳文 1995：頁 170–178	楚公逆即熊咢，宣王時人。
				西周晚期	青全 1997（6）：頁 108 器 111	* 新收 0893。
				宣王	劉啓益 1998：頁 102	
				前 793 年後	朱鳳瀚 2000：頁 192–198	
				宣王	徐天進 2000：頁 335–337	墓葬在宣王時。
				宣王	柯鶴立 2002：頁 357	出土於晉侯墓，當宣王時。
				未	李伯謙 2002：頁 31	據出土器物的特徵，M64 在西周晚期晚段。
				西周晚期	張長壽 2002：頁 77	據出土器物，M64 在西周晚期。
				宣王	彭裕商 2003：頁 467	"楚公逆"即熊咢，據《史記·楚世家》，爲宣王時人。
				西周晚期	吳鎮烽 2006：頁 336	楚公逆，西周晚期人。
				未	朱鳳瀚 2009：頁 1449	墓葬年代當西周晚期偏晚。
48	克鎛 大克鐘	79	00209	西周晚期	集成 2007（1）：頁 782	
				孝王	白川靜 1969c：頁 531–540 器 171 附	
				西周	陳邦懷 1972：頁 14–16	"康剌宮"指康王廟中的"武世室"，非屬王廟。
				宣王	劉雨 1983：頁 155	參克鐘（00204）。
				宣王十六年	唐蘭 1985：頁 121–125	據其鎛的形制看，當在西周末年。與屬王時克鼎（02836）同出，但大克鐘曆日不合於屬王時諸器，考慮夷王和宣王積年，將大克鐘放入宣王十六年。"剌宮"爲屬王的宗廟，故該鐘在宣王以後。
				孝王	吳鎮烽 1987：頁 279	參師克盨蓋（04468）。
				孝王	馬承源等 1988：頁 213 器 295	

續表

序號	器　名	字數	銘文著録	時　代	出　　處	依　　據
48	克鎛 大克鐘	79	00209	西周中期	辭典 1995：頁 163 器 576	
				西周晚期	青全 1997（5）：頁 181 器 189	
				宣王	李學勤 1998：頁 30	曆日與張表所推差一個月，而與宣王時吳虎鼎（新收 0709）相合。
				宣王十六年	周曉陸、穆曉軍 1998	以前 841±1 年爲宣王元年，該器曆日合。
				厲王	周言、魏宜輝 1999：頁 57	曆日。
				宣王十六年	斷代工程 2000：頁 21、34	考古類型學方法。排西周金文曆譜。
				宣王	李學勤 2000b：頁 92	形制，字體，銘文格式，曆日。
				宣王	張懋鎔 2002a：頁 125	
				宣王	劉啓益 2002：頁 385	曆日合於《張表》宣王十六年。
				宣王	朱鳳瀚 2003：頁 50–52	宣王元年爲前 826 年，據《張表》，該器曆日可排入宣王。
				宣王	彭裕商 2003：頁 452	"剌宮"即厲王廟，器在宣王時。
				西周中期後段	吳鎮烽 2006：頁 139	克，又稱伯克、師克、善夫克，西周中期後段人。
				宣王	黃盛璋 2006：頁 28	宣王紀年向後推一年，可合曆。
				宣王	朱鳳瀚 2009：頁 1223	曆日。
49	虢叔旅鐘 虢叔鐘、虢叔編鐘、虢叔大林鐘、惠叔鐘、虢叔旅乍皇考惠叔鐘	86	00238–00244	西周晚期	集成 2007（1）：頁 785	
				厲王	吳其昌 1929（2004）：頁 429	"虢叔旅"即厲王三十一年 䚘攸從鼎（02818）之"虢旅"。
				厲王	郭沫若 1935（2002）：頁 271	"虢叔旅"即厲王時 䚘攸從鼎（02818）之"虢旅"。
				厲王	容庚 1941（2008）：頁 41、頁 373 鐘 5	"虢叔旅"即厲王器 䚘攸從鼎（02818）之"虢旅"。
				夷王	李學勤 1959：頁 45	
				夷王	陳夢家 1966（2004）：頁 303 器 203 附	
				厲王	白川靜 1969a：頁 368–381 器 155	
				厲王	唐蘭 1976—1978（1986）：頁 517	

續表

序號	器　名	字數	銘文著録	時　代	出　　處	依　　據
49	虢叔旅鐘、虢叔鐘、虢叔編鐘、虢叔大林鐘、惠叔鐘、虢叔旅乍皇考惠叔鐘	86	00238–00244	厲王	陳佩芬 1981：頁 35	"虢叔旅"即斟攸从鼎（02818）之虢旅，後者爲厲王時器。
				厲王	馬承源等 1988：頁 296 器 427	虢旅，見於厲王時斟从鼎（02818）。
				西周後期	辭典 1995：頁 168 器 585	
				西周晚期	青全 1997（6）：頁 140 器 144、145	*00238、00244。
				厲王晚年	李學勤 1999：頁 55	人物聯繫。
				厲王前後	王世民等 1999：頁 178 鐘 24	器形。
				宣王	劉啓益 2002：頁 389	形制爲西周晚期。"虢叔旅"與宣王時斟攸从鼎（02818）之"虢旅"爲同一人。
				宣王	彭裕商 2003：頁 477	紋飾。"虢叔旅"即宣王時斟从鼎（02818）之"虢旅"。
				厲王	陳佩芬 2004：頁 596	
				西周晚期	吳鎮烽 2006：頁 271	旅，西周晚期人。
				厲王	張懋鎔 2008：頁 351	
50	五祀㝬鐘	89	00358	西周晚期	集成 2007（1）：頁 795	
				厲王	穆海亭、朱捷元 1983：頁 118–121	形制、紋飾、用語皆有西周晚期特點，"㝬"即厲王胡。
				厲王	吳鎮烽 1987：頁 280	"㝬"即周厲王胡，銘文爲天子語氣。
				厲王五年	劉雨 1997：頁 247	
				厲王	王世民等 1999：頁 174 鐘 18	器形。
				厲王五年	劉啓益 2002：頁 375	銘文。
				厲王	彭裕商 2003：頁 390	"㝬"即周厲王胡。
				西周中期	李朝遠 2004a：頁 104–116	據該鐘的形制、紋飾、銘文排列等判斷爲西周中期器，不會晚至厲王時。
				西周晚期	曹瑋等 2005（10）：頁 2027	
				厲王	張懋鎔 2006a：頁 210、230	厲王時標準器。
				厲王	吳鎮烽 2006：頁 363	㝬，即周厲王，夷王之子。
				厲王	韓巍 2008：頁 31	
				厲王	劉華夏 2010：頁 65	
				昭王五祀	葉正渤 2010：頁 113	記時用祀不用年且置於銘末。

續表

序號	器　名	字數	銘文著録	時　代	出　　處	依　　據
51	癲鐘 一式癲鐘	100	00246	西周中期	集成 2007（1）：頁 786	
				懿王	唐蘭 1976—1978（1986）：頁 516	
				懿孝	陝西 1980（2）：頁 8 器 54	*00246。
				共王	伍士謙 1981：頁 97–126	參三年癲壺（09726）。
				夷王	何幼琦 1983a：頁 57	
				孝王	吳鎮烽 1987：頁 279	據微氏家族世系排列，"癲"爲懿孝時期人。造型、字體有較晚特徵。
				懿 王（或孝王）	馬承源等 1988：頁 192 器 267	
				孝夷	盧連成、胡智生 1988a：頁 522	
				厲王	晁福林 1989：頁 81	參癲壺（09723）。
				厲王	李仲操 1991：頁 79	曆日。
				孝夷之間	尹盛平 1992：頁 92	
				孝夷	宗靜航 1993：頁 156	
				宣王前後	羅泰 1997：頁 651–676	參牆盤（10175）。
				孝王	王世民等 1999：頁 164 鐘 8	器形。
				懿孝	馬承源 2000a（2007）：頁 174	父親是恭王時代史官，當懿孝時人。
				厲王	李學勤 2000b：頁 90	形制。
				懿孝	劉啓益 2002：頁 297	"微伯癲"的活動時間在懿孝時，見三年癲壺（09726）。
				約孝夷厲	李零 2002a：頁 44	器形風格，字體特徵，年代序列。
				宣王前後	王世民 2003：頁 44–45	與宣王時逨器相聯繫。
				厲王	彭裕商 2003：頁 403	器形、紋飾、銘文措辭、"尹氏"的出現、字體風格等。
				西周中期	曹瑋等 2005（4）：頁 790	
				懿孝夷厲	張懋鎔 2006a：頁 216	癲是牆的兒子，牆盤（10175）爲恭王時器。微史家族器中牆作器較少，可見牆任職時間不長，癲器最多，任職時間較長，夷王至厲王均有可能。
				孝懿	吳鎮烽 2006：頁 434	癲，西周孝懿時期人。
				厲王	韓巍 2008：頁 31 注 1	癲鐘正鼓部飾蝸狀顧首象鼻夔紋多見於宣幽時期，銘文用語似㝬鐘、㝬簋，可定爲厲王時器。

續表

序號	器 名	字數	銘文著錄	時 代	出　處	依　據
52	癲鐘 二式癲鐘	100	00247- 00250	西周中期	集成 2007（1）：頁 786	
				夷王	李學勤 1979：頁 35	字體晚於三年癲壺（09726），彼爲夷王三年器。
				懿孝	陝西 1980（2）：頁 9 器 55-58	
				共王	伍士謙 1981：頁 97-126	參三年癲壺（09726）。
				懿王（或孝王）	馬承源等 1988：頁 193 器 268	
				孝夷	盧連成、胡智生 1988a：頁 522	
				孝夷之間	尹盛平 1992：頁 92	
				西周中期	辭典 1995：頁 166 器 578	
				孝王	王世民等 1999：頁 174 鐘 19	器形。
				厲王	彭裕商 2003：頁 403	器形、紋飾、銘文措辭、"尹氏"的出現、字體。
				西周中期	曹瑋等 2005（4）：頁 797	
				孝懿	吳鎮烽 2006：頁 434	癲，西周孝懿時期人。
				厲王	韓巍 2008：頁 31 注 1	癲鐘正鼓部飾蝸狀顧首象鼻夔紋多見於宣幽時期，銘文用語似㝬鐘（00260），可定爲厲王時器。
53	癲鐘 三式癲鐘甲	32	00251- 00256	西周中期	集成 2007（1）：頁 787	
				懿孝	陝西 1980（2）：頁 8 器 59-64	
				共王	伍士謙 1981：頁 97-126	參三年癲壺（09726）。
				懿王（或孝王）	馬承源等 1988：頁 194 器 269	
				孝夷	盧連成、胡智生 1988a：頁 522	
				孝夷之間	尹盛平 1992：頁 92	
				孝王	王世民等 1999：頁 178 鐘 25	器形。
				西周中期	曹瑋等 2005（5）：頁 836	
				孝懿	吳鎮烽 2006：頁 434	癲，西周孝懿時期人。
54	癲鐘 四式癲鐘甲	8	00257- 00259	西周中期	集成 2007（1）：頁 787	
				懿孝	陝西 1980（2）：頁 9 器 65-67	
				共王	伍士謙 1981：頁 97-126	參三年癲壺（09726）。
				懿王（或孝王）	馬承源等 1988：頁 195 器 270	
				孝夷	盧連成、胡智生 1988a：頁 522	
				孝夷之間	尹盛平 1992：頁 92	

序號	器　名	字數	銘文著錄	時　代	出　　處	依　　據
54	癲鐘 四式癲鐘甲	8	00257-00259	孝王	王世民等 1999：頁 174 鐘 20	器形。
				西周中期	曹瑋等 2005（5）：頁 868	
				孝懿	吳鎮烽 2006：頁 434	癲，西周孝懿時期人。
55	㝬鐘 宗周鐘、 周寶鐘	111	00260	西周晚期	集成 2007（1）：頁 787	
				昭王	郭沫若 1933（2002）：頁 205-206	卲王，昭王瑕，王號生稱。㝬，瑕之本字。
				昭王	吳其昌 1929（2004）：頁 226	銘文自言“來逆昭王”，爲昭王器。王號爲生時尊號。
				昭王	郭沫若 1935（2002）：頁 119	“卲王”即昭王，生號，“㝬”爲昭王名。字體、辭例近康王時大盂鼎（02837）。
				厲王	唐蘭 1936：頁 1-16	可見之最早的有銘鐘，皆屬宣之世。“先王其嚴在才上……降余多福”，同類語句見於虢弔旅鐘（00238）、士父鐘（00146）等，皆屬宣時器。書法亦有屬宣時特色。所記史事當即屬宣時伐淮夷事。“㝬”讀爲胡，厲王名。
				昭王	莫非斯 1937：頁 9	“卲王”即昭王，器主爲㝬侯，聯繫夐鼎（02721）、彔簋（04122），爲昭王南征時器。
				厲王	容庚 1941（2008）：頁 41、頁 373 鐘 6	
				昭王十七、十八年	楊樹達 1947a（1997）：頁 117-119	此記昭王南征，事見於《左傳》《楚辭》《呂氏春秋》《竹書紀年》等，先後於十六、十九年兩次。該銘爲功成之後所鑄，當記十六年事，作於昭王十七或十八年。
				厲王	陳夢家 1966（2004）：頁 310	據銘文有韻，該器非周初器。器銘之王爲夷王，與作器之㝬非同一人。“卲”，見也。㝬，厲王胡也。
				厲王	唐蘭 1960：頁 10-11	形制、銘文詞例、字體書法。

序號	器 名	字數	銘文著録	時 代	出 處	依 據
55	㝬鐘宗周鐘、周寶鐘、胡鐘	111	00260	厲王	唐蘭 1976—1978（1986）：頁 503	
				厲王晚期	張亞初 1981：頁 159	形制紋飾同宣王時井人妄鐘，"㝬"可讀爲"胡"，周厲王名。據字體看，該器較同人作㝬簋（04317）略晚。
				厲王	高木森 1986：頁 133	厲王爲祭昭王而作。
				厲王	張政烺 1987（2011）：頁 41	字體似㝬生盨（04459），亦厲王時器。作於厲王初，爲厲王所作。
				厲王	馬承源等 1988：頁 279 器 405	
				昭王	王明閣 1989：頁 9	據銘文内容記述昭王南征。
				西周晚期	宗靜航 1993：頁 151–178	據"皇天""其嚴在上""喜侃""前文人""倉倉恩恩""雉雉雝雝""�鬗數數""上下""參壽""不廷方"等詞語判斷，該鐘爲西周晚期器。
				厲王	蔡運章 1994：頁 88	記厲王伐淮夷事。
				厲王	青全 1997（5）：頁 180 器 188	
				厲王	王世民等 1999：頁 178 鐘 26	器形。
				厲王	劉啓益 2002：頁 374	形制似厲王器而有別於康昭穆器。
				厲王	張懋鎔 2002a：頁 125	
				厲王	杜勇、沈長雲 2002：頁 25–26	王號爲死謚，但銘文記事發生在該王之世，可從銘文角度判斷爲該王之世。其鑄作在下一王世，形制、花紋、書體屬下個王世。
				厲王	彭裕商 2003：頁 390	"㝬"即周厲王胡。
				未	江林昌 2004：頁 110	"卲王"爲"昭王"。
				厲王	張懋鎔 2006a：頁 210	厲王時標準器。
				穆王	郭偉川 2006：頁 26–37	"㝬"爲國名而非人名。典籍及銘文"卲"與"王"相連，必爲昭王。"卲王"爲謚號，該器内容與《竹書紀年》載穆王事吻合，人物"遹""競"等見於遹簋（04207）、競卣（05425）等穆王時器，"雉""㝬"等字見於穆王時器，故該器作於穆王時。

續表

序號	器　名	字數	銘文著錄	時　代	出　　處	依　　據
55	㝬鐘 宗周鐘、 周寶鐘、 胡鐘	111	00260	昭王	葉正渤 2006：頁 198	"來逆（迎）卲（昭）王"，該器屬昭王時無疑。
				厲王	吳鎮烽 2006：頁 363	㝬，即周厲王，夷王之子。
				厲王	王輝 2006：頁 212	
				厲王	韓巍 2008：頁 31	
				昭王	葉正渤 2010：頁 5、111	"卲"是昭王專用字。"㝬"是昭王名專用字。記時用祀不用年當延至穆王時。
56	逨編鐘	117 （又重文 11）	近出 0106–0109、新收 0772–0775；首陽 42	西周晚期	近出 2002（一）：頁 267–279	
				西周晚期	新收 2006：頁 561–564	
				夷厲	劉懷君 1987：頁 23	用語、形制分別近厲王時宗周鐘（00260）、㝬鐘（00246）。從開口看窖藏埋藏於西周晚期。
				西周中期	辭典 1995：頁 163 器 580	
				宣王	陝西 B2003：頁 41	
				宣王	王世民 2003：頁 44–45	
				宣王	高明 2003：頁 60–61	
				宣王	曹瑋 2003：頁 63–65	
				宣王早期	張天恩 2003：頁 62–65	
				宣王	周曉陸 2003：頁 62–69	此窖藏之 27 件器器主爲同一人，作於同時。參四十二年逨鼎（新收 0745）。
				宣王	李伯謙 2003：頁 53–55	
				宣王	李學勤 2003a：頁 5	類型對比。據銘文內容，知作器在逨盤（新收 0757）之後，四十三年逨鼎（近二 0330）之前。
				宣王	李零 2003：頁 22–23	
				宣王	董珊 2003：頁 42–46	
				宣王	彭裕商 2005：頁 100	器形、紋飾極近宣王時南宮乎鐘（00181）。
				夷厲	陝西 B2008：頁 343	
				西周晚期	首陽 2008：頁 121 器 42	
				厲王	葉正渤 2010：頁 229	
57	戎生編鐘	全銘 145	近出 0027–0034、新收 1613–1620	西周晚期	近出 2002（一）：頁 42–57	
				西周中期 – 春秋早期	新收 2006：頁 1109–1112	

續表

序號	器 名	字數	銘文著錄	時 代	出 處	依 據
57	戎生編鐘	全銘145	近出 0027-0034、新收 1613-1620	西周晚至春秋早	王世民 1999f：頁 125	紋飾及銘文排列。
				前 740 年	李學勤 1999a：頁 75-82	形制、紋飾像西周晚期鐘。銘文與晉姜鼎（02826）有密切關係，彼器"文侯"死諡，應作於晉昭侯時。本器與晉姜鼎曆日合於晉昭侯六年，即前 740 年。
				西周中期龔王以後	馬承源 1999：頁 361-364	"穆天子""龔王"指周穆王滿及其子龔王，戎生祖考事二王。
				屬王	裘錫圭 1999：頁 365	據銘文內容，戎生之祖憲公事穆王，戎生利用其父遺留的糧草征伐繁湯，當在其父死後不久，推測該鐘不出屬王。該鐘銘文的行文及字形近春秋初晉姜鼎（02826），可解釋爲地域現象。"用龔王命"，"龔"，共也，非恭王之"龔"。
				周平王三十一年（前 740）	李學勤 1999c：頁 377	形制、紋飾近西周晚期。與晉姜鼎（02826）語句多一致，且皆記遣鹵積一事，應作於一年。兩器曆日皆合於晉昭侯六年（周平王三十一年）。
				春秋初期	王子初 1999：頁 385	形制，內腔結構，調音銼磨手法和內唇情形。
				西周晚期到春秋早期	吳鎮烽 2006：頁 108	戎生，西周晚期到春秋早期人。
				幽王	葉正渤 2010：頁 255	銘文內容可聯繫幽王時曾伯漆簠（04631）、晉姜鼎（02826）器銘。
58	晉侯蘇編鐘	全銘342	近出 0035-0050、新收 0870-0885	西周晚期	近出 2002（一）：頁 60	
				西周屬王	新收 2006：頁 640-650	
				宣王	山西·北京 1994a：頁 23	* 近出 0049、0050。
				宣王	鄒衡 1994：頁 30	曆日合於宣王時。蘇，即晉穆侯。
				宣王	李學勤 1995：頁 160-170	晉侯蘇，即晉獻侯。據《史記》在宣王時。

續表

序號	器　名	字數	銘文著録	時　代	出　　處	依　　據
58	晉侯蘇編鐘	全銘 342	近出 0035-0050、新收 0870-0885	厲王三十三年	馬承源 1996：頁 1-14	曆日合於厲王三十三年。
				宣王	李學勤 1996	晉獻侯蘇，宣王時人，此器爲追記厲王三十三年之事。
				宣王	王占奎 1996	據曆日，該銘的三十三年是共和元年以來的第三十三年，共和元年即宣王元年。
				宣王	王恩田 1996	該銘東征與文獻記載的宣王三十三年"伐魯"爲同一件事。
				宣王	劉雨 1997：頁 247-248	
				厲王	青全 1997（6）：頁 56 器 57	* 近出 0035。
				宣王	張聞玉 1997：頁 64-65	銘文分爲兩部分，第一部分在一二鐘上，曆日合於穆王三十三年。餘者爲第二部分，記晉獻侯隨宣王征伐。
				厲王	孫華 1997：頁 27-35	據周厲王、周宣王的活動事迹及周、晉關係考察，該器當在厲王時。
				宣王	李伯謙 1997	該銘三十三年爲宣王三十三年。
				宣王	劉啓益 1997	穌，穆侯之名，當宣王時。
				宣王	馮時 1997a：頁 407-499	據曆日，合於宣王時。
				宣王	陳久金 1997	宣王三十三年爲公元前 794 年，該銘曆日可合。
				宣王	裘錫圭 1997：頁 54-66	曆日。
				未	李伯謙 1998：頁 118	穌，即晉獻侯籍；斳，即斯字，晉獻侯字。
				未	黃錫全 1998：頁 151	穌，即晉獻侯籍。
				宣王	常金倉 1998：頁 57	月相。
				宣王三十三年	周曉陸、穆曉軍 1998	以前 841±1 爲宣王元年，該器曆日合。
				宣王	黃彰健 1998：頁 5-24	據曆日。
				宣王	方述鑫 1998：頁 151-154	曆日。
				宣王	江林昌 1999：頁 96	對 M8 的 ^{14}C 測年結果爲 808±8 年，當宣王時。
				宣王	王世民等 1999：頁 165 鐘 9、10、12	器形。

序號	器　名	字數	銘文著錄	時　代	出　　處	依　　據
58	晉侯蘇編鐘	全銘342	近出0035–0050、新收0870–0885	厲王	周言、魏宜輝1999：頁57	曆日。
				宣王	仇士華、張長壽1999：頁90–92	晉侯穌的單個碳十四年代樹輪校正後爲公元前808±8年，合於《史記》所載晉獻侯卒於公元前812年的記載。
				厲王	李仲操1999：頁17–19	據《張表》，該器曆日合於厲王。
				宣王	黄盛璋1999	綜合考察，晉侯蘇，即宣王時晉獻侯。
				厲王三十三年	斷代工程2000：頁22	《史記·晉世家》記載晉侯蘇卒於宣王十六年，^{14}C及AMS測年數據亦符合。
				未	李伯謙2000：頁77	據墓葬排序及年代範圍，穌，即晉獻侯籍。
				西周晚期晚葉	朱鳳瀚2000：頁192–198	
				宣王	徐天進2000：頁335–337	墓葬在宣王時。
				宣王	黄懷信2001：頁125	以往釋“庚寅”者當釋爲“庚子”，曆日合於宣王。
				厲王	范毓周、周言2002：頁23	蘇鐘與伯寬父盨（04438）紀年都是33，以蘇鐘爲厲王時器、伯寬父盨爲宣王時器，共和記入宣王紀年時，兩器曆譜相合。
				厲王	馬承源2002：頁8–28	蘇是晉獻侯，據曆日，《史記》以獻侯在宣王時的記載有誤，當在厲王時。
				未	李伯謙2002：頁31	據出土器物的特徵，M8在西周晚期晚段。
				宣王	許傑2002：頁97	據墓葬時代。
				宣王	彭裕商2002a：頁314–318	據器形、紋飾及銘文内容，該器在宣王時。晉侯蘇是晉穆侯。
				西周晚期	馬承源2003a：頁277鐘4	器形。
				宣王	彭裕商2003：頁460	據器形紋飾、銘文措辭看最近宣世。據《史記·晉世家》，晉侯蘇是晉穆侯，爲宣王時人。
				厲王	陳佩芬2004：頁584	記厲王親征東夷。
				宣王	彭裕商2005：頁100	王號死謚。

序號	器　名	字數	銘文著録	時　代	出　　處	依　　據
58	晉侯蘇編鐘	全銘342	近出 0035-0050、新收 0870-0885	厲王	葉正渤 2006：頁 199	從《史記》説，厲王在位 51（37+14）年，則厲王元年爲前 878 年。初吉指初一朔。據《張表》《董譜》，該器曆日合曆。
				未	李朝遠 2006：頁 75	銘文内容爲追記。
				宣王	黄盛璋 2006：頁 22	將紀年向後推一年，可合曆。
				厲王	葉正渤 2007：頁 21-28	曆日。
				宣王	韓巍 2008：頁 29 注 6	
				宣王	朱鳳瀚 2009：頁 1223、1449	曆日。
				厲王	葉正渤 2010：頁 206	該銘曆日與厲王三十三年即公元前 846 年相合。

二、鬲類

序號	器 名	字數	銘文著録	時 代	出 處	依 據
59	辛鬲	1	00450	西周早期	集成 2007（1）：頁 802	
60	ꝑ鬲、宫鬲、字鬲、宏鬲	1	00451-00452	西周晚期	集成 2007（1）：頁 802	
				西周晚期	程學華 1959：頁 73	形制及遺址包含物。
				夷王	陳夢家 1966（2004）：頁 290	形制，花紋。
				西周晚期	陝西 1980（2）：頁 17 器 126、127	
				西周中期偏晚	劉彬徽 1986：頁 244	形制，紋飾。
				三期（懿孝夷）	盧連成、胡智生 1988a：頁 523	
				西周後期	辭典 1995：頁 96 器 335	
				西周晚期	曹瑋等 2005（1）：頁 8、11	
				西周中晚期之交	張懋鎔 2006a：頁 229	
				西周晚期	黃盛璋 2006：頁 15	與宫盉（09308）爲同人作，後者爲宣王時。
				西周中期後段	吳鎮烽 2006：頁 128	宫，即字，西周中期後段人。
61	鬲鬲	1	00453	西周晚期	集成 2007（1）：頁 802	
				西周中晚期	陝西 1980（2）：頁 12 器 94	
				西周中期	曹瑋等 2005（5）：頁 932	
62	共鬲	1	近出 0118、新收 0808	西周早期	近出 2002（一）：頁 295	
				西周早期	新收 2006：頁 594	
				西周早期	曹永斌、樊維嶽 1986：頁 3	器形，紋飾。
63	史鬲一	1	近二 0055	西周早期	近二 2010（一）：頁 75	
				西周早期早段	社科院 2005：頁 510	墓葬。
				一期（約武王至康王）	朱鳳瀚 2009：頁 1383	器形。
64	史鬲二	1	近二 0056、新收 1834	西周早期	近二 2010（一）：頁 76	
				商代晚期	新收 2006：頁 1234	
65	ꝑ鬲	1	近二 0057	西周早期	近二 2010（一）：頁 77	
				西周早期早段	社科院 2005：頁 510	墓葬。
				一期（約武王至康王）	朱鳳瀚 2009：頁 1383	

續表

序號	器　名	字數	銘文著録	時　代	出　處	依　據
66	ᒉ鬲	2	00454	西周早期	集成 2007（1）：頁 802	
67	亞ᒉ鬲 亞ᒉ鬲、 亞憲鬲	2	00455	西周早期	集成 2007（1）：頁 802	
				西周早期	吳鎮烽 2006：頁 188	亞憲，西周早期人。
68	□鼎鬲 鼎鬲	2	00457	西周早期	集成 2007（1）：頁 802	
				西周早期	盧連成、胡智生 1988：頁 266	形制，紋飾，字體。
				二期後段 （約昭王）	盧連成、胡智生 1988a：頁 508–513	墓葬。
				二期（約昭王）	朱鳳瀚 2009：頁 1520	組合，形制，紋飾。
69	父丁鬲	2	00458	西周早期	集成 2007（1）：頁 802	
70	父辛鬲	2	00459	西周早期	集成 2007（1）：頁 802	
				西周早期	馬承源 2003a：頁 99 鬲 5	器形。
71	癸父鬲	2	00460	西周早期	集成 2007（1）：頁 802	
72	寧母鬲	2	00462	西周早期	集成 2007（1）：頁 802	
				西周中晚期	王桂枝、高次若 1983：頁 6–8	
				西周早期	陝西 1984（4）：頁 5 器 38	
				商晚或周早	吳鎮烽 2006：頁 276	寧母，商晚或西周早期婦女。
73	康侯鬲	2	00464	西周早期	集成 2007（1）：頁 802	
				成王	白川靜 1962c：頁 161–166 器 14 附	
				西周早期	吳鎮烽 2006：頁 292	康侯即康侯封，西周早期人。
74	伯作鬲	2	00465	西周早期	集成 2007（1）：頁 803	
75	叔父鬲	2	00466	西周中期	集成 2007（1）：頁 803	
76	史秦鬲	2	00468	殷或西周早期	集成 2007（1）：頁 803	
				西周早期	李學勤、艾蘭 1995：頁 337 器 82	字體。
				西周早期前段	吳鎮烽 2006：頁 91	史秦，西周早期前段人。
77	作旅鬲	2	00469	西周早期	集成 2007（1）：頁 803	
78	作䵼鬲	2	00470	西周中期	集成 2007（1）：頁 803	
				西周早期	洛陽 A1972：頁 26–27	器形，紋飾。
				穆王前後	李豐 1988a：頁 396	墓葬。
				三期（穆共）	盧連成、胡智生 1988a：頁 513–521	墓葬。

續表

序號	器　名	字數	銘文著錄	時　代	出　　處	依　　據
78	作鵬鬲	2	00470	西周中期	洛陽 B1999a：頁 208	
				穆恭	朱鳳瀚 2009：頁 1284–1301	墓葬。
79	作彝鬲	2	00471	西周早期	集成 2007（1）：頁 803	
80	旅鬲	2	近出 0119、新收 0676	西周晚期	近出 2002（一）：頁 296	
				西周中期	新收 2006：頁 503	
				西周中期	姬乃軍、陳明德 1993：頁 12	
81	尊鬲	存 2	近二 0058	西周晚期	近二 2010（一）：頁 78	
82	奚父乙鬲	3	00474	西周早期	集成 2007（1）：頁 803	
83	叔父乙鬲	3	00475	西周早期	集成 2007（1）：頁 803	
84	𝑥父乙鬲	3	00477	西周早期	集成 2007（1）：頁 803	
85	奚父丁鬲	3	00479	西周早期	集成 2007（1）：頁 803	
86	𝑥父丁鬲 叔父丁鬲	3	00480	西周中期	集成 2007（1）：頁 803	
				西周後期	容庚 1941（2008）：頁 245 鬲 8	
87	齊婦鬲	3	00486	殷	集成 2007（1）：頁 804	
				商代晚期	陳佩芬 2004a：頁 148 器 70	
				西周早期前段	吳鎮烽 2006：頁 360	齊婦，西周早期前段婦女。
88	𝑥作彝鬲	3	00488	西周早期	集成 2007（1）：頁 804	
				西周早期	吳鎮烽 2006：頁 129	弔，西周早期人。
89	叔作彝鬲	3	00489	西周早期	集成 2007（1）：頁 804	
90	麥作彝鬲 麥鬲	3	00490	西周早期	集成 2007（1）：頁 804	
				西周初期	北京 C1995：頁 242–244	形制、紋飾及伴出器物。
				西周早期	王世民等 1999：頁 50 鬲 3	器形。
				西周早期前段	吳鎮烽 2006：頁 282	麥，西周早期前段人。
				成康之際	朱鳳瀚 2009：頁 1409	組合，形制，紋飾。
91	作隣彝鬲 作尊彝鬲	3	00491	西周早期	集成 2007（1）：頁 804	
92	作隣彝鬲 作尊彝鬲	3	00492	西周早期	集成 2007（1）：頁 804	
93	作寶彝鬲	3	00493	西周早期	集成 2007（1）：頁 804	
94	伯作寶彝鬲	3	00494	西周早期	集成 2007（1）：頁 804	
95	𝑥季作鬲 溓季鬲	3	00495	西周早期	集成 2007（1）：頁 804	
				西周早期後段	吳鎮烽 2006：頁 348	溓季，西周早期後段人。

續表

序號	器 名	字數	銘文著錄	時 代	出 處	依 據
96	叔父癸鬲	3	近出 0120、新收 1106	商代後期	近出 2002（一）：頁 297	
				商晚 – 西周早期	新收 2006：頁 789	
				商末周初	魏國 1992：頁 95	形制。
97	叔鬲	3	近出 0121、新收 0984	西周早期	近出 2002（一）：頁 298	
				西周中期	新收 2006：頁 716	
				西周早期	陝西 J1987：頁 15	
				西周中期	張素琳 2006：頁 199	
				約昭王	朱鳳瀚 2009：頁 1440	
98	父乙鬲	3	近出附 01	西周	近出 2002（四）：頁 303	
99	再鬲	3	近二 0059、新收 0967	西周早期	近二 2010（一）：頁 79	
				西周早期	新收 2006：頁 704	
				西周中期偏早	山西・北京 2000：頁 334	M7014 在西周中期偏早。
				西周早期後段	吳鎮烽 2006：頁 236	再，西周早期後段人。
				三 期（穆恭）	朱鳳瀚 2009：頁 1474	墓葬。
100	作寶彝鬲	3	近二 0060、新收 1687	西周早期	近二 2010（一）：頁 80	
				西周晚期	新收 2006：頁 1153	
101	戈父壬鬲	3	近二 0061	西周早期	近二 2010（一）：頁 81	
				西周早期	北京 B2002：頁 102	
102	亞父辛鬲	3	近二 0062	西周早期	近二 2010（一）：頁 82	
103	古父丁鬲	3	近二 0063	西周早期	近二 2010（一）：頁 83	
104	🜨祖辛鬲	3	近二 0064、新收 0383	西周早期	近二 2010（一）：頁 84	
				西周	新收 2006：頁 266	
				西周	洛陽 B2004：頁 10	伴出器。
				約武王至康王	朱鳳瀚 2009：頁 1228–1265	墓葬。
105	作瑚璉鬲	3	近二 0065	西周中期	近二 2010（一）：頁 85	
				西周中期	洛陽 B1999a：頁 191	墓葬。
106	竟作父乙鬲	4	00497–00498	西周早期	集成 2007（1）：頁 805	
				西周早期前段	吳鎮烽 2006：頁 293	竟，西周早期前段人。
107	🜨🜨父丁鬲	4	00500	西周早期	集成 2007（1）：頁 805	
				商代	容庚 1941（2008）：頁 244 鬲 6	

續表

序號	器 名	字數	銘文著錄	時 代	出 處	依 據
108	⅃糸父丁鬲	4	00501	西周早期	集成 2007（1）: 頁 805	
109	作父辛鬲作父辛人鬲	4	00504	西周早期	集成 2007（1）: 頁 805	
				殷或西周初期	中科院 1962: 頁 25A122	
110	北伯作彝鬲北白彝、北伯鬲鼎	4	00506	西周早期	集成 2007（1）: 頁 805	
				武、成間	陳夢家 1966（2004）: 頁 77	出土於燕地，乃西周初邶國之器，爲武、成間殷遺作。
111	彌伯鬲	4	00507	西周中期	集成 2007（1）: 頁 805	
				西周早期	陝西 1984（4）: 頁 8 器 58	
				昭穆	盧連成、胡智生 1988: 頁 410	形制、紋飾屬西周早期，彌伯作器中時代稍早者。
				穆王前後	李豐 1988a: 頁 396	墓葬。
				三期（穆共）	盧連成、胡智生 1988a: 頁 513–521	墓葬。
				西周中期前段	王世民等 1999: 頁 50 鬲 5	器形。
				昭王	劉啓益 2002: 頁 168	形制。
				穆王	張懋鎔 2006a: 頁 215	與長由墓出土器物非常相似，後者屬穆世。
				西周中期前段	吳鎮烽 2006: 頁 432	彌伯，西周中期前段人。
112	丁饍作彝鬲	4	00508	西周早期	集成 2007（1）: 頁 805	
				西周早期	吳鎮烽 2006: 頁 108	开箐，西周早期人。
113	仲作寶彝鬲周仲鬲、中鬲	4	00509	西周中期	集成 2007（1）: 頁 805	
				康王	劉啓益 2002: 頁 132	形制近成王時伯矩鬲（00689）。
114	仲姬作鬲	4	00510	西周中期	集成 2007（1）: 頁 806	
				西周中期	吳鎮烽 2006: 頁 122	仲姬，西周中期姬姓婦女。
115	姬妊旅鬲	4	00511	西周中期	集成 2007（1）: 頁 806	
				西周中期	吳鎮烽 2006: 頁 277	姬妊旅，西周中期婦女。
116	虢姑作鬲	4	00512	西周晚期	集成 2007（1）: 頁 806	
				西周晚期	吳鎮烽 2006: 頁 379	虢姑，西周晚期姞姓女子。
117	作父辛鬲	4	近二 0066、新收 0940	西周早期	近二 2010（一）: 頁 86	
				西周早期	新收 2006: 頁 683	

序號	器 名	字數	銘文著錄	時 代	出 處	依 據
117	作父辛鬲	4	近二 0066、新收 0940	西周早期	山西·北京 2000：頁 334	M6197 在西周早期。
				一期（約武王至康王）	朱鳳瀚 2009：頁 1473	墓葬。
118	作寶尊彝鬲	4	近二 0067、新收 1637	西周早期	近二 2010（一）：頁 87	
				西周早期	新收 2006：頁 1124	
119	亞牧父乙鬲	4	周原 9.1881	西周中期	曹瑋等 2005（9）：頁 1880	
				康晚至昭王	朱鳳瀚 2009：頁 1266–1283	墓葬。
120	矢伯鬲	5	00514–00515	西周早期	集成 2007：頁 806	
				商末周初	胡智生、劉寶愛、李永澤 1988：頁 27	器形，紋飾，銘文位置。
				商晚至周初	盧連成、胡智生 1988：頁 42	形制，紋飾。
				商末周初	曹定雲 1999：頁 110	
				西周早期	王世民等 1999：頁 50 鬲 4	器形。
				西周早期	吳鎮烽 2006：頁 77	矢伯，西周早期人，矢國族首領。
				西周早期偏早	朱鳳瀚 2009：頁 1523	組合，形制，紋飾。
121	微伯鬲	5	00516–00520	西周中期	集成 2007（1）：頁 806	
				懿孝	陝西 1980（2）：頁 7 器 45–48	
				共王	伍士謙 1981：頁 97–126	參三年瘋壺（09726）。
				西周後期	辭典 1995：頁 96 器 334	
				宣王前後	羅泰 1997：頁 651–676	參牆盤（10175）。
				西周中期後段	王世民等 1999：頁 55 鬲 13	器形。
				懿孝	馬承源 2000a（2007）：頁 174	父親是恭王時代史官，當懿孝時人。
				懿孝	劉啟益 2002：頁 298	"微伯瘋"的活動時間在懿孝時，見三年瘋壺（09726）。
				約孝夷屬	李零 2002a：頁 44	器形風格，字體特徵，年代序列。
				西周中期	曹瑋等 2005（4）：頁 703–711	
				西周早期後段	吳鎮烽 2006：頁 257	微伯，西周中期後段人。
122	微仲鬲	5	00521	西周中期	集成 2007（1）：頁 806	
				西周早期	盧連成、胡智生 1988：頁 266	形制，紋飾，字體。

續表

序號	器 名	字數	銘文著錄	時 代	出 處	依 據
122	微仲鬲	5	00521	二期後段（約昭王）	盧連成、胡智生 1988a：頁 508–513	墓葬。
				西周早期	吳鎮烽 2006：頁 257	微仲，西周早期人。
				二期（約昭王）	朱鳳瀚 2009：頁 1520	組合，形制，紋飾。
123	同姜鬲	5	00522	西周晚期	集成 2007（1）：頁 806	
				西周晚期	吳鎮烽 2006：頁 117	同姜，西周晚期姜姓婦女。
124	仲姜鬲	5	00523	西周晚期	集成 2007（1）：頁 806	
				西周晚期	吳鎮烽 2006：頁 121	仲姜，西周晚期姜姓婦女。
125	虢叔鬲	5	00524–00525	西周晚期	集成 2007（1）：頁 807	
				厲王	白川靜 1969a：頁 378–381 器 155 附	
				宣王	劉啟益 2002：頁 390	參虢叔匜（04514）。
				西周晚期	吳鎮烽 2006：頁 378	虢叔，西周晚期人。
126	㝬姞鬲 㝬鬲、□姞乍寶鼎、頴姞鬲、頴姞鬲	5	00526	西周晚期	集成 2007（1）：頁 807	
				西周晚期	吳鎮烽 2006：頁 430	頴姞，西周晚期姞姓婦女。
127	夌姬鬲	5	00527	西周早期	集成 2007（1）：頁 807	
				西周早期	寶雞 A1976：頁 43–44	器形，紋飾，字體。
				西周早期	陝西 1984（4）：頁 11 器 76	
				穆王前後	李豐 1988a：頁 396	墓葬。
				三期（穆共）	盧連成、胡智生 1988a：頁 513–521	墓葬。
				昭王	劉啟益 2002：頁 169	
				西周早期後段	吳鎮烽 2006：頁 272	凌姬，西周早期後段姬姓婦女。
				約穆王	朱鳳瀚 2009：頁 1523	組合，形制，紋飾。
128	蟲鬲	5	00528	西周早期	集成 2007（1）：頁 807	
				西周早期	吳鎮烽 2006：頁 429	蟲，西周早期人。
129	夋人守鬲	5	00529	西周早期	集成 2007（1）：頁 807	
				西周早期	吳鎮烽 2006：頁 284	夋人守，西周早期人。
130	伯示鬲 伯示鬲	5	00530	西周早期	集成 2007（1）：頁 807	
				西周前期	容庚 1941（2008）：頁 245 鬲 9	
				西周早期	吳鎮烽 2006：頁 153	伯示，西周早期人。

續表

序號	器　名	字數	銘文著録	時　代	出　　處	依　　據
131	季鼎鬲 季真鬲	5	00531	西周中晚期	集成 2007(1):頁 807	
				西周後期	容庚 1941(2008):頁 246 鬲 29	
				西周晚期	中科院 1962:頁 28A131	
				西周中晚期	吴鎮烽 2006:頁 206	季鼎，西周中晚期人。
132	旂姬鬲	5	00532	西周中期	集成 2007(1):頁 807	
				西周中期	吴鎮烽 2006:頁 271	旂姬。西周中期姬姓婦女。
133	師□作寶鬲	5	00533	西周晚期	集成 2007(1):頁 807	
134	孟姒鬲	5	00534	西周中晚期	集成 2007(1):頁 807	
				西周中晚期	吴鎮烽 2006:頁 217	孟始，西周中晚期人。
135	帛女鬲	5	00535	西周晚期	集成 2007:頁 807	
				西周晚期	吴鎮烽 2006:頁 207	帛女，西周晚期女子。
136	會姒鬲 會始朕鬲、鄶姒鬲	5	00536	西周晚期	集成 2007(1):頁 807	
				西周晚期	吴鎮烽 2006:頁 344	會姒，西周晚期姒姓婦女。
137	□伯鬲	5	近出 0122、新收 0838	西周早期	近出 2002(一):頁 299	
				西周	新收 2006:頁 615	
				西周初期	王光永 1991:頁 6、14	形制。
138	[illegible]鬲	5	新收 1108	商晚－西周早期	新收 2006:頁 790	
139	大作散鬲	6	00540	西周早期	集成 2007(1):頁 808	
				西周早期	吴鎮烽 2006:頁 19	大，西周早期人。
140	季[illegible]鬲	6	00541	西周早期	集成 2007(1):頁 808	
				西周早期	馬承源 2003a:頁 98 鬲 4	器形。
				西周早期	吴鎮烽 2006:頁 206	季執，西周早期人。
141	梢叔㚸父鬲 樠叔㚸父鬲	6	00542	西周早期	集成 2007(1):頁 808	
				西周前期	張劍 1980:頁 42	形制，紋飾。
				西周早期	吴鎮烽 2006:頁 334	樠叔㚸父，西周早期人。
142	苟作父丁鬲 苟鬲	6	00543	西周早期	集成 2007(1):頁 808	
				西周早期	陝西 F1980:頁 47、53	形制、紋飾、銘文皆有西周早期作風。從伴出陶器看，所出墓葬不晚於穆王。

續表

序號	器 名	字數	銘文著錄	時 代	出 處	依 據
142	苟作父丁鬲 苟鬲	6	00543	西周早期	陝西 1980(3): 頁 12 器 75	
				三 期(穆共)	盧連成、胡智生 1988a: 頁 513–521	墓葬。
				西周中期	曹瑋等 2005(7): 頁 1432	
				昭穆	張懋鎔 2006a: 頁 220	器形、紋飾、字體與標準器對照。
				西周早期後段	吳鎮烽 2006: 頁 223	苟，西周早期後段人。
				康晚至昭王	朱鳳瀚 2009: 頁 1266–1283	墓葬。
143	仲夫父鬲	6	00544	西周中期	集成 2007(1): 頁 808	
				西周後期	容庚 1941(2008): 頁 246 鬲 23	
				西周中期	吳鎮烽 2006: 頁 124	仲夫父，西周中期人。
144	魯侯鬲 魯侯乍姬番鬲	6	00545	西周晚期	集成 2007(1): 頁 808	
				成王	白川靜 1962b: 頁 112–121 器 10 附	
145	姬莽母鬲 姬芳母鬲	6	00546	西周晚期	集成 2007(1): 頁 808	
				西周中晚期	吳鎮烽 2006: 頁 277	姬芳母，西周中晚期姬姓婦女。
146	仲姞鬲 仲姞羞鬲	6	00547–00558	西周晚期	集成 2007(1): 頁 809	
				西周後期	容庚 1941(2008): 頁 245 鬲 14	*00556。
				西周晚期	中科院 1962: 頁 27A129	*00553。
				孝王	陳夢家 1966(2004): 頁 247	據中義父組各器的形制、花紋，可歸於孝王時。
				西周晚期	周世榮 1983: 頁 245	*00555。
				西周晚期	吳鎮烽 2006: 頁 122	仲姞，西周晚期姞姓女子，仲義父的夫人。
147	季右父鬲	6	00559	西周晚期	集成 2007(1): 頁 809	
				西周晚期	吳鎮烽 2006: 頁 204	季右父，西周晚期人。
148	伯邦父鬲	6	00560	西周晚期	集成 2007(1): 頁 809	
				近厲王	陳公柔 1962: 頁 90	
				接近共和時期	段紹嘉 1963: 頁 10	
				西周中葉以後	郭沫若 1963: 頁 5	文體，字體，器制，花紋。
				西周後期	郭寶鈞 1970(1981): 頁 60–62	與穆王時長安普渡村長囟墓對照。
				西周中晚期	陝西 1980(2): 頁 21 器 164	

序號	器　名	字數	銘文著録	時　代	出　　處	依　　據
148	伯邦父鬲	6	00560	西周晚期	青全 1997（5）：頁 41 器 44	
				西周晚期	王世民等 1999：頁 55 鬲 16	器形。
				西周中期	曹瑋等 2005（1）：頁 23	
				西周中晚期	張懋鎔 2006a：頁 230	
				西周晚期	吳鎮烽 2006：頁 153	伯邦父，西周晚期人。
149	虢仲鬲	6	00561	西周晚期	集成 2007（1）：頁 809	
				厲王	吳鎮烽 1987：頁 281	《後漢書·東夷傳》記周厲王命虢仲征伐南淮夷。
				厲王	劉啓益 2002：頁 376	作器者同厲王時虢仲盨蓋（04435）。
				西周晚期	吳鎮烽 2006：頁 378	虢仲，西周晚期人，虢國公族。
150	虢仲鬲	6	00562	西周晚期	集成 2007（1）：頁 809	
				厲王	蔡運章 1994a：頁 86	形制、紋飾、銘文内容。*00562。
151	作𤔲叔嬴鬲 叔嬴鬲	6	00563	西周晚期	集成 2007（1）：頁 809	
				西周晚期	陝西 1984（4）：頁 29 器 197	
				西周晚期	吳鎮烽 2006：頁 200	叔嬴，西周晚期嬴姓婦女。
152	□□作父癸鬲	存 6	00564	西周早期	集成 2007（1）：頁 810	
				西周早期	趙學謙 1963：頁 574	形制，花紋，銘文。
				西周早期	陝西 1984（4）：頁 5 器 37	
				西周早期前段	吳鎮烽 2006：頁 449	□豈，西周早期前段人。
153	長社鬲	6	近出 0124、新收 0588	西周晚期	近出 2002（一）：頁 301	
				西周晚期	新收 2006：頁 443	
				西周晚期	確山 1993：頁 85	
				西周晚期	吳鎮烽 2006：頁 179	長社，西周晚期人。
154	幽王鬲	6	近出 0125-0126、新收 0742-0743	西周晚期	近出 2002（一）：頁 302	
				西周晚期	新收 2006：頁 541	
				西周晚期	王長啓 1990：頁 42	造型，紋飾。
				孝王	劉雨 2003：頁 102-105	幽王可能即孝王。
				西周晚期	吳鎮烽 2006：頁 432	夒王，西周晚期人。
155	𡨥事正鬲 甲𡨥事正鬲	6	近出 0127、新收 0804	西周早期	近出 2002（一）：頁 304	
				西周早期	新收 2006：頁 592	
				西周早期後段	姚生民 1990：頁 57	
				西周早期	吳鎮烽 2006：頁 334	𡨥事正，西周早期人。

序號	器 名	字數	銘文著錄	時 代	出 處	依 據
156	晉侯鬲一	6	近二 0068-0069、新收 1671-1672	西周晚期	近二 2010（一）：頁 88	
				西周晚期	新收 2006：頁 1144	
				西周晚期	吳鎮烽 2006：頁 254	晉侯；西周晚期晉國某代國君。
157	吾作滕公鬲吾鬲	7	00565	西周早期	集成 2007（1）：頁 810	
				西周早期	萬樹瀛、楊孝義 1979：頁 88	形制、花紋、銘文。
				西周早期	馬承源等 1988：頁 101 器 156	
				昭王前後	李豐 1988a：頁 396	墓葬。
				西周前期	辭典 1995：頁 93 器 325	
				西周早期	青全 1997（6）：頁 75 器 77	
				康昭	彭裕商 2003：頁 297	據器形、紋飾、字體。
				西周早期	吳鎮烽 2006：頁 142	吾，西周早期滕國國君的後裔。
				西周早期偏早	朱鳳瀚 2009：頁 1381	
158	戒作莽宮鬲戒作鎬宮鬲	7	00566	西周早期	集成 2007（1）：頁 810	
				西周早期	吳鎮烽 2006：頁 137	戒，西周早期人。
159	寂叟作父癸鬲寊鬲	7	00567	西周早期	集成 2007（1）：頁 810	
				西周早期	吳鎮烽 2006：頁 438	寊，西周早期人。
160	巩作父乙鬲	7	00568	西周早期	集成 2007（1）：頁 810	
				西周早期	吳鎮烽 2006：頁 138	巩，西周早期人。
161	作寶彝鬲	7	00569	西周中期	集成 2007（1）：頁 810	
162	作寶彝鬲	7	00570	西周中期	集成 2007（1）：頁 810	
163	□戈母鬲	7	00571	西周晚期	集成 2007（1）：頁 810	
				西周晚期	吳鎮烽 2006：頁 115	成母，西周晚期婦女。
164	弭叔鬲弭弔乍犀妊齊鬲	7	00572-00574	西周晚期	集成 2007（1）：頁 810	
				西周	段紹嘉 1960：頁 9-10	
				穆王	唐蘭 1976—1978（1986）：頁 403	
				懿王	吳鎮烽 1987：頁 277	人物"尹氏"。
				西周中期	張長壽 1990：頁 32-35	人物"井叔"。
				西周中期後段	王世民等 1999：頁 55 鬲 14	形制。
				孝王	劉啓益 2002：頁 334	同人作簋（04253）爲孝王時。
				厲王	彭裕商 2003：頁 416	參弭叔簋（04253）。

續表

序號	器　名	字數	銘文著録	時　代	出　　處	依　　據
165	盩姬鬲 許姬鬲	7	00575	西周晚期	集成 2007（1）：頁 810	
				西周晚期	吳鎮烽 2006：頁 290	許姬，西周晚期姬姓女子。
166	伯寏父鬲	7	00576	西周晚期	集成 2007（1）：頁 810	
				西周晚期	吳鎮烽 2006：頁 159	伯寏父，西周晚期人。
167	𠂤□作鬲	存 7	00578	西周晚期	集成 2007（1）：頁 810	
168	鄭叔蒦父鬲 鄭井叔歔父鬲	7	00579	春秋早期	集成 2007（1）：頁 810	
				約孝王	尚志儒 1987：頁 294	據形制當爲西周中期之末及晚期流行的式樣。
				春秋早期	吳鎮烽 2006：頁 385	鄭叔歔父，春秋早期人。
169	甬鬲	7	近出 0128、新收 0599	西周早期	近出 2002（一）：頁 305	
				西周早期	新收 2006：頁 453	
				西周早期	陳立信 1986：頁 99	
				西周早期前段	吳鎮烽 2006：頁 177	甬，西周早期前段人。
170	㢸叔鬲	7	近二 0071	西周中期	近二 2010（一）：頁 91	
171	鄭井叔蒦父鬲 鄭井叔歔父鬲、鄭井叔鬲、奠井弔蒦父捧鬲	8	00580	西周晚期	集成 2007（1）：頁 811	
				孝王	吳其昌 1929（2004）：頁 327、317	“鄭井叔歔父”在懿、夷間。
				約孝王	尚志儒 1987：頁 294	據形制當爲西周中期之末及晚期流行的樣式。
				西周晚期	馬承源等 1988：頁 325 器 458	
172	鄭井叔蒦父鬲	8	00581	西周晚期	集成 2007（1）：頁 811	
				春秋早期	吳鎮烽 2006：頁 385	鄭井叔蒦父，西周早期人。
173	榮子旅鬲 燚子旅鬲	8	00582-00583	西周早期	集成 2007（1）：頁 811	
				成康	白川靜 1965b：頁 614-617 器 59 附	
				昭王	劉啟益 2002：頁 118	作器者同昭王時榮子旅卣（05256）。
				穆王前期	彭裕商 2003：頁 319	屬榮子旅組器，參榮子旅卣（05256）。
				西周早期後段	吳鎮烽 2006：頁 348	煛子旅，西周早期後段人。
174	王作親王姬鬲	8	00584-00585	西周早期	集成 2007（1）：頁 811	
				西周	開封 A 1978：頁 47	
				西周晚期	張懋鎔 2004：頁 1	
				西周晚期	吳鎮烽 2006：頁 40	王姬，西周晚期人，周王室之女。

續表

序號	器 名	字數	銘文著錄	時 代	出 處	依 據
175	倗作義丏姬鬲 義比鬲、鳳鬲	8	00586	西周晚期	集成 2007（1）：頁 811	
				西周早期後段	馬承源 2003a：頁 98 鬲 2	器形。
				西周早期	吳鎮烽 2006：頁 258	倗，西周早期人。
				西周早期	吉琨璋、宋建忠、田建文 2006：頁 47	
176	罶伯毛鬲 召白毛鬲、召伯毛鬲	8	00587	西周晚期	集成 2007（1）：頁 811	
				西周晚期	吳鎮烽 2006：頁 442	罶伯毛，西周晚期人。
177	叔皇父鬲	8	00588	西周晚期	集成 2007（1）：頁 811	
				西周中葉以後	曹發展、陳國英 1981：頁 8	形制紋飾似白邦父鬲，後者屬西周中葉以後器。
				西周晚期	吳鎮烽 2006：頁 196	西周晚期人。
178	時伯鬲 時白鬲、郘伯鬲	8	00589-00591	西周晚期	集成 2007（1）：頁 811	
				西周晚期	吳鎮烽 2006：頁 222	郘伯，西周晚期人。
179	白轂鬲	8	00592	春秋早期	集成 2007（1）：頁 811	
				春秋早期偏晚	劉彬徽 1986：頁 244	
180	魯姬鬲	8	00593	春秋早期	集成 2007（1）：頁 811	
				西周晚期	吳鎮烽 2006：頁 382	魯姬，西周晚期魯國女子。
181	衛姒鬲	8	00594	西周晚期	集成 2007（1）：頁 811	
				孝王	陳夢家 1966（2004）：頁 254 器 178 附	器主名見孝王時衛始簋（04667）。紋飾似孝王時仲伄父鼎（02734）而稍晚。
				兩周之際	曹淑琴 1986：頁 838	
182	衛夫人鬲	8	00595	西周晚期	集成 2007（1）：頁 812	
				約幽平時	郭寶鈞 1964：頁 72	墓葬與上村嶺墓地對照。
183	鄭登伯鬲	8	00597-00599	西周晚期	集成 2007（1）：頁 812	
				西周後期	容庚 1941（2008）：頁 245 鬲 15	
				西周晚期	吳鎮烽 2006：頁 325	奠夆伯，西周晚期鄭國人。
184	己侯鬲	存 8（又重 2）	00600	西周晚期	集成 2007（1）：頁 812	
				西周晚春秋早	李步青 1983：頁 8、17	同批器有匜和重環紋，皆爲西周中期始見。
				春秋	李步青、林仙庭 1991a：頁 915	形制屬春秋。
				西周晚期	吳鎮烽 2006：頁 245	紀侯，西周晚期紀國國君。

序號	器　名	字數	銘文著錄	時　代	出　　　處	依　　　據
185	王作王母鬲	8	00602	西周晚期	集成 2007（1）: 頁 812	
				西周晚期	張懋鎔 2004: 頁 2	
186	虢叔鬲	8	00603	春秋早期	集成 2007（1）: 頁 812	
				西周晚期	吳鎮烽 2006: 頁 378	
187	聿造鬲	8	00604	西周晚期	集成 2007（1）: 頁 812	
				西周晚期	吳鎮烽 2006: 頁 129	聿造，西周晚期人。
188	伯姜鬲	8	00605	西周晚期	集成 2007（1）: 頁 812	
				西周中期	陳佩芬 2004: 頁 375	
				西周晚期	吳鎮烽 2006: 頁 156	伯姜，西周晚期姜姓婦女。
189	伯毃鬲	存 8	近出 0129	西周晚期	近出 2002（一）: 頁 306	
				西周中晚期	隨州 A1984: 頁 512	形制，紋飾，風格特徵。
				春秋早期	楊寶成 1989: 頁 132	伴出器形制、紋飾、字體。
190	子出鬲	8	近二 0073、新收 1797	西周早期	近二 2010（一）: 頁 93	
				西周	新收 2006: 頁 1213	
191	王伯姜鬲	12（或9）	00606-00607；00647	西周晚期	集成 2007（1）: 頁 812	
				西周晚期	中科院 1962: 頁 27A130	*00607。
				西周中期	陳夢家 1966（2004）: 頁 209 器 148 附	
				夷王	唐蘭 1976—1978（1986）: 頁 500	
				懿王	劉啓益 1980a: 頁 85-89	同人作壺（09624）形制同懿王時師望壺。
				夷厲	王世民 1999: 頁 85-86	形制，紋飾。
				懿王	劉啓益 2002: 頁 312	"王白姜"見於王白姜壺（09624），懿王妃。
				西周晚期	彭裕商 2003: 頁 480	器形，紋飾，銘文字體。
				西周中期後段	吳鎮烽 2006: 頁 39	王伯姜，西周中期後段姜姓婦女。
192	黃市鬲黃朱柢鬲、黃朱炶鬲	9	00609-00610	西周晚期	集成 2007（1）: 頁 813	
				西周晚期至春秋早期	湖北 A1972: 頁 49	組合、形制、花紋與西周晚至春秋早器相近。
				西周晚期	劉彬徽 1986: 頁 266	器形，紋飾。
				西周晚期	楊寶成 1989: 頁 132	伴出器形制、紋飾、字體。
				西周晚期	楊寶成 1991: 頁 15-16	同墓銅器群的組合、器形、紋飾和銘文判斷，當屬西周晚期。
				西周晚期	吳鎮烽 2006: 頁 310	黃朱炶，西周晚期人。

續表

序號	器 名	字數	銘文著錄	時 代	出 處	依 據
193	王作瞽母鬲	9	00611	春秋早期	集成 2007（1）：頁 813	
				西周晚期	張懋鎔 2004：頁 2	考慮出土地點。
				西周晚期	吳鎮烽 2006：頁 439	瞽母，西周晚期女子。
194	伯□子鬲 伯ㄅ子鬲	存 9	00612	西周晚期	集成 2007（1）：頁 813	
				西周晚期	吳鎮烽 2006：頁 162	伯ㄅ子，西周晚期人。
195	虢宮父鬲	9	近出 0130、新收 0050；文物 2009年 02 期頁 24 圖 6.1	西周晚期	近出 2002（一）：頁 307	* 近出 0130。
				西周晚期	新收 2006：頁 50	* 近出 0130。
				西周晚期（或兩周之際）	河南 D1999：頁 514	* 近出 0130。
				西周晚期	河南 F2009：頁 31	
196	王伯姜鬲	9	近二 0074	西周晚期	近二 2010（一）：頁 94	
197	林钺鬲 周父辛鬲	10	00613	西周早期	集成 2007（1）：頁 813	
				西周早期	吳鎮烽 2006：頁 191	林钺，西周早期人。
198	叔鼏鬲	10	00614	西周早期	集成 2007（1）：頁 813	
				西周早期	吳鎮烽 2006：頁 199	叔鼏，西周早期紀國人。
199	伯訣父鬲 井姬鬲	10	00615	西周中期	集成 2007（1）：頁 813	
200	伯庸父鬲	10	00616–00623	西周中期	集成 2007（1）：頁 813	
				西周	中科院 C1965a：頁 11	*006160。
				懿王	陳夢家 1955–1956（2004）：頁 211 器 150	此組器的紋飾。
				西周後期	郭寶鈞 1970（1981）：頁 58–60	與穆王時長安普渡長囚墓對照。
				西周中期後段	吳鎮烽 2006：頁 158	伯庸父，西周中期後段人。
201	曾子單鬲	10	00625	春秋早期	集成 2007（1）：頁 814	
				西周晚期	劉彬徽 1986：頁 245	器形，字體。
202	樊君鬲	10	00626	春秋早期	集成 2007（1）：頁 814	
				西周後期	容庚 1941（2008）：頁 245 鬲 19	
				西周晚期	吳鎮烽 2006：頁 372	樊尹，西周中期前段人。
203	孜父鬲	10（重 2）	00627	西周晚期	集成 2007（1）：頁 814	
				西周晚期	吳鎮烽 2006：頁 177	孜父，西周晚期人。
204	姬趄母鬲	10	00628–00629	西周早期	集成 2007（1）：頁 814	
				屬王	吳其昌 1929（2004）：頁 401	
				西周晚期	吳鎮烽 2006：頁 278	姬趄母，西周晚期姬姓婦女。

序號	器　名	字數	銘文著錄	時　代	出　　處	依　　據
205	番伯□孫鬲	存10	00630	春秋早期	集成2007（1）：頁814	
				西周晚期	吳鎮烽2006：頁319	番伯𠃊孫，西周晚期人。
206	父庚鬲	10	近出0131	西周早期	近出2002（一）：頁308	
				商晚	王長啓1990：頁26	造型紋飾。
207	豐侯母鬲	10	近二0076、新收1673	西周晚期	近二2010（一）：頁96	
				西周晚期	新收2006：頁1145	
				西周晚期	吳鎮烽2006：頁416	豐侯母，西周晚期女子。
208	遣鬲 寷鬲	11	00631	西周早期	集成2007（1）：頁814	
				西周早期	藤縣A1984：頁337	形制。
				西周早期	陳公柔1986：頁178	形制，紋飾，組合。
				昭穆	吳鎮烽2006：頁341	寷，西周昭穆時期人。
				西周早期偏晚	朱鳳瀚2009：頁1381	器形，紋飾。
209	焂伯鬲 榮伯鬲	11	00632	西周中期	集成2007（1）：頁814	
				孝王	吳其昌1929（2004）：頁311	"艾白"見於孝王時同設（04270）。
				懿王	容庚1941（2008）：頁39	"焂伯"見於懿王時康鼎（02786）。
				孝王	陳夢家1966（2004）：頁215	直紋同孝王時中姞鬲（00558）。
				西周中期後段	吳鎮烽2006：頁274	榮伯，西周中期後段人。
210	塱肇家鬲 舉肇家鬲、塱鬲	11	00633	西周中期	集成2007（1）：頁814	
				成王四年	吳其昌1929（2004）：頁115	"塱"見於成王四年的周公東征鼎（02739）、塱盨（04469）。
				西周中期前段	吳鎮烽2006：頁375	塱肇家，西周中期前段人。
211	叟妝鬲 叟妝鬲	11	00634	西周晚期	集成2007（1）：頁814	
				西周後期	容庚1941（2008）：頁246鬲24	
				西周中期	辭典1995：頁95器330	
				西周晚期	吳鎮烽2006：頁363	叟妝，西周晚期人。
212	呂王鬲 邑王鬲、呂王障鬲	11	00635	西周晚期	集成2007（1）：頁814	
				西周晚期	馬承源等1988：頁344器502	
				夷厲	徐少華1996：頁68	銘文風格。
				西周晚期	青全1997（6）：頁103器105	
				西周晚期	陳佩芬2004：頁425	

續表

序號	器 名	字數	銘文著錄	時 代	出 處	依 據
212	吕王鬲 邕王鬲、 吕王隦鬲	11	00635	西周晚期	吴鎮烽 2006：頁 144	吕王，西周晚期吕國國君。
				西周晚期	李學勤 2010c：頁 3	
213	吕雔姬鬲	11 （又重 2）	00636	西周晚期	集成 2007（1）：頁 815	
				西周末至春秋初	徐少華 1996：頁 69	銘文風格。
				西周晚期	吴鎮烽 2006：頁 145	吕雔䍐，西周晚期人。
214	庚姬鬲	11	00637－00640	西周中期	集成 2007（1）：頁 815	
				西周中期	吴鎮烽 2006：頁 212	庚姬，西周中期姬姓婦女。
215	京姜鬲 京姜㝬母鬲	11	00641	西周中期	集成 2007（1）：頁 815	
				西周中期	吴鎮烽 2006：頁 211	京姜㝬母，西周中期姜姓女子。
216	畢伯碩父鬲 叔娟鬲	存 11	00642	西周晚期	集成 2007（1）：頁 815	
				西周晚期	吴鎮烽 2006：頁 137	芊伯碩父，西周晚期人，字碩父。
217	瀕史鬲 瀕事鬲、 順史鬲、 陝角、陵鼎	12	00643	西周早期	集成 2007（1）：頁 815	
				昭王	陳夢家 1966（2004）：頁 138 器 101 附	賜命者"𤔲" 同昭王時寓鼎（02718）。
				西周早期	青全 1997（5）：頁 38 器 41	
				西周早期	陳佩芬 2004：頁 57	
				西周早期前段	吴鎮烽 2006：頁 426	瀕吏，西周早期前段人。
218	伯上父鬲	12	00644	西周中晚期	集成 2007（1）：頁 815	
				西周中晚期	吴鎮烽 2006：頁 152	伯上父，西周中晚期人。
219	王作番妃鬲	12	00645	西周晚期	集成 2007（1）：頁 815	
				西周晚期	張懋鎔 2004：頁 2	字形書體。
				西周晚期	吴鎮烽 2006：頁 319	番妃，西周晚期妃姓女子。
220	王作姬□女鬲	12（又重 2）	00646	西周晚期	集成 2007（1）：頁 815	
				西周晚期	張懋鎔 2004：頁 2	
221	侯氏鬲	12	近出附 03、新收 0070	西周晚期	近出 2002（四）：頁 303	
				西周中晚期	新收 2006：頁 64	
				西周中晚期之際	河南 C1992：頁 102	形制、紋飾、製作及作器人。

續表

序號	器 名	字數	銘文著錄	時 代	出 處	依 據
222	魯侯熙鬲 魯侯獄鬲	13	00648	西周早期	集成 2007（1）：頁 816	
				西周初期 （康王）	中科院 1962：頁 26A123	
				康王	陳夢家 1966（2004）：頁 92	作器者爲魯煬公熙，伯禽之子。形制花紋適於康王時。
				成王	白川靜 1966b：頁 1–6 器 77	
				康王	唐蘭 1976—1978（1986）：頁 149	"魯侯熙"爲魯公伯禽之子魯煬公，當康王時。
				康王	馬承源等 1988：頁 36 器 59	"魯侯熙"即魯煬公熙，此人見於《史記·魯周公世家》，則"文考魯公"指伯禽。
				西周早期	青全 1997（6）：頁 62 器 64	
				康王	王世民等 1999：頁 50 鬲 2	爲魯煬公熙所作。
				康王	劉啓益 2002：頁 130	"魯侯獄"即伯禽子魯煬公熙，當康王時。
				康王	彭裕商 2003：頁 252	據《魯周公世家》，魯侯熙爲三代魯侯，當周康王時。
				康王	張懋鎔 2006a：頁 210	康王時標準器。
				成康	朱鳳瀚 2009：頁 1260	
223	伯先父鬲	13（又重 2）	00649–00658	西周中期	集成 2007（1）：頁 816	
				西周晚期偏早	陝西 F1978：頁 7	形制。
				厲王	黃盛璋 1978：頁 199	器形、紋飾、字體均與癲世合。爲微氏家族一員。
				西周中晚期	陝西 1980（2）：頁 11 器 84–93	
				西周晚期	盧連成、胡智生 1988a：頁 525	
				厲王	尹盛平 1992：頁 34	據形制、紋飾、字體分析，時代在西周晚期偏早，即厲王時。
				厲王後期	晁福林 2001：頁 179	形制爲西周晚期，伯先父爲癲的下一代，可能是窖藏之主，故窖藏在周厲之難時，伯先父爲厲王後期人物。
				宣幽	李零 2002a：頁 44	器形。
				西周中期	曹瑋等 2005（5）：頁 932	
				西周晚期	吳鎮烽 2006：頁 154	伯先父，西周晚期人。

序號	器　名	字數	銘文著録	時　代	出　　處	依　　據
224	鄭羌伯鬲	12	00659-00660	西周晚期	集成 2007（1）：頁 816	
				西周晚期	吳鎮烽 2006：頁 324	奠羌伯，西周晚期鄭國人。
225	虢季子緞鬲 周子縣鬲、虎臣子組鬲	13	00661-00662	西周晚期	集成 2007（1）：頁 817	
				宣王	吳其昌 1929（2004）：頁 510	"虢季子緞" 與宣王十二年虢季子白盤（10173）器主爲兄弟行。
				西周晚期	馬承源等 1988：頁 354 器 523	
				夷王	劉啓益 2002：頁 356	同人作有鬲（00662）、方壺（09655）、簋（03971），形制皆西周中期偏晚。同人作盤（《雙王鉨齋金石圖録》）曆日合於《日月食典》夷王十二年，本器 "十一" 當爲 "十二" 之誤。
				西周晚期	彭裕商 2003：頁 507	紋飾，字體。
				西周晚期到春秋早期	吳鎮烽 2006：頁 33	虢季子組，西周晚期到春秋早期人。
226	鰲伯鬲	13	00663-00665	西周晚期	集成 2007（1）：頁 817	
				西周晚至春秋初	楊深富 1984：頁 597	形制，紋飾。*00663。
				西周晚期	張懋鎔、趙榮、鄒東濤 1989：頁 69	形制，紋飾，銘文書體。
				厲王	彭裕商 2003：頁 406	器形紋飾有西周晚期風格。字體較近屬王時瘐簋（04170）等器。"司徒榮伯" 即榮夷公，亦見於屬王時敔簋（04323）。
				西周晚期	吳鎮烽 2006：頁 224	剌，西周晚期人。
227	戲伯鬲	13（又重1）	00666-00667	西周晚期	集成 2007（1）：頁 817	
				西周後期	容庚 1941（2008）：頁 245 鬲 13	
				西周中期	馬承源等 1988：頁 240 器 334	
				西周晚期	陳佩芬 2004：頁 437	
				西周晚期	吳鎮烽 2006：頁 407	戲伯，西周晚期人。
228	右戲仲曖父鬲	13	00668	春秋早期	集成 2007（1）：頁 817	
				西周晚期	吳鎮烽 2006：頁 122	仲夏父，西周晚期人，字夏父，擔任周王朝右戲之職。

序號	器　名	字數	銘文著錄	時　代	出　　處	依　　據
229	郱伯鬲 竈伯鬲	13（又 重2）	00669	春秋早期	集成2007（1）：頁817	
				西周晚期	馬承源等1988：頁341器494	
				西周晚期	青全1997（6）：頁72器74	
				中晚期	吳鎮烽2006：頁232	郱伯，西周中晚期人。
				西周晚期	彭裕商2003：頁497	器形，字體。
230	伯沴父鬲	13（又 重2）	00671	西周中期	集成2007（1）：頁817	
				西周中期	吳鎮烽2006：頁154	伯沴父，西周中期人。
231	召仲鬲	13（又 重2）	00672– 00673	西周晚期	集成2007（1）：頁817	
				西周晚期	吳鎮烽2006：頁105	召仲，西周晚期人。
232	焚有嗣再 鬲 榮有司再 鬲	13	00679	西周晚期	集成2007（1）：頁818	
				宣王	岐山A1976：頁31	形制、紋飾、字體同宣王時杜伯鬲（00698）。
				幽王	李學勤1976：頁46	同銘賀家村M3鼎（02470）爲幽世器。
				西周晚期	陝西1979（1）：頁28器179	
				西周中期	馬承源等1988：頁262器382	
				夷王	劉啓益2002：頁353	作器者同夷王時榮有司再鼎（02470）。
				西周晚期	彭裕商2003：頁488	器形，紋飾，字體。
				西周晚期	曹瑋等2005（2）：頁456	
				西周晚期	吳鎮烽2006：頁236	再，西周晚期人。
233	應姚鬲	13	近二0079、 新收0057	西周晚期	近二2010（一）：頁99	
				西周晚期	新收2006：頁56	
				西周晚期偏早	婁金山2003：頁93	伴出銅器與平頂山應國墓M95出土銅器形制相似，爲西周晚期偏早階段。
				西周晚期	吳鎮烽2006：頁413	應姚，西周晚期姚姓女子。
				五期（屬宣幽）	朱鳳瀚2009：頁1354	形制。
234	成伯孫父鬲	14（又 重2）	00680	西周晚期	集成2007（1）：頁818	
				宣王	岐山A1976：頁31	形制、紋飾、字體同宣王時杜伯鬲。
				約幽王	李學勤1976：頁46	
				西周晚期	陝西1979（1）：頁29器180	
				西周晚期	曹瑋等2005（2）：頁459	
				西周晚期	吳鎮烽2006：頁115	成伯孫父，西周晚期人，字孫父。

序號	器 名	字數	銘文著録	時 代	出 處	依 據
235	仲□父鬲 仲父鬲	14(又重2)	00681	西周晚期	集成 2007(1):頁 818	
				西周晚期	吳鎮烽 2006:頁 120	仲父,西周晚期人。
236	伯家父鬲	14	00682	西周晚期	集成 2007(1):頁 818	
				西周晚期	吳鎮烽 2006:頁 157	伯家父,西周晚期人。
237	虢季氏子䤾鬲	14(又重2)	00683	西周晚期	集成 2007(1):頁 818	
				西周晚期到東周早期	中科院 1959:頁 49	
				宣王	郭沫若 1959:頁 13	作器者同宣王時虢文公子䤾鼎(02634)。
				宣王(或稍後)	林壽晉 1961:頁 505-507	與虢文公子鬲(00736)和虢文公子䤾鼎(02634)爲同人作器,據《史記·周本紀》虢文公子䤾是宣王時人。該墓出土銅器形制紋飾近宣王時器。
				宣王	馬承源等 1988:頁 320 器 449	
				宣幽	李豐 1988:頁 1039	該墓爲虢國墓一期,當宣幽時。
				宣幽	李豐 1988a:頁 397	墓葬。
				西周晚期後段	王世民等 1999:頁 56 鬲 19	"虢季氏子䤾"即"虢文公子䤾",後者所作鬲(00736)爲西周晚期後段器。
				宣王晚期	劉啓益 2002:頁 382	"虢季氏子段"與宣王晚期器虢文公子段鼎(02635)之"虢文公子段"爲同一人。
				幽平之間	彭裕商 2003:頁 491	器形紋飾皆近幽王平王之際的虢文公子牧鬲(00736)。
				西周晚期	蔡運章 2007	器主即宣王時卿士虢文公。虢碩父、虢季氏子䤾、虢文公子段皆爲一人。
				兩周之際(或春秋初期)	韓巍 2009:頁 115	
238	鄭鑄友父鬲	14(又重2)	00684	西周晚期	集成 2007(1):頁 818	
				西周晚期	吳鎮烽 2006:頁 386	鄭鑄友父,西周晚期鄭國人。

序號	器　名	字數	銘文著録	時　代	出　　處	依　　據
239	齊趠父盨	14（又重2）	00685	春秋早期	集成 2007（1）：頁 818	
				兩周之際	臨朐 A1983：頁 6	組合，造型，紋飾，字體結構。
				兩周之際	孫敬明、何琳儀、黃錫全 1983：頁 15	形制，組合，花紋，銘文特點。
240	葊作又母辛盨 亞屮母辛盨	14	00688	西周早期	集成 2007（1）：頁 819	
				西周早期	吳鎮烽 2006：頁 430	葊，西周早期人。
241	虢季盨	14（又重文2）	近出 0136–0143、新收 0022–0029	西周晚期	近出 2002（一）：頁 316	
				西周晚期	新收 2006：頁 22–29 器 22–29	
				西周晚期	張長壽 1991	青銅器和玉器與豐鎬遺址中、晚期墓對比，M2001 當在西周晚期。車馬坑的不同跟年代無關。
				東周	賈峨 1991：頁 75	係西虢隨平王東遷後所鑄。
				東周初	李學勤 1991：頁 60	
				西周晚期	馬承源 1991：頁 61	出土物更有西周晚期特徵。同出虢季鐘（近出 0086）銘 “與” 不可讀爲 “舉” 釋 “拔”，非平王東遷後器。
				兩周之際	杜廼松 1991：頁 67	形制，紋飾。
				西周晚期	姜濤 1991：頁 90	形制、紋飾皆爲西周晚期流行。
				宣王晚年	蔡運章 1994b：頁 42–43	該墓銅器形制近西周中晚期。該墓銅器形制略晚於 M2009，後者在宣王初年，該墓當在宣王晚年。
				西周晚期晚段（宣幽）	河南 D1999：頁 524	形制，紋飾。
				西周晚期後段	王世民等 1999：頁 56 盨 20	器形。
				兩周之際	寧會振 2000：頁 55–57	
				宣王	張彥修 2004：頁 76–78	墓主爲周宣王時虢文公。
				厲王	黃盛璋 2006：頁 15	
				兩周之際（或春秋初期）	韓巍 2009：頁 115	

續表

序號	器名	字數	銘文著録	時代	出處	依據
242	單叔鬲	14	近二 0080-0088、新收 0763-0771	西周晚期	近二 2010(一):頁 101	
				西周晚期	新收 2006:頁 559	
				宣王	陝西 B2003:頁 28	據形制、紋飾、銘文,與宣王時逨器同時。"單叔"與"逨"爲一名一字。
				西周	陝西 C2003:頁 43	
				宣王	王世民 2003:頁 44-45	
				宣王	劉懷君 2003:頁 49-50	與四十三年逨鼎(近二 0330)爲一批鑄器。
				厲王	張天恩 2003:頁 62-65	"單五父""叔五父""單叔"爲一人,是逨的父親"龔叔",當厲王時。
				宣王	劉軍社 2003:頁 47-49	
				宣王後半	李學勤 2003a:頁 71-72	類型對比。
				宣王	李零 2003:頁 16-22	作器者名"逨",行輩爲"叔",字"五父"。據"逨"的世系,逨當宣世。
				宣王	周曉陸 2003:頁 62-69	此窖藏之 27 件器器主爲同一人,作於同時。參四十二年逨鼎(新收 0745)。
				宣王	董珊 2003:頁 42-46	除天盂外,其餘 26 器皆爲同人作器,當宣王時。
				西周晚期	吳鎮烽 2006:頁 315	單叔,西周晚期吳逨家族人。
				厲王	黃盛璋 2006:頁 17	器主非逨。與虢季氏子毀鬲(00683)形制、紋飾最近,虢季氏子毀即虢文公,宣王時稱公,該銘尚未稱公,當稍早。單叔早於逨一代。
				宣王	陝西 B2008:頁 222	形制、紋飾。與逨盤(近二 0939)爲同時期器物,後者爲宣王時。
243	伯矩鬲	15	00689	西周早期	集成 2007(1):頁 819	
				成康	白川靜 1964b:頁 419-420 器 38 附	
				成王	唐蘭 1976—1978(1986):頁 100	
				約康王	高木森 1986:頁 52	
				成王	馬承源等 1988:頁 29 器 48	此"燕侯"即燕侯旨鼎(02269)器主,成王時。

續表

序號	器 名	字數	銘文著錄	時 代	出 處	依 據
243	伯矩鬲	15	00689	西周初期	曹淑琴 1989：頁 398	
				西周初	殷瑋璋、曹淑琴 1991：頁 14	
				西周初期	北京 C1995：頁 242–244	形制、紋飾及伴出器物。
				西周前期	辭典 1995：頁 93 器 326	
				西周早期	青全 1997（6）：頁 8 器 8	
				西周早期	王世民等 1999：頁 49 鬲 1	據同人所做諸器的形制。
				成王	劉啓益 2002：頁 81	牛頭裝飾同成王時利簋（04131）、德簋（03733）。
				成王	彭裕商 2003：頁 232	器形紋飾早，浮雕狀獸角同成王時何尊（06014）。
				西周早期	馬承源 2003a：頁 98 鬲 3	器形。
				西周早期前段	吳鎮烽 2006：頁 156	伯矩，西周早期前段人。
				成康之際	朱鳳瀚 2009：頁 1409	組合，形制，紋飾。
244	夆伯鬲 夆伯鬲	15（又重 2）	00696	西周中期	集成 2007（1）：頁 820	
				西周中期	馬承源等 1988：頁 260 器 379	
				西周晚期	陳佩芬 2004：頁 435	
				西周中期	吳鎮烽 2006：頁 211	夆伯，西周中期人。
245	弨伯鬲 發伯鬲	15（又重 1）	00697	西周早期	集成 2007（1）：頁 820	
246	杜伯鬲 杜伯乍叔媊鬲、杜伯作叔媊鬲	15（又重 2）	00698	西周晚期	集成 2007（1）：頁 820	
				宣王	吳其昌 1929（2004）：頁 526	"杜伯" 或即《墨子·明鬼》之宣王時 "杜白"。
				宣王	郭沫若 1935（2002）：頁 323	"杜伯" 見於《墨子·明鬼》《國語·周語》。環帶紋近屬世兩攷从鼎（02818）、宣世毛公鼎（02841）。
				宣王	容庚 1941（2008）：頁 43	作器者同宣王時杜伯盨（04448）。
				西周晚期	馬承源等 1988：頁 356 器 527	
				宣王	王世民等 1999：頁 55 鬲 15	《墨子·明鬼》"周宣王殺其臣杜伯而不辜"，即此杜伯。
				宣王	劉啓益 2002：頁 395	"杜伯" 爲宣王時人，見載於《墨子·明鬼》。
				西周晚期	彭裕商 2003：頁 488	器形，紋飾，字體。與宣王時杜伯盨（04450）當爲同一人作。
				西周晚期	吳鎮烽 2006：頁 141	杜伯，西周晚期杜國國君，周宣王大夫。

續表

序號	器　名	字數	銘文著錄	時　代	出　　處	依　　據
247	曾伯宮父穆鬲	15	00699	春秋早期	集成 2007（3）：頁 820	
				西周後期	容庚 1941（2008）：頁 246 鬲 20	
				西周晚期	曾昭岷、李瑾 1980：頁 75	器形，紋飾。
				西周晚期	吳鎮烽 2006：頁 327	曾伯文，西周晚期人。
248	善吉父鬲膳夫吉父鬲	14（又重 2）	00700–00704、近出 0145、近二 0089	西周晚期	集成 2007（1）：頁 820	
				西周晚期	近出 2002（一）：頁 325	
				西周晚期	近二 2010（一）：頁 110	
				西周晚期	新來、周到 1966：頁 220	形制，紋飾。
				西周	于中航 1989：頁 321	
				厲宣時期	劉啓益 2002：頁 373	參兮吉父簋（04008）。
				西周晚期	吳鎮烽 2006：頁 322	善夫吉父，西周晚期人。
249	魯宰駟父鬲	15	00707	春秋早期	集成 2007（1）：頁 820	
				西周後期	王軒 1965：頁 547	同墓銅器的花紋、銘文、製作形式及同出玉器。
				西周晚期	馬承源等 1988：頁 339 器 490	
				西周晚期	青全 1997（6）：頁 63 器 65	
				西周晚期	彭裕商 2003：頁 502	器形，紋飾。
250	虢伯鬲虢仲鬲、虢仲作虢妃鬲	15（又重 2）	00708	西周晚期	集成 2007（1）：頁 820	
				厲王	陳夢家 1966（2004）：頁 327	
				厲王	馬承源等 1988：頁 291 器 419	
				厲王	蔡運章 1994a：頁 86	形制，紋飾，銘文内容。
				厲王	劉啓益 2002：頁 376	作器者同厲王時虢仲盨蓋（04435）。
				宣王	彭裕商 2003：頁 395	器形，紋飾。
				西周晚期	陳佩芬 2004：頁 427	
				西周晚期	吳鎮烽 2006：頁 378	虢仲，西周晚期人，虢國公族。
251	恒侯鬲望伯鬲	15	近出 0144、新收 1740	西周晚期	近出 2002（一）：頁 324	
				西周	新收 2006：頁 1181	
				西周晚期	陝西 1984（4）：頁 28 器 192	
				西周晚期	馬琴莉 1996：頁 86、89	形制，紋飾。
252	衛夫人鬲	15	近二 0090–0091、新收 1700–1701	春秋前期	近二 2010（一）：頁 111–112	
				春秋早期	新收 2006：頁 1160	
				西周晚期	青全 1997（6）：頁 29 器 29	

續表

序號	器 名	字數	銘文著錄	時 代	出 處	依 據
253	虢伯鬲 虢仲鬲、虢仲作虢妃鬲	16（又重2）	00709	西周晚期	集成2007（1）：頁820	
				西周晚期	吳鎮烽2006：頁378	虢伯，西周晚期人。
254	仲斯鬲 仲勑鬲	16（又重2）	00710	西周晚期	集成2007（1）：頁820	
				西周晚期	吳鎮烽2006：頁122	仲勑大也，西周晚期人。
255	芮公鬲 内公鬲、内公乍京氏婦叔姬鬲	16（又重2）	00711-00712	西周晚期	集成2007（1）：頁821	
				西周晚期	馬承源等1988：頁348器510	
				西周晚期	彭裕商2003：頁509	器形，紋飾，字體。
				西周晚期	陳佩芬2004：頁433器372	
				春秋早期	吳鎮烽2006：頁190	芮公，春秋早期人。
256	昶仲鬲 昶仲無龍寶鼎	16（又重1）	00713-00714	西周晚期	集成2007（1）：頁821	
257	㠱士父鬲	16（又重2）	00715-00716	西周晚期	集成2007（1）：頁821	
				西周晚至春秋早	齊文濤1972：頁9-10	
				西周晚期	吳鎮烽2006：頁424	㠱士父，西周晚期人。
258	□季鬲 郘季鬲	16	00718	西周晚期	集成2007（1）：頁821	
				西周晚期	吳鎮烽2006：頁222	郘季，西周晚期人。
259	伯頵父鬲 伯夏父鬲	17（又重2）	00719-00728	西周晚期	集成2007（1）：頁821	
				西周晚期	陳佩芬2004：頁431	*00722、00725。
				西周晚期	吳鎮烽2006：頁156	伯夏父，西周晚期人。
260	仲生父鬲	17（又重2）	00729	西周晚期	集成2007（1）：頁822	
				周中葉以後	許俊臣1983：頁10	形制、大小均同叔皇父鬲（00588），後者當周中葉以後。
				西周晚期	許俊臣、劉得禎1985：頁351	形制。
				共和	劉啓益2002：頁411	形制似宣王時虢文公子段鬲（00736）。
				西周晚期	吳鎮烽2006：頁120	仲生父，西周晚期人。
				屬宣幽	朱鳳瀚2009：頁1309-1326	墓葬。
261	鄭伯筍父鬲	17（又重2）	00730	西周晚期	集成2007（1）：頁822	
				西周晚期	吳鎮烽2006：頁324	奠伯筍父，西周晚期人。
262	鄭師蔓父鬲	17	00731	春秋早期	集成2007（1）：頁822	
				西周後期	容庚1941（2008）：頁246鬲22	

續表

序號	器 名	字數	銘文著錄	時 代	出 處	依 據
263	虢文公子 饺鬲、虢 文公子作 鬲	18	00736	西周晚期	集成 2007（1）：頁 823	
				宣王	唐蘭 1976—1978（1986）：頁 517	
				西周晚期 後段	王世民等 1999：頁 56 鬲 18	同人作鼎形制似毛公鼎（02841），紋飾同小克鼎（02796）、史頌鼎（02787）。
				宣王晚期	劉啓益 2002：頁 382	"虢文公"爲宣王時人，見載於《史記·周本紀》。"子段"爲其名，是宣王十二年虢季子白盤（10173）器主"子白"的下一代人，故在宣王晚期。
				幽平之間	彭裕商 2003：頁 490	參虢文公子牧鼎（02635）。
				西周晚期	馬承源 2003a：頁 99 鬲 14	器形。
				西周晚期	蔡運章 2007	器主即宣王時卿士虢文公。虢碩父、虢季氏子段、虢文公子段皆爲一人。
				兩周之際 （或春秋 初期）	韓巍 2009：頁 115	
				宣幽	吳鎮烽 2006：頁 378	虢文公子段，西周宣幽時期人。
264	單伯遧父 鬲 單伯原父 鬲、單伯 原鬲、單 伯遧父乍 中姞鬲	18（又 重 2）	00737	春秋早期	集成 2007（1）：頁 823	
				西周中期	馬承源等 1988：頁 251 器 358	
				西周晚期	張天恩 2003：頁 62–65	
				西周末至 春秋初	白光琦 2006：頁 69	書體。
				西周晚期	吳鎮烽 2006：頁 315	單伯遧父，西周晚期人。
				厲王	田率 2008：頁 85	人物聯繫。
265	孟辛父鬲	19（又 重 2）	00738- 00740	西周晚期	集成 2007（1）：頁 823	
				西周後期	容庚 1941（2008）：頁 245 鬲 16	
				西周後期	辭典 1995：頁 96 器 336	
				西周晚期	吳鎮烽 2006：頁 216	孟辛父，西周晚期人。
266	醫子奠伯 鬲	19（又 重 2）	00742	春秋早期	集成 2007（1）：頁 823	
				西周後期	容庚 1941（2008）：頁 246 鬲 21	

續表

序號	器 名	字數	銘文著錄	時 代	出 處	依 據
267	内公鬲 芮公鬲	19（又 重 2）	00743	春秋早期	集成 2007（1）：頁 823	
				西周晚期	彭裕商 2003：頁 509	器形，紋飾，字體。
				春秋早期	吳鎮烽 2006：頁 190	芮公，春秋早期人。
				西周晚期	張懋鎔 2008a：頁 47-49	
268	琱生作宮 仲鬲 琱生鬲、 琱生鬻、 琱生甗	20（又 重 2）	00744	西周晚期	集成 2007（1）：頁 823	
				宣王	陝西 H1965：頁 18	琱生爲宣王時人。
				孝王初年	陳夢家 1966（2004）：頁 235	作器者同孝王時琱生簋二器（04292、04293）。 形制、紋飾亦合。
				宣王	白川靜 1971：頁 882-883 器 195 附	
				懿王	吳鎮烽 1987：頁 277	
				孝王	馬承源等 1988：頁 210 器 291	器主同孝王五年琱生簋（04292）。
				西周中期	王世民等 1999：頁 52 鬲 8	器形。
				共和	劉啓益 2002：頁 412	同人作琱生簋（04292、04293）在共和時。
				宣王	彭裕商 2003：頁 449、439	作器者同五年琱生簋（04292）。
				西周晚期	馬承源 2003a：頁 99 鬲 12	器形。
				西周中期 後段	吳鎮烽 2006：頁 209	琱生，西周中期後段人。
				厲王早年	李學勤 2007：頁 71-75	參五年琱生簋（04292）。
				厲宣	王輝 2008：頁 46-49	
269	季嬴鬲 虢石父鬲	24（又 重 2）	文博 2007 年 06 期頁 63	幽王	成楠、馬偉峰、胡小平 2007：頁 62	"碩"讀爲石，碩父即石父，周幽王卿士，見《史記·周本紀》。
270	子碩父鬲	22（又 重 2）	近出 0146- 0147、新收 0048-0049	西周晚期	近出 2002（一）：頁 326	
				西周晚期	新收 2006：頁 48-49	
				宣王中期	王龍正、趙成玉 1998	"碩父"即幽王卿士虢石父，作器時尚未繼位。
				西周晚期 （或兩周 之際）	河南 D1999：頁 514	虢仲，西周晚期虢國君主。
				西周晚期	蔡運章 2007	形制，紋飾，銘文。"虢碩父"是厲王時卿士"虢公長父"，西周晚期厲宣之際的虢國之君。虢碩父、虢季氏子致、虢文公子致皆爲一人。

續表

序號	器 名	字數	銘文著錄	時 代	出 處	依 據
271	師趛鬲 師趛父鬲	29	00745	西周中期	集成 2007（1）：頁 823	
				西周中期	辭典 1995：頁 94 器 327	
				西周中期	王世民等 1999：頁 54 鬲 10	器形。
				西周中期	馬承源 2003a：頁 99 鬲 11	器形。
				西周中期後段	吳鎮烽 2006：頁 264	師趛，西周中期後段人。
272	仲枏父鬲	37（又重 2 合 1）	00746–00752；近二 0093、新收 1447；首陽 32	西周中期	集成 2007（1）：頁 824	
				西周中期	近二 2010（一）：頁 114	
				西周中期	新收 2006：頁 1000	
				恭王	沈之瑜 1965：頁 59	"師湯父"作鼎（02780）銘文記"王在周新宮"，此宮亦見於恭王十五年趞曹鼎。
				懿王	陳夢家 1966（2004）：頁 208	銘文位置，花紋，形制。
				恭王	白川靜 1967c：頁 396–399 器 108 附	
				共王	唐蘭 1976—1978（1986）：頁 446	
				恭王	吳鎮烽、朱捷元、尚志儒 1979：頁 120	"師湯父"所做師湯父鼎（02780）爲恭王時器。
				西周中期	陝西 1984（4）：頁 27 器 181–183	*00747、00749、00750。
				懿孝	康樂 1985：頁 2	*00751、00752。
				恭王	馬承源等 1988：頁 149 器 218	
				西周中期	辭典 1995：頁 94 器 329	
				恭王	王世民等 1999：頁 56 鬲 17	同出同銘簋形制紋飾似頌簋（04332）。師湯父鼎（02780）銘文有"周新宮"，爲恭王時器。
				恭王	陳佩芬 2000：頁 126	師湯父作鼎（02780）銘"王在周新宮，在射盧"，同恭王十五年趞曹鼎（02784）。
				懿王	劉啓益 2002：頁 314	"仲枏父"是師湯父屬官，師湯父見於共王時師湯父鼎（02780）。形制、花紋同懿王時王白姜鬲（00607）。
				宣王	彭裕商 2003：頁 478	器形，紋飾，字體。
				恭王	陳佩芬 2004：頁 268 器 309	*00748。
				西周中期後段	吳鎮烽 2006：頁 121	仲枏父，西周中期後段人。

續表

序號	器 名	字數	銘文著錄	時 代	出 處	依 據
272	仲枏父鬲	37（又重2合1）	00746－00752；近二0093、新收1447；首陽32	孝夷厲	張懋鎔2006：頁191	銘文字形書體及其他。
				西周中期	首陽2008：頁96器32	器形，紋飾。
				夷厲	張懋鎔2008：頁348	
				西周晚期至春秋早期	韓巍2009：頁115	形制，紋飾。"師湯父"與師湯父鼎器主非同一人。
273	公姞鬲公姞鼎	37（又合1）	00753	西周中期	集成2007（1）：頁824	
				西周中期（穆王）	中科院1962：頁26A128	
				昭王	陳夢家1966（2004）：頁136	形制、紋飾均同尹姞鬲（00755）。
				昭王	白川靜1966a：頁801－810器72附	
				共王	唐蘭1976—1978（1986）：頁438	
				西周中期	青全1997（5）：頁40器43	
				西周中期前段	王世民等1999：頁52鬲7	器形。
				共王	劉啓益2002：頁268	"公姞"即共王時尹姞鬲（00754）之"尹姞"。
				西周中期	彭裕商2003：頁385	
				西周中期前段	吳鎮烽2006：頁57	公姞，西周中期前段人，姞姓，穆公的夫人。
				西周中期	張懋鎔2008：頁348	
274	作册翢鬲	52	近二0094－0095、新收1556－1557	西周晚期	近二2010（一）：頁115	
				西周晚期	新收2006：頁1066	
				厲王	王冠英2002：頁6	形制、紋飾、字體、行款爲典型西周晚期器。"作册封"即伊簋（04287）之"命册尹封"，皆厲王時器。
				恭王十六年	李學勤2002a：頁47－48	"周新宫"之稱見於穆王後半期至恭王時。該盤可排進斷代工程曆譜恭王十六年。
				西周晚期	吳鎮烽2006：頁203	封，西周晚期人。
275	尹姞鬲尹姞鼎、穆公鼎、尹姞甗	64	00754－00755	西周中期	集成2007（1）：頁824	
				西周中期（穆王）	中科院1962：頁26A127	
				成康昭穆	郭寶鈞1964：頁72	墓葬與普渡村長囟墓對照。

續表

序號	器名	字數	銘文著錄	時代	出　處	依　據
275	尹姞鬲 尹姞鼎、 穆公鼎、 尹姞甗	64	00754- 00755	昭王	白川靜 1965d：頁 150	據器制文字看當在昭世。"休天君"者，休王之妃，即康王妃。
				昭王	陳夢家 1966（2004）：頁 135	大獸面紋晚於魯公熙鬲（00648），字體介乎康王與穆王諸器之間。
				昭王	白川靜 1966a：頁 794–810 器 72	
				康王	白川靜 1975（1997）：頁 254	"休天君"是休王的夫人，休王是康王。
				共王	唐蘭 1976—1978（1986）：頁 435	
				孝夷	吳鎮烽、王東海 1980：頁 65	"穆公"見於盞方彝（09899），後者爲孝夷時器。
				孝王	馬承源等 1988：頁 230 器 316	人物"穆公"。
				西周中期前段	王世民等 1999：頁 52 鬲 6	器形。
				共王	劉啓益 2002：頁 268	"穆公"見於共王時盞方彝（09899）等器。
				西周中期	彭裕商 2003：頁 384	臣下的謚號不應先於君上，稱"穆公"在穆王後。又據用詞、字體、器形、紋飾等推測可能在孝夷二世。
				西周中期前段	吳鎮烽 2006：頁 81	尹姞，西周中期前段姞姓婦女，穆公的夫人。
				西周中期	張懋鎔 2008：頁 348	

三、�澑類

序號	器 名	字數	銘文著錄	時 代	出 處	依 據
276	黿甂 黿甂	1	00764	殷或西周 早期	集成 2007（1）：頁 825	
277	戈甂	1	00768	西周早期	集成 2007（1）：頁 825	
278	囚甂	1	00770	西周早期	集成 2007（1）：頁 825	
279	囚甂	1	00771	西周早期	集成 2007（1）：頁 825	
280	圕甂	1	00772	西周早期	集成 2007（1）：頁 825	
				殷末周初	李發旺 1963：頁 51	
281	圕甂	1	00773	西周早期	集成 2007（1）：頁 825	
				商	段紹嘉 1963a：頁 44	
282	囟甂	1	00775	西周早期	集成 2007（1）：頁 825	
				約成康昭 穆	郭寶鈞 1964：頁 72	墓葬與普渡村長凶墓對 照。
				西周前段	郭寶鈞 1970（1981）：頁 51	
				成康	李豐 1988a：頁 396	墓葬。
				二期後段 （約昭王）	盧連成、胡智生 1988a：頁 508–513	墓葬。
				二 期（康 晚 至 昭 王）	朱鳳瀚 2009：頁 1337	器物組合與形制。
283	入鼎	1	00783	西周早期	集成 2007（1）：頁 826	
284	㝵甂	1	00785	殷	集成 2007（1）：頁 826	
				殷到西周 前期	甘肅 A1972：頁 2–3	形制，花紋，銘文，器物 組合。
				成康	甘肅 C1977：頁 124	形制，紋飾。
				成康	李豐 1988a：頁 396	墓葬。
				二期中段 （約成康）	盧連成、胡智生 1988a：頁 502–507	墓葬。
285	爫甂	1	00787	西周早期	集成 2007（1）：頁 826	
				西周早期	周到、趙新來 1980：頁 35	
				成康	李豐 1988a：頁 396	墓葬。
				二期中段 （約成康）	盧連成、胡智生 1988a：頁 502–507	墓葬。
286	巤甂 六六一 六六一 甂	1	00788；近 出 0150	西周早期	集成 2007（1）：頁 826	
				西周中期	近出 2002（一）：頁 330	
				西周早期	陝西 1980（3）：頁 1 器 2	
				西周早期	陝西 F1983：頁 88	
				文武	徐錫臺 1998a：頁 232	伴出陶器的形制、紋飾。
				西周早期	曹瑋等 2005（7）：頁 1507	

序號	器 名	字數	銘文著録	時 代	出 處	依 據
286	⌇⌇觚 六六一 六六一 觚	1	00788；近 出 0150	西周早期	張懋鎔 2006a: 頁 221	器形，字體。
				一期（約 武王至康 王）	朱鳳瀚 2009: 頁 1340	形制，組合。
287	戈觚	1	近出 0149、 新收 1750	西周早期	近出 2002（一）: 頁 329	
				西周早期	新收 2006: 頁 1186	
				西周早期	王長啓 1990: 頁 41	
288	鳥觚	1	近二 0096	西周早期	近二 2010（一）: 頁 117	
				殷晚至周 初	咸陽 A2006: 頁 30–32	墓葬形制，隨葬器物種 類、伴出銅器的形制紋 飾。
				約武王至 康王	朱鳳瀚 2009: 頁 1228–1265	墓葬。
289	史觚	1	近二 0097– 0099	西周早期	近二 2010（一）: 頁 118–120	
				西周早期 早段	社科院 2005: 頁 513	
				一期（約 武王至康 王）	朱鳳瀚 2009: 頁 1383	器形。
290	□觚	1	新收 0839	西周	新收 2006: 頁 616	
291	戈⌖觚 戈 网 觚、 周立戈觚	2	00797	西周早期	集成 2007（1）: 頁 827	
				商代	容庚 1941（2008）: 頁 248 觚 2	
292	父乙觚	2	00799	西周早期	集成 2007（1）: 頁 827	
				西周早期	陝西 1984（4）: 頁 16 器 113	
293	父己觚	2	00801	殷	集成 2007（1）: 頁 827	
				晚商至周 初	北京 A1978: 頁 15	
294	⌖辛觚 舉辛觚	2	00802	西周早期	集成 2007（1）: 頁 827	
				商代	容庚 1941（2008）: 頁 248 觚 4	
295	遽從觚	2	00803	西周早期	集成 2007: 頁 827	
				西周早期	吳鎮烽 2006: 頁 395	遽從，西周早期人。
296	賓觚	2	00805	西周中期	集成 2007（1）: 頁 827	
				不晚於西 周中期	陝西 D1957: 頁 85	同墓出土銅盉銘文"穆王 在下淢居"，知此盉鑄於 穆王生時，該墓穿造年代 當在西周中期。
				西周初期	陳夢家 1966（2004）: 頁 141 器 103 附	形制，紋飾，銘文。

續表

序號	器 名	字數	銘文著錄	時 代	出　　處	依　　據
296	寶甌	2	00805	穆王	郭寶鈞 1970（1981）：頁 44	同出長由盉（09455）在穆王時。
				穆王前後	李豐 1988a：頁 396	墓葬。
				三 期（穆共）	盧 連 成、胡 智 生 1988a：頁 514	墓葬。
				穆恭	朱鳳瀚 2009：頁 1284–1301	墓葬。
297	亞吳甌亞疑甌	2	近出 0151	西周早期	近出 2002（一）：頁 331	
298	父丁甌	2	近二 0104、新收 0961	西周早期	近二 2010（一）：頁 125	
				西周早期	新收 2006：頁 699	
				西周中期偏早	山西·北京 2000：頁 334	M6384 在西周中期偏早。
				穆王至孝王	徐天進 2000：頁 335–337	墓葬。
				三 期（穆恭）	朱鳳瀚 2009：頁 1474	墓葬。
299	且丁旅甌商祖丁甌、祖丁旅甌	3	00806	殷或西周早期	集成 2007（1）：頁 827	
300	戈父甲甌	3	00807	西周早期	集成 2007（1）：頁 827	
				西周初期	北京 C1995：頁 242–244	形制、紋飾及伴出器物。
				成康之際	朱鳳瀚 2009：頁 1409	組合，形制，紋飾。
301	父乙甌商父乙甌	3	00808	西周早期	集成 2007（1）：頁 827	
302	共父乙甌	3	00809	西周早期	集成 2007（1）：頁 828	
				西周早期	陝西 1980（3）：頁 29 器 184	
				西周初年（稍早）	曹明檀、尚志儒 1984：頁 59	紋飾。
303	父乙甌	3	00810	西周早期	集成 2007（1）：頁 828	
304	父乙甌	3	00811	西周早期	集成 2007（1）：頁 828	
305	乙父甌父乙甌	3	00812	西周早期	集成 2007（1）：頁 828	
				穆恭之際	陝西 F1979a：頁 6	伴出銅器的形制、紋飾。
				西周早期	陝西 1980（3）：頁 3 器 15	
				穆王前後	李豐 1988a：頁 396	墓葬。
				三 期（穆共）	盧 連 成、胡 智 生 1988a：頁 513–521	墓葬。
				西周早期	曹瑋等 2005（8）：頁 1561	
				穆共之際	張懋鎔 2006a：頁 228	
				穆恭	朱鳳瀚 2009：頁 1284–1301	墓葬。

續表

序號	器　名	字數	銘文著錄	時　代	出　　處	依　　據
306	戈父戊瓾	3	00814	西周早期	集成 2007（1）：頁 828	
				西周初期	中科院 1962：頁 29A137	
307	膚父己瓾	3	00816	西周早期	集成 2007（1）：頁 828	
				商周之際	羅西章 1977：頁 86	形制，紋飾，銘文。
				西周早期	陝西 1980（3）：頁 5 器 30	
				西周早期	青全 1997（5）：頁 42 器 45	
				成王前後	張懋鎔 2006a：頁 219	器形與標準器對照。
308	訇父己瓾 周月瓾	3	00817	西周早期	集成 2007（1）：頁 828	
				商代	容庚 1941（2008）：頁 248 瓾 1	
309	見作瓾	3	00818	西周早期	集成 2007（1）：頁 828	
				西周早期	吳鎮烽 2006：頁 144	見，西周早期人。
310	見父己瓾	3	00819	西周早期	集成 2007（1）：頁 828	
				西周早期	吳鎮烽 2006：頁 144	見，西周早期人。
311	父辛瓾 父辛瓾	3	00820	西周早期	集成 2007（1）：頁 828	
312	伏父癸瓾	3	00823	西周早期	集成 2007（1）：頁 829	
313	母癸瓾	3	00826	殷	集成 2007（1）：頁 829	
				西周早期	青全 1997（5）：頁 44 器 47	
				西周早期	陳佩芬 2004：頁 61	
314	亞口吳瓾	3	00828	西周早期	集成 2007（1）：頁 829	
				武王至成 王早年	李豐 1988a：頁 396	墓葬。
				二期早段 （約武成）	盧連成、胡智生 1988a：頁 500	墓葬。
315	伯作彝瓾	3	00829	西周早期	集成 2007（1）：頁 829	
316	伯作彝瓾	3	00830	西周早期	集成 2007（1）：頁 829	
				成康昭穆	郭寶鈞 1964：頁 72	墓葬與普渡村長凶墓對照。
				西周前期	郭寶鈞 1970（1981）：頁 54	與穆王時長安普渡村長凶墓對照。
				二期後段 （約昭王）	盧連成、胡智生 1988a：頁 508–513	墓葬。
				二 期（康 晚 至 昭 王）	朱鳳瀚 2009：頁 1338	器物組合與形制。
317	爻作彝瓾	3	00831	西周早期	集成 2007（1）：頁 829	
				殷或西周 初期	中科院 1962：頁 29A134	
				西周早期	吳鎮烽 2006：頁 76	爻，西周早期人。

續表

序號	器 名	字數	銘文著錄	時 代	出 處	依 據
318	作丙寶甋	3	00832	西周早期	集成 2007（1）：頁 829	
319	作寶彝甋 周寶甋	3	00833	西周早期	集成 2007（1）：頁 829	
320	作寶彝甋	3	00834	西周早期	集成 2007（1）：頁 829	
321	作從彝甋 乍父乙甋	3	00835	西周早期	集成 2007（1）：頁 829	
322	作旅彝甋	3	00836	西周早期	集成 2007（1）：頁 829	
323	戜作旅甋	3	00837	西周早期	集成 2007（1）：頁 830	
				穆王	扶風 A1976：頁 58	形制，花紋，銘文字體。
				穆王	唐蘭 1976b：頁 31	
				穆王	陝西 1980（2）：頁 14 器 102	
				穆王	吳鎮烽 1987：頁 270	形制，紋飾，字體。
				穆王前後	李豐 1988a：頁 396	墓葬。
				三 期（穆共）	盧連成、胡智生 1988a：頁 513–521	墓葬。
				穆王	劉啓益 2002：頁 211	伯戜墓的時代在穆王時。
				西周中期	曹瑋等 2005（7）：頁 1364	
				穆王前後	張懋鎔 2006a：頁 227	
				西周中期前段	吳鎮烽 2006：頁 227	戜，西周中期前段人。
				穆恭	朱鳳瀚 2009：頁 1284–1301	墓葬。
324	𡊁祖丁甋 冉祖丁甋	3	近出 0152、 新收 0376	西周早期	近出 2002（一）：頁 332	
				西周早期	新收 2006：頁 261	
				西周初期	張劍、蔡運章 1998：頁 40	伴出器形制、紋飾。
				約武王至康王	朱鳳瀚 2009：頁 1228–1265	墓葬。
325	𡧛父丁甋	3	近出 0153、 新收 0782	西周早期	近出 2002（一）：頁 333	
				商晚–西周早期	新收 2006：頁 570	
				西周早期前段	陝西 A1995：頁 122	形制，紋飾。
				約武王至康王	朱鳳瀚 2009：頁 1228–1265	墓葬。
326	戈父癸甋	3	近出 0154、 新收 0784	西周早期	近出 2002（一）：頁 334	
				商晚–西周早期	新收 2006：頁 572	
				西周早期前段	陝西 A1995：頁 123	形制，紋飾。
				約武王至康王	朱鳳瀚 2009：頁 1228–1265	墓葬。

序號	器　名	字數	銘文著錄	時　代	出　　處	依　　據
327	🔲父乙瓶 冉父乙瓶	3	近二 0107、 新收 0809	西周早期	近二 2010（一）：頁 128	
				西周早期	新收 2006：頁 595	
				不晚於康 王前期	肖琦 2002：頁 33、35	形制。
328	長子口瓶	3	近二 0108、 新收 0552	西周早期	近二 2010（一）：頁 129	
				西周早期	新收 2006：頁 415	
				商末周初	河南 E2000：頁 22	
				西周初期 （不晚於 成王）	河南 E2000a：頁 199–209	據墓葬形制、埋葬習俗及 伴出物的時代特徵。
				西周初期 （不晚於 成王）	韓維龍、張志清 2000：頁 24– 29	墓葬形制、埋藏習俗有商 末特色。出土器物的組 合、器形、紋飾和銘文有 周初特徵。長子口爲臣服 於周的商末長氏諸侯，故 葬俗爲殷式而出土器物有 周初特色。
				西周早期 前段	吳鎮烽 2006：頁 178	長子口，西周早期前段 人。
329	作旅彝瓶	3	近二 0109	西周晚期	近二 2010（一）：頁 130	
330	作旅瓶	3	文物天地 2008 年 10 期 85 頁	西周早期	謝堯亭等 2008：頁 80–87	墓葬。
				一期（約 武王至康 王）	朱鳳瀚 2009：頁 1442	
331	子父乙瓶	4	00838	西周早期	集成 2007（1）：頁 830	
332	宁戈乙父 瓶 周立戈瓶	4	00839	西周早期	集成 2007（1）：頁 830	
				商代	容庚 1941（2008）：頁 248 瓶 3	
333	亞🔲父丁 瓶	4	00840	殷	集成 2007（1）：頁 830	
				西周早期	陳佩芬 2004：頁 59	
334	丂亞父丁 瓶 丂亞父丁 瓶	4	00841	西周早期	集成 2007（1）：頁 830	
335	亞🔲父丁 瓶	4	00842	西周早期	集成 2007（1）：頁 830	
336	亞糞父己 瓶	4	00843	西周早期	集成 2007（1）：頁 830	
337	黽作父辛 瓶	4	00845	殷或西周 早期	集成 2007（1）：頁 830	

序號	器 名	字數	銘文著錄	時 代	出 處	依 據
338	兴北子瓴	4	00847	西周早期	集成 2007（1）：頁 830	
				西周早期	王毓彤 1963：頁 55	形制，鑄法，紋飾，字體。
				西周	李健 1963：頁 224–225	
				西周初年	郭沫若 1963a：頁 182–187	
				西周中期	劉彬徽 1986：頁 242	
339	𠂤射作喏瓴 𠂤射作尊瓴	4	00848	西周早期	集成 2007（1）：頁 830	
				西周	傅永魁 1959：頁 187–188	
				武王至成王早年	李豐 1988a：頁 396	墓葬。
				二期中段（約成康）	盧連成、胡智生 1988a：頁 502–507	墓葬。
				西周早期	吳鎮烽 2006：頁 259	射，西周早期人。
				約武王至康王	朱鳳瀚 2009：頁 1228–1265	墓葬。
340	猷作寶彝瓴	4	00849	西周早期	集成 2007（1）：頁 830	
				西周	王進先 1979：頁 90	形制，紋飾，銘文。
				西周早期	吳鎮烽 2006：頁 356	猷，西周早期人。
341	作戲隋彝瓴 作戲瓴	4	00850	西周早期	集成 2007（1）：頁 831	
				西周早期	吳鎮烽 2006：頁 407	戲，西周早期人。
342	𦀭奴寶瓴	4	00851	西周早期	集成 2007（1）：頁 831	
				西周早期	吳鎮烽 2006：頁 216	𦀭奴，西周早期人。
343	龠作寶彝瓴	4	00852	西周早期	集成 2007（1）：頁 831	
				西周中期前段	吳鎮烽 2006：頁 207	龠，西周中期前段人。
344	舟作尊彝瓴 舟瓴、周舟瓴	4	00853	西周早期	集成 2007（1）：頁 831	
				西周中期前段	吳鎮烽 2006：頁 126	舟，西周中前段人。
345	闢作寶彝瓴	4	00854	西周早期	集成 2007（1）：頁 831	
				西周早期	吳鎮烽 2006：頁 422	闢，西周早期人。
346	守作寶彝瓴 守瓴、宄瓴、宄作寶彝瓴	4	00855	西周早期	集成 2007（1）：頁 831	
				西周早期	吳鎮烽 2006：頁 213	宄，西周早期人。
347	彭女瓴	4	00856	西周早期	集成 2007（1）：頁 831	
				西周早期	吳鎮烽 2006：頁 307	彭女，西周早期人。

序號	器 名	字數	銘文著録	時 代	出 處	依 據
348	伯作寶彝瓹	4	00857	西周早期	集成 2007（1）：頁 831	
				西周早期	寶雞 E1983：頁 11	
				西周早期	盧連成、胡智生 1988：頁 266	形制，紋飾，字體。
				成康	李豐 1988a：頁 396	墓葬。
				二期後段（約昭王）	盧連成、胡智生 1988a：頁 508–513	墓葬。
				二期（約昭王）	朱鳳瀚 2009：頁 1520	組合，形制，紋飾。
349	伯作旅瓹	4	00858	西周早期	集成 2007（1）：頁 831	
				西周早期	趙學謙 1963：頁 574	形制，花紋，銘文。
				西周早期	陝西 1984（4）：頁 5 器 36	
350	仲作旅彝瓹 周車瓹	4	00859	西周中期	集成 2007（1）：頁 831	
351	仲作旅瓹	4	00860	西周中期	集成 2007（1）：頁 831	
				西周中期偏前	臨潼 B1982：頁 89	紋飾。
				穆王前後	李豐 1988a：頁 396	墓葬。
				三期（穆共）	盧連成、胡智生 1988a：頁 513–521	墓葬。
				穆恭	朱鳳瀚 2009：頁 1284–1301	墓葬。
352	龍作旅彝瓹 周立旅瓹	4	00861	西周早期	集成 2007（1）：頁 831	
				西周早期	吳鎮烽 2006：頁 400	龍，西周早期人。
353	寁瓹	4	00862	西周早期	集成 2007（1）：頁 831	
				昭王	唐蘭 1976—1978（1986）：頁 244	人名“寁”見於寁鼎（02731）。
				昭王	唐蘭 1981：頁 38	
				康王	劉啓益 2002：頁 124	作器者同康王時寁鼎（02731）。
				昭穆	吳鎮烽 2006：頁 341	寁，西周昭穆時期人。
354	光作從彝瓹 光作从彝瓹	4	00863	西周早期	集成 2007（1）：頁 831	
				西周中期	吳鎮烽 2006：頁 118	光，西周中期人。
355	中瓹 囗即中師瓹	存 4	00864	西周中期	集成 2007（1）：頁 832	

序號	器 名	字數	銘文著錄	時 代	出 處	依 據
356	頼甗	4	00865	西周中期	集成 2007（1）：頁 832	
				西周	社科院 A1981：頁 15	
				西周早期後段	吳鎮烽 2006：頁 384	頼，西周早期後段人。
				約武王至康王	朱鳳瀚 2009：頁 1228–1265	墓葬。
357	作旅尊彝甗	存 4	近出附 04	西周	近出 2002（四）：頁 303	
				不早於西周中期	李步青 1983：頁 8、17	同批器有匜和重環紋，皆爲西周中期始見。
				西周末年	李學勤 1983a：頁 18	同出鼎年代較晚，甗是整體的，所出墓葬爲西周末年。
358	克甗	4	近二 0110、新收 0916	西周早期	近二 2010（一）：頁 131	
				西周早期	新收 2006：頁 665	
				西周早期	山西·北京 2000：頁 334	M6069 在西周早期。
				成康	徐天進 2000：頁 335–337	墓葬。
				西周早期後段	吳鎮烽 2006：頁 139	克，西周早期後段人。
				一期（約武王至康王）	朱鳳瀚 2009：頁 1473	墓葬。
359	南單母癸甗	4	近二 0111、新收 1440	商代後期	近二 2010（一）：頁 132	
				西周早期	新收 2006：頁 995	
				西周早期	陳佩芬 2004：頁 65	
360	商婦甗	5	00867	殷	集成 2007（1）：頁 832	
				康王	伍士謙 1981：頁 97–126	作器者同康王時庚嬴卣（05426）。
				西周早期	陳佩芬 2004：頁 63	
361	伯庶甗嘼甗	5	00868	西周早期	集成 2007（1）：頁 832	
				西周前期	容庚 1941（2008）：頁 249 甗 12	
				成王	白川靜 1964b：頁 424 器 39 附	
				昭王	劉啓益 2002：頁 156	伯憲器，參憲鼎（02749）。
				西周早期	吳鎮烽 2006：頁 160	伯庶，西周早期人。
362	伯乙甗	5	00869	西周早期	集成 2007（1）：頁 832	
				西周早期	吳鎮烽 2006：頁 152	伯丁，西周早期人。
363	伯貞甗伯 貨 甗、伯真甗	5	00870	西周早期	集成 2007（1）：頁 832	
				西周早期	吳鎮烽 2006：頁 155	伯真，西周早期人。

續表

序號	器　名	字數	銘文著録	時　代	出　　　處	依　　　據
364	矢伯甗	5	00871	西周早期	集成 2007（1）: 頁 832	
				西周	唐愛華 1985: 頁 29	
				西周初期	唐愛華 1986: 頁 93	形制，紋飾，銘文。
				西周早期	曹定雲 1999: 頁 110	字體。
				西周初期	吳鎮烽 2006: 頁 77	矢伯，西周初期人，矢國族首領。
365	澝伯甗 潦伯甗	5	00872	西周早期	集成 2007（1）: 頁 832	
				西周早期	吳鎮烽 2006: 頁 384	潦伯，西周早期人。
366	井伯甗 邢伯甗	5	00873	西周早期	集成 2007（1）: 頁 832	
				共王	吳其昌 1929（2004）: 頁 291	"井白"即穆王晚期井鼎之"井"，即共王時利鼎（02804）等器之"井白"。
				共王	陳夢家 1966（2004）: 頁 148 器 106 附	花紋同恭王時十五年趞曹鼎（02784）。
				康王之前	尚志儒 1987: 頁 294	字體爲西周早期風格。
				穆共時期	劉啓益 2002: 頁 271	同穆王時戜甗（00837）。
				西周中期	馬承源 2003a: 頁 106 甗 4	器形。
				恭王	吳鎮烽 2006: 頁 43	恭王，井伯，西周恭王時期的執政大臣。
367	嬰子甗 解子甗	5	00874	西周早期	集成 2007（1）: 頁 832	
				西周早期	吳鎮烽 2006: 頁 345	解子，西周早期人。
368	旾甗	5	00875	西周早期	集成 2007（1）: 頁 832	
				西周中期前段	吳鎮烽 2006: 頁 192	旾，西周中期前段人。
369	雷甗	5	00876	西周早期	集成 2007（1）: 頁 832	
				西周早期	吳鎮烽 2006: 頁 338	雷，西周早期人。
370	奲妊甗	5	00877	西周中期	集成 2007（1）: 頁 832	
				西周中期前段	吳鎮烽 2006: 頁 250	奲妊，西周中期前段。
371	戍人正甗	5	近出 0156、新收 0791	西周早期	近出 2002（一）: 頁 337	
				商晚–西周早期	新收 2006: 頁 579	
				西周早期前段	陝西 A1995: 頁 123	形制，花紋。
				成王	張長壽 1998: 頁 290–294	銅器形制、花紋、組合。
				約武王至康王	朱鳳瀚 2009: 頁 1228–1265	墓葬。

序號	器 名	字數	銘文著錄	時 代	出 處	依 據
372	應侯甗	5	近出 0157、新收 0067	西周中期	近出 2002（一）：頁 338	
				西周中期	新收 2006：頁 62	
				穆 恭（或恭王）	河南 C1998：頁 13–16	所飾鳳鳥紋。
				西周中期前段	吳鎮烽 2006：頁 412	應侯，西周中期前段人。
				三 期（穆恭）	朱鳳瀚 2009：頁 1353	形制，紋飾，組合。
373	并伯甗 幵伯甗	5	近出 0158、新收 1351	西周早期	近出 2002（一）：頁 339	
				西周早期	新收 2006：頁 932	
				康 王（或稍晚）	史可暉 1987：頁 100	據墓葬時代。
				西周早期	吳鎮烽 2006：頁 204	并伯，西周早期人。
374	伯甗	5	新收 0912	西周晚期	新收 2006：頁 662	
375	作且己甗 作祖己甗	6	00878–00879	西周早期	集成 2007（1）：頁 833	
				成王	白川靜 1964a：頁 357–361 器 31 附	
376	鼎作父乙甗 周鼎甗	6	00880	西周早期	集成 2007（1）：頁 833	
				商代	容庚 1941（2008）：頁 248 甗 6	
				西周早期前段	吳鎮烽 2006：頁 340	鼎，西周早期前段人。
377	作父庚甗 周父庚甗	6	00881	西周早期	集成 2007（1）：頁 833	
				商代	容庚 1941（2008）：頁 248 甗 5	
				西周早期	馬承源 2003a：頁 106 甗 1	器形。
378	毃作父庚甗 毃父庚甗、毃作母庚甗	6	00882	西周早期	集成 2007（1）：頁 833	
379	應監甗 雁監甗	6	00883	西周早期	集成 2007（1）：頁 833	
				西周初期	郭沫若 1960a：頁 7	花紋，形制，銘文字體。
				不早於康昭	耿鐵華 1981：頁 70	形制可與穆王時長囟墓銅甗相類、紋飾與成王時康侯簋（04059）相類。
				康昭	李學勤 1987：頁 23	
				西周早期	馬承源等 1988：頁 97 器 145	
				西周前期	辭典 1995：頁 96 器 338	

續表

序號	器　名	字數	銘文著錄	時　代	出　處	依　據
379	應監甗 雁監甗	6	00883	西周早期	青全 1997（6）：頁 90 器 92	爲周朝派往應國的監國者，該器形制、紋飾、字體與周朝器無異。
				成康	徐錫臺 1998：頁 348	近似 1976 岐山賀家 M113 出土甗。
				成康	彭裕商 2003：頁 291	據字體風格。
				西周早期	吳鎮烽 2006：頁 413	應監，西周早期人。
				一期（約武王至康王）	朱鳳瀚 2009：頁 1356	
380	師趞甗	6	00884	西周早期	集成 2007（1）：頁 833	
				西周前期	張劍 1980：頁 42	形制、紋飾。
				西周中期	青全 1997（6）：頁 45 器 48	
				西周早期後段	吳鎮烽 2006：頁 265	師趞，西周早期後段人。
381	何嬘妧甗	6	00885	殷或西周早期	集成 2007（1）：頁 833	
				西周初期	喀左 A1977：頁 24	
				西周早期	吳鎮烽 2006：頁 149	嬘妧，西周早期人。
				西周早期偏早	朱鳳瀚 2009：頁 1429	
382	◊弗生甗 西弗生甗、函弗生甗、舀弗生甗	6	00887	西周早期	集成 2007（1）：頁 833	
				西周早期	吳鎮烽 2006：頁 177	講弗生，西周早期人。
383	寫史妧甗 周史甗	6	00888	西周早期	集成 2007（1）：頁 833	
				西周早期	吳鎮烽 2006：頁 240	寫史妧，西周早期人。
384	田告甗	6	00889	西周早期	集成 2007（1）：頁 834	
385	田晨甗	6	00890	西周早期	集成 2007（1）：頁 834	
				西周初期	中科院 1962：頁 29A135	
				西周早期前段	吳鎮烽 2006：頁 88	田農，西周早期前段人。
386	伯矩甗 周伯矩甗	6	00892-00893	西周早期	集成 2007（1）：頁 834	
				西周初期	喀左 A1977：頁 24	形制、紋飾、銘文風格同北京琉璃河 M253 圉甗。*00893。
				成王	唐蘭 1976—1978（1986）：頁 102	
				西周初期	曹淑琴 1989：頁 398	*00892。
				西周前期	辭典 1995：頁 97 器 339	

續表

序號	器　名	字數	銘文著録	時　代	出　　處	依　　據
386	伯矩甌 周伯矩甌	6	00892－ 00893	成王	劉啓益 2002：頁 82	形制花紋均同成王時圉甌（00935）。
				成王	彭裕商 2003：頁 234	器形、紋飾、字體有周初特色。
				西周早期前段	吳鎮烽 2006：頁 156	伯矩，西周早期前段人。
				西周早期偏早	朱鳳瀚 2009：頁 1429	
387	夆伯甌	6	00894	西周早期	集成 2007（1）：頁 834	
				西周早期	吳鎮烽 2006：頁 163	夆伯命，西周早期人。
388	弜伯甌	6	00895	西周中期	集成 2007（1）：頁 834	
				昭穆	寶雞 A1976：頁 43–44	
				西周早期	陝西 1984（4）：頁 8 器 59	
				西周中期	馬承源等 1988：頁 251 器 359	
				穆王前後	李豐 1988a：頁 396	墓葬。
				三期（穆共）	盧連成、胡智生 1988a：頁 513–521	墓葬。
				西周前期	辭典 1995：頁 97 器 341	
				穆王	張懋鎔 2006a：頁 215	與長甶墓出土器物非常相似，後者屬穆世。
				約穆王	朱鳳瀚 2009：頁 1523	組合，形制，紋飾。
389	束叔甌	6	00896	西周早期	集成 2007（1）：頁 834	
				西周早期	吳鎮烽 2006：頁 113	束叔，西周早期人。束氏公族。
390	虢伯甌 周伯甌	6	00897	西周晚期	集成 2007（1）：頁 834	
				西周前期	容庚 1941（2008）：頁 249 甌 14	
				西周中期	吳鎮烽 2006：頁 378	虢伯，西周中期人。
391	伯囗甌	6	00898	西周早期	集成 2007（1）：頁 834	
				西周早期	吳鎮烽 2006：頁 158	伯産，西周早期人。
392	𢆶甌 甿甌、寮 伯𠭯甌	6	00899	西周早期	集成 2007（1）：頁 834	
				成王初年	劉啓益 2002：頁 69	形制屬成王。與成王時濬司徒送簋（04059）爲同人作器。
				西周早期	吳鎮烽 2006：頁 386	寮伯𠭯，西周早期人。
393	伯囗父甌 伯𤔔父甌	6	00900	西周晚期	集成 2007（1）：頁 834	
394	俞伯甌	6	近出 0159、 新收 1947	西周早期	近出 2002（一）：頁 340	
				西周早期	新收 2006：頁 1299	

序號	器　名	字數	銘文著録	時　代	出　處	依　據
395	盂甗 獸面紋甗	6	近出 0160、 新收 1591	西周早期	近出 2002（一）：頁 341	
				西周早期	新收 2006：頁 1090	
				西周早期	李零、董珊 1999：頁 62	形制，紋飾，字體。
				西周早期 前段	吳鎮烽 2006：頁 182	盂，西周早期前段人。
396	仲酉父甗	7	00901	西周早期	集成 2007（1）：頁 834	
				西周早期	吳鎮烽 2006：頁 121	仲酉父，西周早期人。
397	彶作父乙 甗 周克甗、 鼕甗	6	00902	西周晚期	集成 2007（1）：頁 834	
				西周早期	吳鎮烽 2006：頁 277	彶，西周早期人。
398	亞又作父 乙甗	7	00903	西周早期	集成 2007（1）：頁 835	
				西周早期	吳鎮烽 2006：頁 3	又，西周早期人。
399	亞無壽作 父己甗	7	00904	西周早期	集成 2007（1）：頁 835	
400	作父癸甗 周子甗	7	00905	西周早期	集成 2007（1）：頁 835	
401	亞盧作父 □甗	7	00906	西周早期	集成 2007（1）：頁 835	
402	卭作母戊 甗 雙爵母戊 彝、錐卭 卭彝、周 母戊甗	7	00907	西周早期	集成 2007（1）：頁 835	
403	彌白乍井 姬甗 彌伯甗	7	00908	西周中期	集成 2007（1）：頁 835	
				昭穆	寶雞 A1976：頁 43–44	器形、紋飾屬西周早期。
				西周中期	陝西 1984（4）：頁 12 器 90	
				穆王	盧連成、胡智生 1988：頁 441	形制、紋飾爲西周早期向中期過渡式。彌伯作器中較晚者。
				穆王前後	李豐 1988a：頁 396	墓葬。
404	叔鼎作寶 甗	7	00909	西周中期	集成 2007（1）：頁 835	
				西周晚期	吳鎮烽 2006：頁 198	叔鼎，西周晚期人。
405	孟姬安甗	7	00910	西周中期	集成 2007（1）：頁 835	
				西周中期	吳鎮烽 2006：頁 218	孟姬安，西周中期人。
406	鬲仲雩父 甗 舁仲雩父 甗	7	00911	西周晚期	集成 2007（1）：頁 835	
				西周晚期	陝西 F1978a：頁 8	
				西周晚期	陝西 1980（2）：頁 16 器 115	

序號	器 名	字數	銘文著錄	時 代	出 處	依 據
406	ㅤ仲雩父甗 畀仲雩父甗	7	00911	西周晚期	馬承源 2003a：頁 107 甗 6	器形。
				西周晚期	曹瑋等 2005（5）：頁 975	
				西周晚期	張懋鎔 2006a：頁 230	
				西周晚期	吳鎮烽 2006：頁 287	畀仲雩父，西周晚期人。
407	尹伯作且辛甗 尹伯作祖辛甗	8	00912	西周早期	集成 2007（1）：頁 835	
				商代	容庚 1941（2008）：頁 248 甗 7	
				西周早期	吳鎮烽 2006：頁 81	尹伯，西周早期人，尹氏家族的族長。
408	比甗	8	00913	西周早期	集成 2007（1）：頁 835	
				西周早期	吳鎮烽 2006：頁 80	比，西周早期人。
409	大史友甗 太史甗、太史習彝、太史卷甗	9	00915	西周早期	集成 2007（1）：頁 835	
				成王	容庚 1941（2008）：頁 34、頁 248 甗 8	
				成王	白川靜 1964b：頁 433–439 器 41	
				康王	陳夢家 1966（2004）：頁 97	同出的憲鼎（02749）、憲盉（09430）爲康王時，此"召公"爲召公奭。
				康王	唐蘭 1976—1978（1986）：頁 144	作於召公死後，當康王時。
				康王	陳公柔、張長壽 1980：頁 23–30	"大史友"爲召公奭子輩。
				康王晚期	馬承源等 1988：頁 54 器 78	召公卒於康王時，此器是康王晚期器。
				康王	殷瑋璋、曹淑琴 1991：頁 5	
				康昭	張亞初 1993a：頁 325	父辛指燕侯旨之父，即召公長子。
				康王	劉啓益 2002：頁 119	太史友爲召公作祭器，當在召公死後，康王時。
				康王	彭裕商 2003：頁 242	召公已故，又與康王時太保方鼎（02157）同出，亦歸康世。
				康王	張懋鎔 2006a：頁 211	爲召公作器，上限在召公死後的康王初期。據字形書體不能晚至昭王時。
				康王	吳鎮烽 2006：頁 20	大史卷，西周康王時人。
410	ㅤ夫作且丁甗 商祖丁甗、畨夫作祖丁甗	9	00916	西周早期	集成 2007（1）：頁 836	
				西周早期	吳鎮烽 2006：頁 448	畨，西周早期人。

續表

序號	器　名	字數	銘文著錄	時　代	出　　處	依　　據
411	諸女甗 者女甗	9	00917	西周早期	集成 2007（1）：頁 836	
412	孚公枆甗 孚公闐甗	9	00918	西周中期	集成 2007（1）：頁 836	
				西周中期	吳鎮烽 2006：頁 163	孚公狄，西周中期人。
413	屖甗 井乍寶 甗、弦紋 甗	存9 （又 重2）	00919	西周中期	集成 2007（1）：頁 836	
				接近共和 時期	段紹嘉 1963：頁 10	
				西周中葉 以後	郭沫若 1963：頁 5	文體，字體，器制，花紋。
				西周後期	郭寶鈞 1970（1981）：頁 60–62	與穆王時長安普渡村長囟 墓對照。
				西周晚期	陝西 1980（2）：頁 22 器 167	
				西周晚期	曹瑋等 2005（1）：頁 68	
				西周中晚 期	張懋鎔 2006a：頁 230	
				西周晚期	吳鎮烽 2006：頁 277	屖，西周晚期人。
414	蠁𤔲甗	9	00920	西周早期	集成 2007（1）：頁 836	
				成康	陝西 D1986：頁 26–31	"蠁"即魯考公酋，音通。
				昭王	李學勤 1986：頁 33–35	族名、父名、字體同昭世 厚趠方鼎（02730），兩器 器主當爲兄弟行。
				早期偏晚 （不晚於 昭王）	黃盛璋 1986：頁 37–38	參蠁𤔲方鼎（02726）。
				穆王前後	李豐 1988a：頁 396	墓葬。
				昭王	盧連成、胡智生 1988a：頁 514	
				昭王	劉啓益 2002：頁 173	同墓葬銅器形制多近昭王 器。
				穆恭	朱鳳瀚 2009：頁 1284–1301	墓葬。
415	作寶甗	存9	00921	西周中期	集成 2007（1）：頁 836	
				西周後期	容庚 1941（2008）：頁 249 甗 17	
416	齊侯甗	存9	近二 0115、 新收 1089	西周晚期	近二 2010（一）：頁 136	
				西周晚 期–春秋 早期	新收 2006：頁 779	
				西周晚至 春秋初	莒縣 1999：頁 44	造型，紋飾，組合以及銘 文。

序號	器 名	字數	銘文著錄	時 代	出 處	依 據
417	咭相伯甗	9	文物天地 2008 年 10 期 87 頁	西周早期	謝堯亭等 2008：頁 80-87	墓葬。
				一期（約武王至康王）	朱鳳瀚 2009：頁 1442	
418	伯炆父甗	10	00923	西周早期	集成 2007（1）：頁 836	
				西周中期	吳鎮烽 2006：頁 155	伯炆父，西周中期人。
419	乃子作父辛甗	10	00924	西周早期	集成 2007（1）：頁 836	
				成王	陳夢家 1966（2004）：頁 66	人名"父辛""克"字體皆同於成王時克作父辛鼎（02712）。形制紋飾爲成王時。
				西周早期後段	馬承源 2003a：頁 106 甗 3	器形。
				西周早期	吳鎮烽 2006：頁 3	乃子，西周早期人。
420	鄭伯筍父甗	10	00925	西周晚期	集成 2007（1）：頁 836	
				西周晚期	吳鎮烽 2006：頁 385	鄭伯筍父，西周晚期人。
421	鄭井叔甗	10	00926	西周晚期	集成 2007（1）：頁 836	
				孝王	陳夢家 1966（2004）：頁 215	此奠井叔康即康鼎（02786）之康、舀鼎（02838）之井叔，懿孝時器。
				西周晚期	吳鎮烽 2006：頁 323	奠井叔，西周晚期人。
422	伯姜甗	10	00927	西周中期	集成 2007（1）：頁 836	
				西周晚期	吳鎮烽 2006：頁 156	伯姜，西周晚期姜姓婦女。
423	叔碩父甗 叔稽父甗	10（又重 2）	00928	西周晚期	集成 2007（1）：頁 836	
				西周後期	容庚 1941（2008）：頁 250 甗 21	
				宣王	劉啟益 2002：頁 398	參宣王時叔碩父鼎（2596）。
				西周晚期	陳佩芬 2004：頁 441	
				西周晚期	吳鎮烽 2006：頁 199	叔碩父，西周晚期人。善夫山的父親。
424	毅父甗	10	00929	西周晚期	集成 2007（1）：頁 837	
425	犬宰册甗	10	近二 0117	西周早期	近二 2010（一）：頁 138	
				商末周初	寶雞 D2007：頁 47	
				殷末周初	朱鳳瀚 2009：頁 1524	形制。
426	應監甗	11	考古與文物 2010 年 04 期頁 42 圖六	西周晚期	吳婉莉 2010：頁 42	形制，紋飾，字體。

序號	器 名	字數	銘文著錄	時 代	出 處	依 據
427	燓子旅作且乙甗	12	00930	西周早期	集成 2007（1）：頁 837	
				成康	白川靜 1965b：頁 613-617 器 59 附	
				昭王	劉啓益 2002：頁 118	作器者同昭王時榮子旅卣（05256）。
				穆王前期	彭裕商 2003：頁 320	屬榮子旅組器，參榮子旅卣（05256）。
				西周早期後段	馬承源 2003a：頁 106 甗 2	器形。
				西周早期	吳鎮烽 2006：頁 274	榮子旅，西周早期人。
428	仲伐父甗	12	00931	西周中期	集成 2007（1）：頁 837	
				接近共和時期	段紹嘉 1963：頁 10	
				西周中葉以後	郭沫若 1963：頁 5	文體，字體，器制，花紋。
				西周後期	郭寶鈞 1970（1981）：頁 60-62	與穆王時長安普渡村長囟墓對照。
				西周中期	陝西 1980（2）：頁 19 器 137	
				西周中期	辭典 1995：頁 97 器 342	
				西周中期	曹瑋等 2005（1）：頁 25	
				西周中晚期	張懋鎔 2006a：頁 230	
				西周中期	吳鎮烽 2006：頁 120	仲伐父，西周中期人。
429	子邦父甗	12（又重 2）	00932	西周中期	集成 2007（1）：頁 837	
				西周中期	吳鎮烽 2006：頁 31	子邦父，西周中期人。
430	叔釗父甗	13	近二 0119、新收 0900	西周晚期	近二 2010（一）：頁 140	
				西周	新收 2006：頁 656	
				西周末年	山西·北京 1994b：頁 19	
				宣王	徐天進 2000：頁 335-337	墓葬。
				未	唐友波 2002：頁 366-370	叔釗父與晉叔家父、晉穆侯對爲兄弟行。
				西周晚期	李伯謙 2002：頁 31	據出土器物的特徵，M64 在西周晚期晚段。
				西周晚期	張長壽 2002：頁 77	據出土器物，M64 在西周晚期。
				西周晚期	朱鳳瀚 2009：頁 1449	墓葬年代當西周晚期偏晚。
431	甗	14（又重 2）	00934	西周晚期	集成 2007（1）：頁 837	
				西周晚期	吳鎮烽 2006：頁 447	，西周晚期人。

續表

序號	器　名	字數	銘文著録	時　代	出　處	依　據
432	圉甌	14	00935	西周早期	集成 2007（1）: 頁 837	
				成王	唐 蘭 1976—1978（1986）: 頁 98	據圉方鼎（02505），"圉"爲燕臣，隨燕侯至成周受成王賞賜。
				西周早期	張亞初 1993a: 頁 328	
				成康時	北京 C1995: 頁 244	形制，花紋，銘文。
				西周早期	青全 1997（6）: 頁 10 器 10	
				成王	劉啓益 2002: 頁 80	燕侯組器。
				成王	彭裕商 2003: 頁 231	器形、紋飾屬殷末周初，同出堇鼎（02703）爲成王時。
				西周早期前段	吳鎮烽 2006: 頁 285	圉，西周早期前段人。
				成康之際	朱鳳瀚 2009: 頁 1409	組合，形制，紋飾。
433	鄭大師小子甌	14	00937	西周晚期	集成 2007（1）: 頁 837	
				西周晚期	吳鎮烽 2006: 頁 234	侯父，西周晚期人。
434	小子吉父方甌	存 15	近出 0161、新收 0030	西周晚期	近出 2002（一）: 頁 343	
				西周晚期	新收 2006: 頁 30 器 30	
				西周晚期	張長壽 1991	青銅器和玉器與豐鎬遺址中、晚期墓對比，M2001當在西周晚期。車馬坑的不同跟年代無關。
				東周	賈峨 1991: 頁 75	西虢隨平王東遷後所鑄。
				東周初	李學勤 1991: 頁 60	
				西周晚期	馬承源 1991: 頁 61	出土物更有西周晚期特徵。同出虢季鐘（近出 0086）銘 "與" 不可讀爲 "舉" 釋 "拔"，非平王東遷後器。
				兩周之際	杜迺松 1991: 頁 67	形制，紋飾。
				西周晚期	姜濤 1991: 頁 90	形制紋飾皆爲西周晚期流行。
				宣王晚年	蔡運章 1994b: 頁 42–43	該墓銅器形制近西周中晚期。該墓銅器形制略晚於 M2009，後者在宣王初年，該墓當在宣王晚年。
				西周晚期晚段（宣幽）	河南 D1999: 頁 524	形制，紋飾。
				兩周之際	寧會振 2000: 頁 55–57	
				宣王	張彥修 2004: 頁 76–78	墓主爲周宣王時虢文公。

續表

序號	器　名	字數	銘文著錄	時　代	出　　處	依　　據
435	晉伯㪤父盨	15（又重文2）	近出 0162、新收 1457	西周晚期	近出 2002（一）：頁 344	
				西周晚期	新收 2006：頁 1009	
				未	周亞 1996：頁 34–44	紋飾同晉侯邦父鼎，時代當近。晉伯㪤父與晉侯邦父、叔家父時代相近。
				西周晚期	陳佩芬 2004：頁 439 器 375	
				西周晚期	吳鎮烽 2006：頁 254	晉伯㪤父，西周晚期晉國族首領。
436	叔亢盨	15	近二 0120	西周早期	近二 2010（一）：頁 141	
				西周中期	張光裕 2002b：頁 281–283	
437	伯鮮盨	17	00940	西周晚期	集成 2007（1）：頁 838	
				孝王	陳夢家 1966（2004）：頁 245	伯鮮組器的形制、紋飾當孝王時。同出函皇父組器亦孝王時。
				孝王	劉啓益 2002：頁 339	同人作鮮鐘（00143）在孝王時。
				西周晚期	張懋鎔 2006a：頁 231	
				西周晚期	吳鎮烽 2006：頁 161	伯鮮，西周晚期人。
438	伯頌父盨	18	近二 0121、新收 1688	西周晚期	近二 2010（一）：頁 142	
				西周晚期	新收 2006：頁 1153	
439	王㕚人輔盨寶盨	19（又重 2）	00941	西周中期	集成 2007（1）：頁 838	
				西周中期	吳鎮烽 2006：頁 37	王人㕚輔，西周中期人。
440	仲信父盨仲ㄨ父盨	19（又重 2）	00942	西周晚期	集成 2007（1）：頁 838	
				懿王	陳夢家 1966（2004）：頁 210 器 148 附	仲枏父所作鬲（00746）爲懿王時。
				孝夷厲	張懋鎔 2006：頁 191	銘文字形書體及其他。
				西周中期後段	吳鎮烽 2006：頁 121	仲枏父，西周中期後段人。
441	曾子仲訵盨曾子仲㳦盨、曾子仲譆盨	19（又重 2）	00943	春秋早期	集成 2007（1）：頁 838	
				西周末春秋初	鄭傑祥 1973：頁 17–18	形制，紋飾。
				西周晚期	馬承源等 1988：頁 332 器 474	
				西周晚期	彭裕商 2003：頁 494	器形、紋飾，同出器物器形紋飾、字體。
442	作册般盨	20	00944	西周早期	集成 2007（1）：頁 838	

序號	器　名	字數	銘文著録	時　代	出　　處	依　　據
442	作册㪤瓻	20	00944	成王五年	吳其昌 1929（2004）：頁 139	"咸王"即成王。記伐徐踐奄事同《多方》,《多方》曆日合於成王五年。"夷方"即成王四年時小臣謎毁（04238）,伐至海湄在四年十一月,則此銘踐奄當在五年。
				商帝辛時	李學勤 2005a：頁 5	征人方事在帝辛時。
443	孟狂父瓻 孟員瓻	19 （又合 文 1）	近出 0164、 新收 0696	西周中期	近出 2002（一）：頁 346	
				西周早中期	新收 2006：頁 513	
				昭穆	社科院 A1989：頁 528	
				昭穆	社科院 1999：頁 365	花紋器形同穆王時的彧瓻（00837）。
				西周中期前段	吳鎮烽 2006：頁 216	孟員,西周中期前段人。
				康晚至昭王	朱鳳瀚 2009：頁 1266–1283	墓葬。
444	昔須瓻	21	考古與文物 2010 年 04 期頁 42 圖四	西周中期前段	吳婉莉 2010：頁 42	"遣"見於 窀鼎（02731）,爲西周中期前段之物。
445	南姞瓻	24	近二 0123	西周中期	近二 2010（一）：頁 144	
				穆王前期	吳鎮烽 2006a：頁 63–64	形制,花紋,銘文字體。
				穆恭	李學勤 2007c：頁 183	鳥紋類獄簋,南姞是獄的母親。
446	遇瓻	37	00948	西周中期	集成 2007（1）：頁 838	
				宣王元年	吳其昌 1929（2004）：頁 456	"師雝父"亦見於彔伯彧卣（05419）等宣世器。日辰合於《曆譜》宣王元年。
				穆王	郭沫若 1935（2002）：頁 138	遇與穆王時窴鼎（02721）之窴爲一人。
				成王	容庚 1941（2008）：頁 34、頁 248 瓻 9	"師雝父"即成王時彔卣（05420）、彔簋（04122）之"伯雝父"。"古自"見於彔卣。
				康王	陳夢家 1966（2004）：頁 115	
				昭穆	白川靜 1967：頁 183–188 器 89 附	
				穆王	唐蘭 1976—1978（1986）：頁 393	
				穆王	李學勤 1980：頁 37	

續表

序號	器　名	字數	銘文著録	時　代	出　　處	依　　據
446	遹甗	37	00948	穆王	劉啓益 1984：頁 230	據干支聯繫，與𠭯尊（06008）作於同一年。
				穆王	馬承源等 1988：頁 120 器 183	
				穆王	劉啓益 2002：頁 214	“師雍父”見於伯雍父盤（10074）、彔簋（04122），“戍在古𠂤”見於彔卣（05419），皆穆王器。
				穆王	彭裕商 2003：頁 303	記伐淮夷事。所記人物及史實同穆王時稽卣（05411）。
				穆王	張懋鎔 2006a：頁 215	彔伯㺇和師雍父爲同一人，是穆王時東征淮夷的主將。字形書體亦相合。
				西周中期前段	吴鎮烽 2006：頁 319	遹，西周中期前段人。
				穆王	張懋鎔 2008：頁 346	
				西周中期	朱鳳瀚 2009：頁 1400	
447	兟覨甗 兟甗	37	近二 0125、新收 0701	西周中期	近二 2010（一）：頁 146	
				西周中期	新收 2006：頁 517	
				共懿	社科院 1999：頁 365	器形同穆共時𨕙𢦚甗（00920），鳥紋同懿王十三年𤼈壺（09724），年代較同出器物早。
				西周中期前段	吴鎮烽 2006：頁 321	兟覨，西周中期前段人。
448	㲃甗	存 43	近二 0126	西周早期	近二 2010（一）：頁 147	
				西周早中期之際	山西・北京 2001	墓葬形制及出土器物。
				約穆王	孫慶偉 2002：頁 77	據伴出器物形制，該墓約穆王時。
				西周早期晚段	李伯謙 2002：頁 31	據出土器物的特徵。
				未	田建文、謝堯亭 2002：頁 133	M114，該墓主人即爲燮父。
				穆王前後	張長壽 2002：頁 77	據出土器物，M114 在西周中期之際即穆王前後。
				昭王十八年	孫慶偉 2007：頁 64–68	“王令南宫伐虎方之年”亦見於中方鼎（02751），應指昭王十八年。以事紀年，“惟正月”指該年正月。

續表

序號	器 名	字數	銘文著録	時 代	出 處	依 據
448	𣪘甒	存 43	近二 0126	昭王十九年	李學勤 2007a：頁 76–80	大事紀年後不倒溯。晉用夏正建寅，甒銘中的周正十二月和正月對應夏正十月、十一月，在同一年，以周正計算當分屬昭王十八年和昭王十九年，合於夏商周斷代工程曆譜。
449	中甒父乙𦉡	100	00949	西周早期	集成 2007（1）：頁 838	
				成王	吳其昌 1929（2004）：頁 135	作器者同周公攝政及成王時卣鼎（02785）。
				成王	郭沫若 1935（2002）：頁 55	與成王時中齋（02785）同爲"安州六器"。
				成王	容庚 1941（2008）：頁 35	同人作中方鼎（02785）爲成王時。
				成王	白川靜 1966a：頁 791–793 器 71 附	
				昭王	唐蘭 1976—1978（1986）：頁 285	昭王南征。
				昭王	唐蘭 1978：頁 19–20	記昭王伐楚。
				昭王	李學勤 1979：頁 32	銘文內容與作册折尊（06002）相聯繫，彼器作於昭王時。
				昭王	唐蘭 1981：頁 87	
				昭王	吳鎮烽 1987：頁 269	昭王二次伐楚失敗，周人諱之，此當昭王十六年一次伐楚時。
				昭王	馬承源等 1988：頁 76 器 108	
				未	劉先枚 1993：頁 83	據事件發生的次序，本甒在中鼎一（02785）後，中鼎三（02752）前。
				昭王	張懋鎔 1998：頁 88、90	與昭王時靜方鼎人物、事類相關聯，語詞相同，銘文字形書體接近。
				武王	孫斌來 2001：頁 46–47	參中方鼎一（02785）。
				成王	劉啓益 2002：頁 77	作器者同中方鼎（02751），同爲安州六器，後者作於成王時。
				昭王	彭裕商 2003：頁 262	"省南國貫行"與牆盤"宏魯昭王……貫南行"説法相合，所記爲昭王事。

續表

序號	器 名	字數	銘文著錄	時 代	出 處	依 據
449	中甂 父乙膚	100	00949	昭王	張懋鎔 2005a：頁 3	形制有晚殷特點，但裝飾簡單，是昭王時的新風尚。該現象可用"兩系説"解釋。
				昭王	張懋鎔 2006：頁 190	銘文字形書體及其他。
				昭王	王輝 2006：頁 93	與昭王南征事相關。
				康昭	吳鎮烽 2006：頁 48	中，西周康昭時期人。
				昭王	張懋鎔 2008：頁 345	

四、匕類

序號	器 名	字數	銘文著録	時 代	出 處	依 據
450	昶仲無龍匕	4	00970	西周晚期	集成 2007（1）：頁 839	
				西周後期	容庚 1941（2008）：頁 286	
451	微伯瘨匕	5	00972－00973	西周中期	集成 2007（1）：頁 839	
				西周中期	陝西 F1978：頁 5	
				懿孝	陝西 1980（2）：頁 8 器 52、53	
				共王	伍士謙 1981：頁 97-126	參三年瘨壺（09726）。
				孝王	吳鎮烽 1987：頁 279	據微氏家族世系排列，"瘨"爲懿孝時期人。造型、字體有較晚特徵。
				孝夷	盧連成、胡智生 1988a：頁 522	
				宣王前後	羅泰 1997：頁 651-676	參牆盤（10175）。
				懿孝	馬承源 2000（2007）：頁 174	父親是恭王時代史官，當懿孝時人。
				懿孝	劉啓益 2002：頁 298	"微伯瘨"的活動時間在懿孝時，見三年瘨壺（09726）。
				約孝夷屬	李零 2002a：頁 44	器形風格，字體特徵，年代序列。
				西周中期	曹瑋等 2005（4）：頁 778-781	
				孝王	吳鎮烽 2006：頁 257	微伯瘨，西周孝王時人。
452	仲枏父匕	8	00979	西周中期	集成 2007（1）：頁 840	
				西周中期以後	陝西 D1964：頁 23	
				恭王	沈之瑜 1965：頁 59	據器銘、紋飾及銘文書體，與上博仲枏父鬲（新收 1447）爲同人作器，彼器作於恭王時。
				懿王	陳夢家 1966（2004）：頁 208 器 148 附	仲枏父所作鬲（00746）爲懿王時。
				恭王	白川靜 1967c：頁 399 器 108 附	
				共王	唐蘭 1976—1978（1986）：頁 447	
				西周中期	陝西 1984（4）：頁 27 器 184	
				恭王	馬承源等 1988：頁 149 器 219	
				懿王	劉啓益 2002：頁 315	同人作仲枏父鬲（00746）在懿王時。
				孝夷屬	張懋鎔 2006：頁 191	銘文字形書體及其他。
				西周中期後段	吳鎮烽 2006：頁 121	仲枏父，西周中期後段人。

五、鼎類

序號	器　名	字數	銘文著録	時　代	出　　處	依　　據
453	且鼎 祖鼎	1	00984	西周早期	集成 2007（2）：頁 1545	
454	辛鼎	1	00989	殷或西周早期	集成 2007（2）：頁 1545	
455	矢鼎	1	00995	西周	集成 2007（2）：頁 1545	
456	𣥂鼎	1	00996	殷或西周早期	集成 2007（2）：頁 1546	
457	𣥂鼎	1	00997	殷或西周早期	集成 2007（2）：頁 1546	
458	娹鼎	1	00998	殷或西周早期	集成 2007（2）：頁 1546	
459	竟鼎	1	01000	西周早期	集成 2007（2）：頁 1546	
460	文鼎	1	01005	殷或西周早期	集成 2007（2）：頁 1547	
461	𤔲鼎	1	01019	殷或西周早期	集成 2007（2）：頁 1547	
462	戠鼎	1	01026	西周早期	集成 2007（2）：頁 1547	
463	彡鼎	1	01028	殷或西周早期	集成 2007（2）：頁 1547	
464	芦鼎	1	01035	商代後期	集成 2007（2）：頁 1547	
				殷或西周初期	中科院 1962：頁 14A54	
465	兒鼎	1	01037–01039	西周中期	集成 2007（2）：頁 1548	
				昭穆	寶雞 A1976：頁 43–44	隨墓葬甲組諸器時代。
				西周中期	陝西 1984（4）：頁 10 器 73	
				昭穆	盧連成、胡智生 1988：頁 410	造型、鑄刻位置、字體等皆特殊，據同墓強伯器可判斷在昭穆時。
				穆王前後	李豐 1988a：頁 396	墓葬。
				三期（穆共）	盧連成、胡智生 1988a：頁 513–521	墓葬。
				西周中期前段	馬承源 2003a：頁 70 鼎 13	器形。
				西周中期前段	吳鎮烽 2006：頁 207	兒，西周中期前段人。
				約穆王	朱鳳瀚 2009：頁 1523	組合，形制，紋飾。
466	子鼎	1	01046	西周	集成 2007（2）：頁 1549	
467	斝鼎	1	01049	西周早期	集成 2007（2）：頁 1549	
				周初（不晚於成康）	社科院 A1980：頁 485–487	同墓銅器的組合、形制及紋飾。據伴出陶器的發展序列及分期，當屬第二期。

續表

序號	器 名	字數	銘文著錄	時 代	出　處	依　據
467	斝鼎	1	01049	武王至成王早年	李豐 1988a：頁 396	墓葬。
				文王	劉啓益 1993：頁 378	族徽銘文。據該鼎及伴出銅簋的形制。
				約武王至康王	朱鳳瀚 2009：頁 1228–1265	墓葬。
468	奴鼎	1	01091	殷或西周早期	集成 2007（2）：頁 1551	
469	牛鼎、牛方鼎	1	01103	殷或西周早期	集成 2007（2）：頁 1552	
470	牛鼎	1	01104	西周早期	集成 2007（2）：頁 1552	
				西周早期	青全 1997（5）：頁 20 器 20	
471	獸形銘鼎、獸鼎	1	01111	西周早期	集成 2007（2）：頁 1553	
472	獸形銘鼎、獸鼎	1	01112	殷或西周早期	集成 2007（2）：頁 1553	
473	龍鼎	1	01119	殷或西周早期	集成 2007（2）：頁 1553	
474	舊鼎	1	01133	殷或西周早期	集成 2007（2）：頁 1554	
475	亞鼎	1	01144	西周中期	集成 2007（2）：頁 1555	
				厲宣	岐山 A1976：頁 30	形制，紋飾，字體。
				西周中期	陝西 1979（1）：頁 28 器 176	
				西周中期	曹瑋等 2005（2）：頁 347	
476	亞鼎	1	01146	西周早期	集成 2007（2）：頁 1555	
477	車鼎	1	01149	西周晚期	集成 2007（2）：頁 1555	
				約穆王	尚志儒、吳鎮烽、朱捷元 1978：頁 24	造型、紋飾、銘文字體似穆王時伯終簋。
				西周晚期	陝西 1984（4）：頁 26 器 178	
				西周晚期	吳鎮烽 2006：頁 140	車，西周晚期人。
478	入鼎	1	01155	西周早期	集成 2007（2）：頁 1555	
479	入鼎	1	01156	西周早期	集成 2007（2）：頁 1555	
				西周早期	陝西 1980（3）：頁 25 器 162	
				武王至成王早年	李豐 1988a：頁 396	墓葬。
				二期早段（約武成）	盧連成、胡智生 1988a：頁 500	墓葬。
480	入鼎	1	01157	西周早期	集成 2007（2）：頁 1556	

續表

序號	器　名	字數	銘文著錄	時　代	出　　處	依　　據
481	壴鼎	1	01175	西周早期	集成 2007（2）: 頁 1557	
482	𢎿鼎	1	01177	殷或西周早期	集成 2007（2）: 頁 1557	
483	𢎿鼎	1	01183	西周早期	集成 2007（2）: 頁 1557	
484	𢎿鼎	1	01184	西周早期	集成 2007（2）: 頁 1557	
485	𢎿鼎	1	01185	西周早期	集成 2007（2）: 頁 1557	
486	𢎿鼎	1	01186	西周早期	集成 2007（2）: 頁 1557	
487	𢎿鼎	1	01187	西周早期	集成 2007（2）: 頁 1557	
488	鼎鼎	1	01188	西周早期	集成 2007（2）: 頁 1557	
489	鼎鼎	1	01189	西周早期	集成 2007（2）: 頁 1557	
490	鼎鼎	1	01190	西周早期	集成 2007（2）: 頁 1557	
				商代晚期	韓偉、吳鎮烽 1982: 頁 15–38	
				二期早段（約武成）	盧連成、胡智生 1988a: 頁 500	墓葬。
				約武王至康王	朱鳳瀚 2009: 頁 1228–1265	墓葬。
491	中鼎周立旟鼎	1	01194	西周早期	集成 2007（2）: 頁 1558	
492	戈鼎	1	01198	西周早期	集成 2007（2）: 頁 1558	
493	戈鼎	1	01205	西周早期	集成 2007（2）: 頁 1558	
				康王前期	盧連成、胡智生 1988: 頁 263	伴出器物的組合、形制、紋飾。
				二期中段（約成康）	盧連成、胡智生 1988a: 頁 502–507	墓葬。
				西周早期	王世民等 1999: 頁 19 鼎 21	器形。
				一期（約成康）	朱鳳瀚 2009: 頁 1520	組合，形制，紋飾。
494	弓鼎	1	01214	殷或西周早期	集成 2007（2）: 頁 1559	
				西周中期	祈健業 1984: 頁 10–13	
495	𤰈鼎	1	01218	殷或西周早期	集成 2007（2）: 頁 1559	
496	甾鼎	1	01231	西周早期	集成 2007（2）: 頁 1560	
				西周初期	王光永 1991: 頁 3、14	器形。
				西周後期	辭典 1995: 頁 91 器 318	
497	甾鼎、川鼎	1	01232	西周早期	集成 2007（2）: 頁 1560	
				西周早期	陳佩芬 2004: 頁 39 器 209	

續表

序號	器　名	字數	銘文著録	時　代	出　　處	依　　據
498	𢦏方鼎	1	01233	西周早期	集成 2007（2）: 頁 1560	
				西周早期	陝西 1980（3）: 頁 26 器 167	
499	㞷鼎 网鼎、冈鼎	1	01234	殷或西周早期	集成 2007（2）: 頁 1560	
500	爯鼎	1	01239	西周早期	集成 2007（2）: 頁 1561	
				西周早期	祈健業 1984: 頁 10–13	
				西周早期	曹瑋等 2005（10）: 頁 2050	
501	拜鼎	1	01240	西周早期	集成 2007（2）: 頁 1561	
502	𢀳方鼎 畲方鼎	1	01242	西周早期	集成 2007（2）: 頁 1561	
				西周初期	王光永 1991: 頁 4	紋飾。
503	𢍆鼎	1	01243	西周早期	集成 2007（2）: 頁 1561	
				西周早期	王進先 1982: 頁 665	形制，紋飾。
504	宦鼎	1	01249	西周晚期或春秋早期	集成 2007（2）: 頁 1561	
				西周中期後段	吳鎮烽 2006: 頁 128	宦，即字，西周中期後段人。
505	夆方鼎	1	近出 0191、新收 1162；近出附 06	西周早期	近出 2002（二）: 頁 29	
				西周	近出 2002（四）: 頁 303	
				西周早期	新收 2006: 頁 813	
				昭王	山東 A1996: 頁 22	參王姜鼎（新收 1157）。
				西周早期	青全 1997（6）: 頁 79 器 81	
				穆共	高西省、秦懷戈 1998: 頁 41	鳥紋與穆王時期鳥紋接近。
				約穆王時	朱亮、高西省 2004: 頁 93–115	形制。
				西周早期偏晚	朱鳳瀚 2009: 頁 1391	形制。
506	弓鼎	1	近出 0195（近出 0196 重出）、新收 0651；周原 10.2074	西周中期	近出 2002（二）: 頁 33	
				西周中期	新收 2006: 頁 484	
				西周中期	龐文龍 1994: 頁 31	形制。
				西周中期	曹瑋等 2005（10）: 頁 2071、2073	
				穆共	張懋鎔 2006a: 頁 229	
507	酉方鼎	1	近出 0198、新收 1246	商代後期	近出 2002（二）: 頁 36	
				西周早期	新收 2006: 頁 874	
				西周早期（不晚於康王）	湖北 B1997: 頁 33	形制，紋飾，銘文。

序號	器　名	字數	銘文著錄	時　代	出　　處	依　　據
507	酉方鼎	1	近出 0198、新收 1246	商末	李學勤 1997：頁 55–57	形制，紋飾。
				商周之際	朱亮、高西省 2004：頁 109	形制。
508	閃鼎	1	近出 0200；近出 0202、新收 0719	商代後期	近出 2002（二）：頁 38、40	
				西周早期	新收 2006：頁 528	
				西周早期前段	王長啓 1990：頁 27	與 1967 張家坡 M85 出土鼎類同。
509	邢鼎	1	近出附 05	西周	近出 2002（四）：頁 303	
				孝王	張長壽 1990：頁 32–35	據所出墓葬時代。
510	□鼎	1	近出附 07	西周	近出 2002（四）：頁 303	
511	史方鼎	1	近二 0137-0139	商代晚期	近二 2010（一）：頁 158–160	
				西周早期早段	社科院 2005：頁 523	
				一期（約武王至康王）	朱鳳瀚 2009：頁 1383	
512	史鼎	1	近二 0140-0147	商代晚期	近二 2010（一）：頁 161–168	
				西周早期早段	社科院 2005：頁 523	
				一期（約武王至康王）	朱鳳瀚 2009：頁 1383	
513	戈鼎	1	近二 0148-0149	商代晚期	近二 2010（一）：頁 169–170	
				西周早期早段	社科院 2005：頁 513	
				一期（約武王至康王）	朱鳳瀚 2009：頁 1383	
514	酉鼎	1	近二 0153、新收 1382	商代後期	近二 2010（一）：頁 174	
				西周	新收 2006：頁 957	
				不晚於成康	湖南 B2001：頁 41	
515	閃鼎、冉鼎、閃鼎	1	近二 0157、新收 0934	西周早期	近二 2010（一）：頁 178	
				西周早期	新收 2006：頁 678	
				西周早期	山西·北京 2000：頁 334	
				昭王前後	徐天進 2000：頁 335–337	出土器物的類型學研究。
				一期（約武王至康王）	朱鳳瀚 2009：頁 1473	墓葬。

續表

序號	器 名	字數	銘文著錄	時 代	出 處	依 據
516	子方鼎	1	近二 0158、新收 0549	西周早期	近二 2010（一）：頁 179	
				西周早期	新收 2006：頁 412	
				西周初期（不晚於成王）	河南 E2000a：頁 199–209	據墓葬形制、埋葬習俗及伴出物的時代特徵。
				西周初期（不晚於成王）	韓維龍、張志清 2000：頁 24–29	墓葬形制、埋藏習俗有商末特色。出土器物的組合、器形、紋飾和銘文有周初特徵。長子口爲臣服於周的商末長氏諸侯，故葬俗爲殷式而出土器物有周初特色。
				商末	高西省 2005：頁 82–83	形制，紋飾。
				商末周初	朱鳳瀚 2009：頁 1365–1369	形制，組合。
517	日鼎	1	近二 0159	西周早期	近二 2010（一）：頁 180	
				商末周初	寶雞 D2007：頁 47	
				殷末周初	朱鳳瀚 2009：頁 1524	形制。
518	五方鼎	1	近二 0160、新收 1940	西周早期	近二 2010（一）：頁 181	
				西周早期	新收 2006：頁 1295	
519	井鼎	1	近二 0161、新收 0691	西周中期	近二 2010（一）：頁 182	
				西周中期	新收 2006：頁 510	
				懿孝	社科院 1999：頁 363	器身形態。
520	竈方鼎	1	新收 1247–1248	西周早期	新收 2006：頁 875	
				西周早期（不晚於康王）	湖北 B1997：頁 33	形制，紋飾，銘文。
				商周之際	李學勤 1997：頁 55–57	紋飾。
				武成	朱亮、高西省 2004：頁 109	形制。
				西周早期前段	吳鎮烽 2006：頁 439	竈，西周早期前段人。
521	鼎殘鼎	1	新收 1385	商代晚期—西周早期	新收 2006：頁 959	
522	且辛鼎、祖辛鼎	2	01254	殷或西周早期	集成 2007（2）：頁 1561	
523	父丁鼎	2	01255	西周早期	集成 2007（2）：頁 1562	
524	父丁鼎	2	01256	西周早期	集成 2007（2）：頁 1562	
525	父己鼎	2	01261	西周早期	集成 2007（2）：頁 1562	
526	父己鼎	2	01262	西周早期	集成 2007（2）：頁 1562	

序號	器　名	字數	銘文著録	時　代	出　　處	依　　據
527	父己鼎	2	01263	殷或西周早期	集成 2007（2）：頁 1562	
528	父辛方鼎	2	01270	西周早期	集成 2007（2）：頁 1563	
529	父辛方鼎	2	01271	西周早期	集成 2007（2）：頁 1563	
				西周早期	陝西 1980（3）：頁 30 器 190	
				武成時期	朱亮、高西省 2004：頁 109	形制。
530	壬父鼎	2	01272	商代後期	集成 2007（2）：頁 1563	
				西周早期後段	吳鎮烽 2006：頁 54	壬父，西周早期後段人。
531	父癸鼎	2	01273	西周早期	集成 2007（2）：頁 1563	
532	父癸鼎	2	01274	西周早期	集成 2007（2）：頁 1563	
533	父癸鼎	2	01277	殷或西周早期	集成 2007（2）：頁 1563	
534	父癸鼎	2	01278	西周早期	集成 2007（2）：頁 1563	
535	父癸鼎	2	01279	西周早期	集成 2007（2）：頁 1563	
				西周初期	北京 C1995：頁 242–244	形制、紋飾及伴出器物。
				西周早期	王世民等 1999：頁 19 鼎 22	器形。
				成康之際	朱鳳瀚 2009：頁 1409	組合，形制，紋飾。
536	乙鼎	2	01283	西周	集成 2007（2）：頁 1563	
537	己戊鼎	2	01291	殷或西周早期	集成 2007（2）：頁 1564	
538	戈己鼎	2	01293	殷或西周早期	集成 2007（2）：頁 1564	
539	辛韋鼎周辛癸鼎、辛韋鼎	2	01296	殷或西周早期	集成 2007（2）：頁 1564	
540	鳳壬鼎	2	01299	西周早期	集成 2007（2）：頁 1564	
				西周早期（約康王）	甘肅 B1976：頁 43	同墓出土器物。
				二期早段（約武成）	盧連成、胡智生 1988a：頁 500	墓葬。
				西周早期	青全 1997（6）：頁 179 器 184	
				約武王至康王	朱鳳瀚 2009：頁 1228–1265	墓葬。
541	子廟鼎	2	01310	殷或西周早期	集成 2007（2）：頁 1565	
542	子囊鼎周子鼎	2	01313	西周早期	集成 2007（2）：頁 1565	

序號	器 名	字數	銘文著錄	時 代	出 處	依 據
543	子𦐂方鼎	2	01314	西周早期	集成 2007（2）：頁 1565	
				康王前期	盧連成、胡智生 1988：頁 263	伴出器物的組合、形制、紋飾。
				二期中段（約成康）	盧連成、胡智生 1988a：頁 502–507	墓葬。
				商周之際	朱亮、高西省 2004：頁 109	形制。
				一期（約成康）	朱鳳瀚 2009：頁 1520	組合，形制，紋飾。
544	𢍰鼎	2	01318	殷或西周早期	集成 2007（2）：頁 1566	
				殷周	山西 1959：頁 36	
				二期後段（約昭王）	盧連成、胡智生 1988a：頁 508–513	墓葬。
				西周早期	吳鎮烽 2006：頁 34	子翌，西周早期人。
545	婦𤔲鼎	2	01341	殷或西周早期	集成 2007（2）：頁 1567	
546	婦𤔲鼎	2	01342	殷或西周早期	集成 2007（2）：頁 1567	
547	婦𤔲鼎	2	01343	殷或西周早期	集成 2007（2）：頁 1567	
				殷墟晚期	曹淑琴 1986：頁 836	
548	尹夷鼎 尹丞鼎	存 2	01351	西周早期	集成 2007（2）：頁 1568	
				西周	岐山 B1972：頁 74	
				西周	長水 1972：頁 26–27	
				西周早期	陝西 1979（1）：頁 23 器 153	
				成康	李豐 1988a：頁 396	墓葬。
				二期中段（約成康）	盧連成、胡智生 1988a：頁 502–507	墓葬。
				成康	徐錫臺 1998a：頁 233	同墓史話簋（04030）銘"畢公"，爲文武成康四王重臣。伴出銅器的形制、紋飾。
				昭王	彭裕商 2002：頁 29	
				康王前期	劉啓益 2002：頁 110	與康王時史話簋（04030）同出。
				西周早期	曹瑋等 2005（6）：頁 1089	
				成康	張懋鎔 2006a：頁 221	器形、紋飾、字體與標準器對照。
				約武王至康王	朱鳳瀚 2009：頁 1228–1265	墓葬。

序號	器 名	字數	銘文著錄	時 代	出 處	依 據
549	尹叀鼎	存2	01352	西周早期	集成 2007（2）：頁 1568	
550	史次鼎 史次鼎	2	01354	西周早期	集成 2007（2）：頁 1568	
				西周早期	吳鎮烽 2006：頁 90	史次，西周早期人，名次。
551	陸册鼎 周册鼎	2	01359	殷或西周早期	集成 2007（2）：頁 1568	
552	己𠦪鼎	2	01387	殷或西周早期	集成 2007（2）：頁 1570	
553	己𠦪鼎	2	01388	殷或西周早期	集成 2007（2）：頁 1570	
				商代	高至喜 1963：頁 848	
				商末周初	周世榮 1983：頁 244	
554	亞囗鼎	2	01403	殷或西周早期	集成 2007（2）：頁 1571	
555	亞天鼎	2	01408	殷或西周早期	集成 2007（2）：頁 1572	
556	亞𡴂鼎	2	01412	殷或西周早期	集成 2007（2）：頁 1572	
557	亞明鼎	2	01414	西周	集成 2007（2）：頁 1572	
558	亞秋鼎	2	01425	殷或西周早期	集成 2007（2）：頁 1573	
559	戈宁鼎 宁戈鼎	2	01448	西周早期	集成 2007（2）：頁 1574	
560	弓彝方鼎	2	01449	殷或西周早期	集成 2007（2）：頁 1574	
561	舟尹鼎	2	01457	殷或西周早期	集成 2007（2）：頁 1575	
562	舟尹鼎	2	01458	殷或西周早期	集成 2007（2）：頁 1575	
563	趣女鼎 趣女鼎	2	01460	殷或西周早期	集成 2007（2）：頁 1575	
				商晚或西周早期	吳鎮烽 2006：頁 369	趣女，商代晚期或西周早期女子。
564	趣女鼎	2	01461	殷或西周早期	集成 2007（2）：頁 1575	
565	魚從鼎	2	01465	西周早期	集成 2007（2）：頁 1575	
				商代	容庚 1941（2008）：頁 230	
				西周早期前段	張劍、孫新科 1996：頁 331	該組器雖器形近商代晚期，但已出現尊卣組合。
				西周早期	吳鎮烽 2006：頁 289	魚從，西周早期人。

序號	器　名	字數	銘文著錄	時　代	出　　處	依　　據
566	東宮方鼎	2	01484	西周早期	集成 2007（2）：頁 1577	
				西周早期後段	吳鎮烽 2006：頁 191	東宮，西周早期後段人。
567	●單鼎單鼎、♥鼎	2	01485	西周中期	集成 2007（2）：頁 1577	
				西周中期	陝西 1980（3）：頁 18 器 112	
				西周中期	羅西章 1980：頁 6–22	
568	✦ᵕ鼎	2	01486	西周	集成 2007（2）：頁 1577	
				西周中期	曹瑋等 2005（8）：頁 1716	
569	毅鼎	2	01489	西周早期	集成 2007（2）：頁 1577	
				西周早期	吳鎮烽 2006：頁 332	毅，西周中期前段人。
570	粦鼎粦粦鼎、粦登鼎	2	01491	西周早期	集成 2007（2）：頁 1577	
				西周早期	吳鎮烽 2006：頁 330	登，西周早期人。
571	遽從鼎	2	01492–01496	西周早期	集成 2007（2）：頁 1577	
				西周早期	陳佩芬 2004：頁 53 器 216	
				西周早期	吳鎮烽 2006：頁 395	遽從，西周早期人。
572	作鼎鼎	2	01504	西周早期	集成 2007（2）：頁 1578	
573	作寶鼎	2	01505	西周	集成 2007（2）：頁 1578	
574	作用鼎	2	01506	西周	集成 2007（2）：頁 1578	
575	祖癸鼎	2	近出 0204、新收 0789	西周早期	近出 2002（二）：頁 42	
				商晚–西周早期	新收 2006：頁 577	
				西周早期前段	陝西 A1995：頁 123	形制，花紋。
				成王	張長壽 1998：頁 290–294	銅器形制、花紋、組合。
				商周之際（可晚至成王）	朱亮、高西省 2004：頁 110	形制。
				約武王至康王	朱鳳瀚 2009：頁 1228–1265	墓葬。
576	父庚鼎	2	近出 0205、新收 1748	西周早期	近出 2002（二）：頁 43	
				西周早期	新收 2006：頁 1185	
				西周早期後段	王長啓 1990：頁 29	
577	亞磬鼎	2（器蓋同銘）	近出 0217	西周早期	近出 2002（二）：頁 58	

序號	器　名	字數	銘文著錄	時　代	出　　處	依　　據
578	✳雙鼎	2	近出 0225、新收 0835	西周早期	近出 2002（二）：頁 66	
				西周	新收 2006：頁 614	
				西周初期	王光永 1991：頁 3、14	器形。
579	父乙鼎	2	近出附 08、新收 0938	西周	近出 2002（四）：頁 303	
				西周早期	新收 2006：頁 682	
				西周早期	山西·北京 2000：頁 334	M6197 在西周早期。
				一期（約武王至康王）	朱鳳瀚 2009：頁 1473	墓葬。
580	成周鼎	2	近二 0189、新收 0936	西周早期	近二 2010（一）：頁 210	
				西周早期	新收 2006：頁 680	
				西周早期	青全 1997（6）：頁 36 器 36	
				西周早期	山西·北京 2000：頁 334	M6195 在西周早期。
				一期（約武王至康王）	朱鳳瀚 2009：頁 1473	墓葬。
581	屾冂方鼎	2	近二 0190、新收 1437	西周早期	近二 2010（一）：頁 211	
				西周早期	新收 2006：頁 993	
				西周早期	陳佩芬 2004：頁 29 器 204	
582	辛□鼎	2	近二 0191、新收 0981	西周中期	近二 2010（一）：頁 212	
				西周早期	新收 2006：頁 714	
				西周晚期	張素琳 2006：頁 199	
583	伯作鼎	2	近二 0192	西周中期	近二 2010（一）：頁 213	
				西周中期前段	吳鎮烽 2006b：頁 4	
584	作□□鼎	2	新收 0947	西周早期	新收 2006：頁 689	
585	□□鼎	2	新收 0954	西周早期	新收 2006：頁 695	
586	倗母鼎	2	新收 1417	西周	新收 2006：頁 980	
				西周早期	吳鎮烽 2006：頁 258	倗女，西周早期女子。
587	◆一鼎	2	首陽 31	西周中期	首陽 2008：頁 94 器 31	
588	作旅鼎	2	文博 2008 年 02 期頁 9 圖 15	西周中期前段	吳鎮烽 2008：頁 9	
589	圅祖丁鼎	3	01510	殷或西周早期	集成 2007（2）：頁 1578	
590	戈且辛鼎商祖辛鼎、戈祖辛鼎	3	01511	殷或西周早期	集成 2007（2）：頁 1578	

序號	器　名	字數	銘文著錄	時　代	出　　處	依　　據
591	戈且癸鼎商祖癸鼎、戈祖癸鼎	3	01513	殷或西周早期	集成 2007（2）：頁 1578	
592	戈且癸鼎戈祖癸鼎	3	01514	西周早期	集成 2007（2）：頁 1579	
593	羡匕癸方鼎饕餮文方鼎、羡妣癸方鼎	3	01516	西周早期	集成 2007（2）：頁 1579	
594	戈父甲鼎	3	01517	西周早期	集成 2007（2）：頁 1579	
595	戈父甲方鼎	3	01518	西周早期	集成 2007（2）：頁 1579	
596	戈父甲方鼎	3	01519	西周早期	集成 2007（2）：頁 1579	
597	羡父乙鼎	3	01528	西周早期	集成 2007（2）：頁 1580	
598	羡父乙鼎	3	01529	西周早期	集成 2007（2）：頁 1580	
599	父乙鼎父乙先鼎	3	01531	西周早期	集成 2007（2）：頁 1580	作器者同昭王十一年之臣辰卣（05421）。
				昭王	吳其昌 1929（2004）：頁 240	
				昭王	唐蘭 1981：頁 66	
600	父乙欠鼎欠父乙鼎	3	01532	西周早期	集成 2007（2）：頁 1580	
601	子父乙鼎商父乙鼎	3	01534	西周早期	集成 2007（2）：頁 1580	
602	給父乙鼎	3	01538	西周早期	集成 2007（2）：頁 1580	
				周代	山西 1955：頁 50	
				成康	朱鳳瀚 2009：頁 1439	
603	牽父乙鼎	3	01540	殷或西周早期	集成 2007（2）：頁 1580	
604	父乙鼎	3	01542	西周早期	集成 2007（2）：頁 1580	
605	父乙方鼎鬲父乙鼎、炳父乙鼎	3	01543	西周早期	集成 2007（2）：頁 1581	
606	父乙鼎	3	01544	西周早期	集成 2007（2）：頁 1581	
607	具父乙鼎	3	01549	西周早期	集成 2007（2）：頁 1581	
608	析父乙鼎枚父乙鼎	3	01550	西周早期	集成 2007（2）：頁 1581	

續表

序號	器　名	字數	銘文著錄	時　代	出　　處	依　　據
609	魚父乙鼎	3	01551	殷或西周早期	集成 2007（2）：頁 1581	
610	魚父乙鼎	3	01552	殷或西周早期	集成 2007（2）：頁 1581	
611	魚父乙鼎	3	01553	殷或西周早期	集成 2007（2）：頁 1581	
612	黿父乙鼎天黿父乙鼎、黿父乙鼎	3	01554–01559	殷或西周早期	集成 2007（2）：頁 1581	
613	爻父乙方鼎	3	01560	殷	集成 2007（2）：頁 1582	
				商周	羅西章 1980：頁 6–22	
				西周早期	陝西 1980（3）：頁 11 器 65	
614	未父乙鼎	3	01562	西周中期	集成 2007（2）：頁 1582	
615	祺父乙鼎綦鼎	3	01563	西周早期	集成 2007（2）：頁 1582	
616	作父乙鼎	3	01564	西周早期	集成 2007（2）：頁 1582	
617	父丙龠鼎	3	01567	殷或西周早期	集成 2007（2）：頁 1582	
618	邾父丙鼎	3	01568	西周中期	集成 2007（2）：頁 1582	
619	黽父丙鼎	3	01569	西周早期	集成 2007（2）：頁 1582	
620	戈父丁鼎舉父丁鼎	3	01574–01575	西周早期	集成 2007（2）：頁 1582	
621	父丁囗鼎	3	01576	殷或西周早期	集成 2007（2）：頁 1583	
				商代晚期	陳佩芬 2004a：頁 119 器 55	
622	戈父丁鼎戈父丁鼎	3	01577	殷或西周早期	集成 2007（2）：頁 1583	
623	黽父丁鼎詹諸父丁鼎	3	01583	殷或西周早期	集成 2007（2）：頁 1583	
624	黽父丁鼎	3	01584	殷或西周早期	集成 2007（2）：頁 1583	
625	魚父丁鼎	3	01585	殷或西周早期	集成 2007（2）：頁 1583	
626	邾父丁鼎叔父丁鼎	3	01587–01589	西周中期	集成 2007（2）：頁 1583	
627	大父丁鼎天父丁鼎	3	01590	殷或西周早期	集成 2007（2）：頁 1584	

續表

序號	器　名	字數	銘文著録	時　代	出　　處	依　　據
628	🔺父丁鼎 荷貝父丁鼎	3	01592	殷或西周早期	集成 2007（2）：頁 1584	
629	🔺父丁鼎 延父丁鼎	3	01595	殷或西周早期	集成 2007（2）：頁 1584	
630	🔺父丁鼎 商父丁鼎	3	01597	殷或西周早期	集成 2007（2）：頁 1584	
631	息父丁鼎	3	01598	西周早期	集成 2007（2）：頁 1584	
				西周早期	巨萬倉 1985：頁 6	據伴出陶器。
				文王	劉啓益 1993：頁 385	銅器形制。
				西周早期	曹瑋等 2005（8）：頁 1724	
632	夐父丁鼎	3	01600	西周早期	集成 2007（2）：頁 1584	
				西周早期	青全 1997（5）：頁 36 器 39	
				西周早期	陳佩芬 2004：頁 51 器 215	
633	🔺父戊鼎	3	01601	西周早期	集成 2007（2）：頁 1584	
634	戈父己鼎	3	01606	西周早期	集成 2007（2）：頁 1585	
635	🔺父己鼎	3	01608	殷或西周早期	集成 2007（2）：頁 1585	
636	耒父己鼎 聿父己鼎	3	01618	西周中期	集成 2007（2）：頁 1585	
637	棘父己鼎 秫父己鼎	3	01619	西周早期	集成 2007（2）：頁 1586	
638	作父己鼎	3	01620	殷或西周早期	集成 2007（2）：頁 1586	
639	子父己鼎	3	01621	殷或西周早期	集成 2007（2）：頁 1586	
640	史父庚鼎	3	01624	西周早期	集成 2007（2）：頁 1586	
641	奉父庚鼎	3	01626	殷或西周早期	集成 2007（2）：頁 1586	
642	虎父庚鼎	3	01629	西周	集成 2007（2）：頁 1586	
643	戠父庚鼎 薛父庚鼎	3	01630	西周中期	集成 2007（2）：頁 1586	
				西周中期後段	張劍、孫新科 1996：頁 336	
644	亞父辛鼎	3	01631	殷	集成 2007（2）：頁 1586	
				商代晚期	韓偉、吳鎮烽 1982：頁 15–38	
				二期早段（約武成）	盧連成、胡智生 1988a：頁 500	墓葬。
645	旅父辛鼎	3	01632	殷或西周早期	集成 2007（2）：頁 1586	

續表

序號	器 名	字數	銘文著錄	時 代	出 處	依 據
646	𝌠父辛鼎 光父辛鼎、先父辛鼎	3	01633	西周早期	集成 2007（2）：頁 1587	
				成王	容庚 1941（2008）：頁 33	臣辰器，參臣辰尊（5999）。
				昭王	唐蘭 1981：頁 67	
647	吳父辛鼎	3	01637	殷或西周早期	集成 2007（2）：頁 1587	
648	戈父辛鼎	3	01638	西周早期	集成 2007（2）：頁 1587	
649	戈父辛鼎	3	01639	西周早期	集成 2007（2）：頁 1587	
650	𣊟父辛鼎	3	01640–01641	殷或西周早期	集成 2007（2）：頁 1587	
651	魚父辛鼎	3	01643	殷或西周早期	集成 2007（2）：頁 1587	
652	𡇡父辛鼎	3	01646	西周早期	集成 2007（2）：頁 1587	
653	入父辛鼎	3	01648–01649	西周早期	集成 2007（2）：頁 1588	
654	𤕫父辛鼎 舉父辛鼎 𣇀	3	01650	西周早期	集成 2007（2）：頁 1588	
655	𤕫父辛鼎	3	01653	西周早期	集成 2007（2）：頁 1588	
656	𩱱父辛鼎 戴父辛鼎	3	01655	西周早期	集成 2007（2）：頁 1588	
657	𠂤父辛鼎 句鼎	3	01658	殷或西周早期	集成 2007（2）：頁 1588	
658	束父辛鼎	3	01659	西周早期	集成 2007（2）：頁 1588	
				約成康昭穆	郭寶鈞 1964：頁 72	墓葬與普渡村長囟墓對照。
				西周前期	郭寶鈞 1970（1981）：頁 51	
				成康	李豐 1988a：頁 396	墓葬。
				二期後段（約昭王）	盧連成、胡智生 1988a：頁 508–513	墓葬。
				二 期（康晚 至 昭王）	朱鳳瀚 2009：頁 1337	器物組合與形制。
659	𢦔父癸鼎	3	01668	殷或西周早期	集成 2007（2）：頁 1589	
660	羡父癸方鼎 周父癸鼎	3	01670	西周早期	集成 2007（2）：頁 1589	
661	入父癸方鼎 守父癸鼎	3	01671	殷或西周早期	集成 2007（2）：頁 1589	

續表

序號	器　名	字數	銘文著錄	時　代	出　　處	依　　據
662	八父癸鼎	3	01672	殷或西周早期	集成 2007（2）：頁 1589	
663	⻊父癸鼎周舉鼎	3	01674	西周早期	集成 2007（2）：頁 1589	
664	⻊父癸鼎	3	01675	西周早期	集成 2007（2）：頁 1589	
665	弓父癸鼎	3	01678	西周早期	集成 2007（2）：頁 1590	
666	黿父癸鼎天黿父癸鼎、商父癸鼎、黿父癸鼎	3	01684	殷或西周早期	集成 2007（2）：頁 1590	
				商代	容庚 1941（2008）：頁 241	
667	魚父癸方鼎	3	01686	殷或西周早期	集成 2007（2）：頁 1590	
668	嬰父癸鼎	3	01690	西周早期	集成 2007（2）：頁 1590	
669	目父癸鼎	3	01691	西周早期	集成 2007（2）：頁 1591	
				成康	盧連成、胡智生 1988：頁 267	組合，形制，紋飾。
				二期中段（約成康）	盧連成、胡智生 1988a：頁 502–507	墓葬。
				一期（約成康）	朱鳳瀚 2009：頁 1520	組合，形制，紋飾。
670	銜父癸鼎	3	01692	殷或西周早期	集成 2007（2）：頁 1591	
671	八父一鼎	3	01696	西周早期	集成 2007（2）：頁 1591	
672	子父昇鼎	3	01697	殷或西周早期	集成 2007（2）：頁 1591	
673	亞乙丁鼎	3	01703	殷或西周早期	集成 2007（2）：頁 1591	
674	甫母丁鼎峀母丁鼎	3	01704	西周早期	集成 2007（2）：頁 1591	
675	作冂鼎作丫㠯鼎	3	01705	殷或西周早期	集成 2007（2）：頁 1592	
676	⻊婦妊鼎周舉鼎	3	01709	殷或西周早期	集成 2007（2）：頁 1592	
677	宰女彝鼎	3	01712	西周早期	集成 2007（2）：頁 1592	
				西周早期	吳鎮烽 2006：頁 275	宰女，西周早期女子。
678	中婦鼎	3	01714	西周早期	集成 2007（2）：頁 1592	
				西周初期	中科院 1962：頁 12A34	
				西周中期	吳鎮烽 2006：頁 49	中婦，西周早期婦女。

續表

序號	器 名	字數	銘文著録	時 代	出 處	依 據
679	北子鼎	3	01719	西周中期	集成 2007（2）: 頁 1593	
				西周早期	王毓彤 1963: 頁 55	形制，鑄法，紋飾，字體。
				西周	李健 1963: 頁 224–225	
				西周早期	王毓彤 1963: 頁 55	
				西周初年	郭沫若 1963a: 頁 182–187	
				約穆王	劉彬徽 1986: 頁 242	形制，紋飾。
				西周早期	青全 1997（6）: 頁 110 器 113	
680	伯作鼎	3	01720	西周中期	集成 2007（2）: 頁 1593	
				成康	陝西 D1986: 頁 26–31	M17 是嬀妣（魯考公）墓，"伯"即嬀妣。
				穆王前後	李豐 1988a: 頁 396	墓葬。
				穆王	盧連成、胡智生 1988a: 頁 514	墓葬。
				昭王	劉啓益 2002: 頁 172	同墓葬銅器形制多近昭王器。
				穆恭	朱鳳瀚 2009: 頁 1284–1301	墓葬。
681	伯作鼎	3	01721	西周中期	集成 2007（2）: 頁 1593	
				西周初期	中科院 1962: 頁 20A85	
682	伯作鼎	3	01722	西周早期或中期	集成 2007（2）: 頁 1593	
				西周早期	王光永 1980: 頁 14–15	紋飾。
				康王	劉啓益 1984a: 頁 53–54	形制，紋飾。
				西周早期	陝西 1984（4）: 頁 5 器 33	
				二期後段（約昭王）	盧連成、胡智生 1988a: 頁 508–513	墓葬。
				康晚至昭王	朱鳳瀚 2009: 頁 1266–1283	墓葬。
683	伯作鼎	3	01724	西周早期	集成 2007（2）: 頁 1593	
684	伯作寶鼎、伯鼎	3	01725	西周早期	集成 2007（2）: 頁 1593	
				西周早期	陝西 1980（3）: 頁 8 器 48	
				三期（穆共）	盧連成、胡智生 1988a: 頁 513–521	墓葬。
				西周早期	曹瑋等 2005（6）: 頁 1149	
				昭王前後	張懋鎔 2006a: 頁 219	器形、紋飾、銘文字體與標準器對照。
685	伯作蕭鼎	3	01726	西周早期	集成 2007（2）: 頁 1593	
686	伯作彝鼎白乍彝鼎	3	01727	西周早期	集成 2007（2）: 頁 1593	

序號	器 名	字數	銘文著錄	時 代	出 處	依 據
687	作彝鼎 伯鼎、白 乍彝鼎	3	01728	西周早期	集成 2007（2）：頁 1593	
688	白作彝方鼎	3	01729	西周早期	集成 2007（2）：頁 1593	
				西周早期	盧連成、胡智生 1988：頁 266	形制，紋飾，字體。
				西周早期	青全 1997（6）：頁 150 器 154	
				西周早期	王世民等 1999：頁 17 鼎 17	器形。
				二期（約昭王）	朱鳳瀚 2009：頁 1520	組合，形制，紋飾。
689	伯旅鼎 白旅鼎	3	01730	西周早期	集成 2007（2）：頁 1593	
				西周早期	吳鎮烽 2006：頁 157	伯旅，西周早期人。
690	仲作鼏鼎	3	01731	西周早期	集成 2007（2）：頁 1593	
691	叔作寶鼎	3	01732	西周早期	集成 2007（2）：頁 1593	
				西周初期	中科院 1962：頁 19A84	
692	乖叔鼎 乖叔鼎	3	01733	西周早期	集成 2007（2）：頁 1593	
				西周早期（約康王）	甘肅 B1976：頁 43	同墓出土器物。
				二期早段（約武成）	盧連成、胡智生 1988a：頁 500	墓葬。
				西周早期後段	吳鎮烽 2006：頁 204	乖叔，西周早期後段人。
				約武王至康王	朱鳳瀚 2009：頁 1228–1265	墓葬。
693	成王方鼎	3	01734	西周早期	集成 2007（2）：頁 1594	
				成王	吳其昌 1929（2004）：頁 164	明銘成王，在成王時。
				成王	白川靜 1962a：頁 42–57	
				康王	陳夢家 1966（2004）：頁 95	形制花紋爲成康時。乳丁較康世作册大方鼎（02761）更老。
				西周初期（康王）	中科院 1962：頁 18A77	
				成王	白川靜 1975（1997）：頁 255	類比叔姜壺蓋銘"子叔作叔姜隣壺"，器銘作"子叔隣"，"成王隣"可以解釋爲成王爲祭祀先王而作。形制同召公奭作大保方鼎（01735）。生稱王號。
				康王	唐蘭 1976—1978（1986）：頁 135	此爲太保所作祭成王器。
				成王	黃盛璋 1990：頁 35	王號生稱。

續表

序號	器 名	字數	銘文著錄	時 代	出 處	依 據
693	成王方鼎	3	01734	西周早期	青全 1997（5）：頁 1 器 1	
				康王	王世民等 1999：頁 12 鼎 3	爲祭祀成王而鑄。器形。
				康王	劉啓益 2002：頁 131	耳上伏獸同康王時歔方鼎（02729）。
				康王	彭裕商 2003：頁 238	王號死諡，銘文有"成王"，當在成王之後。據紋飾定爲康世器。
				康王	張懋鎔 2004：頁 1	祭祀成王之器。
				成王	葉正渤 2006：頁 198	成王用來祭奠的。
				未	李朝遠 2006：頁 78	當是他人祭祀成王所作。
				康王	張懋鎔 2006a：頁 210	康王時標準器。
				康王	劉華夏 2010：頁 65	王號死諡。
				成王	葉正渤 2010：頁 5、91	"成王奠"表明此鼎是成王用來祭奠用的。
694	太保方鼎 大保方鼎	3	01735	西周早期	集成 2007（2）：頁 1594	
				昭王	吳其昌 1929（2004）：頁 222	"太保"即昭王十年時矢彝（09901）之"周公子明保"、旅鼎（02728）之"公太保"、作册大伯鼎（02759）之"尹太保"。
				成王	容庚 1941（2008）：頁 34、頁 231 鼎 46	
				周初	范汝森 1959：頁 59	形制。"大保"即召公奭。
				成王	白川靜 1962a：頁 42–57	
				康王	陳夢家 1966（2004）：頁 94	詳大保簋（04140）。
				康王初年	唐蘭 1976—1978（1986）：頁 135	太保在康王初年作。
				成王	陳公柔、張長壽 1980：頁 23–30	結合器形、"大保鑄"器在成王時。
				成王	馬承源等 1988：頁 24 器 35	
				成王前期	殷瑋璋、曹淑琴 1991：頁 8、12	與成王鼎（01734）的形制一致，爲成王前期之物。
				西周前期	辭典 1995：頁 79 器 283	
				西周早期	青全 1997（5）：頁 4 器 4	
				成王	王世民等 1999：頁 13 鼎 6	是召公所鑄。器形。
				康王	劉啓益 2002：頁 119	耳上伏獸同成王方鼎（01734），後者作於康王時。此鼎爲太保生時作。
				康王	彭裕商 2003：頁 241	器形近成王時成王方鼎（01734）。

續表

序號	器　名	字數	銘文著錄	時　代	出　　處	依　　據
694	太保方鼎 大保方鼎	3	01735	成康（或稍早）	朱亮、高西省 2004：頁 110	形制。
				康王	張懋鎔 2006a：頁 214	最接近成王方鼎（01734），後者爲康王時。
				武、成	吳鎮烽 2006：頁 22	大儵即太保，此指武、成時期擔任該職的召公奭。
695	亞憂鼎 亞形鹿鼎、亞夋鼎、亞憂鼎、亞夅憂鼎	3	01742	西周早期	集成 2007（2）：頁 1594	
696	亞昊夋鼎	3	01745	西周早期	集成 2007（2）：頁 159	
697	亞夋辛方鼎 亞辛夋方鼎	3	01746	西周早期	集成 2007（2）：頁 1595	
698	貞鼎 員鼎、貞乍鼎	3	01751	西周中期	集成 2007（2）：頁 1595	
				昭王	唐蘭 1976—1978（1986）：頁 224	人物"員"亦見員卣（05387）。
				昭王	唐蘭 1981：頁 26	
				昭王	劉啓益 2002：頁 164	見員卣（05387）。
				西周中期前段	吳鎮烽 2006：頁 228	貞，西周中期前段人。
699	盧鼎 盧鼎	3	01753-01755	西周早期	集成 2007（2）：頁 1595	
				西周早期	吳鎮烽 2006：頁 438	盧，西周早期人。
700	孛鼎 孛孞兮方鼎	3	01756	西周早期	集成 2007（2）：頁 1595	
701	者◇鼎	3	01757	西周早期	集成 2007（2）：頁 1595	
702	止亞方鼎 亞址蠅方鼎、址亞蠅方鼎	3	01759	西周早期	集成 2007（2）：頁 1595	
703	册戈鼎 册宁戈鼎	3	01761	西周晚期	集成 2007（2）：頁 1596	
				西周中晚期	張長壽 1983：頁 247	形制，紋飾。
704	▱鼎	3	01765	殷或西周早期	集成 2007（2）：頁 1596	
705	月魚鼎	3	01766	西周早期或中期	集成 2007（2）：頁 1596	

續表

序號	器名	字數	銘文著録	時代	出處	依據
706	[illegible]作尊方鼎	3	01767	西周早期	集成 2007(2):頁 1596	
				殷到西周前期	甘肅 A1972:頁 2–3	形制，花紋，銘文，器物組合。
				成康	甘肅 C1977:頁 122、124	鼎器稱尊，是西周初期的特點。形制，紋飾。
				成康	李豐 1988a:頁 396	墓葬。
				二期中段(約成康)	盧連成、胡智生 1988a:頁 502–507	墓葬。
				西周早期	青全 1997(6):頁 178 器 183	
				西周早期	吴鎮烽 2006:頁 447	[illegible]，西周早期人。
707	㼌盉方鼎 㼌方鼎、揚盉方鼎	3	01768	西周早期	集成 2007(2):頁 1596	
				西周早期	吴鎮烽 2006:頁 237	㼌，西周早期人。
708	尚方鼎 冏鼎、尚乍齋鼎	3	01769	西周早期	集成 2007(2):頁 1596	
				西周中期前段	吴鎮烽 2006:頁 201	尚，西周中期前段人。
709	差鼎 差作寶鼎、周寶鼎	3	01770	西周中期	集成 2007(2):頁 1596	
				西周中期	吴鎮烽 2006:頁 273	差，西周中期人。
710	𢍏鼎 𢍏鼎、車鼎、周車鼎	3	01771	西周	集成 2007(2):頁 1596	
				西周晚期	吴鎮烽 2006:頁 321	𢍏，西周晚期人。
711	弢作旅鼎	3	01772	西周早期	集成 2007(2):頁 1596	
712	作旅鼎	3	01773	西周中期	集成 2007(2):頁 1596	
713	作旅鼎	3	01774	西周中期	集成 2007(2):頁 1597	
714	作旅鼎	3	01775	西周中期	集成 2007(2):頁 1597	
715	□作旅鼎	3	01776	西周中期	集成 2007(2):頁 1597	
716	作旅鼎	3	01777	西周中期	集成 2007(2):頁 1597	
				穆恭之際	陝西 F1979a:頁 6	形制類恭王五年衛鼎。
				西周中期	陝西 1980(3):頁 3 器 16	
				穆王前後	李豐 1988a:頁 396	墓葬。
				三期(穆共)	盧連成、胡智生 1988a:頁 513–521	墓葬。
				西周中期	曹瑋等 2005(8):頁 1555、1559	
				穆共之際	張懋鎔 2006a:頁 228	
				穆恭	朱鳳瀚 2009:頁 1284–1301	墓葬。

續表

序號	器　名	字數	銘文著錄	時　代	出　　處	依　　據
717	作旅鼎	3	01778	西周中期	集成 2007（2）：頁 1597	
				西周中期	陝西 1980（3）：頁 4 器 17	
718	作寶鼎	3	01779	西周早期	集成 2007（2）：頁 1597	
719	作寶鼎	3	01780	西周早期	集成 2007（2）：頁 1597	
720	作寶鼎	3	01781	西周早期	集成 2007（2）：頁 1597	
721	作寶鼎	3	01782	西周中期	集成 2007（2）：頁 1597	
722	作寶鼎	3	01783	西周中期	集成 2007（2）：頁 1597	
				西周前期	容庚 1941（2008）：頁 233 鼎 58	
723	作寶鼎	3	01784	西周	集成 2007（2）：頁 1597	
724	作寶鼎	3	01785	西周早期	集成 2007（2）：頁 1597	
725	作寶鼎	3	01786	西周早期	集成 2007（2）：頁 1597	
				不晚於西周中期	陝西 D1957：頁 85	同墓出土銅盉（09455）銘文“穆王在下淢居”，鑄於穆王生時，該墓穿造年代當在西周中期。
				穆王	郭寶鈞 1970（1981）：頁 44	同出長由盉（09455）在穆王時。
				穆王前後	李豐 1988a：頁 396	墓葬。
				穆王	盧連成、胡智生 1988a：頁 514	墓葬。
				穆恭	朱鳳瀚 2009：頁 1284–1301	墓葬。
726	作寶鼎	3	01787	西周中期	集成 2007（2）：頁 1597	
				西周中期	李學勤、艾蘭 1995：頁 345 器 106	紋飾。
727	作旅彝鼎	3	01788	西周早期	集成 2007（2）：頁 1598	
728	作旅彝鼎	3	01789	西周早期	集成 2007（2）：頁 1598	
729	作旅寶鼎	3	01790	西周早期	集成 2007（2）：頁 1598	
730	作寶彝方鼎	3	01791	西周早期	集成 2007（2）：頁 1598	
				西周早期	陝西 1984（4）：頁 6 器 42	
				西周早期	盧連成、胡智生 1988：頁 441	
				穆王前後	李豐 1988a：頁 396	墓葬。
				三期（穆共）	盧連成、胡智生 1988a：頁 513–521	墓葬。
				約穆王	朱鳳瀚 2009：頁 1523	組合，形制，紋飾。
731	乍寶彝鼎	3	01792	西周早期	集成 2007（2）：頁 1598	
				周初（不晚於成康）	社科院 A1980：頁 485–487	同墓銅器的組合、形制及紋飾。據伴出陶器的發展序列及分期，當屬第二期。

序號	器 名	字數	銘文著錄	時 代	出 處	依 據
731	乍寶彝鼎	3	01792	武王至成王早年	李豐 1988a：頁 396	墓葬。
				二期早段（約武成）	盧連成、胡智生 1988a：頁 500	墓葬。
				文王	劉啓益 1993：頁 380–381	該墓葬出土銅器的形制。
				成康	王世民等 1999：頁 25 鼎 34	器形。
				約武王至康王	朱鳳瀚 2009：頁 1228–1265	墓葬。
732	乍寶彝鼎	3	01793	西周早期	集成 2007（2）：頁 1598	
733	作寶鼎方鼎 作寶彝方鼎	3	01794	西周早期	集成 2007（2）：頁 1598	
734	作寶彝鼎	3	01795	西周早期	集成 2007（2）：頁 1598	
735	作寶彝鼎	3	01796	西周早期	集成 2007（2）：頁 1598	
736	作从彝方鼎	3	01797	西周早期	集成 2007（2）：頁 1598	
737	秉父辛鼎 父辛鼎	存 3	01809	西周早期	集成 2007（2）：頁 1599	
				康王前期	盧連成、胡智生 1988：頁 263	伴出器物的組合、形制、紋飾。
				二期中段（約成康）	盧連成、胡智生 1988a：頁 502–507	墓葬。
				西周早期	王世民等 1999：頁 23 鼎 30	器形。
				一期（約成康）	朱鳳瀚 2009：頁 1520	組合，形制，紋飾。
738	文方鼎	存 3	01810	西周早期	集成 2007（2）：頁 1599	
				商代	容庚 1941（2008）：頁 242 鼎 135	
739	息父丁鼎	3	近出 0231	西周早期	近出 2002（二）：頁 72	
740	巽父癸鼎	3	近出 0237、新收 0842	商代後期	近出 2002（二）：頁 78	
				商晚–西周早期	新收 2006：頁 618	
				商末周初	麟游 A1990：頁 881	
741	叔父癸鼎	3	近出 0238、新收 1105	商代後期	近出 2002（二）：頁 79	
				商晚–西周早期	新收 2006：頁 788	
				商末周初	魏國 1992：頁 95	形制。
742	寧戈册鼎	3	近出 0242–0244、新收 0684–0686	西周晚期	近出 2002（二）：頁 83	
				西周晚期	新收 2006：頁 507	

續表

序號	器 名	字數	銘文著録	時 代	出 處	依 據
742	寧戈册鼎	3	近出 0242–0244、新收 0684–0686	西周晚期	王長啓 1990：頁 42	
				宣王	張懋鎔 2006d：頁 58	與宁戈方壺（近出 0946）同出，後者器型近宣王時單五父壺。
743	冀阼伯鼎 冀仄伯鼎	3	近出 0248、新收 1764	西周中期	近出 2002（二）：頁 89	
				西周中期	新收 2006：頁 1193	
				西周中期稍早	任喜來、呼林貴 1991：頁 74	器形。
744	邢叔鼎	3	近出 0249、新收 0690	西周中期	近出 2002（二）：頁 90	
				西周中期	新收 2006：頁 509	
				孝王	張長壽 1990：頁 32–35	據所出墓葬時代。
				夷王	李仲操 1998a：頁 317	參井叔采鐘（00356）。
				懿孝	社科院 1999：頁 363	據同出漆盨蓋上銅板銘，參達盨（新收 0692）。
				孝王前後	王世民等 1999：頁 21 鼎 26	器形。
745	旨鼎	3	近出 0250、新收 0321	西周中期	近出 2002（二）：頁 91	
				西周中期	新收 2006：頁 223	
				穆、共	蔡運章 1996：頁 63	形制，紋飾。
				西周中期	洛陽 B1999a：頁 206	
				西周中期前段	吳鎮烽 2006：頁 129	旨，西周中期前段人。
746	𤳹作彝鼎	3	近出 0251	西周早期	近出 2002（二）：頁 92	
747	圜◇者方鼎 六一七六一六◇者鼎	3	近出 0252、新收 0652	西周早期	近出 2002（二）：頁 93	
				西周早期	新收 2006：頁 484	
				西周早期	岐山 C1992：頁 77	形制，紋飾。
748	伯作寶方鼎	3	近出 0254、新收 0832	西周早期	近出 2002（二）：頁 95	
				西周初期	胡智生、劉寶愛、李永澤 1988：頁 27	形制，紋飾，組合，伴出陶器。
				不晚於成王前段	盧連成、胡智生 1988：頁 41	出土墓葬的器物組合及形制、紋飾。
				武成時期	朱亮、高西省 2004：頁 109	形制。
				西周早期	新收 2006：頁 612	
				約成康	朱亮、高西省 2004：頁 93–115	形制。
				西周早期偏早	朱鳳瀚 2009：頁 1523	組合，形制，紋飾。

序號	器 名	字數	銘文著錄	時 代	出 處	依 據
749	伯鼎	3	近出 0255、新收 0738	西周中期	近出 2002（二）：頁 96	
				西周中期	新收 2006：頁 539	
				西周中期前段	王英 1989：頁 53	造型，花紋。
750	伯鼎	3	近出 0256	西周早期	近出 2002（二）：頁 97	
				西周早期後段	王長啓 1990：頁 41	
751	作寶鼎	3	近出 0257、新收 0727	西周中期	近出 2002（二）：頁 98	
				西周早期	新收 2006：頁 532	
752	作寶尊彝鼎	3	近出 0258、新收 1302	西周早期	近出 2002（二）：頁 100	
				商晚－西周早期	新收 2006：頁 901	
				商晚至西周前期	唐市 1997：頁 62	
				西周早期	朱鳳瀚 2009：頁 1437	紋飾，銘文。
753	□□彝鼎	3	近出 0260、新收 0788	西周早期	近出 2002（二）：頁 103	
				商晚－西周早期	新收 2006：頁 576	
				西周早期前段	陝西 A1995：頁 123	形制，花紋。
				成王	張長壽 1998：頁 290-294	銅器形制、花紋、組合。
				約武王至康王	朱鳳瀚 2009：頁 1228-1265	墓葬。
754	□□□鼎	3	近出附 11	西周	近出 2002（四）：頁 303	
755	父癸鼎	3	近出附 12	西周	近出 2002（四）：頁 304	
756	作父辛鼎	3	近出附 13	西周	近出 2002（四）：頁 304	
757	吳父癸鼎	3	近二 0197、新收 1936	商代後期	近二 2010（一）：頁 218	
				商代晚期－西周早期	新收 2006：頁 1293	
758	冀父□鼎	3	近二 0198、新收 0545	商代後期	近二 2010（一）：頁 219	
				西周早期	新收 2006：頁 408	
				西周初期（不晚於成王）	河南 E2000a：頁 199-209	據墓葬形制、埋葬習俗及伴出物的時代特徵。
				西周初期（不晚於成王）	韓維龍、張志清 2000：頁 24-29	墓葬形制、埋藏習俗有商末特色。出土器物的組合、器形、紋飾和銘文有周初特徵。長子口爲臣服於周的商末長氏諸侯，故葬俗爲殷式而出土器物有周初特色。

序號	器　名	字數	銘文著錄	時　代	出　　處	依　　據
758	冀父□鼎	3	近二 0198、新收 0545	商晚	王恩田 2002：頁 42	
				商末	高西省 2005：頁 82–83	形制，紋飾。
				商末周初	朱鳳瀚 2009：頁 1365–1369	形制，組合。
759	作尊彝方鼎	3	近二 0199	西周早期	近二 2010（一）：頁 220	
760	戈父己鼎	3	近二 0200、新收 0670	西周早期	近二 2010（一）：頁 221	
				西周早期	新收 2006：頁 499	
				西周早期	曹瑋等 2005（10）：頁 2063	
761	長子口鼎一	3	近二 0201–0203、新收 0542、0543、0550	西周早期	近二 2010（一）：頁 222–224	
				西周早期	新收 2006：頁 413、405–406	
				西周初期（不晚於成王）	河南 E2000a：頁 199–209	據墓葬形制、埋葬習俗及伴出物的時代特徵。
				西周初期（不晚於成王）	韓維龍、張志清 2000：頁 24–29	墓葬形制、埋藏習俗有商末特色。出土器物的組合、器形、紋飾和銘文有周初特色。長子口爲臣服於周的商末長氏諸侯，故葬俗爲殷式而出土器物有周初特色。
				成康	高西省 2005：頁 82–83	形制，紋飾。
				西周早期前段	吳鎮烽 2006：頁 178	長子口，西周早期前段人。
				商末周初	朱鳳瀚 2009：頁 1365–1369	形制，組合。
762	長子口方鼎	3	近二 0204–0205、新收 0546–0548	西周早期	近二 2010（一）：頁 225–226	
				西周早期	新收 2006：頁 409–411	
				西周初期（不晚於成王）	河南 E2000a：頁 199–209	據墓葬形制、埋葬習俗及伴出物的時代特徵。
				西周初期（不晚於成王）	韓維龍、張志清 2000：頁 24–29	墓葬形制、埋藏習俗有商末特色。出土器物的組合、器形、紋飾和銘文有周初特色。長子口爲臣服於周的商末長氏諸侯，故葬俗爲殷式而出土器物有周初特色。
				成康	高西省 2005：頁 82–83	形制，紋飾。
				西周早期前段	吳鎮烽 2006：頁 178	長子口，西周早期前段人。
				商末周初	朱鳳瀚 2009：頁 1365–1369	形制，組合。

續表

序號	器　名	字數	銘文著錄	時　代	出　　處	依　　據
763	春鼎	3	近二 0206	西周早期	近二 2010（一）:頁 227	
				西周早期	北京 B2002:頁 86 器 49	
				西周早期	吳鎮烽 2006:頁 342	春,西周早期人。
764	冀父丁鼎	3	近二 0207、新收 0590	西周早期	近二 2010（一）:頁 228	
				西周早期	新收 2006:頁 445	
				武成	鄭州 A2001:頁 42	形制,紋飾,組合。
				商末周初	鄭州 A2001a:頁 9	器形,花紋。
				商晚	朱鳳瀚 2009:頁 1377	形制,商人族氏名號。
765	史父辛鼎	3	近二 0208、新收 0592	西周早期	近二 2010（一）:頁 229	
				西周早期	新收 2006:頁 447	
				武成	鄭州 A2001:頁 42	形制,紋飾,組合。
				商末周初	鄭州 A2001a:頁 9	器形,花紋。
				商晚	朱鳳瀚 2009:頁 1377	形制,商人族氏名號。
766	作寶彝鼎一	3	近二 0209	西周早期	近二 2010（一）:頁 230	
767	作寶彝鼎二	3	近二 0210、新收 0941	西周早期	近二 2010（一）:頁 231	
				西周早期	新收 2006:頁 684	
				西周早期	山西・北京 2000:頁 334	M6210 在西周早期。
				成康	徐天進 2000:頁 335–337	出土器物的類型學研究。
				一期（約武王至康王）	朱鳳瀚 2009:頁 1473	墓葬。
768	作寶鼎鼎	3	近二 0211–0212、新收 0919–0920	西周早期	近二 2010（一）:頁 232–233	
				西周早期	新收 2006:頁 668、697	
				西周早期	山西・北京 2000:頁 334	M6080 在西周早期。
				二期（康晚至昭王）	朱鳳瀚 2009:頁 1473	墓葬。
769	作寶鼎鼎	3	近二 0213、新收 0958	西周早期	近二 2010（一）:頁 234	
				西周早期	新收 2006:頁 697	
				西周早期	山西・北京 2000:頁 334	M6243 在西周早期。
				二期（康晚至昭王）	朱鳳瀚 2009:頁 1473	墓葬。
770	伯作彝鼎	3	近二 0214、新收 0702	西周早期	近二 2010（一）:頁 235	
				西周中期	新收 2006:頁 518	

序號	器 名	字數	銘文著録	時 代	出 處	依 據
770	伯作彝鼎	3	近二 0214、新收 0702	成王	社科院 1999：頁 362	形狀、花紋酷似成王時獻侯鼎（2626）。
				約武王至康王	朱鳳瀚 2009：頁 1228-1265	墓葬。
771	伯作鼎鼎	3	近二 0215	西周中期	近二 2010（一）：頁 236	
772	山父丁鼎	3	首陽 25	西周早期	首陽 2008：頁 80 器 25	
773	弓祖辛鼎	3	文博 2008 年 02 期頁 8 圖 14	西周早期前段	吳鎮烽 2008：頁 9	
774	王且甲方鼎	4	01811	西周早期	集成 2007（2）：頁 1599	
				西周初期	中科院 1962：頁 17A73	
775	▨作且丁鼎 ▨作祖丁鼎	4	01812	殷或西周早期	集成 2007（2）：頁 1599	
776	▨作且戊鼎 ▨作祖戊鼎	4	01814	西周早期	集成 2007（2）：頁 1599	
				西周早期	吳鎮烽 2006：頁 146	吳，西周早期人。
777	且己父癸鼎 祖己父癸鼎	4	01815	殷或西周早期	集成 2007（2）：頁 1599	
778	毌亞且癸鼎 毌亞祖癸鼎	4	01816	殷或西周早期	集成 2007（2）：頁 1599	
779	天册父乙鼎	4	01822	殷或西周早期	集成 2007（2）：頁 1600	
780	▨父乙方鼎 ▨刀父乙鼎	4	01823	殷或西周早期	集成 2007（2）：頁 1600	
781	矢宁父乙方鼎	4	01825	西周早期	集成 2007（2）：頁 1600	
				商代晚期	陝西 1979（1）：頁 30 器 15	
				商周之際	朱亮、高西省 2004：頁 93-115	形制。
782	子□父乙鼎	4	01827	西周	集成 2007（2）：頁 1600	
783	▨▨父丁鼎	4	01830	殷或西周早期	集成 2007（2）：頁 1600	
784	▨▨父丁鼎	4	01831	殷或西周早期	集成 2007（2）：頁 1600	

序號	器　名	字數	銘文著錄	時　代	出　　處	依　　據
785	⼎作父乙鼎	4	01832	西周早期	集成 2007（2）：頁 1600	
786	父乙爻口鼎 商父乙鼎	4	01833	殷或西周早期	集成 2007（2）：頁 1600	
787	宁羊父丙鼎 父丙鼎	4	01836	西周早期	集成 2007（2）：頁 1601	
				成康	北京 C1995：頁 244	形制，花紋，銘文。
				成康	王世民等 1999：頁 23 鼎 31	器形。
				成康之際	朱鳳瀚 2009：頁 1409	組合，形制，紋飾。
788	田告父丁鼎	4	01849	西周早期	集成 2007（2）：頁 1602	
				西周早期	陳佩芬 2004：頁 25 器 202	
789	㲋父丁鼎	4	01852	殷或西周早期	集成 2007（2）：頁 1602	
790	弓羍父丁方鼎 寽父丁方鼎	4	01859	殷或西周早期	集成 2007（2）：頁 1602	
791	作父丁𣄰方鼎 作父丁羊方鼎	4	01860	西周早期	集成 2007（2）：頁 1602	
792	⺾⺾父丁鼎	4	01861	西周	集成 2007（2）：頁 1602	
793	亞𩰬父戊鼎 商父戊鼎、亞𩰬父戊鼎	4	01863	殷或西周早期	集成 2007（2）：頁 1603	
794	子申父己鼎	4	01873	西周早期	集成 2007（2）：頁 1603	
				西周	李健永、賈峨 1957：頁 85	
				西周早期	青全 1997（5）：頁 35 器 38	
795	弓羍父己鼎	4	01876	殷或西周早期	集成 2007（2）：頁 1604	
796	遽作父己鼎	4	01877	西周中期	集成 2007（2）：頁 1604	
				西周中期晚段	張劍、孫新科 1996：頁 336	
				西周早期	吳鎮烽 2006：頁 395	遽，西周早期人。
797	作父己𩇔鼎	4	01878	殷或西周早期	集成 2007（2）：頁 1604	

續表

序號	器 名	字數	銘文著錄	時 代	出 處	依 據
798	子𐰇父己鼎 持刀父己鼎、子父己鼎	4	01879	殷或西周早期	集成 2007（2）：頁 1604	
799	子刀父辛鼎	4	01881	殷或西周早期	集成 2007（2）：頁 1604	
800	亞㽞父辛鼎	4	01883	殷或西周早期	集成 2007（2）：頁 1604	
801	虎重父辛鼎	4	01885	西周早期	集成 2007（2）：頁 1604	
802	𠂤作父辛鼎	4	01886	殷或西周早期	集成 2007（2）：頁 1604	
803	父辛𠷤册鼎 父𠷤册鼎、父辛先鼎	4	01887	西周早期	集成 2007（2）：頁 1604	
				昭王	吳其昌 1929（2004）：頁 241	作器者同昭王十一年之臣辰卣（05421）。
				成王	容庚 1941（2008）：頁 33	臣辰器，參臣辰尊（05999）。
804	逆𪔗父辛鼎 逆歃父辛鼎	4	01888	西周早期	集成 2007（2）：頁 1604	
805	父辛矢鼎	4	01890	西周早期	集成 2007（2）：頁 1605	
				西周初期	河南 B1977：頁 15	形制花紋同浚縣辛村銅鼎（M60：4）。
				成康	李豐 1988a：頁 396	墓葬。
				二期後段（約昭王）	盧連成、胡智生 1988a：頁 508–513	墓葬。
				西周早期	吳鎮烽 2006：頁 76	矢，西周早期人。
				西周早期偏早	朱鳳瀚 2009：頁 1356	
806	亞𢀟父癸鼎 亞共父癸鼎	4	01892	西周	集成 2007（2）：頁 1605	
807	允册父癸鼎	4	01899	殷或西周早期	集成 2007（2）：頁 1605	
808	𪔗作父癸鼎 戉作父癸鼎	4	01901	殷或西周早期	集成 2007（2）：頁 1605	
				西周早期	吳鎮烽 2006：頁 87	戉，西周早期人。

續表

序號	器　名	字數	銘文著錄	時　代	出　處	依　據
809	◡◆父癸鼎	4	01902	西周早期	集成 2007（2）：頁 1605	
810	作母嬑彝鼎	4	01903	西周早期	集成 2007（2）：頁 1605	
811	聑賓婦钐鼎	4	01904	商代後期	集成 2007（2）：頁 1605	
				商末周初	唐愛華 1985：頁 27	
812	司母昌康方鼎 司母姒康方鼎	4	01906	西周早期	集成 2007（2）：頁 1606	
				西周早期	羅西章 1978：頁 95	同出器物的器形、紋飾。
				商代晚期	陝西 1979（1）：頁 9	
				武王	王永波 2003：頁 28–29	參叔夗方彝（09888）。
				武成時期	朱亮、高西省 2004：頁 109	形制。
				武成	張懋鎔 2006a：頁 228	
				商末周初	吳鎮烽 2006：頁 100	司母厶康，商末周初人。
813	彭女彝鼎 彭女鼎	4	01907–01908	西周早期	集成 2007（2）：頁 1606	
				西周早期	吳鎮烽 2006：頁 307	彭女，西周早期女子。
814	子鳧君妻鼎 子𱅋君妻鼎	4	01910	殷或西周早期	集成 2007（2）：頁 1606	
				商代晚期	青全 1998（4）：頁 1 器 9	
				商晚（或周早）	吳鎮烽 2006：頁 34	子鳧君，商晚或西周早期人。
815	北伯作障鼎 北伯作尊鼎	4	01911	西周早期	集成 2007（2）：頁 1606	
				武、成間	陳夢家 1966（2004）：頁 77	出土於燕地，乃西周初邶國之器，爲武成間殷遺作。
				成王	唐蘭 1976—1978（1986）：頁 92	
816	伯作寶方鼎	4	01912	西周早期	集成 2007（2）：頁 1606	
817	或伯鼎 臧伯鼎、或伯鼎	4	01913	西周早期	集成 2007（2）：頁 1606	
				西周早期	吳鎮烽 2006：頁 252	或伯，西周早期人。
818	伯作寶鼎	4	01914	西周早期	集成 2007（2）：頁 1606	
				西周中期偏早	曹淑琴 1986：頁 838	
819	伯作旅鼎	4	01915	西周中期	集成 2007（2）：頁 1606	
820	伯作旅彝鼎	4	01916	西周早期	集成 2007（2）：頁 1606	
821	伯作寶彝鼎	4	01917	西周早期	集成 2007（2）：頁 1606	
				西周早期	王毓彤 1963：頁 55	形制，鑄法，紋飾，字體。
				西周	李健 1963：頁 224–225	

續表

序號	器 名	字數	銘文著錄	時 代	出 處	依 據
822	伯作寶彝鼎	4	01918	西周早期	集成 2007（2）：頁 1606	
823	伯作寶彝鼎	4	01919	西周早期	集成 2007（2）：頁 1606	
824	伯作寶彝鼎	4	01920	西周早期	集成 2007（2）：頁 1606	
				西周早期偏晚	曹淑琴 1986：頁 837	
825	伯作旅鼎	4	01921	西周中期	集成 2007（2）：頁 1607	
826	仲作旅鼎	4	01922	西周中期	集成 2007（2）：頁 1607	
827	叔作寶彝鼎	4	01923	西周	集成 2007（2）：頁 1607	
828	内叔作鼎芮叔作鼎	4	01924	西周中期	集成 2007（2）：頁 1607	
				西周中期	吳鎮烽 2006：頁 53	芮叔，西周中期人。
				西周中期	張懋鎔 2010a：頁 64	形制，紋飾。
829	叔尹作旅方鼎	4	01925	西周早期	集成 2007（2）：頁 1607	
				西周初期	喀左 A1977：頁 27	
				西周早期	吳鎮烽 2006：頁 195	叔尹，西周早期人。
				昭王	朱鳳瀚 2009：頁 1429	形制。
830	叔作蘇子鼎	4	01926	春秋早期	集成 2007（2）：頁 1607	
				西周晚期到東周早期	中科院 1959：頁 49	
831	叔作障鼎	4	01927	西周早期	集成 2007（2）：頁 1607	
832	叔作旅鼎	4	01928	西周中期	集成 2007（2）：頁 1607	
				西周初期	石興邦 1954：頁 126	
				穆王	郭寶鈞 1970（1981）：頁 46	
				穆王前後	李豐 1988a：頁 396	墓葬。
				穆王	盧連成、胡智生 1988a：頁 514	墓葬。
				穆恭	朱鳳瀚 2009：頁 1284–1301	墓葬。
833	叔作旅鼎	4	01929	西周中期	集成 2007（2）：頁 1607	
834	叔我鼎弔我乍用鼎、叔聝鼎	4	01930	西周早期	集成 2007（2）：頁 1607	
				西周中期	吳鎮烽 2006：頁 199	叔聝，西周中期人。
835	季作寶彝鼎	4	01931	西周早期	集成 2007（2）：頁 1607	
				西周早期	德州 A1981：頁 24	造型，紋飾。
				昭王前後	李豐 1988a：頁 396	墓葬。
				西周早期偏晚	朱鳳瀚 2009：頁 1391	組合，形制。

續表

序號	器 名	字數	銘文著錄	時 代	出　處	依　據
836	公鼎	4	01934	西周早期	集成 2007（2）：頁 1608	
837	戀史謱鼎	4	01936	西周中期	集成 2007（2）：頁 1608	
838	大祝禽方鼎	4	01937–01938	西周早期	集成 2007（2）：頁 1608	
				昭王	吳其昌 1929（2004）：頁 236	"大祝禽"即昭王時禽彝（04041）、禽鼎（總集 2.1157）之"禽"。
				成王	容庚 1941（2008）：頁 33	作器者同成王時禽簋（04041）。
				成王	白川靜 1962b：頁 110–121 器 10 附	
				康王	陳夢家 1966（2004）：頁 95	伯禽生稱，其事康王。
				周公攝政	唐蘭 1976—1978（1986）：頁 39	太祝是祝官之首，太祝禽非伯禽。
				成王	馬承源等 1988：頁 18 器 28	
				成王	王世民等 1999：頁 11–12 鼎 1	"大祝禽"是周公之子伯禽。器形。
				康王	劉啓益 2002：頁 68	大祝禽是伯禽爲侯以後所作的王官，在康王時。形制承襲殷式。
				西周早期	馬承源 2003a：頁 71 鼎 2	器形。
				武王	王永波 2003：頁 29–30	伐奄之事據《孟子·滕文公》《韓非子·説林》爲武王克商時事。伯禽在成王元年封爲魯侯，該銘伯禽職司太祝而未稱魯侯，早於成王元年。
				成康	吳鎮烽 2006：頁 23	大祝禽，即太祝禽，西周成康時期人。
				西周初期	朱鳳瀚 2009：頁 1379	伯禽任西周初期朝官。
839	更鼎	4	01940	西周早期或中期	集成 2007（2）：頁 1608	
				西周初期	陝西 D1986：頁 26–31	據同出陶器造型。
				穆王	盧連成、胡智生 1988a：頁 514	墓葬。
				西周中期前段	吳鎮烽 2006：頁 140	更，西周中期前段人。
				穆恭	朱鳳瀚 2009：頁 1284–1301	墓葬。
840	臣辰册方鼎	4	01942	西周早期	集成 2007（2）：頁 1608	
841	臣辰册方鼎	4	01943	西周早期	集成 2007（2）：頁 1608	
842	戈作寶鼎	4	01948	西周早期	集成 2007（2）：頁 1609	

續表

序號	器 名	字數	銘文著録	時 代	出 處	依 據
843	甲作寶方鼎	4	01949	西周早期	集成 2007（2）：頁 1609	
				西周早期	吳鎮烽 2006：頁 88	甲，西周早期人。
844	φ作寶鼎束鼎	4	01950	西周早期	集成 2007（2）：頁 1609	
				西周中期	吳鎮烽 2006：頁 294	寅，西周中期人。
845	車作寶鼎箄鼎	4	01951–01952	西周中期	集成 2007（2）：頁 1609	
				西周中期	吳鎮烽 2006：頁 342	箄，西周中期人。
846	車作寶方鼎	4	01952	西周中期	集成 2007（2）：頁 1609	
847	舟作寶鼎周寶鼎	4	01953	西周中期	集成 2007（2）：頁 1609	
				西周中期前段	吳鎮烽 2006：頁 126	舟，西周中前段人。
848	舟作寶鼎	4	01954	西周中期	集成 2007（2）：頁 1609	
849	右作旅鼎	4	01956	西周早期	集成 2007（2）：頁 1609	
				西周早期	吳鎮烽 2006：頁 86	右，西周早期人。
850	中作寶鼎中鼎	4	01957	西周早期	集成 2007（2）：頁 1609	
				昭王	唐蘭 1962：頁 34	聯繫昭王時遣尊（05992）。
				昭王	李學勤 1979：頁 32	銘文内容與作册折尊相聯繫，彼器作於昭王時。
				昭王	唐蘭 1981：頁 86	
				成王	劉啓益 2002：頁 77	作器者同中方鼎（02751），同爲安州六器，後者作於成王時。
				康昭	吳鎮烽 2006：頁 48	中，西周康昭時期人。
851	員作用鼎	4	01958	西周早期或中期	集成 2007（2）：頁 1609	
				西周中期前段	吳鎮烽 2006：頁 256	員，西周中期前段人。
852	毛作寶鼎	4	01960	西周中期	集成 2007（2）：頁 1609	
				西周中期	吳鎮烽 2006：頁 37	豐，西周中期人。
853	益作寶鼎、嗌作寶鼎	4	01961	西周中期	集成 2007（2）：頁 1609	
				西周中期	吳鎮烽 2006：頁 341	嗌，西周中期人。
854	興作寶鼎	4	01962	西周中期	集成 2007（2）：頁 1610	
855	興作寶鼎	4	01963	西周中期	集成 2007（2）：頁 1610	
				西周中期	陝西 1980（2）：頁 16 器 119	
				西周早期	曹瑋等 2005（7）：頁 1517	
				昭王	張懋鎔 2006a：頁 228	

續表

序號	器名	字數	銘文著錄	時代	出處	依據
855	興作寶鼎	4	01963	西周早期後段	吳鎮烽 2006：頁 398	興，西周早期後段人。
				約武王至康王	朱鳳瀚 2009：頁 1228–1265	墓葬。
856	甗作寶鼎	4	01964	西周中期	集成 2007（2）：頁 1610	
				康王	陳夢家 1966（2004）：頁 116	
				西周中期前段	吳鎮烽 2006：頁 401	甗，西周中期前段人。
857	𤔲作寶鼎 𤔲鼎	4	01965	西周中期	集成 2007（2）：頁 1610	
				西周中期	吳鎮烽 2006：頁 428	𤔲，西周中期人。
858	章作寶鼎 庸作寶鼎	4	01966	西周早期	集成 2007（2）：頁 1610	
				西周早期	吳鎮烽 2006：頁 399	章，西周早期人。
859	㮩作寶齍鼎	4	01967	西周中期	集成 2007（2）：頁 1610	
				西周中期	吳鎮烽 2006：頁 354	㮩，西周中期人。
860	寡長方鼎	4	01968	西周早期	集成 2007（2）：頁 1610	
				西周早期	吳鎮烽 2006：頁 240	寡長，西周早期人。
861	樂作旅鼎	4	01969–01970	西周中期	集成 2007（2）：頁 1610	
				西周中期	吳鎮烽 2006：頁 390	樂，西周中期人。
862	攸作旅鼎、攸鼎	4	01971	西周早期	集成 2007（2）：頁 1610	
				周初	河北 A1979：頁 26	形制，銘文。
				康昭之際	李學勤、唐雲明 1979：頁 58	形制、紋飾同康昭之際的憲鼎。
				穆王前後	李豐 1988a：頁 396	墓葬。
				二期後段（約昭王）	盧連成、胡智生 1988a：頁 508–513	墓葬。
				昭穆	李先登 1999：頁 116	形制。
				昭王	劉啟益 2002：頁 166	正視圖形似昭王時憲鼎（02749）。
				西周中期後段	吳鎮烽 2006：頁 149	攸，西周中期前段人。
				昭王（或穆王）	朱鳳瀚 2009：頁 1431	器形。
863	𤰶作寶彝鼎	4	01972	西周早期	集成 2007（2）：頁 1610	
				西周早期	吳鎮烽 2006：頁 447	𤰶，西周早期人。
864	𢀳作寶彝鼎	4	01973	西周中期	集成 2007（2）：頁 1610	
				西周中期	吳鎮烽 2006：頁 447	𢀳，西周中期人。
865	聾作寶器鼎	4	01974	西周中期	集成 2007（2）：頁 1610	
				西周中期	吳鎮烽 2006：頁 438	聾，西周中期人。

序號	器　名	字數	銘文著錄	時　代	出　　處	依　　據
866	雁𣆶作旅鼎 應𣆶作旅鼎	4	01975	西周早期	集成 2007（2）：頁 1610	
				西周早期	吳鎮烽 2006：頁 413	應𣆶，西周早期應國人。
867	戕禾作旅鼎	4	01976	西周早期	集成 2007（2）：頁 1611	
				西周中期後段	張劍、孫新科 1996：頁 336	
868	考作寶鼎	4	01977	西周中期	集成 2007（2）：頁 1611	
				西周中期	吳鎮烽 2006：頁 110	考，西周中期人。
869	屵作旅鼎 由作旅鼎	4	01978	西周早期	集成 2007（2）：頁 1611	
				西周中期	吳鎮烽 2006：頁 88	由，西周中期人。
870	扻作旅鼎	4	01979	西周早期	集成 2007（2）：頁 1611	
				西周早期	吳鎮烽 2006：頁 182	扻，西周早期人。
871	作𩱇从彝方鼎	4	01981	商晚或周早	集成 2007（2）：頁 1611	
				商末周初	祈延霈 1947：頁 172、174	花紋，字體。
				西周早期	吳鎮烽 2006：頁 203	封，西周早期人。
872	作寶障彝鼎	4	01983	西周早期	集成 2007（2）：頁 1611	
873	作寶障彝鼎	4	01984	西周早期	集成 2007（2）：頁 1611	
874	作寶障彝鼎	4	01985	西周早期	集成 2007（2）：頁 1611	
875	作寶障彝鼎	4	01986	西周早期	集成 2007（2）：頁 1611	
876	辛作寶彝鼎	4	01987	西周早期	集成 2007（2）：頁 1611	
				西周早期後段	吳鎮烽 2006：頁 163	辛，西周早期後段人。
877	明我作鼎	4	01988	西周早期或中期	集成 2007（2）：頁 1611	
				西周中期	吳鎮烽 2006：頁 203	明我，西周中期人。
878	眉壽作彝鼎	4	01989	西周早期	集成 2007（2）：頁 1611	
				西周早期	吳鎮烽 2006：頁 244	眉壽，西周早期人。
879	亞𡌦父乙鼎	4	近出 0263	西周早期	近出 2002（二）：頁 106	
				滅殷以前	社科院 C1984：頁 783	伴出陶器形制及組合同張家坡 M89，爲張家坡一期，當滅商前。
				文王	劉啓益 1993：頁 377	據伴出陶鬲的形制。

續表

序號	器 名	字數	銘文著錄	時 代	出 處	依 據
880	秉冊父辛鼎	4	近出 0266	西周早期	近出 2002（二）: 頁 109	
881	伯鼎	4	近出 0267	西周中期	近出 2002（二）: 頁 110	
882	伯鼎	4	近出 0268	西周中期	近出 2002（二）: 頁 111	
				西周中期	扶風 C1986: 頁 68	造型。
				昭穆之際	張懋鎔 2006a: 頁 227	
883	伯鼎	4	近出 0269、新收 0084	西周中期	近出 2002（二）: 頁 112	
				西周早期	新收 2006: 頁 75	
				西周早期	平頂山 A1988: 頁 22	形制、紋飾。
				一 期（約武王至康王）	朱鳳瀚 2009: 頁 1352	形制。
884	員鼎	4	近出 0270、新收 1361	西周早期	近出 2002（二）: 頁 113	
				西周	新收 2006: 頁 941	
				西周	社科院 B1984: 頁 416	
				昭王前後	李豐 1988a: 頁 396	墓葬。
				西周早期	北京 C1995: 頁 249	
				西周中期前段	吳鎮烽 2006: 頁 256	員，西周中期前段人。
				約昭王	朱鳳瀚 2009: 頁 1409	
885	皇鼎	4	近出 0271、新收 1589	西周早期	近出 2002（二）: 頁 114	
				西周早期	新收 2006: 頁 1088	
				西周初期	王世民 1999a: 頁 56	形制、紋飾。
				西周早期前段	吳鎮烽 2006: 頁 235	皇，西周早期前段人。
886	奄鼎黽鼎	4	近出 0272、新收 0335	西周中期	近出 2002（二）: 頁 115	
				西周早期	新收 2006: 頁 232	
				西周早期	蔡運章 1996: 頁 54	形制，紋飾，書體，同出器物。
				西周中期	洛陽 B1999a: 頁 206	
887	應侯鼎	4	近出 0273、新收 0066	西周中期	近出 2002（二）: 頁 116	
				西周中期	新收 2006: 頁 62	
				穆 恭（或恭王）	河南 C1998: 頁 13–16	所飾鳳鳥紋。
				西周中期前段	吳鎮烽 2006: 頁 412	應侯，西周中期前段人。
				三 期（穆恭）	朱鳳瀚 2009: 頁 1353	形制，紋飾，組合。

序號	器　名	字數	銘文著錄	時　代	出　　處	依　　據
888	庸伯方鼎蓋	4	近出 0274、新收 1754	西周中期	近出 2002（二）：頁 117	
				西周中期	新收 2006：頁 1188	
				西周中期	王長啓 1990：頁 41	變形夔龍紋同琉璃河圉方鼎。
				西周中期前段	吳鎮烽 2006：頁 291	庸伯，西周中期前段人。
889	夆方鼎	4	近出 0275、新收 1161	西周早期	近出 2002（二）：頁 118	
				西周早期	新收 2006：頁 812	
				昭王	山東 A1996：頁 22	參王姜鼎（新收 1157）。
				康昭	高西省、秦懷戈 1998：頁 40	器形、紋飾極近昭王時員方鼎及張家坡鄱妞方鼎。長卷尾鳥紋爲成康時期典型紋飾。
				康昭	朱亮、高西省 2004：頁 93–115	形制。
				昭穆	吳鎮烽 2006：頁 163	夆，西周昭穆時期人。
				西周早期偏晚	朱鳳瀚 2009：頁 1391	形制。
890	毛伯鼎	4	近出附 14	西周	近出 2002（四）：頁 304	
891	光作父戊鼎、光鼎	4	近二 0220、新收 0932	西周早期	近二 2010（一）：頁 241	
				西周早期	新收 2006：頁 677	
				西周早期	山西·北京 2000：頁 334	M6130 在西周早期。
				約昭王	徐天進 2000：頁 335–337	墓葬。
				西周早期	吳鎮烽 2006：頁 118	光，西周早期人。
				一期（約武王至康王）	朱鳳瀚 2009：頁 1473	墓葬。
892	申作比鼎	4	近二 0221、新收 0956	西周早期	近二 2010（一）：頁 242	
				西周早期	新收 2006：頁 696	
				西周早期	山西·北京 2000：頁 334	M6242 在西周早期。
				西周早期	吳鎮烽 2006：頁 89	申，西周早期人。
				二期（康晚至昭王）	朱鳳瀚 2009：頁 1473	墓葬。
893	亞其父乙鼎	4	近二 0222、新收 0591	西周早期	近二 2010（一）：頁 243	
				西周早期	新收 2006：頁 446	
				武成	鄭州 A2001：頁 42	形制，紋飾，組合。
				商末周初	鄭州 A2001a：頁 9	器形，花紋。
				商晚	朱鳳瀚 2009：頁 1377	形制，商人族氏名號。

序號	器　名	字數	銘文著錄	時　代	出　　處	依　　據
894	子斝父丁鼎	4	近二0223–0224	西周早期	近二2010（一）：頁244	
895	叔鼎	4	近二0225、新收1683	西周早期	近二2010（一）：頁246	
				西周早期	新收2006：頁1150	
896	叔鼎	4	新收0909	西周晚期	新收2006：頁661	
897	木且辛父丙鼎 木祖辛父丙鼎	5	01997	殷或西周早期	集成2007（2）：頁1612	
				殷末至成康	趙永福1984：頁788	
				西周前期	郭寶鈞1970（1981）：頁55	與穆王時長安普渡村長凼墓對照。
				武王至成王早年	李豐1988a：頁396	墓葬。
				約武王至康王	朱鳳瀚2009：頁1228–1265	墓葬。
898	作父甲鼎	5	01999	殷或西周早期	集成2007（2）：頁1612	
899	臣辰父乙鼎	5	02003–02006	西周早期	集成2007（2）：頁1612	
				昭王	吳其昌1929（2004）：頁240	作器者同昭王十一年之臣辰卣（05421）。
				成王	容庚1941（2008）：頁32	參臣辰尊（05999）。
				昭王	唐蘭1981：頁66	
				西周早期	張劍、孫新科1996：頁335	
900	作父乙鼎	5	02007	西周早期	集成2007（2）：頁1612	
901	旁父乙鼎 旁子父乙鼎、父乙鼎、周父乙鼎	5	02009	殷或西周早期	集成2007（2）：頁1613	
902	宰䍁宧父丁鼎 宰農宧父丁鼎	5	02010	西周早期	集成2007（2）：頁1613	
903	乎作父戊鼎 乎作父戊鼎	5	02012	西周早期	集成2007（2）：頁1613	
				西周早期	劉得禎1981：頁558	
				二期早段（約武成）	盧連成、胡智生1988a：頁500	墓葬。
				西周早期前段	吳鎮烽2006：頁268	殺，西周早期前段人。

續表

序號	器　名	字數	銘文著録	時　代	出　　處	依　　據
904	黿作父戊方鼎 天黿乍作父戊方鼎、黿作父戊方鼎	5	02013	殷或西周早期	集成 2007(2):頁 1613	
905	父己亞耇史鼎	5	02014	殷或西周早期	集成 2007(2):頁 1613	
				西周早期	陝西 1979(1):頁 22 器 145	
				商末周初	祁健業 1982:頁 7	器形、紋飾和銘文書體。
				成康	張懋鎔 2006a:頁 232 器 101	
906	孔作父癸鼎 孔鼎	5	02021	西周早期	集成 2007(2):頁 1613	
				西周早期	吴鎮烽 2006:頁 82	孔，西周早期人。
907	[illegible]父鼎 執父鼎、周執父鼎、㪉父鼎	5	02022	西周早期	集成 2007(2):頁 1613	
				西周早期	吴鎮烽 2006:頁 228	㪉父，西周早期人。
908	嬰父方鼎 其父方鼎	5	02023	西周早期或中期	集成 2007(2):頁 1614	
				西周早期	陝西 F1980:頁 47、53	形制、紋飾、銘文皆有西周早期作風。從伴出陶器看，所出墓葬不晚於穆王。
				西周中期	陝西 1980(3):頁 14 器 84	
				三期(穆共)	盧連成、胡智生 1988a:頁 513–521	墓葬。
				西周中期	馬承源 2003a:頁 72 鼎 7	器形。
				約穆王時	朱亮、高西省 2004:頁 93–115	形制。
				西周中期	曹瑋等 2005(7):頁 1411	
				昭穆之際	張懋鎔 2006a:頁 220	器形、紋飾與標準器對照。
				西周中期前段	吴鎮烽 2006:頁 370	嬰父，西周中期前段人。
				康晚至昭王	朱鳳瀚 2009:頁 1266–1283	墓葬。
909	考㠯鼎 孝司鼎、考似鼎	5	02024	西周早期或中期	集成 2007(2):頁 1614	
				西周中期前段	吴鎮烽 2006:頁 110	考姒，西周中期前段人。

續表

序號	器　名	字數	銘文著録	時　代	出　處	依　據
910	己方鼎	5	02025	西周早期	集成 2007(2):頁 1614	
				西周早期	陝西 1984(4):頁 14 器 101	
				約成康	朱亮、高西省 2004:頁 93–115	形制。
				西周早期後段	吴鎮烽 2006:頁 26	己，西周早期後段人。
911	嬴氏鼎 嬴氏鼎	5	02027	西周中期	集成 2007(2):頁 1614	
				康王	陳夢家 1966(2004):頁 98	依紋飾定爲康王時。
				西周中期	吴鎮烽 2006:頁 400	嬴氏，西周中期嬴姓婦女。
912	亶姜鼎 嬗姜鼎	5	02028	西周中期	集成 2007(2):頁 1614	
				西周中期	吴鎮烽 2006:頁 359	亶姜，西周中期姜姓婦女。
913	散姬方鼎	5	02029	西周中期	集成 2007(2):頁 1614	
				孝王	白川静 1968c:頁 218–228 器 139 附	
				西周中期	吴鎮烽 2006:頁 31	散姬，西周中期婦女。
914	王伯鼎	5	02030	西周早期	集成 2007(2):頁 1614	
				西周早期	吴鎮烽 2006:頁 39	王伯，西周早期人。
915	王季作鼎 彝鼎	5	02031	西周早期	集成 2007(2):頁 1614	
				穆王	德州 A1985:頁 19	
				西周早期	吴鎮烽 2006:頁 39	王季，西周早期人。
				西周早期偏晚	朱鳳瀚 2009:頁 1391	形制。
916	小臣鼎	5	02032	西周早期	集成 2007(2):頁 1614	
917	亞白禾鼎	5	02034	殷或西周早期	集成 2007(2):頁 1614	
918	亞㠱矣鼎	5	02035	西周早期	集成 2007(2):頁 1614	
				成康時	北京 C1995:頁 244	形制、花紋與同墓出土堇鼎(2703)相同，後者爲成康時。銘文有邊框，爲殷末周初風格。
				成康	王世民等 1999:頁 26 鼎 36	器形。
				成康之際	朱鳳瀚 2009:頁 1409	組合，形制，紋飾。
919	史吏鼎	5	02036	西周早期	集成 2007(2):頁 1614	
				西周早期	洛陽 A1972:頁 26–27	器形，紋飾。
				穆王前後	李豐 1988a:頁 396	墓葬。
				三期(穆共)	盧連成、胡智生 1988a:頁 513–521	墓葬。
				西周中期	洛陽 B1999a:頁 206	

續表

序號	器　名	字數	銘文著錄	時　代	出　　處	依　　據
919	史𠭰鼎	5	02036	西周中期前段	吳鎮烽 2006：頁 91	史𠭰，西周中期前段人。
				穆恭	朱鳳瀚 2009：頁 1284–1301	墓葬。
920	𣴎鼎宿伯鼎	5	02037	西周早期	集成 2007（2）：頁 1615	
				商代	社科院 E1980：頁 38	
				西周早期	吳鎮烽 2006：頁 387	𣴎，西周早期人。
921	伯員鼎	5	02038	西周	集成 2007（2）：頁 1615	
				西周中期	吳鎮烽 2006：頁 157	伯員，西周中期人。
922	伯申鼎	5	02039	西周早期	集成 2007（2）：頁 1615	
				西周早期	吳鎮烽 2006：頁 153	伯申，西周早期人。
923	伯旂鼎	5	02040	西周中期	集成 2007（2）：頁 1615	
				西周中期前段	吳鎮烽 2006：頁 157	伯旂，西周中期前段人。
924	閼伯鼎	5	02041	西周早期	集成 2007（2）：頁 1615	
				西周早期後段	吳鎮烽 2006：頁 426	閼伯，西周早期後段人。
925	閼伯鼎	5	02042	西周早期	集成 2007（2）：頁 1615	
				西周早期後段	吳鎮烽 2006：頁 426	閼伯，西周早期後段人。
926	戲伯鼎	存 5	02043	西周晚期	集成 2007（2）：頁 1615	
				西周晚期	吳鎮烽 2006：頁 407	戲伯，西周晚期人。
927	𣪘伯鼎鞍伯鼎	5	02044	西周中期	集成 2007（2）：頁 1615	
				西周早期	吳鎮烽 2006：頁 320	敦伯，西周早期人。
928	檷仲鼎	5	02045	西周中期	集成 2007（2）：頁 1615	
				成康	白川靜 1965：頁525–528 器 51 附	
				昭王	唐蘭 1976—1978：頁 237	人名見𣪘方鼎（02729）。
				昭王	唐蘭 1981：頁 33	
				不晚於穆王	李學勤 2001e：頁 3	
				西周早期後段	吳鎮烽 2006：頁 394	檷仲，西周早期後段人。
				穆王前後	張懋鎔 2010b：頁 44	
929	仲𣪘父鼎中𣫭父鼎	5	02046	西周中期	集成 2007（2）：頁 1615	
				西周中期前段	吳鎮烽 2006：頁 120	仲師父，西周中期前段人。
930	仲作寶鼎中鼎	5	02047	西周中期	集成 2007（2）：頁 1615	
				西周早期	陳佩芬 2004：頁 37	器形、紋飾同安陽后崗戍嗣子鼎。

續表

序號	器 名	字數	銘文著錄	時 代	出 處	依 據
931	仲作旅寶鼎	5	02048	西周中期	集成 2007（2）：頁 1615	
932	叔攸作旅鼎	5	02049	西周	集成 2007（2）：頁 1615	
				西周晚期	吳鎮烽 2006：頁 196	叔攸，西周晚期人。
933	叔伐父作鼎	5	02050	西周晚期	集成 2007（2）：頁 1615	
				厲王	戴尊德 1984：頁 323	與叔向父簋（03870）同出，後者當厲王時。
				西周晚期	戴尊德、劉岱瑜 1989：頁 909	
				西周中期後段	吳鎮烽 2006：頁 195	叔伐父，西周中期後段人。
				昭穆	朱鳳瀚 2009：頁 1489	
934	叔作懿宗方鼎	5	02051	西周	集成 2007（2）：頁 1615	
935	叔鼎 叔乍寶尊鼎	5	02052	西周早期	集成 2007（2）：頁 1616	
				西周早期後段	吳鎮烽 2006：頁 194	叔，西周早期後段人。
936	叔作寶障彝鼎 叔鼎	5	02053	西周早期	集成 2007（2）：頁 1616	
937	叔作寶障彝鼎 叔鼎	5	02054	西周早期	集成 2007（2）：頁 1616	
				西周早期	趙學謙 1963：頁 574	形制，花紋，銘文。
				西周早期	陝西 1984（4）：頁 5 器 35	
				康王	吳鎮烽 1987：頁 266	作器者、紋飾、字體、造型風格皆同叔簋（4133）。
				西周早期後段	吳鎮烽 2006：頁 194	叔，西周早期後段人。
938	單光方鼎 單從方鼎	5	02055–02056	西周早期	集成 2007（2）：頁 1616	
				成王	陳夢家 1966（2004）：頁 68	族名同成王時壴卣（5401）。
				西周初期	張劍、孫新科 1996：頁 335	
				西周早期	吳鎮烽 2006：頁 315	單光，西周早期人。
939	良季鼎	5	02057	西周晚期	集成 2007（2）：頁 1616	
				西周中期	吳鎮烽 2006：頁 174	良季，西周中期良氏家族人。
940	竟鼎	5	02058	西周早期	集成 2007（2）：頁 1616	
				西周早期前段	吳鎮烽 2006：頁 293	竟，西周早期前段人。
941	丂隻鼎 周鵃鼎	5	02059	西周早期	集成 2007（2）：頁 1616	
				西周前期	容庚 1941（2008）：頁 231 鼎 41	
				西周中期	吳鎮烽 2006：頁 2、111	丂隻，西周中期人。

續表

序號	器 名	字數	銘文著錄	時 代	出 處	依 據
942	齲鼎	5	02060	西周早期	集成 2007（2）：頁 1616	
				西周早期	吳鎮烽 2006：頁 441	齲，西周早期人。
943	腹鼎 匐公鼎	5	02061	西周早期	集成 2007（2）：頁 1616	
				西周早期	吳鎮烽 2006：頁 290	匐公，西周早期人。
944	作寶障彝 方鼎 作寶尊彝 方鼎	5	02062	西周早期	集成 2007（2）：頁 1616	
				西周前期 （約康王）	黃陂 1982：頁 57	同出器類，器形，紋飾，銘文。
				康王	劉啓益 1984a：頁 50–51	形制、紋飾皆屬康王時。"公大史"見於康王時作册魎卣（05432）。
				昭王	張亞初 1984：頁 23–24	字體。
945	獣鼎	5	02063	西周早期或中期	集成 2007（2）：頁 1616	
				西周早期後段	吳鎮烽 2006：頁 363	獣，西周早期後段人。
946	ꜗ鼎	5	02064	西周早期	集成 2007（2）：頁 1616	
				西周早期	吳鎮烽 2006：頁 447	ꜗ，西周早期人。
947	莽鼎 𤢖鼎	5	02065	西周中期	集成 2007（2）：頁 1616	
				西周中期	吳鎮烽 2006：頁 249	莽，西周中期人。
948	詠啓鼎 詠啓乍旅鼎	5	02066	西周中期	集成 2007（2）：頁 1617	
				西周中期	吳鎮烽 2006：頁 321	詠，西周中期人。
949	鼇鼎	5	02067	西周早期或中期	集成 2007（2）：頁 1617	
				孝王	馬承源等 1988：頁 218 器 300	
				西周中期	馬承源 2003a：頁 70 鼎 16	器形。
				西周中期前段	吳鎮烽 2006：頁 352	鼇，西周中期前段人。
950	姚鼎	5	02068	西周中期	集成 2007（2）：頁 1617	
				西周後期	容庚 1941（2008）：頁 234 鼎 64	
				西周中期前段	吳鎮烽 2006：頁 245	姚，西周中期前段人。
951	立鼎	5	02069	西周中期	集成 2007（2）：頁 1617	
				西周前期	容庚 1941（2008）：頁 232 鼎 50	
				西周中期前段	吳鎮烽 2006：頁 97	立，西周中期前段人。
952	遟鼎 農鼎、晨鼎	5	02070	西周早期或中期	集成 2007（2）：頁 1617	
				西周中期前段	吳鎮烽 2006：頁 408	遟，西周中期前段人。

續表

序號	器 名	字數	銘文著錄	時 代	出 處	依 據
953	旁庫鼎 旁攸乍尊 諆鼎、旁 肇鼎	5	02071	西周	集成 2007（2）：頁 1617	
				西周中期	陳佩芬 2004：頁 251	器形，紋飾。
				西周中期 前段	吳鎮烽 2006：頁 272	旁肇，西周中期前段人。
954	剅鼎 訇鼎、周 宜鼎	5	02072	西周早期	集成 2007（2）：頁 1617	
				西周早期	吳鎮烽 2006：頁 276	訇，西周早期人。
955	叢建鼎 叢律鼎	5	02073	西周中期	集成 2007（2）：頁 1617	
				西周中期	吳鎮烽 2006：頁 448	叢律，西周中期人。
956	彧鼎	5	02074	西周中期	集成 2007（2）：頁 1617	
				穆王	扶風 A1976：頁 58	形制，花紋，銘文字體。 與長囟墓 3 號、5 號鼎 相同，穆王標準器禹鼎 （02833）、剌鼎（02776） 相同。
				穆王	陝西 1980（2）：頁 13 器 101	
				穆王	吳鎮烽 1987：頁 270	形制，紋飾，字體。
				穆王前後	李豐 1988a：頁 396	墓葬。
				穆王	盧連成、胡智生 1988a：頁 514	墓葬。
				未	汪中文 1990：頁 43–48	"伯彧"與"彔""彔伯彧" 非同一人。
				穆王	青全 1997（5）：頁 24 器 27	
				穆王	劉啟益 2002：頁 211	伯彧墓的時代在穆王時。
				西周中期 前段	馬承源 2003a：頁 73 鼎 3	器形。
				穆王前後	張懋鎔 2006a：頁 227	
				西周中期 前段	吳鎮烽 2006：頁 227	彧，西周中期前段人。
				穆恭	朱鳳瀚 2009：頁 1284–1301	墓葬。
957	弜鼎	5	02075	西周中期	集成 2007（2）：頁 1617	
958	觀戚鼎	5	02076	西周	集成 2007（2）：頁 1617	
				西周早期	吳鎮烽 2006：頁 441	觀，西周早期人。
959	龏鼎	5	02077	西周中期	集成 2007（2）：頁 1618	
				共王	陝西 1979（1）：頁 26 器 170	
				西周中期 前段	吳鎮烽 2006：頁 430	龏，西周中期前段人。
960	事作小旅 鼎	5	02078	西周早期	集成 2007（2）：頁 1618	

序號	器 名	字數	銘文著錄	時 代	出 處	依 據
961	𡚉鼎	5	02079	西周早期	集成 2007（2）：頁 1618	
				西周早期	吳鎮烽 2006：頁 412	襄，西周早期人。
962	□作乍鼎 罺鼎	5	02080	西周	集成 2007（2）：頁 1618	
				西周早期	吳鎮烽 2006：頁 341	罺，西周早期人。
963	本鼎	5	02081	西周中期	集成 2007（2）：頁 1618	
				西周中期	吳鎮烽 2006：頁 85	本，西周中期人。
964	寧母方鼎	存 5	02107	西周早期	集成 2007（2）：頁 1620	
				商晚或周早	吳鎮烽 2006：頁 276	寧母，商晚或西周早期婦女。
965	亞夫父辛鼎	5	近出 0286、新收 0783	西周早期	近出 2002（二）：頁 129	
				商晚－西周早期	新收 2006：頁 571	
				西周早期前段	陝西 A1995：頁 122	形制，紋飾。
				約武王至康王	朱鳳瀚 2009：頁 1228–1265	墓葬。
966	王季鼎	5	近出 0287	西周早期	近出 2002（二）：頁 130	
				穆王	德州 A1985：頁 19	
967	應事鼎	5	近出 0288、新收 0054	西周中期	近出 2002（二）：頁 131	
				西周	新收 2006：頁 54	
				西周	張肇武 1984：頁 29–39	
				西周中期	徐錫臺 1998：頁 349	形制，紋飾，銘文字體書鑄風格。
				西周中期	任偉 2002：頁 57	器形，紋飾，字體。
				西周中期中葉	朱鳳瀚 2009：頁 1352	形制，紋飾。
968	□作寶尊彝鼎	5	近出附 15 近二附錄	西周早期	近出 2002（三）：頁 304 附 15	
				西周早期	近二 2010（四）：頁 319	
969	母日庚鼎	5	近二 0230、新收 0806	西周早期	近二 2010（一）：頁 251	
				西周早期	新收 2006：頁 593	
				西周早期	陝西 1984（4）：頁 28 器 193	
970	栅鼎	5	近二 0231	西周早期	近二 2010（一）：頁 252	
				西周早期	陳平 2002：頁 16	器形，紋飾，銘文。
971	應公鼎	5	近二 0232、新收 1438	西周早期	近二 2010（一）：頁 253	
				西周早期	新收 2006：頁 994	
				西周早期	陳佩芬 2004：頁 14	造型。

序號	器 名	字數	銘文著錄	時 代	出 處	依 據
971	應公鼎	5	近二 0232、新收 1438	西周早期前段	吳鎮烽 2006：頁 31	子口尋，西周早期前段人。
				西周早期偏早	朱鳳瀚 2009：頁 1355	
972	作□□尊鼎	5	近二 0233	西周早期	近二 2010（一）：頁 254	
				西周早期	山西·北京 2000：頁 334	M6214 在西周早期。
				約昭王	徐天進 2000：頁 335–337	出土器物的類型學研究。
973	寶尊彝鼎	5	近二 0234	西周早期	近二 2010（一）：頁 255	
				西周早期	吳鎮烽 2006b：頁 4	字體。
974	晉侯鼎晉侯溫鼎	5	近二 0235、新收 0887	西周中期	近二 2010（一）：頁 256	
				西周中期	新收 2006：頁 651	
				穆王前後	北京 1994a：頁 8	該墓葬在穆王前後。
				穆王至孝王	徐天進 2000：頁 335–337	墓葬。
				恭王	李朝遠 2002b：頁 432	鼎腹下垂似恭王十五年趞曹鼎（02784）。
975	魯侯鼎弦紋垂腹鼎	5	近二 0236、新收 1598	西周中期	近二 2010（一）：頁 257	
				西周中期	新收 2006：頁 1096	
				西周中期	孫華 1999：頁 58	形態。
				西周中期前段	吳鎮烽 2006：頁 399	魯侯，西周中期前段人。
976	楷仲鼎	5	近二 0237	西周中期	近二 2010（一）：頁 258	
				西周晚期至春秋早期	張懋鎔 2010b：頁 45	
977	唐仲鼎酈仲鼎	5	近二 0238、新收 0707	西周晚期	近二 2010（一）：頁 259	
				西周中期	新收 2006：頁 521	
				屬宣時期	社科院 1999：頁 362	器形花紋同宣王時多友鼎（02835），墓葬在厲王前後。
978	叔鼎	5	新收 1356	西周早期	新收 2006：頁 936	
				西周初期	北京 C1995：頁 242–244	形制、紋飾及伴出器物。
				成康之際	朱鳳瀚 2009：頁 1409	組合，形制，紋飾。
979	戜伯鼎徹伯鼎、徹伯鬲	6	02109	西周早期	集成 2007（2）：頁 1620	
				屬王	吳其昌 1929（2004）：頁 415	"徹白"即屬王時靜簋（04273）之"徹蓝白"、趞鼎（04266）之"徹白"。
				西周早期	吳鎮烽 2006：頁 432	徹伯，西周早期人。

序號	器 名	字數	銘文著録	時 代	出 處	依 據
980	𰯼作且丁鼎 周盟鼎、𰯼作祖丁鼎、㪤鼎	6	02110	西周早期	集成 2007（2）：頁 1620	
				西周早期	吳鎮烽 2006：頁 420	㪤，西周早期人。
981	臣辰册父乙鼎 臣辰父乙鼎	6	02115	西周早期	集成 2007（2）：頁 1620	
				成王	容庚 1941（2008）：頁 33	參臣辰尊（05999）。
				西周初期（成王）	中科院 1962：頁 14A51	
				昭王	唐蘭 1981：頁 66	
				西周早期	張劍、孫新科 1996：頁 335	
982	作父丙殘鼎	6	02119	西周早期	集成 2007（2）：頁 1620	
983	韋作父丁鼎 周韋鼎	6	02120	西周早期	集成 2007（2）：頁 1620	
				西周早期後段	吳鎮烽 2006：頁 244	韋，西周早期後段人。
984	𤞷作父丁鼎	6	02121	西周早期或中期	集成 2007（2）：頁 1621	
				西周早期	吳鎮烽 2006：頁 422	𤞷，西周早期人。
985	𰯰作父丁障鼎 怂鼎、怂作父丁鼎	6	02122	西周早期	集成 2007（2）：頁 1621	
				西周中期前段	吳鎮烽 2006：頁 447	怂，西周中期前段人。
986	涉作父丁鼎	6	02123	西周	集成 2007（2）：頁 1621	
				西周中期前段	吳鎮烽 2006：頁 273	涉，西周中期前段人。
987	𰰶日戊鼎	6	02124	殷或西周早期	集成 2007（2）：頁 1621	
988	束册作父己鼎	6	02125	殷或西周早期	集成 2007（2）：頁 1621	
989	𡎺作父己鼎	6	02126	西周早期	集成 2007（2）：頁 1621	
				西周早期後段	吳鎮烽 2006：頁 180	奉，西周早期後段人。
990	𰰾作父庚鼎	6	02127	殷或西周早期	集成 2007（2）：頁 1621	
991	具作父庚鼎	6	02128	西周中期	集成 2007（2）：頁 1621	
				西周中期前段	吳鎮烽 2006：頁 201	西周中期前段人。
992	作父辛方鼎	6	02129	西周早期	集成 2007（2）：頁 1621	

續表

序號	器　名	字數	銘文著錄	時　代	出　　處	依　　據
993	作父辛方鼎	6	02130	西周早期	集成 2007（2）：頁 1621	
994	木作父辛鼎	6	02131	西周早期	集成 2007（2）：頁 1621	
995	亡賓父癸鼎 報賓父癸鼎	6	02132	西周早期	集成 2007（2）：頁 1621	
				成王	陳夢家 1966（2004）：頁 66	形制花紋字體皆成王時。
				西周早期	吳鎮烽 2006：頁 2	報賓，西周早期人。
996	或作父癸方鼎	6	02133	西周早期	集成 2007（2）：頁 1621	
				西周早期	陳佩芬 2004：頁 22	口沿下的雙體龍紋近圍方鼎，皆爲西周早期特徵。獸面角上沿和體軀內側都鑲有鰭狀附加脊飾，爲西周早期特徵。
				西周早期前段	吳鎮烽 2006：頁 191	或，西周早期前段人。
997	或作父癸方鼎	6	02134	西周早期	集成 2007（2）：頁 1621	
998	臣辰父癸鼎	6	02135	西周早期	集成 2007（2）：頁 1621	
				成王	容庚 1941（2008）：頁 33、頁 231 鼎 42	臣辰器，參臣辰尊（05999）。
999	爻癸婦鼎 婦戟鼎、周女鼎	6	02139	殷或西周早期	集成 2007（2）：頁 1622	
1000	𣪘婦方鼎	6	02140	殷或西周早期	集成 2007（2）：頁 1622	
1001	犾父鼎	6	02141	西周早期	集成 2007（2）：頁 1622	
				昭王	白川靜 1966a：頁 778–780 器 70 附	
				西周早期	吳鎮烽 2006：頁 282	犾父，西周早期人。
1002	安父鼎	6	02142	西周早期	集成 2007（2）：頁 1622	
				西周早期	吳鎮烽 2006：頁 128	安父，西周早期人。
1003	鮮父鼎	6	02143	西周早期	集成 2007（2）：頁 1622	
1004	旂父鼎	6	02144	西周早期	集成 2007（2）：頁 1622	
				康昭	白川靜 1966：頁 767–770 器 67 附	
				西周早期	吳鎮烽 2006：頁 271	旂父，西周早期人。
1005	田告母辛方鼎	6	02145	西周早期	集成 2007（2）：頁 1622	
				商代	容庚 1941（2008）：頁 241 鼎 126	

續表

序號	器　名	字數	銘文著録	時　代	出　　處	依　　據
1006	曩母鼎 曩女鼎	6	02146	西周早期	集成 2007（2）：頁 1622	
				西周早期	陝西 1980（3）：頁 9 器 54	
				昭王前後	李豐 1988a：頁 396	墓葬。
				二期後段 （約昭王）	盧連成、胡智生 1988a：頁 508–513	墓葬。
				西周早期 後段	吳鎮烽 2006：頁 296	曩母，西周早期後段婦女。
				康晚至昭王	朱鳳瀚 2009：頁 1266–1283	墓葬。
1007	王作仲姬 方鼎	6	02147	西周早期	集成 2007（2）：頁 1622	
				西周早期	陝西 1979（1）：頁 20 器 137	
				近康王	張懋鎔 2004：頁 1	
				康王	朱亮、高西省 2004：頁 109	形制。
				西周早期	曹瑋等 2005（10）：頁 2043	
				西周早期	張懋鎔 2006a：頁 233 器 122	
				西周早期 前段	吳鎮烽 2006：頁 122	仲姬，西周早期前段人。
1008	齊姜鼎	6	02148	西周早期	集成 2007（2）：頁 1622	
				約共王	社科院 1999：頁 137、359、368	
				穆恭	朱鳳瀚 2009：頁 1284–1301	墓葬。
1009	矢王方鼎 蓋	6	02149	西周早期	集成 2007（2）：頁 1623	
				西周前期	容庚 1941（2008）：頁 243 鼎 145	
				孝王	白川靜 1968c：頁 213–228 器 139 附	
				西周早期	馬承源等 1988：頁 98 器 147	
				西周早期	曹定雲 1999：頁 109	字體。
				西周早期	陳佩芬 2004：頁 35	
				西周早期 後段	吳鎮烽 2006：頁 77	矢王，西周早期後段人。
1010	雁公方鼎 應公方鼎	6	02150– 02151	西周早期	集成 2007（2）：頁 1623	
				成康	白川靜 1965：頁 500–504 器 48 附	
				成康	陳夢家 1966（2004）：頁 78	《左傳·僖公二十四》記 "應" 爲武王之穆，應公諸器當在周初。
				成王中後期	唐蘭 1976—1978（1986）：頁 90	

續表

序號	器名	字數	銘文著録	時代	出處	依據
1010	雁公方鼎 應公方鼎	6	02150–02151	成王	徐錫臺 1998：頁 348	器形，紋飾，銘文字體書鑄風格。
				穆王	劉啓益 2002：頁 230	應公器可見器形者尚有應公簋（03477）、應公卣（05177），幾器的形制紋飾皆屬穆王時。
				康王前後	彭裕商 2003：頁 292	據器形、紋飾、字形。
				約穆王時	朱亮、高西省 2004：頁 93–115	形制。
				西周早期	吴鎮烽 2006：頁 412	應公，西周早期人。
				西周早期偏晚	朱鳳瀚 2009：頁 1355	
1011	豐公鼎 豐公𢆶鼎	6	02152	西周早期	集成 2007（2）：頁 1623	
				康晚昭前	盧連成、胡智生 1988：頁 263	伴出器物的組合、形制、紋飾。
				二期中段（約成康）	盧連成、胡智生 1988a：頁 502–507	墓葬。
				西周早期偏晚	王世民等 1999：頁 28 鼎 44	器形。
				西周早期	吴鎮烽 2006：頁 416	豐公𢆶，西周早期人。
				一期（約成康）	朱鳳瀚 2009：頁 1520	組合，形制，紋飾。
1012	康侯丰鼎 康侯封鼎、康侯方鼎	6	02153	西周早期	集成 2007（2）：頁 1623	
				武王	容庚 1941（2008）：頁 30	衛康叔名封。
				成王	白川靜 1962c：頁 161–166 器 14 附	
				周公攝政	唐蘭 1976—1978（1986）：頁 33	康侯丰即康叔封，康侯在攝政四年時并未封衛。
				成王	盛冬鈴 1983：頁 46	“康侯豐”即《康誥》《左傳·定公四年》《逸周書·作雒》《史記·衛世家》之康叔封，封於成王平定武庚之亂後。
				成王	馬承源等 1988：頁 33 器 55	“康侯丰”是衛康叔封，文王九子，武王同母弟，見《史記·管蔡世家》。
				西周早期	青全 1997（6）：頁 28 器 28	
				成王	王世民等 1999：頁 13 鼎 7	系武王同母弟衛康叔封所作。器形。
				成王初年	劉啓益 2002：頁 69	“康侯”見於濬司徒逘簋（04059），亦成王時。
				成王	彭裕商 2003：頁 236	康叔大致爲成王時人。

續表

序號	器 名	字數	銘文著録	時 代	出 處	依 據
1012	康侯丰鼎 康侯封 鼎、康侯 方鼎	6	02153	成王	張懋鎔 2006a：頁 210	成王時標準器。
				西周早期	吳鎮烽 2006：頁 292	康侯豐，西周早期人。
				一期（約 武王至康 王）	朱鳳瀚 2009：頁 1340	形制。
1013	滕侯入鼎 滕侯方鼎	6	02154	西周早期	集成 2007（2）：頁 1623	
				西周早期	藤縣 A1984：頁 337	形制。
				西周早期	陳公柔 1986：頁 178	形制，紋飾，組合。
				西周前期	辭典 1995：頁 82 器 294	
				西周早期	青全 1997（6）：頁 74 器 76	
				西周早期	王世民等 1999：頁 18 鼎 19	器形。
				武成	朱亮、高西省 2004：頁 93–115	形制。
				西周早期 後段	吳鎮烽 2006：頁 377	滕侯，西周早期後段人。
				西周早期 偏晚	朱鳳瀚 2009：頁 1381	器形，紋飾。
1014	堇伯鼎	6	02155	西周早期	集成 2007（2）：頁 1623	
				西周早期	吳鎮烽 2006：頁 281	堇伯，西周早期人。
1015	堇伯鼎	6	02156	西周早期	集成 2007（2）：頁 1623	
1016	大保方鼎 遘 方 鼎、 徣方鼎	6	02157- 02159	西周早期	集成 2007（2）：頁 1623	
				昭王	吳其昌 1929（2004）：頁 223	"太保"即昭王時矢彝 （09901）之"明保"、旅鼎 （02728）之"公太保"。
				康王	唐蘭 1976—1978（1986）：頁 145	
				不晚於康 王初年	陳公柔、張長壽 1980：頁 23- 30	形制不晚於康王初年。
				約康王	高木森 1986：頁 52	
				成王前期	殷瑋璋、曹淑琴 1991：頁 12	與成王鼎（01734）的形制 一致，爲成王前期之物。
				成康時期	張亞初 1993a：頁 325	形制，紋飾。
				康王	張懋鎔 2006a：頁 214	據銘文字形書體，晚至昭 王的可能性很小，徣爲太 保子輩。
				西周早期 後段	吳鎮烽 2006：頁 375	徣，西周早期後段人。
1017	大保方鼎 周 大 保 鼎、遘方 鼎	6	02158- 02159	西周早期	集成 2007（2）：頁 1623	
				昭王	吳其昌 1929（2004）：頁 223	"太保"即昭王十年時矢 彝（09901）之"周公子 明保"、旅鼎（02728）之 "公太保"、作册大伯鼎 （02759）之"尹太保"。

續表

序號	器 名	字數	銘文著錄	時 代	出 處	依 據
1018	陵伯方鼎	6	02160–02161	西周早期	集成 2007（2）：頁 1624	
				成康	甘肅 C1977：頁 124	形制，紋飾。
				成康	李豐 1988a：頁 396	墓葬。
				二期中段（約成康）	盧連成、胡智生 1988a：頁 502–507	墓葬。
				約成康	朱亮、高西省 2004：頁 93–115	形制。
				西周早期後段	吳鎮烽 2006：頁 331	陵伯，西周早期後段人。
				約武王至康王	朱鳳瀚 2009：頁 1228–1265	墓葬。
1019	大丙方鼎 大万方鼎	6	02162–02163	西周早期	集成 2007（2）：頁 1624	
1020	史速方鼎 史遣方鼎、史迹方鼎、史速方鼎	6	02164–02165	西周早期	集成 2007（2）：頁 1624	
				西周（約昭穆）	岐山 B1972：頁 74	"史速"可能是同出史䛗簋（04030）"史䛗"之嫡族，後者康世器，本器在康王後，不晚於穆王。
				昭穆	長水 1972：頁 26–27	
				西周早期	陝西 1979（1）：頁 23 器 154、155	
				成康	李豐 1988a：頁 396	墓葬。
				二期中段（約成康）	盧連成、胡智生 1988a：頁 502–507	墓葬。
				成康	徐錫臺 1998a：頁 233	同墓史䛗簋銘"畢公"，爲文武成康四王重臣。伴出銅器的形制、紋飾。
				康王前期	劉啟益 2002：頁 110	與康王時史䛗簋（04030）同出。
				西周早期	馬承源 2003a：頁 71 鼎 1	器形。
				康王	朱亮、高西省 2004：頁 109	據同出簋的時代。
				西周早期	曹瑋等 2005（6）：頁 1082	
				成康	張懋鎔 2006a：頁 221	器形、紋飾、字體與標準器對照。
				西周早期	吳鎮烽 2006：頁 92	史遣，西周早期人。
				約武王至康王	朱鳳瀚 2009：頁 1228–1265	墓葬。
1021	戫史鼎 史鼎	6	02166	西周早期	集成 2007（2）：頁 1624	
				成康	中科院 A1974：頁 320	據隨葬器物判斷約屬成康時期。
				成王	李學勤 1975：頁 275	

續表

序號	器　名	字數	銘文著録	時　代	出　　處	依　　據
1021	散史鼎 史鼎	6	02166	西周早期	北京 C1995：頁 245	伴出物的形制、紋飾。
				西周早期前段	吳鎮烽 2006：頁 395	散史，西周早期前段人。
				約成康	朱鳳瀚 2009：頁 1407	形制，紋飾。
1022	伯卿鼎 周卿鼎	6	02167	西周早期	集成 2007（2）：頁 1624	
				西周早期	吳鎮烽 2006：頁 157	伯卿，西周早期人。
1023	伯魚鼎	6	02168	西周早期	集成 2007（2）：頁 1624	
				西周早期前段	吳鎮烽 2006：頁 158	伯魚，西周早期前段人。
1024	史戎鼎 事戎鼎	6	02169	西周早期	集成 2007（2）：頁 1624	
				西周早期後段	吳鎮烽 2006：頁 112	吏戎，西周早期後段人。
1025	伯矩鼎	6	02170	西周早期	集成 2007（2）：頁 1624	
				成王	唐蘭 1976—1978（1986）：頁 101	
				周初	曹淑琴 1989：頁 399	字體同周初其他伯矩作器。
				西周早期前段	吳鎮烽 2006：頁 156	伯矩，西周早期前段人。
1026	嬴霝德鼎	6	02171	西周早期	集成 2007（2）：頁 1624	
				西周中期	吳鎮烽 2006：頁 400	嬴霝德，西周中期人。
1027	雁叔鼎 應叔方鼎、雁弔乍寶𣪘、應叔鼎	6	02172	西周早期	集成 2007（2）：頁 1624	
				西周中期	馬承源等 1988：頁 254 器 365	
				昭穆	徐錫臺 1998：頁 348–349	
				西周早期	吳鎮烽 2006：頁 412	應叔，西周早期人。
				西周早期	朱鳳瀚 2009：頁 1356	字體。
1028	田農鼎 田農鼎	6	02174	西周早期	集成 2007（2）：頁 1625	
				西周早期前段	吳鎮烽 2006：頁 88	田農，西周早期前段人。
1029	𠃊臽作旅鼎 虫臽作旅鼎	6	02175	西周早期	集成 2007（2）：頁 1625	
				西周早期	吳鎮烽 2006：頁 210	臽，西周早期人。
1030	鳥壬俏鼎	6	02176	西周早期	集成 2007（2）：頁 1625	
				西周早期	陝西 1979（1）：頁 22 器 148	
				西周早期前段	吳鎮烽 2006：頁 54	壬俏，西周早期前段人。
1031	🌙逨鼎	6	02177-02178	西周早期	集成 2007（2）：頁 1625	
				武王	容庚 1941（2008）：頁 30	與溓司徒逨𣪘（04059）同出且同人做器，參之。

序號	器　名	字數	銘文著錄	時　代	出　　處	依　　據
1031	𣾷遣鼎	6	02177-02178	成王	白川靜1962c：頁164-166器14附	
				周公攝政	唐蘭1976—1978（1986）：頁30	參同出澅司徒遣簋（04059）。
				成王初年	劉啓益2002：頁68	形制屬成王。與成王時澅司徒遣簋（04059）爲同人作器。
				成王	張懋鎔2006a：頁211	同人作澅司徒遣簋（04059），年代在成王時。
				一期（約武王至康王）	朱鳳瀚2009：頁1340	形制，組合。
1032	吹作橋妊鼎	6	02179	西周早期	集成2007（2）：頁1625	
				西周前期	容庚1941（2008）：頁242鼎140	
				康王	陳夢家1966（2004）：頁128器89附	器主即康王時方簋蓋（04139）之"方"。
				西周早期	吳鎮烽2006：頁148	吹，西周早期人。
				昭王前後	張懋鎔2010b：頁44	器形。
1033	向方鼎　周向鼎	6	02180	西周早期	集成2007（2）：頁1625	
				西周早期	吳鎮烽2006：頁125	向，西周早期人。
1034	作公障彝鼎　作公尊彝鼎	6	02181	西周早期	集成2007（2）：頁1625	
1035	作□寶障彝鼎　封鼎	6	02182	西周早期	集成2007（2）：頁1625	
1036	才僕父鼎　周興父鼎	6	02183	西周中期	集成2007（2）：頁1625	
				西周中期前段	吳鎮烽2006：頁124	仲興父，西周中期前段人。
1037	霸姑鼎	6	02184	西周早期	集成2007（2）：頁1625	
				西周早期	吳鎮烽2006：頁433	霸姑，西周早期姞姓婦女。
1038	伯矩方鼎	6	02185	西周中期	集成2007（2）：頁1625	
				康昭	寶雞A1976：頁43-44	紋飾。
				西周早期	陝西1984（4）：頁6器41	
				康王	盧連成、胡智生1988：頁263	伴出器物的組合、形制、紋飾。
				穆王前後	李豐1988a：頁396	墓葬。

序號	器 名	字數	銘文著錄	時 代	出 處	依 據
1038	伯矩方鼎	6	02185	三期（穆共）	盧連成、胡智生 1988a：頁 513–521	墓葬。
				西周中期	青全 1997（6）：頁 151 器 155	
				西周中期	王世民等 1999：頁 16 鼎 15	器形。
				西周中期前段	吳鎮烽 2006：頁 158	伯矩，西周中期前段人。
				約穆王	朱鳳瀚 2009：頁 1523	組合，形制，紋飾。
1039	外叔鼎	6	02186	西周早期或中期	集成 2007（2）：頁 1625	
				西周早期	王玉清 1959：頁 85	造型，銘文字體。
				西周早期	陝西 1979（1）：頁 21 器 138	
				西周前期	辭典 1995：頁 78 器 281	
				西周早期	青全 1997（5）：頁 20 器 22	
				西周早期	曹瑋等 2005（10）：頁 2053	
				成康	張懋鎔 2006a：頁 232	
				西周早期後段	吳鎮烽 2006：頁 96	外叔，西周早期後段人。
1040	叔旟鼎 叔旅鼎	6	02187	西周早期或中期	集成 2007（2）：頁 1626	
				西周中期前段	吳鎮烽 2006：頁 197	叔旅，西周中期前段人。
1041	考作旮父鼎 友父鼎	6	02188	西周早期或中期	集成 2007（2）：頁 1626	
				成王	白川靜 1964b：頁 436–439 器 41 附	
				西周中期前段	吳鎮烽 2006：頁 110	考，西周中期前段人。
1042	史昔鼎 史昔其乍旅鼎	6	02189	西周早期或中期	集成 2007（2）：頁 1626	
				西周前期	容庚 1941（2008）：頁 232 鼎 48	
				西周中期前段	吳鎮烽 2006：頁 90	史昔，西周中期前段人。
1043	伯趞方鼎	6	02190	西周早期	集成 2007（2）：頁 1626	
				西周早期	吳鎮烽 2006：頁 159	伯趞，西周早期人。
1044	王作仲姜鼎	6	02191	西周中期	集成 2007（2）：頁 1626	
				西周中期前段	劉懷君、任周芳 1982：頁 5–6	形制、紋飾介於大盂鼎（02837）和散伯車父鼎（02697）之間，兩者分別爲康王時、西周中期晚段器。
				西周中期早段	張懋鎔 2004：頁 1	

續表

序號	器 名	字數	銘文著録	時 代	出 處	依 據
1045	彔白作井姬鼎 彔鼎	6	02192	西周中期	集成 2007（2）：頁 1626	
				昭穆	寶雞 A1976：頁 43–44	器形，紋飾。
				西周中期	陝西 1984（4）：頁 11 器 81	
				穆王	盧連成、胡智生 1988：頁 441	形制、紋飾爲西周早期向中期過渡式。當彔伯作器中較晚者。
				穆王前後	李豐 1988a：頁 396	墓葬。
				三 期（穆共）	盧連成、胡智生 1988a：頁 513–521	墓葬。
				昭王	劉啓益 2002：頁 169	形制。
				穆王	張懋鎔 2006a：頁 215	與長甶墓出土器物非常相似，後者爲穆世。
				約穆王	朱鳳瀚 2009：頁 1523	組合，形制，紋飾。
1046	矞姒鼎 矞姒鼎	6	02193	西周中期	集成 2007（2）：頁 1626	
				西周中期	吳鎮烽 2006：頁 445	矞姒，西周中期姒姓婦女。
1047	榮父鼎 榮父鼎	6	02194	西周中期	集成 2007（2）：頁 1626	
				康王	劉東亞 1982：頁 65	似陝西賀家村出土銅鼎，當康王時。
				西周中期	吳鎮烽 2006：頁 356	榮父，西周中期人。
1048	伯遲父鼎 伯遲父鼎	6	02195	西周中期	集成 2007（2）：頁 1626	
				宣王	吳其昌 1929（2004）：頁 525	"白遲父"即宣王時翏卣（05425）、翏設（04134）、橇妃彝（04269）之"白犀父"。
				孝王	陳夢家 1966（2004）：頁 227 器 161 附	形制，紋飾。
				穆王	唐蘭 1976—1978（1986）：頁 391	
				夷厲	彭裕商 2003：頁 386	據器形、紋飾，當在夷厲二世。
				西周中期前段	馬承源 2003a：頁 71 鼎 18	器形。
				西周中晚期	吳鎮烽 2006：頁 159	伯遲父，西周中晚期人。
1049	史盠父鼎 史叔父鼎	6	02196	西周晚期	集成 2007（2）：頁 1626	
				西周晚期	吳鎮烽 2006：頁 91	史盠父，西周晚期人。
1050	伯咸父鼎	6	02197	西周	集成 2007（2）：頁 1626	
				西周晚期	吳鎮烽 2006：頁 155	伯咸父，西周晚期人。

續表

序號	器　名	字數	銘文著錄	時　代	出　　處	依　　據
1051	陵叔鼎 陵弔乍衣鼎	6	02198	西周中期	集成 2007（2）：頁 1626	
				西周中期	吳鎮烽 2006：頁 301	陵叔，西周中期陵國族人。
1052	井季㝬鼎 邢季㝬鼎	6	02199	西周中期	集成 2007（2）：頁 1626	
				夷王	吳其昌 1929（2004）：頁 359	"井季㝬"與夷王時井季魯彝（03949）或爲一人，或爲兄弟。
				康昭	尚志儒 1987：頁 295	字體款式。
				西周中期前段	吳鎮烽 2006：頁 83	井季㝬，西周中期前段人。
1053	鮇遌鼎	6	02200	西周晚期	集成 2007（2）：頁 1626	
				西周中期	吳鎮烽 2006：頁 421	鮇遌，西周中期人。
1054	䒠匡鼎 䒠啓鼎	6	02201	西周中期	集成 2007（2）：頁 1627	
				西周中期	吳鎮烽 2006：頁 284	䒠，西周中期人。
1055	孟㺇鼎	6	02202	西周	集成 2007（2）：頁 1627	
				西周中期	吳鎮烽 2006：頁 219	孟㺇，西周中期人。
1056	羌鼎	6	02204	西周	集成 2007（2）：頁 1627	
				西周中期	吳鎮烽 2006：頁 21	羌，西周中期人。
1057	鶙夌父鼎 鶙叟父鼎	6	02205	西周	集成 2007（2）：頁 1627	
				西周中期	吳鎮烽 2006：頁 433	鶙夌父，西周中期人。
1058	焚子鼎 榮子鼎	6	02206	西周	集成 2007（2）：頁 1627	
1059	仲義父鼎	6	02207-02211	西周晚期	集成 2007（2）：頁 1627	
				孝王	陳夢家 1966（2004）：頁 247	據中義父組各器的形制、花紋，可歸於孝王時。
				夷厲	李學勤 1999f：頁 154	器主爲華氏，應由先祖師華父得氏，和膳夫克當屬一家，甚或一人。
				西周晚期	吳鎮烽 2006：頁 123	仲義父，西周晚期人。
1060	遣叔鼎 遣弔乍旅鼎	6	02212	西周中期	集成 2007（2）：頁 1627	
				穆王	唐蘭 1976—1978（1986）：頁 405	
				西周中期	吳鎮烽 2006：頁 342	遣叔，西周中期人。
1061	孟澫父鼎 孟渼父鼎	6	02213	西周晚期	集成 2007（2）：頁 1627	
				西周晚期	吳鎮烽 2006：頁 218	孟澫父，西周晚期人。
1062	尹小叔鼎	6	02214	春秋早期	集成 2007（2）：頁 1627	
				西周晚期到東周早期	中科院 1959：頁 49	

續表

序號	器 名	字數	銘文著錄	時 代	出 處	依 據
1062	尹小叔鼎	6	02214	宣幽	李豐 1988：頁 1039	該墓爲虢國墓一期，當宣幽時。
				宣幽	李豐 1988a：頁 397	墓葬。
1063	陵鼎	6	近出 0292、新收 0850	西周早期	近出 2002（二）：頁 135	
				西周早期	新收 2006：頁 623	
				約成王	曲沃 1996：頁 54	形制，紋飾。
				西周早期	吳鎮烽 2006：頁 301	陵，西周早期人。
1064	庎監鼎 句監鼎	6	近出 0297、新收 1149	西周早期	近出 2002（二）：頁 144	
				西周早期	新收 2006：頁 806	
				西周早期	李步青、林仙庭 1991：頁 84–85	形制，紋飾。
				西周早期	吳鎮烽 2006：頁 212	庎監，西周早期人。
				西周早期偏早（不晚於成王）	朱鳳瀚 2009：頁 1400	器形。
1065	鄧公鼎	6	近出 0298、新收 1755	西周中期	近出 2002（二）：頁 145	
				西周中期	新收 2006：頁 1188	
				西周中期	王長啓 1990：頁 41	器形，紋飾。
				穆共	張懋鎔 2006d：頁 60	裝飾風格和字體看當在西周中期偏早，當穆共時。
				西周中期前段	吳鎮烽 2006：頁 251	鄧公，西周中期前段鄧國某代國君。
1066	師晉父鼎	6	近出 0300、新收 0706	西周中期	近出 2002（二）：頁 147	
				西周晚期	新收 2006：頁 521	
				兩周晚期（按當爲西周晚期）	社科院 A1986b：頁 981	
				懿厲時	社科院 1999：頁 361	該型鼎主要流行於懿王至厲王間。
				西周中期前段	吳鎮烽 2006：頁 262	師晉父，西周中期前段人。
1067	亞共方鼎	6	近二 0245	西周早期	近二 2010（一）：頁 266	
1068	作父丁鼎	6	近二 0246、新收 0959	西周早期	近二 2010（一）：頁 267	
				西周早期	新收 2006：頁 697	
				西周早期	山西·北京 2000：頁 334	M6308 在西周早期。
				穆王至孝王	徐天進 2000：頁 335–337	墓葬。

序號	器　名	字數	銘文著録	時　代	出　　處	依　　據
1068	作父丁鼎	6	近二 0246、新收 0959	二期（康晚 至 昭王）	朱鳳瀚 2009：頁 1474	墓葬。
1069	子鼎	6	近二 0247、新收 0930	西周早期	近二 2010（一）：頁 268	
				西周早期	新收 2006：頁 676	
				西周早期	山西・北京 2000：頁 334	M6105 在西周早期。
				一 期（約武王至康王）	朱鳳瀚 2009：頁 1473	墓葬。
1070	王鼎王作左守鼎	6	近二 0248、新收 1590	西周晚期	近二 2010（一）：頁 269	
				西周早期	新收 2006：頁 1089	
				厲王	孫華 2001：頁 101	形制近孝至厲世器。所飾鳥紋晚於恭懿時的大型鳳鳥紋。整個鼎的風格與厲王之獣簋（00260）類似。
				西周中期偏 晚（夷王）	陳佩芬 2001a：頁 255	形制，紋飾。
				西周中期偏 晚（夷王）	陳佩芬 2001：頁 62-64	形制、紋飾、書體應屬西周中期偏晚。周廟分昭穆，此鼎當置於左昭廟，可屬夷王。
				懿王	李學勤 2001a：頁 60-61	形制紋飾屬西周中期，極似師望鼎（02812），後者爲懿王時器。
				共懿	張懋鎔 2010：頁 82	
1071	秦公鼎一	6	近二 0249-0250	春秋前期	近二 2010（一）：頁 270	
				西周末到春秋早期	吳鎮烽 2006：頁 248	秦公，西周末到春秋早期秦國國君。
1072	疑鼎	6	論 集（三）頁 35 圖 2	周初	張懋鎔 2010b：頁 35	形制、紋飾、字體近沫司徒疑鼎（02178），同人作簋（04059）作於成王前期。該器器主疑與沫司徒疑當爲同一人，但該器稍早。
1073	鄂侯鼎	6	中國古董器 38	周初	李學勤 2008e：頁 1	形制、紋飾近似鹿邑太清宮 M1：9 鼎，爲周初器。銘文筆意雄峻，有周初特點。
1074	䞦作且乙鼎䞦作祖乙鼎	7	02244	西周早期	集成 2007（2）：頁 1630	
				西周早期	吳鎮烽 2006：頁 426	䞦，西周早期人。

續表

序號	器 名	字數	銘文著錄	時 代	出 處	依 據
1075	亞鯀曆作且己鼎 商祖己鼎、亞俞曆作祖己鼎	7	02245	殷或西周早期	集成 2007（2）：頁 1630	
				商晚或西周早期	吳鎮烽 2006：頁 395	曆，商代晚期或西周早期人。
1076	木工册作匕戊鼎 木工册作妣戊鼎	7	02246	西周早期	集成 2007（2）：頁 1630	
1077	𤰈𡩡作父乙鼎	7	02247	西周早期	集成 2007（2）：頁 1630	
				西周早期	張長壽 1983：頁 244	此類較大器形鼎常見殷末周初。具有這種複合族徽的大都是西周早期器。
1078	亞扞作父乙鼎 亞盉作父乙鼎、父乙鼎	7	02248	西周早期	集成 2007（2）：頁 1630	
				西周初期	北京 C1995：頁 242–244	形制、紋飾及伴出器物。
				成康	王世民等 1999：頁 28 鼎 43	據同墓所出諸器。
				成康之際	朱鳳瀚 2009：頁 1409	組合，形制，紋飾。
1079	或作父丁鼎	7	02249	西周早期	集成 2007（2）：頁 1630	
				西周早期	吳鎮烽 2006：頁 191	或，西周早期人。
1080	𠭐作父丁鼎	7	02250	西周早期	集成 2007（2）：頁 1630	
				西周早期	吳鎮烽 2006：頁 146	吳，西周早期人。
1081	穆作父丁鼎	7	02251	西周	集成 2007（2）：頁 1630	
				西周早期	吳鎮烽 2006：頁 397	穆，西周早期人。
1082	作父己鼎	7	02252	西周早期	集成 2007（2）：頁 1630	
				西周早期	吳鎮烽 2006：頁 340	鼎其，西周早期人。
1083	𠭐𡩡父辛鼎 父辛鼎	7	02253	西周早期	集成 2007（2）：頁 1630	
				康王前期	盧連成、胡智生 1988：頁 263	伴出器物的組合、形制、紋飾。
				二期中段（約成康）	盧連成、胡智生 1988a：頁 502–507	墓葬。
				西周早期	王世民等 1999：頁 28 鼎 45	器形。
				一期（約成康）	朱鳳瀚 2009：頁 1520	組合，形制，紋飾。
1084	黿𤰈作父辛鼎 𤰈鼎	7	02254	殷或西周早期	集成 2007（2）：頁 1630	
				西周早期	吳鎮烽 2006：頁 407	𤰈，西周早期人。

續表

序號	器　名	字數	銘文著録	時　代	出　　處	依　　據
1085	巩作父辛鼎 我作父辛鼎、揚鼎	7	02255	西周早期	集成 2007（2）: 頁 1630	
				西周早期	北京 C1995: 頁 246	伴出物形制，花紋。
				西周早期	王世民等 1999: 頁 19 鼎 23	器形。
				西周早期前段	吳鎮烽 2006: 頁 206	巩，西周早期前段人。
				西周早期偏晚	朱鳳瀚 2009: 頁 1409	形制。
1086	易作父辛鼎	7	02256	西周早期	集成 2007（2）: 頁 1630	
				西周早期	吳鎮烽 2006: 頁 229	易，西周早期人。
1087	甶作父癸鼎	7	02257	西周早期	集成 2007（2）: 頁 1630	
				西周早期	吳鎮烽 2006: 頁 256	甶，西周早期人。
1088	巭父癸鼎 歟父癸鼎	存 7	02258	西周	集成 2007（2）: 頁 1631	
				西周早期	吳鎮烽 2006: 頁 237	歟，西周早期人。
1089	册作父癸鼎	7	02259	西周	集成 2007（2）: 頁 1631	
				西周早期	吳鎮烽 2006: 頁 94	册，西周早期人。
1090	亞䵼作母丙鼎	7	02260	西周早期	集成 2007（2）: 頁 1631	
				西周早期	吳鎮烽 2006: 頁 186	亞䵼，西周早期人。
1091	王作康季鼎 康季鬲、左守鼎	7	02261	西周早期	集成 2007（2）: 頁 1631	
				西周初期、中期之際	王獻唐 1964: 頁 472	書體。
				康昭	張懋鎔 2004: 頁 1	
				未	李朝遠 2006: 頁 76–77	"左守"應爲作器者之名，但不是物勒工名，而是"自己的他者化"。該器應定名爲"左守鼎"。
				康昭	吳鎮烽 2006: 頁 292	康季，西周康昭時期人。
1092	曰𠁁坠姑鼎	7	02263	殷或西周早期	集成 2007（2）: 頁 1631	
				西周早期	吳鎮烽 2006: 頁 155	伯叀姑，西周早期人。
1093	自作陽仲方鼎 周曼仲鼎、自作鄴仲方鼎、自鼎	7	02264–02267	西周早期	集成 2007（2）: 頁 1631	
				西周前期	容庚 1941（2008）: 頁 243 鼎 144	
				西周早期	吳鎮烽 2006: 頁 124	自，西周早期人。
1094	周公作文王方鼎 魯公鼎、文王鼎、周公方鼎	7	02268	西周早期	集成 2007（2）: 頁 1631	
				武王	容庚 1941（2008）: 頁 30	
				周公攝政	唐蘭 1976—1978（1986）: 頁 27	此當爲周公所作祭文王用的鼎。

續表

序號	器 名	字數	銘文著錄	時 代	出 處	依 據
1094	周公作文王方鼎 魯公鼎、文王鼎、周公方鼎	7	02268	成王	王長豐 2003：頁 48-50	周公死後，成王使魯郊祭文王，該鼎爲周公後人托周公之名設文王廟時所作的祭器。據牆盤，周公曾舍宇微史家族，乙祖商當爲入周後的第一代史官，當武成時。該鼎的銘文書法風格與乙祖商所寫的商尊（05997）、商卣（05404）等銘文風格如出一轍，該鼎當爲乙祖商書寫。
				成王	張懋鎔 2006a：頁 210	成王時標準器。
				武成	吳鎮烽 2006：頁 208	周公，武王之弟，武成時人。
1095	燕侯旨作父辛鼎 匽侯旨鼎	7	02269	西周早期	集成 2007（2）：頁 1631	
				成康	白川靜 1964b：頁 417-420 器 38 附	
				康王	陳夢家 1966（2004）：頁 96	"父辛"即康王時憲鼎（02749）之"召伯父辛"，"憲""旨"爲兄弟行。然形制近成王時器。
				康王	唐 蘭 1976—1978（1986）：頁 148	"父辛"指一代燕侯，旨與憲、龢等爲兄弟。
				約康王	高木森 1986：頁 52	
				成王	馬承源等 1988：頁 28 器 45	"旨"爲太保召伯之子，爲第一代燕侯。"父辛"爲燕侯旨之父，即召公。
				康王	殷瑋璋、曹淑琴 1991：頁 16	"父辛"即憲鼎（02749）之"召伯父辛"，即召公。
				康昭	張亞初 1993a：頁 325	父辛指燕侯旨之父，即召公長子。
				未	李學勤 1993：頁 207	"召伯父辛"當分讀爲"召伯""父辛"，爲兩代人，旨當爲召伯（召公）之孫、父辛（燕侯克）之子。
				成王	朱鳳瀚 1998：頁 306-307	旨爲召公之子，繼兄克爲二代燕侯。
				康王	劉啓益 2002：頁 130	"父辛"爲死去的第一代燕侯，周公之子，燕侯旨之父。燕侯旨約當康王時。同人作另一鼎（02628）的獸面紋同康王時尹丞鼎（01351）、昭王時員觶（06432）。

續表

序號	器　名	字數	銘文著錄	時　代	出　　處	依　　據
1095	燕侯旨作父辛鼎匽侯旨鼎	7	02269	康王	任偉 2003：頁 78	"召伯父辛"是召公之子，燕侯旨爲其侄子。
				康王後期	彭裕商 2003：頁 245	
				西周早期前段	吳鎮烽 2006：頁 393	燕侯旨，西周早期前段人。
				康王	張懋鎔 2008：頁 344	
				西周早期偏早（不晚於康王）	朱鳳瀚 2009：頁 1406	
1096	叔作單公方鼎	7	02270	西周早期	集成 2007（2）：頁 1632	
				康昭	李學勤 1979b：頁 75	造型類康昭時作册大方鼎。
				成王	董珊 2003：頁 42–46	據 2003 眉縣楊家村逨器世系，"單公""叔"相當於文、武和成王世。
				西周早期後段	吳鎮烽 2006：頁 315	單公，西周早期後段人。
				成王	黄盛璋 2006：頁 19	乳釘紋屬西周初期。器主"公叔"爲"單公"之子，後者見於逨鼎（新收 0757），爲文武王時人，該器當爲成王時。
				成王	田率 2008：頁 83	人物聯繫。
1097	子咸鼎	7	02271	西周早期	成 2007（2）：頁 1632	
				西周早期	吳鎮烽 2006：頁 31	子戌，西周早期人。
1098	⚇小子鼎	7	02272	西周早期	集成 2007（2）：頁 1632	
				西周早期	吳鎮烽 2006：頁 28	小子启，西周早期人。
1099	王作⚇姬鼎垂姬鼎、王乍垂姬鼎	7	02273	西周	集成 2007（2）：頁 1632	
				西周早期	吳鎮烽 2006：頁 232	垂姬，西周早期人。
1100	侯作父丁鼎	7	02274	西周	集成 2007（2）：頁 1632	
1101	豊方鼎	7	02275	西周	集成 2007（2）：頁 1632	
				西周早期	吳鎮烽 2006：頁 340	豊，西周早期人。
1102	強伯鼎	7	02276	西周中期	集成 2007（2）：頁 1632	
				康昭	寶雞 A1976：頁 43–44	
				昭穆	盧連成、胡智生 1988：頁 410	形制、紋飾屬西周早期，強伯作器中時代稍早者。

序號	器　名	字數	銘文著錄	時　代	出　　處	依　　據
1102	弢伯鼎	7	02276	穆王前後	李豐 1988a：頁 396	墓葬。
				三期（穆共）	盧連成、胡智生 1988a：頁 513–521	墓葬。
				穆王前後	王世民等 1999：頁 40 鼎 60	
				西周中期前段	吳鎮烽 2006：頁 363	弢伯，西周中期前段人。
				約穆王	朱鳳瀚 2009：頁 1523	組合，形制，紋飾。
1103	弢伯作井姬方鼎	7	02277	西周中期	集成 2007（2）：頁 1632	
				昭穆	寶雞 A1976：頁 43–44	器形，紋飾。
				穆王	盧連成、胡智生 1988：頁 441	形制、紋飾爲西周早期向中期過渡式。當弢伯作器中較晚者。
				穆王前後	李豐 1988a：頁 396	墓葬。
				三期（穆共）	盧連成、胡智生 1988a：頁 513–521	墓葬。
				穆王	張懋鎔 2006a：頁 215	與長由墓出土器物非常相似，後者爲穆世。
				西周中期前段	吳鎮烽 2006：頁 363	弢伯，西周中期前段人。
				約穆王	朱鳳瀚 2009：頁 1523	組合，形制，紋飾。
1104	弢伯作井姬鼎 獨柱帶盤鼎、弢伯作井姬鼎	7	02278	西周中期	集成 2007（2）：頁 1632	
				昭穆	寶雞 A1976：頁 43–44	
				西周中期	陝西 1984（4）：頁 12 器 83	
				穆王	盧連成、胡智生 1988：頁 441	形制、紋飾爲西周早期向中期過渡式。當弢伯作器中較晚者。
				穆王前後	李豐 1988a：頁 396	墓葬。
				三期（穆共）	盧連成、胡智生 1988a：頁 513–521	墓葬。
				西周中期	辭典 1995：頁 89 器 313	
				西周中期前段	馬承源 2003a：頁 73 鼎 5	器形。
				穆王	張懋鎔 2006a：頁 215	與長由墓出土器物非常相似，後者爲穆世。
				西周中期前段	吳鎮烽 2006：頁 432	弢伯，西周中期前段人。
				約穆王	朱鳳瀚 2009：頁 1523	組合，形制，紋飾。
1105	𢀝鼎	7	02280	西周中期	集成 2007（2）：頁 1632	
				西周中期	吳鎮烽 2006：頁 332	西周中期人。

續表

序號	器 名	字數	銘文著錄	時 代	出 處	依 據
1106	師閔鼎	7	02281	西周	集成 2007（2）：頁 1632	
				西周中期	吳鎮烽 2006：頁 262	師閔，西周中晚期人。
1107	尹叔作𨳯姑鼎 尹叔作限姑鼎	7	02282	西周中期	集成 2007（2）：頁 1632	
				西周中期	吳鎮烽 2006：頁 81	尹叔，西周中期人。
1108	喬夫人鼎	7	02284	春秋早期	集成 2007（2）：頁 1633	
				西周晚期	肥西 1972：頁 77	
1109	備作父乙鼎	7	近出 0301	西周早期	近出 2002（二）：頁 148	
1110	尹規鼎 亞父巳鼎	7	近出 0302–0303、新收 0785、0787	西周早期	近出 2002（二）：頁 151	
				商晚–西周早期	新收 2006：頁 573、575	
				西周早期前段	陝西 A1995：頁 123	形制，紋飾。
				成王	張長壽 1998：頁 290–294	銅器形制、花紋、組合。
				商周之際（可晚至成王）	朱亮、高西省 2004：頁 110	形制。
				西周早期前段	吳鎮烽 2006：頁 184	亞父巳，西周早期前段人。
				約武王至康王	朱鳳瀚 2009：頁 1228–1265	墓葬。
1111	偁戊作父辛鼎	7	近出 0304	西周早期	近出 2002（二）：頁 152	
1112	叔䚄父鼎	7	近出 0305、新收 0375	西周晚期	近出 2002（二）：頁 153	
				西周晚期	新收 2006：頁 260	
				西周晚期	洛陽 B1999：頁 26	形制，紋飾。
				西周晚期	吳鎮烽 2006：頁 197	叔䚄父，西周晚期人。
				屬宣幽	朱鳳瀚 2009：頁 1309–1326	墓葬。
1113	亩父癸鼎 臣辰父癸鼎	7	近二 0260、新收 1684	西周早期	近二 2010（一）：頁 281	
				西周早期	新收 2006：頁 1151	
				西周初期	張劍、孫新科 1996：頁 334	
1114	𡧍鼎	7	近二 0261、新收 1796	西周早期	近二 2010（一）：頁 282	
				西周	新收 2006：頁 1213	
1115	南宮姬鼎	7	近二 0262–0263、新收 0925–0926	西周早期	近二 2010（一）：頁 283–284	
				西周早期	新收 2006：頁 672	
				西周早期	山西·北京 2000：頁 334	M6081 在西周早期。

續表

序號	器　名	字數	銘文著錄	時　代	出　　處	依　　據
1115	南宮姬鼎	7	近二0262-0263、新收0925-0926	約昭王	徐天進2000：頁335-337	墓葬。
				西周早期	吳鎮烽2006：頁226	南宮姬，西周早期姬姓女子，嫁於南宮氏。
				一期（約武王至康王）	朱鳳瀚2009：頁1473	墓葬。
1116	咸方鼎	7	近二0264、新收0703	西周早期	近二2010（一）：頁285	
				西周中期	新收2006：頁519	
				約昭王	社科院1999：頁362	形態近周初中齋方鼎（02785）而略晚。
				西周中期偏早	王世民等1999：頁16鼎13	器形。
				昭王	彭裕商2005a：頁73-74	同出簋之形制、紋飾屬昭王時。本器字體近同昭王時作册析器和令器。
				西周早期後段	吳鎮烽2006：頁225	咸，西周早期後段人。
1117	單鼎	7	近二0265、新收0381	西周早期	近二2010（一）：頁286	
				西周	新收2006：頁264	
				西周	洛陽B2004：頁10	伴出器。
				約武王至康王	朱鳳瀚2009：頁1228-1265	墓葬。
1118	伯𡧓鼎	7	新收1851	西周早期	新收2006：頁1243	
				西周早期	李學勤、艾蘭1995：頁336器80	據紋飾、器形，應爲康王時器。伯憲見於梁山七器，係召伯之後。
				西周早期	吳鎮烽2006：頁159	伯憲，西周早期人。
1119	晉公鼎	7	未	穆王前後	山西·北京1994a：頁7、10	該墓葬在穆王前後。
				未	李伯謙2000：頁74-80	晉公即燮父，是其子晉武侯爲燮父作。
				西周中期偏早	梁雲2001：頁15-18	"晉公"爲泛指。該器爲晉燮父或晉武侯所作，當西周中期偏早。
				未	孫慶偉2001：頁20	晉公指燮父，此時晉侯爲武侯，M9爲武侯之墓。
				未	王占奎2002：頁75	此晉公指燮父，M9爲晉武侯墓。
				未	李伯謙2002：頁31	據出土器物的特徵，M9在西周中期早段。

續表

序號	器 名	字數	銘文著錄	時 代	出 處	依 據
1119	晉公鼎	7	未	未	田建文、謝堯亭 2002	晉公，是對已逝晉侯的追謚和泛稱。
				穆王前後	張長壽 2002：頁 77	據出土器物，M9 在西周中期之際即穆王前後。
				西周中期偏早	朱鳳瀚 2009：頁 1446	墓葬年代當西周中期偏早約穆王時。
1120	迁作且丁鼎 弒且丁鼎、徙作祖丁鼎、迁鼎	8	02310	西周早期	集成 2007（2）：頁 1635	
				西周早期	吳鎮烽 2006：頁 258	迁，西周早期人。
1121	菫臨作父乙方鼎 周菫山鼎	8	02312	西周早期	集成 2007（2）：頁 1635	
				西周早期	吳鎮烽 2006：頁 281	菫臨，西周早期人。
1122	作父乙鼎 亞牧父乙鼎、周亞鼎	8	02313	西周早期	集成 2007（2）：頁 1635	
1123	士作父乙方鼎 周父乙鼎	8	02314	西周早期	集成 2007（2）：頁 1635	
				西周早期	吳鎮烽 2006：頁 4	士，西周早期人。
1124	亞豚作父乙鼎	8	02315	西周早期	集成 2007（2）：頁 1635	
				西周早期	吳鎮烽 2006：頁 187	亞豚，西周早期人。
1125	亳作父乙方鼎 亞亳作父乙方鼎	8	02316	西周早期	集成 2007（2）：頁 1635	
				西周早期	吳鎮烽 2006：頁 269	亳，西周早期人。
1126	亞𢆶作父丁鼎	8	02317	西周早期	集成 2007（2）：頁 1635	
				西周早期	吳鎮烽 2006：頁 189	亞𢆶，西周早期人。
1127	𢎥作父丁鼎	8	02319	西周早期	集成 2007（2）：頁 1635	
				西周早期	解希恭 1957：頁 43	
				二期後段（約昭王）	盧連成、胡智生 1988a：頁 508–513	墓葬。
				西周早期後段	吳鎮烽 2006：頁 144	串，西周早期後段人。
				約昭王	朱鳳瀚 2009：頁 1439	形制。
1128	營子旅作父戊鼎 榮子旅鼎	8	02320	西周早期	集成 2007（2）：頁 1635	
				西周早期後段	吳鎮烽 2006：頁 348	營子旅，西周早期後段人。

續表

序號	器 名	字數	銘文著録	時 代	出 處	依 據
1129	㇁作父辛鼎 弓作父辛鼎	8	02321	西周早期	集成 2007（2）：頁 1635	
				西周早期	田學祥、張振華 1975：頁 89	
				西周早期	陝西 1984（4）：頁 23 器 160	
				西周早期前段	吳鎮烽 2006：頁 387	彈，西周早期前段人。
1130	作父辛方鼎 亞牧父辛方鼎、周亞鼎	8	02322	西周早期	集成 2007（2）：頁 1636	
				商代	容 庚 1941（2008）：頁 241 鼎 129	
1131	梓作父癸鼎	8	02323	西周早期	集成 2007（2）：頁 1636	
				西周早期	吳鎮烽 2006：頁 306	梓，西周早期人。
1132	㧙作父癸鼎 孰作父癸鼎	8	02324	西周早期	集成 2007（2）：頁 1636	
				西周早期前段	吳鎮烽 2006：頁 206	㧙，西周早期前段人。
1133	㝬季作父癸方鼎	8	02325	西周早期	集成 2007（2）：頁 1636	
				西周早期	吳鎮烽 2006：頁 448	㝬季，西周早期人。
1134	史造作父癸鼎 周史造鼎	8	02326	西周中期	集成 2007（2）：頁 1636	
				昭王	吳其昌 1929（2004）：頁 268	人物"徝"見於昭王時夨彝（09901）、臣辰盉（09454）等器。
				西周中期	吳鎮烽 2006：頁 91	史造，西周中期人。
1135	易貝作母辛鼎	8	02327	西周早期	集成 2007（2）：頁 1636	
1136	册木工作母辛鼎	8	02328	殷或西周早期	集成 2007（2）：頁 1636	
1137	北子作母癸方鼎 北子方鼎	8	02329	西周早期	集成 2007（2）：頁 1636	
				成王	白川靜 1964b：頁 395-408 器 36	
				成康	陳夢家 1966（2004）：頁 77	出江陵，爲周初楚之與國之器。
				西周早期	馬承源等 1988：頁 100 器 152	
1138	姞召母方鼎	8	02330	西周早期	集成 2007（2）：頁 1636	
				西周早期	吳鎮烽 2006：頁 245	姞召母，西周早期姞姓女子。
1139	穆父作姜懿母鼎 穆公鼎	8	02331-02332	西周中期	集成 2007（2）：頁 1636	
				西周前期	容庚 1941（2008）：頁 233	
				西周中期	吳鎮烽 2006：頁 397	穆父，西周中期人。

續表

序號	器　名	字數	銘文著錄	時　代	出　　處	依　　據
1140	姬作乓姑日辛鼎	8	02333	西周早期	集成 2007（2）：頁 1636	
				商代	容庚 1941（2008）：頁 230 鼎 38	
				西周早期	吳鎮烽 2006：頁 277	姬，西周早期姬姓女子。
1141	裒𤔲父作罟姁鼎	8	02334	西周	集成 2007（2）：頁 1637	
				西周中期	吳鎮烽 2006：頁 296	裗傃父，西周中期人。
1142	伯戓方鼎	8	02336	西周早期	集成 2007（2）：頁 1637	
				西周早期	吳鎮烽 2006：頁 156	伯械，西周早期人。
1143	伯六翎方鼎 伯六𩰪方鼎	8	02337	西周早期	集成 2007（2）：頁 1637	
				西周早期	吳鎮烽 2006：頁 153	伯六𩰪，西周早期人。
1144	義仲方鼎	8	02338	西周早期	集成 2007（2）：頁 1637	
				西周前期	容庚 1941（2008）：頁 243 鼎 148	
				西周早期	吳鎮烽 2006：頁 347	義仲，西周早期人。
1145	公大史作姬㦼方鼎	8	02339	西周早期	集成 2007（2）：頁 1637	
				西周前期（約康王）	黃陂 1982：頁 57	同出器類，器形，紋飾，銘文。
				康王	劉啓益 1984a：頁 50–51	形制、紋飾皆屬康王時。"公大史"見於康王時作册睘卣（05432）。
				昭王	張亞初 1984：頁 23–24	字體。
				康王	劉彬徽 1986：頁 265	稍早於所出墓葬時間，該墓葬爲康昭時。
				康王	朱亮、高西省 2004：頁 109	形制。
				西周早期	吳鎮烽 2006：頁 56	公太史，西周早期擔任太史的人。
1146	季無作宮伯方鼎 季許作宮伯方鼎	8	02340	西周早期	集成 2007（2）：頁 1637	
				西周初期	中科院 1962：頁 18A76	
				西周早期	吳鎮烽 2006：頁 206	季無，西周早期後段人。
1147	叔具鼎	8	02341	西周早期	集成 2007（2）：頁 1637	
				西周中期前段	吳鎮烽 2006：頁 196	叔具，西周中期前段人。
1148	叔𮑨作南宮鼎 叔𪔂鼎	8	02342	西周早期	集成 2007（2）：頁 1637	
				西周早期	吳鎮烽 2006：頁 200	叔𪔂，西周早期人。
1149	叔虎父作叔姬鼎	8	02343	西周	集成 2007（2）：頁 1637	
				西周中期	吳鎮烽 2006：頁 196	叔虎父，西周中期人。

續表

序號	器 名	字數	銘文著錄	時 代	出　　處	依　　據
1150	⊃(澔伯遊鼎	8	02344	西周早期	集成 2007（2）: 頁 1637	
				武王	容庚 1941（2008）: 頁 30	與澔司徒遊簋（04059）同出且同人做器，後者爲武王時器。
				成王	白川靜 1962c: 頁 163–166 器 14 附	
				周公攝政	唐蘭 1976—1978（1986）: 頁 30	參同出澔司徒遊簋（04059）。
				成王	張懋鎔 2006a: 頁 211	同人作澔司徒遊簋（04059），年代在成王時。
				西周早期	吳鎮烽 2006: 頁 325	澔伯遊，西周早期人。
				一期（約武王至康王）	朱鳳瀚 2009: 頁 1340	形制，組合。
1151	殼子作亮團宮鼎 解子作亮團宮鼎	8	02345	西周早期	集成 2007（2）: 頁 1637	
				西周早期	吳鎮烽 2006: 頁 382	殼子，西周早期人。
1152	勑勲作丁侯鼎 勑勲鼎	8	02346	西周早期	集成 2007（2）: 頁 1637	
				成王	容庚 1941（2008）: 頁 31、頁 232 鼎 49	與成王時獻侯鼎（02626）祭祀對象皆爲丁侯，銘末圖形文字相同。
				成王	白川靜 1964a: 頁 236–338 器 29 附	
				成王	陳夢家 1966（2004）: 頁 63	"丁侯"、族名同成王時獻侯鼎（02626），當爲一家之物。
				成王	唐蘭 1976—1978（1986）: 頁 87	
				成王	吳鎮烽 1987: 頁 266	族徽、作器對象、字體、器形皆近同成王時獻侯鼎（02626）。
				康王	彭裕商 1999a: 頁 6	形制，紋飾。
				成王	劉啓益 2002: 頁 74	族徽、祭祀對象皆同獻侯鼎（02626），後者作於成王時。形制承襲殷式。
				康王或康昭	彭裕商 2003: 頁 239	人物"丁侯"及族名同康王時獻侯鼎。
				康王前期	張懋鎔 2006a: 頁 211	作器對象與族徽與獻侯鼎（02626）同，後者爲康王前期器。

續表

序號	器　名	字數	銘文著錄	時　代	出　處	依　據
1153	旆鼎	8	02347	西周早期或中期	集成 2007（2）：頁 1637	
				西周早期	德州 A1981：頁 24	造型，紋飾。
				西周早期後段	吳鎮烽 2006：頁 237	旆，西周早期後段人。
				西周早期偏晚	朱鳳瀚 2009：頁 1391	形制，字體。
1154	作長鼎長日戊鼎	8	02348	西周早期或中期	集成 2007（2）：頁 1638	
				西周中期前段	吳鎮烽 2006：頁 178	長，西周中期前段人。
1155	𤳕鼎	8	02349	西周中期	集成 2007（2）：頁 1638	
				早於西周中期	西安 A1974：頁 1–5	
				西周中期	張懋鎔 2006d：頁 61	饕餮紋結合形制、字體。
				西周中期後段	吳鎮烽 2006：頁 338	載，西周中期後段人。
1156	作寶鼎	8（又重文1）	02350	西周中期	集成 2007（2）：頁 1638	
1157	小臣氏𤔲尹鼎周樊鼎、小臣氏樊尹鼎	8	02351	西周早期	集成 2007（2）：頁 1638	
				西周前期	容庚 1941（2008）：頁 232 鼎 51	
				西周中期前段	吳鎮烽 2006：頁 372	樊尹，西周中期前段人。
1158	𤔲作鼎𤔲鼎	8	02352	西周早期	集成 2007（2）：頁 1638	
				西周中期	吳鎮烽 2006：頁 320	𤔲，西周中期人。
1159	師奐父作季姞鼎	8	02353	西周晚期	集成 2007（2）：頁 1638	
1160	魯内小臣床生鼎魯内小臣鼎	8	02354	西周晚期或春秋早期	集成 2007（2）：頁 1638	
				西周晚期或春秋早期	吳鎮烽 2006：頁 52	内小臣床生，西周晚期或春秋早期人，魯國内宫的小臣。
1161	盂方鼎	8	近出 0306–0307、新收 1244–1245	商代後期	近出 2002（二）：頁 154	
				西周早期	新收 2006：頁 873	
				西周早期（不晚於康王）	湖北 B1997：頁 33	形制，紋飾，銘文。

序號	器　名	字數	銘文著録	時　代	出　　處	依　　據
1161	盂方鼎	8	近出 0306-0307、新收 1244-1245	商周之際	李學勤 1997：頁 55-57	在同型器的演變序列中，本器更近於商末器。"盂"字是商末寫法。"文帝母日辛"指商先王配偶，"文帝"即商王"文丁"。"自祖庚開始，把直系父輩先王稱作帝"，盂是文丁之子，帝乙、箕子的兄弟。
				武成	朱亮、高西省 2004：頁 109	形制。
				西周早期前段	吳鎮烽 2006：頁 306	盂，西周早期前段人。
1162	王姵鼎	8	近出 0308、新收 1157	西周早期	近出 2002（二）：頁 157	
				西周早期	新收 2006：頁 810	
				昭王	山東 A1996：頁 22	所在墓葬出土銅器與張家坡 M82、扶風云塘 M13、寶雞竹園溝 M4 等所出同類器相當，這幾個墓葬皆在昭王時期。
				穆共	高西省、秦懷戈 1998：頁 40-41	與茹家莊一號墓 M12:11、M12:10，云塘 12 號墓圓鼎，扶風北呂周人墓 M148:1 等器相似，當穆共時。
				武王	王永波 2003：頁 28-29	參叔矤方彝（09888）。
				西周早期後段	吳鎮烽 2006：頁 39	王妻，西周早期後段人。
				西周早期偏晚	朱鳳瀚 2009：頁 1391	形制。
1163	亞犬鼎 亞犬作父癸鼎	8	近二 0271、新收 0923	西周早期	近二 2010（一）：頁 292	
				商晚	新收 2006：頁 670	
				西周早期	山西·北京 2000：頁 334	M6081 在西周早期。
				約昭王	徐天進 2000：頁 335-337	墓葬。
				西周早期前段	吳鎮烽 2006：頁 185	亞犬，商代晚期或西周早期前段人。
				一期（約武王至康王）	朱鳳瀚 2009：頁 1473	墓葬。
1164	子口尋鼎	8	近二 0272、新收 0544	西周早期	近二 2010（一）：頁 293	
				西周早期	新收 2006：頁 407	
				西周初期（不晚於成王）	河南 E2000a：頁 199-209	據墓葬形制、埋葬習俗及伴出物的時代特徵。

序號	器　名	字數	銘文著録	時　代	出　　處	依　　據
1164	子口尋鼎	8	近二 0272、新收 0544	西周初期（不晚於成王）	韓維龍、張志清 2000：頁 24–29	墓葬形制、埋藏習俗有商末特色。出土器物的組合、器形、紋飾和銘文有周初特徵。長子口爲臣服於周的商末長氏諸侯，故葬俗爲殷式而出土器物有周初特色。
				商末周初	朱鳳瀚 2009：頁 1365–1369	形制，組合。
1165	伯雍倗鼎	8	近二 0273、新收 0937	西周早期	近二 2010（一）：頁 294	
				西周早期	新收 2006：頁 681	
				西周早期	山西・北京 2000：頁 334	M6195 在西周早期。
				西周早期	吴鎮烽 2006：頁 160	伯雒倗，西周早期人。
				西周早期	吉琨璋、宋建忠、田建文 2006：頁 47	
				一期（約武王至康王）	朱鳳瀚 2009：頁 1473	墓葬。
1166	倗伯鼎	8	近二 0274	西周中期	近二 2010（一）：頁 295	
				西周中期（約穆王前後）	山西 A2006：頁 14–17	墓葬形制，隨葬品組合，伴出物的形制、紋飾。
				恭王	朱鳳瀚 2009：頁 1492	
1167	曾太師鼎	8	近二 0275	西周晚期	近二 2010（一）：頁 296	
1168	長子方鼎	8	考古與文物 2010 年 04 期頁 41 圖二	西周早期	吴婉莉 2010：頁 41	長爲商代東夷後裔。
1169	亞父庚且辛鼎亞俞父鼎	9	02363–02364	殷或西周早期	集成 2007（2）：頁 1639	
1170	嵩作且壬鼎	9	02365	西周早期或中期	集成 2007（2）：頁 1639	
				西周早期	吴鎮烽 2006：頁 422	嵩，西周早期人。
1171	襄作父丁鼎	9	02366	西周早期	集成 2007（2）：頁 1639	
				西周早期後段	吴鎮烽 2006：頁 355	奪，西周早期後段人。
1172	矞監父己鼎	9	02367	西周中期	集成 2007（2）：頁 1639	
				西周中期前段	吴鎮烽 2006：頁 443	矞監引，西周中期前段人。
1173	盨婦方鼎	9	02368	西周早期	集成 2007（2）：頁 1639	
				西周初期	中科院 1962：頁 17A72	
				西周早期	吴鎮烽 2006：頁 383	盨婦，西周早期人。

續表

序號	器名	字數	銘文著録	時代	出處	依據
1174	長子狗鼎	9	02369	西周早期	集成 2007（2）：頁 1639	
				西周前期（約康王）	黃陂 1982：頁 57	同出器類、器形、紋飾、銘文。
				昭王	張亞初 1984：頁 23–24	形制，字體。
				昭王	劉彬徽 1986：頁 240	形制，紋飾。
				西周早期後段	吳鎮烽 2006：頁 178	長子狗，西周早期後段人。
				二期（康晚至昭王）	朱鳳瀚 2009：頁 1517	形制，紋飾。
1175	公大史作姬盩方鼎公大史鼎	9	02370–02371	西周早期	集成 2007（2）：頁 1639	
				西周前期（約康王）	黃陂 1982：頁 57	同出器類、器形、紋飾、銘文。
				康王	劉啓益 1984a：頁 50–51	形制、紋飾皆屬康王時。"公大史"見於康王時作册魖卣（05432）。
				昭王	張亞初 1984：頁 23–24	字體。
				康王	劉彬徽 1986：頁 265	稍早於所出墓葬時間，該墓葬爲康昭時。
				康王	朱亮、高西省 2004：頁 109	形制。
				西周早期	吳鎮烽 2006：頁 56	公太史，西周早期擔任太史的人。
				一期（約成康）	朱鳳瀚 2009：頁 1517	形制，紋飾。
1176	大保觵作宗室方鼎太保觵作宗室方鼎、宗室寶鼎	9	02372	西周早期	集成 2007（2）：頁 1639	
				昭王	吳其昌 1929（2004）：頁 221	"太保"即昭王十年時矢彝（09901）之"周公子明保"、旅鼎（02728）之"公太保"、作册大伯鼎（02759）之"尹太保"。
				康王	唐蘭 1976—1978（1986）：頁 144	"太保"爲徽號。
				不晚於康王初年	陳公柔、張長壽 1980：頁 23–30	形制不晚於康王初年。
				約康王	高木森 1986：頁 52	
				成王前期	殷瑋璋、曹淑琴 1991：頁 12	與成王鼎的形制一致，爲成王前期之物。
				成康時期	張亞初 1993a：頁 325	形制，紋飾。
				康王	彭裕商 2003：頁 294	有"大保"族名者當在康昭二世。據器形、紋飾、字體等歸入康世。
				西周早期後段	吳鎮烽 2006：頁 375	徛，西周早期後段人。

序號	器　名	字數	銘文著錄	時　代	出　　處	依　　據
1177	中斿父鼎 史斿父鼎、中斿父鼎	9	02373	西周早期	集成 2007（2）：頁 1640	
				西周早期前段	吴鎮烽 2006：頁 91	史斿父，西周早期前段人。
1178	羍鼎	9	02374	西周早期	集成 2007（2）：頁 1640	
				西周初期	程長新 1983：頁 67	組合，造型，紋飾，銘文。
				西周早期前段	吴鎮烽 2006：頁 285	羍，西周早期前段人。
				一期（約康王）	朱鳳瀚 2009：頁 1411	形制。
1179	遂攺諆鼎 遂肇諆鼎、遂啓諆鼎	9	02375	西周早期	集成 2007（2）：頁 1640	
				西周早期	吴鎮烽 2006：頁 325	遂，西周早期人。
1180	乙公鼎	9（又重文2）	02376	西周中期	集成 2007（2）：頁 1640	
				西周中期	吴鎮烽 2006：頁 1	乙公，爲西周中期人。
1181	薛侯鼎	9	02377	西周晚期	集成 2007（2）：頁 1640	
				西周早期後段	吴鎮烽 2006：頁 289	薛侯戚，西周早期後段人。
1182	季念作旅鼎	9	02378	西周	集成 2007（2）：頁 1640	
				西周晚期	吴鎮烽 2006：頁 206	季念。西周晚期人。
1183	雛銘鼎 雛茲鼎	9	02379	西周	集成 2007（2）：頁 1640	
				西周晚期	吴鎮烽 2006：頁 442	雛茲，西周晚期人。
1184	亘鼎 亙鼎	9（又重文1）	02380	西周中期或晚期	集成 2007（2）：頁 1640	
				西周晚期	陝西 1984（4）：頁 22 器 153	
				西周晚期	吴鎮烽 2006：頁 112	亘，西周晚期人。
1185	穌衛妃鼎 穌衛妃鼎、穌攺鼎、衛攺鼎	9	02381–02384	西周晚期	集成 2007（2）：頁 1640	
				西周晚期	吴鎮烽 2006：頁 380	穌衛攺，西周晚期蘇國女子。
1186	至作寶鼎 周至鼎、至鼎	9	02385	西周晚期	集成 2007（2）：頁 1640	
				西周晚期	吴鎮烽 2006：頁 117	至，西周晚期人。
1187	絲駒父鼎	9	02386	西周晚期	集成 2007（2）：頁 1641	
				西周晚期	吴鎮烽 2006：頁 331	絲駒，西周晚期人。
1188	醯鼎 醸鼎	存 9	02398	西周早期	集成 2007（2）：頁 1642	

續表

序號	器　名	字數	銘文著錄	時　代	出　　處	依　　據
1189	言鼎	存 9	02399	西周	集成 2007（2）：頁 1642	
				西周中期	吳鎮烽 2006：頁 163	言，西周中期人。
1190	伯鼎	9	近二 0277	西周中期	近二 2010（一）：頁 298	
1191	伯𣄸方鼎	10	02404	西周早期	集成 2007（2）：頁 1642	
				西周早期	吳鎮烽 2006：頁 161	伯𤏷，西周早期人。
1192	德鼎 徝鼎	10（又合文 1）	02405	西周早期	集成 2007（2）：頁 1642	
				成王	唐蘭 1959：頁 1	形制。
				成王	郭沫若 1959a：頁 1–2	形制似康王時大盂鼎。
				康王	白川靜 1965a：頁 572–573 器 54 附	
				成王	陳夢家 1966（2004）：頁 72	
				成王	唐蘭 1976—1978（1986）：頁 71	與德方鼎（02661）爲同人作器，後者爲成王時。
				成王	馬承源等 1988：頁 27 器 42	
				西周前期	辭典 1995：頁 77 器 278	
				成王	王世民等 1999：頁 26 鼎 38	器形。
				成王	劉啓益 2002：頁 73	蹄足鼎已見於殷墟四期，下腹沒有大盂鼎外垂。作器者同德方鼎（02661），後者作於成王五年。
				成王五年	彭裕商 2003：頁 219	
				成王	陳佩芬 2004：頁 7	與德方鼎爲同人作器。
				成王	張懋鎔 2006a：頁 211	與德方鼎（02661）風格相似，應爲同人作器，彼器爲成王時標準器。
				西周早期	吳鎮烽 2006：頁 266	德，西周早期人。
1193	戈父辛鼎 戈囧蕎卬鼎	10	02406	西周早期	集成 2007（2）：頁 1642	
				西周早期	吳鎮烽 2006：頁 370	蕎阽，西周早期人。
1194	伯龢鼎 伯龢鼎	10	02407	西周早期	集成 2007（2）：頁 1642	
				康王	陳夢家 1966（2004）：頁 96	受祭父考同康王時憲鼎（02749）。
				康昭	張亞初 1993a：頁 325	父辛指燕侯旨之父，即召公長子。伯龢即伯憲，爲同一人。
				康昭	朱鳳瀚 1998：頁 306–307	“召伯父辛”指“召公”，伯憲是其子輩。
				康王	任偉 2003：頁 78	“召伯父辛”是召公之子而非一代燕侯，伯龢爲其侄子。
				西周早期	吳鎮烽 2006：頁 161	伯龢，西周早期人。

序號	器 名	字數	銘文著録	時 代	出 處	依 據
1195	禽鼎	10	02408	西周早期或中期	集成 2007（2）：頁 1642	
				成康	陝西 D1986：頁 26-31	"禽"即一代魯君伯禽。據所屬墓葬的地理位置、車馬坑之大、銅器之多、禮器玉琮的發現、銅器銘文内容等，可判斷所屬墓葬爲魯公伯禽墓。
				昭王	李學勤 1986：頁 33-35	族名、父名、字體同昭世厚趩方鼎（02730），兩器器主當爲兄弟行。
				早期偏晚（不晚於昭王）	黃盛璋 1986：頁 38	與繡鈲進爲同父所生兄弟，後者作鼎（02725）屬西周早期偏晚時。
				穆王前後	李豐 1988a：頁 396	墓葬。
				穆王	盧連成、胡智生 1988a：頁 514	墓葬。
				昭王	劉啓益 2002：頁 170	同墓葬銅器形制多近昭王器。
				昭穆	吳鎮烽 2006：頁 345	禽，西周昭穆時人。
				穆恭	朱鳳瀚 2009：頁 1284-1301	墓葬。
1196	大師作叔姜鼎	10	02409	西周中期	集成 2007（2）：頁 1642	
				西周中期	吳鎮烽 2006：頁 23	大師，職官名，此指西周中期擔任太師的人。
1197	甚諆娍鼎甚諆臧鼎	10	02410	西周中期	集成 2007（2）：頁 1642	
				西周中期	吳鎮烽 2006：頁 222	甚諆，西周中期人。
1198	叔師父鼎	10	02411	西周中期	集成 2007（2）：頁 1642	
				西周晚期	吳鎮烽 2006：頁 197	叔師父，西周晚期人。
1199	叔㽘父鼎	10	02412	西周	集成 2007（2）：頁 1643	
				西周晚期	吳鎮烽 2006：頁 200	叔㽘父，西周晚期人。
1200	霍鼎霍鼎	10	02413	西周	集成 2007（2）：頁 1643	
				西周晚期	吳鎮烽 2006：頁 395	霍，西周晚期人。
				西周中晚期	吳鎮烽 2006：頁 26	己公，霍的長輩，西周中晚期人。
1201	伯旬鼎	10	02414	西周	集成 2007（2）：頁 1643	
				西周中期	吳鎮烽 2006：頁 155	伯旬，西周中期人。
1202	鄭同媿鼎	10	02415	西周晚期	集成 2007（2）：頁 1643	
				西周中晚期	陳公柔 1989：頁 215	
				西周晚期	吳鎮烽 2006：頁 323	奠同媿，西周晚期媿姓婦女。

序號	器 名	字數	銘文著録	時 代	出 處	依 據
1203	子遷鼎	10（又重文2）	02416	西周晚期	集成 2007（2）: 頁 1643	
				西周晚期	吳鎮烽 2006: 頁 35	子遷，西周晚期人。
1204	廟孱鼎	10（又重文2）	02417	西周晚期	集成 2007（2）: 頁 1643	
				厲宣	岐山 A1976: 頁 30	形制，紋飾，字體。
				宣王	李學勤 1976: 頁 46	旅仲（03872）、仲叽父（02533）、廟孱爲同一人，是旅伯之弟。旅仲和旅伯同樣是宣王時人，參此鼎（02821）。
				西周晚期	陝西 1979（1）: 頁 29 器 185	
				西周晚期	曹瑋等 2005（2）: 頁 453	
				西周晚期	吳鎮烽 2006: 頁 383	廟孱，西周晚期人。
1205	己華父鼎	10（又重文1）	02418	西周晚期	集成 2007（2）: 頁 1643	
				西周晚至春秋早	齊文濤 1972: 頁 9	
				厲宣（不晚於魯莊王四年，即周莊王七年）	李步青 1983a: 頁 291	銅器形制、紋飾及《左傳》記臧滅國時間。
				西周晚期	馬承源等 1988: 頁 343 器 500	
				西周晚期	彭裕商 2003: 頁 497	器形，紋飾。
				西周晚期	吳鎮烽 2006: 頁 246	紀華父，西周晚期紀國人。
				西周晚期偏晚	朱鳳瀚 2009: 頁 1397	形制。
1206	樂鼎　鼎	10	02419	西周晚期	集成 2007（2）: 頁 1643	
				西周晚期	曹淑琴 1986: 頁 838	
				西周晚期	吳鎮烽 2006: 頁 390	樂，西周晚期人。
1207	陽鼎	10	02420	西周	集成 2007（2）: 頁 1643	
				西周晚期	吳鎮烽 2006: 頁 330	陽，西周晚期人。
1208	曾侯仲子游父鼎 曾侯仲子鼎	10	02423	春秋早期	集成 2007（2）: 頁 1643	
				西周晚期至春秋早期	湖北 A1972: 頁 49	組合、形制、花紋，與《上村嶺》《通考》的西周晚至春秋早器相近。
				兩周之際	劉彬徽 1986: 頁 246	
				西周晚期	楊寶成 1989: 頁 132	伴出器形制、紋飾、字體。
				西周晚期	楊寶成 1991: 頁 15–16	同墓銅器群的組合、器形、紋飾和銘文判斷，當屬西周晚期。
				春秋早期	青全 1998（10）: 頁 102 器 102	

續表

序號	器名	字數	銘文著錄	時代	出處	依據
1209	乙未鼎	存10	02425	殷或西周早期	集成 2007（2）：頁 1644	
				康王	唐蘭 1976—1978（1986）：頁 192	
				商末周初	吳鎮烽 2006：頁 175	姒，商末周初姒姓婦女。
1210	黿討鼎	10（又重文2）	02426	春秋早期	集成 2007（2）：頁 1644	
				西周晚期	馬承源等 1988：頁 340 器 493	
				西周晚期或春秋早期	吳鎮烽 2006：頁 425	邾討，西周晚期或春秋早期人。
1211	廏仲鼎萬仲鼎	存10	02429	西周中期	集成 2007（2）：頁 1644	
				西周晚期	吳鎮烽 2006：頁 413	廏仲，西周晚期人。
1212	應侯鼎	10	近二 0280、新收 0061	西周晚期	近二 2010（一）：頁 301	
				西周晚期	新收 2006：頁 58	
				西周晚期偏早	婁金山 2003：頁 93	伴出銅器與平頂山應國墓 M95 出土銅器形制相似，亦爲西周晚期偏早階段。
				西周晚期	吳鎮烽 2006：頁 412	應侯，西周晚期人。
				五期（屬宣幽）	朱鳳瀚 2009：頁 1354	形制。
1213	芮子仲鼎	10	文博 2008年 02 期頁 6 圖 2	西周晚期	吳鎮烽 2008：頁 6	
1214	乃孫作且己鼎	11	02431	西周早期	集成 2007（2）：頁 1644	
				成王	陳夢家 1966（2004）：頁 66	形制花紋字體皆成王時。
1215	無殳鼎	11	02432	西周早期	吳鎮烽 2006：頁 38	無殳，西周早期人。
				商代後期	集成 2007（2）：頁 1644	
1216	龏姒方鼎	11	02433–02434	殷或西周早期	集成 2007（2）：頁 1644	
				商代晚期或西周早期	吳鎮烽 2006：頁 430	龏姒，商代晚期或西周早期姒姓婦女。
1217	從鼎	11（又合文1）	02435	西周中期	集成 2007（2）：頁 1644	
				西周中期前段	吳鎮烽 2006：頁 288	從，西周中期前段人。
1218	剌攸宁鼎剌啓宁鼎	11	02436	西周早期	集成 2007（2）：頁 1644	
				西周早期	吳鎮烽 2006：頁 224	剌，西周早期人。
1219	封虎鼎封虎鼎	11	02437	西周晚期	集成 2007（2）：頁 1644	
				周初	張肇武 1985：頁 285	封父爲夏商時期諸侯國，周初滅國。

序號	器　名	字數	銘文著錄	時　代	出　　處	依　　據
1219	❀虎鼎 封虎鼎	11	02437	西周中期	吳鎮烽 2006：頁 221	封虎，西周中期人。
				西周晚期 偏早	朱鳳瀚 2009：頁 1352	紋飾，字體。
1220	伯□作障鼎	11	02438	西周中期	集成 2007（2）：頁 1644	
1221	庚茲鼎 羊庚鼎	11	02439	西周早期 或中期	集成 2007（2）：頁 1645	
				成康	陝西 E1976：頁 38	
				西周中期	陝西 1979（1）：頁 24 器 160	
				昭王前後	李豐 1988a：頁 396	墓葬。
				三 期（穆 共）	盧連成、胡智生 1988a：頁 513–521	墓葬。
				西周早期	曹瑋等 2005（7）：頁 1307	
				康昭之際	張懋鎔 2006a：頁 221	形制、紋飾、字體與標準器對照。
				西周中期 前段	吳鎮烽 2006：頁 127	羊庚茲，西周中期前段人。
1222	叔□父鼎 叔犾父鼎	11	02440	西周晚期	集成 2007（2）：頁 1645	
				接近共和 時期	段紹嘉 1963：頁 10	
				西周中葉 以後	郭沫若 1963：頁 5	文體，字體，器制，花紋。
				西周後期	郭寶鈞 1970（1981）：頁 60–62	與穆王時長安普渡村長凶墓對照。
				西周晚期	陝西 1980（2）：頁 22 器 165	
				西周晚期	曹瑋等 2005（1）：頁 63	
				西周中晚期	張懋鎔 2006a：頁 230	
				西周晚期	吳鎮烽 2006：頁 199	叔犾父，西周晚期人。
1223	蔡侯鼎	11	02441	西周晚期	集成 2007（2）：頁 1645	
				西周晚期	吳鎮烽 2006：頁 371	蔡侯，西周晚期人。
1224	仲宦父鼎	11（又重文1）	02442	西周晚期	集成 2007（2）：頁 1645	
				西周晚期	吳鎮烽 2006：頁 122	仲宦父，西周晚期人。
1225	伯乚鼎 伯姀鼎	11	02443–02447	西周晚期 或春秋早期	集成 2007（2）：頁 1645	
1226	内大子鼎 芮大子鼎	11	02448	西周晚期 或春秋早期	集成 2007（2）：頁 1645	

序號	器 名	字數	銘文著錄	時 代	出 處	依 據
1227	内大子鼎 芮大子鼎	11	02449	西周晚期或春秋早期	集成 2007（2）：頁 1645	
				西周後期	容庚 1941（2008）：頁 236 鼎 78	
1228	𢦏父鼎 周錫貝鼎、湶父方鼎	12	02453–02455	西周早期	集成 2007（2）：頁 1646	
				孝王	吳其昌 1929（2004）：頁 342	"休王" 即 "孝王"。
				孝王	郭沫若 1935（2002）：頁 207 器 107	"休王" 即懿王子孝王，王名生稱。
				西周前期	容庚 1941（2008）：頁 243 鼎 143	
				穆王	唐蘭 1962：頁 44	文義近穆王時效父簋（03822），當同時。
				康王	白川靜 1965：頁 485–489 器 46	
				康王	白川靜 1965d：頁 148–150	"休王" 爲康王在世之稱。形制、文字亦屬康王。
				康王	白川靜 1975（1997）：頁 254	或以 "休王" 爲康王生稱。
				穆王	唐蘭 1976—1978（1986）：頁 332	
				昭王	彭裕商 2003：頁 299	器形、紋飾、字體。
				西周早期	陳佩芬 2004：頁 33 器 206	*02455。
				西周早期	吳鎮烽 2006：頁 350	湶父，西周早期人。
1229	伯矩鼎	12	02456	西周早期	集成 2007（2）：頁 1646	
				周初	曹淑琴 1989：頁 399	字體同周初其他伯矩作器。
				西周早期前段	吳鎮烽 2006：頁 156	伯矩，西周早期前段人。
1230	叙侯鼎 𣄰侯鼎	12	02457	西周早期	集成 2007（2）：頁 1646	
				西周初期	中科院 C1965：頁 450	形制，紋飾。
				恭懿到夷厲	李豐 1988a：頁 397	墓葬。
				成王	孫斌來、范有芳 2003：頁 56	銘文書體風格與成王時禽簋（04041）、禽鼎（02408）相似。
				西周早期前段	吳鎮烽 2006：頁 301	叙侯，西周早期前段人。
				厲宣幽	朱鳳瀚 2009：頁 1309–1326	墓葬。
1231	中作且癸鼎	12	02458	西周早期	集成 2007（2）：頁 1646	
				成王	陳夢家 1966（2004）：頁 69	作器者 "中" 即成王時中方鼎（02751、02785）之 "中"。

序號	器 名	字數	銘文著錄	時 代	出 處	依 據
1231	中作且癸鼎	12	02458	成王	唐蘭 1976—1978（1986）：頁 107	侯賞貝三朋，事同復鼎（02507）和攸簋（03906），皆成王時器。
				西周初期	殷瑋璋、曹淑琴 1991：頁 14	孝感出土同名者作中器與太保玉戈皆記"省南國"之事，中當爲召公下屬。
				西周早期	吳鎮烽 2006：頁 48	中，西周早期人。
1232	交鼎	12	02459	西周早期	集成 2007（2）：頁 1646	
				昭王	吳其昌 1929（2004）：頁 267	"邵王"即"昭王"。
				成王	陳夢家 1966（2004）：頁 70	
				昭王	唐蘭 1976—1978（1986）：頁 263	
				昭王	唐蘭 1981：頁 68	
				西周早期	陳佩芬 2004：頁 43	
				西周早期	吳鎮烽 2006：頁 126	交，西周早期人。
1233	𢼸伯鼎 梍伯鼎、枑伯鼎、梍伯觯鼎	12	02460	西周中期	集成 2007（2）：頁 1646	
				西周中期	吳鎮烽 2006：頁 224	枑伯觯，西周中期人。
1234	从鼎 从乍寶鼎	12（又重文2）	02461	西周早期或中期	集成 2007（2）：頁 1646	
				西周中期前段	吳鎮烽 2006：頁 58	从，西周中期前段人。
1235	倗仲鼎 朋中乍畢媿鼎	12	02462	西周中期	集成 2007（2）：頁 1646	
				西周中期	馬承源等 1988：頁 259 器 376	
				西周中期偏晚	陳公柔 1989：頁 214	
				西周中期	吳鎮烽 2006：頁 259	倗仲，西周中期倗國族人。
				西周中期	吉琨璋、宋建忠、田建文 2006：頁 47	
1236	仲殷父鼎	12（又重文1）	02463-02464	西周晚期	集成 2007（2）：頁 1647	
				西周晚期	吳鎮烽 2006：頁 122	仲殷父，西周晚期人。
1237	伯寊父鼎	12（又重文2）	02465	西周晚期	集成 2007（2）：頁 1647	
				西周後期	容庚 1941（2008）：頁 235 鼎 75	
				西周中期偏晚	陝西 F1979：頁 12	
				康昭之際	尚志儒 1987：頁 294	爲西周早期風格。
				西周晚期	吳鎮烽 2006：頁 160	伯寊父，西周晚期人。

續表

序號	器 名	字數	銘文著錄	時 代	出 處	依 據
1238	溓俗父鼎	12（又重文2）	02466	西周晚期	集成 2007（2）：頁 1647	
				西周晚期	吳鎮烽 2006：頁 348	溓俗父，西周晚期人。
1239	鄭姜伯鼎	12（又重文2）	02467	西周晚期	集成 2007（2）：頁 1647	
				西周晚期	吳鎮烽 2006：頁 324	奠姜伯，西周晚期人。
1240	陳生崔鼎	12	02468	西周晚期	集成 2007（2）：頁 1647	
				西周後期	容庚 1941（2008）：頁 235 鼎 73	
				約宣王	徐少華 1995：頁 61	形制與宣王時毛公鼎一致。
				西周晚期	吳鎮烽 2006：頁 389	陳生崔，西周晚期人。
1241	大師人鼎	12（又重文1）	02469	西周晚期	集成 2007（2）：頁 1647	
				西周晚期	吳鎮烽 2006：頁 23	大師人駢乎，西周晚期人。
1242	榮有司再鼎 焂有嗣再鼎、榮有嗣再鼎	12	02470	西周晚期	集成 2007（2）：頁 1647	
				西周	陝西 E1976：頁 31–38	
				西周晚期	陝西 1979（1）：頁 25 器 164	
				恭懿到夷厲	李豐 1988a：頁 397	墓葬。
				五期（屬王至幽王）	盧連成、胡智生 1988a：頁 523–528	墓葬。
				夷王	劉啓益 2002：頁 353	"榮"見於夷王元年師詢簋（04342）。
				西周晚期	彭裕商 2003：頁 489	器形，紋飾，字體。
				西周晚期	馬承源 2003a：頁 71 鼎 23	器形。
				西周晚期	曹瑋等 2005（6）：頁 1287	
				夷厲	張懋鎔 2006a：頁 221	字形書體。
				西周晚期	吳鎮烽 2006：頁 236	再，西周晚期人。
				厲宣幽	朱鳳瀚 2009：頁 1309–1326	墓葬。
1243	圈□鼎	12（又重文1）	02471	西周	集成 2007（2）：頁 1647	
				西周晚期	吳鎮烽 2006：頁 340	圈窩，西周晚期人。
1244	虢姜鼎	12	02472	西周晚期	集成 2007（2）：頁 1647	
				西周晚期	吳鎮烽 2006：頁 379	虢姜，西周晚期姜姓女子。
1245	史喜鼎	12	02473	西周	集成 2007（2）：頁 1647	
				西周中期	吳鎮烽 2006：頁 92	史喜，西周中期人。

續表

序號	器　名	字數	銘文著錄	時　代	出　　處	依　　據
1246	内公鼎 内公乍鼎、芮公鼎	12	02475	西周晚期或春秋早期	集成 2007（2）：頁 1647	
				西周晚期	馬承源等 1988：頁 347 器 509	
				西周晚期	青全 1997（6）：頁 118 器 121	
				西周晚期	彭裕商 2003：頁 509	紋飾配置。
1247	壴生鼎 彭生鼎	存 12	02483	西周早期或中期	集成 2007（2）：頁 1648	
				西周早期	吳鎮烽 2006：頁 307	彭生，西周早期人。
1248	舟鼎 周舟鼎	存 12	02484	西周中期	集成 2007（2）：頁 1648	
1249	倗伯鼎	12	近二 0282	西周中期	近二 2010（一）：頁 303	
				西周中期（約穆王前後）	山西 A2006：頁 14–17	墓葬形制，隨葬品組合，伴出物的形制、紋飾。
				三 期（穆恭）	朱鳳瀚 2009：頁 1492	
1250	黄季鼎	12	近二 0283	西周中期	近二 2010（一）：頁 304	
1251	伯友父鼎	12	文博 2008 年 02 期頁 6 圖 1	西周晚期	吳鎮烽 2008：頁 6	
1252	剌觏鼎 剌觐鼎	13	02485	西周早期	集成 2007（2）：頁 1648	
				西周前期	容庚 1941（2008）：頁 231 鼎 45	
				西周早期	吳鎮烽 2006：頁 224	剌，西周早期人。
1253	禽鼎	13（又重文 2）	02486	西周早期或中期	集成 2007（2）：頁 1648	
				成康	陝西 D1986：頁 26–31	"禽"即一代魯君伯禽。據所屬墓葬的地理位置、車馬坑之大、銅器之多、禮器玉琮的發現、銅器銘文内容等，可判斷所屬墓葬爲魯公伯禽墓。
				昭王	李學勤 1986：頁 33–35	族名、父名、字體同昭世厚趠方鼎（02730），兩器器主當爲兄弟行。
				早期偏晚（不晚於昭王）	黄盛璋 1986：頁 38	與歸覒進爲同父所生兄弟，後者作鼎（02725）屬西周早期偏晚時。
				穆王前後	李豐 1988a：頁 396	墓葬。
				穆王	盧連成、胡智生 1988a：頁 514	墓葬。

續表

序號	器 名	字數	銘文著錄	時 代	出 處	依 據
1253	禽鼎	13（又重文2）	02486	昭王	劉啓益 2002：頁 170	同墓葬銅器形制多近昭王器。
				昭穆	吳鎮烽 2006：頁 345	禽，西周昭穆時人。
				穆恭	朱鳳瀚 2009：頁 1284–1301	墓葬。
1254	伯鼎父鼎	13	02487	西周中期	集成 2007（2）：頁 1648	
				西周中期	吳鎮烽 2006：頁 156	伯鼎父，西周中期人。
1255	右伯鼎	13（又重文2）	02488	西周早期或中期	集成 2007（2）：頁 1648	
				西周中期	吳鎮烽 2006：頁 86	右伯，西周中期人。
1256	伯衛父鼎	13（又重文2）	02489	西周中期	集成 2007（2）：頁 1648	
				西周中期前段	吳鎮烽 2006：頁 160	伯衛父，西周中期前段人。
1257	叀鼎 娟氏鼎	13	02490	西周中期	集成 2007（2）：頁 1648	
				厲王	黃盛璋 1978：頁 200	器形紋飾屬厲王時。"微伯"當即微伯瘋。
				夷王	劉啓益 2002：頁 368	據同出同家族器的世系關係，叀爲夷王時人。
				西周中期後段	吳鎮烽 2006：頁 312	惠，西周中期後段人。
1258	厝卹騅鼎 周舩騅鼎	13	02491	西周中期或晚期	集成 2007（2）：頁 1648	
				西周晚期	祁健業 1982：頁 8	形制，紋飾，銘文字體。
				西周中晚期之交	張懋鎔 2006a：頁 232 器 106	
				西周晚期	吳鎮烽 2006：頁 209	周舩騅，西周晚期人。
				厲宣幽	朱鳳瀚 2009：頁 1309–1326	墓葬。
1259	虢叔大父鼎	13	02492	西周晚期	集成 2007（2）：頁 1649	
				厲王	白川靜 1969a：頁 381 器 155 附	
				西周晚期	馬承源等 1988：頁 355 器 524	
				宣王	劉啓益 2002：頁 391	參虢叔匜（04514）。
				宣王	彭裕商 2003：頁 467	器形、紋飾同宣王時此鼎（02821）。
				西周晚期	吳鎮烽 2006：頁 378	虢叔大父，西周晚期人。
1260	鄭饔原父鼎	13	02493	春秋早期	集成 2007（2）：頁 1649	
				西周晚期	蔡運章 1996：頁 59	
1261	內大子白鼎 周伯鼎、芮大子白鼎	13	02496	西周晚期或春秋早期	集成 2007（2）：頁 1649	
				春秋早期	吳鎮烽 2006：頁 190	芮大子白，春秋早期人。

序號	器　名	字數	銘文著錄	時　代	出　　處	依　　據
1262	斧父丁鼎 彥鼎	存 13 （又合 文 1）	02499	西周早期	集成 2007（2）：頁 1649	
				康王	唐蘭 1976—1978（1986）：頁 142	"尹"指召公奭。
				西周早期	吳鎮烽 2006：頁 238	斧，西周早期人。
1263	伯磨父鼎	存 13	02500	西周	集成 2007（2）：頁 1649	
				西周晚期	吳鎮烽 2006：頁 160	伯嚌父，西周晚期人。
1264	嗣工殘鼎 司 工 殘 鼎、殘鼎 足	存 13	02501	西周晚期	集成 2007（2）：頁 1649	
				西周晚期	羅西章 1980：頁 6–22	
1265	晉侯蘇鼎	13	近出 0315– 0318、新收 0860–0864	西周晚期	近出 2002（二）：頁 168–171	
				西周晚期	新收 2006：頁 632–635	
				宣王	山西・北京 1994a：頁 23	穌音近籍，即史載晉獻侯 籍，當周宣王時。＊近出 0315。
				宣王	鄒衡 1994：頁 30	晉侯穌，即晉穆侯。同人 作鐘曆日合於宣王時。
				未	張頷 1994：頁 33–34	晉侯穌，即晉獻侯。
				未	裘錫圭 1994：頁 35–41	晉侯穌，即晉獻侯。
				宣王	李學勤 1995：頁 160–170	晉侯穌，即晉獻侯，據 《史記》在宣王時。
				西周晚期	曲沃 1996：頁 53–54	即晉獻侯穌。＊近出 0316– 0317。
				西周晚期	青全 1997（6）：頁 38 器 38	＊近出 0315。
				未	李伯謙 1998：頁 118	穌，即晉獻侯籍；晰，即 斯字，晉獻侯字。
				未	黃錫全 1998：頁 151	穌，即晉獻侯籍。
				宣王	王世民等 1999：頁 48 鼎 78	晉侯穌即晉獻侯籍，當宣 王時。同人作編鐘曆日可 推算。
				宣王	徐天進 2000：頁 335–337	墓葬。
				未	李伯謙 2000：頁 77	據墓葬排序及年代範圍， 穌，即晉獻侯籍。
				西周晚期 晚葉	朱鳳瀚 2000：頁 192–198	蘇即晉獻侯。
				不早於宣 王	許傑 2002：頁 93	在半球腹鼎序列中偏晚， 當不早於宣王時。
				未	李伯謙 2002：頁 31	據出土器物的特徵，M8 在西周晚期晚段。
				厲王	陳佩芬 2004：頁 405 器 360	＊近出 0318。

序號	器名	字數	銘文著録	時代	出　　處	依　　據
1265	晉侯蘇鼎	13	近出 0315–0318、新收 0860–0864	西周晚期	吳鎮烽 2006：頁 255	晉侯蘇，西周晚期人，名蘇。
				宣王	何景成 2008：頁 71	形制、紋飾及出土墓葬。
				西周晚期晚葉	朱鳳瀚 2009：頁 1448	形制，紋飾。
1266	晉侯穌鼎	13	首陽 38	厲王	首陽 2008：頁 110 器 38	人名。與 1265 爲一器。
1267	方觌各鼎	存 13	雪齋二集頁 209 圖 2	西周早、中期	張光裕 2002b：頁 204	形制，花紋。
				西周早期後段	李學勤 2008a：頁 13	形制，花紋。
1268	園君鼎	14	02502	西周早期	集成 2007（2）：頁 1650	
				兩周之際	陳公柔 1989：頁 213	
				西周中期	吳鎮烽 2006：頁 257	園君，西周中期人。
1269	榮子旅鼎燚子旅鼎、燚子旅乍父戊鼎	14	02503	西周早期	集成 2007（2）：頁 1650	
				成康	白川靜 1965b：頁 612–617 器 59 附	
				西周中期	馬承源等 1988：頁 261 器 381	
				昭王	劉啓益 2002：頁 118	作器者同昭王時榮子旅卣（05256）。
				穆王前期	彭裕商 2003：頁 319	屬榮子旅組器，參榮子旅卣（05256）。
				西周早期	吳鎮烽 2006：頁 274	榮子旅，西周早期人。
1270	作册𣪘鼎作册竃鼎、康侯鼎、作册甫鼎	14	02504	西周早期	集成 2007（2）：頁 1650	
				武王	容庚 1941（2008）：頁 30	康侯即武王時康侯豐鼎（02153）之康侯封或溓司徒逨簋（04059）之康侯啚。
				成王	白川靜 1962c：頁 167–172 器 15	
				周公攝政	唐蘭 1976—1978（1986）：頁 35	康侯在攝政四年時并未封衛。
				成王	馬承源等 1988：頁 33 器 56	"康侯"見康侯丰鼎（02153）。
				成王	彭裕商 2003：頁 237	
				西周早期	吳鎮烽 2006：頁 151	作册竃，西周早期人。
1271	圉方鼎圉方鼎	14	02505	西周早期	集成 2007（2）：頁 1650	
				成康	白川靜 1964b：頁 419–420 器 38 附	
				成王	唐蘭 1976—1978（1986）：頁 99	"圉"爲燕臣，隨燕侯至成周受成王賞賜。

序號	器 名	字數	銘文著録	時 代	出 處	依 據
1271	圉方鼎 圉方鼎	14	02505	西周早期	馬承源等 1988：頁 87 器 127	
				成王前期	殷瑋璋、曹淑琴 1991：頁 14	圉作器特徵明顯，皆成王前期器。此"燕侯"指燕召公。
				西周早期	張亞初 1993a：頁 328	
				成康時	北京 C1995：頁 244	形制，花紋，銘文。
				西周前期	辭典 1995：頁 83 器 295	
				西周早期	青全 1997（6）：頁 7 器 7	
				成康時	王世民等 1999：頁 18 鼎 18	器形。
				成王	劉啓益 2002：頁 80	燕侯組器。
				西周早期	馬承源 2003a：頁 72 鼎 5	器形
				成王	彭裕商 2003：頁 230	器形、紋飾屬殷末周初，同出董鼎（02703）爲成王時。
				成康	朱亮、高西省 2004：頁 93–115	形制。
				西周早期前段	吳鎮烽 2006：頁 285	圉，西周早期前段人。
				成康之際	朱鳳瀚 2009：頁 1409	組合，形制，紋飾。
1272	羃作且乙鼎	14	02506	西周早期	集成 2007（2）：頁 1650	
1273	復鼎	14（又合文1）	02507	西周早期	集成 2007（2）：頁 1650	
				成康	中科院 A1974：頁 320	據隨葬器物判斷約屬成康時期。
				康王	李學勤 1975：頁 274	同墓出復尊爲康王時器，參復尊（05978）。
				成王	唐蘭 1976—1978（1986）：頁 106	
				成王	馬承源等 1988：頁 31 器 51	"侯"爲燕侯，參復尊（05978）。
				成康	李豐 1988a：頁 396	墓葬。
				二期後段（約昭王）	盧連成、胡智生 1988a：頁 508–513	墓葬。
				西周早期	北京 C1995：頁 245	伴出物形制、紋飾。
				西周早期偏晚	王世民等 1999：頁 27 鼎 42	器形。
				康王	劉啓益 2002：頁 129	與康王時復尊（05978）同出，且爲同人作器。
				西周早期	馬承源 2003a：頁 69	器形。
				西周早期前段	吳鎮烽 2006：頁 320	復，西周早期前段人。
				約成康	朱鳳瀚 2009：頁 1407	形制，紋飾。

續表

序號	器 名	字數	銘文著録	時 代	出 處	依 據
1274	伯考父鼎	14（又重文1）	02508	西周晚期	集成 2007（2）：頁 1650	
				西周晚期	吳鎮烽 2006：頁 154	伯考父，西周晚期人。
1275	屯鼎	14	02509-02510	西周中期	集成 2007（2）：頁 1650	
				昭王	劉啟益 2002：頁 167	屯器，見屯卣（05337）。
				穆王早年	彭裕商 2003：頁 323	與屯尊（05932）、屯卣（05337）皆爲屯作器，據三器的形制、紋飾、字體、祭祀對象，屯鼎在穆王早年，而尊、卣稍晚，在穆世。
				西周中期前段	吳鎮烽 2006：頁 47	屯，西周中期前段人。
1276	叔莽父鼎	14	02511	西周晚期	集成 2007（2）：頁 1650	
				西周晚期	吳鎮烽 2006：頁 199	叔莽父，西周晚期人。
1277	吉父鼎	15（又重文1）	02512	西周晚期	集成 2007（2）：頁 1650	
				西周晚期	羅西章 1980：頁 6–22	
				宣王	吳鎮烽 1987：頁 282	伯吉父、善夫吉父與兮甲、兮吉父是同一個人，兮甲作盤（10174）爲宣王時器。
				屬宣時期	劉啟益 2002：頁 374	參兮吉父簋（04008）。
				宣王	吳鎮烽 2006：頁 110	吉父，西周宣王時期的重臣。
1278	伯筍父鼎 周伯鼎	14（又重文1）	02513-02514	西周晚期或春秋早期	集成 2007（2）：頁 1650	
				西周晚期	吳鎮烽 2006：頁 159	伯筍父，西周晚期人。
1279	史宜父鼎	14（又重文2）	02515	西周晚期	集成 2007（2）：頁 1650	
				西周晚期	吳鎮烽 2006：頁 91	史宜父，西周晚期人。
1280	粘娟鼎 鄶娟鼎、會娟鼎	14（又重文1）	02516	西周晚期	集成 2007（2）：頁 1651	
				西周	羅西章 1973：頁 79	字體、花紋與函皇父器相同。
				西周晚期	馬承源等 1988：頁 334 器 477	
				西周晚期	彭裕商 2003：頁 496	形制，紋飾，字體。
				西周晚期	曹瑋等 2005（10）：頁 2082	
				西周晚期	張懋鎔 2006a：頁 231	
				屬王	吳鎮烽 2006：頁 344	會娟，西周屬王時期妘姓婦女。

續表

序號	器　名	字數	銘文著錄	時　代	出　　處	依　　據
1281	内子仲□鼎 芮子鼎、叔娛鼎、叔媿鼎、芮子中鼎	14（又重文2）	02517	西周晚期或春秋早期	集成 2007（2）：頁 1651	
				西周晚期	陳公柔 1989：頁 214	
				春秋早期	陳佩芬 2004b：頁 19 器 439	
1282	蔡生鼎	14（又重文2）	02518	西周晚期	集成 2007（2）：頁 1651	
				西周晚期	吳鎮烽 2006：頁 371	蔡生，西周晚期人。
1283	君季鼎	存 14	02519	西周晚期或春秋早期	集成 2007（2）：頁 1651	
1284	雍作母乙鼎	14（又重文1）	02521	西周晚期或春秋早期	集成 2007（2）：頁 1651	
				西周後期	容庚 1941（2008）：頁 234 鼎 63	
				西周晚期	吳鎮烽 2006：頁 347	雍，西周晚期人。
1285	崩𩵦生鼎 崩𩵦生乍成媿鼎	14	02524	春秋早期	集成 2007（2）：頁 1651	
				西周晚期	陳公柔 1989：頁 211	
1286	郏伯御戎鼎	14（又重文2）	02525	春秋晚期	集成 2007（2）：頁 1651	
				西周晚期	馬承源等 1988：頁 340 器 492	
				西周晚期或春秋早期	吳鎮烽 2006：頁 425	西周晚期或春秋早期人。
1287	異□仲方鼎 □仲方鼎	存 14	02528	西周晚期	集成 2007（2）：頁 1652	
				西周早期	吳鎮烽 2006：頁 388	鄧小仲觕得，西周早期人。
1288	仲再父鼎 □再父鼎	存 14（又重文1）	02529	西周晚期	集成 2007（2）：頁 1652	
				西周晚至東周早	崔慶明 1984：頁 15–16	形制，紋飾。
				宣王	艾延丁 1991：頁 116–117	造型、紋飾屬西周晚期。同出同人作簋（04188、04189）銘文體現仲偁父爲宣王從兄弟。
				西周晚期	尹俊敏、劉富亭 1992：頁 87	
				宣王	劉啓益 2002：頁 396	參仲再父簋（04188）。
				西周晚期	吳鎮烽 2006：頁 121	仲再父，西周晚期人。
				五期（屬宣幽）	朱鳳瀚 2009：頁 1365	形制，紋飾。
1289	仲□父鼎	14	近出 0320	西周晚期	近出 2002（二）：頁 173	

續表

序號	器 名	字數	銘文著錄	時 代	出 處	依 據
1290	師湯父鼎	14	近出 0321、新收 0660	西周中期	近出 2002（二）: 頁 174	
				西周	新收 2006: 頁 491	
				西周中期	羅西章 1999: 頁 19	形制，紋飾，字體。
				西周中期	曹瑋等 2005（10）: 頁 2075	
				共王	張懋鎔 2006a: 頁 222	形制，紋飾。
1291	膳夫吉父鼎	14（又重文 2）	近出 0322、新收 0658	西周晚期	近出 2002（二）: 頁 175	
				西周晚期	新收 2006: 頁 489	
				西周晚期	王長啓 1990: 頁 42	
				屬宣時期	劉啓益 2002: 頁 373	參兮吉父簋（04008）。
				西周晚期	吳鎮烽 2006: 頁 322	善夫吉父，西周晚期人。
1292	叔商父鼎	14（又重文 2）	近出 0323、新收 1711	西周晚期	近出 2002（二）: 頁 176	
				西周晚期	新收 2006: 頁 1165	
				西周晚期	尹俊敏、劉富亭 1992: 頁 87	
				西周晚期	吳鎮烽 2006: 頁 198	叔商父，西周晚期人。
1293	雍伯鼎 雝白鼎、雝伯鼎	15	02531	西周早期	集成 2007（2）: 頁 1652	
				康王	唐蘭 1976—1978（1986）: 頁 166	
				西周早期	馬承源等 1988: 頁 89 器 131	
				西周早期	彭裕商 2003: 頁 295、125	據形制。
				西周早期	吳鎮烽 2006: 頁 347	雍伯，西周早期人。
1294	乃孫子鼎 周鼏鼎	15	02532	西周早期	集成 2007（2）: 頁 1652	
				西周早期	吳鎮烽 2006: 頁 3	乃孫子，西周早期人。
1295	仲叴父鼎 仲涿父鼎	15（又重文 2）	02533	西周中期	集成 2007（2）: 頁 1652	
				屬宣	岐山 A1976: 頁 30	形制，紋飾，字體。
				宣王	李學勤 1976: 頁 46	參廟孱鼎（02417）。
				西周晚期	陝西 1979（1）: 頁 29 器 186	
				西周晚期	曹瑋等 2005（2）: 頁 441	
				西周晚期	吳鎮烽 2006: 頁 122	仲涿父，西周晚期人。
1296	犀伯魚父鼎 遟伯魚父鼎	15（又重 2）	02534	西周	集成 2007（2）: 頁 1652	
				西周晚期	吳鎮烽 2006: 頁 329	犀伯魚父，西周晚期人。
1297	伯庫父鼎 白庫父鼎	15（又重文 2）	02535	西周	集成 2007（2）: 頁 1652	
1298	鄭鄧伯鼎	15（又重文 2）	02536	西周晚期	集成 2007（2）: 頁 1652	
				西周晚期	馬承源等 1988: 頁 326 器 459	
				西周晚期	吳鎮烽 2006: 頁 324	奠登伯，西周晚期鄭國人。

序號	器　名	字數	銘文著錄	時　代	出　處	依　據
1299	靜叔鼎 靜叔作旅鼎	15	02537	西周早期	集成 2007（2）：頁 1652	
				西周晚期	吳鎮烽 2006：頁 391	靜叔，西周晚期人。
1300	伯⿱尚鼎 伯尚鼎	15（又重文 2）	02538	西周晚期	集成 2007（2）：頁 1652	
				懿王	陝西 F1979：頁 12	形制似伯䟒父鼎（02465）。
				西周晚期	陝西 1980（3）：頁 2 器 007	
				西周中晚期	張懋鎔 2006a：頁 232	
				西周晚期	曹瑋等 2005（5）：頁 991	
				西周晚期	吳鎮烽 2006：頁 158	伯堂，西周晚期人。
1301	鼎 圓寶鼎二	15（又重文 2）	02539–02540	西周晚期	集成 2007（2）：頁 1652	
				西周晚期	吳鎮烽 2006：頁 447	，西周晚期人。
1302	仲義父鼎 中義父乍新客鼎	15（又重 2）	02541–02545	西周晚期	集成 2007（2）：頁 1652	
				西周晚期	中科院 1962：頁 20A89	*02544。
				孝王	陳夢家 1966（2004）：頁 247	據中義父組各器的形制、花紋，可歸於孝王時。
				西周晚期	吳鎮烽 2006：頁 123	仲義父，西周晚期人。
1303	輔伯㠱父鼎 輔伯鼎、輔白㠱父鼎	15（又重文 1）	02546	西周晚期	集成 2007（2）：頁 1653	
				西周晚期	吳鎮烽 2006：頁 355	輔白㠱父，西周晚期人。
1304	華季益鼎	15（又重文 2）	02547	西周晚期	集成 2007（2）：頁 1653	
				西周晚期	吳鎮烽 2006：頁 281	華季嗌，西周晚期華氏家族人。
1305	函皇父鼎乙 㽙皇父鼎	15（又重文 2）	02548	西周晚期	集成 2007（2）：頁 1653	
				幽王	傅斯年 1941：頁 6	人物亦見於《十月》，後者爲幽世作品。
				春秋	楊樹達 1941（2005）：頁 43	據《左傳·昭公九年》《左傳·定公六年》，皇父爲晉國大夫。
				幽王	董作賓 1953（1978）：頁 806–811	"皇父""周娵"即《十月》的"皇父""艷妻"。據《西周曆譜》，《十月》詩首的交食在幽王時，該器亦當作於幽王時。
				孝王	陳夢家 1966（2004）：頁 250	器銘與《詩·十月之交》無關。函皇父組器的形制、器銘稱謂屬西周中期後半。已行盤匜之制而稱"盤盉"，當在盉匜的轉變初期。

序號	器 名	字數	銘文著錄	時 代	出 處	依 據
1305	函皇父鼎乙 函皇父鼎	15（又重文2）	02548	夷王	白川靜 1969b：頁 401–416 器 158	
				厲王	劉啓益 1980：頁 80–85	形制，人物。
				厲王	吳鎮烽 1987：頁 281	
				西周晚期偏早	王世民等 1999：頁 46 鼎 68	器形。
				宣王	彭裕商 2003：頁 475	參函皇父鼎（02745）。
				宣王	張懋鎔 2006a：頁 218	
				西周晚期	吳鎮烽 2006：頁 220	函皇父，西周晚期人。
1306	無男鼎 許男鼎、 無男鼎	15（又重文1）	02549	西周晚期	集成 2007（2）：頁 1653	
				西周晚期	珠葆 1984：頁 68	形制。
				西周晚期	馬承源等 1988：頁 328 器 466	
				宣王	劉啓益 2002：頁 400	形制似宣王十七年此鼎（02821）。
				西周晚期	彭裕商 2003：頁 492	器形，紋飾，字體，同出器物時代。
				西周晚期	吳鎮烽 2006：頁 290	許男，西周晚期許國國君。
1307	曾伯從寵鼎	15	02550	春秋早期	集成 2007（2）：頁 1653	
				西周晚期	曾昭岷、李瑾 1980：頁 75	器形，紋飾。
				西周晚期	劉彬徽 1986：頁 245	形制，紋飾。
				西周晚期	馬承源等 1988：頁 333 器 476	
				西周晚期	彭裕商 2003：頁 495	紋飾，字體，"既吉"一詞的出現。
1308	魯侯鼎	15	近出 0324、新收 1067	西周晚期	近出 2002（二）：頁 177	
				西周晚期－春秋早期	新收 2006：頁 765	
				西周晚至春秋初	程繼林、呂繼祥 1986：頁 13	形制，紋飾，字體，伴出器。
				西周晚期	吳鎮烽 2006：頁 381	魯侯，西周晚期人。
1309	晉侯邦父鼎	15（又重文1）	近出 0325、新收 0901	西周晚期	近出 2002（二）：頁 178	
				西周晚期	新收 2006：頁 657	
				西周末年	山西·北京 1994b：頁 19	
				未	裘錫圭 1994：頁 35–41	邦父，晉穆侯費王之字。
				宣王	李學勤 1995：頁 160–170	邦父，即晉穆侯，據《史記》在宣王時。
				未	李伯謙 1998：頁 118	邦父即晉穆侯費王之字。

序號	器 名	字數	銘文著錄	時 代	出 處	依 據
1309	晉侯邦父鼎	15（又重文1）	近出0325、新收0901	未	黃錫全 1998：頁 151	邦父即晉穆侯費王。
				春秋初	劉啓益 1998：頁 102	邦父即晉昭侯伯，當周平王二十六年至三十二年。
				宣王	馮時 1998：頁 31–34	皇盉銘末有叔邦父、叔姞，即M64、M63之邦父、楊姞。邦父即晉穆侯，宣王時新命。
				宣王	王世民等 1999：頁 32 鼎 57	晉侯邦父即晉穆侯費王，據《史記·晉世家》當周宣王時。
				未	李伯謙 2000：頁 78	據墓葬排序及年代範圍，邦父即晉穆侯費王。
				宣王	徐天進 2000：頁 335–337	墓葬。
				前793年後	朱鳳瀚 2000：頁 192–198	邦父即穆侯費王。
				未	陳秉新 2001：頁 82–83	邦父，即晉穆侯名。
				未	李伯謙 2002：頁 31	據出土器物的特徵，M64在西周晚期晚段。
				西周晚期	張長壽 2002：頁 77	據出土器物，M64在西周晚期。
				宣王前後	王世民 2003：頁 44–45	與宣王時逨器相聯繫。
				宣王	李伯謙 2003：頁 53–55	形制、紋飾近宣王時逨器。
				西周晚期	吳鎮烽 2006：頁 254	晉侯邦父，西周晚期人，字邦父。
				未	朱鳳瀚 2009：頁 1449	墓葬年代當西周晚期偏晚。
1310	仲禹父鼎	15（又重文2）	近出0326	西周晚期	近出 2002（二）：頁 179	
1311	南方追老丁	15	近二0291	西周中期	近二 2010（一）：頁 312	
1312	應公鼎	15	近二0292	西周晚期	近二 2010（一）：頁 313	
				宣王	河南 C2007：頁 46	形制同宣王時逨鼎（近二0328）、無吏鼎（02814）。
				西周晚期晚段	陳絜 2008a：頁 8	據形制、紋飾屬西周晚期晚段。
				宣王前半	李學勤 2008c：頁 1–4	形制似史頌鼎等宣世器。
1313	欠鼎	15	近二0297	西周中期	近二 2010（一）：頁 318	
				西周中期前段	吳鎮烽 2006b：頁 4	

續表

序號	器　名	字數	銘文著録	時　代	出　處	依　據
1314	雁公鼎 雁公方鼎、應公鼎	16	02553–02554	西周早期	集成 2007(2):頁 1654	
				成康	白川靜 1965:頁 496–504 器 48	
				成康	陳夢家 1966(2004):頁 78	《左傳僖公二十四》記"應"爲武王之穆，應公諸器當在周初。
				成王中後期	唐蘭 1976—1978(1986):頁 89	當爲第一代應公。
				西周早期	馬承源等 1988:頁 97 器 146	
				成王	徐錫臺 1998:頁 348	器形，紋飾，銘文字體書鑄風格。
				康王前後	彭裕商 2003:頁 291	據器形、字形。
				西周早期	吴鎮烽 2006:頁 412	應公，西周早期人。
1315	旂鼎 旂作父戊鼎	16	02555	西周早期	集成 2007(2):頁 1654	
				西周早期	吴鎮烽 2006:頁 271	旂。西周早期人。
1316	小臣𫊸鼎	16	02556	西周早期	集成 2007(2):頁 1654	
				成王	白川靜 1964b:頁 461–465 器 44	
				成王	陳夢家 1966(2004):頁 43	就字體文例定爲成王時，召公爲召公奭生稱。
				康昭	白川靜 1966:頁 766–770 器 67 附	
				成王後期	唐蘭 1976—1978(1986):頁 94	召公封燕，當在成王伐录後。
				成王	馬承源等 1988:頁 25 器 38	
				成王前期	殷瑋璋、曹淑琴 1991:頁 5	
				康王	劉啓益 2002:頁 159	生稱召公，字體稍晚。
				成王	彭裕商 2003:頁 235	
				成王	張懋鎔 2006a:頁 213	
				西周早期前段	吴鎮烽 2006:頁 30	小臣𫊸，西周早期前段人。
1317	師𠂤鼎	16(又重文 2)	02557	西周中期	集成 2007(2):頁 1654	
				西周中期	吴鎮烽 2006:頁 261	師𠂤，西周中期人。
1318	師賸父鼎 師𤛓父鼎	16(又重文 2)	02558	西周中期	集成 2007(2):頁 1654	
				恭王前後	劉長源 1982:頁 108	造型、紋飾類似董家村衛器。銘文字體有穆共時期特點。
				西周中期	陝西 1984(4):頁 29 器 196	

序號	器 名	字數	銘文著錄	時 代	出 處	依 據
1318	師朕父鼎 師 炑 父 鼎	16（又重文2）	02558	懿王	劉啟益 2002：頁 300	形制、紋飾皆屬西周中期。"師朕"可能即儼匜（10285）之"儼"，後者亦懿王時。
				西周中期前段	吳鎮烽 2006：頁 265	師朕父，西周中期前段人。
1319	雍伯原鼎	16（又重文2）	02559	西周晚期	集成 2007（2）：頁 1654	
				西周晚期	馬承源等 1988：頁 327 器 463	
				西周晚期	吳鎮烽 2006：頁 347	雍伯原，西周晚期人，名原。
1320	王伯姜鼎	16	02560	西周晚期	集成 2007（2）：頁 1654	
				約懿王	祁健業 1982：頁 9	伯姜，或懿王后妃。同出簋的器形紋飾屬西周中期偏晚。
				懿王	吳鎮烽 1987：頁 277	據蔡簋銘文知懿王正妻是姜姓，王伯姜應是懿王的正妻。
				懿王	劉啟益 2002：頁 312	"王白姜"見於王白姜壺（09624），懿王妃。形制近懿王時師望鼎（02812）。
				西周晚期	彭裕商 2003：頁 480	器形，紋飾，銘文字體。
				西周中期偏晚	張懋鎔 2006a：頁 232 器 78	
				西周中期後段	吳鎮烽 2006：頁 39	王伯姜，西周中期後段姜姓婦女。
1321	善夫伯辛父鼎 膳夫伯辛父鼎、伯辛父鼎	16（又重文1）	02561	西周晚期	集成 2007（2）：頁 1654	
				厲宣	岐山 A1976：頁 30	形制，紋飾，字體。
				宣王	李學勤 1976：頁 46	參此簋（04303）。
				西周晚期	陝西 1979（1）：頁 30 器 188	
				西周晚期	曹瑋等 2005（2）：頁 446	
				西周晚期	吳鎮烽 2006：頁 323	善夫伯辛父，西周晚期人。
1322	叔姬鼎 金父鼎	16	02562	西周晚期	集成 2007（2）：頁 1654	
				西周晚期	吳鎮烽 2006：頁 207	金父，西周晚期人。
1323	曾仲子敔鼎	16	02564	春秋早期	集成 2007（2）：頁 1655	
				西周晚春秋早	襄樊 B1982：頁 86	形制，紋飾，銘文。
				春秋早期	劉彬徽 1986：頁 248	卷龍紋最早見於春秋早期器。

續表

序號	器　名	字數	銘文著錄	時　代	出　　處	依　　據
1324	黃季鼎	16	02565	春秋早期	集成 2007（2）：頁 1655	
				西周末春秋初	鄂兵 1973：頁 22-23	據紋飾和器形在兩周之交。伴出黃國銅器，黃國春秋僖公十二年滅於楚，這批器不晚於春秋初年。
				西周晚期偏晚	劉彬徽 1986：頁 266	器形，紋飾。
				西周晚期	楊寶成 1989：頁 132	伴出器形制、紋飾、字體。
				西周晚期	楊寶成 1991：頁 15-16	同墓銅器群的組合、器形、紋飾和銘文判斷，當屬西周晚期。
				春秋早期	青全 1997（7）：頁 80 器 77	
				春秋早期	吳鎮烽 2006：頁 310	黃季，春秋早期人。
1325	交君子鼎	16	02572	西周晚期	集成 2007（2）：頁 1655	
1326	事□鼎白鼎、事晨鼎、事要鼎	存 16	02575	西周早期	集成 2007（2）：頁 1655	
				西周早期	吳鎮烽 2006：頁 192	事盥，西周早期人。
1327	虢季鼎	16（又重文 2）	近出 0328-0334、新收 0009-0015	西周晚期	近出 2002（二）：頁 182-188	
				西周晚期	新收 2006：頁 9-15	
				西周晚期	張長壽 1991	青銅器和玉器與豐鎬遺址中、晚期墓對比，M2001 當在西周晚期。車馬坑的不同跟年代無關。
				東周	賈峨 1991：頁 75	西虢隨平王東遷後所鑄。
				東周初	李學勤 1991：頁 60	
				西周晚期	馬承源 1991：頁 61	出土物更有西周晚期特徵。同出虢季鐘（近出 0086-0093）銘“與”不可讀爲“翠”釋“拔”，非平王東遷後器。
				兩周之際	杜廼松 1991：頁 67	形制，紋飾。
				西周晚期	姜濤 1991：頁 90	形制、紋飾皆爲西周晚期流行。
				宣王晚年	蔡運章 1994b：頁 42-43	該墓銅器形制近西周中晚期。該墓銅器形制略晚於 M2009，後者在宣王初年，該墓當在宣王晚年。
				西周晚期晚段（宣幽）	河南 D1999：頁 524	形制，紋飾。
				兩周之際	寧會振 2000：頁 55-57	
				宣王	張彥修 2004：頁 76-78	墓主爲周宣王時虢文公。

續表

序號	器 名	字數	銘文著録	時 代	出 處	依 據
1328	雙方鼎 婦鼎、婆盉、女婆鼎、周婦鼎	17（又合文1）	02579	殷或西周早期	集成 2007（2）: 頁 1656	
				西周前期	容庚 1941（2008）: 頁 242 鼎 141	
1329	伯茂父鼎	17（又合文1、重文2）	02580	西周	集成 2007（2）: 頁 1656	
				西周晚期	吳鎮烽 2006: 頁 157	伯茂父，西周晚期人。
1330	小臣趩鼎 小臣遄鼎、小臣通鼎	17	02581	西周早期	集成 2007（2）: 頁 1656	
				康王	白川靜 1965a: 頁 574-579 器 55	
				成王	陳夢家 1966（2004）: 頁 55	"中"字寫法同成王時獸方鼎（02729）"橢中"之"中"，疑即同一人。形制紋飾爲成王晚期。
				西周中期	陝西 H1977: 頁 71	銘文字體不能早到成王。器主疑即西周中期遄盂（10321）之"遄"。
				昭穆前後	曹淑琴 1986: 頁 838	形制，字體。
				恭王	馬承源等 1988: 頁 128 器 194	小臣趩即恭王時衛盉及五祀衛鼎之趩。
				共王	劉啓益 2002: 頁 270	形制近穆王時刺鼎（02776）。
				穆王	彭裕商 2003: 頁 336	據器形、字體歸入穆世。
				昭王	朱亮、高西省 2004: 頁 93-115	形制。
				西周中期前段	吳鎮烽 2006: 頁 252、29	遄，西周中期前段人。
1331	辛中姬皇母鼎 辛中姬鼎	17（又重文1）	02582-02583	西周晚期	集成 2007（2）: 頁 1656	
				西周晚期	吳鎮烽 2006: 頁 235	皇母，西周晚期中氏族女子。
1332	伯夏父鼎	17（又重文2）	02584	西周晚期	集成 2007（2）: 頁 1656	
				西周晚期	陝西 1980（3）: 頁 1 器 005	
				西周晚期偏早	張懋鎔 2006a: 頁 229	
				西周晚期	吳鎮烽 2006: 頁 156	伯夏父，西周晚期人。
1333	🏛季鼎 🏛季作嬴氏行鼎、鼠季鼎	17（又重文1）	02585	西周晚期	集成 2007（2）: 頁 1656	
				春秋戰國	容庚 1941（2008）: 頁 236 鼎 82	
				春秋早期	青全 1997（7）: 頁 129 器 126	
				西周晚期	吳鎮烽 2006: 頁 390	鼠季，西周晚期人。

序號	器　名	字數	銘文著録	時　代	出　　處	依　　據
1334	齊夅史喜鼎	17（又重文2）	02586	西周晚期	集成 2007（2）：頁 1656	
				西周晚期	吳鎮烽 2006：頁 359	齊夅史喜，西周晚期人。
1335	臣高鼎	17（又合文1）	近出 0335、新收 1749	西周早期	近出 2002（二）：頁 189	
				西周早期	新收 2006：頁 1185	
				西周早期前段	王長啓 1990：頁 28	
				西周早期前段	吳鎮烽 2006：頁 116	臣高，西周早期前段人。
1336	作文祖考鼎 顧首龍紋四足圓鼎	存 17	近二 0298、新收 1599	西周中期	近二 2010（一）：頁 319	
				西周中期	新收 2006：頁 1097	
				西周中期偏早	王世民 2001：頁 103	形制，紋飾。
1337	臣卿鼎 卿鼎、公違相鼎、公違鼎、新邑鼎、臣鄉鼎	18	02595	西周早期	集成 2007（2）：頁 1657	
				周公成王之間	吳其昌 1929（2004）：頁 109	"新邑"，周公、成王初營洛陽時之稱。
				周初	吳闓生 1936：頁 10	文字屬周初。"新邑"見《召誥》《洛誥》。"公"爲周公。
				成王	容庚 1941（2008）：頁 31	言"新邑"，同成王時鳴士卿尊（05985）。
				成王	白川靜 1964a：頁 322–332 器 28	
				成王	陳夢家 1966（2004）：頁 66	稱"新邑"，爲成王初期器。"臣卿"非士卿尊（05985）之"士卿"。
				成王	唐蘭 1976—1978（1986）：頁 68	"公違"即《逸周書·世俘解》之"百韋"，克殷時將帥之一。
				成王	盛冬鈴 1983：頁 44–45	"新邑"爲洛邑初建成時之稱，洛邑作於成王平定武庚之後。
				西周早期	馬承源等 1988：頁 88 器 129	
				成王初年	劉啓益 2002：頁 70	與成王時臣卿簋（03948）爲同人作器。形制承襲殷式。
				成王早中期	彭裕商 2003：頁 227	"新邑"爲王城初建成時之名。"公違"人名。
				成王	張懋鎔 2006a：頁 210	成王時標準器。
				西周早期前段	吳鎮烽 2006：頁 116	臣卿，西周早期前段人。

續表

序號	器 名	字數	銘文著錄	時 代	出 處	依 據
1338	叔碩父鼎 新宫叔碩 父鼎	18（又 重文 1）	02596	西周晚期	集成 2007（2）：頁 1657	
				屬宣	劉啓益 2002：頁 398	"叔碩父"爲善夫山之父，善夫山於宣王三十七年作鼎（02825）。叔碩父之妻"監姬"爲監伯之女，監伯子仲再父作簋（04188）在宣王時。同人作甗（00928）的形制爲西周晚期。
				西周晚期	吳鎮烽 2006：頁 199	叔碩父，西周晚期人，善夫山的父親。
1339	伯鄗父鼎 伯鄗父鼎	18	02597	西周晚期	集成 2007（2）：頁 1657	
				西周晚期	馬承源等 1988：頁 345 器 505	
				西周晚期	彭裕商 2003：頁 498	器形，紋飾。
				西周晚期	吳鎮烽 2006：頁 159	鄗父，西周晚期人。
1340	小子𣪘鼎 寒姒鼎、 小子𣪘鼎	18（又 重文 1 合文 1）	02598	西周晚期	集成 2007（2）：頁 1657	
				西周晚期	吳鎮烽 2006：頁 28	小子𣪘，西周晚期人。
1341	鄭虢仲鼎 鄭虢仲悆 鼎	18（又 重文 1）	02599	西周晚期	集成 2007（2）：頁 1657	
				西周晚期	馬承源等 1988：頁 325 器 457	
				西周晚期	陳佩芬 2004：頁 423	
1342	吳王姬鼎	18（又 重文 2）	02600	西周晚期	集成 2007（2）：頁 1657	
				西周晚期 或春秋早 期	吳鎮烽 2006：頁 147	吳王姬，西周晚期或春秋早期婦女。
1343	郱伯鼎	18（又 重文 2）	02601	春秋早期	集成 2007（2）：頁 1657	
				西周後期	容庚 1941（2008）：頁 235 鼎 71	
1344	玖方鼎 揚方鼎、 揚鼎、玖 作父庚鼎	19	02612－ 02613	西周早期	集成 2007（2）：頁 1659	
				成王	唐蘭 1976—1978（1986）：頁 117	
				西周早期	馬承源等 1988：頁 93 器 139	
				成王	彭裕商 2003：頁 238	
				西周早期	吳鎮烽 2006：頁 180	玖，西周早期人。
1345	鄦甘辜鼎	18（又 重文 2）	近出 0336、 新收 1091	西周晚期	近出 2002（二）：頁 190	
				西周晚期	新收 2006：頁 781	
				西周晚期	常興照、寧蔭堂 1989：頁 70	造型，紋飾。

續表

序號	器 名	字數	銘文著録	時 代	出 處	依 據
1346	吳王姬鼎	18（又重文2）	近出 0337、新收 1757	西周晚期	近出 2002（二）：頁 191	
				西周晚期–春秋早期	新收 2006：頁 1189	
				西周晚期到東周初	王長啓 1990：頁 42	造型同上村嶺虢國 M1820 出土銅鼎。
1347	曆方鼎 曆鼎、曆彝	19	02614	西周早期	集成 2007（2）：頁 1659	
				康王	唐 蘭 1976—1978（1986）：頁 193	書法。"考"通"孝"，見井侯簋（04241）；"篜言"同魯侯熙鬲（00648），皆康王時器。
				西周中期	馬承源等 1988：頁 239 器 332	
				西周早期	青全 1997（5）：頁 5 器 5	
				西周早期	彭裕商 2003：頁 300	器形較早，但用詞、字體、紋飾偏晚。
				西周早期	陳佩芬 2004：頁 31 器 205	
				西周早期前段	吳鎮烽 2006：頁 395	曆，西周早期前段人。
1348	鴅叔鼎 鴻叔鼎、唯叔鬲鼎、隹叔鼎、誨鼎、唯弔從王南征鼎、唯叔鼎	19	02615	西周早期	集成 2007（2）：頁 1659	
				屬王九年	吳其昌 1929（2004）：頁 389	作器者同屬王五年之諫簋（04285），"南征"同屬王八年之虢仲盨（04435）。
				成康	陳夢家 1966（2004）：頁 86	字體文例爲成、康時。
				昭王	唐蘭 1976—1978（1986）：頁 289	昭王南征後作。
				昭王	唐蘭 1981：頁 88	
				昭王	吳鎮烽 1987：頁 269	昭王二次伐楚失敗，周人諱之，此當昭王十六年一次伐楚時。
				昭王	馬承源等 1988：頁 74 器 105	南征當指伐荆楚，此事爲昭王時，見令簋（04300）。
				昭王十九年	李學勤 1997c	記隨昭王伐楚。
				昭王	劉啓益 2002：頁 172	做器者同隹叔簋（03950），後者在昭王時。
				昭王	彭裕商 2003：頁 258	與康王時諫簋（03950）記事同。
				西周早期後段	吳鎮烽 2006：頁 354	鴅叔，西周早期後段人。
				昭王十六年	劉啓益 2009a：頁 66-67	與靜方鼎（近出 0357）記同一次伐荆楚事，後者爲昭王十六年器。

續表

序號	器　名	字數	銘文著録	時　代	出　　處	依　　據
1349	衛鼎	19（又重文2）	02616	西周中期	集成2007（2）：頁1659	
				西周中期	西安A1974：頁1-5	銘文，器形。
				懿王	吳鎮烽1987：頁275	同人作衛簋（04209-04212）爲恭王時器。
				共王	劉啓益2002：頁274	與衛簋（04209）同出，同人作器，後者在共王時。
				夷王	彭裕商2003：頁358	
				西周中期後段	吳鎮烽2006：頁375	衛，西周中期後段人。
1350	善夫旅伯鼎 膳夫旅伯鼎、旅伯鼎	19（又重文2）	02619	西周晚期	集成2007（2）：頁1659	
				厲宣	岐山A1976：頁30	形制，紋飾，字體。
				宣王	李學勤1976：頁46	參此簋（04303）。
				西周晚期	陝西1979（1）：頁29 器187	
				宣王	劉啓益2002：頁385	形制、花紋同宣王十七年此鼎乙（02822）。"善夫旅伯"與此鼎"旅邑人善夫"，即"此"，爲同一人。
				西周晚期	曹瑋等2005（2）：頁443	
				西周晚期	吳鎮烽2006：頁272	旅伯，西周晚期人。
1351	曾子仲㸔鼎 曾子仲誨鼎	19（又重文2）	02620	春秋早期	集成2007（2）：頁1659	
				西周末春秋早	湖北A1975：頁224-225	花紋，器形。
				春秋早期	劉彬徽1986：頁248	據器形及出土墓葬。
				西周晚期	馬承源等1988：頁332 器473	
				春秋早期	楊寶成1989：頁132	伴出器形制、紋飾、字體。
				西周晚期	彭裕商2003：頁494	器形，紋飾，同出器物。
				春秋早期	吳鎮烽2006：頁326	曾子仲誨，春秋早期人。
1352	昶伯㜏鼎 昶伯鼎	19（又重文2）	02622	西周晚期	集成2007（2）：頁2660	
1353	猛狂父鼎 孟員鼎	19（又合文1）	近出0338、新收0697	西周中期	近出2002（二）：頁192	
				西周早中期	新收2006：頁514	
				昭穆	社科院A1989：頁528	
				昭穆	社科院1999：頁360	形態，紋飾。
				西周中期前段	吳鎮烽2006：頁216	孟員，西周中期前段人。
				康晚至昭王	朱鳳瀚2009：頁1266-1283	墓葬。

序號	器 名	字數	銘文著錄	時 代	出 處	依 據
1354	矩方鼎	19	近二 0300、新收 1664	西周早期	近二 2010（一）：頁 321	
				西周早期	新收 2006：頁 1140	
				西周早期後段	吳鎮烽 2006：頁 232	矩，西周早期後段人。
1355	豐作伯父丁鼎 豐作父丁鼎	存 20（又合文 1）	02625	西周早期	集成 2007（2）：頁 1660	
1356	獻侯鼎 獻侯作丁侯鼎、成王鼎	20	02626–02627	西周早期	集成 2007（2）：頁 1660	
				未	王國維 1925（1959）：頁 895–896	"成王"生稱。
				成王	吳其昌 1929（2004）：頁 163	銘"成王"，爲成王時器。
				成王	郭沫若 1935（2002）：頁 80	"成王"乃生號。
				成王	容庚 1941（2008）：頁 31、頁 231 鼎 40	獻侯因成王賞貝而爲丁侯作器。
				成王	白川靜 1964a：頁 333–338 器 29	
				成王	陳夢家 1966（2004）：頁 62	"成王"生稱。
				成王	白川靜 1975（1997）：頁 255	生稱王號。
				成王	唐蘭 1976—1978（1986）：頁 85	成王自稱。
				康王	吳靜淵 1979：頁 80	當事人已不在人間，銘文系追記之辭。
				康王	盛冬鈴 1983：頁 42	王號爲死謚，銘文爲追記器主生前受該王賞賜。
				成王	高木森 1986：頁 37	銘文記成王奠基禮。
				成王	吳鎮烽 1987：頁 266	成王生稱。
				成王	馬承源等 1988：頁 16 器 24	
				康王	彭裕商 1999a：頁 6	作器對象、族徽同勒隩鼎（02346），二人爲兄弟行，彼器爲康王時器。
				成王	王世民等 1999：頁 22 鼎 27	據銘文。
				成王	劉啓益 2002：頁 74	"成王"生稱。形制承襲殷式。
				成王	杜勇、沈長雲 2002：頁 25–26	王號爲死謚，但銘文記事發生在該王之世，可從銘文角度判斷爲該王之世。其鑄作在下一王世，形制、花紋、書體屬下個王世。
				康初	彭裕商 2003：頁 239	記載成王活動，王號死謚，當在康初。

序號	器　名	字數	銘文著錄	時　代	出　　處	依　　據
1356	獻侯鼎獻侯作丁侯鼎、成王鼎	20	02626－02627	西周早期	馬承源 2003a：頁 70 鼎 11	器形。
				成王	葉正渤 2006：頁 198	記述成王在成周舉行祭祀，并賞賜獻侯之事，必爲成王在位時。
				康王前期	張懋鎔 2006a：頁 211	出現"成王"字樣。
				康王	常金倉 2006：頁 37	作器者是獻侯的子孫，是用祖先的豐功偉績激勵和教育子孫。
				西周早期前段	吳鎮烽 2006：頁 428	獻侯，西周早期前段人。
				成康	朱鳳瀚 2009：頁 1260	
				康王	劉華夏 2010：頁 65	王號死謚。
				成王	葉正渤 2010：頁 5、89	"成王"生稱。
1357	燕侯旨鼎匽侯旨鼎	20	02628	西周早期	集成 2007（2）：頁 1660	
				成王	白川靜 1964b：頁 413–420 器 38	
				康王	唐　蘭 1976—1978（1986）：頁 149	"初見事"當非始封。"父辛"指一代燕侯，旨與憲、穌等爲兄弟。
				成王	馬承源等 1988：頁 28 器 44	"旨"爲太保召伯之子，爲第一代燕侯。
				成王	殷瑋璋、曹淑琴 1991：頁 16	形制同成王時旅鼎。"父辛"指召公。
				西周早期	青全 1997（6）：頁 3 器 3	
				成王	朱鳳瀚 1998：頁 306–307	"旨"爲召公之子，繼兄"克"爲二代燕侯。
				康王	王世民等 1999：頁 22 鼎 28	時代晚於克盉克罍，當康王時。
				康王	劉啓益 2002：頁 130	參燕侯旨鼎二（02269）。
				康王	彭裕商 2003：頁 243	紋飾近康王時獻侯鼎（02626）。匽侯旨爲二代燕侯。
				成王	陳佩芬 2004：頁 9	旨爲召公之子，召公封而不就國，旨爲燕侯。
				康王	張懋鎔 2006a：頁 214	形制、紋飾、字形書體都與獻侯鼎相近，後者爲康王時器。
				西周早期前段	吳鎮烽 2006：頁 393	燕侯旨，西周早期前段人。
				成康	朱鳳瀚 2009：頁 1260	

序號	器　名	字數	銘文著錄	時　代	出　　處	依　　據
1358	舍父鼎 辛宮鼎	20（又重文2）	02629	西周早期	集成 2007（2）：頁 1660	
				西周中期前段	吳鎮烽 2006：頁 207	舍父，西周中期前段人。
1359	伯陶鼎 伯陵鼎	20（又重文2）	02630	西周中期	集成 2007（2）：頁 1660	
				西周中期前段	吳鎮烽 2006：頁 157	伯陶，西周中期前段人。
1360	南公有嗣鼎 南公有司鼎、南公有司獻鼎	20（又重文1）	02631	西周晚期	集成 2007（2）：頁 1660	
				西周中期後段	吳鎮烽 2006：頁 225	南公，西周中期後段人。
1361	虢文公子伇鼎 虢文公子段鼎	20	02634－02636	西周晚期	集成 2007（2）：頁 1661	
				宣王	容庚 1941（2008）：頁 42、頁 234 鼎 66	此“虢文公子伇”疑即《史記·周本紀》之宣王時虢文公。
				宣王	郭沫若 1959：頁 13	“子伇”爲虢文公名，宣王時人，見《國語》及《史記·周本紀》。
				宣王	陳夢家 1966（2004）：頁 327	依據《周語》，虢文公是周宣王初時人。鬲與厲王時的虢仲作虢妃尊鬲（00708）同形制。
				宣王	唐蘭 1976—1978（1986）：頁 517	
				宣王	馬承源等 1988：頁 320 器 448	虢文公，名子伇，見《史記·周本紀》，宣王時人。
				西周晚期	青全 1997（6）：頁 136 器 140	*02635。
				宣王晚期	劉啓益 2002：頁 382	“虢文公”爲宣王時人，見載於《史記·周本紀》。“子段”爲其名，是宣王十二年虢季子白盤（10173）器主“子白”的下一代人，故在宣王晚期。
				幽平之間	彭裕商 2003：頁 490	器主還作有一鬲（00736），兩者的器形、紋飾、字體皆有西周晚末特點。“虢文公”是宣王時人，見《國語·周語》《史記·周本紀》，此爲死謚，其子“伇”作此器當在幽平之間。
				宣幽	吳鎮烽 2006：頁 378	虢文公子伇，西周宣幽時期人。
				西周晚期	蔡運章 2007	器主即宣王時卿士虢文公。虢碩父、虢季氏子伇、虢文公子伇皆爲一人。

序號	器　名	字數	銘文著錄	時　代	出　　處	依　　據
1362	虢宣公子白鼎	20（又重文2）	02637	西周晚期	集成 2007（2）：頁 1661	
				夷王	陳世輝 1958：頁 22	文字形體同虢季子白盤，當爲一人所鑄，彼器爲夷王時。
				宣王	陳夢家 1966（2004）：頁 330	同人亦作虢文公子鼎（02634），宣王時器，該器稱 "宣公"，當稍晚。
				宣王	唐蘭 1976—1978（1986）：頁 517	
				西周晚期	青全 1997（6）：頁 137 器 141	
				宣王	劉啓益 2002：頁 382	作器者同宣王十二年虢季子白盤（10173）。
				西周晚期後段	陳平 2002：頁 164	虢宣公子即虢季子即公位後作，晚於虢季子白盤（10173）。
				西周晚期	吳鎮烽 2006：頁 379	虢宣公子白，西周晚期人，名子白。
				宣王	葉正渤 2010：頁 239	虢宣公子白即虢季子白，彼作盤（10173）爲宣王時，該器較之稍晚。
1363	鼻侯弟鼎 鼻侯弟叟鼎、鼻侯鼎、弟ᵕ鼎	20（又重文2）	02638	西周晚期	集成 2007（2）：頁 1661	
				西周晚至春秋早	齊文濤 1972：頁 9	
				厲 宣（不晚於魯莊王四年，即周莊王七年）	李步青 1983a：頁 291	銅器形制、紋飾及《左傳》記鼻滅國時間。
				西周晚期	馬承源等 1988：頁 344 器 501	
				西周晚期	彭裕商 2003：頁 500	與西周晚期己華父鼎（02418）同出。
				西周中晚期	吳鎮烽 2006：頁 174	弟叟，西周中晚期人。
				西周晚期偏晚	朱鳳瀚 2009：頁 1397	形制。
1364	杞伯每ᵕ鼎 杞伯敏亡鼎、杞伯每亡鼎	20（又重文1）	02642	春秋早期	集成 2007（2）：頁 1661	
				西周厲王	萬樹瀛、楊孝義 1978：頁 94–96	同銘器（02494），郭氏斷爲厲王時器。
1365	伯氏始氏鼎 昇鼎、鄧伯氏鼎、登白氏鼎	20	02643	西周晚期或春秋早期	集成 2007（2）：頁 1661	
				西周晚期或春秋早期	吳鎮烽 2006：頁 216	如氏，西周晚期或春秋早期人。

續表

序號	器 名	字數	銘文著錄	時 代	出 處	依 據
1366	䣄季白歸鼎 歸塞鼎、 䣄季伯歸鼎	20（又重文1）	02644－02645	春秋早期	集成 2007（2）：頁 1662	
				西周中晚期	隨州 A1984：頁 512	形制，紋飾，風格特徵。
				春秋早期偏晚	劉彬徽 1986：頁 244	
				春秋早期	楊寶成 1989：頁 132	伴出器形制、紋飾、字體。
1367	叔夜鼎	20	02646	春秋早期	集成 2007（2）：頁 1662	
				西周末或春秋初	盛冬鈴 1983：頁 47	字體，文例。
				春秋早期	吳鎮烽 2006：頁 196	叔夜，春秋早期人。
1368	伯顁父鼎	21（又重文2）	02649	西周晚期	集成 2007（2）：頁 1662	
				厲王	吳其昌 1929（2004）：頁 426	"伯顁父"即屬王二十八年寰鼎（02819）之"宰顁"。
				孝末夷初	陳夢家 1966（2004）：頁 225	形制，紋飾。人物"白顁父""吳姬"。
				厲王	白 川 靜 1970：頁 597–599 器 177 附	
				西周晚期	吳鎮烽 2006：頁 161	顁父，西周晚期人。
1369	陳侯鼎	21（1字殘泐）	02650	春秋前期	集成 2007（2）：頁 1662	
				兩周之際（或春秋初年）	徐少華 1995：頁 61	銘文字體。
1370	小臣伯鼎	21	近出 0340、新收 1696	西周早期	近出 2002（二）：頁 194	
				西周早期	新收 2006：頁 1158	
				康昭	綿竹 A1988：頁 571	器形，銘文。
				西周早期後段	吳鎮烽 2006：頁 29	小臣伯，西周早期後段人。
1371	亳鼎	22	02654	殷	集成 2007（2）：頁 1662	
				成王	陳夢家 1966（2004）：頁 69	
				成王	唐蘭 1976—1978（1986）：頁 121	
				成王	李零 1993：頁 663	
				西周早期	吳鎮烽 2006：頁 269	亳，西周早期人。
1372	先獸鼎 旅獋鼎、 獋鼎	22	02655	西周早期	集成 2007（2）：頁 1662	
				康王	唐蘭 1976—1978（1986）：頁 141	"先獸"或即史獸鼎（02778）之"史獸"，後者爲康王時。
				西周中期前段	吳鎮烽 2006：頁 396	獸，西周中期前段人。

序號	器 名	字數	銘文著録	時 代	出 處	依 據
1374	伯吉父鼎	22（又重文1）	02656	西周晚期	集成 2007（2）：頁 1663	
				西周中業以後	羅西章 1974：頁 86	文字，器形，花紋。
				西周晚期	陝西 1980（3）：頁 16 器 99	
				宣王	吳鎮烽 1987：頁 282	伯吉父、善夫吉父與兮甲、兮吉父是同一個人，兮甲作盤（10174）爲宣王時器。
				屬宣時期	劉啓益 2002：頁 372	參兮吉父簋（04008）。
				西周晚期	張懋鎔 2006a：頁 232	
				宣王	吳鎮烽 2006：頁 154	伯吉父，名甲，字吉父，西周宣王時人。
1375	嗣鼎 嗣父鼎、 嗣作父□ 鼎、司鼎	存 22	02659	西周早期	集成 2007（2）：頁 1663	
				成王	吳其昌 1929（2004）：頁 143	"澨公"見於成王時筲鼎（02740）、屇趞鼎（02730）。
				成王	容庚 1941（2008）：頁 35	"澨公"見於成王時筲鼎（02740）。
				成王	白川靜 1964a：頁 362–365 器 32	
				成康（成王）	陳夢家 1966（2004）：頁 89	人物"澨公"見於成王時筲鼎（02740）。
				昭王	唐蘭 1976—1978（1986）：頁 228	"王初𣂤于成周"與厚趞方鼎（02730）當是同時事。"澨公"亦見筲鼎（02740）。
				昭王	唐蘭 1981：頁 28	記事與昭王時厚趞鼎（02730）或相符，且皆與澨公有關。
				昭王	馬承源等 1988：頁 83 器 121	"澨公"見於康王時筲鼎（02740）。
				昭王	李學勤 1998b：頁 45	澨公即祭公謀父，昭穆時人。
				昭王	劉啓益 2002：頁 161	澨公組，分析見筲鼎（02740）。
				昭王	彭裕商 2003：頁 275	人名"淺公"見於昭王時筲鼎（02740），器形紋飾亦同。
				西周早期	吳鎮烽 2006：頁 409	嗣，西周早期人。
				昭穆	張懋鎔 2008：頁 344	

續表

序號	器 名	字數	銘文著錄	時 代	出 處	依 據
1376	晉侯對鼎	22	近出 0342、新收 0907	西周晚期	近出 2002（二）: 頁 197	
				西周晚期	新收 2006: 頁 660	
				未	鄒衡 1994: 頁 29–32	讀爲對, 對即晉屬侯福。
				未	裘錫圭 1994: 頁 35–41	讀"對"爲"碓", 靖侯宜臼的字。
				西周晚期	山西·北京 1995: 頁 36–37	晉侯對即晉釐侯司徒。
				宣王	李學勤 1995: 頁 160–170	對, 即晉釐侯福, 據《史記》, 在宣王時。
				未	馮時 1997	晉侯對, 即晉釐侯。
				未	黃錫全 1998: 頁 150	對, 即晉靖侯宜臼, 一名一字。
				厲王前後	劉啓益 1998: 頁 102	對, 即晉靖侯宜臼, 當屬王二十一年至共和元年。
				未	李伯謙 2000: 頁 78	據墓葬排序及年代範圍, 晉侯對即晉釐侯司徒。
				西周晚期	朱鳳瀚 2000: 頁 192–198	器形近大克鼎（02836）而稍晚。
				約厲王	徐天進 2000: 頁 335–337	墓葬。
				未	陳秉新 2001: 頁 82–83	對, 靖侯宜臼。
				厲王	許傑 2002: 頁 91–93	在垂腹鼎序列中與小克鼎（02796）相近, 當屬王時。
				未	李伯謙 2002: 頁 31	據出土器物的特徵, M92 在西周晚期早段。
				宣王十二年	李朝遠 2002: 頁 436–438	曆日。
				未	王占奎 2002a: 頁 286	"對"讀音近"司徒", 晉侯對即晉僖侯司徒。
				宣幽	張長壽 2002: 頁 77	據出土陶器, M92 當宣幽時。
				西周晚期	吳鎮烽 2006: 頁 255	晉侯對, 西周晚期人, 名對, 晉國國君。
				西周晚期偏早	朱鳳瀚 2009: 頁 1447	墓葬年代當西周晚期偏早約夷厲時。
1377	辛鼎	23（又重文 2）	02660	殷或西周早期	集成 2007（2）: 頁 1663	
				西周中期	陳佩芬 2004: 頁 253	
				西周早期	吳鎮烽 2006: 頁 163	辛, 西周早期人。

序號	器 名	字數	銘文著錄	時 代	出 處	依 據
1378	德方鼎	23（又合文2）	02661	西周早期	集成 2007（2）：頁 1663	
				成王	唐蘭 1959：頁 1	形制，花紋，字體，文體。
				成王	郭沫若 1959a：頁 1–2	形制，花紋，字體。
				康王	白川靜 1965a：頁 566–573 器 54	
				成王	陳夢家 1966（2004）：頁 72	銘文記事爲王在成周祼祭武王及先祖。形制、花紋、字體、文例俱屬成王時。
				成王後期（康王）	馬承源 1963：頁 57	銘文内容，形制與商晚已有一定差別。
				成王	唐蘭 1976—1978（1986）：頁 70	與珂尊（06014）同時而略早，後者爲成王時器。
				康王	李學勤 1981：頁 39、45	"月""成""錫""用"等字寫法同何尊，形制紋飾同周甲戌方鼎（《西甲》1.36）。參何尊（06014）。
				成王	馬承源等 1988：頁 26 器 40	
				西周前期	辭典 1995：頁 79 器 284	
				成王	青全 1997（5）：頁 2 器 2	
				成王	王世民等 1999：頁 13 鼎 8	器形。
				成王	劉啓益 2002：頁 73	形制紋飾皆同成王時甲戌方鼎（《西甲》1.36）。銘文中有"王在成周"。
				成王	杜勇、沈長雲 2002：頁 31	時王對先王舉行祭禮，應爲成王祭武王。
				成王五年	彭裕商 2003：頁 219、33	記事近成王時何尊（06014）。"延武王福自鎬"與何尊"復稟武王禮福自天"應有聯繫。銘文字體亦相近。
				成王	陳佩芬 2004：頁 3	祭祀對象爲武王，主祭應是成王，德參與祭祀。
				成王	葉正渤 2006：頁 197	祭祀對象爲武王，且"成周"見於成王時，時王爲成王。
				成王	張懋鎔 2006a：頁 210	成王時標準器。
				西周早期	吳鎮烽 2006：頁 266	德，西周早期人。
				成康	朱鳳瀚 2009：頁 1260	
				成王	劉華夏 2010：頁 65	
				成王	葉正渤 2010：頁 3、79	祭祀對象是武王，成周建於成王時。

序號	器　名	字數	銘文著錄	時　代	出　　處	依　　據
1379	或者鼎 國諸鼎、 國書鼎、 戎者鼎、 戎都鼎	23	02662	西周中期	集成 2007（2）：頁 1663	
				西周中期前段	吳鎮烽 2006：頁 252	或者，西周中期前段或國族人。
1380	伯鮮鼎	23（又重文2）	02663–02666	西周晚期	集成 2007（2）：頁 1663	
				孝王	陳夢家 1966（2004）：頁 245	伯鮮組器的形制、紋飾當孝王時。同出函皇父組器亦孝王時。
				西周晚期	尚志儒、吳鎮烽、朱捷元 1978：頁 25	形似毛公鼎。*02664。
				孝王	劉啓益 2002：頁 339	同人作鮮鐘（00143）在孝王時。
				西周晚期	張懋鎔 2006a：頁 231	
				西周晚期	吳鎮烽 2006：頁 161	伯鮮，西周晚期人。
1381	旂鼎	24	02670	西周早期	集成 2007（2）：頁 1664	
				康昭	白川靜 1966：頁 764–770 器 67 附	
				成王	陳夢家 1966（2004）：頁 35	作器者旂同師旂鼎（02809）。形制同成王時勒隥鼎（02346）。
				昭王	伍士謙 1981：頁 97–126	
				成王	李仲操 1991：頁 130	
				康王前期	尹盛平 1992：頁 89–91	"旂"是微氏家族亞祖，活動於康王前期至昭王時，同旂觥（09303）等。"公"即召公，活至康王前期。故此器作於康王前期。
				西周早期	吳鎮烽 2006：頁 271	旂，西周早期人。
1382	盉父鼎 周麻城鼎、庎父鼎	24	02671–02672	西周早期	集成 2007（2）：頁 1664	
				西周早期	吳鎮烽 2006：頁 291	盉父，西周早期人。
1383	羌鼎 羌乍文考鼎	存 24	02673	西周	集成 2007（2）：頁 1664	
				西周早期	吳鎮烽 2006：頁 212	羌，西周早期人。
1384	征人鼎 天君鼎、 征人乍 父丁鼎、 褲鼎	24	02674	西周早期	集成 2007（2）：頁 1664	
				共王	唐蘭 1976—1978（1986）：頁 440	
				康晚至昭	彭裕商 2003：頁 299	器形，紋飾，字體。
				西周早期	吳鎮烽 2006：頁 207	征人，西周早期人。

續表

序號	器 名	字數	銘文著錄	時 代	出 處	依 據
1385	鄧小仲方鼎	24	近出 0343、新收 1828	西周早期	近出 2002（二）：頁 198	
				西周早期	新收 2006：頁 1230	
				西周早期	李學勤、艾蘭 1995：頁 336 器 81	
1386	倗伯鼎	24	近二 0307	西周中期	近二 2010（一）：頁 329	
				西周中期（約穆王前後）	山西 A2006：頁 14–17	墓葬形制，隨葬品組合，伴出物的形制、紋飾。
				三 期（穆恭）	朱鳳瀚 2009：頁 1492	
1387	弭伯鼎弭伯乍井姬鼎	25	02676–02677	西周中期	集成 2007（2）：頁 1664	
				昭穆	寶雞 A1976：頁 43–44	紋飾有由早期向中期過渡的特點。
				西周中期	陝西 1984（4）：頁 11 器 79、80	
				穆王	盧連成、胡智生 1988：頁 441	形制、紋飾爲西周早期向中期過渡式。當弭伯作器中較晚者。
				穆王前後	李豐 1988a：頁 396	墓葬。
				三 期（穆共）	盧連成、胡智生 1988a：頁 513–521	墓葬。
				西周中期	辭典 1995：頁 90 器 314	
				西周中期	青全 1997（6）：頁 153 器 157	
				西周中期前段	馬承源 2003a：頁 71 鼎 17	器形。
				穆王	張懋鎔 2006a：頁 215	與長由墓出土器物非常相似，後者爲穆世。
1388	小臣鼎易鼎、曾寏伯鼎、易乍旅鼎	25	02678	西周早期	集成 2007（2）：頁 1665	
				西周前期	容庚 1941（2008）：頁 232 鼎 54	
				西周中期前段	吳鎮烽 2006：頁 28	小臣指易，西周中期前段人。
1389	廬叔樊鼎	25（又重文 1）	02679	西周晚期或春秋早期	集成 2007（2）：頁 1665	
				西周後期	容庚 1941（2008）：頁 234 鼎 68	
				西周晚期	吳鎮烽 2006：頁 421	廬叔樊，西周晚期人。
1390	諶鼎	25（又重文 1）	02680	西周晚期	集成 2007（2）：頁 1665	
				西周晚期	吳鎮烽 2006：頁 399	諶，西周晚期人。
1391	姬鼎姬𤔲彝鼎	25（又重文 2）	02681	西周晚期	集成 2007（2）：頁 1665	

序號	器 名	字數	銘文著錄	時 代	出 處	依 據
1392	新邑鼎 東鼎、王 來奠新邑 鼎、王奠 新邑鼎	存 25	02682	西周早期	集成 2007（2）：頁 1665	
				穆王	段紹嘉 1963a：頁 44	"奠"即鄭，西周時穆王 長居鄭。書體、器形皆西 周早期形式。
				成王	陳邦懷 1964：頁 48	"新邑"即"洛"，"王奠新 邑"與《尚書》諸誥記成王 於新邑祭祀相合，"王"即 成王。
				成王	陳夢家 1966（2004）：頁 64	稱"新邑"之器爲成王元 祀至五祀器。
				周公攝政 七年	唐 蘭 1976—1978（1986）：頁 25、45	周公攝政七年時新邑建 成，稱新邑者成周之名未 定時。
				成王	盛冬鈴 1983：頁 44–45	"新邑"爲洛邑初建成時 之稱，洛邑作於成王平定 武庚之後。
				成王初年	劉啓益 2002：頁 71	記有"新邑"，當在成王 時。
				成王後期	彭裕商 2003：頁 228	"新邑"爲王城初建成時 之名。據器形紋飾，爲成 王後期。
				成王	張懋鎔 2006a：頁 210	成王時標準器。
1393	戴叔朕鼎	25（又 重文 2）	02690- 02692	春秋前期	集成 2007（2）：頁 1665	
				共和四年	吳其昌 1929（2004）：頁 436	同人作戈叔朕簠（04621） 之曆日可合於共和時。
				春秋早期	李學勤、艾蘭 1995：頁 348 器 115	*02691。
				西周晚期	吳鎮烽 2006：頁 404	戴叔朕，西周晚期人，名 朕，戴國公族。
1394	叔□父鼎 叔頡父鼎	25（又 重文 2）	近出 0345、 新收 0734	西周晚期	近出 2002（二）：頁 202	
				西周晚期	新收 2006：頁 536	
				西周晚期	吳鎮烽 2006：頁 199	叔頡父，西周晚期人。
1395	史惠鼎	25（又 重文 2）	近出 0346、 新收 0724	西周晚期	近出 2002（二）：頁 203	
				西周中期	新收 2006：頁 531	
				西周中期	陳穎 1985：頁 90	"子孫寶用"字樣西周中 期始有。
				西周晚期	李學勤 1985a：頁 15	形制，字體。
				夷王	劉啓益 2002：頁 368	形制同三年頌鼎（02827） 等屬王器。史叀與夷王時 叀鼎（02490）之叀，官職 相同，當爲同一人。
				西周晚期	吳鎮烽 2006：頁 312	史惠，西周晚期人。

序號	器 名	字數	銘文著錄	時 代	出 處	依 據
1396	焂戒鼎 鮯伯慶鼎	25	近出 0347、新收 1454	西周晚期	近出 2002（二）：頁 204	
				西周晚期	新收 2006：頁 1007	
				西周晚期偏早	李學勤 1998a：頁 98	形制，紋飾。
				西周晚期	陳佩芬 2000：頁 133	形制近董家村廟孱鼎（02417）、寶雞虢鎮南宮柳鼎（02805），皆西周晚期器。
				西周晚期	陳佩芬 2004：頁 419	
				西周晚期	吳鎮烽 2006：頁 287	焂戒，西周晚期人。
				宣王	何景成 2008：頁 69–72	器形上與宣王時晉侯蘇鼎（近出 0315）相近。"次"讀爲羨。指羨卒。羨卒作爲預備人員而參加戰爭，可能在戰爭頻繁的宣王時期。
1397	敔鼎	25（又重文2）	近出附 18	西周晚期	近出 2002（四）：頁 304	
				西周中晚期之際	河南 C1992：頁 102	形制、紋飾、製作及作器人。
				厲王	王龍正 1995：頁 68	形制、紋飾近屬王時期禹鼎、大克鼎。
1398	□□鼎	不清	近出附 19	西周早期	近出 2002（四）：頁 304	
1399	畢伯克鼎	25	文物 2010 年 06 期頁 17 圖 35.2	西周晚期	陝西 K2010：頁 17–18	爲西周晚期常見形制。所出 M502 據銅器及陶器判斷屬西周晚期，可能屬於宣王早期。
1400	員方鼎 父甲鼎、員鼎、員乍父甲鼎	26	02695	西周早期或中期	集成 2007（2）：頁 1666	
				成王	郭沫若 1935（2002）：頁 75	據銘末族徽，當在周初。作器者"員"同成王時員卣（05387）。
				成王	容庚 1941（2008）：頁 35	作器者員同成王時員卣。
				穆王	楊樹達 1943b（1997）：頁 62	"眠敝"讀爲"眠林"，與《左傳·昭公十二年》《穆天子傳》引《紀年》之穆王在"祇宮"有關。
				成王	白川靜 1963：頁 229–235 器 21	
				昭王	唐蘭 1976—1978（1986）：頁 222	人物"員"亦見員卣（05387）。
				昭王	唐蘭 1981：頁 25	
				昭王	馬承源等 1988：頁 78 器 111	

序號	器　名	字數	銘文著録	時　代	出　　處	依　　據
1400	員方鼎 父甲鼎、 員鼎、員 乍父甲鼎	26	02695	成王後期	尹盛平 1992：頁 88	"覭"是微史家族的乙祖，活動時代當在成王前期至康王前期。與牆盤銘互校，此時之覭已爲成王之心腹，當在成王晚期作。
				昭王	辭典 1995：頁 82 器 293	
				西周早期	王世民等 1999：頁 12 鼎 3	器形。
				未	劉啓益 2002：頁 165	字體與員組器有别，不做判定。
				穆王	彭裕商 2003：頁 318	形制、紋飾、字體及銘文風格皆有穆世特色。
				昭王	陳佩芬 2004：頁 16	同人作員卣銘有"史旟"，此人又見於眉縣旟鼎，彼鼎銘人物"王姜"爲昭王時人，員當同時。
				西周中期前段	吳鎮烽 2006：頁 256	員，西周中期前段人。
				昭王	張懋鎔 2008：頁 344	
1401	毁鼎 𢽳鼎、内 史𢼸鼎、 非余鼎	26	02696	西周中期	集成 2007（2）：頁 1666	
				成王	白川靜 1964b：頁 436–439 器 41 附	
				共王	唐蘭 1976—1978（1986）：頁 439	
				穆王	彭裕商 2003：頁 332	據器形、紋飾、字體歸入穆世。
				西周中期	吳鎮烽 2006：頁 447	𢽳，西周中期人。
1402	椒伯車父 鼎 散伯車父 鼎	26（又 重文 1）	02697- 02700	西周晚期	集成 2007（2）：頁 1666	
				西周中期	史言 1972：頁 32	形制，紋飾，銘文。
				西周中期	陝西 1980（3）：頁 18 器 113-116	
				厲王四年	何幼琦 1982：頁 112	曆法。
				厲王	丁驌 1985：頁 49	曆日。
				西周晚期	馬承源等 1988：頁 357 器 529	*02699。
				穆王	盧連成、胡智生 1988a：頁 525	
				厲王	李仲操 1991：頁 78	曆日。
				厲王四年	趙光賢 1992：頁 48	曆日。
				西周中期	辭典 1995：頁 88 器 310	
				夷王四年	劉雨 1997：頁 247	
				中期偏晚（約夷王前後）	王世民等 1999：頁 34 鼎 59	器形。

續表

序號	器　名	字數	銘文著録	時　代	出　　處	依　　據
1402	椒伯車父鼎 散伯車父鼎	26（又重文1）	02697–02700	孝王四年	斷代工程 2000：頁 20、32	考古類型學排比。排西周金文曆譜。
				夷王	張懋鎔 2002：頁 33	
				夷王	劉啓益 2002：頁 353	曆日合於夷王四年。
				宣王	彭裕商 2003：頁 447	器形，紋飾，字體。
				孝王四年	朱鳳瀚 2004：頁 6	
				西周晚期	曹瑋等 2005（2）：頁 158–171	
				厲王	張懋鎔 2006a：頁 224、218	形制，紋飾，字體。
				西周中期後段	吳鎮烽 2006：頁 310	散伯車父，西周中期後段人。
				孝王	朱鳳瀚 2009：頁 1309、1222	曆日。
1403	嬰方鼎	27（又合文1）	02702	殷或西周早期	集成 2007（2）：頁 1667	
				成康	白川靜 1964b：頁 419–420 器 38 附	
				商晚	喀左 B1974：頁 369	形制。銘文書法。
				商末	李學勤 1975：頁 276	
				成王	唐蘭 1976—1978（1986）：頁 110	據出土地"妟"當爲燕之公族。斐爲曩侯亞吳族，與成王時亞盉（09439）之亞爲同族、辰見於昭王時矢令簋（04300）。
				成王	馬承源等 1988：頁 30 器 49	"曩侯亞吳"也見於亞盉。
				西周前期	辭典 1995：頁 80 器 285	
				西周早期	青全 1997（6）：頁 2 器 2	
1404	堇鼎	27	02703	西周早期	集成 2007（2）：頁 1667	
				成康	白川靜 1964b：頁 419–420 器 38 附	
				成王後期	唐蘭 1976—1978（1986）：頁 96	從"玉"之"僕"字當出現於成王後期，至康王時則全用"僕"。
				成康	陳公柔、張長壽 1980：頁 23–30	據器形及大保所在王世。
				約康王	高木森 1986：頁 52	
				成康間	馬承源等 1988：頁 29 器 47	此"燕侯"即燕侯旨，見晏侯旨鼎（02269），"太保"爲召公奭，其死於康王時，故此器應是成康間。
				成康	殷瑋璋、曹淑琴 1991：頁 11–12	

續表

序號	器名	字數	銘文著録	時代	出處	依據
1404	菫鼎	27	02703	西周早期	張亞初 1993a：頁 328	
				成康時	北京 C1995：頁 244	銘文内容及形制、紋飾。
				西周前期	辭典 1995：頁 79 器 282	
				西周早期	青全 1997（6）：頁 4 器 4	
				成康	王世民等 1999：頁 26 鼎 37	器形。
				成王	劉啓益 2002：頁 80	形制紋飾同成王器。記載燕侯饋贈食品於太保。
				成王	彭裕商 2003：頁 230	太保召公歷武成康三世，依器形紋飾歸爲成王。
				成王	張懋鎔 2006a：頁 213	
				成康	吳鎮烽 2006：頁 280	菫，西周成康時人。
				成康之際	朱鳳瀚 2009：頁 1409	組合，形制，紋飾。
1405	旟鼎 輿鼎	27（又重文 1）	02704	西周早期	集成 2007（2）：頁 1667	
				成王	史言 1972a：頁 3-4	作器人"旟"又見於員卣（05387），成王時人。"王姜"爲成王妃。
				成王	郭沫若 1972：頁 2	形制、花紋、銘辭、字迹皆周初。"王姜"爲武王妃。
				成王後期到康王後期	方善柱 1977：頁 4-5	"王姜"爲武王妃。
				康王	劉啓益 1978：頁 314-316	形制、花紋近康王二十三年盂鼎。
				昭王	唐蘭 1976—1978（1986）：頁 225	"王姜"爲昭王妃。
				康王	陝西 1980（3）：頁 30 器 192	"王姜"爲康王妃。形制紋飾酷似大盂鼎（02837）。
				昭王初年	唐蘭 1981：頁 24	姜是昭王后，旟地位尚低。
				康王	吳鎮烽 1987：頁 267-268	"王姜"爲康王妃，見康王時令簋（04300）。字體與昭時銘文不同。
				昭王	馬承源等 1988：頁 79 器 114	"王姜"爲昭王妃，見作册睘卣（05407）。
				康王或昭王前期	李零 1993：頁 663	
				西周前期	辭典 1995：頁 78 器 279	
				西周早期	青全 1997（6）：頁 121 器 124	

序號	器名	字數	銘文著録	時代	出　處	依　據
1405	旂鼎 輿鼎	27（又重文1）	02704	昭王	彭裕商 2002：頁 29	"王姜"亦見於叔卣，與太保共存，活動時間在康晚至昭王時。器形近大盂鼎，後者記年 23，爲康王晚年器，本鼎字體較晚，且措辭有"子子孫孫其永寶"，年代在昭王時期。
				康王	劉啓益 2002：頁 120	"王姜"爲康王妃。形制近康王時大盂鼎（02837）。
				康王中後期	杜勇、沈長雲 2002：頁 160	形制，紋飾，字體。
				康王時期（或略晚）	張天恩 2003：頁 62–65	
				康王	李零 2003：頁 22	"旂"或即述器之"新室仲"，當康王時。
				昭王	彭裕商 2003：頁 255	"王姜"爲康王后。形制紋飾近康王時大盂鼎（02837）。字體有較晚特徵。"子子孫孫其永寶"説法見昭王後。
				康王前後	賈洪波 2003：頁 6	形制、紋飾近康王時大盂鼎（02837）。
				康王	吳鎮烽 2006：頁 439	旂，西周康王時人。
				康王	王輝 2006：頁 85	器形，紋飾。
				康王	陝西 B2008：頁 264	形制紋飾酷似大盂鼎。
1406	窋鼎 窋鼎、師 訾鼎、微 子鼎、眉 鼎、師眉 鼎、眉 鷹王鼎、 尺鼎	27（又合文1）	02705	西周中期	集成 2007（2）：頁 1667	
				成王	吳其昌 1929（2004）：頁 138	"尺"即成王時中尊（06514）等器之"南宫毛"。
				商末周初	楊樹達 1943a（1997）：頁 61	眉，讀爲微，微子也。本器爲微子之器。
				穆王初期	唐蘭 1976—1978（1986）：頁 338	書法秀麗，當穆王前期。作者爲氏族國君君長而爲周臣。
				共王	劉啓益 1980a：頁 85	形制同共王時衛鼎。"王媯"或爲共王妃。
				西周中期	馬承源等 1988：頁 236 器 326	
				西周中期	青全 1997（6）：頁 122 器 125	
				西周中期	彭裕商 2003：頁 379	與師眉簋（04097）作器者同，據二器器形、紋飾、字體，推測在穆晚或恭王時期。
				西周中期前段	吳鎮烽 2006：頁 244	眉能王，西周中期前段人。

續表

序號	器 名	字數	銘文著録	時 代	出 處	依 據
1407	麥方鼎 麥鼎	27（又重文1合文1）	02706	西周早期	集成2007（2）：頁1667	
				康王	吳其昌1929（2004）：頁193	據"隹"字寫法，此器在周初。"井侯""麥"見於作册麥尊（06015）、麥彝（09893）、麥盉（09451）。
				康王	郭沫若1935（2002）：頁102	用辭古樸，用字同康王時盂鼎、周公簋。字體屬康世。
				康王	容庚1941（2008）：頁36	"井侯"亦見於成王時周公簋（04241）。
				昭王	唐蘭1962：頁34	聯繫昭王時麥尊（06015）。
				成康	白川靜1965b：頁623–646器60附	
				成康	陳夢家1966（2004）：頁84	"井侯"見於成王時井侯簋（04241）。
				昭王	唐蘭1976—1978（1986）：頁256	
				昭王	唐蘭1981：頁64	
				康王	馬承源等1988：頁48器68	"麥""井侯"皆見於麥方尊（06015）。
				西周前期	辭典1995：頁81器290	
				昭王	彭裕商1998：頁148	參麥方尊（06015）。
				康王	李先登1999：頁115	器形晚於成末麥尊，約康王時。
				康王	劉啓益2002：頁116	作器者同康王時麥方尊（06015）。
				昭王	彭裕商2003：頁281	
				西周早期	馬承源2003a：頁72鼎11	器形。
				成王親政後段	楊文山2004a：頁2	
				西周早期	吳鎮烽2006：頁282	麥，西周早期人。
1408	公鼎 敔鼎	27	新收0075	西周中晚期	新收2006：頁66	
				懿王	徐錫臺1998：頁357	與十月敔簋、敔作父丙簋爲同人作器，時代相當，後者受懿王賞賜。
				夷厲	王龍正、王聰敏2000：頁43	與散伯車父鼎（02697）、禹鼎（02833）相似，兩者皆夷厲時器。
				西周早期後段	吳鎮烽2006：頁284	敔，西周中期後段人。

續表

序號	器　名	字數	銘文著錄	時　代	出　　處	依　　據
1409	帝蘪鼎 父乙鼎、 作册豐鼎	28	02710、 02711	殷	集成 2007（2）：頁 1668	
				成王	吳其昌 1929（2004）：頁 163	"作册肶"見於成王時作册肶甗（00944）。疑"豐"爲"肶"之子。
				成王	唐　蘭 1976—1978（1986）：頁 93	當爲成王滅邶後派帝蘪視察邶國時器。
1410	乃子克鼎 辛伯鼎	28（又 合文 1）	02712	西周早期	集成 2007（2）：頁 1668	
				成王	陳夢家 1966（2004）：頁 66	"乃子"之類的稱謂行於成康時。
				西周早期	吳鎮烽 2006：頁 3	"乃子克"，西周早期人。
1411	師趛鼎	28	02713	西周中期	集成 2007（2）：頁 1668	
				厲王十六年	吳其昌 1929（2004）：頁 400	"師趛"即厲王十八年克盨（04465）之"史趛"，日辰合於厲王十六年。
				厲王	郭沫若 1935（2002）：頁 263	作器者即厲王時克盨（04465）之"史趛"。
				西周前期	容庚 1941（2008）：頁 233 鼎 56	
				穆王	白川靜 1966c：頁 150-152 器 86 附	
				孝王	丁驌 1985：頁 42	曆日。
				西周中期後段	吳鎮烽 2006：頁 264	師趛，西周中期後段人。
1412	鄬公鼎	28（又 重文 2）	02714	春秋早期	集成 2007（2）：頁 1668	
				西周晚期 至春秋早期	隨州 A1982：頁 138	器形，花紋。
				兩周之際	劉彬徽 1986：頁 243	
				西周晚期	楊寶成 1989：頁 132	伴出器形制、紋飾、字體。
1413	晉侯對鼎	28（又 重文 2）	近出 0350、 新收 0851	西周晚期	近出 2002（二）：頁 208	
				西周晚期	新收 2006：頁 624	
				宣王十三年	李朝遠 2002：頁 436-438	曆日。
				西周晚期	陳佩芬 2004：頁 421 器 366	
				西周晚期	吳鎮烽 2006：頁 255	晉侯對，西周晚期人，名對，晉國國君。
1414	伯穌鼎	28	近二 0309、 新收 1690	西周中期	近二 2010（一）：頁 331	
				西周	新收 2006：頁 1154	
1415	獄鼎	28	近二 0310	西周中期	近二 2010（一）：頁 332	
				穆王前期	吳鎮烽 2006a：頁 63-64	形制，花紋，銘文字體。

序號	器　名	字數	銘文著録	時　代	出　　處	依　　據
1415	獄鼎	28	近二 0310	穆共	張懋鎔 2006e: 頁 64–65	從形制、紋飾、字形書體、用語、賞賜地點、賞賜品、人物、日名等角度看，獄器當西周中期穆共時。雖私名相同，但器主"獄"非魯侯熙。
				穆恭之際	韓巍 2007: 頁 156–157	形制，紋飾。
				穆恭	李學勤 2007c: 頁 183	器形、紋飾類恭王時五祀衛鼎（02832）、九年衛鼎（02831）。
				穆王晚期	朱鳳瀚 2008a: 頁 4	"肇作"爲器主首次作宗廟祭祀禮器，當早於十一月獄簋（近二 0438）。
1416	寓鼎	30	02718	西周早期	集成 2007（2）: 頁 1668	
				昭王	陳夢家 1966（2004）: 頁 138 器 101 附	"對揚"後銘文釋爲"邵王"。"王妌"，昭王妃。
				武成	杜廼松 2002	"王妌"是文王妃。
				西周早期前段	吳鎮烽 2006: 頁 329	寓，西周早期前段人。
1417	公貿鼎	30（又合文 1）	02719	西周中期	集成 2007（2）: 頁 1668	
				康王	陳夢家 1966（2004）: 頁 131	據字體當爲康王。
				西周中期	吳鎮烽 2006: 頁 289	貿，西周中期人。
1418	井鼎	30	02720	西周早期或中期	集成 2007（2）: 頁 1669	
				穆王	吳其昌 1929（2004）: 頁 284	記事及字體皆同穆王時遹簋（04207）。
				穆王	白川靜 1966c: 頁 148–152 器 86	
				穆王	唐蘭 1976—1978（1986）: 頁 365	銘文有方格，似此時初見。
				西周中期	馬承源等 1988: 頁 231 器 318	
				穆王	彭裕商 2003: 頁 333	據器形、紋飾、字體歸入穆世。
				西周中期	陳佩芬 2004: 頁 257 器 304	
				西周中期前段	吳鎮烽 2006: 頁 43	井，西周中期前段人。
1419	黻鼎師雝父鼎、䣄鼎	30（又合文 1）	02721	西周中期	集成 2007（2）: 頁 1669	
				宣王元年	吳其昌 1929（2004）: 頁 458	記伯雝父戍䣄，同宣王元年遇甗（00948）。
				穆王	郭沫若 1935（2002）: 頁 136	䣄即徐舒國，穆王時曾率九夷伐周，此銘記周征伐淮夷事。形制，字體。

續表

序號	器 名	字數	銘文著錄	時 代	出 處	依 據
1419	觑鼎 師瘨父 鼎、瘨鼎	30（又 合文 1）	02721	成王	容庚 1941（2008）：頁 34	"師雍父"即成王時录卣（05420）、录簋（04122）之"伯雍父"。"觑"見於录簋。
				昭穆	白川靜 1967：頁 177-188 器 89	
				穆王	唐蘭 1976—1978（1986）：頁 392	
				穆王	李學勤 1980：頁 37	
				穆王	馬承源等 1988：頁 121 器 184	
				西周早期偏晚	王世民等 1999：頁 29 鼎 48	師瘨父也見於穨卣（05411）、叹尊（06008）等。
				穆王	劉啓益 2002：頁 214	"師雍父"見於伯雍父盤（10074）、录簋（04122），皆穆王器。"省道于觑"見於录簋。
				穆王	彭裕商 2003：頁 303	記伐淮夷事。所飾鳥紋多見於穆王時。
				穆王	張懋鎔 2006a：頁 215	录伯戓和師雍父爲同一人，是穆王時東征淮夷的主將。字形書體亦相合。
				西周中期前段	吳鎮烽 2006：頁 401	觑，西周中期前段人。
				西周中期	朱鳳瀚 2009：頁 1400	
1420	師艅鼎 師俞鼎	31（又 重文 1）	02723	西周中期	集成 2007（2）：頁 1669	
				厲王	吳其昌 1929（2004）：頁 370	作器者同屬王三年之師艅敦蓋（04277）。
				昭王	唐蘭 1976—1978（1986）：頁 265	
				昭王	唐蘭 1981：頁 70	
				昭王	吳鎮烽 1987：頁 269	昭王二次伐楚失敗，周人諱之，此當昭王十六年一次伐楚時。
				昭王	劉啓益 2002：頁 154	地名"上侯"見於啓卣（05410）。
				西周早期後段	吳鎮烽 2006：頁 235	俞，西周早期後段人。

序號	器　名	字數	銘文著錄	時　代	出　　處	依　　據
1421	毛公旅方鼎 毛公鼎、 毛公旅鼎	31	02724	西周早期	集成 2007（2）：頁 1669	
				成王	吳其昌 1929（2004）：頁 159	"毛公"見於成王時毛公鼎（02841）。"屚"見於成王時屚趞鼎（02730）。
				恭王	郭沫若 1935（2002）：頁 170	形制。
				康王（或昭王）	陳夢家 1966（2004）：頁 131	"毛公"見於康王時班簋（04341）。據形制紋飾，亦可能屬昭王。
				昭穆	白川靜 1966b：頁 62–68 器 79 附	
				西周中期	馬承源等 1988：頁 253 器 363	
				穆王	唐蘭 1976–1978（1986）：頁 344	
				西周中晚期之交	彭裕商 2003：頁 384	器形、紋飾亦見於穆王時他器，字體較晚。
				西周中期	陳佩芬 2004：頁 261 器 306	
				西周早期	吳鎮烽 2006：頁 54	毛公，西周早期人，名旅，毛叔鄭的後代。
				穆王	張懋鎔 2008：頁 346	
1422	䚬規方鼎	31	02725–02726	西周早期	集成 2007（2）：頁 1669	
				成康	陝西 D1986：頁 26–31	"䚬"即魯考公酋，音通。
				昭王	李學勤 1986：頁 33–35	族名、父名、字體同昭世厚趞方鼎（02730），兩器器主當爲兄弟行。
				早期偏晚（不晚於昭王）	黃盛璋 1986：頁 37–38	字體，銘例，"王"字寫法。
				穆王前後	李豐 1988a：頁 396	墓葬。
				昭王	盧連成、胡智生 1988a：頁 514	
				西周前期	辭典 1995：頁 80 器 287	
				西周中期前段	張劍、孫新科 1996：頁 335	
				西周中期	青全 1997（5）：頁 8 器 8	*02725。
				西周早期偏晚（約昭王）	王世民等 1999：頁 12 鼎 5	器形。
				成王三十二年	張聞玉 1999：頁 44–48	曆日。
				昭王	劉啓益 2002：頁 172	同墓葬銅器形制多近昭王器。
				昭王	朱亮、高西省 2004：頁 109	形制，紋飾。
				穆恭	朱鳳瀚 2009：頁 1284–1301	墓葬。

續表

序號	器 名	字數	銘文著錄	時 代	出 處	依 據
1423	師器父鼎	31（又重文2）	02727	西周中期	集成2007（2）：頁1669	
				懿王	曹淑琴1993：頁61	與懿王時叔㢑父簋（04058）當爲同人作器。
				約共王	金信周2002：頁254	"用祈眉壽、黄耇、吉康"與共王時師㝨父鼎（02813）完全相同，時代當相近。
				西周中期	吳鎮烽2006：頁265	師器父，西周中期人。
1424	旅鼎大保鼎	31（又合文1）	02728	西周早期	集成2007（2）：頁1669	
				昭王十年	吳其昌1929（2004）：頁219	"公太保"是昭王十年時夨彝（09901）之"周公子明保"、作册大伯鼎（02759）之"尹太保"。伐反夷即伐楚。曆日與昭王十年密合。
				成王	郭沫若1935（2002）：頁71	
				成王	容庚1941（2008）：頁34	
				成王	白川靜1962a：頁72-76器5	
				昭王	唐蘭1962：頁36	昭王時亦有伐東夷之戰，參昭王時趞尊（05992）。
				成王	陳夢家1966（2004）：頁19	記伐東夷事。"公大保"可能指周公子明保，見令方彝（09901）。形制紋飾同獻侯鼎（02626）。
				昭王	唐蘭1976—1978（1986）：頁214	"公太保"即"明公"，見作册令方彝（09901）。"保"字從"玉"，非成王初期寫法。"伐反夷"當與明公簋（04029）之伐東國爲一事。
				成康	陳公柔、張長壽1980：頁23-30	據器形及大保所在王世。
				昭王	唐蘭1981：頁22	"太保"即明保。
				周公攝政三年	何幼琦1983b：頁82	
				約康王	高木森1986：頁52	
				康王	馬承源等1988：頁52器74	征伐反夷之年。
				成王前期	殷瑋璋、曹淑琴1991：頁6、12	
				康昭	馬承源1992：頁151	人物聯繫。
				成康	王世民等1999：頁22鼎29	器形。
				成王後期	杜勇2001：頁13	記伐東夷事與《史記·周本紀》之成王伐東夷相符。形制同成王時同類器。新出大保盉、盃銘文中"保"字皆從玉，從玉與否無時間早晚意義。

序號	器 名	字數	銘文著録	時 代	出 處	依 據
1424	旅鼎 大保鼎	31（又 合文 1）	02728	成王	劉啓益 2002: 頁 79	太保伐反夷時，年事不能過高，故當在成王時。形制承襲殷式。
				成王末年	杜勇、沈長雲 2002: 頁 154、70	形式承襲殷式較早，據召公的年齡可歸於成王末年。
				成王	王永波 2003: 頁 33-34	《尚書·費誓》《魯周公世家》《帝王世紀》等皆記載成王時伐東夷。
				成王	彭裕商 2003: 頁 218	所記同成王時太保簋（04140）。
				康王	陳絜、祖雙喜 2005: 頁 20	東夷大反，公大保率軍東征，發生在康王之世。
				西周早期前段	吳鎮烽 2006: 頁 271	旅，西周早期前段人。
				成康	朱鳳瀚 2009: 頁 1260	
1425	歔戲方鼎 逐己公方鼎、戲方鼎	32	02729	西周早期	集成 2007（2）: 頁 1669	
				成康	白川靜 1965: 頁 519-528 器 51	
				成王	陳夢家 1966（2004）: 頁 54	"橺中"見成王時橺仲作旅盂（03363），畢公之子。與此鼎兩耳伏獸相同之器皆屬武、成、康初。
				昭王	唐 蘭 1976—1978（1986）: 頁 235	"🔲（橺）仲"與"🔲（橺）伯"是兄弟，見獻簋（04205）。
				昭王	唐蘭 1981: 頁 33	橺仲與橺伯爲兄弟行，後者見昭王時獻簋（04205）。
				成王	陳公柔、張長壽 1982: 頁 16	形制，花紋。
				西周早期	馬承源等 1988: 頁 91 器 136	
				西周早期	青全 1997（5）: 頁 7 器 7	
				康王前後	王世民等 1999: 頁 15 鼎 9	器形。
				康昭	李學勤 2001e: 頁 3	腹部饕餮紋。
				康王	劉啓益 2002: 頁 131	紋飾近昭王時厚趠方鼎（02730）、服方尊（05968）。耳上伏獸近康王時太保方鼎（01735），據後者定爲康王器。
				昭王	彭裕商 2003: 頁 289	據形制、紋飾、字體定爲昭王。
				昭王	張懋鎔 2005a: 頁 22	器形、紋飾皆有早期特徵，但字體較晚，可用"兩系説"解釋。

序號	器 名	字數	銘文著録	時 代	出 處	依 據
1425	歔斁方鼎逐己公方鼎、斁方鼎	32	02729	西周早期後段	吳鎮烽 2006：頁 394	橋仲，西周早期後段人。
				昭王	張懋鎔 2008：頁 344	
				昭王	張懋鎔 2010b：頁 44	形態。
1426	厚趠方鼎趠鼎、趠甗、父辛鼎	32（又重文1）	02730	西周早期	集成 2007（2）：頁 1670	
				成王	吳其昌 1929（2004）：頁 143	"溓公"見於成王時寽鼎（02740）。
				成王	郭沫若 1935（2002）：頁 76	淺公見於成王時寽鼎（02740）。
				成王	容庚 1941（2008）：頁 35	"溓公"見於成王時寽鼎（02740）。
				成王	白川靜 1964a：頁 357–361 器31	
				昭王	唐蘭 1976—1978（1986）：頁 227	"溓公"亦見寽鼎（02740）。以"王來格成周"紀年，當是王初次到成周。
				昭王	陳佩芬 1981：頁 30	人物"溓公"繫聯寽鼎（02740）、小臣速簋（04238），後者所記伐東夷事當在昭王時。
				昭王	唐蘭 1981：頁 27	
				成康	陝西 D1986：頁 26–31	"厚"與"酉"同韻，即魯考公酉。
				昭王	李學勤 1986：頁 33–35	可聯繫寽鼎（02740）、員卣（05387）等昭世器。
				昭王	馬承源等 1988：頁 83 器 120	"溓公"見於康王時寽鼎（02740），因此器紋飾較晚，歸入昭王。
				西周前期	辭典 1995：頁 82 器 292	
				昭王	青全 1997（5）：頁 12 器 11	
				西周早期偏晚（約昭王）	王世民等 1999：頁 15 鼎 10	器形。
				昭王	李學勤 1998b：頁 45	溓公即祭公謀父，昭穆時人。
				昭王	劉啓益 2002：頁 161	溓公組，分析見寽鼎（02740）。
				昭王	杜勇、沈長雲 2002：頁 162	形制，紋飾，字體。
				穆王	彭裕商 2003：頁 326	據形制、紋飾、字體歸入穆王。

序號	器 名	字數	銘文著錄	時 代	出 處	依 據
1426	厚趠方鼎趠鼎、趠鼏、父辛鼎	32（又重文1）	02730	昭王	陳佩芬 2004：頁 19	人物"濂公"見於康王時窜鼎（02740）而所載史實、紋飾略晚，當昭王時。
				昭王	朱亮、高西省 2004：頁 93–115	形制。
				昭王	張懋鎔 2005a：頁 3	造型、紋飾有周初特點，但紋飾的構成屬簡化形式，是形態稍晚的表現。該器可用"兩系説"解釋。
				西周早期後段	吳鎮烽 2006：頁 226	厚趠，西周早期後段人。
				昭王	張懋鎔 2008：頁 344	
				穆王	王帥 2008：頁 42	器形紋飾，字形書體。
1427	彊鼎	32（又重文1）	02731	西周中期	集成 2007（2）：頁 1670	
				昭王	吳其昌 1929（2004）：頁 254	"趠"見於昭王十七年之趠尊（05992）。"東反夷"之事亦見於昭王時宗周鐘（00260）、旅鼎（02728）、明公尊（04029）。
				成王	郭沫若 1935（2002）：頁 20	"趠"見於成王時趠尊（05992）。
				昭王	唐蘭 1962：頁 36	人物"趠"見於昭王時趠尊（05992），昭王時亦有伐東夷之戰。
				成王	白川靜 1963：頁 205–212 器 17 附	
				成王	陳夢家 1966（2004）：頁 22	記伐東夷事。常語"子子孫孫永寶"大率爲西周初期用語。同作器者的其他器皆屬西周初期，同形制的鼎多爲成、康器。
				昭王	唐蘭 1976—1978（1986）：頁 241	銘文記伐東夷事，見小臣謎簋（04238）。敘述俘獲貝、銅而作銅器，多在昭王時。
				昭王	伍士謙 1981：頁 97–126	
				昭王	唐蘭 1981：頁 37	
				康王	吳鎮烽 1987：頁 267–268	
				康王	馬承源等 1988：頁 51 器 73	此銘文記克反東夷當與小臣謎簋（04238）是同一次戰役。
				康昭	馬承源 1992：頁 151	與康昭間旅鼎（02728）記同一次戰爭。

續表

序號	器 名	字數	銘文著錄	時 代	出 處	依 據
1427	𤳙鼎	32（又重文1）	02731	康王	劉啟益 2002：頁 123	人物"趞"與趞卣（05402）、趞尊（05992）之"趞"爲同一人。同人所憲卣（05187）、憲尊（05819）形制同康王時乍册睘卣（05407）、乍册睘尊（05989）。
				約康王	杜勇、沈長雲 2002：頁 161	形制，紋飾。
				昭王	彭裕商 2003：頁 276	記事、器形、紋飾均同昭王時弯鼎（02740）、䥽鼎（02659）。
				昭王	張懋鎔 2005a：頁 4	腹傾垂，樸素無紋飾。
				昭穆	吳鎮烽 2006：頁 341	憲，西周昭穆時期人。
				昭王	張懋鎔 2008：頁 344	
1428	衛鼎	33	02733	西周中期	集成 2007（2）：頁 1670	
				成王	陳夢家 1966（2004）：頁 34	作器者衛同成王時御正衛簋（04044）。
				昭王	唐蘭 1976—1978（1986）：頁 248	
				昭王	唐蘭 1981：頁 39	
				穆王	彭裕商 2003：頁 325	據器形、字體、措辭等大致屬穆世。
				西周中期	吳鎮烽 2006：頁 375	衛，西周中期人。
1429	仲𧥣父鼎、仲偁父鼎、仲催父鼎、仲偁父鼎	33（又重文2）	02734	西周中期	集成 2007（2）：頁 1670	
				宣王元年	吳其昌 1929（2004）：頁 455	記伐淮夷事，在宣王元年，日辰合於《曆譜》宣王元年。
				孝王	陳夢家 1966（2004）：頁 246	伐淮夷桐遹事見於孝王時翏生盨（04459）。
				宣王	艾延丁 1991：頁 116–117	器主即仲偁父簋（04188）之仲偁父，後者爲宣王時器。
				西周晚期	吳鎮烽 2006：頁 123	仲偁父，西周晚期人。
				西周晚期（屬宣）	陳絜 2010：頁 212–217	形制、紋飾當屬西周晚期。
1430	不㛸方鼎、不㛸方鼎	33（又合文1）	02735-02736	西周中期	集成 2007（2）：頁 1670	
				穆、恭	周文 1972：頁 9–12	器形，紋飾，銘文。
				昭王	唐蘭 1976—1978（1986）：頁 266	
				西周中期	陝西 1980（3）：頁 10 器 58、59	
				昭王	唐蘭 1981：頁 70	

續表

序號	器　名	字數	銘文著錄	時　代	出　處	依　據
1430	不栺方鼎 不㫷方鼎	33（又 合文 1）	02735– 02736	昭王	吳鎮烽 1987：頁 269	上侯是周昭王伐楚時駐蹕過的地方，見於昭王時師旟鼎（02723）、启卣（05410）等。
				孝王	馬承源等 1988：頁 205 器 285	
				二期後段（約昭王）	盧連成、胡智生 1988a：頁 508–513	墓葬。
				西周中期	辭典 1995：頁 83 器 296	
				西周中期	王世民等 1999：頁 15 鼎 12	器形。
				昭王	劉啓益 2002：頁 153	地名"上侯"亦見於启卣（05410）。形制與史迷方鼎乙（02165）相近。字體與彔簋（04122）、豐尊（05996）、㦴方鼎甲（02789）近似。
				西周中期	彭裕商 2003：頁 380	地名"上侯"見於启卣（05410）、師俞尊（05995）。字體有中期風格，紋飾較晚，推測在恭懿或略晚。
				西周中期	馬承源 2003a：頁 71 鼎 3	器形。
				昭王	朱亮、高西省 2004：頁 108	形制，紋飾，地名"上侯应"。
				穆王	張懋鎔 2006a：頁 221	形制，紋飾，字體。
				西周早期後段	吳鎮烽 2006：頁 44	不栺，西周早期後段人。
				昭穆	張懋鎔 2008：頁 345	
1431	塑方鼎 周公鼎、 周公東征 鼎、豐伯 塑鼎、塑 鼎	34（又 合文 1）	02739	西周早期	集成 2007（2）：頁 1671	
				成王四年	吳其昌 1929（2004）：頁 110、117	周公伐東夷事見載於典籍、彝銘，爲周公末年成王初年事。史實與成王四年之御正衛彝（04044）、小臣宅簋（04201）貫串，爲一年器。
				成王	白川靜 1962b：頁 115–121 器 10 附	
				成王	陳夢家 1966（2004）：頁 17	此次征伐東夷即成王周公之東征，見《大誥》《破斧》。鼎身、鼎足形制同於周公鼎（02268）。
				周公攝政	唐蘭 1976—1978（1986）：頁 41	據《左傳》《尚書》等周公伐東夷後，齊、魯、燕始封，非武王時。

續表

序號	器 名	字數	銘文著錄	時 代	出 處	依 據
1431	塱方鼎 周公鼎、 周公東征 鼎、豐伯 塱鼎、塱 鼎	34（又 合文 1）	02739	西周前期	陳公柔、張長壽 1982：頁 15	
				周公攝政 三年	何幼琦 1983b：頁 82	
				成王	馬承源等 1988：頁 17 器 26	周公伐東夷事見《史記·周 本紀》《尚書大傳》。
				成王	王光永 1991：頁 3、14	成王東征時。
				西周早期	青全 1997（5）：頁 6 器 6	
				成王	王世民等 1999：頁 16 鼎 16	爲周公東征、平定諸夷後 所鑄。器形。
				成王初年	劉啓益 2002：頁 66	記事與文獻所記伐商奄、 薄姑相合，在成王初。形 制承襲殷式而略有變異。
				成王	彭裕商 2003：頁 217	成王平叛時器。
				成王	朱亮、高西省 2004：頁 93–115	形制。
				成王	張懋鎔 2006a：頁 210	成王時標準器。
				西周早期	吳鎮烽 2006：頁 374	塱，西周早期人。
				成王	葉正渤 2010a：頁 208	
1432	嫠鼎 嫠作刖公 鼎	35	02740- 02741	西周早期	集成 2007（2）：頁 1671	
				成王四年	吳其昌 1929（2004）：頁 126	"王伐東夷"與成王時小 臣謎簋（04238）、小臣宅 簋（04201）等爲一事。
				成王	郭沫若 1935（2002）：頁 73	文字甚古，必爲成王時器。
				成王	容庚 1941（2008）：頁 34	伐東夷事在成王時，見 《周本紀》。
				成王	白川靜 1963：頁 217–222 器 19	
				成王	陳夢家 1966（2004）：頁 23	記伐東夷事，與《書序》 "成王既伐東夷"相符。
				昭王	唐蘭 1976—1978（1986）：頁 220	敘述俘獲貝、銅而作銅 器，多在昭王時。成王東 征是與周公，此爲濂公。
				昭王	唐蘭 1981：頁 26	"王伐東夷"應是昭王。 和史旗同屬濂公部下，史 旗見昭王時員卣（05387）。
				康後	吳鎮烽 1987：頁 267–268	
				康王	馬承源等 1988：頁 51 器 72	銘文記伐東夷事與康王 時小臣謎簋（04238）當是 同一次戰役。"濂公"見 於厚趠方鼎（02730）、嗣 鼎（02659）。"史旗"亦見 昭王時旗鼎（02704），則 "史旗"歷事康、昭。

續表

序號	器　名	字數	銘文著錄	時　代	出　　處	依　　據
1432	窖鼎 窖作☒公鼎	35	02740- 02741	康昭	馬承源 1992：頁 151	與康昭間旅鼎（02728）記同一次戰爭。
				昭王	李學勤 1998b：頁 45	溓公即祭公謀父，昭穆時人。
				昭王	劉啓益 2002：頁 161	溓公組，人名"溓公"亦見於厚趠方鼎（02730）、嗣鼎（02659）。該組厚趠方鼎形制紋飾爲康昭時期，字體近不栺方鼎（02736）、錄簋（04122）；嗣鼎形制介於成、穆之間。
				約昭王	杜勇、沈長雲 2002：頁 162	銘文與員卣（05024）可相類比，約同時器。
				昭王	彭裕商 2003：頁 275	器形爲昭穆時。"旟"見於穆王時員尊、員卣。"溓公"見於穆王時厚趠方鼎（02730）。記伐東夷事同昭王時小臣謎簋（04238）。
				昭王	張懋鎔 2006：頁 189	銘文字形書體及其他。
				昭王	張懋鎔 2006a：頁 214	溓公，即昭穆時祭公。字形書體不會晚至穆王。
				康昭	吳鎮烽 2006：頁 329	窖，西周康昭時期人。
				昭王	張懋鎔 2008：頁 344	
				昭王	王帥 2008：頁 42	字形書體。
1433	瘋鼎 文王命瘋鼎、瘋鼎、周文王命瘋鼎	35	02742	西周中期	集成 2007（2）：頁 1671	
				康王三年	吳其昌 1929（2004）：頁 168	此銘曆日合於周公攝政、康王、穆王、懿王、厲王、共和等世三年曆日。據《尚書大傳》謚法起於周公攝政六年，據《左傳·僖五》"虢叔"是王季之穆，故此三年在康王時。《左傳·昭四》及《竹書紀年》皆記有康王時"豐"地。
				懿王	唐蘭 1978：頁 19-20	
				孝王	黃盛璋 1978：頁 199	參三年瘋壺（09726）。
				懿王	唐蘭 1976—1978（1986）：頁 516	
				夷王	李學勤 1979：頁 35	
				共王	伍士謙 1981：頁 97-126	曆日與共王三年瘋壺（09726）相合，兩器都是王命虢叔召瘋，祭祀對象相同，"瘋"字寫法一致。

續表

序號	器 名	字數	銘文著録	時 代	出 處	依 據
1433	癲鼎 文王命 癲鼎、癲 鼎、周文 王命癲鼎	35	02742	孝王	馬承源 1982：頁 52	曆日。
				孝王三年	劉啓益 1984：頁 241	
				孝王	丁驌 1985：頁 42	曆日。
				厲王三年	何幼琦 1989a：頁 47	曆法。
				厲王三年	何幼琦 1989b：頁 58	
				厲王	李仲操 1991：頁 79	人物"虢叔"。曆日。
				夷王三年	尹盛平 1992：頁 92	與三年癲壺（09726）相關，亦作於夷王三年。
				懿王三年	劉雨 1997：頁 247	
				穆王	黎東方 1997：頁 230	
				懿王	劉啓益 2002：頁 298	"乎虢叔召癲"同三年癲壺（09726），"王才豐"同衛盉（09456），皆懿王器。
				孝王三年	李學勤 2006b：頁 21–25	曆日可排入斷代工程曆譜孝王三年。癲器形制大都近於厲王時器，但花紋有中期流行的因素。
				孝懿	吳鎮烽 2006：頁 434	癲，西周孝懿時期人。
1434	仲師父鼎	35（又重文1）	02743–02744	西周晚期	集成 2007（2）：頁 1671	
1435	函皇父鼎甲 函皇父鼎、函皇父鼎	35（又重文2）	02745	西周晚期	集成 2007（2）：頁 1671	
				春秋	楊樹達 1941（2005）：頁 43	據《左傳·昭公九年》《左傳·定六年》，皇父爲晉國大夫。
				幽王	董作賓 1953（1978）：頁 806–811	"皇父""周娟"即《十月》的"皇父""艷妻"。據《董譜》，《十月》詩首的交食在幽王時，該器亦當作於幽王時。
				幽王	李學勤 1959：頁 46	皇父見於《十月之交》，幽王時詩。
				孝王	陳夢家 1966（2004）：頁 250	器銘與《詩·十月之交》無關。函皇父組器的形制、器銘稱謂屬西周中期後半。已行盤匜之制而稱"盤盉"，當在盉匜的轉變初期。
				夷王	白川靜 1969b：頁 401–416 器 158	
				宣王	唐蘭 1976—1978（1986）：頁 517	
				厲王	劉啓益 1980：頁 80–85	形制，人物。

序號	器　名	字數	銘文著録	時　代	出　　處	依　　據
1435	函皇父鼎甲 函皇父鼎、函皇父鼎	35（又重文2）	02745	厲王	吳鎮烽 1987：頁 281	同意郭沫若意見。
				幽王	馬承源等 1988：頁 321 器 450	函皇父，即《詩·十月之交》之"卿士皇父"，後者之"日有食之"當爲幽王六年事。
				西周晚期偏早	王世民等 1999：頁 32 鼎 56	器形。
				宣王前後	王世民 2003：頁 44–45	與宣王時逨器相聯繫。
				宣王	彭裕商 2003：頁 475	與鼎（02548）、簋（04141）、盤（10164）、匜（10225）爲同人作器。"皇父"即《詩·十月之交》的"皇父"，宣幽時人。又本組器因器形多近宣世器，定在宣世。
				宣王	張懋鎔 2006a：頁 218	
				西周晚期	吳鎮烽 2006：頁 220	函皇父，西周晚期人。
				厲王	張懋鎔 2008：頁 351	
1436	師秦宮鼎	存 35	02747	西周中期	集成 2007（2）：頁 1671	
				西周	吳鎮烽 2006：頁 262	師秦，西周時期人。
1437	庚嬴鼎 周丁子鼎	36（又合文1）	02748	西周早期	集成 2007（2）：頁 1671	
				春秋	新城新藏 1929：頁 145	曆日。
				康王二十二年	吳其昌 1929（2004）：頁 181	參庚嬴卣（05426）。
				康王	郭沫若 1935（2002）：頁 104	形制同康王時盂鼎。
				成王十二年	董作賓 1952：頁 694	曆法。
				成王十二年	董作賓 1959（1977）：頁 51	曆法。
				康王	陳夢家 1966（2004）：頁 98	此式鳥紋行於康王以後。
				昭王	白川靜 1966c：頁 78–85 器 80 附	
				穆王	唐蘭 1976—1978（1986）：頁 388	
				康王二十二年	伍士謙 1981：頁 97–126	作器者同康王時庚嬴卣（05426）。
				康王	何幼琦 1982：頁 109	曆法。
				康王	馬承源 1982：頁 55	曆日，形制。
				穆王二十二年	劉啓益 1984：頁 240	
				穆王	丁驌 1985：頁 32	曆日。

序號	器 名	字數	銘文著錄	時 代	出 處	依 據
1437	庚贏鼎 周丁子鼎	36（又合文1）	02748	穆王	高木森 1986：頁 74	據曆日及積年。
				康王二十二年	馬承源等 1988：頁 36 器 60	"王二十二年四月既望己酉" 與其書後《年表》中公元前 1049 年四月曆日相合。
				穆王	劉啓益 1989：頁 191	曆日。
				穆王	李學勤、艾蘭 1990	形制，紋飾。曆日與穆王時鮮簋衝突，紀年或當爲二十一。
				穆王	李仲操 1991：頁 52	形制、書體近盂鼎（02839），後者在穆王時。
				康王二十二年	趙光賢 1992：頁 45	曆日。
				康王二十二年	劉雨 1997：頁 247	
				康王	榮孟源 1997：頁 361	曆法。
				康王前後	王世民等 1999：頁 27 鼎 40	器形。
				康王二十三年	斷代工程 2000：頁 18、30	考古類型學方法，排西周金文曆譜。
				康王	周言 2000：頁 66	曆日。
				穆王	劉啓益 2002：頁 229	紋飾同穆王時伯戔墓的貫耳壺，月相與廿七年衛簋（04256）合。
				康王	范毓周、周言 2002：頁 25	早期器形及高達 22 年的記年。
				穆王	彭裕商 2003：頁 334	作器者同穆王時庚贏卣（05426）。據積年、器形紋飾、字體等亦可歸入穆世。
				穆王	張懋鎔 2006：頁 190	銘文字形書體及其他。
				穆王	吳鎮烽 2006：頁 212	庚贏，西周穆王時期贏姓婦女。
				康王	王輝 2006：頁 73	曆日，紋飾。
				穆王	張懋鎔 2008：頁 346	
				康王	朱鳳瀚 2009：頁 1224	
1438	嗇鼎 憲鼎、召伯父辛鼎、召父辛鼎	36（又合文1）	02749	西周早期	集成 2007（2）：頁 1671	
				昭王十一年	吳其昌 1929（2004）：頁 242	曆朔合於《曆譜》昭王十一年。"太保" 即昭王十年作册大伯鼎（02759）之 "尹太保"。

續表

序號	器 名	字數	銘文著録	時 代	出 處	依 據
1438	夤鼎 憲鼎、召伯父辛鼎、召父辛鼎	36（又合文1）	02749	成王	容庚 1941（2008）：頁 34	
				成王	白川靜 1964b：頁 425–432 器 40	
				康王	陳夢家 1966（2004）：頁 96	《詩經》稱"召公奭"爲"召伯"，此"召伯父辛"即召公奭，器爲康王初期以後。
				康王	唐 蘭 1976—1978（1986）：頁 147	"召伯父辛"指一代燕侯，非召公。
				康王	陳公柔、張長壽 1980：頁 23–30	"夤"爲召公奭子輩。
				康王	曹淑琴 1986：頁 837	
				約康王	高木森 1986：頁 52	
				康王	馬承源等 1988：頁 53 器 76	"夤"即匽侯旨鼎二（02269）的"父辛"，即召公。憲與燕侯旨爲兄弟輩。
				康王後期	殷瑋璋、曹淑琴 1991：頁 8、15	形制，紋飾，銘文。"召伯父辛"指召公。
				康昭	張亞初 1993a：頁 325	父辛指燕侯旨之父，即召公長子。
				康昭	朱鳳瀚 1998：頁 306–307	"召伯父辛"指"召公"，伯憲是其子輩。
				康王	王世民等 1999：頁 29 鼎 46	與匽侯旨鼎（02628）同父名，兩人爲兄弟行。
				昭王	劉啓益 2002：頁 155	伯憲器，人名"伯憲"亦見於伯憲方盉（09430）、伯憲甗（00868）。鼎和甗的形制近穆王器。"召伯父辛"是食采於畿内的召公次子，可能就是"太史友"（00915）。"匽"不是國名，而是畿内采邑名。"侯"指燕侯。
				康王	任偉 2003：頁 78	"召伯父辛"是召公之子而非一代燕侯，憲爲其子。
				昭王	彭裕商 2003：頁 277	"召伯父辛"即康王時匽侯旨鼎二（02269）之"父辛"，作器者憲與匽侯旨同輩，但本器器形紋飾屬昭穆間，故定爲昭世。
				西周早期後段	吳鎮烽 2006：頁 328	夤，西周早期後段人。
				康王	張懋鎔 2008：頁 344	

續表

序號	器　名	字數	銘文著錄	時　代	出　　處	依　　據
1438	害鼎 憲鼎、召伯父辛鼎、召父辛鼎	36（又合文1）	02749	康昭	朱鳳瀚 2009：頁 1270	旨爲一代燕侯克之子，克盉（近出 0942）爲成、康器，此器在康、昭時。形制可至昭王時。
1439	上曾大子鼎 般殷鼎	37（又重文1）	02750	春秋早期	集成 2007（2）：頁 1671	
				兩周之際	臨朐 A1983：頁 6	組合，造型，紋飾，字體結構。
				兩周之際	孫敬明、何琳儀、黄錫全 1983：頁 15	形制，組合，花紋，銘文特點。
1440	中方鼎 中齍、南宮中鼎二、三	39	02751-02752	西周早期	集成 2007（2）：頁 1672	
				成王	吳其昌 1929（2004）：頁 130	此爲成王踐奄之記載，"虎方"即"荆方"，"𩰫"即"奄"。
				成王	郭沫若 1935（2002）：頁 51	與成王時中齍（02785）同爲"安州六器"。
				成王	容庚 1941（2008）：頁 35	同人作中方鼎（02785）爲成王時。
				成王	陳夢家 1966（2004）：頁 56	稱太史而不具名，"大史"應即作册畢公，文王子。
				成王	白川靜 1966a：頁 790–793 器 71 附	
				昭王	唐蘭 1976—1978（1986）：頁 283	爲昭王十六年南征前事。
				昭王	唐蘭 1978：頁 19–20	記昭王伐楚。
				昭王	李學勤 1979：頁 32	銘文内容與作册折尊相聯繫，彼器作於昭王時。
				昭王	唐蘭 1981：頁 85	
				昭王	朱俊明 1986：頁 34	銘文内容當符合昭王南征時事。銘文非周初風格。
				昭王	吳鎮烽 1987：頁 269	昭王二次伐楚失敗，周人諱之，此當昭王十六年一次伐楚時。
				昭王	馬承源等 1988：頁 75 器 107	
				昭王	李學勤 1997b：頁 224–228	參靜方鼎（近出 0357）。
				昭王	張懋鎔 1998：頁 88、90	與昭王時靜方鼎（近出 0357）人物、事類相關聯，語詞相同，銘文字形書體接近。
				昭王	王占奎 1998：頁 89	以"伐虎方"之事紀年而不以伐楚事紀年，此年非伐楚之年。

序號	器　名	字數	銘文著録	時　代	出　處	依　據
1440	中方鼎 中鬲、南 宮 中 鼎 二、三	39	02751- 02752	武王	孫斌來 2001：頁 46-47	參中方鼎一（02785）。
				成王	劉啓益 2002：頁 76	"南宮"見於保侃母簋蓋（03743），成王時人。形制介於殷晚征方鼎與太祝禽方鼎之間。
				成王末年	杜勇、沈長雲 2002：頁 154	形制，紋飾。
				昭王	彭裕商 2003：頁 262	"省南國貫行"與牆盤"宏魯昭王……貫南行"説法相合，所記爲昭王事。
				昭王	張懋鎔 2005a：頁 3	形制有晚殷特點，但裝飾簡單，是昭王時的新風尚。該現象可用"兩系説"解釋。
				昭王	張懋鎔 2006：頁 190	銘文字形書體及其他。
				康昭	吳鎮烽 2006：頁 48	中，西周康昭時期人。
				昭王	張懋鎔 2008：頁 345	
1441	大祝追鼎	39	近二 0315、 新收 1455	西周晚期	近二 2010（一）：頁 338	
				西周晚期	新收 2006：頁 1008	
				西周晚期	陳佩芬 2000：頁 133	器形、紋飾屬西周晚期，此間積年達到三十二年的僅有厲王、宣王。據《年表》，此器曆日不合於二王。
				厲王三十二年	斷代工程 2000：頁 33	排西周金文曆譜。
				宣王三十二年	李朝遠 2001	以公元前 841 年爲宣王元年。
				宣王三十二年	夏含夷 2003：頁 53-55	厲王奔彘在前 842 年，此前在位不超過 24 年，該器曆日不合於厲王。宣王曾使用兩個元年年曆，即前 827 年和前 825 年，以前 825 年爲宣王元年，該器曆日合於宣王 32 年。
				西周晚期	陳佩芬 2004：頁 417	
				西周晚期	吳鎮烽 2006：頁 22、46	大祝追，西周晚期人，名追。
				厲王	葉正渤 2008：頁 204	已知厲王元年爲前 878 年，初吉指初一朔，本器曆日與《張表》《董譜》厲王三十二年基本相合。
				厲王	朱鳳瀚 2009：頁 1315	

序號	器 名	字數	銘文著錄	時 代	出　處	依　據
1441	大祝追鼎	39	近二 0315、新收 1455	宣王	夏含夷 2010	曆日合於以公元前 825 年爲元年的宣王年曆。
				厲王	朱鳳瀚 2009：頁 1223	曆日。
1442	呂方鼎 呂齋、呂鼎	存 40	02754	西周中期	集成 2007（2）：頁 1672	
				穆王二年	吳其昌 1929（2004）：頁 269	字體肖穆王時遹簋（04207）、剌鼎（02776）。"呂"即穆王時呂侯。曆朔合於《曆譜》穆王二年。
				穆王	郭沫若 1935（2002）：頁 133	字體同穆王時遹簋（04207）。"呂"當爲穆王司寇呂侯，見於《書·呂刑》，亦即穆王時靜簋（04273）之呂剄。
				成王	容庚 1941（2008）：頁 34	作器者同成王時呂壺（09689）。
				穆王	白川靜 1967a：頁 253–255	
				穆王	唐 蘭 1976—1978（1986）：頁 333	與呂壺（09689）之"呂"或爲同一人，後者爲昭王時器。
				穆王	丁驌 1985：頁 30	曆日。穆王時有呂侯。
				穆王	馬承源等 1988：頁 113 器 173	
				穆王元年	劉雨 1997：頁 242–246	王室禘祭必行於父王去世新王繼位之時，即新王元年時，稱"禘祭元年"。結合其他條件，可斷定此器爲穆王元年器。
				穆王	劉啓益 2002：頁 219	"呂"即穆王時呂壺（09689）之"呂"，殆即"呂刑"之"呂"。
				穆王後期	彭裕商 2003：頁 330	器形、紋飾、銘文格式、稱鼎爲"齋"的習慣皆同長安花園村兩墓出土之鼎，兩墓當穆世，而該鼎字體稍晚，故在穆王後期。
				穆王	葉正渤 2006：頁 197	"昭太室"爲供昭王木主之地，時王爲穆王。
				西周中期前段	吳鎮烽 2006：頁 144	呂，亦稱呂伯，西周中期前段人。
				穆王	葉正渤 2010：頁 4、142	"昭太室"是供奉昭王木主之地，時王爲穆王。

序號	器 名	字數	銘文著録	時 代	出 處	依 據
1443	守鼎	40（又重文2）	02755	西周中期	集成 2007（2）: 頁 1672	
				恭王	白川靜 1967c: 頁 409–411 器 109 附	
				懿王	唐蘭 1972: 頁 59–60	據人物"遣仲"與師永盂（10322）聯繫。
				共王	唐蘭 1976—1978（1986）: 頁 442	
				恭王	馬承源等 1988: 頁 142 器 208	"趩仲"亦見於恭王時永盂（10322）。
				孝夷	彭裕商 1999: 頁 60	形制。
				共王	劉啓益 2002: 頁 277	"遣仲"爲穆共時人。
				孝夷	彭裕商 2003: 頁 346	"趩仲"見於孝夷時永盂（10322）、孟簋（04162）。據器形、紋飾、字體等亦當孝夷時。
				恭王	陳佩芬 2004: 頁 239	遣仲見於永盂（10322），後者爲恭王十二年器。該鼎的器形紋飾也屬西周中期。
				西周中期	吳鎮烽 2006: 頁 174	守，西周中期人。
1444	寓鼎	40（又合文1）	02756	西周早期	集成 2007（2）: 頁 1672	
				昭王	陳夢家 1966（2004）: 頁 138 器 101 附	人名"寓"及字體同昭王時寓鼎（02718）。
				西周中期	馬承源等 1988: 頁 234 器 322	
				西周中期	辭典 1995: 頁 88 器 309	
				穆王	彭裕商 2003: 頁 333	據字體歸入穆世。
				西周中期	陳佩芬 2004: 頁 263	據其淺腹、附耳、細柱足、鳳紋爲主、銘文較小等特點，可定爲西周中期器。
				西周中期前段	吳鎮烽 2006: 頁 329	寓，西周中期前段人，擔任周王朝作册之職。
1445	矍鼎 昌鼎	40（又重文1，合文2）	近出 0352、新收 1445	西周中期	近出 2002（二）: 頁 211	
				西周中期	新收 2006: 頁 998	
				穆恭	馬承源 1992: 頁 153	器形，紋飾。
				恭懿	馬承源 1993: 頁 230	器屬西周中期恭懿間，此晉侯可能是成侯服人。
				西周中期	青全 1997（6）: 頁 37 器 37	
				西周中期	陳佩芬 2004: 頁 255 器 303	
				西周中期前段	吳鎮烽 2006: 頁 201	昌，西周中期前段人。
				西周中期	吉琨璋、宋建忠、田建文 2006: 頁 47	

續表

序號	器 名	字數	銘文著錄	時 代	出 處	依 據
1446	作册大方鼎 大盉、作册大鼒	41	02758-02761	西周早期	集成 2007（2）：頁 1672	
				昭王十年	吳其昌 1929（2004）：頁 214	日辰與《曆譜》昭王十年合。銘末徽識與矢彝（09901）、矢尊（06016）、矢簋（04300）相同而當爲同時器。
				康王	徐中舒 1931：頁 279-294	"作武王、成王"，當康王時。
				康王	郭沫若 1935（2002）：頁 83	"鑄武王成王禩鼎"指明作於康世。"公束"即"召公奭"。"作册大"爲令彝（09901）"令"之子。
				西周初期	陳夢家 1955：頁 63-66	與成康時宜侯矢簋（04320）器主爲同一人，所記晚於後者。
				康王初年	唐蘭 1962：頁 32	爲武王、成王作鼎，當康王時。"太保"是召公。
				康王	白川靜 1964b：頁 440-449 器 42	
				康王	陳夢家 1966（2004）：頁 93	"公束""皇天尹太保"即召公奭，《顧命》記載其在康世爲太保。"作册大"是令簋（04301）"作册令"之子。
				康初	白川靜 1975（1997）：頁 254	
				康王三年	唐蘭 1976—1978（1986）：頁 136	銘文記載了召公到周都來鑄武王與成王異鼎的事，當在康王初期。從曆法推考，在康王三年。
				成康	陳公柔、張長壽 1980：頁 23-30	據器形及大保所在王世。
				康王	丁驌 1985：頁 26	曆日。
				康王	高木森 1986：頁 51	大與矢令輩分相當，亦當在康昭間。召公指召公奭。
				昭末穆初	馬承源等 1988：頁 106 器 165	族徽同昭王時作册令方彝（09901），大的祖名同後者父名，以作册大爲作册令之子。
				康王	何幼琦 1989b：頁 57	官職、族徽、父考廟號同令簋（04300）、令彝（09901）。矢爲周公、成王時人，大應是康王時人。

序號	器　名	字數	銘文著録	時　代	出　　處	依　　據
1446	作册大方鼎大盉、作册大黿	41	02758－02761	康王二十四年	趙光賢 1992：頁 45	曆日。
				西周早期	張劍、孫新科 1996：頁 332	據器形和涉及的人物，當在西周早期。
				康王	王永波 1999：頁 51－52	銘文內容。
				康王	王世民等 1999：頁 12 鼎 2	爲武王、成王鑄作。器形。
				康王初	杜勇 2001：頁 10－11	鑄祭祀武王、成王的大鼎（02758），當在康王之初。作册大是作册夨令之子。
				康王	劉啓益 2002：頁 118	"鑄武王、成王異鼎"，當作於康王時。
				康王繼位初	杜勇、沈長雲 2002：頁 30、66	爲先王鑄鼎，當成王新死不久。
				康王前期	賈洪波 2003：頁 6	作册大是作册夨之父，後者作簋（04300）在昭王時。
				康王初年	王永波 2003：頁 32	
				康王	彭裕商 2003：頁 240	王號死諡，銘文有"成王"，當在成王後。"公太保"，爲召公地位較高時稱呼，當在康王時。
				康王	朱亮、高西省 2004：頁 109	形制。
				康王	葉正渤 2006：頁 197	"武王""成王"連言，爲已故之王，時王必爲成王之子康王。
				康王	吳鎮烽 2006：頁 150	做册大，西周康王時人，名大。
				康王	王輝 2006：頁 55	銘文提到"武王、成王異鼎"，必在康王時。
				成康	朱鳳瀚 2009：頁 1260	
				康王	劉華夏 2010：頁 65	
				康王	葉正渤 2010：頁 3、92	爲死去的武王、成王鑄器。
1447	史顨鼎史頭父鼎	41（又重文 2）	02762	西周晚期	集成 2007（2）：頁 1673	
				西周晚期	吳鎮烽 2006：頁 90、94	史顨，即史伯碩父，西周晚期人。

續表

序號	器名	字數	銘文著錄	時代	出處	依據
1448	我方鼎 我甗、禦鼎、禦簋、征鼎、我鼎、禦父己鼎、我作父己甗、禦父己簋、亞形若鼎、我乍父己甗	42（又合文1）	02763	西周早期	集成 2007（2）：頁 1673	
				成王	白川靜 1962c：頁 185-196 器 16 附	
				成王	陳夢家 1966（2004）：頁 72	
				西周早期	馬承源等 1988：頁 85 器 125	
				成王	彭裕商 2003：頁 225	據形制，歸爲成王。
				西周早期	吳鎮烽 2006：頁 149	我，西周早期人。
				周初	王輝 2006：頁 31	據祭名及祖日名。
1449	蠚鼎 蠚鼎	44（又重文2）	02765	西周中期	集成 2007（2）：頁 1673	
				西周	王進先 1979：頁 90	形制，紋飾，銘文。
				康王	蔡運章 1983：頁 40	"保"即召公奭。形制、紋飾同康王時伯害鼎（02749）。
				西周早期	馬承源等 1988：頁 104 器 161	
				穆王	彭裕商 2003：頁 335	同墓諸器器形、紋飾皆約在穆世。"尊"字寫法見於穆世他器。
				西周中期	吳鎮烽 2006：頁 333	蠚，西周中期人。
1450	𫚉叔鼎	46（又重文1）	02767	西周晚期	集成 2007（2）：頁 1673	
				西周晚期	尚志儒、樊維嶽、吳梓林 1976：頁 94	器形，花紋。
				西周中期	馬承源等 1988：頁 257 器 372	
				西周晚期	青全 1997（6）：頁 123 器 126	
				西周晚期	王世民等 1999：頁 41 鼎 63	器形。
				宣王	彭裕商 2003：頁 471	器形，紋飾，字體。
				西周晚期	吳鎮烽 2006：頁 363	𫚉叔，西周晚期人。
1451	𣲘其鼎 梁其鼎	46（又重文2）	02768-02770	西周晚期	集成 2007（2）：頁 1674	
				西周末年	郭沫若 1943：頁 155	文例、字體當西周末年。花紋類宣王時毛公鼎（02841）。
				夷王	陳夢家 1966（2004）：頁 277	據梁其所作諸器的形制、花紋，當屬夷王時。
				夷王	白川靜 1969a：頁 393-400 器 157 附	
				厲王	唐蘭 1976—1978（1986）：頁 516	
				夷厲	陳佩芬 1983：頁 23	參梁其鐘（00187）。

序號	器 名	字數	銘文著錄	時 代	出 處	依 據
1451	沬其鼎 梁其鼎	46（又 重文 2）	02768– 02770	夷 王（或 屬王）	馬承源等 1988：頁 275 器 399	
				西周晚期 偏早	王世民等 1999：頁 46 鼎 67	器形。
				宣王九年	龐懷靖 2002：頁 49	初吉指月朔，據《張表》 考察宣王九年合朔。該器 的形制、紋飾、銘文構字 等皆有西周晚期特色。同 出善夫吉父器爲宣王時。
				屬 王（宣 王）	彭裕商 2003：頁 431	參梁其鐘（0187）。
				宣王	張懋鎔 2006a：頁 217	器形紋飾。
				西周晚期	吳鎮烽 2006：頁 294	梁其，西周晚期人。
				宣王	張懋鎔 2008：頁 350	
1452	帥佳鼎 帥隹鼎、 帥鼎	47	02774	西周中期	集成 2007（2）：頁 1674	
				穆王	唐 蘭 1976—1978（1986）：頁 340	"文母"爲"魯公"孫，宜在 穆王時。書法風格合於穆 王。
				西周中期	吳鎮烽 2006：頁 235	帥，西周中期人。
1453	子方鼎	47	近二0318– 0319、新收 1567	西周早期	近二 2010（一）：頁 342–343	
				西周早期	新收 2006：頁 1074	
				康王	李學勤 2005：頁 63–64	近張家坡咸方鼎（新收 0703）。"十月又二月"例同 我方鼎"十月又一月"，後 者爲周初器。"初吉"首見 昭王時旟鼎，記有六個月 相詞語的《尚書》不晚於康 王，故彼時"月相"詞語當 有所改變，本器之"生霸 吉"當屬於周初較複雜的 "月相"系統，結合形制、 字體，可定於康王時。
				康昭	彭裕商 2005a：頁 73–74	器形近昭王時豐大母方鼎 （新收 0703）。字體較早， 記月方式同周初我方鼎。
				西周早期	董珊 2005：頁 18	形制，紋飾。
				昭王末年 （十九年）	王占奎 2005	王是昭王，子是新君穆 王。生霸爲定點月相， 與吉指同一天；與穆王 三十四年鮮簋（10166）曆 日相合。同人作爵（近出 0865）在西周中期。

續表

序號	器 名	字數	銘文著錄	時 代	出 處	依 據
1453	子方鼎	47	近二0318-0319、新收1567	昭穆	陳絜2008:頁66	榮仲爲榮子的子侄輩。
				康王二十一年	李學勤2010a:頁155	"生霸吉"指定點之朏日初三。結合《張表》及康王前後年代範圍,唯一合適的是公元前1003年。取康王在位28年(前1023—前996)説,則此器在康王21年。
1454	小臣夌鼎季媚鼎、夌鼎	48	02775	西周早期	集成2007(2):頁1674	
				昭王十七年	吳其昌1929(2004):頁249	"𠫑"即於昭王十七年之趞尊(05992)、十九年之𣟄尊(05989)的"斥",此銘言"先省",在十七年之正月。"楚篆"即昭王時太保簋(04140)之"彔子𣄰"。
				昭王	唐蘭1976—1978(1986):頁229	稱在某地之应的都在昭王、穆王和共王初期,此間周王經常出遊的緣故。此在正月,可能與員鼎(02695)的征月王獸眠敲同時。
				昭王	唐蘭1981:頁29	
				西周早期	吳鎮烽2006:頁29、182	小臣陵,西周早期人。
1455	剌鼎剌作黄公鼎	48(又重文2合文2)	02776	西周中期(穆王)	集成2007(2):頁1674	
				穆王二年	吳其昌1929(2004):頁274	銘"禘邵王",時王爲穆王。日辰合於《曆譜》穆王二年之五月。
				穆王	郭沫若1935(2002):頁135器35	"啻邵王"即禘祭昭王,時王爲穆王。
				穆王	容庚1941(2008):頁37、頁233鼎57	花紋、形制近穆王時。"邵王"即昭王。
				穆王	陳夢家1966(2004):頁145	禘祭昭王,時王在昭王之後,據形制、紋飾、字體,定爲穆王器。
				穆王	白川靜1967a:頁256-259	
				穆王初年	唐蘭1976—1978(1986):頁305	禘祭昭王,時王爲穆王。未提"昭宫",在穆王之初。
				昭王	丁驌1985:頁28	曆日。
				穆王	馬承源等1988:頁106器164	銘文爲穆王禘祭昭王。
				穆王	黃盛璋1990:頁32-33	禘昭王者必爲其子穆王。

序號	器　名	字數	銘文著録	時　代	出　　處	依　　據
1455	剌鼎 剌作黄公鼎	48（又重文2合文2）	02776	穆王七年	趙光賢 1992：頁 45	曆日。
				西周中期	辭典 1995：頁 78 器 280	
				穆王	劉啓益 2002：頁 205	禘祭昭王，時王爲穆王。
				穆王	杜勇、沈長雲 2002：頁 31	禘祭所祭必是血統最爲親近之先王。禘祭昭王，時王必爲其子穆王。
				穆王	彭裕商 2003：頁 337	據器形、祭祀對象、"其"字寫法及銘文格式，歸入穆世。
				穆王	葉正渤 2006：頁 197	所祭對象爲昭王，時王爲穆王。
				穆王	張懋鎔 2006a：頁 210	穆王時標準器。
				西周中期前段	吳鎮烽 2006：頁 224	剌，西周中期前段人。
				穆王	劉華夏 2010：頁 65	
				穆王	葉正渤 2010：頁 4、134	祭祀對象爲昭王，行祭者爲昭王子穆王。
1456	史伯碩父鼎	48（又重文2）	02777	西周晚期	集成 2007（2）：頁 1674	
				夷王	白川靜 1965d：頁 152	排入夷世曆譜。
				宣王六年	何幼琦 1982：頁 114	曆法。
				厲王	馬承源 1982：頁 52	曆日。
				夷王六年	劉啓益 1984：頁 243	
				宣王	丁驌 1985：頁 52	曆日。
				厲王	李仲操 1991：頁 78	曆日。
				宣王	劉雨 1997：頁 247	
				幽王六年	斷代工程 2000：頁 35	排西周金文曆譜。
				宣王	白光琦 2001：頁 128	嘏辭，字體，形制。
				夷王	劉啓益 2002：頁 355	合於《日月食典》夷王六年，與夷王五年師旋簋（04216）曆日亦合。形制、紋飾屬西周後期。
				宣王	彭裕商 2003：頁 450	器形，紋飾。
				幽王	朱鳳瀚 2009：頁 1223	曆日。
1457	叔矢方鼎	48	近二 0320、新收 0915	西周早期	近二 2010（一）：頁 344	
				西周晚期	新收 2006：頁 665	
				西周早中期之際	山西·北京 2001：頁 21	墓葬形制及出土器物。
				成王	李伯謙 2001：頁 39-42	形制，紋飾。

序號	器　名	字數	銘文著錄	時　代	出　　處	依　　據
1457	叔矢方鼎	48	近二 0320、新收 0915	西周早期	李學勤 2001：頁 67–70	形制，紋飾，文例，字體。
				未	張懋鎔 2002b：頁 69	叔矢不是成王弟唐叔虞。
				未	王占奎 2002：頁 75	叔矢，即唐叔虞。
				未	唐友波 2002：頁 366–370	叔矢，即唐叔虞。
				未	李學勤 2002b：頁 249–252	"矢"是虞的本字，器主叔矢是唐叔虞。
				未	沈長雲 2002：頁 253–257	"矢"讀爲夨，叔夨即叔虞。
				成王	馮時 2002：頁 258–265	叔矢即叔虞。形制近成王時康侯方鼎（02153）。
				成王後期	黃盛璋 2002：頁 212–231	叔矢不是叔虞，是叔虞之子未繼位前之名。據器形、紋飾、文字、書法和用語，當在成王後期。
				不晚於西周早期晚段	李伯謙 2002：頁 31	據出土器物的特徵，M114 在西周早期晚段。
				未	劉克甫 2002：頁 68	叔矢即叔虞。
				成王	李朝遠 2002b：頁 431	形制近成王時康侯方鼎（02153）。
				穆王前後	張長壽 2002：頁 77	據出土器物，M114 在西周中期之際即穆王前後。
				成王	王輝 2006：頁 46	本銘中叔虞身份是"士"，名前未加唐字，尚未受封。稱虞爲"叔"而不稱"子"，亦不作於武王時。
				西周早期偏早	朱鳳瀚 2009：頁 1446	形制，紋飾，字體。
1458	亢鼎	49	近二 0321、新收 1439	西周早期	近二 2010（一）：頁 345	
				西周早期	新收 2006：頁 994	
				西周早期（康王）	陳絜、祖雙喜 2005：頁 19–20	形制同康王時旅鼎（02728）。"公太保"即召公奭。
				約成康	馬承源 2000：頁 120	形制、紋飾屬西周早期。"公太保"指召公奭，其子繼承畿內官職稱召伯。
				康王	陳佩芬 2004：頁 11	"亢"見於昭王時作册令方彝（09901），本銘記大保召公交易玉器，此鼎當在康王時。
				西周早期	吳鎮烽 2006：頁 78	亢，西周早期人，公太保的屬吏。

序號	器 名	字數	銘文著錄	時 代	出 處	依 據
1459	殷鼎	49	近二 0322、新收 1446	西周中期	近二 2010（一）：頁 346	
				西周中期	新收 2006：頁 999	
				恭懿	陳佩芬 2000：頁 129	形制、紋飾同師㝅父鼎（02813）。銘文"用作刺考皇母尊鼎"與恭懿時期的師虎簋（04316）、揚簋（04295）銘文相同。
				恭懿	陳佩芬 2004：頁 259 器 305	形制、紋飾、"刺考"之稱見於恭懿時期師㝅父鼎（02813）、師虎簋（04316）等器。
				西周中期	吳鎮烽 2006：頁 277	殷，西周中期人。
1460	史獸鼎	50	02778	西周早期	集成 2007（2）：頁 1674	
				宣王八年	吳其昌 1929（2004）：頁 498	"皇尹"即《常武》之"皇父""尹氏"，宣世人。字體類宣初器競卣（05425）、彔伯㺇敦（04302）等。
				西周前期	容庚 1941（2008）：頁 232 鼎 52	
				成末康初	白川靜 1964a：頁 366–372 器 33	
				成康	陳夢家 1966（2004）：頁 90	
				康王	唐蘭 1976—1978（1986）：頁 140	"尹"指召公奭。
				西周早期	馬承源等 1988：頁 90 器 134	
				成康	殷瑋璋、曹淑琴 1991：頁 9–12	參高卣（05431）。
				康王	劉啓益 2002：頁 132	紋飾同康王時耳卣（05384）。
				昭王	彭裕商 2003：頁 290	據器形、紋飾、字體、慣用語等歸入昭王。
				西周早期	吳鎮烽 2006：頁 93	史獸，西周早期人。
				康昭	張懋鎔 2008：頁 344	
1461	師同鼎	51（又重文 2 合文 1）	02779	西周晚期	集成 2007（2）：頁 1675	
				西周中期偏晚	陝西 G1982a：頁 43–46	據底層及陶器殘片，出土該鼎的窖藏不晚於西周末年。"師同"即同簋（04271）之"同"、永盂（10322）之"師"，皆共懿時器，此人做官可晚至夷王時。
				恭懿	王輝 1983a：頁 67	"師同"見於恭懿時同簋、永盂。

續表

序號	器名	字數	銘文著録	時代	出處	依據
1461	師同鼎	51（又重文2合文1）	02779	夷王	李學勤 1983：頁 58	形制、紋飾屬西周晚期，不早於夷王時。器主與懿王時師永盂之"師同"爲同人，彼器中師同列於交付土地人員之末，地位較低。考慮師同之可能參戰年齡，本器宜置於夷王時。
				厲王	陳世輝 1984：頁 2-3	"銎"通"厲"，周厲王。該器爲厲王時，形制、花紋亦無矛盾。
				西周晚期	馬承源等 1988：頁 323 器 455	
				共和（或宣王）	王雷生 1990：頁 26-28	據銘文字體、用語、器形、紋飾、出土形式以及師同的人物關係，可定於共和或宣王時。
				厲王前期	彭裕商 1999：頁 60	器形、紋飾屬西周晚期前段，銘文分鑄是晚期特點。字體亦有晚期特色。
				夷王	劉啓益 2002：頁 369	形制與夷王時多友鼎（02835）、南宮柳鼎（02805）相似。
				厲王	彭裕商 2003：頁 420	據器形、字體、同出或相關遺迹器物的形制推斷，在厲王時。
				西周晚期	曹瑋等 2005（5）：頁 1011	
				西周中期偏晚	張懋鎔 2006a：頁 232	
				西周中期後段	吳鎮烽 2006：頁 260	師同，西周中期後段人。
1462	師湯父鼎	51（又重文2）	02780	西周中期	集成 2007（2）：頁 1675	
				恭王二十年	吳其昌 1932（2004）：頁 717-745	與趞曹鼎二（02784）文字氣韻全同，且王同在"周新宮射盧"，當同時。後者作於恭王時。
				共王二十年	吳其昌 1929（2004）：頁 294	曆日與《曆譜》龔王二十年密合。文字氣韻、銘文所記地點皆同共王時趞曹鼎（02784）。
				恭王	郭沫若 1935（2002）：頁 157	文辭、字迹、款式皆類恭王時趞曹鼎二（02784）。"新宮"亦見於趞曹鼎二。
				共王	容庚 1941（2008）：頁 38、頁 233 鼎 60	"王在周新宮，在射盧"，與共王時趞曹鼎二（02784）相同。

續表

序號	器 名	字數	銘文著錄	時 代	出 處	依 據
1462	師湯父鼎	51（又重文2）	02780	恭王	李學勤 1959：頁 44	
				懿王（共王）	陳夢家 1966（2004）：頁 161、208、221	凡有新宮、射盧之稱者多恭、懿時器。師湯父見於懿王時仲枏父鬲（00746）。
				恭王	白川靜 1967c：頁 391–399 器 108	
				共王	唐蘭 1976—1978（1986）：頁 424	
				恭王	馬承源等 1988：頁 147 器 216	新宮、射盧見於師遽簋蓋（04214）、十五年趞曹鼎（02784）。
				恭王	青全 1997（5）：頁 26 器 29	
				恭王前後	王世民等 1999：頁 31 鼎 53	周新宮、射盧見於恭王十五年趞曹鼎（02784）。
				恭王	陳佩芬 2000：頁 126	銘"王在周新宮，在射盧"，同恭王時趞曹鼎（02784）。
				共王十五年	劉啓益 2002：頁 314	曆日合於共王時十五年趞曹鼎（02784）。
				西周晚期	彭裕商 2003：頁 478	器形，紋飾，"師湯父"見於宣世仲枏父簋（04154），"在新宮"見於懿孝夷時器。
				西周中期	馬承源 2003a：頁 70 圓鼎 8	器形。
				共王	張懋鎔 2006a：頁 215	"周新宮"見於十五年趞曹鼎（02784），後者爲懿王初年。該鼎記王在周新宮，時王前未有"共"字，作於共王在位時。
				恭王	張懋鎔 2008：頁 347	
				恭懿	張懋鎔 2010：頁 82	
1463	庚季鼎伯裕父鼎、伯俗父鼎、南季鼎	53（又重文2）	02781	西周中期	集成 2007（2）：頁 1675	
				屬王十年	吳其昌 1929（2004）：頁 389	"伯俗父"即屬王三年時師晨鼎（02817）之"師俗"，日辰合於《曆譜》屬王十年。
				夷王	郭沫若 1935（2002）：頁 244	"伯俗父"即屬王時師晨鼎（02817）之"師俗"，彼銘"足師俗嗣邑人"爲師俗父死後事，此器"左右伯俗父"當早於彼器，當夷王時。
				懿王	陳夢家 1966（2004）：頁 188 器 134 附	白俗父或即懿王時師晨鼎（02817）之師俗。

序號	器　名	字數	銘文著録	時　代	出　　處	依　　據
1463	庚季鼎 伯裕父鼎、伯俗父鼎、南季鼎	53（又重文2）	02781	懿王	白川靜 1968a：頁 22–37 器 125 附	
				懿王	唐蘭 1972：頁 59–60	據人物"師俗父"聯繫他器。
				共王	唐蘭 1976—1978（1986）：頁 436	
				懿王	馬承源等 1988：頁 191 器 264	伯俗父即恭王時永盂（10322）、孝王時師晨鼎（02817）的師俗父。
				西周中期（夷王）	辭典 1995：頁 84 器 299	
				共懿	劉啓益 2002：頁 277	"伯俗父"爲共懿時人。
				夷王	彭裕商 2003：頁 361	器形、紋飾、字體都有晚期特徵。"伯俗父"見於孝夷時五年衛鼎（02832）。
				西周中期	吳鎮烽 2006：頁 226	南季，西周中期人。
				西周中期偏晚	張懋鎔 2008：頁 348	
1464	七年趞曹鼎 趞曹鼎	56	02783	西周中期（恭王）	集成 2007（2）：頁 1675	
				共王七年	吳其昌 1929（2004）：頁 291	作器者同龔王十五年之趞瞀鼎（02784）。
				恭王	郭沫若 1935（2002）：頁 153	見趞曹鼎二（02784）。
				共王	容庚 1941（2008）：頁 37	同人作趞曹鼎二（02784）爲共王時。
				恭王七年	董作賓 1952：頁 695	
				恭王七年	董作賓 1959（1977）：頁 53	
				恭王	李學勤 1959：頁 44	
				恭王	白川靜 1965d：頁 152	排入恭世曆譜。
				共王	陳夢家 1966（2004）：頁 147、162	同人作另一趞曹鼎（02784），爲恭王時。
				恭王	白川靜 1967c：頁377–381 器 106	
				共王七年	唐蘭 1972：頁 59–60	據人物"邢伯"聯繫他器。
				共王	唐蘭 1976—1978（1986）：頁 415	
				恭王	盛冬鈴 1983：頁 56	據人名聯繫。
				共王七年	劉啓益 1984：頁 240	
				恭王	丁驌 1985：頁 39	曆日。
				恭王七年	高木森 1986：頁 90	"般宫"即穆宫，穆王廟。"井叔"爲恭王時重臣。
				恭王	馬承源等 1988：頁 132 器 199	

續表

序號	器　名	字數	銘文著錄	時　代	出　　處	依　　據
1464	七年趞曹鼎 趞曹鼎	56	02783	西周中期	辭典 1995：頁 85 器 302	
				恭王七年	劉雨 1997：頁 247	
				恭王	彭裕商 1999a：頁 6	同人作十五年器稱"恭王"，當作於懿王時，本器稱"王"，作於恭王生時。
				恭王七年	王世民等 1999：頁 40 鼎 62	同人作十五年趞曹鼎在恭王時。
				共王	劉啓益 2002：頁 258	"趞曹"同共王十五年趞曹鼎（02784），且字體相同。
				孝王七年	彭裕商 2003：頁 342	"王在盤宮"、右者"井伯"亦見於夷厲時的利鼎（02804），器形當夷厲前後，在懿王早期趞曹鼎（02784）之後製作。
				恭王	陳佩芬 2004：頁 229	據同人做十五年鼎（02784）銘"龔（恭）王在周新宮"，此鼎作於恭王時。
				恭王	張懋鎔 2006a：頁 212	稱"王"不稱"恭王"。
				西周中期前段	吳鎮烽 2006：頁 369	趞曹，西周中期前段人。
				共王	朱鳳瀚 2009：頁 1289	
				恭王	葉正渤 2010：頁 165	同人作十五年鼎（02784）生稱恭王。該器之字體風格及記時皆可置於恭王時。
1465	十五年趞曹鼎 趞曹鼎、史趞曹鼎	57	02784	西周中期（恭王）	集成 2007（2）：頁 1675	
				共王十五年	吳其昌 1929（2004）：頁 292、291	明言"龔王"，與《曆譜》龔王十五年合，日辰有兩日之差。
				恭王十五	吳其昌 1932（2004）：頁 717–745	
				恭王	郭沫若 1933（2002）：頁 206–208	恭王，穆王子，王號生稱。
				恭王	郭沫若 1935（2002）：頁 155	"龔王"生稱。
				恭王	莫非斯 1936：頁 245	稱"龔王"。
				共王	容庚 1941（2008）：頁 37	"龔王"即共王。
				恭王十五年	董作賓 1952：頁 695	曆法。
				恭王	李學勤 1959：頁 44	明記"龔王"。
				懿王	董作賓 1959（1977）：頁 53	"恭王"爲諡稱。
				恭王	白川靜 1965d：頁 152	排入恭世曆譜。
				共王	陳夢家 1966（2004）：頁 155、162	恭王生稱。

續表

序號	器　名	字數	銘文著錄	時　代	出　　處	依　　據
1465	十五年趞曹鼎 趞曹鼎、 史趞曹鼎	57	02784	恭王	白川靜 1967c：頁383–390 器 107	
				共王十五年	唐蘭 1972：頁 59–60	據"共王在周新宫"，爲共世器。
				共王	唐蘭 1976—1978（1986）：頁 423	
				恭王	周法高 1979：頁 5	
				共王	何幼琦 1982：頁 110	曆法。
				恭王	馬承源 1982：頁 53	曆日。
				懿王（恭王）	盛冬鈴 1983：頁 42、54、56	王號爲死謚，銘文爲追記器主生前受該王賞賜。
				共王十五年	劉啓益 1984：頁 240	
				恭王	丁驌 1985：頁 39	曆日。
				恭王	何幼琦 1985：頁 15	曆日。
				恭王	高木森 1986：頁 91	言恭王在周新宫。
				恭王	馬承源等 1988：頁 142 器 209	稱"龔王"當恭王世。
				恭王	黄盛璋 1990：頁 35	王號生稱。
				恭王	李仲操 1991：頁 55	
				懿王	趙光賢 1992：頁 46	追記恭王事，稱謚。
				西周中期	辭典 1995：頁 85 器 303	
				恭王	青全 1997（5）：頁 27 器 30	
				恭王十五年	劉雨 1997：頁 247	
				懿王初年	彭裕商 1999a：頁 6	恭王爲死謚。
				恭王	王世民等 1999：頁 29–30 鼎 49	"龔王在周新宫"，應是恭王時器。周新宫、射盧也見於師湯父鼎（02780）和師遽簋蓋（04214）。
				恭王	陳佩芬 2000：頁 126	
				恭王十五年	斷代工程 2000：頁 20、31	考古類型排比。排西周金文曆譜。
				恭王十五年	朱鳳瀚 2002a：頁 5	
				共王	劉啓益 2002：頁 257	生稱"恭王"。日辰合於《張表》共王十五年。
				恭王	杜勇、沈長雲 2002：頁 25–26	王號爲死謚，但銘文記事發生在該王之世，可從銘文角度判斷爲該王之世。其鑄作在下一王世，形制、花紋、書體屬下個王世。

序號	器名	字數	銘文著録	時代	出處	依據
1465	十五年趞曹鼎 趞曹鼎、史趞曹鼎	57	02784	懿王早年	彭裕商 2003：頁 341	王號爲死謚，記恭王生時事，在懿王早年。
				西周中期初期	馬承源 2003a：頁 70 圓鼎 7	器形。
				恭王十五年	朱鳳瀚 2004：頁 6	
				恭王	陳佩芬 2004：頁 232	"龔（恭）王在周新宫"，爲恭王時器。鼎足内側平，爲恭王時代的新型式。
				懿王	李朝遠 2006：頁 75	追謚。鼎銘當是若干年後的追記。
				懿王初年	張懋鎔 2006a：頁 212	恭王爲謚號。
				共王	葉正渤 2006：頁 198	"龔王"即"王"，時王爲龔王。
				西周中期前段	吳鎮烽 2006：頁 369	趞曹，西周中期前段人。
				恭王十五年	張聞玉 2007：頁 38	曆日。
				懿王初年	韓巍 2007：頁 162	銘文中出現"恭王"，記録的事件發生在恭王十五年，作器年代應在懿王初年。
				恭王十五年	葉正渤 2007：頁 40–43	
				共王	朱鳳瀚 2009：頁 1289、1221	曆日。
				懿王	劉華夏 2010：頁 65	王號死謚。
				恭王	葉正渤 2010：頁 6、165	王號生稱。
1466	中方鼎 南宫中鼎一、南中鼎、中齋	57	02785	西周早期	集成 2007（2）：頁 1675	
				周公攝政四年	吳其昌 1929（2004）：頁 106	曆日與《曆譜》周公攝政四年密合。依殷禮，武王終，當弟周公作王，故銘"王曰"。"珷王"的寫法見於成王之盂鼎（02839）等器。與成王四年之卣器相連貫。
				成王	郭沫若 1935（2002）：頁 49	"寒餗"與成王時趞尊（05992）之"屏"爲一地，兩器日辰相差一日。
				成王	容庚 1941（2008）：頁 35	"王曰中，兹褱人入使錫于王武王作臣"，據此歸入成王器。

序號	器名	字數	銘文著錄	時代	出處	依據
1466	中方鼎 南宮中鼎 一、南中 鼎、中齋	57	02785	武王	楊樹達 1947（1997）：頁 109–110	銘文明記"武王"，據文義亦爲武王前後事。
				昭王	唐蘭 1962：頁 34	聯繫昭王時遣尊（05992）。
				成王	白川靜 1966a：頁 791–793 器 71 附	
				成王	陳夢家 1966（2004）：頁 56	稱太史而不具名，"大史"應即作册畢公，文王子。
				昭王	唐蘭 1976—1978（1986）：頁 290	昭王十六年伐楚後事。
				昭王	唐蘭 1978：頁 19–20	記昭王伐楚。
				康王	黄盛璋 1978：頁 196	銘文記事與伐楚無關。
				昭王	李學勤 1979：頁 32	銘文內容與作册折尊（06002）相聯繫，彼器作於昭王時。
				昭王	伍士謙 1981：頁 97–126	
				昭王	唐蘭 1981：頁 89	
				成王	何幼琦 1982：頁 109	曆法。
				周公攝政五年	何幼琦 1983b：頁 82	
				穆王	丁驌 1985：頁 29–30	曆日。
				昭王	高木森 1986：頁 62	"王在厈"組。
				昭王十五年	趙光賢 1991：頁 122	《竹書紀年》昭王十六年伐荆楚。
				昭王十五年	趙光賢 1992：頁 45	曆日。
				昭王	李零 1993：頁 662	
				昭王	李學勤 1997b：頁 224–228	參靜方鼎（近出 0357）。
				昭王	李學勤 1997c	與遣尊（05992）、遣卣（05402）同月鄰日，昭王時器。
				成王	榮孟源 1997：頁 362	曆法。
				昭王	張懋鎔 1998：頁 88、90	與昭王時靜方鼎（近出 0357）人物、事類相關聯，語詞相同，銘文字形書體接近。
				武王十八年末	孫斌來 2001：頁 46–49	"殷鬲"即"膠鬲"，武王時始輔周。中組器（02785、02751、00949、06514）所記非昭王伐楚事，而與《大武》所記武王揮師向南、鞏固南疆兩章相合。

續表

序號	器　名	字數	銘文著録	時　代	出　　處	依　　據
1466	中方鼎 南宮中鼎 一、南中 鼎、中鼒	57	02785	成王	劉啓益 2002：頁 76	作器者同中方鼎（02751），同爲安州六器，後者作於成王時。
				成王末年	杜勇、沈長雲 2002：頁 154	形制，紋飾。
				昭王	彭裕商 2003：頁 261	同出中器皆昭王時器。
				昭王	張懋鎔 2005a：頁 3	形制有晚殷特點，但裝飾簡單，是昭王時的新風尚。該現象可用"兩系説"解釋。
				康昭	吳鎮烽 2006：頁 48	中，西周康昭時期人。
				昭王	張懋鎔 2008：頁 345	
1467	應侯見工鼎	59	近二 0323、新收 1456	西周中期	近二 2010（一）：頁 348	
				西周晚期	新收 2006：頁 1008	
				西周晚期	陳佩芬 2004：頁 414	
				厲王	李朝遠 2005：頁 109–110	器形與宣王時吳虎鼎（近出 0364）、厲王時𤔲从鼎相似，爲西周晚期常見型式。記伐淮夷事同厲王時禹鼎、敔簋。
				孝夷	王龍正、劉曉紅、曹國朋 2009：頁 57	據本器及其他應侯見工器的形制、紋飾判斷，當屬孝夷時。
				西周中期偏晚至晚期之初	朱鳳瀚 2009：頁 1355	
1468	康鼎	60（又重文 2）	02786	西周中期或晚期	集成 2007（2）：頁 1676	
				孝王八年	吳其昌 1929（2004）：頁 325、317	日辰合於《曆譜》孝王八年。"奠丼康"爲懿、夷間人。"艾白"爲懿夷間人。
				懿王	郭沫若 1935（2002）：頁 186	"康"即孝王元年曶鼎（02838）之"丼叔"，彼時康已爲重臣，此當早於曶鼎，定爲懿王時。
				穆王	莫非斯 1937：頁 8、10	爵必命於祖廟，該銘"康宮"，當在穆王時。
				懿王	容庚 1941（2008）：頁 39	爲鄭丼叔康，見於懿王時鄭丼叔康盨（04400）、鐘（00021）。
				幽王	李學勤 1959：頁 46	
				孝王	陳夢家 1966（2004）：頁 220	右者榮白見於懿王時輔師嫠簋（04286），榮伯組器皆懿孝時。

續表

序號	器名	字數	銘文著録	時代	出　處	依　據
1468	康鼎	60（又重文2）	02786	孝王	白川靜 1969a：頁 305–314 器 148	
				共王	唐蘭 1972：頁 59–60	據人物"榮伯"等聯繫他器。
				共王	唐蘭 1976—1978（1986）：頁 430	
				厲王	馬承源 1979：頁 62	形制。
				成王（或康王、昭王）	丁驌 1985：頁 21–24	曆日在成王十一年。
				懿王	尚志儒 1987：頁 294	字體爲西周中期風格。榮伯，爲共懿時期執政大臣。
				厲王	馬承源等 1988：頁 288 器 413	器形屬西周晚期，此"榮伯"當即敔簋（04323）之榮伯，後者爲厲王時器。
				夷王十四年	王雷生 1990：頁 27	
				西周晚期（早於宣王）	王世民等 1999：頁 41、頁 46 鼎 65	稱王在康宫，較之宣王時吳虎鼎（近出 0364）之稱王在康宫𢉩宫，該器年代早於宣王。
				厲王	彭裕商 2000：頁 85	形制，紋飾，人物"榮伯"。
				厲王（宣王早年）	彭裕商 2003：頁 434	右者"榮伯"即榮夷公，屬宣時人。本器器形、紋飾較厲世器晚些。
				西周中期後段	吳鎮烽 2006：頁 291	康，西周中期後段人。
				西周晚期	張懋鎔 2008：頁 348	
1469	史頌鼎	61（又重文2）	02787–02788	西周晚期	集成 2007（2）：頁 1676	
				宣王三年	吳其昌 1929（2004）：頁 470	"史頌"即頌敦（04332）、頌壺（09731）之"頌"。"穌"即曹戴伯蘇，代幽伯位在宣王三年，見《史記・曹世家》《僞竹書紀年》。曆朔合於《曆譜》宣王三年。
				恭王	郭沫若 1935（2002）：頁 159	參史頌𣪕（04229）。
				宣王三年	容庚 1941（2008）：頁 42	參史頌盤（10093）。
				夷厲	徐中舒 1963（1998）：頁 523	史頌諸器與頌諸器字體相似、爲同年同月所製；頌諸器的嘏辭與小克鼎（02796）、微繺鼎（02790）相似，後者爲夷厲時器。
				厲王	陳夢家 1966（2004）：頁 306	同人作頌組器在夷王時，頌稱"史"當稍晚。

序號	器名	字數	銘文著録	時代	出　處	依　據
1469	史頌鼎	61（又重文2）	02787-02788	孝王	白川靜 1968c：頁 184–190 器 138 附	
				孝王	唐蘭 1976—1978（1986）：頁 490	
				夷王	李學勤 1979：頁 36	字體酷似三年瘋壺（09726），夷王時器。
				共和	馬承源 1982：頁 52	曆日。
				宣王三年	陳佩芬 1983：頁 17、32	曆日合於宣王三年。
				厲王三年	劉啓益 1984：頁 243	
				宣王	丁驌 1985：頁 51	曆日。
				幽王	高木森 1986：頁 148	曆日。
				共和	馬承源等 1988：頁 300	曆日合於《年表》共和元年。與頌鼎爲同人作器而略早。
				厲王	李仲操 1991：頁 79	曆日。
				西周後期	辭典 1995：頁 90 器 316	
				共和	青全 1997（5）：頁 32 器 35	
				夷王三年	劉雨 1997：頁 247	
				宣王	黎東方 1997：頁 230	
				厲王前後	王世民等 1999：頁 32 鼎 55	器形。
				幽王	白光琦 2001：頁 129	形制，紋飾，字體，册命儀式。
				夷王	劉啓益 2002：頁 352	同人作史頌簋（04229），夷王時器。
				宣王前後	王世民 2003：頁 44–45	與宣王時速器相聯繫。
				宣王	彭裕商 2003：頁 445	器形、紋飾。
				宣王	陳佩芬 2004：頁 408 器 361	
				幽王	張懋鎔 2005：頁 8	造型、紋飾、銘文字體、器主職務等方面，與速器十分相近，且父考名同，速與頌爲兄弟行。速鼎作於宣王四十二、四十三年，頌鼎所記三年，當爲幽王三年。
				宣王三年	李學勤 2006：頁 160–164	"復蘇衛，友里君、百生率禺賈于成周"，意爲：恢復蘇國到成周的必經地孟津，蘇的里君、百姓都率其曹偶到成周交易。史頌與頌是一人，據頌所作諸器的形制、紋飾及曆日，宜定爲宣王三年器。

序號	器 名	字數	銘文著錄	時 代	出 處	依 據
1469	史頌鼎	61（又重文2）	02787–02788	西周晚期	吳鎮烽 2006：頁 93	史頌，西周晚期人，名頌。
				宣王	王輝 2006：頁 237	
				幽王	白光琦 2006a：頁 72	形制、紋飾、頌辭皆與逨器相似。書法近秦篆，創春秋形體。
				宣王	田率 2008：頁 87	與逨盤（近二 0939）之"逨"爲兄弟關係。
				宣王	朱鳳瀚 2009：頁 1315、1223	曆日。
1470	𧽥鼎	存 61	近二 0324	西周晚期	近二 2010（一）：頁 350	
				厲宣	吳鎮烽 2005：頁 72	形同毛公鼎。
1471	㢔方鼎	63（又重文2）	02789	西周中期	集成 2007（2）：頁 1676	
				穆王	扶風 A1976：頁 58	形制，花紋，銘文字體。
				穆王	唐蘭 1976b：頁 31	
				穆王	唐蘭 1976—1978（1986）：頁 406	
				穆王	陝西 1980（2）：頁 13 器 99	
				穆王晚期	劉啓益 1980a：頁 85	所出墓葬在穆王晚期。"王姐姜"爲穆王妃。
				穆王前期	黃盛璋 1983a：頁 46	形制、紋飾介於西周早、中期之間。"王姐姜"非康王或昭王后。
				穆王	劉啓益 1984：頁 228	據干支聯繫，與㢔簋（04322）作於同一年。
				穆王	吳鎮烽 1987：頁 270	形制，紋飾，字體。
				穆王	馬承源等 1988：頁 116、118 器 178	
				西周中期	辭典 1995：頁 83 器 297	
				未	汪中文 1990：頁 43–48	"伯㢔"與"彔""彔伯㢔"非同一人。
				穆王	青全 1997（5）：頁 9 器 9	
				穆王前後	王世民等 1999：頁 16 鼎 14	器形。
				穆王	劉啓益 2002：頁 210	伯㢔墓的時代在穆王時。
				西周中期前段	馬承源 2003a：頁 72 鼎 8	器形。
				穆王	彭裕商 2003：頁 304	器形、紋飾、字體有穆王時風格。"伯㢔"即穆王時彔卣（05420）、稱卣（05411）等器之"伯雍父""師雍父"。
				西周中期	曹瑋等 2005（7）：頁 1357	

續表

序號	器　名	字數	銘文著錄	時　代	出　處	依　據
1471	戜方鼎	63（又重文2）	02789	穆王	張懋鎔 2006a：頁 215、227	彔伯戜和師雍父爲同一人，是穆王時東征淮夷的主將。字形書體亦相合。
				西周中期前段	吳鎮烽 2006：頁 227	戜，西周中期前段人。
				穆恭	朱鳳瀚 2009：頁 1284–1301	墓葬。
1472	微縊鼎微樂鼎、樂鼎	63（又重文1）	02790	西周晚期	集成 2007（2）：頁 1676	
				厲王二十三年	吳其昌 1929（2004）：頁 416	銘文所記年月、地點同屬王時小克鼎（02796），文字、體例亦極近。
				厲王	郭沫若 1935（2002）：頁 264	册命年月、地點同屬王時小克鼎（02796）。文辭字例亦極相近。
				厲王	容庚 1941（2008）：頁 39	"惟王廿又三年九月，王在宗周"同屬王時克鼎（02796）。
				夷厲	徐中舒 1963（1998）：頁 523	所稱製器年月與小克鼎（02796）同，語亦大致相似，後者在夷厲時。
				夷王	陳夢家 1966（2004）：頁 281	形制、花紋同於夷王時頌鼎（02829）。嘏辭同於夷王時小克鼎（02796）。
				夷王	白川靜 1969：頁 301–304 器 147	
				孝王	馬承源等 1988：頁 223 器 308	年月及受命地點同孝王時小克鼎（02796）。
				宣王	劉雨 1997：頁 247–248	
				不早於夷王	金信周 2002：頁 265	祝嘏銘辭。
				宣王	劉啓益 2002：頁 387	記年、月及王所在地與小克鼎（02796）同，後者爲宣王時器。
				宣王	彭裕商 2003：頁 457	器形、紋飾、遣詞用語、字體皆屬晚期，其記年二十三，當在宣王時。
				西周晚期	吳鎮烽 2006：頁 258	微縊，西周晚期人。
				宣幽	韓巍 2008：頁 30	
				西周晚期	張懋鎔 2008：頁 352	

序號	器　名	字數	銘文著録	時　代	出　處	依　據
1473	任鼎	63	近二 0325、新收 1554	西周中期	近二 2010（一）：頁 351	
				西周中期	新收 2006：頁 1064	
				恭懿	王冠英 2004：頁 20	形制近恭王時衛鼎（02832），銘文字體屬西周中期。"孟"氏爲見於西周中期的貴族。
				西周中期	吳鎮烽 2006：頁 124	任，西周中期人。
1474	伯姜鼎	64	02791	西周中期	集成 2007（2）：頁 1676	
				成康	陝西 D1986：頁 26–31	M17 是嚳虬（魯考公）墓，伯姜當是嚳虬配偶。
				懿王	黃盛璋 1986：頁 41	字體、銘例皆西周中期。"菁京濕宮""㐁"分別見於懿王時史懋壺（09714）、師遽彝（09897）。
				穆王	李學勤 1986：頁 33–35	"㐁（世）孫子受毕純魯"是西周中期習語。
				穆王前後	李豐 1988a：頁 396	墓葬。
				穆王	盧連成、胡智生 1988a：頁 514	墓葬。
				昭王	張亞初 1993a：頁 326	伯姜爲已故亡夫召伯日庚即憲作器，時代略晚於憲鼎，後者當康昭時。
				康王十一年	張聞玉 1999：頁 48	曆日。
				昭王	劉啓益 2002：頁 171	同墓葬銅器形制多近昭王器。字體近厚趠方鼎（02730）。用語"夙夕明享"同服方尊（05968）。此"伯姜"與王白姜壺（09624）、王白姜鬲（00607）之"王伯姜"非一人。
				昭穆	吳鎮烽 2006：頁 156	伯姜，西周昭穆時期姜姓國長女。
				穆恭	朱鳳瀚 2009：頁 1284–1301	墓葬。
1475	大矢始鼎 大夫始鼎	存 64（又重文 2）	02792	西周中期	集成 2007（2）：頁 1676	
				厲王十二年	吳其昌 1929（2004）：頁 392	"王在華宮"見於訇簋（04202）、命簋（04112）。日辰合於《曆譜》厲王十二年。
				西周中期後段	吳鎮烽 2006：頁 216	始，西周中期後段人。

續表

序號	器　名	字數	銘文著錄	時　代	出　　處	依　　據
1476	伯唐父鼎	66	近出 0356、新收 0698	西周中期	近出 2002（二）：頁 220	
				西周早中期	新收 2006：頁 515	
				昭穆	社科院 A1989：頁 528	
				穆王初年	劉雨 1990：頁 742	王室饗祭行於新王初繼位時。
				穆王元年	劉雨 1997：頁 242–246	王室饗祭必行於父王去世新王繼位之時，即新王元年時，稱"饗祭元年"。結合其他條件，可斷定此器爲穆王元年器。
				昭穆	社科院 1999：頁 362	
				昭穆	王世民等 1999：頁 40 鼎 61	器形。
				西周早期後段	吳鎮烽 2006：頁 270	伯唐父，西周早期後段人。
				康晚至昭王	朱鳳瀚 2009：頁 1266–1283	墓葬。
1477	小克鼎膳夫克鼎	70（又重文 2）	02796–02802	西周晚期	集成 2007（2）：頁 1677	
				厲王二十三年	吳其昌 1929（2004）：頁 415	作器者同屬王時克尊（09725）、克鐘（00204），日辰合於《曆譜》厲王二十三年。
				厲王	郭沫若 1935（2002）：頁 264	"釐季"爲大克鼎（02836）"師華父"之字，後者在厲王時。
				厲王	莫非斯 1936：頁 244	
				厲王二十三年	容庚 1941（2008）：頁 39	作器者同屬王時大克鼎（02836）。
				厲王	俞靜安 1957：頁 17	銘文內容。稱"善夫"，職位高於稱"伯克"時。
				夷王二十三年	李學勤 1959：頁 45	
				夷厲	徐中舒 1963（1998）：頁 523	與大克鼎（02836）同爲善夫克所作，後者銘其皇祖師華父在龔王之世。
				夷王	白川靜 1965d：頁 152	排入夷世曆譜。
				夷王	陳夢家 1966（2004）：頁 263	同人作大克鼎（02836），夷王時器。
				夷王	白川靜 1969c：頁 512–518 器 168	
				厲王	唐蘭 1976—1978（1986）：頁 516	

續表

序號	器 名	字數	銘文著錄	時 代	出 處	依 據
1477	小克鼎 膳夫克鼎	70（又重文2）	02796-02802	厲王	劉啓益 1980：頁 80–85	克即《詩·十月之交》中的"仲允"，後者作於厲王時。
				宣王	劉雨 1983：頁 155	參克鐘（00204）。
				厲王	黃盛璋 1983：頁 18	祖父師華父事龔王，克爲膳夫當在厲世。
				厲王二十三年	劉啓益 1984：頁 244	
				厲王	唐蘭 1985：頁 124	同人作鼎（02836），爲厲王時器，王年近二十七年。
				厲王	高木森 1986：頁 128	形制，紋飾，銘文。
				夷王	吳鎮烽 1987：頁 279	參師克盨蓋（04468）。
				孝王	馬承源等 1988：頁 222 器 306	克鐘曆日合於《年表》孝王二十三年。大克鼎銘"釐季"爲恭王時。
				厲王二十三年	何幼琦 1989b：頁 54	"善夫克"和厲王十三年無其簋（04225）之"無其"是兄弟行，"申季"見於厲王二十七年伊簋（04287）。
				宣王	張聞玉 1990：頁 10	
				西周中期	辭典 1995：頁 88 器 308	
				宣王	劉雨 1997：頁 247–248	
				宣王	彭裕商 1999：頁 58	器形，紋飾，字體。
				夷厲之世	王世民等 1999：頁 31 鼎 54	器形。
				宣王	李學勤 2000b：頁 92	形制，字體，銘文格式，曆日。
				懿孝	馬承源 2000a（2007）：頁 174	克之祖父輔佐穆王，克當懿孝時人。
				宣王	劉啓益 2002：頁 386	與宣王十六年克鐘（00204）同出，應爲同時器。
				厲王	杜勇、沈長雲 2002：頁 88	克器曆日不相容，根據克的職務不同，本器稍晚置於厲王時。
				宣王前後	王世民 2003：頁 44–45	與宣王時逑器相聯繫。
				宣王	彭裕商 2003：頁 452	與克鐘（00204）同出，爲同一人作，後者在宣王時。
				孝王	陳佩芬 2004：頁 248	
				宣王	彭裕商 2005：頁 100	參大克鼎（02836）。
				宣王	張懋鎔 2006a：頁 217	器形紋飾。

序號	器名	字數	銘文著錄	時代	出處	依據
1477	小克鼎 膳夫克鼎	70（又重文2）	02796-02802	西周中期後段	吳鎮烽 2006：頁 322	善夫克，西周中期後段人。
				宣幽	韓巍 2008：頁 30	
				宣王	張懋鎔 2008：頁 350	
1478	令鼎 大蒐鼎、 耤田鼎、 諆田鼎	70	02803	西周早期	集成 2007（2）：頁 1678	
				昭王	吳其昌 1929（2004）：頁 264	言"康宫"，在昭王時。"令"即矢彝（09901）等器之"矢令"。"溓中"爲成王時寽鼎（02740）、扂趞鼎（02730）之"溓公"。
				成王	郭沫若 1935（2002）：頁 78	"淺仲"即成王時寽鼎（02740）、厚趞齋（02730）之"淺公"。疑作器者同成王時令簋（04300）、令彝（09901）。
				穆王	莫非斯 1937：頁 8、10	爵必命於祖廟，該銘"康宫"，當在穆王時。與矢彝（09901）等器非同人作器。
				昭王	白川靜 1966a：頁 811-823 器 73	
				昭王	唐蘭 1976—1978（1986）：頁 230	"溓仲"當爲"溓公"之子。"令"與溓公一家，非"作册矢令"。
				昭王	唐蘭 1981：頁 29	
				昭王	馬承源等 1988：頁 69 器 97	作器者令與令簋（04300）之"作册矢令"當是同一人，字體亦相近。
				昭王	彭裕商 2003：頁 290	銘文字體屬昭穆時期。作器者"令"非矢令方尊（06016）、矢令方彝（09901）、矢令簋（04300）之"令"。
				西周早期	吳鎮烽 2006：頁 95	令，西周早期人。
1479	利鼎	70	02804	西周中期	集成 2007（2）：頁 1678	
				共王六年	吳其昌 1929（2004）：頁 289	曆日與《曆譜》共王三年密合。"利"見於共王二年之師遽方彝（09897）。册命之地點及右者皆同共王七年之趞曶鼎（02783）。"利"爲《穆天子傳》之"井叔利"，可至共王初年。
				恭王	郭沫若 1935（2002）：頁 176	"井伯""般宫"見於恭王時趞曹鼎一（02783）。

序號	器 名	字數	銘文著錄	時 代	出 處	依 據
1479	利鼎	70	02804	共王	容庚 1941（2008）：頁 38	王在某宮行賜命禮而井伯爲右，同共王時趞曹鼎（02783）。
				恭王	李學勤 1959：頁 44	
				共王	陳夢家 1966（2004）：頁 148、162	右者井伯見於恭王時趞曹鼎一（02783）。
				恭王	白川靜 1967c：頁419–422 器 111	
				共王	唐蘭 1972：頁 59–60	據人物"邢伯"聯繫他器。
				共王	唐蘭 1976—1978（1986）：頁 417	
				恭王	盛冬鈴 1983：頁 56	據人名聯繫。
				恭王	馬承源等 1988：頁 133 器 200	
				穆王	劉啓益 2002：頁 227	與利簋（03580）之"利"爲同一人，亦穆王時。
				夷王	彭裕商 2003：頁 377	據器形、紋飾、字體等推斷。
				夷厲	侯毅 2006：頁 70	形制同西周晚期早段夷厲時期之多友鼎。
				西周中期	吳鎮烽 2006：頁 148	利，西周中期人。
				西周中期偏晚	張懋鎔 2008：頁 347	
1480	南宮柳鼎	77（又重文 2）	02805	西周晚期	集成 2007（2）：頁 1678	
				厲王	徐中舒 1959：頁 55–57	"武公"爲厲王時人，見於厲王時敔簋（04323）。
				幽王	李學勤 1959：頁 46	
				孝王	陳夢家 1966（2004）：頁 229	武公見夷王時禹鼎（02833）、孝王時敔簋（04323）。形制、紋飾當恭孝間。南宮柳當是武王時南宮括、成王末南宮毛之後。
				夷王	白川靜 1969b：頁 464–468 器 163	
				厲王	唐蘭 1976—1978（1986）：頁 516	
				厲王	李學勤 1981a：頁 87–92	參多友鼎（02835）。
				宣王	劉雨 1983：頁 156	銘文內容。
				西周晚期	陝西 1984（4）：頁 15 器 105	
				夷王	吳鎮烽 1987：頁 280	參禹鼎（02833）。
				厲王	馬承源等 1988：頁 289 器 416	"武公"見於厲王時禹鼎（02833）、敔簋（04323）。

序號	器　名	字數	銘文著録	時　代	出　　處	依　　據
1480	南宫柳鼎	77（又重文2）	02805	西周後期	辭典 1995：頁 91 器 320	
				西周晚期（早於宣王）	王世民等 1999：頁 42 鼎 66	據紋飾爲西周晚期偏早時器。稱王在康廟，較之宣王時吳虎鼎（近出 0364）之稱王在康宫㣬宫，該器年代早於宣王。
				夷王	劉啓益 2002：頁 367	形制與夷王時多友鼎（02835）全同，所見“武公”爲夷厲時人，歸入夷王時。
				厲王	彭裕商 2003：頁 397	“武公”見於禹鼎（02833）、㪤簋（04323）等厲世器。據器形、紋飾、字體亦可歸入厲世。
				厲王	張懋鎔 2006a：頁 218	
				夷王	吳鎮烽 2006：頁 224	柳，西周夷王時期人。
				厲王	張懋鎔 2008：頁 350	
1481	大鼎己白鼎、周己伯鼎、十五年大鼎	78（又重文3）	02806–02808	西周中期	集成 2007（2）：頁 1678	
				懿王十五年	吳其昌 1929（2004）：頁 301	參大簋（04298）。“守”見於孝王七年守簋（04179）。
				懿王	郭沫若 1935（2002）：頁 193	“大”即懿王時同簋（04270）之“吳大父”。父名“剌考己白”即大簋（04298）之“皇考剌白”。
				西周後期	容庚 1941（2008）：頁 236 鼎 81	
				孝王十五年	董作賓 1952：頁 695	曆法。
				孝王十五年	董作賓 1959（1977）：頁 56	曆法。
				懿王	上海 1959：頁 35	*02807。
				孝王	陳夢家 1966（2004）：頁 256	作器者同孝王時大簋蓋（04298）。其中藏於故宫之鼎與恭王十五年趞曹鼎（02784）相似而略晚。
				厲王	白川靜 1970：頁 581–589 器 176	
				共王	唐蘭 1976—1978（1986）：頁 435	
				懿王十五年	劉啓益 1984：頁 235	曆日合於《日月食典》懿王十五年。
				孝王	丁驌 1985：頁 43	曆日。
				懿王後期	高木森 1986：頁 101	

序號	器　名	字數	銘文著錄	時　代	出　　處	依　　據
1481	大鼎 己白鼎、 周己伯 鼎、十五 年大鼎	78（又 重文 3）	02806- 02808	厲王	張政烺 1987（2011）：頁 62	形制似頌鼎（02827），厲 王時。
				夷王	馬承源等 1988：頁 270 器 394	作器者同十二年大簋蓋 （04299），後者作於夷王 時。*02807。
				懿王	劉啓益 1989：頁 192	
				夷王十五 年	王雷生 1990：頁 27	
				宣王	夏含夷 1990（2005）：頁 236	該器曆日合於以前 825 年 爲元年的宣王 15 年。
				懿王十五 年	趙光賢 1992：頁 46	曆日。
				厲王十五 年	劉雨 1997：頁 247	
				懿王	榮孟源 1997：頁 359	曆法。
				宣王十五 年	周曉陸、穆曉軍 1998	以前 841±1 年爲宣王元 年，該器曆日合。
				西周晚期 厲王前後	王世民等 1999：頁 47 鼎 75、 頁 47 鼎 79	器形。
				厲王十五 年	斷代工程 2000：頁 21、33	考古類型排比。排西周金 文曆譜。*02807。
				懿王	劉啓益 2002：頁 313	同人作簋（04298）是孝王 時器，該器曆日與之不 合，而合於《張表》懿王 十五年。
				厲王	彭裕商 2003：頁 409	參大簋蓋（04298）。
				西周中期	馬承源 2003a：頁 71 器 20	器形。
				西周晚期	吳鎮烽 2006：頁 19	大，西周晚期人。己伯， 大的父親，西周中期人。
				厲王	葉正渤 2006：頁 199	從《史記》説，厲王在位 37+14=51 年，則厲王元 年爲前 878 年。既死霸是 二十三日。據《張表》《董 譜》，該器曆日合曆。
				西周晚期 偏早	張懋鎔 2008：頁 348	
				厲王	朱鳳瀚 2009：頁 1315、1222	曆日。
1482	靜方鼎	78	近出 0357、 新收 1795	西周早期	近出 2002（二）：頁 221	
				西周早期	新收 2006：頁 1212	

序號	器 名	字數	銘文著錄	時 代	出 處	依 據
1482	靜方鼎	78	近出 0357、新收 1795	昭王	李學勤 1997b: 頁 224-228	與北宋出土安州六器爲同時器物，其中，中方鼎（02785）與趨尊（05992）爲同月鄰日，賜采之事相同；王所在地點同作册睘尊（05989），皆昭王時。
				昭王	李學勤 1997c	"師中"即安州六器之"中"，當作於同時，後者爲昭王時器。
				西周早期（或昭王）	徐天進 1998: 頁 87	形制、紋飾、銘文當屬西周早期。内容可能與昭王南征有關。
				昭王十六年	張懋鎔 1998: 頁 88、90	據扉棱形態、饕餮紋雙目形狀、字體風格等判斷在西周早期偏晚段。據銘文内容當爲昭王十六年做。
				昭王十三年	王占奎 1998: 頁 89-90	記事同中方鼎（02751）、中甗（00949），後者皆昭王時器。記事以"南宮伐虎方"標年，此年非伐楚之年。與靜簋（04273）、靜卣（新收 1960）等器父名同，爲同人作器，兩者皆穆王時器。該器曆日合於昭王十三年。
				昭王	王世民等 1999: 頁 15 鼎 11	與安州六器之中方鼎有關。器形。
				非西周	李仲操 2000: 頁 16	曆日錯誤明顯，不是西周時之物，應是後人僞作。
				昭王十九年	斷代工程 2000: 頁 27、30	與昭王 19 年睘卣、析尊繫聯排比，"十月甲子"在昭王 18 年，"八月初吉庚申""月既望丁丑"在昭王 19 年。
				昭王	張懋鎔 2001（2002）: 頁 47	從册命金文的完備程度考察。
				昭王	彭裕商 2003: 頁 259	記昭王南征荆楚事。
				穆王	張懋鎔 2005a: 頁 2	造型、紋飾有商末周初特點。銘文字形書體近穆王前期的趨鼎（04266）。該器現象可用"兩系説"解釋。

序號	器　名	字數	銘文著錄	時　代	出　　處	依　　據
1482	靜方鼎	78	近出 0357、新收 1795	穆王初期	王長豐 2005：頁 60-61	"師中"即中方鼎（02751）、中甗（00949）之"中"，後者爲昭末器，據"中"之職位靜方鼎當稍晚。此類命辭不見於西周昭王時，多見於穆王及其後。銘文書法風格亦是穆王初期。
				昭穆	吳鎮烽 2006：頁 391	靜，西周昭穆時期人。
				昭王末	王輝 2006：頁 96	中、靜省南國事，與安州六器之中甗（00949）、中方鼎（02751）等有關。
				昭王十六年	劉啓益 2009a：頁 66-67	昭王元年爲前 1018 年，該器曆日合於昭王十六年。
				昭王	朱鳳瀚 2009：頁 1270	"中"即昭王時中方鼎之"中"。
				昭王	葉正渤 2010：頁 124	人物"中"可聯繫安州六器之中方鼎（02751）、中甗（00949）等銘文而稍晚。銘文所記爲昭王十六年事。
1483	師旂鼎弘鼎、師旅鼎、伯懋父師旅鼎、史旅鼎	79	02809	西周早期或中期	集成 2007（2）：頁 1678	
				成王六年	吳其昌 1929（2004）：頁 144	曆日與《曆譜》成王六年合。"懋父"見於成王時呂行壺（09689）、御正衛彝（04044）等。"串"見於成王時串鼎（02751）、串甗（00949）等。
				成王	郭沫若 1935（2002）：頁 69	"中"是成王時中鼎（02751）等安州六器之"中"。
				成王	容庚 1941（2008）：頁 34、頁 232 鼎 53	"伯懋父"見成王時小臣謎簋（04238）。
				成王	郭沫若 1954a：頁 370-372	"白懋父"見於小臣宅簋（04201）、呂行壺（09689）等器，爲康叔之子康伯懋。
				康昭	白川靜 1966：頁 752-770 器 67	
				成王	陳夢家 1966（2004）：頁 113	"伯懋父"見於成王時小臣謎簋（04238）、小臣宅簋（04201）、呂行壺（09689）等。從形制紋飾看，下移至康初。

序號	器 名	字數	銘文著錄	時 代	出 處	依 據
1483	師旂鼎弘鼎、師旅鼎、伯懋父師旅鼎、史旅鼎	79	02809	穆王	唐 蘭 1976—1978（1986）：頁 313	《穆天子傳》記穆王曾至於房。"伯懋父"可能是祭公謀父，昭穆之際人。
				昭王	唐 蘭 1981：頁 40	
				周公攝政三年	何幼琦 1983b：頁 82	
				康 王（或昭王）	馬承源等 1988：頁 60 器 84	伯懋父存於康昭時，見康王時小臣謎簋（04238）。
				西周前期（西周中期）	辭典 1995：頁 77 器 277	
				康王	王世民等 1999：頁 29 鼎 47	白懋父見於召尊（06004）等。
				穆王前期	彭裕商 2001：頁 226	鳥紋、字體有穆王時特點。"伯懋父"即昭穆時祭公謀父。
				穆王	劉啓益 2002：頁 220	所記以罰金抵罪，見於《尚書·呂刑》，時代不早於穆王。
				穆王前期	彭裕商 2003：頁 315	"伯懋父"爲昭穆時人。紋飾、字體有穆王時特色。
				西周早期較晚	馬承源 2003a：頁 69	器形。
				穆王	張振林 2005：頁 155–156	《呂刑》爲呂侯受穆王命總結歷代五刑的實踐經驗，本銘"義……今……"表明當時已有成文法和贖刑規定。形制、紋飾有穆世特點。時間、事件與《穆天子傳》吻合。有"伯懋父"的關聯器皆穆王前期。
				昭王後期至穆王前期	張懋鎔 2006：頁 32	銘文字形書體及其他。
				西周中期前段	吳鎮烽 2006：頁 271	旂，西周中期前段人。
				穆王	張懋鎔 2008：頁 345	
				穆王	王帥 2008：頁 42	器形分屬，字形書體。
				昭王	朱鳳瀚 2009：頁 1270	伯懋父亦見於昭王時召尊（06004），即衛康叔子康伯髦，用事於康、昭時。據形制定在昭王時。

序號	器　名	字數	銘文著録	時　代	出　　處	依　　據
1484	噩侯鼎 鄂侯鼎、 駿方鼎、 王南征 鼎、噩侯 馭方鼎、 鄂侯馭方 鼎	存 79	02810	西周晚期	集成 2007（2）：頁 1678	
				厲王八年	吳其昌 1929（2004）：頁 386	記南征事同屬王時虢仲盨（04435）。
				夷王	郭沫若 1935（2002）：頁 231	此噩侯即夷王時不嬰段（04328）之"不嬰駿方"。地名"枂"即穆王時競卣（05154）之"軒"地。
				厲王	容庚 1941（2008）：頁 40	"王南征"見屬王時虢仲盨蓋（04435）。
				厲王	郭沫若 1951（2002）頁 75–76	
				幽王	李學勤 1959：頁 46	
				孝王	陳夢家 1966（2004）：頁 216	據形制、紋飾判斷在恭王後夷王前，暫定爲孝王。
				夷王	白川靜 1969：頁 260–269 器 142	
				穆王	唐蘭 1976—1978（1986）：頁 404	
				厲王	陳佩芬 1981：頁 33	記事見屬王時禹鼎（02833）。
				夷王	李學勤 1981a：頁 87–92	參多友鼎（02835）。
				厲王	馬承源等 1988：頁 280 器 406	
				共懿	曹淑琴 1993：頁 61	形制近禹鼎（02833）而略早，約當共懿時。
				孝夷	徐少華 1994：頁 90	形制，紋飾。
				厲王	蔡運章 1994a：頁 88	記屬王伐淮夷事。
				西周後期	辭典 1995：頁 91 器 319	
				夷王	劉啓益 2002：頁 363	字體風格同夷王時噩侯簋（03928），應爲同人作器。
				厲王	彭裕商 2003：頁 393	"鄂侯馭方"見於屬王時禹鼎（02833）。字體有晚期風格。
				西周晚期	吳鎮烽 2006：頁 306	馭方，西周晚期人。
				厲王	李學勤 2007e：頁 87	征討桐、遹之事在屬王時，參見屬王時伯戜父簋（《古文字研究》27 輯 197 頁）。
				厲王	朱鳳瀚 2008：頁 192–199	參伯戜父簋（《古文字研究》27 輯 197 頁）。
				夷厲	張懋鎔 2008：頁 349	
1485	師酉鼎	90	近二 0326、 新收 1600	西周中期	近二 2010（一）：頁 352	
				西周中期	新收 2006：頁 1098	

續表

序號	器 名	字數	銘文著録	時 代	出 處	依 據
1485	師酉鼎	90	近二 0326、新收 1600	恭王四年	朱鳳瀚 2004：頁 6	形制、紋飾符合西周中期鼎特徵。據金文曆譜可排入恭王四年。
				共、懿	白光琦 2005：頁 69	形制，紋飾。"師俗"見於懿王時永盂（10322）、史密簋（近出 0489）。
				孝王四年	張長壽 2005：頁 395–401	曆日合於恭王四年、孝王四年，據同人作師酉盤（《王仲殊紀念文集》397頁圖三）在厲王十年，該器當爲孝世器。
				恭王四年	何景成 2008b：頁 106	其子師詢作詢簋（04321），爲恭王十七年器。
				共王	朱鳳瀚 2009：頁 1289	
				孝夷	韓巍 2008：頁 32 注 3	
1486	師望鼎 大師小子 師望鼎、師望器	91（又重文 3）	02812	西周中期	集成 2007（2）：頁 1679	
				恭王	郭沫若 1935（2002）：頁 177	作器者與恭王時望簋（04272）之望爲一人。
				恭王	陳仁濤 1952：頁 57	形制紋飾屬西周中葉。望與史頌同爲恭王時人。
				夷王	白川靜 1968a：頁 71–80 器 130	
				懿孝	李學勤 1979：頁 31	據家族世系排列。
				孝王	盛冬鈴 1983：頁 48、57	與齊太公望絕非一人。據人名聯繫。
				厲王或宣王	張政烺 1987（2011）：頁 57	同人作壺形制與番匊生壺（09705）相同，屬宣時。
				恭王後期	馬承源等 1988：頁 146、頁 228 器 213	師望活動在恭王後期。
				恭王	王明閣 1989：頁 51	師望是周文王弟弟虢叔之後，祖父爲虢季，父爲師龢，該器爲恭王時器。
				厲王十三年	斷代工程 2000：頁 33	排西周金文曆譜。
				懿王	李學勤 2001e：頁 252	1974 年扶風强家村出土虢季家族器物，師望屬於這個家族，據該家族世系推斷師望在懿王時。
				懿王	李學勤 2001a：頁 60–61	師望爲師龢鼎（02830）師龢之子，師龢爲穆共時人。
				懿王	劉啓益 2002：頁 308	"師望"即望簋（04272）之"望"，後者作於懿王時。

續表

序號	器 名	字數	銘文著錄	時 代	出 處	依 據
1486	師望鼎 大師小子 師望鼎、 師望器	91（又 重文 3）	02812	厲王	李朝遠 2003：頁 308	
				厲王	彭裕商 2003：頁 423	據銘文格式、遣詞、銘文字體、器形紋飾考察，不出厲宣時。"某曰" 的格式多見於厲宣。與師虎鼎等三器無關係。
				夷王	周言 2005：頁 56	與强家器群繫聯，師望可排入該家族三代世系中的第二代，當恭夷時。
				懿孝	張懋鎔 2006a：頁 216	其父作師虎鼎（02830），在恭王時。
				西周中期後段	吳鎮烽 2006：頁 264	師望，西周中期後段人。
				宣 王（或更晚）	韓巍 2007b：頁 71	師望四器的形制、紋飾接近西周晚期。與師奂器群無關。
				恭王	朱鳳瀚 2009：頁 1221	曆日。
1487	師奎父鼎 師 奎 父鼎、寶父鼎、師奎父鼎、奎鼎	92（又 重文 1）	02813	西周中期	集成 2007（2）：頁 1679	
				孝王七年	吳其昌 1929（2004）：頁 322、317	日辰合於《曆譜》孝王七年。"嗣馬井白" 在龔孝間。
				恭王	郭沫若 1935（2002）：頁 174	"井伯" 見於恭王時趨曹鼎一（02783）。
				共王	容庚 1941（2008）：頁 38	王在某宮行賜命禮而井伯爲右，同共王時趨曹鼎（02783）。
				恭王	李學勤 1959：頁 44	
				共王	陳夢家 1966（2004）：頁 152、162	右者司馬井伯見於恭王十二年走簋（04244）。
				懿王	白川靜 1968：頁 515-519 器 121	
				共王	唐蘭 1972：頁 59-60	據人物 "司馬邢伯" 聯繫他器。
				共王	唐蘭 1976—1978（1986）：頁 422	
				懿王	李學勤 1979：頁 36	
				孝王	盛冬鈴 1983：頁 57	據人名聯繫。
				恭王	馬承源等 1988：頁 134 器 201	嗣馬井伯是恭懿時的儐相。
				西周中期	辭典 1995：頁 86 器 304	
				厲王	彭裕商 1999：頁 60	器形，紋飾，字體。
				恭王前後	王世民等 1999：頁 30 鼎 50	右者司馬井白、井白也見於師虎簋（04316）、七年趨曹鼎（02783）、利鼎（02804）等。

續表

序號	器 名	字數	銘文著錄	時 代	出 處	依 據
1487	師奎父鼎、師奎父鼎、寶父鼎、師奎父鼎、奎鼎	92（又重文1）	02813	共王	金信周 2002：頁 254	
				共王	劉啓益 2002：頁 271	形制、花紋均同共王十五年趞曹鼎（02784）。
				夷王	彭裕商 2003：頁 374、364	據人物聯繫、器形、紋飾、字體等歸入夷王。
				恭王	陳佩芬 2004：頁 236	"司馬井伯"是恭王或懿王策命時的儐相。
				西周中期	吳鎮烽 2006：頁 261	師奎父，西周中期人。
				穆王二十七年	張聞玉 2007：頁 38	曆日。
				恭王	張懋鎔 2008：頁 347	
1488	無惠鼎、無專鼎、郵專鼎、焦山鼎	93（又合文1）	02814	西周晚期	集成 2007（2）：頁 1679	
				宣王六年	吳其昌 1929（2004）：頁 490	"南仲"見於《出車》《常武》，宣王時人。日辰合於《曆譜》宣王六年。
				宣王	郭沫若 1935（2002）：頁 319	"南仲"見於《小雅·出車》《大雅·常武》，宣王時人。
				宣王	容庚 1941（2008）：頁 42、頁 235 鼎 76	"南仲"即《小雅·出車》《大雅·常武》之"南仲"。
				宣王	徐中舒 1963（1998）：頁 524	司徒南仲見於《詩·出車》，當宣王時物。
				夷王	白川靜 1969a：頁 348–358 器 153	
				宣王	唐蘭 1976—1978（1986）：頁 517	
				宣王	劉啓益 1984：頁 217	"南仲"見於宣王時詩《常武》《出車》。
				宣王	高木森 1986：頁 139	人物"司徒南仲""史翏"。
				宣王	馬承源等 1988：頁 313 器 444	南仲，見《詩·出車》，宣王時卿士。
				西周中期後段	羅泰 1997：頁 664	風格。
				宣王早年	李學勤 1999：頁 54	南仲爲宣王時卿士，見《詩·常武》。駒父盨（04464）記宣王十八年淮夷已服，該器當在其前。"史翏"見於宣王時此鼎（02821）、此簋（04303）。
				宣王	王世民等 1999：頁 34 鼎 58	南仲、圖室見於宣王時山鼎（02825）。
				宣王	劉啓益 2002：頁 383	"南仲"見於《出車》《常武》，兩詩皆爲宣王時。

續表

序號	器 名	字數	銘文著錄	時 代	出 處	依 據
1488	無惠鼎 無專鼎、鄭專鼎、焦山鼎	93（又合文1）	02814	未	杜勇、沈長雲2002:頁29	"穆王正側"指穆王宮廟正側，穆王號不決定金文的時代。
				宣王	彭裕商2003:頁473	紋飾屬晚期。"司徒南仲"即宣王時南仲，見《詩·常武》。"史翏"見宣王時此鼎（02821）。"圖室"見宣王時善夫山鼎（02825）。
				西周晚期	吴鎮烽2006:頁290	鄭更，西周晚期人。
				厲王	張懋鎔2008:頁351	
1489	趨鼎	95（又重文2）	02815	西周晚期	集成2007（2）:頁1679	
				夷王	陳夢家1966（2004）:頁282	銘文内容、嘏辭、形制、花紋與夷王時頌鼎（02829）最相似。
				厲王十九年	劉啓益1979:頁19	形制與厲王時頌鼎（02829）一致，曆日合於厲王十九年、與厲王時克鐘（00204）曆日相合。
				夷王十九年	何幼琦1982:頁111	曆法。
				厲王	馬承源1982:頁52	曆日。
				厲王十九年	陳佩芬1983:頁17	形制與頌鼎（02829）、毛公鼎（02841）近同，皆爲西周晚期器。據《張表》，紀年合於厲王十九年。"康卲宮"與昭王無關。
				厲王十九年	劉啓益1984:頁244	
				康王	何幼琦1985:頁12	曆日。
				穆王	丁驌1985:頁32	曆日。
				宣王十九年	張聞玉1987:頁155	據曆日推算。
				厲王	馬承源等1988:頁293器423	曆日合於《年表》厲王十九年。
				宣王	劉啓益1989:頁176	人物，月相。
				宣王	李仲操1991:頁87	曆日。
				西周後期	辭典1995:頁90器315	
				厲王十九年	劉雨1997:頁247	
				宣王十九年	周曉陸、穆曉軍1998	以前841±1年爲宣王元年，該器曆日合。

序號	器　名	字數	銘文著録	時　代	出　　處	依　　據
1489	趞鼎	95（又重文2）	02815	宣王十九年	江林昌 1999：頁 96	形制爲西周晚期。"史留"即"史籀"，宣王時人，見載於《説文序》《漢書·藝文志》。以周正建丑，該器曆日合於曆表。
				宣王前後	王世民等 1999：頁 48 鼎 76	"王在周康邵宮"，與西周晚期偏早之頌鼎（02829）同，且二器器形、紋飾亦同，年代當近。
				厲王	周言、魏宜輝 1999：頁 57	曆日。
				宣王	李學勤 1999e：頁 147–148	"史留"即太史籀，宣王時人。曆日與《張表》差一個月，與宣王時吳虎鼎（新收 0709）相調和。曆正建丑。
				宣王十九年	斷代工程 2000：頁 21、35	考古類型學方法。排西周金文曆譜。
				宣王	劉啓益 2002：頁 391	"史留"即"史籀"，宣王時人，見載於《説文解字·序》。形制同宣王十七年此鼎（02821）。曆日合於《張表》宣王十九年。
				宣王	杜勇、沈長雲 2002：頁 92	據太史籀的身份非初任職時，該器當在宣王時。
				宣王	朱鳳瀚 2003：頁 50–52	宣王元年爲前 826 年，據《張表》，該器曆日可排入宣王。
				宣王	張長壽 2003：頁 56–57	
				宣王	彭裕商 2003：頁 456	"史留"即宣王時太史，見載於《説文解字·序》。器形紋飾亦見於宣世。
				宣王	張懋鎔 2005：頁 9	此器近頌鼎（02827），後者爲幽王時器。
				宣王	張懋鎔 2006a：頁 213	形制、紋飾顯示爲西周晚期器。史留當即史籀。
				厲王	吳鎮烽 2006：頁 403	趞，西周厲王時人。
				宣王	張懋鎔 2008：頁 351	
				宣王	朱鳳瀚 2009：頁 1315、1223	曆日。
				宣王	夏含夷 2010	曆日合於以公元前 827 年爲元年的宣王年曆。

續表

序號	器　名	字數	銘文著錄	時　代	出　　處	依　　據
1490	伯晨鼎 伯晨鼎、韓侯伯晨鼎、周韓侯伯晨鼎、周伯晨鼎	97（又重文1，合文2）	02816	西周中晚期	集成 2007（2）: 頁 1679	
				厲王三年	吳其昌 1929（2004）: 頁 369	"伯晨" 即厲王三年師晨鼎（02817）之 "師晨"。
				厲王	郭沫若 1935（2002）: 頁 248	"伯晨" 即厲王時師晨鼎（02817）之 "師晨"。
				懿王	陳夢家 1966（2004）: 頁 203 器 144 附	
				懿王	白川靜 1968a: 頁 28–37 器 125 附	
				孝王	馬承源等 1988: 頁 226 器 311	"伯晨" 即孝王時師晨鼎（02817）之 "師晨" 而稍早。
				宣王	張懋鎔、趙榮、鄒東濤 1989: 頁 69	有眼竊曲紋同宣王時史密簋（新收 0636）。
				西周晚期	李零 1993: 頁 660	
				西周晚期	彭裕商 2003: 頁 485	器形，紋飾配置，字體。
				西周中期後段	吳鎮烽 2006: 頁 221	垣侯伯晨，西周中期後段人。
1491	伯晨鼎 師晨鼎	存97（又重文2合文1）	02817	西周中期	集成 2007（2）: 頁 1679	
				厲王三年	吳其昌 1929（2004）: 頁 367	日辰合於《曆譜》厲王三年。"小臣善夫守" 即孝王時守簋（04179）之 "小臣守"、大鼎（02808）之 "守"。"師俗" 即厲王十年伯俗父鼎（02781）之 "伯俗"。
				厲王	郭沫若 1935（2002）: 頁 247	"司馬共" 即 "共伯和"，參見師𩖶簋（04311）。
				厲王	容庚 1941（2008）: 頁 40	曆日及 "王在周師彔宮。旦，王各大室，即位。司馬共右……" 句式皆同厲王時師𩖶簋（04277），且同日。
				厲王	董作賓 1952: 頁 696	曆法。
				厲王	董作賓 1959（1977）: 頁 51、58	曆法。
				孝王	李學勤 1959: 頁 45	宰𧄤即𧄤鼎（02817）之𧄤。
				懿王	陳夢家 1966（2004）: 頁 187	此右者司馬㸠即恭王後期司馬井伯的下一代，或即井叔。
				懿王	白川靜 1965d: 頁 152	曆日可排入懿世曆譜。
				懿王	白川靜 1968a: 頁 18–37 器 125	

續表

序號	器名	字數	銘文著錄	時代	出處	依據
1491	伯晨鼎 師晨鼎	存97 （又重 文2 合文 1）	02817	懿王三年	唐蘭 1972：頁 59-60	據人物"作冊尹"等聯繫。
				懿王	黃盛璋 1978：頁 198	參瘋盨（04462）。
				懿王	劉啓益 1978：頁 316-317	參瘋盨（04462）。
				孝王	李學勤 1979：頁 35	據人物"司馬收"聯繫瘋盨（04462），彼爲孝王四年器。
				夷王三年	何幼琦 1982：頁 111	曆法。
				孝王	馬承源 1982：頁 52	曆日。
				夷王	何幼琦 1983a：頁 57	
				夷王	盛冬鈴 1983：頁 58、53	"司馬共"之"共"是私名，文獻中的"共伯和"之"共"是國名或氏名，非同一人。
				懿王三年	劉啓益 1984：頁 241	
				夷王	高木森 1986：頁 119	師彔宮，人物。
				孝王	馬承源等 1988：頁 202 器 280	嗣馬共見於孝王時師俞簋蓋（04277）、諫簋（04285）。師晨亦見於夷王時大師虘簋（04251）。
				孝王	李仲操 1991：頁 65	人物。
				夷王三年	趙光賢 1992：頁 47	曆日。
				厲王	黎東方 1997：頁 230	
				厲王	榮孟源 1997：頁 357	曆法。
				懿王三年	劉雨 1997：頁 247	
				約夷王	彭裕商 1999：頁 59	右者及冊命地點均同瘋盨（04462）、諫簋（04285）等夷世器。
				厲王三年	斷代工程 2000：頁 32	排西周金文曆譜。
				厲王初年	晁福林 2001：頁 177	"司馬共"即共伯和，職掌王畿軍事，參瘋盨（04462）。"師俗"非永盂之"師俗父"。
				孝王	張懋鎔 2002：頁 33	
				懿王	劉啓益 2002：頁 301	王所在宮室及右者均同四年瘋盨（04462）、五年諫簋（04285），皆懿王時。日辰與懿王三年衛盉（09456）有兩天差誤。
				夷王	彭裕商 2003：頁 354、363	右者司馬共、冊命地點等均同夷王時瘋盨（04462）、諫簋（04285）等器。

續表

序號	器　名	字數	銘文著錄	時　代	出　　處	依　　據
1491	伯晨鼎 師晨鼎	存 97（又重文 2 合文 1）	02817	懿王	劉士莪 2004：頁 25	曆日可與微氏癲盨（04462）相接，且地點、人物等皆有密切關係，癲盨據微氏世系當懿王時。
				厲王	葉正渤 2006：頁 199	從《史記》説，屬王在位 37+14=51 年，則厲王元年爲前 878 年。初吉指初一朔。據《張表》《董譜》，該器曆日合曆。
				西周中期後段	吳鎮烽 2006：頁 265	師晨，西周中期後段人。
				西周中期偏晚	張懋鎔 2008：頁 348	
				厲王	朱鳳瀚 2009：頁 1222	曆日。
1492	鬴攸从鼎 鬴比鼎、鬲攸比鼎、鬲攸从鼎	98（又重文 4）	02818	西周晚期	集成 2007（2）：頁 1680	
				穆王	新城新藏 1929：頁 145	曆日。
				厲王三十一年	吳其昌 1929（2004）：頁 427	日辰合於《曆譜》厲王三十一年。
				厲王	郭沫若 1935（2002）：頁 270	銘文内容。
				厲王	莫非斯 1936：頁 245	
				厲王三十二年	容庚 1941（2008）：頁 40	祖名、父名同厲王時鬴从盨（04466）。
				厲王三十一年	董作賓 1952：頁 696	曆法。
				厲王三十一年	董作賓 1959（1977）：頁 58	曆法。
				夷王三十二年	李學勤 1959：頁 45	
				夷王	陳夢家 1966（2004）：頁 266	"㣈大室"爲宫室名。記事及字體與克器同，皆夷王時。花紋形制與夷王時善夫山鼎（02825）同。
				厲王	白川靜 1970：頁 627–636 器 180	
				厲王	唐蘭 1976—1978（1986）：頁 517	
				厲王三十一年	劉啓益 1979：頁 18	曆日。
				厲王	劉啓益 1980：頁 80–85	形制，人物。
				非厲王時	戚桂宴 1981：頁 82	厲王積年 30（包括共和時期），此非厲王時器。
				夷王三十一年	何幼琦 1982：頁 112	曆法。

序號	器 名	字數	銘文著録	時 代	出 處	依 據
1492	鬲攸从鼎 鬲比鼎、 鬲攸比 鼎、鬲攸 从鼎	98（又 重文 4）	02818	厲王	馬承源 1982：頁 52	曆日。
				宣王	劉雨 1983：頁 156	同人作盨銘右者"膳夫克"，該人在宣王時做克器，參克鐘（00204）。
				厲王三十二年	劉啓益 1984：頁 244	
				宣王	丁驌 1985：頁 52	曆日。
				夷王	何幼琦 1985：頁 12	曆日。
				宣王	高木森 1986：頁 142	形制，紋飾，曆日。
				厲王三十一年	張聞玉 1987：頁 154	據曆日推算。
				厲王	馬承源等 1988：頁 296 器 426	曆日合於《年表》厲王三十一年。
				厲王	王明閣 1989：頁 140	從郭沫若《大系》之說。
				厲王	劉啓益 1989：頁 192	
				厲王	李零 1993：頁 666	
				穆王	榮孟源 1997：頁 360	曆法。
				宣王	黎東方 1997：頁 230	
				宣王三十二年	周曉陸、穆曉軍 1998	以前 841±1 年爲宣王元年，該器曆日合。
				厲王前後	王世民等 1999：頁 47 鼎 71	"周康宮徲宮"見於宣王時吳虎鼎（近出 0364），年代當接近。
				厲王	周言、魏宜輝 1999：頁 57	曆日。
				厲王三十一年	斷代工程 2000：頁 21、33	考古類型排比。排西周金文曆譜。
				宣王三十二年	劉啓益 2002：頁 388	據《張表》，此月相當爲宣王三十二年而非三十一年。
				宣王	彭裕商 2003：頁 458	器形、紋飾爲宣王時。
				厲王	張懋鎔 2006a：頁 218	
				西周晚期	吳鎮烽 2006：頁 338	鬲比，西周晚期人。
				厲王	王輝 2006：頁 226	
				宣王	黃盛璋 2006：頁 28	宣王紀年向後推一年，可合曆。
				厲王	張懋鎔 2008：頁 351	
				厲王	朱鳳瀚 2009：頁 1315、1223	曆日。
				宣王	夏含夷 2010	曆日合於以公元前 825 年爲元年的宣王年曆。

續表

序號	器 名	字數	銘文著錄	時 代	出 處	依 據
1493	裘鼎 周伯姬鼎	100	02819	西周晚期	集成 2007（2）: 頁 1680	
				厲王二十八年	吳其昌 1929（2004）: 頁 424	日辰合於《曆譜》二十八年。
				厲王	郭沫若 1935（2002）: 頁 269	銘同厲王時裘盤（10172）。
				厲王二十八年	容庚 1941（2008）: 頁 40	日辰與厲王時伊簋（04287）銜接。
				厲王	唐蘭 1976—1978（1986）: 頁 516	
				夷王二十八年	何幼琦 1982: 頁 111	曆法。
				宣王	高木森 1986: 頁 141	形制，紋飾。
				宣王	李仲操 1991: 頁 89	曆日。
				宣王	劉雨 1997: 頁 247–248	
				宣王二十八年	周曉陸、穆曉軍 1998	以前 841±1 年爲宣王元年，該器曆日合。
				宣王	李學勤 2003b: 頁 1–3	
				宣王	董珊 2003: 頁 42–46	"史減"見於宣王時逑鼎（新收 0745）。
				宣王	彭裕商 2005: 頁 100	"史減"見於宣王時逑鼎（新收 0745）。
				厲王	吳鎮烽 2006: 頁 348	裘，西周厲王時人。
				厲王	葉正渤 2007: 頁 21–28	曆日。
1494	善鼎 宗室鼎	10（又重文 1合文 1）	02820	西周中期	集成 2007（2）: 頁 1680	
				穆王	郭沫若 1935（2002）: 頁 147	"爕"即穆王時靜簋（04273）"爕茲自"、趞鼎（04266）之"爕自"。"佳用易福虩前文人，秉德共屯"語同穆王時伯戜段（04302），時代應近。
				懿王	白川靜 1968b: 頁 95–100 器 133	
				穆王	唐蘭 1976—1978（1986）: 頁 398	
				西周中期	馬承源等 1988: 頁 233 器 321	
				夷厲	彭裕商 2003: 頁 387	據用語及字體，可能在夷厲時。
				西周中期	吳鎮烽 2006: 頁 322	善，西周中期人。
				夷厲	韓巍 2008: 頁 31 注 4	"永寶用之"之語，多見於西周晚期至春秋金文。

續表

序號	器 名	字數	銘文著録	時 代	出 處	依 據
1495	此鼎 此鼎甲	110 （又重文1）	02821-02823	西周晚期	集成 2007（2）：頁 1680	
				宣王	岐山 A1976：頁 29	造型、紋飾屬屬宣。"史 翏"爲宣王時史官，見無 更鼎（02814）。
				屬王	唐蘭 1976a：頁 63	徲通夷，夷宫是康宫里的 夷王廟。
				宣王十七 年	李學勤 1976：頁 46	從簡報。
				宣王	唐蘭 1976—1978（1986）：頁 514	
				宣王	陝西 1979（1）：頁 31 器 196-198	
				宣王	周法高 1979：頁 7-8	器形、紋飾同屬宣時器； "史翏"見於宣王時無更 鼎（02814）；曆日合於宣 王時。
				夷王十七 年	何幼琦 1982：頁 111	曆法。
				屬王	馬承源 1982：頁 52	曆日。
				宣王十七 年	劉啓益 1984：頁 217	"史 翏"見於無更鼎 （02814），後者有南仲見 於宣王時詩《常武》《出 車》。該鼎曆日合於《日 月食典》宣王十七年。
				宣王	丁驌 1985：頁 52	曆日。
				夷王	何幼琦 1985：頁 12	曆日。
				宣王	高木森 1986：頁 139	形制，紋飾，銘文。
				宣王	吳鎮烽 1987：頁 282	"史翏"見於宣王時的無 更鼎（02814）。
				屬宣	盧連成、胡智生 1988a：頁 525	
				宣王	劉啓益 1989：頁 178	人物。曆日。
				宣王	夏含夷 1990（2005）：頁 226-245	銘有"夷宫"不早於屬王 時。"史翏""南仲"皆宣王 時人。曆日合於以前 825 年爲元年的宣王 17 年。
				夷王十七 年	趙光賢 1992：頁 48	曆日。
				西周後期	辭典 1995：頁 92 器 322	
				宣王	劉雨 1997：頁 247-248	
				宣王十七 年	周曉陸、穆曉軍 1998	以前 841±1 年爲宣王元 年，該器曆日合。

續表

序號	器　名	字數	銘文著錄	時　代	出　　處	依　　據
1495	此鼎 此鼎甲	110 （又重 文 1）	02821– 02823	宣王	王世民等 1999：頁 47 鼎 70	稱"王在周康宮徲宮"與宣王時吳虎鼎（新收 0709）同，且兩器王年相接。
				宣王	李學勤 1999e：頁 148–149	銘文字體、格式、王在康宮夷宮皆同宣王時吳虎鼎（新收 0709），曆日與《張表》差一個月，與吳虎鼎相調和。曆正建丑。
				宣王十七年	斷代工程 2000：頁 21、34	考古類型學方法。排西周金文曆譜。
				宣王	劉啓益 2002：頁 384	"史翏"見於宣王時器無更鼎（02814）。曆日合於《張表》宣王十七年。
				宣王	彭裕商 2003：頁 455	器形紋飾屬西周晚期。"史翏"是宣王時人。
				西周晚期	曹瑋等 2005（2）：頁 390–399	
				厲王	葉正渤 2006：頁 199	從《史記》説，屬王在位 37+14=51 年，則厲王元年爲前 878 年。既生霸是初九。據《張表》《董譜》，該器曆日合曆。
				宣王	張懋鎔 2006a：頁 218	形制。
				宣王	吳鎮烽 2006：頁 117	此，西周宣王時人。
				宣王	黃盛璋 2006：頁 28	宣王紀年向後推一年，可合曆。
				宣幽	韓巍 2008：頁 30	
				厲王	朱鳳瀚 2009：頁 1315	
				宣王	夏含夷 2010	曆日合於以公元前 825 年爲元年的宣王年曆。
1496	柞伯鼎	110	近二 0327	西周晚期	近二 2010（一）：頁 354	
				厲宣	朱鳳瀚 2006：頁 67	銘文字體全部綫條化，筆畫多折筆，已具西周晚期偏晚特徵。銘末嘏辭形式亦爲西周晚期習用。形制特殊，腹部形制近西周晚期大鼎（02807）。所飾竊曲紋類西周中期偏晚及西周晚期休盤（10170）等而有不同。綜合以上，宜定於西周晚期厲宣時期。

續表

序號	器　名	字數	銘文著録	時　代	出　　處	依　　據
1496	柞伯鼎	110	近二.0327	恭王	李學勤 2007d: 頁 13–15	形制、紋飾類穆恭時衛器，且其柱足内側較平，有西周中期特點，當在恭王或稍晚時。"趙仲"又見於恭王時舀鼎、永盂。
1497	戚方鼎 戚方鼎、 戚方鼎乙	113 （又重文 3）	02824	西周中期	集成 2007（2）: 頁 1680	
				穆王	扶風 A1976: 頁 58	形制，花紋，銘文字體。
				穆王	唐蘭 1976—1978（1986）: 頁 407	
				穆王	陝西 1980（2）: 頁 13 器 100	
				穆王	李學勤 1980: 頁 37	
				穆王前期	黄盛璋 1983a: 頁 46	與戚鼎乙（02789）文辭、書法、詞句、形制、紋飾皆同，據内容當在其前，參之。
				穆王	吳鎮烽 1987: 頁 270	形制，紋飾，字體。
				穆王	馬承源等 1988: 頁 117–119 器 179	
				未	汪中文 1990: 頁 43–48	"伯戚"與"彔""彔伯戚"非同一人。
				西周中期	辭典 1995: 頁 84 器 298	
				穆王	青全 1997（5）: 頁 10 器 10	
				穆王前後	王世民等 1999: 頁 18 鼎 20	器形。
				穆王	劉啓益 2002: 頁 210	伯戚墓的時代在穆王時。
				西周中期前段	馬承源 2003a: 頁 72 鼎 6	器形。
				穆王	彭裕商 2003: 頁 305	器形、紋飾、字體有穆王時風格。"伯戚"即穆王時彔卣（05420）、穊卣（05411）等器之"伯雍父""師雍父"。
				西周中期	曹瑋等 2005（7）: 頁 1351	
				穆王前後	張懋鎔 2006a: 頁 227、215	彔伯戚和師雍父爲同一人，是穆王時東征淮夷的主將。字形書體亦相合。
				西周中期前段	吳鎮烽 2006: 頁 227	戚，西周中期前段人。
				穆恭	朱鳳瀚 2009: 頁 1284–1301	墓葬。

序號	器　名	字數	銘文著録	時　代	出　　處	依　　據
1498	善夫山鼎 膳夫山鼎、山鼎	119 （又重文2）	02825	西周晚期	集成 2007（2）：頁 1680	
				宣王	陝西 H1965：頁 19	造型、紋飾近宣王時毛公鼎。紀年37，合於晚期屬世宣世。“圖室”亦見於宣王時無更鼎（02814）。又該鼎與瑚生簋（00744）同坑出土，後者爲宣王時器。
				夷王	陳夢家 1966（2004）：頁 288	形制、花紋同於鬲比盨（02818）和毛公鼎（02841），后二者是夷王時器。
				夷王	白川静 1969a：頁 357–367 器 154	
				厲王三十七年	何幼琦 1982：頁 113	曆法。
				厲王偏安中	何幼琦 1983a：頁 57	厲王奔彘，偏安十三年間作。
				厲王三十七年	劉啓益 1984：頁 244	
				宣王三十七年	吳鎮烽 1987：頁 282	據記年。
				宣王	馬承源等 1988：頁 314 器 445	銘文格式同頌鼎（02827），形制同毛公鼎（02841），皆宣王時器，且紀年三十七，當宣王時。
				穆王三十七年	張聞玉 1989	享年 37 以上者有昭穆厲宣。以前 1006 年爲穆王元年，該銘曆日合於穆王 37 年。
				宣王晚年	夏含夷 1990（2005）：頁 241	右者南宮見於南宮柳鼎（02805），後者右者武公見於厲王時禹鼎（02833）及宣王時多友鼎（02835）。據《董譜》，該器曆日合於以前 825 年爲元年的宣王 37 年。
				宣王	李仲操 1991：頁 90	曆日。
				厲王三十七年（共和七年）	趙光賢 1991：頁 123	曆日。
				厲王三十七年（共和七年）	趙光賢 1992：頁 48	曆日。

序號	器 名	字數	銘文著錄	時 代	出 處	依 據
1498	善夫山鼎 膳 夫 山 鼎、山鼎	119 （又重 文 2）	02825	宣王	劉雨 1997：頁 247–248	
				西周末年	羅泰 1997：頁 662	形制。
				宣王	王世民等 1999：頁 47 鼎 72	王年最高的器物，與歷史上的宣王相當。
				厲王三十七年	李學勤 1999：頁 54–56	形態、紋飾近宣王初年毛公鼎（02841）。字體和格式近似宣王三年頌壺（09731）。"圖室"見於宣王早年無惠鼎（02814）。"南宮乎"作有南宮乎鐘（00181），形制紋飾似厲王末年虢叔旅鐘（00238），"虢旅"又見於厲王三十一年鬲攸从鼎（02818）。
				宣王	周言、魏宜輝 1999：頁 57	曆日。
				穆王三十七年	張聞玉 1999：頁 61	穆王元年爲前 970 年，該器曆日合於穆王 37 年。
				厲王三十七 年（宣王）	斷代工程 2000：頁 22	曆日不合於宣王。形制紋飾接近於厲末宣初頌鼎（02827）。
				宣王	劉啓益 2002：頁 397	形制爲西周晚期。因仲再父器（04188、04189、02529），定爲宣王。
				宣王	李伯謙 2003：頁 53–55	"南宮乎"即宣王時南宮乎鐘（00181）之作器者。
				宣王	夏含夷 2003：頁 53–55	曆日合於宣王，參大祝追鼎（新收 1455）。
				宣王	彭裕商 2003：頁 464	據器形紋飾爲宣幽之物。"受册佩以出，反入堇章"的禮儀亦見於宣王時頌鼎（02827）。
				宣王	張懋鎔 2006a：頁 218	
				宣王	吳鎮烽 2006：頁 322	善夫山，宣王時人。
				宣幽	韓巍 2008：頁 30	
				宣王	張懋鎔 2008：頁 351	
				厲王	朱鳳瀚 2009：頁 1315、1223	曆日。
				宣王	夏含夷 2010	曆日合於以公元前 825 年爲元年的宣王年曆。
1499	晉姜鼎 韓 城 鼎、 乙亥鼎	121	02826	春秋早期	集成 2007（2）：頁 1680	
				幽王	容庚 1941（2008）：頁 43	"文侯"即晉文侯，據《十二諸侯年表》文侯元年當幽王二年。

序號	器 名	字數	銘文著錄	時 代	出 處	依 據
1499	晉姜鼎 韓城鼎、 乙亥鼎	121	02826	春秋初期	陳連慶 1986：頁 195–201	文侯是晉文侯，爲生稱。銘文所述與《尚書·文侯之命》相表裏，該器作於晉文侯後期，即春秋初期。
				晉昭侯	李學勤 1999a：頁 75–82	"文侯"死謚，應作於晉昭侯時，曆日合於晉昭侯六年，即前 740 年。
				晉昭侯六年（前740）	李學勤 1999c：頁 377	參戎生編鐘（近出 0027–0034）。
				晉昭侯	童書業 2004：頁 200–206	作於文侯死後晉昭侯時。
				西周末年到春秋初年	吳鎮烽 2006：頁 255	晉姜，西周末年到春秋早期姜姓婦女。
				晉昭侯六年	吳毅强 2009：頁 79–83	文侯指晉文侯仇，爲死謚。
				幽王	葉正渤 2010：頁 251	晉文公歷幽王和平王二世。記事同《書·文侯之命》。
1500	頌鼎 周頌鼎	149 （又重文 2）	02827–02829	西周晚期	集成 2007（2）：頁 1680	
				宣王	王國維 1915（1959）：頁 23	據文字辭命觀之，皆屬宣以降之器。而曆日合於宣王三年。
				宣王三年	吳其昌 1929（2004）：頁 475	日辰合於《曆譜》宣王三年。記事同宣王三年史頌鼎（02787）。
				恭王	郭沫若 1935（2002）：頁 161	本銘"監司新造""王在周康卲宮"，聯繫趞曹鼎（02784）、望簋（04272）銘文可知爲恭王時。
				恭王	莫非斯 1936：頁 243	據"新宮"。
				恭王	莫非斯 1937：頁 8	爵必命於祖廟，該銘"卲宮"，當在恭王時。
				宣王三年	容庚 1941（2008）：頁 42 鼎 74	參史頌盤（10093）。
				懿王三年	董作賓 1952：頁 695	曆法。
				懿王三年	董作賓 1959（1977）：頁 54	曆法。
				厲王	唐蘭 1962：頁 22、48	"康昭宮"爲昭王廟。
				夷王	陳夢家 1966（2004）：頁 279	
				孝王	白川靜 1968c：頁 165–173 器137 附	

續表

序號	器 名	字數	銘文著錄	時 代	出　　處	依　　據
1500	頌鼎 周頌鼎	149 （又重 文 2）	02827– 02829	夷王	唐蘭 1976—1978（1986）：頁 497	
				厲王	劉啓益 1979：頁 18	形制與厲王時攸从鼎（02818）十分接近。曆日合於厲王。
				厲王	劉啓益 1980：頁 80–85	形制，人物。
				昭王	何幼琦 1982：頁 110	曆法。
				宣王	馬承源 1982：頁 52	曆日。
				共和三年	陳佩芬 1983：頁 17	曆日合於《張表》。
				宣王	丁驌 1985：頁 51	曆日。
				昭王	何幼琦 1985：頁 12	曆日。
				幽王	高木森 1986：頁 150	形制，紋飾。
				厲王三年	張聞玉 1987：頁 154	據曆日推算。
				宣王	馬承源等 1988：頁 302 器 434	曆日合於《年表》宣王三年。*02829。
				昭王	何幼琦 1989a：頁 42	曆法。考、母平列并且特意標明"母"字者，是承襲殷人的習慣，只見於周初之器。
				厲王三年	王雷生 1990：頁 27	
				宣王	李仲操 1991：頁 85	人物，曆日。
				厲王	張聞玉 1992：頁 64	曆日。
				孝王三年	趙光賢 1992：頁 47	曆日。
				西周後期	辭典 1995：頁 91 器 317	
				夷王三年	劉雨 1997：頁 247	
				恭王	榮孟源 1997：頁 359	曆法。
				宣王	黎東方 1997：頁 230	
				厲王	常金倉 1998：頁 62	曆日。
				宣王三年	周曉陸、穆曉軍 1998	以前 841±1 年爲宣王元年，該器曆日合。
				西周晚期偏早約厲王	王世民等 1999：頁 47 鼎 73	器形。
				厲王	周言、魏宜輝 1999：頁 57	曆日。

續表

序號	器 名	字數	銘文著錄	時 代	出 處	依 據
1500	頌鼎 周頌鼎	149 （又重文2）	02827-02829	宣王三年	李學勤 1999h：頁 221-222	依宣王早年建子，本器曆日合於曆表宣王三年。
				宣王三年	斷代工程 2000：頁 21、34	考古類型學方法。排西周金文曆譜。
				幽王	白光琦 2001：頁 129	形制，紋飾，字體，册命儀式。
				厲 王（或宣王）	金信周 2002：頁 263	祝嘏形式。
				宣王	杜勇、沈長雲 2002：頁 92	"尹氏"見於厲王時克盨（04465），本器曆日合於宣王時。
				宣王	張長壽 2003：頁 56-57	
				西周晚期	馬承源 2003a：頁 71 鼎 22	器形。
				宣王	彭裕商 2003：頁 445	器形，紋飾。
				宣王	陳佩芬 2004：頁 411 器 362	册命儀禮比較完整。書體在西周晚期具代表性。*02829。
				幽王	張懋鎔 2005：頁 8	造型、紋飾、銘文字體、器主職務等方面，與逨器十分相近，且父考名同，逨與頌爲兄弟行。逨鼎作於宣王四十二、四十三年，頌鼎所記三年，當爲幽王三年。
				宣王三年	李學勤 2006：頁 160-164	頌與史頌爲一人，參史頌鼎（02787）。
				幽王	張懋鎔 2006：頁 191	銘文字形書體及其他。
				幽王	張懋鎔 2006a：頁 218	
				西周晚期	吳鎮烽 2006：頁 345	頌，西周晚期人。
				幽王	白光琦 2006a：頁 72	形制、紋飾、頌辭皆與逨器相似。書法近秦篆，創春秋形體。
				宣幽	韓巍 2008：頁 30	
				宣王	田率 2008：頁 87	與逨盤（近二 0939）之"逨"爲兄弟關係。
				幽王	張懋鎔 2008：頁 350	
				宣王	朱鳳瀚 2009：頁 1315	
				宣王	夏含夷 2010	曆日合於以公元前 827 年爲元年的宣王年曆。

續表

序號	器 名	字數	銘文著録	時 代	出 處	依 據
1501	吴虎鼎 虞虎鼎	163 （又重 文 2）	近出 0364、 新收 0709	西周晚期	近出 2002（二）：頁 237	
				西周晚期	新收 2006：頁 523	
				宣王	穆曉軍 1998：頁 71	形制、紋飾皆有西周晚期特色。綜合“王在周康宫𢈠（夷）宫”“申剌（厲）王命”、幽王在位不足十八年等條件，時王爲宣王。
				宣王	周曉陸、穆曉軍 1998	“申厲王令”與厲王三十七年出奔，鎬京附近貴族土地先散、復於宣王時再聚有關。以前 841±1 年爲宣王元年，該器曆日合。
				宣王十八年	李學勤 1998：頁 29–31	形制、紋飾皆有西周晚期特點。銘中有夷王之廟、厲王之名。曆日與《張表》所推宣王十八年十三月差一個月，而與宣王時克鐘（00204）相調和，當是前後置閏不同，屬合理現象。
				宣王	王輝 1998：頁 74	王號死謚。
				厲王	周言、魏宜輝 1999：頁 57	曆日。
				宣王	王世民等 1999：頁 41 鼎 64	時王“申厲王令”，説明此王爲宣王。
				厲王十八年	張聞玉 1999：頁 80	厲王在位 37 年，該鼎曆日合於厲王十八年。
				宣王十八年（前810 年）	斷代工程 2000：頁 22	“夷宫”爲夷王廟，“剌王”爲厲王。此器作於宣王。
				宣王十八年	李朝遠 2001	以公元前 841 年爲宣王元年。
				厲王	張聞玉 2001：頁 114	王號生稱。曆日合於厲王。
				厲王	范毓周、周言 2002：頁 24	曆日與晉侯蘇鐘（近出 0035–0042）合，後者爲厲王時器。王號可生稱。
				宣王前後	王世民 2003：頁 44–45	與宣王時逨器相聯繫。
				宣王	朱鳳瀚 2003：頁 50–52	宣王元年爲前 826 年，據《張表》該器曆日可排入宣王。
				宣王	張長壽 2003：頁 56–57	

續表

序號	器　名	字數	銘文著録	時　代	出　　處	依　　據
1501	吳虎鼎 虞虎鼎	163 （又重 文2）	近出 0364、 新收 0709	宣王	彭裕商 2003: 頁 455	據器形、紋飾可定在宣世。"剌王"即厲王，該器在厲王後，又幽王積年十一，該器當宣王時。
				宣王	葉正渤 2006: 頁 197	踵厲王之命者當爲其子宣王。
				宣王	張懋鎔 2006a: 頁 210	宣王時標準器。
				厲王	王輝 2006: 頁 256	剌王即厲王，厲王爲諡號。
				宣王	吳鎮烽 2006: 頁 201	吳虎，西周宣王時期人。
				宣王	黃盛璋 2006: 頁 28	宣王紀年向後推一年，可合曆。
				宣王十八年	葉正渤 2008: 頁 203	已知宣王於公元前 827 年即位，既生霸是初九，本器曆日與《張表》《董譜》宣王十二年基本相合。
				宣王	朱鳳瀚 2009: 頁 1315、1223	曆日。
				宣王	夏含夷 2010	曆日合於以公元前 827 年爲元年的宣王年曆。
				宣王十八年	葉正渤 2010: 頁 4、244	申厲王命者當爲宣王。紀時也基本符合宣王十八年的曆法。
1502	師𩵋鼎	190 （又重 文1、 合文 6）	02830	西周中期（恭王）	集成 2007(2): 頁 1681	
				共王八年	吳鎮烽、雒忠如 1975: 頁 58	銘文。
				孝王	唐蘭 1976b: 頁 31、36	稱皇考"穆王"，時王爲穆王之子。形制、紋飾、銘文字體較共王晚。"伯太師"見伯太師盨（04394）、克尊（09725），皆西周後期器。《史記·周本紀》《漢書·古今人表》皆以孝王爲共王弟、穆王子。
				孝王	唐蘭 1976—1978（1986）: 頁 492	
				恭王	李學勤 1979: 頁 31–32	銘文内容。
				共王	陝西 1980(3): 頁 17 器 105	
				恭王	馬承源 1982: 頁 53	曆日。
				恭王	盛冬鈴 1983: 頁 54	據"臣朕皇考穆王"，時王當是穆王子恭王，或説爲穆王另外一子孝王。師𩵋告王善道，年歲當不輕，認爲師𩵋不能活到孝王時，本文從之。

序號	器 名	字數	銘文著錄	時 代	出 處	依 據
1502	師訇鼎	190（又重文1、合文6）	02830	孝王八年	黄盛璋1984：頁286	"臣朕皇考穆王"，時王必爲穆王之子。銘中"伯太師"作器（04394），形制、字體、紋飾，西周晚期器，不早於孝王。
				共王八年	劉啓益1984：頁240	
				恭王	丁驌1985：頁38	曆日。
				共王八年	吳鎮烽1987：頁273	考慮"師訇"的任職年限，不可能歷穆、共、懿、孝四世。形制、紋飾、字體也無較晚特徵。
				恭王	馬承源等1988：頁135、頁228器202	"臣朕皇考穆王"，時王是恭王。
				孝王八年	何幼琦1989a：頁48	曆法。
				恭王	李仲操1991：頁58	曆日。
				恭王八年	趙光賢1992：頁46	稱皇考穆王。曆日。
				西周中期	辭典1995：頁89器311	
				恭王二年	劉雨1997：頁247	
				恭王	王世民等1999：頁27鼎41	器形。
				共王	劉啓益2002：頁262	與同出他器排列世系。
				恭王	杜勇、沈長雲2002：頁29–30	皇考爲穆王，時王當爲其子恭王或孝王。
				共王	彭裕商2003：頁339	時王爲穆王之子，師訇年齡在穆王時已不輕，時王當爲共王。
				恭王	周言2005：頁54–57	稱皇考穆王，當恭王時。
				西周中期	曹瑋等2005（2）：頁303	
				未	李朝遠2006：頁75	追諡。
				恭王	張懋鎔2006a：頁210	恭王時標準器。
				共王	王輝2006：頁161	稱"皇考穆王"。
				恭王	吳鎮烽2006：頁264	師訇，西周恭王時人。
				恭王	韓巍2007b：頁72–73	强家村器群銘文人物當爲一個家族的四個世系，師訇活動於穆王後期到恭王時期；其子輩即活動於恭懿時，師奐活動於懿孝時。
				穆共	朱鳳瀚2009：頁1289	
				恭王	葉正渤2010：頁160	稱穆王爲皇考，時王爲恭王。

續表

序號	器 名	字數	銘文著錄	時 代	出 處	依 據
1503	九年衛鼎 衛鼎	191 （又重 文 1 合文 1）	02831	西周中期 （恭王）	集成 2007（2）：頁 1681	
				恭王九年	岐山 A1976：頁 28	同人作鼎（02832）有銘"余執恭王恤工"，是恭王在世之稱。器形同恭王時十五年趞曹鼎（02784）。
				共王	唐蘭 1976a：頁 55	
				懿王九年	李學勤 1976：頁 45–46	參衛簋（04256）。
				共王	唐蘭 1976—1978（1986）：頁 464	
				共王	陝西 1979（1）：頁 27 器 174	
				懿王九年	李學勤 1979：頁 36	字體。
				穆王	周法高 1979：頁 7	人物"眉敖"見於穆王時乖伯簋（04331）。曆日。
				穆王	戚桂宴 1980：頁 61–64	
				厲王九年	何幼琦 1982：頁 112	曆法。
				恭王	馬承源 1982：頁 53	曆日。
				懿王	盛冬鈴 1983：頁 56	據人名聯繫。
				共王九年	劉啓益 1984：頁 240	
				恭王	丁驌 1985：頁 38	曆日。
				孝王九年	高木森 1986：頁 115	人物。曆日。
				共王九年	吳鎮烽 1987：頁 272、273	
				恭王	馬承源等 1988：頁 136 器 203	曆日合於書後《年表》恭王世。
				懿王九年	張聞玉 1990：頁 10	
				恭王	李仲操 1991：頁 57	
				懿王九年	趙光賢 1992：頁 46	曆日。
				懿王	李零 1993：頁 666	
				西周中期	辭典 1995：頁 85 器 301	
				恭王九年	劉雨 1997：頁 247	
				孝夷	彭裕商 1999：頁 60	
				恭王前後	王世民等 1999：頁 31 鼎 52	器形。
				恭王	周言、魏宜輝 1999：頁 56	
				夷 王（孝王）	彭裕商 2000：頁 83	參同人作五祀衛鼎（02832）、衛簋（04256）。
				共王九年	斷代工程 2000：頁 20、31	考古類型排比。排西周金文曆譜。
				恭王九年	朱鳳瀚 2002a：頁 5	

續表

序號	器名	字數	銘文著錄	時代	出處	依據
1503	九年衛鼎 衛鼎	191 （又重 文1 合文 1）	02831	共王	劉啓益2002：頁259	與五祀衛鼎（02832）同出，且形制、花紋相同，後者共王時。日辰合於《張表》共王九年。
				恭王	范毓周、周言2002：頁21	五年衛鼎（02832）、十五年趙曹鼎（02784）皆記恭王時曆日，該銘曆日合於前兩器所構恭王基準曆譜。
				懿王初年	杜勇、沈長雲2002：頁27	
				恭王	張天恩2003：頁62–65	
				孝夷時期	彭裕商2003：頁349	參五年衛鼎（02832）。
				恭王九年	朱鳳瀚2004：頁6	
				西周中期	曹瑋等2005（2）：頁340	
				共王	張懋鎔2006：頁191	銘文字形書體及其他。
				共王	張懋鎔2006a：頁215	同人作二十七年衛簋（04256）爲穆世器。同人作鼎垂腹已至極，近懿王初年趙曹鼎（02784）。
				恭王九年	葉正渤2007：頁40–43	
				恭王	張懋鎔2008：頁348	
				共王	朱鳳瀚2009：頁1289、1221	曆日。
				恭王	葉正渤2010：頁158	
1504	五祀衛鼎	201 （又重 文5 合文 1）	02832	西周中期 （恭王）	集成2007（2）：頁1681	
				恭王五年	岐山A1976：頁28	"余執恭王恤工"是恭王在世之稱。"邢伯""伯俗父"等爲恭王時大臣。器形同恭王時十五年趙曹鼎（02784）。
				共王	唐蘭1976a：頁55	
				懿王五年	李學勤1976：頁45–46	參衛簋（04256）。
				恭王	黃盛璋1978：頁198	生稱"恭王"。
				共王	唐蘭1976—1978（1986）：頁462	恤功，即憂勤政事。
				共王	陝西1979（1）：頁27器173	
				懿王五年	李學勤1979：頁36	字體。
				穆王	周法高1979：頁7	曆日。
				穆王	戚桂宴1980：頁61–64	該銘"龔王"不連讀，龔，給也。根據銘文中的習慣用語，知衛器作於同一王世。據衛器的形制、紋飾、積年，宜置於穆王時。

續表

序號	器 名	字數	銘文著錄	時 代	出 處	依 據
1504	五祀衛鼎	201（又重文5合文1）	02832	厲王五年	何幼琦 1982：頁 112	曆法。
				恭王	馬承源 1982：頁 53	曆日。
				懿王初年	盛冬鈴 1983：頁 42、55	王號爲死謚，銘文爲追稱先王。
				共王五年	劉啓益 1984：頁 240	
				恭王	丁驌 1985：頁 37	曆日。
				厲王	何幼琦 1985：頁 12	曆日。
				孝王五年	高木森 1986：頁 113	人物。
				共王五年	吳鎮烽 1987：頁 272、273	
				恭王	馬承源等 1988：頁 131 器 198	曆日合於書後《年表》恭王世。
				恭王	黃盛璋 1990：頁 35–36	王號生稱。
				夷王	張聞玉 1990：頁 10	
				恭王	李仲操 1991：頁 56	
				懿王五年	趙光賢 1992：頁 46	有"恭王"之謚。曆日。
				懿王	李零 1993：頁 666	"洫功"指治溝洫，故下文説"營二川"。
				西周中期	辭典 1995：頁 84 器 300	
				恭王	青全 1997（5）：頁 25 器 28	
				恭王五年	劉雨 1997：頁 247	
				孝夷	彭裕商 1999：頁 60	
				恭王	周言、魏宜輝 1999：頁 56	
				夷王（孝王）	彭裕商 2000：頁 83	在恭王之後，并不能確定在懿王時。紋飾晚於懿王時十五年趞曹鼎（02784）。人物見於夷王時永盂（10322）、卽簋（04250）等。同人稍晚做衛簋（04256）於夷王二十七年。與同窖藏其他器物年代相銜接。
				共王五年	斷代工程 2000：頁 20、31	考古類型排比。排西周金文曆譜。
				恭王五年	朱鳳瀚 2002a：頁 5	
				共王	劉啓益 2002：頁 258	"恭王"生稱。曆朔合於《張表》共王五年。
				懿王初年	杜勇、沈長雲 2002：頁 25–26	銘文作於懿世初年，銘文內容反映恭王時事。

序號	器 名	字數	銘文著錄	時 代	出 處	依 據
1504	五祀衛鼎	201（又重文 5 合文 1）	02832	孝夷時期	彭裕商 2003：頁 348	恭王非生稱。同人作 27 年衛簋（04256），據紋飾、字體、賞賜物、出現册命右者、曆日可與夷王時虎簋蓋（近出 0491）相合等條件，置於夷王二十七年。據人物職事大小判斷，裘衛諸器中以衛簋最晚。其他三器中人物"井伯、榮伯、師俗父、定伯"等皆見於夷王時，因此皆可置於夷王時。
				恭王	張天恩 2003：頁 62–65	
				恭王五年	朱鳳瀚 2004：頁 6	
				西周中期	曹瑋等 2005（2）：頁 336	
				厲王（按：當爲共王）	葉正渤 2006：頁 198	記述貴族厲的言行，説明是在共王時期，而非共王之後。銘文曆日符合厲王（按：當爲共王）五祀的曆日。
				共王	張懋鎔 2006：頁 191	銘文字形書體及其他。
				共王	張懋鎔 2006a：頁 215	同人作二十七年衛簋（04256）爲穆世器。同人作鼎垂腹已至極，近懿王初年趞曹鼎（02784）。
				共王	王輝 2006：頁 143	此鼎稍晚於衛盉，爲共王時器。
				恭王五年	葉正渤 2007：頁 40–43	
				恭王	張懋鎔 2008：頁 348	
				共王	朱鳳瀚 2009：頁 1289、1221	曆日。
				恭王	葉正渤 2010：頁 6、153	"共王"生稱。昭太室是昭王之廟。
1505	禹鼎	204（又重文 3）	02833-02834	西周晚期	集成 2007（2）：頁 1681	
				厲王八年	吳其昌 1929（2004）：頁 382	"噩侯馭方"見於噩侯馭方鼎（02810），"武公"見於厲王時敔簋（04323）。
				夷王	郭沫若 1935（2002）：頁 234	此稱"考幽大叔"，厲王時叔向父禹簋（04242）有"祖幽大叔"，作器者"成""禹"乃上下輩關係。與夷王時噩侯鼎（02810）所記乃同時事。"武公"亦見於夷王時敔簋（04323），且二器同記南征事。

序號	器 名	字數	銘文著録	時 代	出 處	依 據
1505	禹鼎	204（又重文 3）	02833–02834	厲王	容庚 1941（2008）:頁 40	銘文記事爲厲王時，參虢仲盨蓋（04435）。"武公"見厲王時敔簋（04323）。
				厲王	郭沫若 1951（2002）:頁 75–76	與叔向父禹簋（04242）器主爲同一人，彼器爲厲王時器。
				厲王	徐中舒 1959:頁 55–57	據人物關係輾轉聯繫，穆公當爲穆共時人，禹當爲厲世人。武公不是衛武公或共伯和，爲厲王時人，參敔簋（04323）。
				幽王	李學勤 1959:頁 46	武公即衛武公。
				夷王	陳夢家 1966（2004）:頁 268	形制、花紋與夷王時小克鼎（02796）相同。所記事與史書、銅器所記夷王事相同。
				夷王	白川靜 1969b:頁 442–463 器 162	
				孝王	唐蘭 1976—1978（1986）:頁 486	
				厲王	馬承源 1979:頁 62	形制。
				厲王	劉啓益 1980:頁 80–85	形制，人物。
				厲王	李學勤 1981a:頁 87–92	參多友鼎（02835）。
				宣王	劉雨 1983:頁 156	銘文内容。
				厲王	黃盛璋 1983:頁 18	形制、紋飾同小克鼎（02796），厲世器。
				未	盛冬鈴 1983:頁 53	"叕"與師晨鼎等之"司馬叕"非同一人。
				厲王	李先登 1984:頁 114–116	形制紋飾屬典型西周晚期作風，與厲王時小克鼎（02796）相似；禹作叔向父器（03852）的形制紋飾皆屬西周晚期。"武公"見於厲王時敔簋（04323）、柳鼎（02805）、多友鼎（02835）。
				宣幽	陳連慶 1984:頁 315	"禹"即《十月之交》之"楀"，此詩記幽王六年日食。"武公"即共伯和，宣王十六年後稱"公"。

續表

序號	器 名	字數	銘文著錄	時 代	出 處	依 據
1505	禹鼎	204（又重文3）	02833–02834	夷王	吳鎮烽 1987：頁 279	形制、紋飾爲西周中期後段到晚期流行式樣。據銘文記禹家族世系，禹曾祖父"穆公"，用事於穆恭時，則禹當爲孝夷時期人。"武公"見於南宮柳鼎（02805）、多友鼎（02835）、敔簋（04323），所記事件皆與史書記夷世背景相合。
				厲王	馬承源等 1988：頁 281 器 407	"穆公"孝王時王臣，見於尹姞鼎（00754）等，爲禹之皇祖，禹應距孝王三世。
				懿孝	曹淑琴 1993：頁 62	形制，花紋。
				夷王	徐少華 1994：頁 90	形態，相關史實。
				厲王	蔡運章 1994a：頁 88	記厲王伐淮夷事。
				厲王	李仲操 1998a：頁 317	"武公"見於厲王時南宮柳鼎（02805）、多友鼎（02835），與趞盨蓋（近出 0506）之趞同輩。
				厲王	彭裕商 2003：頁 391	據器形、紋飾，在厲王後期。
				西周晚期偏晚	張懋鎔 2006a：頁 231	
				厲王	王輝 2006：頁 220	
				西周晚期	吳鎮烽 2006：頁 235	叔向父禹，名禹，字向父，西周晚期人。
				厲王	張懋鎔 2008：頁 349	
1506	多友鼎	275（又重文1合文1）	02835	西周晚期	集成 2007（2）：頁 1681	
				宣王 16–22 年	田醒農、雒忠如 1981：頁 115–118	"多友"即鄭桓公友，據《史記》宣王 22 年册封，該器稱名不稱爵，當鑄於册封前。又"武公"爲衛武公和，據《史記》册封於宣王 16 年，該器鑄於宣王 16 年至 22 年間。
				厲王	李學勤 1981a：頁 87–92	"武公"見於敔簋（04323）、禹鼎（02833）、柳鼎（02805）等器。禹鼎之"鄂侯馭方"有自作之鼎（02810），與之同時有翏生盨（04459），當稍早於禹鼎。這一批銅器據形制、紋飾、字體等，不可能晚至宣王。故置後兩器於夷王，其他器於厲王。

序號	器　名	字數	銘文著錄	時　代	出　　處	依　　據
1506	多友鼎	275（又重文1合文1）	02835	厲王	張亞初 1982：頁 66	形制，紋飾。"武公"見於敔簋、禹鼎，敔簋之榮伯爲厲王時榮夷公，禹鼎所記與厲王時馭簋爲同一次戰爭。
				宣王	劉雨 1983：頁 154–155	記伐玁狁事同詩《六月》，後者爲宣王時。
				厲王初年	黃盛璋 1983：頁 18	形制紋飾同厲王三年頌鼎，"武公"見於敔簋（04323），厲王元年器。"多友"非鄭桓公友。
				宣王十二年	夏含夷 1985：頁 58-60	器形、花紋、字體等屬西周晚期。"武公""向父"等見於厲王時禹鼎（02833）。多友即鄭桓公友，宣王弟，據其可能的年齡，參戰時約在宣王十年左右，結合曆日及周伐玁狁時間，該器當作於宣王十二年。
				夷王	吳鎮烽 1987：頁 280	參禹鼎（02833）。
				厲王	馬承源等 1988：頁 283 器 408	"武公"見於厲王時鄂侯馭方鼎（02810）、禹鼎（02833）。
				西周晚期	青全 1997（5）：頁 34 器 37	
				西周晚期偏早	王世民等 1999：頁 48 鼎 77	武公見於西周晚期偏早之南宮柳鼎、禹鼎等。
				夷王	劉啓益 2002：頁 366	"武公"見於夷王時敔簋（04323）、厲王時禹鼎（02833），形制近懿王器，故定此器在夷王時。
				厲王	彭裕商 2003：頁 396	"向父""武公"皆見於厲王時禹鼎（02833），"向父"即禹鼎之"禹"。器形、紋飾、字體亦符合厲王時風格。
				西周晚期	吳鎮烽 2006：頁 126	多友，西周晚期人。
				厲王	張懋鎔 2006a：頁 218	
				厲王	王輝 2006：頁 222	
1507	四十二年逨鼎	278	近二 0328–0329、新收 0745–0746	西周晚期	近二 2010（一）：頁 356	
				西周晚期	新收 2006：頁 543–544	
				宣王	陝西 B2003：頁 28	形制、紋飾屬西周晚期，晚期積年超過四十三者僅宣世。銘文符合西周晚期的册命格式。曆日與《張表》不合。

續表

序號	器 名	字數	銘文著録	時 代	出 處	依 據
1507	四十二年逨鼎	278	近二 0328-0329、新收 0745-0746	西周	陝西 C2003：頁 67	
				宣王	王占奎 2003：頁 45-47	
				宣王	朱鳳瀚 2003：頁 50-52	宣王元年爲前 826 年，據《張表》，該器曆日可排入宣王。
				宣王	劉軍社 2003：頁 47-49	
				宣王	劉懷君 2003：頁 49-50	不可能是共和五年，此時王不可能在宗周主持册命。
				宣王	李伯謙 2003：頁 53-55	
				厲王	陳佩芬 2003：頁 52	共和 14 年計入厲王，然據《年表》該器曆日與厲王 42 年（即共和 5 年）不合。器形、紋飾見於厲、宣，以厲王時爲多。
				約厲王	馬承源 2003：頁 43-44	人物"史減"見於二十八年寰盤（10172），彼器暫斷爲厲世。
				宣王	王世民 2003：頁 44-45	
				宣王	李學勤 2003：頁 55-56	
				宣王後半	李學勤 2003a：頁 71-72	銘文内容，類型對比。
				宣王	李學勤 2003b：頁 1-3	共和五年，宣王不可能在國都發號施令。
				宣王	張培瑜 2003：頁 57-58	
				宣王	李零 2003：頁 16-22	作器者名"逨"，行輩爲"叔"，字"五父"。據"逨"的世系，逨當宣世。册命格式同宣王時毛公鼎（02841）。
				宣王	張長壽 2003：頁 56-57	
				宣王早期	張天恩 2003：頁 62-65	
				宣王	劉懷君、辛怡華、劉棟 2003：頁 85-89	"周康穆宫"是宣王居住的宫室。
				宣王	高明 2003：頁 60-61	
				宣王	董珊 2003：頁 42-46	除天盂（新收 0759）外，同出其他 26 器皆爲同人作器，宣王時。
				宣王	曹瑋 2003：頁 63-65	

續表

序號	器　名	字數	銘文著録	時　代	出　處	依　據
1507	四十二年逨鼎	278	近二 0328–0329、新收 0745–0746	宣王	周曉陸 2003：頁 62–69	此窖藏之 27 件器器主爲同一人，作於同時。據《張表》，四十二年鼎、四十三年鼎曆日不盡合於宣王曆日，而合於厲王時。稱"剌王"，王號死諡，作於宣王時。
				宣王	夏含夷 2003a：頁 49–52	曆日合於以前 825 年爲宣王元年的曆日。
				厲王四十二年	陳久金 2003：頁 368–373	曆日不合於宣王四十二、四十三年。厲王奔彘後的共和年間仍以厲王紀年，該銘曆日合於厲王 42 年。
				厲王	周鳳五 2004：頁 94–95	曆日與《張表》厲王時曆日相合。"史減"見於袁盤（10172），彼器曆日亦合於厲世。共和并未改元。
				宣王	彭裕商 2005：頁 100	周王在"周康穆宮"册命臣下，足證周王非宣王莫屬。
				厲王	葉正渤 2006：頁 199	從《史記》説，厲王在位 37+14=51 年，則厲王元年爲前 878 年。既生霸是初九。據《張表》《董譜》，該器曆日合曆。
				宣王	吳鎮烽 2006：頁 147	吳逨，名逨，擔任周王朝的虞官，宣王時人。
				宣王	李先登 2006：頁 51	曆日合於宣王。
				宣王	黃盛璋 2006：頁 14	宣王紀年向後推一年，可合曆。
				厲王	葉正渤 2007：頁 21–28	共和的 14 年應屬厲王紀年範圍，"既生霸"爲初九，該器曆日合於厲王四十二年。西周金文王號生死皆可稱。
				宣王	陝西 B2008：頁 222	形制、紋飾。與逨盤（近二 0939）爲同時期器物，逨盤爲宣王時。
				宣王	朱鳳瀚 2009：頁 1224	
				宣王	夏含夷 2010	曆日合於以公元前 825 年爲元年的宣王年曆。
				宣王	劉華夏 2010：頁 65	
				厲王	葉正渤 2010：頁 212	從曆法的角度看屬厲王時。

續表

序號	器名	字數	銘文著錄	時代	出處	依據
1508	大克鼎 善夫克鼎	281 （又重 文 7 合文 2）	02836	西周晚期	集成 2007（2）：頁 1681	
				厲王十六年	吳其昌 1929（2004）：頁 399	地望同厲王十六年之克鐘（00204）。
				厲王	郭沫若 1935（2002）：頁 259	祖 "師華父" 爲恭王時人。"龖季" 亦見於厲王時伊毀（04287）。
				懿王	莫非斯 1937：頁 7–8、11	爵必命於祖廟，該銘有 "穆廟"，當在懿王時。鑄該鼎時克祖師華父未死。
				厲王	容庚 1941（2008）：頁 39	克祖輔佐共王，在共王時。"龖季" 亦見於伊簋（04287），伊、克同時。伊簋鑄於 27 年，懿孝夷皆無此年數，兩器皆厲王時。
				厲王	俞靜安 1957：頁 17	銘文内容。稱 "善夫"，職位高於稱 "伯克" 時。
				夷王	李學勤 1959：頁 45	"龔保厥辟龔王"，恭王至夷王是四王三世。
				夷王	陳夢家 1966（2004）：頁 260	祖師華父當恭王時，則時王爲夷王。記年十八，不容於厲、共和、幽王。右者同孝王時卯簋蓋（04327）。形制、花紋同夷王時小克鼎（02796）、禹鼎（02833）。
				夷王	白川靜 1969c：頁 490–511 器 167	
				夷厲	徐中舒 1963（1998）：頁 523	其皇祖師華父在龔王之世。
				厲王	唐蘭 1976—1978（1986）：頁 516	
				厲王	劉啟益 1980：頁 80–85	克即《詩·十月之交》中的 "仲允"，後者作於厲王時。
				宣王	劉雨 1983：頁 155	參克鐘（00204）。
				孝王初	陳佩芬 1983：頁 18	參克鐘（00204）。
				孝王	丁驌 1985：頁 44	曆日。
				厲王王（近27年）	唐蘭 1985：頁 124	克的文祖師華父 "保厥辟龔王"，恭王之孫爲夷王，曾孫爲厲王，克鼎爲夷王或厲王時器。"龖季" 見於伊簋（04287），彼銘 "王廿又七年" 作，故可定克鼎爲厲王時，王年近伊簋。
				厲王	高木森 1986：頁 129	形制，紋飾，銘文。

續表

序號	器名	字數	銘文著錄	時代	出處	依據
1508	大克鼎善夫克鼎	281（又重文7合文2）	02836	夷王	吳鎮烽 1987：頁 279	參師克盨蓋（04468）。
				宣王	張政烺 1987（2011）：頁 80	此器由字體看甚晚。
				孝王	馬承源等 1988：頁 215 器 297	
				約厲王二十四年	何幼琦 1989b：頁 54	善夫克和厲王十三年無曩簋（04225）之"無其"是兄弟行，申季見於厲王二十七年伊簋（04287）。
				宣王	張聞玉 1990：頁 10	
				厲王	李零 1993：頁 663	
				西周中期	辭典 1995：頁 87 器 307	
				孝王	青全 1997（5）：頁 28 器 31	
				宣王	彭裕商 1999：頁 58	右者"申季"見於宣王時伊簋（04287）。
				夷厲	李學勤 1999f：頁 154	克祖爲恭王朝中人。
				宣王	李學勤 2000b：頁 92	形制，字體，銘文格式，曆日。
				懿孝	馬承源 2000a（2007）：頁 174	克之祖父輔佐穆王，克當懿孝時人。
				宣王	劉啓益 2002：頁 386	與宣王十六年克鐘（00204）同出，應爲同時器。
				厲王	杜勇、沈長雲 2002：頁 34-35、88	克之祖在恭王時，考慮恭懿孝三王在位時間不長，克的時代在夷王或以後。"申季"與依簋（04287）之"申季"爲同一人，後者爲厲王時器。又克器曆日不相容，根據克的職務不同，本器稍晚置於厲王時。
				宣王前後	王世民 2003：頁 44-45	與宣王時逑器相聯繫。
				宣王	彭裕商 2003：頁 453	與克鐘（00204）同出，爲同一人作，後者在宣王時。
				厲王	李朝遠 2003：頁 89	據逑盤記載世系，克的祖父在恭王時，克可存於厲王時。兩段分別以"器主曰""王若曰"開頭的形式僅見於宣王時大克鼎（02836）、逑盤（近二0939），當同時。"釁遠能肰""慎乃德"等爲厲王以後流行用語。賞賜田地以區計的局面當只存在於"好專利"之厲王時期。

序號	器　名	字數	銘文著錄	時　代	出　　處	依　　據
1508	大克鼎 善夫克鼎	281 （又重 文 7 合文 2）	02836	西周中期	馬承源 2003a：頁 70 圓鼎 10	器形。
				孝王	陳佩芬 2004：頁 241	佑導人䚢季亦見於恭王五年衛鼎（02832）。克的祖父師華父輔佐穆王，綜之，該鼎不晚於孝王。
				宣王	彭裕商 2005：頁 100	器形紋飾、銘文皆同宣王時逨鼎（近二 0328）。同人作克鐘（00204）提到"周康剌（厲）宮"，爲厲王之廟。
				宣王	張懋鎔 2006a：頁 217	器形紋飾。
				西周中期後段	吳鎮烽 2006：頁 322	善夫克，西周中期後段人。
				宣王	張懋鎔 2008：頁 350	
1509	大盂鼎 盂鼎、全 盂鼎、廿 三祀盂鼎	286 （又合 文 5）	02837	西周早期	集成 2007（2）：頁 1862	
				周初	王國維 1926（2009）：頁 328	書年在銘末。
				成王二十三年	吳其昌 1929（2004）：頁 156	
				康王	郭沫若 1935（2002）：頁 84	小盂鼎（02839）爲康王時。
				康王	容庚 1941（2008）：頁 35、頁 231 鼎 47	據盂鼎二（02839）當歸康王。
				康王	白川靜 1965c：頁 647–681 器 61	
				康王	陳夢家 1966（2004）：頁 100	據小盂鼎（02839）時代定爲康王。字體近成康器。賞賜物同成末康初的麥方尊（06015）。形制近成王時的鼎而略傾垂。紋飾近康王時的大保方鼎（01735）。構字和用詞亦當列於康王。
				康王	唐蘭 1976—1978（1986）：頁 169	
				康王二十三年	劉啓益 1984：頁 239	
				成王	高木森 1986：頁 42	康王在位不足 25 年。同人作盂爵（09104）在康王初年。銘文書法。
				康王二十三年	馬承源等 1988：頁 37 器 62	
				西周前期	辭典 1995：頁 77 器 276	
				康王	青全 1997（5）：頁 22 器 25	

序號	器 名	字數	銘文著録	時 代	出 處	依 據
1509	大盂鼎 盂鼎、全 盂鼎、廿 三祀盂鼎	286 （又合 文 5）	02837	康王二十 三年	劉雨 1997：頁 247	
				晚於成王	王永波 1999：頁 47–48	晚於矢令組銅器，彼爲成 王時。
				康王	王世民等 1999：頁 26 鼎 39	同人作小盂鼎（02839）， 祭祀止於成王。器形。
				康王二十 三年	劉啓益 2002：頁 112	同出同人作小盂鼎 （02839）稱"用牲帝周王 □王成王"，時王爲康王。
				康王	彭裕商 2003：頁 249	據小盂鼎（02839）歸入康 世。
				西周早期	馬承源 2003a：頁 69	器形。
				康王	李朝遠 2004：頁 24–30	
				康王	葉正渤 2006：頁 197	參小盂鼎（02839）。
				康王	王輝 2006：頁 71	同出小盂鼎銘"啻（禘）周 王、□王、成王"。
				康王	張懋鎔 2006a：頁 210	康王時標準器。
				康王	吳鎮烽 2006：頁 182	盂，西周康王時期人。
				康王廿三 年（成康）	朱鳳瀚 2009：頁 1260、1270	
				康王三十 三年	葉正渤 2010：頁 3、99	據小盂鼎（02839），定爲 康王時器。
1510	四十三年 逑鼎	310 （又重 文 8， 合文 2）	近二 0330- 0339、新收 0747-0756	西周晚期	近二 2010（一）：頁 362–389	
				西周晚期	新收 2006：頁 545–551	
				宣王	陝西 B2003：頁 28	形制、紋飾屬西周晚期， 晚期積年超過四十三者僅 宣世。銘文符合西周晚期 的册命格式。曆日合於 《張表》宣王曆日。
				西周	陝西 C2003：頁 51	
				屬王前後	馬承源 2003：頁 43–44	人物"史減"見於二十八 年寰盤（10172），彼器暫 斷爲屬世。
				宣王	王世民 2003：頁 44–45	
				宣王	朱鳳瀚 2003：頁 50–52	宣王元年爲前 826 年，據 《張表》，該器曆日可排入 宣王，先天一或二日。
				宣王	王占奎 2003：頁 45–47	

序號	器　名	字數	銘文著錄	時　代	出　處	依　據
1510	四十三年逨鼎	310（又重文 8，合文 2）	近二 0330–0339、新收 0747–0756	厲王	陳佩芬 2003：頁 52	共和 14 年計入厲王，據《年表》該器曆日合於厲王 43 年（即共和 6 年）。器形、紋飾見於厲、宣，以厲王時爲多。
				宣王	李伯謙 2003：頁 53–55	
				宣王後半	李學勤 2003a：頁 71–72	銘文内容，類型對比。
				宣王	李學勤 2003：頁 55–56	
				宣王	李學勤 2003b：頁 1–3	共和六年，宣王不可能在國都發號施令。
				宣王	張長壽 2003：頁 56–57	該器曆日有誤。
				宣王	張培瑜 2003：頁 57–58	
				宣王	李零 2003：頁 16–22	作器者名“逨”，行輩爲“叔”，字“五父”。册命格式同宣王時毛公鼎（02841）。
				宣王早期	張天恩 2003：頁 62–65	
				宣王	周曉陸 2003：頁 62–69	此窖藏之 27 件器器主爲同一人，作於同時，參四十二年逨鼎（新收 0745）。
				宣王	曹瑋 2003：頁 63–65	
				宣王	董珊 2003：頁 42–46	除天盂外，同出其他 26 器皆爲同人作器，在宣王時。
				宣王	高明 2003：頁 60–61	
				宣王	劉懷君 2003：頁 49–50	不可能是共和六年，此時王不可能在宗周主持册命。
				宣王	劉軍社 2003：頁 47–49	
				宣王	夏含夷 2003a：頁 49–52	曆日合於以前 825 年爲宣王元年的曆日。
				厲王四十三年	陳久金 2003：頁 368–373	曆日不合於宣王四十二、四十三年。厲王奔彘後的共和年間仍以厲王紀年，該銘曆日合於厲王 43 年。
				厲王	周鳳五 2004：頁 94–95	曆日與《張表》厲王時曆日相合。“史減”見於袞盤（10172），彼器曆日亦合於厲世。共和并未改元。

序號	器 名	字數	銘文著録	時 代	出 處	依 據
1510	四十三年 逨鼎	310 （又重 文 8， 合文 2）	近二 0330– 0339、新收 0747–0756	厲王	葉正渤 2006：頁 199	從《史記》説，厲王在位 37+14=51 年，則厲王元 年爲前 878 年。既生霸是 初九。據《張表》《董譜》， 該器曆日合曆。
				宣王	張懋鎔 2006a：頁 210	宣王時標準器。
				宣王	吳鎮烽 2006：頁 147	吳逨，名逨，擔任周王朝 的虞官，宣王時人。
				宣王	李先登 2006：頁 51	曆日合於宣王。
				宣王	黃盛璋 2006：頁 14	宣王紀年向後推一年，可 合曆。
				厲王	葉正渤 2007：頁 21–28	共和 14 年應屬厲王紀年 範圍，"既生霸"爲初九， 曆日合於厲王四十二年。 西周金文王號生死皆可 稱。
				宣王	陝西 B2008：頁 222	形制，紋飾。與逨盤（近 二 0939）爲同時期器物， 逨盤爲宣王時。
				宣王	朱鳳瀚 2009：頁 1223	曆日。
				宣王	劉華夏 2010：頁 65	
				厲王	葉正渤 2010：頁 223	從曆法的角度看屬厲王時。
1511	曶鼎 舀鼎	約存 376 （又重 文 4）	02838	西周中期	集成 2007（2）：頁 1682	
				孝王元年	吳其昌 1929（2004）：頁 305、 314	與《曆譜》孝王元年密 合。"匡"見於懿王時匡 卣（05423）。"效父"見於 孝王時效父簋（03822）。 "井叔"異名亦見於孝王 八年康鼎（02786）等器。 "𣪕"異名見於孝王時井 叔鬲（00580）等器。"邐 居"即"杜居"，見於師虎 簋（04316）。
				孝王	郭沫若 1935（2002）：頁 210	銘文内容。
				穆王	莫非斯 1936：頁 242	穆王爲生時稱號。人物 "井叔"。
				懿王	莫非斯 1937：頁 8	爵必命於祖廟，該銘"穆 王大室"，當在懿王時。
				懿王	容庚 1941（2008）：頁 38	"王在周穆大室"，作於穆 王後。穆王大室不能數月 完成，故此元年六月不在 共世。"匡"見於懿王時匡 簋（05423）。

續表

序號	器　名	字數	銘文著録	時　代	出　　處	依　　據
1511	曶鼎 曶鼎	約存 376 （又重 文4）	02838	恭王元年	董作賓 1952：頁 695	曆法。
				恭王元年	董作賓 1959（1977）：頁 53	曆法。
				孝王元年	李學勤 1959：頁 44	稱"年"，應列於孝王時。
				懿王二、三年	姚孝遂 1962：頁 81–89	"匡"見於匡卣（05423），後者銘文生稱懿王。該銘追記元年事，當作於懿王二、三年。
				恭王元年	唐蘭 1962：頁 43	"穆王太室"爲穆王剛去世時。
				孝王元年	譚戒甫 1963：頁 75	
				孝王	白川靜 1965d：頁 152	曆日可排入孝世曆譜。
				懿王	陳夢家 1966（2004）：頁 197	銘文内容。
				孝王元年	白川靜 1968b：頁 113–146 器 135	
				共王	唐蘭 1972：頁 59–60	"在穆王太室"，共世器。
				共王	唐蘭 1976—1978（1986）：頁 516	
				恭王	周法高 1979：頁 5	
				穆王	何幼琦 1982：頁 110	曆法。
				懿王	馬承源 1982：頁 53	曆日。
				孝王	盛冬鈴 1983：頁 57	據人名聯繫。
				孝王元年	劉啓益 1984：頁 241	
				穆王（或恭王）	丁驌 1985：頁 35、38	曆日。
				恭王	高木森 1986：頁 88	言"穆王太室"，在穆王之後。
				懿王元年	馬承源等 1988：頁 169 器 242	曆日合於書後《年表》懿王元年。
				懿王元年	張聞玉 1988：頁 58–63	曆日。
				孝王	王明閣 1989：頁 105	
				穆王	何幼琦 1989a：頁 43	"穆太室"爲穆王的宮寢。
				懿王元年	張長壽 1990：頁 32–35	人物"井叔"。
				夷王	李仲操 1991：頁 68	曆日。
				孝王元年	趙光賢 1991：頁 122	曆日。
				懿王元年	李先登 1993（2001）：頁 203	據《竹書紀年》"天再旦"，懿王元年當爲公元前 899 年。該器曆日"王元年六月"合於懿王元年。
				夷王	李仲操 1998a：頁 318–319	"曶"歷懿、孝、夷三世。
				孝王元年	劉雨 1997：頁 247	

續表

序號	器　名	字數	銘文著錄	時　代	出　　處	依　　據
1511	曶鼎 智鼎	約存 376 （又重 文4）	02838	孝王	榮孟源 1997：頁 359	曆法。
				宣王	黎東方 1997：頁 230	
				懿王元年	張聞玉 1999：頁 72	據曆日定於懿王元年，該 年再公元前 916 年。
				懿王元年	斷代工程 2000：頁 31	排西周金文曆譜。
				懿王	周言 2000：頁 66	合於懿王曆譜。
				懿王	張懋鎔 2002：頁 33	
				懿王	范毓周、周言 2002：頁 25	銅器曆日繫聯。
				孝王	劉啓益 2002：頁 293、331	據孝王元年師虎簋 （04316），一段銘文曆日合 於孝王元年，二段合於懿 王末年，三段出現了懿王 時匡尊（05423）之"匡"， 曶活動於懿、孝時。
				懿王	杜勇、沈長雲 2002：頁 33-34	"王在周穆王大室"，其 親密關係比較符合穆王 子恭王或孝王。據師 虎簋（04316）、趙曹鼎 （02784）恭王時代宣王命 的重臣爲井伯，并叔不當 與之同朝用事而當稍晚。 以懿王元年爲公元前 899 年，曶鼎曆日與之相合。
				厲王	彭裕商 2003：頁 400	日辰與厲王元年師虎簋 （04316）相合，銘文格式 亦同。
				懿王二年	朱鳳瀚 2004：頁 6	
				西周早期 後段	吳鎮烽 2006：頁 210	曶，西周中期後段人。
				懿王	王輝 2006：頁 171	
				西周中期 偏晚	張懋鎔 2008：頁 348	
				懿王	朱鳳瀚 2009：頁 1221	曆日。
				懿王	葉正渤 2010：頁 172	"王在周穆王大室"，此器 鑄於穆王之後。"匡"見於 懿王時匡卣。
1512	小盂鼎 殘盂鼎	約 390	02839	西周早期	集成 2007（2）：頁 1682	
				康王二十 五年	吳其昌 1929（2004）：頁 183	
				康王	郭沫若 1935（2002）：頁 87	"用牲禘周王、囗王、成 王"，當是康王器。

序號	器　名	字數	銘文著録	時　代	出　　處	依　　據
				康王	莫非斯 1936：頁 241	曆日。
				康王	容庚 1941（2008）：頁 35	"用牲祔周王、□王、成王"，當屬康王。
				穆王二十五年	董作賓 1952：頁 695	曆法。
				康王	白川靜 1965c：頁 682–718 器 62	
				康王	陳夢家 1966（2004）：頁 104	"用牲祔周王、□王、成王"，時王爲康王。
				穆王二十五年	董作賓 1959（1977）：頁 52	曆法。
				康王	唐 蘭 1976—1978（1986）：頁 188	"周王"包括太王、王季、文王，此銘祀典祭祀至成王，當康王時。
				康王	平心 1979：頁 49	明伯是毛叔鄭，文王子。
				康王	何幼琦 1982：頁 109	曆法。
				康王	馬承源 1982：頁 55	曆日。
				康王二十五年	劉啓益 1984：頁 240	
1512	小盂鼎殘盂鼎	約390	02839	穆王	張政烺 1987（2011）：頁 31	穆王征犬戎見《國語》《紀年》。
				康王三十五年	馬承源等 1988：頁 41 器 63	
				昭王三十五年	張聞玉 1991：頁 76–78	銘文"用牲裔周王、珷王、成王"後殘泐四字，該器不當斷在康世。銘文紀年當爲"三十五年"，該器曆日合於昭王三十五年。
				穆王	李仲操 1991：頁 52	人物"榮"。
				康王二十五年	趙光賢 1992：頁 45	曆日。
				昭王三十六年	張聞玉 1994：頁 93	記年當爲 36，不合於康王。該器曆日合於昭王 36 年。
				康王二十五年	劉雨 1997：頁 247	
				康王	榮孟源 1997：頁 361	曆法。
				宣王	黎東方 1997：頁 230	
				康王	周言 2000：頁 66	曆日。
				康王	張懋鎔 2002a：頁 125	銘文有"祔周王、武王、成王"。

序號	器　名	字數	銘文著録	時　代	出　　處	依　　據
1512	小盂鼎 殘盂鼎	約390	02839	康王	范毓周、周言 2002：頁 19	
				康王	杜勇、沈長雲 2002：頁 31	此爲殷祭，禘祭高祖以下諸王。
				康王	彭裕商 2003：頁 250	銘文"有禘周王□王成王"，顯屬康世。
				康王	葉正渤 2006：頁 197	祭祀對象止於成王，時王必爲康王。
				康王	張懋鎔 2006a：頁 210	康王時標準器。
				康王	吳鎮烽 2006：頁 182	盂，西周康王時期人。
				康王三十五年	葉正渤 2010：頁 3、105	所祭對象止於成王。
1513	毛公鼎 毛公䚛鼎、䚛鼎	479（又重文 9 合文 9）	02841	西周晚期	集成 2007（2）：頁 1682	
				成王初年	王國維 1916（2009）：頁 285–303	比照周初文獻。
				成王親政初年	吳其昌 1932（2004）：頁 718–766	"哀哉今日，天疾畏降喪"爲不在宣世之反證。可比勘《文侯之命》、番生敦（04326）、乖伯敦（04331）等成王時文辭。史實可比勘《酒誥》、小盂鼎（02839）、《無逸》等篇。形制、花紋爲周初所宜有。
				成王	吳其昌 1929（2004）：頁 156	
				宣王	郭沫若 1931：頁 79–97	據銘文"喪國"可知時王新遭喪國之禍；文辭與《變雅》之詩、《文侯之命》相比較；花紋形式與䚛攸从鼎（02818）相比較，可斷此器爲宣王或平王時器。又據本銘之語言氣勢及出土地點，宜置於宣王時。
				宣王	郭沫若 1935（2002）：頁 286	花紋、形制同屬王時䚛攸从鼎（02818）。銘文之佈置氣調絶類《文侯之命》，不能在恭懿以前。文之時代背景非周初而有大亂。出於關中，不得在宣幽之後。時王英邁有爲，與宣王中興相符。
				穆王	温廷敬 1936a：頁 310–314	"班"即《穆天子傳》之"毛班"。
				宣王	容庚 1941（2008）：頁 41	從郭沫若《大系》之説。

續表

序號	器名	字數	銘文著錄	時代	出處	依據
1513	毛公鼎 毛公厝鼎、厝鼎	479 （又重文9合文9）	02841	成王初年	董作賓 1952a：頁 3–6	與師訇簋（04342）文辭、結構皆同，當爲同時作品，後者爲康王元年器。"册册四方，大縱不靜"影射成王親政初年管蔡之亂。從文字、成語、禮制上看，亦可置於西周初年。
				幽王	李學勤 1959：頁 46	
				厲王	唐蘭 1960：頁 10–11	
				共和	白川靜 1965d：頁 155	
				夷王	陳夢家 1966（2004）：頁 292	形制，花紋，銘文内容，嘏辭。
				共和	白川靜 1970a：頁 637–700	
				穆王（或孝王）	唐蘭 1976—1978（1986）：頁516	
				宣王元年	何幼琦 1983a：頁 60	參師詢簋（04342）。
				孝王	高木森 1986：頁 108	據器形、紋飾不早於懿王。據銘文内容在孝王時。
				孝夷	張政烺 1987（2011）：頁 90	
				宣王	馬承源等 1988：頁 316 器 447	
				宣王	王明閣 1989：頁 238	從李學勤先生授課時説法。
				西周晚期	青全 1997（5）：頁 33 器 36	
				厲王	孫稚雛 1998：頁 287	器形、紋飾屬西周晚期。
				宣王	王世民等 1999：頁 47 鼎 69	據器形和銘文。
				宣王	劉啓益 2002：頁 399	形制屬西周晚期。銘文"迺唯是喪我國"，指厲王被逐之事，則作器時王爲宣王。
				宣王	彭裕商 2003：頁 465	銘文爲宣王初即位時口吻。銘文格式、措辭、器形紋飾也爲西周晚期特色。
				西周晚期	馬承源 2003a：頁 71 鼎 21	器形。
				宣王	張懋鎔 2006a：頁 213	
				宣王	王輝 2006：頁 269	
				宣王	吳鎮烽 2006：頁 54	毛公，宣王時輔弼大臣。
				宣王	張懋鎔 2008：頁 350	

六、簋類

序號	器名	字數	銘文著錄	時代	出　處	依　據
1514	甲殼十簋	1	02911	西周早期	集成 2007（3）：頁 2481	
				西周早期	陳佩芬 1989：頁 97	形制，裝飾。內底銘"甲"，是周人以干支生稱的實例。
				西周初期	王光永 1991：頁 5	形制、紋飾和耳及方座特點。
				西周前期	辭典 1995：頁 102 器 360	
				西周早期	青全 1997（6）：頁 146 器 150	
				成康	張懋鎔 2002d：頁 108	
				西周早期	陳佩芬 2004：頁 69	
1515	天殼	1	02914	殷	集成 2007（3）：頁 2481	
				西周早期	田學祥、張振華 1975：頁 89	
				西周早期	陝西 1984（4）：頁 22 器 155	
1516	大殼友簋	1	02915	西周早期	集成 2007（3）：頁 2481	
				西周	熱河 1955：頁 16–27	
				殷末周初	郭寶鈞 1970（1981）：頁 49–51	器形多有殷遺風。
				西周早期偏早	朱鳳瀚 2009：頁 1428	
1517	母殼	1	02926	西周早期	集成 2007（3）：頁 2482	
1518	奴殼	1	02930	西周早期	集成 2007（3）：頁 2482	
				商代晚期	陝西 1979（1）：頁 12 器 74	
				商代晚期	青全 1997（4）：頁 37 器 37–39	
1519	觝殼	1	02932–02935	西周早期	集成 2007（3）：頁 2482	
				西周早期後段	張劍、孫新科 1996：頁 336	
				恭王前後	王世民等 1999：頁 30 鼎 51	器形。
1520	钅殼	1	02936	西周早期	集成 2007（3）：頁 2482	
1521	兒殼	1	02938–02940	西周中期	集成 2007（3）：頁 2483	
				西周中期	陝西 1984（4）：頁 10 器 74	
				穆王	盧連成、胡智生 1988：頁 410	造型、鑄刻位置、字體等皆特殊，據同墓強伯器可判斷在昭穆時。
				穆王前後	李豐 1988a：頁 396	墓葬。
				三　期（穆共）	盧連成、胡智生 1988a：頁 513–521	墓葬。
				西周中期	馬承源 2003a：頁 118 簋 38	器形。
				西周中期前段	吳鎮烽 2006：頁 207	兒，西周中期前段人。
				約穆王	朱鳳瀚 2009：頁 1523	組合，形制，紋飾。

續表

序號	器　名	字數	銘文著錄	時　代	出　處	依　據
1522	⊠殷	1	02952	西周早期	集成 2007（3）：頁 2483	
1523	𤔲殷，得簋	1	02954	西周	集成 2007（3）：頁 2484	
1524	奴殷	1	02955	西周早期	集成 2007（3）：頁 2484	
1525	逐殷	1	02972	西周早期	集成 2007（3）：頁 2485	
1526	牛殷	1	02973	殷	集成 2007（3）：頁 2485	
				西周早期	青全 1997（5）：頁 54 器 57	
1527	虎殷	1	02974–02977	西周晚期	集成 2007（3）：頁 2485	
				西周後期	辭典 1995：頁 117 器 405	
				西周晚期	青全 1997（5）：頁 68 器 71	
				西周晚期	陳佩芬 2004：頁 474 器 387	
1528	魚殷	1	02982	西周早期	集成 2007（3）：頁 2486	
1529	魚殷	1	02983–02984	西周中期	集成 2007（3）：頁 2486	
				西周	段紹嘉 1963a：頁 44	
1530	黿殷天黿殷、黿簋	1	02985	殷或西周早期	集成 2007（3）：頁 2486	
1531	亯殷享簋	1	02987	西周早期	集成 2007（3）：頁 2486	
1532	入殷	1	02993	西周早期	集成 2007（3）：頁 2487	
				商代	容庚 1941（2008）：頁 258 簋 23	
1533	皿殷	1	03003–03004	西周晚期	集成 2007（3）：頁 2487	
1534	回殷	1	03005	西周早期	集成 2007（3）：頁 2487	
1535	回殷	1	03006	西周早期	集成 2007（3）：頁 2487	
				西周中晚期	王桂枝、高次若 1983：頁 6–8	
1536	𢆶殷，周舉鼎	1	03012	西周早期	集成 2007（3）：頁 2488	
1537	𢆶殷，周舉鼎	1	03013	西周早期	集成 2007（3）：頁 2488	
1538	𢆶殷，周舉鼎	1	03014	西周早期	集成 2007（3）：頁 2488	
1539	鼎殷	1	03015	西周早期	集成 2007（3）：頁 2488	
1540	𢦏殷𢦏簋、周饕餮簋	1	03017	西周早期	集成 2007（3）：頁 2488	
				商	段紹嘉 1963a：頁 44	
				商晚	陝西 1979（1）：頁 19 器 126	

序號	器　名	字數	銘文著錄	時　代	出　　處	依　　據
1541	戈殷	1	03023	殷	集成 2007（3）：頁 2489	
				商周之際	銅川 1982：頁 107	
				西周早期	陝西 1984（4）：頁 29 器 194	
1542	戈殷	1	03024	西周早期	集成 2007（3）：頁 2489	
1543	父殷五簋	1	03026	殷或西周早期	集成 2007（3）：頁 2489	
1544	父殷五簋	1	03027	殷或西周早期	集成 2007（3）：頁 2489	
1545	殷中簋	1	03028	西周晚期	集成 2007（3）：頁 2489	
1546	尹殷	1	03029	西周早期	集成 2007（3）：頁 2489	
				西周初期	喀左 A1977：頁 27	
				成康	殷瑋璋、曹淑琴 1991：頁 9–12	參高卣（05431）。
				西周早期偏早	朱鳳瀚 2009：頁 1429	
1547	山殷	1	03032	西周早期	集成 2007（3）：頁 2489	
				西周初年	陝西 E1976：頁 38	
				商代晚期	陝西 1979（1）：頁 5 器 28	
				文王	劉啓益 1993：頁 384	銅器形制。
				文王早期	徐錫臺 1998a：頁 231	伴出銅斝、戈的形制、紋飾。
				商代晚期	曹瑋等 2005（6）：頁 1229	
1548	殷	1	03034	西周	集成 2007（3）：頁 2489	
1549	殷	1	03036	西周早期	集成 2007（3）：頁 2489	
1550	殷	1	03037	西周早期	集成 2007（3）：頁 2490	
1551	殷	1	03043	殷	集成 2007（3）：頁 2490	
				西周初期（成王）	中科院 1962：頁 37A187	
1552	殷宦簋、字簋、宏簋	1	03046–03048	西周晚期	集成 2007（3）：頁 2490	
				夷王	陳夢家 1966（2004）：頁 290	形制、花紋。
				西周晚期	吳鎮烽 2006：頁 240	宦，西周晚期人。
1553	且辛殷祖辛簋	1	03051	西周早期	集成 2007（3）：頁 2490	
1554	子簋	1	近出 0373、新收 1852	西周早期	近出 2002（二）：頁 249	
				西周早期	新收 2006：頁 1243	
				西周早期（商周之際）	李學勤、艾蘭 1995：頁 337 器 84	紋飾。

序號	器　名	字數	銘文著錄	時　代	出　　處	依　　據
1555	⊗簋	1	近出 0376	商代後期	近出 2002（二）：頁 252	
1556	𠬝簋 囚簋、冉簋	1	近出 0380、 新收 0830	西周早期	近出 2002（二）：頁 256	
				西周早期	新收 2006：頁 610	
				武成康	盧連成、胡智生 1988：頁 267	組合，形制，紋飾。
				二期中段 （約成康）	盧連成、胡智生 1988a：頁 502–507	墓葬。
				二期（約 昭王）	朱鳳瀚 2009：頁 1520	組合，形制，紋飾。
1557	𠬝簋 囚簋、冉簋	1	近出 0381	西周晚期	近出 2002（二）：頁 257	
1558	戈簋	1	近出 0384、 新收 1336	西周早期	近出 2002（二）：頁 260	
				西周早期	新收 2006：頁 921	
				西周早期	王長啓 1990：頁 29	
1559	乂簋	1	近出 0386	西周晚期	近出 2002（二）：頁 262	
1560	囷簋	1	近二 0341	西周早期	近二 2010（二）：頁 4	
1561	史簋	1	近二 0342	商代後期	近二 2010（二）：頁 5	
				西周早期 早段	社科院 2005：頁 510	
				一期（約 武王至康 王）	朱鳳瀚 2009：頁 1383	器形。
1562	戈簋	1	近二 0343	西周早期	近二 2010（二）：頁 6	
				殷晚至周 初	咸陽 A2006：頁 30–32	墓葬形制，隨葬器物種類、伴出銅器的形制紋飾。
				約武王至 康王	朱鳳瀚 2009：頁 1228–1265	墓葬。
1563	子簋	1	近二 0344、 新收 0551	西周早期	近二 2010（二）：頁 7	
				西周早期	新收 2006：頁 414	
				西周初期 （不晚於 成王）	河南 E2000a：頁 199–209	據墓葬形制、埋葬習俗及伴出物的時代特徵。
				西周初期 （不晚於 成王）	韓維龍、張志清 2000：頁 24–29	墓葬形制、埋葬習俗有商末特色。出土器物的組合、器形、紋飾和銘文有周初特徵。長子口爲臣服於周的商末長氏諸侯，故葬俗爲殷式而出土器物有周初特色。
				商末周初	朱鳳瀚 2009：頁 1365–1369	形制，組合。

續表

序號	器　名	字數	銘文著錄	時　代	出　　處	依　　據
1564	□簋	1	新收 0931	西周早期	新收 2006：頁 676	
1565	鳥簋	1	新收 1724	西周	新收 2006：頁 1172	
1566	父乙殷	1	03052	西周早期	集成 2007（3）：頁 2490	
1567	父丁殷	1	03053	西周早期	集成 2007（3）：頁 2490	
1568	父丁殷	1	03054	西周早期	集成 2007（3）：頁 2491	
				西周早期	陝西 1984（4）：頁 23 器 162	
1569	父戊殷	1	03055	西周早期	集成 2007（3）：頁 2491	
				殷末周初	孫善德 1964：頁 51	形制，花紋，銘文。
1570	父戊殷	1	03056	西周早期	集成 2007（3）：頁 2491	
1571	父己殷	2	03057	西周早期	集成 2007（3）：頁 2491	
				西周早期	周到、趙新來 1980：頁 35	
				成康	李豐 1988a：頁 396	墓葬。
				二期中段（約成康）	盧連成、胡智生 1988a：頁 502–507	墓葬。
				一期（約武王至康王）	朱鳳瀚 2009：頁 1340	形制，組合。
1572	父辛殷	2	03060	西周早期	集成 2007（3）：頁 2491	
1573	戈己殷	2	03066	殷或西周早期	集成 2007（3）：頁 2491	
1574	辛冊簋	2	03069	殷	集成 2007（3）：頁 2491	
				殷或西周初期	中科院 1962：頁 32A150	
1575	癸山殷	2	03070	西周早期	集成 2007（3）：頁 2492	
				西周初期	中科院 1962：頁 32A147	
1576	子刀殷	2	03079	殷或西周早期	集成 2007（3）：頁 2492	
1577	子刀殷	2	03080	殷或西周早期	集成 2007（3）：頁 2492	
				西周早期	吳鎮烽 2006：頁 300	翌子，西周早期人。
1578	康母殷	2	03085	西周早期	集成 2007（3）：頁 2493	
				西周早期	吳鎮烽 2006：頁 292	康母，西周早期婦女。
1579	己🐟殷	2	03088	殷或西周早期	集成 2007（3）：頁 2493	
1580	亞吳殷	2	03092	西周早期	集成 2007（3）：頁 2493	
				西周早期	吳鎮烽 2006：頁 184	亞夫，西周早期人。
1581	亞光殷	2	03104	西周早期	集成 2007（3）：頁 2494	
				西周早期	陝西 1980（3）：頁 29 器 183	
				西周	曹明檀、尚志儒 1984：頁 53	

續表

序號	器　名	字數	銘文著錄	時　代	出　　處	依　　據
1582	亞登殷	2	03105	西周早期	集成 2007（3）：頁 2494	
1583	玤䢅殷	2	03125	西周早期	集成 2007（3）：頁 2495	
				西周早期	王光永 1975：頁 72	
				西周早期	陝西 1984（4）：頁 2 器 9	
				武王至成王早年	李豐 1988a：頁 396	墓葬。
				二期早段（約武成）	盧連成、胡智生 1988a：頁 500	墓葬。
				約武王至康王	朱鳳瀚 2009：頁 1228–1265	墓葬。
1584	魚從殷	2	03128–03129	西周早期	集成 2007（3）：頁 2496	
				西周早期前段	張劍、孫新科 1996：頁 331	該組器雖器形近商代晚期，但已出現尊卣組合。
				西周早期	吳鎮烽 2006：頁 289	魚從，西周早期人。
1585	夆彝殷	2	03130	西周早期	集成 2007（3）：頁 2496	
				西周早期	德州 A1981：頁 24	造型，紋飾。
				昭王前後	李豐 1988a：頁 396	墓葬。
				昭穆	吳鎮烽 2006：頁 163	夆，西周昭穆時期人。
				西周早期偏晚	朱鳳瀚 2009：頁 1391	組合，形制。
1586	夆彝殷	2	03131	西周早期	集成 2007（3）：頁 2496	
				穆王	德州 A1985：頁 19	
				昭穆	吳鎮烽 2006：頁 163	夆，西周昭穆時期人。
				西周早期偏晚	朱鳳瀚 2009：頁 1391	形制。
1587	遽從殷	2	03132	西周早期	集成 2007（3）：頁 2496	
				西周中期晚段	張劍、孫新科 1996：頁 336	
				西周早期	吳鎮烽 2006：頁 395	遽從，西周早期人。
1588	作彝殷	2	03133	西周早期	集成 2007（3）：頁 2496	
				西周初期（康王）	中科院 1962：頁 39A193	
				康王	張懋鎔 2010：頁 82	
1589	父戊簋	2	近出 0388	西周早期	近出 2002（二）：頁 264	
1590	秉丗簋	2	近出 0390	西周早期	近出 2002（二）：頁 266	
1591	作彝簋	2	近出 0391	西周早期	近出 2002（二）：頁 267	
1592	𠂤▽簋	2	新收 1314	西周中期	新收 2006：頁 908	

續表

序號	器　名	字數	銘文著録	時　代	出　　處	依　　據
1593	過文簋	2	近二 0350、新收 1839	西周早期	近二 2010（二）：頁 13	
				商代晚期－西周早期	新收 2006：頁 1236	
1594	伊⬚簋	2	近二 0351	西周中期	近二 2010（二）：頁 14	
1595	戈且己殷	3	03139	殷或西周早期	集成 2007（3）：頁 2496	
1596	戈父甲殷	3	03143	西周早期	集成 2007（3）：頁 2497	
1597	八父甲殷	3	03144	西周早期	集成 2007（3）：頁 2497	
				西周初期	喀左 A1977：頁 27	
				西周早期偏早	朱鳳瀚 2009：頁 1429	
1598	八父乙殷	3	03152	殷或西周早期	集成 2007（3）：頁 2497	
1599	天父乙殷	3	03158	西周早期	集成 2007（3）：頁 2498	
				殷或西周初期	中科院 1962：頁 40A202	
1600	天父乙殷	3	03159	西周早期	集成 2007（3）：頁 2498	
1601	⬚父乙殷	3	03160	西周早期	集成 2007（3）：頁 2498	
				商周	周世榮 1983：頁 246	
				西周前期（或商代晚期）	辭典 1995：頁 99 器 350	
1602	魚父乙殷	3	03161	殷或西周早期	集成 2007（3）：頁 2498	
				西周初期	隨州 A1984：頁 513	
1603	魚父乙殷	3	03162	西周早期	集成 2007（3）：頁 2498	
1604	爻父乙殷	3	03164	西周早期	集成 2007（3）：頁 2498	
1605	⬚父乙殷 先父乙簋	3	03165–03166	西周早期	集成 2007（3）：頁 2498	
				成王	容庚 1941（2008）：頁 33	臣辰器，參臣辰尊（05999）。
				昭王	唐蘭 1981：頁 67	
1606	父乙⬚殷	3	03167	西周早期	集成 2007（3）：頁 2498	
				昭王	吳其昌 1929（2004）：頁 241	作器者同昭王十一年之臣辰卣（05421）。
				成王	容庚 1941（2008）：頁 33	臣辰器，參臣辰尊（05999）。
				昭王	唐蘭 1981：頁 67	
1607	木父丙殷	3	03168	西周早期	集成 2007（3）：頁 2498	

序號	器　名	字數	銘文著錄	時　代	出　　處	依　　據
1608	戈父丁殷	3	03171	殷或西周早期	集成 2007（3）：頁 2499	
1609	𠂤父丁殷	3	03174	殷或西周早期	集成 2007（3）：頁 2499	
1610	父丁□殷直紋簋	3	03176	西周早期	集成 2007（3）：頁 2499	
				殷	喀左 A1977：頁 25	同《通考》209 戈簋、《美劫》A215、A196–198。
				西周早期偏早	朱鳳瀚 2009：頁 1429	
1611	保父丁殷	3	03180	西周早期	集成 2007（3）：頁 2499	
1612	爻父丁殷	3	03181	西周早期	集成 2007（3）：頁 2499	
				商代	容庚 1941（2008）：頁 258 簋 13	
1613	亞父丁殷	3	03182	西周早期	集成 2007（3）：頁 2500	
				西周中期	陝西 I1983：頁 93	形制，銘文，紋飾。
1614	赫父丁殷 珊父丁簋	3	03183–03184	西周中期	集成 2007（3）：頁 2500	
1615	子父戊殷	3	03186	殷或西周早期	集成 2007（3）：頁 2500	
1616	壽父戊殷	3	03190	西周早期	集成 2007（3）：頁 2500	
				殷	喀左 A1977：頁 25	與《美劫》A203 簋同類。
				西周早期偏早	朱鳳瀚 2009：頁 1429	
1617	車父己殷	3	03194	殷或西周早期	集成 2007（3）：頁 2500	
1618	𤲞父己殷 舌父己簋	3	03197	殷或西周早期	集成 2007（3）：頁 2501	
1619	𠨂父己殷	3	03198	西周早期	集成 2007（3）：頁 2501	
				西周早期	陝西 1984（4）：頁 16 器 111	
1620	㑇父辛殷	3	03200	殷或西周早期	集成 2007（3）：頁 2501	
1621	𠂤父辛殷 商父辛彝	3	03205	殷或西周早期	集成 2007（3）：頁 2501	
1622	𣄼父辛殷	3	03206	西周早期	集成 2007（3）：頁 2501	
				商代	容庚 1941（2008）：頁 258 簋 19	
1623	狀父辛殷	3	03207	西周早期	集成 2007（3）：頁 2501	
				西周初期	石興邦 1954：頁 126	
				穆王前後	李豐 1988a：頁 396	墓葬。
				穆王	盧連成、胡智生 1988a：頁 514	墓葬。
				穆恭	朱鳳瀚 2009：頁 1284–1301	墓葬。

續表

序號	器　名	字數	銘文著錄	時　代	出　處	依　據
1624	霌父辛殷	3	03208	西周早期	集成 2007（3）：頁 2501	
1625	霌父辛殷	3	03209	西周早期	集成 2007（3）：頁 2502	
1626	肉父癸殷	3	03214	西周早期	集成 2007（3）：頁 2502	
				西周早期	程學華 1959：頁 72	伴出物。
				西周早期	陝西 1984（4）：頁 2 器 5	
				武王至成王早年	李豐 1988a：頁 396	墓葬。
1627	𝑋父癸殷	3	03215	西周早期	集成 2007（3）：頁 2502	
1628	魚父癸殷	3	03216	殷或西周早期	集成 2007（3）：頁 2502	
				西周	熱河 1955：頁 16–27	
				殷末周初	郭寶鈞 1970（1981）：頁 49–51	器形多有殷遺風。
				西周早期偏早	朱鳳瀚 2009：頁 1428	
1629	𝑋父癸殷	3	03217	西周早期	集成 2007（3）：頁 2502	
1630	𝑋父癸殷	3	03218	西周早期	集成 2007（3）：頁 2502	
1631	𝑋父癸殷	3	03219	西周早期	集成 2007（3）：頁 2502	
				西周初期	曹發展、陳國英 1981：頁 8	形制，紋飾。
				西周早期	陝西 1984（4）：頁 25 器 169	
1632	𝑋母乙殷	3	03220	西周早期	集成 2007（3）：頁 2502	
				商代晚期	陳佩芬 2004a：頁 176 器 84	
1633	戈母丁殷	3	03221	西周早期	集成 2007（3）：頁 2502	
				商	段紹嘉 1963a：頁 43	
				西周早期	陝西 1984（4）：頁 16 器 108	
				西周前期	辭典 1995：頁 99 器 349	
1634	史母癸殷	3	03225	西周早期	集成 2007（3）：頁 2503	
				殷或西周初期	中科院 1962：頁 37A181	
1635	赫母癸殷 𝑋母癸簋	3	03226	西周早期	集成 2007（3）：頁 2503	
1636	作己姜殷	3	03230	西周早期	集成 2007（3）：頁 2503	
1637	𝑋父寶殷	3	03231	西周早期	集成 2007（3）：頁 2503	
				西周早期	吳鎮烽 2006：頁 402	緰父，西周早期人。
1638	亞保酉殷	3	03235	西周早期	集成 2007（3）：頁 2503	
				商代	容庚 1941（2008）：頁 257 簋 5	
				西周早期	吳鎮烽 2006：頁 234	保酉，西周早期人。

序號	器　名	字數	銘文著錄	時　代	出　　處	依　　據
1639	弢作簋殷 弢作旅簋	3	03236	西周早期	集成 2007（3）: 頁 2503	
				西周早期	吳鎮烽 2006: 頁 277	弢，西周早期人。
1640	□伯陰殷	3	03242	西周早期	集成 2007（3）: 頁 2504	
				西周早期	吳鎮烽 2006: 頁 156	伯陰，西周早期人。
1641	虢叔殷	3	03244	西周中期	集成 2007（3）: 頁 2504	
1642	亞□□殷	3	03245	西周早期	集成 2007（3）: 頁 2504	
				西周初期	喀左 A1977: 頁 27	
				西周早期 偏早	朱鳳瀚 2009: 頁 1429	
1643	作旅殷	3	03247	西周早期	集成 2007（3）: 頁 2504	
				西周前期	容庚 1941（2008）: 頁 268 簋 114	
1644	作旅殷	3	03248	西周早期	集成 2007（3）: 頁 2504	
				西周初期	中科院 1962: 頁 36A176	
				昭王	張懋鎔 2002d: 頁 111	
1645	作旅殷	3	03249– 03250	西周早期	集成 2007（3）: 頁 2504	
				穆恭之際	陝西 F1979a: 頁 6	伴出銅器的形制、紋飾。
				西周中期	陝西 1980（3）: 頁 4 器 18、19	
				穆王前後	李豐 1988a: 頁 396	墓葬。
				三 期（穆 共）	盧連成、胡智生 1988a: 頁 513–521	墓葬。
				西周中期	曹瑋等 2005（8）: 頁 1567、1569	
				穆共之際	張懋鎔 2006a: 頁 228	
				穆恭	朱鳳瀚 2009: 頁 1284–1301	墓葬。
1646	作寶殷	3	03251	西周早期	集成 2007（3）: 頁 2504	
1647	作寶殷	3	03252	西周早期	集成 2007（3）: 頁 2504	
1648	作寶殷	3	03253	西周早期	集成 2007（3）: 頁 2504	
1649	作寶殷	3	03254	西周早期	集成 2007（3）: 頁 2504	
1650	作寶殷	3	03255	西周早期	集成 2007（3）: 頁 2504	
				西周前期	容庚 1941（2008）: 頁 266 簋 99	
1651	作寶殷	3	03256	西周中期	集成 2007（3）: 頁 2504	
1652	作寶殷	3	03257	西周中期	集成 2007（3）: 頁 2504	
1653	作寶殷	3	03258	西周中期	集成 2007（3）: 頁 2504	
				西周中期	陝西 I1983: 頁 93	形制，銘文，紋飾。
				西周中期	陝西 1984（4）: 頁 25 器 173	
1654	作寶殷	3	03259	西周中期	集成 2007（3）: 頁 2504	
1655	作寶殷	3	03260	西周中期	集成 2007（3）: 頁 2504	

續表

序號	器 名	字數	銘文著錄	時 代	出 處	依 據
1656	作旅彝簋	3	03261	西周早期	集成 2007（3）：頁 2505	
1657	作旅彝簋	3	03262	西周早期	集成 2007（3）：頁 2505	
1658	作旅彝簋 作寶彝簋	3	03263	西周早期	集成 2007（3）：頁 2505	
				西周早期 偏晚	曹淑琴 1986：頁 837	
1659	作寶彝簋	3	03264	西周早期	集成 2007（3）：頁 2505	
1660	作旅彝簋	3	03265	西周早期	集成 2007（3）：頁 2505	
				西周早期	陝西 1980（3）：頁 12 器 73	
				昭王	張懋鎔 2002d：頁 108	
				西周早期	曹瑋等 2005（7）：頁 1463	
				昭王前後	張懋鎔 2006a：頁 220	器形、紋飾、字體與標準器對照。
1661	作旅彝簋	3	03266	西周早期	集成 2007（3）：頁 2505	
1662	作旅彝簋	3	03267	西周早期	集成 2007（3）：頁 2505	
1663	作旅彝簋	3	03268	西周早期	集成 2007（3）：頁 2505	
1664	作旅彝簋	3	03269	西周早期	集成 2007（3）：頁 2506	
1665	作旅彝簋	3	03270	西周早期	集成 2007（3）：頁 2506	
				西周前期	容庚 1941（2008）：頁 267 簋 112	
				西周初期	中科院 1962：頁 36A177	
1666	作旅彝簋	3	03272	西周早期	集成 2007（3）：頁 2506	
1667	作旅彝簋	3	03273	西周早期	集成 2007（3）：頁 2506	
1668	作旅彝簋	3	03274	西周早期	集成 2007（3）：頁 2506	
1669	作旅彝簋	3	03275	西周早期	集成 2007（3）：頁 2505	
1670	作旅彝簋	3	03276	西周早期	集成 2007（3）：頁 2505	
1671	作旅彝簋	3	03277	西周早期	集成 2007（3）：頁 2505	
1672	作旅彝簋	3	03278	西周早期	集成 2007（3）：頁 2505	
1673	作旅彝簋	3	03279	西周早期	集成 2007（3）：頁 2505	
1674	作從彝簋	3	03280	西周早期	集成 2007（3）：頁 2506	
1675	作從彝簋	3	03281	西周早期	集成 2007（3）：頁 2506	
1676	作障彝簋	3	03282	西周早期	集成 2007（3）：頁 2506	
				西周初期	中科院 1962：頁 44A229	
				成康	張懋鎔 2002d：頁 110	
1677	作障彝簋	3	03283	西周早期	集成 2007（3）：頁 2506	
1678	作障彝簋	3	03284	西周早期	集成 2007（3）：頁 2506	
1679	伯作彝簋	3	03285	西周早期	集成 2007（3）：頁 2506	
				西周	程長新 1984：頁 35-36	造型，花紋，器表銹色，銘文。

續表

序號	器　名	字數	銘文著錄	時　代	出　　處	依　　據
1680	伯作彝毁	3	03286	西周早期	集成 2007（3）：頁 2507	
1681	伯作彝毁	3	03287	西周早期	集成 2007（3）：頁 2507	
				西周初年	尚志儒、吳鎮烽、朱捷元 1978：頁 22	造型，花紋，銘文字體。
				昭王	張懋鎔 2002d：頁 109	
1682	伯作彝毁	3	03288	西周早期	集成 2007（3）：頁 2507	
				西周早期	盧連成、胡智生 1988：頁 441	
				穆王前後	李豐 1988a：頁 396	墓葬。
				三期（穆共）	盧連成、胡智生 1988a：頁 513–521	墓葬。
				約穆王	朱鳳瀚 2009：頁 1523	組合，形制，紋飾。
1683	伯作彝毁	3	03290	西周早期	集成 2007（3）：頁 2507	
1684	伯作彝毁	3	03291	西周早期	集成 2007（3）：頁 2507	
1685	伯作彝毁	3	03292	西周早期	集成 2007（3）：頁 2507	
1686	伯作毁	3	03293	西周早期	集成 2007（3）：頁 2507	
				穆王	彭裕商 2002：頁 28	
1687	??作彝毁簋、?? 作彝簋、叔簋	3	03294	西周早期	集成 2007（3）：頁 2507	
				西周早期	吳鎮烽 2006：頁 447	??，西周早期人。
1688	作用毁	3	03295	西周早期	集成 2007（3）：頁 2507	
1689	??祖丁簋	3	近出 0392、新收 0378	西周早期	近出 2002（二）：頁 268	
				西周早期	新收 2006：頁 262	
				西周初期	張劍、蔡運章 1998：頁 40	伴出器形制、紋飾。
				約武王至康王	朱鳳瀚 2009：頁 1228–1265	墓葬。
1690	??父乙簋	3	近出 0393、新收 0713	西周早期	近出 2002（二）：頁 269	
				西周早期	新收 2006：頁 525	
				西周早期前段	王長啓 1990：頁 27	與父乙卣（近出 0569）同出，後者爲西周早期前段器。
1691	戈父己簋	3	近出 0395、新收 0790	西周早期	近出 2002（二）：頁 271	
				商晚 – 西周早期	新收 2006：頁 578	
				西周早期前段	陝西 A1995：頁 123	形制，花紋。
				成王	張長壽 1998：頁 290–294	銅器形制，花紋，組合。
				約武王至康王	朱鳳瀚 2009：頁 1228–1265	墓葬。

續表

序號	器 名	字數	銘文著錄	時 代	出 處	依 據
1692	光父辛簋	3	近出 0396、新收 0603	西周	近出 2002（二）：頁 272	
				西周早期	新收 2006：頁 455	
				西周早期	楊澍 1985a：頁 1113	形制，花紋，銘文。
1693	𠂤父辛簋	3	近出 0397	西周早期	近出 2002（二）：頁 273	
1694	父癸簋鼎刕父癸簋	3	近出 0398、新收 1751	西周早期	近出 2002（二）：頁 274	
				西周早期	新收 2006：頁 1186	
				西周早期後段	王長啓 1990：頁 28	造型與白草坡西周 M1 出土簋雷同。
1695	𡧱父癸簋𡧱父癸簋	3	近出 0399、新收 0730	西周中期	近出 2002（二）：頁 275	
				西周早期	新收 2006：頁 534	
				西周早期後段	王長啓 1990：頁 41	
1696	伯作彝簋	3	近出 0400、新收 0721	西周早期	近出 2002（二）：頁 276	
				西周早期	新收 2006：頁 529	
				西周早期	王長啓 1990：頁 28	
1697	伯作彝簋	3	近出 0401	西周早期	近出 2002（二）：頁 277	
1698	作寶彝簋	3	近出 0402	西周早期	近出 2002（二）：頁 278	
1699	乍寶彝簋	3	近出 0403–0404、新收 0817–0818	西周早期	近出 2002（二）：頁 279	
				西周早期	新收 2006：頁 600	
				康晚昭前	盧連成、胡智生 1988：頁 263	伴出器物的組合、形制、紋飾。
				二期中段（約成康）	盧連成、胡智生 1988a：頁 502–507	墓葬。
				西周早期	王世民等 1999：頁 59 簋 11	器形。
				一期（約成康）	朱鳳瀚 2009：頁 1520	組合，形制，紋飾。
1700	乍寶簋	3	近出 0405	西周中期	近出 2002（二）：頁 281	
1701	耳伯陰簋	3	近出 0406	西周早期	近出 2002（二）：頁 282	
1702	戈簋	3	近出附 22、新收 1864	西周早期	近出 2002（四）：頁 304	
				西周早期	新收 2006：頁 1250	
				西周早期	李學勤、艾蘭 1995：頁 338 器 86	造型。
1703	□作彝簋	3	近二 0352、新收 1804	西周早期	近二 2010（二）：頁 15	
				西周早期	新收 2006：頁 1217	
1704	作寶彝簋一	3	近二 0353、新收 0918	西周早期	近二 2010（二）：頁 16	
				西周早期	新收 2006：頁 667	
				西周早期	山西・北京 2000：頁 334	M6069 在西周早期。

續表

序號	器　名	字數	銘文著録	時　代	出　　處	依　　據
1704	作寶彝簋一	3	近二 0353、新收 0918	成康	徐天進 2000：頁 335–337	墓葬。
				一期（約武王至康王）	朱鳳瀚 2009：頁 1473	墓葬。
1705	作寶彝簋二	3	近二 0354、新收 0946	西周早期	近二 2010（二）：頁 17	
				西周早期	新收 2006：頁 688	
				西周早期	山西・北京 2000：頁 334	M6210 在西周早期。
				成康	徐天進 2000：頁 335–337	墓葬。
				一期（約武王至康王）	朱鳳瀚 2009：頁 1473	墓葬。
1706	作寶彝簋三	3	近二 0355、新收 0952	西周早期	近二 2010（二）：頁 18	
				西周早期	新收 2006：頁 693	
				西周早期	山西・北京 2000：頁 334	M6231 在西周早期。
				二期（康晚至昭王）	朱鳳瀚 2009：頁 1473	墓葬。
1707	作寶彝簋四	3	近二 0356、新收 0361	西周早期	近二 2010（二）：頁 19	
				西周早期	新收 2006：頁 248	
				西周早期	洛陽 B1999a：頁 79	
1708	作寶彝簋	3	新收 0966	西周早期	新收 2006：頁 704	
1709	伯作彝簋	3	近二 0357	西周早期	近二 2010（二）：頁 20	
1710	伯作彝簋	3	近二 0358–0359、新收 0921–0922	西周早期	近二 2010（二）：頁 21	
				西周早期	新收 2006：頁 669	
				西周早期	山西・北京 2000：頁 334	M6080 在西周早期。
				二期（康晚至昭王）	朱鳳瀚 2009：頁 1473	墓葬。
1711	伯作彝簋	3	近二 0360、新收 1448	西周早期	近二 2010（二）：頁 23	
				西周中期	新收 2006：頁 1001	
				穆王	張懋鎔 2010：頁 82	
1712	伯作簋簋	3	近二 0361、新收 0969	西周早期	近二 2010（二）：頁 24	
				西周早期	新收 2006：頁 706	
				西周中期	青全 1997（6）：頁 41 器 41	
				西周早期	王世民等 1999：頁 83 簋 58	器形。
				西周中期偏晚	山西・北京 2000：頁 334	M7113 在西周中期偏晚。

續表

序號	器 名	字數	銘文著錄	時 代	出 處	依 據
1712	伯作簋簋	3	近二 0361、新收 0969	夷王前後	徐天進 2000：頁 335–337	墓葬。
				四 期（懿王 至 夷王）	朱鳳瀚 2009：頁 1474	墓葬。
1713	伯作寶簋伯簋	3	近二 0362、新收 0708	西周中期	近二 2010（二）：頁 25	
				西周中期	新收 2006：頁 522	
				西周中期偏早	社科院 1999：頁 364	形制，花紋。
				康晚至昭王	朱鳳瀚 2009：頁 1266–1283	墓葬。
1714	亘弜耒簋	3	近二 0363、新收 0593	西周早期	近二 2010（二）：頁 26	
				西周早期	新收 2006：頁 448	
				武成	鄭州 A2001：頁 42	形制，紋飾，組合。
				商末周初	鄭州 A2001a：頁 9	器形，花紋。
				西周早期偏早	朱鳳瀚 2009：頁 1377	形制。
1715	𤕫父甲簋	3	近二 0364、新收 0682	西周早期	近二 2010（二）：頁 27	
				西周	新收 2006：頁 506	
				西周早期	師小群、萬曉 2001：頁 297	形制，紋飾。
1716	伯戀父簋	3	近二 0365、新收 0334	西周早期	近二 2010（二）：頁 28	
				西周早期	新收 2006：頁 231	
				西周早期	洛陽 B1999a：頁 80	
				康王	蔡運章 1994：頁 69	伯戀父即康伯戀。同出王妊簋之王妊是康王妃。形制、紋飾有早期風格。
				康昭	吳鎮烽 2006：頁 406	戀父，西周康昭時人。
1717	𡆥父戊簋	3	周原 10 冊 2122 頁	西周早期	曹瑋等 2005（10）：頁 2118	
1718	自父甲簋	3	文博 2008 年 02 期頁 6 封 2.8	西周早期	吳鎮烽 2008：頁 6	
1719	且癸父丁毁	4	03296	西周早期	集成 2007（3）：頁 2507	
1720	亞𤓰父乙毁	4	03299	西周早期	集成 2007（3）：頁 2507	
				殷至周初	喀左 A1977：頁 25	與《美劫》A174 簋相似。
				西周早期前段	吳鎮烽 2006：頁 188	亞獸，西周早期前段人。
				西周早期偏早	朱鳳瀚 2009：頁 1429	

續表

序號	器 名	字數	銘文著錄	時 代	出 處	依 據
1721	亞螽父乙殷	4	03300	殷	集成 2007（3）：頁 2507	
				西周早期前期	吳鎮烽 2006：頁 188	亞螽，西周早期前段人。
1722	亞□父乙殷	4	03301	西周早期	集成 2007（3）：頁 2507	
				西周早期	田學祥、張振華 1975：頁 89	
				西周早期	陝西 1984（4）：頁 23 器 158	
				西周早期前段	吳鎮烽 2006：頁 187	亞雞，西周早期前段人。
1723	亻册附乙殷	4	03304	西周早期	集成 2007（3）：頁 2508	
1724	冏作父乙殷	4	03305	西周早期	集成 2007（3）：頁 2508	
1725	作父乙彡殷	4	03306	西周早期	集成 2007（3）：頁 2508	
				西周初期	中科院 1962：頁 36A175	
				昭王	唐蘭 1981：頁 67	
1726	□作父乙殷	4	03307	西周早期	集成 2007（3）：頁 2508	
1727	冏鸞父丁殷	4	03315	西周早期	集成 2007（3）：頁 2508	
				商周之際	羅西章 1977：頁 86	形制，紋飾，銘文。
				西周早期	陝西 1980（3）：頁 6 器 31	
				成王前後	張懋鎔 2006a：頁 219	器形與標準器對照。
1728	寧戈父丁殷	4	03317	西周早期	集成 2007（3）：頁 2508	
1729	寧矢父丁殷	4	03318	西周早期	集成 2007（3）：頁 2508	
1730	册劦父丁殷	4	03319	西周早期	集成 2007（3）：頁 2508	
1731	子羿父丁殷 子鬴父丁簋	4	03322	殷或西周早期	集成 2007（3）：頁 2509	
				西周初期	中科院 1962：頁 37A182	
1732	彐册父戊殷	4	03323	西周早期	集成 2007（3）：頁 2509	
1733	彡作父己殷	4	03328	西周早期	集成 2007（3）：頁 2509	
				西周早期前段	吳鎮烽 2006：頁 108	耒，西周早期前段人。
1734	又牧父己殷	4	03329	西周早期	集成 2007（3）：頁 2509	
				商代	容庚 1941（2008）：頁 260 簋 48	

序號	器　名	字數	銘文著錄	時　代	出　　處	依　　據
1735	亞𠭯父辛殷　亞孳父辛簋	4	03334	西周早期	集成 2007（3）：頁 2510	
				西周早期	陝西 1984（4）：頁 16 器 110	
1736	貴作父辛殷	4	03335	西周早期	集成 2007（3）：頁 2510	
				西周早期	吳鎮烽 2006：頁 349	貴，西周早期人。
1737	作父辛彝殷	4	03336	西周早期	集成 2007（3）：頁 2510	
1738	何父癸□殷	4	03341	殷或西周早期	集成 2007（3）：頁 2510	
1739	作父癸𠂤殷	4	03342	西周早期	集成 2007（3）：頁 2510	
				昭王	吳其昌 1929（2004）：頁 239	作器者同昭王十一年之臣辰卣（05421）。
				西周前期	容 庚 1941（2008）：頁 262 簋 66	
				西周早期後段	張劍、孫新科 1996：頁 334	
1740	彭女彝𢆶殷	4	03343	西周早期	集成 2007（3）：頁 2510	
				西周早期	吳鎮烽 2006：頁 307	彭女，西周早期人。
1741	王妊作殷	4	03344	西周早期	集成 2007（3）：頁 2510	
				昭王	蔡運章 1983：頁 41	形制，書體，同出器物形制、紋飾、銘文。
				西周前期	辭典 1995：頁 99 器 351	
				西周早期	洛陽 B1999a：頁 79	
				昭王	劉啓益 2002：頁 174	與𢀷叔簋（03950）的字體宛如一人手筆。"王妊"是昭王妃。
				昭王	彭裕商 2003：頁 289	字體屬昭穆時期。同出簋墨書"伯懋父"，其爲昭穆時人。
				西周早期後段	吳鎮烽 2006：頁 39	西周早期後段人。
1742	耴𡩜婦𢆶殷	4	03345	殷	集成 2007（3）：頁 2510	
				商末周初	唐愛華 1985：頁 27	
1743	考母作𣂰殷	4	03346	西周早期	集成 2007（3）：頁 2510	
				西周早期	洛陽 A1972：頁 26–27	器形，紋飾。
				穆王前後	李豐 1988a：頁 396	墓葬。
				三期（穆共）	盧連成、胡智生 1988a：頁 513–521	墓葬。

續表

序號	器 名	字數	銘文著錄	時 代	出 處	依 據
1743	考母作鵬設	4	03346	西周中期	洛陽 B1999a：頁 208	
				西周中期前段	吳鎮烽 2006：頁 110	考母，西周中期前段人。
				穆恭	朱鳳瀚 2009：頁 1284–1301	墓葬。
1744	女𠀠作設	4	03347	殷或西周早期	集成 2007（3）：頁 2510	
				西周早期	吳鎮烽 2006：頁 30	西周早期婦女。
1745	呂姜作設	4	03348	西周早期	集成 2007（3）：頁 2511	
				西周中期（穆王前後）	甘肅 B1976：頁 43	同墓出土器物。
				穆王前後	李豐 1988a：頁 396	墓葬。
				三 期（穆共）	盧連成、胡智生 1988a：頁 513–521	墓葬。
				西周中期偏早	徐少華 1996：頁 67	
				西周中期	馬承源 2003a：頁 116 簋 28	器形。
				西周早期	吳鎮烽 2006：頁 145	呂姜，西周早期姜姓婦女。
				穆恭	朱鳳瀚 2009：頁 1284–1301	墓葬。
1746	作母隣彝設	4	03349	西周早期	集成 2007（3）：頁 2511	
				昭穆	張劍、孫新科 1996：頁 334	
1747	伯姬作𠁣設	4	03350	西周中期	集成 2007（3）：頁 2511	
				西周中期	吳鎮烽 2006：頁 157	伯姬，西周中期姬姓婦女。
1748	伯作旅設	4	03351	西周早期	集成 2007（3）：頁 2511	
1749	伯作旅設伯簋	4	03352	西周早期	集成 2007（3）：頁 2511	
				西周	羅西章 1980：頁 6–22	
				西周中期	陝西 1980（3）：頁 8 器 51	
				三 期（穆共）	盧連成、胡智生 1988a：頁 513–521	墓葬。
				西周中期	曹瑋等 2005（6）：頁 1215	
				穆王	張懋鎔 2006a：頁 219	器形、紋飾、銘文字體與標準器對照。
1750	伯作寶設	4	03353	西周早期	集成 2007（3）：頁 2511	
1751	伯作寶設	4	03354	西周早期	集成 2007（3）：頁 2511	
				西周前期	容庚 1941（2008）：頁 263 簋 77	
1752	伯作寶設	4	03355	西周早期	集成 2007（3）：頁 2511	
1753	伯作寶設	4	03356	西周早期	集成 2007（3）：頁 2511	

序號	器 名	字數	銘文著錄	時 代	出 處	依 據
1754	伯作寶殷	4	03357	西周早期	集成 2007（3）：頁 2511	
1755	伯作寶彝殷	4	03358	西周早期	集成 2007（3）：頁 2511	
1756	伯作寶彝殷	4	03359	西周早期	集成 2007（3）：頁 2511	
1757	伯作寶彝殷	4	03360	西周早期	集成 2007（3）：頁 2511	
				西周早期	周到、趙新來 1980：頁 35	
				成康	李豐 1988a：頁 396	墓葬。
				二期中段（約成康）	盧連成、胡智生 1988a：頁 502–507	墓葬。
				西周中期	辭典 1995：頁 106 器 371	
				一期（約武王至康王）	朱鳳瀚 2009：頁 1340	形制，組合。
1758	伯作寶彝殷	4	03361	西周早期	集成 2007（3）：頁 2512	
1759	伯𣪘作寶殷 伯肙作寶簋	4	03362	西周早期	集成 2007（3）：頁 2512	
				西周早期	吳鎮烽 2006：頁 155	伯身，西周早期人。
1760	檷仲作旅殷	4	03363	西周中期	集成 2007（3）：頁 2512	
				西周前期	容庚 1941（2008）：頁 264 簋 87	
				成康	白川靜 1965：頁 525–528 器 51 附	
				成王	陳夢家 1966（2004）：頁 54	"檷中"與"檷伯"，見獻簋（04205）爲一人，乃畢公之子。
				昭王	唐蘭 1976—1978（1986）：頁 237	人名見𣪘方鼎（02729）。
				昭王	唐蘭 1981：頁 33	
				不晚於穆王	李學勤 2001e：頁 3	
				西周中期前段	馬承源 2003a：頁 117 簋 35	器形。
				西周中期	陳佩芬 2004：頁 313 器 326	
				西周早期後段	吳鎮烽 2006：頁 394	檷仲，西周早期後段人。
				穆王前後	張懋鎔 2010b：頁 44	形制，紋飾，字體。
1761	仲作寶殷 中簋	4	03364	西周中期	集成 2007（3）：頁 2512	

續表

序號	器 名	字數	銘文著錄	時 代	出 處	依 據
1762	叔作妸尊毁 叔作妸障簋、周乙叔彝	4	03365	西周早期	集成 2007（3）：頁 2512	
1763	迋作寶)（毁 晨作寶)（簋	4	03366	西周早期	集成 2007（3）：頁 2512	
				西周早期	吳鎮烽 2006：頁 285	晨，西周早期人。
1764	晨作寶毁 晨作寶簋	4	03367	西周早期	集成 2007（3）：頁 2512	
				西周早期	吳鎮烽 2006：頁 285	晨，西周早期人。
1765	戡作寶毁 戡簋、戡作寶簋周寶敦	4	03368–03369	西周早期	集成 2007（3）：頁 2512	
				西周早期	吳鎮烽 2006：頁 293	戡，西周早期人。
1766	央作寶毁	4	03370	西周早期	集成 2007（3）：頁 2512	
				西周早期	吳鎮烽 2006：頁 90	央，西周早期人。
1767	旂作寶毁	4	03371	西周早期	集成 2007（3）：頁 2512	
				西周早期	吳鎮烽 2006：頁 271	旂，西周早期人。
1768	奪作寶毁	4	03372	西周早期	集成 2007（3）：頁 2512	
				西周中期	吳鎮烽 2006：頁 355	奪，西周中期人。
1769	舍作寶毁	4	03373	西周中期	集成 2007（3）：頁 2512	
				西周中期	吳鎮烽 2006：頁 207	舍，西周中期人。
1770	霝作寶飤毁	4	03374	西周中期	集成 2007（3）：頁 2512	
				西周中期	吳鎮烽 2006：頁 406	霝，西周中期人。
1771	舟作寶毁 周舟敦	4	03375	西周中期	集成 2007（3）：頁 2512	
				西周中期前段	吳鎮烽 2006：頁 126	舟，西周中前段人。
1772	閱作簠毁 閱作旅簋	4	03376	西周早期	集成 2007（3）：頁 2513	
				西周前期	容庚 1941（2008）：頁 263 簋 78	
				西周初期	中科院 1962：頁 45A231	
				西周中期前段	吳鎮烽 2006：頁 387	閱，西周中期前段人。
1773	中作簠毁	4	03377	西周早期	集成 2007（3）：頁 2513	
				西周中期	陝西 1979（1）：頁 26 器 169	
				西周中期前段	馬承源 2003a：頁 117 簋 36	器形。
				西周中期前段	吳鎮烽 2006：頁 48	中，西周中期前段人。

序號	器 名	字數	銘文著錄	時 代	出 處	依 據
1774	戜作旅殼	4	03378	西周中期	集成 2007（3）：頁 2513	
				穆王	陝西 F1986：頁 65	夔龍紋流行於穆王時，戜即 1975 莊白伯戜諸器之伯戜，穆王時人。
				西周中期	曹瑋等 2005（8）：頁 1701	
				穆王	張懋鎔 2006a：頁 227	
				西周中期前段	吳鎮烽 2006：頁 227	戜，西周中期前段人。
				懿王至夷王	朱鳳瀚 2009：頁 1301-1309	墓葬。
1775	殷作寶彝殼	4	03379	西周早期	集成 2007（3）：頁 2513	
				殷末周初	李發旺 1963：頁 51	
				西周早期	吳鎮烽 2006：頁 267	殷，西周早期人。
1776	𣄰𣄰作寶彝殼	4	03380	西周早期	集成 2007（3）：頁 2513	
				西周早期	吳鎮烽 2006：頁 193	妽，西周早期人。
1777	勹作寶彝殼	4	03381	西周早期	集成 2007（3）：頁 2513	
				西周早期	吳鎮烽 2006：頁 77	勹，西周早期人。
1778	卲作寶彝殼	4	03382	西周早期	集成 2007（3）：頁 2513	
				西周早期	吳鎮烽 2006：頁 176	卲，西周早期人。
1779	戈作肇彝殼	4	03383-03384	西周早期	集成 2007（3）：頁 2513	
1780	沓作旅彝殼	4	03385	西周	集成 2007（3）：頁 2513	
				西周中期前段	吳鎮烽 2006：頁 192	沓，西周中期前段人。
1781	Ψ作從彝殼	4	03386	西周早期	集成 2007（3）：頁 2513	
				西周早期偏晚	曹淑琴 1986：頁 837	
				西周早期	吳鎮烽 2006：頁 25	中，西周早期人。
1782	豐作從彝殼	4	03387	西周中期	集成 2007（3）：頁 2513	
1783	德作障彝殼德簋	4	03388	西周早期	集成 2007（3）：頁 2513	
				成王前後	李先登 2004：頁 183	器形，紋飾及同人所做德器。
				西周早期	吳鎮烽 2006：頁 266	德，西周早期人。
1784	王作蕭彝殼蓋	4	03389	西周晚期	集成 2007（3）：頁 2513	
				西周晚期	羅西章 1982：頁 107	器形，紋飾，字體。
				西周晚期	張懋鎔 2004：頁 2	
				西周中晚期之交	張懋鎔 2006a：頁 233 器 111	

序號	器　名	字數	銘文著錄	時　代	出　　處	依　　據
1785	見作寶障殷 見作寶尊簋	4	03390	西周早期	集成 2007（3）：頁 2514	
				西周早期	吳鎮烽 2006：頁 144	見，西周早期人。
1786	尹作寶障殷	4	03391	西周早期	集成 2007（3）：頁 2514	
				西周早期	吳鎮烽 2006：頁 80	尹，西周早期人。
1787	作矩父殷	4	03392	西周早期	集成 2007（3）：頁 2514	
				西周中期	吳鎮烽 2006：頁 233	矩父，西周中期人。
1788	戈䚉作匕殷	4	03394–03396	殷	集成 2007（3）：頁 2514	
				西周早期	吳鎮烽 2006：頁 48	戈䚉，西周早期人。
1789	臣辰𠂤册殷	4	03397	西周早期	集成 2007（3）：頁 2514	
1790	作寶障彝殷	4	03399	西周早期	集成 2007（3）：頁 2514	
1791	作寶障彝殷	4	03400	西周早期	集成 2007（3）：頁 2514	
1792	作寶障彝殷	4	03401	西周早期	集成 2007（3）：頁 2514	
1793	作寶障彝殷	4	03402	西周早期	集成 2007（3）：頁 2514	
1794	作寶障彝殷	4	03403	西周早期	集成 2007（3）：頁 2514	
1795	作寶障彝殷	4	03404	西周早期	集成 2007（3）：頁 2515	
				昭王	張懋鎔 2010：頁 82	
1796	作寶障彝殷	4	03405	西周早期	集成 2007（3）：頁 2515	
				西周初期	中科院 1962：頁 35A166	
1797	作寶障彝殷	4	03406	西周早期	集成 2007（3）：頁 2515	
				西周初期	喀左 A1977：頁 27	
				西周早期偏早	朱鳳瀚 2009：頁 1429	
1798	作寶障彝殷	4	03407	西周早期	集成 2007（3）：頁 2515	
				西周早期	陝西 1980（3）：頁 23 器 147	
1799	作寶障彝殷	4	03408	西周早期	集成 2007（3）：頁 2515	
				西周早期	社科院 A1986b：頁 981	
				武成	社科院 1999：頁 363	形態，花紋。
				昭穆	張懋鎔 2002d：頁 110	
1800	作寶障彝殷	4	03409	西周早期	集成 2007（3）：頁 2515	
				周初	喀左 B1974：頁 369	方座簋，銘文。
				西周早期偏早	朱鳳瀚 2009：頁 1429	

序號	器 名	字數	銘文著錄	時 代	出 處	依 據
1801	作寶障彝殷	4	03410	西周早期	集成 2007（3）: 頁 2515	
1802	作寶障彝殷蓋	4	03411	西周早期	集成 2007（3）: 頁 2515	
1803	作寶障殷	4	03412	西周早期	集成 2007（3）: 頁 2515	
				西周早期	陝西 F1979: 頁 13	形制，紋飾，銘文。
				穆王前後	李豐 1988a: 頁 396	墓葬。
				三 期（穆共）	盧連成、胡智生 1988a: 頁 513–521	墓葬。
1804	作寶用殷	4	03413	西周早期	集成 2007（3）: 頁 2515	
				西周早期	陝西 1980（3）: 頁 1 器 1	
				西周中期（約穆王）	陝西 F1983: 頁 88	
				穆王	彭裕商 1998: 頁 148	器形、紋飾同穆王時鮮簋。
				成康	徐錫臺 1998a: 頁 233	所出墓葬的打破關係。簋的形制、紋飾。
				西周早期	曹瑋等 2005（7）: 頁 1493	
				康昭	張懋鎔 2006a: 頁 221	器形，字體。
1805	用作寶彝殷	4	03414	西周早期	集成 2007（3）: 頁 2515	
1806	作旅殷	4	03415	西周早期	集成 2007（3）: 頁 2515	
1807	作旅殷	4	03416	西周早期	集成 2007（3）: 頁 2515	
1808	牟旅祖丁簋	4	近出 0409、新收 0666	西周早期	近出 2002（二）: 頁 285	
				西周早期	新收 2006: 頁 496	
				約武王至康王	朱鳳瀚 2009: 頁 1228–1265	墓葬。
1809	作寶尊彝簋	4	近出 0414、新收 1378	西周早期	近出 2002（二）: 頁 290	
				西周早期	新收 2006: 頁 955	
				成康	張懋鎔 2002d: 頁 110	
1810	作寶尊彝簋	4	近出 0415	西周早期	近出 2002（二）: 頁 291	
1811	作寶用簋	4	近出 0416	西周中期	近出 2002（二）: 頁 292	
1812	作寶尊彝簋	4	近出附 23	西周	近出 2002（四）: 頁 304	
				西周初期	饒澤民 1993: 頁 952	
1813	北單父乙簋	4	近二 0369、新收 1942	商代後期	近二 2010（二）: 頁 32	
				西周早期	新收 2006: 頁 1296	
1814	亞□父丁簋	4	近二 0370、新收 0810	西周早期	近二 2010（二）: 頁 33	
				西周早期	新收 2006: 頁 596	
				康王	肖琦 2002: 頁 33、35	形制。

序號	器　名	字數	銘文著錄	時　代	出　　處	依　　據
1815	作皿尊簋	4	近二 0371、新收 0933	西周早期	近二 2010（二）: 頁 34	
				西周早期	新收 2006: 頁 677	
				西周早期	青全 1997（6）: 頁 40 器 40	
				西周中期前段	王世民等 1999: 頁 88 簋 64	器形。
				西周早期	山西・北京 2000: 頁 334	M6130 在西周早期。
				約昭王	徐天進 2000: 頁 335–337	墓葬。
				一期（約武王至康王）	朱鳳瀚 2009: 頁 1473	墓葬。
1816	伯戚父簋	4	近二 0372、新收 1941	西周早期	近二 2010（二）: 頁 35	
				西周早期	新收 2006: 頁 1296	
1817	子廟父丁簋	4	近二 0373	西周早期	近二 2010（二）: 頁 36	
1818	戈簋	4	近二 0374	西周中期	近二 2010（二）: 頁 37	
				西周中期	寶雞 C2007: 頁 17	形制，紋飾。
				西周中期	寶雞 C2007a: 頁 10	
1819	作寶尊彝簋	4	近二 0375、新收 0662	西周中期	近二 2010（二）: 頁 38	
				西周中晚期	新收 2006: 頁 493	
				約穆王	周原 C2005: 頁 20	形制似伯戚簋，穆王時器。
				西周中期	曹瑋等 2005（9）: 頁 1984	
				穆恭	朱鳳瀚 2009: 頁 1284–1301	墓葬。
1820	作寶尊簋	4	周原 10 冊 2114 頁	西周早期	曹瑋等 2005（10）: 頁 2111	
1821	伯卣	4	新收 0953	西周早期	新收 2006: 頁 694	
1822	臣辰父乙毀	5	03422	西周早期	集成 2007（3）: 頁 2516	
1823	臣辰父乙毀	5	03423–03424	西周早期	集成 2007（3）: 頁 2516	
				成王	容庚 1941（2008）: 頁 33、頁 267 簋 108	參臣辰尊（05999）。
				西周初期（成王）	中科院 1962: 頁 44A230	
				昭王	唐蘭 1981: 頁 66	
				西周早期	張劍、孫新科 1996: 頁 335	
				西周早期	王世民等 1999: 頁 83 簋 57	器形。
1824	人父丁毀周舉彝	5	03430	西周早期	集成 2007（3）: 頁 2516	

續表

序號	器 名	字數	銘文著錄	時 代	出 處	依 據
1825	劦冊竹父丁殷	5	03431	西周早期	集成 2007（3）：頁 2516	
1826	劦冊竹父丁殷	5	03432	西周早期	集成 2007（3）：頁 2516	
1827	天工冊父己殷	5	03433	西周早期	集成 2007（3）：頁 2517	
1828	羸父癸殷蠶簋	5	03436	西周早期	集成 2007（3）：頁 2517	
				西周早期	吳鎮烽 2006：頁 441	蠶，西周早期人。
1829	束夌殷	5	03437	西周早期	集成 2007（3）：頁 2517	
				西周早期	吳鎮烽 2006：頁 113	束夌，西周早期人。
1830	皿犀殷	5	03438	西周早期	集成 2007（3）：頁 2517	
				西周早期	陝西 1980（3）：頁 25 器 161	
				武王至成王早年	李豐 1988a：頁 396	墓葬。
				二期早段（約武成）	盧連成、胡智生 1988a：頁 500	墓葬。
				康昭	張懋鎔 2002d：頁 108	
				西周早期	吳鎮烽 2006：頁 94	皿犀，西周早期人。
1831	新甹殷	5	03439–03440	西周早期	集成 2007（3）：頁 2517	
				西周早期	萬樹瀛、楊孝義 1979：頁 88	形制、花紋、銘文。
				昭王前後	李豐 1988a：頁 396	墓葬。
				成康	張懋鎔 2002d：頁 109	
				西周早期	吳鎮烽 2006：頁 347	新甹，西周早期人。
1832	粍單殷	5	03441	西周早期	集成 2007（3）：頁 2517	
				成王	陳夢家 1966（2004）：頁 68	族名同成王時壴卣（05401）。
				西周早期	吳鎮烽 2006：頁 315	單光，西周早期人。
1833	雁事殷應事簋	5	03442	西周早期	集成 2007（3）：頁 2517	
				西周	張肇武 1984：頁 29–39	
				西周中期	辭典 1995：頁 105 器 370	
				西周中期	徐錫臺 1998：頁 349	形制，紋飾，銘文字體書鑄風格。
				昭王	王龍正、王聰敏 2000：頁 38	
				西周中期	任偉 2002：頁 57	器形，紋飾，字體。
				西周中期前段	吳鎮烽 2006：頁 412	應事，西周中期前段人。
				西周中期中葉	朱鳳瀚 2009：頁 1352	形制，紋飾。

續表

序號	器　名	字數	銘文著錄	時　代	出　　處	依　　據
1834	ᵡ錶殷	5	03443	西周中期	集成 2007（3）：頁 2517	
				昭王	吳其昌 1929（2004）：頁 225	人物"🔲🔲"即昭王時作册鷸卣（05400）之"鷸"。
				西周中期	吳鎮烽 2006：頁 142	枊鷸，西周中期人。
1835	季槼殷 季ʮ簋	5	03444	西周中期	集成 2007（3）：頁 2517	
				穆王後期	彭裕商 2003：頁 323	作器者同邢季槼尊（05859）。
				西周中期	吳鎮烽 2006：頁 206	季槼，西周中期人。
1836	舟虞殷	5	03445	西周中期	集成 2007（3）：頁 2517	
				西周中期	吳鎮烽 2006：頁 126	舟虞，西周中期人。
1837	舟虞殷	5	03446	西周中期	集成 2007（3）：頁 2517	
1838	仲州殷	5	03447	西周	集成 2007（3）：頁 2517	
				西周晚期	祈健業 1984：頁 10–13	紋飾。
				西周中期	吳鎮烽 2006：頁 120	仲州，西周中期人。
1839	季楚殷	5	03448	西周中期	集成 2007（3）：頁 2518	
				西周中期	吳鎮烽 2006：頁 206	季楚，西周中期人。
1840	赫仲子日乙殷，㼚仲子日乙簋	5	03449	西周早期	集成 2007（3）：頁 2518	
				西周初期	中科院 1962：頁 38A188	
1841	作姬殷	5	03450	西周早期	集成 2007（3）：頁 2518	
1842	㼚殷	5	03451	西周早期	集成 2007（3）：頁 2518	
				西周早期	吳鎮烽 2006：頁 447	㼚，西周早期人。
1843	姜□殷 姜弲簋	5	03452	西周早期	集成 2007（3）：頁 2518	
				西周早期	吳鎮烽 2006：頁 239	姜弲，西周早期人。
1844	作㹰商殷 作㱦商簋	5	03453	西周早期	集成 2007（3）：頁 2518	
				西周早期	解希恭 1957：頁 43	
				昭王前後	李豐 1988a：頁 396	墓葬。
				二期後段（約昭王）	盧連成、胡智生 1988a：頁 508–513	墓葬。
				西周早期	吳鎮烽 2006：頁 220	㱦商，西周早期人。
				約成康	朱鳳瀚 2009：頁 1439	形制。
1845	作車殷	5	03454	西周早期	集成 2007（3）：頁 2518	
				西周初期	中科院 1962：頁 37A185	
				西周早期	吳鎮烽 2006：頁 140	車，西周早期人。
1846	作任氏殷	5	03455–03456	西周早期	集成 2007（3）：頁 2518	
				西周早期	吳鎮烽 2006：頁 124、175	妊氏，西周早期妊姓婦女。

序號	器 名	字數	銘文著錄	時 代	出 處	依 據
1847	豕馬殷	5	03458–03459	殷或西周早期	集成 2007（3）：頁 2518	
				商代	容庚 1941（2008）：頁 259 簋 33	
1848	王作又殷王作右簋、王簋、王作妣龏敦	5	03460	西周早期	集成 2007（3）：頁 2518	
				康王七年	唐 蘭 1976—1978（1986）：頁 139	以康王時太保鼎"太保鑄"例之，該器爲康王七年時器。
				西周早期	陳佩芬 2004：頁 109 器 241	"右"指宗廟中祭器的排列位置，右位爲穆，此簋爲康王廟祭時作。
1849	農父殷	5	03461	西周早期	集成 2007（3）：頁 2519	
				西周早期	吳鎮烽 2006：頁 341	農父，西周早期人。
1850	糵父殷糵父簋	5	03462	西周早期	集成 2007（3）：頁 2519	
				西周早期	吳鎮烽 2006：頁 422	糵父，西周早期人。
1851	事父殷	5	03463	西周早期	集成 2007（3）：頁 2519	
				西周早期	吳鎮烽 2006：頁 19	事父，西周早期人。
1852	圸父殷御父簋	5	03464	西周早期	集成 2007（3）：頁 2519	
				西周早期	吳鎮烽 2006：頁 84	圸父，西周早期人。
1853	隴殷隴簋	5	03465	西周早期	集成 2007（3）：頁 2519	
				西周早期	吳鎮烽 2006：頁 427	隴，西周早期人。
1854	匤殷	5	03466	西周早期	集成 2007（3）：頁 2519	
				西周早期	吳鎮烽 2006：頁 117	匤，西周早期人。
1855	魪殷魪簋	5	03467	西周早期	集成 2007（3）：頁 2519	
				西周早期	吳鎮烽 2006：頁 321	魪，西周早期人。
1856	御殷	5	03468	西周早期	集成 2007（3）：頁 2519	
				西周初期	中科院 1962：頁 42A216	
				西周早期前段	吳鎮烽 2006：頁 320	御，西周早期前段人。
1857	沬殷沬簋	5	03469	西周早期	集成 2007（3）：頁 2519	
				西周初期	中科院 1962：頁 37A180	
				西周早期	吳鎮烽 2006：頁 447	沬，西周早期人。
1858	畢殷	5	03470	西周早期	集成 2007（3）：頁 2519	
1859	文殷	5	03471	西周早期	集成 2007（3）：頁 2519	
				西周早期	吳鎮烽 2006：頁 78	閅，西周早期人。
1860	文殷	5	03472	西周早期	集成 2007（3）：頁 2519	
1861	□□□寶彝殷	5	03473	西周早期	集成 2007（3）：頁 2519	

續表

序號	器 名	字數	銘文著錄	時 代	出 處	依 據
1862	果殷	5	03474	西周中期	集成 2007（3）：頁 2519	
				西周後期	容 庚 1941（2008）：頁 271 篯 135	
				西周中期	吳鎮烽 2006：頁 201	果。西周中期人。
1863	陕殷 周舉彝	5	03475	西周中期	集成 2007（3）：頁 2520	
				西周中期	吳鎮烽 2006：頁 244	陕，西周中期人。
1864	闔殷	5	03476	西周中期	集成 2007（3）：頁 2520	
				西周中期	吳鎮烽 2006：頁 402	闔，西周中期人。
1865	雁公殷 應公簋	5	03477– 03478	西周早期	集成 2007（3）：頁 2520	
				成康	白 川 靜 1965：頁 501–504 器 48 附	
				成康	陳夢家 1966（2004）：頁 78	《左傳僖公二十四》記 "應"爲武王之穆，應公 諸器當在周初。
				成王中後期	唐 蘭 1976—1978（1986）：頁 90	
				成王	徐錫臺 1998：頁 348	器形，紋飾，銘文字體書 鑄風格。
				穆王	劉啓益 2002：頁 231	参應公方鼎（02150）。
				康王前後	彭裕商 2003：頁 292	據器形、字形。
				西周早期	吳鎮烽 2006：頁 412	應公，西周早期人。
				西周早期 偏早	朱鳳瀚 2009：頁 1355	
1866	公殷 周公彝	5	03479	西周中期	集成 2007（3）：頁 2520	
1867	🐾伯殷	5	03480	西周早期	集成 2007（3）：頁 2520	
				西周早期 後段	吳鎮烽 2006：頁 426	闖伯，西周早期後段人。
1868	縈伯殷	5	03481	西周中期	集成 2007（3）：頁 2520	
				西周中期	吳鎮烽 2006：頁 401	縈伯，西周中期人。
1869	卂伯殷	5	03482	西周早期	集成 2007（3）：頁 2520	
				西周早期	吳鎮烽 2006：頁 30	卂伯，西周早期人。
1870	夷伯殷	5	03483	西周中期	集成 2007（3）：頁 2520	
				西周中期 前段	吳鎮烽 2006：頁 27、116	夷伯，中期前段人。
				西周中期 前段	吳鎮烽 2006b：頁 4	造型，紋飾，銘文字體。

序號	器　名	字數	銘文著録	時　代	出　　處	依　　據
1870	夷伯殷	5	03483	穆恭	張懋鎔 2007a：頁 1-14	字形書體與夷曰盤（新收 01609）、夷曰匜（新收 01670）同，當爲同人作器，後者爲穆恭時器。
1871	□伯殷	5	03484	西周中期	集成 2007（3）：頁 2520	
				西周	王進先 1979：頁 90	形制，紋飾，銘文。
1872	叔旨殷	5	03485	西周早期	集成 2007（3）：頁 2520	
				西周早期	吳鎮烽 2006：頁 196	叔旨，西周早期人。
1873	叔京殷	5	03486	西周早期	集成 2007（3）：頁 2520	
				西周早期	吳鎮烽 2006：頁 196	叔京，西周早期人。
1874	叔臤殷	5	03487	西周中期	集成 2007（3）：頁 2520	
				西周中期	吳鎮烽 2006：頁 196	叔臤，西周中期人。
1875	伯卸殷伯鄧簋	5	03488	西周早期	集成 2007（3）：頁 2520	
				西周早期	吳鎮烽 2006：頁 159	白卸，西周早期人。
1876	伯戎殷	5	03489	西周中期	集成 2007（3）：頁 2520	
				穆王	扶風 A1976：頁 58	形制，花紋，銘文字體。
				穆王	陝西 1980（2）：頁 14 器 103	
				穆王	吳鎮烽 1987：頁 270	形制，紋飾，字體。
				穆王前後	李豐 1988a：頁 396	墓葬。
				穆王	盧連成、胡智生 1988a：頁 514	墓葬。
				未	汪中文 1990：頁 43-48	"伯戎"與"彔""彔伯戎"非同一人。
				西周中期前段	馬承源 2003a：頁 118 簋 45	器形。
				西周中期	曹瑋等 2005（7）：頁 1373	
				穆王前後	張懋鎔 2006a：頁 227	
				西周中期前段	吳鎮烽 2006：頁 156	伯戎，西周中期前段人。
				穆恭	朱鳳瀚 2009：頁 1284-1301	墓葬。
1877	伯臥殷	5	03490	西周中期	集成 2007（3）：頁 2521	
				西周中期前段	吳鎮烽 2006：頁 155	伯臥，西周中期前段人。
1878	伯尚殷周伯尚敦	5	03491	西周中期	集成 2007（3）：頁 2521	
				西周中期	吳鎮烽 2006：頁 155	伯尚，西周中期人。
1879	伯殷伯作寶尊彝簋	5	03492	西周中期	集成 2007（3）：頁 2521	
				西周早期	王光永 1980：頁 14-15	紋飾。
				康王	劉啓益 1984a：頁 53-54	形制，紋飾。

續表

序號	器　名	字數	銘文著錄	時　代	出　處	依　據
1879	伯殻伯作寶尊彝簋	5	03492	西周早期	陝西 1984（4）：頁 5 器 34	
				昭王	張懋鎔 2002d：頁 108	
				約穆王	朱鳳瀚 2009：頁 1523	組合，形制，紋飾。
1880	伯殻蓋	5	03493	西周早期	集成 2007（3）：頁 2521	
1881	伯殻伯作寶尊彝簋	5	03494	西周早期	集成 2007（3）：頁 2521	
				不晚於康王	鎮江 A1984：頁 8	大鳥紋有早期特徵。蠶紋見於商及周初。字體有早期風格。
				昭王	李學勤 1986：頁 33–35	形制紋飾皆同昭王時諆簋（03950）。
				西周中期	辭典 1995：頁 114 器 396	
1882	伯殻周伯彝、伯作寶尊彝簋	5	03495	西周早期	集成 2007（3）：頁 2521	
1883	伯殻伯作寶尊彝簋	5	03496	西周早期	集成 2007（3）：頁 2521	
1884	伯殻周伯彝、伯作寶尊彝簋	5	03497	西周早期	集成 2007（3）：頁 2521	
1885	伯殻周伯彝、伯作寶尊彝簋	5	03498	西周早期	集成 2007（3）：頁 2521	
				西周初年	尚志儒、吳鎮烽、朱捷元 1978：頁 22	造型，花紋，銘文字體。
				昭王	張懋鎔 2002d：頁 109	
1886	伯作南宮殻伯簋	5	03499	西周早期	集成 2007（3）：頁 2521	
				成康	寶雞 A1976：頁 43–44	器形，紋飾。
				西周早期	陝西 1984（4）：頁 11 器 77	
				西周早期	盧連成、胡智生 1988：頁 441	
				穆王前後	李豐 1988a：頁 396	墓葬。
				成王	劉啓益 2002：頁 77	"南宮"見於保侃母簋蓋（03743），成王時人，此爲死稱。形制似康王時史䀅簋。
				西周早期後段	吳鎮烽 2006：頁 226	南宮，西周早期後段人。
				約穆王	朱鳳瀚 2009：頁 1523	組合，形制，紋飾。
1887	恒父簋	5	近出 0418、新收 0983	西周早期	近出 2002（二）：頁 294	
				西周中期	新收 2006：頁 716	

序號	器　名	字數	銘文著録	時　代	出　　處	依　　據
1887	恒父簋	5	近出 0418、新收 0983	西周中期	陝西 J1987：頁 15	
				西周早期後段	吳鎮烽 2006：頁 238	恒父，西周早期後段人。
				西周中期	張素琳 2006：頁 199	
				約昭王	朱鳳瀚 2009：頁 1440	
1888	師隻簋	5	近出 0419、新收 0653	西周早期	近出 2002（二）：頁 295	
				西周早期	新收 2006：頁 485	
				西周早期	岐山 C1992：頁 77	紋飾，字體。
				成康	張懋鎔 2006a：頁 228	
1889	文簋	5	近出 0420	西周早期	近出 2002（二）：頁 296	
1890	齊仲簋	5	近出 0421、新收 1034	西周中期	近出 2002（二）：頁 297	
				西周中期	新收 2006：頁 743	
				西周中期	李步青、林仙庭、楊文玉 1994：頁 378	形制，紋飾。
				西周早期	青全 1997（6）：頁 80 器 82	
				西周早期	吳鎮烽 2006：頁 359	齊仲，西周早期人。
1891	矢叔簋	5	近出 0422、新收 0654	西周中期	近出 2002（二）：頁 298	
				西周中期	新收 2006：頁 486	
				西周中期	龐文龍、崔玫英 1990：頁 51	形制，銘文字體及紋飾。
				西周中期	曹定雲 1999：頁 110	形制，字體，紋飾。
				西周中期後段	吳鎮烽 2006：頁 77	矢叔，西周中期後段人。
1892	作父辛簋	5	近出附 24	西周	近出 2002（四）：頁 304	
1893	王妻簋	5	近二 0377、新收 0957	西周早期	近二 2010（二）：頁 40	
				西周早期	新收 2006：頁 696	
				西周早期	山西·北京 2000：頁 334	M6243 在西周早期。
				西周早期後段	吳鎮烽 2006：頁 39	王妻，西周早期後段人。
				二期（康晚至昭王）	朱鳳瀚 2009：頁 1473	墓葬。
1894	妊簋	5	近二 0378、新收 1441	西周早期	近二 2010（二）：頁 41	
				西周早期	新收 2006：頁 995	
				西周早期	陳佩芬 2004：頁 85	
1895	子眉■父乙簋	5	近二 0379	西周早期	近二 2010（二）：頁 42	
				西周初期或稍早	王光永 1991：頁 6、14	器形。

續表

序號	器　名	字數	銘文著錄	時　代	出　　處	依　　據
1896	牧木木祖乙簋	5	近二 0380	西周早期	近二 2010（二）: 頁 43	
				商末周初	寶雞 D2007: 頁 47	
				殷末周初	朱鳳瀚 2009: 頁 1524	形制。
1897	山仲簋	5	近二 0381、新收 1943	西周早期	近二 2010（二）: 頁 44	
				西周早期	新收 2006: 頁 1297	
1898	晉姜簋	5	近二 0382、新收 0886	西周中期	近二 2010（二）: 頁 45	
				西周	新收 2006: 頁 650	
				穆王前後	山西·北京 1994a: 頁 8	該墓葬在穆王前後。
				穆王至孝王	徐天進 2000: 頁 335–337	墓葬。
				西周中期早段	李伯謙 2002: 頁 31	據出土器物的特徵，M13 在西周中期早段。
				西周中期偏早	朱鳳瀚 2009: 頁 1446	墓葬年代當西周中期偏早約穆王時。
1899	作且戊殷作祖戊簋	6	03500–03501	西周早期	集成 2007（3）: 頁 2521	
				西周早期後段	張劍、孫新科 1996: 頁 336	
1900	戈作父乙殷	6	03503	西周早期	集成 2007（3）: 頁 2522	
1901	亞臬侯矣父乙殷周虔彝	6	03504	西周早期	集成 2007（3）: 頁 2522	
1902	亞臬侯矣父乙殷周虔彝	6	03505	西周早期	集成 2007（3）: 頁 2522	
				西周中期前段	馬承源 2003a: 頁 117 簋 37	器形。
1903	臣辰峋册父乙殷	6	03506	西周早期	集成 2007（3）: 頁 2522	
1904	用作父乙殷	6	03507	西周早期	集成 2007（3）: 頁 2522	
				西周早期	陝西 F1980: 頁 47、53	形制、紋飾、銘文皆有西周早期作風。從伴出陶器看，所出墓葬不晚於穆王。
				西周早期	陝西 1980（3）: 頁 12 器 74	
				二期後段（約昭王）	盧連成、胡智生 1988a: 頁 508–513	墓葬。
				康昭	張懋鎔 2006a: 頁 220	器形、紋飾、字體與標準器對照。
				西周早期後段	吳鎮烽 2006: 頁 96	用，西周早期後段人。
				康晚至昭王	朱鳳瀚 2009: 頁 1266–1283	墓葬。

序號	器　名	字數	銘文著録	時　代	出　　處	依　　據
1905	令作父乙殷	6	03508	西周早期	集成 2007（3）：頁 2522	
				西周早期	吴鎮烽 2006：頁 95	令，西周早期人。
1906	作父乙殷	6	03509	西周早期	集成 2007（3）：頁 2522	
1907	作父乙殷	6	03510	西周早期	集成 2007（3）：頁 2522	
				成王	容庚 1941（2008）：頁 33	臣辰器，參臣辰尊（05999）。
				西周初期	中科院 1962：頁 38A189	
1908	作父乙殷	6	03511	西周早期	集成 2007（3）：頁 2522	
1909	𪊽作父丁殷 柠簋、周楚彝	6	03512	西周早期	集成 2007（3）：頁 2522	
				西周早期	吴鎮烽 2006：頁 224	柠，西周早期人。
1910	亞曩侯吴父戊殷	6	03513	西周早期	集成 2007（3）：頁 2522	
1911	作父戊殷 商旅彝	6	03514	西周早期	集成 2007（3）：頁 2522	
				西周早期	吴鎮烽 2006：頁 25	屮，西周早期人。
1912	𡵂作父己殷 丫大簋	6	03515	西周早期	集成 2007（3）：頁 2522	
				西周早期	吴鎮烽 2006：頁 448	丫大，西周早期人。
1913	𨙻作父庚殷 歘簋	6	03516	西周早期	集成 2007（3）：頁 2522	
				西周早期	吴鎮烽 2006：頁 315	歘父庚，西周早期人。
1914	㲪作父庚殷	6	03517	西周早期	集成 2007（3）：頁 2523	
				西周初期	中科院 1962：頁 33A156	
1915	刲作父辛殷 𡚷作父辛簋	6	03518	西周早期	集成 2007（3）：頁 2523	
				西周早期	吴鎮烽 2006：頁 203	封，西周早期人。
1916	口作父辛殷	6	03519	西周早期	集成 2007（3）：頁 2523	
				西周初期	中科院 1962：頁 37A186	
				西周早期	吴鎮烽 2006：頁 294	密，西周早期人。
1917	盧作父辛殷	6	03520	西周早期	集成 2007（3）：頁 2523	
				西周早期	陝西 1980（3）：頁 7 器 43	
				康王	劉啓益 1984a：頁 52-53	疑爲墓主懤季之子，該墓在康王時。
				西周中期後段	馬承源 2003a：頁 118 簋 39	器形。
				西周晚期	曹瑋等 2005（6）：頁 1164	
				昭穆之際	張懋鎔 2006a：頁 219	器形、紋飾、銘文字體與標準器對照。

續表

序號	器　名	字數	銘文著錄	時　代	出　　處	依　　據
1917	盧作父辛殷	6	03520	西周早期後段	吳鎮烽 2006：頁 284	盧，西周早期後段人。
1918	敝作父癸殷	6	03521	殷或西周早期	集成 2007（3）：頁 2523	
				西周早期	吳鎮烽 2006：頁 309	敝，西周早期人。
1919	臣辰𠁁册父癸殷 臣辰父癸簋	6	03522–03523	西周早期	集成 2007（3）：頁 2523	
				成王	容庚 1941（2008）：頁 33	臣辰器，參臣辰尊（05999）。
				昭王	唐蘭 1981：頁 66	
1920	陵伯殷 陵伯簋	6	03524–03525	西周早期	集成 2007（3）：頁 2523	
				成康	甘肅 C1977：頁 124	形制，紋飾。
				二期中段（約成康）	盧連成、胡智生 1988a：頁 502–507	墓葬。
				西周早期後段	吳鎮烽 2006：頁 331	陵伯，西周早期後段人。
1921	畺伯殷	6	03526	西周早期	集成 2007（3）：頁 2523	
				西周初期	喀左 A1977：頁 26	與《通考》296 簋、253 簋相似。
				西周早期	吳鎮烽 2006：頁 359	畺伯，西周早期人。
				西周早期偏早	朱鳳瀚 2009：頁 1429	
1922	彊伯殷 彊伯簋、彊伯四耳方座簋	6	03527–03529	西周早期	集成 2007（3）：頁 2523	
				西周初期	胡智生、劉寶愛、李永澤 1988：頁 27	形制，紋飾，組合，伴出陶器。
				不晚於成王前段	盧連成、胡智生 1988：頁 41	出土墓葬的器物組合及形制、紋飾。
				西周中期	辭典 1995：頁 111 器 387	
				西周早期	青全 1997（6）：頁 154 器 158	*03527。
				西周早期	王世民等 1999：頁 73 簋 38	器形。
				成康	張懋鎔 2002d：頁 108	
				西周早期	張懋鎔 2006b：頁 171	
				西周早期前段	吳鎮烽 2006：頁 363	彊伯，西周早期前段人。
				西周早期偏早	朱鳳瀚 2009：頁 1523	組合，形制，紋飾。
1923	亢伯殷	6	03530–03531	西周早期	集成 2007（3）：頁 2523	
				西周初期	中科院 1962：頁 36A173	
				西周早期	吳鎮烽 2006：頁 127	亢，西周早期人。

序號	器　名	字數	銘文著錄	時　代	出　處	依　據
1924	伯矩簋	6	03532	西周早期	集成 2007（3）：頁 2524	
				成王	唐蘭 1976—1978（1986）：頁 102	
				周初	曹淑琴 1989：頁 399	字體，形制，紋飾。
				成康	張懋鎔 2002d：頁 110	
				西周早期前段	吳鎮烽 2006：頁 156	伯矩，西周早期前段人。
1925	伯矩簋 伯矩簋	6	03533	西周早期	集成 2007（3）：頁 2524	
				西周初期	中科院 1962：頁 41A207	
				成王	劉啓益 2002：頁 81	形制近同成王時叔德簋（03942）。
1926	伯魚簋	6	03534–03535	西周早期	集成 2007（3）：頁 2524	
				西周早期前段	吳鎮烽 2006：頁 158	伯魚，西周早期前段人。
1927	伯㷎簋	6	03536	西周早期	集成 2007（3）：頁 2524	
				西周前期	容庚 1941（2008）：頁 262 簋 68	
				西周早期	吳鎮烽 2006：頁 161	伯㷎，西周早期人。
1928	伯要簋 伯婁簋	6	03537	西周早期	集成 2007（3）：頁 2524	
				西周早期	吳鎮烽 2006：頁 158	伯婁俯，西周早期人。
1929	伯丂庚簋	6	03538–03539	西周早期	集成 2007（3）：頁 2524	
				西周初期	北京 C1995：頁 242–244	形制、紋飾及伴出器物。
				西周早期前段	吳鎮烽 2006：頁 152	伯丂庚，西周早期前段人。
				成康之際	朱鳳瀚 2009：頁 1409	組合，形制，紋飾。
1930	伯作乙公簋 乙公簋	6	03540	西周早期	集成 2007（3）：頁 2524	
				西周早期	北京 C1995：頁 246	伴出物形制、花紋。
				西周前期	辭典 1995：頁 101 器 356	
				西周早期	青全 1997（6）：頁 15 器 15	
				西周早期	王世民等 1999：頁 84 簋 60	器形。
				西周早期	馬承源 2003a：頁 115 簋 12	器形。
				西周中期前段	吳鎮烽 2006：頁 1	"乙公"西周中期前段人，當是某位燕侯的父輩或祖輩。
				西周早期偏晚	朱鳳瀚 2009：頁 1409	形制。
1931	伯簋	6	03541–03542	西周早期	集成 2007（3）：頁 2524	
				西周前期	容庚 1941（2008）：頁 265 簋 97	

續表

序號	器 名	字數	銘文著錄	時 代	出 處	依 據
1932	仲隻父毀	6	03543	西周早期	集成 2007（3）：頁 2524	
				西周早期	吳鎮烽 206：頁 122	仲隻父，西周早期人。
1933	仲儆毀 仲儆簋	6	03544	西周早期	集成 2007（3）：頁 2525	
				西周早期	陳佩芬 2004：頁 83	
				西周早期	吳鎮烽 2006：頁 123	仲儆，西周早期人。
1934	仲㫃父毀	6	03545	西周中期	集成 2007（3）：頁 2525	
				西周中期	馬承源 2003a：頁 114 簋 6	器形。
				西周中期前段	吳鎮烽 2006：頁 120	仲師父，西周中期前段人。
1935	仲口父毀	6	03546	西周中期	集成 2007（3）：頁 2525	
1936	仲酉父毀	6	03547	西周晚期	集成 2007（3）：頁 2525	
				西周早期	吳鎮烽 2006：頁 121	仲酉父，西周早期人。
1937	仲言父毀	6	03548	西周晚期	集成 2007（3）：頁 2525	
				西周晚期	吳鎮烽 2006：頁 121	仲言父，西周晚期人。
1938	榴仲毀	6	03549	西周中期	集成 2007（3）：頁 2525	
				約穆王時	尚志儒、吳鎮烽、朱捷元 1978：頁 24	造型、紋飾、銘文字體酷似穆王時伯𢦏簋。
				西周中期	陝西 1984（4）：頁 23 器 161	
				西周中期前段	吳鎮烽 2006：頁 424	榴仲，西周中期前段人。
1939	敀仲毀	6	03550	西周中期	集成 2007（3）：頁 2525	
				西周中期	吳鎮烽 2006：頁 284	敀仲，西周中期人。
1940	城虢仲毀 城虢簋	6	03551	西周晚期	集成 2007（3）：頁 2525	
				西周中期	馬承源等 1988：頁 250 器 355	
				西周晚期	吳鎮烽 2006：頁 222	城虢仲，西周晚期人。
1941	叔虢毀	6	03552– 03554	西周中期	集成 2007（3）：頁 2525	
				西周中期	吳鎮烽 2006：頁 200	叔虢，西周中期人。
1942	叔若父毀 叔伇父簋、叔段父簋、叔若敦	6	03555	西周晚期	集成 2007（3）：頁 2525	
				西周晚期	吳鎮烽 2006：頁 195	叔伇父，西周晚期人。
1943	季犀毀	6	03556	西周早期	集成 2007（3）：頁 2525	
				西周前期	容庚 1941（2008）：頁 267 簋 113	
				西周早期	陳佩芬 2004：頁 87	
				西周早期前段	吳鎮烽 2006：頁 206	季犀，西周早期前段人。

續表

序號	器　名	字數	銘文著錄	時　代	出　　處	依　　據
1944	季䢔毁 季姒簋	6	03557	西周早期	集成 2007（3）：頁 2525	
				西周中期 前段	吳鎮烽 2006：頁 204	季姒，西周中期前段人。
1945	嬴季毁	6	03558	西周早期	集成 2007（3）：頁 2526	
				西周早期	吳鎮烽 2006：頁 330	嬴季，西周早期人。
1946	毿父毁	6	03559	西周早期	集成 2007（3）：頁 2526	
				西周早期	吳鎮烽 2006：頁 358	毿，西周早期人。
1947	□父毁	6	03560	西周早期	集成 2007（3）：頁 2526	
1948	安父毁	6	03561	西周早期	集成 2007（3）：頁 2526	
				西周早期	吳鎮烽 2006：頁 128	安父，西周早期人。
1949	屰父毁 周寶彝	6	03562	西周早期	集成 2007（3）：頁 2526	
				西周早期	吳鎮烽 2006：頁 257	微父，西周早期人。
1950	姑□父毁	6	03563	西周早期	集成 2007（3）：頁 2526	
				西周早期	吳鎮烽 2006：頁 245	姑彶父，西周早期人。
1951	員父毁	6	03564	西周早期 或中期	集成 2007（3）：頁 2526	
				西周中期 前段	吳鎮烽 2006：頁 256	西周中期前段人。
1952	霸姞毁	6	03565	西周早期	集成 2007（3）：頁 2526	
				西周早期	吳鎮烽 2006：頁 433	霸姞，西周早期姞姓婦女。
1953	爾敀毁	6	03566	西周早期	集成 2007（3）：頁 2526	
1954	鬲䢔毁 鬲姒簋	6	03567	西周早期	集成 2007（3）：頁 2526	
				西周前期	容庚 1941（2008）：頁 265 簋 96	
				西周初期	中科院 1962：頁 43A223	
				成康	張懋鎔 2002d：頁 110	
				西周中期	吳鎮烽 2006：頁 445	鬲姒，西周中期姒姓婦女。
				成康	張懋鎔 2007b（2010）：頁 73	
1955	雒䢔毁 雍姒簋	6	03568	西周早期	集成 2007（3）：頁 2526	
				西周前期	容庚 1941（2008）：頁 266 簋 104	
				西周初期	中科院 1962：頁 45SA232	
				成王	劉啟益 2002：頁 82	形制屬成王。
				康王	彭裕商 2003：頁 254	形制。
				西周早期	吳鎮烽 2006：頁 347	雍姒，西周早期姒姓婦女。
				康昭	張懋鎔 2007b（2010）：頁 73	

序號	器　名	字數	銘文著錄	時　代	出　　處	依　　據
1956	燚姬毀燚姬簋、戚姬簋	6	03569	西周中期	集成 2007（3）: 頁 2526	
				西周中期	吳鎮烽 2006: 頁 283	戚姬，西周中期人。
1957	王作姜氏毀	6	03570	西周晚期	集成 2007（3）: 頁 2526	
				西周晚期	劉合心 1975: 頁 91	
				厲王	劉啓益 1980: 頁 80–85	形制紋飾同厲王時叔向父禹簋（04242）。
				厲王	劉啓益 1980a: 頁 85–89	形制同厲王時虢仲簋。"申姜"爲厲王妃。
				西周中晚期	陝西 1984（4）: 頁 25 器 174	
				孝王	劉雨 2003: 頁 102–105	"王"可能即幽王鬲（近出 0125）之幽王，幽王可能即孝王。
				西周中期晚段	張懋鎔 2004: 頁 2	
1958	姜林母毀周林豆	6	03571	西周晚期	集成 2007（3）: 頁 2526	
				西周前期	容庚 1941（2008）: 頁 264 簋 84	
				共王	陳夢家 1966（2004）: 頁 174	形制，紋飾，字體。
				西周晚期	馬承源 2003a: 頁 114 簋 8	器形。
				西周晚期	吳鎮烽 2006: 頁 239	姜林母，字林母，西周晚期姜姓婦女。
1959	向毀	6	03572	西周早期	集成 2007（3）: 頁 2527	
				商代	容庚 1941（2008）: 頁 259 簋 30	
				西周早期	吳鎮烽 2006: 頁 125	向，西周早期人。
1960	師虘毀	6	03573	西周早期	集成 2007（3）: 頁 2527	
				西周早期	吳鎮烽 2006: 頁 266	師虘，西周早期人。
1961	噩叔毀鄂叔簋	6	03574	西周早期	集成 2007（3）: 頁 2527	
				西周早期	上海 1959: 頁 35	器形，花紋。
				成王	陳夢家 1966（2004）: 頁 70	
				西周早期	馬承源等 1988: 頁 102 器 157	
				西周早期	陳佩芬 1989a: 頁 97	形制，紋飾。
				西周早期（約成康）	曹淑琴 1993: 頁 60	形制，紋飾。
				成王（康王初年）	徐少華 1994: 頁 89	形制，紋飾。
				西周前期	辭典 1995: 頁 104 器 365	
				西周早期	青全 1997（6）: 頁 104 器 107	

序號	器 名	字數	銘文著錄	時 代	出 處	依 據
1961	噩叔毁 鄂叔簋	6	03574	西周早期	王世民等 1999:頁 73 簋 37	器形。
				成康	張懋鎔 2002d:頁 110	
				康王	彭裕商 2003:頁 254	形制。
				西周早期	陳佩芬 2004:頁 74 器 226	
				西周早期	吳鎮烽 2006:頁 316	鄂叔,西周早期人。
1962	農毁 農彝、苗 戛簋、周 莌辰簋、 周冀彝	6	03575	西周早期	集成 2007(3):頁 2527	
				西周前期	容庚 1941(2008):頁 261 簋 61	
				西周早期	吳鎮烽 2006:頁 341	農,西周早期人。
1963	田農毁	6	03576	西周早期	集成 2007(3):頁 2527	
				西周早期 前段	吳鎮烽 2006:頁 88	田農,西周早期前段人。
1964	卜孟毁	6	03577	西周早期	集成 2007(3):頁 2527	
				西周初期	中科院 1962:頁 36A178	
				西周早期 後段	吳鎮烽 2006:頁 2	卜孟,西周早期後段人。
1965	陽尹毁	6	03578	西周	集成 2007(3):頁 2527	
				西周早期	馬承源 2003a:頁 114 簋 4	器形。
				西周早期	吳鎮烽 2006:頁 331	陽尹,西周早期人。
1966	年𣪘毁 年姒簋	6	03579	西周早期	集成 2007(3):頁 2527	
				西周早期	吳鎮烽 2006:頁 119	年姒,西周早期人。
1967	利毁	6	03580	西周早期	集成 2007(3):頁 2527	
				穆王	劉啓益 2002:頁 227	形制同廿七年衛簋(04256),變形龍紋見於昭王時服方尊(05968)。
				西周早期	吳鎮烽 2006:頁 148	利,西周早期人。
1968	長由毁	6	03581– 03582	西周中期	集成 2007(3):頁 2527	
				不晚於西 周中期	陝西 D1957:頁 85	同墓出土銅盉銘文"穆王在下減居",知此盉鑄於穆王生時,該墓穿造年代當在西周中期。
				穆王	陳夢家 1966(2004):頁 141 器 103 附	同人作長由盉(09455),穆王時。
				穆王	郭寶鈞 1970(1981):頁 44	同出長由盉(09455)在穆王時。
				穆王後期	吳鎮烽 1987:頁 271–272	同人作長由盉(09455),該銘生稱穆王,人物"邢伯"見於共王世的衛盉(09456)、永盉(10322)等器。

序號	器　名	字數	銘文著錄	時　代	出　　處	依　　據
1968	長由殷	6	03581– 03582	穆王前後	李豐 1988a：頁 396	墓葬。
				穆王	盧連成、胡智生 1988a：頁 514	墓葬。
				穆王	劉啓益 2002：頁 206	同墓出土長由盉（09455），穆王時器。
				穆王	夏含夷 2005：頁 154	曆日與其他三衛器不合且銘文記錄初封，後三者爲恭王時器，該器與穆王時長由簋（09455）類似。
				西周中期前段	吳鎮烽 2006：頁 178	長由，西周中期前段人。
				穆恭	朱鳳瀚 2009：頁 1284–1301	墓葬。
1969	史毀殷	6	03583	西周	集成 2007（3）：頁 2527	
				西周中期	吳鎮烽 2006：頁 93	史毀，西周中期人。
1970	焚子旅殷 榮子旅簋	6	03584	西周中期	集成 2007（3）：頁 2527	
				昭王	劉啓益 2002：頁 118	"榮" 字寫法同昭王時榮子旅卣（05256）。
				穆王前期	彭裕商 2003：頁 319	屬榮子旅組器，參榮子旅卣（05256）。
				西周早期	吳鎮烽 2006：頁 274	榮子旅，西周早期人。
1971	嬴霝惠殷 嬴霝德簋	6	03585	西周中期	集成 2007（3）：頁 2527	
				西周中期	吳鎮烽 2006：頁 400	嬴霝德，西周中期人，嬴國公室的小女，名霝德。
1972	段金蠯殷	6	03586– 03587	西周中期	集成 2007（3）：頁 2528	
				西周中期前段	張劍、孫新科 1996：頁 335	
				西周中期前段	吳鎮烽 2006：頁 233	段金蠯，西周中期前段人。
1973	□作螯伯殷 厄作螯伯簋	6	03588	西周中期	集成 2007（3）：頁 2528	
				西周中期	吳鎮烽 2006：頁 244	厄，西周中期人。
1974	茻侯殷	6	03589	西周晚期	集成 2007（3）：頁 2528	
				西周晚期	吳鎮烽 2006：頁 311	茻侯，西周晚期茻國國君。
1975	鄧公牧殷	6	03590	春秋早期	集成 2007（3）：頁 2528	
				西周晚春秋早	襄樊 B1982：頁 86	形制，紋飾，銘文。
1976	矩爵簋	6	近出 0425、新收 1301	西周早期	近出 2002（二）：頁 301	
				商晚–西周晚期	新收 2006：頁 900	

續表

序號	器 名	字數	銘文著錄	時 代	出 處	依 據
1976	矩爵簋	6	近出 0425、新收 1301	商晚至西周前期	唐市 1997：頁 62	
				西周早期	吳鎮烽 2006：頁 233	矩爵，西周早期人。
				西周早期偏早	朱鳳瀚 2009：頁 1437	形制，銘文。
1977	叔𠁣父簋	6	近出 0426	西周早期	近出 2002（二）：頁 302	
1978	作魚母子簋	6	近出 0427	西周早期	近出 2002（二）：頁 303	
1979	伯魚簋	6	近出 0428	西周早期	近出 2002（二）：頁 304	
1980	王作姜氏簋	6	近出 0429、新收 1610	西周晚期	近出 2002（二）：頁 305	
				西周晚期	新收 2006：頁 1106	
				夷厲之際	王世民 1999d：頁 81	形制，紋飾。
				夷厲之際	王世民 1999：頁 85–86	折沿蓋形制的簋主要見於西周晚期。帶目竊曲紋主要見於西周中期後段和西周晚期前段。
				孝王	劉雨 2003：頁 102–105	"王"可能即幽王鬲（近出 0125）之幽王，幽王可能即孝王。
1981	孟狂父簋	6	近出 0430、新收 0695	西周中期	近出 2002（二）：頁 306	
				西周早中期	新收 2006：頁 512	
				昭穆	社科院 A1989：頁 528	
				西周中期偏早	社科院 1999：頁 364	弦紋同茹家莊西周中期 M1 乙弦紋簋。
				西周中期前段	吳鎮烽 2006：頁 216	孟狂父，西周中期前段人，字狂父。
				康晚至昭王	朱鳳瀚 2009：頁 1266–1283	墓葬。
1982	伯簪簋	6	近二 0383、新收 0945	西周早期	近二 2010（二）：頁 46	
				西周早期	新收 2006：頁 687	
				西周早期	山西·北京 2000：頁 334	M6210 在西周早期。
				成康	徐天進 2000：頁 335–337	墓葬。
				一期（約武王至康王）	朱鳳瀚 2009：頁 1473	墓葬。
1983	霸伯簋	6	近二 0384、新收 0939	西周早期	近二 2010（二）：頁 47	
				西周早期	新收 2006：頁 683	
				西周早期	山西·北京 2000：頁 334	M6197 在西周早期。

續表

序號	器　名	字數	銘文著録	時　代	出　　處	依　　據
1983	霸伯簋	6	近二 0384、新收 0939	西周早期	吳鎮烽 2006：頁 433	霸伯，西周早期人。
				一期（約武王至康王）	朱鳳瀚 2009：頁 1473	墓葬。
1984	同簋	6	近二 0385、新收 0935	西周早期	近二 2010（二）：頁 48	
				西周早期	新收 2006：頁 679	
				西周早期	山西・北京 2000：頁 334	M6131 在西周早期。
				約昭王	徐天進 2000：頁 335–337	墓葬。
				西周早期後段	吳鎮烽 2006：頁 117	同，西周早期後段人。
				一期（約武王至康王）	朱鳳瀚 2009：頁 1473	墓葬。
1985	叔龜簋	6	近二 0386、新收 1842	西周早期	近二 2010（二）：頁 49	
				西周早期	新收 2006：頁 1238	
1986	憲仲簋	6	近二 0387、新收 0705	西周中期	近二 2010（二）：頁 50	
				西周早期	社科院 1999：頁 363	器形，花紋。
				西周中期	新收 2006：頁 520	
				西周中期前段	吳鎮烽 2006：頁 328	㝬仲，西周中期前段人。
				約武王至康王	朱鳳瀚 2009：頁 1228–1265	墓葬。
1987	伯須簋	6	近二 0388	西周中期	近二 2010（二）：頁 51	
1988	芮姞簋	6	近二 0389、新收 1665	西周晚期	近二 2010（二）：頁 53	
				西周早期	新收 2006：頁 1140	
				康昭	張懋鎔 2007b（2010）：頁 72	裝飾風格樸素簡約。
1989	伯㠱父簋伯㠱父豆	6	近二 0390	西周晚期	近二 2010（二）：頁 53	
				西周晚期	寶雞 C2007：頁 17	形制。
				不晚於西周晚期	寶雞 C2007a：頁 10	所出窖藏形成於西周晚期。
1990	崚作且丁𣪕𡙇作祖丁簋	7	03600	西周早期	集成 2007（3）：頁 2528	
				西周早期	吳鎮烽 2006：頁 447	𡙇，西周早期人。
1991	作父乙𣪕	7	03602	西周早期	集成 2007（3）：頁 2529	
1992	天禾作父乙𣪕	7	03603	西周早期	集成 2007（3）：頁 2529	
				西周早期	吳鎮烽 2006：頁 42	天禾，西周早期人。

序號	器 名	字數	銘文著錄	時 代	出 處	依 據
1993	叔作父丁簋	7	03605	西周早期	集成 2007（3）：頁 2529	
1994	儺作文父日丁簋儺簋、周文父彝	7	03606	西周早期	集成 2007（3）：頁 2529	
				西周早期	吳鎮烽 2006：頁 429	儺，西周早期人。
1995	古作父丁簋	7	03607	西周早期	集成 2007（3）：頁 2529	
				西周早期	吳鎮烽 2006：頁 85	古，西周早期人。
1996	牢□作父丁簋	7	03608	西周早期	集成 2007（3）：頁 2529	
				西周早期	吳鎮烽 2006：頁 174	牢犬，西周早期人。
1997	休作父丁簋休簋	7	03609	西周中期	集成 2007（3）：頁 2529	
				成王	陳夢家 1966（2004）：頁 75	族名、考名同成王時小臣趚鼎（02581）等，作器者"休"當即"休中""中"。
				懿王	劉啓益 2002：頁 316	
				西周中期前段	吳鎮烽 2006：頁 119	休，西周中期前段人。
1998	阝作父戊簋	7	03610	西周早期	集成 2007（3）：頁 2529	
				西周中期前段	吳鎮烽 2006：頁 126	𡥆，西周中期前段人。
1999	廣作父己簋	7	03611	西周早期	集成 2007（3）：頁 2529	
				西周早期	吳鎮烽 2006：頁 383	廣，西周早期人。
2000	衛作父庚簋	7	03612	西周早期	集成 2007（3）：頁 2529	
				成康	陝西 E1976：頁 38	
				西周中期	陝西 1979（1）：頁 24 器 159	
				昭王前後	李豐 1988a：頁 396	墓葬。
				三 期（穆共）	盧連成、胡智生 1988a：頁 513–521	墓葬。
				西周早期	曹瑋等 2005（7）：頁 1309	
				康王	張懋鎔 2006a：頁 221	形制與標準器對照。
				西周早期後段	吳鎮烽 2006：頁 375	衛，西周早期後段人。
2001	舍作父辛簋哦作父辛簋	7	03613	西周早期	集成 2007（3）：頁 2529	
				西周早期	吳鎮烽 2006：頁 257	哦，西周早期人。
2002	匽侯簋燕侯簋	7	03614	西周早期	集成 2007（3）：頁 2530	
				西周早期	吳鎮烽 2006：頁 228	燕侯，西周早期燕國國君。

續表

序號	器　名	字數	銘文著録	時　代	出　處	依　據
2003	[illegible][illegible]伯毁 坒[illegible]伯簋	7	03615	西周早期	集成 2007(3): 頁 2530	
				西周早期	吴鎮烽 2006: 頁 155	伯具，西周早期人。
				昭王	張懋鎔 2010: 頁 83	
2004	強伯毁 強伯雙環耳簋	7	03616–03618	西周中期	集成 2007(3): 頁 2530	
				昭穆	寶雞 A1976: 頁 43–44	
				西周早期	陝西 1984(4): 頁 8 器 56、頁 12 器 84、頁 7 器 55	
				穆王	盧連成、胡智生 1988: 頁 441	形制、紋飾爲西周早期向中期過渡式。當強伯作器中較晚者。
				穆王前後	李豐 1988a: 頁 396	墓葬。
				三期(穆共)	盧連成、胡智生 1988a: 頁 513–521	墓葬。
				西周中期前段	王世民等 1999: 頁 61 簋 15、頁 86 簋 62	器形。
				穆王	張懋鎔 2006a: 頁 215	與長由墓出土器物非常相似，後者爲穆世。
				西周早期前段	吴鎮烽 2006: 頁 363	強伯，西周早期前段人。
				約穆王	朱鳳瀚 2009: 頁 1523	組合，形制，紋飾。
2005	義伯毁	7	03619	西周	集成 2007(3): 頁 2530	
				西周中期前段	吴鎮烽 2006: 頁 347	義伯，西周中期前段人。
2006	嫄仲毁	7	03620	西周晚期	集成 2007(3): 頁 2530	
				西周晚期	吴鎮烽 2006: 頁 350	嫄仲，西周晚期婦女。
2007	陸婦毁	7	03621	西周早期	集成 2007(3): 頁 2530	
				西周早期前段	吴鎮烽 2006: 頁 301	陸婦，西周早期前段婦女。
2008	召父毁	7	03622	西周早期	集成 2007(3): 頁 2530	
				西周早期	吴鎮烽 2006: 頁 105	召父，西周早期人。
2009	邳[illegible]毁	7	03623	西周	集成 2007(3): 頁 2530	
				西周中期前段	吴鎮烽 2006: 頁 192	邳沽，西周中期前段人。
2010	叔單毁	7	03624	西周早期	集成 2007(3): 頁 2530	
				西周早期	吴鎮烽 2006: 頁 198	叔單，西周早期人。
2011	[illegible]毁	7	03625	殷	集成 2007(3): 頁 2530	
				西周早期前段	吴鎮烽 2006: 頁 80	比，西周早期前段人。

序號	器 名	字數	銘文著錄	時 代	出 處	依 據
2012	鐵毀鐵簋	7	03626–03627	西周早期	集成 2007（3）：頁 2530	
				西周初期	北京 C1995：頁 242–244	形制、紋飾及伴出器物。
				西周早期	青全 1997（5）：頁 11 器 11	
				西周早期	王世民等 1999：頁 75 簋 42	北京琉璃河 M251 西周墓出土。
				成康	張懋鎔 2002d：頁 109	
				成王	彭裕商 2003：頁 232	與成王時伯矩鬲（00680）同出。器形紋飾字體皆屬西周早期。
				西周早期前段	吳鎮烽 2006：頁 432	鐵，西周早期前段人。
				成康之際	朱鳳瀚 2009：頁 1409	組合，形制，紋飾。
2013	旂毀	7	03628	西周早期	集成 2007（3）：頁 2530	
				西周早期	吳鎮烽 2006：頁 359	旂，西周早期人。
2014	叉毀叉簋	7	03629	西周早期	集成 2007（3）：頁 2531	
				西周早期後段	吳鎮烽 2006：頁 82	叉，西周早期後段人。
2015	崰毀兄簋、祝簋	7	03630	西周	集成 2007（3）：頁 2531	
				西周中期前段	吳鎮烽 2006：頁 231	祝，西周中期前段人。
2016	伊生毀周伊生彝	7	03631	西周早期	集成 2007（3）：頁 2531	
				西周早期後段	吳鎮烽 2006：頁 124	伊生，西周早期後段人。
2017	寧遹毀寧遹簋、寧簋、田強敦	7	03632	西周早期	集成 2007（3）：頁 2531	
				昭王	白川靜 1966c：頁 110–113 器 82 附	
				西周早期	吳鎮烽 2006：頁 349	寧遹，西周早期人。
2018	大師毀	7	03633	西周晚期	集成 2007（3）：頁 2531	
				西周中晚期	劉合心 1981：頁 128	造型，紋飾，字體。
				西周中期後段	吳鎮烽 2006：頁 23	大師，即太師，西周中期後段擔任太師的人，夫人爲孟姜。
2019	郅簋郅簋	7	近出 0432、新收 0359	西周中期	近出 2002（二）：頁 308	
				西周中期	新收 2006：頁 246	
				穆王	蔡運章 1996：頁 58	形制。
				西周中期	洛陽 B1999a：頁 208	
				西周中期前段	吳鎮烽 2006：頁 228	郅，西周中期前段人。

續表

序號	器　名	字數	銘文著録	時　代	出　　處	依　　據
2020	父乙簋	7	近出 0433、新收 1853	西周早期	近出 2002（二）：頁 309	
				西周早期	新收 2006：頁 1244	
				西周早期（商周之際）	李學勤、艾蘭 1995：頁 338 器 85	紋飾。
2021	叔簋	7	近出 0434	西周早期	近出 2002（二）：頁 310	
2022	作父丁簋	7	近出 0435–0436、新收 0305–0306	西周早期	近出 2002（二）：頁 311	
				西周早期	新收 2006：頁 213	
				西周早期	信陽 A1989：頁 19	
2023	作父丁簋	7	近出 0436	西周早期	近出 2002（二）：頁 313	
2024	匽侯簋	7	近出 0437	西周早期	近出 2002（二）：頁 314	
				西周	于中航 1989：頁 321	
2025	伯簋	7	近出 0438、新收 1756	西周中期	近出 2002（二）：頁 315	
				西周中期	新收 2006：頁 1189	
				西周中期早段	王長啓 1990：頁 29	
2026	孟具簋 孟得簋	7	近二 0393、新收 0968	西周早期	近二 2010（二）：頁 56	
				西周早期	新收 2006：頁 705	
				西周晚期偏早	山西・北京 2000：頁 335	M7070 在西周晚期偏早。
				西周早期後段	吳鎮烽 2006：頁 218	孟得，西周早期後段人。
				五期（屬宣幽）	朱鳳瀚 2009：頁 1474	墓葬。
2027	曆簋	7	近二 0394、新收 1592	西周早期	近二 2010（二）：頁 57	
				西周早期	新收 2006：頁 1091	
				西周初期	王世民 2001a：頁 109	極近紙坊頭 M1 強伯四耳簋，在西周初期。
2028	咸簋	7	近二 0395、新收 0704	西周中期	近二 2010（二）：頁 58	
				西周中期	新收 2006：頁 520	
				西周中期偏早	社科院 1999：頁 363	弦紋同茹家莊西周中期 M1 弦紋簋。
				昭王	彭裕商 2005a：頁 73–74	器形、紋飾有昭王時特色，字體近同昭王時作册析器和令器。
				西周早期後段	吳鎮烽 2006：頁 225	咸，西周早期後段人。

序號	器　名	字數	銘文著錄	時　代	出　　處	依　　據
2029	叔賓父簋	7	新收 1666	西周早期	新收 2006：頁 1141	
2030	大丙簋	7	文博 2008.02 頁 8 圖 10	西周早期	吳鎮烽 2008：頁 7	
2031	史梅觚作且辛敦	8	03644	西周早期	集成 2007（3）：頁 2532	
				西周初期（約康王）	中科院 1962：頁 39A195	
				西周早期	吳鎮烽 2006：頁 92	史楳觚，西周早期人，名楳觚。
				昭穆	張懋鎔 2010：頁 82	
2032	作且癸敦	8	03645	西周早期	集成 2007（3）：頁 2532	
				西周早期	吳鎮烽 2006：頁 309	敦，西周早期人。
2033	史述作父乙敦	8	03646	西周早期	集成 2007（3）：頁 2532	
				西周初期（康王）	中科院 1962：頁 38A190	
				西周中期前段	吳鎮烽 2006：頁 91	史述，西周中期前段人，名述。
2034	菫臨作父乙敦 周菫山彝	8	03647	西周早期	集成 2007（3）：頁 2532	
				西周早期	吳鎮烽 2006：頁 281	菫臨，西周早期人。
2035	菫臨作父乙敦蓋	8	03648	西周早期	集成 2007（3）：頁 2532	
				西周早期	吳鎮烽 2006：頁 281	菫臨，西周早期人。
2036	✦乚作父丁敦	8	03649–03650	西周早期	集成 2007（3）：頁 2532	
				成王	陳夢家 1966（2004）：頁 75	族名、考名皆同成王時中盤。
2037	牧共作父丁敦 牧囚簋	8	03651	西周早期	集成 2007（3）：頁 2532	
				西周早期	吳鎮烽 2006：頁 204	牧囚，西周早期人。
2038	龠作父丁敦	8	03652	西周早期	集成 2007（3）：頁 2532	
				商代	張維 1984：頁 6	
				西周早期	吳鎮烽 2006：頁 408	龠，西周早期人。
2039	子阠作父己敦	8	03653	西周早期	集成 2007（3）：頁 2532	
				西周早期	吳鎮烽 2006：頁 33	子阠，西周早期人。
2040	甄作父壬敦	8	03654	西周早期	集成 2007（3）：頁 2532	
				西周中期前段	吳鎮烽 2006：頁 358	甄，西周中期前段人。

序號	器　名	字數	銘文著録	時　代	出　　處	依　　據
2041	亞高作父癸設	8	03655	西周早期	集成 2007（3）: 頁 2532	
				殷或西周初期	中科院 1962: 頁 36A174	
				西周早期前段	吳鎮烽 2006: 頁 78	亢，西周早期前段人。
2042	集屠作父癸設	8	03656–03658	西周早期	集成 2007（3）: 頁 2533	
				商代	容庚 1941（2008）: 頁 261 簋 58	
				成王	張懋鎔 2002d: 頁 110	
				西周中期前段	馬承源 2003a: 頁 115 簋 18	器形。
				西周早期	吳鎮烽 2006: 頁 330	屠，西周早期人。
2043	子令作父癸設商父癸彝	8	03659	西周早期	集成 2007（3）: 頁 2533	
				西周早期	吳鎮烽 2006: 頁 31	子令，西周早期人。
2044	㱃作父癸設	8	03660–03662	西周早期	集成 2007（3）: 頁 2533	
				西周中期	陳佩芬 2004: 頁 303 器 321	
				西周早期	吳鎮烽 2006: 頁 237	㱃，西周早期人。
2045	✿𩵋作父癸設	8	03663	西周早期	集成 2007（3）: 頁 2533	
				西周早期	吳鎮烽 2006: 頁 309	黃，西周早期人。
2046	無㪤設	8	03664	西周早期	集成 2007（3）: 頁 2533	
				西周中期前段	吳鎮烽 2006: 頁 318	無㪤，西周中期前段人。
2047	木工册作母日甲設	8（又合文1）	03666	西周早期	集成 2007（3）: 頁 2533	
2048	倗𠂤設倗丏簋	8	03667	西周早期	集成 2007（3）: 頁 2533	
				西周初期	喀左 A1977: 頁 26	形制、紋飾與馬廠溝所出蔡簋（04340）相似。
				西周早期偏早	朱鳳瀚 2009: 頁 1429	
2049	噩侯屖季設鄂侯簋	8	03668	西周早期	集成 2007（3）: 頁 2533	
				西周前期	張劍 1980: 頁 42	
				西周早期（約成康）	曹淑琴 1993: 頁 60	形制，紋飾。
				昭穆	徐少華 1994: 頁 89	形制，紋飾，器物組合。
				西周早期後段	吳鎮烽 2006: 頁 283	屖季，西周早期後段人。

序號	器　名	字數	銘文著錄	時　代	出　　處	依　　據
2050	噩季奞父 設 鄂季奞父 簋	8	03669	西周早期	集成 2007（3）: 頁 2533	
				成王	陳夢家 1966（2004）: 頁 70	
				西周早期 （約成康）	曹淑琴 1993: 頁 60	形制，紋飾。
				康昭	徐少華 1994: 頁 89	形制，紋飾，字體。
				西周早期 後段	吳鎮烽 2006: 頁 316	噩季奞父，西周早期後段 人。
2051	滕侯設	8	03670	西周早期	集成 2007（3）: 頁 2534	
				西周早期	藤縣 A1984: 頁 337	形制。
				西周早期	陳公柔 1986: 頁 178	形制，紋飾，組合。
				西周前期	辭典 1995: 頁 103 器 361	
				西周早期	青全 1997（6）: 頁 76 器 78	
				康昭	張懋鎔 2002d: 頁 109	
				西周早期 後段	吳鎮烽 2006: 頁 377	滕侯，西周早期後段人。
				西周早期 後段	朱鳳瀚 2009: 頁 1381	器形，紋飾。
2052	旟嗣土梳 設	8	03671	西周早期	集成 2007（3）: 頁 2534	
				西周早期	吳鎮烽 2006: 頁 312	梳，西周早期人。
2053	北伯邑辛 設	8	03672	西周早期	集成 2007（3）: 頁 2534	
				武、成間	陳夢家 1966（2004）: 頁 77	出土於燕地，乃西周初郱 國之器，爲武、成間殷遺 作。
2054	□作厥母 設	8	03673	西周早期	集成 2007（3）: 頁 2534	
2055	伯作譚子 設	8	03674	西周	集成 2007（3）: 頁 2534	
				西周中期	吳鎮烽 2006: 頁 293	望子，西周中期人。
2056	崀者設	8	03675	西周中期	集成 2007（3）: 頁 2534	
				西周中期 前段	吳鎮烽 2006: 頁 252	或者，西周中期前段或國 族人。
2057	旍設 旍簋	8	03676	西周早期	集成 2007（3）: 頁 2534	
				西周中期	陝西 1979（1）: 頁 26 器 168	
				西周中期 前段	吳鎮烽 2006: 頁 322	旍，西周中期前段人。
2058	睘設	8	03677	西周中期	集成 2007（3）: 頁 2534	
				昭王	吳其昌 1929（2004）: 頁 259	"睘"同昭王時睘卣 （05407）、睘尊（05989）。
				成王	白川靜 1963: 頁 247 器 22 附	

序號	器名	字數	銘文著錄	時代	出處	依據
2059	伯蔡父毁	8	03678	西周中期	集成 2007（3）：頁 2534	
				屬王或稍晚	天津 A1964：頁 34–35	辭例字體及紋飾近函皇父簋（04141）、叔向父簋（03852）。
				西周中期前段	吳鎮烽 2006：頁 160	伯蔡父，西周中期後段人。
2060	伯嘉父毁	8	03679–03680	西周晚期	集成 2007（3）：頁 2534	
				西周晚期	劉俊琪 1984：頁 590	形制，紋飾，銘文。
				西周晚期	吳鎮烽 2006：頁 160	伯嘉父，西周晚期人。
2061	毅毁 周毅敦	8	03681	西周晚期	集成 2007（3）：頁 2534	
				西周晚期	吳鎮烽 2006：頁 384	毅，西周晚期人。
2062	大師小子師望毁	8	03682	西周晚期	集成 2007（3）：頁 2534	
				懿王	劉啓益 2002：頁 309	"師望"即望簋（04272）之"望"，後者作於懿王時。
				屬王	彭裕商 2003：頁 425	與屬王時師望鼎（02812）爲一人作器，且字體亦是晚期寫法。
				西周中期後段	吳鎮烽 2006：頁 264	師望，西周中期後段人。
				宣王（或更晚）	韓巍 2007b：頁 71	師望四器的形制紋飾接近西周晚期。與强家器群無關。
2063	虢季簋	8	近出 0439–0444、新收 0016–0021	西周晚期	近出 2002（二）：頁 317–323	
				西周晚期	新收 2006：頁 16–21	
				西周晚期	張長壽 1991	青銅器和玉器與豐鎬遺址中、晚期墓對比，M2001 當在西周晚期。車馬坑的不同跟年代無關。
				東周	賈峨 1991：頁 75	係西虢隨平王東遷後所鑄。
				東周初	李學勤 1991：頁 60	
				西周晚期	馬承源 1991：頁 61	出土物更有西周晚期特徵。同出虢季鐘（近出 0086）銘"與"不可讀爲"舉"釋"拔"，非平王東遷後器。
				兩周之際	杜廼松 1991：頁 67	形制，紋飾。
				西周晚期	姜濤 1991：頁 90	形制紋飾皆爲西周晚期流行。
				宣王晚年	蔡運章 1994b：頁 42–43	該墓銅器形制近西周中晚期。該墓銅器形制略晚於 M2009，後者在宣王初年，該墓當在宣王晚年。

續表

序號	器 名	字數	銘文著錄	時 代	出 處	依 據
2063	虢季簋	8	近出 0439–0444、新收 0016–0021	西周晚期晚 段（宣幽）	河南 D1999：頁 524	形制，紋飾。
				兩周之際	寧會振 2000：頁 55–57	
				宣王	張彥修 2004：頁 76–78	墓主爲周宣王時虢文公。
2064	蒸辟簋	8	近出 0445	西周早期	近出 2002（二）：頁 324	
2065	芮公叔簋	8	近出 0446、新收 1101	西周早期	近出 2002（二）：頁 325	
				西周早期	新收 2006：頁 786	
				西周早期	王錫平、唐祿庭 1986：頁 72	形制，花紋，銘文字體。
				西周早期	李步青、王錫平 1992：頁 69	"旅宫"即旅的宗廟，"旅" 見於旅鼎，周初器。
				康昭	張懋鎔 2002d：頁 109	
				西周早期 後段	吳鎮烽 2006：頁 52	内公叔，西周早期後段 人，名叔，芮國國君。
				三 期（穆 恭）	朱鳳瀚 2009：頁 1400	形制，紋飾。
				昭王	張懋鎔 2010：頁 83	
				未	張懋鎔 2010a：頁 64	形制、紋飾、字體分析略 早於芮伯方座簋。
2066	諫簋	8	近出 0447、新收 0391	西周晚期	近出 2002（二）：頁 326	
				西周晚期	新收 2006：頁 272	
				西周晚期	河南 A1988：頁 7	形制及夔紋同《通考》下 圖 50 之杏伯鼎，後者爲 西周晚期器。
				西周中期	青全 1997（6）：頁 97 器 99	
				西周中期	吳鎮烽 2006：頁 399	諫，西周中期人。
				西周早期	張懋鎔 2008a：頁 47–49	
2067	小臣夌簋	8	近二 0396、新收 0962	西周早期	近二 2010（二）：頁 59	
				西周早期	新收 2006：頁 700	
				西周中期 偏早	山西·北京 2000：頁 334	M6384 在西周中期偏早。
				穆王至孝 王	徐天進 2000：頁 335–337	墓葬。
				西周早期	吳鎮烽 2006：頁 30	小臣夌，西周早期人。
				三 期（穆 恭）	朱鳳瀚 2009：頁 1474	墓葬。
2068	倗伯簋	8	近二 0397	西周中期	近二 2010（二）：頁 60	

序號	器 名	字數	銘文著錄	時 代	出 處	依 據
2068	倗伯簋	8	近二 0397	西周中期（約穆王前後）	山西 A2006：頁 14–17	墓葬形制，隨葬品組合，伴出物的形制、紋飾。
				恭王	朱鳳瀚 2009：頁 1492	
2069	芮伯簋 芮伯方座簋	8	首陽 34	西周中期	首陽 2008：頁 100 器 34	
				昭穆	張懋鎔 2010：頁 82	
				昭王至穆王前期	張懋鎔 2010a：頁 64	字體近昭穆時常見寫法。
2070	亞保且辛簋 亞俞父簋	9	03683	西周早期	集成 2007（3）：頁 2534	
2071	劃⿰图作且戊簋 劃⿰图作祖戊簋	9	03684	西周早期	集成 2007（3）：頁 2534	
				西周早期	吳鎮烽 2006：頁 406	劃⿰图，西周早期人。
2072	見作父己簋	9	03685	西周早期	集成 2007（3）：頁 2534	
				西周早期	吳鎮烽 2006：頁 144	見，西周早期人。
2073	拼□冀作父癸簋	9	03686	西周早期	集成 2007（3）：頁 2535	
2074	⿰婦簋	9	03687	西周早期	集成 2007（3）：頁 2535	
				西周早期前段	吳鎮烽 2006：頁 448	⿰婦，西周早期前段人。
2075	通□作父癸簋 通遬作父癸簋	9	03688	西周早期	集成 2007（3）：頁 2535	
				西周早期	吳鎮烽 2006：頁 389	通遬，西周早期人。
2076	亞曩矣作母辛簋 亞曩矣斄簋	9	03689	西周早期	集成 2007（3）：頁 2535	
				西周早期	吳鎮烽 2006：頁 383	斄，西周早期人。
2077	伯簋	9	03690	西周中期	集成 2007（3）：頁 2535	
2078	伯好父簋	9	03691	西周晚期	集成 2007（3）：頁 2535	
				西周中期偏晚	張懋鎔 2006a：頁 232 器 90	
				西周中期後段	吳鎮烽 2006：頁 154	伯好父，西周中期後段人。
2079	伯⿰簋蓋	9	03692–03693	西周中期	集成 2007（3）：頁 2535	
				西周中期	吳鎮烽 2006：頁 160	伯爔，西周中期人。
2080	叔宦簋	9	03694	西周中期	集成 2007（3）：頁 2535	
				西周中期	吳鎮烽 2006：頁 199	叔宦，西周中期人。

序號	器　名	字數	銘文著錄	時　代	出　　處	依　　據
2081	妹叔昏殷義叔昏簋	9	03695	西周早期	集成 2007（3）：頁 2535	
				西周初期	中科院 1962：頁 43A222	
				成康	張懋鎔 2002d：頁 110	
				西周早期	吳鎮烽 2006：頁 347	義叔昏，西周早期人。
2082	嗣土嗣殷周司徒彝、司徒司簋	9	03696–03697	西周早期	集成 2007（3）：頁 2535	
				西周早期	吳鎮烽 2006：頁 410	嗣土嗣，西周早期人。
2083	柬人□父殷	9	03698	西周早期	集成 2007（3）：頁 2535	
				西周早期	吳鎮烽 2006：頁 224	柬人守父，西周早期人。
2084	□大□殷	9	03699	西周早期	集成 2007（3）：頁 2535	
				西周前期（約康王）	黃陂 1982：頁 57	同出器類、器形、紋飾、銘文。
				康王	劉啓益 1984a：頁 50–51	形制、紋飾皆屬康王時。"公大史"見於康王時作冊魃卣（05432）。
				昭王	張亞初 1984：頁 23–24	字體。
				康王	劉彬徽 1986：頁 265	稍早於所出墓葬時間，該墓葬爲康昭時。
				西周早期	吳鎮烽 2006：頁 56	公太史，西周早期擔任太史的人。
				二期（康晚至昭王）	朱鳳瀚 2009：頁 1517	
2085	姚殷周光敦	9	03700–03701	西周中期	集成 2007（3）：頁 2535	
				西周後期	容庚 1941（2008）：頁 268 簋 118	
				西周中期	吳鎮烽 2006：頁 285	姚，西周中期人。
2086	泵殷	9	03702	西周中期	集成 2007（3）：頁 2536	
				宣王	吳其昌 1929（2004）：頁 469	"彔"即宣王元年彔伯戓卣（05419）之"彔戓"。
				成王	容庚 1941（2008）：頁 34	
				穆王	扶風 A1976：頁 55、60	形制、紋飾與出土伯戓器如出一轍，當爲同人作器。父、祖名不同，當是同輩兄弟行。
				西周中期前段	吳鎮烽 2006：頁 219	彔，西周中期前段人。

序號	器　名	字數	銘文著錄	時　代	出　處	依　據
2087	同自殷 同師簋、 周旅敦	9	03703	西周中期	集成 2007（3）: 頁 2536	
				西周後期	容庚 1941（2008）: 頁 269 簋 124	
				西周中期	馬承源 2003a: 頁 116 簋 26	器形。
				西周中期 前段	吳鎮烽 2006: 頁 117	同自, 西周中期前段人。
2088	孟妻父殷 孟肅父簋	9	03704	西周晚期	集成 2007（3）: 頁 2536	
2089	師窦父殷 師窦父作 季姞簋	9	03705– 03706	西周晚期	集成 2007（3）: 頁 2536	
				西周後期	容庚 1941（2008）: 頁 272 簋 145	
2090	内公殷 芮公簋 蓋、周太 公敦	9	03707– 03709	西周晚期	集成 2007（3）: 頁 2536	
				西周後期	容庚 1941（2008）: 頁 271 簋 140	
				西周晚期	馬承源等 1988: 頁 348 器 511	
				西周晚期	彭裕商 2003: 頁 510	器形, 紋飾, 字體。
				春秋早期	吳鎮烽 2006: 頁 190	芮公, 春秋早期人。
2091	恒父簋	9（蓋 4 器 5）	近出 0448、 新收 0980	西周早期	近出 2002（二）: 頁 327	
				西周早期	新收 2006: 頁 714	
				西周早期	陝西 J1987: 頁 15	
				西周早期 後段	吳鎮烽 2006: 頁 238	恒父, 西周早期後段人。
				西周早期	張素琳 2006: 頁 199	
				約成康	朱鳳瀚 2009: 頁 1440	
2092	比簋 从簋	9	近出 0449、 新收 1593	西周早期	近出 2002（二）: 頁 328	
				西周早期	王世民 1999b: 頁 64	形制, 紋飾, 銘文特點。
				西周早期	新收 2006: 頁 1092	
2093	王母簋 作王母簋	存 9	近出 0450、 新收 0351	西周中期	近出 2002（二）: 頁 329	
				西周中期	新收 2006: 頁 241	
				西周中期 （或稍晚）	蔡運章 1996: 頁 55	據銘文體例和作器對象"王母"相同, 在西周中期後段（或稍晚）。
				西周中期	洛陽 B1999a: 頁 210	
2094	都簋	9	近二 0399– 0400	西周早期	近二 2010（二）: 頁 62–63	
				西周早期	曹瑋等 2005（9）: 頁 1882、1885	
				康晚至昭 王	朱鳳瀚 2009: 頁 1266–1283	
2095	木羊簋	9	近二 0401– 0402、新收 1594–1595	西周早期	近二 2010（二）: 頁 64–65	
				西周早期	新收 2006: 頁 1093	

序號	器　名	字數	銘文著錄	時　代	出　　處	依　　據
2095	木羊簋	9	近二0401-0402、新收1594-1595	昭王	李學勤 2001b：頁 116	族名、父名、族名"羊"字寫法皆同扶風莊白"析"作銅器，本簋的器主可能即析或其兄弟，析是昭王時人。象鼻形垂耳亦見於琉璃河 M53 攸簋，後者在康昭之際。
2096	且乙告田簋 祖乙告田簋	10	03711	西周早期	集成 2007（3）：頁 2536	
2097	鳳作且癸簋	10	03712	西周早期	集成 2007（3）：頁 2536	
				成王	唐蘭 1976—1978（1986）：頁 115	
2098	辨作文父已簋	10	03714-03716	西周早期	集成 2007（3）：頁 2537	
				昭王	劉啓益 2002：頁 167	父名、族徽同屯器（05337）。形制近穆王器。
				穆王早期或昭王	彭裕商 2003：頁 324	器形、紋飾、字體有昭穆時風格。族徽、父名同穆王時屯器（02509 等），"辨""屯"爲兄弟。
				西周早期後段	吳鎮烽 2006：頁 400	辨，西周早期後段人。
2099	戈册父辛簋	10	03717	殷或西周早期	集成 2007（3）：頁 2537	
2100	伯簋	10	03718	西周中期	集成 2007（3）：頁 2537	
2101	𠃊伯簋 似伯簋	10	03719	西周早期	集成 2007（3）：頁 2537	
				西周早期	吳鎮烽 2006：頁 82	𠃊伯，西周早期人。
2102	康伯簋	10	03720-03721	西周中期	集成 2007（3）：頁 2537	
				周代	張維 1984：頁 7	從容庚、喬有聲之判斷。*03721。
				西周中期前段	吳鎮烽 2006：頁 292	康伯，西周中期前段人。
2103	菶伯簋 繁伯簋	10	03722	西周晚期	集成 2007（3）：頁 2537	
				西周晚期	吳鎮烽 2006：頁 281	莓伯，西周晚期人。
2104	仲簋	10	03723	西周早期	集成 2007（3）：頁 2537	
2105	叔盇簋	10	03724	西周早期	集成 2007（3）：頁 2537	
				西周早期	吳鎮烽 2006：頁 198	叔盇，西周早期人。
2106	叔友父簋	10	03725	西周中期	集成 2007（3）：頁 2538	
				西周中期	吳鎮烽 2006：頁 194	叔友父，西周中期人。

序號	器 名	字數	銘文著錄	時 代	出 處	依 據
2107	友父毀	10	03726–03727	西周中期	集成 2007（3）：頁 2538	
				近屬王	陳公柔 1962：頁 90	
				接近共和時期	段紹嘉 1963：頁 10	造型同中友父簠（03755），鑄器人友父與中友父爲同一人。
				西周中葉以後	郭沫若 1963：頁 5	文體，字體，器制，花紋。
				西周後期	郭寶鈞 1970（1981）：頁 60–62	與穆王時長安普渡村長囟墓對照。
				西周中晚期	陝 西 1980（2）：頁 21 器 154、155	
				西周中期	曹瑋等 2005（1）：頁 37、40	
				西周中晚期	張懋鎔 2006a：頁 230	
				西周晚期	吳鎮烽 2006：頁 47	友父，中氏，西周晚期人。
2108	叔妃毀蓋	10	03728–03729	西周中期	集成 2007（3）：頁 2538	
				西周中期	吳鎮烽 2006：頁 196	叔改，西周中期改姓婦女。
2109	季骰毀周季骰敦	10	03730	西周中期	集成 2007（3）：頁 2538	
				西周後期	容庚 1941（2008）：頁 268 簋 119	
				西周中期	陳佩芬 2004：頁 315 器 327	
				西周中期前段	吳鎮烽 2006：頁 206	季骰，西周中期前段人。
2110	坅毀	10	03731	西周早期	集成 2007（3）：頁 2538	
				西周早期	吳鎮烽 2006：頁 84	坅，西周早期人。
2111	虣毀貞簋	10	03732	西周早期	集成 2007（3）：頁 2538	
				昭王	吳其昌 1929（2004）：頁 231	"伐荆"即伐楚，事件與昭王時禽彝（04041）相同。《吕氏春秋·音初篇》："周昭王親將征荆。"
				昭王	郭沫若 1935（2002）：頁 125、126	"南征楚荆"爲昭王時事，見《左傳》《竹書紀年》。
				昭王	容庚 1941（2008）：頁 36	《竹書紀年》《左傳》皆記昭王南征伐楚，合於此器。
				康昭	石志廉 1959：頁 59	
				昭王	白川靜 1966a：頁 771–774 器 68	
				成王	陳夢家 1966（2004）：頁 86	字體文例爲成、康時。器形花紋爲成王時。
				昭王	唐蘭 1976—1978（1986）：頁 272	

序號	器 名	字數	銘文著録	時 代	出 處	依 據
2111	鼎毁貞簋	10	03732	昭王	伍士謙 1981: 頁 97–126	
				昭王	唐蘭 1981: 頁 73	
				昭王	高木森 1986: 頁 63	伐楚。
				昭王	馬承源等 1988: 頁 73 器 103	伐楚荆事在昭王時, 見令簋 (04300)。
				西周前期	辭典 1995: 頁 100 器 354	
				西周早期後段	王世民等 1999: 頁 84 簋 61	器形。
				昭王	劉啓益 2002: 頁 150	銘文記南征伐荆楚事。字體似過伯簋 (03907)。
				昭王	彭裕商 2003: 頁 259	記昭王南征荆楚事。
				昭王	張懋鎔 2006a: 頁 211	與昭王南征有關。
				西周早期後段	吳鎮烽 2006: 頁 428	鼎, 西周早期後段人。
2112	德毁	10	03733	西周早期	集成 2007 (3): 頁 2538	
				周初	唐蘭 1959: 頁 1–2	
				周初	郭沫若 1959a: 頁 1–2	與成王時德方鼎 (02661) 爲同人作器。
				西周初期（成王）	中科院 1962: 頁 42A219	
				康王	白川靜 1965a: 頁 571–573 器 54 附	
				成王	陳夢家 1966 (2004): 頁 73	作器者同成王時德方鼎 (02661)。形制爲成王時。
				成王	唐蘭 1976—1978 (1986): 頁 71	與德方鼎 (02661) 爲同人作器, 後者爲成王時。
				成王	馬承源等 1988: 頁 27 器 42	
				成王	張懋鎔 2002d: 頁 110	
				成王	劉啓益 2002: 頁 73	形制紋飾同武王時利簋 (04131)。作器者同德方鼎 (02661), 後者作於成王五年。
				成王五年	彭裕商 2003: 頁 220	
				成王	張懋鎔 2006a: 頁 211	與德方鼎 (02661) 風格相似, 應爲同人作器, 彼器爲成王時標準器。
				西周早期	吳鎮烽 2006: 頁 266	德, 西周早期人。
2113	辰毁蓋	10（又重文 2）	03734	西周中期	集成 2007 (3): 頁 2538	
				西周中期（約夷王）	中科院 1962: 頁 46A238	
				西周中期	吳鎮烽 2006: 頁 280	辰, 西周中期人。

序號	器 名	字數	銘文著録	時 代	出 處	依 據
2114	旂毁蓋	10（又重文2）	03735–03736	西周中期	集成2007（3）：頁2538	
				西周中期前段	吳鎮烽2006：頁271	旂，西周中期前段人。
2115	睂毁	10（又重文2）	03737	西周中期	集成2007（3）：頁2538	
				西周中期	吳鎮烽2006：頁269	睂，西周中期人。
2116	畜毁	10（又重文2）	03738	西周中期	集成2007（3）：頁2538	
				西周中期	吳鎮烽2006：頁322	畜，西周中期人。
2117	穌公毁 蘇公簋、 穌公乍王妃簋	10	03739	西周晚期	集成2007（3）：頁2539	
				西周晚期	馬承源等1988：頁352器517	
				西周晚期	彭裕商2003：頁504	器形，紋飾，字體。
				西周晚期	吳鎮烽2006：頁380	穌公，西周晚期人。
				西周晚期	張懋鎔2007c：頁100–101	器形、紋飾、出土地。
2118	齊史逗毁	10	03740	西周中期	集成2007（3）：頁2539	
				西周中期	吳鎮烽2006：頁359	齊史逗，西周中期人。
2119	作寶毁	10	03741	西周早期	集成2007（3）：頁2539	
2120	作寶障毁 作寶尊簋	10	03742	西周中期	集成2007（3）：頁2539	
2121	保侃母毁蓋	11	03743–03744	西周早期	集成2007（3）：頁2539	
				康王（又昭王）	陳夢家1966（2004）：頁128器87附、頁138器101附	形制不晚於康世，字體略晚於成世。讀"■宮"爲"庚宮"，以爲是康王之后"庚姜"。
				昭王	白川靜1966a：頁808–810器72附	
				昭王	唐蘭1976—1978（1986）：頁297	南宫見於中方鼎（02751），爲穆王爲太子時稱號。
				成王	劉啓益2002：頁75	同人作保侃母壺（09646），在成王時。
				昭王	彭裕商2003：頁285	人物"南宫""王姒"亦見於昭王時中方鼎、叔像方尊（05692）等。
				西周早期	吳鎮烽2006：頁234	保侃母，西周早期女子。
2122	欷毁	11	03745	西周早期	集成2007（3）：頁2539	
				西周早期	吳鎮烽2006：頁273	欷，西周早期人。
2123	數寏敋毁 數簋	11	03746	西周早期	集成2007（3）：頁2539	
				商代	容庚1941（2008）：頁259簋28	
				西周早期	吳鎮烽2006：頁375	數寏敋，西周早期人。

續表

序號	器　名	字數	銘文著錄	時　代	出　處	依　據
2124	仲禹毀	11	03747	西周早期	集成 2007（3）：頁 2539	
				西周前期	容庚 1941（2008）：頁 265 簋 95	
				西周初期（成王）	中科院 1962：頁 41A208	
				武王	陳夢家 1966（2004）：頁 3	花紋同天亡簋（04261），不晚於成王。
				康王	白川靜 1975（1997）：頁 254	將象身變成蝸文狀的退化形式，爲康王期所獨有。
				成王	張懋鎔 2002d：頁 110	
				西周早期前段	吳鎮烽 2006：頁 121	仲禹，西周早期前段人。
2125	伯者父毀	11	03748	西周早期	集成 2007（3）：頁 2539	
				西周初期	中科院 1962：頁 43A221	
				成康	張懋鎔 2002d：頁 110	
				西周早期	吳鎮烽 2006：頁 155	伯者父，西周早期人。
2126	⿱毀簋	11	03749	西周早期	集成 2007（3）：頁 2539	
				西周早期	吳鎮烽 2006：頁 447	⿱，西周早期人。
2127	戤見駒毀周錫駒彝	11	03750	西周早期	集成 2007（3）：頁 2540	
				西周早期前段	吳鎮烽 2006：頁 349	戤見駒，西周早期前段人。
2128	⿰父甲毀秭簋	11	03751	西周	集成 2007（3）：頁 2540	
				西周中期前段	吳鎮烽 2006：頁 286	秭，西周中期前段人。
2129	⿰侯毀狀侯簋	11	03752	西周	集成 2007（3）：頁 2540	
				西周中期	吳鎮烽 2006：頁 215	狀侯，西周中期人。
2130	仲自父毀周仲皁敦	11	03753–03754	西周中期	集成 2007（3）：頁 2540	
				西周前期	容庚 1941（2008）：頁 263 簋 80	
				西周中期（共王）	中科院 1962：頁 34A161	
				西周中期前段	吳鎮烽 2006：頁 120	仲師父，西周中期前段人。
2131	中友父毀仲友父簋	11（又重文 1）	03755–03756	西周晚期	集成 2007（3）：頁 2540	
				接近共和時期	段紹嘉 1963：頁 10	
				西周中葉以後	郭沫若 1963：頁 5	文體，字體，器制，花紋。中友父即中義，見中義鐘（00023）。
				西周後期	郭寶鈞 1970（1981）：頁 60–62	與穆王時長安普渡村長囟墓對照。

續表

序號	器　名	字數	銘文著録	時　代	出　　處	依　　據
2131	中友父殷 仲友父簋	11 （又重文1）	03755– 03756	西周中晚期	陝西 1980（2）：頁20 器150、151	
				西周後期	辭典 1995：頁119 器410	
				西周晚期	馬承源 2003a：頁117 簋30	器形。
				西周中期	曹瑋等 2005（1）：頁29、33	
				西周中晚期	張懋鎔 2006a：頁230	
				西周晚期	吳鎮烽 2006：頁48	中友父，西周晚期人。
2132	仲囟父殷蓋 仲五父簋蓋	11	03757– 03759	西周晚期	集成 2007（3）：頁2540	
				西周晚期	吳鎮烽 2006：頁120	仲五父，西周晚期人。
2133	叔臨父殷	11 （又重文2）	03760	西周晚期	集成 2007（3）：頁2540	
				西周晚期	吳鎮烽 2006：頁199	叔臨父，西周晚期人。
2134	𠁩殷 何作寶簋、何簋蓋	11 （又重文2）	03761	西周晚期	集成 2007（3）：頁2540	
				西周晚期	吳鎮烽 2006：頁228	何，西周晚期人。
2135	伯㣎父殷 伯喬父簋	11 （又重文2）	03762	西周	集成 2007（3）：頁2540	
				西周中期	吳鎮烽 2006：頁159	伯就父，西周中期人。
2136	單簋	11	近出 0452、新收 1098	西周晚期	近出 2002（二）：頁331	
				西周晚期	新收 2006：頁784	
				西周晚期	唐祿庭、姜國鈞 1989：頁219	
2137	邦簋	11	近二 0404、新收 1668	西周中期	近二 2010（二）：頁67	
				西周中期	新收 2006：頁1142	
				西周中期後段	吳鎮烽 2006：頁135	邦，西周中期後段人。
2138	州簋	11	近二 0405、新收 0831	西周中期	近二 2010（二）：頁68	
				西周中期	新收 2006：頁611	
				西周中期	陳佩芬 2004：頁335	波曲紋及“寶”所從貝字寫法，爲西周中期特色。
2139	梁伯敢簋	11	近二 0406	西周中期	近二 2010（二）：頁69	
				西周中期	曹瑋等 2005（10）：頁2129	
2140	單簋	11	近二 0407	西周晚期	近二 2010（二）：頁70	
2141	瞿姒簋	11	近二 0408–0409、新收 0672	西周晚期	近二 2010（二）：頁71	
				西周中期	新收 2006：頁501	
				西周晚期	吳鎮烽 2006：頁418	瞿姒，西周晚期姒姓婦女。

續表

序號	器　名	字數	銘文著錄	時　代	出　處	依　據
2142	霸簋	11	文物天地 2008 年 10 期 83	西周早期	謝堯亭等 2008：頁 80–87	墓葬。
				一期（約武王至康王）	朱鳳瀚 2009：頁 1442	
				昭穆	張懋鎔 2010b：頁 38	形制、紋飾、字體。所受賞賜物業與昭穆時期的特定歷史背景相應。
2143	隊伯睘殷周伯敦	12（又合文 2）	03763	西周早期	集成 2007（3）：頁 2540	
				西周早期	吳鎮烽 2006：頁 395	遽伯睘，西周早期人。
2144	叔臬父殷	12（又合文 2）	03764	西周早期	集成 2007（3）：頁 2541	
				西周早期	吳鎮烽 2006：頁 199	叔臬父，西周早期人。
2145	伯幾父殷	12（又合文 2）	03765–03766	西周中期	集成 2007（3）：頁 2541	
				懿孝	周原 B1987：頁 19	幾父亦見於齊家村幾父壺（09721），後者爲孝王時，本器稍早而定爲懿孝時。
				孝夷屬	盧連成、胡智生 1988a：頁 521	墓葬。
				懿孝	李峰 1989：頁 46–48	銅器組合特點及器形。
				西周中期	曹瑋等 2005（8）：頁 1767、1771	
				懿王至夷王	朱鳳瀚 2009：頁 1301–1309	墓葬。
2146	㝃屚殷㝃造簋	12	03767–03768	西周中期	集成 2007（3）：頁 2541	
				西周中期（穆王）	中科院 1962：頁 38A191	*03768。
				西周中期前段	吳鎮烽 2006：頁 319	㝃造，西周中期前段人。
2147	乎殷	12（又重文 2）	03769	西周中期	集成 2007（3）：頁 2541	
				西周後期	容庚 1941（2008）：頁 268 簋 117	
				西周中期（穆王前後）	中科院 1962：頁 46A235	
				西周中期	馬承源 2003a：頁 117 簋 29	器形。
				西周中期	吳鎮烽 2006：頁 95	乎，西周中期人。
2148	降人匐殷	12（又重文 2）	03770	西周中期	集成 2007（3）：頁 2541	
				西周中期	吳鎮烽 2006：頁 244	降人匐，西周中期人。
2149	晉人殷晉簋、晉人吏寓簋	12	03771	西周中期	集成 2007（3）：頁 2541	
				昭王	陳夢家 1966（2004）：頁 138 器 101 附	人名"寓"及字體同昭王時寓鼎（02718）。
				西周中期	陝西 1984（4）：頁 14 器 102	

續表

序號	器 名	字數	銘文著錄	時 代	出 處	依 據
2150	己侯毁 己侯乍姜 艾彝、己 侯乍姜文 彝	12 （又重 文2）	03772	西周中期	集成 2007（3）：頁 2541	
				康 王（又 孝王）	陳夢家 1966（2004）：頁 129 器 90 附（又頁 780）	"己侯"見於康王時己姜 簋蓋（03977）。
				西周中期	陳佩芬 1981：頁 35	形制，紋飾。
				西周中期	馬承源等 1988：頁 246 器 348	
				西周中期	青全 1997（6）：頁 84 器 86	
				西周中期	馬承源 2003a：頁 118 簋 40	器形。
				西周中期	陳佩芬 2004：頁 317 器 328	
				西周中期	吳鎮烽 2006：頁 245	紀侯，西周中期紀國國君。
				西周晚期	朱鳳瀚 2009：頁 1396	
2151	伯闆毁	12 （又重 文2）	03773- 03774	西周中期	集成 2007（3）：頁 2541	
				西周中期	吳鎮烽 2006：頁 161	伯闆，西周中期人。
2152	鄧公毁	12	03775- 03776	春秋早期	集成 2007（3）：頁 2541	
				西周	平頂山 A1981：頁 370	形制，紋飾。"鄧公"指鄧 爲公爵國時某代國君，當 西周時。*03775。
				西周中期	張肇武 1983：頁 79	器形紋飾機似西周中期王 臣簋。*03776。
				西周中期	馬承源等 1988：頁 241 器 336	*03775。
				西周中期	辭典 1995：頁 110 器 386	
				孝夷	徐錫臺 1998：頁 355	形制，紋飾，銘文字體書 鑄風格。
				西周晚期 早段	王龍正、王聰敏 2000：頁 42	
				西周中期 後段	吳鎮烽 2006：頁 251	鄧公，西周中期後段鄧國 國君。
				夷王	朱鳳瀚 2009：頁 1352、1222	紋飾，字體，曆日。
2153	散伯毁	12	03777- 03780	西周晚期	集成 2007（3）：頁 2542	
				西周中期 （約穆共）	中科院 1962：頁 46A236	*03777。
				孝王	白川靜 1968c：頁 218-228 器 139 附	
				西周中期	馬承源等 1988：頁 253 器 362	*03777。
				西周中期	辭典 1995：頁 109 器 381	
				西周晚期	青全 1997（6）：頁 142 器 146	*03777。
				西周中期 偏晚	王世民等 1999：頁 100 簋 91	器形。
				宣王前後	王世民 2003：頁 44-45	與宣王時逨器相聯繫。

序號	器 名	字數	銘文著錄	時 代	出 處	依 據
2153	散伯毁	12	03777– 03780	西周晚期	彭裕商 2003：頁 487	參散伯匜（10193）。
				西周中期	陳佩芬 2004：頁 333 器 334	*03780。
				西周晚期	吳鎮烽 2006：頁 310	散伯，西周晚期人。
2154	侯氏毁	12	03781– 03782	西周晚期	集成 2007（3）：頁 2542	
				西周晚春 秋早	襄樊 B1982：頁 86	形制，紋飾，銘文。 *03781。
				厲王	王龍正、王聰敏 2000：頁 42	侯氏即應國墓地 M95 侯氏鬲之侯氏，即應侯，當屬王時。
				西周晚期	吳鎮烽 2006：頁 234	侯氏，西周晚期某國君的自稱。
2155	仲競毁	12 （又重 文 1）	03783	西周晚期	集成 2007（3）：頁 2542	
				西周後期	容庚 1941（2008）：頁 269 簋 125	
				穆王	唐蘭 1976—1978（1986）：頁 395	
				穆王	劉啓益 2002：頁 215	“中競”見於穆王時的臤尊（06008）。
				西周晚期	吳鎮烽 2006：頁 124	仲競，西周晚期人。
2156	伯嗣毁 伯司簋	12 （又重 文 1）	03784	西周晚期	集成 2007（3）：頁 2542	
				西周晚期	吳鎮烽 2006：頁 157	伯伊，西周晚期人。
2157	叔召妊毁	12 （又重 文 1）	03785	西周晚期	集成 2007（3）：頁 2542	
				西周晚期	吳鎮烽 2006：頁 340	叔召妊，西周晚期妊姓婦女。
2158	史窦毁	12 （又重 文 2）	03786	西周晚期	集成 2007（3）：頁 2543	
				西周晚期	吳鎮烽 2006：頁 92	史窦，西周晚期人，名窦。
2159	保子達毁	12 （又重 文 2）	03787	西周晚期	集成 2007（3）：頁 2543	
				西周晚期	吳鎮烽 2006：頁 233	保子達，西周晚期人。
2160	達毁	12	03788	西周	集成 2007（3）：頁 2543	
				懿孝	吳鎮烽 2006：頁 309	達，西周懿孝時期人。
2161	史戝父毁 蓋	12	03789	西周晚期	集成 2007（3）：頁 2543	
				西周晚期	吳鎮烽 2006：頁 93	史戝，西周晚期人。
2162	晨簋 册戜毁	12	近出 0455、 新收 0298	西周早期	近出 2002（二）：頁 334	
				西周早期	新收 2006：頁 209	
				西周早期	信陽 A1989：頁 19	
				成康	吳鎮烽 2006：頁 285	晨，西周成康時人。

序號	器　名	字數	銘文著録	時　代	出　　處	依　　據
2163	叔各父簋	12	近出 0456、新收 0675	西周晚期	近出 2002（二）：頁 335	
				西周中期	新收 2006：頁 502	
				西周中期後段	姬乃軍、陳明德 1993：頁 12	
				西周晚期	吳鎮烽 2006：頁 195	叔各父，西周晚期人。
2164	鄧公簋鄧公簋 C、鄧公簋 D	12（蓋器同銘）	近出 0457–0458、新收 0055–0056	西周晚期	近出 2002（二）：頁 336	
				西周	新收 2006：頁 55–56	
				西周	張肇武 1985：頁 284	與鄧公簋 A（03775、03776）形制全同。
				孝夷	徐錫臺 1998：頁 355	形制，紋飾，銘文字體書鑄風格。
				西周晚期早段	王龍正、王聰敏 2000：頁 42	
				西周晚期偏早	朱鳳瀚 2009：頁 1352	紋飾，字體。
2165	屯鼂簋屯襄簋	12	近二 0410、新收 0982	西周早期	近二 2010（二）：頁 73	
				西周早期	新收 2006：頁 715	
				西周晚期	張素琳 2006：頁 199	
2166	公仲洮簋	12	近二 0411、新收 1601	西周中期	近二 2010（二）：頁 74	
				西周中期	新收 2006：頁 1099	
				西周中期前段	王世民 2001b：頁 119	紋飾。
				西周中期前段	吳鎮烽 2006：頁 56	公仲洮，西周中期前段人。
2167	叔駒父簋	12	文博 2008 年 02 期頁 8 圖 9	西周晚期	吳鎮烽 2008：頁 7	
2168	臣櫥殘殷櫥彜、父丁殘彜、大保彜、櫥殘器	13	03790	西周早期	集成 2007（3）：頁 2543	
				昭王	吳其昌 1929（2004）：頁 221	"太保"即昭王十年時夨彜（09901）之"周公子明保"、旅鼎（02728）之"公太保"、作册大伯鼎（02759）之"尹太保"。
				成王	白川靜 1962a：頁 84–85 器 7	
				成王	陳夢家 1966（2004）：頁 44	器底花紋同禽簋（04041）。
				康王（或成王末）	唐蘭 1976—1978（1986）：頁 143	爲太保賜金而作。
				成康	陳公柔、張長壽 1980：頁 23–30	據器形及大保所在王世。
				約康王	高木森 1986：頁 52	

續表

序號	器 名	字數	銘文著錄	時 代	出 處	依 據
2168	臣栩殘殷栩彝、父丁殘彝、大保彝、栩殘器	13	03790	成王	馬承源等 1988：頁 25 器 37	
				成康	殷瑋璋、曹淑琴 1991：頁 7	銘文字體。
				成王	彭裕商 2003：頁 235	提到太保，在周初。據紋飾定爲成王。
				康王	張懋鎔 2006a：頁 214	太保當成康時，據字形書體，可能進入康世。
				西周早期	吳鎮烽 2006：頁 116	臣栩，西周早期人。
2169	𢆶𩸍君殷𢆶孳君簋、甚𩸍君簋	13	03791	西周早期	集成 2007（3）：頁 2543	
				西周早中期之間	劉彬徽 1992：頁 179	器形，紋飾，字體，文辭格式。
				西周早期	吳鎮烽 2006：頁 223	甚𩸍君，西周早期人。
2170	伯芬殷伯芳簋	13（又重文 1）	03792	西周中期	集成 2007（3）：頁 2543	
				西周中期前段	吳鎮烽 2006：頁 153	伯芳，西周中期前段人。
2171	伯沩父殷伯梁父簋	13（又重文 2）	03793–03796	西周晚期	集成 2007（3）：頁 2543	
				西周	中科院 C1965a：頁 11	
				孝、夷	陳夢家 1966（2004）：頁 213	紋飾。
				西周後期	郭寶鈞 1970（1981）：頁 58–60	與穆王時長安普渡村長凶墓對照。
2172	歸叔山父殷	13	03797–03801	西周晚期	集成 2007（3）：頁 2544	
				西周中期	史言 1972：頁 32	形制，紋飾，銘文。
				西周晚期	陝西 1980（3）：頁 20 器 125–127	*03797–03799。
				西周中期	馬承源等 1988：頁 258 器 374	*03797。
				宣王	彭裕商 2003：頁 472	紋飾，字體，同出器。
				西周晚期	曹瑋等 2005（2）：頁 208–214、曹瑋等 2005（10）：頁 2147、2151	
				中晚期之交	張懋鎔 2006a：頁 231	
				西周晚期	吳鎮烽 2006：頁 422	歸叔山父，西周晚期人，字山父。
2173	叔侯父殷	13（又重文 2）	03802–03803	西周晚期	集成 2007（3）：頁 2544	
				西周晚期	吳鎮烽 2006：頁 196	叔侯父，西周晚期人。
2174	姑衍殷蓋姑衍簋蓋	13（又重文 2）	03804	西周晚期	集成 2007（3）：頁 2544	
				西周晚期	吳鎮烽 2006：頁 221	姑衍，西周晚期人。

序號	器　名	字數	銘文著錄	時　代	出　　處	依　　據
2175	害叔殷	13（又重文2）	03805	西周晚期	集成 2007（3）: 頁 2544	
				西周中期之晚葉	中科院 1962: 頁 47A241	*03806。
				西周中期	陳佩芬 2004: 頁 325 器 331	*03805。
				西周晚期	吳鎮烽 2006: 頁 274	害，西周晚期人。
2176	叡先伯殷	13	03807	西周晚期	集成 2007（3）: 頁 2544	
				西周晚期	吳鎮烽 2006: 頁 329	叡年伯，西周晚期人。
2177	兮仲殷	13（又重文2）	03808–03814	西周晚期	集成 2007（3）: 頁 2544	
				西周晚期	吳鎮烽 2006: 頁 56	兮仲，西周晚期人，兮氏公族，其父諡號己伯。
2178	陳侯殷 陳侯簠	13	03815	西周晚期	集成 2007（3）: 頁 2545	
				東周初期	臨潼 A1977: 頁 4	
				西周晚期	馬承源等 1988: 頁 328 器 464	
				西周後期	徐少華 1995: 頁 61	器物形制，銘文風格。
				西周晚期	彭裕商 2003: 頁 491	器形，花紋，字體。
				西周晚期	吳鎮烽 2006: 頁 389	陳侯，西周晚期人。
2179	齊孋姬殷	13（又重文1）	03816	西周晚期	集成 2007（3）: 頁 2545	
				西周晚期	吳鎮烽 2006: 頁 361	齊孋姬，西周晚期姬姓女子。
2180	寺季故公殷 郘季故公簠、郘季敦、寺季敦、郘季故公敦	13（又重文2）	03817–03818	西周晚期	集成 2007（3）: 頁 2545	
				西周晚期	馬承源等 1988: 頁 342 器 496	
				西周晚期	吳鎮烽 2006: 頁 222	郘季故公，西周晚期人。
2181	叔旦殷	13（又重文2）	03819	西周晚期	集成 2007（3）: 頁 2545	
				西周晚期	吳鎮烽 2006: 頁 195	叔旦，西周晚期人。
2182	虢姜殷	13	03820	西周晚期	集成 2007（3）: 頁 2545	
				宣王	劉雨 1997: 頁 247	
				西周晚期	吳鎮烽 2006: 頁 379	虢姜，西周晚期姜姓女子。
2183	潼伯殷	13（又重文2）	03821	西周晚期	集成 2007（3）: 頁 2545	
				西周晚期	吳鎮烽 2006: 頁 325	潼伯，西周晚期人。
2184	效父殷	14	03822–03823	西周早期	集成 2007（3）: 頁 2545	
				孝王	吳其昌 1929（2004）: 頁 340、317	"休王"即"孝王"。人物"效父"在懿、孝間。
				孝王之前	郭沫若 1935（2002）: 頁 207	"效父"孝王時見舀鼎（02838）。

續表

序號	器 名	字數	銘文著錄	時 代	出 處	依 據
2184	效父殷	14	03822-03823	穆王	唐蘭 1962：頁 44	"效父"見於恭王時刦鼎（02838）銘第二段。"休王"非孝王。
				康王	白川靜 1965：頁 490–495 器 47	
				康王	白川靜 1965d：頁 148–150	"休王"爲康王在世之稱。形制、文字亦屬康王。
				康王	白川靜 1975（1997）：頁 254	或以"休王"爲康王生稱。
				穆王	唐蘭 1976—1978（1986）：頁 331	與刦鼎"效父"爲一人，該器較早。
				西周早期	馬承源等 1988：頁 90 器 133	*03822。
				成王	彭裕商 2003：頁 237	從器形紋飾看，當屬成王時。
				西周早期	吳鎮烽 2006：頁 272	效父，西周早期人。
2185	圉殷圉簋	14	03824	西周早期	集成 2007（3）：頁 2546	
				西周前期	辭典 1995：頁 103 器 364	
				西周早期	青全 1997（6）：頁 12 器 12	
				康王前後	王世民等 1999：頁 75 簋 41	與北京琉璃河 M253 所出圉簋（03825）、圉甗（00935）、圉卣（05374）相同，爲同人作器，年代屬康王前後。
				成康	張懋鎔 2002d：頁 110	
				成王	彭裕商 2003：頁 231	器形、紋飾屬殷末周初，同出董鼎（02703）爲成王時。
				西周早期前段	吳鎮烽 2006：頁 285	圉，西周早期前段人。
2186	圉殷有蓋圉簋	蓋銘14、器銘6	03825	西周早期	集成 2007（3）：頁 2546	
				西周早期	張亞初 1993a：頁 328	
				成康	北京 C1995：頁 244	形制，花紋，銘文。
				西周早期	青全 1997（6）：頁 13 器 13	
				康王前後	王世民等 1999：頁 79 簋 48	器形。
				成康	張懋鎔 2002d：頁 109	
				成王	彭裕商 2003：頁 231	器形、紋飾屬殷末周初，同出董鼎（02703）爲成王時。
				西周早期前段	吳鎮烽 2006：頁 285	圉，西周早期前段人。
				成康之際	朱鳳瀚 2009：頁 1409	組合，形制，紋飾。

續表

序號	器　名	字數	銘文著錄	時　代	出　　處	依　　據
2187	邑𢆶敦	存4	03826	西周早期	集成 2007（3）：頁 2546	
				西周早期	吳鎮烽 2006：頁 112	耳臣，西周早期人。
2188	敔敦	14	03827	西周早期	集成 2007（3）：頁 2546	
				厲王	吳其昌 1929（2004）：頁 391	作器者同厲王時敔敦（04323）。
				康王	陳夢家 1966（2004）：頁 126	與康王時敔簋（04166）爲同人作器，與孝王時敔簋（04323）非同人作器。
				西周早期	吳鎮烽 2006：頁 283	敔，西周早期人。
2189	滕虎敦滕虎簋、然虎敦、然虎𣪘、朕虎敦、滕虎乍皇考簋	14	03828－03832	西周中期	集成 2007（3）：頁 2546	
				西周前期	容庚 1941（2008）：頁 266 簋 98	*03828。
				昭穆	陳公柔 1986：頁 179	形制，紋飾。*03828、03830、03831。
				西周中期	馬承源等 1988：頁 242 器 338	*03828－03830。
				西周中期	張懋鎔 2002d：頁 111	
				西周中期前段	吳鎮烽 2006：頁 377	滕虎敦，西周中期前段人。
				西周早期後段	朱鳳瀚 2009：頁 1381	器形，紋飾。
2190	伯賓父敦	14（又重文2）	03833－03834	西周中期	集成 2007（3）：頁 2546	
				夷厲	陝西 H1965：頁 17	器形、瓦紋、字體同張家坡白喜父簋，後者爲夷厲時器。
				西周晚期	吳鎮烽 2006：頁 159	伯賓父，西周晚期人。
2191	革敦革簋	14（又重文2）	03835	西周中期	集成 2007（3）：頁 2546	
				西周中期	吳鎮烽 2006：頁 281	革，西周中期人。
2192	衛妟敦蓋衛妣簋蓋	14（又重文2）	03836	西周中期	集成 2007（3）：頁 2546	
2193	伯喜父敦	14	03837－03839	西周晚期	集成 2007（3）：頁 2546	
				夷厲	湖南 A1963：頁 679–682	器形、瓦紋、字體。
				懿王	陳夢家 1966（2004）：頁 213	花紋同懿王時元年師事簋（04279）。
				西周晚期	吳鎮烽 2006：頁 158	伯喜父，西周晚期人。
2194	詰敦	14（又重文2）	03840－03841	西周晚期	集成 2007（3）：頁 2547	
				西周晚期	吳鎮烽 2006：頁 321	詰，西周晚期人。
2195	孟鄭父敦周孟鄭父敦	14（又重文2）	03842－03844	西周晚期	集成 2007（3）：頁 2547	
				西周晚期	吳鎮烽 2006：頁 218	孟奠父，西周晚期人。

序號	器　名	字數	銘文著錄	時　代	出　處	依　據
2196	妣𤔲每殷 妣𤔲母簋	14 （又重 文 2）	03845	西周晚期	集成 2007（3）: 頁 2547	
				西周後期	容庚 1941（2008）: 頁 269 簋 120	
				西周晚期	吳鎮烽 2006: 頁 130	妣𤔲, 西周晚期婦女。
2197	刍伯殷 姒伯簋蓋	14 （又重 文 2）	03846	西周晚期	集成 2007（3）: 頁 2547	
				西周晚期	吳鎮烽 2006: 頁 177	刍伯𧻚, 西周晚期人。
2198	倗伯殷蓋 鳳 伯 敦 蓋、朋白 鳳敦、倗 伯廬簋蓋	14	03847	西周晚期	集成 2007（3）: 頁 2547	
				西周中期	馬承源等 1988: 頁 259 器 375	
				西周晚期	吳鎮烽 2006: 頁 259	倗伯廬, 西周晚期人。
				西周晚期	吉琨璋、宋建忠、田建文 2006: 頁 47	
2199	遣小子𩵦 殷	14	03848	西周晚期	集成 2007（3）: 頁 2547	
				西周晚期	吳鎮烽 2006: 頁 341	遣小子𩵦, 西周晚期人。
2200	叔向父殷	14 （又重 文 2）	03849– 03855	西周晚期	集成 2007（3）: 頁 2548	
				成王	吳其昌 1929（2004）: 頁 162	"叔向父"即成王時叔向 父禹簋（04242）之"叔向 父禹"。
				孝王	陳夢家 1966（2004）: 頁 219 器 155 附	器主同叔向父禹簋 （04242）, 孝王時器。
				夷王	白川靜 1969b: 頁 440–441 器 161 附	
				夷王	唐蘭 1976—1978（1986）: 頁 501	
				厲王	李學勤 1981a: 頁 87–92	叔向父即禹鼎之"禹"。 參多友鼎（02835）。
				厲王	馬承源等 1988: 頁 286 器 410	*03851.1、03852.2。
				厲王	彭裕商 2003: 頁 393	作器者同厲王時禹簋 （04242）。
				厲王	陳佩芬 2004: 頁 454 器 380	
2201	伯家父殷	14 （又重 文 2）	03856– 03857	西周晚期	集成 2007（3）: 頁 2548	
				西周中期 （約夷王）	中科院 1962: 頁 48A243	*03856。
				厲王	劉啓益 1980: 頁 80–85	形制紋飾同厲王時叔向父 禹簋（04242）。
				西周晚期	吳鎮烽 2006: 頁 157	伯家父, 西周晚期人。
2202	鄧公殷	14	03858	西周晚期	集成 2007（3）: 頁 2548	
				西周早期 或中期	劉雨 2002: 頁 72	"王在侯"三字爲肥筆。
				西周晚期	吳鎮烽 2006: 頁 251	鄧公, 西周晚期鄧國某代 國君。

序號	器 名	字數	銘文著錄	時 代	出 處	依 據
2203	辛叔皇父殷	14	03859	西周晚期	集成 2007（3）:頁 2548	
				西周晚期	吳鎮烽 2006:頁 164	辛叔皇父，西周晚期人，字皇父。
2204	雁侯殷 應侯簋	14	03860	西周早期	集成 2007（3）:頁 2548	
				西周晚期	徐錫臺 1998:頁 351	形制，銘文字體書鑄風格。
				西周晚期	吳鎮烽 2006:頁 413	應侯，西周晚期人。
				西周晚期	首陽 2008:頁 112	
				孝夷	王龍正、劉曉紅、曹國朋 2009:頁 57	據本器及其他應侯見工器的形制、紋飾判斷，當屬孝夷時。
2205	應侯簋 應侯視工簋	94（又重文 2）	首陽 39	西周晚期	首陽 2008:頁 114 器 39	
				孝夷	王龍正、劉曉紅、曹國朋 2009:頁 57	據本器及其他應侯見工器的形制、紋飾判斷，當屬孝夷時。
				厲王早年	李學勤 2010b:頁 189	形制、紋飾酷似元年師兌簋（04274）、叔向父禹簋（04242）等器，皆夷末厲初器。
2206	伯考父簋蓋	14（又重文 2）	近出 0459–0460、新收 0634–0635	西周中期	近出 2002（二）:頁 338、339	
				西周晚期	新收 2006:頁 472、473	
				懿孝	康樂 1985:頁 2	*近出 0459。
				西周晚期	王長啓 1990:頁 43	*近出 0460。
2207	叔向父簋	14（又重文 2）	近出 0461	西周晚期	近出 2002（二）:頁 340	
2208	許季姜方簋	14（又重文 1）	近出 0462、新收 1393	西周晚期	近出 2002（二）:頁 341	
				西周晚期	新收 2006:頁 963	
				西周晚期	青全 1997（6）:頁 98 器 100	
				約屬王	項春松 2000:頁 17	與猷簋（04317）形制相似，年代相近，後者爲屬王時器。
				西周晚期	吳鎮烽 2006:頁 290	許季姜，西周晚期姜姓女子。
2209	史惠簋	14（又重文 2）	近出 0463、新收 0725	西周晚期	近出 2002（二）:頁 342	
				西周中期	新收 2006:頁 531	
				西周中期	陳穎 1985:頁 90	"子孫寶用"字樣西周中期始有。

續表

序號	器　名	字數	銘文著錄	時　代	出　　處	依　　據
2209	史惠簋	14（又重文2）	近出0463、新收0725	夷王	劉啟益2002：頁368	形制同屬王時公臣簋（04184）。史叀與夷王時叀鼎（02490）之叀，官職相同，當爲同一人。
				西周晚期	吳鎮烽2006：頁91	史叀，西周晚期人，名叀。
2210	作父己毀	15	03861	殷或西周中期	集成2007（3）：頁2548	
2211	遏父乙毀周公史彞、遹簋、遏毀	15	03862	西周早期	集成2007（3）：頁2548	
				昭王	吳其昌1929（2004）：頁262	"公"即周公、明公。"泉"見於昭王時泉白卣（05386）。
				成王	白川靜1963：頁250–254器23附	
				西周早期	吳鎮烽2006：頁230	遹，西周早期人。
2212	彔毀	15（又重文1）	03863	西周早期	集成2007（3）：頁2548	
				成王	容庚1941（2008）：頁34	
				康王	陳夢家1966（2004）：頁116	
				昭穆	白川靜1967：頁201–208器91附	
				穆王	唐蘭1976—1978（1986）：頁397	
				未	汪中文1990：頁43–48	"伯彧""彔""彔伯彧"非同一人。
				西周中期前段	吳鎮烽2006：頁219	彔，西周中期前段人。
2213	伯毀	存15	03864	西周早期	集成2007（3）：頁2549	
2214	彧且庚毀彧祖庚簋、彧簋、戗簋	15	03865	西周中期	集成2007（3）：頁2549	
				穆王	馬承源等1988：頁118–119器177	
				恭王以後	彭裕商2003：頁306	器形、紋飾爲穆恭以後。字體晚於穆王時伯彧器（04322、02789、02824）。
				穆王	陳佩芬2004：頁272器311	
				穆王	張懋鎔2006a：頁215	彔伯彧和師雍父爲同一人，是穆王時東征淮夷的主將。字形書體亦相合。
				西周中期	吳鎮烽2006：頁227	彧，西周中期人。
2215	城虢遣生毀	15	03866	西周中期	集成2007（3）：頁2549	
				西周晚期	吳鎮烽2006：頁222	城虢遣生，西周晚期人。

續表

序號	器　名	字數	銘文著錄	時　代	出　　處	依　　據
2216	洹秦毁	15（又重文1）	03867	西周中期	集成 2007（3）：頁 2549	
				西周中期前段	吳鎮烽 2006：頁 239	洹秦，西周中期前段人。
2217	且辛毁祖辛簋霍簋	15（又重文2）	03868	西周早期	集成 2007（3）：頁 2549	
				昭穆	吳鎮烽 2006：頁 354	霍，西周昭穆時期人。
2218	大僕毁	15（又重文2）	03869	西周中期	集成 2007（3）：頁 2549	
				西周中期	吳鎮烽 2006：頁 78	亢僕，西周中期人。
2219	叔向父爲備毁	15（又重文1）	03870	西周晚期	集成 2007（3）：頁 2549	
				厲王	黃盛璋 1983：頁 18	形制、紋飾。
				厲王	戴尊德 1984：頁 322	器形風格同叔向父簋（04242），後者爲厲王時器。
				厲王	戴尊德、劉岱瑜 1989：頁 909	
				五 期（厲宣幽）	朱鳳瀚 2009：頁 1489	
2220	矢王毁蓋	15（又重文2）	03871	西周晚期	集成 2007（3）：頁 2549	
				夷厲	盧連成、尹盛平 1982：頁 53	
				西周中晚期	王桂枝、高次若 1983：頁 6	形制，花紋。
				西周中期	王光永 1984：頁 20	形制，紋飾。
				西周中期	陝西 1984（4）：頁 14 器 104	
				西周晚期	曹定雲 1999：頁 110	字體。
2221	旅仲毁	15（又重文2）	03872	西周晚期	集成 2007（3）：頁 2549	
				厲宣	岐山 A1976：頁 30	形制，紋飾，字體。
				宣王	李學勤 1976：頁 46	參廟屖鼎（02417）。
				西周晚期	陝西 1979（1）：頁 30 器 189	
				西周晚期	曹瑋等 2005（2）：頁 462	
				西周晚期	吳鎮烽 2006：頁 272	旅仲，西周晚期人。
2222	槃毁	15（又重文2）	03873	西周晚期	集成 2007（3）：頁 2549	
				西周中晚期	王桂枝、高次若 1983：頁 6	形制，花紋。
				西周中期	王光永 1984：頁 20	形制，紋飾。
				西周中期後段	吳鎮烽 2006：頁 280	執其，西周中期後段人。
2223	矑嫚毁蓋稻嫚簋蓋	15（又重文2）	03874–03876	西周晚期	集成 2007（3）：頁 2549	
				西周晚期	吳鎮烽 2006：頁 444	矑嫚，西周晚期嫚姓婦女。

序號	器　名	字數	銘文著錄	時　代	出　　處	依　　據
2224	季囗父毁蓋 季徇父逪簋蓋	15 （又重文2）	03877	西周晚期	集成 2007（3）：頁 2550	
				西周晚期	吳鎮烽 2006：頁 204	季徇父逪，西周晚期人。
2225	鄭牧馬受毁蓋	15 （又重文2）	03878– 03880	西周中期	集成 2007（3）：頁 2550	
				共王	陳夢家 1966（2004）：頁 161	全瓦紋，同恭王時師遽簋蓋（04214）。
				穆王	白川靜 1967b：頁 310–311 器 100 附	
				西周晚期	吳鎮烽 2006：頁 208	受，西周晚期人。
2226	楲車父毁 散車父簋 （一式）、 散車父簋甲	15 （又重文2）	03881– 03883、 03886	西周晚期	集成 2007（3）：頁 2550	
				西周中期	史言 1972：頁 32	形制，紋飾，銘文。
				西周中期	陝西 1980（3）：頁 19 器 118– 120	
				西周晚期	馬承源等 1988：頁 359 器 531	*03881.2。
				厲王	盧連成、胡智生 1988a：頁 525	
				西周中期	辭典 1995：頁 106 器 374	
				西周中期 後段	王世民等 1999：頁 91 簋 76	器形。
				夷王	劉啟益 2002：頁 353	同人作鼎（02697–02700）在夷王四年。
				宣王	彭裕商 2003：頁 447	器形、紋飾、字體。
				西周晚期	曹瑋等 2005（2）：頁 175–179、 曹瑋等 2005（10）：頁 2131	
				中晚期之交	張懋鎔 2006a：頁 231	
				西周中期 後段	吳鎮烽 2006：頁 310	散車父，西周中期後段人。
2227	楲車父毁 散車父簋 （二式）、 散車父簋乙	15 （又重文2）	03884– 03885	西周晚期	集成 2007（3）：頁 2550	
				西周中期	史言 1972：頁 32	形制，紋飾，銘文。
				西周中期	陝西 1980（3）：頁 19 器 121、 122	*03884、03885。
				西周晚期	馬承源等 1988：頁 359 器 531	*03884.1。
				西周中期 後段	王世民等 1999：頁 91 簋 77	器形。
				西周晚期	曹瑋等 2005（2）：頁 185	
				中晚期之交	張懋鎔 2006a：頁 231	
				西周中期 後段	吳鎮烽 2006：頁 310	散車父，西周中期後段人。

序號	器 名	字數	銘文著錄	時 代	出 處	依 據
2228	伯遐父殷蓋 伯疑父簋蓋	15 （又重文2）	03887	西周晚期	集成2007（3）：頁2550	
				西周晚期	吳鎮烽2006：頁160	伯遐父，西周晚期人。
2229	虡殷	15 （又重文2）	03888– 03889	西周晚期	集成2007（3）：頁2550	
				西周晚期	吳鎮烽2006：頁355	虡，西周晚期人。
2230	廣殷蓋	15 （又重文2）	03890	西周晚期	集成2007（3）：頁2550	
				西周晚期	吳鎮烽2006：頁383	廣，西周晚期人。
2231	丼□叔安父殷 邢戈叔安父簋、周邢敦	15	03891	西周晚期	集成2007（3）：頁2551	
				西周晚期	吳鎮烽2006：頁195	叔安父，西周晚期人。
2232	師吳父殷	15 （又重文2）	03892	西周晚期	集成2007（3）：頁2551	
				西周晚期	吳鎮烽2006：頁260	師吳父，西周晚期人。
2233	齊巫姜殷 齊癸姜敦、齊旡姜敦	15 （又重文2）	03893	西周晚期	集成2007（3）：頁2551	
				西周晚期	馬承源等1988：頁342器498	
				西周晚期	陳佩芬2004：頁485器391	
				西周晚期	吳鎮烽2006：頁360	齊巫姜，西周晚期人。
2234	孠父殷	15	03894	西周晚期	集成2007（3）：頁2551	
				西周晚期	吳鎮烽2006：頁296	孠父，西周晚期人。
2235	軝仲鄭父殷 軝仲奠父簋	15 （又重文2）	03895	西周晚期	集成2007（3）：頁2551	
				西周晚期	吳鎮烽2006：頁372	軝仲奠父，西周晚期人。
2236	丼姜大宰巳殷 邢姜大宰巳簋、大宰巳簋、巳簋	15 （又重文2）	03896	西周晚期	集成2007（3）：頁2551	
				西周末期	李殿福1980：頁221–222	形制、花紋及銘文書法與西周晚期豐邢叔簋（03923）相似。
				西周晚期	馬承源等1988：頁334器478	
				西周後期（或春秋前期）	辭典1995：頁120器415	
				西周晚期	李先登1999：頁116	形制，紋飾。
				春秋之初	楊文山2003：頁17–27	形制，紋飾，"邢姜"出現時間與《詩經》所記"邢侯之姨"在世時間對照。
				西周晚期	吳鎮烽2006：頁23、43	大宰巳，即太宰巳，西周晚期人。

續表

序號	器　名	字數	銘文著録	時　代	出　處	依　據
2237	陳侯作嘉姬殷 陳侯簋、陳侯敦、陳侯作嘉姬敦、周陳侯彝	15（又重文2）	03903	春秋前期	集成 2007（3）：頁 2551	
				西周中期	馬承源等 1988：頁 240 器 335	
				西周中期	徐少華 1995：頁 61	銘文風格。
				西周晚期	青全 1997（6）：頁 94 器 96	
				西周晚期	彭裕商 2003：頁 489	器形，紋飾，字體。
				西周晚期	陳佩芬 2004：頁 472 器 386	
2238	筆簋	15	近出 0464	西周中期	近出 2002（二）：頁 343	
2239	虎叔簋	15	近二 0412、新收 1611	西周中期	近二 2010（二）：頁 75	
				西周晚期	新收 2006：頁 1107	
				西周中晚期	李零、董珊 1999b：頁 86	形制，紋飾。
				西周中晚期	吉琨璋、宋建忠、田建文 2006：頁 47	
				西周中期	吳鎮烽 2006：頁 201	虎叔，西周中期人。
2240	猷簋	15	近二 0413	西周中期	近二 2010（二）：頁 76	
				西周中期前段	吳鎮烽 2006：頁 363	猷，西周中期前段人。
2241	芮公簋蓋	15（又重文2）	論集（三）81 頁	西周晚期至春秋早期	張懋鎔 2010：頁 80	飾垂冠大鳥紋。銘文字形書體。
2242	㸚父丁殷	16	03905	西周早期	集成 2007（3）：頁 2552	
				成王	唐蘭 1976—1978（1986）：頁 116	
				西周早期	吳鎮烽 2006：頁 193	㸚，西周早期人。
2243	攸殷	16（又合文1）	03906	西周早期	集成 2007（3）：頁 2552	
				成康	中科院 A1974：頁 320	據隨葬器物判斷約屬成康時期。
				康昭時期	李學勤 1975：頁 275	據鳳紋。
				成王	唐蘭 1976—1978（1986）：頁 106	
				成王	馬承源等 1988：頁 53 器 53	"侯"即燕侯，同墓出土器銘多著國名。
				穆王前後	李豐 1988a：頁 396	墓葬。
				二期後段（約昭王）	盧連成、胡智生 1988a：頁 508–513	墓葬。
				西周早期	北京 C1995：頁 245	伴出物的形制、紋飾。
				西周前期	辭典 1995：頁 101 器 355	
				西周早期	青全 1997（6）：頁 14 器 14	
				西周早期偏晚	王世民等 1999：頁 86 簋 63	器形。

續表

序號	器名	字數	銘文著錄	時代	出　處	依　據
2243	攸簋	16（又合文1）	03906	昭王	劉啓益 2002：頁 160	琉璃河 M53 組。形制與庸伯簋（04169）相近，大鳥紋同邢季三器（05239、05859、03949）等。
				昭王	彭裕商 2003：頁 278	所出墓葬爲穆王時。據紋飾、字體、字形結構斷爲昭王器。
				西周早期	吳鎮烽 2006：頁 149	攸，西周早期燕國人。
				昭王	張懋鎔 2008：頁 344	
				昭穆	朱鳳瀚 2009：頁 1407	形制。
				昭王	張懋鎔 2010：頁 82	
2244	過伯毀過伯簋	16	03907	西周早期	集成 2007（3）：頁 2552	
				昭王	吳其昌 1929（2004）：頁 231	"伐荆"即伐楚，事件與昭王時禽簋（04041）相同。
				昭王	郭沫若 1935（2002）：頁 125	"南征楚荆"爲昭王時事，見《左傳》《竹書紀年》。字體與盂鼎（02839）同派。
				昭王	容庚 1941（2008）：頁 36、頁 266 簋 100	《竹書紀年》《左傳》皆記昭王南征伐楚，合於此器。
				昭王	白川靜 1966a：頁 775–777 器 69	
				成王	陳夢家 1966（2004）：頁 86	字體文例爲成、康時。器形花紋爲成王時。
				昭王	唐蘭 1976—1978（1986）：頁 271	
				昭王	伍士謙 1981：頁 97–126	
				昭王	唐蘭 1981：頁 72	
				昭王	高木森 1986：頁 63	伐楚。
				昭王	吳鎮烽 1987：頁 269	昭王二次伐楚失敗，周人諱之，此當昭王十六年一次伐楚時。
				昭王	馬承源等 1988：頁 73 器 102	伐楚荆事在昭王時，見令簋（04300）。
				昭王	張懋鎔 2002d：頁 111	記昭王南征荆楚事。
				昭王	劉啓益 2002：頁 149	銘文記南征伐反荆。同形制之器均屬穆王。斷尾顧首鳥紋常見西周中期。
				昭王	彭裕商 2003：頁 259	
				昭王	張懋鎔 2006a：頁 211	從銘文書體看不會早到成康時。
				西周早期後段	吳鎮烽 2006：頁 203	過伯，西周早期後段人。
				昭王	葉正渤 2010：頁 129	記昭王南征之事。

序號	器 名	字數	銘文著録	時 代	出 處	依 據
2245	量侯殷 量侯尬簋	16 （又重 文 1）	03908	西周早期	集成 2007（3）：頁 2552	
				西周早期	馬承源等 1988：頁 100 器 153	
				昭王	彭裕商 2003：頁 288	據器形、紋飾、字體當歸 昭王前後。"子子孫孫萬 年永寶"的説法流行於昭 王後。
				西周早期	陳佩芬 2004：頁 103 器 238	
				西周早期	吳鎮烽 2006：頁 314	量侯尬，西周早期人。
2246	㖡殷 鐘簋	16 （又重 文 1）	03909	西周早期	集成 2007（3）：頁 2552	
				殷末至成 康	趙永福 1984：頁 788	
				西周中期 前段	吳鎮烽 2006：頁 207	鐘，西周中期前段人。
				懿王至夷 王	朱鳳瀚 2009：頁 1301–1309	墓葬。
2247	是要殷 是婁簋	16	03910– 03911	西周中期	集成 2007（3）：頁 2552	
				西周中期	西安 A1974：頁 1–5	銘文，器形。
				夷王	彭裕商 2003：頁 360	據器形、字體、同出器形 推斷在夷王前後。此窖藏 在夷世。
				西周中期 後段	吳鎮烽 2006：頁 229	是婁，西周中期後段人。
2248	冉殷	16 （又重 文 2）	03912– 03913	西周晚期	集成 2007（3）：頁 2553	
				西周中期	吳鎮烽 2006：頁 236	冉，西周中期人。
2249	大自事良 父殷蓋 大師事良 父簋蓋	16 （又重 文 2）	03914	西周晚期	集成 2007（3）：頁 2553	
				西周晚期	吳鎮烽 2006：頁 191	事良父，西周晚期人。
2250	周㬊生殷 周 㬊 生 簋、周棘 生簋	16 （又重 文 2）	03915	西周晚期	集成 2007（3）：頁 2553	
				西周中期	吳鎮烽 2006：頁 209	周㬊生，西周中期人。
				西周中期	張懋鎔 2010b：頁 45	
2251	姞氏殷	16 （又重 文 2）	03916	西周晚期	集成 2007（3）：頁 2553	
2252	是驪殷 是駢簋	16 （又重 文 2）	03917	西周中期	集成 2007（3）：頁 2553	
				西周前期	容庚 1941（2008）：頁 267 簋 105	
				西周中期	辭典 1995：頁 113 器 394	
				西周中期	張懋鎔 2002d：頁 111	

序號	器　名	字數	銘文著錄	時　代	出　　處	依　　據
2252	是驪殷 是騆簋	16 （又重 文 2）	03917	西周中期	馬承源 2003a：頁 116 簋 21	器形。
				西周中期	陳佩芬 2004：頁 278 器 313	形制，紋飾。
				西周中期	吳鎮烽 2006：頁 229	是騆，西周中期人。
2253	隰仲孝殷 鄑仲孝簋	16 （又重 文 2）	03918	西周中期	集成 2007（3）：頁 2553	
				西周中期	吳鎮烽 2006：頁 356	隰仲孝，西周中期人。
2254	🅰公昏殷 鄑公䰗簋	6（又 重文 2）	03919	西周晚期	集成 2007（3）：頁 2553	
				西周晚期	吳鎮烽 2006：頁 318	鄑公䰗，西周晚期人。
2255	伯百父殷	16	03920	西周中期	集成 2007（3）：頁 2553	
				懿王	陳夢家 1966（2004）：頁 212	同人所作諸器的形制紋飾。
				西周晚期	吳鎮烽 2006：頁 154	伯百父，西周晚期姬姓國人，字百父。
2256	叔敄父殷	16	03921– 03922	西周晚期	集成 2007（3）：頁 2553	
				懿孝	祈健業 1984：頁 10–13	形制，紋飾。
				西周中期偏晚	張懋鎔 2006a：頁 232	
				西周晚期	吳鎮烽 2006：頁 199	叔敄父，西周晚期人。
2257	豐丼叔殷 豐邢叔簋	16 （又重 文 2）	03923	西周晚期	集成 2007（3）：頁 2554	
				西周晚期	羅西章 1979：頁 91	形制，紋飾，字體。
				西周晚期	陝西 1980（3）：頁 22 器 139	
				穆王	彭裕商 2003：頁 309	據紋飾大致屬穆王時。
				西周晚期	張懋鎔 2006a：頁 232 器 88	
				西周晚期	吳鎮烽 2006：頁 416	豐丼叔，西周晚期人。
2258	束仲🅰父殷蓋 臱殷、束仲🅰父簋蓋	16	03924	西周晚期	集成 2007（3）：頁 2554	
				西周	湖南 A1966：頁 3–4	
				西周晚期	吳鎮烽 2006：頁 140	束仲豆父，西周晚期人，字豆父。
2259	命父踵殷	16 （又重 文 2）	03925– 03926	西周晚期	集成 2007（3）：頁 2554	
				西周晚期	吳鎮烽 2006：頁 207	命父踵，西周晚期人。
2260	伯田父殷	16 （又重 文 2）	03927	西周晚期	集成 2007（3）：頁 2554	
				西周晚期	中科院 1962：頁 48A244	
				孝王	劉啟益 1980a：頁 85–89	形制，紋飾。
				西周晚期	吳鎮烽 2006：頁 153	伯田父，西周晚期人。

序號	器 名	字數	銘文著錄	時 代	出 處	依 據
2261	噩侯殷鄂侯作王姞媵簋	16（又重文1）	03928–03930	西周晚期	集成 2007（3）：頁 2554	
				厲王八年	吳其昌 1929（2004）：頁 387	作器者同屬王時噩侯駿方鼎（02810）。
				西周後期	容庚 1941（2008）：頁 273 簋 148	*03929。
				孝王	陳夢家 1966（2004）：頁 217 器 154 附	形制同孝王時禹簋（04242）。此鄂侯或即御方。
				夷王	白川靜 1969：頁 267–269 器 142 附	
				穆王	唐蘭 1976—1978（1986）：頁 404	
				夷王	劉啓益 1980：頁 80–85	"王姞"爲夷王妃。
				夷王	劉啓益 1980a：頁 85–89	"噩侯"亦見於厲王時禹鼎，但文獻記載厲王妃爲申姜，則"王姞"爲夷王妃。
				懿王前後	曹淑琴 1993：頁 61	形制，花紋。
				夷王	徐少華 1994：頁 90	形制，紋飾。
				夷王	劉啓益 2002：頁 363	"王姞"時夷王后妃。
				西周晚期	吳鎮烽 2006：頁 394	噩侯，西周晚期人。
2262	毳殷	16	03931–03934	西周晚期	集成 2007（3）：頁 2554	
				西周後期	容庚 1941（2008）：頁 269 簋 123	*03933。
				西周晚期	陳公柔 1989：頁 213	
				夷厲時期	彭裕商 2000：頁 85	同人尚做有匜、盤，毳器的形制、紋飾、字體皆近西周晚期，當在夷王至厲王早年時。且毳匜自銘盉，同訓匜（10285），爲西周後期現象。
				西周中期	馬承源 2003a：頁 116 簋 27	器形。
				西周中期	吳鎮烽 2006：頁 317	毳，西周中期人。
2263	冱生魚殷	16	03935	西周晚期	集成 2007（3）：頁 2555	
				西周晚期	吳鎮烽 2006：頁 448	冱生魚，西周晚期人。
2264	仲駒父殷蓋	16（又重文1）	03936–03938	西周晚期	集成 2007（3）：頁 2555	
				宣王	黃盛璋 1983b：頁 54	紋飾極近厲王時頌簋，故本器之駒父與宣王時駒父盨蓋（04464）之器主或爲一人。*03937.1。
				西周晚期	吳鎮烽 2006：頁 123	仲駒父，西周晚期人，字駒父，录旁氏。

續表

序號	器　名	字數	銘文著録	時　代	出　　處	依　　據
2265	喪史釶簋	16（又重文2）	近出 0465、新收 0394	春秋前期	近出 2002（二）：頁 465	
				西周	新收 2006：頁 275	
				春秋前期	秦永軍、韓維龍、楊鳳翔 1989：頁 313	
2266	叔德簋	17	03942	西周早期	集成 2007（3）：頁 2555	
				周初	唐蘭 1959：頁 1–2	
				周初	郭沫若 1959a：頁 1–2	與德方鼎（02661）爲同人作器，後者爲成王時器。
				西周初期（成王）	中科院 1962：頁 43A220	
				康王	白川靜 1965a：頁 561–565 器 53	
				成王	陳夢家 1966（2004）：頁 74	作器者同成王時德簋（03733）。
				康王	白川靜 1975（1997）：頁 254	將象身變成蝸文狀的退化形式，爲康王期所獨有。
				成王	唐蘭 1976—1978（1986）：頁 72	"易"字寫法同德鼎（02661）、德簋（03733），弔德與德爲同人，該器當亦作於成王時。
				成王	馬承源等 1988：頁 27 器 43	
				成王	王世民等 1999：頁 73 簋 40	器形。
				成王	張懋鎔 2002d：頁 110	
				成王	劉啓益 2002：頁 73	形制紋飾同武王時天亡簋（04261）。作器者同德方鼎（02661），後者作於成王五年。
				成王五年	彭裕商 2003：頁 220	
				成王	張懋鎔 2006a：頁 211	與德方鼎（02661）風格相似，應爲同人作器，彼器爲成王時標準器。
				西周早期前段	吳鎮烽 2006：頁 197	叔德，西周早期前段人。
2267	伯詧簋	17	03943	西周	集成 2007（3）：頁 2555	
				穆王前期	劉啓益 2000：頁 81	據字體及人物。
				西周晚期	吳鎮烽 2006：頁 413	伯詧，西周晚期人。
2268	觴姬簋蓋	17（又重文2）	03945	西周晚期	集成 2007（3）：頁 2555	
				西周晚期	吳鎮烽 2006：頁 421	觴姬，西周晚期姬姓婦女。

續表

序號	器　名	字數	銘文著録	時　代	出　處	依　據
2269	中伯殷周中伯敦	17（又重文2）	03946–03947	西周晚期	集成 2007（3）：頁 2555	
				西周晚期	吳鎮烽 2006：頁 48	中伯，西周晚期人，中國族首領。
2270	叔豐簋叔豐簋	17（又重文2）	近出 0466–0467、新收 1604–1605	西周中期	近出 2002（二）：頁 346	
				西周中期	新收 2006：頁 1101	
				西周中期偏晚	李零、董珊 1999a：頁 72	形制，紋飾。
				西周中期	吳鎮烽 2006：頁 200	叔豐，西周中期人。
2271	叔豐簋叔豐簋	17（又重文2）	近出 0468–0469、新收 1602–1603	西周中期	近出 2002（二）：頁 348	
				西周中期	新收 2006：頁 1100	
				西周中期前段	王世民 1999c：頁 68	形制，紋飾。
				西周中期	吳鎮烽 2006：頁 200	叔豐，西周中期人。
2272	臣卿殷卿簋、公違殷	18	03948	西周早期	集成 2007（3）：頁 2555	
				周公成王之間	吳其昌 1929（2004）：頁 109	"新邑"，周公成王初營洛陽時之稱。
				成王	容庚 1941（2008）：頁 31	言新邑，同成王時鳴士卿尊（05985）。
				成王	白川靜 1964a：頁 322–332 器 28 附	
				成王	陳夢家 1966（2004）：頁 66	稱"新邑"，爲成王初期器。
				成王	唐蘭 1976—1978（1986）：頁 68	"公違"即《逸周書·世俘解》之"百韋"，克殷時將帥之一。
				成王	李學勤、艾蘭 1995：頁 339 器 87	
				成王初年	劉啓益 2002：頁 70	新邑即洛邑，成王營建洛邑，見載於《召誥》《康誥》《洛誥》《多方》《多士》。形制承襲殷式。
				成王	張懋鎔 2006a：頁 210	成王時標準器。
				西周早期前段	吳鎮烽 2006：頁 116	臣卿，西周早期前段人。
2273	季鲁殷周邢叔彝、井季簋	18（又重文2）	03949	西周中期	集成 2007（3）：頁 2555	
				夷王	吳其昌 1929（2004）：頁 359、317	"丼叔"，懿、夷間人，此處爲"季鲁"文考，時間當稍晚。
				共王	唐蘭 1976—1978（1986）：頁 441	
				穆恭	尚志儒 1987：頁 295	字體。

序號	器 名	字數	銘文著錄	時 代	出 處	依 據
2273	季魯殷 周邢叔 彝、井季 篹	18 （又重 文2）	03949	西周中期	張長壽 1990：頁 32–35	
				夷王	李仲操 1998a：頁 317	《西清》卷八周伯和尊有大鳥紋，"伯和" 既屬、共和時之伯龢父，大鳥紋的時代可延至夷屬時。井叔只有一人，用事於夷王時。
				昭王	劉啓益 2002：頁 155	大鳥紋同庸伯篹（04169）。此 "井叔" 與免卣（05418）、元年曶鼎（02838）之 "井叔" 非同一人。
				穆王	彭裕商 2003：頁 323	器形、紋飾、字體屬穆世。"季魯" 即邢季龟尊（05859）之 "邢季龟"。
				西周中期前段	吳鎮烽 2006：頁 206	季魯，西周中期前段人。
2274	隹叔殷 鴻叔篹、 諆篹	18	03950–03951	西周中期	集成 2007（3）：頁 2556	
				成康	陝西 D1986：頁 26–31	M17 是嶓㚤（魯考公）墓，"隹叔" 似爲嶓㚤三弟。
				昭王十九年	黃盛璋 1986：頁 38–41	王員，王之后妃。鳳紋爲穆世標準器飾。當在昭王死訊傳至周王庭，昭王十九年稍後。
				昭王	李學勤 1986：頁 33–35	銘文風格同昭王時過伯篹、狀駿篹等。
				穆王前後	李豐 1988a：頁 396	墓葬。
				昭王	盧連成、胡智生 1988a：頁 514	
				西周中期	辭典 1995：頁 113 器 395	
				昭王	青全 1997（5）：頁 51 器 54	
				昭王十八年	李學勤 1997c	記隨昭王伐楚。
				昭王	王世民等 1999：頁 75 篹 43	爲昭王南征楚荊時器。
				昭王	張懋鎔 2002d：頁 108	
				昭王	劉啓益 2002：頁 172	同墓葬銅器形制多近昭王器。
				昭王	彭裕商 2003：頁 258	記昭王南征荊楚事。
				昭王	張懋鎔 2006a：頁 211	與昭王南征有關。
				西周早期後段	吳鎮烽 2006：頁 354	鴻叔，西周早期後段人。
				昭王十六年	劉啓益 2009a：頁 66–67	與靜方鼎（近出 0357）記同一次伐荊楚事，後者爲昭王十六年器。

續表

序號	器 名	字數	銘文著錄	時 代	出 處	依 據
2274	隹叔毁 鴻叔簋、 諆簋	18	03950– 03951	穆恭	朱鳳瀚 2009：頁 1284–1301	墓葬。
				昭王	張懋鎔 2010：頁 82	
2275	格伯作晉 姬毁	18 （又重 文 2）	03952	西周中期	集成 2007（3）：頁 2556	
				恭王	郭沫若 1935（2002）：頁 181	"格伯" 見於恭王時格伯 毁（04262）。
				西周後期	容庚 1941（2008）：頁 271 簋 137	
				恭王	白川靜 1967c：頁 437–441 器 112 附	
				共王	唐蘭 1976—1978（1986）：頁 444	
				西周中期 前段	吳鎮烽 2006：頁 251	格伯，西周中期前段人。
2276	辰在寅毁	存 18	03953	西周中期	集成 2007（3）：頁 2556	
2277	仲幾父毁	18	03954	西周晚期	集成 2007（3）：頁 2556	
				西周早期	徐中舒 1959：頁 53–66	字體，命名習慣。
				西周晚期	吳鎮烽 2006：頁 123	仲幾父，西周中期後段人。
2278	兌毁	18 （又重 文 2）	03955	西周晚期	集成 2007（3）：頁 2556	
				幽王	吳其昌 1929（2004）：頁 532	作器者同幽王時師兌毁 （04274）、師兌毁（04318）。
				幽王	郭沫若 1935（2002）：頁 329	作器者同幽王時師兌毁 （04318）。
				共和	白川靜 1970b：頁 764–766 器 188 附	
				西周晚期	吳鎮烽 2006：頁 162	兌，西周晚期人。
2279	仲恵父毁	18 （又重 文 2）	03956	西周晚期	集成 2007（3）：頁 2556	
				西周晚期	中科院 1962：頁 47A242	
				孝王	陳夢家 1966（2004）：頁 217 器 154 附	形制同孝王時鄂侯簋 （03928）。
				西周晚期	吳鎮烽 2006：頁 121	仲惠父，西周晚期人。
2280	叔角父毁 蓋	18 （又重 文 2）	03958– 03959	西周晚期	集成 2007（3）：頁 2556	
				西周晚期	吳鎮烽 2006：頁 196	叔角父，西周晚期人。
2281	孟鼎父毁	14 （又重 文 2）	03960– 03963	西周晚期	集成 2007（3）：頁 2556	
				西周晚期	吳鎮烽 2006：頁 219	孟鼎父，西周晚期人。
2282	仲殷父毁	18 （又重 文 1）	03964– 03970	西周晚期	集成 2007（3）：頁 2557	
				西周後期	容庚 1941（2008）：頁 272 簋 143	
				西周後期	孫善德 1964：頁 51	花紋，銘文。
				西周晚期	吳鎮烽 2006：頁 122	仲殷父，西周晚期人。

序號	器 名	字數	銘文著錄	時 代	出 處	依 據
2283	虢季氏子組毀 虢季氏子緞簋、虢季氏敦、虢季子敦	18（又重文2）	03971-03973	西周晚期	集成 2007（3）：頁 2557	
				宣王	吳其昌 1929（2004）：頁 510	"虢季子緞"與宣王十二年虢季子白盤（10173）器主爲兄弟行。
				宣王	容庚 1941（2008）：頁 42	與宣王時師袁簋（04313）形狀花紋相同。與宣王時虢季子白盤（10173）爲一家之器。
				宣王	唐蘭 1976—1978（1986）：頁 517	
				西周晚期	馬承源等 1988：頁 354 器 522	
				夷王	劉啓益 2002：頁 356	參虢季氏子組鬲（00662）。
				西周晚期	彭裕商 2003：頁 507	器形，紋飾，字體。
				宣王	陳佩芬 2004：頁 464 器 383	
				西周晚期到春秋早期	吳鎮烽 2006：頁 379	虢季氏子組，西周晚期到春秋早期人，名子組。
2284	魯伯大父作季姬婧毀 魯伯大父作季姬簋、魯伯大父簋、魯伯大父媵季姬簋	18	03974	春秋早期	集成 2007（3）：頁 2558	
				西周晚期	馬承源等 1988：頁 336 器 483	
				西周晚期	青全 1997（6）：頁 65 器 67	
				西周晚期	彭裕商 2003：頁 500	器形，紋飾，字體。
2285	狀駿毀 狀馭簋	19	03976	西周中期	集成 2007（3）：頁 2558	
				昭王	吳其昌 1929（2004）：頁 234	"伐楚"事見於昭王時禽彝（04041）、過伯毀（03907）等。
				昭王	郭沫若 1935（2002）：頁 124	"南征楚荆"爲昭王時事，見《左傳》《竹書紀年》。字體與盂鼎（02839）同派。
				昭王	容庚 1941（2008）：頁 36	《竹書紀年》《左傳》皆記昭王南征伐楚，合於此器。
				昭王	白川靜 1966a：頁 778-780 器 70	
				成康	陳夢家 1966（2004）：頁 86	字體文例爲成、康時。
				昭王	周文 1972：頁 9-12	記昭王伐楚。
				昭王	唐蘭 1976—1978（1986）：頁 269	
				昭王	唐蘭 1981：頁 72	
				昭王	伍士謙 1981：頁 97-126	

序號	器　名	字數	銘文著録	時　代	出　　處	依　　據
2285	狱駿毁 狱馭簋	19	03976	昭王	高木森 1986：頁 63	伐楚。
				昭王十六年	吳鎮烽 1987：頁 268-269	昭王二次伐楚失敗，周人諱之，此當昭王十六年一次伐楚時。
				昭王	馬承源等 1988：頁 75 器 106	伐楚荆事在昭王時，見令簋（04300）。
				昭王	劉啓益 2002：頁 150	銘文記南征。字體與過伯簋（03907）如出一人手筆。
				昭王	彭裕商 2003：頁 259	記昭王南征荆楚事。
				昭王	張懋鎔 2006a：頁 211	與昭王南征有關。
				昭王	葉正渤 2010：頁 127	昭王伐楚見載於《紀年》《左傳》《吕氏春秋》等篇。
2286	己侯貉子毁蓋 己姜簋蓋	19	03977	西周中期	集成 2007（3）：頁 2558	
				西周前期	容庚 1941（2008）：頁 268 簋 116	
				康王	陳夢家 1966（2004）：頁 129	花紋爲康王時，字體近康王時庚嬴卣。
				穆王	唐蘭 1976—1978（1986）：頁 336	
				穆王	李學勤 1983a：頁 19	形制。
				西周中期	馬承源等 1988：頁 245 器 346	
				西周中期前段	吳鎮烽 2006：頁 245	紀侯貉子，西周中期前段紀國國君。
				西周晚期	朱鳳瀚 2009：頁 1396	
2287	㵒姬毁	19	03978	西周中期	集成 2007（3）：頁 2558	
				昭王	白川靜 1966a：頁 811-823 器 73 附	
				西周中期	吳鎮烽 2006：頁 348	㵒姬，西周中期姬姓婦女。
2288	吕伯毁 周吕伯敦	19	03979	西周中期	集成 2007（3）：頁 2558	
				成王	吳其昌 1929（2004）：頁 156	"吕伯"見於成王時毛父班彝（04341）。
				康王	陳夢家 1966（2004）：頁 128 器 12 附	"吕白"即成王時班簋之"吕白"。
				穆王	徐少華 1996：頁 67	器型，紋飾，銘文風格。
				穆王	劉啓益 2002：頁 224	該簋耳的形制多見於昭至共世器，故此"吕伯"當即班簋（04341）之"吕伯"，後者爲穆世器。
				西周中期	吳鎮烽 2006：頁 145	吕伯，西周中期人。

續表

序號	器　名	字數	銘文著錄	時　代	出　　處	依　　據
2289	吳尨父殷	19（又重文2）	03980–03982	西周晚期	集成2007（3）：頁2558	
				西周晚期	吳鎮烽2006：頁147	吳盩父，西周晚期人。
2290	伯庶父殷	19	03983	西周晚期	集成2007（3）：頁2558	
				西周晚期	吳鎮烽2006：頁158	伯庶父，西周晚期人。
2291	陽飲生殷蓋	19（又重文2）	03984–03985	西周晚期	集成2007（3）：頁2559	
				西周晚至春秋初	襄樊A1986：頁20	*03984。
				西周晚期	劉彬徽1992：頁182	與孟姬簋（04071）同出，或爲孟姬之夫做器，孟姬簋爲西周晚期器。
				西周晚期	吳鎮烽2006：頁244	陽飲生，西周晚期人。
2292	德克殷	19（又重文2）	03986	西周晚期	集成2007（3）：頁2559	
				西周晚期	吳鎮烽2006：頁375	德克，西周晚期人。
2293	魯大宰邍父殷	19	03987	春秋前期	集成2007（3）：頁2559	
				西周晚期	馬承源等1988：頁337器485	
				西周晚期	彭裕商2003：頁501	字體。
2294	魯伯大父作孟姬姜殷　魯伯敦、孟姬姜簋	19	03988	春秋早期	集成2007（3）：頁2559	
				西周後期	容庚1941（2008）：頁271簋141	
				西周晚期	馬承源等1988：頁335器481	
				西周晚期	彭裕商2003：頁500	器形，紋飾，字體。
2295	魯伯大父作仲姬俞殷　魯伯大父敦、仲姬俞簋	19	03989	春秋早期	集成2007（3）：頁2559	
				西周晚期	馬承源等1988：頁336器482	
				西周晚期	彭裕商2003：頁500	器形，紋飾，字體。
2296	㠱侯簋	19（又重文2）	近出0470、新收1462	西周晚期	近出2002（二）：頁351	
				西周晚期–春秋早期	新收2006：頁1012	
				西周晚期	陳佩芬2000：頁137	形制，紋飾。
				西周晚期	陳佩芬2004：頁487器392	
				西周晚期	吳鎮烽2006：頁297	㠱侯，西周晚期㠱國國君。
2297	㐱氏劍簋　㐱氏簋	19	近二0414、新收1612	西周晚期	近二2010（二）：頁77	
				西周晚期	新收2006：頁1108	
				西周晚期	李零、董珊1999c：頁90	形制，紋飾。
				西周晚期	吳鎮烽2006：頁269	㐱氏劍，西周晚期人。

序號	器 名	字數	銘文著錄	時 代	出 處	依 據
2297	叙氏剸簋 叙氏簋	19	近二 0414、 新收 1612	春秋晚期 至戰國初 期	許齊平 2008:頁 63-65	"八系氏"即許氏,"刮"即 許氏元公子結,爲許滅國 之君。本器的書法字體、 習慣用語、金文語法、紋 飾與許子妝簋、許子璋鐘 全都一樣。
				西周晚期	李元芝、曹國朋 2009:頁 107	紋飾及字體。
2298	且日庚毁 孫作祖庚 簋、祖庚 乃孫敦、 祖日庚 簋、祖庚 孫簋	20 (又重 文 1)	03991- 03992	西周早期	集成 2007(3):頁 2559	
				西周晚期	張劍、孫新科 1996:頁 336	
				西周中期	陳佩芬 2004:頁 307 器 323	曲冠分尾鳥紋及回首長冠 鳳紋。*03991。
				昭穆	張懋鎔 2010:頁 83	
2299	習毁 罗簋、罗 作北子簋	20 (又重 文 2)	03993	西周早期	集成 2007(3):頁 2559	
				西周早期	王毓彤 1963:頁 55	形制,鑄法,紋飾,字體。
				西周	李健 1963:頁 224-225	
				西周初年	郭沫若 1963a:頁 182-187	
				約穆王	劉彬徽 1986:頁 242	
				西周中期	馬承源等 1988:頁 255 器 367	*03993。
				西周中期 前段	吳鎮烽 2006:頁 216	罗,西周中期前段人。
2300	害宮毁	20 (又重 文 2)	03996	西周晚期	集成 2007(3):頁 2560	
				西周晚期	吳鎮烽 2006:頁 203	害宮,西周晚期人。
2301	伯喜毁	20 (又重 文 2)	03997- 04000	西周中期	集成 2007(3):頁 2560	
				夷厲	郭沫若 1962:頁 8	器形,字體。
				西周	中科院 C1965a:頁 11	
				西周後期	郭寶鈞 1970(1981):頁 58-60	與穆王時長安普渡村長凶 墓對照。
				西周中期 後段	吳鎮烽 2006:頁 307	喜,西周中期後段人。
2302	豐兮夷毁	20 (又重 文 2)	04001- 04003	西周晚期	集成 2007(3):頁 2560	
				西周	周世榮 1983:頁 245	
				西周晚期	吳鎮烽 2006:頁 416	豐兮尸,亦單稱夷,西周 晚期人。
2303	叔多父毁 師遽敦、 孟姜敦	20 (又重 文 2)	04004- 04006	西周晚期	集成 2007(3):頁 2560	
				西周晚期	吳鎮烽 2006:頁 195	叔多父,西周晚期人。

續表

序號	器 名	字數	銘文著録	時 代	出 處	依 據
2304	沃伯寺毁	20（又重文2）	04007	西周晚期	集成2007（3）：頁2560	
				西周晚期	吴鎮烽2006：頁212	沃伯寺，西周晚期人。
2305	兮吉父毁周吉父敦	20（又重文2）	04008	西周晚期	集成2007（3）：頁2560	
				宣王	容庚1941（2008）：頁42	"兮吉父"即宣王五年兮甲盤（10174）之"兮伯吉父"。
				屬宣時期	劉啓益2002：頁372、374	根據銘文字體、祭祀對象、同出等條件，認爲兮吉父、兮伯吉父、伯吉父、善夫吉父、吉父是同一人。此人亦即兮甲盤（10174）之"兮甲"，文獻記載此人在宣王時，而兮甲盤曆日合於屬王五年，故此人所作諸器當在屬宣時期。
2306	毛伯毁毛伯呭父簋、伯角父敦、伯駒敦、毛伯角父敦、毛伯齂父簋	20（又重文2）	04009	西周晚期	集成2007（3）：頁2561	
				西周後期	容庚1941（2008）：頁271簋139	
				西周晚期	馬承源等1988：頁357器528	
				西周晚期	彭裕商2003：頁507	器形，紋飾配置，字體。
				西周晚期	吴鎮烽2006：頁55	毛伯呭父，西周晚期人，字呭父，毛國族首領。
2307	及僧生毁及屘生簋	20（又重文2）	04010	西周晚期	集成2007（3）：頁2561	
				西周晚期	吴鎮烽2006：頁78	殳僧生，西周晚期人。
2308	復公子毁鄧公子簋、復公子□舍乍併孟媿簋	20	04011–04013	西周晚期	集成2007（3）：頁2561	
				西周晚期	馬承源等1988：頁360器533	*04011。
				西周晚期	吴鎮烽2006：頁155	伯舍，西周晚期人。
2309	穌公子毁蘇公子癸父甲簋	20（又重文2）	04014–04015	春秋早期	集成2007（3）：頁2561	
				西周後期	容庚1941（2008）：頁272簋142	
				屬王	唐蘭1976—1978（1986）：頁517	
				西周晚期	馬承源等1988：頁351器516	*04014。
				西周晚期	彭裕商2003：頁505	形制，紋飾，字體，成語"萬壽無疆"多見於西周晚期至春秋早期。
2310	鄗公毁	20（又重文2）	04016–04017	春秋早期	集成2007（3）：頁2561	
				西周晚期至春秋早期	隨州A1982：頁138	器形，花紋。
				兩周之際	劉彬徽1986：頁243	
				西周晚期	楊寶成1989：頁132	伴出器形制、紋飾、字體。

續表

序號	器　名	字數	銘文著錄	時　代	出　　處	依　　據
2311	曹伯狄殷	20（又重文2）	04019	春秋早期	集成2007（3）：頁2561	按：此器誤收。
2312	仲䍗簋　仲樊簋	20（又重文2）	近出0471、新收0322	西周中期	近出2002（二）：頁352	
				西周中期	新收2006：頁224	
				西周中期	洛陽B1999a：頁210	
				穆王（或稍晚）	蔡運章1996：頁61	形制，紋飾，書體。
				西周中期前段	吳鎮烽2006：頁123	仲樊，西周中期前段人。
2313	天君殷　周癸亥敦	21	04020	西周早期	集成2007（3）：頁2561	
2314	寧殷蓋	21	04021–04022	西周早期	集成2007（3）：頁2561	
				昭王	吳其昌1929（2004）：頁252	"寧"即昭王時史寧卣（05384）之"史寧"。
				康王	陳夢家1966（2004）：頁122	據鳥紋定爲康世。
				昭王	白川靜1966c：頁107–113器82	
				西周早期偏晚	金信周2002：頁250	"妥多福"類似祝嘏句見於西周中期器銘。
				昭穆	吳鎮烽2006：頁349	寧，西周昭穆時期人。
				昭穆	張懋鎔2010：頁82	
2315	伯中父殷	21	04023	西周中期	集成2007（3）：頁2562	
				西周中期	吳鎮烽2006：頁153	伯中父，西周中期人。
2316	鄭虢仲殷　周虢仲敦	21（又重文2）	04024–04026	西周晚期	集成2007（3）：頁2562	
				厲王八年	吳其昌1929（2004）：頁379	據《後漢書·東夷傳》厲王派虢仲征淮夷，日辰合於《曆譜》厲王八年。
				西周後期	容庚1941（2008）：頁39、頁271簋134	作器者及字體皆同虢仲盨蓋（04435）。
				厲王	劉啓益1980：頁80–85	虢仲作簋（04435）記伐淮夷事，在厲王時。
				厲王	吳鎮烽1987：頁281	參虢仲鬲（00561）。
				厲王	張政烺1987（2011）：頁80	與厲王時虢仲盨（04435）同時。
				西周晚期	馬承源等1988：頁324器456	*04025。
				西周晚期	王世民等1999：頁97簋87	器形。
				西周晚期	彭裕商2003：頁483	器形，紋飾，字體。
				西周晚期	陳佩芬2004：頁483器390	*04025。
				西周晚期	吳鎮烽2006：頁325	奠虢仲，西周晚期人。
				康王	張懋鎔2010b：頁44	

序號	器　名	字數	銘文著錄	時　代	出　處	依　據
2317	伯頵父毁 周遲伯敦	21 （又重 文2）	04027	西周晚期	集成 2007（3）：頁 2562	
				厲王	吳其昌 1929（2004）：頁 427	"伯頵父"即厲王二十八年 裒鼎（02819）之"宰頵"。
				孝末夷初	陳夢家 1966（2004）：頁 225 器 159 附	器主同孝末夷初白頵父鼎 （02649）。
				厲王	白川靜 1970：頁 598–599 器 177 附	
2318	毛舁毁 毛夰簋	21 （又重 文2）	04028	西周晚期	集成 2007（3）：頁 2562	
				西周晚期	吳鎮烽 2006：頁 55	毛舁，西周晚期人。
2319	辛王簋 辛王姬簋	21 （又重 文2）	新收 1674	西周晚期	新收 2006：頁 1145	
				西周晚期	吳鎮烽 2006：頁 164	辛王姬，西周晚期人。
2320	明公毁 魯侯尊、 周魯侯 彝、凸工 簋、魯侯 簋	22	04029	西周早期	集成 2007（3）：頁 2562	
				昭王	吳其昌 1929（2004）：頁 228	"明公"即昭王十年時矢 彝（09901）之"周公子明 保"。
				成王	郭沫若 1935（2002）：頁 38	"明公"與"魯侯"是一人， 即伯禽。"伐東國"與成王 時令簋（04300）"王于伐 楚伯在炎"是同一件事。
				成王	容庚 1941（2008）：頁 32	"明公"即成王時令方彝 （06016）之"明保"。
				成王	白川靜 1962b：頁 132–140 器 13	
				昭王初期	唐蘭 1962：頁 32	據"明公遣三族伐東國"， 在昭王初年矢令方彝 （09901）之後。
				成王	陳夢家 1966（2004）：頁 24	記伐東國事，東國指徐戎 淮夷。"明公"周公子，非 伯禽，見令彝（09901）。 "魯侯"指伯禽，爲伐東 國的主帥，見《魯世家》 《書序》《費誓》。
				昭王	唐蘭 1976—1978（1986）：頁 214	"魯侯"爲魯幽公。"明 公"亦見於作册令方彝 （09901）。
				成王	平心 1979：頁 49	明公是毛叔鄭，文王子。
				昭王	陳佩芬 1981：頁 30	"明公"見於令方彝 （09901），令作器有人物 "王姜"，與該人有關的器 多在昭王時代。
				昭王	唐蘭 1981：頁 21	

續表

序號	器　名	字數	銘文著録	時　代	出　　處	依　　據
2320	明公毁魯侯尊、周魯侯彝、囜工簋、魯侯簋	22	04029	周公攝政三年	何幼琦 1983b：頁 82	
				穆王前後	高木森 1986：頁 66	書體已入穆王時。"明公"在昭王中期至穆王時。
				昭王	張政烺 1987（2011）：頁 9	
				康王	馬承源等 1988：頁 35 器 58	"明公"即周公子明保，"明"爲國名，即《左傳‧僖公二十四年》之周公子封國"茅"。
				成王	梁曉景 1987：頁 98	明公即周公次子君陳。
				西周前期	辭典 1995：頁 129 器 449	
				康王	青全 1997（6）：頁 69 器 71	
				成王初年	劉啓益 2002：頁 67	所記史實爲成王時。
				成康之際	杜勇、沈長雲 2002：頁 156	形制，紋飾。
				昭王	彭裕商 2003：頁 276	"明公"見於昭王時令方尊（06016）、方彝（09901）。
				康王	陳佩芬 2004：頁 136 器 254	"明公"即周公子明保，明是封國名，此人亦見於昭王時作册令方彝（09901），明公歷任康、昭兩朝。此魯侯或爲考公酉。
				康王	吳鎮烽 2006：頁 381	魯侯，西周康王時期人。
				康昭	張懋鎔 2008：頁 344	
				昭王	王帥 2008：頁 42	字形書體。
2321	史喦毁史喦簋、乙亥彝、畢公彝、史喦彝	22（又合文 1）	04030–04031	西周早期	集成 2007（3）：頁 2562	
				康王	吳其昌 1929（2004）：頁 197	"畢公"見於《顧命》及康王時獻白彝（04205）。*04031。
				康王	郭沫若 1935（2002）：頁 45	"畢公"之屬吏"史喦"官職爲史，知畢公已爲作册，當在康王時，見於《周本紀》。*04031。
				康王	容庚 1941（2008）：頁 36	疑即《書‧顧命》之"畢公"。*04031。
				成康	白川靜 1965：頁 514–518 器 50	*04031。
				成王	陳夢家 1966（2004）：頁 54	字體文例屬成康時。*04031。
				西周	岐山 B1972：頁 74	*04030。
				康王	長水 1972：頁 26–27	畢公爲康王時作册之官，見《史記‧周本紀》。花紋、字體、構字皆屬周初。

序號	器　名	字數	銘文著錄	時　代	出　處	依　據
2321	史臨毁史臨簋、乙亥彝、畢公彝、史臨彝	22（又合文 1）	04030-04031	康王十二年	唐蘭 1972a：頁 48	畢公之屬隸臨爲史，則畢公當即《尚書序》之康王時作册畢公，爲二代畢公。"王誥畢公"可能爲作畢命時情景。據《漢書·律曆志》所記相關内容，"王誥畢公"當在康王十二年六月九日。
				成王後期到康王後期	方善柱 1977：頁 4-5	王姜爲武王妃。
				康王	唐 蘭 1976—1978（1986）：頁 165	此"畢公"爲二代畢公。本銘所記《書序》"康王命作册畢分居里城周郊"同。
				康王	陝西 1979（1）：頁 23 器 152	"畢公"爲畢公高之子，康王時重臣，見載於《史記·周本紀》《尚書序》。*04030。
				康王	高木森 1986：頁 49	畢公爲畢公高子輩，當康王時。
				康王	吳鎮烽 1987：頁 266	畢公爲康昭時大臣，"王誥畢公"與"康王命作册畢公分居里成周郊，作畢命"（《尚書序》《史記·周本記》）語意相應。
				康王	馬承源等 1988：頁 55 器 79	"畢公"爲周初權貴。
				成康	李豐 1988a：頁 396	墓葬。*04030。
				二期中段（約成康）	盧連成、胡智生 1988a：頁 502-507	墓葬。*04030。
				西周前期	辭典 1995：頁 100 器 352	
				康王	青全 1997（5）：頁 48 器 51	*04030。
				成康	徐錫臺 1998a：頁 233	"畢公"爲文武成康四王重臣。伴出銅器的形制、紋飾。
				康王	王世民等 1999：頁 58 簋 8	畢公乃受命輔弼康王諸臣之一。
				康王前期	劉啓益 2002：頁 109	形制與成王時張家坡 M178：4 相似。爲一代畢公。
				康王	彭裕商 2003：頁 245	"畢公"見於《書顧命》，康王時人。器形紋飾屬周早。
				西周早期	曹瑋等 2005（6）：頁 1095	

續表

序號	器　名	字數	銘文著錄	時　代	出　處	依　據
2321	史舀殷 史𦙶簋、 乙亥彝、 畢公彝、 史舀彝	22 （又合 文1）	04030– 04031	成康	張懋鎔2006a：頁221	器形、紋飾、字體與標準器對照。
				西周早期後段	吳鎮烽2006：頁313	史𦙶，西周早期後段人。
				約武王至康王	朱鳳瀚2009：頁1228–1265	墓葬。
2322	官夌父殷	22 （又重 文2）	04032	西周晚期	集成2007（3）：頁2562	
				西周晚期	吳鎮烽2006：頁213	官夌父，西周晚期人。
2323	向𢼸殷 向鬻簋、 向𩛥簋	22 （又重 文1）	04033– 04034	西周晚期	集成2007（3）：頁2563	
				西周晚期	吳鎮烽2006：頁421	𩛥，西周晚期人。
2324	伯吉父殷	22 （又重 文1）	04035	西周晚期	集成2007（3）：頁2563	
				西周中葉以後	羅西章1974：頁86	文字、器形、花紋。
				西周晚期	陝西1980（3）：頁16器100	
				宣王	吳鎮烽1987：頁282	伯吉父、善夫吉父與兮甲、兮吉父是同一個人，兮甲作盤（10174）爲宣王時器。
				屬宣時期	劉啓益2002：頁372	參兮吉父簋（04008）。
				西周晚期	張懋鎔2006a：頁232	
				宣王	吳鎮烽2006：頁154	伯吉父，名甲，字吉父，西周宣王時人。
2325	筍小子殷	22 （又重 文2）	04036– 04037	西周晚期	集成2007（3）：頁2563	
				西周中期	馬承源等1988：頁238器330	*04037。
				西周中期	青全1997（6）：頁89器91	*04037。
				西周中期	陳佩芬2004：頁309器324	*04037。
				西周中期	吳鎮烽2006：頁342	筍小子迸，西周中期人。
2326	章叔𤱯殷	22 （又重 文1）	04038	西周晚期	集成2007（3）：頁2563	
				西周晚期	吳鎮烽2006：頁293	章叔將，西周晚期人。
2327	𤔲同簋殷 黃君簋蓋、 㧜同簋、 革同簋蓋	22 （又重 文2）	04039	西周晚期	集成2007（3）：頁2563	
				西周晚期	吳鎮烽2006：頁310	黃君，西周晚期人。
2328	覞公簋	22	近二0415	西周早期	近二2010（二）：頁78	
				成王28年	朱鳳瀚2007：頁66–69	器形紋飾，銘文界定，銘文內涵。

序號	器名	字數	銘文著録	時代	出處	依據
2328	覞公簋	22	近二 0415	康王 28 年	李學勤 2008b: 頁 425–428	據形制、紋飾其時代範圍是商末到周康王。據銘文內容推斷屬康王。
				未	林澐 2008a	僞器。
				康王	張連航 2008: 頁 148	銘中"湯伯"指爕父,當康王時。
				成康之際	彭裕商 2008: 頁 57–61	器形、紋飾接近晚殷。"遭于……"的説法見於晚殷和周初器銘,爲殷人習慣用語。該簋更宜置於成康之際。
				康王	王澤文 2008: 頁 227–238	根據金文及傳世文獻中的康王封建的記載,該簋所記"王命唐伯 侯于晉"應置於康王時。據器形紋飾看置於康王時也是合適。
				成王二十八年	李伯謙 2009: 頁 50–51	聯繫文獻記載和天馬曲村遺址,置於成王二十八年更合適。
				成王	尹松鵬 2010: 頁 57–60	據先秦文獻,"唐伯"是唐叔虞,對應在成王時。"唯王廿又八祀"指周文王的第 28 祭祀年。
2329	禽毀	23	04041	西周早期	集成 2007(3): 頁 2563	
				昭王	吳其昌 1929(2004): 頁 229	"王伐楚侯"即昭王時矢毀(04300)之"王伐楚白"。此"周公"即矢彝(09901)之"周公子明保",非周公旦。
				成王	郭沫若 1935(2002): 頁 40	以"欶"爲"楚","伐欶侯"與成王時令簋(04300)"伐楚伯"爲同時事。"周公""禽"分別指"周公旦""伯禽"。
				成王	容庚 1941(2008): 頁 33	"周公"亦見成王時令方彝(09901)。
				成王	白川靜 1962b: 頁 103–121 器 10	
				成王	陳夢家 1966(2004): 頁 27	周公伐奄。"周公"生稱,只限於成王時。
				周公攝政	唐蘭 1976—1978(1986): 頁 37	伐奄爲周公攝政間事,太祝名禽,非周公子伯禽。
				成王	馬承源 1982: 頁 56	記成王東伐。

序號	器　名	字數	銘文著錄	時　代	出　　處	依　　據
2329	禽殷	23	04041	周公攝政六年	何幼琦 1983b：頁 82	
				成王三年	馬承源 1983（2002）：頁 236	銘文内容。
				武王	高木森 1986：頁 35	書法風格。
				成王	馬承源等 1988：頁 18 器 27	銘文記事與《書序》成王踐奄相合。"禽"爲伯禽。
				西周前期	辭典 1995：頁 104 器 366	
				武王	高木森 1997：頁 370	鑄於伐奄前夕，是時武王未崩。字體。
				成王	王世民等 1999：頁 61 簋 16	禽即伯禽。
				成王	杜勇 2002：頁 7-13	銘中所記"伐楚"非昭王南征荆楚或周公伐奄，而是成王東進伐中原楚國。
				成王初年	劉啓益 2002：頁 66	禽即伯禽，奎侯即奄侯，記周公東征事。形制承襲殷式。
				武王	王永波 2003：頁 29-30	據《孟子·滕文公》《韓非子·説林》，伐奄之事爲武王克商時事。伯禽在成王元年封爲魯侯，該銘伯禽職司太祝而未稱魯侯，早於成王元年。
				成王	彭裕商 2003：頁 216、42	成王平叛時器。
				成王	張懋鎔 2006a：頁 210	成王時標準器。
				成康	吳鎮烽 2006：頁 345	禽，西周成康時人，周公旦長子。
				成康	朱鳳瀚 2009：頁 1260	
				成王	葉正渤 2010a：頁 208	
2330	易㐭殷 小臣簋、 三家敦	23 （又合 文 1）	04042- 04043	西周早期	集成 2007（3）：頁 2563	
				西周中期	馬承源等 1988：頁 265 器 369	*04043。
				西周早期後段	吳鎮烽 2006：頁 229	易旁，西周早期後段人。
2331	御正衛殷 衛彝、衛 簋、懋父 簋	23	04044	西周早期	集成 2007（3）：頁 2564	
				成王四年	吳其昌 1929（2004）：頁 116	曆日與《曆譜》之成王四年密合。
				成王	郭沫若 1935（2002）：頁 66	"懋父"即成王器小臣謎殷（04238）之"伯懋父"。
				成王	容庚 1941（2008）：頁 34、頁 262 簋 70	"懋父"即成王時小臣遯簋（04238）之"伯懋父"。
				成康	白川靜 1966：頁 746-748 器 65	

續表

序號	器 名	字數	銘文著録	時 代	出 處	依 據
2331	御正衛毀衛彝、衛篡、懋父篡	23	04044	成王	陳夢家 1966(2004):頁 34	"懋父"見於成王時召尊(06004)、小臣宅簋(04201)、吕行壺(09689),康王時旅鼎(02809)。
				康王	白川靜 1975(1997):頁 254	伯懋父見於康王時𣄰尊(06004)、𣄰卣(05416)。
				昭王	唐蘭 1976—1978(1986):頁 247	
				昭王	唐蘭 1981:頁 39	
				成王十一年(或昭王)	丁驌 1985:頁 21	曆日。
				昭王	馬承源等 1988:頁 84 器 122	"懋父"即"伯懋父",見小臣謎簋(04238),但紋飾及銘文風格較晚,故定於昭王。
				康王前後	王世民等 1999:頁 62 簋 18	懋父即伯懋父,見於吕行壺(09689)、召尊(06004)等器。
				穆王	彭裕商 2001:頁 226	據形制、紋飾、字體,可置於穆王時。"伯懋父"即昭穆時祭公謀父。
				穆王	劉啓益 2002:頁 220	形制近穆王時競簋(04134)。
				穆王	彭裕商 2003:頁 326	器形、紋飾、字體屬穆王時。"伯懋父"爲昭穆時人,參小臣宅簋(04201)。
				昭王	張懋鎔 2005a:頁 22	腹部傾垂,字體較晚。形制、紋飾有較早現象,可用"兩系説"解釋。
				昭穆	張懋鎔 2006:頁 189	銘文字形書體及其他。
				西周早期前段	吳鎮烽 2006:頁 320	御正衛,西周早期前段人。
				昭王	張懋鎔 2008:頁 345	
				穆王	王帥 2008:頁 43	字形書體。
2332	雁侯毀應侯簋	23(又重文2)	04045	西周中期	集成 2007(3):頁 2564	
				西周中期	馬承源等 1988:頁 254 器 364	
				西周中期	吳鎮烽 2006:頁 412	應侯,西周中期人。
2333	燮毀燮簋、燮乍宫中念簋	23	04046	西周中期	集成 2007(3):頁 2564	
				孝王十四年	吳其昌 1929(2004):頁 337	日辰與《曆譜》孝王十四年密合。夷王名"燮",此爲未即位時作器。

續表

序號	器　名	字數	銘文著錄	時　代	出　處	依　據
2333	燮毁 燮簋、燮乍宫中念簋	23	04046	懿王	陳夢家 1966（2004）：頁 203	以旅爲旂，同懿王時白晨鼎（02816）、爾季鼎（02781）。此燮或爲夷王爲太子時之器。
				懿王	丁驌 1985：頁 41	曆日。
				西周中期	吳鎮烽 2006：頁 414	燮，西周中期人。
2334	陕貯毁 㚤貯簋、周般敦、陕貯敦、啓貯敦	23	04047	西周中期	集成 2007（3）：頁 2564	
				孝王	吳其昌 1929（2004）：頁 331	"東宫"在懿、孝間。
				孝王	郭沫若 1935（2002）：頁 218	
				成王	陳夢家 1966（2004）：頁 26 器 12 附	西周初期，殷同姓之巢叛服無常。
				昭王	白川靜 1966c：頁 102–106 器 81 附	
				穆王	唐蘭 1976—1978（1986）：頁 389	
				西周早期	馬承源等 1988：頁 103 器 160	
				西周中期	張懋鎔 2002d：頁 111	
				西周早期後段	吳鎮烽 2006：頁 332	鼓眔，西周早期後段人。
2335	瑏伐父毁	23 （又重文2）	04048– 04050	西周晚期	集成 2007（3）：頁 2564	
				厲王或稍晚	趙學謙 1963：頁 576	花紋、銘文近函皇父簋（04141）、叔向父簋（03852）。
				西周中晚期	尚志儒、吳鎮烽、朱捷元 1978：頁 25	形制，紋飾。
				西周晚期	陝西 1980（2）：頁 22 器 169	*04050。
				西周末年	付升岐 1984：頁 38	形制，紋飾。
				宣王前後	周原 B1985：頁 17	形制與白吉父簋（04035）、函皇父簋（04141）全同。
				西周後期	辭典 1995：頁 117 器 409	
				西周晚期	曹瑋等 2005（5）：頁 1045	
				西周晚期	張懋鎔 2006a：頁 229	
				西周晚期	吳鎮烽 2006：頁 209	周我父，西周晚期人。
2336	曾伯文毁	23 （又重文2）	04051– 04053	西周晚期	集成 2007（3）：頁 2564	
				西周末春秋初	鄂兵 1973：頁 22–23	據紋飾和器形在兩周之交。伴出黄國銅器，黄國春秋僖公十二年滅於楚，這批器不晚於春秋初年。
				西周晚期	馬承源等 1988：頁 331 器 471	
				西周晚期	楊寶成 1989：頁 132	伴出器形制、紋飾、字體。

序號	器 名	字數	銘文著錄	時 代	出 處	依 據
2336	曾伯文殷	23（又重文2）	04051－04053	西周晚期	楊寶成 1991：頁 15-16	同墓銅器群的組合、器形、紋飾和銘文判斷，當屬西周晚期。
				西周晚期	彭裕商 2003：頁 494	出土地、器形皆同屬宣之際曾仲大父盨簋（04203），紋飾相近，字體略晚。
				西周晚期	吳鎮烽 2006：頁 327	曾伯文，西周晚期人。
2337	曾大保殷	存 20	04054	春秋早期	集成 2007（3）：頁 2564	
				西周中晚期	隨州 A1984：頁 512	形制，紋飾，風格特徵。
				西周晚期	劉彬徽 1986：頁 247	
				春秋早期	楊寶成 1989：頁 132	伴出器形制、紋飾、字體。
				西周晚期	吳鎮烽 2006：頁 325	曾大保，西周晚期人。
2338	鄧公殷蓋	23	04055	春秋早期	集成 2007（3）：頁 2564	
				西周晚期	吳鎮烽 2006：頁 387	夆公，西周晚期人。
2339	叔噩父殷	蓋23、器8	04056－04058	西周晚期	集成 2007（3）：頁 2565	
				懿王	曹淑琴 1993：頁 61	器形，紋飾。
				西周中期	李學勤、艾蘭 1995：頁 345 器 107	*04058。
				西周晚期	吳鎮烽 2006：頁 199	叔噩父，西周晚期人。
2340	琱我父簋蓋	23（又重文2）	近出 0472－0474	西周晚期	近出 2002（二）：頁 353-355	
2341	潶司徒送殷 潶嗣土送簋、康侯簋	24	04059	西周早期	集成 2007（3）：頁 2565	
				武王	容庚 1941（2008）：頁 30	武王克商而封康叔於衛時事。
				成王	白川靜 1962c：頁 141-166 器 14	
				成王	陳夢家 1966（2004）：頁 11	封康叔於衛在成王伐商後，相關記載見於《左傳·定公四年》《逸周書·作雒篇》《史記·衛世家》。以"圖"爲康侯之字。形制花紋上承殷制，耳上獸角是周初特色。
				周公攝政	唐 蘭 1976—1978（1986）：頁 27	王是成王，商邑是大邑商，康侯即康叔封。
				成王	盛冬鈴 1983：頁 46	"康侯豐"即《康誥》《左傳·定公四年》《逸周書·作雒》《史記·衛世家》之康叔封，封於成王平定武庚之亂後。

續表

序號	器 名	字數	銘文著録	時 代	出 處	依 據
2341	濬司徒送簋 濬嗣土送簋、康侯簋	24	04059	周公攝政二年	何幼琦 1983b：頁 82	
				成王四年	馬承源 1983（2002）：頁 236	銘文内容。
				武王	高木森 1986：頁 32	所記爲二次伐商，當時武王尚在。
				成王	馬承源等 1988：頁 19 器 31	"令康侯畱于衛"與《尚書大傳》成王"四年建侯衛"事相符。
				西周早期	青全 1997（6）：頁 30 器 30	
				成王	王世民等 1999：頁 58 簋 7	由銘文知爲成王封康叔於衛時器。
				成王初年	劉啓益 2002：頁 68	記成王時封康叔於衛，與文獻同。形制承襲殷式，亦有周初特色。
				成王	彭裕商 2003：頁 216、40	指成王平息武庚、三監叛亂後封康叔於衛之事。
				周公攝政	陳公柔 2004：頁 167	"王"指周公。
				成王	張懋鎔 2006a：頁 211	"王來伐商邑"指成王伐商事。文字書體也可證該器銘康侯即康侯豐。
				成王（含周公攝政）	王輝 2006：頁 40	
				西周早期	吳鎮烽 2006：頁 278	送，西周早期人。
				成康	朱鳳瀚 2009：頁 1260	
				成王	葉正渤 2010a：頁 207	
2342	不壽簋	24	04060	西周中期	集成 2007（3）：頁 2565	
				昭王三十三年	吳其昌 1929（2004）：頁 260	曆朔與《曆譜》昭王三十三年密合。"王姜"見於昭王時夐卣（05407）等器，"太宫"即牧殷（04343）之"太室"，同殷（04271）之"太廟"，趩鼎之"太朝"。
				康王	唐蘭 1962：頁 32	造型、字體書法。人物"王姜"見於令簋（04300）。
				成王	白川静 1963：頁 252–254 器 23 附	
				共王	陳夢家 1966（2004）：頁 176	形制，紋飾。
				成王後期到康王後期	方善柱 1977：頁 5	王姜爲武王妃。

續表

序號	器 名	字數	銘文著錄	時 代	出 處	依 據
2342	不壽殷	24	04060	昭王	唐蘭 1976—1978（1986）: 頁 281	
				穆王	劉啓益 1980a: 頁 85	字體。"王姜"爲穆王妃。
				昭王初期	唐蘭 1981: 頁 23	銘文書法。
				昭王	高木森 1986: 頁 56	"王姜"爲康王妃，康昭時人。據形制，該器當在昭王時。
				昭王	馬承源等 1988: 頁 79 器 113	
				西周中期	王世民等 1999: 頁 70 簋 33	據所飾竊曲紋。
				穆王	劉啓益 2002: 頁 212	紋飾、字體皆不早於昭王，"王姜"即戍方鼎甲（02789）之"王俎姜"，後者在穆王時。
				西周中期	賈洪波 2003: 頁 6	飾竊曲紋。
				西周早期後段	吳鎮烽 2006: 頁 44	不壽，西周早期後段人。
				西周中期偏早	張懋鎔 2008: 頁 345	
2343	畢鮮殷 畢鮮敦蓋、畢鮮乍皇且益公敦	24 （又重文 2）	04061	西周中期	集成 2007（3）: 頁 2565	
				康王	吳其昌 1929（2004）: 頁 176	"益公"見於康王時戔白毀（04331）、益公鐘（00016）等。
				夷王	唐蘭 1976—1978（1986）: 頁 502	
				孝夷	吳鎮烽、王東海 1980: 頁 65	祖"益公"爲恭懿時人，參王臣簋（04268）。其孫子輩當在孝夷時。
				懿孝	唐復年 1983: 頁 34–35	祖父"益公"爲共懿時人，參五年師旋簋（04216）。
				孝王	馬承源等 1988: 頁 230 器 315	
				西周晚期	吳鎮烽 2006: 頁 314	畢鮮，西周晚期人。
2344	㲃叔㲃姬殷 内叔䵼父簋、芮叔䵼父簋	24 （又重文 2）	04062-04067	西周晚期	集成 2007（3）: 頁 2565	
				西周晚期	盧連成、羅英傑 1981: 頁 132	
				西周晚期	陝西 1984（4）: 頁 19 器 127–132	
				西周中期	馬承源等 1988: 頁 257 器 371	*04063。
				西周晚期	陳公柔 1989: 頁 211	
				宣王	彭裕商 2003: 頁 470	器形，紋飾，字體。
				西周晚期	吳鎮烽 2006: 頁 363	㲃叔，西周晚期人，㲃國公族，夫人爲㲃姬。
2345	内叔䵼父殷	蓋 24 器 20	04065-04067	西周晚期	集成 2007（3）: 頁 2565	
				西周晚期	盧連成、羅英傑 1981: 頁 132	

續表

序號	器 名	字數	銘文著録	時 代	出 處	依 據
2345	内叔鑪父 簋	蓋 24 器 20	04065– 04067	西周晚期	陝西 1984（4）：頁 18 器 124–126	
				西周中期	馬承源等 1988：頁 249 器 354	*04067。
				西周後期	辭典 1995：頁 117 器 406	
				宣王	彭裕商 2003：頁 470	器形、紋飾、字體。
				西周晚期	吳鎮烽 2006：頁 53	内叔鑪父，西周晚期人， 字鑪父，芮國公族。
				西周晚期	張懋鎔 2008a：頁 47–49	
2346	叔㿝父簋	24 （又重 文 2）	04068– 04070	西周晚期	集成 2007（3）：頁 2566	
				西周晚期	吳鎮烽 2006：頁 197	叔㿝父，西周晚期人。
2347	孟姬洅簋	24	04071– 04072	西周晚期	集成 2007（3）：頁 2566	
				西周晚至 春秋初	襄樊 A1986：頁 20	
				西周晚期	劉彬徽 1992：頁 182	器形，紋飾。
				西周晚期	吳鎮烽 2006：頁 218	孟姬洅，西周晚期姬姓婦 女。
2348	叔氏簋 鸞休簋	24 （又重 文 1）	近出 0475、 新收 0899	西周晚期	近出 2002（二）：頁 356	
				西周晚期	新收 2006：頁 656	
				西周末年	山西·北京 1994b：頁 19	
				西周晚期	青全 1997（6）：頁 43 器 43	
				未	劉啓益 1998：頁 101–103	休，是晉孝侯平。
				宣王	王世民等 1999：頁 82 簋 56	出自晉侯墓 M64，該墓 爲晉侯邦父之墓，年代爲 宣王時期，但此簋所飾直 棱紋及方座形制，近癲盨 （04462），或爲前期遺物。
				前 793 年 後	朱鳳瀚 2000：頁 192–198	
				宣王	徐天進 2000：頁 335–337	墓葬。
				孝夷	張懋鎔 2002d：頁 109	
				未	唐友波 2002：頁 366–370	叔氏與晉叔家父及晉穆侯 爲兄弟行。
				未	李伯謙 2002：頁 31	據出土器物的特徵，M64 在西周晚期晚段。
				西周中晚 期	許傑 2002：頁 94	形制，紋飾。
				西周晚期	張長壽 2002：頁 77	據出土器物，M64 在西周 晚期。
				西周晚期	吳鎮烽 2006：頁 443	鸞休，西周晚期人。
				未	朱鳳瀚 2009：頁 1449	墓葬年代當西周晚期偏晚。

續表

序號	器名	字數	銘文著録	時代	出處	依據
2349	伯鯀毀	25（又重文2）	04073	西周早期	集成 2007（3）：頁 2566	
				西周前期	容庚 1941（2008）：頁 264 簋 89	
				西周中期	吳鎮烽 2006：頁 158	伯樤，西周中期人。
2350	逌毀 遪簋	25（又重文2）	04074-04075	西周晚期	集成 2007（3）：頁 2566	
				西周晚期	吳鎮烽 2006：頁 342	遪，西周晚期人。
2351	敔簋	25（又重文2）	近出附25、近二附録	西周晚期	近出 2002（四）：頁 305 附 25	
				西周中期	近二 2010（四）：頁 322	
				西周中晚期之際	河南 C1992：頁 102	形制，紋飾，製作及作器人。
				厲王	王龍正 1995：頁 68	與十月敔簋（04323）器主相同，後者爲厲王時器。
				夷厲	夏麥陵 1998：頁 137	該形制流行於西周中晚期。所出墓葬大體在夷厲時。
2352	奢毀 奢簋	26	04088	西周早期	集成 2007（3）：頁 2567	
				成王	陳夢家 1966（2004）：頁 69	
				昭王	白川靜 1966a：頁 807-810 器 72 附	
				康王	唐蘭 1976—1978（1986）：頁 192	"蒡京"疑康王時所創。
				西周早期	吳鎮烽 2006：頁 283	奢，西周早期人。
2353	事族簋	26（又重文2）	04089	西周晚期	集成 2007（3）：頁 2567	
				西周晚期	吳鎮烽 2006：頁 192	事族，西周晚期人。
2354	叔皮父毀	26（又重文1）	04090	西周晚期	集成 2007（3）：頁 2567	
				西周晚期	吳鎮烽 2006：頁 195	叔皮父，西周晚期人。
2355	伯樤盧毀 伯樤盧簋	26（又重文2）	04091-04094	西周晚期	集成 2007（3）：頁 2568	
				西周晚期	程長新、張先得 1980：頁 61	形制，花紋，銘文字體。*04094。
				西周晚期	吳鎮烽 2006：頁 158	伯樤盧，西周晚期人。
2356	食生走馬谷毀	26	04095	西周晚期	集成 2007（3）：頁 2568	
				西周晚期	吳鎮烽 2006：頁 236	食生走馬谷，名谷，字食生，西周晚期人。
2357	晉侯斷簋	26	近出 0476-0477；近二 0418、新收 0865-0867	西周晚期	近出 2002（二）：頁 358-359	
				西周中期	近二 2010（二）：頁 81	*近二 0418。
				西周晚期	新收 2006：頁 636	
				未	李朝遠 1993：頁 232	晉侯斷即晉文侯仇。

續表

序號	器名	字數	銘文著錄	時代	出　處	依　據
2357	晉侯𩵦簋	26	近出 0476-0477；近二 0418、新收 0865-0867	宣王	山西·北京 1994a：頁 23	同出器主晉侯穌即史載晉獻侯籍，參考出土器物的特徵，晉侯熙可能是晉穆侯，當周宣王時。* 近出 0477。
				未	張頷 1994：頁 33-34	𩵦（匹），即晉文侯仇之別稱。
				未	裘錫圭 1994：頁 35-41	該晉侯名可讀爲斯，即晉獻侯穌之字。
				宣王	李學勤 1995：頁 160-170	晉侯熙，即晉獻侯之字。據《史記》在宣王時。
				未	李裕民 1996：頁 204-207	該晉侯名可讀爲熙，即晉穆侯之名。
				未	林聖傑 1997：頁 371	該晉侯名可讀爲咎，即晉靖侯宜臼。
				西周中期	青全 1997（6）：頁 42 器 42	近出 0477。
				未	馮時 1997	晉侯匹與晉侯對系一人，即晉釐侯。
				未	李伯謙 1998：頁 118	穌，即晉獻侯籍；𩵦，即斯字，晉獻侯字。
				未	黃錫全 1998：頁 151	晉侯𩵦，即晉釐侯司徒。
				共和至宣王	劉啓益 1998：頁 102	晉侯𩵦，即晉釐侯司徒，當共和二年至宣王五年時。
				厲王前後	王世民等 1999：頁 82 簋 55	出自晉侯墓地 M8，該墓爲晉侯穌之墓，此簋或爲先君之器，應爲厲王前後。
				西周晚期中葉	朱鳳瀚 2000：頁 192-198	𩵦即釐侯司徒。
				宣王	徐天進 2000：頁 335-337	墓葬。
				未	陳秉新 2001：頁 82-83	𩵦，即晉釐侯司徒。
				夷厲	張懋鎔 2002d：頁 109	
				未	陳松長 2002：頁 298-302	該晉侯名可認爲"所"字，即晉獻侯穌的同音字。
				未	何琳儀 2002：頁 289-295	該晉侯名可認爲"斯"，晉釐侯司徒之字。
				未	李伯謙 2002：頁 31	據出土器物的特徵，M8 在西周晚期晚段。
				宣王	彭裕商 2002a：頁 318	據器形、紋飾及銘文内容，該器在宣王時。晉侯𩵦是晉獻侯。

續表

序號	器名	字數	銘文著録	時代	出處	依據
2357	晉侯斷簋	26	近出0476–0477；近二0418、新收0865–0867	西周晚期偏晚	許傑 2002：頁 94	形制，紋飾。
				西周晚期	陳佩芬 2004：頁 470 器 385	* 近出 0477。
				西周中期	吴鎮烽 2006：頁 254	斷，西周中期人，名斷，晉國國君。
				西周晚期	朱鳳瀚 2009：頁 1449	墓葬年代當西周晚期偏晚約宣王時。
2358	[illegible]毁 窸簋、師眉簋、周窸簋、𡰥毁	27（又合文 1）	04097	西周中期	集成 2007（3）：頁 2568	
				成王	吴其昌 1929（2004）：頁 139	"𡰥"即成王時中尊（06514）等器之"南宫毛"。
				西周中期	馬承源等 1988：頁 236 器 327	
				西周中期	彭裕商 2003：頁 379	參師眉鼎（02705）。
				西周中期	陳佩芬 2004：頁 305 器 322	
				西周中期前段	吴鎮烽 2006：頁 244	眉能王，西周中期前段人。
2359	[illegible]毁 𡗜簋、𡚬簋	27（又重文 2）	04098	西周中期	集成 2007（3）：頁 2568	
				西周中期	吴鎮烽 2006：頁 370	𡚬，西周中期人。
2360	㝬毁	27（又合文 1）	04099	西周中期	集成 2007（3）：頁 2568	
				昭王	陳夢家 1966（2004）：頁 137	字體近令簋（04300）。瓦紋較𨽍簋（04192）、無㠱簋（04225）、友簋（04194）、遹簋（04207）早。賞賜物同周初及穆王後不同。
				穆王	唐蘭 1976—1978（1986）：頁 328	"伯氏"可能是"伯懋父"，即祭公謀父，昭穆之際人。
				西周中期	彭裕商 2003：頁 381	據器形、紋飾、字體、常用語推測在西周中期。
				西周中期	吴鎮烽 2006：頁 392	㝬，西周中期人。
2361	生史毁	27	04100–04101	西周中期	集成 2007（3）：頁 2568	
				穆共	陝西 F1986：頁 65	器型同 1954 年普渡村長囟簋（03581），長尾鳥紋爲穆、共時期常見。*04101。
				三期（穆共）	盧連成、胡智生 1988a：頁 513–521	墓葬。
				西周中期	曹瑋等 2005（8）：頁 1669、1673	
				穆王	張懋鎔 2006a：頁 227	
				西周中期前段	吴鎮烽 2006：頁 94	生史，西周中期前段人。
				懿王至夷王	朱鳳瀚 2009：頁 1301–1309	墓葬。

序號	器 名	字數	銘文著錄	時 代	出 處	依 據
2362	仲觑父毁	27（又重文 2）	04102–04103	西周中期	集成 2007（3）: 頁 2568	
				孝末夷初	陳夢家 1966（2004）: 頁 225 器 159 附	與白頵父鼎（02649）器主爲兄弟，後者爲孝末夷初器。
				西周中期	吳鎮烽 2006: 頁 123	仲觑父，西周中期人。
2363	賢毁 賢彝、衛 公叔簋	27	04104–04106	西周中期	集成 2007（3）: 頁 2569	
				不早於春秋襄公	楊樹達 1943c（1997）: 頁 63–64	據《左傳·襄公二十九年》《論語疏》引《世本》，公叔戌始爲公叔氏，該器不早於春秋襄公。
				成康	陳夢家 1966（2004）: 頁 87	"公叔初見于衛"，可能即衛康叔。
				成王	唐 蘭 1976—1978（1986）: 頁 118	該銘記康伯初次作衛侯時，他的弟弟公叔初次去衛，賢爲公叔子。
				西周中期	馬承源等 1988: 頁 247 器 350	*04105。
				成王	李仲操 1991: 頁 130	
				西周中期偏早	王世民等 1999: 頁 67 簋 24	器形。
				西周中期偏早	張經 2002: 頁 38	器形，銘文字體。*04105。
				西周中期	陳佩芬 2004: 頁 327 器 332	*04104、04105。
				西周中期	吳鎮烽 2006: 頁 373	賢，西周中期人。
2364	豐伯車父毁	27	04107	西周晚期	集成 2007（3）: 頁 2569	
				西周晚期	吳鎮烽 2006: 頁 416	豐伯車父，西周晚期人，字車父。
2365	叔□孫父毁 叔繇父簋	27（又重文 2）	04108	西周晚期	集成 2007（3）: 頁 2569	
				西周晚期	吳鎮烽 2006: 頁 200	叔繇父，西周晚期人。
2366	内伯多父毁 芮伯敦、芮伯多父簋	27（又重文 2）	04109	西周晚期	集成 2007（3）: 頁 2569	
				西周晚期	馬承源等 1988: 頁 350 器 514	
				西周晚期	吳鎮烽 2006: 頁 53	内伯多父，西周晚期人，字多父，芮國國君。
2367	魯士商觑毁 魯士敦	27（又重文 2）	04110–04111	西周晚期	集成 2007（3）: 頁 2568	
				西周晚期	馬承源等 1988: 頁 338 器 488	
				西周晚期	彭裕商 2003: 頁 501	器形，紋飾，字體。
2368	伯榮父簋	存 27	近二 0419	西周晚期	近二 2010（二）: 頁 82	
				西周晚期	陝西 1980（3）: 頁 21 器 135	
				西周晚期	曹瑋等 2005（10）: 頁 2137	

續表

序號	器　名	字數	銘文著録	時　代	出　　處	依　　據
2369	公簋 公作敢簋	27	新收 0074	西周中晚期	新收 2006：頁 66	
				西周中期	青全 1997（6）：頁 91 器 93	
				夷厲	王龍正、王聰敏 2000：頁 43	同人作鼎（新收 0075）與散伯車父鼎、禹鼎相似，兩者皆夷厲時器。
2370	命殷 鹿敦	28	04112	西周早晚期	集成 2007（3）：頁 2569	
				厲王十六年	吳其昌 1929（2004）：頁 395	"王在華"見於厲王十四年之痶殷（04202）。字體極肖敔殷（03827）。日辰合於《曆譜》厲王十六年。
				西周前期	容庚 1941（2008）：頁 264 簋 88	
				西周初中期（約昭穆）	中科院 1962：頁 45A233	
				昭王	白川靜 1966a：頁 840–842 器 76	
				穆王	唐蘭 1976—1978（1986）：頁 337	形制，紋飾。
				西周早期	馬承源等 1988：頁 89 器 132	
				西周中期	王世民等 1999：頁 70 簋 32	器形。
				穆王早期	彭裕商 2003：頁 327	據器形、紋飾、字體推之在穆王早期。
				西周中期前段	吳鎮烽 2006：頁 207	命，西周中期前段人。
2371	井南伯殷	28 （又重文 2）	04113	西周中期	集成 2007（3）：頁 2569	
				西周中期	馬承源等 1988：頁 252 器 361	
				西周中期偏晚	王世民等 1999：頁 100 簋 92	器形。
				西周中期	陳佩芬 2004：頁 331 器 333	
				西周中期	吳鎮烽 2006：頁 83	丼南伯，西周中期人。
2372	仲辛父殷	28 （又重文 1）	04114	西周中期	集成 2007（3）：頁 2569	
				西周中期	吳鎮烽 2006：頁 164	辛父，西周中期人。
2373	有嗣簡簋蓋	28	近二 0420、新收 0736	西周晚期	近二 2010（二）：頁 83	
				西周晚期	新收 2006：頁 537	
				西周晚期	周曉陸 2004：頁 95	紋飾，銘文風格。
				西周晚期	吳鎮烽 2006：頁 113	有司簡，西周晚期人。
2374	伯戜殷 西宫敦	29 （又重文 2）	04115	西周中期	集成 2007（3）：頁 2569	
				宣王	吳其昌 1929（2004）：頁 469	

序號	器 名	字數	銘文著錄	時 代	出 處	依 據
2374	伯戜簋 西宮敦	29 （又重 文2）	04115	穆王	郭沫若 1935（2002）：頁 141	父考"釐王"即穆王時彔 戜卣（05420）之父考"乙 公"，作器者相同。
				昭穆	白川 靜 1967：頁 206–208 器 91 附	
				穆王	扶風 A1976：頁 55、60	與伯戜器作器者爲同一 人。父、祖名不同，當是 同輩兄弟行。
				穆王	唐 蘭 1976—1978（1986）：頁 395	
				穆王	馬承源等 1988：頁 119 器 181	
				穆王	金信周 2002：頁 251	
				西周中期 前段	吳鎮烽 2006：頁 156	伯戜，西周中期前段人。
2375	師害毁	29 （又重 文2）	04116– 04117	西周晚期	集成 2007（3）：頁 2569	
				孝王	陳夢家 1966（2004）：頁 225 器 160 附	形制同害簋（04258）、繭 簋（04195）。
				西周晚期	吳鎮烽 2006：頁 262	師害，西周晚期人。
2376	宴毁	29 （又重 文3）	04118– 04119	西周晚期	集成 2007（3）：頁 2570	
				西周晚期	吳鎮烽 2006：頁 275	宴，西周晚期人。
2377	眚仲之孫 毁	29 （又重 文3）	04120	春秋早期	集成 2007（3）：頁 2570	
				西周晚期	吳鎮烽 2006：頁 258	眚仲，西周晚期人。
2378	應姚簋	29	近二 0421、 新收 0058	西周晚期	近二 2010（二）：頁 84	
				西周晚期	徐錫臺 1998：頁 351–352	形制，紋飾，銘文字體書 鑄風格。
				西周晚期 偏早	婁金山 2003：頁 93	伴出銅器與平頂山應國墓 M95 出土銅器形制相似， 亦爲西周晚期偏早階段。
				五 期（屬 宣幽）	朱鳳瀚 2009：頁 1354	形制。
2379	焂毁 榮簋、艾 簋、 榮 彝、周錫 貝彝	30	04121	西周早期	集成 2007（3）：頁 2570	
				昭 王（或 康王）	郭沫若 1931：頁 79–97	參周公毁（04241）。
				成康	白川 靜 1965b：頁 614–617 器 59 附	
				康王	陳夢家 1966（2004）：頁 126	人物榮見於康王時盂鼎 （02837）、井侯簋（04241） 和昭王時麸簋（04192）， 而形制同成王時宜侯矢 簋，故定爲昭王。

序號	器 名	字數	銘文著錄	時 代	出 處	依 據
2379	焚殷 榮簋、艾簋、 榮彝、周錫貝彝	30	04121	康王前期	唐 蘭 1976—1978（1986）：頁163	"榮"見於井侯簋（04241）、盂鼎（02837），皆康王時器。
				西周初期	杜廼松 1982：頁 91	紋飾保持商風格，四耳的形制爲周初常見。
				昭王	馬承源等 1988：頁 84 器 123	
				晚於成王	王永波 1999：頁 47–48	晚於夨令組銅器，彼爲成王時。
				康王	劉啓益 2002：頁 116	"榮"見於康王時大盂鼎（02837）。形制似宜侯夨簋（04320）。
				穆王	彭裕商 2003：頁 321	人物"榮"亦見於穆王時肆簋（04192）。字體近穆王時豐器。
				昭穆	張懋鎔 2008：頁 344	
2380	录作辛公殷 录簋	30 （又重文2）	04122	西周中期	集成 2007（3）：頁 2570	
				宣王元年	吳其昌 1929（2004）：頁 461	此"录"即宣王時录伯夨卣（05419）之"录伯夨"。
				穆王	郭沫若 1935（2002）：頁 141	同人作录夨卣（05420），穆王時。
				成王	容 庚 1941（2008）：頁 34、頁264 簋 81	
				昭穆	白川靜 1967：頁 198–208 器 91	
				穆王	扶風 A1976：頁 55、60	與伯夨器作器者爲同一人。父、祖名不同，當是同輩兄弟行。
				穆王	唐 蘭 1976—1978（1986）：頁 396	
				穆王	李學勤 1980：頁 37	
				穆王	馬承源等 1988：頁 114、118–119	
				未	汪中文 1990：頁 43–48	"伯夨""录""录伯夨"非同一人。
				穆王	劉啓益 2002：頁 213	"伯雍父"即伯雍父盤（10074）之"伯雍父"，後者在穆王時。形制近穆王器。
				穆王	彭裕商 2003：頁 302	記伐淮夷事。
				穆王	張懋鎔 2006a：頁 215	录伯夨和師雍父爲同一人，是穆王時東征淮夷的主將。字形書體亦相合。
				西周中期前段	吳鎮烽 2006：頁 219	录，西周中期前段人。
				穆王	張懋鎔 2008：頁 346	

續表

序號	器　名	字數	銘文著錄	時　代	出　　處	依　　據
2381	妊小殷	30（又重文2）	04123	西周晚期	集成2007（3）：頁2570	
				西周中期（約夷王）	中科院1962：頁47A239	
				宣王	陳夢家1966（2004）：頁332	銘文中的"白"即宣王時異伯鼎（04443）之異白。
				西周晚期	吳鎮烽2006：頁175	妊小，西周晚期人。
2382	尌仲殷蓋仲簋蓋	30（又重文2）	04124	西周晚期	集成2007（3）：頁2570	
				西周晚期	吳鎮烽2006：頁307	尌仲，西周晚期人。
2383	大殷蓋	30	04125	西周晚期	集成2007（3）：頁2570	
				厲王十五年	劉雨1997：頁247	
				西周晚期	吳鎮烽2006：頁19	大，西周晚期人。
2384	椒季殷散季簋、寶敦、周椒季簋、散季盨	30（又重文2）	04126	西周晚期	集成2007（3）：頁2570	
				康王四年	吳其昌1929（2004）：頁171	曆日合於《曆譜》康王四年。
				孝王四年	董作賓1952：頁695	曆法。
				孝王四年	董作賓1959（1977）：頁55	曆法。
				厲王四年	何幼琦1982：頁112	曆法。
				厲王	丁驌1985：頁49	曆日。
				夷王四年	劉雨1997：頁247	
				康王	黎東方1997：頁230	
				孝王四年	斷代工程2000：頁32	排西周金文曆譜。
				夷王	張懋鎔2002：頁33	
				夷王	劉啓益2002：頁353	朔日與夷王四年散伯車父鼎（02697）全同。
				宣王	彭裕商2003：頁448	器形同宣王時散車父簋（03881），日辰合於鼎（02697）。
				孝王四年	朱鳳瀚2004：頁6	
				西周晚期	吳鎮烽2006：頁310	散季，西周晚期人。
				孝王	朱鳳瀚2009：頁1222	曆日。
2385	鴌簋	31	首陽26	西周早期	首陽2008：頁83 器26	
				周初	朱鳳瀚2009：頁1381	
2386	□叔買殷	31（又重文2）	04129	西周晚期	集成2007（3）：頁2571	
				西周晚期	吳鎮烽2006：頁317	勇叔買，西周晚期人。
2387	敓叔殷蓋	31（又重文2）	04130	西周晚期	集成2007（3）：頁2571	
				西周晚期	吳鎮烽2006：頁249	敓叔微，西周晚期人。

序號	器　名	字數	銘文著録	時　代	出　處	依　據
2388	大師小子 齋簋 豢簋	31 （又重 文 2）	近出 0478- 0480、新收 0731-0733	西周晚期	近出 2002（二）：頁 360	
				西周晚期	新收 2006：頁 535	
				西周晚期	王長啓 1990：頁 42	
				西周中期	陳佩芬 2004：頁 319 器 329	
				西周晚期	吳鎮烽 2006：頁 23、47	大師小子齋，西周晚期人。
2389	太師小子 齋簋	31	近二 0422、 新收 1449	西周晚期	近二 2010（二）：頁 85	
				西周中期	新收 2006：頁 1002	
				西周中期 偏晚	陳佩芬 2000：頁 129-131	器形紋飾常見於西周中期偏晚。"大師" 見於西周中期之後的器，春秋時代已少見。銘文字體。
2390	利簋	32	04131	西周早期 （武王）	集成 2007（3）：頁 2571	
				武王	臨潼 A1977：頁 4	
				武王	唐蘭 1976—1978（1986）：頁 8	據《泰誓》"珷王" 爲自稱。
				武王	徐中舒 1980：頁 109	
				武王十二 年	張振林 1981：頁 51	銘文内容。
				武王	黃盛璋 1982：頁 266	該簋作於武王克商即公元前 1111 年。
				武王	盛冬鈴 1983：頁 42	其時諡法未成制度，王號生稱。
				武王元年	馬承源 1983（2002）：頁 235	與《史記·周本紀》對照。
				武王	劉啓益 1984：頁 239	
				武王	高木森 1986：頁 30	作於武王克商後七日。
				武王	吳鎮烽 1987：頁 265	有武王的生稱名號。記武王牧野伐商之事。
				武王	馬承源等 1988：頁 13 器 22	金文 "珷" 特指武王。"甲子朝" 與《牧誓》《世俘解》《周本紀》所記武王伐商決戰的時間一致。
				武王	黃盛璋 1990：頁 35	王號生稱。
				武王	李仲操 1991：頁 130	
				西周前期	辭典 1995：頁 103 器 363	
				武王	青全 1997（5）：頁 46 器 49	
				武王	高木森 1997：頁 369	記武王克商。
				武王	榮孟源 1997：頁 363	曆法。

序號	器 名	字數	銘文著錄	時 代	出 處	依 據
2390	利毁	32	04131	成王早年	彭裕商 1999: 頁 5-6	據文獻記載，武王克商兩年即故去，此間政局未穩，利之鑄器當在武王去世後不久。武王生時無美稱。
				武王	王世民等 1999: 頁 73 簋 39	爲克商後第七日。
				武王	李學勤 1999g: 頁 204-205	"又吏"可讀爲"右史"，簋銘爲見歲星中天而報聞於周武，因此事而受賞。
				武王	劉啓益 2002: 頁 64	銘文内容爲武王克商後第七天。
				武王	張懋鎔 2002d: 頁 109	
				武王	杜勇、沈長雲 2002: 頁 25-26	王號爲死謚，但銘文記事發生在該王之世，可從銘文角度判斷爲該王之世。其鑄作在下一王世，形制、花紋、書體屬下個王世。
				成王	彭裕商 2003: 頁 215	"武王"爲死後之謚。
				西周早期前段	馬承源 2003a: 頁 115 簋 15	器形。
				武王	葉正渤 2006: 頁 198	所述事件至於武王，當事人必爲武王。
				成王初年	張懋鎔 2006a: 頁 210	
				商末周初	吳鎮烽 2006: 頁 3、86、148	又吏利，商末周初人。
				成王	王輝 2006: 頁 34	傾向死謚説。
				武王	黄然偉 2009: 頁 532-538	基於此器的銘文紀年内容、字體結構風格、祭典、地名、文例及器形紋飾，判斷該簋屬西周初期；又西周生稱王號，該簋爲武王時器。
				成王	楊坤 2010	言武王者，稱頌先王。言王賜金，揚美今王。該簋在成王時。
				成王	劉華夏 2010: 頁 65	王號死謚。
				武王	葉正渤 2010: 頁 4、75	所敍事件止於武王，當事人爲武王時期之貴族。銘文記事同《竹書紀年》《武成》《逸周書·世俘》。

續表

序號	器名	字數	銘文著録	時代	出　處	依　據
2391	叔殷史叔隋器、叔卣、叔隋器	32	04132-04133	西周早期	集成 2007（3）：頁 2571	
				成王	王海文 1960：頁 184	銘文。
				康王	唐蘭 1962：頁 20、32	"王姜"爲康王妃。"保"字從"王"，與成王時不同。字體和書法似康王時作册大鼎（02758）。
				成王	白川靜 1962a：頁 77-83 器 6	
				成王	陳夢家 1966（2004）：頁 76	"王禱于宗周"與成王時獻侯鼎（02626）"成王大禱在宗周"應是同時。花紋同成王時禽簋（04041）。
				康王	劉啓益 1978：頁 314-316	"王姜"與太保共見。
				昭王	唐蘭 1976—1978（1986）：頁 217	"王姜"爲昭王妃。"保"字從"玉"，見旅鼎（02728）。賞賜物與作册令方尊（06016）相同。
				成康	陳公柔、張長壽 1980：頁 23-30	據器形及大保所在王世。
				昭王	唐蘭 1981：頁 22	大保"保"字已作"俘"，非成王時。
				康王	高木森 1986：頁 55	"太保"寫法。"王姜"爲康王妃，當康王晚期至昭世。
				康王	吳鎮烽 1987：頁 267-268	"王姜"與太保同見，不晚於康世，是康王妃。
				昭王	馬承源等 1988：頁 78 器 112	*04132。
				成王	殷瑋璋、曹淑琴 1991：頁 7	有 1958 年寶雞五里廟出"叔作寶隮彝"鼎及布倫載奇同銘鼎，兩鼎的形制裝飾可定爲成王時器。本器的"叔""寶隮彝"等字的書體與二鼎相同，當爲同時所作一組器。
				西周後期	辭典 1995：頁 142 器 491	
				成王	杜勇 2001：頁 13	"王姜"見於成王後期令簋（04300）。人物"太保"。
				康王	劉啓益 2002：頁 119	王姜爲康王妃。
				成康之際（成王末年）	杜勇、沈長雲 2002：頁 156、70	花紋屬周初，人物"王姜""太保""荼于宗周"等語可置於成康之際。人物"王姜""太保"見於成王末年矢令簋（04300）。
				康王	彭裕商 2003：頁 241	太保爲成康時人，王姜爲康昭時人，故作於康王時。

序號	器 名	字數	銘文著録	時 代	出 處	依 據
2391	叔毁史叔隋器、叔卣、叔隋器	32	04132-04133	康王	賈洪波 2003：頁 6	"王姜"爲康王妃。
				西周早期後段	吳鎮烽 2006：頁 194	叔，西周早期後段人。
2392	御史競毁競簋	32	04134-04135	西周早期	集成 2007（3）：頁 2571	
				宣王八年	吳其昌 1929（2004）：頁 497	作器者、賞賜者、父名皆同宣王元年薅卣（05425）。"薅"即《常武》之"皇父"。日辰合於《曆譜》宣王八年。
				穆王	郭沫若 1935（2002）：頁 150	
				康王	陳夢家 1966（2004）：頁 120 器 79 附	形制，花紋，人物。
				昭穆	白川靜 1967：頁 162-166 器 87 附	
				穆王	唐蘭 1976—1978（1986）：頁 390	
				穆王	馬承源等 1988：頁 122 器 187	*04134。
				穆王	劉啓益 2002：頁 216	"競"見於穆王時臤尊（06008）。
				穆王	彭裕商 2003：頁 307	與穆王時競卣（05425）同出、同作器者。
				西周中期前段	吳鎮烽 2006：頁 320	御史競，西周中期前段人。
2393	相侯毁殳簋	32	04136	西周早期	集成 2007（3）：頁 2571	
				昭王	唐蘭 1976—1978（1986）：頁 296	
				西周早期	馬承源等 1988：頁 92 器 137	
				昭王	彭裕商 2003：頁 298	
				西周早期	吳鎮烽 2006：頁 78	殳，西周早期人，相侯的屬臣。
				昭王	李學勤 2008d（2010）：頁 179	簋銘文例：記時句式、賞賜物、"奔走事某人"用語。"相侯"與析尊所見爲同一人。
2394	叔妣毁	32（又重文 1）	04137	西周晚期	集成 2007（3）：頁 2571	
				西周中晚期	宗靜航 1993：頁 159	字形。
				西周晚期	吳鎮烽 2006：頁 195	叔妣，西周晚期人。

序號	器 名	字數	銘文著録	時 代	出 處	依 據
2395	楷侯殷蓋方殷、方簠蓋、收侯器蓋	33	04139	西周中期	集成 2007（3）：頁 2571	
				成康	白川靜 1965：頁 527–528 器 51 附	
				康王	陳夢家 1966（2004）：頁 128	"楷侯" 即 "方"，爲畢仲之後之吕伯。
				西周中期	馬承源等 1988：頁 237 器 329	
				穆王	李學勤 2001e：頁 2	該器之楷侯即菁簋（近二 0424）之楷侯，後者爲穆王時器。
				西周早期後段	吳鎮烽 2006：頁 394	楷仲，西周早期後段人。
				穆王前後	張懋鎔 2010b：頁 44	器形，紋飾，字體。
2396	何簋 痾簋、疠簋	33	文物 2009 年 02 期頁 55 圖 2	成王	張光裕 2009：頁 53–56	器形、紋飾具有西周早期特徵。"陳殷" 指平定三監之亂，成王初年事。器主痾與痾尊（06014）之痾爲同一人。
				成王三年	李學勤 2010：頁 1–3	據形制、紋飾爲典型的周初器。"公夷殷" 指周公攝政二年時事，見《尚書大傳》。簋銘 "治三族" 爲宗伯之職，其主要職責是祭祀，同何尊（06014）之何的職事，兩器之何爲同一人。
2397	大保殷	34	04140	西周早期	集成 2007（3）：頁 2572	
				昭王	吳其昌 1929（2004）：頁 222	"太保" 即昭王十年時矢彝（09901）之 "周公子明保"、旅鼎（02728）之 "公太保"、作册大伯鼎（02759）之 "尹太保"。
				成王	郭沫若 1935（2002）：頁 71	
				成王	容庚 1941（2008）：頁 33、頁 264 簋 85	"大保" 即召公。
				周初	楊樹達 1943d（1997）：頁 69–70	器銘文字精整，乃周初之器，所云大保，即召公也。
				成王	白川靜 1962a：頁 58–68	
				成王	陳夢家 1966（2004）：頁 44	太保生稱。耳部形制紋飾近成王時康侯簋（04059）、德簋（03942），暫定成王。太保所征之彔在南土，近楚。

續表

序號	器 名	字數	銘文著錄	時 代	出 處	依 據
2397	大保毀	34	04140	成王	唐 蘭 1976—1978（1986）：頁 80	"太保"之"保"字未从"玉"，當作於成王初期。
				成王初年	陳公柔、張長壽 1980：頁 23-30	結合器形、紋飾，大保自作器當在成王初年。
				周公攝政	高木森 1986：頁 53	太保指召公奭。
				成王	馬承源等 1988：頁 24 器 36	
				成王前期	殷瑋璋、曹淑琴 1991：頁 6、12	"录子耶"即武庚录父。"叀"爲國族名。
				成王	李零 1993：頁 663	
				成王	王世民等 1999：頁 57 簋 3	係太保召公所作。
				成王	劉啓益 2002：頁 78	書體與禽簋（04041）一致，後者在成王時。形制紋飾同成王器。
				成王	彭裕商 2003：頁 217	銘文記載太保受王命出征，如歸康王則嫌太保年事已高，故歸成王。又史書記載成康之世刑措四十年不用，當在成王早年。器形紋飾亦合。
				成王	張懋鎔 2006a：頁 211	王命召公出征，召公當時年事當不高，本器可定爲成王時。
				武成時期	吳鎮烽 2006：頁 22	大傈即太保，又稱公太保、尹太保。此指武、成時期擔任該職的召公奭。
				成康	朱鳳瀚 2009：頁 1260	
2398	函皇父毀周娟毀、函皇父簋	34	04141-04143	西周晚期	集成 2007（3）：頁 2572	
				厲王二十五年	吳其昌 1929（2004）：頁 418	與《詩·十月》同時，《十月》日辰與《曆譜》厲王二十五年合。
				厲王	郭沫若 1935（2002）：頁 279	"函皇父"爲《小雅·十月》之"皇父"，厲王或幽王時。"周娟"者娟姓，非幽王后妃，故當在厲王時。
				幽王	董作賓 1953（1978）：頁 806-811	"皇父""周娟"即《十月》的"皇父""艷妻"。據《西周曆譜》，《十月》詩首的交食在幽王時，該器亦當作於幽王時。
				幽王	李學勤 1959：頁 46	

續表

序號	器　名	字數	銘文著録	時　代	出　　處	依　　據
2398	函皇父殷周娟殷、函皇父簋	34	04141–04143	孝王	陳夢家 1966（2004）：頁 250	器銘與《詩·十月之交》無關。函皇父組器的形制、器銘稱謂屬西周中期後半。已行盤匜之制而稱"盤盉"，當在盉匜的轉變初期。
				夷王	白川靜 1969b：頁 409–416 器 158 附	
				宣王	唐蘭 1976—1978（1986）：頁 517	
				厲王	劉啓益 1980：頁 80–85	形制，人物。
				厲王	吳鎮烽 1987：頁 281	
				幽王	張政烺 1987（2011）：頁 88	傅斯年先生據《小疋（雅）》《周語》以爲該器屬幽王時。以授時曆證之，良確。
				幽王	馬承源等 1988：頁 321 器 451	*04143。
				宣王	沈長雲 1989（2002）：頁 282	函皇父與《大雅·常武》之太師皇父爲一人，宣王時人。《十月之交》日食發生於平王。其"皇父"與該銘之"函皇父"非同一人。
				宣王	彭裕商 2003：頁 475	參函皇父鼎（02745）。
				宣王	張懋鎔 2006a：頁 218	
				西周晚期	吳鎮烽 2006：頁 220	函皇父，西周晚期人。
				厲王	張懋鎔 2008：頁 351	
2399	鯀簋殘底殷	存 36（又重文 1、合文 1）	04146	西周早期	集成 2007（3）：頁 2572	
				西周早期	吳鎮烽 2006：頁 357	鯀，西周早期人。
2400	善夫泐其殷膳夫梁其簋、梁其簋	36（又重文 4）	04147–04151	西周晚期	集成 2007（3）：頁 2572	
				夷王	陳夢家 1966（2004）：頁 277	據梁其所作諸器的形制、花紋，當屬夷王時。
				夷王	白川靜 1969a：頁 397–400 器 157 附	
				厲王	唐蘭 1976—1978（1986）：頁 516	
				夷厲	陳佩芬 1983：頁 23	參梁其鐘（00187）。
				厲王	劉翔 1987：頁 81	同人作梁其鐘、鼎等器，皆屬厲王時。

序號	器　名	字數	銘文著録	時　代	出　　處	依　　據
2400	善夫沏其毀 膳夫梁其簋、梁其簋	36 （又重文 4）	04147– 04151	夷王（或厲王）	馬承源等 1988：頁 274 器 398	*04150。
				西周後期	辭典 1995：頁 114 器 398	
				西周晚期偏早	王世民等 1999：頁 95 簋 80	器形。
				厲王（宣王）	彭裕商 2003：頁 432	參梁其鐘（00187）。
				西周晚期（夷厲）	陳佩芬 2004：頁 477 器 388	參照其他梁其器，時代大約可定在夷厲時期。*04150、04151。
				宣王	張懋鎔 2006a：頁 217	器形，紋飾。
				西周晚期	吳鎮烽 2006：頁 323	善夫梁其，西周晚期人。
2401	夷伯簋 尸伯簋	36 （又重文 2）	近出 0481、 新收 0667	西周中期	近出 2002（二）：頁 363	
				西周中期	新收 2006：頁 497	
				懿孝	周原 B1987：頁 19	“夷伯夷”即尹姞鼎（00754）之“穆公”，穆公又見於益尊（06011）等，皆孝王時器，本器稍早，當懿孝時。
				西周中期（孝王或夷王）	穆海亭、鄭洪春 1987：頁 293	據該簋之形制、紋飾、字體及同墓出土的白幾父簋（03765）判斷。
				懿孝	李峰 1989：頁 46–48	銅器組合特點及器形。
				西周中期	曹瑋等 2005（8）：頁 1753、1759	
				西周中期偏晚	張懋鎔 2006a：頁 227	與鄘鼎（02732）之曆日及文法韻讀、構字、方言成語，分別歸爲共和五年、六年。
				西周中期後段	吳鎮烽 2006：頁 116	尸伯，西周中期後段人。
				懿王至夷王	朱鳳瀚 2009：頁 1301–1309	墓葬。
2402	睘毀 睘簋、龏伯簋	37 （又重文 1）	04153	西周晚期	集成 2007（3）：頁 2573	
				康王	吳其昌 1929（2004）：頁 175	“益公”見於康王時羌白敼（04331）、益公鐘（00016）。
				懿王	莫非斯 1936：頁 244	人物“益公”。
				西周晚期	徐中舒 1963（1998）：頁 534	言“霝冬”是西周之物，言“霝命”“難老”多爲春秋之物，此器在過渡時。據字體，較春秋早。

序號	器 名	字數	銘文著錄	時 代	出 處	依 據
2402	癭毁 餋篹、龔 伯簋	37 (又重 文1)	04153	夷王	唐蘭 1976—1978(1986): 頁 502	
				孝夷	吳鎮烽、王東海 1980: 頁 65	祖"益公"爲恭懿時人, 參王臣簋(04268)。其孫 子輩當在孝夷時。
				懿孝	唐復年 1983: 頁 34-35	祖父"益公"爲共懿時人, 參五年師旂簋(04216)。
				西周晚期	彭裕商 2003: 頁 508	器形,紋飾,字體。
				西周晚期	吳鎮烽 2006: 頁 397	癭,西周晚期人。
				宣幽	韓巍 2008: 頁 30	
2403	仲枏父毁 仲枏父簋	37 (又重 文1)	04154- 04155	西周晚期 或春秋早 期	集成 2007(3): 頁 2573	
				西周中晚 期	羅福頤 1965: 頁 46	與仲枏父匕(00979)爲同 人作器,後者在西周中晚 期。
				恭王	沈之瑜 1965: 頁 59	據器銘、紋飾及書體,與 上博藏仲枏父鬲(00748) 爲同人作器,後者爲恭王 時。
				懿王	陳夢家 1966(2004): 頁 210 器 148 附	仲枏父所作鬲(00746)爲 懿王時。
				恭王	白川靜 1967c: 頁 397-399 器 108 附	
				共王	唐蘭 1976—1978(1986): 頁 446	
				恭王	吳鎮烽、朱捷元、尚志儒 1979: 頁 120	"師湯父"所作師湯父鼎 爲恭王時器。*04154。
				西周中期	陝西 1984(4): 頁 26 器 180	*04154。
				恭王	馬承源等 1988: 頁 148 器 217	*04154。
				西周中期	辭典 1995: 頁 106 器 376	
				懿王	劉啓益 2002: 頁 315	同人作仲枏父鬲(00746) 在懿王時。
				宣王	彭裕商 2003: 頁 477	器形,紋飾。
				孝夷厲	張懋鎔 2006: 頁 191	銘文字形書體及其他。
				西周中期 後段	吳鎮烽 2006: 頁 121	仲枏父,西周中期後段人。
				夷厲	張懋鎔 2008: 頁 348	
				西周晚期 至春秋早 期	韓巍 2009: 頁 115	形制,紋飾。"師湯父"與 師湯父鼎器主非同一人。

序號	器　名	字數	銘文著錄	時　代	出　　處	依　　據
2404	伯家父毁蓋　白家父簋	38	04156	西周晚期	集成 2007（3）：頁 2573	
				西周晚期	吳鎮烽 2006：頁 157	伯家父，西周晚期人。
2405	竃乎毁	38	04157-04158	西周晚期	集成 2007（3）：頁 2573	
				西周晚期至春秋早期	湖北 A1972：頁 49	組合、形制、花紋，與《上村嶺》《通考》的西周晚至春秋早器相近。
				西周中期	劉彬徽 1986：頁 247	紋飾。
				西周晚期	楊寶成 1989：頁 132	伴出器形制、紋飾、字體。
				西周晚期	楊寶成 1991：頁 15-16	同墓銅器群的組合、器形、紋飾和銘文判斷，當屬西周晚期。
				西周晚期	吳鎮烽 2006：頁 422	竃乎，西周晚期人。
2406	竃毁	38（又合文 1、重文 1）	04159	西周早期	集成 2007（3）：頁 2573	
				康王	白川靜 1965a：頁 584-588 器 57	
				成康	陳夢家 1966（2004）：頁 79	鳥紋屬成康之際。
				西周中期	馬承源等 1988：頁 237 器 328	
				穆王	李學勤 1990：頁 295-297	"公""辛公"也見於竃簋（06005）、繁卣（05430），幾器字體、賞賜物有密切聯繫，三者皆穆王時。"亡尤"爲穆王時習語。
				西周中期前段	王世民等 1999：頁 62 簋 20	器形。
				穆王	劉啓益 2002：頁 232	形制似縣妃簋（04269），字體似靜簋（04273），皆穆王器。
				穆王	彭裕商 2003：頁 330	紋飾常見於穆世，字體有西周中期風格。
				西周中期	吳鎮烽 2006：頁 429	竃，西周中期人。
2407	采獲簋	38	上海文博論叢 2009 年 03 期頁 93 圖 5、6	西周中期偏晚	張懋鎔、王勇 2009：：頁 92	造型，字體。
2408	伯康毁　白康簋	39（又重文 1）	04160-04161	西周晚期	集成 2007（3）：頁 2573	
				西周後期	容庚 1941（2008）：頁 269 簋 122	
				西周中期	陳佩芬 2004：頁 311 器 325	
				西周晚期	吳鎮烽 2006：頁 291	康，西周晚期人。

續表

序號	器名	字數	銘文著錄	時代	出處	依據
2409	孟𣪘	40（又重文2）	04162-04164	西周早期	集成2007（3）：頁2574	
				周初	郭沫若1962：頁2	形制甚古。
				西周	中科院C1965a：頁11	
				昭穆	白川靜1966b：頁29-68器79	
				康王	陳夢家1966（2004）：頁130	"毛公"見康王時班𣪘（04341）。紋飾爲康世。
				西周後期	郭寶鈞1970（1981）：頁58-60	與穆王時長安普渡村長囟墓對照。
				穆王	唐蘭1976—1978（1986）：頁355	孟之文考與毛班爲同時人。該器形制雖早，鳥紋當非周初。
				穆王	李學勤1979：頁34	人物見於班𣪘（04341），彼爲穆王時器。大鳥紋同莊白豐器，彼爲穆王時器。
				穆王	高木森1986：頁76	人物。器形。
				穆王	吳鎮烽1987：頁271	造型，花紋，字體。"毛公"見於穆王時班𣪘（04341）。"遣仲"見於穆王時宍鼎（02755）、共王時永盂（10322）。
				懿王	馬承源等1988：頁191器265	遣仲亦見恭王時永盂（10322），爲孟父輩。
				孝夷	彭裕商1999：頁60	形制，花紋。
				恭王前後	王世民等1999：頁77𣪘44	遣中見於永盂（10322），與井白、𤸫白同時，二人見於三年衛盉（09456）、五年衛鼎（02832）。
				穆王	李學勤2001e：頁1	記事同穆王時班𣪘。鳥紋同穆王時菁𣪘（近二0424）。
				穆王	張懋鎔2002d：頁109	
				穆王	劉啓益2002：頁222	"趞仲"見於共王時永盂（10322）。字體近呂方鼎（02754）、御正衛𣪘（04044），器腹形制同競𣪘（04134）、御正衛𣪘，皆穆王時器。
				西周中期前段	馬承源2003a：頁115𣪘19	器形。
				西周中期前段	吳鎮烽2006：頁216	孟，西周中期前段人。

續表

序號	器 名	字數	銘文著錄	時 代	出 處	依 據
2409	孟毀	40（又重文2）	04162-04164	穆王	韓巍 2007a：頁 19	與班簋（04341）同記毛公東征，定爲穆王時器。孟可能即見於盠駒尊（06011）之益仲。
				穆王	張懋鎔 2008：頁 346	
				昭穆	張懋鎔 2010：頁 82	
2410	大毀 大作大中簋、大作大仲簋、周大中簋、周大中敦	40	04165	西周中期	集成 2007（3）：頁 2574	
				共王	陳夢家 1966（2004）：頁 168	大之皇考大中與盠之"文考大中"是一人，大與盠是兄弟，盠器（06011）在共王時。
				穆王	唐蘭 1976—1978（1986）：頁 375	
				夷王	馬承源等 1988：頁 269 器 393	作器者同十二年大簋蓋（04299），後者作於夷王時。
				厲王	彭裕商 2003：頁 410	器形，紋飾。與大簋蓋（04299）非同一器主。
				西周晚期	吳鎮烽 2006：頁 19	大，西周晚期人。
				恭王前後	韓巍 2007a：頁 19	父名同恭王時盠駒尊（06011），器形紋飾似殷簋（03379），後者銘"周新宫"，爲恭王前後器。
2411	敔毀 敔乍文考父丙敦	40	04166	西周早期	集成 2007（3）：頁 2574	
				厲王十一年	吳其昌 1929（2004）：頁 390	作器者同厲王八年之敔毀（04323），日辰合於厲王十一年。
				康王	陳夢家 1966（2004）：頁 126	與孝王時敔簋（04323）非同人作器。
				夷王	白川靜 1967a：頁 243-248	
				懿王	唐蘭 1976—1978（1986）：頁 481	
				厲王	馬承源等 1988：頁 287 器 412	
				西周晚期	吳鎮烽 2006：頁 283	敔，西周晚期人。
2412	虡毀 虡彝	41	04167	西周中期	集成 2007（3）：頁 2574	
				昭王前後	陳夢家 1966（2004）：頁 167	據賞賜物、字形定爲恭王時。
				穆王	唐蘭 1976—1978（1986）：頁 318	"公伯"同小臣宅簋（04201），指"伯懋父"，即祭公謀父，昭穆之際人。
				穆王	彭裕商 2003：頁 330	據"尊""彝"之寫法歸入穆世。
				西周中期前段	吳鎮烽 2006：頁 339	虡，西周中期前段人。

續表

序號	器　名	字數	銘文著録	時　代	出　　處	依　　據
2413	𪇺兑㲃	41（又重文 2）	04168	西周晚期	集成 2007（3）：頁 2574	
				共和	白川静 1970b：頁 756–766 器 188 附	
				孝王	馬承源等 1988：頁 202 器 279	此兑即師兑簋（04279、04168）之器主。
				西周晚期	吴鎮烽 2006：頁 443	𪇺兑，西周晚期人。
2414	𩫏伯取㲃 庯伯取簋、庯伯簋	42（又重文 2，合文 1）	04169	西周早期	集成 2007（3）：頁 2574	
				昭王	吴其昌 1929（2004）：頁 267	人物"徃"見於昭王時矢彝（09901）、臣辰盉（09454）等器。"逨"見於昭王時交尊（02459）。
				西周初期（約昭王）	中科院 1962：頁 38A192	
				昭王	陳夢家 1966（2004）：頁 137	花紋近於靜簋（04273）而稍晚，與井季簋（03949）、井季卣（05239）花紋相同。
				穆王	唐蘭 1976—1978（1986）：頁 342	
				昭王	劉啓益 2002：頁 154	形制似過伯簋（03907）。
				穆王	彭裕商 2003：頁 314	據形制、紋飾、字體推之在穆世。
				西周早期後段	吴鎮烽 2006：頁 291	庯伯取，西周早期後段人。
				穆王	張懋鎔 2010：頁 83	
2415	㾓㲃	42（又重文 2）	04170–04177	西周中期	集成 2007（3）：頁 2574	
				孝夷	黄盛璋 1978：頁 199	
				懿王	唐蘭 1976—1978（1986）：頁 516	
				夷王	李學勤 1979：頁 35	字體晚於三年興壺（09726），彼爲夷王三年器。
				懿孝	陝西 1980（2）：頁 6 器 33–40 器 33–40	
				共王	伍士謙 1981：頁 97–126	參三年㾓壺（09726）。
				夷王	何幼琦 1983a：頁 57	
				孝王	吴鎮烽 1987：頁 279	據微氏家族世系排列，"㾓"爲懿孝時期人。造型、字體有較晚特徵。
				孝王	馬承源等 1988：頁 206 器 287	曆日合於孝王時。*04175。
				孝夷	盧連成、胡智生 1988a：頁 522	
				夷王初年	尹盛平 1992：頁 92	
				西周中期	辭典 1995：頁 110 器 384	

續表

序號	器　名	字數	銘文著錄	時　代	出　　處	依　　據
2415	癲殷	42（又重文2）	04170-04177	西周中期	青全1997（5）：頁62器65	*04175。
				宣王前後	羅泰1997：頁651-676	參牆盤（10175）。
				孝王前後	王世民等1999：頁82簋53	據微史家族世系推斷。
				懿孝	馬承源2000a（2007）：頁174	父親是恭王時代史官，當懿孝時人。
				夷厲	張懋鎔2002d：頁108	
				懿孝	劉啓益2002：頁297	"微伯癲"的活動時間在懿孝時，見三年癲壺（09726）。
				約孝夷厲	李零2002a：頁44	器形風格，字體特徵，年代序列。
				厲王	彭裕商2003：頁403	器形、紋飾、字體有晚期風格。銘文内容、措辭與癲鐘二式（00247）基本相同，當作於一時。
				西周中期	曹瑋等2005（4）：頁713-766	
				懿孝	張懋鎔2006a：頁216	是牆的兒子，牆盤（10175）爲恭王時器。微史家族器中牆作器較少，可見牆任職時間不長，癲器最多，癲任職時間較長，夷王至厲王均有可能。
				孝懿	吳鎮烽2006：頁434	癲，西周孝懿時期人。
				厲王	李學勤2006b：頁21-25	癲盨中"司馬共""史失"聯繫的一組銅器中，王臣簋（04268）、諫簋（04285）、揚簋（04294）等器據形制、紋飾宜在西周中晚期之際到西周晚期，與三者全然相似的公臣簋爲厲王時器。
2416	君夫殷蓋君夫簋	42（又重文2）	04178	西周中期	集成2007（3）：頁2575	
				穆王	郭沫若1935（2002）：頁134	字體與穆王時遹殷（04207）爲一系。"君夫"即穆王時君雅。
				穆王	莫非斯1937：頁8	爵必命於祖廟，該銘"康宮"，當在穆王時。
				穆王	唐蘭1976—1978（1986）：頁330	
				西周中期	馬承源等1988：頁234器323	
				西周晚期	彭裕商2003：頁482	字體。
				西周中期	吳鎮烽2006：頁174	君夫，西周中期人。

序號	器 名	字數	銘文著録	時 代	出 處	依 據
2417	小臣守𣪕	42（又重文3）	04179–04181	西周早期	集成 2007（3）：頁 2575	
				孝王七年	吳其昌 1929（2004）：頁 321	"小臣守"即懿王時大鼎（02808）之"守"。日辰與《曆譜》孝王七年密合。
				西周中期	馬承源等 1988：頁 235 器 324	*04180。
				夷厲	彭裕商 2003：頁 389	據器形、紋飾、字體，不出夷厲二世。
				西周晚期	陳佩芬 2004：頁 481 器 389	*04180。
				西周中期	吳鎮烽 2006：頁 28	小臣守，西周中期人。
2418	虢姜𣪕蓋虢姜簋	42（又重文2）	04182	西周晚期	集成 2007（3）：頁 2575	
				西周晚期	馬承源等 1988：頁 355 器 525	
				西周晚期	彭裕商 2003：頁 482	紋飾，措辭。
				西周晚期	吳鎮烽 2006：頁 379	虢姜，西周晚期姜姓女子。
				宣幽	韓巍 2008：頁 30	
2419	𦍋簋	42	近二 0424–0425、新收 1891	西周中期	近二 2010（二）：頁 87	
				西周早期	新收 2006：頁 1266	
				穆王	李學勤 2001e：頁 1	形制、紋飾當有穆王時特徵。
				西周早期	張光裕 2005a：頁 185–201	"馭"字的整體結構同西周早期盂鼎（02839）、令鼎（02803）。銘文辭例及記事方式，與臣諫簋（04237）極度相似，年代可早至昭穆時期。"獲𧧒"多見於西周早期器。
				西周中期前段	吳鎮烽 2006：頁 352	𦍋，西周中期前段人。
				穆王	張懋鎔 2010：頁 82	
2420	公臣𣪕	43	04184–04187	西周晚期	集成 2007（3）：頁 2575	
				厲王	岐山 A1976：頁 29	形制，花紋。
				厲王	唐蘭 1976a：頁 59+ 頁 63	"虢仲"是厲王時大臣，見虢仲盨（04435）和𧽚簋（04202）。
				厲王	李學勤 1976：頁 46	"虢仲"爲厲王的重臣，見《後漢書·東夷傳》。
				厲王	唐蘭 1976—1978（1986）：頁 507	
				厲王	陝西 1979（1）：頁 30 器 192–195	*04184。
				厲王	吳鎮烽 1987：頁 281	虢仲見虢仲鬲（00561），厲王時人。

續表

序號	器 名	字數	銘文著錄	時 代	出 處	依 據
2420	公臣殷	43	04184–04187	屬王	馬承源等 1988：頁 291 器 420	虢仲見於屬王時虢仲盨蓋（04435）。*04184。
				屬王	蔡運章 1994a：頁 86	形制，紋飾，銘文內容。
				西周後期	辭典 1995：頁 118 器 408	
				屬王	劉啟益 2002：頁 377	"虢中"即虢仲盨蓋（04435）之"虢仲"，後者爲屬王時器。
				屬王	彭裕商 2003：頁 395	"虢仲"爲屬王時人，見虢仲盨蓋（04435）。
				西周中期	曹瑋等 2005（2）：頁 350–364	
				西周晚期	吳鎮烽 2006：頁 378	虢仲，西周晚期人，虢國公族。
2421	鮮簋鮮盤	43（又合文 1）	10166、近出 0482	西周中期	近出 2002（二）：頁 364	
				西周中期	集成 2007（7）：頁 6169	
				穆王	黃盛璋 1990：頁 32–33	禘昭王者必爲其子穆王。
				穆王	李學勤、艾蘭 1990	禘祭昭王且形制紋飾有早期遺風，當穆王三十四年。字體近穆王時器。
				穆王	王恩田 1993：頁 257	形制，紋飾，"禘昭王"。
				西周中期（穆王）	李學勤、艾蘭 1995：頁 346 器 108	紋飾，器形。
				穆王三十四年	劉雨 1997：頁 247	
				穆王三十四年	李學勤 1997c	曆日合於穆王時。
				穆王	彭裕商 1998：頁 148	器形，銘文。
				穆王	王世民等 1999：頁 60 簋 12	器形。
				穆王	周言、魏宜輝 1999：頁 58	形制，紋飾，銘文內容。
				屬王三十四年	張聞玉 1999：頁 88	曆日合於屬王 34 年。屬王可以禘昭王，與西周五世爲一組的昭穆制有關。
				穆王三十四年	斷代工程 2000：頁 18、27、30	"禘於昭王"，該器晚於昭王；形制紋飾有西周早期遺風，西周中期在位 33 年者唯穆王。曆日亦合。
				穆王	范毓周、周言 2002：頁 22	器形屬西周中期且紀年 34，當屬穆王時。
				穆王	杜勇、沈長雲 2002：頁 31	禘祭所祭必是血統最爲親近之先王。禘祭昭王，時王必爲其子穆王。

序號	器 名	字數	銘文著錄	時 代	出 處	依 據
2421	鮮簋 鮮盤	43 （又合文1）	10166、近出0482	穆王	彭裕商 2003：頁 337	據紋飾、字體、祭祀對象、積年歸入穆世。
				穆王	葉正渤 2006：頁 197	祭祀對象爲昭王，時王爲穆王。
				穆王	王輝 2006：頁 129	據《張表》，當在穆世。
				穆王	張懋鎔 2006a：頁 210	穆王時標準器。
				西周中期前段	吳鎮烽 2006：頁 411	鮮，西周中期前段人。
				厲王三十四年	葉正渤 2007：頁 40–43	
				穆王	朱鳳瀚 2009：頁 1289、1221	曆日。
				穆王	劉華夏 2010：頁 65	
				穆王	葉正渤 2010：頁 4、140	所禘對象爲昭王，時王爲穆王。
2422	仲再父毀	42 （又重文2）	04188–04189	西周晚期	集成 2007（3）：頁 2576	
				西周晚至東周早	崔慶明 1984：頁 15–16	形制，紋飾。
				宣王	李學勤 1984：頁 31	"夷王"即周夷王燮，監伯係夷王之子、厲王的兄弟，因此仲再父應爲宣王的從兄弟行。"南申伯"當即《詩經·崧高》里的申伯，宣王時人。
				宣王	艾延丁 1991：頁 116–117	造型、紋飾屬西周晚期。仲偁父爲周夷王之孫，監伯子，宣王靜從兄弟。
				宣王	張曉軍、尹俊敏 1992：頁 43–46	仲再父厥辭是周夷王之孫、監伯之子，宣王兄弟行。
				春秋早期	劉雨 1992：頁 394	叔碩父鼎（02596）中叔碩父夫人稱監姬，據同姓不婚之制，監非姬姓。監伯非姬姓，則夷王非姬姓周夷王，該器不可據此歸於宣世。"監"當即文獻所載濫國，幽王初年初立，"監伯"或爲一代監君，故該器晚於幽王而進入春秋初年。器形、紋飾在西周晚期到春秋早期流行。"大宰"見於春秋器銘。
				宣王	尹俊敏、劉富亭 1992：頁 87	

續表

序號	器　名	字數	銘文著録	時　代	出　處	依　據
2422	仲爯父毁	42（又重文2）	04188–04189	西周晚期	青全1997(6):頁103器106	*04188。
				宣王	劉啓益2002:頁396	仲爯父爲夷王孫、監伯子，與宣王爲兄弟行。同人作鼎（02529）形制近宣王器。
				西周晚期	吴鎮烽2006:頁121	仲爯父，西周晚期人。
				未	劉雨2006a:頁25	𢓊王、監伯爲父子關係。據叔碩父鼎（02596）銘，監非姬姓。"𢓊王"非姬姓周夷王。
				五期（屬宣幽）	朱鳳瀚2009:頁1365	形制，紋飾。
2423	老簋	43	近二0426、新收1875	西周中期	近二2010(二):頁91	
				西周中期	新收2006:頁1258	
				穆王晚年	李學勤2000a:頁40	字體結構、風格及用詞等似虎簋蓋（近出0491）、𢦏鼎（02789）等，皆屬穆王晚期。
				穆王	張光裕2005:頁68	與同出虎簋蓋（近出0491）於鏽色、花紋、銘文辭例等有密切聯繫，彼器據曆日等可歸入穆王時，該器亦歸入穆王。
				西周中期	吴鎮烽2006:頁110	老，西周中期人。
2424	穆公毁蓋	44（又合文1）	04191	西周中期	集成2007(3):頁2576	
				西周中期	彭曦、許俊成1981:頁27	造型、紋飾屬西周中期特色。穆公、宰利見於西周中期盠尊（06013）、師遽方彝（09897）等器。
				穆王	李學勤1984a:頁6–8	裝飾成熟的大鳥紋，宜歸入穆王時。《穆天子傳》中有井利，與該銘"宰利"職事亦同。
				昭穆	吴鎮烽2006:頁397	穆公，西周昭穆時期人。
2425	肆毁 封敦、桂簋、艾伯彝、豨簋、肆簋	44	04192–04193	西周中期	集成2007(3):頁2576	
				孝王二年	吴其昌1929(2004):頁311	作器者"艾"即孝王時同毁（04270）之"艾白"。日辰合於《曆譜》孝王二年。
				西周後期	容庚1941(2008):頁270簋129	
				成康	白川静1965b:頁615–617器59附	

序號	器 名	字數	銘文著録	時 代	出 處	依 據
2425	緯殷 封敦、桂 簋、艾伯 彝、稀 簋、肆簋	44	04192– 04193	昭王（又 約康王 二十五 年）	陳夢家 1966（2004）：頁 133	"榮"見於康王時井侯簋 （04241）、小盂鼎（02839）。 人名"緯"亦見於西周初期 毛公旅方鼎（02724）。瓦 弦紋亦見於穆王時器。
				昭王	馬承源等 1988：頁 85 器 124	*04192。
				晚於成王	王永波 1999：頁 47–48	晚於矢令組銅器，彼爲成 王時。
				西周中期	王世民等 1999：頁 72 簋 34	器形。
				昭王	劉啓益 2002：頁 116	"榮"見於康王時大盂鼎 （02837）。瓦紋未見於成 康，當在昭王時。
				西周晚期	馬承源 2003a：頁 118 簋 42	器形。
				西周中期	吳鎮烽 2006：頁 351	緯，西周中期人。
2426	畓殷 友簋、丁 卯簋、周 丁卯敦	44 （又重 文 1）	04194	西周中期	集成 2007（3）：頁 2576	
				西周後期	容庚 1941（2008）：頁 270 簋 130	
				昭王	陳夢家 1966（2004）：頁 134	瓦弦紋亦見於穆王時器， 暫定昭王時。
				穆王	唐蘭 1976—1978（1986）：頁 329	"頹（拜）"字與穆王時虜 簋（04167）同，字體亦在 穆世。
				西周中期	彭裕商 2003：頁 380	據器形、字體，可能在穆 恭之際。
				西周中期 前段	吳鎮烽 2006：頁 192	畓，西周中期前段人。
2427	敔簋蓋	44	近出 0483、 新收 0671	西周中期	近出 2002（二）：頁 367	
				西周中期	新收 2006：頁 500	
				西周晚期	吳鎮烽 2006：頁 355	敔，西周晚期人。
2428	蒻殷	45	04195	西周中期	集成 2007（3）：頁 2576	
				昭王	吳其昌 1929（2004）：頁 263	曆日合於《曆譜》昭王 四十三年。以"姜氏"爲 母，以"天子"爲父，"蒻" 即穆王滿而未即位。
				西周後期	容庚 1941（2008）：頁 271 簋 138	
				孝王	陳夢家 1966（2004）：頁 228	形制花紋同懿世師事簋 （04279）、師穡簋（04257）、 孝世害簋（04258），定爲孝 世。
				西周中期	馬承源等 1988：頁 235 器 325	
				夷王	彭裕商 2003：頁 377	據器形、紋飾、字體等推 斷。

續表

序號	器 名	字數	銘文著錄	時 代	出 處	依 據
2428	蔪毁	45	04195	西周中期	陳佩芬 2004：頁 323 器 330	
				西周中期	吳鎮烽 2006：頁 280	蔪，西周中期人。
2429	保員簋	45（又重文 1）	近出 0484、新收 1442	西周早期	近出 2002（二）：頁 368	
				西周早期	新收 2006：頁 996	
				西周早期	張光裕 1991：頁 649–652	形制、花紋及銘文特徵皆爲西周早期。記伐東夷事同小臣謎毁（04238）等西周早期器。
				未	馬承源 1992：頁 151	形制，紋飾，銘文行款。所記伐東夷事當與康昭旅鼎（02728）所記爲同一次。書體不同於成王及昭王時的銘文。
				昭王	彭裕商 2003：頁 274	記伐東夷事亦見昭王時小臣謎簋（04238）。
				西周早期	陳佩芬 2004：頁 95 器 234	
				康王	吳鎮烽 2006：頁 234	保員，西周康王時人。
2430	倗伯再簋	45	近二 0427	西周中期	近二 2010（二）：頁 93	
				西周中期（約穆王前後）	山西 A2006：頁 14–17	墓葬形制，隨葬品組合，伴出物的形制、紋飾。
				懿王二十三年	劉啓益 2009：頁 52	生稱"益公"見於永盂（10322）、申簋蓋（04267）、十七祀詢簋等，爲恭懿時人。恭王積年十九，懿王積年二十四，本器曆日合於《張表》懿王二十三年。
				恭王	朱鳳瀚 2009：頁 1492	
				約穆王	夏含夷 2010	人物"益公"。紀年二十三。
2431	室叔簋	45	新收 1957	西周中期	新收 2006：頁 1304	
				西周中期	馬承源等 1988：頁 259 器 377	
				西周晚期	吳鎮烽 2006：頁 239	室叔，西周晚期人。
2432	師毛父毁毛父敦、井伯敦	46（又重文 2）	04196	西周中期	集成 2007（3）：頁 2576	
				孝王五年	吳其昌 1929（2004）：頁 313	"井白"見於懿王時利鼎（02804）、孝王時師虎毁（04316）等器。日辰與《曆譜》孝王五年密合。
				恭王	郭沫若 1935（2002）：頁 170	井伯見於恭王時趞曹鼎一（02783）。
				共王十年	容庚 1941（2008）：頁 38	王在某宮行賜命禮而井伯爲右，同共王時趞曹鼎（02783）。

續表

序號	器 名	字數	銘文著錄	時 代	出 處	依 據
2432	師毛父殷 毛父敦、 井伯敦	46 （又重 文2）	04196	恭王	李學勤 1959：頁 44	
				共王	陳夢家 1966（2004）：頁 152、162	右者井伯見於恭王時趞曹鼎一（02783）、師虎簋（04316）等。
				昭穆	白川靜 1966b：頁 65–68 器 79 附	
				共王	唐蘭 1972：頁 59–60	據人物"邢伯"聯繫他器。
				共王	唐蘭 1976—1978（1986）：頁 421	
				恭王	盛冬鈴 1983：頁 56	據人名聯繫。
				恭 王（或 懿王）	馬承源等 1988：頁 160 器 230	儐相井伯爲恭懿時人，見師遽簋蓋（04214）。
				共王	劉啓益 2002：頁 272	"井伯"見於共王時師𡊮父鼎（02813）、豆閉簋（04276）。
				夷厲之際	彭裕商 2003：頁 388	人物"井伯""内史"亦見於夷王末豆閉簋（04276）、厲王時師虎簋（04316）。據器形、紋飾、字體亦可推測在夷厲之際。
				西周中期	吳鎮烽 2006：頁 259	師毛父，西周中期人。
				西周中期 偏晚	張懋鎔 2008：頁 347	
2433	卻㝬殷 卻㝬簋	48 （又重 文2）	04197	西周晚期	集成 2007（3）：頁 2577	
				共王元年	陳夢家 1966（2004）：頁 175	右者之制，賞賜物，紋飾。
				孝王	唐蘭 1976—1978（1986）：頁 490	
				昭王元年	馬承源等 1988：頁 62 器 88	"土""王"等字體爲西周早期偏晚，推測爲康昭間。"元年二月丙寅"與書後《年表》昭、孝兩世相合。形制紋飾與孝王不合。
				恭王	李仲操 1991：頁 59	曆日。
				恭王元年	劉雨 1997：頁 247	
				西周晚期	吳鎮烽 2006：頁 208	卻㝬，西周晚期人。
				恭王元年	韓巍 2007：頁 159	冊命形式較"正例"簡單。形制，紋飾。
2434	蔡姞殷 尨姞彝	48 （又重 文2）	04198	西周中期	集成 2007（3）：頁 2577	
				西周中期	馬承源等 1988：頁 238 器 331	
				西周晚期	吳鎮烽 2006：頁 372	蔡姞，西周晚期姞姓婦女。
				宣幽	韓巍 2008：頁 30	

續表

序號	器　名	字數	銘文著錄	時　代	出　　處	依　　據
2435	恆殷蓋恒簋蓋	49（又重文2）	04199-04200	西周中期	集成 2007（3）：頁 2577	
				共、懿	吳鎮烽、雒忠如 1975：頁 59	形制、字體、語例，屬共懿時期。"世子孫" 見於共懿之器。
				西周中期	陝西 1980（3）：頁 18 器 108、109	
				恭王	黃盛璋 1984：頁 289	即簋 "定伯" 亦見於五祀衛鼎、衛盉，恭王時器。
				西周中期	馬承源等 1988：頁 232 器 320	*04199。
				夷王	彭裕商 2003：頁 374	據器形、紋飾和同出器。
				西周中期	曹瑋等 2005（2）：頁310、313	
				西周中晚期	張懋鎔 2006a：頁 232	
				西周中期後段	吳鎮烽 2006：頁 238	恒，西周中期後段人。
				恭懿	韓巍 2007b：頁 72-73	器形、紋飾流行於西周中期後段，恒可能是即殷（04250）器主之弟，後者爲恭懿時。
				西周末春秋初	朱鳳瀚 2010：頁 226	銘文字體及語句。"尹叔" 亦見於射壺（《古文字研究》28 輯 頁 230-232 圖 2、3），爲西周末期器。
2436	禹簋	49	史學集刊封二	西周中期（穆懿間）	吳振武 2006：頁 84	銘文内容，字體風格。
2436-1	追夷簋	50	近二 0428	西周晚期	近二 2010（二）：頁 95	
				西周	新收 2006：頁 53	
				西周晚期	吳鎮烽 2006：頁 235	追尸，西周晚期人。
2437	小臣宅殷宅簋、小臣宅彝	51（又重文1）	04201	西周早期	集成 2007（3）：頁 2577	
				成王四年	吳其昌 1929（2004）：頁 119、117	曆日。
				成王	郭沫若 1935（2002）：頁 68	"伯懋父" 見於成王器小臣謎殷（04238）。
				成王	容庚 1941（2008）：頁 34、頁 262 簋 69	"伯懋父" 見成王時小臣謎簋（04238）。
				康昭	白川靜 1966：頁 737 器 64	
				成王	陳夢家 1966（2004）：頁 33	"伯懋父" 見於成王時小臣謎簋（04238）、召尊（06004）等，康王時旅鼎（02809）。
				康王	白川靜 1975（1997）：頁 254	伯懋父見於康王時醽尊（06004）、醽卣（05416）。

序號	器名	字數	銘文著録	時代	出處	依據
2437	小臣宅毁宅簋、小臣宅彝	51（又重文1）	04201	穆王	唐蘭 1976—1978（1986）：頁317	"伯"指"伯懋父"，即祭公謀父，昭穆之際人。
				昭王	唐蘭 1981：頁47	
				康王	馬承源等 1988：頁52 器75	白懋父事康王，詳見小臣謎簋（04238）。"同公"見康王時小子它簋蓋（04330）。
				昭王	彭裕商 2001：頁225	據器形、紋飾、用語、人物"同公"爲昭王時器。"伯懋父"即昭穆時祭公謀父。
				穆王	劉啓益 2002：頁221	形制似穆王時長由簋（03581）。
				昭王	彭裕商 2003：頁270	"伯懋父"是昭穆時人。"同公"見昭王時它簋（04330）。"子子孫孫永寶"的説法見於昭王後。器形紋飾常見於昭王時。
				西周早期	吳鎮烽 2006：頁28、128、151	小臣宅，西周早期人。
				昭穆	張懋鎔 2008：頁345	
				昭王	王帥 2008：頁43	器形紋飾，字形書體。
2438	𥅿毁何簋、寶敦	51（又重文2）	04202	西周早期	集成 2007（3）：頁2577	
				厲王十四年	吳其昌 1929（2004）：頁394	"虢仲"即厲王八年虢仲盨（04435）之"虢中"。日辰與《曆譜》厲王十四年密合。
				厲王	郭沫若 1935（2002）：頁257	"虢仲"見於厲王時虢仲盨（04435）。字體、文例宜屬於厲世。
				厲王	李學勤 1959：頁45	
				夷厲（孝王）	陳夢家 1966（2004）：頁255	虢仲見於虢仲盨（04435），後者厲王時。
				厲王	唐蘭 1976—1978（1986）：頁516	
				厲王	吳鎮烽 1987：頁281	參虢仲鬲（00561）。
				厲王後期	馬承源等 1988：頁292 器421	虢仲見於厲王時虢仲盨蓋（04435）。
				厲王	劉啓益 2002：頁376	"虢中"即虢仲盨蓋（04435）之"虢仲"，後者爲厲王時器。
				厲王	彭裕商 2003：頁396	右者"虢仲"見厲王時虢仲盨蓋（04435）。

序號	器 名	字數	銘文著錄	時 代	出 處	依 據
2438	痀毁 何簋、寶 敦	51 （又重 文 2）	04202	西周晚期	吳鎮烽 2006：頁 228	何，西周晚期人。
				恭王	韓巍 2007：頁 159 注 13	形制、紋飾爲中期晚段。據其冊命格式歸爲恭王時。
				厲王	張懋鎔 2008：頁 350	
				成王	葉正渤 2010a：頁 208	
2439	曾仲大父 螽毁	51 （又重 文 2）	04203- 04204	西周晚期	集成 2007（3）：頁 2577	
				西周末春 秋初	鄂兵 1973：頁 22-23	據紋飾和器形在兩周之際。伴出黃國銅器，黃國春秋僖公十二年滅於楚，這批器不晚於春秋初年。
				西周晚期	曾昭岷、李瑾 1980：頁 76	紋飾。
				西周晚期	劉彬徽 1986：頁 245	形制，紋飾，字體。
				西周晚期	馬承源等 1988：頁 331 器 470	
				西周晚期	楊寶成 1989：頁 132	伴出器形制、紋飾、字體。
				西周晚期	楊寶成 1991：頁 15-16	同墓銅器群的組合、器形、紋飾和銘文判斷，當屬西周晚期。
				西周晚期	王世民等 1999：頁 96 簋 82	器形。
				厲宣之際	彭裕商 2003：頁 493	紋飾配置，字體。
				西周晚期	吳鎮烽 2006：頁 316	螽，字大父，西周晚期人。
2440	獻毁 橚伯簋、 獻彝	52	04205	西周早期	集成 2007（3）：頁 2577	
				康王	吳其昌 1929（2004）：頁 196	"畢公"見於《顧命》，輔佐康王。文法、字體同康王器。
				康王	郭沫若 1935（2002）：頁 45	"畢公家"即畢公廟，畢公死後事，爲康末器。
				康王	容庚 1941（2008）：頁 36	"畢公"與康王時史暗簋（04030）之"畢公"爲一人。
				康王晚期	郭沫若 1954b：頁 373-376	畢公爲文王子，"畢公家"爲畢公之廟，康王中年以後事。
				成康	白川靜 1965：頁 505-512 器 49	
				成王	陳夢家 1966（2004）：頁 53	此"畢公"爲生稱，即畢公高。疑"橚伯"爲畢公之子。
				昭王	唐蘭 1976—1978（1986）：頁 234	"▨（櫨）伯"是旟鼎（02704）"師▨（櫨）"之子。
				昭王	唐蘭 1981：頁 32	銘文書法屬昭王時。

序號	器 名	字數	銘文著錄	時 代	出 處	依 據
2440	獻殷 楷伯篡、 獻彝	52	04205	康末昭初	高木森 1986：頁 50	作於畢公去世後。楷伯即旗鼎（02704）之師楷，昭王時人。
				康王	馬承源等 1988：頁 55 器 80	"畢公"見史諳篡（04030）。"■伯"爲畢公的高等家臣。
				康王	王世民等 1999：頁 62 篡 17	參史諳篡（04030）。
				康王前后	李學勤 2001e：頁 2	字體風格。
				康王前期	劉啓益 2002：頁 110	形制與康王時史諳篡（04030）完全相同。"畢公"生稱，即畢公高。
				康王	彭裕商 2003：頁 245	"畢公"見於康王時史諳篡（04030）。
				西周早期	吳鎮烽 2006：頁 428	獻，西周早期人。
				昭王	張懋鎔 2008：頁 344	
2441	小臣傳殷 師田父敦、傳卣、小臣傳卣	52	04206	西周早期	集成 2007（3）：頁 2577	
				成王	陳夢家 1966（2004）：頁 38、41	此"師田父殷成周年"，可與作册䰧卣（05400）對照。又"田""陳"音同，故師田父可能是明保君陳，見令方彝（09901）。
				穆王	唐蘭 1976—1978（1986）：頁 366	
				孝王	劉啓益 1980a：頁 85-89	銘文字體。"師田父"即伯田父篡（03927）之"伯田父"，後者孝王時器。
				周公攝政七年	何幼琦 1983b：頁 83	
				昭王	馬承源等 1988：頁 81 器 117	"殷成周"亦見於昭王時作册䰧卣（05400）、士上盉（09454）。
				昭王	彭裕商 2003：頁 287	"殷成周"又見昭王時士上尊（05999）、作册䰧卣（05400）。字體也近昭王時令篡。
				成康	吳鎮烽 2006：頁 342	傳，西周成康時人。
2442	辛■相篡	52	近二 0429、新收 1148	西周早期	近二 2010（二）：頁 97	
				西周	新收 2006：頁 805	
				西周	馬志敏 2004：頁 79-80	
2443	應侯見工篡	52	近二 0430-0431、新收 0078-0079	西周中期	近二 2010（二）：頁 99	
				西周中期	新收 2006：頁 69	

序號	器 名	字數	銘文著錄	時 代	出 處	依 據
2443	應侯見工簋	52	近二0430–0431、新收0078–0079	西周中期偏晚	朱鳳瀚 2001：頁 125	據形制可歸入西周中期偏晚，同人作鐘銘（新收0082）有人物"燹"，數見於恭王時器。
				孝夷	李朝遠 2005：頁 110	裝飾與叔豐簋（近出0466）相似而後者無三足，後者爲西周中期偏晚時，故該簋爲西周中期最晚時。
				西周中期前段	吳鎮烽 2006：頁 413	應侯，西周中期前段人。
				孝夷	王龍正、劉曉紅、曹國朋 2009：頁 57	據本器及其他應侯見工器的形制、紋飾判斷，當屬孝夷時。
				西周中期偏晚至晚期之初	朱鳳瀚 2009：頁 1355	
2444	訇簋	52	近二0432、新收1915	西周中期	近二 2010（二）：頁 103	
				西周中期	新收 2006：頁 1281	
				穆恭之間	張光裕 2000：頁 86–89	册命銘文記述簡略，當較早。先賞賜後任命的記述形式，見於昭王時卻智簋（04197）。形制、紋飾皆屬西周早期。"用事"一詞始見於穆王時期。
				西周中期	吳鎮烽 2006：頁 210	訇，西周中期人。
				恭王	韓巍 2007：頁 160	據册命形式、造型、紋飾及賞賜物，可定在恭王時。
				西周中期	首陽 2008：頁 98 器 33	形制，紋飾。
2445	遹毀	53（又重文5）	04207	西周中期（穆王）	集成 2007（3）：頁 2577	
				穆王	王國維 1925（1959）：頁 895–896	穆王即昭王子穆王滿，生稱。
				穆王	吳其昌 1929（2004）：頁 284	"穆穆王"即穆王。
				穆王	郭沫若 1935（2002）：頁 127	生號"穆王"。
				穆王	容庚 1941（2008）：頁 36、頁 268 簋 115	言"穆穆王"而定於穆王。
				穆王	陳夢家 1966（2004）：頁 143	生稱穆王。"穆穆王"即"穆王"，專名常以重文號作爲"指標"。在鎬京大池行饗射之禮，僅見於西周初期和穆王時。
				穆王	白川靜 1966c：頁 139–147 器 85	

續表

序號	器 名	字數	銘文著録	時 代	出 處	依 據
2445	遹毁	53（又重文5）	04207	穆王	唐 蘭 1976—1978（1986）：頁363	穆王時生稱王號，穆王時標準器。
				恭王	吳靜淵 1979：頁80	當事人穆王和遹已不在人世，"文考父乙"是遹死後諡號，此係追記之辭。
				恭王	盛冬鈴 1983：頁42	王號爲死諡，銘文爲追記器主生前受該王賞賜。
				穆王晚期	高木森 1986：頁80	語法，字體，形制，紋飾。
				穆王	馬承源等 1988：頁104 器162	"穆穆王"即穆王滿。王號美稱。
				穆王	黄盛璋 1990：頁34	穆王生稱。
				穆王	榮孟源 1997：頁360	曆法。
				穆王	王世民等 1999：頁100	據銘文。
				穆王	馬承源 1999：頁361–364	姬滿生稱穆王。
				恭王	彭裕商 1999a：頁6-7	形制近西嶺 M1 所出簋而略晚，彼爲穆王時器。
				穆王	王世民等 1999：頁100 簋90	據銘文内容。
				穆王	劉啓益 2002：頁205	生稱"穆王"，時王爲穆王。
				穆王	杜勇、沈長雲 2002：頁25-26	王號爲死諡，但銘文記事發生在該王之世，可從銘文角度判斷爲該王之世。其鑄作在下一王世，形制、花紋、書體屬下個王世。
				共王初年	彭裕商 2003：頁338	記穆王生時事，"穆王"爲死諡，在共王初年。
				穆王	葉正渤 2006：頁198	"穆王"生稱。
				恭王初年	張懋鎔 2006a：頁212	器形、紋飾爲穆王之後新出現的形式，穆王爲諡號。
				西周中期前段	吳鎮烽 2006：頁389	遹，西周中期前段人。
				穆共	朱鳳瀚 2009：頁1289	
				恭王	劉華夏 2010：頁65	王號死諡。
				穆王	葉正渤 2010：頁5、136	穆王生稱。
2446	段毁 畢敦、畢中孫子敦、畢段簋、畢段敦、段敦	55（又重文2）	04208	西周中期	集成 2007（3）：頁2578	
				康王	吳其昌 1929（2004）：頁177	日辰合於《曆譜》康王、昭王、懿王、厲王、宣王之十四年。唯康王去殷未遠，有貞祭之制。"畢"，文王穆地名。據字體演進過程，此銘在成康之際。

序號	器　名	字數	銘文著錄	時　代	出　　處	依　　據
2446	段殷畢敦、畢中孫子敦、畢段簋、畢段敦、段敦	55（又重文2）	04208	昭王	郭沫若 1935（2002）：頁 117	"段"爲"畢仲"孫子，"畢仲"即畢公，段受封宜於昭王時。
				昭穆	莫非斯 1936：頁 242	畢仲孫子，在昭穆之前。
				成王	陳夢家 1966（2004）：頁 54	疑"畢中"爲"畢公"之子，即獻簋（04205）"楷伯"。
				昭王	白川靜 1966a：頁 824–829 器 74	
				穆王	唐蘭 1976—1978（1986）：頁 389	
				懿王	馬承源 1982：頁 53	曆日。
				昭王十四年	劉啓益 1984：頁 240	
				昭王（或穆王）	丁驌 1985：頁 28	曆日。
				懿王	馬承源等 1988：頁 188 器 261	曆日合於書後《年表》懿王十四年曆日。
				昭王十四年	何幼琦 1989a：頁 46	曆法。
				昭王	李仲操 1991：頁 50	"畢仲"即"畢公"，其孫當昭王時。
				穆王十四年	趙光賢 1992：頁 45	畢仲，穆王時大臣。
				恭王十四年	劉雨 1997：頁 247	
				昭王	榮孟源 1997：頁 361	曆法。
				夷王（按當爲懿王）	黎東方 1997：頁 230	
				西周中期前段	王世民等 1999：頁 62 簋 19	畢仲爲畢公之子。
				穆王（或共王）	劉啓益 2002：頁 267	字體近共王三祀師遽簋蓋（04214）。
				懿王	陳佩芬 2004：頁 288	
				西周中期	吳鎮烽 2006：頁 233	段，西周中期人。
				西周中期偏早	張懋鎔 2008：頁 346	
2447	衛殷	55（又重文3）	04209–04212	西周中期	集成 2007（3）：頁 2578	
				西周前期	容庚 1941（2008）：頁 267 簋 107	*04209。
				西周中期	西安 A1974：頁 1–5	銘文，器形。
				汾王（屬王奔彘後）	何幼琦 1985：頁 13	曆日。

序號	器　名	字數	銘文著錄	時　代	出　　處	依　　據
2447	衛毀	55（又重文3）	04209-04212	恭王	吳鎮烽 1987：頁 275	"榮伯"見於共懿時輔師嫠簋（04286）、永盂（10322）、卯簋（04327）等器，結合其形制、紋飾、字體，宜定於恭王之世。
				恭王	馬承源等 1988：頁 138 器 204	此衛即三年衛盂、五年衛鼎（02832）等的裘衛。*04209。
				西周中期	青全 1997（5）：頁 63 器 66	*04211。
				恭王前後	王世民等 1999：頁 81 簋 50	焂白見於三年衛盂（09456）、十二年永盂（10322）。
				西周中期	張懋鎔 2002d：頁 109	
				共王	劉啓益 2002：頁 274	"衛"即穆世廿七年衛簋（04256）、共王五祀衛鼎（02832）、九年衛鼎（02831）之"衛"，廿七年器記載穆王初封衛，此器記載增封衛，時代稍晚。
				夷王	彭裕商 2003：頁 358	右者"榮伯"見於同簋（04270）、康鼎（02786）等夷屬時器。措辭、字體同孝夷時器。同出衛鼎的器形、紋飾皆較晚。
				西周中期	吳鎮烽 2006：頁 375	衛，西周中期人。
2448	屚敖毀蓋屚敖敦、屚敖敦蓋	55（又重文2）	04213	西周晚期	集成 2007（3）：頁 2578	
				春秋齊桓公時	郭沫若 1973：頁 66-70	獻銅量巨大，花紋器制簡陋，文字結構草率，不能早至穆王時，適合歸入春秋。"而"作承接詞用法始於春秋。"用拱用碧"即使用大小玉，據《商頌·長發》爲春秋時禮節。"子牙"應是齊桓公時鮑叔牙。
				西周晚期	馬承源等 1988：頁 335 器 480	
				西周晚期	彭裕商 2003：頁 496	紋飾，字體。
				春秋早期	吳鎮烽 2006：頁 296	屚敖，春秋早期人。
2449	再簋	55（又合文2）	近出 0485、新收 1606	西周中期	近出 2002（二）：頁 369	
				西周中期	新收 2006：頁 1102	
				穆王	李家浩 1999：頁 84、95	同人做再盨（新收 0065）稱應侯，當晚於此器，再盨紋飾同恭王時牆盤。用語同穆世伯姜鼎（02791）。

續表

序號	器　名	字數	銘文著錄	時　代	出　　處	依　　據
2449	冉簋	55（又合文2）	近出0485、新收1606	穆恭	王龍正、王聰敏2000：頁40	作器者同應侯冉盨（近出0502），後者作於恭王時而稱"應侯"，該器"冉"尚未稱侯，當稍早。
				穆恭	吳鎮烽2006：頁236	冉，西周穆恭時應國國君。
2450	師遽殷蓋	56（又合文1）	04214	西周中期	集成2007（3）：頁2578	
				共王三年	吳其昌1929（2004）：頁288	曆日合於《曆譜》共王三年。"文祖它公"即成王時沈子它毁（04330）之"它"。
				懿王	郭沫若1935（2002）：頁184	頌鼎（02827）言頌"監司新造"在恭王三年五月，所造即"新宮"，此言"三祀四月"，在恭王之後。又此器日辰與孝王時鼎不合，故歸懿王時。
				共王	容庚1941（2008）：頁38	"新宮"見於共王時趞曹鼎二（02784）、師湯父鼎（02780）。
				恭王三年	董作賓1952：頁695	曆法。
				恭王三年	董作賓1959（1977）：頁53	曆法。
				懿王	李學勤1959：頁44	有復古傾向。
				恭王時	唐蘭1962：頁45	"新宮"爲恭王時新建的穆王宗廟。
				穆王	白川靜1965d：頁152	排入穆世曆譜。
				共王（懿王）	陳夢家1966（2004）：頁160、162	紋飾屬恭王前期，可能是恭王三年。"新宮"之稱見於恭王十三年望簋（04272）、恭王十五年趞曹鼎（02784），此器可能是懿王三年。
				穆王	白川靜1967b：頁304–311器100	
				共王	唐蘭1976—1978（1986）：頁430	
				恭王	周法高1979：頁5	
				孝夷	吳鎮烽、王東海1980：頁65	"師遽"見於盝駒尊（06011），後者爲孝夷時器。
				康王	何幼琦1982：頁109	曆法。
				懿王初年	盛冬鈴1983：頁56	據人名聯繫。
				共王三年	劉啓益1984：頁240	
				懿王三年	李學勤1984a：頁7	聯繫穆公簋蓋（04191）。字體較同人作師遽方彝（09897）晚。

續表

序號	器 名	字數	銘文著錄	時 代	出 處	依 據
2450	師遽毀蓋	56（又合文 1）	04214	恭王	丁驌 1985：頁 37	曆日。
				康王	何幼琦 1985：頁 12	曆日。
				恭王	高木森 1986：頁 89	
				康王	何幼琦 1989a：頁 41	曆法推斷爲康王時。師遽作方彝（09897）銘有"宰利"，和武王時利簋（04131）之"利"係同一人。稱年爲祀多見於西周早期器。賜貝多見於周初，穆王以後少見。
				懿王	李仲操 1991：頁 63	曆日。
				懿王三年	劉雨 1997：頁 247	
				懿王	榮孟源 1997：頁 359	曆法。
				西周中期懿王前後	王世民等 1999：頁 100 簋 93	新宮又見於十五年趞曹鼎（02784）、師湯父鼎（近出 0321）等器。
				恭王三年	斷代工程 2000：頁 20、31	考古類型學方法。排西周金文曆譜。
				共王	劉啓益 2002：頁 261	日辰合於張表共王三年，亦合於共王五祀衛鼎（02832）。
				孝夷時期	彭裕商 2003：頁 345	"師遽"見於共王時師遽方彝（09897）而銘文字體稍晚，器形紋飾當夷厲時。又據恭懿孝等王的積年，推斷此蓋可在孝夷二世。
				恭王	陳佩芬 2004：頁 281 器 314	紋飾及銘文書體類恭王時詢簋（04321），"王在周，客新宮"同趞曹鼎（02784）"恭王在周新宮"相同，可定爲恭王時器。
				恭王三年	朱鳳瀚 2004：頁 6、10	師遽作方彝（09897）形制、紋飾近同穆王時器，本銘曆日不合於穆王而可排入恭王曆譜。
				共王	張懋鎔 2006a：頁 215	據十五年趞曹鼎（02784），"王在周，客新宮"之王爲共王。
				西周中期前段	吳鎮烽 2006：頁 264	師遽，西周中期前段人。
				恭王三年	何景成 2008a：頁 51–55	"新宮"爲穆王廟。"師遽"在昭王時盠駒尊（06011）已任職，故此器不晚於恭王。

序號	器　名	字數	銘文著録	時　代	出　　處	依　　據
2450	師遽殷蓋	56（又合文 1）	04214	穆共	張懋鎔 2008：頁 347	
				恭王	朱鳳瀚 2009：頁 1221	曆日。
2451	糦殷糦簋	56（又重文 2）	04215	西周晚期	集成 2007（3）：頁 2578	
				厲王	郭沫若 1935（2002）：頁 255	字體、文例、典制均近厲王時揚簋（04294）。
				西周後期	容庚 1941（2008）：頁 271 簋 136	
				夷王	白川靜 1969：頁 270–274 器 143	
				共王	唐蘭 1976—1978（1986）：頁 440	
				西周中期	馬承源等 1988：頁 232 器 319	
				厲王	彭裕商 2003：頁 419	據器形、紋飾、字體推斷在厲王時。
				西周晚期	吳鎮烽 2006：頁 439	糦，西周晚期人。
2452	五年師旋殷師旋簋	57（又重文 2）	04216-04218	西周晚期	集成 2007（3）：頁 2578	
				西周	中科院 C1965a：頁 11	
				夷王	白川靜 1965d：頁 151–152	形制、紋飾屬恭懿時期。據《史記·齊世家》該銘內容所記當夷王烹哀公之事。曆譜合於夷世。
				懿王五年	陳夢家 1966（2004）：頁 204、167	形制花紋近懿王元年師𤹔簋蓋（04283）。
				夷王	白川靜 1969：頁 236–259 器 141	
				西周後期	郭寶鈞 1970（1981）：頁 58–60	與穆王時長安普渡村長凶墓對照。
				懿王	唐蘭 1976—1978（1986）：頁 478	
				共和五年	何幼琦 1982：頁 113	曆法。
				懿王	馬承源 1982：頁 60	曆日。
				夷王五年	唐復年 1983：頁 34–35	形制。銘文句例。祖父"益仲"可稱"益公"，後者見於乖伯簋（04331）、王臣簋（04268）等，爲共王九年至懿王二年間人。"羞追與齊"與史籍記載的夷王時歷史相符。
				夷王	丁驌 1985：頁 46	曆日。
				懿王初期	高木森 1986：頁 97	形制，紋飾，字體，人物。
				懿王	馬承源等 1988：頁 186 器 259	
				夷王	李仲操 1991：頁 71	曆日。
				西周中期	青全 1997（5）：頁 60 器 63	

續表

序號	器 名	字數	銘文著錄	時 代	出 處	依 據
2452	五年師旋𣪘 師旋簋	57 （又 重文 2）	04216– 04218	夷王五年	劉雨 1997：頁 247	
				西周中期 夷王前後	王世民等 1999：頁 101 簋 95	器形。
				恭王	周言、魏宜輝 1999：頁 56	
				孝王五年	斷代工程 2000：頁 20、32	考古類型學方法。排西周 金文曆譜。
				孝王	張懋鎔 2002：頁 33	
				厲王五年	彭裕商 2003：頁 398	據器形、紋飾、字體、措 辭以及合曆情況，推斷在 厲世。
				西周中期	馬承源 2003a：頁 116 簋 25	器形。
				夷王五年	朱鳳瀚 2004：頁 6	
				西周晚期	吳鎮烽 2006：頁 262	師旋，西周晚期人。
				孝王前後	韓巍 2007a：頁 19	形制，紋飾。祖輩益仲可 能即盠駒尊（06011）之父 考大仲，後者爲恭王時 器。
				夷王	朱鳳瀚 2009：頁 1222	曆日。
2453	追𣪘 追簋蓋、 追乍皇且 考簋、追 叔簋	58 （又重 文 2）	04219– 04224	西周中期	集成 2007（3）：頁 2579	
				西周後期	容庚 1941（2008）：頁 269 簋 126	*04220。
				西周中期 （約夷王）	中科院 1962：頁 50A248	*04221。
				恭王	白川靜 1967c：頁 442–448 器 113	
				西周後期	陳公柔、張長壽 1982：頁 16	*04221。
				西周中期	馬承源等 1988：頁 239 器 333	*04223。
				西周中期	辭典 1995：頁 112 器 391	
				西周中期	王世民等 1999：頁 81 簋 51	據紋飾。
				西周晚期	陳佩芬 2000：頁 133	同人作大祝追鼎（新收 1455），西周晚期器。作 簋時尚未任大祝，當稍 早。
				夷厲	張懋鎔 2002d：頁 111	
				西周晚期	金信周 2002：頁 264	祝嘏銘辭。
				宣王	彭裕商 2003：頁 470	字體、措辭。
				西周中期 後段	吳鎮烽 2006：頁 235	追，西周中期後段人。
				宣王	韓巍 2008：頁 29 注 5	器身所飾顧首夔龍紋多見 於兩周之際。

序號	器　名	字數	銘文著録	時　代	出　　處	依　　據
2454	無㠱殷無其簋	58	04225–04228	西周中期	集成 2007（3）: 頁 2579	
				康王十三年	吳其昌 1929（2004）: 頁 176	曆日合於《曆譜》康王十三年。《太平御覽》卷五十四有康王南征的記載，與本銘"王征南夷"相參證。
				屬王	郭沫若 1935（2002）: 頁 258	與屬王時虢仲盨（04435）乃同時器。
				屬王	莫非斯 1936: 頁 245	
				屬王	容庚 1941（2008）: 頁 39、頁 270 簋 131	祖名同屬王時克鼎（02796）。記事同虢仲盨蓋（04435），後者亦屬王時。
				共和十三年	董作賓 1952: 頁 696	曆法。
				共和十三年	董作賓 1959（1977）: 頁 59	曆法。
				昭王	陳夢家 1966（2004）: 頁 133	"王征南夷"與昭王南征史實相應。瓦弦紋亦見於穆王時器。
				懿王	白川靜 1968a: 頁 62–66 器 128	
				屬王	陳佩芬 1981: 頁 34	"征南夷"同虢仲盨（04435），該事見載於《後漢書·東夷傳》，爲屬王時事。*04226。
				屬王	唐蘭 1976–1978（1986）: 頁 516	
				屬王十三年	何幼琦 1982: 頁 112	曆法。
				宣王	劉雨 1983: 頁 156	器主即𤔲从盨（04466）之内史無㠱，皇祖釐季即小克鼎之皇祖釐季，兩器皆宣王時。*04225。
				屬王	何幼琦 1983a: 頁 57	
				懿王十三年	劉啟益 1984: 頁 241	
				孝王	馬承源等 1988: 頁 211 器 293	形制。人物"皇祖釐季"見於孝王時克鼎（02836）。
				孝王	李仲操 1991: 頁 67	曆日。
				屬王十三年	趙光賢 1992: 頁 48	曆日。
				屬王	蔡運章 1994a: 頁 88	記屬王伐淮夷事。
				西周中期	辭典 1995: 頁 107 器 377	
				屬王十三年	劉雨 1997: 頁 247	

續表

序號	器名	字數	銘文著録	時代	出處	依據
2454	無㝬殷 無其簋	58	04225- 04228	穆王	榮孟源 1997：頁 360	曆法。
				孝王	黎東方 1997：頁 230	
				厲王	彭裕商 1999：頁 57	所記王征南夷史實爲厲世。
				西周中期偏晚（約懿王前後）	王世民等 1999：頁 69 簋 31	器形。
				西周中期	張懋鎔 2000：頁 10-11	形制、紋飾、字體與師虎簋（04316）相近，後者爲恭懿時器。
				懿王前後（恭王十三年）	斷代工程 2000：頁 20、31	考古類型學方法。排西周金文曆譜。
				恭王十三年	李學勤 2000b：頁 88	形制，人物，曆日。
				懿王	張懋鎔 2002：頁 33	
				懿王	劉啓益 2002：頁 312	形制常見於西周中期。曆日合於懿王時走簋（04244）及《張表》。
				宣王前後	王世民 2003：頁 44-45	與宣王時逨器相聯繫。
				厲王	彭裕商 2003：頁 391、164	所記周王征南夷，在厲王時。
				孝王	陳佩芬 2004：頁 299 器 320	同器形之器多見於恭懿時。"皇祖釐季"同小克鼎，二人當爲同宗族兄弟，時代爲孝王。*04226、04228。
				西周晚期	吳鎮烽 2006：頁 318	無㝬，西周晚期人。
				厲王	張懋鎔 2008：頁 350	
				厲王	朱鳳瀚 2009：頁 1315、1222	曆日。
				夷王十三年	葉正渤 2010：頁 187	夷王元年爲公元前 903 年，該器曆日合於夷王十三年。
2455	史頌殷	60 （又重文 2 合文 1）	04229- 04236	西周晚期	集成 2007（3）：頁 2580	
				宣王三年	吳其昌 1929（2004）：頁 470	"史頌"即頌殷（04332）、頌壺（09731）之"頌"。"穌"即曹戴伯蘇，代幽伯位之在宣王三年，見《史記·曹世家》《僞竹書紀年》。曆朔合於《曆譜》宣王三年。
				恭王	郭沫若 1935（2002）：頁 159	"史頌"即恭王時頌鼎（02827）之"頌"。

續表

序號	器　名	字數	銘文著錄	時　代	出　　處	依　　據
2455	史頌𣪘	60（又重文2合文1）	04229–04236	宣王三年	容庚 1941（2008）: 頁 42、頁 272 𣪘 147	參史頌盤（10093）。
				夷厲	徐中舒 1963（1998）: 頁 523	史頌諸器與頌諸器字體相似，爲同年同月所製；頌諸器的嘏辭與小克鼎（02796）、微䋣鼎（02790）相似，後者爲夷厲時器。
				厲王	陳夢家 1966（2004）: 頁 306	同人作頌組器在夷王時，頌稱"史"當稍晚。
				孝王	白川靜 1968c: 頁 174–190 器 138	
				孝王	唐蘭 1976—1978（1986）: 頁 490	
				夷王	李學勤 1979: 頁 36	字體酷似三年㿋壺（09726），夷王時器。
				幽王	高木森 1986: 頁 149	器形，紋飾。
				共和	馬承源等 1988: 頁 301 器 430	
				昭王三年	何幼琦 1989a: 頁 46	曆法。
				夷王三年	劉雨 1997: 頁 247	
				恭王	榮孟源 1997: 頁 359	曆法。
				宣王	黎東方 1997: 頁 230	
				厲王前後	王世民等 1999: 頁 91、頁 32 𣪘 74	銘文内容與史頌鼎同。
				幽王	白光琦 2001: 頁 129	形制，紋飾，字體，册命儀式。
				夷王	劉啟益 2002: 頁 352	人物聯繫。器形同夷王時元年師旌𣪘（04279）。與頌器不屬於同一王世。合曆。人物聯繫。
				宣王前後	王世民 2003: 頁 44–45	與宣王時逨器相聯繫。
				宣王	彭裕商 2003: 頁 445	器形，紋飾。
				宣王	陳佩芬 2004: 頁 456 器 381	*04231、04232。
				幽王	張懋鎔 2005: 頁 8	造型、紋飾、銘文字體、器主職務等方面，與逨器十分相近，且父考名同，逨與頌爲兄弟行。逨鼎（近二 0328、0330）作於宣王四十二、四十三年，頌鼎所記三年，當爲幽王三年。
				幽王	白光琦 2006a: 頁 72	形制、紋飾、頌辭皆與逨器相似。書法近秦篆，創春秋形體。
				宣王三年	李學勤 2006: 頁 160–164	參史頌鼎（02787）。
				西周晚期	吳鎮烽 2006: 頁 345	頌，西周晚期人。

序號	器名	字數	銘文著録	時代	出處	依據
2456	臣諫𣪘	存62	04237	西周中期	集成 2007（3）：頁 2580	
				厲王五年	容庚 1941（2008）：頁 40	父名同厲王時𩰤从盨（04466）。
				周初	河北 A1979：頁 26	形制，銘文。
				成康之際	李學勤、唐雲明 1979：頁 57	據形制，紋飾聯繫成康時邢侯𣪘（04241）、臣辰尊（05999）等。
				康王	馬承源等 1988：頁 58 器 82	
				穆王前後	李豐 1988a：頁 396	墓葬。
				二期後段（約昭王）	盧連成、胡智生 1988a：頁 508-513	墓葬。
				西周前期	辭典 1995：頁 101 器 357	
				康王	李先登 1999：頁 115	形制，紋飾。
				成康之際	陳平 1999：頁 108-109	形制同邢侯𣪘（04241），後者爲成康之際器。
				西周早期	王世民等 1999：頁 58 𣪘 6	器形。
				康王	劉啓益 2002：頁 114	形制同康王時邢侯𣪘（04241）。
				昭穆之際（穆王早年）	彭裕商 2003：頁 316	據器形、紋飾，字體、用語及同墓出土器物判斷。
				成王晚期之末	楊文山 2005：頁 21	
				西周中期前段	吳鎮烽 2006：頁 117	臣諫，西周中期前段人。
				約成康	朱鳳瀚 2009：頁 1431	
2457	羚𣪘	63	近二 0433	西周中期	近二 2010（二）：頁 104	
				西周中晚期	張光裕 2004：頁 174	器形，花紋，銘文字形。
2458	亦𣪘	63	近二 0434-0435、新收 1958-1959	西周中期	近二 2010（二）：頁 106-108	
				西周中期	新收 2006：頁 1305-306	
				西周中期	張光裕 2002a：頁 107-144	金文言王“鄉禮”者凡六，皆西周中期器。王舉行“饗酒”“饗醴”之御事人，西周中期時稱“御”或“宥”。
2459	𤞤𣪘	63	近二 0436	西周中期	近二 2010（二）：頁 110	
				穆王前期	吳鎮烽 2006a：頁 63-64	形制，花紋，銘文字體。

序號	器名	字數	銘文著錄	時代	出　處	依　據
2459	獄簋	63	近二 0436、0438	穆共	張懋鎔 2006e：頁 64–65	從形制、紋飾、字形書體、用語、賞賜地點、賞賜品、人物、日名等角度看，獄器當西周中期穆共時。雖私名相同，但器主"獄"非魯侯熙。
				穆恭之際	韓巍 2007：頁 156–157	形制，紋飾。
				穆恭	李學勤 2007c：頁 183	形制、紋飾近寶雞茹家莊一號墓強伯簋、伯簋等器，該墓爲穆王時。亦與穆王前後沈子它簋（04330）相類。字體近，兩者時代相近。
				穆王晚期	朱鳳瀚 2008a：頁 4	通體紋飾。"肇作"爲器主首次作宗廟祭祀禮器，當早於十一月獄簋（近二 0438）。
2460	小臣謎敦小臣謎簋、白懋父簋	64	04238–04239	西周早期	集成 2007（3）：頁 2581	
				成王四年	吳其昌 1929（2004）：頁 120、117	史實與成王四年之御正衛彝（04044）、小臣宅敦（04201）貫穿，爲同年器。"白懋父"即經典之"康伯髦""牟伯""王孫牟""中旄父"等。
				成王	徐中舒 1931：頁 279–294	伯懋父與周公旦約同時人。遣與矢彝之"王姜"爲同時人。"八自"在周初當成王世。
				成王	郭沫若 1935（2002）：頁 63	"伯懋父"見史書。
				成王	容庚 1941（2008）：頁 34	記伯懋父以殷八師征東夷事。*04238。
				昭王	唐蘭 1962：頁 36	
				成康	白川靜 1966：頁 719–736 器 63	昭王時亦有伐東夷之戰，參昭王時趞尊（05992）。
				成王	陳夢家 1966（2004）：頁 20	記伐東夷，成王事。人物"白懋父"是否即文獻中的"中旄父""康伯髦""王孫牟"，很難確定。"伐海眉"之地望與《孟子·滕文公》敘周公伐奄地望相符。"遣"與趞尊（05992）、甗鼎（02731）、班簋之人名"趞"不同，此處作動詞。形制常見於西周初期。

序號	器 名	字數	銘文著錄	時 代	出 處	依 據
2460	小臣謎殷小臣謎簋、白懋父簋	64	04238-04239	康王	白川靜 1975（1997）: 頁 254	伯懋父見於康王時醫尊（06004）、醫卣（05416）。
				昭王	唐 蘭 1976—1978（1986）: 頁 238	"伯懋父"即康伯髦，在康昭時代。銘文記伐東夷事，又見明公簋（04029）、旅 鼎（02728）、寧 鼎（02740）、竈鼎（02731）。
				昭王	唐蘭 1981: 頁 33	伯懋父是康叔封之子。
				穆王	高木森 1986: 頁 70	所記指穆王伐徐夷。
				康王	馬承源等 1988: 頁 50 器 71	"牧自"在衛康叔封地範圍内（見《史記·衛康叔世家》），故以爲"伯懋父"是衛康叔之子康伯髦，也稱王孫牟父，事周康王，見《左傳·昭公十二年》。
				康昭	馬承源 1992: 頁 151	人物聯繫。
				西周早期康王前後	王世民等 1999: 頁 101 簋 96	白懋父見於召尊（06004）、小臣宅簋（04201）等器。
				昭王	彭裕商 2001: 頁 226	伐東夷事不限於周初，字體與周初不同而常見於昭穆時器。"伯懋父"即昭穆時祭公謀父。
				穆王	劉啓益 2002: 頁 221	"伯懋父"見於穆王時吕壺（09689）、小臣宅簋（04201）等。字體有西周中期作風。字體爲西周中期。
				西周早期	馬承源 2003a: 頁 116 簋 24	器形。
				成王	王永波 2003: 頁 33–34	《尚書·費誓》《魯周公世家》《帝王世紀》等皆記載成王時伐東夷。
				昭王	彭裕商 2003: 頁 274、271	"伯懋父"爲昭穆時人，此率師東征當在壯年，定爲昭王。
				昭王	張懋鎔 2005a: 頁 4	腹部傾垂，年代當稍晚。
				昭王	張懋鎔 2006a: 頁 215	形制、紋飾、字形書體看晚於成王，伯懋父主要活動於昭穆時。
				西周早期	吳鎮烽 2006: 頁 30	小臣謎，西周早期人。
				昭王	張懋鎔 2008: 頁 344	
				昭王	王帥 2008: 頁 43	器形紋飾，字形書體。
				昭王	王帥 2008a: 頁 66	字體。

續表

序號	器 名	字數	銘文著録	時 代	出 處	依 據
2461	免殷冗敦	64	04240	西周中期	集成 2007（3）: 頁 2581	
				夷王	吳其昌 1929（2004）: 頁 357	作器者同夷王時冘彝（06006）。
				懿王	郭沫若 1935（2002）: 頁 196	"井叔" 見於孝王時舀鼎（02838）。
				懿王	容庚 1941（2008）: 頁 38	"井叔" 見於懿王時舀鼎（02838）。
				懿王	李學勤 1959: 頁 44	
				穆王	唐蘭 1962: 頁 43	據文獻記載穆王住在鄭。人物井叔見於恭王時舀鼎（02838）銘第一段。
				懿王	陳夢家 1966（2004）: 頁 177	字體，人物 "井叔" "周師"。
				恭王	白川靜 1968: 頁 464–478 器 115 附	
				穆王	唐蘭 1976—1978（1986）: 頁 371	參免尊（06006），據賞賜物當稍晚。
				孝王前後	盛冬鈴 1983: 頁 57	據人物 "井叔"，與孝王時舀鼎（02838）、趞觶（06516）相去不遠。
				恭王	丁驌 1985: 頁 37	曆日。
				懿王	馬承源等 1988: 頁 179 器 251	
				懿孝	張長壽 1990: 頁 32–35	人物 "井叔"。
				懿王	劉啟益 2002: 頁 304	參免尊（06006）。
				西周中期	彭裕商 2003: 頁 382	與免尊（06006）、免簠（04626）、免盤（10161）等皆爲免組器，據尊、盤的器形、簠的出現時間、銘文字體推斷，本組在懿孝時期。"周師" 見守宮盤（10168）。"井叔" 非舀鼎（02838）之 "井叔"。史免簠（04579）器主與本組器器主無關。
				懿王	陳佩芬 2004: 頁 286 器 316	
				西周中期前段	吳鎮烽 2006: 頁 210	免，西周中期前段人。
				懿王	葉正渤 2010: 頁 169	

續表

序號	器 名	字數	銘文著錄	時 代	出 處	依 據
2462	焂作周公簋　榮作周公簋、周公簋、井侯簋、周公彝、邢侯簋、邢侯彝、焂簋	67（又合文1）	04241	西周早期	集成2007（3）:頁2581	
				康王	吳其昌1929（2004）:頁189	字體爲周初。"三帝"指文、武、成，此爲康王時器。
				成王	徐中舒1931:頁279-294	
				昭 王（或康王）	郭沫若1931:頁79-97	"焂"見大小盂鼎（02839），皆康王末年器，字迹亦與之相近，當爲同時之物。焂作有焂簋，字迹亦與大小盂鼎爲一系。
				康王	郭沫若1935（2002）:頁95	字體同康王時大小盂鼎（02839），象紋同成王時臣辰器，"焂"即大小盂鼎之"焂"。
				康王	容庚1941（2008）:頁36、頁264簋86	"王命焂"之文亦見於康王時盂鼎二（02839）。
				成康	白川靜1965b:頁591-617器59	
				成康	陳夢家1966（2004）:頁81、113	形制、花紋、字體不晚於成王末。
				康王前期	唐蘭1976—1978（1986）:頁159	康王二十三年盂鼎（02837）中"盂"繼"榮"職事，此銘"榮"任職當在康王前期。
				成康之際	李學勤、唐雲明1979:頁58	祭祀父考周公。
				康王	馬承源等1988:頁45器66	見麥方尊（06015）。
				康王	李零1993:頁660	
				西周早期	青全1997（6）:頁34器34	
				成末康初	李先登1999:頁114	器形、紋飾及銘文書體。
				成康之際	陳平1999:頁108-109	"焂"及"内史"均是周王册命邢侯時的右者，稱"邢侯"非初封。有成王後期麥尊（06015），銘文記邢侯初封，邢侯簋（04241）當稍晚，在成康時。
				西周早期	王世民等1999:頁57簋5	器形。
				康王	劉啓益2002:頁113	"榮"見於康王時大盂鼎（02837）。四耳簋亦見於康王時宜侯夨簋（04320）。
				成王後期	楊文山2002:頁6-8	形制，紋飾，銘文所記人物及事件。

續表

序號	器　名	字數	銘文著錄	時　代	出　處	依　據
2462	燓作周公殷 榮作周公簋、周公簋、井侯簋、周公彝、邢侯簋、邢侯彝、燓簋	67（又合文1）	04241	昭王	彭裕商 2003：頁 279	據器形、紋飾、字體歸爲昭王器。
				成康	吳鎮烽 2006：頁 43	井侯，西周成康時期人。
				康王前期	王輝 2006：頁 63	邢侯乃周公子。"靖井侯服"，説明非初封。
				康昭	張懋鎔 2008：頁 344	
				成康	朱鳳瀚 2009：頁 1260	
2463	伯戉父簋	64	古文字研究 27 輯頁 197 圖 2	厲王	李學勤 2007e：頁 87	所伐服鸞見於厲王時宗周鐘（00260）。
				厲王	朱鳳瀚 2008：頁 192	形制紋飾近夷厲時諫簋（04285）等。本器及翏生盨（04459）、噩侯鼎（01565）三器所記戰事，與周厲王猷鐘（00260）所記厲王南征，爲同一次戰役。
2464	叔向父禹殷 叔向父簋、叔向簋、叔向父敦	存65	04242	西周晚期	集成 2007（3）：頁 2581	
				成王	吳其昌 1929（2004）：頁 162	部分用詞見於成王時毛公鼎（02841）、番生殷（04326）。
				厲王	郭沫若 1935（2002）：頁 281	"叔向父禹"即夷王時禹鼎（02833）之"禹"。
				西周後期	容庚 1941（2008）：頁 273 簋 150	
				厲王	徐中舒 1959：頁 55–57	祖名同禹鼎（02833），後者爲厲王時器。
				孝王	陳夢家 1966（2004）：頁 219	形制紋飾同孝王時元年師兑簋（04274）等。器主與孝王時禹鼎（02833）之禹是一人。先文祖爻即懿王時之司馬爻，見於師晨鼎（02817）。
				夷王	白川靜 1969b：頁 433–441 器 161	
				夷王	唐蘭 1976—1978（1986）：頁 501	
				厲王	劉啓益 1980：頁 80–85	與虢仲簋形制相同，虢仲作簋（04435）所記伐淮夷事在厲王時。
				宣王	劉雨 1983：頁 156	銘文内容。
				厲王	黃盛璋 1983：頁 18	形制、紋飾與敔簋（04323）、師酉簋（04288）皆近，後者屬王時器。
				厲王	馬承源等 1988：頁 285 器 409	

序號	器　名	字數	銘文著錄	時　代	出　　處	依　　據
2464	叔向父禹 毁 叔向父 簋、叔向 簋、叔向 父敦	存 65	04242	西周晚期	宗靜航 1993：頁 156–157	據該器的用語、形制、紋飾。
				厲王	彭裕商 2003：頁 392	"叔向父禹" 即屬王時禹鼎（02833）之 "禹"。器形、紋飾、措辭也與厲王時特徵相符。
				厲王	陳佩芬 2004：頁 451 器 379	
				夷厲	吳鎮烽 2006：頁 195	叔向父禹，西周夷、厲時期人。
				厲王	韓巍 2008：頁 31	
				厲王	張懋鎔 2008：頁 350	
2465	殺毁蓋 救簋蓋	67 （又重 文 2）	04243	西周中期	集成 2007（3）：頁 2581	
				約共王	天津 B1979：頁 94	人物邢伯見於恭王時趞曹鼎（02783）等器。
				孝王	盛冬鈴 1983：頁 57	據人名聯繫。
				西周中期	吳鎮烽 2006：頁 284	救，西周中期人。
2466	走毁 徒敦	存 67 （又重 文 2）	04244	西周晚期	集成 2007（3）：頁 2581	
				孝王	吳其昌 1929（2004）：頁 332	"嗣馬井白" 存於龔、孝間。日辰可合於《曆譜》孝王十二或十三年。
				恭王	郭沫若 1935（2002）：頁 175	"井伯" 見於恭王時趞曹鼎一（02783）。
				恭王	莫非斯 1936：頁 243	人物 "井伯"。
				共王	容庚 1941（2008）：頁 38	王在某宮行賜命禮而井伯爲右，同共王時趞曹鼎（02783）。
				孝王十二年	董作賓 1952：頁 695	曆法。
				恭王	李學勤 1959：頁 44	
				孝王十二年	董作賓 1959（1977）：頁 55	曆法。
				懿王	白川靜 1965d：頁 152	曆日可排入懿世曆譜。
				共王	陳夢家 1966（2004）：頁 153、162	右者司馬井伯見於趞曹鼎一（02783）。
				懿王	白川靜 1968：頁 520–532 器 122	
				共王十二年	唐蘭 1972：頁 59–60	據人物 "邢伯" 聯繫他器。
				共王	唐蘭 1976—1978（1986）：頁 419	
				懿王十二年	李學勤 1979：頁 36	

序號	器 名	字數	銘文著錄	時 代	出 處	依 據
2466	走殷徒敦	存67（又重文2）	04244	厲王十二年	何幼琦 1982：頁 112	曆法。
				恭王	馬承源 1982：頁 53	曆日。
				孝王	盛冬鈴 1983：頁 57	據人名聯繫。
				懿王十二年	劉啓益 1984：頁 241	
				恭王（或孝王）	丁驌 1985：頁 39、43	曆日。
				懿王後期	高木森 1986：頁 101	形制，紋飾，人物。
				恭王	馬承源等 1988：頁 159 器 228	據曆日歸入恭王。
				懿王	李仲操 1991：頁 64	人物"作册尹"見於休盤（10170），後者懿世器。
				懿王十二年	趙光賢 1992：頁 46	曆日。
				恭王十二年	劉雨 1997：頁 247	
				夷王	黎東方 1997：頁 230	
				厲王	彭裕商 1999：頁 60	右者"司馬井伯"見於厲王時師瘨簋（04230）、師㝬父鼎（02813）。
				恭王前後	王世民等 1999：頁 67 簋 23	嗣馬井伯見於師㝬父鼎（02813）。
				共王十二年	斷代工程 2000：頁 20/頁 31	類型排比。排西周金文曆譜。
				恭王十二年	朱鳳瀚 2002a：頁 5	
				懿王	劉啓益 2002：頁 305	"邢伯"見於穆共時。日辰合於《張表》懿王 12 年。
				厲王	彭裕商 2003：頁 409、364	據人物聯繫及銅器耳形不出夷厲時期，與厲王時大簋蓋（04298）曆日相合。
				恭王十二年	朱鳳瀚 2004：頁 6	
				西周中期	吳鎮烽 2006：頁 266	徒，西周中期人。
				穆王十二年	張聞玉 2007：頁 38	曆日。
				恭懿	張懋鎔 2008：頁 347	
				恭王	朱鳳瀚 2009：頁 1221	曆日。
				夷王十二年	葉正渤 2010：頁 187	夷王元年爲公元前903年，該器曆日合於夷王 12 年。

序號	器 名	字數	銘文著錄	時 代	出 處	依 據
2467	伯玩父簋	68	首陽 36	孝夷時期	首陽 2008：頁 106 器 36	形制，紋飾。
2468	楚設	69（又重文 2）	04246–04249	西周晚期	集成 2007（3）：頁 2581	
				懿孝之際	盧連成、羅英傑 1981：頁 132	"内史尹氏"西周中晚期常見。"佣父"見於懿王十三年望簋，紋飾符合。
				西周中期	陝西 1984（4）：頁 18 器 120–123	
				共王	伍士謙 1987：頁 110	據有關人物、官名研究，以及西周册命制度、周王賞賜物品。
				懿王	吳鎮烽 1987：頁 277	仲朋父又稱宰朋父，見於懿王世的望簋（04272）。
				恭王（或懿王）	馬承源等 1988：頁 162 器 232	中佣父疑爲恭王時望簋（04272）之宰佣父。
				懿孝	盧連成、胡智生 1988a：頁 523	
				西周中期	辭典 1995：頁 109 器 383	
				西周中期後段	馬承源 2003a：頁 117 簋 32	器形。
				厲王	彭裕商 2003：頁 427	據器形紋飾、字體、"尹氏"的出現、流行的鑄器日期、同出器時代等推斷，在厲王時。仲佣父可能即望簋（04272）的宰佣父。
				西周中期後段	吳鎮烽 2006：頁 335	楚，西周中期後段人。
				西周晚期	吉琨璋、宋建忠、田建文 2006：頁 47	
2469	即設	70（又重文 2）	04250	西周中期	集成 2007（3）：頁 2582	
				共王	吳鎮烽、雒忠如 1975：頁 59	形制、紋飾可斷在共王。據"文考幽叔"，"即"當與懿王時師奐鐘（00141）器主爲一家。
				孝夷	李學勤 1979：頁 31	據家族世系排列。字體似莊白興器。
				共王	陝西 1980（3）：頁 17 器 106	
				孝王	盛冬鈴 1983：頁 57	據人名聯繫。
				恭王	黃盛璋 1984：頁 289	"定伯"亦見於五祀衛鼎（02832）、衛盉（09456），恭王時器。
				厲王	何幼琦 1985：頁 12	曆日。

續表

序號	器 名	字數	銘文著錄	時 代	出 處	依 據
2469	即簋	70（又重文2）	04250	懿王	吳鎮烽 1987: 頁 276	據同坑出土一家器物，知即是師丞的父親，是師望的兒子，師龢是師望的父親，據師龢鼎知師龢爲穆王後期至恭王前期人，則即應是懿王後期至孝王時期人。
				懿王	馬承源等 1988: 頁 168 器 241	定伯，見於恭王時衛盉（09456）。形制同懿王時師虎簋（04316）。
				西周中期	辭典 1995: 頁 106 器 373	
				夷王	彭裕商 1999: 頁 58	與師丞鐘（00141）之師丞爲父子關係，後者作於厲王時。
				恭王前後	王世民等 1999: 頁 69 簋 28	定白見於恭王三年衛盉（09456），井白見於恭王五年衛鼎（02832），當同時。
				孝夷	李學勤 2000a: 頁 39	據強家村窖藏，即約在孝夷之間。"定伯"亦見於五祀衛鼎（02832）。據強家村窖藏，師龢爲穆王晚年至恭王時人，即約在孝夷間。定伯從恭王五年下延到孝王時，是不悖事理的。
				懿王	劉啟益 2002: 頁 309	"定伯"爲共懿時人。據同出同家族銅器的世系，"即"的政治活動不能遠至共王。
				夷王	彭裕商 2003: 頁 374、165	與厲王時師丞鐘（00141）器主爲父子關係。
				恭王	周言 2005: 頁 54–57	同出師奐鐘（00141）"虢季""寏公""幽叔"爲同輩兄弟，屬同姓異宗、非直系祖受祭的情況，強家器群人物關係是一個家族的三代世系，即爲第二代，當恭夷時。右者定伯亦見於恭王時衛組器。
				西周中期	曹瑋等 2005（2）: 頁 303	
				孝夷	張懋鎔 2006a: 頁 216	其祖師龢作鼎（02830）在恭王時；其父師望作鼎（02812）在懿孝時。
				西周中期後段	吳鎮烽 2006: 頁 174	即，西周中期後段人。

序號	器　名	字數	銘文著錄	時　代	出　　處	依　　據
2469	即毁	70（又重文2）	04250	恭懿	韓巍 2007b：頁 72–73	强家村器群銘文人物當爲一個家族的四個世系，師龢活動於穆王後期到恭王時期；其子即活動於恭懿時，師奭活動於懿孝時。
2470	大師虘毁	70	04251–04252；文博 2010 年 01 頁 26 圖 1、圖 2	西周中期	集成 2007（3）：頁 2582	
				厲王前後	郭沫若 1943：頁 153	據"師曩""宰智"等聯繫他器。
				夷王十二年	董作賓 1952：頁 695	曆法。
				夷王十二年	董作賓 1959（1977）：頁 57	曆法。
				孝王	李學勤 1959：頁 45	
				懿王	陳夢家 1966（2004）：頁 190	右者"師晨"爲師晨鼎（02817）器主，懿王時。
				懿王	白川靜 1968a：頁 38–54 器 126	
				懿王	唐蘭 1976—1978（1986）：頁 474	
				懿王	劉啓益 1978：頁 316–317	太師"師晨"即懿王時師晨鼎（02817）器主，兩器時代當同。
				孝王	李學勤 1979：頁 35	據人物"師晨""宰智"聯繫蔡簋（04340）、師晨鼎（02817），皆爲孝王時器。
				懿王	吳鎮烽、王東海 1980：頁 65	"宰智"見於懿王時蔡簋（04340）。
				孝王	何幼琦 1982：頁 110	曆法。
				夷王	馬承源 1982：頁 52	曆日。
				孝王	盛冬鈴 1983：頁 57	據人名聯繫。
				孝王	丁驌 1985：頁 43	曆日。
				懿王後期	高木森 1986：頁 100	形制，紋飾。"周師"首見於懿王時代的銅器。
				懿王	吳鎮烽 1987：頁 278	據人物"師晨""宰智"。
				夷王	馬承源等 1988：頁 266 器 388	曆日合於《年表》夷王十二年。*04252。
				孝王	李仲操 1991：頁 67	"師晨"見於師晨鼎（02817），後者孝王時器。
				西周中期	辭典 1995：頁 109 器 382	
				夷王	青全 1997（5）：頁 64 器 67	*04252。
				孝王十二年	劉雨 1997：頁 247	

續表

序號	器　名	字數	銘文著錄	時　代	出　　處	依　　據
2470	大師虘殷	70	04251–04252；文博2010年01頁26圖1、圖2	共和	黎東方1997：頁230	
				約夷王	彭裕商1999：頁59	人物聯繫。
				西周中期約孝王前後	王世民等1999：頁72簋35	有師晨鼎（02817），所銘嗣馬共和周師彔宮也見於諫簋（04285）、師俞簋蓋（04277），皆西周中期約孝王前後器。
				厲王十二年	斷代工程2000：頁20、33	考古類型學方法。排西周金文曆譜。
				懿王	劉啓益2002：頁310	"師晨"見於懿王時師晨鼎（02817）。曆日合於懿王時走簋（04244）及《張表》。
				孝王	張懋鎔2002：頁33	
				西周中期	馬承源2003a：頁114簋5	器形。
				夷王	彭裕商2003：頁355、364	據人物聯繫歸入夷世。
				夷王	陳佩芬2004：頁443器377	"師晨""舀"見於懿孝時代師晨鼎（02817）、舀鼎（02838）等器，而此器中舀職位較高，故該器稍晚，應在夷世。
				西周中期後段	吳鎮烽2006：頁284	虘，西周中期後段人。
				懿孝	張懋鎔2008：頁349	
				厲王	朱鳳瀚2009：頁1222	曆日。
				懿王	吳鎮鋒、李娟2010：頁27	從器物造型、紋飾及銘文字體風格可斷在西周中期。人物"宰舀""師晨"可聯繫師晨鼎（02817）、蔡簋（04340）等器，皆懿王時。
2471	弭叔師家殷弭叔師察簋、弭叔簋、師家簋	70（又重文2）	04253–04254	西周晚期	集成2007（3）：頁2582	
				西周	段紹嘉1960：頁9-10	
				厲王前後	陳公柔1962：頁90	
				懿王（孝王）	陳夢家1966（2004）：頁205	右者"井叔"見於懿王時免器（04240、04626、06006）。
				孝王	白川靜1968：頁479–483器116	
				穆王	唐蘭1976—1978（1986）：頁402	
				孝王前後	盛冬鈴1983：頁57	據人物"井叔"，與孝王時舀鼎（02838）、趞觶（06516）相去不遠。

序號	器 名	字數	銘文著録	時 代	出 處	依 據
2471	彄叔師宷毁 彄叔師察毁、彄叔毁、師宷毁	70 (又重文2)	04253–04254	夷王	丁驌 1985:頁 46	曆日。
				懿王	吴鎮烽 1987:頁 277	人物"尹氏"。
				懿王(或孝王)	馬承源等 1988:頁 197 器 272	"彄伯"即彄伯師耤毁(04257)之器主,懿孝時人。*04253。
				西周中期	張長壽 1990:頁 32–35	人物"井叔"。
				懿王九年	李先登 1993(2001):頁 203	"井叔"見於懿王時曶鼎(02838)。該器曆日合於懿王九年。
				西周晚期	青全 1997(6):頁 127 器 130	
				夷王	李仲操 1998a:頁 320	右者"井叔"見於夷王時趠觶(06516)。曆日合於夷王五年。
				懿孝	王世民等 1999:頁 88 毁 67	"井叔"見於曶鼎(02838)、免尊(06006)等。
				孝王	劉啓益 2002:頁 334	"用楚彄伯",彄伯生稱,此人見於孝王時彄伯匜(10213)。
				宣王前後	王世民 2003:頁 44–45	與宣王時逨器相聯繫。
				厲王	彭裕商 2003:頁 415	彄叔作器包括毁(04253)、盨 一(04385)、 盨 二(04430)、鬲(00107),據諸器的器形紋飾、涉及人物聯繫、同出他器的時代等,判斷爲厲世銅器。
				懿孝	張長壽 2005:頁 400	"井叔"見於懿王時器。
				西周中期後段	吴鎮烽 2006:頁 243	彄叔師察,西周中期後段人。
2472	馘毁 京叔彝	70 (又重文2)	04255	西周晚期	集成 2007(3):頁 2582	
				夷厲	郭沫若 1933(2002):頁 222	文辭體例。
				宣王	郭沫若 1935(2002):頁 318	文辭字體近宣世器。"穆公"殆即宣王時召伯虎毁(04292)之"召虎"。
				懿王	李學勤 1959:頁 44	有復古傾向。
				共王	陳夢家 1966(2004):頁 175	紋飾,賞賜命服。
				穆王	白川靜 1967c:頁412–418 器 110	
				共王	唐蘭 1976—1978(1986):頁 448	
				孝夷	吴鎮烽、王東海 1980:頁 65	"穆公"見於盠方彝(09899),後者爲孝夷時器。
				懿王初年	盛冬鈴 1983:頁 57	據人名聯繫。

續表

序號	器 名	字數	銘文著錄	時 代	出 處	依 據
2472	載毀京叔彝	70（又重文2）	04255	約穆王前後	李學勤1984a：頁6-8	聯繫穆公簋蓋（04191），後者爲穆王時器。
				早於宣王	張政烺1987（2011）：頁103	稍早於宣王。
				孝王	馬承源等1988：頁231器317	人物"穆公"。
				共王	劉啓益2002：頁267	"穆公"見於共王時盠方彝（09899）等器。
				孝夷	彭裕商2003：頁346	右者"穆公"亦見於懿王時盠器（09899），"取債五寽"的説法和賞賜物多見夷屬時器，故當爲孝夷時器。
				西周中期前段	吳鎮烽2006：頁333	載，西周中期前段人。
				恭王早期	韓巍2007：頁159-160	册命形式，賞賜物"宂"。右者"穆公"作簋（04191）爲穆王時器。
				西周中期、晚期之交	張懋鎔2008：頁348	
2473	廿七年衛毀衛簋、裘衛簋	71（又重文2）	04256	西周中期	集成2007（3）：頁2582	
				穆王二十七年	岐山A1976：頁28	同人作鼎（02832）有銘"余執恭王恤工"，是恭王在世之稱。此器記初受命，當是穆王二十七年。且器形、紋飾等與穆王時彔簋（04122）、長由簋（03581）等近似。
				穆王二十七年	唐蘭1976a：頁55	裘衛作其他三器均爲恭王時器，此器當在穆王二十七年。
				穆王	唐蘭1976—1978（1986）：頁411	裘衛四器，三器在恭王時，該器當在穆王二十七年。
				共王二十七年	李學勤1976：頁45-46	裘衛作四器，近長凶墓銅器及灃西M222仿銅陶器，但花紋較晚，鼎足斷面呈半圓形。盉、鼎字體有中期風格，與共王時師虎鼎（02830）有明顯區別。該簋記衛初受册命時，爲裘衛器中最早者。
				穆王	陝西1979（1）：頁26器171	
				恭王二十七年	李學勤1979：頁36	

序號	器 名	字數	銘文著録	時 代	出 處	依 據
2473	廿七年衞 殷 衞簋、裘 衞簋	71 （又重 文2）	04256	康王末年	周法高 1979：頁 7	曆日。
				穆王	戚桂宴 1980：頁 61-64	
				屬王二十 七年	何幼琦 1982：頁 113	曆法。
				穆王	馬承源 1982：頁 55	曆日。
				穆王二十 七年	劉啓益 1984：頁 240	
				穆王	丁驌 1985：頁 35	曆日。
				穆王	高木森 1986：頁 79	積年。
				穆王二十 七	吳鎮烽 1987：頁 272	
				穆王	馬承源等 1988：頁 124 器 190	曆日合於書後《年表》穆 王之世。
				曆日合成 王二十六 年。	張聞玉 1990：頁 10	
				穆王	李仲操 1991：頁 50	早於衞作其他三器，據積 年當在穆王時。
				穆王二十 七年	趙光賢 1992：頁 46	曆日。
				西周中期	辭典 1995：頁 106 器 372	
				恭王二十 七年	劉雨 1997：頁 247	
				夷王二十 七年	彭裕商 1999：頁 60	
				穆王	周言、魏宜輝 1999：頁 56	
				穆王前後	王世民等 1999：頁 65 簋 22	據裘衞諸器的紀年。
				穆王二十 七年	斷代工程 2000：頁 18	類型排比。排西周金文曆 譜。
				夷王二十 七年	彭裕商 2000：頁 85	形制、紋飾、"裘"字形結 構上，應晚於衞所作其他 三器，有西周晚期特色。 據銘文内容看，非初襲職 時册命。右者出現當在恭 王晚年以後，而恭懿孝三 世積年皆不足 27 年。該 器曆日與夷王三十年虎簋 蓋（近出 0491）相合，故 該器所記爲夷王二十七年 之事。與同窖藏其他器物 年代相銜接。

續表

序號	器　名	字數	銘文著録	時　代	出　　處	依　　據
2473	廿七年衛 毁 衛簋、裘 衛簋	71 （又重 文2）	04256	穆王	劉啓益 2002：頁 226	形制同穆王時器。
				穆王	范毓周、周言 2002：頁 22	據曆日，該器與九年衛鼎（02831）不在同一王世。該器記年 27，當屬穆王時。
				穆王	張天恩 2003：頁 62–65	形制，字體。
				夷王 27 年	彭裕商 2003：頁 349	據紋飾、字體風格、字形結構、右者出現時間、王世積年及裘衛地位變化等條件，此簋晚於衛盉（09456）、五年衛鼎（02832）、九年衛鼎（02831），當夷世。該簋曆日於夷世虎簋蓋（新收 0633）相合。
				西周中期 前段	馬承源 2003a：頁 114 簋 3	器形。
				西周中期	曹瑋等 2005（2）：頁 324	
				穆王	張懋鎔 2006：頁 191	銘文字形書體及其他。
				穆王	張懋鎔 2006a：頁 212	據銘文記年和字形書體。
				穆王二十 七年	葉正渤 2007：頁 40–43	
				恭王	韓巍 2007：頁 163	所飾竊曲紋在穆王時期不常見。册命形式已較成熟。
				穆王	張懋鎔 2008：頁 346	
				穆王	朱鳳瀚 2009：頁 1289、1221	曆日。
2474	弭伯師耤 毁 弭伯簋、 師耤簋、 師耤簋	71 （又重 文2）	04257	西周晚期	集成 2007（4）：頁 3415	
				宣王	應新、子敬 1966：頁 6	形制、花紋、銘文及其與弭叔簋的關係。
				懿王	陳夢家 1966（2004）：頁 210	出土地近懿王時師察簋（04253）等弭叔器。
				夷王	白川靜 1969b：頁 478–484 器 165	
				孝王前後	盛冬鈴 1983：頁 57	據人物"井叔"，與孝王時曶鼎（02838）、趩觶（06516）相去不遠。
				厲王	丁驌 1985：頁 49	曆日。
				懿王後期	吳鎮烽 1987：頁 276–277	榮伯在恭懿二世執政，結合該簋爲西周後期流行樣式，判斷其爲懿王後期器。

序號	器　名	字數	銘文著録	時　代	出　　處	依　　據
2474	弭伯師耤 毁 弭伯簋、 師耤簋、 師耤簋	71 （又重 文2）	04257	懿王（或 孝王）	馬承源等1988：頁196器271	"内史尹"之稱見於孝王 時師兑簋（04274）。
				恭王前後	王世民等1999：頁88簋66	焚白見於五年衛鼎 （02832）、永盂（10322）等。
				孝王	劉啓益2002：頁333	同人作弭伯匜（10213）爲 孝王時器。
				宣王前後	王世民2003：頁44–45	與宣王時逑器相聯繫。
				厲王	彭裕商2003：頁418	器形、紋飾、字體極近厲 王時師察簋（04253）。"榮 伯"即榮夷公。賞賜物見 於夷厲時期器。
				懿孝	張長壽2005：頁400	
				西周中期 後段	吳鎮烽2006：頁264	師耤，西周中期後段人。
2475	害毁 宰闢父 敦、周敦	72 （又重 文2）	04258– 04260	西周晚期	集成2007（4）：頁3415	
				宣王	吳其昌1929（2004）：頁524	"宰犀父"即宣王時兢卣 （05425）、兢毁（04134）、 楲妃彝（04269）之"白犀 父"。
				孝王	陳夢家1966（2004）：頁225	形制花紋同孝王時蒞簋 （04195）。犀宮就是宰犀 父之宮。
				厲王	黃盛璋1978：頁198	"犀宮"，從唐蘭説，是夷 王之廟，本器作於夷王之 後。册命格式及賞賜物通 行於厲世。
				厲王	晁福林1989：頁81	"犀宮"即夷王之宮，作 於夷王之後。册命格式和 賞賜器物同厲王時諸器。
				厲王	晁福林2001：頁179	銘文言在"夷宮"，作於夷 王以後，據銘文内容、格 式等看，當作於厲王時。
				孝王	劉啓益2002：頁339	形制似懿王時師望簋 （03682）。"宰得父"即孝 王十三年瘋壺（09723）的 "得父"。
				西周晚期	吳鎮烽2006：頁274	害，西周晚期人。
2476	柞伯簋	74	近出0486、 新收0076	西周早期	近出2002（二）：頁371	
				西周早期	新收2006：頁67	
				康昭	徐錫臺1998：頁357	形制，紋飾，銘文内容， 字體書鑄風格。

續表

序號	器 名	字數	銘文著錄	時 代	出 處	依 據
2476	柞伯簋	74	近出 0486、新收 0076	康王	王龍正、姜濤、袁俊桀 1998：頁 53–54	形制同康昭時器。紋飾屬商末周初。西周早期"波磔體"。"辰在庚申"的記時方式同於康王時大盂鼎（02837）等。"南宮"見於成康時保侃母簋（03743）、中方鼎（02751）等。
				昭穆	李學勤 1998c：頁 67	"惟八月辰在庚申"的紀日形式只在西周早期後半至中期。"南宮"見於昭王時中方鼎（02751）等。圈足下加足增高，類似設計見於昭穆時班簋（04341）等，在耳下加足。"周公"即周文公旦。
				康王	王龍正、王聰敏 2000：頁 37	形制、紋飾、字體與内容有周初特徵，"王"當指康王。
				西周中期前段	吳鎮烽 2006：頁 224	柞伯，西周中期前段人。
				昭王	李學勤 2007d：頁 13–15	柞伯鼎（近二 0327）之柞伯爲此柞伯之孫堇，前者作於恭王時。
2477	天亡𣪘大豐簋、毛公聃季簋、朕簋	77（又合文 1）	04261	西周早期	集成 2007（4）：頁 3415	
				武王三年	吳其昌 1929（2004）：頁 99	顯考爲"文王"，則時王爲武王。"三衣王祀"，"衣祀"每年一舉之祭，故定爲三年。"亡尤"爲殷代成語，此器去殷未久。
				武王	郭沫若 1935（2002）：頁 19	武王殷祀文王時助享臣工所作器。
				武王	容庚 1941（2008）：頁 30、頁 266 簋 103	句法同《書·康誥》。
				武王	楊樹達 1948（1997）：頁 142	《逸周書·度邑》《史記·周本紀》所記周武王自述依天室，即此銘之"祀于天室"，此作於武王時。
				西周	許彥濤 1957：頁 79	
				商代	孫作雲 1958：頁 29–31	"不（丕）克气（訖）衣（殷）王祀"等句是天亡的禱祝之詞，故該器作於滅商前。
				武王	唐蘭 1958：頁 69	銘文内容。

序號	器 名	字數	銘文著錄	時 代	出 處	依 據
2477	天亡毁 大豐簋、 毛公聘季 簋、朕簋	77 （又合 文1）	04261	非滅商前	錢柏泉 1958：頁 56-57	"不（丕）克气（訖）衣 （殷）王祀"等句是頌詞， 頌揚文武之功。
				商代	孫作雲 1960：頁 50-52	"不（丕）克气（訖）衣 （殷）王祀"等句是禱祝之 詞，該器作於滅商前。
				昭王	殷滌非 1960：頁 53-54	連續"文王""丕顯王""丕 肆王""丕克三（王）"等句， 是對文王、武王、成王、 康王的祭祀，此爲昭王時 器。"丕顯🔲文王"之🔲爲 懿美之詞，非"考"字。
				武王	于省吾 1960：頁 34	銘文内容與《逸周書世俘 篇》同記武王克殷西歸宗 周祭告上帝和文王之事。
				武王	黄盛璋 1960：頁 81-95	該銘記事的時間是武王 十一年。
				康王初年	白川靜 1962：頁 1-38 器 1	
				武王	孫常敍 1963：頁 26-58	記載武王伐紂滅商，所 記的事情和時間與《逸周 書·世俘》首尾相接。
				武王	陳夢家 1966（2004）：頁 3	根據"王卒祀於王丕顯考 文王"，時王爲武王。
				康王	白川靜 1975（1997）：頁 254	將象身變成蝸文狀的退化 形式，爲康王期所獨有。
				武王	唐蘭 1976—1978（1986）：頁 11	
				武王	孫稚雛 1980：頁 166	
				武王	馬承源 1983（2002）：頁 236	武王克商後祭天，以文王 配享上帝。
				武王克商 前	高木森 1986：頁 30	據銘文内容當在武王克商 前。器形、紋飾爲周原特 色。
				武王東土 度邑定宅 後	劉曉東 1987：頁 92-96	將天亡簋内容與《度邑》 相聯繫。
				武王	吳鎮烽 1987：頁 265	
				武王	馬承源等 1988：頁 14 器 23	"衣祀于王丕顯考文王"時 王應是武王。
				武王	辭典 1995：頁 103 器 362	
				武王	青全 1997（5）：頁 47 器 50	

序號	器 名	字數	銘文著録	時 代	出 處	依 據
2477	天亡毁 大豐簋、 毛公聃季 簋、朕簋	77 （又合 文 1）	04261	商	高木森 1997：頁 368	作器者爲亡。記武王祭祀文王，諷東、北、南三方，期能斷絶殷祀，作於武王克商前。
				武王	王世民等 1999：頁 72 簋 36	據銘文確認爲武王時器。
				武王	楊向奎 2000：頁 90-97	"天亡"即太公望，右武王也。
				武王	劉啓益 2002：頁 64	銘文稱"丕顯考文王"，時王是武王。形制與利簋（04131）相似。
				康王	周錫馥 2002：頁 211	從韻文的"成熟度"看，此銘屬韻文早期稍後之發展階段，當成王以後。銘文內容爲殷祭文王，配祭武王、成王。與該器之器形、紋飾、書法相同或相近之器皆作於康王時，故定此器爲康王時。
				武王	張懋鎔 2002a：頁 124	稱"考文王"，必爲武王時器。
				武王	杜勇、沈長雲 2002：頁 29	顯考爲文王，時王必爲武王。
				西周早期前段	馬承源 2003a：頁 115 簋 17	器形。
				武王	彭裕商 2003：頁 214	稱文王爲"丕顯考"，時王爲武王。團龍紋爲出現於商周之際。
				武王伐商前	孫斌來、范有芳 2005：頁 16-17	據銘文內容與文獻記載對照，該簋作於武王伐商前。
				武王	葉正渤 2006：頁 197	亡父爲文王，時王當爲武王。
				西周早期前段	吳鎮烽 2006：頁 26、42	天亡，西周早期前段人，文王、武王時兩朝的重臣。
				武王	王輝 2006：頁 38	天亡簋史實與《逸周書·度邑》相關。
				武王	張懋鎔 2006a：頁 210	武王標準器。
				滅商以前	于少特 2006：頁 143	"丕克訖殷王祀"爲天亡禱祝之詞，此簋作於武王滅商前。
				成康	朱鳳瀚 2009：頁 1260	
				武王	劉華夏 2010：頁 65	

續表

序號	器 名	字數	銘文著錄	時 代	出 處	依 據
2477	天亡殷 大 豐 簋、 毛公聃季 簋、朕簋	77 (又合 文 1)	04261	武王	葉正渤 2010：頁 3、71	"衣祀"對象爲"顯考文王"，"王衣祀"之王爲武王。銘文記事同《竹書紀年》《武成》《逸周書·世俘》。
2478	格伯殷 佣 生 簋 周 癸 子 彝、甬生 敦	77 (又重 文 2)	04262– 04265	西周中期	集成 2007（4）：頁 3415	
				恭王	郭沫若 1935（2002）：頁 180	"佣生"殆即恭王時望段（04272）之"宰佣父"。
				西周後期	容庚 1941（2008）：頁 270 簋 127	*04264。
				恭王	白川靜 1967c：頁423–441 器 112	
				共王	唐蘭 1976—1978（1986）：頁 442	
				恭王	王明閣 1989：頁 42	從郭沫若《大系》之説。
				恭王	陳佩芬 1981：頁 31	"佣生"即望簋（04272）之宰佣父。望簋銘"康宮新宮"見於恭王時趞曹鼎。
				恭王	馬承源等 1988：頁 143 器 210	*04264。
				共王	李零 1993：頁 666	
				西周中期	辭典 1995：頁 110 器 384	
				恭王	青全 1997（5）：頁 59 器 62	*04264。
				西周中期 恭王前後	王世民等 1999：頁 81 簋 52	以物易田之交涉也見於三年衛盉（09456），是這一時期銘文的特色。
				西周中期	張懋鎔 2002d：頁 111	
				西周中期	馬承源 2003a：頁 116 簋 20	器形。
				夷王	彭裕商 2003：頁 359	據器形、字體推斷在夷王前後。
				恭王	陳佩芬 2004：頁 274 器 312	"佣生"即望簋（04272）之"宰佣父"，望簋銘"新宮"之稱見於恭王時趞曹鼎（02784）。
				西周中期 前段	吳鎮烽 2006：頁 259	佣生，西周中期前段人。
				恭王	吉琨璋、宋建忠、田建文 2006：頁 47	
2479	趞殷 趞鼎	80	04266	西周中期	集成 2007（4）：頁 3416	
				厲王二十一年	吳其昌 1929（2004）：頁 413	"𢼸自"即厲王時靜段（04273）之"𢼸蓋自"。日辰合於《曆譜》厲王二十一年。
				穆王	郭沫若 1935（2002）：頁 130	
				昭王	白川靜 1966c：頁 114–122 器 83	

續表

序號	器名	字數	銘文著錄	時代	出處	依據
2479	趠殷趠鼎	80	04266	穆王前期	唐蘭 1976—1978（1986）：頁306	書法與刺鼎（02776）極似，後者作於穆王初年。
				穆王	馬承源等 1988：頁112 器172	"夒白"即穆王時靜簋的"夒盉白"。
				夷厲	彭裕商 1999：頁61	"密叔"見於夷王晚末之虎簋蓋（新收0633），銘文及字體與西周中晚期器類同。
				穆王前期	張懋鎔 2000：頁11–12	册命銘文的形式的完善度。
				夷王	彭裕商 2003：頁375、364	右者同夷世虎簋蓋（新收0633）。據器形、字體亦可歸入夷王時。
				西周中期前段	吳鎮烽 2006：頁403	趠，西周中期前段人。
				穆王	王輝 2006：頁122	密叔又見於近年出土之虎簋蓋（新收0633），後者爲穆王時器。
				恭王早段	韓巍 2007：頁159 注13	器形，紋飾，字體。
2480	殷簋	80（又重文2）	近出0487-0488、新收0840-0841、近二0437	西周中期	近出 2002（二）：頁372	
				西周中期	新收 2006：頁617	
				西周中期	近二 2010（二）：頁112	
				西周中期	呼林貴、薛東星 1986：頁5	形制，紋飾。
				西周中期後段	吳鎮烽 2006：頁267	殷，西周中期後段人。
				懿王	劉啓益 2009：頁52	
2481	申殷蓋	82（又重文2）	04267	西周中期	集成 2007（4）：頁3416	
				穆恭	劉興 1983：頁19	據簋蓋及蓋上大鳥紋，在康王以後。"周康宫"表明在康王以後。器形近共王三年史頌簋（04232）、穆王時威簋（04322）。
				恭王（或懿王）	馬承源等 1988：頁161 器231	益公爲恭懿時人。
				厲王	彭裕商 1999：頁59	右者同屬王二年王臣簋（04268）、厲王十七年詢簋（04321）等器。字體較晚。"尹氏"主要見於西周晚期器。顧首鳥紋不限於西周中期以前。
				共王	劉啓益 2002：頁273	大鳥紋似靜簋（04273）、庚嬴卣（05426）、孟簋（04162）等，皆穆王器。

續表

序號	器 名	字數	銘文著録	時 代	出 處	依 據
2481	申毁蓋	82（又重文2）	04267	厲王	彭裕商 2003：頁 412、364	右者"益公"亦見於王臣簋（04268）、詢簋（04321）等厲世器。
				西周中期前段	吳鎮烽 2006：頁 89	申，西周中期前段人。
				西周中期	夏含夷 2010	"益公"作爲受王賞賜者的保證人，或親自受王命和入出王命。
2482	王臣毁	85	04268	西周中期	集成 2007（4）：頁 3416	
				懿王二年	吳鎮烽、王東海 1980：頁 63-66	所列賞賜物品多見於西周中晚期銘文。形制、紋飾、字體有西周中期特點。"史兇"見於興盨、望簋（04272）等器，爲懿王時人。儐相"益公"見於恭王時永盂（10322）、乖伯簋（04331），爲恭懿時人。
				懿王	何幼琦 1982：頁 110	曆法。
				懿王	馬承源 1982：頁 59	人物"益公"和"史年"。
				夷王	盛冬鈴 1983：頁 58	據人名聯繫。
				共王	唐復年 1983：頁 34-35	
				懿王二年	劉啓益 1984：頁 225	"初吉庚寅"當爲"初吉戊寅"，合於《日月食典》。
				恭王	丁驌 1985：頁 37	曆日。
				懿王	吳鎮烽 1987：頁 276	益公爲恭、懿時的大臣，"内史芳"見於懿、孝時銘文，故該器爲懿王時。
				懿王	馬承源等 1988：頁 177 器 247	"史年"見於孝王器瘨盨（04462），儐相"益公"存於恭世，至懿王七年。
				懿王	劉啓益 1989：頁 179	人物聯繫。
				懿王	李仲操 1991：頁 62	曆日。
				孝王二年	趙光賢 1992：頁 47	曆日。
				懿王二年	劉雨 1997：頁 247	
				厲王二年	彭裕商 1999：頁 59	形制，紋飾。
				西周中期孝王前後	王世民等 1999：頁 100 簋 94	"内史年"見於諫簋（04285）、四年瘨盨（04462），望簋（04272）作"史年"。
				夷王二年	斷代工程 2000：頁 20、32	考古類型學方法。排西周金文曆譜。

續表

序號	器 名	字數	銘文著錄	時 代	出 處	依 據
2482	王臣殷	85	04268	孝王	張懋鎔 2002：頁 33	
				懿王	劉啓益 2002：頁 317	"内史微"亦見於懿王時諫簋（04285）、揚簋（04294）等。形制似諫簋。
				宣王前後	王世民 2003：頁 44–45	與宣王時迯器相聯繫。
				厲王	彭裕商 2003：頁 401、364	據器形、紋飾、人物聯繫、賞賜物，應斷在厲王時。
				夷王二年	朱鳳瀚 2004：頁 6	
				懿王	吳鎮烽 2006：頁 38	王臣，西周中期後段人。
				西周晚期	張懋鎔 2006a：頁 231	
				夷王	朱鳳瀚 2009：頁 1309	
				西周中期	夏含夷 2010	
2483	縣改殷 縣妃簋、周稽伯彝、縣伯彝、媚妃彝、縣妃彝、桷妃彝	86（又重文 2）	04269	西周中期	集成 2007（4）：頁 3416	
				宣王二十年	吳其昌 1929（2004）：頁 523	曆朔合於《曆譜》宣王二十年。"白犀父"見於宣世劵卣（05425）、劵殷（04134）。
				穆王	郭沫若 1935（2002）：頁 151	"伯犀父"亦見於穆王時競卣（05154）、競殷（04134）。
				西周前期	容庚 1941（2008）：頁 262 簋 71	
				康王	陳夢家 1966（2004）：頁 116	
				昭穆	白川靜 1967：頁 167–176 器 88	
				穆王	唐蘭 1976—1978（1986）：頁 391	
				穆王	馬承源等 1988：頁 123 器 189	"白（伯）犀父"見於穆王時競簋（04134）、競卣（05425）。
				穆王	劉啓益 2002：頁 217	"伯犀父"見於穆王時競簋（04134）等器。形制近穆王時器。
				穆王	彭裕商 2003：頁 308	"伯犀父"見穆王時競卣（05425）。器形、紋飾爲穆王時常見的。
				西周中期前段	吳鎮烽 2006：頁 354	桷妃，西周中期前段改姓婦女，縣伯的夫人。
2484	獄簋	86	近二 0438	西周中期	近二 2010（二）：頁 114	
				穆王前期	吳鎮烽 2006a：頁 63–64	形制，花紋，銘文字體。
				康王	張懋鎔 2006e：頁 64–65	從形制、紋飾、字形書體、用語、賞賜地點、賞賜品、人物、日名等角度看，獄器當西周中期穆共時。雖私名相同，但器主"獄"非魯侯熙。

續表

序號	器 名	字數	銘文著錄	時 代	出 處	依 據
2484	獄簋	86	近二 0438	穆恭之際	韓巍 2007: 頁 156–157、159	形制，紋飾。"右告"一詞出現於穆恭時期，該銘未出現代王宣命的史官，表明年代較早。
				恭王	李學勤 2007c: 頁 183	鳥紋。
				穆共之際	朱鳳瀚 2008a: 頁 4–5	獄盤（近二 0937）、獄盉（近二 0836）的文辭及格式皆相同，形制紋飾亦同衛簋（04256）相近，幾件器年代相近。考慮諸器之形制、字體，宜置於穆共之際。
2485	同簋蓋周同彝	87（又重文 4）	04270-04271	西周中期	集成 2007（4）: 頁 3416	
				孝王二年	吳其昌 1929（2004）: 頁 310	"吳大父"即孝王時師酉簋（04288）之"吳大"。"艾白"見於孝王時康鼎（02786）、卯簋（04327）。日辰與《曆譜》孝王二年密合。
				懿王	郭沫若 1935（2002）: 頁 190	"焂伯"亦見懿王時康鼎（02786）。
				懿王	容庚 1941（2008）: 頁 39	"焂伯"見於懿王時康鼎（02786）。
				幽王	李學勤 1959: 頁 46	
				孝王	陳夢家 1966（2004）: 頁 221	右者榮白見於懿王時輔師嫠簋（04286），榮伯組器皆懿孝時。
				孝王	白川靜 1969a: 頁 326–333 器 150	
				共王	唐蘭 1972: 頁 59–60	據人物"榮伯"等聯繫他器。
				共王	唐蘭 1976—1978（1986）: 頁 432	
				厲王	馬承源 1979: 頁 62	形制。
				恭 王（或懿王）	馬承源等 1988: 頁 162 器 233	*04271。
				西周中期	辭典 1995: 頁 113 器 393	
				共懿	劉啓益 2002: 頁 275	形制、紋飾均西周中期稍前之物。
				厲王	彭裕商 2003: 頁 414	
				西周中期前段	吳鎮烽 2006: 頁 117	同，西周中期前段人。
				恭懿	何景成 2008a: 頁 51–55	器主"同"即述盤（新收 0757）之"高祖零伯"，在恭懿時。

序號	器 名	字數	銘文著録	時 代	出 處	依 據
2485	同殷蓋 周同彝	87 （又重 文 4）	04270– 04271	共、懿	田率 2008：頁 85	人物聯繫。
				西周中期 偏晚	張懋鎔 2008：頁 348	
2486	望殷 望敦、望 簠	蓋 87 （又重 文 2） 器 81 （又重 文 1）	04272	西周中期	集成 2007（4）：頁 3416	
				昭王十三 年	吳其昌 1929（2004）：頁 246	曆朔與《曆譜》昭王十三 年密合。"康宫新宫"，康 王之宫落成未久。"史 年"見於昭王元年之尨殷 （04340）。
				恭王	郭沫若 1935（2002）：頁 177	年月日辰合於恭王時趞曹 鼎二（02784）。
				恭王	莫非斯 1936：頁 243	據"新宫"。
				孝王十三 年	董作賓 1952：頁 695	曆法。
				孝王十三 年	董作賓 1959（1977）：頁 56	曆法。
				恭王	李學勤 1959：頁 44	
				懿王	白川靜 1965d：頁 152	曆日可排入懿世曆譜。
				共王十三 年	陳夢家 1966（2004）：頁 155 器 113 附	字體、文例、賞賜。
				夷王	白川靜 1968a：頁 67–70 器 129	
				共王	唐蘭 1976—1978（1986）：頁 425	
				懿王	劉啓益 1978：頁 316–317	册命者"史年"同懿王時瘋 盨（04462），當爲同時器。
				懿王十三 年	盧連成、羅英傑 1981：頁 132	
				孝王	何幼琦 1982：頁 110	曆法。
				孝王	盛冬鈴 1983：頁 57	據人名聯繫。
				懿王	丁驌 1985：頁 41	曆日。
				孝王	何幼琦 1985：頁 12	曆日。
				懿王後期	高木森 1986：頁 101	形制，紋飾，人物。
				恭王	馬承源等 1988：頁 145 器 212	新宫爲穆王廟，時王爲恭 王。
				厲王	李仲操 1991：頁 77	曆日。
				懿王十三 年	趙光賢 1992：頁 46	曆日。
				恭王十三 年	劉雨 1997：頁 247	
				昭王	黎東方 1997：頁 230	

序號	器　名	字數	銘文著録	時　代	出　　處	依　　據
2486	朢毁 朢敦、朢 簋	蓋 87 （又重 文 2） 器 81 （又重 文 1）	04272	約夷王	彭裕商 1999：頁 59	人物聯繫。
				厲王十三 年	斷代工程 2000：頁 33	排西周金文曆譜。
				懿王	劉啓益 2002：頁 308	册命者"史年"同懿王時 四年瘐盨（04462）。曆日 合於懿王時走簋（04244） 及《張表》。
				夷王	彭裕商 2003：頁 357、364	據人物聯繫歸入夷世。
				恭王十三 年	朱鳳瀚 2004：頁 6	
				西周中期 後段	吳鎮烽 2006：頁 293	朢，西周中期後段人。
				西周中期	吉琨璋、宋建忠、田建文 2006：頁 47	
				懿孝	韓巍 2007b：頁 72	册命地點"康宫新宫"見 於恭懿時器。"史先"活動 於孝王前後。器主與師望 非同一人。
				恭懿	張懋鎔 2008：頁 347	
				夷王十三 年	葉正渤 2010：頁 187	夷王元年爲公元前 903 年， 該器曆日合於夷王十三年。
2487	靜毁 周靜敦	88 （又重 文 2）	04273	西周早期	集成 2007（4）：頁 3416	
				厲王二十 年	吳其昌 1929（2004）：頁 406	參靜卣（05408）。
				穆王	郭沫若 1935（2002）：頁 128	字體同穆王時遹毁 （04207），紋飾同康王時 庚嬴卣。
				穆王	容庚 1941（2008）：頁 36、頁 263 簋 74	"王在莽京……射於大沱" 與穆王時遹簋（04207） "穆穆王在莽京，呼漁于 大沱"合。
				穆王	楊樹達 1951（1997）：頁 168	據"大池"和字體與穆王 時遹簋（04207）聯繫。
				昭穆	白川靜 1966c：頁 123–138 器 84	
				穆王	唐蘭 1976—1978（1986）：頁 357	與遹簋（04207）相似，後 者在穆王時。
				穆王	劉啓益 1984：頁 229	據干支聯繫，與靜卣 （05408）作於同一年。
				穆王（或 孝王）	丁驌 1985：頁 35、46	曆日。
				穆王	馬承源等 1988：頁 111 器 170	"吳莽""吕剛"即穆世班 簋（04341）的"吳伯""吕 伯"。

續表

序號	器 名	字數	銘文著錄	時 代	出 處	依 據
2487	靜殷 周靜敦	88 （又重 文 2）	04273	厲王	張聞玉 1992：頁 63	曆日。
				穆王四十二年	王占奎 1998：頁 89	作器者與靜方鼎（新收 1795）爲同一人，彼爲昭王十三年器。
				西周中期約穆王	王世民等 1999：頁 60 簋 14	器形。
				穆王	劉啟益 2002：頁 224	形制、紋飾皆同穆世器，字體屬西周中期。
				穆王後期	彭裕商 2003：頁 328	據器形、紋飾、字體歸於穆王後期。
				穆王	王長豐 2005：頁 60–61	
				昭穆	吳鎮烽 2006：頁 391	靜，西周昭穆時期人。
				穆王早年	王輝 2006：頁 99	與靜方鼎（近出 0357）之靜爲同一人，方鼎爲昭王末年器。吳奮、呂犁又見於班簋（04341），宜爲穆王早年器。
				穆王	張懋鎔 2008：頁 346	
				穆王	張懋鎔 2010：頁 83	
2488	元年師兌殷	89 （又重 文 2）	04274- 04275	西周晚期	集成 2007（4）：頁 3417	
				幽王元年	吳其昌 1929（2004）：頁 527	與幽王三年師兌簋（04318）内容銜接。"初吉"爲"既望"之誤，曆朔合於《曆譜》幽王元年。
				幽王	郭沫若 1935（2002）：頁 325、245	"足師龢父司左右走馬"，足，續也。伯和父死於宣王十一年，此元年爲幽王元年。
				宣王	莫非斯 1936：頁 246	
				穆王	莫非斯 1937：頁 8、10	爵必命於祖廟，該銘"康廟"，當在穆王時。
				幽王元年	容庚 1941（2008）：頁 43	"足師龢父"，續師龢父之官，"師龢父"見於宣王時師嫠簋（04324），故此器在幽王時。
				夷王元年	董作賓 1952：頁 695	曆法。
				夷王元年	董作賓 1959（1977）：頁 56	曆法。
				宣王元年	李學勤 1959：頁 45	人名。
				共和	白川靜 1965d：頁 152	曆日可排入共和初元。
				孝王	陳夢家 1966（2004）：頁 240	據人物"龢父"歸於孝王。"康廟"、右者"同仲"等皆見於孝王時器。

序號	器 名	字數	銘文著錄	時 代	出 處	依 據
2488	元年師兌殷	89（又重文 2）	04274–04275	共和	白川靜 1970b：頁 751–757 器 187	
				共和元年	劉啓益 1980：頁 80–85	"師龢父"即共伯和。形制紋飾同厲王時叔向父禹簋（04242）。
				幽王元年	何幼琦 1982：頁 114	曆法。
				孝王	馬承源 1982：頁 52	曆日。
				共和元年	劉啓益 1984：頁 215	此銘曆日與《張表》共和元年合。
				宣王	陳連慶 1984：頁 316–317	人物聯繫。
				宣王	丁驌 1985：頁 51	曆日。
				宣王	高木森 1986：頁 135	形制，紋飾，銘文。
				宣王元年	張政烺 1987（2011）：頁 104	
				孝王	馬承源等 1988：頁 199 器 276	據書後《年表》，此銘干支與孝王元年合。*04275。
				共和	劉啓益 1989：頁 176	人物，月相。
				幽王	李仲操 1991：頁 91	曆日。
				厲王元年	劉雨 1997：頁 247	
				宣王	榮孟源 1997：頁 356	宣王元年爲公元前 826 年。
				幽王	黎東方 1997：頁 230	
				宣王元年	周曉陸、穆曉軍 1998	以前 841±1 年爲宣王元年，該器曆日合。
				西周晚期厲王前後	王世民等 1999：頁 96 簋 83	與三年師兌簋（04318）屬同一王世。
				厲王元年	李學勤 2000b：頁 91	曆日。形制。
				厲王	周言 2000：頁 66	曆日。
				厲王元年	晁福林 2001：頁 174	"疋"爲佐助義，師兌與師龢父爲同時代人，該器即厲王時器。器形似厲王時簋。據《張表》，此器曆日合於厲王元年。
				共和元年	劉啓益 2002：頁 410	此銘曆日與《張表》共和元年合。
				厲王	范毓周、周言 2002：頁 25	銅器曆日繫聯。
				宣王元年	彭裕商 2003：頁 442、439	見三年師兌簋（04318）。
				西周晚期	馬承源 2003a：頁 117 簋 31	器形。
				孝王	陳佩芬 2004：頁 295 器 319	
				西周晚期	吳鎮烽 2006：頁 261	師兌，西周晚期人。

序號	器 名	字數	銘文著録	時 代	出 處	依 據
2488	元年師兑簋	89（又重文 2）	04274-04275	宣王	黄盛璋 2006：頁 28	宣王紀年向後推一年，可合曆。
				西周晚期	張懋鎔 2008：頁 351	
				厲王	朱鳳瀚 2009：頁 1315、1222	曆日。
2489	史密簋	91（又重文 2，合文 1）	近出 0489、新收 0636	西周中期	近出 2002（二）：頁 375	
				西周中期	新收 2006：頁 473	
				宣王	張懋鎔、趙榮、鄒東濤 1989：頁 68	形制，紋飾，銘文字體，内容事項，用詞遣句。據《史記》《左傳》杞國世系的脱漏，杞叛周當在厲世或之後。
				共懿時期	李啓良 1989：頁 8	形制有西周中期特點，竊曲紋尚有夔紋特徵。"師俗"又稱師俗父、伯俗父，見於永盂（10322）、衛鼎（02832）等，共懿時人。
				孝王	李學勤 1991a：頁 5	"師俗"見於懿孝時師永盂（10322）、師晨鼎（02817），即懿王時五祀衛鼎（02832）"伯俗父"。銘文字體近似孝王時蔡簋（04340）、揚簋（04295）。此器形盛行於西周晚期。
				懿王	張永山 1996：頁 197-198	據《竹書紀年》，齊國在夷王三年後動亂而失東方侯伯長的地位，該銘當在此前。"師俗"見於恭王時五祀衛鼎（02832）、南季鼎（02781），據師俗的地位，該器可入懿世。
				共懿	劉啓益 2002：頁 302	"師俗"爲共懿時期人，見於懿世師晨鼎（02817）及共王時五祀衛鼎（02832）。
				厲王	彭裕商 2003：頁 364	據器形、紋飾、字體等，大致屬厲世。
				西周中期	吴鎮烽 2006：頁 92	史密，西周中期人，名密。
				孝王	王輝 2006：頁 197	
2490	豆閉簋、鄒閉敦	92	04276	西周中期	集成 2007（4）：頁 3417	
				孝王四年	吴其昌 1929（2004）：頁 312	"井白"見於懿王時利鼎（02804）、孝王時師虎簋（04316）等器。日辰與《曆譜》孝王四年密合。

續表

序號	器 名	字數	銘文著錄	時 代	出 處	依 據
2490	豆閉毁、鄧閉敦	92	04276	恭王	郭沫若 1935（2002）：頁 171	"井伯"見於恭王時趞曹鼎一（02783）。
				共王	容庚 1941（2008）：頁 38	王在某宮行賜命禮而井伯爲右，同共王時趞曹鼎（02783）。
				恭王	李學勤 1959：頁 44	
				共王	陳夢家 1966（2004）：頁 151、162	右者井伯見於恭王時趞曹鼎一（02783）、師虎簋（04316）等。
				恭王	白川靜 1967c：頁 400–411 器 109	
				共王	唐蘭 1972：頁 59–60	據人物"邢伯"聯繫他器。
				共王	唐蘭 1976—1978（1986）：頁 421	
				孝王	盛冬鈴 1983：頁 57	據人名聯繫。
				恭王（或懿王）	馬承源等 1988：頁 159 器 229	井伯爲恭懿時人，此器形制近懿王時師虎簋，定在恭懿間。
				西周中期	辭典 1995：頁 112 器 392	
				夷厲	彭裕商 1999：頁 59	同形制之即簋（04250）、詢簋（04321）、無㠱簋（04225）皆夷厲時器。字體較晚。
				恭懿	王世民等 1999：頁 68 簋 27	右者井伯見於利鼎（02804）、師毛父簋（04196）等。
				厲王元年	斷代工程 2000：頁 20、32	類型學排比。排西周金文曆譜。
				穆恭	李學勤 2000a：頁 38	"井伯"爲穆王晚年至恭王時人。過去排的晚了一些。
				西周中期	張懋鎔 2000：頁 10–11	與虎簋蓋（近出 0491）聯繫，後者爲穆王時器。
				共王	劉啓益 2002：頁 271	形制、花紋同共王九年乖伯簋（04331）。
				夷王末年	彭裕商 2003：頁 387、364	據器形紋飾、人物聯繫等歸入夷王末年。
				懿孝夷	張懋鎔 2006a：頁 217	
				西周中期	吳鎮烽 2006：頁 140	豆閉，西周中期人，名閉，豆氏。
				穆王五十三年	張聞玉 2007：頁 38	曆日。
				穆王後期到懿王	何景成 2008b：頁 106	

續表

序號	器 名	字數	銘文著録	時 代	出 處	依 據
2491	師道簋	94	近二 0439、新收 1394	西周中期	近二 2010(二):頁 116	
				西周晚期	新收 2006:頁 964	
				懿王七年	李朝遠 2000(2007):頁 249	器形,銘文字體,紋飾及益公系名可判斷該簋不晚於懿王七年。據古本《竹書紀年》"懿王元年天再旦",以前 899 年爲懿王元年,則懿王前七年中符合該銘"二月初吉"的只有前 893 年,即懿王七年。
				厲王早年	彭裕商 2003:頁 412、364	器形與厲王五年㝬簋(04217)全同,字體亦相近。措辭較一般厲宣器早。
				孝夷	韓巍 2008:頁 29 注 2	形制紋飾與五年師史簋極爲相似,年代約在孝夷時。
2492	師俞殷蓋 師旟簋蓋、師旟敦蓋	97	04277	西周中期	集成 2007(4):頁 3417	
				厲王三年	吳其昌 1929(2004):頁 368	日辰、地點,右者皆同厲王三年之師晨鼎(02817)。
				厲王	郭沫若 1935(2002):頁 250	"司馬共"即"共伯和",參見師㝬殷(04311)。所記與厲王時師晨鼎(02817)爲同日事。
				厲王	莫非斯 1936:頁 245	人物"司馬共"。
				厲王	容庚 1941(2008):頁 40	"王在周師彔宮。旦,王各大室,即位。司馬共右……入門立中廷"句式與厲王時諫簋(04237)全同。曆日與諫簋相接。
				厲王三年	董作賓 1952:頁 696	曆法。
				厲王三年	董作賓 1959(1977):頁 58	曆法。
				孝王	李學勤 1959:頁 45	
				懿王	白川靜 1965d:頁 152	曆日可排入懿世曆譜。
				懿王	陳夢家 1966(2004):頁 188	與懿王時師晨鼎(02817)冊命年月日、地點、右者均同,當同時。
				懿王	白川靜 1968a:頁 9–17 器 124	
				懿王	唐蘭 1976—1978(1986):頁 470	
				懿王	黃盛璋 1978:頁 198	參瘨盨(04462)。
				懿王	劉啓益 1978:頁 316–317	參瘨盨(04462)。
				孝王	李學勤 1979:頁 35	據人物"司馬收"聯繫瘨盨(04462),彼爲孝王四年器。

序號	器　名	字數	銘文著録	時　代	出　　處	依　　據
2492	師俞毀蓋 師餘簋蓋、師餘敦蓋	97	04277	夷王三年	何幼琦 1982：頁 111	曆法。
				孝王	馬承源 1982：頁 52	曆日。
				夷王	何幼琦 1983a：頁 57	
				夷王	盛冬鈴 1983：頁 58、53	據人名聯繫。
				懿王三年	劉啓益 1984：頁 241	
				孝王	丁驌 1985：頁 42	曆日。
				夷王	高木森 1986：頁 120	
				孝王	馬承源等 1988：頁 203 器 281	曆日合於書後《年表》孝王三年曆日。
				孝王	李仲操 1991：頁 67	記時同師晨鼎（02817），後者孝王時器。
				懿王三年	劉雨 1997：頁 247	
				厲王	榮孟源 1997：頁 357	曆法。
				厲王	黎東方 1997：頁 230	
				約夷王	彭裕商 1999：頁 59	右者及册命地點均同癲盨（04462）、諫簋（04285）等夷世器。
				厲王三年	斷代工程 2000：頁 32	排西周金文曆譜。
				厲王初年	晁福林 2001：頁 177	"司馬共"即共伯和，職掌王畿軍事，參癲盨（04462）。
				孝王	張懋鎔 2002：頁 33	
				懿王	劉啓益 2002：頁 302	年、月、月相、日干、王所在宮室、右者，皆同懿王時師晨鼎（02817）。
				懿孝	金信周 2002：頁 268	嘏辭"臣天子"。
				夷王	彭裕商 2003：頁 354、363	右者司馬共、册命地點等均同夷王時癲盨（04462）、諫簋（04285）等器。
				懿王	劉士莪 2004：頁 25	曆日可與微氏癲盨（04462）相接，且地點、人物等皆有密切關係，癲盨據微氏世系當懿王時。
				厲王	葉正渤 2006：頁 199	據《張表》《董譜》，該器曆日合曆。
				西周中期後段	吳鎮烽 2006：頁 236	俞，西周中期後段人。
				厲王	朱鳳瀚 2009：頁 1222	曆日。

續表

序號	器 名	字數	銘文著錄	時 代	出 處	依 據
2493	尌比毁蓋	97（又重文4）	04278	西周晚期	集成 2007（4）：頁 3417	
				厲王	羅伯建 1993：頁 4	篡蓋的型制紋飾同敔簋，又據其銘文内容，可定爲厲王時器。
				厲王	李零 1993：頁 666	
				宣王	劉雨 1997：頁 247-248	
				西周晚期	吳鎮烽 2006：頁 338	尌比，西周晚期人。
2494	元年師旋毁 師旋簋	蓋96、器97（又重文2）	04279-04282	西周晚期	集成 2007（4）：頁 3417	
				厲王	郭沫若 1962：頁 4	"遅公"即伊簋（04317）之"遅叔"，彼器爲厲王時。形制、花紋、字體、文體等均合。
				西周	中科院 C1965a：頁 11	
				夷王	白川靜 1965d：頁 151-152	形制、紋飾屬恭懿時期。據《史記·齊世家》該銘内容所記當夷王烹哀公之事。曆譜合於夷世。
				懿王元年	陳夢家 1966（2004）：頁 203、167	形制花紋近懿王元年師瘨簋蓋（04283）。
				夷王	白川靜 1969：頁 229-235 器 140	
				西周後期	郭寶鈞 1970（1981）：頁 58-60	與穆王時長安普渡村長凶墓對照。
				懿王	唐蘭 1976—1978（1986）：頁 477	
				厲王元年	何幼琦 1982：頁 112	曆法。
				夷王元年	唐復年 1983：頁 34-35	参五年師旋簋（04216）。
				懿王初年	高木森 1986：頁 97	形制、紋飾，字體，人物。
				孝王	馬承源等 1988：頁 199 器 275	器形紋飾晚於同器主所作五年師旋簋（04216），後者屬懿世。*04279。
				夷王	劉啓益 1989：頁 180	人物聯繫。
				厲王	李仲操 1991：頁 73	曆日。
				穆王元年	趙光賢 1992：頁 45	曆日。
				夷王元年	劉雨 1997：頁 247	
				西周中期	青全 1997（5）：頁 61 器 64	
				西周中期約夷王前後	王世民等 1999：頁 89 簋 68	器形。
				孝王元年	斷代工程 2000：頁 20、31	類型排比。排西周金文曆譜。

續表

序號	器 名	字數	銘文著録	時 代	出 處	依 據
2494	元年師旋毀 師旋簋	蓋96、器97（又重文2）	04279-04282	孝王	周言 2000：頁 66	
				孝王	張懋鎔 2002：頁 33	曆日。
				夷王	范毓周、周言 2002：頁 25	銅器曆日繫聯。
				夷王	劉啓益 2002：頁 347	同人作五年師旋簋（04216）是夷王時器。"遲公"即孝王時瘭壺（09723）之"倅父"。曆日與《日月食典》不合。
				屬王元年	彭裕商 2003：頁 398	據器形、紋飾、字體、措辭以及合曆情況，推斷在屬世。
				孝王元年	朱鳳瀚 2004：頁 6	
				懿孝夷	張懋鎔 2006a：頁 217	
				西周晚期	吳鎮烽 2006：頁 262	師旋，西周晚期人。
				夷王前後	韓巍 2007a：頁 19	形制，紋飾。祖輩益仲可能即盉駒尊（06011）之父考大仲，後者爲恭王時器。
				懿孝	張懋鎔 2008：頁 349	
				孝王	朱鳳瀚 2009：頁 1309、1221	曆日。
2495	師瘭毀蓋	100（又重文3）	04283-04284	西周中期	集成 2007（4）：頁 3417	
				共王初年	陝西 D1964：頁 25	*04283。
				共王（懿王元年）	陳夢家 1966（2004）：頁 163	"司馬井伯親"即趞曹鼎（02783）、利鼎（02804）等恭王器之右者"井伯"。内史吳即恭王時師虎簋（04316）、吳方彝（09898）之乍册吳。
				恭王	白川靜 1968：頁 508-514 器 120	
				共王	唐蘭 1976—1978（1986）：頁 414	
				懿王	李學勤 1979：頁 36	
				孝王	盛冬鈴 1983：頁 57	據人名聯繫。
				西周中晚期	陝西 1984（4）：頁 17 器 117、118	器銘僞。
				恭王前期	吳鎮烽 1987：頁 274	"邢伯"歷仕穆、恭時。"内史吳"多見於恭王時器。
				恭王（或懿王）	馬承源等 1988：頁 166 器 238	"司馬井伯"見於恭王時走簋（04244），"内史吳"見於懿王時師虎簋（04316）、牧簋（04343）。
				西周中期	辭典 1995：頁 107 器 375	

續表

序號	器名	字數	銘文著録	時代	出處	依據
2495	師瘨毁蓋	100（又重文3）	04283–04284	恭懿	裘錫圭 1996：頁 48	
				厲王	彭裕商 1999：頁 60	器形紋飾同厲王時卯簋蓋（04327）、番生簋蓋（04326）。
				恭王前後	王世民等 1999：頁 97 簋 88	司馬井白又見於走簋（04244）、師奎父鼎（02813）。
				懿王	劉啓益 2002：頁 307	人物繫聯。
				厲王	彭裕商 2003：頁 426、364	據人物聯繫、器形紋飾推斷，在厲世。
				西周中期前段	吴鎮烽 2006：頁 265	師瘨，西周中期前段人。
				穆王五十三年	張聞玉 2007：頁 38	曆日。
				恭懿	李學勤 2007b（2010）：頁136–137	紋飾，人物。
				恭懿	張懋鎔 2008：頁 347	
2496	諫毁	100（又重文2）器銘少1字	04285	西周晚期	集成 2007（4）：頁 3418	
				厲王五年	吴其昌 1929（2004）：頁 370	曆朔與《曆譜》厲王五年密合。册命地點及右者皆同厲王時師晨鼎（02817）。代王册命者内史先同厲王時䵼毁（04294）。
				厲王	郭沫若 1935（2002）：頁 251	“司馬共”即“共伯和”，參見師𪊲簋（04311）。
				厲王	莫非斯 1936：頁 245	
				夷王五年	董作賓 1952：頁 695	曆法。
				夷王五年	董作賓 1959（1977）：頁 56	曆法。
				孝王	李學勤 1959：頁 45	
				懿王	白川靜 1965d：頁 152	曆日可排入懿世曆譜。
				懿王五年	陳夢家 1966（2004）：頁 189	受命地點及右者同懿王時師晨鼎（02817）、師俞簋蓋（04277）。
				懿王	白川靜 1968a：頁 55–61 器 127	
				懿王	唐蘭 1976—1978（1986）：頁 471	
				懿王	黄盛璋 1978：頁 198	參瘨盨（04462）。
				懿王	劉啓益 1978：頁 316–317	參瘨盨（04462）。
				孝王	李學勤 1979：頁 35	據人物“司馬収”聯繫瘨盨（04462），彼爲孝王四年器。

序號	器名	字數	銘文著錄	時代	出處	依據
2496	諫殷	100（又重文2）器銘少1字	04285	夷王五年	何幼琦 1982：頁 111	曆法。
				孝王	馬承源 1982：頁 52	曆日。
				夷王	盛冬鈴 1983：頁 53、58	據人名聯繫。
				懿王五年	劉啓益 1984：頁 241	
				孝王	丁驌 1985：頁 43	曆日。
				夷王	高木森 1986：頁 121	師彔宫，人物，書法。
				孝王	馬承源等 1988：頁 207 器 288	曆日合於孝王時。
				孝王	李仲操 1991：頁 67	册命地點、右者同師晨鼎（02817），後者孝王時器。
				厲王五年	趙光賢 1992：頁 48	曆日。
				西周後期	辭典 1995：頁 119 器 413	
				懿王五年	劉雨 1997：頁 247	
				共和	黎東方 1997：頁 230	
				厲王	榮孟源 1997：頁 358	曆法。
				約夷王	彭裕商 1999：頁 59	器形紋飾均較晚。"（女）毋敢……" 的句式流行於厲宣時。
				孝王前後	王世民等 1999：頁 88 簋 65	周師彔宫、嗣馬共見於四年瘨盨（04462）、師晨鼎（02817）等。
				厲王五年	斷代工程 2000：頁 20、33	類型排比。排西周金文曆譜。
				厲王初年	晁福林 2001：頁 177	"司馬共" 即共伯和，職掌王畿軍事，參瘨盨（04462）。
				孝王	張懋鎔 2002：頁 33	
				懿王	劉啓益 2002：頁 299	日辰合於懿王三年衛盉（09456）及《張表》。
				夷王	彭裕商 2003：頁 354、364	據器形紋飾、銘文措辭判斷在夷王時。
				懿王	劉士莪 2004：頁 25	曆日可與微氏瘨盨（04462）相接，且地點、人物等皆有密切關係，瘨盨據微氏世系當懿王時。
				懿孝夷	張懋鎔 2006a：頁 217	
				西周中期後段	吳鎮烽 2006：頁 399	諫，西周中期後段人。
				懿孝	張懋鎔 2008：頁 349	
				厲王	朱鳳瀚 2009：頁 1315、1222	曆日。
				夷王五年	葉正渤 2010：頁 186	夷王元年爲公元前 903 年，該器曆日合於夷王五年。

續表

序號	器　名	字數	銘文著録	時　代	出　處	依　據
2497	輔師嫠殷 輔師嫠簋	100 （又重 文2）	04286	西周晚期	集成 2007（4）：頁 3418	
				厲王	郭沫若 1958a：頁 1	同人宣王時做師嫠簋（04324），言先王曾命嫠司小輔，與本銘"更乃祖考司輔"相合，故本器作於厲王時。
				宣王	李學勤 1959：頁 45	人名。
				懿王	陳夢家 1966（2004）：頁 195	分尾長鳥紋飾。
				孝王	白川靜 1969a：頁 334–343 器 151	
				穆王	唐蘭 1976—1978（1986）：頁 516	
				恭王	唐復年 1986：頁 233	從形制上看屬西周早中期。器口下紋飾爲西周早中期特有。人物"榮伯"亦見於恭王時衛盉（09456）、永盂（10322），可下延至懿王時，可定爲恭王時器。
				恭王	吳鎮烽 1987：頁 274	榮伯、作册尹爲恭懿時人，結合器形、紋飾、銘文字體，該簋爲恭王時鑄造。
				厲王	張政烺 1987（2011）：頁 101	
				夷王	馬承源等 1988：頁 265 器 387	
				厲王	蔡運章 1992：頁 72	"榮伯"即《史記·周本紀》所載厲王時榮夷公。
				西周後期	辭典 1995：頁 119 器 419	
				西周中期	青全 1997（5）：頁 58 器 61	
				西周中期	王世民等 1999：頁 65 簋 21	器形。
				恭王（或稍早）	李學勤 2000b：頁 90	人物"榮伯"。
				厲王	晁福林 2001：頁 188	據銘文内容當作於共和時師嫠簋（04324）之前，彼銘言嫠首次册命於"先王"，故該器當在厲王時。
				夷王	劉啓益 2002：頁 364	與厲王時師嫠簋（04324）爲同人作器，據銘文内容知本器較之早一個王世，當夷王時。
				厲王	彭裕商 2003：頁 413	與師嫠簋（04324）爲同人作器，後者爲宣世器。右者"榮伯"即厲王時榮夷公。
				西周中晚期	吳鎮烽 2006：頁 355	輔師嫠，西周中晚期人。
				穆共	張懋鎔 2008：頁 348	

續表

序號	器 名	字數	銘文著録	時 代	出 處	依 據
2498	伊簋	102（又重文2）	04287	西周晚期	集成 2007（4）: 頁 3418	
				厲王二十七年	吳其昌 1929（2004）: 頁 421	日辰合於《曆譜》成王、厲王二十七年，出現"康宮""穆室"，非成王時。
				厲王	郭沫若 1935（2002）: 頁 268	王年爲二十七年，當屬厲世。"䰒季"亦見於厲王時大克鼎（02836）。
				厲王	莫非斯 1936: 頁 245	
				懿王	莫非斯 1937: 頁 8	爵必命於祖廟，該銘有"穆太室"，當在懿王時。
				厲王	容庚 1941（2008）: 頁 40	參見大克鼎（02836）。
				夷王二十九年	董作賓 1952: 頁 696	曆法。
				夷王二十九年	董作賓 1959（1977）: 頁 57	曆法。
				夷王二十七年	李學勤 1959: 頁 45	
				厲王	唐蘭 1962: 頁 45	據宮室名。人物申季見於厲王時克鼎（02836）。
				夷厲	徐中舒 1963（1998）: 頁 523	"䰒季"見於大克鼎（02836），後者爲夷厲時器。
				夷王	白川靜 1965d: 頁 152	排入夷世曆譜。
				夷王	白川靜 1969c: 頁 520–524 器 169	
				厲王	唐蘭 1976—1978（1986）: 頁 516	
				厲王二十七年	何幼琦 1982: 頁 113	曆法。
				恭王	馬承源 1982: 頁 53	曆日。
				宣王	劉雨 1983: 頁 156	右者同大克鼎（02836），後者爲宣王時器。
				厲王偏安中	何幼琦 1983a: 頁 57	厲王奔彘，偏安十三年間作。
				恭王二十七年	陳佩芬 1983: 頁 18	紋飾作風近似二十七年衛簋（04256），形式屬於中期。
				夷王二十七年	劉啓益 1984: 頁 223	"𢕱叔"即夷王元年師旋簋（04279）之"𢕱公"。該器"正月既望丁亥"應爲"正月既望癸亥"之訛。

續表

序號	器 名	字數	銘文著錄	時 代	出 處	依 據
2498	伊簋	102（又重文2）	04287	恭王	丁驌 1985：頁 40	曆日。
				汾 王（厲王 奔 彘 後）	何幼琦 1985：頁 12	曆日。
				厲王	高木森 1986：頁 130	人物"申季"見於厲王時大克鼎（02836）。
				宣王	張政烺 1987（2011）：頁 83	《大系》判爲厲世證據薄弱，或當在宣世。
				恭王	馬承源等 1988：頁 151 器 222	
				夷王	劉啓益 1989：頁 180	人物聯繫。
				厲王	李仲操 1991：頁 79	曆日。
				厲王二十七那年	趙光賢 1992：頁 48	曆日。
				宣王	劉雨 1997：頁 247–248	
				宣王	彭裕商 1999：頁 58	器形，紋飾。
				厲王前後	王世民等 1999：頁 91 簋 73	頌鼎（02827）、趞鼎（02815）銘"王在周康邵宫"，此銘"周康宫穆大室"，年代應相同或稍晚，約厲王。
				恭王	周言、魏宜輝 1999：頁 56	
				宣王二十七年	斷代工程 2000：頁 21	類型排比。排西周金文曆譜。
				恭王	范毓周、周言 2002：頁 21	銘文曆日繫聯。
				厲王	王冠英 2002：頁 6	"命册尹封"即作册封鬲（新收1556）之"作册封"，皆屬王時器。
				宣王	劉啓益 2002：頁 386	與克鐘（00204）有關。月相與《張表》夷宣厲三世不合，應爲誤記。
				宣王	彭裕商 2003：頁 459	器形、紋飾都約在宣王時，"右者申季"亦見於宣王時大克鼎（02836）。
				宣王	張懋鎔 2006a：頁 218	
				西周晚期	吳鎮烽 2006：頁 124	伊，西周晚期人。
				宣王	張懋鎔 2008：頁 350	
				厲王	朱鳳瀚 2009：頁 1224	

序號	器 名	字數	銘文著録	時 代	出 處	依 據
2499	師西毁	104	04288–04291	西周中期	集成 2007（4）：頁 3418	
				孝王元年	吳其昌 1929（2004）：頁 303	"吳大"這一人物輾轉見於孝初之器，如同簋（04270）、牧敦（04343），及於懿、夷，此元年爲孝王元年。
				懿王	郭沫若 1935（2002）：頁 194	"吳大"即懿王時同段（04270）之"吳大父"。
				厲王元年	容庚 1941（2008）：頁 41	此"文考乙伯"當即宣王時師訇簋（04342）之"剌祖乙伯"，此器當厲王時。
				宣王元年	郭沫若 1960：頁 5–6	
				不遲於夷王元年	黃盛璋 1961：頁 331	
				孝王	陳夢家 1966（2004）：頁 244	師西爲詢之父，後者作器（04321）在夷王十七年。形制紋飾同孝王時鄂侯簋（03928）、叔向父禹簋（04242）。
				厲王	白川靜 1970：頁 553–561 器 173	
				共王	唐蘭 1976—1978（1986）：頁 426	
				昭王元年	李福泉 1979：頁 60	師西之子師詢作簋（04342），爲穆王時器。
				孝王元年	李學勤 1979：頁 35	"史牆"見於恭王時史牆盤（10175）。據詢簋（04321）師西之子詢厲王十七年初襲職，則師西簋之元年宜排在孝王元年。形制紋飾屬西周晚期，然字體風格屬中期，風格交替并存，宜置於孝王時期。
				恭懿	周法高 1981（2004）：頁 201	
				厲王	黃盛璋 1983：頁 18	
				夷王	盛冬鈴 1983：頁 58	據人名聯繫。
				懿王初年	高木森 1986：頁 100	形制，紋飾，字體，人物。
				幽王元年	何幼琦 1989b：頁 57	
				厲王元年	王雷生 1990：頁 27	
				西周中期	辭典 1995：頁 108 器 379	
				宣王	劉雨 1997：頁 247	
				西周晚期	王世民等 1999：頁 96 簋 81	形制，紋飾。

序號	器 名	字數	銘文著録	時 代	出 處	依 據
2499	師酉殷	104	04288–04291	懿王	夏含夷 1999（2005）：頁 201–204	商族有隔代使用廟號的習慣，且兩乙伯妻名不同。詢簋（04321）銘 "今余令汝適官司邑人"、師酉簋銘 "司乃祖適官邑人"，後者指繼前人任。詢簋 "益公" 見於恭王時五祀衛鼎（02832）、永盂（10322）。師酉簋似懿王時王臣簋（04268）、弖叔簋（04253）。
				不早於西周中期後段	李學勤 2000b：頁 90	形制。
				厲王	劉啓益 2002：頁 349	形制同夷厲銅器。"師酉" 是夷王元年師詢簋（04342）"師詢" 之孫。合曆。
				西周晚期	彭裕商 2003：頁 483	形制，紋飾，習慣用語。"師酉" 與師詢簋（04342）之 "師詢" 無親屬關係。
				孝王元年	朱鳳瀚 2004：頁 8	同人作鼎（新收 1600）爲恭王四年器，銘中人物 "史牆" 作盤（10175）爲恭世器。同形制師虎簋爲懿王元年器。
				厲王元年	白光琦 2005：頁 69	形制，紋飾，字體。
				厲王元年	張長壽 2005：頁 400	同人作師酉盤爲厲王四年器。師詢和師酉不是一家人。
				西周中期	吳鎮烽 2006：頁 260	師酉，西周中期人。
				恭王元年	何景成 2008b：頁 105	同人作師酉鼎（新收 1600），據形制和曆日可推定在恭王四年。該銘之 "史牆" 見於史牆盤（10175），活動時間約在恭王時。爲恭王十七年詢簋（04321）作器者詢之父。
				西周晚期	張懋鎔 2008：頁 347	
2500	五年召伯虎殷珃生簋、召伯虎簋、五年珃生簋	104	04292	西周晚期	集成 2007（4）：頁 3419	
				宣王五年	吳其昌 1929（2004）：頁 478	曆朔合於《曆譜》宣王五年。"召伯虎"，即《江漢》《常武》之 "召虎"。

序號	器　名	字數	銘文著録	時　代	出　　處	依　　據
2500	五年召伯虎殷珝生簋、召伯虎簋、五年珝生簋	104	04292	宣王	郭沫若 1935（2002）: 頁 301	"召伯虎"即《大雅·江漢》之"召虎"。"珝生"即師㝨簋（04324）之"宰珝生"，宣王時人。"君氏"乃宣王之後。
				宣王	莫非斯 1936: 頁 247	
				宣王五年	容庚 1941（2008）: 頁 42、頁 269 簋 121	"召伯虎"即《大雅·江漢》之"召虎"。
				宣王五年	李學勤 1959: 頁 45	人名。
				西周中期	中科院 1962: 頁 50A250	
				孝王初年	陳夢家 1966（2004）: 頁 231	珝生見於孝王時師㝨簋（04324）而稍早。大獸面紋見於懿孝時器。
				宣王	白川靜 1971: 頁 841–859 器 194	
				宣王	唐蘭 1976—1978（1986）: 頁 517	
				厲王五年	林澐 1980: 頁 131	召伯虎即召穆公，見於《史記·周本紀》，屬宣時人。本銘召伯虎父母尚在，可能是厲王五年。
				夷王	馬承源 1982: 頁 52	曆日。
				孝王	盛冬鈴 1983: 頁 57	據人名聯繫。
				厲王五年	劉啓益 1984: 頁 243	
				夷王（厲王）	丁驌 1985: 頁 46、49	曆日。
				宣王	高木森 1986: 頁 136	人物，形制，紋飾。
				孝王	馬承源等 1988: 頁 208 器 289	曆日合於孝王五年。
				宣王五年	何幼琦 1989a: 頁 49	曆法。
				厲王	王明閣 1989: 頁 165	厲王。紋飾，人物召伯虎。
				宣王	李仲操 1991: 頁 86	曆日。
				宣王	劉雨 1997: 頁 247	
				宣王	榮孟源 1997: 頁 355	宣王五年是公元前 822 年。
				宣王五年	周曉陸、穆曉軍 1998	以前 841±1 年爲宣王元年，該器曆日合。
				西周中期	王世民等 1999: 頁 101 簋 98	從器形、紋飾考察，不能晚至宣王，據其紋飾及銘文内容當爲西周中期器。
				宣王	白光琦 2001: 頁 127	人物。

續表

序號	器　名	字數	銘文著錄	時　代	出　處	依　據
2500	五年召伯虎殷珊生簋、召伯虎簋、五年珊生簋	104	04292	共和五年	劉啓益 2002：頁 411	"宰珊生"見於厲王十一年師湪簋(04324)。"召伯虎"見於宣王時詩《江漢》，考慮召伯虎的年齡，此器當在共和五年。
				西周中期	馬承源 2003a：頁 114	器形。
				宣王	彭裕商 2003：頁 448、439	"召伯虎"見於《詩·大雅·江漢》，宣王時人。器主同人作禹與宣世器同出。
				西周中期後段	吳鎮烽 2006：頁 209	周生，西周中期後段人。
				孝王	王輝 2006：頁 191	
				厲王五年	李學勤 2007：頁 71–75	召伯虎爲西周晚期人，見載。同人作器的形制屬西周晚期前段。師湪簋有"宰珊生"，該器曆日可排於厲王十一年。珊生諸器中召伯虎、珊生年紀尚輕，當置於厲王早年。
				孝王	林澐 2008：頁 211	
				宣王	張懋鎔 2008：頁 349	
				宣王五年	王輝 2008：頁 46–49	珊生見於師湪簋(04324)，後者爲西周晚期器。召伯虎爲厲宣時人。厲王積年37，考慮到珊生年齡，珊生所作器當在宣王五年、六年。珊生簋刻意修飾簋耳的做法具有厲王前後的特點。曆日合於張培瑜曆表(共和14年計入宣王紀年)。
2501	六年召伯虎殷六年珊生簋、召伯虎簋	104	04293	西周晚期	集成 2007(4)：頁 3419	
				宣王五年	吳其昌 1929(2004)：頁 488	召伯虎敦一(04292)在宣王五年，此爲宣王六年。曆朔合於《曆譜》宣王六年。"召伯虎"即《江漢》之"召虎"。
				宣王	郭沫若 1935(2002)：頁 306	銘文所記與《大雅·江漢》乃同時事，乃召虎平定淮夷歸告成功。
				宣王	莫非斯 1936：頁 247	
				宣王六年	容庚 1941(2008)：頁 42、頁 318 卣 37	"召伯虎"即《大雅·江漢》之"召虎"。

續表

序號	器　名	字數	銘文著録	時　代	出　　處	依　　據
2501	六年召伯虎殷 六年琱生篡、召伯虎篡	104	04293	孝王初年	陳夢家 1966（2004）：頁 231	琱生見於孝王時師毀篡（04324）而稍早。大獸面紋見於懿孝時器。
				宣王	白川靜 1971：頁 860–883 器 195	
				厲王六年	林澐 1980：頁 131	召伯虎即召穆公，見於《史記·周本紀》，屬宣時人。本銘召伯虎父母尚在，可能是屬王六年。
				孝王	馬承源 1982：頁 52	曆日。
				厲王六年	劉啓益 1984：頁 243	
				孝王（或厲王）	丁驌 1985：頁 43、49	曆日。
				宣王	高木森 1986：頁 137	人物，形制，紋飾。
				孝王	馬承源等 1988：頁 209 器 290	曆日合於孝王六年。
				宣王六年	何幼琦 1989a：頁 49	曆法。
				宣王	李仲操 1991：頁 86	曆日。
				西周中期（或西周後期）	辭典 1995：頁 105 器 369	
				西周中期	青全 1997（6）：頁 126 器 129	
				宣王	榮孟源 1997：頁 355	宣王六年是公元前 821 年。
				宣王	劉雨 1997：頁 247	
				宣王六年	周曉陸、穆曉軍 1998	以前 841±1 年爲宣王元年，該器曆日合。
				西周中期	王世民等 1999：頁 101 篡 99	從器形、紋飾考察，不能晚至宣王，據其紋飾及銘文内容當爲西周中期器。
				共和六年	劉啓益 2002：頁 412	"宰琱生"見於厲王十一年師毀篡（04324）。"召伯虎"見於宣王時詩《江漢》，考慮召伯虎的年齡，此器當在共和六年。
				宣王	彭裕商 2003：頁 449、439	作器者同五年琱生篡（04292），後者爲宣王時器。
				西周中期後段	吳鎮烽 2006：頁 209	周生，西周中期後段人。
				孝王六年	王輝 2006：頁 194	
				厲王六年	李學勤 2007：頁 71–75	參五年琱生篡（04292）。
				孝王	林澐 2008：頁 211	
				宣王	張懋鎔 2008：頁 349	
				宣王五年	王輝 2008：頁 46–49	參五年琱生篡（04292）。

序號	器 名	字數	銘文著錄	時 代	出 處	依 據
2502	揚殷	104（又重文3）	04294–04295	西周晚期	集成 2007（4）: 頁 3419	
				厲王二年	吳其昌 1929（2004）: 頁 361	日辰合於《曆譜》屬王二年。代王冊命者 "内史先" 亦見於屬王五年諫殷（04285）。
				屬王	郭沫若 1935（2002）: 頁 253	"内史先" 見於屬王時諫殷（04285）。
				懿孝	莫非斯 1937: 頁 7	人物聯繫。
				屬王	容庚 1941（2008）: 頁 40	王呼内史先冊命，同屬王時諫簋（04285）。
				孝王	李學勤 1959: 頁 45	
				懿王	陳夢家 1966（2004）: 頁 192	内史名光見懿王時諫簋（04285）、蔡簋（04340）。
				懿王	白川靜 1968b: 頁 81–86 器 131	
				懿王	唐蘭 1976—1978（1986）: 頁 472	
				孝王	李學勤 1979: 頁 35	據人物聯 "史年" 繫瘋盨（04462），彼爲孝王四年器。
				孝王	盛冬鈴 1983: 頁 57	據人名聯繫。
				孝王	高木森 1986: 頁 113	曆日，人物。
				懿王	馬承源等 1988: 頁 183 器 257	單伯初見於恭王時衛盃，史年見於懿世王臣簋（04268）和孝世諫簋（04285）、瘋盨（04462）。
				西周後期	辭典 1995: 頁 120 器 414	
				約夷王	彭裕商 1999: 頁 59	人物聯繫。
				懿王	劉啓益 2002: 頁 299	"史微" "單伯" 分別見於諫簋（04285）、三年衛盃（09456），皆懿王時器。
				西周中期	張天恩 2003: 頁 62–65	
				夷王	彭裕商 2003: 頁 357、364	據人物聯繫歸入夷世。
				孝王	白光琦 2006: 頁 68	據 "司徒單伯" 聯繫師晨鼎、諫簋等器，皆在孝王時。
				西周中期後段	吳鎮烽 2006: 頁 314	揚，西周中期後段人。
				懿王	田率 2008: 頁 85	人物聯繫。
				懿孝	張懋鎔 2008: 頁 349	

續表

序號	器 名	字數	銘文著錄	時 代	出 處	依 據
2503	鄘設 鄘簋、遷簋、鄘簋、毛伯敦	104（又重文2）	04296–04297	西周晚期	集成 2007（4）: 頁 3419	
				幽王二年	吳其昌 1929（2004）: 頁 529	稱"宣榭"當在宣王之後，日辰合於《曆譜》幽王二年。用語、文法、書勢皆似幽王時師兌設（04274）。
				懿王	莫非斯 1936: 頁 244	
				幽王二年	董作賓 1952: 頁 696	曆法。
				幽王二年	董作賓 1959（1977）: 頁 59	曆法。
				宣王	徐中舒 1963（1998）: 頁 525	"毛伯"即宣王時毛公鼎之"毛公曆"。日辰與宣王元年師匐設不合。
				幽王	郭沫若 1935（2002）: 頁 326	人物"毛伯"繫聯，曆日。
				宣王	白川靜 1970b: 頁 733–739 器 185	
				夷王	唐蘭 1976—1978（1986）: 頁 495	
				共和二年	何幼琦 1982: 頁 113	曆法。
				厲王	馬承源 1982: 頁 52	曆日。
				厲王二年	劉啓益 1984: 頁 237	"毛伯"即毛公鼎之"毛公曆"，後者形制同厲王時器。
				共和	何幼琦 1985: 頁 12	曆日。
				幽王	高木森 1986: 頁 147	形制，紋飾。
				厲王	馬承源等 1988: 頁 277 器 403	曆日合於《年表》厲王二年。*04297。
				幽王	李仲操 1991: 頁 92	曆日。
				幽王	張聞玉 1992: 頁 63	曆日。
				宣王	榮孟源 1997: 頁 356	曆法。
				夷王二年	劉雨 1997: 頁 247	
				宣王	白光琦 1997: 頁 309	右者毛伯蓋即宣王時毛公鼎（02841）之毛公。形制屬西周後期，書法具晚期特徵。
				東周	黎東方 1997: 頁 230	
				宣王二年	周曉陸、穆曉軍 1998	以前 841±1 年爲宣王元年，該器曆日合。
				厲王前後	王世民等 1999: 頁 90 簋 70	頌鼎、趞鼎等器亦稱王在周康邵宮。
				厲王	周言、魏宜輝 1999: 頁 57	曆日。
				宣王二年	斷代工程 2000: 頁 21、34	類型排比。排西周金文曆譜。

序號	器 名	字數	銘文著録	時 代	出 處	依 據
2503	鄭殷 鄭簋、遷 簋、 鄭 簋、毛伯 敦	104 （又重 文 2）	04296– 04297	宣王	劉啓益 2002：頁 399	形制屬西周晚期。曆日合 於張表宣王二年。
				宣王	朱鳳瀚 2003：頁 50–52	宣王元年爲前 826 年，據 《張表》，該器曆日可排入 宣王。
				宣王	彭裕商 2003：頁 443	據器形紋飾、字體、人物 聯繫斷在宣世。
				西周晚期	吳鎮烽 2006：頁 240	祝鄭，西周晚期人，名 鄭。
				西周晚期	張懋鎔 2008：頁 350	
				宣王	朱鳳瀚 2009：頁 1223	曆日。
2504	大殷蓋 周列伯敦	105 （又重 文 2）	04298– 04299	西周晚期	集成 2007（4）：頁 3419	
				懿王十二 年	吳其昌 1929（2004）：頁 296	與大鼎（02808）爲一人一 時做器，兩器曆日可共 容於懿世。大鼎之"走馬 應"即龔王末年師湯父鼎 （02780）之"宰應"。此 簋之"吳師"即孝王元年 師虎簋（04316）之"内史 吳"。
				懿王	郭沫若 1935（2002）：頁 191	"大"即懿王時同殷 （04270）之"吳大父"。
				孝王十二 年	董作賓 1952：頁 695	曆法。
				孝王十二 年	董作賓 1959（1977）：頁 55	曆法。
				孝王	陳夢家 1966（2004）：頁 257	花紋同孝王時鄂侯簋 （03928）、元年師兑簋 （04275）。
				厲王	白川靜 1970：頁 571–580 器 175	
				共王	唐蘭 1976—1978（1986）：頁 434	
				穆王	何幼琦 1982：頁 110	曆法。
				夷王	馬承源 1982：頁 52	曆日。
				孝王十二 年	劉啓益 1984：頁 241	
				孝王	丁驌 1985：頁 43	曆日。
				夷王	馬承源等 1988：頁 268 器 392	曆日合於《年表》夷王 十二年。*04299。
				夷王十二 年	王雷生 1990：頁 27	

序號	器 名	字數	銘文著錄	時 代	出 處	依 據
2504	大殷蓋 周列伯敦	105 （又重 文 2）	04298– 04299	宣王	夏含夷 1990（2005）：頁 236	該器曆日合於以前 825 年 爲元年的宣王 12 年。
				孝王	李仲操 1991：頁 67	人物，曆日。
				共王	李零 1993：頁 664	
				厲王十二 年	劉雨 1997：頁 247	
				孝王	黎東方 1997：頁 230	
				宣王十二 年	周曉陸、穆曉軍 1998	以前 841±1 年爲宣王元 年，該器曆日合。
				西周晚期 厲王前後	王世民等 1999：頁 97 簋 85	與大鼎屬同一王世。
				厲王十二 年	斷代工程 2000：頁 21、33	類型排比。排西周金文曆 譜。
				孝王	劉啓益 2002：頁 341	據孝王七年牧簋（04343） 曆日下排，本器曆日合於 孝王十二年。
				厲王	彭裕商 2003：頁 408	與大鼎（02807）爲一人作 器，據兩者器形、紋飾斷 爲厲世器。
				西周晚期	吳鎮烽 2006：頁 19	大，西周晚期人。
				西周晚期 偏早	張懋鎔 2008：頁 348	
				厲王	朱鳳瀚 2009：頁 1222	曆日。
2505	作册夨令 殷 令簋、夨 乍丁公 簋、夨簋	107 （又重 文 2 合文 1）	04300– 04301	西周早期	集成 2007（4）：頁 3419	
				昭王十年	吳其昌 1929（2004）：頁 217	曆日與《曆譜》昭王十 年密合。作器者同昭王 時 夨 彝（09901）、夨 尊 （06016）。
				成王	郭沫若 1930a（1960）：頁 324– 333	"唯王于伐楚伯"與文獻 記載的成王"東伐淮夷殘 奄"事相符。
				昭王	吳其昌 1931：頁 1661–1732	曆日。
				成王	郭沫若 1935（2002）：頁 24	"楚"即淮夷，成王東伐， 始于鄂贛。
				成王三年	溫廷敬 1936：頁 346	此伐楚在成王三年。
				成康	莫非斯 1937：頁 10	字體。
				成王	容庚 1941（2008）：頁 32、頁 266 簋 101	族名和出土地同成王時 令方彝（06016）、令方尊 （09901）。
				成王	郭沫若 1954：頁 367–369	周成王伐淮夷踐奄時器。

續表

序號	器 名	字數	銘文著錄	時 代	出 處	依 據
2505	作册矢令殷令簋、矢乍丁公簋、矢簋	107（又重文2合文1）	04300-04301	西周初期	陳夢家 1955：頁 63-66	與成康時宜侯矢殷（04320）器主爲同一人，所記早於後者。
				昭王晚年	唐蘭 1962：頁 18-21	人物"王姜"，爲康王后；記敘伐楚，昭王時事。同人作矢令方彝（09901）銘文内容、形制、紋飾、字體都可歸入昭王。據造型和字體，該器略晚於後者，在昭王末年。
				成王	白川靜 1964：頁 255-275 器 24	
				成王	陳夢家 1966（2004）：頁 29	記伐楚，成王時事，見《作雒篇》。"王姜""姜"是一人，成王后。"丁公"和"公尹伯丁父"是一人，非"令"之父，可能是齊侯吕伋，見《齊世家》。此器是爲生人做的實用器。
				成王	白川靜 1975（1997）：頁 256	伐楚東征。
				成王後期到康王後期	方善柱 1977：頁 5	王姜爲武王妃。
				昭王	唐蘭 1976—1978（1986）：頁 273	同人作方彝（09901），有"康宫"，昭王時器。
				昭王	唐蘭 1978：頁 19-20	記昭王伐楚。
				康王	劉啓益 1978：頁 314-316	作器者同宜侯矢簋（04320），後者爲康王時器，且令任作册時早於爲宜侯時。
				昭王	李學勤 1979：頁 34	記"伐楚伯"之事，在昭王時。
				昭王	唐蘭 1981：頁 73	
				或在成王時	周法高 1981（2004）：頁 199-201	形制、紋飾繫聯的折作器可能在成康時；"王在庤"組器在成王時。"王姜"爲武王后，在成王時。
				成王	何幼琦 1982：頁 109	曆法。
				昭王	馬承源 1982：頁 54	提到"王姜"諸器多在昭王時。
				周公攝政六年	何幼琦 1983b：頁 82	
				昭王	丁驌 1985：頁 27	曆日。

序號	器名	字數	銘文著錄	時代	出處	依據
2505	作册矢令 毁 令簋、矢 乍 丁 公 簋、矢簋	107 （又重 文 2 合文 1）	04300– 04301	昭王	高木森 1986：頁 59	形制。伐楚在昭王時。作 册矢令與作册大爲同輩。
				康晚	吳鎮烽 1987：頁 267–268	"惟王于伐楚"可能在康 王晚期。字體與昭時銘文 不同。
				昭王	張政烺 1987（2011）：頁 5	據《竹書紀年》。
				昭王	馬承源等 1988：頁 66 器 94	周伐楚在昭王時，記載見 史牆盤和《左傳·僖公四 年》。"炎"是伐楚途中之 地。曆日與書後《曆表》 合。
				昭王	王明閣 1989：頁 2	從李學勤先生授課時説法。
				西周早期	張劍、孫新科 1996：頁 332	據器形和涉及的人物，當 在西周早期。
				昭王	青全 1997（5）：頁 50 器 53	*04300。
				成王	榮孟源 1997：頁 362	曆法。
				昭王	李學勤 1997c	紋飾風格同昭王時作册析 器。
				成康	沈長雲 1997：頁 72	形制、紋飾、書體都屬 周初。"明保"爲周公旦之 子；"王姜"爲武王之后。 令簋（04300）銘文内容與 召尊（06004）接近，後者 有"伯懋父"，當康王時。
				成王	王永波 1999：頁 49–51	王姜，當指武王后"邑 姜"。有作册矢之子作册 大作鼎（02761），爲康王 時器。
				康昭	王世民等 1999：頁 81 簋 49	器形。
				成王	杜勇 2001：頁 3–16	參令方彝（09901）。
				成王	杜勇 2002：頁 7–13	銘中所記"伐楚"非昭王 南征荆楚或周公伐奄，而 是成王東進伐中原楚國。
				昭王	張懋鎔 2002d：頁 109	
				康王	劉啓益 2002：頁 124	據"王姜"定爲康王器。
				成王末年 或稍後	杜勇、沈長雲 2002：頁 156、52	形制，紋飾，字體。父 祖名及私名與宜侯矢簋 （04320）同，後者作於康 王時，封侯當晚於爲作册 時。作册大爲作册矢之子， 所作鼎在康王初。可見康 初作册大已經襲職，則矢 令爲作册當在成王時。

序號	器　名	字數	銘文著録	時　代	出　　處	依　　據
2505	作册矢令殷 令簋、矢乍丁公簋、矢簋	107 （又重文2合文1）	04300-04301	西周早期後段	馬承源 2003a：頁 115 簋 16	器形。
				成王	王永波 2003：頁 31–32	參令方彝（09901）。
				昭王	彭裕商 2003：頁 257	銘文記昭王南征事。紋飾、字體、措辭亦與昭王時相合。
				昭王	賈洪波 2003：頁 6	“王姜”是康王后，“康宮”爲康王廟。
				昭王	張懋鎔 2005a：頁 3	造型、紋飾有商末周初特點，但鼓腹爲西周早期後段的演變通則。該現象可用“兩系説”解釋。
				昭王	張懋鎔 2006：頁 189	銘文字形書體及其他。
				西周早期後段	吳鎮烽 2006：頁 77、95、150	矢令，西周早期後段人。
				昭王	張懋鎔 2007（2010）：頁 191	器主與宜侯矢簋（04320）之宜侯矢非同一人。
				昭王	張懋鎔 2008：頁 344	
				昭王	王帥 2008：頁 41	字形書體。
				昭王	朱鳳瀚 2009：頁 1271	記昭王伐楚。形制紋飾在康晚至昭王階段。
				康王	劉華夏 2010：頁 65	
2506	彔伯䎛殷蓋 彔伯戒敦、彔伯戒敦	109 （又重文2合文1）	04302	西周中期	集成 2007（4）：頁 3420	
				宣王元年	吳其昌 1929（2004）：頁 449	所記伐淮夷事在宣王時，見《江漢》《常武》。日辰合於《曆譜》宣王元年。
				穆王	郭沫若 1935（2002）：頁 146	“白䎛”即彔伯䎛，見於穆王時彔伯䎛段（04115）。
				昭穆	白川靜 1967：頁 209–232 器 92	
				穆王	扶風 A1976：頁 55、60	與伯䎛器作器者爲同一人。父、祖名不同，當是同輩兄弟行。
				穆王	高木森 1976：頁 76	記伐淮夷事。
				穆王	唐蘭 1976—1978（1986）：頁 397	
				穆王	馬承源等 1988：頁 118 器 180	*04302。
				厲王	何幼琦 1989b：頁 55	
				未	汪中文 1990：頁 43–48	“伯䎛”與“彔”“彔伯䎛”非同一人。
				西周中期前段	吳鎮烽 2006：頁 219	彔伯䎛，西周中期前段人。
				穆王	王輝 2006：頁 117	

序號	器 名	字數	銘文著録	時 代	出 處	依 據
2507	此設	110（又重文2）	04303–04310	西周晚期	集成 2007（4）：頁 3420	
				宣王	岐山 A1976：頁 29	造型、紋飾屬屬宣。"史翏"爲宣王時史官，見無更鼎。
				宣王	唐蘭 1976—1978（1986）：頁 514	
				宣王	李學勤 1976：頁 46	此 鼎（02821）、旅伯（02619）、伯辛父（02561）官職相同，爲同 一 人，"此（柴）""辛（薪）"名字相應。此作鼎爲宣王十七年器。
				宣王	陝西 1979（1）：頁 31 器 199–206	
				宣王	周法高 1979：頁 7–8	器形、紋飾同屬宣時器；"史翏"見於宣王時無更鼎（02814）。
				宣王	吳鎮烽 1987：頁 282	"史翏"見於宣王時的無更鼎（02814）。
				屬王	馬承源等 1988：頁 292 器 422	曆日合於《年表》屬王十七年。*04303。
				屬宣	盧連成、胡智生 1988a：頁 525	
				宣王	夏含夷 1990（2005）：頁 226–245	銘有"夷宮"不早於屬王時。"史翏""南仲"皆宣王時人。曆日合於以前 825 年爲元年的宣王 17 年。
				宣王	李仲操 1991：頁 87	人物，曆日。
				西周後期	辭典 1995：頁 116 器 402	
				宣王	劉雨 1997：頁 247–248	
				宣王十七年	周曉陸、穆曉軍 1998	以前 841±1 年爲宣王元年，該器曆日合。
				西周晚期宣王前後	王世民等 1999：頁 97 簋 86	銘文內容同此鼎（02821）。
				宣王	周言、魏宜輝 1999：頁 57	曆日。
				宣王十七年	斷代工程 2000：頁 21、34	類型排比。排西周金文曆譜。
				宣王	劉啓益 2002：頁 384	"史翏"見於宣王時器無更鼎（02814）。曆日合於《張表》宣王十七年。
				宣王	彭裕商 2003：頁 455	器形紋飾屬西周晚期。"史翏"是宣王時人。
				西周晚期	曹瑋等 2005（2）：頁 402–437	
				宣王	張懋鎔 2006a：頁 218	形制。
				宣王	吳鎮烽 2006：頁 117	此，西周宣王時人。
				屬王	朱鳳瀚 2009：頁 1315、1222	曆日。

序號	器 名	字數	銘文著錄	時 代	出 處	依 據
2508	師獸簋 師獸簋、 簋敦、伯 穌父敦、 周簋敦	110 （又重 文2）	04311	西周晚期	集成 2007（4）：頁 3420	
				共和元年	吳其昌 1929（2004）：頁 432、434	日辰合於《曆譜》共和元年。據金文文法，以"伯穌父若曰"比之"王若曰"，"伯穌父"當王之位，即共伯和。
				成王	吳其昌 1932（2004）：頁 717-745	"祖考"當指文王武王。
				厲王元年	郭沫若 1935（2002）：頁 245	"伯穌父"即師嫠簋（04324）、師兌簋（04274）之"師穌父"，師晨鼎（02817）、師艅簋（04277）、諫簋（04285）之"司馬共"，即"共伯和"，此爲其任三公前之事，在厲王元年。
				共和	莫非斯 1936：頁 245	"白和父"即"共伯和"。
				共和元年	容庚 1941（2008）：頁 41	彝器皆云"王若曰"，此言"伯穌父若曰"，代王賜命，攝政之事可信。
				共和元年	楊樹達 1947b（1997）：頁 119	文獻及彝銘稱"若曰"者，除周王唯周公、微子及此伯穌父，周公、伯穌父皆攝政也。銘文記命辭、賜物、揚休制器，與王命臣工之器皆同。據《禮記》天子自稱小子，本銘伯穌父自稱小子，當攝政。
				厲王元年	董作賓 1952：頁 696	曆法。
				厲王元年	董作賓 1959（1977）：頁 51、58	曆法。
				宣王元年	李學勤 1959：頁 45	人名。
				孝王	陳夢家 1966（2004）：頁 237	該器屬穌父組，屬孝王時。花紋似懿王時師湯父鼎（02780）。
				共和	白川靜 1970b：頁 740-750 器 186	
				共和元年	何幼琦 1982：頁 113	曆法。
				夷王	馬承源 1982：頁 52	曆日。
				共和元年	何幼琦 1983a：頁 59-60	曆日與共和元年（前 841年）相合。"伯和父若曰"語氣同周王。
				宣王	陳連慶 1984：頁 316-317	人物聯繫。
				共和元年	劉啓益 1984：頁 213	伯穌父即共伯和，屬宣時人。曆日合於《日月食典》公元前 841 年曆日。

序號	器 名	字數	銘文著錄	時 代	出 處	依 據
				共和	丁驌 1985：頁 50	曆日。
				夷王	高木森 1986：頁 119	器形，紋飾。
				夷王	馬承源等 1988：頁 262 器 384	曆日合於《年表》夷王元年。
				共和	劉啓益 1989：頁 176	人物，月相。
				共和	李仲操 1991：頁 81	人物。
				夷王元年	趙光賢 1991：頁 123	
				夷王元年	趙光賢 1992：頁 47	曆日。
				共和元年	劉雨 1997：頁 247	
				共和	榮孟源 1997：頁 354	"惟王元年"爲共和元年。
				共和	黎東方 1997：頁 230	
				宣王元年	周曉陸、穆曉軍 1998	以前 841±1 年爲宣王元年，該器曆日合。
				夷厲前後	王世民等 1999：頁 79 簋 46	器形。
2508	師獸簋 師獸簋、師獸簋敦、伯龢父敦、周簋敦	110（又重文 2）	04311	夷王元年	斷代工程 2000：頁 20、32	考古類型排比。排西周金文曆譜。
				幽王	周言 2000：頁 66	曆日。
				共和元年	晁福林 2001：頁 182	"若曰"只用於周王、周公及該器後；賞賜物均爲君王對臣下的賞賜；"皇君""皇辟君"均指君王，故共伯和確曾執政稱王，該器爲共和元年器。
				未	張懋鎔 2002c：頁 31	"伯龢父"不是"共伯和"，原因有三：伯和父爲字，與共伯和不同；"若曰"非時王專利，亦見貴戚、大臣使用；"余惟小子曰"是"汝舊雖小子，余令汝"的誤讀。
				屬宣	張懋鎔 2002d：頁 111	
				共和元年	劉啓益 2002：頁 409	曆日合於《張表》共和元年。
				幽王	范毓周、周言 2002：頁 25	銅器曆日繫聯。
				宣王元年	王占奎 2002a：頁 284	伯龢父即共伯和，未稱王，此元年當宣王元年。
				宣王	朱鳳瀚 2003：頁 50–52	宣王元年爲前 826 年，據《張表》，該器曆日可排入宣王。

序號	器 名	字數	銘文著錄	時 代	出 處	依 據
2508	師獸殷師獸簋、毀敦、伯龢父敦、周篹敦	110（又重文2）	04311	宣 王（厲王）	彭裕商 2003：頁 439	"伯龢父"可能是師鐅簋（04324）、元年師兑簋（04274）之"師龢父"，後者在宣王時。但師獸簋日辰與師兑簋不合，却合於厲王時師虎簋（04316）。
				厲王	葉正渤 2006：頁 199	以前 878 年爲厲王元年，初吉指初一朔。據《張表》《董譜》，該器曆日合曆。
				西周中期夷王或厲王	王輝 2006：頁 204	
				厲王	吳鎮烽 2006：頁 408	獸，西周晚期厲王時人。
				厲王	張懋鎔 2008：頁 351	
				厲王	朱鳳瀚 2009：頁 1315、1224	曆日。
2509	元年師頦殷	110（又重文2）	04312	西周晚期	集成 2007（4）：頁 3420	
				昭王元年	吳其昌 1929（2004）：頁 199	日辰與《曆譜》昭王元年密合。言"康宮"表明在康王之後。
				昭王元年	董作賓 1952：頁 695	曆法。
				昭王元年	董作賓 1959（1977）：頁 52	曆法。
				孝夷	白川靜 1969a：頁 344–347 器152	
				厲王元年	何幼琦 1982：頁 112	曆法。
				夷王	丁驌 1985：頁 45	曆日。
				厲王	李仲操 1991：頁 77	
				厲王元年	劉雨 1997：頁 247	
				夷王	黎東方 1997：頁 230	
				孝王元年	斷代工程 2000：頁 32	類型排比。排西周金文曆譜。
				夷王	周言 2000：頁 66	曆日。
				夷王	范毓周、周言 2002：頁 25	銅器曆日繫聯。
				孝王元年	朱鳳瀚 2004：頁 6	
				西周中期	吳鎮烽 2006：頁 265	師頦，西周中期人。
				孝王	朱鳳瀚 2009：頁 1222	曆日。

序號	器 名	字數	銘文著録	時 代	出 處	依 據
2510	觀簋	110	近二 0440	西周中期	近二 2010（二）：頁 118	
				穆王	張永山 2006：頁 11–12	形制紋飾近長安花園諆簋（03950），紋飾更近彧簋（04302）、彔簋（04122）等器。諆簋記昭王伐楚事，彔簋記穆王時武將伯雍父巡視淮河，故垂冠鳥紋及鳥身作耳的技法興於昭王，盛行於穆恭懿時期，觀簋的鳥紋爲盛行期作品。司馬觀見於癲簋（04230）、走簋，爲同一人，據觀初襲職到擔任佑者，該簋之二十四年在走簋（04244）十二年的前一王世，癲簋、走簋爲恭王時器。
				穆王	王冠英 2006：頁 5–6	“觀”即癲簋（04230）、走簋（04244）之“司馬井伯”，銘中觀初封未及擔任右者，故該器早於癲簋、走簋，後兩者爲恭王時器。該銘記年二十四，走簋記年十二，該器當在前一王世，當穆王時。長冠長尾鳳鳥紋及鳥形雙耳亦符合時代特徵。曆日合於夏商周斷代工程西周金文曆譜。
				穆王	夏含夷 2006：頁 9–10	器形、花紋、銘文字體皆爲西周中期特色。觀即走簋（04244）、師虎簋（04316）之“井伯”，爲穆恭懿時人。該器曆日與穆王時裘衛簋（04256）等相合。
				穆王	李學勤 2006a：頁 7–8	同樣鳥紋見於穆王時彧簋（04302）、1976 扶風莊白豐器。器體加高爲康王至穆王間做法。觀即恭王時師癲簋（04230）之“司馬井伯觀”，亦即懿王元年師虎簋（04316）之“井伯”。該器曆日合於穆王時二十七年衛簋（04256）、虎簋蓋、鮮簋（10166）等器曆日，不合於恭王二十四年（以前 922 年爲恭王元年）。

序號	器　名	字數	銘文著録	時　代	出　　處	依　　據
2510	親簋	110	近二 0440	恭王二十四年	韓巍 2007: 頁 155-170	册命銘文從萌芽到完全程式化的時間相當於穆王末年到懿王初年，以親簋册命形式的成熟程度，不當排在穆王。"取徵"之説未見於穆王時他器，賞賜物用字"黃"，"敬夙夕勿廢朕令"不見於穆王時金文，該銘字體結構及行款接近恭懿時銘文，親簋的大鳥紋和鳥形耳處於該類型演變序列中的較晚形態，"底座"的風格也不早至穆王。綜上，該器不會早至穆王時。該器之親即師𩛥簋（04230）之"司馬井伯親"，亦即師晨鼎（02817）、師俞簋蓋（04277）、諫簋（04285）"司馬共"之上一代，三器爲孝夷時器。
				穆王二十四年	葉正渤 2007a: 頁 40-43	穆王元年爲公元前 1003 年，該器曆日合於穆王二十四年。
				穆王二十四年	張聞玉 2007: 頁 36-39	據人物繫聯及銅器曆日。穆王元年爲公元前 1006 年。
				穆王	尹稚寧 2007: 頁 79-80	人物"親""井伯"見於穆恭時器。
				穆王二十四年	葉正渤 2007: 頁 40-43	穆王元年爲公元前 1003 年。
2511	師衰殷	蓋 111（又重文 2）、器 115（又重文 2）	04313-04314	西周晚期	集成 2007（4）: 頁 3420	
				宣王	吳其昌 1929（2004）: 頁 465	記伐淮夷事，在宣王時，參彔伯䧅簋（04302）。"師衰"即屬王二十八年衰鼎（02819）之"衰"。
				宣王六年	郭沫若 1935（2002）: 頁 270	伐淮夷事同兮甲盤（10174）、召伯虎殷（04293），爲宣王事。"師衰"即《小雅·采芭》之"方叔"。
				宣王	容庚 1941（2008）: 頁 42	記征淮夷事。文句"淮夷繇我員晦臣"與宣王時兮甲盤（10174）文句略同。

續表

序號	器　名	字數	銘文著録	時　代	出　處	依　據
2511	師寰毁	蓋111（又重文2）、器115（又重文2）	04313-04314	西周晚期	中科院 1962：頁 49A246	*04314。
				厲王	白川静 1970：頁 600–613 器 178	
				厲王	唐蘭 1976—1978（1986）：頁 516	
				宣王	高木森 1986：頁 142	形制，紋飾。
				宣王	馬承源等 1988：頁 307 器 439	*04313。
				不早於孝王	李學勤 1991a：頁 176	所述史實當是史密簋事態的進一步發展。
				西周後期	辭典 1995：頁 116 器 403	
				宣王	青全 1997（5）：頁 66 器 69	*04313。
				宣王後期	白光琦 1997：頁 309	同人作寰盤（10172），其銘字體已創春秋書體，册命儀式已非常完備。
				西周晚期偏早	王世民等 1999：頁 90 簋 72	器形。
				西周晚期	馬承源 2003a：頁 117 簋 32	器形。
				宣王	彭裕商 2003：頁 438	記伐淮夷，宣王事。然器形近春秋，且"淮夷舊我員畮臣，今敢博氒衆叚反工吏"，與幽王時淮夷歸服而復叛的情況(《後漢書·東夷傳》)相同。
				宣王	陳佩芬 2004：頁 466 器 384	
				宣王	張懋鎔 2006a：頁 218	
				西周晚期	吴鎮烽 2006：頁 263	師寰，西周晚期人。
				厲宣	張懋鎔 2008：頁 350	
				厲王（不早於厲王二十八年）	葉正渤 2010：頁 192	同人作寰盤（10172）曆日與厲王二十八年相合，該銘中寰爲師職，稍後。
2512	衛簋	119（合文1，重文3）	南開學報 2008 年 06 期封三：1–4	穆共之際	朱鳳瀚 2008a：頁 4–5	參十一月獄簋（近二 0438）。
2513	師虎毁 虎簋	121（又重文3）	04316	西周中期	集成 2007（4）：頁 3421	
				宣王	王國維 1915（1959）：頁 23	曆日。
				孝王元年	吴其昌 1929（2004）：頁 304	曆朔合於《曆譜》孝王元年。"井白"見於穆王末年至孝王十二年之九器。人物"内史吴"見於懿王十二年至夷王元年之六器。

續表

序號	器　名	字數	銘文著録	時　代	出　　　處	依　　　據
				恭王	郭沫若 1935（2002）：頁 164	"井伯"見於恭王時趙曹鼎一（02783）。
				恭王	莫非斯 1936：頁 245	"井伯"見於恭王時趙曹鼎（02783）。
				共王元年	容庚 1941（2008）：頁 38、頁 270 簋 132	王在某宮行賜命禮而井伯爲右，同共王時趙曹鼎（02783）。
				恭王元年	董作賓 1952：頁 695	曆法。
				恭王元年	董作賓 1959（1977）：頁 53	曆法。
				恭王	李學勤 1959：頁 44	
				恭王	白川靜 1965d：頁 152	排入恭世曆譜。
				共王元年	陳夢家 1966（2004）：頁 149	井伯當穆、恭時，而此器作於王之元年。
				恭王	白川靜 1967b：頁 353–369 器 104	
2513	師虎毀虎簋	121（又重文 3）	04316	共王元年	唐蘭 1972：頁 59–60	與曶鼎（02838）日辰相連，彼銘言"在穆王太室"，則本器爲共王元年器。
				共王	唐蘭 1976—1978（1986）：頁 412	
				懿王	李學勤 1979：頁 36	
				恭王	周法高 1979：頁 5	
				共和元年	何幼琦 1982：頁 113	曆法。
				懿王	馬承源 1982：頁 53	曆日。
				共和時期	何幼琦 1983a：頁 60	
				孝王	盛冬鈴 1983：頁 48、57	師虎的職務與召虎及其父、祖的身份相去頗遠，不是同人。
				孝王元年	劉啓益 1984：頁 241	
				恭王	丁驌 1985：頁 35	曆日。
				恭王	高木森 1986：頁 86	
				孝王	張政烺 1987（2011）：頁 53	與曶鼎（02838）同時，後者孝王時。
				懿王元年	馬承源等 1988：頁 167 器 240	曆日合於書後《年表》懿王元年。
				恭王	王明閣 1989：頁 60	
				共和元年	何幼琦 1989a：頁 43	曆法。
				懿王元年	李仲操 1991：頁 60	人物，曆日。
				共王	張聞玉 1992：頁 63	曆日。
				孝王元年	趙光賢 1992：頁 47	曆日。
				西周中期	辭典 1995：頁 108 器 378	

序號	器 名	字數	銘文著錄	時 代	出 處	依 據
2513	師虎毁 虎簋	121 （又重 文3）	04316	懿王元年	張懋鎔1997：頁82	與共王時虎簋蓋（新收0633）爲同人作器，據官職，此器稍晚。
				共王三十年前	周曉陸1997：頁82	與共王時虎簋蓋（新收0633）爲同人作器而稍早，因後者有"緟兹命"。
				穆王	吳鎮烽1997：頁82	
				未	王占奎1997：頁82	師虎與虎簋蓋（新收0633）之虎未必是一人，二人及二人祖父職司皆不同。
				懿王元年	劉雨1997：頁247	
				孝王	榮孟源1997：頁359	曆法。
				宣王	黎東方1997：頁230	
				恭王	常金倉1998：頁62	曆日。
				厲王元年	彭裕商1999：頁57–62	同形制之即簋（04250）、詢簋（04321）、無㝬簋（04225）等器皆夷厲時。"内史吳"見於厲王時牧簋（04343）等器。"其"字寫法及"敬夙夜勿廢朕命"的説法皆有晚期特點。記年爲元年。
				懿王前後	王世民等1999：頁67簋25	與曶鼎曆日相接。
				恭懿	張懋鎔2000：頁10–14	與虎簋蓋（近出0491）聯繫，後者爲穆王時器。據形制、紋飾當爲恭懿時器。
				懿王元年	斷代工程2000：頁20、31	類型排比。排西周金文曆譜。
				懿王	周言2000：頁66	合於懿王曆譜。
				懿王元年	李學勤2000a：頁37–39	全瓦紋的簋最早有恭王時的乖伯簋（04331），最晚見於孝夷時期的即簋（04250）。
				懿王	張懋鎔2002：頁33	
				孝王元年	劉啓益2002：頁327	"邢伯"見於穆至孝四個王世。曆日不合於共王五年衛鼎（02832）和懿王三年衛盉（09456），而合於《張表》孝王元年。
				懿王	范毓周、周言2002：頁25	銅器曆日繫聯。
				厲王元年	彭裕商2003：頁399、364	據人物聯繫、構字、常用短語、記年及器形紋飾，列於厲王元年。

序號	器　名	字數	銘文著録	時　代	出　　處	依　　據
2513	師虎殷 虎簋	121 （又重 文 3）	04316	懿王	陳佩芬 2004：頁 283 器 315	"内史"之職見於康王時 邢侯簋（04241）、懿王時 牧簋（04343）、師痕簋蓋 （04230）。字體是恭懿時 期標準書體。
				懿王元年	朱鳳瀚 2004：頁 6	
				西周中期	吳鎮烽 2006：頁 261	師虎，西周中期人。
				恭王元年	張聞玉 2007：頁 38	曆日。
				懿王元年	何景成 2008b：頁 106	
				恭懿	張懋鎔 2008：頁 347	
				懿王	朱鳳瀚 2009：頁 1309、1221	曆日。
2514	猷殷 胡簋	122 （又重 文 1 合文 1）	04317	西周晚期 （屬王）	集成 2007（4）：頁 3421	
				屬王十二 年	羅西章 1979：頁 90	"猷"即屬王胡。字體、紋 飾皆有晚期特點。
				屬王	陝西 1980（3）：頁 22 器 138	
				屬王	王慎行 1980：頁 90–93	
				屬王	張亞初 1981：頁 159	據形制不早於西周晚期。 用詞及修辭皆非西周早中 期現象。銘文風格屬西周 晚期。"猷"，周屬王名。
				屬王十二 年	劉啓益 1984：頁 244	
				屬王	吳鎮烽 1987：頁 280	"猷"即周屬王胡，銘文中 話語爲天子語氣。
				屬王	馬承源等 1988：頁 277 器 404	
				屬王	馬承源等 1988：頁 277 器 404	猷，屬王胡也。
				西周後期	辭典 1995：頁 117 器 404	
				屬王	青全 1997（5）：頁 65 器 68	
				屬王十二 年	劉雨 1997：頁 247	
				屬王十二 年	王世民等 1999：頁 79 簋 47	猷是周屬王胡。
				西周中期 偏晚	李朝遠 2002a：頁 220–224	記時法不見於西周晚期。 "王"字寫法體現西周中 期的特點，"各前文人"書 於簋銘多在西周中期。引 號斷於"先王宗室"，"猷" 是"餘士獻民"中的一員 而非周王自稱。器形、紋 飾當屬西周中期偏晚。

續表

序號	器 名	字數	銘文著錄	時 代	出 處	依 據
2514	默毁胡簋	122（又重文1合文1）	04317	屬王	張懋鎔 2002a：頁 125	
				西周晚期	馬承源 2003a：頁 116 簋 23	器形。
				屬王	彭裕商 2003：頁 389	"默"即周屬王胡。
				西周中期	李朝遠 2004a：頁 116	與五祀默鐘（00358）文例、字體相似，兩"默"當爲同一人，兩器是西周中期器。
				屬王	張懋鎔 2004：頁 2	"默"，周屬王名。
				西周晚期	曹瑋等 2005（10）：頁 2141	
				屬王	張懋鎔 2006a：頁 210	屬王時標準器。
				屬王	吳鎮烽 2006：頁 363	默，即周屬王，夷王之子。
				屬王	王輝 2006：頁 206	默是周屬王名。
				屬王	韓巍 2008：頁 31	
				屬王	劉華夏 2010：頁 65	
				昭王十二祀	葉正渤 2010：頁 113	記時用祀不用年且置於銘末，恭王時五祀衛鼎（02832）用祀、九年衛鼎（02831）用年，體現兩種用法的過渡。
2515	三年師兌毁師兌簋、師兌作皇考釐公簋	器124（又重文3合文1）蓋存84（又重文1合文1）	04318–04319	西周晚期	集成 2007（4）：頁 3421	
				幽王	王國維 1915（1959）：頁 23	曆日。
				幽王三年	吳其昌 1929（2004）：頁 531	曆朔合於《曆譜》幽王三年。
				幽王	郭沫若 1935（2002）：頁 328	日辰與幽王元年師兌簋（04274）銜接。
				幽王三年	容庚 1941（2008）：頁 43	"足師龢父"，續師龢父之官，"師龢父"見於宣王時師詨簋（04324），故此器在幽王時。
				宣王三年	李學勤 1959：頁 45	人名。
				共和	白川靜 1965d：頁 152	曆日可排入共和中元。
				孝王	陳夢家 1966（2004）：頁 242	同人作元年師兌簋（04275），爲孝王時，兩器曆日相合。
				共和	白川靜 1970b：頁 758–766 器 188	
				幽王三年	何幼琦 1982：頁 114	曆法。
				共和三年	劉啓益 1984：頁 220	"二月初吉丁亥"應爲"二月初吉乙亥"之訛，如此與共和元年師兌簋曆日相合。

序號	器　名	字數	銘文著録	時　代	出　　處	依　　據
2515	三年師兌 毁 師兌簋、 師兌作皇 考釐公簋	器 124 （又重 文 3 合文 1）蓋 存 84 （又重 文 1 合文 1）	04318– 04319	宣王	丁驌 1985：頁 51	曆日。
				宣王	高木森 1986：頁 135	形制，紋飾，銘文。
				孝王	馬承源等 1988：頁 201 器 278	銘文内容與元年師兌簋（04275）相承，當在同一王世。*04318。
				共和	劉啓益 1989：頁 176	人物，月相。
				幽王	李仲操 1991：頁 93	曆日。
				厲王	張聞玉 1992：頁 64	曆日。
				西周後期	辭典 1995：頁 115 器 399	
				厲王三年	劉雨 1997：頁 247	
				宣王	榮孟源 1997：頁 356	曆法。
				厲王	常金倉 1998：頁 62	曆日。
				厲王	周言、魏宜輝 1999：頁 57	曆日。
				西周晚期 厲王前後	王世民等 1999：頁 96 簋 84	與元年師兌簋屬同一王世。
				夷王三年	李學勤 2000b：頁 91	曆日，形制。
				夷王三年	斷代工程 2000：頁 20、32	類型排比。排西周金文曆譜。
				厲王初年	晁福林 2001：頁 176	
				共和三年	劉啓益 2002：頁 410	銘文記事爲元年師兌簋（04275）册命之重命，亦爲共和時器。
				宣王三年	彭裕商 2003：頁 442、439	"師龢父"見於宣世師螘簋（04324）。曆日同宣王時頌鼎（02827）。
				懿王	陳佩芬 2004：頁 291 器 318	*04318。
				未	李朝遠 2005a：頁 118–121	
				宣王	黃盛璋 2006：頁 28	宣王紀年向後推一年，可合曆。
				西周晚期	張懋鎔 2008：頁 351	
				厲王	朱鳳瀚 2009：頁 1224	
2516	宜侯夨毁 夨簋	126 （又合 文 2）	04320	西周早期	集成 2007（4）：頁 3421	
				成康	陳夢家 1955：頁 63–66	隨葬器物的形制、紋飾、組合，爲西周初期。據"成王伐商圖（鄙）"，爲成康時器。
				康王	唐蘭 1956：頁 80	形制、花紋、文體書法皆屬周初，連説"武王成王"，當在康王時。

續表

序號	器 名	字數	銘文著錄	時 代	出 處	依 據
2516	宜侯夨殷夨簋	126（又合文2）	04320	成王	郭沫若 1956：頁 7-9	成王王號生稱。
				康王	白川靜 1965a：頁 529-560 器 52	
				成王	陳夢家 1966（2004）：頁 14	同出器的形制花紋皆屬西周初期。"成王伐商圖，遂省東國圖"爲成王事。"宜"，國名。
				康初	白川靜 1975（1997）：頁 254	
				康王	唐蘭 1976—1978（1986）：頁 153	
				穆王	李學勤 1980：頁 36	形制，紋飾，字體，人物。
				康王	馬承源 1982：頁 56	
				康王	李學勤 1985：頁 16	"虞（吳）公" 當即吳國始封君周章，夨爲其子熊遂，當康王時。形制花紋近康王時榮簋（04121）。與令方尊（06016）、方彝（09901）之作册夨非一人。
				康王	馬承源等 1988：頁 34 器 57	"省珷王成王伐商圖" 的王當是康王。第一個 "宜" 不是國名，第二個宜是國名，地望待考。虞侯夨受封爲宜侯。
				周公	何幼琦 1989：頁 107-117	據父名，宜侯夨爲投降周室的殷人，周公伐東夷勝利後徙封宜侯。虞侯之父可稱爲虞伯，即班簋（04341）之吳伯，後者作於周公攝政時。與令簋（04300）、令彝（09901）爲同人作器，宜當爲今之宜陽，此器當爲後流入南方。
				周公七年	何幼琦 1989b：頁 60	聯繫令簋、令彝，知作册夨封宜侯在周公攝政六年之後。周公攝政期間封過一些侯，亦曾稱王。
				穆王初年	王明閣 1989：頁 20	從李學勤先生授課時説法。
				康王	李學勤 1993a（1997）：頁 261	"虞公父丁" 即 "虞公、父丁"，指虞公爲吳國始封之周章，父丁乃其子熊遂，作器者即熊遂之子柯相，當康王時。

序號	器 名	字數	銘文著錄	時 代	出 處	依 據
				康王	李零 1993：頁 660	
				西周前期	辭典 1995：頁 100 器 353	
				康王	青全 1997（6）：頁 115 器 118	
				成王	王永波 1999：頁 45–53	銘文釋爲"［王榆啓］斌王，［王戊午］，王伐商圖（鄙）"，祀武王、伐商鄙，時王爲成王。器主矢即令簋等矢令器之作册矢令，彼器之"王姜"爲武王妃，作册矢之子作册大作大鼎，爲康王時器。
				康王	王世民等 1999：頁 57 簋 4	銘文提到武王成王可知是康王時。
				康王	劉啓益 2002：頁 132	時王省武王、成王伐商圖，時王爲康王。
				康王	杜勇、沈長雲 2002：頁 30	王當爲成王之後的繼位者康王。
				西周早期	馬承源 2003a：頁 114 簋 10	器形。
2516	宜侯矢殷矢簋	126（又合文 2	04320	成王	王永波 2003：頁 31–32	參令方彝（09901）。
				康王	彭裕商 2003：頁 246	同意唐蘭説有"武王成王"，當作於康世。器形紋飾爲周初。周初封建在文武成康四世。
				康王	葉正渤 2006：頁 197	"武王""成王"連言，爲已故之王，時王必爲成王之子康王。
				康王	張懋鎔 2006a：頁 210	康王時標準器。
				康王	王輝 2006：頁 59	銘文提到武王、成王，二者皆謚號，器作於康王時。
				西周早期	吳鎮烽 2006：頁 213	宜侯矢，西周早期人。
				康王前期	張懋鎔 2007（2010）：頁 190	形制、紋飾近紙坊頭 M1 的弡伯四耳簋、上博鄂叔簋，以上兩器皆不晚於康王。
				康王	朱鳳瀚 2009：頁 1495	
				康王	葉正渤 2010：頁 3、95	武王、成王連言，敘事止於成王，時王爲康王。

序號	器 名	字數	銘文著錄	時 代	出 處	依 據
2517	宰獸簋	128	近出 0490、近二 0441、新收 0663-0664	西周中期	近出 2002（二）：頁 377	
				西周中期	近二 2010（二）：頁 120	
				西周中期	新收 2006：頁 494	
				夷王六年	羅西章 1998：頁 84	形制，紋飾，銘文字形、字體，人名情況。＊近出 0490。
				孝王前後	王世民等 1999：頁 82 簋 54	"周師彔宮"也見於諫簋（04285）、瘐盨（04463）。
				夷王六年	斷代工程 2000：頁 20、32	類型排比。排西周金文曆譜。
				恭王六年	劉啓益 2000：頁 79	據形制、紋飾、字體當在西周中期。王所在宮室及儐相同懿王時師晨鼎（02817）、諫簋（04285）等器，然曆日與諫簋等不合，而合於恭王五祀衛鼎，亦合於張表恭王六年（元年爲前 963 年）。人物"榮伯"、賞賜物"赤市幽亢"等見於穆恭懿時器物。
				孝王六年	張懋鎔 2002：頁 32-35	形制最近瘐簋，後者時代爲西周中期偏後。"周師彔宮"見於諫簋（04285）等西周中期偏晚器。以懿王元年爲前 899 年，夷王末年爲前 878 或 879 年，排出的可能曆譜中，宰獸簋合於孝王六年。＊近出 0490。
				厲王	彭裕商 2003：頁 406	器型，人物，地点。
				恭王六年	朱鳳瀚 2002a：頁 5	
				孝夷	張懋鎔 2002d：頁 108	
				宣王前後	王世民 2003：頁 44-45	與宣王時逨器相聯繫。
				恭王六年	朱鳳瀚 2004：頁 6	
				懿孝夷	張懋鎔 2006a：頁 233 器 113、217	
				西周中期後段	吳鎮烽 2006：頁 276	宰獸，西周中期後段人。
				恭王	朱鳳瀚 2009：頁 1221	曆日。
				孝王六年	葉正渤 2010：頁 179	孝王元年爲前 912 年，該器曆日合於孝王六年。

序號	器 名	字數	銘文著錄	時 代	出 處	依 據
2518	訇殷 詢簋	131 （又重 文 2）	04321	西周晚期	集成 2007（4）：頁 3422	
				宣王十七年	郭沫若 1960：頁 5-6	
				宣王十七年	段紹嘉 1960：頁 9-10	尨之祖誨、稱謂、語例、書體均同宣王時諸器銘文。
				夷王	黃盛璋 1961：頁 330	作於師詢簋（04342）之前一個王世，後者爲厲王元年器。
				厲王前後	陳公柔 1962：頁 90	
				夷王	陳夢家 1966（2004）：頁 282	賞賜物同恭王時師奎父鼎（02813）。人物右者"益公"與夷王時休盤（10170）同，形制花紋與夷王時归夨簋（04331）同。
				夷王	白川靜 1970b：頁 701-709 器 182	
				共王	唐蘭 1976—1978（1986）：頁 425	
				穆王十七年	李福泉 1979：頁 60	同人作師訇簋（04342），穆王時器。
				厲王十七年	李學勤 1979：頁 34-35	據同人作宣王時師詢簋（04342）知詢在厲王時任職，此當爲詢初襲職時所作。
				懿王十七年	黃盛璋 1983：頁 18	
				共王	唐復年 1983：頁 34-35	
				懿王十七年	劉啓益 1984：頁 241	
				懿王後期	高木森 1986：頁 104	形制，紋飾，人物。
				懿王十七年	吳鎮烽 1987：頁 276	詢簋的造型接近穆、恭、懿時期的遹簋、豆閉簋、乖伯簋。"益公"是恭、懿時期執政大臣。
				恭王	馬承源等 1988：頁 150 器 220	右者益公存於恭世至懿王七年前，參七年牧簋（04343），此十七年當恭王時。
				厲王十七年	何幼琦 1989b：頁 56	作器者詢與師詢簋（04342）作器者爲同一人，後者作於宣王前元年（共和十四年）。詢爲師詢未任師職以前的名字。

序號	器名	字數	銘文著錄	時代	出　處	依　據
2518	訇毀 詢簋	131 （又重 文2）	04321	懿王	劉啟益 1989：頁 179	形制同於共懿時器。"益公"見於共懿時永盂（10322）、休盤（10170）。本器與元年師詢毀（04342）分屬兩王且本器較早，據《日月食典》，元年器的朔日合於夷王，本器積年十七，當在懿世。
				宣王	劉雨 1997：頁 247	
				厲王十七年	彭裕商 1999：頁 57	
				西周中期（約恭懿時）	王世民等 1999：頁 69 簋 30	益公、井白見於長由盉（09455）和永盂（10322）。
				恭王	夏含夷 1999（2005）：頁 201-204	商族有隔代使用廟號的習慣，且兩乙伯妻名不同。詢簋銘"今余令汝適官司邑人"、師酉簋（04288）銘"司乃祖適官邑人"，後者指繼前人任。詢簋"益公"見於恭王時五祀衛鼎（02832）、永盂（10322）。
				恭王十七年	李學勤 2000b：頁 89	形制，人物，曆日。
				恭王十七年	李學勤 2000：頁 70	參師詢簋（04342）。
				懿王	劉啟益 2002：頁 317、349	形制酷似即簋（04250）、無旲簋（04225），皆懿王器。時代早於夷王元年師詢簋（04342），孝王在位僅十三年，故本器當在懿王十七年。"益公"見於懿王十二年永盂（10322）。
				西周中期	馬承源 2003a：頁 118 簋 41	器形。
				厲王十七年	彭裕商 2003：頁 410	器主同宣王元年器師詢簋（04342），本器爲初襲職時，爲厲王十七年器。
				厲王元年	朱鳳瀚 2004：頁 8	乙伯、同姬即師酉簋（04288）之乙伯、宄姬，"宄"爲諡號，同爲師酉、師詢氏號，益爲宄姬父氏；冊命詢、酉的職事近同，故詢爲師酉之子，師酉簋爲孝王元年器。本銘之十七年宜置於厲王時。

序號	器名	字數	銘文著録	時代	出　處	依　據
2518	旬殷詢簋	131（又重文2）	04321	共王十七年	白光琦 2005：頁 69–70	"益公"爲共王後期至孝王初期人。賞賜物"截市同黃"常見夷王以前器。又據該銘紀年十七與中期各王積年，置該器於共王十七年。
				恭王十七年	張長壽 2005：頁 400	同形器多恭懿時。
				厲王	張懋鎔 2006：頁 190	銘文字形書體及其他。
				西周中期後段	吳鎮烽 2006：頁 237	詢，西周中期後段人。
				共王	王輝 2006：頁 167	益公爲共懿時人。
				恭王十七年	何景成 2008b：頁 105–106	該簋與夷王時師詢簋（04342）爲同人作器而稍早，該器形制屬西周中期後段，其記年 17 是恭王 17 年可能性較大。
				厲王	張懋鎔 2008：頁 347	
				西周中期	夏含夷 2010	
2519	彧殷彧簋	132（又重文2）	04322	西周中期	集成 2007（4）：頁 3422	
				穆王	扶風 A1976：頁 58	形制，花紋，銘文字體。
				穆王	唐蘭 1976b：頁 31	
				穆王	唐蘭 1976—1978（1986）：頁 408	
				穆王	李學勤 1979：頁 34	大鳥紋見於莊白豐器，穆王時。"伯彧"亦非伯雍父。
				穆王	陝西 1980（2）：頁 14 器 104	
				穆王	李學勤 1980：頁 37	
				穆王前期	黃盛璋 1983a：頁 46	與彧鼎乙文辭、書法、詞句皆同，據內容當在其前，參之（02789）。
				穆王	盛冬鈴 1983：頁 52	"伯彧"亦非伯雍父。
				穆王	劉啓益 1984：頁 228	據干支聯繫，與彧鼎（02789）作於同一年。
				穆王	高木森 1986：頁 77	記伐淮夷事。
				穆王	吳鎮烽 1987：頁 270	形制，紋飾，字體。
				穆王	馬承源等 1988：頁 114 器 176	
				穆王前後	李豐 1988a：頁 396	墓葬。
				穆王	盧連成、胡智生 1988a：頁 514	墓葬。

序號	器 名	字數	銘文著錄	時 代	出 處	依 據
2519	彧毁 敔簋	132 （又重 文 2）	04322	未	汪中文 1990：頁 43–48	"伯彧" 與 "彔" "彔伯彧" 非同一人。"伯彧" 非伯雍父。
				穆王十五年	趙光賢 1992：頁 45	曆日。
				西周中期	辭典 1995：頁 105 器 368	
				穆王	青全 1997（5）：頁 56 器 59	
				西周中期約穆王	王世民等 1999：頁 60 簋 13	器形。
				穆王	劉啓益 2002：頁 209	伯彧墓的時代在穆王時。
				穆王	彭裕商 2003：頁 304	器形、紋飾、字體有穆王時風格。"伯彧" 即穆王時 彔卣（05420）、稱卣（05411）等器之 "伯雍父" "師雍父"。
				西周中期	曹瑋等 2005（7）：頁 1367	
				西周中期前段	吳鎮烽 2006：頁 227	彧，西周中期前段人。
				穆王	王輝 2006：頁 113	彔彧又稱伯彧、彔伯彧，是彔國族首領，穆王時曾隨伯雍父伐淮夷。
				穆王	張懋鎔 2006a：頁 215	彔伯彧和師雍父爲同一人，是穆王時東征淮夷的主將。字形書體亦相合。
				穆恭	朱鳳瀚 2009：頁 1284–1301	墓葬。
				穆王	張懋鎔 2010：頁 83	
2520	敔毁 敔簋	134 （又重 文 2 合文 4）	04323	西周晚期	集成 2007（4）：頁 3422	
				厲王八年	吳其昌 1929（2004）：頁 377	所記伐淮夷事見《後漢書・東夷傳》，據鄭虢簋（04024）知此役當在厲王八年。
				夷王	郭沫若 1935（2002）：頁 236	"武公" 亦見於夷王時成鼎（02834）。"焚伯" 即懿王時康鼎（02786）之 "焚伯"，歷仕三世。
				厲王	容庚 1941（2008）：頁 40	伐南淮夷，昭王時事，説參虢仲盨蓋（04435）。
				厲王	郭沫若 1951（2002）頁 75–76	
				厲王	徐中舒 1959：頁 55–57	"榮公" 即厲王時榮夷公。
				幽王	李學勤 1959：頁 46	武公即衛武公。

續表

序號	器　名	字數	銘文著録	時　代	出　處	依　據
2520	敔毀 敔毀	134（又重文 2 合文 4）	04323	孝王	陳夢家 1966（2004）：頁 229	據人物“榮伯”定於孝王時。
				夷王	白川靜 1967a：頁 246–248	
				夷王	白川靜 1969b：頁 469–477 器 164	
				共王	唐蘭 1972：頁 59–60	據人物“榮伯”等聯繫他器。
				懿王	唐蘭 1976—1978（1986）：頁 480	
				厲王	馬承源 1979：頁 62	形制。
				厲王	李學勤 1981a：頁 87–92	參多友鼎（02835）。
				宣王	劉雨 1983：頁 156	銘文内容。
				厲王	黄盛璋 1983：頁 18	形制、紋飾同師酉簋（04288），厲世器。
				穆王晚期（或恭王早期）	黄盛璋 1983a：頁 46	記事當晚於𢦏鼎乙（02789），後者在穆王前期。“榮伯”爲恭王時執政大臣，作此器時尚未執政。
				宣後幽初	陳連慶 1984：頁 314–318	“武公”即共伯和，宣王十六年後稱“公”。
				夷王	吴鎮烽 1987：頁 280	參禹鼎（02833）。
				厲王	馬承源等 1988：頁 286 器 411	“武公”見於厲王時鄂侯馭方鼎（02810）、禹鼎（02833）。
				夷王	王明閣 1989：頁 124	從郭沫若《大系》説。
				懿王	李零 1993：頁 663	
				厲王	蔡運章 1994a：頁 87	記厲王伐淮夷事。
				夷厲	夏麥陵 1998：頁 138–139	形制紋飾與公作敔簋（近出附 25）一致，時代當相同，後者爲夷厲時器。
				厲王	王龍正、王聰敏 2000：頁 43	此敔與夷厲時公作敔簋（新收 0074）之敔爲同一人。
				共和七年	晁福林 2001：頁 187	器形紋飾近厲王時器。銘文内容有對先王治國之策提出直接批評，當共和時。據《張表》，曆日不合於其他王世，而合於共和七年。
				夷王	劉啓益 2002：頁 365	“武公”見於厲王時禹鼎（02833），但兩器所記地理方位不同，應屬不同時期。“榮伯”見於夷王時輔師𠭰簋（04286）。

序號	器　名	字數	銘文著録	時　代	出　　處	依　　據
2520	敔毀 敔毀	134（又重文2合文4）	04323	厲王	彭裕商 2003：頁 393	"榮伯"即屬王時之榮夷公，見載於《國語·周語》《墨子·所染》。"尹氏"爲西周晚期説法。
				厲王	李朝遠 2005：頁 110	與應國 M95 出的敔鼎（新收 0075）、敔簋（新收 0074）爲同人所作。
				西周晚期	吳鎮烽 2006：頁 283	敔，西周晚期人。
				夷厲	張懋鎔 2008：頁 349	
2521	師瘨毀 師瘨簋、師釐簋	器138（又重文4）蓋121（又重文4）	04324–04325	西周晚期	集成 2007（4）：頁 3422	
				宣王十一年	吳其昌 1929（2004）：頁 501	"禺生"見於宣王時召伯虎毀（04292）。書體同宣王十三年不嬰敦（04329）。"師龢父毀"義爲"共伯和卒"。
				宣王	郭沫若 1935（2002）：頁 315、245	"師龢父"即"共伯和"。
				宣王（共和）	容庚 1941（2008）：頁 42、43	"琱生"見於宣王時召伯虎簋（04292）。
				懿王十一年	董作賓 1952：頁 695	曆法。
				懿王十一年	董作賓 1959（1977）：頁 54	曆法。
				幽王	李學勤 1959：頁 46	
				孝王	陳夢家 1966（2004）：頁 236	花紋形制同孝王時害簋（04258）、蒟簋（04195）。
				宣王	白川靜 1970b：頁 767–775 器189	
				共和十一年	何幼琦 1982：頁 113	曆法。
				夷王	馬承源 1982：頁 52	曆日。
				共和時期	何幼琦 1983a：頁 60	
				厲王十一年	劉啓益 1984：頁 236	"師龢父"即共伯和，屬宣時人，在本銘中是生稱，此人宣王後既不在周王室任職。曆日合於《日月食典》厲王十一年。
				宣王	陳連慶 1984：頁 316–317	人物聯繫。
				宣王	丁驌 1985：頁 52	曆日。
				宣王	高木森 1986：頁 136	人物。

續表

序號	器名	字數	銘文著録	時代	出　處	依　據
2521	師餋殷師餋簋、師釐簋	器138（又重文4）蓋121（又重文4）	04324-04325	懿王	吳鎮烽 1987：頁 274	榮伯、作册尹爲恭懿時人，結合器形、紋飾、銘文字體，該簋爲懿王時鑄造。
				夷王	馬承源等 1988：頁 264 器 386	*04324。
				厲王	劉啓益 1989：頁 176	人物，月相。
				共和	李仲操 1991：頁 81	人物。
				宣王	蔡運章 1992：頁 74	"師龢父"即共伯和，見於師兑簋（04275），屬宣時重臣。"宰琱生"見於伯虎簋（04293），宣王時人。
				宣王十一年	蔡崇明 1993：頁 121-122	右者"宰琱生"見於召伯虎殷（04293），據《詩經》記載爲宣王時人。
				西周中期	辭典 1995：頁 108 器 380	
				厲王十一年	劉雨 1997：頁 247	
				共和	榮孟源 1997：頁 355	曆日合於宣王十一年。
				共和	黎東方 1997：頁 230	
				宣王十一年	周曉陸、穆曉軍 1998	以前 841±1 年爲宣王元年，該器曆日合。
				厲王前後	王世民等 1999：頁 89 簋 69	器形。
				厲王	周言、魏宜輝 1999：頁 57	曆日。
				厲王十一年	李學勤 2000b：頁 90	右者"琱生"作有五年簋（04292）、六年簋（04293），皆共和時器。
				厲王十一年	斷代工程 2000：頁 21、33	排西周金文曆譜。
				共和十一年	晁福林 2001：頁 183	曆日合於《張表》共和十一年。"琱生"見於琱生簋（04292），彼銘有召伯虎，屬宣時人。
				厲王	劉啓益 2002：頁 364	"師龢父"即共伯和，屬宣時人。曆日合於厲王十一年。
				宣王前後	王世民 2003：頁 44-45	與宣王時逨器相聯繫。
				宣王	彭裕商 2003：頁 450、439	同人作輔師餋簋（04286）在厲王時，據此器銘文内容知二器分屬前後二王且此器在後。"琱生"亦見於宣世五年琱生簋（04292）等。

序號	器 名	字數	銘文著録	時 代	出　處	依　據
2521	師聲毁師聲簋、師釐簋	器138（又重文4）蓋121（又重文4）	04324-04325	夷王	陳佩芬 2004：頁 446 器 378	曆日與夷王時大師盧簋（04251）可互相推算，置於夷王時。
				西周中晚期	吳鎮烽 2006：頁 263	師聲，西周中晚期人。
				西周晚期	張懋鎔 2008：頁 351	
				厲王	朱鳳瀚 2009：頁 1315、1222	曆日。
2522	番生毁蓋	139（又重文1）	04326	西周晚期	集成 2007（4）：頁 3422	
				成王	吳其昌 1929（2004）：頁 160	銘文與成王時毛公鼎（02841）等器及《酒誥》《顧命》等典籍相同。
				成王	吳其昌 1932（2004）：頁 717-745	"丕顯祖玟斌"，爲成王時。
				厲王	郭沫若 1935（2002）：頁 283	文辭字體極似厲王時叔向父毁（04242）。格調若宣王時毛公鼎（02841）、厲王時大克鼎（02836）。
				宣王	容庚 1941（2008）：頁 42	與宣王時毛公鼎（02841）銘相似。
				幽王	李學勤 1959：頁 46	番生見於《十月之交》，幽王時詩。
				西周中期（約夷王）	中科院 1962：頁 46A237	
				夷王	白川靜 1969b：頁 421-432 器 160	
				孝王	唐蘭 1976—1978（1986）：頁 489	
				夷王	劉啓益 1980：頁 80-85	同人作番匊生壺（09705），據曆日在夷王時。
				孝王	馬承源等 1988：頁 224 器 310	
				西周晚期	宗靜航 1993：頁 156-157	據該器的用語、銘文字體。
				約宣王前後	彭裕商 1999：頁 60	相同語詞見大克鼎（02836），賞賜物名稱、種類同毛公鼎。
				厲王	彭裕商 2003：頁 426	據器形紋飾、銘文格式、遣詞用語、賞賜物品推斷，在厲王時。
				西周中期後段	吳鎮烽 2006：頁 319	番生，西周中期後段人。

序號	器　名	字數	銘文著録	時　代	出　　處	依　　據
2523	卯殷蓋	148（又重文2合文1）	04327	西周中期	集成2007（4）：頁3422	
				孝王十二年	吳其昌1929（2004）：頁335、317	"艾白"爲懿、夷間人。日辰合於《曆譜》孝王十二年。
				懿王	郭沫若1935（2002）：頁188	"焚伯"亦見懿王時康鼎（02786）。
				共和	莫非斯1936：頁246	
				懿王	容庚1941（2008）：頁39	"焚伯"見於懿王時康鼎（02786）。
				孝王	陳夢家1966（2004）：頁222	榮白見於懿王時輔師嫠簋（04286），榮伯組器皆懿孝時。
				孝夷	白川靜1969a：頁315–325 器149	
				共王	唐蘭1972：頁59–60	據人物"榮伯"等聯繫他器。
				共王	唐蘭1976—1978（1986）：頁433	
				康王元年（或昭王）	丁驌1985：頁24	曆日。
				懿王	馬承源等1988：頁172 器244	
				孝王	王明閣1989：頁98	
				共王	李零1993：頁663	
				厲王	彭裕商1999：頁60	
				共懿	劉啓益2002：頁275	形制、紋飾均西周中期稍前之物。
				厲王	彭裕商2003：頁418、369	"榮伯"見於厲王時敔簋（04323），即榮夷公。
				西周中期	吳鎮烽2006：頁96	卯，西周中期人。
				西周中期偏晚	張懋鎔2008：頁348	
2524	不嬰殷不其簋	148（又重文2）	04328–04329	西周晚期	集成2007（4）：頁3422	
				西周	王國維1915a（2009）：頁316	出土地，文字，記事。
				宣王十三年	吳其昌1929（2004）：頁510	兮甲盤（10174）記初伐玁狁在宣王五年，其後此銘所記日辰合於《曆譜》且最近者，爲宣王十三年。
				夷王	郭沫若1935（2002）：頁229	"伯氏"即夷王時虢季子白盤（10173）之"虢季子白"。所記戰事見述於《後漢書·西羌傳》所引《竹書紀年》。"不嬰駭方"即嚚侯駭方，一字一名。

續表

序號	器 名	字數	銘文著錄	時 代	出 處	依 據
2524	不嬰毀 不其簋	148（又重文 2）	04328–04329	厲王	容庚 1941（2008）：頁 40、頁 273 簋 151	
				厲王	郭沫若 1951（2002）頁 75–76	
				宣王	李學勤 1959：頁 46	人名。
				宣王	陳夢家 1966（2004）：頁 318	銘文所述是周宣王命令秦莊公及其昆弟五人伐戎之事，與宣王時兮甲盤（10174）同。花紋與厲王三年史頌簋（04232）全同。
				宣王	白川靜 1970c：頁814–840 器 193	
				夷王	唐蘭 1976—1978（1986）：頁 499	
				宣王四年（六年）	李學勤 1980a：頁 25	記周宣王時秦莊公破西戎的戰役。形制、紋飾、字體皆屬西周晚期。
				西周晚期	萬樹瀛 1981：頁 25–29	*04328。
				宣王	馬承源等 1988：頁 309 器 441	伐玁狁事見宣王時虢季子白盤（10173）。
				宣王六年（前 822）前數年內	王輝 1990：頁 6	此時秦仲尚在，莊公成年而未即位，在秦仲後期，即周宣王六年（前 822 年）前數年內。
				夷王	李零 1993：頁 663	
				西周後期	辭典 1995：頁 114 器 397	
				西周晚期	青全 1997（6）：頁 77 器 79	
				西周晚期	王世民等 1999：頁 91 簋 75	器形。
				宣王四年	李學勤 1999h：頁 222–223	依宣王早年建子，本器曆日合於曆表宣王四年。
				宣王前後	王世民 2003：頁 44–45	與宣王時逨器相聯繫。
				宣王	彭裕商 2003：頁 435	所記周伐玁狁事，在宣王時。器形、紋飾、文字風格亦相符。
				宣王	張懋鎔 2006a：頁 218	形制，紋飾，字形書體。
				西周晚期	吳鎮烽 2006：頁 44	不嬰，西周晚期人。
				宣王六年	王輝 2006：頁 246	
				宣王十三年	葉正渤 2008：頁 203	本器所記戰事與宣王十二年虢季子白盤（10173）所記時間稍晚而間隔不會太長，擬本器在次年即宣王十三年九月，初吉爲初一朔，曆日合於《張表》《董譜》宣王十三年。

序號	器 名	字數	銘文著錄	時 代	出 處	依 據
2524	不嬰毀 不其簋	148（又重文2）	04328–04329	宣幽	韓巍 2008：頁 30	
				宣王	張懋鎔 2008：頁 350	
				宣王	葉正渤 2010：頁 240	記伐玁狁事，宣王時。
2525	沈子它毀蓋 沈子它簋、沈子佗簋、它簋、沈子簋	149（又重文1）	04330	西周早期	集成 2007（4）：頁 3423	
				成王	吳其昌 1929（2004）：頁 143	"周公"即東征之周公。"同公"即成王時小臣宅毀（04201）之"同公"。
				昭王	郭沫若 1935（2002）：頁 109	"吾考"名"吕"，讀爲"熙"，即魯煬公，故屬魯幽王，當周昭王時。
				成王	容庚 1941（2008）：頁 33	"周公"見於成王時令方彝（06016）。"同公"見於成王時宅簋。
				康王	陳夢家 1966（2004）：頁 114	銘文追念先王先公克殷，屬康世。紋飾屬周初，字體較早。
				康昭	白川靜 1966b：頁 7–28 器 78	
				穆王	唐蘭 1976—1978（1986）：頁 320	"同公"應爲凡國第三代，沈子也之父，昭穆時人。
				昭王	唐蘭 1981：頁 49	
				未	梁曉景 1987：頁 101	沈國爲周公之後的封國。
				康王	馬承源等 1988：頁 56 器 81	沈是周公之子的封國，"吾考"是始封君，此處生稱。且西周分封在武、成、康三世，見《左傳·昭廿元年》。
				康昭	金信周 2002：頁 249	祝嘏銘文的風格。
				昭王	劉啓益 2002：頁 175	銘文記把兩祖先升到周公廟裹合祭，時代不會過早。字體、紋飾有早期作風。"同公"見於小臣宅簋（04201）。
				昭王	彭裕商 2003：頁 280	"同公"見於昭王時小臣宅簋（04201）。"它"是周公之孫，在昭穆時。紋飾及字體風格屬昭穆時。
				西周早期後段	吳鎮烽 2006：頁 97、173	它，西周早期後段人。
				昭穆	張懋鎔 2008：頁 346	

續表

序號	器　名	字數	銘文著録	時　代	出　　處	依　　據
2526	𢊬伯歸夆簋 乖伯歸夆簋、垂伯殷、羌伯殷	149（又合文1）	04331	西周晚期	集成 2007（4）：頁 3423	
				康王九年	吳其昌 1929（2004）：頁 172	曆日合於《曆譜》康王九年。部分語句及文字寫法同成王時毛公鼎（02841）、大盂鼎（02837）、康王時師旂敦（04342）。
				宣王	郭沫若 1935（2002）：頁 311	"益公"亦見於宣王時休盤（10170）。"仲" 即 宣世無更鼎（02814）之"南仲"。日辰、文字、事蹟與宣世器無牾。
				康王	莫非斯 1936：頁 241	祖"文武"。
				夷王	陳夢家 1966（2004）：頁 287、268	"益公"見於夷王十七年詢簋（04321）等器。
				夷王	白川靜 1969：頁 282–295 器 145	
				共王九年	唐蘭 1972：頁 59–60	據人物"益公"聯繫他器。
				共王	唐蘭 1976—1978（1986）：頁 418	
				懿王九年	李學勤 1979：頁 36	
				穆王	周法高 1979：頁 7	
				恭王	馬承源 1982：頁 53	曆日。
				共王	唐復年 1983：頁 34–35	
				懿王	盛冬鈴 1983：頁 56	據人名聯繫。
				共王九年	劉啓益 1984：頁 240	
				恭王	丁驌 1985：頁 38	曆日。
				懿王初年	高木森 1986：頁 99	形制。
				恭王	馬承源等 1988：頁 139 器 206	合於書後《年表》恭王世。益公爲恭懿時人，見永盂（10322），此銘"文""武"寫法較早。
				厲王九年	何幼琦 1989a：頁 49	曆法。
				恭王	劉啓益 1989：頁 179	人物聯繫。
				恭王	李仲操 1991：頁 57	人物"眉敖"見於恭王九年衛鼎（02831）。
				西周後期	辭典 1995：頁 115 器 400、412	
				懿王九年	劉雨 1997：頁 247	
				夷 王（按當爲懿王）	黎東方 1997：頁 230	
				約懿王前後	王世民等 1999：頁 69 簋 29	器形與師虎簋（04316）等器相同。

序號	器 名	字數	銘文著錄	時 代	出 處	依 據
2526	𤔲伯歸夆簋 乖伯歸夆簋、垂伯𣪘、羌伯𣪘	149（又合文 1）	04331	厲王九年	彭裕商 1999：頁 58	同形制之即簋（04250）、詢簋（04321）、無㠱簋（04225）皆夷厲時器。字體風格較晚。"益公"見於厲王時詢簋。
				恭王九年	李學勤 2000a：頁 37–39	與九年衛鼎爲同一年，後者與同出的五年衛鼎，形制、紋飾、作器者均同，五年衛鼎記恭王時事。
				共王	劉啓益 2002：頁 260	記眉敖事與九年衛鼎（02831）記事相關，後者在共王時。
				厲王	彭裕商 2003：頁 408、166	同型器多見於夷厲世。字體較晚。"婚媾"一詞只見於晚期。
				西周中期後段	吳鎮烽 2006：頁 204	乖伯，西周中期後段人。
				西周中期偏晚	張懋鎔 2008：頁 347	
				西周中期	夏含夷 2010	
2527	頌𣪘	150（又重文 2）	04332–04339	西周晚期	集成 2007（4）：頁 3423	
				宣王	王國維 1915（1959）：頁 23	據文字辭命觀之，皆屬宣以降之器。而曆日合於宣王三年。
				宣王三年	吳其昌 1929（2004）：頁 475	日辰合於《曆譜》宣王三年。記事同宣王三年史頌鼎（02787）。
				恭王	郭沫若 1935（2002）：頁 161	
				恭王	莫非斯 1936：頁 243	據"新宫"。
				宣王三年	容庚 1941（2008）：頁 42	參史頌盤（10093）。
				西周晚期之初葉	中科院 1962：頁 48A245	*04332。
				夷王	陳夢家 1966（2004）：頁 279 器 192 附	
				孝王	白川靜 1968c：頁 168–173 器 137 附	
				夷王	唐蘭 1976—1978（1986）：頁 497	
				宣王	馬承源等 1988：頁 303 器 435	*04332、04339.1。
				厲王	張聞玉 1992：頁 64	曆日。
				西周後期	辭典 1995：頁 115 器 401	
				夷王三年	劉雨 1997：頁 247	

序號	器名	字數	銘文著錄	時代	出處	依據
2527	頌殷	150（又重文2）	04332-04339	宣王	黎東方 1997：頁 230	
				宣王三年	周曉陸、穆曉軍 1998	以前 841±1 年爲宣王元年，該器曆日合。
				厲王	周言、魏宜輝 1999：頁 57	曆日。
				宣王三年	斷代工程 2000：頁 21、34	類型排比。排西周金文曆譜。
				幽王	白光琦 2001：頁 129	形制，紋飾，字體，冊命儀式。
				宣王前後	王世民 2003：頁 44–45	與宣王時逨器相聯繫。
				宣王	彭裕商 2003：頁 445	器形，紋飾。
				宣王	陳佩芬 2004：頁 461 器 382	*04338。
				幽王	張懋鎔 2005：頁 5–9	造型、紋飾、銘文字體、器主職務等方面，與逨器十分相近，且父考名同，逨與頌爲兄弟行。逨鼎（近二 0328、0330）作於宣王四十二、四十三年，頌鼎（02827）所記三年，當爲幽王三年。
				幽王	白光琦 2006a：頁 72	形制、紋飾、頌辭皆與逨器相似。書法近秦篆，創春秋形體。
				宣王三年	李學勤 2006：頁 160–164	頌與史頌爲一人，參史頌鼎（02787）。
				西周晚期	吳鎮烽 2006：頁 345	頌，西周晚期人。
				宣王	朱鳳瀚 2009：頁 1315、1223	曆日。
2528	蔡殷龙簋、龍敦、龙敦	157（又重文2）	04340	西周晚期	集成 2007（4）：頁 3424	
				昭王元年	吳其昌 1929（2004）：頁 200	日辰合於《曆譜》昭王元年。"姜氏"即王姜，在昭王時。冊命者"史年"亦見昭王時望殷（04272）。字體、文法、專詞與成康時毛公鼎（02841）、師訇殷（04342）、大盂鼎（02837）可互相參證。
				夷王元年	郭沫若 1935（2002）：頁 222	舀亦見於孝王時舀鼎（02838），彼鼎之舀始受命，此簋之舀已作宰，故此器晚於舀鼎，此元年應爲夷王元年。
				厲王	莫非斯 1936：頁 245	人物"史先"。
				孝王	李學勤 1959：頁 45	宰舀即舀鼎（02838）之舀。

續表

序號	器　名	字數	銘文著錄	時　代	出　　處	依　　據
2528	蔡殷龙簋、龍敦、尨敦	157（又重文2）	04340	約厲王	徐中舒 1963（1998）：頁 524	"史失"見於諫簋（04285），後者與鬲攸从鼎（02818）文考名同，器主當爲兄弟行，鬲攸从鼎作於厲王時。
				懿王	陳夢家 1966（2004）：頁 193	内史名光見懿王時諫簋（04285）、揚簋（04294）。
				懿王	白川靜 1968b：頁 101–112 器 134	
				懿王	唐蘭 1976—1978（1986）：頁 473	
				孝王	李學勤 1979：頁 35	據人物"史年"聯繫瘋盨（04462），彼爲孝王四年器。
				懿王	吳鎮烽、王東海 1980：頁 65	"史光"爲懿王時人，參王臣簋（04268）。
				懿王	劉啓益 1980a：頁 85–89	人名聯繫。"姜氏"即懿王妃。
				夷王	盛冬鈴 1983：頁 58	據人名聯繫。
				懿王元年	劉啓益 1984：頁 241	
				懿王	丁驌 1985：頁 41	曆日。
				懿王元年	高木森 1986：頁 101	形制，紋飾，人物"宰曶"。
				夷王	馬承源等 1988：頁 263 器 385	"史年"見於恭王時望簋（04272）、懿王時王臣簋（04268）、揚簋（04295）、孝王時瘋盨（04462）。"宰曶"見於夷王時大師虘簋（04251）。
				孝王元年	何幼琦 1989a：頁 47	宰曶即曶鼎（02838）之曶。曆法。
				孝王元年	劉雨 1997：頁 247	
				昭王	榮孟源 1997：頁 361	曆法。
				厲王元年	彭裕商 1999：頁 59	人物聯繫。"敬夙夕勿廢朕命""毋敢"等語句爲流行於西周晚期的說法。
				懿王	劉啓益 2002：頁 311	"宰曶"見於太師虘簋（04252），時代爲懿王。"姜氏"爲懿王后妃。
				厲王	彭裕商 2003：頁 401、364	據人物聯繫及用詞判斷，此元年爲厲王元年。
				西周中期後段	吳鎮烽 2006：頁 210	曶，西周中期後段人。
				懿孝	張懋鎔 2008：頁 349	

續表

序號	器名	字數	銘文著錄	時代	出處	依據
2529	虎簋蓋 三十年虎 簋蓋	158 （又重 文1）	近出0491、 新收0633； 近二0442、 新收1874	西周中期	近出2002（二）：頁379	
				西周中期	新收2006：頁471、1257	
				西周中期	近二2010（二）：頁122	
				穆王	王翰章、陳良和、李保林1997：頁79	考慮在位年數超過30的西周各王，結合其銘文内容及書體，定爲穆王時期，曆日亦合。同人作師虎簋（04316）爲恭王時器。
				穆王	王輝1997：頁81-82	紋飾見於共懿時器，字體見於穆王時器，此鼎銘"康宫新宫"，新宫在昭王之後。人物"密叔""師戲"皆見於穆共時器，"虎"亦見於共王元年師虎簋（04316）。連詞用"眔"爲西周中期特點，"粦明"最早見於穆王時器。
				共王三十年	張懋鎔1997：頁82	"新宫"只見於共王時器，如師湯父鼎（近出0321）、望簋（04272）。據人物聯繫宜定在共王時。"丕顯魯休""咨明"等詞、"訊"寫法只見於共王時器。穆王積年55，該30年若置於穆王則距稍晚之元年師虎簋（04316）過遠，故本簋蓋置於共王30年，師虎簋置於懿王元年。
				穆王	王占奎1997：頁82	人物、器物風格、文字風格可放入穆世。紀年可容於穆王積年。曆日相合。與師虎簋之師虎未必是一人，二人及二人祖父職司皆不同。
				共王	周曉陸1997：頁82	字體更近共王時永盂（10322）、牆盤（10175），而晚於穆王三十四年鮮盤（10166）。内史不記名現象、詞語"丕顯魯休""咨明""享於宗（室）"皆見於共王時器。
				穆王	吳鎮烽1997：頁82	器物造型，文字，詞彙，人名繫聯。
				恭王三十年	劉雨1997：頁247	

序號	器 名	字數	銘文著録	時 代	出 處	依 據
2529	虎簋蓋 三十年虎 簋蓋	158 （又重 文 1）	近出 0491、 新收 0633； 近二 0442、 新收 1874	夷王三十 年	彭裕商 1999：頁 57–62	右者的出現不早於恭王。職位及字體均早於同人屬王元年所作師虎簋（04316），所記 30 年當是夷王 30 年。"師戲"見於夷厲時豆閉簋（04276）。形制紋飾近西周晚期器而字體略早。
				穆王	王世民等 1999：頁 67 簋 26	據銘文有"卅年""周新宫"，作器對象與師虎簋（04316）同爲"文考日庚"，密叔見於趙簋（04266），師戲見於豆閉簋（04276）。
				穆王	周言、魏宜輝 1999：頁 58	形制，紋飾，銘文内容。
				穆王	張聞玉 1999：頁 56	穆王元年爲前 1006 年，虎簋蓋曆日"初吉"當更正爲"既生霸"方合於穆王三十年曆日。
				穆王三十 年	斷代工程 2000：頁 26、30	與懿王元年師虎簋（04316）父考名相同，爲同一人作器，且此器作於初襲職時，早於師虎簋，此 30 年當是穆王 30 年。曆日亦合。
				穆王三十 年	李學勤 2000a：頁 37–39	據形制、花紋屬西周中期。器主虎亦作師虎簋（04316），後者爲懿王元年器。"新宫"之稱建於穆王後期，沿至恭世。"密叔""内史"見於西周中期趙鼎（04266），且密叔不晚於恭王。"師戲"見於穆晚至恭時豆閉簋（04276）。
				穆王	張懋鎔 2000：頁 10–11	紋飾近恭懿時太師盧簋（04252）、佣生簋（04264）。與恭王時師虎簋爲同人作器。"新宫"見於恭懿時器。人物"密叔"見於穆王時趙鼎（04266），"師戲"見於恭王時豆閉簋（04276）。用語近恭懿時師虎簋（04316）、乖伯簋等。字體近穆恭時期鮮簋（10166）、卯簋（04327）等。紀年三十，宜置於穆王時。

續表

序號	器 名	字數	銘文著錄	時 代	出 處	依 據
2529	虎簋蓋 三十年虎簋蓋	158（又重文1）	近出0491、新收0633；近二0442、新收1874	穆王	張聞玉2000：頁25–27	曆日與穆王三十年相校，"初吉"當爲"既生霸"。
				穆王	張光裕2002：頁187	據曆日、紋飾、器形及詞彙考察，可歸入穆王時。
				穆王	范毓周、周言2002：頁22	器形屬西周中期且記年30，當屬穆王時。
				夷王三十年	彭裕商2003：頁361	右者的出現時間在恭王後。器主在屬世師虎簋（04316）銘中的官職變大，本器早於師虎簋。"師戲"見於夷王末年豆閉簋（04276）。器形、紋飾有夷王晚期特點。"毋敢"句型及賞賜物爲屬宣時期特點。
				西周中期前段	吳鎮烽2006：頁200	虎，西周中期前段人。
				穆王	王輝2006：頁123	
				穆王	張懋鎔2006a：頁212	據銘文記年和字形書體。
				恭王	韓巍2007：頁163	所飾直棱紋在恭王前只做爲輔助紋飾，在孝夷時期上升爲主體紋飾。
				穆王三十年	葉正渤2007：頁40–43	
				穆王三十年	何景成2008b：頁106	
				穆王三十年	朱鳳瀚2009：頁1221	曆日。
2530	班毀 毛伯彝、毛伯班簋、周毛伯彝	195（又重文2）	04341	西周早期	集成2007（4）：頁3424	
				成王	徐中舒1931：頁279–294	"文王王姒聖孫"，當成王時。
				成王六年	吳其昌1929（2004）：頁147	曆日與《曆譜》成王六年合。"咸成王""成王"皆成王之別稱。"文王王姒聞孫"則君后爲成王。東國之反，在成王四年，此銘"三年靜東國"，正在六年。"三年靜東國"見於典籍。成語專詞爲成初用法。形制紋飾與成王時小臣遘毀（04238）全同。

續表

序號	器 名	字數	銘文著錄	時 代	出 處	依 據
2530	班殷毛伯彝、毛伯班簋、周毛伯彝	195（又重文2）	04341	成王	郭沫若1935（2002）：頁58	稱"文王王姒聖孫"，時王爲成王。"毛公"即《顧命》之"毛公"，文王子毛叔鄭。"趩"亦見於成王時趩鼎（02731）等器。
				成王	容庚1941（2008）：頁32	此銘記事同成王時明公簋（04029）之伐東國事。"文王孫亡弗襃刑"當在成王時。
				穆王	楊樹達1946（1997）：頁103-104	毛伯班見於《穆天子傳》，爲穆王時人。
				昭王	唐蘭1962：頁34	"伐東國"事見於昭王時明公簋（04029）。"毛伯""毛公""毛父""班"是同一個人，見於《顧命》《穆天子傳》，其稱"毛父"當在穆王時。
				成王	陳夢家1966（2004）：頁24	記伐東國事，東國指徐戎淮夷。此器之"毛公""毛父"及班所稱"公""皇公""昭考""文王孫"皆指"毛伯"，"毛伯"可能爲《作雒篇》之"中旄父"。"班"爲毛伯之子。器形紋飾不晚於成康。
				昭穆	白川靜1966b：頁34-68 器79附	
				成王	郭沫若1972a：頁8-9	"文王王姒圣孫"指成王，虢城公升任成王師而由毛公代之東征，班爲虢成公孫輩，而稱毛公爲父。
				穆王	唐蘭1976—1978（1986）：頁346	毛伯班爲毛公之子。毛班見於《穆天子傳》穆王時人。"吳奔""呂剛"見於穆王時靜簋（04273）。
				穆王	李學勤1979：頁34	字體風格近莊白豐器，彼爲穆王時。人物見於穆王時孟簋（04162）。
				昭王	黃盛璋1981：頁75-82	毛公之後皆可稱毛公，班即《穆天子傳》中的毛班，但作班簋時，周室重臣是他父輩毛公，班還不在王左右，該器當早於穆王一個王世。

續表

序號	器　名	字數	銘文著錄	時　代	出　　處	依　　據
2530	班殷 毛伯彝、 毛伯班 簋、周毛 伯彝	195 （又重 文 2）	04341	周公攝政 三年	何幼琦 1983b：頁 82	
				穆王前期	李學勤 1986a：頁 185	班簋近張家坡孟簋（04162），孟簋鳥紋近丹徒母子墩伯簋（03494），而伯簋極類陝西出土的一件昭末穆初簋。字體和文例也可斷之穆王時。
				穆王	高木森 1986：頁 71	班與遣同時，當在昭末穆世。據銘文內容作於東征之後。據形制、紋飾、字體等可在穆王中期。
				穆王	馬承源等 1988：頁 108 器 168	毛伯、毛公、班爲一人，即《穆天子傳》中的毛班。
				穆王	王明閣 1989：頁 30	從李學勤先生授課時説法。
				周公	何幼琦 1989：頁 116	爲周公征伐淮夷時派遣二伯率師隨毛父出征。
				周公三年	何幼琦 1989b：頁 61	東征的吳伯即虞伯，即宜侯矢簋（04320）之虞侯。據曆法，此銘曆日合於周公三年。
				西周中期	辭典 1995：頁 104 器 367	
				穆王	青全 1997（5）：頁 55 器 58	
				西周早期 後段	王世民等 1999：頁 84 簋 59	據銘文"伐東國痟戎""三年靜東國"，不能晚至穆王。
				成王	王永波 1999a：頁 111–113	毛伯、毛公、毛父和皇公、昭考爲同一個人的不同稱謂，班爲其同族子輩。毛公即《顧命》之毛公，當成王時。
				穆王前期	彭裕商 2002：頁 27–29	器主名趛，字班。即《穆天子傳》中的毛班，爲昭穆時人。器形近伯簋（03494）；紋飾近員卣（05024）等員器，皆有昭穆時期特色。
				穆王	劉啓益 2002：頁 222	字體有西周中期作風。"趛"見於小臣速簋（04238），"毛公"見於孟簋（04162），兩者皆穆王器。

序號	器　名	字數	銘文著錄	時　代	出　　處	依　　據
2530	班殷 毛伯彝、 毛伯班簋、周毛伯彝	195 （又重文2）	04341	穆王	杜勇、沈長雲 2002：頁107	"毛公"與"毛班"是父子兩人。"毛班"即《穆天子傳》中的毛公毛班，是承襲了父職。"肵戎"即"徐戎"，《史記》記載穆王時曾討伐。
				穆王	楊寬 2003：頁13	毛班見於《穆天子傳》。
				成王	王永波 2003：頁33-34	《尚書·費誓》《魯周公世家》《帝王世紀》等皆記載成王時伐東夷。
				穆王前期	彭裕商 2003：頁308	器形、紋飾具有昭穆時期特色。"遣"爲名，"班"爲字。"班"非"毛伯""毛公"，而是"遣"，此人可能即昭王時器遣尊（05992）、寰鼎（02731）等器的"遣"。
				未	李朝遠 2006：頁75	器主班師毛公之子，作器的目的是因其父去世不久，希望"謚曰大政"，故而歷數其父諸功烈以彰顯之功德，期冀有個好謚號。
				穆王	張懋鎔 2006a：頁212	毛班爲昭穆時人，從銘文字形書體看，該器置於穆王時。
				穆王	王輝 2006：頁106	毛伯爲見於《穆天子傳》之毛班。
				穆王	吳鎮烽 2006：頁249	班，亦稱毛伯，周穆王時的一位軍事統帥。
				穆王	梁寧森 2006：頁129-132	毛公討伐東國之事發生在穆王時期。
				穆王	張懋鎔 2008：頁346	
2531	師訇殷 師詢簋、師盨敦、訇簋	210 （又重文3）	04342	西周晚期	集成 2007（4）：頁3424	
				康王元年	吳其昌 1929（2004）：頁164	日辰與《曆譜》康王元年、昭王元年皆合。文法、方言、成語皆近成王時毛公鼎（02841）。
				宣王	郭沫若 1931：頁79-97	文例似宣王時毛公鼎（02841）。
				康王元年	吳其昌 1932（2004）：頁717-745	據曆譜推斷在康王元年。
				宣王	郭沫若 1935（2002）：頁295	與宣王時毛公鼎（02841）如出一人手筆，時代背景亦同。

續表

序號	器 名	字數	銘文著錄	時 代	出 處	依 據
2531	師訇殷 師詢簋、 師 敦、 訇簋	210 （又重 文 3）	04342	康王	莫非斯 1936：頁 241	曆日。
				宣王元年	容庚 1941（2008）：頁 42	與宣王時毛公鼎（02841）銘相似。
				康王元年	董作賓 1952：頁 694	曆法。
				康王元年	董作賓 1952a：頁 3-5	據《董譜》，銘末紀年合於康王元年。
				康王元年	董作賓 1959（1977）：頁 51	曆法。
				幽王元年	李學勤 1959：頁 46	
				宣王元年	郭沫若 1960：頁 5-6	
				宣王元年	段紹嘉 1960：頁 9-10	作器者同宣王十七年訇簋（04321）。
				厲王元年	黃盛璋 1961：頁 331	"榮伯"指厲王時榮夷公。
				共和	白川靜 1965d：頁 152	曆日可排入共和後元。
				厲王	陳夢家 1966（2004）：頁 307	同人作訇簋（04321）在夷王十七年，該銘稍晚，當在厲王元年。
				夷王	白川靜 1970b：頁 710-720 器 183	
				孝王	唐蘭 1976—1978（1986）：頁 485	
				穆王元年	李福泉 1979：頁 59-60	"榮伯"不只出現於厲王時。銘文內容描述的狀況與昭王南征不返的狀況相符，對照穆王時文獻語氣，該銘作於穆王時。
				宣王	李學勤 1979：頁 35	銘文內容。
				厲王	周法高 1981（2004）：頁 201	
				宣王元年	何幼琦 1982：頁 114	曆法。
				孝王元年	黃盛璋 1983：頁 18	
				偏安元年	何幼琦 1983a：頁 60	曆日合共和十四年，此時宣王繼厲王位，偏安稱王。
				康王元年（或厲王）	丁驌 1985：頁 24、48	曆日。
				孝王	高木森 1986：頁 107	人物。
				孝王元年	吳鎮烽 1987：頁 276	
				未	張政烺 1987（2011）：頁 92	訇簋作於師詢簋（04342）之前。
				懿王	馬承源等 1988：頁 174 器 245	同人作訇簋（04321）當恭王十七年，此器元年當在懿王時。

序號	器　名	字數	銘文著録	時　代	出　　處	依　　據
2531	師詢殷師詢簋、師嫠敦、詢簋	210（又重文 3）	04342	共和十四年	何幼琦 1989a：頁 44	曆法。
				夷王	劉啓益 1989：頁 179	人物聯繫。
				恭王	李仲操 1991：頁 53、59	人物 "榮"。曆日。
				厲王元年	趙光賢 1992：頁 48	曆日。
				宣王	劉雨 1997：頁 247	
				宣王元年	彭裕商 1999：頁 57	"王若曰……王曰……" 格式見於毛公鼎（02841）及《書・文侯之命》。
				恭王	周言、魏宜輝 1999：頁 56	
				恭王元年	李學勤 2000：頁 70	詞語文例與《逸周書・祭公》多相近似。祭公之死在穆王後期，《祭公》篇之作於此後。
				恭王元年	斷代工程 2000：頁 30	排西周金文曆譜。
				孝王	周言 2000：頁 66	曆日。
				恭王元年	李學勤 2000b：頁 90	形制，人物，曆日。
				恭王元年	朱鳳瀚 2002a：頁 5	
				夷王	劉啓益 2002：頁 348	據《日月食典》，本器曆日與懿王、孝王不合，而合於夷王元年。
				孝王	范毓周、周言 2002：頁 25	銅器曆日繫聯。
				宣王	彭裕商 2003：頁 441、16	用語和銘文格式當宣王時。"亡承於先王" 當指宣王。
				夷王元年	朱鳳瀚 2004：頁 9	同人作簋（04321）爲厲王元年器，該銘曆日可排入金文曆譜夷王元年。與夷厲時毛公鼎（02841）句式類同。
				宣王	彭裕商 2005：頁 100	册命格式同師克盨、毛公鼎、逨器等宣王時器。
				懿王元年	白光琦 2005：頁 69-70	與共王十七年詢簋（04321）爲同人作器，據銘文内容該器當晚於後者。由曆日排比於懿王元年。"同益姬" 即詢簋之 "同姬" 加謚號。"榮" 即共王三年衛盉（09456）之 "榮伯"，宣王時榮伯不可能再被任用爲執政大臣。

序號	器　名	字數	銘文著録	時　代	出　　處	依　　據
2531	師嫠殷 師詢簋、 師 簋 敦、 詢簋	210 （又重 文3）	04342	恭王元年	張長壽 2005：頁 400	師詢和師西不是一家人。
				西周中期	吳鎮烽 2006：頁 261	師詢，西周中期人。
				懿王	王輝 2006：頁 185	
				夷王元年	何景成 2008b：頁 104–105	相比於宣王，"亡承於先王"的狀況更適宜於懿孝夷時，夷王未直接嗣懿王位。
				夷王	朱鳳瀚 2009：頁 1222	曆日。
2532	牧殷	存 219 （又重 文2）	04343	西周中期	集成 2007（4）：頁 3424	
				孝王七年	吳其昌 1929（2004）：頁 323、317	曆朔與《曆譜》孝王七年密合。"內史吳"爲龔、夷間人。"益白"當爲穆王時休 盤（10170）"益公"之子。
				恭王	郭沫若 1935（2002）：頁 168	內史吳見於恭王時趞曹鼎一（02783）。
				恭王	莫非斯 1936：頁 243	人物內史吳見共王時師虎簋（04316）。
				共王	容庚 1941（2008）：頁 38	內史吳亦見共王時師虎簋（04316）。
				孝王七年	董作賓 1952：頁 695	曆法。
				孝王七年	董作賓 1959（1977）：頁 55	曆法。
				恭王	李學勤 1959：頁 44	
				懿王	白川靜 1967b：頁 360–369 器104 附	
				共王	唐蘭 1976—1978（1986）：頁 416	
				共和七年	何幼琦 1982：頁 113	曆法。
				夷王	馬承源 1982：頁 52	曆日。
				共王	唐復年 1983：頁 34–35	
				共和時期	何幼琦 1983a：頁 60	
				孝王	盛冬鈴 1983：頁 57	據人名聯繫。
				孝王七年	劉啓益 1984：頁 241	
				恭王	丁驌 1985：頁 38	曆日。
				幽王	高木森 1986：頁 150	曆日，人物。
				懿王	馬承源等 1988：頁 187 器 260	"內史吳"見於懿王時師虎簋（04316），即吳方彝（09898）器主，然曆日不合。
				懿王	李仲操 1991：頁 63	曆日。

序號	器名	字數	銘文著錄	時代	出　處	依　據
2532	牧毁	存219（又重文2）	04343	孝王三年	趙光賢 1992：頁 47	曆日。
				孝王七年	劉雨 1997：頁 247	
				共和	黎東方 1997：頁 230	
				厲王	彭裕商 1999：頁 60	器形紋飾近晚期器。"王若曰……王曰……""毋敢……毋敢……"等語句見於宣王時毛公鼎（02841）。"内史吳"見於夷厲時師虎簋（04316）等器。
				西周中期偏晚（約孝夷）	王世民等 1999：頁 77 簋 45	所飾波浪紋見於三年癲壺（09726）、番匊生壺（09705），皆孝夷時器。
				懿王七年	斷代工程 2000：頁 20、31	類型排比。排西周金文曆譜。
				夷王	張懋鎔 2002：頁 33	
				孝王	劉啓益 2002：頁 330	"内史吳"見於孝王時師虎簋（04316）。曆日合於師虎簋（04316）及《張表》孝王七年。
				厲宣	張懋鎔 2002d：頁 111	
				厲王	彭裕商 2003：頁 407、364	"内史吳"見於厲世師虎簋（04316）。器形、紋飾、銘文格式、措辭及習慣用語亦符合。
				懿王七年	朱鳳瀚 2004：頁 6	
				西周中期前段	吳鎮烽 2006：頁 203	牧，西周中期前段人。
				西周晚期	張懋鎔 2008：頁 347	
				厲王	朱鳳瀚 2009：頁 1315、1222	曆日。

七、�類

序號	器　名	字數	銘文著錄	時　代	出　　處	依　　據
2533	作旅簋盨	3	近二 0443、新收 1689	西周中期	近二 2010（二）：頁 123	
				西周晚期	新收 2006：頁 1154	
2534	攸鼎盨周鑒簋、攸鼏盨	5	04344	西周晚期	集成 2007（4）：頁 3424	
				厲王	容庚 1941（2008）：頁 40	"攸鼎"即厲王時鼎從盨（04466）之"鼎從"，器形同鼎從盨。
				西周晚期	吳鎮烽 2006：頁 149	攸鼎，西周晚期人，名比。
2535	應伯盨	5（蓋器同銘）	近出附 26、新收 0072	西周晚期	近出 2002（四）：頁 305	
				西周中晚期	新收 2006：頁 65	
				西周晚期偏早	河南 C1992：頁 102	形制，紋飾，製作，作器人。
				厲王	王龍正 1995：頁 68	形制、紋飾同厲王時翏生盨（04459）、伯窺父盨（04438）。
				西周中期後段	吳鎮烽 2006：頁 412	應伯，西周中期後段應國國君。
2536	伯夲父盨伯夸父盨	6	04345	西周晚期	羅西章 1973：頁 78	器形，紋飾。
				西周晚期	陝西 1980（3）：頁 20 器 130	
				西周晚期偏早	張懋鎔 2006a：頁 232	
				西周晚期	吳鎮烽 2006：頁 154	伯夸父，西周晚期人。
2537	眰伯盨	6	04346	西周晚期	集成 2007（4）：頁 3424	
				宣王	許俊臣 1983：頁 10	形制紋飾同宣王時克盨（04465）。
				西周晚期	許俊臣、劉得禎 1985：頁 351	形制。
				共和	劉啟益 2002：頁 411	作器者"眰伯"爲宣王三年師兑簋（04318）右者。形制似宣王時杜伯盨（04448）。
				西周晚期	吳鎮烽 2006：頁 319	眰伯，西周晚期人。
				厲宣幽	朱鳳瀚 2009：頁 1309–1326	墓葬。
2538	其伯盨登伯盨	6	04347	西周晚期	集成 2007（4）：頁 3424	
				西周晚期	吳鎮烽 2006：頁 388	奸伯，西周晚期人。
2539	師奐父盨	6	04348–04349	西周晚期	集成 2007（4）：頁 3425	
				西周後期	容庚 1941（2008）：頁 280 盨 13	
				西周晚期	馬承源 2003a：頁 133 盨 8	器形。
2540	伯筍父盨	6	04350	西周晚期	集成 2007（4）：頁 3425	
				西周晚期	吳鎮烽 2006：頁 159	伯筍父，西周晚期人。

續表

序號	器 名	字數	銘文著錄	時 代	出 處	依 據
2541	叔倉父盨	6	04351	西周晚期	集成 2007（4）：頁 3425	
				西周晚期	陳佩芬 2004：頁 509 器 399	
				西周晚期	吳鎮烽 2006：頁 197	叔倉父，西周晚期人。
2542	仲姞盨	6	近出附 27	西周	近出 2002（四）：頁 305	
2543	應侯盨	6	近二 0444-0445、新收 1458	西周晚期	近二 2010（二）：頁 124-125	
				西周晚期	新收 2006：頁 1009	
				西周晚期	陳佩芬 2004：頁 507	
				西周晚期中晚葉	朱鳳瀚 2009：頁 1355	
2544	吳女盨蓋鐘女盨蓋	7	04352	西周晚期	集成 2007（4）：頁 3425	
				西周晚期	吳鎮烽 2006：頁 207	鐘女，西周晚期婦女。
2545	矢騰盨矢牘銅方盨	8	04353	西周晚期	集成 2007（4）：頁 3425	
				西周晚期（夷屬）	高次若 1984：頁 94	器形，紋飾。
				西周晚期	曹定雲 1999：頁 110	
				西周中期後段	馬承源 2003a：頁 133 盨 7	器形。
				西周晚期	吳鎮烽 2006：頁 77	矢騰，西周晚期人。
2546	師望盨	8	04354	西周晚期	集成 2007（4）：頁 3425	
				懿王	劉啓益 2002：頁 309	"師望"即望簋（04272）之"望"，後者作於懿王時。
				西周中期後段	吳鎮烽 2006：頁 264	師望，西周中期後段人。
				宣王（或更晚）	韓巍 2007b：頁 71	師望四器的形制紋飾接近西周晚期，與强家器群無關。
2547	中伯盨周變姬簋	8	04355-04356	西周晚期	集成 2007（4）：頁 3425	
				西周晚期	吳鎮烽 2006：頁 48	中伯，西周晚期人，中國族首領。
2548	諫盨	8	近出 0492、新收 0390	西周晚期	近出 2002（二）：頁 383	
				西周晚期	新收 2006：頁 272	
				西周晚期	河南 A1988：頁 7	形制、紋飾同西周晚期寥生盨（04459）。
				西周晚期	吳鎮烽 2006：頁 399	諫，西周晚期人。
2549	虢季盨	8	近出 0493-0496、新收 0031-0034	西周晚期	近出 2002（二）：頁 384-392	
				西周晚期	新收 2006：頁 31-34 器 31-34	

續表

序號	器　名	字數	銘文著錄	時　代	出　　處	依　　據
2549	虢季盙	8	近出 0493–0496、新收 0031–0034	西周晚期	張長壽 1991	青銅器和玉器與豐鎬遺址中、晚期墓對比，M2001 當在西周晚期。車馬坑的不同跟年代無關。
				東周	賈峨 1991：頁 75	係西虢隨平王東遷後所鑄。
				東周初	李學勤 1991：頁 60	
				西周晚期	馬承源 1991：頁 61	出土物更有西周晚期特徵。同出虢季鐘（近出 0086–0093）銘"與"不可讀爲"舉"釋"拔"，非平王東遷後器。
				兩周之際	杜廼松 1991：頁 67	形制，紋飾。
				西周晚期	姜濤 1991：頁 90	形制、紋飾皆爲西周晚期流行。
				西周晚期	河南 D1999：頁 526	形制，紋飾。
				西周晚期偏晚	王世民等 1999：頁 109 盙 14	器形。
				兩周之際	寧會振 2000：頁 55–57	
				宣王	張彥修 2004：頁 76–78	墓主爲周宣王時虢文公。
2550	召伯虎盙	8	近出 0497、新收 0374	西周晚期	近出 2002（二）：頁 392	
				西周晚期	新收 2006：頁 259	
				西周中期後段	吳鎮烽 2006：頁 105	召伯虎，西周中期後段人。
				厲王早年	李學勤 2007：頁 71–75	參五年琱生簋（04292）。
				厲宣	王輝 2008：頁 46–49	
				厲宣幽	朱鳳瀚 2009：頁 1309–1326	墓葬。
2551	彔盙	9	04357–04360	西周晚期	集成 2007（4）：頁 3425	
				西周晚期	朱捷元、李域錚 1983：頁 24	形制、紋飾及銘文。
				西周晚期	吳鎮烽 2006：頁 219	彔，西周晚期人。
2552	白鮮盙	9	04361–04364	西周晚期	集成 2007（4）：頁 3425	
				西周中、晚期	中科院 1962：頁 53A255	
				孝王	陳夢家 1966（2004）：頁 245	伯鮮組器的形制、紋飾當孝王時。同出函皇父組器亦孝王時。
				西周晚期偏早	王世民等 1999：頁 102 盙 1	器形。
				孝王	劉啟益 2002：頁 340	同人作鮮鐘（00143）在孝王時。圈足紋飾多見於西周中期偏晚器。

序號	器　名	字數	銘文著錄	時　代	出　　處	依　　據
2552	白鮮盨	9	04361–04364	西周晚期	馬承源 2003a：頁 133 盨 6	器形。
				西周晚期	張懋鎔 2006a：頁 231	
				西周晚期	吳鎮烽 2006：頁 161	伯鮮，西周晚期人。
2553	立盨	9	04365	西周晚期	集成 2007（4）：頁 3426	
				西周晚期	吳鎮烽 2006：頁 97	立，西周晚期人。
2554	史顰盨	9	04366–04367	西周晚期	集成 2007（4）：頁 3426	
				西周晚期	吳鎮烽 2006：頁 93	史顰，西周晚期人，名顰。
2555	叔元父盨蓋	9	近出 0498、新收 1765	西周晚期	近出 2002（二）：頁 394	
				西周晚期	新收 2006：頁 1193	
				西周晚期	任喜來、呼林貴 1991：頁 74	花紋，器形，字體，器下足。
				西周晚期	吳鎮烽 2006：頁 194	叔元父，西周晚期人。
2556	京叔盨	9	近二 0446、新收 1964	西周中期	近二 2010（二）：頁 126	
				西周晚至春秋早	新收 2006：頁 1310	
				西周中期後段	吳鎮烽 2006：頁 211	京叔，西周中期後段人。
2557	伯多父盨	10	04368–04371	西周晚期	集成 2007（4）：頁 3426	
				西周後期	陝西 F1978a：頁 8	
				西周晚期	陝西 1980（3）：頁 14 器 86–89	
				西周晚期	盧連成、胡智生 1988a：頁 526	
				西周後期	辭典 1995：頁 123 器 428	
				西周晚期	青全 1997（5）：頁 76 器 80	*04368。
				西周晚期	馬承源 2003a：頁 133 盨 3	器形。
				宣王	彭裕商 2003：頁 469	器形、紋飾、字體。
				西周晚期	曹瑋等 2005（3）：頁 497–513	
				西周晚期	張懋鎔 2006a：頁 231	
				西周晚期	吳鎮烽 2006：頁 154	伯多父，西周晚期人。
2558	仲彡盨 仲彤盨	10（又重文 2）	04372–04373	西周晚期	集成 2007（4）：頁 3426	
				商周	羅西章 1980：頁 6–22	
				西周晚期	陝西 1980（3）：頁 21 器 131、132	
				西周後期	辭典 1995：頁 123 器 430	
				西周晚期偏晚	張懋鎔 2006a：頁 232	
				西周晚期	吳鎮烽 2006：頁 121	仲彤，西周晚期人。
2559	苗窕盨 周苗簋	10（又重文 2）	04374	西周晚期	集成 2007（4）：頁 3426	
				西周晚期	吳鎮烽 2006：頁 223	苗窕，西周晚期人。

續表

序號	器名	字數	銘文著錄	時代	出處	依據
2560	叔諫父盨	10	04375－04376	西周晚期	集成 2007（4）：頁 3427	
				西周晚期	吳鎮烽 2006：頁 200	叔諫父，西周晚期人。
2561	叔賓父盨	10（又重文2）	04377	西周晚期	集成 2007（4）：頁 3427	
				西周晚期	吳鎮烽 2006：頁 199	叔賓父，西周晚期人。
2562	𣄰叔盨剮叔盨	10（又重文2）	04378	西周晚期	集成 2007（4）：頁 3427	
				西周晚期	吳鎮烽 2006：頁 374	剮叔，西周晚期人。
2563	弜戎盨	10	文博 2008年 02 期頁6 圖 4	西周晚期	吳鎮烽 2008：頁 6	
2564	周雒盨	11（又重文2）	04380	西周晚期	集成 2007（4）：頁 3427	
				西周晚期	吳鎮烽 2006：頁 209	周雒，西周晚期人。
2565	京叔盨	11	04381	西周晚期	集成 2007（4）：頁 3427	
				西周後期	容庚 1941（2008）：頁 280 盨 12	
				西周晚期	馬承源 2003a：頁 133 盨 9	器形（按：該書收圖有誤）。
				西周末春秋初	王輝、蕭春源 2003：頁 84	器形屬西周末至春秋初。"京叔"即共叔段，西周末春秋初人。
				西周中期後段	吳鎮烽 2006：頁 211	京叔，西周中期後段人。
2566	奠登伯盨	11（重文2）	文物 2009年 01 期頁46 圖二.1、2	西周晚期晚段	張應橋、蔡運章 2009：頁 45–47	形制、紋飾和銘文有西周晚期特徵。當爲西周晚期晚段姬姓鄭國遷都新鄭前鑄造。
2567	伯車父盨	12	04382－04383	西周晚期	集成 2007（4）：頁 3427	
				西周	陝西 E1976：頁 31–38	
				西周中期	陝西 1979（1）：頁25 器 166、165	
				恭懿到夷厲	李豐 1988a：頁 397	墓葬。
				五期（屬王至幽王）	盧連成、胡智生 1988a：頁 523–528	墓葬。
				夷王	劉啓益 2002：頁 353	"伯車父"即夷王時散伯車父鼎（02697）之"散伯車父"。
				西周晚期	曹瑋等 2005（6）：頁 1290、1293	
				夷厲	吳鎮烽 2006：頁 154	伯車父，西周中期後段人。
				厲宣幽	朱鳳瀚 2009：頁 1309–1326	墓葬。

序號	器 名	字數	銘文著錄	時 代	出 處	依 據
2568	伯公父盨蓋 白公父盨蓋	11	04384	西周晚期	集成 2007（4）：頁 3427	
				西周後期	陝西 F1978a：頁 8	
				西周晚期	陝西 1980（3）：頁 15 器 91	
				孝王	馬承源等 1988：頁 220 器 302	
				宣王	劉啓益 2002：頁 394	與伯公父匜（04628）爲同人作器，後者爲宣王時。
				宣王	彭裕商 2003：頁 468	參伯公父簋（04628）。
				西周晚期	曹瑋等 2005（3）：頁 478	
				西周晚期	張懋鎔 2006a：頁 231	
				西周晚期	吳鎮烽 2006：頁 153	伯公父，西周晚期人。
2569	弭叔盨	11	04385	西周晚期	集成 2007（4）：頁 3427	
				西周	段紹嘉 1960：頁 9–10	
				懿王	陳夢家 1966（2004）：頁 206 器 147 附	作器者及花紋同懿王時師察簋（04253）。
				孝王	白川靜 1968：頁 483 器 116 附	
				穆王	唐蘭 1976—1978（1986）：頁 402	
				懿王	吳鎮烽 1987：頁 277	人物"尹氏"。
				夷王	李仲操 1998a：頁 320	同人作簋之"井叔"見於夷王時趞觶（06516）。曆日合於夷王十一年。
				西周中期後段	王世民等 1999：頁 102 盨 2	器形。
				孝王	劉啓益 2002：頁 334	同人作簋（04253）爲孝王時。
				厲王	彭裕商 2003：頁 416	參弭叔簋（04253）。
2570	仲義父盨	11	04386–04387	西周晚期	集成 2007（4）：頁 3427	
				孝王	陳夢家 1966（2004）：頁 247	據中義父組各器的形制、花紋，可歸於孝王時。
				西周晚期	吳鎮烽 2006：頁 123	仲義父，西周晚期人。
2571	叔姞盨	11	04388	西周晚期	集成 2007（4）：頁 3427	
				西周晚期	吳鎮烽 2006：頁 196	叔姞，西周晚期姞姓婦女。
2572	虢叔盨	11（又重文 2）	04389	西周晚期	集成 2007（4）：頁 3428	
				厲王	白川靜 1969a：頁 379–381 器 155 附	
				宣王	劉啓益 2002：頁 390	參虢叔匜（04514）。
				西周晚期	吳鎮烽 2006：頁 378	虢叔，西周晚期人。
2573	易叔盨	12（又重文 2）	04390	西周晚期	集成 2007（4）：頁 3428	
				西周中期	馬承源等 1988：頁 257	
				西周晚期	吳鎮烽 2006：頁 229	易叔，西周晚期人。

序號	器　名	字數	銘文著錄	時　代	出　　處	依　　據
2574	鄭義伯盨 奠義白 簋、鄭義 白簋	12（又 重文 2）	04391	西周晚期	集成 2007（4）: 頁 3428	
				西周後期	容庚 1941（2008）: 頁 279 盨 9	
				西周晚期	馬承源等 1988: 頁 326 器 461	
				西周晚期	彭裕商 2003: 頁 491	器形，字體。
				西周晚期	吳鎮烽 2006: 頁 324	奠義伯，西周晚期鄭國人。
2575	鄭義羌父 盨 鄭義羌 簋、鄭義 父簋、鄭 義羌父 簋、鄭義 姜父簋蓋	12（又 重文 2）	04392- 04393	西周晚期	集成 2007（4）: 頁 3428	
				西周晚期	馬承源等 1988: 頁 327 器 462	
				西周晚期	吳鎮烽 2006: 頁 324	奠義羌父，西周晚期鄭國人。
2576	伯大師盨 白太師盨	12	04394- 04395	西周晚期	集成 2007（4）: 頁 3428	
				西周後期	容庚 1941（2008）: 頁 280 盨 11	
				西周晚期	中科院 1962: 頁 53A253	
				孝王	馬承源等 1988: 頁 218	
				西周晚期	王世民等 1999: 頁 108 盨 10	器形。
				宣王	劉啟益 2002: 頁 393	"伯太師"見於宣王廿六年伯克壺（09725）。
				西周晚期	馬承源 2003a: 頁 133 盨 5	器形。
				西周晚期	吳鎮烽 2006: 頁 152	伯太師，西周晚期人。
2577	鄭鄧叔盨 鄭羕叔 盨、鄭登 叔簋、鄧 登叔盤、 奠羕叔簋	12（又 重文 2）	04396	西周晚期	集成 2007（4）: 頁 3428	
				西周晚期	馬承源等 1988: 頁 326 器 460	
				西周晚期	吳鎮烽 2006: 頁 325	奠羕叔，西周晚期鄭國人。
2578	仲大師小 子休盨	12（又 合文 1）	04397	西周晚期	集成 2007（4）: 頁 3428	
				西周晚期	陝西 F1978a: 頁 8	
				西周晚期	陝西 1980（2）: 頁 16 器 117	
				西周晚期	馬承源 2003a: 頁 133 盨 2	器形。
				西周晚期	曹瑋等 2005（5）: 頁 979	
				西周晚期	張懋鎔 2006a: 頁 230	
				西周晚期	吳鎮烽 2006: 頁 120	仲大師小子休，西周晚期人。
2579	仲叚父盨	12（又 重文 2）	04398	西周晚期	集成 2007（4）: 頁 3428	
				西周晚期	吳鎮烽 2006: 頁 123	仲叚父，西周晚期人。

序號	器　名	字數	銘文著錄	時　代	出　　處	依　　據
2580	虢仲盨	12	近二 0447	西周晚期	近二 2010（二）：頁 127	
				西周晚期	吳鎮烽 2006：頁 378	虢仲，西周晚期人，虢國公族。
2581	仲殷盨蓋	12	近二 0448	西周晚期	近二 2010（二）：頁 128	
				西周晚期	周曉陸 2004：頁 94	形制，文字風格。
2582	仲櫟盨	13	04399	西周中期	集成 2007（4）：頁 3428	
				西周中期	吳鎮烽 2006：頁 124	仲櫟父，西周中期人。
2583	鄭井叔康盨 鄭井叔康盨	13（又重文 2）	04400- 04401	西周晚期	集成 2007（4）：頁 3429	
				孝王	吳其昌 1929（2004）：頁 326、317	“鄭井叔康”在懿、夷間。
				懿王	郭沫若 1935（2002）：頁 186	“奠井叔康”即懿王時康鼎（02786）之“康”。
				懿王	容庚 1941（2008）：頁 39	“井叔”見於懿王時舀鼎（02838）。
				孝王	陳夢家 1966（2004）：頁 215	此奠井叔康即康鼎（02786）之康、舀鼎（02838）之井叔，懿孝時器。
				共王	唐蘭 1976—1978（1986）：頁 431	
				懿王	尚志儒 1987：頁 294	作器者同康鼎（02786），後者為懿王時器。
				厲王	馬承源等 1988：頁 288 器 414	*04401。
				厲王	彭裕商 2003：頁 434	器形，紋飾。
				厲王	陳佩芬 2004：頁 492 器 394	*04401。
2584	圖盨	13（又重文 2）	04402- 04403	西周晚期	集成 2007（4）：頁 3429	
				西周晚期	吳鎮烽 2006：頁 257	圖，西周晚期人。
2585	伯大師釐盨 白大師釐盨	13	04404；近二 0449、新收 1450	西周晚期	集成 2007（4）：頁 3429	
				西周晚期	近二 2010（二）：頁 129	
				西周中期	新收 2006：頁 1003	
				宣王	劉啓益 2002：頁 393	字體及人名均同宣王時伯太師盨（04394）。
				西周晚期	陳佩芬 2004：頁 517 器 402	
				西周晚期	吳鎮烽 2006：頁 153	伯太師釐，西周晚期人，名釐。
2586	鬲叔興父盨 鬲叔興父簠	13（又重文 2）	04405	西周晚期	集成 2007（4）：頁 3429	
				西周中期	馬承源等 1988：頁 258 器 373	
				西周晚期	吳鎮烽 2006：頁 251	鬲叔興，西周晚期人。

續表

序號	器名	字數	銘文著錄	時代	出處	依據
2587	爲甫人盨 甫人盨、爲甫人簋、甫人簋	存 13	04406	春秋早期	集成 2007（4）:頁 3429	
				西周後期	容庚 1941（2008）:頁 279 盨 6	
				西周晚期	馬承源等 1988:頁 353 器 520	
				兩周之際（或東周）	彭裕商 2003:頁 504	器形，紋飾。
2588	伯霝父盨	13	文博 2008 年 02 期頁 9 圖 16、17	西周晚期	吳鎮烽 2008:頁 9	形制，銘文字體。
2589	楷侯貞盨	13	論集（三）頁 43 圖 6	厲 宣（更傾向於宣王）	張懋鎔 2010b:頁 43	形制，字體。
2590	伯孝𤔲盨 白孝盨、白庚簋	14（又重文 1）	04407	西周晚期	集成 2007（4）:頁 3429	
				西周後期	容庚 1941（2008）:頁 279 盨 5	
				西周晚期	吳鎮烽 2006:頁 154	伯孝鼓，西周晚期人。
2591	伯孝𤔲盨	14（又重文 1）	04408	西周晚期	集成 2007（4）:頁 3429	
2592	叔良父盨	14（又重文 2）	04409	西周晚期	集成 2007（4）:頁 3429	
				西周晚期	吳鎮烽 2006:頁 196	叔良父，西周晚期人。
2593	伯庶父盨蓋	14（又重文 2）	04410	西周晚期	集成 2007（4）:頁 3429	
				西周晚期	吳鎮烽 2006:頁 158	伯庶父，西周晚期人。
2594	項鐩盨 項爨盨	14（又重文 2）	04411	西周晚期	集成 2007（4）:頁 3429	
				西周晚期	吳鎮烽 2006:頁 332	項鐩，西周晚期人。
2595	華季益盨	14（又重文 2）	04412	西周晚期	集成 2007（4）:頁 3430	
				西周後期	容庚 1941（2008）:頁 279 盨 8	
2596	啤季獻盨 周樂季簋	14（又重文 2）	04413	西周晚期	集成 2007（4）:頁 3430	
				西周後期	容庚 1941（2008）:頁 279 盨 7	
				西周晚期	吳鎮烽 2006:頁 403	樂季獻，西周晚期人。
2597	改盨	15（又重文 2）	04414	西周晚期	集成 2007（4）:頁 3430	
				西周中期	吳鎮烽 2006:頁 175	改，西周中期人。
2598	仲宮父盨 京叔休父盨蓋	14	近二 0450-0451	西周晚期	近二 2010（二）:頁 130-131	
2599	中殷盨蓋	14	新收 0735	西周晚期	新收 2006:頁 536	

序號	器名	字數	銘文著錄	時代	出處	依據
2600	魯司徒伯吳盨 魯嗣徒伯吳盨、魯司徒伯吳簋	15	04415	西周中期	集成 2007（4）：頁 3430	
				西周晚期	曹淑琴 1986：頁 838	形制，花紋，銘文字體。
				西周晚期	馬承源等 1988：頁 338 器 487	
2601	遣叔吉父盨 趞叔吉父盨、遣叔簋、虢王簋、遣叔吉父簋、遣叔吉父乍虢王姞簋	15（又重文 2）	04416-04418	西周中期	集成 2007（4）：頁 3430	
				西周後期	容庚 1941（2008）：頁 278 盨 2	*04417。
				穆王	唐蘭 1976—1978（1986）：頁 405	
				西周中期	馬承源等 1988：頁 265 器 368	
				西周晚期	彭裕商 2003：頁 488	器形、紋飾近宣王時克盨（04465）。
				西周中期	陳佩芬 2004：頁 339 器 336	
				西周中期	吳鎮烽 2006：頁 403	遣叔吉父，西周中期人。
2602	伯多父作成姬盨 伯多父盨、白多父簋、白多父作成姬簋	15	04419	西周晚期	集成 2007（4）：頁 3430	
				西周後期	陝西 F1978a：頁 8	作器者當同云塘出土伯多父盨（04368），後者為西周後期器。
				西周晚期	吳鎮烽 2006：頁 115	成姬多母，西周晚期姬姓婦女，字多母。
2603	虩孟延盨 虩孟延盨	16（又重文 2）	04420-04421	西周中期	集成 2007（4）：頁 3430	
				西周中期	吳鎮烽 2006：頁 413	虩孟延，西周中期人。
2604	筍伯大父盨 筍伯大父盨、筍伯大父簋、筍白大父乍嬴妃簋、筍白大父盨	16（又重文 1）	04422	西周晚期	集成 2007（4）：頁 3431	
				西周中期	馬承源等 1988：頁 248 器 352	
				西周晚期（或為春秋早期）	陳佩芬 2004：頁 523 器 404	據字體構形可能為春秋早期器。
				西周晚期	吳鎮烽 2006：頁 249	筍伯大父，西周晚期人。
2605	單子白盨	16（又重文 2）	04424	春秋前期	集成 2007（4）：頁 3431	
				西周晚期	馬承源等 1988：頁 359 器 532	
				西周晚期	吳鎮烽 2006：頁 315	單子白，西周晚期人。
2606	伯敢舁盨 伯敢舁橺盨	16（又重文 2）	近出 0499-0500、新收 1621-1622	西周中期	近出 2002（二）：頁 396	
				西周	新收 2006：頁 1113	
				西周中期前段	王世民 1999e：頁 96	顧首卷尾龍紋。
				西周中期前段	吳鎮烽 2006：頁 158	伯敢舁橺，西周中期前段人。

續表

序號	器 名	字數	銘文著錄	時 代	出 處	依 據
2607	隹叔盨 鼻叔盨、 隹叔簋、 仲姬簋、 隹叔乍中 姬簋、隹 叔簋	18	04425	西周晚期	集成 2007（4）：頁 3431	
				西周中期	馬承源等 1988：頁 255 器 366	
				西周晚期	吳鎮烽 2006：頁 343	鼻叔，西周晚期人。
2608	兮伯吉父 盨 兮白吉父 乍旅盨、 兮伯吉父 盨蓋	18（又 重文 2）	04426	西周晚期	集成 2007（4）：頁 3431	
				宣王	李學勤 1959：頁 45	人名。
				宣王	唐蘭 1976—1978（1986）：頁 517	
				宣王	馬承源等 1988：頁 306 器 438	器主同宣王時兮甲盤（10174）。
				屬宣時期	劉啓益 2002：頁 372	參兮吉父簋（04008）。
				宣王（幽 王五年）	彭裕商 2003：頁 437	作器者同兮甲盤（10174），後者作於宣王時（或幽王五年）。
2609	食仲走父 盨	18（又 重文 2）	04427	西周晚期	集成 2007（4）：頁 3431	
				西周晚期	吳鎮烽 2006：頁 236	食仲走父，西周晚期人，字走父。
2610	滕侯穌盨 滕侯蘇盨	19（又 重文 1）	04428	春秋早期	集成 2007（4）：頁 3431	
				稍晚於昭 穆時	陳公柔 1986：頁 179	形制，紋飾。"滕中"即昭穆時滕虎簋（03828）之"命中"，較之稍晚。
				西周中期	馬承源等 1988：頁 241 器 337	
				西周晚期	吳鎮烽 2006：頁 377	滕侯蘇，西周晚期人。
				西周晚期 或春秋早 期	朱鳳瀚 2009：頁 1381	據銘文。
2611	師趛盨	21（又 重文 1）	04429	西周中期	集成 2007（4）：頁 3431	
				西周中期	李學勤 2001f：頁 3	
				西周中期 後段	吳鎮烽 2006：頁 264	師趛，西周中期後段人。
				西周中期	張懋鎔 2010b：頁 45	
2612	弭叔乍叔 班盨蓋 弭叔盨	21（又 重文 2）	04430	西周晚期	集成 2007（4）：頁 3431	
				西周前期	容庚 1941（2008）：頁 263 簋 79	
				孝王	白川靜 1968：頁 483 器 116 附	
				穆王	唐蘭 1976—1978（1986）：頁 403	
				懿王（或 孝王）	馬承源等 1988：頁 197 器 273	

續表

序號	器　名	字數	銘文著錄	時　代	出　　處	依　　據
2612	弭叔作叔班盨蓋弭叔盨	21（又重文2）	04430	孝王	劉啓益 2002：頁 335	同人作簋（04253）爲孝王時。
				厲王	彭裕商 2003：頁 416	參弭叔簋（04253）。
2613	曼龏父盨蓋曼龏父盨	21（又重文2）	04431-04434	西周晚期	集成 2007（4）：頁 3431	
				西周晚期	陳佩芬 2004：頁 515	
				西周晚期	吳鎮烽 2006：頁 285	曼龏父，西周晚期人。
2614	虢仲盨蓋	22	04435	西周晚期	集成 2007（4）：頁 3432	
				厲王八年	吳其昌 1929（2004）：頁 380	作器者及記事皆同厲王八年之鄭虢仲𣪘（04024）。
				厲王	郭沫若 1935（2002）：頁 257	人物及記事見《後漢書·東夷傳》，當厲王時。
				厲王	容庚 1941（2008）：頁 39、頁 279 盨 4	記事及人物皆合《後漢書·東夷傳》所記，爲厲王時事。
				厲王	李學勤 1959：頁 45	記虢仲南征，同於《後漢書·東夷傳》所記。
				厲王	陳夢家 1966（2004）：頁 317	花紋近於夷王時克盨（04465）。
				夷王	白川靜 1969：頁 275-281 器 144	
				厲王	唐蘭 1976—1978（1986）：頁 517	
				厲王	馬承源 1979：頁 62	
				厲王	盛冬鈴 1983：頁 46	與《後漢書·東夷傳》之"虢仲"人名、史事相符，當厲王時。
				厲王	吳鎮烽 1987：頁 281	參虢仲鬲（00561）。
				厲王	馬承源等 1988：頁 290 器 418	虢仲征淮夷，厲王時事，見載於《後漢書·東夷傳》。
				厲王	蔡運章 1994a：頁 86	形制，紋飾，銘文内容。
				厲王	劉啓益 2002：頁 376	銘文記事見載於《後漢書·東夷傳》，爲厲王時戰爭。
				厲王晚期	彭裕商 2003：頁 395	"虢仲"爲厲王伐淮夷時主將，見《後漢書·東夷傳》。器形紋飾有宣世特色，推斷當厲王晚期。
				西周晚期	吳鎮烽 2006：頁 378	虢仲，西周晚期人，虢國公族。
				厲王	朱鳳瀚 2006：頁 70	此"虢仲"之征淮夷事，亦見於《後漢書·東夷傳》，厲王時事。此"虢仲"與柞伯鼎（近二 0327）之"虢仲"可能爲同一人。

續表

序號	器 名	字數	銘文著録	時 代	出 處	依 據
2615	遲盨 屖盨、彳夋盨	22（又重文1）	04436	西周晚期	集成 2007（4）：頁 3432	
				西周晚期	吳鎮烽 2006：頁 344	彳夋，西周晚期人。
2616	乘父士杉盨	23	04437	西周晚期	集成 2007（4）：頁 3432	
				西周晚期	吳鎮烽 2006：頁 258	乘父士杉，西周晚期人。
2617	伯寛父盨 三十三年 伯寛父盨	25（又重文2）	04438- 04439	西周晚期	集成 2007（4）：頁 3432	
				厲王	陝西 F1979：頁 15	形制，銘文。
				厲王三十三年	劉啓益 1979：頁 16-20	"既死"爲"既望"之誤，曆日合於厲王三十三年。
				厲王	陝西 1980（3）：頁 2 器 10、11	銘文記日。
				非厲王時	戚桂宴 1981：頁 82	厲王積年 30（包括共和時期），此非厲王時器。
				厲王三十三年	何幼琦 1982：頁 113	曆法。
				厲王偏安中	何幼琦 1983a：頁 57	厲王奔彘，偏安十三年間作。
				厲王三十三年	劉啓益 1984：頁 244	
				厲王	高木森 1986：頁 131	形制，紋飾，銘文。
				厲王三十三年	張聞玉 1987：頁 154	
				穆王前後	李豐 1988a：頁 396	墓葬。
				厲王	劉啓益 1989：頁 192	
				宣王	李仲操 1991：頁 90	曆日。
				厲王三十三年	趙光賢 1991：頁 123	
				厲王三十三 年（共和三年）	趙光賢 1992：頁 48	曆日。
				約厲王	辭典 1995：頁 123 器 429	
				宣王	劉雨 1997：頁 247-248	據曆日推算。
				西周中期偏晚約當夷厲	王世民等 1999：頁 103 盨 3	比照弭叔盨，參考銘文記年。
				宣王	周言、魏宜輝 1999：頁 57	曆日。
				厲王三十三年	斷代工程 2000：頁 20、34	類型排比。排西周金文曆譜。

續表

序號	器　名	字數	銘文著錄	時　代	出　　處	依　　據
2617	伯寬父盨三十三年伯寬父盨	25（又重文2）	04438-04439	厲王	范毓周、周言2002：頁23	蘇鐘（近出0035）與伯寬父盨記年都是33，唯以蘇鐘爲厲王時器、伯寬父盨爲宣王時器，共和記入宣王紀年時，兩器曆譜相合。
				宣王	夏含夷2003：頁53-55	曆日合於宣王，參大祝追鼎（新收1455）。
				夷王	彭裕商2003：頁376	據器形紋飾、銘文字體、同出器物判斷在夷世。
				西周晚期	馬承源2003a：頁133盨4	器形。
				西周晚期	曹瑋等2005（5）：頁1002、1005	
				西周中晚期	張懋鎔2006a：頁218、232	
				西周晚期	吳鎮烽2006：頁159	伯寬父，西周晚期人。
				厲王	朱鳳瀚2009：頁1315、1223	曆日。
				宣王	夏含夷2010	曆日合於以公元前825年爲元年的宣王年曆。
2618	伯呂父盨	25	近二0452、新收1459	西周晚期	近二2010（二）：頁132	
				西周晚期	新收2006：頁1010	
				西周晚期	陳佩芬2004：頁494	形制，紋飾。
				懿王	劉啓益2009：頁51	定懿王元年爲前944年，曆日合於《張表》懿王元年。
2619	異伯子㝎父盨紀伯子㝎父盨	26	04442-04445	西周晚期	集成2007（4）：頁3432	
				春秋早期	王獻唐1960：頁29	據"異"所從"其"字的形體演變。
				宣王	陳夢家1966（2004）：頁331	紋飾，形制。
				西周晚期	李步青、王錫平1992：頁68	形制，紋飾。
2620	應侯再盨	28	近出0502、新收0065	西周中期	近出2002（二）：頁400	
				西周中期	新收2006：頁61	
				穆恭（或恭王）	河南C1998：頁13-16	所飾鳳鳥紋。
				恭王	李家浩1999：頁84、95	紋飾同恭王時牆盤（10175）。
				恭王	王龍正、王聰敏2000：頁40	
				穆恭	吳鎮烽2006：頁236	再，西周穆恭時應國國君。
				三期（穆恭）	朱鳳瀚2009：頁1353	形制，紋飾，組合。

序號	器　名	字數	銘文著錄	時　代	出　　處	依　　據
2621	伯沴其盨 梁其盨、 梁其盨	29（又 重文 2）	04446- 04447	西周晚期	集成 2007（4）：頁 3433	
				夷王	陳夢家 1966（2004）：頁 277	據梁其所作諸器的形制、花紋，當屬夷王時。
				夷王	白川靜 1969a：頁 398-400 器 157 附	
				厲王	唐蘭 1976—1978（1986）：頁 516	
				夷厲	陳佩芬 1983：頁 23 器 400	參梁其鐘（00187）。
				夷 王（或 厲王）	馬承源等 1988：頁 275 器 400	
				約厲王	辭典 1995：頁 125 器 435	
				西周晚期	青全 1997（5）：頁 77 器 81	
				西周晚期 偏早	王世民等 1999：頁 109 盨 15	器形。
				宣王前後	王世民 2003：頁 44-45	與宣王時逑器相聯繫。
				厲 王（宣 王）	彭裕商 2003：頁 432	參梁其鐘（00187）。
				西周晚期 （夷厲）	陳佩芬 2004：頁 510 器 400	據同人作鐘、簋等器的形制、紋飾，應爲西周晚期較早器，約夷厲時。
				宣王	張懋鎔 2006a：頁 217	器形紋飾。
				西周晚期	吳鎮烽 2006：頁 158	伯梁其，西周晚期人。
				宣幽	韓巍 2008：頁 30	
2622	杜伯盨	30	04448- 04452	西周晚期	集成 2007（4）：頁 3433	
				宣王	吳其昌 1929（2004）：頁 526	"杜伯"或即《墨子·明鬼篇》之宣王時杜白。
				宣王	郭沫若 1935（2002）：頁 324	字體同宣王時杜伯鬲（00698），且同時出土，當同人作器。
				宣王	容庚 1941（2008）：頁 42、頁 278 盨 3	《周本紀正義》引《周春秋》云"宣王殺杜伯爾無辜"，疑即此"杜伯"。
				宣幽	白川靜 1971：頁 884-888 器 196	
				宣王	唐蘭 1976—1978（1986）：頁 517	
				西周晚期	馬承源等 1988：頁 356	
				西周晚期 後段	王世民等 1999：頁 109 盨 13	器形。
				宣王	劉啓益 2002：頁 395	"杜伯"爲宣王時人，見載於《墨子·明鬼》。
				西周晚期 （約宣王）	彭裕商 2003：頁 487	據器形、紋飾、字體等大致在宣王時。

序號	器 名	字數	銘文著録	時 代	出 處	依 據
2622	杜伯盨	30	04448-04452	西周晚期	陳佩芬 2004：頁 519	
				西周晚期	吳鎮烽 2006：頁 141	杜伯，西周晚期杜國國君，周宣王大夫。
2623	晉侯對盨	30（蓋器同銘）	近出 0501、近出 0503-0505、近二 0453、新收 0852-0856	西周晚期	近出 2002（二）：頁 399、402-404	
				西周晚期	近二 2010（二）：頁 133	
				西周晚期	新收 2006：頁 625	
				孝王	馬承源 1993：頁 221-230	器形、紋飾、字體有中期因素。鞴可讀作福，即晉厲侯，該器當爲繼位不久後鑄，當西周中期孝王時。
				夷厲	孫華 1995：頁 50	
				西周晚期	青全 1997（6）：頁 45 器 45、46	＊ 新收 0852、新收 0855。
				孝夷時期	王世民等 1999：頁 103 盨 5	器主或是晉靖侯宜臼。＊ 近出 0501。
				孝夷時期	王世民等 1999：頁 106 盨 9	器主或是晉靖侯宜臼。＊ 近出 0504。
				西周晚期	朱鳳瀚 2000：頁 192-198	對，即靖侯宜臼。
				西周晚期	陳佩芬 2004：頁 502 器 397、496	
				西周晚期	吳鎮烽 2006：頁 255	晉侯對，西周晚期人，名對，晉國國君。
				西周晚期	首陽 2008：頁 117 器 40	
2624	曾叔奐父盨	31	近二 0454、新收 0041	西周晚期	近二 2010（二）：頁 134	
				西周晚期	新收 2006：頁 41 器 41	
				西周晚期	河南 D1995：頁 28	同出銅禮器的組合、形制、紋飾皆有西周晚期特點。
				西周晚期後段	王世民等 1999：頁 109 盨 16	器形。
				西周晚期	吳鎮烽 2006：頁 373	曾叔奐父，字奐父，西周晚期人。
2625	仲自父盨	33	04453	西周晚期	集成 2007（4）：頁 3433	
				西周中期前段	吳鎮烽 2006：頁 120	仲師父，西周中期前段人。
2626	叔專父盨鄭季盨、叔專父盨	37（又重文 2）	04454-04457	西周晚期	集成 2007（4）：頁 3433	
				西周晚期	中科院 C1965：頁 450	形制，紋飾。
				厲王	白川靜 1970：頁 562-570 器 174	
				厲王元年	劉啓益 1979：頁 19	曆日與厲王元年逆鐘（00060）相合。

續表

序號	器　名	字數	銘文著録	時　代	出　處	依　據
2626	叔專父盨 鄭季盨、 叔專父盨	37（又 重文 2）	04454- 04457	厲王	馬承源 1982：頁 52	曆日。
				厲王元年	劉啓益 1984：頁 243	
				宣王	丁驌 1985：頁 51	曆日。
				平王元年	張聞玉 1987：頁 156	據曆日推算。
				厲王	馬承源等 1988：頁 276 器 402	曆日合於《年表》厲王元年。
				恭懿到夷厲	李豐 1988a：頁 397	墓葬。
				宣王	李仲操 1991：頁 91	曆日。
				厲王元年	劉雨 1997：頁 247	
				宣王元年	周曉陸、穆曉軍 1998	以前 841±1 年爲宣王元年，該器曆日合。
				夷王前後	王世民等 1999：頁 105 盨 8	器形。
				厲王元年	斷代工程 2000：頁 20、32	類型排比。排西周金文曆譜。
				厲王	周言 2000：頁 66	曆日。
				厲王	范毓周、周言 2002：頁 25	銅器曆日繫聯。
				宣王	彭裕商 2003：頁 443	器形、字體皆屬晚期，日辰與宣王時元年師兌簋（04274）等相合。
				厲王	葉正渤 2006：頁 199	從《史記》説，厲王在位 37+14=51 年，則厲王元年爲前 878 年。初吉指初一朔。據《張表》《董譜》，該器曆日合曆。
				西周晚期	吳鎮烽 2006：頁 197	叔剸父，西周晚期人。
				厲王	張懋鎔 2008：頁 351	
				宣王	朱鳳瀚 2009：頁 1309、1223	曆日。
2627	達盨蓋	40	近出 0506、 近二 0455- 0456、新收 0692-0694	西周中期	近出 2002（二）：頁 405	
				西周中期	近二 2010（二）：頁 135-136	
				西周中期	新收 2006：頁 510-511	
				孝王三年	李先登 1993（2001）：頁 203	“達”非井叔。
				孝王三年	張長壽 1996：頁 163-169	曆法。
				孝王三年	劉雨 1997：頁 247	
				厲王三年	李仲操 1998a：頁 316	曆日合於厲王三年。
				懿孝	社科院 1999：頁 363	人物“雟趩”與懿王時趩觶（06516）之“趩”可能爲同人。
				孝王三年	斷代工程 2000：頁 32	排西周金文曆譜。

序號	器名	字數	銘文著録	時代	出處	依據
2627	達盨蓋	40	近出 0506、近二 0455-0456、新收 0692-0694	懿王	張懋鎔 2002:頁 33	
				懿王	劉啓益 2002:頁 303	與三年衞盉(09456)只一日之差,後者在懿王時。*新收 0694。
				孝王	劉啓益 2002:頁 335	又置於孝王時。*新收 0693。
				孝王三年	朱鳳瀚 2004:頁 6	
				懿孝	吳鎮烽 2006:頁 309	達,西周早期人。
				孝王	朱鳳瀚 2009:頁 1222	曆日。
				孝王三年	葉正渤 2010:頁 177	孝王元年爲前 912 年,據該器曆日判斷在孝王三年。
2628	士百父盨	48	近二 0457	西周晚期	近二 2010(二):頁 137	
				宣王	張光裕 2007:頁 219	器形、花紋、字體可定爲西周晚期。所述史實與駒父盨(04464)等相若,可暫入宣王時。
				宣王	李學勤 2008:頁 4-5	"士𣄴父"見於克鐘(00204)、克鎛(00209),宣王時人。
2629	遣伯盨	49(又重文 2)	出土文獻 2010 年 01 期頁 34 圖 4	屬宣	張懋鎔、王勇 2010:頁 49	形制與伯寬父盨(04438)接近,年代在西周晚期屬、宣時。
2630	翏生盨	50	04459-04461	西周晚期	集成 2007(4):頁 3434	
				幽王	李學勤 1959:頁 46	
				孝王	陳夢家 1966(2004):頁 216	所記戰役同鄂侯馭方鼎(02810),當同時。
				厲王	唐蘭 1976—1978(1986):頁 517	
				厲王	馬承源 1979:頁 62	銘文内容與厲王時敔簋(04323)、禹鼎(02833)等相參證。
				夷王	李學勤 1981a:頁 87-92	參多友鼎(02835)。
				厲王	馬承源等 1988:頁 290 器 417	
				厲王	蔡運章 1994a:頁 88	記厲王伐淮夷事。
				約厲王	辭典 1995:頁 124 器 432	
				厲王	青全 1997(5):頁 78 器 82	
				西周晚期約厲王前後	王世民等 1999:頁 103 盨 4	器形。

續表

序號	器　名	字數	銘文著錄	時　代	出　處	依　據
2630	琱生盨	50	04459-04461	夷王	劉啓益 2002：頁 364	角、通即夷王時噩侯馭方鼎（02810）之角、鬲，兩器記同一事。
				厲王	彭裕商 2003：頁 394	記厲王伐淮夷事。
				厲王	陳佩芬 2004：頁 489 器 393	記征伐淮夷事尚有禹鼎（02833）、虢仲盨（04435）等器，皆厲王時器。
				西周晚期	吳鎮烽 2006：頁 300	琱生，西周晚期人。
				厲王	李學勤 2007e：頁 87	征討桐、遹之事在厲王時，參見厲王時伯戜父簋（《古文字研究》27 輯頁 197）。
				厲王	朱鳳瀚 2008：頁 192–199	參伯戜父簋（《古文字研究》27 輯頁 197）。
				厲王	張懋鎔 2008：頁 351	
2631	癲盨四年癲盨	62（又重文2）	04462-04463	西周中期	集成 2007（4）：頁 3434	
				懿王	陝西 F1978：頁 5	
				懿王四年	唐蘭 1978：頁 19–20	比師晨鼎、師俞鼎晚一年，比諫簋早一年。
				懿王	劉啓益 1978：頁 316–317	與師晨鼎（02817）、諫簋（04285）、師俞簋（04277）等宮名相同，右者皆爲司馬共。據微氏世系，癲當是懿孝時人；師晨鼎之"師俗"，見於共王時永盂（10322）、五祀衛鼎（02832），故此組器不能晚至厲王，當爲懿王時器。
				懿王四年	黃盛璋 1978：頁 198	與該盨時、地、人皆有關係的器有師晨鼎（02817）、師艅鼎（02723）、諫簋（04285）。師晨鼎"師俗父"即恭王時五祀衛鼎（02832）之"伯俗父"，然諸器曆日與衛器不合，故歸入懿世。
				懿王	唐蘭 1976—1978（1986）：頁 516	
				孝王四年	李學勤 1979：頁 35	記周王册命興，作於初襲職時。其父"史牆"孝王元年尚在，本器最早排在孝王四年。
				懿王	陝西 1980（2）：頁 5 器 27、28	
				共王四年	伍士謙 1981：頁 97–126	參三年癲壺（09726）。

序號	器　名	字數	銘文著録	時　代	出　　處	依　　據
2631	癲盨 四年癲盨	62（又重文2）	04462–04463	夷王四年	何幼琦 1982：頁 111	曆法。
				夷王	何幼琦 1983a：頁 57	
				夷王	盛冬鈴 1983：頁 53、58	"司馬共"之"共"是私名，文獻中的"共伯和"之"共"是國名或氏名，非同一人。
				懿王四年	劉啟益 1984：頁 241	
				懿王（或孝王）	丁驌 1985：頁 42、43	曆日。
				孝王	高木森 1986：頁 112	人物。
				懿王	吳鎮烽 1987：頁 277	據微氏家族世系排列，作於初襲職時。
				孝王	馬承源等 1988：頁 206	據曆日及人名，定爲孝王時。
				孝夷	盧連成、胡智生 1988a：頁 522	
				夷王四年	何幼琦 1989b：頁 58	
				厲王	晁福林 1989：頁 81	參癲壺（09723）。
				厲王	李仲操 1991：頁 73	人物，曆日。
				厲王四年	趙光賢 1992：頁 48	曆日。
				懿王四年	尹盛平 1992：頁 92	
				非恭王時	汪中文 1992：頁 20–25	據曆日不在共世，諸癲器分屬不同王世。與師晨鼎（02817）、師俞簋（04277）、諫簋（04285）等屬同一王世。
				西周中期	辭典 1995：頁 123 器 427	
				西周中期	青全 1997（5）：頁 74 器 78	
				懿王四年	劉雨 1997：頁 247	
				厲王	榮孟源 1997：頁 357	曆法。
				宣王前後	羅泰 1997：頁 651–676	參牆盤（10175）。
				夷王	彭裕商 1999：頁 58	癲的家族世系與周王世系的相對關係。
				孝王前後	王世民等 1999：頁 105 盨 6	器形。
				懿孝	馬承源 2000a（2007）：頁 174	父親是恭王時代史官，當懿孝時人。
				厲王	李學勤 2000b：頁 90	據"師彔宫"，"史失"。
				厲王四年	斷代工程 2000：頁 20、33	考古類型學方法。排西周金文曆譜。

續表

序號	器 名	字數	銘文著錄	時 代	出 處	依 據
2631	癲盨 四年癲盨	62（又 重文 2）	04462- 04463	厲王初年	晁福林 2001：頁 177	癲的下一代伯先父爲厲王 後期人物，則癲爲夷王後 期至厲王前期人物，參伯 先父鬲（00649）。癲所作 他器的形制紋飾皆厲王 時，又癲壺（09723）據人 物繫聯亦厲王時器。其父 牆作盤爲夷王後期器，該 器當作於厲王初年。"司 馬共"即共伯和，職掌王 畿軍事。
				孝王	張懋鎔 2002：頁 33	
				約孝夷厲	李零 2002a：頁 44	器形風格，字體特徵，年 代序列。
				西周中期 後段	馬承源 2003a：頁 133 盨 1	器形。
				夷王	彭裕商 2003：頁 354、363	"癲"爲史牆之子，推測 在夷王時期，詳參虎簋蓋 （新收 0633）。
				西周中期	曹瑋等 2005（4）：頁 675-680	
				懿孝	張懋鎔 2006a：頁 216	是牆的兒子，牆盤爲恭王 時器。微史家族器中牆作 器較少，可見牆任職時間 不長，癲器最多，癲任職 時間較長，夷王至厲王均 有可能。其中癲盨最早， 當懿孝時。
				孝懿	吳鎮烽 2006：頁 434	癲，西周孝懿時期人。
				懿孝	張懋鎔 2008：頁 349	
				厲王	朱鳳瀚 2009：頁 1222	曆日。
2632	大師虘盨	70	文博 2010 年 01 期頁 27 圖 4	不晚於懿 王	吳鎮鋒、李娟 2010：頁 28	形制同西周中期前段作旅 簋盨。紋飾爲長鳥紋，流 行於穆恭時期。
2633	駒父盨蓋	81（又 合文 1）	04464	西周晚期	集成 2007（4）：頁 3434	
				宣王十八 年	吳大焱、羅英傑 1976：頁 94	形制、紋飾屬西周晚期。 "南仲"與鄦𧊒鼎（02814） 之"南仲"爲同一人，此 人活動於宣王時，從《大 系》。
				宣王十八 年	唐蘭 1976b：頁 31	
				宣王	唐蘭 1976—1978（1986）：頁 517	
				宣王	王輝 1982：頁 56-59	南仲爲宣王時人。

續表

序號	器 名	字數	銘文著錄	時 代	出 處	依 據
2633	駒父盨蓋	81（又合文1）	04464	宣王	黄盛璋 1983b：頁 53–54	記南淮夷及取服貢事，見宣王時兮甲盤（10174）、師寰簋（04313）等，與《江漢》《常武》相印證。
				宣王十八年	劉啓益 1984：頁 245	
				宣王	陝西 1984（4）：頁 19 器 133	
				宣王	李學勤 1984b：頁 266	涉及南淮夷，有南仲人名，與《常武》相合。
				宣王	高木森 1986：頁 140	銘文。
				宣王十八年	吳鎮烽 1987：頁 282	人物"南仲"見於宣王時的無𢖽鼎（02814）。
				宣王	馬承源等 1988：頁 311	曆日合於《年表》宣王十八年。南仲邦父，見《詩·出車》，宣王時卿士。
				西周後期	辭典 1995：頁 125 器 436	
				厲王十八年	劉雨 1997：頁 247	
				西周晚期早段	羅泰 1997：頁 664	
				宣王	劉啓益 2002：頁 383	"南仲邦父"即宣王時器無𢖽鼎（02814）之"南仲"。
				宣王十八年	彭裕商 2003：頁 437	"南仲邦父"即《詩·常武》之南仲，宣王時人。淮夷已稱臣納貢於周，幽王積年十一，此十八年當宣王時。器形、紋飾、字體皆有晚期特色。
				西周晚期	吳鎮烽 2006：頁 369	駒父，西周晚期人。
				宣王十八年	王輝 2006：頁 252	
				宣王	張懋鎔 2008：頁 351	
2634	𢼸公盨	98	近二 0458、新收 1607	西周中期	近二 2010（二）：頁 138	
				西周中期	新收 2006：頁 1103	
				西周中期後段	李學勤 2002：頁 5	器形，紋飾，字體。
				西周中期後段	裘錫圭 2002：頁 13	器形，銘文字體。
				恭王（或稍晚）	朱鳳瀚 2002：頁 28	形制，紋飾，銘文字體，風格。

續表

序號	器 名	字數	銘文著録	時 代	出 處	依 據
2634	幽公盨	98	近二 0458、新收 1607	西周中期偏晚	李零 2002：頁 35-37	器形，紋飾，字體。
				懿王	劉雨 2003：頁 102-105	幽公可能即孝王稱王前稱呼。
				西周中期偏晚	張永山 2003：頁 31	器形，紋飾。
				宣幽	李凱、周曉陸 2005：頁 9	器形，紋飾，字體。
				西周中期	吳鎮烽 2006：頁 432	燹公，西周中期人。
2635	善夫克盨克盨、克簋、善夫克簋、膳夫克盨	100（重文 2）	04465	西周晚期	集成 2007（4）：頁 3434	
				厲王十八年	吳其昌 1929（2004）：頁 405	曆朔合於《曆譜》厲王十八年。
				厲王	郭沫若 1935（2002）：頁 263	參大克鼎（02836）。
				懿王	莫非斯 1937：頁 8	爵必命於祖廟，該銘有"穆宮"，當在懿王時。
				厲王十八年	容庚 1941（2008）：頁 39、頁 278 盨 1	作器者同厲王時大克鼎（02836）。
				厲王	俞靜安 1957：頁 17	銘文內容。稱"善夫"，職位高於稱"伯克"時。
				夷王十八年	李學勤 1959：頁 45	
				西周中期（夷王）	中科院 1962：頁 52A252	
				厲王	唐蘭 1962：頁 45	同人作克鐘（00204）有"剌宮"，當作於宣王時。據曆日關係，該器在厲王時。
				夷王	白川靜 1965d：頁 152	排入夷世曆譜。
				夷王十八年	陳夢家 1966（2004）：頁 264	晚於同人作大克鼎（02836），後者夷王時器。銘文用詞與夷王時梁其鐘（00190）等相同。
				夷王	白川靜 1969c：頁 485-489 器 166	
				厲王	唐蘭 1976—1978（1986）：頁 516	
				厲王十八年	何幼琦 1982：頁 112	曆法。
				宣王	劉雨 1983：頁 155	參克鐘（00204）。
				厲王	何幼琦 1983a：頁 57	
				宣王十八年	劉啓益 1984：頁 227	"初吉庚寅"當爲"初吉戊寅"，合於《日月食典》宣王十八年十二月。

序號	器　名	字數	銘文著錄	時　代	出　　處	依　　據
2635	善夫克盨 克盨、克 簋、善夫 克簋、膳 夫克盨	100 （重文 2）	04465	厲王	唐蘭 1985：頁 124	同人作鼎，爲厲王時器，王年近二十七年，參大克鼎（02836）。
				穆王	丁驌 1985：頁 32	曆日。
				厲王	何幼琦 1985：頁 12	曆日。
				厲王	高木森 1986：頁 127	形制，紋飾，銘文。
				夷王	吳鎮烽 1987：頁 279	參師克盨蓋（04468）。
				孝王	馬承源等 1988：頁 221 器 305	曆日合於《年表》孝王十八年。
				厲王	李仲操 1991：頁 77	曆日。
				宣王	劉雨 1997：頁 247–248	
				孝王	青全 1997（5）：頁 75 器 79	
				宣王	彭裕商 1999：頁 58	
				厲王前後	王世民等 1999：頁 108 盨 11	器形。
				夷厲	李學勤 1999f：頁 152	本銘記登錄膳夫克所有的田和人，與夷厲時大克鼎（02836）敘述的王對克之賞賜有關，爲同時器。
				宣王十八年	斷代工程 2000：頁 21	類型排比。排西周金文曆譜。
				宣王	李學勤 2000b：頁 92	形制，字體，銘文格式，曆日。
				宣王	劉啓益 2002：頁 386	與克鐘（00204）有關。月相與《張表》夷宣厲三世不合，應爲誤記。
				厲王	杜勇、沈長雲 2002：頁 88	克器曆日不相容，根據克的職務不同，本器稍晚置於厲王時。
				宣王	彭裕商 2003：頁 452	與克鐘（00204）同出，爲同一人作，後者在宣王時。但日辰不合。
				西周中期後段	吳鎮烽 2006：頁 322	善夫克，西周中期後段人。
				宣王	張懋鎔 2008：頁 350	
				宣王	朱鳳瀚 2009：頁 1224	
2636	斁從盨 屚比盨、 斁從盨、 禹從簋、 斁比盨	存 121	04466	西周晚期	集成 2007（4）：頁 3434	
				厲王二十五年	吳其昌 1929（2004）：頁 416	同人作斁攸從鼎（02818）爲厲王時器無疑。"克"亦見於厲王時克尊（09725）、克鐘（00204）等器。日辰合於《曆譜》厲王二十五年。

序號	器 名	字數	銘文著錄	時 代	出 處	依 據
2636	𣪘从盨 𠶷 比 盨、 𣪘 从 盨、 𠶷 从 簋、 𣪘比盨	存 121	04466	厲王	郭沫若 1935（2002）：頁 265	"善夫克"之名見於厲王時小克鼎（02796）。
				厲王	莫非斯 1936：P	
				厲王二十五年	容庚 1941（2008）：頁 40、頁 279 盨 10	"善夫克"見厲王時大克鼎（02836）等。
				夷王二十五年	李學勤 1959：頁 45	
				夷王	陳夢家 1966（2004）：頁 267	"善夫克"見夷王時大克鼎（02836）。
				厲王	白川靜 1970：頁 614–626 器 179	
				厲王	唐蘭 1976—1978（1986）：頁 517	
				非厲王時	戚桂宴 1981：頁 82	
				宣王	劉雨 1983：頁 156	右者"膳夫克"，該人在宣王時做克器，參克鐘（00204）。
				厲王	何幼琦 1983a：頁 58	厲王奔彘時臨時拼湊的班子，因此内史不懂賜命的格式。
				厲王二十五年	劉啓益 1984：頁 244	
				厲王	唐蘭 1985：頁 124	"善夫克"見於厲王時克盨（04465）、小克鼎（02796）。
				厲王二十五年	高木森 1986：頁 142	人物。
				厲王	馬承源等 1988：頁 294 器 424	同人作鼎（02818）曆日合於厲王三十一年。
				厲王	李零 1993：頁 666	
				約厲王	辭典 1995：頁 124 器 431	
				宣王	劉雨 1997：頁 247	
				厲王前後	王世民等 1999：頁 105 盨 7	器形。
				宣王	劉啓益 2002：頁 388	右者"善夫克"與宣王時大克鼎（02836）之"善夫克"爲同一人。
				宣王	彭裕商 2003：頁 458	器形、紋飾較晚。同人作鼎（02818）在宣王時。
				厲王	葉正渤 2006：頁 199	從《史記》説，厲王在位 37+14=51 年，則厲王元年爲前 878 年。既望是十四日。據《張表》《董譜》，該器曆日合曆。
				西周晚期	吳鎮烽 2006：頁 338	𣪘比，西周晚期人。
				厲王	張懋鎔 2008：頁 351	

序號	器 名	字數	銘文著録	時 代	出 處	依 據
2637	師克盨	146（又重文2）	04467-04468；近出0507、新收1907	西周晚期	集成 2007（4）：頁 3435	
				西周晚期	近出 2002（二）：頁 406	
				西周晚期	新收 2006：頁 1275	
				宣王	羅福頤 1959：頁 64	"王若曰" 等文句同宣王時毛公鼎（02841）、師訇簋（04342）、師袁簋（04313）。
				幽王	李學勤 1959：頁 46	
				厲王	郭沫若 1962a：頁 9–14	師克又作有克盨（04465），記載克之父祖已逝世，與本銘同，兩器時代當相近。克盨作於厲王十八年。
				厲王	陳夢家 1966（2004）：頁 314	花紋近於夷王時克盨（04465）而略晚，師克與善夫克無關，應是厲王時。
				夷王	白川靜 1969c：頁 541–552 器 172	
				厲王	唐蘭 1976—1978（1986）：頁 516	
				孝王	馬承源等 1988：頁 222 器 307	
				宣王	張聞玉 1990：頁 10	
				厲王	楊曉能 1994：頁 70–73	*近出 0507。
				西周後期	辭典 1995：頁 125 器 434	
				恭王	黎東方 1997：頁 230	
				厲王前後	王世民等 1999：頁 109 盨 12	器形。
				未	李學勤 1999f：頁 155	世任武官，與膳夫克一家世任宰官不同，非同一人。
				夷王	杜勇、沈長雲 2002：頁 88	克器曆日不相容，根據克的職務不同，本器稍早置於夷王時。
				宣王	彭裕商 2003：頁 454	與宣世克鐘（00204）等同出。器形、紋飾皆同宣世器。銘文格式、用語、字體都有晚期特點。
				宣王	彭裕商 2005：頁 100	冊命格式同毛公鼎（02841）、逨器等宣王時器。
				西周晚期	吳鎮烽 2006：頁 260	師克，西周晚期人。
				宣王	張懋鎔 2008：頁 350	

續表

序號	器 名	字數	銘文著録	時 代	出 處	依 據
2638	塱盨 寅盨、寅 簋	151 （又重 文2、 合文 1）	04469	西周晚期	集成2007（4）：頁3435	
				成王四年	吳其昌1929（2004）：頁113、117	"塱"見於周公東征鼎（02739），"叔邦父"即康叔封，"塱"爲"叔邦父"之子。本銘與《康誥》語旨密合。
				宣王	郭沫若1935（2002）：頁298	文體類宣王時毛公鼎（02841）。"虐逐乎君乎師"指厲王奔彘事，此爲宣世器。
				幽王	李學勤1959：頁46	
				共和	白川靜1970b：頁722–732器184	
				孝王	唐蘭1976—1978（1986）：頁488	
				孝王	吳鎮烽1987：頁279	師克即大克鼎（02836）之善夫克、伯克壺（09725）之伯克，大克鼎稱克之祖師華父事龔王，則克當孝夷之世。據銘文記年，克器分屬兩世，克初任師職，當孝王世，後任善夫，當夷王世。即伯克壺、克鎛（00209）、克鐘（00204）、師克盨（04467）爲孝世器，大小克鼎、克盨爲夷世器。
				宣王	馬承源等1988：頁312器443	
				宣王	馮時1998：頁31–34	銘末叔邦父、叔姞，即晉侯墓地M64、M63之邦父、楊姞，此爲邦父新命晉侯時事。
				宣王	劉啟益2002：頁401	"虐逐厥君厥師"，明指厲王奔彘事，同意郭沫若説。
				宣王	彭裕商2003：頁473	器形，紋飾，銘文分鑄，賞賜物。
				西周晚期	吳鎮烽2006：頁374	塱，西周晚期人。
				西周晚期	張懋鎔2008：頁350	

西周有銘銅器斷代研究綜覽

黃鶴 著

吳振武 題

·下·

上海古籍出版社

八、簋類

序號	器 名	字數	銘文著錄	時 代	出 處	依 據
2639	史利簋	4	04473-04474	西周晚期	集成 2007（4）：頁 3435	
				西周晚期	吳鎮烽 2006：頁 90	史利，西周晚期人。
2640	射南簋	6	04479-04480	西周晚期	集成 2007（4）：頁 3435	
				西周後期	王軒 1965：頁 547	同墓銅器的花紋、銘文、製作形式及同出玉器。
				西周晚期	吳鎮烽 2006：頁 259	射南，西周晚期人。
2641	史頌簋	6	04481	西周晚期	集成 2007（4）：頁 3436	
				宣王三年	吳其昌 1929（2004）：頁 474、473	作器者"史頌"同宣王三年之史頌鼎（02787）。
				孝王	白川靜 1968c：頁 187-190 器 138 附	
				共和	馬承源等 1988：頁 301	
				夷王	劉啓益 2002：頁 352	同人作史頌簋（04229），夷王時器。
				宣王	彭裕商 2003：頁 445	器形，紋飾。
				宣王三年	李學勤 2006：頁 160-164	參史頌鼎（02787）。
				西周晚期	吳鎮烽 2006：頁 93	史頌，西周晚期人，名頌。
2642	仲其父簋	6	04482-04483	西周晚期	集成 2007（4）：頁 3436	
				西周晚期	吳鎮烽、朱捷元、尚志儒 1979：頁 120	
				西周晚期	吳鎮烽 2006：頁 121	仲其父，西周晚期人，字其父，在宗氏家族中排行第二。
				西周晚期	張婷 2009：頁 47	形制，紋飾。
2643	劊伯簋	6	04484	西周晚期	集成 2007（4）：頁 3436	
				西周晚期	吳鎮烽 2006：頁 374	劊伯，西周晚期人。
2644	般仲廙簋	6	04485	西周晚期	集成 2007（4）：頁 3436	
				西周晚期	吳鎮烽 2006：頁 267	般仲廙，西周晚期人。
2645	樊君靡簋	6	04487	春秋早期	集成 2007（4）：頁 3436	
				西周後期至春秋戰國	容庚 1941（2008）：頁 276 簋 9	
2646	蔡侯簋	6	04491	春秋晚期	集成 2007（4）：頁 3436	
				幽王	董作賓 1953（1978）：頁 806	
2647	函交仲簋	8	04497	西周晚期	集成 2007（4）：頁 3437	
				孝王	陳夢家 1966（2004）：頁 250	器銘與《詩·十月之交》無關。函皇父組器的形制、器銘稱謂屬西周中期後半。已行盤匜之制而稱"盤盉"，當在盉匜的轉變初期。

序號	器　名	字數	銘文著錄	時　代	出　　處	依　　據
2647	函交仲簠	8	04497	夷王	白川靜 1969b：頁 412–416 器 158 附	
				宣王	唐蘭 1976—1978（1986）：頁 517	
				西周晚期	吴鎮烽 2006：頁 220	函交仲，西周晚期人。
2648	虢叔作叔 殷穀簠蓋 虢叔簠	8	04498	西周晚期	集成 2007（4）：頁 3437	
				厲王	白川靜 1969a：頁 379–381 器 155 附	
				西周晚期	陳佩芬 2004：頁 527 器 406	
				西周晚期	吴鎮烽 2006：頁 378	虢叔，西周晚期人。
2649	衛子叔旡 父簠 衛子叔旡 父簠	8	04499	春秋早期	集成 2007（4）：頁 3437	
				西周晚期	馬承源等 1988：頁 334 器 479	
2650	虢季簠	8（蓋 器同 銘）	近出 0512、 新收 0035	西周晚期	近出 2002（二）：頁 412	
				西周晚期	新收 2006：頁 35 器 35	
				西周晚期	張長壽 1991	青銅器和玉器與豐鎬遺址 中、晚期墓對比，M2001 當在西周晚期。車馬坑的 不同跟年代無關。
				東周	賈峨 1991：頁 75	係西虢隨平王東遷後所 鑄。
				東周初	李學勤 1991：頁 60	
				西周晚期	馬承源 1991：頁 61	出土物更有西周晚期特徵。 同出虢季鐘（近出 0086– 0093）銘"與"不可讀爲 "舉"釋"拔"，非平王東遷 後器。
				兩周之際	杜廼松 1991：頁 67	形制，紋飾。
				西周晚期	姜濤 1991：頁 90	形制、紋飾皆爲西周晚期 流行。
				宣王晚年	蔡運章 1994b：頁 42–43	該墓銅器形制近西周中晚 期。該墓銅器形制略晚 於 M2009，後者在宣王初 年，該墓當在宣王晚年。
				西周晚期	河南 D1999：頁 526	形制，紋飾。
				兩周之際	寧會振 2000：頁 55–57	
				宣王	張彥修 2004：頁 76–78	墓主爲周宣王時虢文公。
				西周晚期	張婷 2009：頁 47	形制，紋飾。

續表

序號	器　名	字數	銘文著録	時　代	出　　處	依　　據
2651	虢叔簋 虢叔匝	10	04514–04515	西周中期	集成 2007（4）: 頁 3438	
				西周後期或春秋時期	孫善德 1964: 頁 50	器形, 花紋, 銘文。*04514。
				厲王	白川靜 1969a: 頁 378–381 器 155 附	
				西周中期	馬承源等 1988: 頁 250 器 356	*04515。
				宣王	劉啓益 2002: 頁 390	器主爲"虢叔"者尚有鬲（00524）、 臣（04515）、尊（05914）、盨（04389）、盂（10306）、鼎（02492）等,"虢叔"見於懿王器癲壺（09726）,鬲形制同宣王時杜伯鬲, 匝的最早出現於西周晚期, 故此虢叔器皆當爲宣王時器, 虢叔即虢叔旅鐘（00238）之"虢叔旅"。
				西周晚期	陳佩芬 2004: 頁 525 器 405	*04515。
				西周晚期	吳鎮烽 2006: 頁 378	虢叔, 西周晚期人。
2652	𣄰遣簋 冶遣簋	10（重文 2）	04516	西周晚期	集成 2007（4）: 頁 3438	
				接近共和時期	段紹嘉 1963: 頁 10	
				西周中葉以後	郭沫若 1963: 頁 5	文體, 字體, 器制, 花紋。
				西周後期	郭寶鈞 1970（1981）: 頁 60–62	與穆王時長安普渡村長凶墓對照。
				西周晚期	陝西 1980（2）: 頁 22 器 168	
				西周晚期	曹瑋等 2005（1）: 頁 81	
				西周中晚期	張懋鎔 2006a: 頁 230	
2653	魯士㕜父簋 魯士㑑簋、魯士聟簋、聟父簋	10	04517–04520	春秋晚期	集成 2007（4）: 頁 3438	
				西周晚期	馬承源等 1988: 頁 339 器 489	*04518。
				西周晚期	彭裕商 2003: 頁 502	紋飾, 字體。
2654	窦姒簋 密姒筐	11（重文 2）	04522	西周晚期	集成 2007（4）: 頁 3439	
				西周晚期	陝西 F1978a: 頁 8	
				西周晚期	陝西 1980（2）: 頁 16 器 114	
				西周晚期	曹瑋等 2005（5）: 頁 982	
				西周晚期	張懋鎔 2006a: 頁 230	
				西周晚期	吳鎮烽 2006: 頁 294	密姒, 西周晚期姒姓婦女。

續表

序號	器　名	字數	銘文著錄	時　代	出　處	依　據
2655	史夒簋	11	04523	西周晚期	集成 2007（4）:頁 3439	
				西周晚期	吳鎮烽 2006:頁 93	史夒,西周晚期人,名夒。
2656	塞簋	11（重文 2）	04524	西周晚期	集成 2007（4）:頁 3439	
				西周晚期	吳鎮烽 2006:頁 348	塞,西周晚期人。
2657	善夫吉父簋	12	04530	西周晚期	集成 2007（4）:頁 3440	
				屬宣時期	劉啓益 2002:頁 373	參兮吉父簋（04008）。
				西周晚期	吳鎮烽 2006:頁 322	善夫吉父,西周晚期人。
2658	内公簋	12	04531	西周晚期	集成 2007（4）:頁 3440	
				春秋早期	吳鎮烽 2006:頁 190	芮公,春秋早期人。
2659	胄簋	12（重文 2）	04532	西周晚期	集成 2007（4）:頁 3440	
				西周後期	王軒 1965:頁 547	同墓銅器的花紋、銘文、製作形式及同出玉器。
				西周晚期	張懋鎔 2008a:頁 147–149	
2660	□呪簋伊諆簋	12	04533	西周晚期	集成 2007（4）:頁 3440	
				西周晚期	社科院 F1983:頁 104	形制,紋飾。
				西周晚期	吳鎮烽 2006:頁 125	伊諆,西周晚期人。
2661	伯嚋父簋伯嚋父瑚	13	04536	西周晚期	集成 2007（4）:頁 3440	
				西周晚期	陝西 G1982:頁 10	據同出殘片及器物本身。
				西周晚期	曹瑋等 2005（10）:頁 2165	
				西周晚期	張懋鎔 2006a:頁 231	
				西周晚期	吳鎮烽 2006:頁 160	伯嚋父,西周晚期人。
2662	内大子白簋蓋大子白簋、芮太子簋、晧子伯簋、芮大子白簋蓋	13（又重文 1）	04537–04538	西周晚期	集成 2007（4）:頁 3440	
				春秋早期	吳鎮烽 2006:頁 190	芮大子白,春秋早期人。
2663	獣叔簋	15（又重文 1）	04552	西周晚期	集成 2007（4）:頁 3441	
				西周晚期	陳佩芬 2004:頁 529 器 407	
				西周晚期	吳鎮烽 2006:頁 363	獣叔,西周晚期人。
2664	尹氏貯良簋	15（又重文 2）	04553	西周晚期	集成 2007（4）:頁 3441	
				西周晚期	吳鎮烽 2006:頁 80	尹氏貯良,西周晚期人。
2665	伯勇父簋	15（又重文 2）	04554	西周晚期	集成 2007（4）:頁 3441	
				西周晚期	吳鎮烽 2006:頁 156	伯戝父,西周晚期人。

續表

序號	器　名	字數	銘文著錄	時　代	出　處	依　據
2666	師麻𠭯叔簠	15（又重文2）	04555	西周晚期	集成 2007（4）：頁 3441	
2667	魯侯簠	15（蓋器同銘）	近出 0518、新收 1068	西周晚期	近出 2002（二）：頁 419	
				西周晚期－春秋早期	新收 2006：頁 766	
				西周晚至春秋初	程繼林、呂繼祥 1986：頁 13–14	形制同扶風齊家村西周晚期冶遺筐（04516）。銘文字體屬西周晚期。同墓出土他器皆有晚期風格。
				西周晚期	吳鎮烽 2006：頁 381	魯侯，西周晚期人。
2668	虢碩父簠	15（又重文2）	近出 0520、新收 0052	西周晚期	近出 2002（二）：頁 422	
				西周晚期	新收 2006：頁 52	
				約幽王	河南 D1999：頁 475、514	
				兩周之際	王龍正、楊海青、喬斌 2000：頁 232	“碩父”即幽王卿士虢石父，自作祭器。該簠形制、紋樣、字體有兩周之際特徵。
				西周晚期到春秋早期	吳鎮烽 2006：頁 379	虢碩父，西周晚期到春秋早期人。
				幽王	成楠、馬偉峰、胡小平 2007：頁 62–63	參虢石父鬲（《文博》2007.06 頁 63）。
				西周晚期	蔡運章 2007	形制，紋飾，銘文。虢碩父、虢季氏子段、虢文公子段皆為一人。
2669	虢仲簠	15	近二 0470、新收 0046	西周晚期	近二 2010（二）：頁 151	
				西周晚期	新收 2006：頁 46	
				西周晚期	河南 D2000：頁 33	隨葬的銅禮器的組合、形制、紋飾有西周晚期特點。
				西周晚期	吳鎮烽 2006：頁 378	虢仲，西周晚期人。
2670	季良父簠季壴父簠、周季高簠	16（又重文2）	04563–04564	西周晚期	集成 2007（4）：頁 3442	
				西周後期至春秋戰國	容庚 1941（2008）：頁 276 簠 4	
				西周晚期	吳鎮烽 2006：頁 206	季壴父，西周晚期人。
2671	交君子𠭯簠	16	04565	西周晚期	集成 2007（4）：頁 3442	

續表

序號	器　名	字數	銘文著錄	時　代	出　處	依　據
2672	郙仲簠	17	近二 0472–0473、新收 1045–1046	西周晚期	近二 2010（二）：頁 153	
				西周晚期	新收 2006：頁 749	
				西周晚期	吳鎮烽 2006：頁 222	郙仲，西周晚期人。
2673	虢石父簠	17（又重文 2）	文博 2007 年 06 期頁 64	幽王	成楠、馬偉峰、胡小平 2007：頁 62–63	參虢石父鬲（《文博》2007.06 頁 63）。
2674	季宮父簠	18	04572	西周晚期	集成 2007（4）：頁 3443	
				西周晚期	吳鎮烽 2006：頁 205	季宮父，西周晚期人。
2675	羌仲虎簠 羌仲兂簠	20（重文 2）	04578	西周晚期	集成 2007（4）：頁 3444	
				西周晚期	吳鎮烽 2006：頁 212	羌仲兂，西周晚期人。
2676	史免簠 史兂簠	20（重文 2）	04579	西周晚期	集成 2007（4）：頁 3444	
				夷王	吳其昌 1929（2004）：頁 356	作器者同夷王時兂彝（06006）。
				懿王	郭沫若 1935（2002）：頁 198	此免亦諸免器之免，古官兼攝。
				懿王	容庚 1941（2008）：頁 38	作器者同懿王時免簠（04240）。
				恭王	白川靜 1968：頁 474–478 器 115 附	
				懿王	馬承源等 1988：頁 181	
				宣王	彭裕商 2003：頁 471	器形、紋飾、字體、措辭、用韻皆同宣王時伯公父簠（04628）。
				西周晚期	吳鎮烽 2006：頁 91	史免，西周晚期人。
2677	叔邦父簠	20（又重文 2）	04580	西周晚期	集成 2007（4）：頁 3444	
				成王四年	吳其昌 1929（2004）：頁 115	"叔邦父"見於成王四年的塑盨（04469）。
				厲宣	吳鎮烽 2006：頁 195	叔邦父，西周屬宣時期人。
2678	黿叔夛父簠 杞孟匜、郱叔夛父簠、是叔虎父簠	21（又重文 2）	04592	春秋早期	集成 2007（4）：頁 3445	
				西周晚期	李常松 1986：頁 367	形制，紋飾。
2679	曹公簠	21（又重文 2）	04593	春秋晚期	集成 2007（4）：頁 3445	
				西周	淮陽 A1981：頁 59	
2680	叔簠	21（又重文 2）	近出 0522	西周晚期	近出 2002（二）：頁 425	

序號	器　名	字數	銘文著錄	時　代	出　　處	依　　據
2681	郜召簋	23	近出 0526、新收 1042	西周晚期	近出 2002（二）：頁 432	
				西周晚期	新收 2006：頁 747	
				西周晚期	山東 B1998：頁 24	
				西周晚期	張婷 2009：頁 47	形制，紋飾。
2682	曾侯簋 叔姬霝簋、叔姬簋	24（又重文 2）	04598	西周晚期	集成 2007（4）：頁 3445	
2683	蛗公諴簋 郜公諴簋、郜公簋、郜公諴簋、蛗公諴旅簋	25（又重文 2）	04600	西周晚期	集成 2007（4）：頁 3446	
				春秋早期	陳佩芬 2004b：頁 49	
				西周晚期	吳鎮烽 2006：頁 357	蛗公諴，西周晚期人。
2684	蔡大膳夫趣簋 蔡大善夫趣簋	29（又重文 2）	近出 0529、新收 1236	西周晚期	近出 2002（二）：頁 435	
				西周晚期 – 春秋早期	新收 2006：頁 868	
2685	原氏仲簋	30	近出 0530–0532	春秋前期	近出 2002（二）：頁 530	
				春秋前期	秦永軍、韓維龍、楊鳳翔 1989：頁 313	
2686	叔家父簋	31	04615	春秋前期	集成 2007（4）：頁 3447	
				幽王	吳其昌 1929（2004）：頁 532	"叔家父" 即《節南山》刺諭幽王之 "家父"。
				宣王	馮時 1998：頁 31–34	叔家父，當即殤叔。
2687	弋叔朕簋	34（又重文 2）	04621–04622	春秋前期	集成 2007（4）：頁 3447	
				共和三年	吳其昌 1929（2004）：頁 436	與弋叔朕鼎（02690）爲同人上下年作器，兩器日辰可共容於共和三、四年或厲王四、五年，據宣王器多用陽韻，此器風尚近之，故取共和時。
2688	免簋 宄簋、免彝	44	04626	西周中期	集成 2007（4）：頁 3448	
				夷王十二年	吳其昌 1929（2004）：頁 355	參宄彝（06006）。
				懿王	郭沫若 1935（2002）：頁 197	同人作免簋（04240），爲懿王時器。
				懿王	李學勤 1959：頁 44	
				懿王	陳夢家 1966（2004）：頁 182	作器者同懿王時免簋（04240）。

序號	器　名	字數	銘文著錄	時　代	出　　處	依　　據
2688	免簠 尤簠、免 彝	44	04626	恭王	白川靜 1968：頁 459–478 器 115 附	
				穆王	唐蘭 1976—1978（1986）：頁 372	參免尊（06006），據賞賜物當稍晚。
				懿王	馬承源等 1988：頁 180 器 252	
				懿孝	張長壽 1990：頁 32–35	人物"井叔"。
				孝王八年	趙光賢 1992：頁 47	曆日。
				夷王	李仲操 1998a：頁 320	右者"井叔"見於夷王時趞觶（06516）。曆日合於夷王四年。
				懿王	劉啟益 2002：頁 304	參免尊（06006）。
				西周中期	彭裕商 2003：頁 382	參免簋（04240）。
				西周中期 前段	吳鎮烽 2006：頁 210	免，西周中期前段人。
2689	弭仲簠	51	04627	西周晚期	集成 2007（4）：頁 3448	
				宣王	吳其昌 1929（2004）：頁 484	"弭仲"即詩《六月》之"張仲"，宣王時功臣。
				西周晚期	吳鎮烽 2006：頁 243	弭仲，西周晚期人。
2690	伯公父簠 伯公父瑚	59（又 重文 2）	04628	西周晚期	集成 2007（4）：頁 3448	
				西周晚期	陝西 1980（3）：頁 15 器 94	
				西周晚期	周原 A1982：頁 87	形制，紋飾，字體。
				孝王	馬承源等 1988：頁 219	"白大師"見於恭王時師䶑鼎（02830）及孝王時伯克壺（09725）、白大師盨（04404）。形制、紋飾均不早至恭王時。
				西周後期	辭典 1995：頁 122 器 426	
				西周晚期	青全 1997（5）：頁 79 器 83	
				宣王	劉啟益 2002：頁 393	"伯公父"爲伯太師之屬官（小子），後者見於宣王時伯太師盨（04394）。
				西周晚期	馬承源 2003a：頁 136 簠 2	器形。
				宣王	彭裕商 2003：頁 468	簠的出現不早於宣王。同人作器還有盨蓋（04384）、壺蓋（09656）、勺（09935）等，器形、紋飾、字體皆爲西周晚期風格，且用韻。
				西周晚期	曹瑋等 2005（10）：頁 2160	
				西周晚期	吳鎮烽 2006：頁 153	伯公父，西周晚期人。

九、豆類

序號	器 名	字數	銘文著錄	時 代	出 處	依 據
2691	史父乙豆	3	近出 0539、新收 0827	西周早期	近出 2002（二）：頁 451	
				西周早期	新收 2006：頁 607	
				康王前期	盧連成、胡智生 1988：頁 263	伴出器物的組合、形制、紋飾。
				二期中段（約成康）	盧連成、胡智生 1988a：頁 502–507	墓葬。
				一期（約成康）	朱鳳瀚 2009：頁 1520	組合，形制，紋飾。
2692	蘇貉豆	4	04659	春秋早期	集成 2007（4）：頁 3451	
				西周晚期到東周早期	中科院 1959：頁 49	
				宣幽	李豐 1988：頁 1039	該墓爲虢國墓一期，當宣幽時。
				宣幽	李豐 1988a：頁 397	墓葬。
2693	衛始豆	6	04666–04667	西周晚期	集成 2007（4）：頁 3451	
				孝王	陳夢家 1966（2004）：頁 254	簋蓋形制、紋飾同孝王時師兌簋（04275）。
				西周後期（或西周中期）	辭典 1995：頁 120 器 416	
2694	隉叔簠隆叔鋪	7	04669	西周晚期	集成 2007（4）：頁 3452	
				西周晚期	吳鎮烽 2006：頁 319	隉叔，西周晚期人。
2695	單昊生豆周疑生豆、單昊生豆	8	04672	西周晚期	集成 2007（4）：頁 3452	
				厲王	吳其昌 1929（2004）：頁 363	"單昊生"即厲王時虠段（04294）之"嗣徒單白"。
				懿王	陳夢家 1966（2004）：頁 195 器 141 附	器主同單伯昊生鐘（00104）。
				懿王	白川靜 1968b：頁 93–94 器 132 附	
				恭王（或懿王）	馬承源等 1988：頁 165	
				西周晚期	曹瑋 2003：頁 63–65	與單伯昊生鐘（00104）爲同人作器，彼器屬西周晚期。
				恭、懿	董珊 2003：頁 42–46	單伯昊生即逨盤（近二 0939）之"零伯"，當恭懿時。
				厲王	白光琦 2006：頁 69	詞語"▨堇大命"，形制，紋飾。
				孝、夷	田率 2008：頁 85	人物聯繫。

序號	器 名	字數	銘文著録	時 代	出 處	依 據
2696	曾仲斿父簠 曾仲斿父豆	8	04673－04674	春秋早期	集成 2007（4）：頁 3452	
				西周晚期至春秋早期	湖北 A1972：頁 49	組合、形制、花紋，與西周晚至春秋早期豆相近。
				兩周之際	劉彬徽 1986：頁 246	
				西周晚期	楊寶成 1989：頁 132	伴出器形制、紋飾、字體。
				西周晚期	楊寶成 1991：頁 15–16	同墓銅器群的組合、器形、紋飾和銘文判斷，當屬西周晚期。
2697	虢季豆 虢季鋪	8（又重文2）	近出 0541－0542、新收 0036－0037	西周晚期	近出 2002（二）：頁 453	
				西周晚期	新收 2006：頁 36–37 器 36–37	
				西周晚期	河南 D1999：頁 526、524	形制，紋飾。
				宣王	張彥修 2004：頁 76–78	墓主爲周宣王時虢文公。
2698	虢姜鋪	8	近二 0482、新收 1460	西周晚期	近二 2010（二）：頁 164	
				西周晚期	新收 2006：頁 1010	
2699	微伯瘋簠	10	04681	西周中期	集成 2007（4）：頁 3452	
				懿孝	陝西 1980（2）：頁 7 器 51	
				共王	伍士謙 1981：頁 97–126	參三年瘋壺（09726）。
				孝王	吳鎮烽 1987：頁 279	據微氏家族世系排列，“瘋”爲懿孝時期人。造型、字體有較晚特徵。
				孝夷	盧連成、胡智生 1988a：頁 522	
				西周中期	青全 1997（5）：頁 72 器 76	
				宣王前後	羅泰 1997：頁 651–676	參牆盤（10175）。
				懿孝	馬承源 2000a（2007）：頁 174	父親是恭王時代史官，當懿孝時人。
				懿孝	劉啓益 2002：頁 298	“微伯瘋”的活動時間在懿孝時，見三年瘋壺（09726）。
				約孝夷厲	李零 2002a：頁 44	器形風格，字體特徵，年代序列。
				西周中期	馬承源 2003a：頁 147 鋪 2	器形。
				西周中期	曹瑋等 2005（4）：頁 684	
				孝王	吳鎮烽 2006：頁 257	微伯瘋，西周孝王時人。
2700	周生豆 琱生簋	10	04682－04683	西周晚期	集成 2007（4）：頁 3453	
				宣王	吳其昌 1929（2004）：頁 504	“周生”即宣王時召伯虎殷（04292）等器之“嘼生”。

續表

序號	器 名	字數	銘文著錄	時 代	出 處	依 據
2700	周生豆 珊生簋	10	04682- 04683	西周晚期	寶雞 F1980：頁 1-9	周生，見於周生豆（04683）、召伯虎簋（04292）等西周晚期器物。
				西周中期	陝西 1984（4）：頁 15 器 106	
				懿王	吳鎮烽 1987：頁 277	
				西周中期	辭典 1995：頁 121 器 421	
				西周中期	青全 1997（5）：頁 71 器 75	
				共和	劉啓益 2002：頁 413	器主同共和時珊生簋（04292）。
				西周中期	馬承源 2003a：頁 142 豆 3	器形。
				西周晚期	吳鎮烽 2006：頁 209	周生，西周晚期人。
				厲宣	王輝 2008：頁 46-49	
2701	☒公簠 杜嬿鋪、 劉公鋪	10	04684	西周晚期	集成 2007（4）：頁 3453	
				夷王	陳夢家 1966（2004）：頁 291	紋飾與善夫克器相似，後者夷王時。
				宣王	劉啓益 2002：頁 395	
				西周晚期	吳鎮烽 2006：頁 448	☒公，西周晚期人。
2702	康生豆	10	04685	西周中期	集成 2007（4）：頁 3453	
				西周早期	青全 1997（6）：頁 128 器 131	
				西周早期	吳鎮烽 2006：頁 292	康生，西周早期人。
2703	晉侯對鋪	24	近二 0483、 新收 0857	西周晚期	近二 2010（二）：頁 165	
				西周晚期	新收 2006：頁 629	
				西周晚期	吳鎮烽 2006：頁 255	晉侯對，西周晚期人，名對，晉國國君。
2704	大師盧豆	28	04692	西周晚期	集成 2007（4）：頁 3453	
				孝王	李學勤 1959：頁 45	
				懿王	陳夢家 1966（2004）：頁 191 器 137 附	盧所作之簋（04252）在懿王時。
				懿王	白川靜 1968a：頁 43-54 器 126 附	
				懿王	唐蘭 1976—1978（1986）：頁 476	
				夷王	馬承源等 1988：頁 267 器 389	
				懿王	劉啓益 2002：頁 311	作器者同太師盧簋（04252），後者作於懿王時。
				夷王	彭裕商 2003：頁 355、364	作器者同大師盧簋（04252），後者作於夷王時。

續表

序號	器　名	字數	銘文著錄	時　代	出　　處	依　　據
2704	大師虘豆	28	04692	西周中期後段	吴鎮烽 2006：頁 284	虘，西周中期後段人。
2705	姬寏母豆齊豆	30	04693	春秋	集成 2007（4）：頁 3454	
				西周晚期	劉雨 2006：頁 165–171	銘文所述七代先祖名與《管蔡世家》曹世家世系基本相同，此器當爲西周晚期曹器。
				春秋早期	吴鎮烽 2006：頁 278	姬寏母，春秋早期人。

十、卤類

序號	器　名	字數	銘文著錄	時　代	出　　處	依　　據
2706	戈卣	1	04704	西周早期	集成 2007（4）：頁 3454	
2707	戈卣	1	04706	西周早期	集成 2007（4）：頁 3454	
2708	戈卣	1	04708	西周早期	集成 2007（4）：頁 3454	
				西周初期	中科院 1962：頁 118A627	
2709	戈卣	1	04709	西周早期	集成 2007（4）：頁 3454	
2710	戈卣	1	04710	西周早期	集成 2007（4）：頁 3454	
2711	鼎卣	1	04745	西周早期	集成 2007（4）：頁 3457	
				商代	容庚 1941（2008）：頁 314 卣 2	
				西周初期	中科院 1962：頁 112A589	
				商末文丁前後	李學勤 1999d：頁 128	形制、紋飾極似郭家莊 M160：172 器，後者據伴出陶器推斷約爲商末文丁前後。
2712	𠂤卣	1	04756	殷或西周早期	集成 2007（4）：頁 3458	
2713	𠂤卣	1	04757	殷或西周早期	集成 2007（4）：頁 3458	
2714	嬬卣蓋 劦母卣蓋	1	04762– 04763	西周早期	集成 2007（4）：頁 3458	
				西周早期	吳鎮烽 2006：頁 280	劦母，西周早期婦女。
2715	𠆩卣 𠆩壺	1	04764	西周早期	集成 2007（4）：頁 3458	
				商代晚期	陝西 1979（1）：頁 4 器 21	
				商代晚期	曹瑋等 2005（10）：頁 2181	
2716	𠆩卣	1	04765	西周早期	集成 2007（4）：頁 3458	
				商代晚期	陳佩芬 2004a：頁 326	
2717	𠆩卣	1	04766	西周早期	集成 2007（4）：頁 3458	
				西周初期	中科院 1962：頁 114A604	
2718	丮卣	1	04774	殷或西周初	集成 2007（4）：頁 3459	
2719	𪚲卣 龍卣	1	04784	殷或西周早期	集成 2007（4）：頁 3459	
				商代晚期	吳振录 1972：頁 64	形制，紋飾。
2720	亞卣 商卦象卣	1	04804	西周早期	集成 2007（4）：頁 3461	
2721	𠆩卣	1	近出 0555– 0556、新收 0792–0793	西周早期	近出 2002（三）：頁 14	
				商晚～西周早期	新收 2006：頁 580、581	
				西周早期前段	陝西 A1995：頁 123	形制，花紋。
				成王	張長壽 1998：頁 290–294	形制，花紋，組合。

續表

序號	器　名	字數	銘文著録	時　代	出　　處	依　　據
2721	𠆢卣	1	近出 0555-0556、新收 0792-0793	約武王至康王	朱鳳瀚 2009：頁 1228-1265	墓葬。
2722	牛卣	1	近二 0488、新收 1937	商代後期	近二 2010（二）：頁 173	
				商代晚期－西周早期	新收 2006：頁 1294	
				西周早期	首陽 2008：頁 76 器 24	扉棱。
2723	史卣	1	近二 0490-0493	商代後期	近二 2010（二）：頁 175-178	
				西周早期早段	社科院 2005：頁 510	
				一期（約武王至康王）	朱鳳瀚 2009：頁 1383	器形。
2724	史卣	1	近二 0494	西周早期	近二 2010（二）：頁 179	
2725	亞母卣	2	04818	西周早期	集成 2007（4）：頁 3462	
				武王至成王早年	李豐 1988a：頁 396	墓葬。
				二期早段（約武成）	盧連成、胡智生 1988a：頁 500	墓葬。
				西周早期	吴鎮烽 2006：頁 185	亞母，西周早期人。
2726	父乙卣	2	04822	殷或西周早期	集成 2007（4）：頁 3462	
2727	父癸卣	2	04836	商代後期	集成 2007（4）：頁 3462	
				西周初期	中科院 1962：頁 108A566	
2728	豖癸卣	2	04841	殷或西周早期	集成 2007（4）：頁 3463	
2729	婦[illegible]卣 周婦卣	2	04845-04846	殷或西周早期	集成 2007（4）：頁 3463	
2730	子臭卣	2	04849	殷或西周初	集成 2007（4）：頁 3464	
2731	魚從卣	2	04853	西周早期	集成 2007（4）：頁 3464	
				西周早期前段	張劍、孫新科 1996：頁 331	該組器雖器形近商代晚期，但已出現尊卣組合。
				西周早期	吴鎮烽 2006：頁 289	魚從，西周早期人。
2732	戈⋈卣	2	04854、新收 0780	西周早期	集成 2007（4）：頁 3464	
				商晚－西周早期	新收 2006：頁 568	
				西周初期	葛今 1972：頁 5-8	同出各器的器質，銘文，造型，紋飾。

續表

序號	器　名	字數	銘文著錄	時　代	出　　處	依　　據
2732	戈囗卣	2	04854、新收 0780	西周早期	陝西 1984（4）：頁 20 器 138	
				武王至成王早年	李豐 1988a：頁 396	墓葬。
				二期早段（約武成）	盧連成、胡智生 1988a：頁 500	墓葬。
				文王	劉啓益 1993：頁 383	該墓葬出土銅器的形制。
				殷晚	陝西 A1995：頁 121	形制，紋飾。
				西周前期	辭典 1995：頁 143 器 495	
				西周早期	青全 1997（6）：頁 131 器 134	
				西周初年	張長壽 1998：頁 290–294	銅器形制、花紋、組合。
				約武王至康王	朱鳳瀚 2009：頁 1228–1265	墓葬。
2733	日皿卣	2	04858–04859	殷或西周初	集成 2007（4）：頁 3464	
				商代	容庚 1941（2008）：頁 314 卣 3	*04859。
2734	召卣	2	04868	西周早期	集成 2007（4）：頁 3465	
				商代	容庚 1941（2008）：頁 315 卣 7	
				夷王（或厲王）	丁驌 1985：頁 46、49	曆日。
				武王（武成之際）	殷瑋璋、曹淑琴 1991：頁 5、11	根據召公一生的活動及相應的稱謂變化排序，單稱召的銅器皆爲食邑於召時所作。此器古樸，當爲武王或武成之際。
				昭王	李學勤 1997c	與昭王時令器相關。
				西周早期	馬承源 2003a：頁 218 卣 3	器形。
2735	囗合卣	2	04875	殷或西周早期	集成 2007（4）：頁 3466	
2736	人安卣	2	04881	殷或西周早期	集成 2007（4）：頁 346	
2737	其心卣	2	04883	西周早期	集成 2007（4）：頁 3466	
2738	用征卣	2	04884	西周早期	集成 2007（4）：頁 3466	
2739	馬永卣	2	04885	西周	集成 2007（4）：頁 3466	
2740	作彝卣	2	04886	西周早期	集成 2007（4）：頁 3466	
2741	作旅卣	2	04887	西周	集成 2007（4）：頁 3466	
2742	旅彝卣	2	04888	西周早期	集成 2007（4）：頁 3466	
2743	父乙卣	2	近出 0557	西周早期	近出 2002（三）：頁 16	

續表

序號	器 名	字數	銘文著錄	時 代	出 處	依 據
2744	父戊卣	2	近出 0558、新收 0716	西周早期	近出 2002（三）：頁 17	
				西周早期	新收 2006：頁 527	
				西周早期前段	王長啓 1990：頁 27	造型與 1967 張家坡 M87 出土卣雷同。
2745	叟辛卣 冉辛卣	2	近出 0559	西周早期	近出 2002（三）：頁 18	
2746	龔子卣	2	近出 0562	西周早期	近出 2002（三）：頁 22	
2747	佳壺卣	2（蓋器同銘）	近出 0563、新收 1800	西周早期	近出 2002（三）：頁 23	
				西周	新收 2006：頁 1213	
2748	用徒卣	2	近出附 30	西周	近出 2002（四）：頁 305	
2749	佳壺卣	2	近二 0501	西周早期	近二 2010（二）：頁 186	
2750	父乙卣	2	近二 0502	商代後期	近二 2010（二）：頁 187	
				西周早期早段	社科院 2005：頁 513	
				一期（約武王至康王）	朱鳳瀚 2009：頁 1383	器形。
2751	史且庚卣蓋 史祖庚卣蓋	3	04895	西周早期	集成 2007（4）：頁 3467	
2752	竟且辛卣 竟祖辛卣	3	04896	西周早期	集成 2007（4）：頁 3467	
				商代	容庚 1941（2008）：頁 317 卣 25	
				西周初期	中科院 1962：頁 115A608	
2753	子且壬卣 子祖壬卣	3	04898	西周早期	集成 2007（4）：頁 3467	
				西周初期	中科院 1962：頁 114A606	
2754	舟父甲卣	3	04907	殷或西周早期	集成 2007（4）：頁 3468	
				殷末	喀左 A1977：頁 25	
				西周早期偏早	朱鳳瀚 2009：頁 1429	
2755	天父乙卣	3	04908	殷或西周早期	集成 2007（4）：頁 3468	
2756	天父乙卣	3	04909	殷或西周早期	集成 2007（4）：頁 3468	
				商代晚期	梁景津 1978：頁 93	形制，紋飾。
2757	黽父乙卣	3	04911	西周早期	集成 2007（4）：頁 3468	
2758	束父乙卣	3	04912	西周早期	集成 2007（4）：頁 3468	

續表

序號	器　名	字數	銘文著錄	時　代	出　　處	依　　據
2759	魚父乙卣	3	04914	殷或西周早期	集成 2007（4）：頁 3468	
2760	魚父乙卣	3	04915	殷或西周早期	集成 2007（4）：頁 3468	
2761	魚父乙卣	3	04916	殷或西周早期	集成 2007（4）：頁 3468	
2762	魚父乙卣	3	04917	殷或西周早期	集成 2007（4）：頁 3468	
2763	𠂤父乙卣	3	04921	西周早期	集成 2007（4）：頁 3469	
2764	𪊨父乙卣	3	04935	西周早期	集成 2007（4）：頁 3470	
				殷到西周前期	甘肅 A1972：頁 2-3	形制，花紋，銘文，器物組合。
				成康	甘肅 C1977：頁 124	形制，紋飾。
				成康	李豐 1988a：頁 396	墓葬。
				二期中段（約成康）	盧連成、胡智生 1988a：頁 502-507	墓葬。
2765	𠂤父丁卣	3	04940	西周早期	集成 2007（4）：頁 3470	
2766	爵父丁卣	3	04942	西周早期	集成 2007（4）：頁 3470	
2767	酉父己卣	3	04951	殷或西周早期	集成 2007（4）：頁 3471	
2768	戈父己卣	3	04954	殷或西周早期	集成 2007（4）：頁 3471	
2769	戈父己卣	3	04955	殷或西周早期	集成 2007（4）：頁 3471	
2770	遽父己卣	3	04959	西周早期	集成 2007（4）：頁 3471	
				西周中期晚段	張劍、孫新科 1996：頁 336	
				西周早期	馬承源 2003a：頁 201 壺 2	器形。
2771	𠂤父己卣	3	04962	殷或西周早期	集成 2007（4）：頁 3472	
2772	萬父己卣 萬父己壺	3	04964	西周早期	集成 2007（4）：頁 3472	
				殷末周初	李發旺 1963：頁 51	
				西周	李發旺 1963a：頁 225	
				成康	朱鳳瀚 2009：頁 1442	
2773	弓父庚卣	3	04968	殷或西周早期	集成 2007（4）：頁 3472	
2774	父庚觖卣	3	04970	西周早期	集成 2007（4）：頁 3472	
2775	貴父辛卣	3	04971	西周早期	集成 2007（4）：頁 3472	
				西周早期	吳鎮烽 2006：頁 349	貴，西周早期人。

序號	器 名	字數	銘文著録	時 代	出 處	依 據
2776	⿰父辛卣蓋	3	04974	西周早期	集成 2007（4）：頁 3473	
				西周早期	齊文濤 1972：頁 5、7	
				昭王中期	李步青、王錫平 1992：頁 67	與啓卣（05410）同出，後者爲昭王中期器。
2777	⿰父辛卣 ⿰父辛卣	3	04977	殷	集成 2007（4）：頁 3473	
				西周早期	王光永 1975：頁 72	
				西周早期	陝西 1984（4）：頁 3 器 10	
				武王至成王早年	李豐 1988a：頁 396	墓葬。
				二期早段（約武成）	盧連成、胡智生 1988a：頁 500	墓葬。
				滅商前後（下限至武成）	劉啓益 1993：頁 387	據伴出銅器。
				約武王至康王	朱鳳瀚 2009：頁 1228–1265	墓葬。
2778	⿰父辛卣	3	04982	殷或西周早期	集成 2007（4）：頁 3473	
				西周中期	陳佩芬 2004：頁 373 器 349	
2779	⿰父辛卣蓋	3	04984	西周早期	集成 2007（4）：頁 3473	
				西周早期	社科院 1999：頁 366	形狀。
2780	⿰父辛卣	3	04986	商代後期	集成 2007（4）：頁 3473	
				殷或西周初期	中科院 1962：頁 108A565	
2781	爵父癸卣蓋	3	04988	西周早期	集成 2007（4）：頁 3474	
2782	史父癸卣	3	04990	西周早期	集成 2007（4）：頁 3474	
				西周初期	中科院 1962：頁 114A602	
2783	⿰父癸卣	3	04991	殷或西周早期	集成 2007（4）：頁 3474	
2784	⿰父癸卣	3	04996	西周早期	集成 2007（4）：頁 3474	
2785	魚父癸卣	3	04997	殷或西周早期	集成 2007（4）：頁 3474	
2786	変母辛卣	蓋 2 器 3	05001	西周早期	集成 2007（4）：頁 3475	
2787	⿰兄丁卣	3	05002	殷或西周早期	集成 2007（4）：頁 3475	
				西周初期	中科院 1962：頁 108A564	

續表

序號	器名	字數	銘文著錄	時代	出　處	依　據
2788	兄丁卣	3	05003	殷或西周早期	集成 2007（4）：頁 3475	
				西周初期	中科院 1962：頁 114A601	
2789	子廟圖卣	3	05005	西周早期	集成 2007（4）：頁 3475	
2790	劦册竹卣 劦册 卣、周舉卣	3	05006	殷或西周早期	集成 2007（4）：頁 3475	
2791	秉册丁卣	3	05008	殷或西周初	集成 2007（4）：頁 3475	
2792	太保卣	3	05018	西周早期	集成 2007（4）：頁 3476	
				成王	白川靜 1962a：頁 39–57	
				康王初年	唐蘭 1976—1978（1986）：頁 135	太保在康王初年作。
				成王	陳公柔、張長壽 1980：頁 23–30	結合器形、"大保鑄"器在成王時。
				成王前期	殷瑋璋、曹淑琴 1991：頁 8、12	同銘鼎與成王鼎（01734）的形制一致，爲成王前期。
				成王	青全 1997（5）：頁 168 器 176	
				西周早期	馬承源 2003a：頁 220 卣 2	器形。
				武成	吳鎮烽 2006：頁 22	"大僳"即太保，又稱公太保、尹太保。此指武、成時期擔任該職的召公奭。
2793	醫仲卣 仲卣、周招仲卣	3	05020	西周早期	集成 2007（4）：頁 3476	
				西周早期	吳鎮烽 2006：頁 437	醫仲，西周早期人。
2794	公作彝卣 公卣	3	05021	西周早期	集成 2007（4）：頁 3476	
				西周早期	王光永 1980：頁 14–15	紋飾。
				西周早期	陝西 1984（4）：頁 4 器 30	
2795	伯作彝卣	3	05022	西周早期	集成 2007（4）：頁 3476	
2796	伯寶彝卣	3	05023	西周早期	集成 2007（4）：頁 3476	
2797	員作夾卣 員卣	3	05024	西周早期	集成 2007（4）：頁 3476	
				西周初期（成王）	中科院 1962：頁 118A629	
				成王	白川靜 1963：頁 235–235 器 21 附	
				昭王	唐蘭 1976—1978（1986）：頁 225	人物"員"亦見員卣（05387）。

續表

序號	器 名	字數	銘文著録	時 代	出 處	依 據
2797	員作夾卣 員卣	3	05024	昭王	唐蘭 1981: 頁 26	
				昭王	劉啓益 2002: 頁 164	見員卣（05387）。
				約昭王	杜勇、沈長雲 2002: 頁 162	形制，字體。
				西周中期前段	吳鎮烽 2006: 頁 256	員，西周中期前段人。
2798	ꝗ作彝卣	3	05025	西周早期	集成 2007（4）: 頁 3476	
2799	從作彝卣	3	05026	西周早期	集成 2007（4）: 頁 3476	
				西周中期前段	吳鎮烽 2006: 頁 288	從，西周中期前段人。
2800	作從彝卣	3	05028	西周早期	集成 2007（4）: 頁 3476	
2801	作旅彝卣	3	05029	西周早期	集成 2007（4）: 頁 3477	
				西周早期	陝西 F1980: 頁 47、53	形制、紋飾、銘文皆有西周早期作風。從伴出陶器看，所出墓葬不晚於穆王。
				西周早期	陝西 1980（3）: 頁 12 器 70	
				康王	劉啓益 1984a: 頁 53	形制，紋飾。
				二期後段（約昭王）	盧連成、胡智生 1988a: 頁 508–513	墓葬。
				西周早期	曹瑋等 2005（7）: 頁 1476	
				昭王前後	張懋鎔 2006a: 頁 220	器形、紋飾、字體與標準器對照。
				康晚至昭王	朱鳳瀚 2009: 頁 1266–1283	墓葬。
2802	作旅彝卣	3	05030	西周早期	集成 2007（4）: 頁 3477	
2803	作旅彝卣	3	05031	西周早期	集成 2007（4）: 頁 3477	
2804	作旅彝卣	3	05032	西周早期	集成 2007（4）: 頁 3477	
2805	作旅弓卣	3	05033	西周早期	集成 2007（4）: 頁 3477	
2806	作寶彝卣 作寶尊彝卣	3	05034	西周早期	集成 2007（4）: 頁 3477	
				穆共之際	張懋鎔 2006a: 頁 228	
2807	作寶彝卣	3	05035	西周早期	集成 2007（4）: 頁 3477	
				西周早期	王世民等 1999: 頁 122 卣 3	器形。
				成康之際	朱鳳瀚 2009: 頁 1409	組合，形制，紋飾。
2808	作寶彝卣	3	05036	西周早期	集成 2007（4）: 頁 3477	
2809	作寶彝卣	3	05037	西周早期	集成 2007（4）: 頁 3477	
2810	作寶彝卣蓋	3	05038	西周早期	集成 2007（4）: 頁 3477	
2811	作寶彝卣	3	05039	西周早期	集成 2007（4）: 頁 3477	

續表

序號	器名	字數	銘文著錄	時代	出處	依據
2812	作障彝卣 作尊彝卣	3	05040	西周早期	集成 2007（4）: 頁 3477	
				成康	陝西 D1986: 頁 26-31	
				穆王	李學勤 1986: 頁 33-35	器形，字體。
				穆王前後	李豐 1988a: 頁 396	墓葬。
				穆王	盧連成、胡智生 1988a: 頁 514	墓葬。
				昭王	劉啓益 2002: 頁 172	同墓葬銅器形制多近昭王器。
				穆恭	朱鳳瀚 2009: 頁 1284-1301	墓葬。
2813	作障彝卣	3	05041	西周早期	集成 2007（4）: 頁 3477	
2814	酉作旅卣	3	05042	西周早期	集成 2007（4）: 頁 3477	
				西周早期	吳鎮烽 2006: 頁 140	酉，西周早期人。
2815	作宗彝卣	3	05043	西周早期	集成 2007（4）: 頁 3477	
				昭王	張懋鎔 2010: 頁 83	
2816	象祖辛卣	3	近出 0566	西周早期	近出 2002（三）: 頁 26	
2817	⌾父乙卣 ⌾父乙壺	3	近出 0567、 新收 0847	商代後期	近出 2002（三）: 頁 27	
				商末－西周早期	新收 2006: 頁 621	
				商末周初	麟游 A1990: 頁 881	
2818	疢父乙卣	3	近出 0568、 新收 0299	西周早期	近出 2002（三）: 頁 28	
				西周早期	新收 2006: 頁 209	
				西周早期	信陽 A1989: 頁 19	
2819	⻑父乙卣	3	近出 0569、 新收 0714	西周早期	近出 2002（三）: 頁 29	
				西周早期	新收 2006: 頁 526	
				西周早期前段	王長啓 1990: 頁 27	造型與 1967 張家坡 M87 出土卣雷同。
2820	冈父丁卣	3	近出 0570、 新收 0717	西周早期	近出 2002（三）: 頁 30	
				西周早期	新收 2006: 頁 527	
				西周早期前段	王長啓 1990: 頁 27	與 1967 年張家坡 M87 出土卣雷同。
2821	⻑父丁卣	3	近出 0571、 新收 0307	西周早期	近出 2002（三）: 頁 31	
				西周早期	新收 2006: 頁 214	
				西周早期	信陽 A1989: 頁 19	
2822	申父庚卣	3（蓋器同銘）	近出 0572、 新收 0715	西周早期	近出 2002（三）: 頁 32	
				西周早期	新收 2006: 頁 526	
				西周早期後段	王長啓 1990: 頁 28	

序號	器名	字數	銘文著錄	時代	出處	依據
2823	Ⴃ父辛卣 ⋀父辛卣	3	近出 0573、 新收 0846	商代後期	近出 2002（三）：頁 33	
				商末–西 周早期	新收 2006：頁 620	
				商末周初	麟游 A1990：頁 881	
2824	戈父癸卣	3（蓋 器同 銘）	近出 0574	西周早期	近出 2002（三）：頁 34	
2825	羊日羊卣 口羊卣	3	近出 0576、 新收 0786	商代後期	近出 2002（三）：頁 36	
				商晚–西 周早期	新收 2006：頁 574	
				西周早期 前段	陝西 A1995：頁 123	形制，紋飾。
				約武王至 康王	朱鳳瀚 2009：頁 1228–1265	墓葬。
2826	夭作彝卣	3	近出 0577	西周中期	近出 2002（三）：頁 37	
2827	作旅彝卣	3	近出 0578、 新收 1826	西周早期	近出 2002（三）：頁 38	
				西周中期	新收 2006：頁 1229	
				西周中期	李學勤、艾蘭 1995：頁 347 器 110	器形，紋飾。
2828	作旅彝卣	3	近二 0508	西周早期	近二 2010（二）：頁 193	
2829	簪父丁卣 一	3	近二 0509、 新收 1911	西周早期	近二 2010（二）：頁 194	
				西周早期	新收 2006：頁 1278	
2830	簪父丁卣 二	3	近二 0510	西周早期	近二 2010（二）：頁 195	
				西周早期	社科院 2005：頁 518	
				一 期（約 武王至康 王）	朱鳳瀚 2009：頁 1383	器形。
2831	愛父辛卣 蓋	3	近二 0511	西周早期	近二 2010（二）：頁 196	
2832	史父乙卣	3	近二 0512	西周早期	近二 2010（二）：頁 197	
2833	長子口卣	3	近二 0513、 新收 0553	西周早期	近二 2010（二）：頁 198	
				西周早期	新收 2006：頁 416	
				西周初期 （不晚於 成王）	河南 E2000a：頁 199–209	據墓葬形制、埋葬習俗及 伴出物的時代特徵。
				西周初期 （不晚於 成王）	韓維龍、張志清 2000：頁 24– 29	墓葬形制、埋藏習俗有商 末特色。出土器物的組 合、器形、紋飾和銘文有 周初特徵。長子口爲臣服 於周的商末長氏諸侯，故 葬俗爲殷式而出土器物有 周初特色。

續表

序號	器　名	字數	銘文著録	時　代	出　　處	依　　據
2833	長子口卣	3	近二 0513、新收 0553	西周早期前段	吳鎮烽 2006：頁 178	長子口，西周早期前段人。
				商末周初	朱鳳瀚 2009：頁 1365–1369	形制，組合。
2834	長子口方卣	3	近二 0514	西周早期	近二 2010（二）：頁 199	
				商末周初	朱鳳瀚 2009：頁 1365–1369	形制，組合。
2835	山父丁卣	3	近二 0515	西周早期	近二 2010（二）：頁 200	
2836	史父丁卣	3	近二 0516	西周早期	近二 2010（二）：頁 201	
2837	黿父乙卣	3	近二 0517	西周早期	近二 2010（二）：頁 202	
2838	旅父癸卣	3	近二 0518	西周早期	近二 2010（二）：頁 203	
2839	執父辛卣	3	近二 0519、新收 1908	西周早期	近二 2010（二）：頁 204	
				西周早期	新收 2006：頁 1277	
2840	作旅彝卣	3	新收 0948	西周早期	新收 2006：頁 690	
				西周早期	山西・北京 2000：頁 334	M6214 在西周早期。
				昭王前後	徐天進 2000：頁 335–337	墓葬。
				二期（康晚至昭王）	朱鳳瀚 2009：頁 1473	墓葬。
2841	且丁父己卣	4	05044	西周早期	集成 2007（4）：頁 3478	
				西周早期	陝西 1980（3）：頁 25 器 157	
				武王至成王早年	李豐 1988a：頁 396	墓葬。
				二期早段（約武成）	盧連成、胡智生 1988a：頁 500	墓葬。
2842	田告父乙卣	4	05056	西周早期	集成 2007（4）：頁 3478	
2843	奉旅父乙卣	4	05061	西周早期	集成 2007（4）：頁 3479	
2844	豖馬父丁卣 驪父丁卣	4	05062–05063	殷或西周早期	集成 2007（4）：頁 3479	
				殷周	穎上縣 1984：頁 1132–1133	
2845	𤔲作父丁卣 退作父丁卣	4	05066	西周早期	集成 2007（4）：頁 3479	
				西周早期	吳鎮烽 2006：頁 235	微，西周早期人。
2846	串𤲃父丁卣	4	05069	商代後期	集成 2007（4）：頁 3479	
				西周早期偏晚	朱鳳瀚 2009：頁 1429	

序號	器　名	字數	銘文著錄	時　代	出　　處	依　　據
2847	子廎父丁卣 商父丁卣	4	05070	殷或西周早期	集成 2007（4）：頁 3479	
2848	🐚父丁卣	4	05071	西周早期	集成 2007（4）：頁 3479	
				西周早期	馬承源 1964：頁 11	形制。
				商代晚期	陳佩芬 2004a：頁 323 器 157	形制。
2849	🐚父丁卣	4	05072	西周早期	集成 2007（4）：頁 3479	
				周初（不晚於成康）	社科院 A1980：頁 485–487	同墓銅器的組合、形制及紋飾。據伴出陶器的發展序列及分期，當屬第二期。
				武王至成王早年	李豐 1988a：頁 396	墓葬。
				二期早段（約武成）	盧連成、胡智生 1988a：頁 500	墓葬。
				文王	劉啓益 1993：頁 380–381	該墓葬出土銅器的形制。
				約武王至康王	朱鳳瀚 2009：頁 1228–1265	墓葬。
2850	亞睘父己卣	4	05078	西周早期	集成 2007（4）：頁 3480	
				西周初期	程長新 1983：頁 67	組合，造型，紋飾，銘文。
				約昭王	朱鳳瀚 2009：頁 1411	形制。
2851	亞🐚父己卣	4	05079	西周早期	集成 2007（4）：頁 3480	
2852	子刀父庚卣	4	05080	殷或西周早期	集成 2007（4）：頁 3480	
2853	葡貝父辛卣	4	05088	西周早期	集成 2007（4）：頁 3481	
2854	🐚🐚父辛卣	4	05089	殷或西周早期	集成 2007（4）：頁 3481	
2855	牽旅父辛卣	4	05090	西周早期	集成 2007（4）：頁 3481	
				西周初期	中科院 1962：頁 113A600	
2856	聑賨婦鈊卣	4	05098	商代晚期	集成 2007（4）：頁 3481	
				商末周初	唐愛華 1985：頁 27	
2857	伯壼父卣	4	05103	西周早期	集成 2007（4）：頁 3482	
				西周早期	吳鎮烽 2006：頁 158	伯彭父，西周早期人。
2858	伯作障彝卣 伯作尊彝卣	4	05104	西周早期	集成 2007（4）：頁 3492	
				西周早期	扶風 B1976：頁 63	形制，紋飾，伴出陶器。
				西周早期	陝西 1980（3）：頁 6 器 32	

續表

序號	器 名	字數	銘文著錄	時 代	出 處	依 據
2858	伯作障彝卣 伯作尊彝卣	4	05104	成康	李豐 1988a：頁 396	墓葬。
				二期後段（約昭王）	盧連成、胡智生 1988a：頁 508–513	墓葬。
				西周中期	辭典 1995：頁 146 器 505	
				西周早期	青全 1997（5）：頁 165 器 173	
				昭王或穆王前期	彭裕商 2002：頁 29	器形，裝飾。
				西周早期	曹瑋等 2005（7）：頁 1325	
				昭穆之際	張懋鎔 2006a：頁 219	形制、紋飾與標準器對照。
				約武王至康王	朱鳳瀚 2009：頁 1228–1265	墓葬。
2859	伯作寶彝卣 周伯卣	4	05105	西周早期	集成 2007（4）：頁 3482	
2860	伯作寶彝卣	4	05106	西周早期	集成 2007（4）：頁 3482	
2861	伯作寶彝卣	4	05107	西周早期	集成 2007（4）：頁 3482	
2862	叔作旅彝卣	4	05108	西周早期	集成 2007（4）：頁 3482	
2863	叔作寶彝卣	4	05109	西周早期	集成 2007（4）：頁 3482	
2864	彭女卣	4	05110	西周早期	集成 2007（4）：頁 3482	
2865	戈嚳卣	4	05112	西周早期	集成 2007（4）：頁 3482	
				西周早期	吳鎮烽 2006：頁 48	戈嚳，西周早期人。
2866	𢎠作障彝卣 𢎠作尊彝卣	4	05113	西周早期	集成 2007（4）：頁 3482	
				西周	繼才 1956：頁 79	
				西周早期	吳鎮烽 2006：頁 258	𢎠，西周早期人。
2867	登作障彝卣 登卣	4	05115	西周早期	集成 2007（4）：頁 3483	
				西周前期	洛陽 A1972a：頁 36	同出銅器的形制、花紋爲殷末周初，同出觶上兔紋的寫實作風亦見於康王時貉子卣。
				武王至成王早年	李豐 1988a：頁 396	墓葬。
				二期早段（約武成）	盧連成、胡智生 1988a：頁 500	墓葬。
				商末周初	陳新、獻本 1995：頁 61	該墓銅器多瘦高，有商末周初特徵。

續表

序號	器　名	字數	銘文著錄	時　代	出　　處	依　　據
2867	登作障彝卣 登卣	4	05115	西周早期	吳鎮烽 2006：頁 330	登，西周早期人。
				約武王至康王	朱鳳瀚 2009：頁 1228–1265	墓葬。
2868	辛作寶彝卣	4	05116	西周早期	集成 2007（4）：頁 3483	
				西周早期後段	吳鎮烽 2006：頁 163	辛，西周早期後段人。
2869	耒作寶彝卣	4	05117	西周早期	集成 2007（4）：頁 3483	
				西周早期前段	吳鎮烽 2006：頁 108	耒，西周早期前段人。
2870	騽作旅彝卣 騽卣、周鳳文尊	4	05118	西周早期	集成 2007（4）：頁 3483	
				西周前期	容庚 1941（2008）：頁 321 卣 69	
				西周早期	吳鎮烽 2006：頁 403	騽，西周早期人。
2871	犾作旅彝卣	4	05119	西周早期	集成 2007（4）：頁 3483	
				西周早期	吳鎮烽 2006：頁 287	犾，西周早期人。
2872	𩰫作旅彝卣 周舉卣、作旅彝卣	4	05120	西周早期	集成 2007（4）：頁 3483	
				西周前期	容庚 1941（2008）：頁 320 卣 60	
2873	作旅寶彝卣	4	05121	西周早期	集成 2007（4）：頁 3483	
2874	作宗寶彝卣 曲折疊紋卣	4	05122	西周早期	集成 2007（4）：頁 3483	
				西周前期	辭典 1995：頁 141 器 487	
				西周早期	陳佩芬 2004：頁 188 器 274	
2875	作從彝卣	4	05123	西周早期	集成 2007（4）：頁 3483	
2876	戎作從彝卣 戎卣	4	05124	西周早期	集成 2007（4）：頁 3483	
				西周早期	吳鎮烽 2006：頁 108	戎，西周早期人。
2877	𢆶𢓊從彝卣	4	05125	西周早期	集成 2007（4）：頁 3483	
2878	作寶障彝卣	4	05126	西周早期	集成 2007（4）：頁 3484	
				穆王	張懋鎔 2010：頁 83	
2879	作寶障彝卣	4	05127	西周早期	集成 2007（4）：頁 3484	
				西周初期	中科院 1962：頁 109A569	
2880	作寶障彝卣	4	05128	西周早期	集成 2007（4）：頁 3484	
				西周前期	容庚 1941（2008）：頁 319 卣 50	
2881	作寶障彝卣	4	05129	西周早期	集成 2007（4）：頁 3484	

續表

序號	器　名	字數	銘文著録	時　代	出　　處	依　　據
2882	作寶障彝卣	4	05130	西周早期	集成 2007（4）: 頁 3484	
2883	作寶障彝卣	4	05131	西周早期	集成 2007（4）: 頁 3484	
2884	作寶障彝卣	4	05132	西周早期	集成 2007（4）: 頁 3484	
2885	作寶障彝卣	4	05133	西周早期	集成 2007（4）: 頁 3484	
2886	作寶障彝卣 提梁卣	4	05134	西周早期	集成 2007（4）: 頁 3484	
				穆恭之際	陝西 F1979a: 頁 6	伴出銅器的形制、紋飾。
				西周中期	陝西 1980（3）: 頁 4 器 23	
				穆王前後	李豐 1988a: 頁 396	墓葬。
				三 期（穆共）	盧 連 成、胡 智 生 1988a: 頁 513–521	墓葬。
				西周中期	曹瑋等 2005（8）: 頁 1577	
				穆恭	朱鳳瀚 2009: 頁 1284–1301	墓葬。
2887	作寶障彝卣	4	05135	西周早期	集成 2007（4）: 頁 3484	
2888	作寶障彝卣	4	05136	西周早期	集成 2007（4）: 頁 3484	
2889	作寶障彝卣 鳥紋卣	4	05137	西周早期	集成 2007（4）: 頁 3484	
				商周	羅西章 1980: 頁 6–22	
				西周早期	陝西 1980（3）: 頁 9 器 53	
				二期後段（約昭王）	盧 連 成、胡 智 生 1988a: 頁 508–513	墓葬。
2890	作寶障彝卣	4	05138	西周早期	集成 2007（4）: 頁 3484	
2891	作寶障彝卣	4	05139	西周早期	集成 2007（4）: 頁 3484	
2892	作寶障彝卣	4	05140	西周早期	集成 2007（4）: 頁 3484	
2893	戈作旅彝卣	4	05141	西周早期	集成 2007（4）: 頁 3485	
2894	遽册卣	4	05143	西周早期	集成 2007（4）: 頁 3485	
				西周早期	馬承源 2003a: 頁 219 卣 9	器形。
2895	作戲卣	4	05144	西周早期	集成 2007（4）: 頁 3485	
				西周早期	吳鎮烽 2006: 頁 407	戲，西周早期人。

續表

序號	器 名	字數	銘文著錄	時 代	出 處	依 據
2896	嬰父丁卣 史嬰父丁卣	4（蓋1器3）	近出 0580、新收 0679	西周早期	近出 2002（三）：頁 40	
				西周早期	新收 2006：頁 504	
				西周早期前段	王長啓 1990：頁 27	造型與 1967 張家坡 M87 出土卣雷同。
2897	□疛父癸卣 乂㸔父癸卣	4	近出 0582、新收 0812	西周早期	近出 2002（三）：頁 42	
				西周早期	新收 2006：頁 597	
2898	作从彝卣	4	近出 0583、新收 1824	西周早期	近出 2002（三）：頁 43	
				西周早期	新收 2006：頁 1228	
				西周早期	李學勤、艾蘭 1995：頁 341 器 94	
2899	小姓卣 光壺、光卣	4（又合文1）	近出 0584、新收 0085	西周早期	近出 2002（三）：頁 44	
				西周早期	新收 2006：頁 75	
				西周早期	平頂山 A1988：頁 22	形制、紋飾。
				西周早期	吳鎮烽 2006：頁 118	光，西周早期人。
				西周早期偏晚	朱鳳瀚 2009：頁 1352	形制。
2900	作寶尊彝卣	4（蓋器同銘）	近出 0585–0586、新收 0822–0823	西周早期	近出 2002（三）：頁 45	
				西周早期	新收 2006：頁 603–604	
				成康	盧連成、胡智生 1988：頁 267	組合，形制，紋飾。
				二期中段（約成康）	盧連成、胡智生 1988a：頁 502–507	墓葬。
				二期（約昭王）	朱鳳瀚 2009：頁 1520	組合，形制，紋飾。
2901	作寶尊彝卣	4	近出 0587	西周早期	近出 2002（三）：頁 46	
2902	作寶尊彝卣	4	近出 0588、新收 1103	西周中期	近出 2002（三）：頁 48	
				西周中晚期	新收 2006：頁 787	
				穆王	齊文濤 1972：頁 7	整批文物的風格近長安普度村長由墓，爲西周穆王時。
				西周中期	李步青、林仙庭 1991a：頁 912	與長安普渡村銅器對照。
2903	伯卣	4	近二 0521 新收 0953	西周早期	近二 2010（二）：頁 206	
				西周早期	新收 2006：頁 694	
				西周早期	山西·北京 2000：頁 334	M6231 在西周早期。
				二期（康晚至昭王）	朱鳳瀚 2009：頁 1473	墓葬。

續表

序號	器 名	字數	銘文著錄	時 代	出 處	依 據
2904	史子日癸卣	4	近二0522	西周早期	近二2010（二）：頁207	
2905	戈卣	4	近二0523	西周早期	近二2010（二）：頁208	
2906	作寶尊彝卣一	4	近二0524、新收1316	西周中期	近二2010（二）：頁209	
				西周中期	新收2006：頁909	
				西周	李國梁2006：頁103	形制，紋飾。
				穆恭	朱鳳瀚2009：頁1508	
2907	作寶尊彝卣二	4	近二0525	西周中期	近二2010（二）：頁210	
2908	内作寶彝卣入卣	4	文物2008年12期頁12圖11.4、5	成康（不晚於昭王）	周原A2008：頁19	
2909	臣辰父乙卣	5	05149	西周早期	集成2007（4）：頁3485	
2910	臣辰父乙卣 臣辰先父乙卣	5	05150	西周早期	集成2007（4）：頁3485	
				成王	容庚1941（2008）：頁33、頁319卣55	參臣辰尊（05999）。
				西周初期（成王）	中科院1962：頁114A606	
				西周中期前段	張劍、孫新科1996：頁335	
				西周早期	馬承源2003a：頁201壺3	器形。
2911	臣辰父乙卣	5	05151	西周早期	集成2007（4）：頁3485	
				西周早期	陳佩芬2004：頁172器267	
2912	臣辰父乙卣	5	05152	西周早期	集成2007（4）：頁3485	
2913	父乙臣辰卣	5	05153	西周早期	集成2007（4）：頁3486	
				西周前期	容庚1941（2008）：頁319卣54	
				西周初期（成王）	中科院1962：頁114A603	
				昭王	唐蘭1981：頁66	
2914	競作父乙卣 競卣甲、父乙臣辰卣	5	05154	西周早期	集成2007（4）：頁3486	
				穆王	郭沫若1935（2002）：頁150	
				成王	容庚1941（2008）：頁33	參臣辰尊（05999）。
				康王	陳夢家1966（2004）：頁120器79附	形制，花紋，人物。
				穆王	唐蘭1976—1978（1986）：頁390	

續表

序號	器　名	字數	銘文著錄	時　代	出　　處	依　　據
2914	競作父乙卣　競卣甲、父乙臣辰卣	5	05154	西周中期前段	張劍、孫新科 1996：頁 334	
				西周中期偏早	王世民等 1999：頁 125 卣 10	器形。
				穆王	劉啓益 2002：頁 217	"競"見於穆王時叔尊（06008）。
2915	□作旅父丁卣　辰作旅父丁卣、作旅父丁卣	5	05157	西周早期	集成 2007（4）：頁 3486	
				西周早期	吳鎮烽 2006：頁 202	咏，西周早期人。
2916	册劦竹父丁卣　册劦ᐱ父丁卣	5	05158	西周早期	集成 2007（4）：頁 3486	*按：該器見赫册竹父丁壺（09546）。
2917	作父戊卣	5	05159	西周早期	集成 2007（4）：頁 3486	
2918	作父戊卣	5	05160	西周早期	集成 2007（4）：頁 3486	
				西周早期	張懋鎔 2006c：頁 102	字體較亞其卣（04817）稍晚，彼爲西周早期器。
2919	亞雀父己卣	5	05162	西周早期	集成 2007（4）：頁 3486	
				西周早期	周到、趙新來 1980：頁 37	
				成康	李豐 1988a：頁 396	墓葬。
				二期中段（約成康）	盧連成、胡智生 1988a：頁 502–507	墓葬。
				西周後期	辭典 1995：頁 148 器 509	
				西周早期	青全 1997（6）：頁 32 器 32	
				西周早期	張懋鎔 2006b：頁 171	考慮卣的存在時間及銘中族徽、日名。
				一期（約武王至康王）	朱鳳瀚 2009：頁 1340	形制，組合。
2920	翁作父己卣	5	05164	西周早期	集成 2007（4）：頁 3486	
				西周早期	吳鎮烽 2006：頁 447	翁，西周早期人。
2921	北子ᐱ父辛卣　北子父辛卣	5（蓋5器3）	05165	西周早期	集成 2007（4）：頁 3487	
				西周早期	吳鎮烽 2006：頁 84	北子，西周早期人。
2922	守宮作父辛卣　ᐱ宮作父辛卣	5	05170	西周早期	集成 2007（4）：頁 3487	
				西周初期	陳夢家 1966（2004）：頁 186 器 133 附	形制屬西周初期。與守宮盤（10168）是一家之器而非同時。

序號	器 名	字數	銘文著錄	時 代	出 處	依 據
2922	守宮作父辛卣 𤔲宮作父辛卣	5	05170	恭王	白川靜 1968：頁 506-508 器 119	
				穆王	唐蘭 1976—1978（1986）：頁 401	
				西周中期後段	張劍、孫新科 1996：頁 336	
				西周早期	吳鎮烽 2006：頁 398	𤔲宮，西周早期擔任此職務之人。
2923	應公卣 應公卣、 周應公卣	5	05177	西周早期	集成 2007（4）：頁 3487	
				成康	白川靜 1965：頁 501-504 器 48 附	
				成康	陳夢家 1966（2004）：頁 78	《左傳僖公二十四》記"應"爲武王之穆，應公諸器當在周初。
				穆王	劉啓益 2002：頁 231	參應公方鼎（02150）。
				康王前後	彭裕商 2003：頁 293	據器形、字形。
				西周早期	吳鎮烽 2006：頁 412	應公，西周早期人。
				西周早期偏早	朱鳳瀚 2009：頁 1355	
2924	伯作寶障彝卣	5	05178	西周早期	集成 2007（4）：頁 3487	
2925	伯作寶障彝卣	5	05179	西周早期	集成 2007（4）：頁 3487	
2926	伯作寶障彝卣	5	05180	西周早期	集成 2007（4）：頁 3487	
2927	伯作寶障彝卣	5	05181	西周早期	集成 2007（4）：頁 3487	
2928	伯作寶障彝卣	5	05182	西周早期	集成 2007（4）：頁 3487	
2929	伯作寶障彝卣	5	05183	西周早期	集成 2007（4）：頁 3487	
2930	仲作寶障彝卣蓋	5	05184	西周中期	集成 2007（4）：頁 3488	
2931	叔作寶障彝卣	5	05185	西周早期	集成 2007（4）：頁 3488	
2932	霊卣	5	05187	西周中期	集成 2007（4）：頁 3488	
				昭王	吳其昌 1929（2004）：頁 256	"霊"見於昭王時霊鼎（02731）。
				昭王	唐蘭 1976—1978（1986）：頁 243	人名"霊"見於霊鼎（02731）。
				昭王	唐蘭 1981：頁 37	
				康王	劉啓益 2002：頁 123	參霊鼎（02731）。
				昭穆	吳鎮烽 2006：頁 341	霊，西周昭穆時期人。

續表

序號	器　名	字數	銘文著錄	時　代	出　　處	依　　據
2933	𦥑卣	5	05189	殷或西周早期	集成 2007（4）: 頁 3488	
				西周早期	吳鎮烽 2006: 頁 369	𦥑，西周早期人。
2934	吕卣蓋	5	05190	西周中期	集成 2007（4）: 頁 3488	
				西周早期後段	吳鎮烽 2006: 頁 210	吕，西周早期後段人。
2935	豐卣	5	05191	西周早期	集成 2007（4）: 頁 3488	
				西周早期	吳鎮烽 2006: 頁 416	豐，西周早期人。
2936	♀𣪊卣	5	05192	西周早期	集成 2007（4）: 頁 3488	
2937	𠂤𩇕卣	5	05193	西周早期	集成 2007（4）: 頁 3488	
				西周早期	吳鎮烽 2006: 頁 448	𠂤𩇕，西周早期人。
2938	師隻卣蓋	5	05194	西周早期	集成 2007（4）: 頁 3488	
				西周早期	洛陽 B1999a: 頁 89	
				西周早期	吳鎮烽 2006: 頁 262	師隻，西周早期人。
2939	單子卣	5	05195	西周早期	集成 2007（4）: 頁 3489	
				西周初期	北京 C1995: 頁 242	形制，花紋。
				西周早期	王世民等 1999: 頁 122 卣 4	器形。
				成康之際	朱鳳瀚 2009: 頁 1409	組合，形制，紋飾。
2940	見作寶障彝卣 見卣	5	05196	西周早期	集成 2007（4）: 頁 3489	
				西周早期	吳鎮烽 2006: 頁 144	見，西周早期人。
2941	狽作寶障彝卣蓋 狽作寶尊彝卣蓋	5	05197	殷或西周早期	集成 2007（4）: 頁 3489	
				西周中期前段	吳鎮烽 2006: 頁 269	狽，西周中期前段人。
2942	♂作寶障彝卣 夒卣	5	05198	西周早期	集成 2007（4）: 頁 3489	
				西周早期	陳佩芬 2004: 頁 191 器 275	
				西周早期	吳鎮烽 2006: 頁 437	夒，西周早期人。
2943	彡臣辰祖乙卣	5	近出 0589	西周早期	近出 2002（三）: 頁 49	
2944	守宮卣	5	近出 0591	西周早期	近出 2002（三）: 頁 51	
				恭王	白川靜 1968: 頁 506–508 器 119	
2945	寶尊彝卣 神面卣	5（蓋器同銘）	近出 0592、新收 1623	西周早期	近出 2002（三）: 頁 52	
				西周	新收 2006: 頁 1114	
				西周	徐堅 1999: 頁 107	銘文格式及字體均爲西周早期特色。
				西周早期偏晚（康昭）	李學勤 1999b: 頁 358	卣的形狀、紋飾及銘文格式、字體。

續表

序號	器　名	字數	銘文著錄	時　代	出　　處	依　　據
2946	伯卣	5	近二 0526、新收 0927	西周早期	近二 2010（二）：頁 211	
				西周早期	新收 2006：頁 673	
				西周早期	山西·北京 2000：頁 334	M6081 在西周早期。
				昭王前後	徐天進 2000：頁 335-337	墓葬。
				一期（約武王至康王）	朱鳳瀚 2009：頁 1473	墓葬。
2947	陽仲卣	5	近二 0527、新收 1597	西周早期	近二 2010（二）：頁 212	
				西周早期	新收 2006：頁 1095	
				西周早期	王世民 2001e：頁 143	形制，紋飾。
				西周早期前段	吳鎮烽 2006：頁 331	陽仲，西周早期前段人。
2948	戠作且戊卣 戠作祖戊卣	6	05200	西周中期	集成 2007（4）：頁 3489	
				西周早期後段	張劍、孫新科 1996：頁 336	
2949	癸作父乙卣	6	05204	殷或西周早期	集成 2007（4）：頁 3489	
				西周初期	中科院 1962：頁 118A628	
2950	▦作父乙卣	6	05205	殷	集成 2007（4）：頁 3489	
				商代	容庚 1941（2008）：頁 315 卣 12	
				西周早期	吳鎮烽 2006：頁 162	采，西周早期人。
2951	▦作父乙卣	6	05207	西周早期	集成 2007（4）：頁 3489	
				西周早期	吳鎮烽 2006：頁 448	▦，西周早期人。
2952	黽作父丁卣	6	05209	西周早期	集成 2007（4）：頁 3490	
				昭穆	吳鎮烽 2006：頁 341	黽，西周昭穆時期人。
2953	作父丁卣	6	05210	西周早期	集成 2007（4）：頁 3490	
2954	大中作父丁卣	6	05212	西周早期	集成 2007（4）：頁 3490	
				西周早期	吳鎮烽 2006：頁 20	大中，西周早期人。
2955	▦作父庚卣	6	05213	西周早期	集成 2007（4）：頁 3490	
				西周	熱河 1955：頁 16-27	
				殷末周初	郭寶鈞 1970（1981）：頁 49-51	器形多有殷遺風。
				西周早期	吳鎮烽 2006：頁 347	義，西周早期人。
				西周早期偏早	朱鳳瀚 2009：頁 1428	器形。

序號	器　名	字數	銘文著錄	時　代	出　　處	依　　據
2956	戜作父戊卣	6	05214	西周早期	集成 2007（4）：頁 3490	
				西周早期後段	張劍、孫新科 1996：頁 336	
				西周早期	吳鎮烽 2006：頁 364	戜，西周早期人。
2957	亞古父己卣 亞古卣、古父己卣	6	05215	殷	集成 2007（4）：頁 3490	
				西周早期	青全 1997（6）：頁 185 器 190	
				西周早期	陳佩芬 2004：頁 185 器 273	
				西周早期	張懋鎔 2006c：頁 102	牛角突出器表。銘文書體。
2958	考作父辛卣	6	05216	西周早期	集成 2007（4）：頁 3490	
				西周早期	吳鎮烽 2006：頁 110	考，西周早期人。
2959	作父辛卣	6	05217	西周早期	集成 2007（4）：頁 3490	
2960	集作父癸卣	6	05218	西周早期	集成 2007（4）：頁 3490	
2961	作公障彝卣 作公尊彝卣	6	05219	西周早期	集成 2007（4）：頁 3490	
2962	應公卣	6	05220	西周早期	集成 2007（4）：頁 3490	
				成康	白川靜 1965：頁 500–504 器 48 附	
				成康	陳夢家 1966（2004）：頁 78	《左傳僖公二十四》記應是武王之穆，應公諸器當在周初。
				成王中後期	唐蘭 1976—1978（1986）：頁 90	
				成王	徐錫臺 1998：頁 348	器形，紋飾，銘文字體書鑄風格。
				康王前後	彭裕商 2003：頁 293	據器形、字形。
				西周早期	吳鎮烽 2006：頁 412	應公，西周早期人。
				西周早期偏早	朱鳳瀚 2009：頁 1355	
2963	龢伯卣	6	05221	西周早期	集成 2007（4）：頁 3490	
				西周早期	吳鎮烽 2006：頁 377	龢伯，西周早期人。
2964	餘伯卣 俞伯卣	6	05222	西周早期	集成 2007（4）：頁 3491	
				成王	白川靜 1964b：頁 409–412 器 37	
				西周早期	吳鎮烽 2006：頁 236	俞伯，西周早期俞氏族首領。
2965	汪伯卣	6	05223	西周早期	集成 2007（4）：頁 3491	
				西周早期	吳鎮烽 2006：頁 273	汪伯，西周早期人。

序號	器　名	字數	銘文著錄	時　代	出　　處	依　　據
2966	隃伯卣 隔伯卣	6	05224– 05225	西周早期	集成 2007（4）：頁 3491	
				成康	甘肅 C1977：頁 124	形制，紋飾。
				西周早期	馬承源等 1988：頁 101 器 155	
				成康	李豐 1988a：頁 396	墓葬。
				二期中段 （約成康）	盧連成、胡智生 1988a：頁 502–507	墓葬。
				西周早期	全 1997（6）：頁 188 器 193	*05225。
				西周早期	王世民等 1999：頁 130 卣 22	器形。
				西周早期	馬承源 2003a：頁 219 卣 1	器形。
				西周早期 後段	吳鎮烽 2006：頁 331	隃伯，西周早期後段人。
				約武王至 康王	朱鳳瀚 2009：頁 1228–1265	墓葬。
2967	潶伯卣	6	05226– 05227	西周早期	集成 2007（4）：頁 3491	
				西周早期	甘肅 A1972：頁 2–3	同出銅器的銘文、形制、花紋、器物組合。
				成康	甘肅 C1977：頁 124	形制，紋飾。
				西周早期	馬承源等 1988：頁 101 器 154	*05226。
				成康	李豐 1988a：頁 396	墓葬。
				二期中段 （約成康）	盧連成、胡智生 1988a：頁 502–507	墓葬。
				西周前期	辭典 1995：頁 144 器 497	
				西周早期	青全 1997（6）：頁 187 器 192	*05226。
2968	伯矩卣	6	05228– 05230	西周早期	集成 2007（4）：頁 3491	
				西周前期	容庚 1941（2008）：頁 321 卣 70	
				西周初期	中科院 1962：頁 114A607	
				成王	唐蘭 1976—1978（1986）：頁 103	
				周初	曹淑琴 1989：頁 400	字體。
				成王	劉啟益 2002：頁 81	形式同成王時溓伯逯卣（05364）。
				成王	彭裕商 2003：頁 234	器形、紋飾、字體有周初特色。
				西周早期 前段	吳鎮烽 2006：頁 156	伯矩，西周早期前段人。
2969	伯各卣	6	05231– 05232	西周早期	集成 2007（4）：頁 3491	
				西周早期	寶雞 E1983：頁 11	
				康晚昭前	盧連成、胡智生 1988：頁 263	伴出器物的組合、形制、紋飾。

續表

序號	器　名	字數	銘文著錄	時　代	出　　處	依　　據
2969	伯各卣	6	05231–05232	成康	李豐 1988a：頁 396	墓葬。
				二期中段（約成康）	盧連成、胡智生 1988a：頁 502–507	墓葬。
				西周前期	辭典 1995：頁 144 器 499	
				西周早期	王世民等 1999：頁 124 卣 7	器形。
				西周早期	馬承源 2003a：頁 218 卣 2	器形。
				一期（約成康）	朱鳳瀚 2009：頁 1520	組合，形制，紋飾。
2970	伯貉卣	6	05233	西周早期	集成 2007（4）：頁 3491	
				西周早期	吳鎮烽 2006：頁 159	伯貉，西周早期人。
2971	伯魚卣周伯魚卣	6	05234	西周早期	集成 2007（4）：頁 3492	
				西周早期前段	吳鎮烽 2006：頁 158	伯魚，西周早期前段人。
2972	丿伯卣力伯卣	6	05235	西周早期	集成 2007（4）：頁 3492	
				西周早期	吳鎮烽 2006：頁 3	“力伯”，西周早期人。
2973	仲籲卣	6	05236	西周早期	集成 2007（4）：頁 3492	
				西周初期	中科院 1962：頁 118A625	
				西周早期後段	吳鎮烽 2006：頁 124	仲籲，西周早期後段人。
2974	叔截卣	6	05237	西周早期	集成 2007（4）：頁 3492	
				西周早期	吳鎮烽 2006：頁 199	叔截，西周早期人。
2975	丼季黿卣邢季黿卣、周邢季卣、丼季卣	6	05239	西周中期	集成 2007（4）：頁 3492	
				夷王	吳其昌 1929（2004）：頁 359	“丼季黿”與夷王時丼季魯葬（03949）或爲一人，或爲兄弟。
				西周前期	容庚 1941（2008）：頁 320 卣 57	
				穆王	唐蘭 1976—1978（1986）：頁 379	字體。
				康昭	尚志儒 1987：頁 295	字體款式。
				西周中期	張長壽 1990：頁 32–35	
				西周中期	青全 1997（6）：頁 35 器 35	
				昭王	劉啓益 2002：頁 155	大鳥紋同庸伯簋（04169）。形制與盂卣（05399）相似。
				穆王後期	彭裕商 2003：頁 322	器形、紋飾、字體有穆世特點。
				西周中期前段	吳鎮烽 2006：頁 83	丼季黿，西周中期前段人。
				穆王	張懋鎔 2010：頁 83	

續表

序號	器名	字數	銘文著錄	時代	出處	依據
2976	嬴季卣 周季卣	6	05240	西周早期	集成 2007（4）: 頁 3492	
				西周前期	容庚 1941（2008）: 頁 320 卣 64	
				西周早期	吳鎮烽 2006: 頁 330	嬴季，西周早期人。
2977	彊季卣	6	05241	西周中期	集成 2007（4）: 頁 3942	
				西周早期	寶雞 E1983: 頁 11	
				康昭	盧連成、胡智生 1988: 頁 266	形制，紋飾，字體。
				成康	李豐 1988a: 頁 396	墓葬。
				二期後段 （約昭王）	盧連成、胡智生 1988a: 頁 508–513	墓葬。
				西周前期	辭典 1995: 頁 145 器 500	
				西周中期	青全 1997（6）: 頁 170 器 17	
				西周早期	王世民等 1999: 頁 125 卣 11	器形。
				西周早期後段	吳鎮烽 2006: 頁 364	彊季，西周早期後段人。
				二期（約昭王）	朱鳳瀚 2009: 頁 1520	組合，形制，紋飾。
2978	衛父卣 周衛卣	6	05242	西周早期	集成 2007（4）: 頁 3492	
				西周早期	吳鎮烽 2006: 頁 376	衛父，西周早期人。
2979	尳父卣 周威父卣	6	05243	西周早期	集成 2007（4）: 頁 3492	
				西周早期後段	吳鎮烽 2006: 頁 358	尳父，西周早期後段人。
2980	正父卣 提梁卣	蓋 5 器 6	05244	西周早期	集成 2007（4）: 頁 3493	
				商末周初	劉東亞 1982: 頁 64–65	紋飾平雕，無底紋，有商末周初風格。
				西周早期	吳鎮烽 2006: 頁 84	正父，西周早期人。
2981	夆莫父卣	6	05245	西周早期	集成 2007（4）: 頁 3493	
				西周	上海 1959: 頁 36	
				西周前期	辭典 1995: 頁 142 器 491	
				西周中期	陳佩芬 2004: 頁 371 器 348	紋飾屬西周穆恭時期。
				西周早期	吳鎮烽 2006: 頁 163	夆昔父，西周早期人，字莫父。
				昭王	張懋鎔 2010: 頁 83	
2982	仲自父卣 周仲阜卣	6	05246	西周中期	集成 2007（4）: 頁 3493	
				西周中期前段	吳鎮烽 2006: 頁 120	仲師父，西周中期前段人。
2983	𤔅卣 羍卣	6	05248	西周早期	集成 2007（4）: 頁 3493	
				成康昭穆	郭寶鈞 1964: 頁 72	墓葬與普渡村長囟墓對照。
				西周前期	郭寶鈞 1970（1981）: 頁 51	與穆王時長安普渡村長囟墓對照。

續表

序號	器　名	字數	銘文著録	時　代	出　　處	依　　據
2983	▨卣 羣卣	6	05248	康王	劉啓益 1984a：頁 51	形制似康王時作册羣卣。
				成康	李豐 1988a：頁 396	墓葬。
				二期後段 （約昭王）	盧連成、胡智生 1988a：頁 508–513	墓葬。
				康王	彭裕商 2003：頁 253	據形制歸入康世。
				西周早期	吳鎮烽 2006：頁 420	羣，西周早期人。
				二期（康晚至昭王）	朱鳳瀚 2009：頁 1337	器物組合與形制。
2984	畷卣 纘卣	6	05249	西周早期	集成 2007（4）：頁 3493	
				西周早期	吳鎮烽 2006：頁 437	纘，西周早期人。
2985	向卣	6	05250	西周早期	集成 2007（4）：頁 3493	
				西周早期	吳鎮烽 2006：頁 125	向，西周早期人。
2986	齎益卣	6	05251	西周早期	集成 2007（4）：頁 3493	
				西周前期	容庚 1941（2008）：頁 319 卣 53	
				西周早期	吳鎮烽 2006：頁 443	齎噛，西周早期人。
2987	買王卣	蓋 5 器 6	05252	西周早期	集成 2007（4）：頁 3493	
				西周早期	吳鎮烽 2006：頁 317	買王眾，西周早期人。
2988	竟卣	6	05253	西周早期	集成 2007（4）：頁 3493	
				西周早期前段	吳鎮烽 2006：頁 293	竟，西周早期前段人。
2989	獣卣	存 6	05254	西周中期	集成 2007（4）：頁 3493	
				西周中期前段	吳鎮烽 2006：頁 418	獣，西周中期前段人。
2990	米卣	6	05255	西周早期	集成 2007（4）：頁 3493	
2991	焚子旅卣 榮子旅卣	6	05256	西周中期	集成 2007（4）：頁 3493	
				成康	白川靜 1965b：頁 611–617 器 59 附	
				西周中期前段	張劍、孫新科 1996：頁 335	
				昭王	劉啓益 2002：頁 117	紋飾同昭王時旨仲尊。
				穆王前期	彭裕商 2003：頁 319	同人所作器亦有鼎（02503）、鬲（00582）、簋（03584）、方甗（00930）、方尊（05843）、方彝（09880）、盂（09390）等，爲榮子旅器，據其中部分器的形制、紋飾、字體等歸入穆王前期。
				西周早期	吳鎮烽 2006：頁 274	榮子旅，西周早期人。

續表

序號	器 名	字數	銘文著錄	時 代	出 處	依 據
2992	盟弘卣 盟 弘 卣、 盟弔卣	6	05257	西周早期	集成 2007（4）：頁 3493	
				西周早期	吳鎮烽 2006：頁 286	盟弔，西周早期人。
2993	卿卣	6（或 7）	05258– 05259	西周早期	集成 2007（4）：頁 3494	
				成王	容庚 1941（2008）：頁 32	作器者同成王時卿鼎（02595）。
				西周初期 （成王）	中科院 1962：頁 108A567	作器者同成王時卿鼎（02595）。
				成王	白川靜 1964a：頁 330–332 器 28 附	
				成王	陳夢家 1966（2004）：頁 66	作器者同成王時臣卿鼎（02595）。
				康王	劉啓益 1989：頁 188	記周初東征。
				西周早期	王世民等 1999：頁 124 卣 5	器形。*05259。
				成王初年	劉啓益 2002：頁 70	與成王時臣卿簋（03948）爲同人作器。形制承襲殷式。
				西周早期前段	馬承源 2003a：頁 218 卣 5	器形。
				成王早中期	彭裕商 2003：頁 227	
2994	公卣	6	近出 0594、 新收 1948	西周早期	近出 2002（三）：頁 54	
				西周早期	新收 2006：頁 1299	
2995	肇作祖卣 肇卣	6	近二 0529	西周中期	近二 2010（二）：頁 214	
				西周中期前段	吳鎮烽 2006：頁 363	肇，西周中期前段人。
2996	龠父辛卣	6	近二 0530、 新收 0647	西周早期	近二 2010（二）：頁 215	
				商晚－西周早期	新收 2006：頁 481	
				商周之際	王長啓 2002：頁 12	
2997	遺作且乙卣 遺作祖乙卣、遺卣	7	05260	西周中期	集成 2007（4）：頁 3494	
				昭王	唐蘭 1962：頁 34	遺尊與昭王時眔卣（05407）都有"王在斥"。
				西周中期	吳鎮烽 2006：頁 341	遺，西周中期人。
2998	銅作且乙卣 銅作祖乙卣、逦卣	7	05261	西周中期	集成 2007（4）：頁 3494	
				康王	寶雞 A1976：頁 43–44	器形，紋飾，字體。
				西周早期	陝西 1984（4）：頁 6 器 44	
				穆王前後	李豐 1988a：頁 396	墓葬。

續表

序號	器　名	字數	銘文著錄	時　代	出　　處	依　　據
2998	䥤作且乙卣 䥤作祖乙卣、遹卣	7	05261	三期（穆共）	盧連成、胡智生 1988a：頁 513–521	墓葬。
				昭王	劉啓益 2002：頁 168	形制。
				西周中期前段	吳鎮烽 2006：頁 426	遹，西周中期前段人。
				約穆王	朱鳳瀚 2009：頁 1523	組合，形制，紋飾。
2999	佚作且乙卣 佚作祖乙卣	7	05262	殷或西周早期	集成 2007（4）：頁 3494	
				西周早期	吳鎮烽 2006：頁 87	佚，西周早期人。
3000	𥄂作且丁卣 𥄂作祖丁卣	7	05263	西周早期	集成 2007（4）：頁 3494	
				西周早期	吳鎮烽 2006：頁 332	趩，西周早期人。
3001	𣄰且辛卣 𣄰祖辛卣	7	05264	西周早期	集成 2007（4）：頁 3494	
3002	輦作妣癸卣	7	05266	殷或西周早期	集成 2007（4）：頁 3494	
3003	羊作父乙卣	7	05267	西周早期	集成 2007（4）：頁 3494	
				西周早期	吳鎮烽 2006：頁 127	羊，西周早期人。
3004	小臣作父乙卣	7	05268	西周早期	集成 2007（4）：頁 3494	
				西周早期	王毓彤 1963：頁 55	形制，鑄法，紋飾，字體。
				西周	李健 1963：頁 224–225	
				西周早期	王毓彤 1963：頁 55	
				西周初年	郭沫若 1963a：頁 182–187	
				約穆王	劉彬徽 1986：頁 242	
				西周早期	青全 1997（6）：頁 112 器 115	
				西周早期	吳鎮烽 2006：頁 28	小臣，指西周早期擔任小臣的某人。
3005	奂作父乙卣	7	05269	殷或西周早期	集成 2007（4）：頁 3495	
3006	貧作父乙卣 貧卣	7	05270	西周早期	集成 2007（4）：頁 3495	
				殷末周初	裴琪 1958：頁 72	形制，紋飾，製作。
				二期中段（約成康）	盧連成、胡智生 1988a：頁 502–507	墓葬。
				西周早期	吳鎮烽 2006：頁 289	貧，西周早期人。
3007	載作父丁卣 戈車作父丁卣	7	05272	西周早期	集成 2007（4）：頁 3495	
				西周早期	吳鎮烽 2006：頁 48	戈車，西周早期人，名車，戈族。

續表

序號	器　名	字數	銘文著錄	時　代	出　　處	依　　據
3008	田告父丁卣	7	05273	西周早期	集成 2007（4）：頁 3495	
3009	子𠁁作父丁卣	7	05274	西周早期	集成 2007（4）：頁 3495	
3010	敳作父丁卣	7	05275	西周早期	集成 2007（4）：頁 3495	
				西周早期	吳鎮烽 2006：頁 277	敳，西周早期人。
3011	𢀖作父丁卣	7	05276	西周早期	集成 2007（4）：頁 3495	
				西周早期	李曉東 1965：頁 5	形制，紋飾。
				西周後期	辭典 1995：頁 144 器 496	
3012	𢎬作父戊卣　甫作父戊卣	7	05277	西周早期	集成 2007（4）：頁 3495	
				西周早期	吳鎮烽 2006：頁 192	甫，西周早期人。
3013	狽元作父戊卣　兀作父戊卣	7	05278	殷或西周初	集成 2007（4）：頁 3495	
3014	𢎦作父己卣　凶父己卣	7	05279	西周早期	集成 2007（4）：頁 3495	
				西周早期	吳鎮烽 2006：頁 447	𢎦，西周早期人。
3015	𢔌作父己卣	7	05282	殷或西周早期	集成 2007（4）：頁 3496	
				西周早期	吳鎮烽 2006：頁 105	厈，西周早期人。
3016	戱作父辛卣	7	05284	西周早期	集成 2007（4）：頁 3496	
				商代	容庚 1941（2008）：頁 317 卣 34	
				西周早期後段	吳鎮烽 2006：頁 443	戱，西周早期後段人。
3017	竟作父辛卣蓋	7	05286	西周早期	集成 2007（4）：頁 3496	
				西周早期前段	吳鎮烽 2006：頁 293	竟，西周早期前段人。
3018	戣作父辛卣　戣作父辛卣、戣卣	7	05287	西周早期	集成 2007（4）：頁 3496	
				西周早期	吳鎮烽 2006：頁 333	戣，西周早期人。
3019	史成作父壬卣　史成卣	7	05288	西周早期	集成 2007（4）：頁 3496	
				西周	熱河 1955：頁 16–27	
				殷末周初	郭寶鈞 1970（1981）：頁 49–51	器形多有殷遺風。
				康王	彭裕商 2003：頁 253	據字體和同出器歸入康世。
				西周早期後段	吳鎮烽 2006：頁 90	史成，西周早期後段人，名成。
				約昭王	朱鳳瀚 2009：頁 1428	器形。

續表

序號	器名	字數	銘文著錄	時代	出處	依據
3020	作父壬卣 𢼸父壬卣	7	05289	殷或西周早期	集成 2007（4）：頁 3496	
				西周早期	陳佩芬 2004：頁 177 器 269	
3021	貴作父癸卣	7	05290	西周早期	集成 2007（4）：頁 3496	
				西周	洛陽 B1984：頁 76	
				西周中期前段	吳鎮烽 2006：頁 349	貴，西周中期前段人。
3022	矢伯隻作父癸卣 矢伯隻卣、父癸彝、矢伯卣、矢伯雞父卣	7	05291	西周早期	集成 2007（4）：頁 3496	
				西周中期	馬承源等 1988：頁 260	
				西周早期	吳鎮烽 2006：頁 94	矢伯隻，西周早期人。
3023	亞其卣	7	05292	商代後期	集成 2007（4）：頁 3496	
				西周早期	張懋鎔 2006c：頁 102	字體，鳥紋。
3024	尹舟作兄癸卣	7	05296	西周早期	集成 2007（4）：頁 3497	
3025	闋作啻伯卣蓋 闋作宮伯卣蓋 闋卣蓋	7	05297－05298	西周早期	集成 2007（4）：頁 3497	
				西周中期前段	吳鎮烽 2006：頁 387	闋，西周中期前段人。
3026	北伯戏卣 北伯卣、邶伯卣	7	05299	西周早期	集成 2007（4）：頁 3497	
				西周前期	容庚 1941（2008）：頁 320 卣 63	
				成王	唐蘭 1976—1978（1986）：頁 91	
				西周早期	馬承源等 1988：頁 99 器 150	
				康王	彭裕商 2003：頁 253	據器形紋飾歸入康世，與史成卣（05288）全同。
3027	散伯卣 散卣	7	05300－05301、近出 0595	西周早期	集成 2007（4）：頁 3497	
				西周早期	近出 2002（三）：頁 55	
				孝王	白川靜 1968c：頁 217–228 器 139 附	*05301。
				西周晚期	吳鎮烽 2006：頁 310	散伯，西周早期人。
3028	叔夫册卣 叔夫父册卣	7	05302	西周早期	集成 2007（4）：頁 3497	
				西周早期	吳鎮烽 2006：頁 194	叔夫父，西周早期人。
3029	束叔卣 岡劫卣	7	05303	西周早期	集成 2007（4）：頁 3497	
				成王	張懋鎔 2006a：頁 213	

續表

序號	器 名	字數	銘文著錄	時 代	出 處	依 據
3030	◇矢卣	7	05304	西周早期	集成 2007（4）：頁 3497	
				商晚	河南 B1977：頁 15	形制、花紋同 "□子作父庚" 卣（《通考》下圖 622）相近。
				成康	李豐 1988a：頁 396	墓葬。
				二期後段（約昭王）	盧連成、胡智生 1988a：頁 508–513	墓葬。
				西周早期	吳鎮烽 2006：頁 76	矢，西周早期人。
				西周早期偏早	朱鳳瀚 2009：頁 1356	
3031	史見卣	7	05305	西周早期	集成 2007（4）：頁 3498	
				西周初期	中科院 1962：頁 113A597	
				西周早期	吳鎮烽 2006：頁 90	史見，西周早期人。
3032	乃子卣	7	05306	西周早期	集成 2007（4）：頁 3498	
				西周早期	吳鎮烽 2006：頁 3	乃子，西周早期人。
3033	幾卣	7	近二 0531、新收 0913	西周早期	近二 2010（二）：頁 216	
				西周晚期	新收 2006：頁 663	
				西周早中期之際	山西·北京 2001：頁 21	墓葬形制及出土器物。
				西周早期末葉或西周中期偏早	朱鳳瀚 2002b：頁 72	據伴出器物形制。
				約穆王	孫慶偉 2002：頁 77	據伴出器物形制，該墓約穆王時。
				西周早期晚段	李伯謙 2002：頁 31	據出土物的特徵。
				昭穆時期	張長壽 2002：頁 77	據出土陶瓮，M113 在西周昭穆時期。
				西周早期	吳鎮烽 2006：頁 331	幾，西周早期人。
3034	長子口卣一	7	近二 0532、新收 0554	西周早期	近二 2010（二）：頁 217	
				西周早期	新收 2006：頁 417	
				商末周初	河南 E2000：頁 22	
				昭王	王恩田 2002：頁 42	形制近昭王時竟卣。
				商末周初	朱鳳瀚 2009：頁 1365–1369	形制，組合。
3035	長子口卣二	7	近二 0533	西周早期	近二 2010（二）：頁 218	
				商末周初	河南 E2000：頁 22	
				昭王	王恩田 2002：頁 42	形制近昭王時竟卣。

續表

序號	器　名	字數	銘文著錄	時　代	出　　處	依　　據
3036	亢作父丁卣	7	近二 0534、新收 0596	西周早期	近二 2010（二）：頁 219	
				西周早期	新收 2006：頁 451	
				武成	鄭州 A2001：頁 42	形制，紋飾，組合。
				商末周初	鄭州 A2001a：頁 9	器形，花紋。
				西周早期	吳鎮烽 2006：頁 449	瓜丁父，西周早期人。
				西周早期偏早	朱鳳瀚 2009：頁 1377	形制。
3037	陟卣	7	近二 0535-0536、新收 0594-0595	西周早期	近二 2010（二）：頁 220–221	
				西周早期	新收 2006：頁 449	
				武成	鄭州 A2001：頁 42	形制，紋飾，組合。
				商末周初	鄭州 A2001a：頁 9	器形，花紋。
				西周早期	吳鎮烽 2006：頁 244	陟，西周早期人。
				西周早期偏早	朱鳳瀚 2009：頁 1377	形制。
3038	徵卣	7	近二 0537-0538	西周早期	近二 2010（二）：頁 222–223	
3039	湍族孔卣	7	文物 2010 年 08 期頁 7 圖 7	西周早期	洛陽 B2010：頁 7	伴出陶器、銅器的形制、紋飾。
3040	羊作且癸卣	8	05307	西周早期	集成 2007（4）：頁 3498	
				西周早期	吳鎮烽 2006：頁 391	髟，西周早期人。
3041	甕作父甲卣周雍卣、雊卣	8	05308	西周早期	集成 2007（4）：頁 3498	
				商代	容庚 1941（2008）：頁 315 卣 24	
				西周早期	吳鎮烽 2006：頁 432	雊，西周早期人。
3042	無憂作父丁卣周亞卣	8	05309	西周早期	集成 2007（4）：頁 3498	
				西周早期	吳鎮烽 2006：頁 290	許憂，西周早期人。
3043	枚家作父戊卣	8	05310	西周早期	集成 2007（4）：頁 3498	
3044	覎作父戊卣	8	05311	西周早期	集成 2007（4）：頁 3498	
				西周早期	吳鎮烽 2006：頁 433	覎，西周早期人。
3045	𩵋作父戊卣𩵋卣	器 7蓋 1	05312、新收 0779	西周早期	集成 2007（4）：頁 3498	
				商晚－西周早期	新收 2006：頁 567	
				西周初期	葛今 1972：頁 5-8	同出各器的器質，銘文，造型，紋飾。
				西周早期	陝西 1984（4）：頁 20 器 137	

續表

序號	器 名	字數	銘文著錄	時 代	出 處	依 據
3045	飲作父戊卣 飲卣	器 7 蓋 1	05312、新收 0779	武王至成王早年	李豐 1988a：頁 396	墓葬。
				二期早段（約武成）	盧連成、胡智生 1988a：頁 500	墓葬。
				文王	劉啓益 1993：頁 383	該墓葬出土銅器的形制。
				商末周早	陝西 A1995：頁 121	紋飾。
				西周前期	辭典 1995：頁 143 器 494	
				西周早期	青全 1997（6）：頁 132 器 136	
				西周初年	張長壽 1998：頁 290–294	銅器形制、花紋、組合。
				約武王至康王	朱鳳瀚 2009：頁 1228–1265	墓葬。
3046	寙作父辛卣 周父辛卣	8	05313	西周早期	集成 2007（4）：頁 3498	
				商代	容庚 1941（2008）：頁 316 卣 17	
				西周早期	吳鎮烽 2006：頁 363	寙，西周早期人。
3047	夾作父辛卣	8	05314	西周早期	集成 2007（4）：頁 3498	
				西周初期	中科院 1962：頁 113A599	
				西周早期	吳鎮烽 2006：頁 142	夾，西周早期人。
3048	歑作父癸卣	8	05315	西周早期	集成 2007（4）：頁 3499	
				西周早期	吳鎮烽 2006：頁 237	
3049	伯作文公卣	8	05316	西周早期	集成 2007（4）：頁 3499	
3050	旭伯罰卣	8	05317	西周早期	集成 2007（4）：頁 3499	
				西周早期	吳鎮烽 2006：頁 142	旭伯，西周早期人，名罰。
3051	皀丞卣 追丞卣、周承卣、𤔲承卣	8	05318	西周早期	集成 2007（4）：頁 3499	
				西周初期	中科院 1962：頁 108A580	
				西周早期	吳鎮烽 2006：頁 162	皀丞，西周早期人。
3052	𠂤高卣	8	05319	西周早期	集成 2007（4）：頁 3499	
				西周初期	王光永 1991：頁 10、14	形制，紋飾，銘文。
				西周早期	吳鎮烽 2006：頁 448	𠂤高，西周早期人。
3053	小夫卣	8	05320	西周早期	集成 2007（4）：頁 3499	
				西周早期後段	吳鎮烽 2006：頁 28	小夫，西周早期後段人。
3054	交卣	8	05321	西周早期	集成 2007（4）：頁 3499	
				西周早期	吳鎮烽 2006：頁 126	交，西周早期人。

續表

序號	器 名	字數	銘文著錄	時 代	出 處	依 據
3055	闞卣 闞卣	8	05322	西周早期	集成 2007（4）：頁 3499	
				西周早期	陝西 F1980：頁 47、53	形制、紋飾、銘文皆有西周早期作風。從伴出陶器看，所出墓葬不晚於穆王。
				西周早期	陝西 1980（3）：頁 13 器 76	
				三期（穆共）	盧連成、胡智生 1988a：頁 513–521	墓葬。
				昭王	劉啓益 2002：頁 163	
				西周中期	曹瑋等 2005（7）：頁 1437	
				昭穆	張懋鎔 2006a：頁 220	器形、紋飾、字體與標準器對照。
				西周早期	吳鎮烽 2006：頁 431	闞，西周早期人。
				康晚至昭王	朱鳳瀚 2009：頁 1266–1283	墓葬。
3056	衛卣	8	05323	西周早期	集成 2007（4）：頁 3499	
				西周前期	容庚 1941（2008）：頁 320 卣 61	
				穆王	丁驌 1985：頁 35	曆日。
				西周早期	吳鎮烽 2006：頁 375	衛，西周早期人。
3057	戎佩玉人卣	8	05324	西周早期	集成 2007（4）：頁 3499	
				成康	陝西 D1986：頁 26–31	“戎佩玉人”爲小宗人名。M15 不晚於康王二十一年。
				穆王	李學勤 1986：頁 33–35	形制近 M17 尊、卣（05713、05040）。字體粗獷。
				穆王前後	李豐 1988a：頁 396	墓葬。
				穆王	盧連成、胡智生 1988a：頁 514	墓葬。
				昭王	劉啓益 2002：頁 171	同墓葬銅器形制多近昭王器。
				昭穆	吳鎮烽 2006：頁 109	戎帆，西周昭穆時期人。
				穆恭	朱鳳瀚 2009：頁 1284–1301	墓葬。
3058	噩侯弟厤季卣 厤季卣、鄂侯弟厤季卣	8	05325	西周早期	集成 2007（4）：頁 3499	
				西周早期	馬承源 1964：頁 12	形制，紋飾。
				成王	陳夢家 1966（2004）：頁 70	
				西周早期偏晚	劉彬徽 1986：頁 240	形制，紋飾。
				西周早期	馬承源等 1988：頁 103 器 159	
				西周早期（約成康）	曹淑琴 1993：頁 60	形制，紋飾。
				昭穆	徐少華 1994：頁 89	形制，紋飾，器物組合。

序號	器　名	字數	銘文著録	時　代	出　　處	依　　據
3058	噩侯弟厤季卣 厤季卣、鄂侯弟厤季卣	8	05325	西周早期	青全 1997（6）：頁 105 器 108	
				西周早期	陳佩芬 2004：頁 193 器 276	
				西周早期後段	吳鎮烽 2006：頁 283	厤季，西周早期後段人。
				周初	李學勤 2008e：頁 1	銘文同鄂侯厤季尊（05912），周初器。
3059	伯🔣卣	8	05326	西周早期	集成 2007（4）：頁 3499	
				西周初期	中科院 1962：頁 108A582、A583	
				西周早期	吳鎮烽 2006：頁 161	伯🔣，西周早期人。
3060	守卣	8	近出 0597	西周早期	近出 2002（三）：頁 57	
3061	小夫卣	8（蓋器同銘）	近出 0598、新收 1099	西周早期	近出 2002（三）：頁 58	
				西周早期	新收 2006：頁 785	
				西周早期	王錫平、唐禄庭 1986：頁 72	形制，花紋，銘文字體。
				西周早期	李步青、王錫平 1992：頁 70	
				西周早期	吳鎮烽 2006：頁 28	小夫，西周早期人。
				三期（穆恭）	朱鳳瀚 2009：頁 1400	形制，紋飾。
3062	辟卣	8（蓋器同銘）	近出 0599、新收 0726	西周早期	近出 2002（三）：頁 59	
				西周早期	新收 2006：頁 532	
				西周早期後段	王長啓 1990：頁 29	
				西周早期後段	吳鎮烽 2006：頁 349	辟，西周早期後段人。
3063	作仲子日乙卣	8	近二 0539、新收 1913	西周早期	近二 2010（二）：頁 224	
				西周	新收 2006：頁 1279	
3064	對作父乙卣	9	05328	西周早期	集成 2007（4）：頁 3500	
				西周中期前段	吳鎮烽 2006：頁 356	對，西周中期前段人。
3065	暑作父乙卣	9	05329	西周早期	集成 2007（4）：頁 3500	
				西周早期	吳鎮烽 2006：頁 373	暑，西周早期人。
3066	奪作父丁卣	9	05330–05331	西周早期	集成 2007（4）：頁 3500	
				西周早期後段	吳鎮烽 2006：頁 355	奪，西周早期後段人。
3067	奪作父丁卣	9	05331	西周早期	集成 2007（4）：頁 3500	
3068	🔣作父丁卣	9	05332	西周早期	集成 2007（4）：頁 3500	
				西周早期	吳鎮烽 2006：頁 447	🔣，西周早期人。

序號	器 名	字數	銘文著錄	時 代	出 處	依 據
3069	束作父辛卣	9	05333	西周早期	集成 2007（4）：頁 3500	
				昭王	吳其昌 1929（2004）：頁 235	"束"即昭王時作册大伯鼎（02759）之"公束"。
				西周早期	吳鎮烽 2006：頁 113	束，西周早期人。
3070	厝作父癸卣	9	05334	西周早期	集成 2007（4）：頁 3500	
3071	𢾟作文考癸卣	9	05335	西周早期	集成 2007（4）：頁 3500	
				西周早期	吳鎮烽 2006：頁 447	𢾟，西周早期人。
3072	述作兄日乙卣	9	05336	西周早期	集成 2007（4）：頁 3500	
				西周中期前段	吳鎮烽 2006：頁 191	述，西周中期前段人。
3073	屯作兄辛卣 屯卣	9	05337	西周早期	集成 2007（4）：頁 3500	
				昭王	劉啓益 2002：頁 167	屯器，還包括屯尊（05932）、屯鼎（02509），形制皆近昭王器。
				穆王	彭裕商 2003：頁 323	參屯鼎（02509）。
				西周中期前段	吳鎮烽 2006：頁 47	屯，西周中期前段人。
3074	剌作兄日辛卣 周列卣、剌作兄丁辛卣	9	05338	殷	集成 2007（4）：頁 3500	
3075	珂作兄日壬卣 何作兄日壬卣	9	05339	殷或西周早期	集成 2007（4）：頁 3500	
				西周早期後段	吳鎮烽 2006：頁 228	何，西周早期後段人。
3076	伯𤯒卣	9	05340	西周中期	集成 2007（4）：頁 3501	
				西周中期前段	吳鎮烽 2006：頁 154	伯回，西周中期前段人。
3077	仲作好旅彝卣	9	05341	西周中期	集成 2007（4）：頁 3501	
3078	仲作好旅彝卣	9	05342	西周中期	集成 2007（4）：頁 3501	
3079	參卣蓋	9	05343	西周早期	集成 2007（4）：頁 3501	
				西周中期	吳鎮烽 2006：頁 95	參，西周中期人。
3080	𢿐嗣土幽卣 𢿐司徒幽卣	9	05344	西周早期	集成 2007（4）：頁 3501	
				西周早期後段	吳鎮烽 2006：頁 230	幽，𢿐地司土，西周早期後段人。

序號	器 名	字數	銘文著錄	時 代	出 處	依 據
3081	令鼒高卣 令 鼒 高 卣、夋莫 高卣	9	05345	西周早期	集成 2007（4）：頁 3501	
				西周中期 前段	吳鎮烽 2006：頁 208	夋莫高，西周中期前段 人。
3082	豐卣	9	05346	西周早期	集成 2007（4）：頁 3501	
				西周中期 前段	吳鎮烽 2006：頁 416	豐，西周中期前段人。
3083	廑父卣	9	05348	西周早期	集成 2007（4）：頁 3501	
				成康	陝西 D1986：頁 26–31	"廑"音同"保"，即明 保，見令彝（09901）。《尚 書·君陳》"陳"音同"塵"， "塵"當爲"廑"之誤。廑 爲魯公伯禽的弟弟。
				穆王	李學勤 1986：頁 33–35	形制近 M17尊、卣（05713、 05040）。字體粗獷。
				穆王前後	李豐 1988a：頁 396	墓葬。
				穆王	盧連成、胡智生 1988a：頁 514	墓葬。
				昭王	劉啓益 2002：頁 171	同墓葬銅器形制多近昭王 器。
				昭穆	吳鎮烽 2006：頁 383	廑父，西周昭穆時期人。
				穆恭	朱鳳瀚 2009：頁 1284–1301	墓葬。
3084	小臣豐卣	10	05352	西周早期	集成 2007（4）：頁 3501	
				西周早期	吳鎮烽 2006：頁 30	小臣豐，西周早期人。
3085	𧻚卣 敓卣	10	05354	西周早期	集成 2007（4）：頁 3502	
				西周早期	吳鎮烽 2006：頁 399	敓，西周早期人。
3086	舥卣 周錫高卣	10	05355	西周早期	集成 2007（4）：頁 3502	
3087	𦥑伯卣	10	05356	西周早期	集成 2007（4）：頁 3502	
				西周早期	吳鎮烽 2006：頁 88	由伯，西周早期由國族首 領。
3088	懂季遽父 卣	10	05357– 05358	西周早期	集成 2007（4）：頁 3502	
				西周早期	陝西 1980（3）：頁 6 器 35、36	
				康王	劉啓益 1984a：頁 52–53	形制，紋飾。
				西周早期	曹瑋等 2005（6）：頁1177、1181	
				昭穆之際	張懋鎔 2006a：頁 219	器形、紋飾、銘文字體與 標準器對照。
				西周早期 後段	吳鎮烽 2006：頁 407	懂季遽父，西周早期後段 人。

序號	器 名	字數	銘文著錄	時 代	出 處	依 據
3089	守宮卣	10	05359	西周早期	集成 2007（4）：頁 3502	
				西周初期	中科院 1962：頁 115A612	
				西周初期	陳夢家 1966（2004）：頁 186 器 133 附	形制屬西周初期。與守宮盤（10168）是一家之器而非同時。
				穆王	唐蘭 1976—1978（1986）：頁 401	
				西周早期後段	馬承源 2003a：頁 219 卣 8	器形。
				昭穆	彭裕商 2003：頁 378	參守宮盤（10168）。
				西周早期後段	吳鎮烽 2006：頁 128	守宮，西周早期後段擔任此官職的人。
3090	公卣	10	近二 0543、新收 1315	西周早期	近二 2010（二）：頁 228	
				西周中期	新收 2006：頁 909	
				西周中期（或西周前期）	辭典 1995：頁 147 器 508	
				西周中期	青全 1997（6）：頁 116 器 119	
				穆王	張懋鎔 2010：頁 84	
3091	緻卣	10	新收 0917	西周早期	新收 2006：頁 666	
				西周早期	山西·北京 2000：頁 334	M6069 在西周早期。
				西周早期	吳鎮烽 2006：頁 432	緻，西周早期人。
				一期（約武王至康王）	朱鳳瀚 2009：頁 1473	墓葬。
3092	臉作父辛卣蓋周宜卣	11	05361	西周早期	集成 2007（4）：頁 3502	
				西周早期	吳鎮烽 2006：頁 359	臉，西周早期人。
3093	懋卣	11	05362	商代後期	集成 2007（4）：頁 3502	
				西周早期	吳鎮烽 2006：頁 429	懋，西周早期人。
3094	⽫溓伯逤卣溓伯逤卣	11	05363-05364	西周早期	集成 2007（4）：頁 3502	
				武王	容庚 1941（2008）：頁 30、頁 320 卣 56	與溓司徒逤簋（04059）同出且同人作器，參之。
				成王	白川靜 1962c：頁 163–166 器 14 附	
				周公攝政	唐蘭 1976—1978（1986）：頁 29	參同出溓司徒逤簋（04059）。
				西周早期	青全 1997（6）：頁 31 器 31	*05364。
				成康	王世民等 1999：頁 122 卣 2	器形。

序號	器 名	字數	銘文著錄	時 代	出 處	依 據
3094	)(潝伯遝卣 潝伯遝卣	11	05363–05364	成王初年	劉啓益 2002：頁 69	形制屬成王。與成王時潝司徒遝簋（04059）爲同人作器。
				成王	張懋鎔 2006a：頁 211	同人作潝司徒遝簋（04059），年代在成王時。
				西周早期	吳鎮烽 2006：頁 325	潝伯遝，西周早期人。
				一期（約武王至康王）	朱鳳瀚 2009：頁 1340	形制，組合。
3095	豚卣 胹卣	11	05365	西周中期	集成 2007（4）：頁 3502	
				西周中期前段	吳鎮烽 2006：頁 345	胹，西周中期前段人。
3096	倗卣	11	05366	西周中期	集成 2007（4）：頁 3502	
				西周中期前段	吳鎮烽 2006：頁 258	倗，西周中期前段人。
				西周中期	吉琨璋、宋建忠、田建文 2006：頁 47	
3097	作宗寶尊彝卣	11	近二 0544	西周中期	近二 2010（二）：頁 229	
3098	丫尹肇家卣	12	05368	西周早期	集成 2007（4）：頁 3503	
				西周早期	吳鎮烽 2006：頁 96	乎淆，西周早期人。
3099	盠仲卣 許仲卣	12	05369	西周晚期	集成 2007（4）：頁 3503	
				西周早期	吳鎮烽 2006：頁 290	盠仲倈，西周早期人。
3100	作文考父丁卣 亞束萬卣	蓋 2 器 10	05370	西周早期	集成 2007（4）：頁 3503	
				西周早期	吳鎮烽 2006：頁 333	莫，西周早期人。
3101	伯卣	12	05371	西周早期	集成 2007（4）：頁 3503	
3102	異卣	12	05372	西周中期	集成 2007（4）：頁 3503	
				西周中期	洛陽 B1999a：頁 213	
				西周中期前段	吳鎮烽 2006：頁 285	異，西周中期前段人。
3103	黻卣	12	新收 0944	西周早期	新收 2006：頁 686	
				西周早期	山西‧北京 2000：頁 334	M6210 在西周早期。
				成康	徐天進 2000：頁 335–337	墓葬。
				西周早期	吳鎮烽 2006：頁 432	黻，西周早期人。
				一期（約武王至康王）	朱鳳瀚 2009：頁 1473	墓葬。
3104	叔霝卣 丁師卣	13	05373	西周早期	集成 2007（4）：頁 3503	

續表

序號	器　名	字數	銘文著錄	時　代	出　　處	依　　據
3105	數鼉卣 數鼉事丁壺	13(蓋器同銘)	近出 0600	西周早期	近出 2002(三): 頁 60	
3106	仜爯卣 罅卣	13	近出 0601、新收 0069	西周中期	近出 2002(三): 頁 61	
				西周中期	新收 2006: 頁 63	
				穆王	河南 C1998: 頁 13-16	參尊(新收 0068)。
				西周中期前段	吳鎮烽 2006: 頁 375	罅, 西周中期前段人。
				三 期(穆恭)	朱鳳瀚 2009: 頁 1353	形制, 紋飾, 組合。
3107	雞卣	13(蓋器同銘)	近出 0602、新收 0728	西周早期	近出 2002(三): 頁 62	
				西周早期	新收 2006: 頁 533	
				西周早期後段	王長啓 1990: 頁 41	
				西周早期	吳鎮烽 2006: 頁 409	雞, 西周早期人。
3108	晉伯卣	13	首陽 30	西周中期	首陽 2008: 頁 92 器 30	
3109	圍卣	14	05374	西周早期	集成 2007(4): 頁 3503	
				西周早期	馬承源等 1988: 頁 86	
				西周早期	張亞初 1993a: 頁 328	
				成康	北京 C1995: 頁 244	形制, 花紋, 銘文。
				成王	劉啓益 2002: 頁 80	形制紋飾同成王器。
				成王	彭裕商 2003: 頁 231	器形、紋飾屬殷末周初, 同出堇鼎(02703)爲成王時。
				西周早期前段	吳鎮烽 2006: 頁 285	圍, 西周早期前段人。
				成康之際	朱鳳瀚 2009: 頁 1409	組合, 形制, 紋飾。
3110	漁卣	14	近二 0545	西周早期	近二 2010(二): 頁 230	
3111	虢季子緄卣 虢季子組卣	15	05376	西周晚期	集成 2007(4): 頁 3503	
3112	孝卣 虩卣	15	05377	殷	集成 2007(4): 頁 3503	
				成王	唐 蘭 1976—1978(1986): 頁 113	此亦異侯亞吳器而記虩的賞賜, 與成王時斐方鼎(02702)當是同時器。
3113	叙卣	15	新收 0964	西周早期	新收 2006: 頁 702	
				西周中期偏早	山西·北京 2000: 頁 334	M6384 在西周中期偏早。

續表

序號	器名	字數	銘文著錄	時代	出　處	依　據
3113	叔卣	15	新收 0964	穆王至孝王	徐天進 2000：頁 335–337	墓葬。
				三期（穆恭）	朱鳳瀚 2009：頁 1474	墓葬。
3114	馭卣	16	05380	商代後段	集成 2007（4）：頁 3503	
				昭王	張懋鎔 2006a：頁 211	與昭王南征有關。
3115	寓卣	16	05381	西周早期	集成 2007（4）：頁 3504	
				昭王	陳夢家 1966（2004）：頁 138 器 101 附	人名"寓"及字體同昭王時寓鼎（02718）。
3116	縈叔卣	16	05382	西周中期	集成 2007（4）：頁 3504	
				西周中期前段	吳鎮烽 2006：頁 401	縈叔，西周中期前段人。
3117	岡劫卣、剛劫卣、岡俗毀	16	05383	西周早期	集成 2007（4）：頁 3504	
				昭王	吳其昌 1929（2004）：頁 231	銘文記錄的伐楚事件與昭王時禽簋（04041）相同。
				成王	陳夢家 1966（2004）：頁 29 器 14 附	見成王時岡劫尊（05977）。
				成王	陳公柔、張長壽 1982：頁 82	
				西周早期	王世民等 1999：頁 126 卣 16	器形。
				成王	彭裕商 2003：頁 217、42	成王平叛時器。
				西周早期	吳鎮烽 2006：頁 203	岡劫，西周早期人。
				成康	朱鳳瀚 2009：頁 1260	
3118	犅伯譴卣	16	近二 0546、新收 1588	商代後期	近二 2010（二）：頁 231	
				商代晚期–西周早期	新收 2006：頁 1087	
				周初	王世民 2001c：頁 132	據形制、紋飾屬商周之際。"亞"字形邊框見於殷晚周早銘文。
				成康昭	馬承源 2001：頁 240	成王時犅劫尊、卣，與本器都有"亞"邊框，身份相襲，作器者爲父子關係。"丰"當即康侯丰。此器形制不晚於昭王。
				殷墟晚期後段	裘錫圭 2001：頁 245	器形紋飾與殷墟晚期的縱梁四棱卣聯繫密切而有稍晚趨勢，亦定爲殷墟晚期後段。"彝"字的寫法從"卜"不從"：（金）"，寫法見於殷晚黃組卜辭。銘文全部納入"亞"字內的現象也見於其他商晚銅器。

序號	器 名	字數	銘文著錄	時 代	出 處	依 據
3118	牮伯諆卣	16	近二 0546、新收 1588	周 初（商周之際）	李學勤 2001d：頁 250	布倫戴奇藏牮劫卣之牮刲與牮伯同氏。牮劫卣爲成王時器，牮伯年代相當。形制紋飾屬商末周初。
				殷末周初	陳英傑 2004：頁 126	銘文用語及文例。
				商代晚期或西周早期	吳鎮烽 2006：頁 317	牮伯諆，商晚或西周早期人。
3119	耳卣寧史卣	17	05384	西周早期	集成 2007（4）：頁 3504	
				商代	容庚 1941（2008）：頁 317 卣 31	
				昭王	白川靜 1966c：頁 112–113 器 82 附	
				成康	陳夢家 1955–1956（2004）：頁 91 器 65	
				西周早期	吳鎮烽 2006：頁 111	耳，西周早期人。
3120	息伯卣彔伯卣	17	05385–05386	西周早期	集成 2007（4）：頁 3504	
				昭王	吳其昌 1929（2004）：頁 261	"姜"即昭王時𢎥卣（05407）之"王姜"。
				成王	白川靜 1963：頁 248–254 器 23	
				成王	陳夢家 1966（2004）：頁 68	"姜"即成王時召卣（05416）、作册𢎥卣之"王姜"。
				成王後期到康王後期	方善柱 1977：頁 4–5	王姜爲武王妃。
				昭王	唐蘭 1976—1978（1986）：頁 282	
				康王	劉啓益 1980a：頁 85	"王姜"爲康王妃。
				昭王	唐蘭 1981：頁 23	姜指王姜，見作册夨令簋（04300）。
				康王	劉啓益 2002：頁 121	形制同乍册𢎥卣（05407），字體同旟鼎（02704），兩者皆康王器。"姜"即康王妃王姜。
				昭王	彭裕商 2003：頁 288	據器形紋飾斷爲昭王前後。
				西周早期	吳鎮烽 2006：頁 266	息伯，西周早期人。
				昭王	張懋鎔 2008：頁 345	
3121	員卣	17	05387	西周早期	集成 2007（4）：頁 3504	
				成王四年	吳其昌 1929（2004）：頁 128	"史旟"見成王時𧻚鼎（02740）。
				成王	郭沫若 1935（2002）：頁 74	"史旟"見於成王時𧻚鼎（02740）。

序號	器名	字數	銘文著錄	時代	出　處	依　據
3121	員卣	17	05387	成王	容庚 1941（2008）: 頁 35	"史旗"見於成王時夐鼎（02740）。
				成王	白川靜 1963: 頁 224–228 器 20	
				昭王	唐蘭 1976—1978（1986）: 頁 221	"史旗"亦見夐鼎（02740）。
				昭王	唐蘭 1981: 頁 24	靠個人掠奪來鑄銅器是昭王時的新現象，也見於過伯簋（03907）、犾馭簋（03976）、𧻹簋（03732）。
				康後	吳鎮烽 1987: 頁 267–268	
				昭王	馬承源等 1988: 頁 77 器 110	"史旗"見於康王時夐鼎（02740）、昭王時旗鼎（02704），據旗鼎時代歸入昭王。
				成王前期	尹盛平 1992: 頁 88	"𪟝"是微史家族的乙祖，活動時代當在成王前期至康王前期。"史旗"見於夐鼎（02740），後者記伐東夷事，據《史記·周本紀》"成康之際……刑措四十年不用"，故伐東夷事在成王前期。此器亦歸入成王前期。
				昭王	周書燦 1999: 頁 55	書體特徵更近西周早期偏晚的昭王時期。同銘尊形制見於昭王時。
				穆王	彭裕商 2002: 頁 28–29	器形近召尊，後者記昭王末年南征事，當作於穆初；器形近微氏家族豐卣（05403），後者屬穆王；員觶（06431）器形近長安花園村 M17 出土"銅方壺"，該墓在穆王前後。尊卣"彝"字寫法有穆王時特色。"史旗"見於昭王時旗鼎（02704），故員器爲穆王時遺物。
				昭王	劉啟益 2002: 頁 164	員組器（包括集成 05387、05024、01751、06431、09534、05692、09367），此組字體一致，作器者皆爲員。其中壺、卣的形制近穆王器。人名"史旗"見於夐鼎（02740）。

續表

序號	器 名	字數	銘文著録	時 代	出 處	依 據
3121	員卣	17	05387	穆王	彭裕商 2003：頁 313	形制、字體屬穆王時。"旟"見於昭王時旟鼎（02704）。
				西周早期後段	吳鎮烽 2006：頁 256	員，西周早期後段人。
				昭王	張懋鎔 2008：頁 344	
				穆王	王帥 2008：頁 42	字形書體。
3122	顧卣 顧壺	17	05388–05389	西周早期	集成 2007（4）：頁 3504	
				西周早期	馬承源等 1988：頁 96 器 143	
				西周早期	彭裕商 2003：頁 298	器形，紋飾。
				西周早期	陳佩芬 2004：頁 179 器 270	*05388。
				西周早期	吳鎮烽 2006：頁 436	顧，西周早期人。
3123	伯茍父卣	17	05390	西周早期	集成 2007（4）：頁 3504	
				不晚於西周中期	陝西 D1957：頁 85	同墓出土銅盉銘文"穆王在下減居"，知此盉鑄於穆王生時，該墓穿造年代當在西周中期。
				成王	陳夢家 1966（2004）：頁 141 器 103 附	"非余"之賜多見於成王器，如作册翻卣（05400）。
				穆王	郭寶鈞 1970（1981）：頁 44	同出長由盉（09455）在穆王時。
				穆王前後	李豐 1988a：頁 396	墓葬。
				穆王	盧連成、胡智生 1988a：頁 514	墓葬。
				西周早期	吳鎮烽 2006：頁 158	伯茍父，西周早期人。
				穆恭	朱鳳瀚 2009：頁 1284–1301	墓葬。
3124	執卣 執卣	17	05391	殷或西周早期	集成 2007（4）：頁 3505	
				西周早期	吳鎮烽 2006：頁 280	執，西周早期人。
3125	否叔卣	17	近出 0603、新收 1951	西周早期	近出 2002（三）：頁 63	
				西周早中期	新收 2006：頁 1301	
3126	寡子卣 周丕叔卣	18	05392	西周中期	集成 2007（4）：頁 3505	
				西周中期前段	吳鎮烽 2006：頁 362	寡子，西周中期前段人。
3127	伯口作文考父辛卣	蓋 3 器 16	05393	西周早期	集成 2007（4）：頁 3505	
				西周早期	吳鎮烽 2006：頁 158	伯𨟻，西周早期人。
3128	毓且丁卣	24	05396	商代後期	集成 2007（4）：頁 3505	
				成王	陳夢家 1966（2004）：頁 72	
				西周早期	吳鎮烽 2006：頁 337	㲷，西周早期人。

續表

序號	器　名	字數	銘文著錄	時　代	出　處	依　據
3129	雟爾作兄癸卣	24	05397	西周早期	集成 2007（4）：頁 3505	
3130	同卣 同乍父戊卣	25	05398	西周中期	集成 2007（4）：頁 3505	
				孝王	吳其昌 1929（2004）：頁 309	作器者同孝王時同毁（04270）。
				昭王	陳夢家 1966（2004）：頁 140	
				孝王	白川靜 1968c：頁 214–228 器 139 附	
				西周早期	馬承源等 1988：頁 99 器 149	
				穆王	彭裕商 2003：頁 327	字體有穆世特點。
				西周中期前段	吳鎮烽 2006：頁 117	同，西周中期前段人。
3131	盂卣 兮公卣、盂作父丁卣	蓋 3 器 22	05399	西周早期	集成 2007（4）：頁 3505	
				康王	吳其昌 1929（2004）：頁 184	"盂"見於成王時大盂鼎（02837）、康王時小盂鼎（02839）。
				昭王	郭沫若 1935（2002）：頁 117	作器者同昭王時盂爵（09104）。
				昭王	容庚 1941（2008）：頁 36、頁 321 卣 66	"父"即康王時盂爵（09104）之"父丁"。
				成康	白川靜 1964a：頁 391–394 器 35 附	
				成王	陳夢家 1966（2004）：頁 63	形制近成王時召卣（05416）等。
				西周中晚期	高木森 1986：頁 47	書法風格。
				康王	馬承源等 1988：頁 44	"盂"見小盂鼎（02839）。
				昭王	劉啓益 2002：頁 113	形制。
				康王	彭裕商 2003：頁 252、335	據器形、紋飾、字體等歸入穆世。器主不同於大小盂鼎（02837、02839）。
				西周早期	吳鎮烽 2006：頁 182	盂，西周早期人。
3132	作册䰧卣 䰧卣	26	05400	西周早期	集成 2007（4）：頁 3505	
				昭王	吳其昌 1929（2004）：頁 224	"明保"即昭王十年時矢彝（09901）之"周公子明保"、旅鼎（02728）之"公太保"、作册大伯鼎（02759）之"尹太保"。
				成王	郭沫若 1935（2002）：頁 37	"明保"即成王時令彝之"明保"，"殷成周年"與後者之"朝至于成周"爲同一件事。

序號	器　名	字數	銘文著録	時　代	出　　　處	依　　據
3132	作册嬲卣嬲卣	26	05400	成王	容庚 1941（2008）：頁 32、頁 321 卣 65	"明保" 見於成王時令方彝（09901）。
				康末或昭初	唐蘭 1962：頁 32	"明保" 尚未稱公，晚於昭王初年矢令方彝（09901）。
				成王	白川靜 1964：頁 310–316 器 26	
				成王	陳夢家 1966（2004）：頁 40	"明保" 見於成王時令方彝（09901），與其同出。
				昭王	唐蘭 1976—1978（1986）：頁 203	"明保" 即作册令方尊（06016）、作册令方彝（09901）之 "周公子明保"，後者皆昭王時器。
				成王	平心 1979：頁 49	明保是毛叔鄭，文王子。
				昭王	唐蘭 1981：頁 18	"明保" 即 "周公子明保"，見作册令方彝（09901）。
				成王	梁曉景 1987：頁 98	"明公" 即周公次子君陳，參令方彝（09901）。
				昭王	張政烺 1987（2011）：頁 9	
				昭王	馬承源等 1988：頁 80 器 115	"明保" 見於昭王時令簋（04300）。
				西周前期	辭典 1995：頁 145 器 501	
				康王	劉啓益 2002：頁 126	形制同康王時霾卣（05187）、趞卣（05402）、乍册睘卣（05407）等，同人作盤（10068）據形制在康王時。"明保" 即康王時令方尊（06016）之 "周公子明保"，即伯禽。
				當成王及成康之際	杜勇、沈長雲 2002：頁 158	形制，紋飾，字體。
				昭王	彭裕商 2003：頁 283	"唯明保殷成周年" 與昭王時令方尊（06016）、方彝（09901）所記爲一事。
				昭王	陳佩芬 2004：頁 169 器 266	紀事方式同昭王時小臣傅簋（04206）。形狀、裝飾同召卣（05416），爲昭王時卣的通制。
				西周早期	吳鎮烽 2006：頁 358	嬲，西周早期人。
				昭王	張懋鎔 2008：頁 344	
				康昭之際	王帥 2008：頁 43	字形書體。
				昭王	王帥 2008a：頁 66	字體。

續表

序號	器 名	字數	銘文著錄	時 代	出 處	依 據
3133	壴卣	28	05401	西周早期	集成 2007（4）: 頁 3506	
				成王	陳夢家 1966（2004）: 頁 68	屬成王時的簡樸卣。
				虞舜時	駱賓基 1987: 頁 3–6	從左至右的行文爲虞舜推行新政時的傳統。
				西周初期	張劍、孫新科 1996: 頁 335	
				西周早期	吳鎮烽 2006: 頁 221	壴，西周早期人。
3134	遣卣 趞卣	28	05402	西周早期	集成 2007（4）: 頁 3506	
				昭王十七年	吳其昌 1929（2004）: 頁 253	"在斥"亦見於昭王十九年𦥑尊（05989），其附近而有閏十二月者唯昭王十七年。
				成王	郭沫若 1935（2002）: 頁 48	
				成王	容庚 1941（2008）: 頁 32	詞組"王在斥"及字體均同成王時𦥑卣（05407）。
				西周初期（成王）	中科院 1962: 頁 115A613	
				成王	白川靜 1963: 頁 197–212 器 17	
				成王	陳夢家 1966（2004）: 頁 60	"趞"見於成王器𪔂鼎（02731）、班簋（04341）。花紋同成王時卿卣（05258）。
				昭王	唐 蘭 1976—1978（1986）: 頁 291	較中方鼎（02785）晚一天，亦伐楚後事。
				康王	劉啓益 1978: 頁 314–316	"王在斥"之記載亦見於康王時𦥑卣（05407）、折觥（09303）等器。
				昭王	李學勤 1979: 頁 32	銘文內容與作冊折尊（06002）相聯繫，彼器作於昭王時。
				昭王	伍士謙 1981: 頁 97–126	
				昭王	唐蘭 1981: 頁 89	
				成王十九年	周法高 1981（2004）: 頁 201	
				昭王十八年	盧連成 1984: 頁 75–79	斥地是昭王十九年南征的準備地。
				昭王	高木森 1986: 頁 62	"王在斥"組。
				康王	吳鎮烽 1987: 頁 267–268	參遣尊（05992）。
				昭王	馬承源等 1988: 頁 62 器 87	人物"趞"亦見康晚𪔂鼎（02731）。"王在斥"多見於昭世銘文。

續表

序號	器 名	字數	銘文著録	時 代	出 處	依 據
3134	遣卣 遣卣	28	05402	昭王	李零 1993：頁 662	
				昭王	李學勤 1997b：頁 224–228	參靜方鼎（近出 0357）。
				昭王	李學勤 1997c	王所在地點與作册睘尊（05989）有關，後者爲昭王時器。
				成王	黎東方 1997：頁 231	
				昭王前後	王世民等 1999：頁 125 卣 9	器形。
				康王十九年	杜勇 2001：頁 3–6	參作册睘卣（05407）。
				康王	劉啓益 2002：頁 122	形制同乍册睘卣（05407）、息伯卣（05386），"王才庍"同乍册睘卣，字體同作册折器（09895、06002等），這幾器皆爲康王時。
				康王中後期	杜勇、沈長雲 2002：頁 159	形制，紋飾，字體。
				昭王	彭裕商 2003：頁 260、266	"王在庍"亦見於昭王時睘卣（05407）、作册析器，"庍"爲昭王南征所經之地。
				昭王	劉士莪 2004：頁 24–25	"在庍"同微氏家族折器，後者當昭王時。
				昭王	張懋鎔 2005a：頁 4	形制、紋飾既有較早特點，亦有稍晚特徵，該現象可用"兩系説"解釋。
				昭穆	吳鎮烽 2006：頁 341	遣，西周昭穆時期人。
				昭王	張懋鎔 2008：頁 345	
				昭王	王帥 2008：頁 43	字形書體。
3135	豐卣	29	05403	西周中期	集成 2007（4）：頁 3506	
				西周早期偏晚	陝西 F1978：頁 4	
				穆王	唐蘭 1978：頁 19–20	
				穆王	黃盛璋 1978：頁 196	豐之子牆屬共世，豐當於穆世。形制、紋飾近穆王時靜卣（05408）。
				穆王	唐蘭 1976—1978（1986）：頁 516	
				穆王前後	李學勤 1979：頁 30、32–33	據史牆盤（10175）銘文所示該家族世系，豐活動於穆王時。大鳥紋類張家坡孟簋（04162），字體風格近班簋（04341）、孟簋，皆穆王時器。

序號	器　名	字數	銘文著録	時　代	出　　處	依　　據
3135	豐卣	29	05403	穆王	陝西 1980（2）：頁 4 器 19	
				穆王前期	伍士謙 1981：頁 97–126	
				穆王	高木森 1986：頁 75	據牆盤（10175）銘世系。
				穆王前期	吳鎮烽 1987：頁 269	
				穆王	馬承源等 1988：頁 107 器 167	據同墓出土銅器銘文内容，豐在穆世。
				穆王前期	劉啓益 1989：頁 188	
				穆王	尹盛平 1992：頁 91	在微氏家族世系中，豐爲旂之子，活動於穆王時。
				西周中期	辭典 1995：頁 146 器 503	
				穆王	青全 1997（5）：頁 166 器 174	
				懿王前後	羅泰 1997：頁 651–676	參牆盤（10175）。
				穆王	王世民等 1999：頁 128 卣 19	器形。
				穆王	劉啓益 2002：頁 228	同人作豐尊（05996），兩者的形制紋飾皆似穆王器。
				穆王	李零 2002a：頁 43	器形風格，字體特徵，年代序列。
				穆王	彭裕商 2003：頁 328	"豐"之子"牆"爲恭王時人。此器當穆世。器形、紋飾、字體亦當穆世。
				西周中期	曹瑋等 2005（4）：頁 615	
				穆王中晚期	張懋鎔 2006a：頁 212	豐之子牆作牆盤（10175），在恭王時。
				昭穆	吳鎮烽 2006：頁 416	豐，西周昭穆時人。
				穆王	朱鳳瀚 2009：頁 1289	
				穆王	張懋鎔 2010：頁 84	
3136	商卣 庚姬卣、 庚嬴卣	30（合文 2）	05404	西周早期	集成 2007（4）：頁 3506	
				西周初期	陝西 F1978：頁 2	
				西周初期	唐蘭 1978：頁 19–20	
				晚殷	黃盛璋 1978：頁 200	"帝后"指殷帝之后，此器作於克殷前。殷彝多用"賞"而周常用"賜"。形制、紋飾、徽識皆爲殷周之際流行。
				昭王	李學勤 1979：頁 30	形制、紋飾與折器相近，曆日爲相連的兩天，折器作於昭王末年。字體近昭王時𪓑簋（03732）。
				西周早期	陝西 1980（2）：頁 1 器 4	

序號	器名	字數	銘文著録	時代	出處	依據
3136	商卣 庚姬卣、 庚嬴卣	30（合文2）	05404	康王	伍士謙 1981：頁 97–126	作器者同康王時庚嬴卣（05426）。
				西周早期	馬承源等 1988：頁 95 器 141	
				穆王早年	李學勤、艾蘭 1990	形制，紋飾。
				成王五年	尹盛平 1992：頁 79–88	商是微氏家族烈祖，據牆盤（10175）銘，其入周是在武王時。此器造型、紋飾、字體皆有商末周初特點。"帝司（嗣）"指已故王之繼承人，此處是周公攝政期間對成王的稱呼，故此器在成王五年内。
				西周前期	辭典 1995：頁 143 器 493	
				西周早期	青全 1997（5）：頁 162 器 170	
				昭王	王長豐 1998：頁 290–293	商爲微史家族乙祖，康昭時人。
				成王	劉啓益 2002：頁 83	形制。
				康王	李零 2002a：頁 42	風格，字體特徵，年代序列。
				康昭	彭裕商 2003：頁 296	據器形、紋飾、記日格式。
				昭王	張懋鎔 2005a：頁 22	造型、紋飾、字體均有商末周初作風，保留商傳統。但與折尊（06002）相比，該器可置於昭王時。該器可用"兩系説"解釋。
				西周早期	曹瑋等 2005（3）：頁 531	
				昭王	張懋鎔 2006a：頁 224	有殷商傳統風格，可用"兩系説"解釋。
				西周早期前段	吳鎮烽 2006：頁 293	商，西周早期前段人。
				昭王	張懋鎔 2008：頁 345	
3137	次卣 叉卣	30	05405	西周中期	集成 2007（4）：頁 3506	
				昭王	陳夢家 1966（2004）：頁 136 器 98 附	"公姞"亦見昭王時公姞鬲（00753）。
				昭王	白川靜 1966a：頁 803–810 器 72 附	
				共王	唐蘭 1976—1978（1986）：頁 439	
				共王	劉啓益 2002：頁 269	"公姞"即共王時尹姞鬲（00754）之"尹姞"。
				懿孝	彭裕商 2003：頁 385	與次尊（05994）同人作，據二器器形紋飾推測大致在懿孝時期。

序號	器 名	字數	銘文著錄	時 代	出 處	依 據
3137	次卣 叉卣	30	05405	西周中期 前段	吳鎮烽 2006：頁 128	次，西周中期前段人。
3138	州子卣 僕麻卣	30（又 合文 1）	近出 0604、 新收 1753	西周早期	近出 2002（三）：頁 64	
				西周早期	新收 2006：頁 1187	
				西周早期	王長啓 1990：頁 29	
				西周初期	朱鳳瀚 1996：頁 85–89	該銘 "僕" 字的寫法與令鼎（02803）、旂鼎（02670）間發生較大變化。
				西周早期	吳鎮烽 2006：頁 358	僕麻，西周早期人。
3139	小臣靜卣 小 臣 靜 簋、小臣 靜彝	31	近二 0547、 新收 1960	西周中期	近二 2010（二）：頁 232	
				西周中期	新收 2006：頁 1307	
				厲王	吳其昌 1929（2004）：頁 412	作器者同厲王二十年之靜卣（05408）。
				穆王	郭沫若 1935（2002）：頁 130	作器者靜當即穆王時靜簋（04273）、靜卣（05408）之靜，唯前後職官有大小。
				成康	陳夢家 1966（2004）：頁 90	"十三月" "王與天子互稱"、五十朋之賜，皆見於周初器。人名 "靜" 見於康王時靜器（05408、04273）。
				昭穆	白川靜 1966c：頁 135–138 器 84 附	
				穆王	唐蘭 1976—1978（1986）：頁 362	
				未	盛冬鈴 1983：頁 48	此 "靜" 非宣王之名，身份地位不同。
				穆王	馬承源等 1988：頁 112	作器者同昭王時靜簋（04273）。
				昭王	彭裕商 2003：頁 284	
				穆王	王長豐 2005：頁 60–61	
3140	周乎卣 周旅宗卣	32（又 重文 2）	05406	西周中期	集成 2007（4）：頁 3506	
				西周前期	容庚 1941（2008）：頁 320 卣 62	
				西周早期	王世民等 1999：頁 124 卣 6	器形。
				西周中期 前段	吳鎮烽 2006：頁 209	周乎，西周中期前段人。
3141	作册嬰卣 嬰卣	33（又 重文 2）	05407	西周早期	集成 2007（4）：頁 3506	
				昭王十九 年	吳其昌 1929（2004）：頁 256	"王姜" 見於昭王十年之矢簋（04300），"在斤" 同昭王十七年之趞尊（05992）等器，字體亦相肖。
				成王	郭沫若 1935（2002）：頁 45	"王姜" 見於成王時令簋（04300），爲成王后。

續表

序號	器名	字數	銘文著錄	時代	出　處	依　據
3141	作册睘卣睘卣	33（又重文2）	05407	成王	容庚 1941（2008）：頁 32	"王姜"亦見於成王時夨令簋（04300）。
				昭王十九年	唐蘭 1962：頁 32	記伐楚事。人物"王姜"見於令簋（04300）。
				成王	白川靜 1963：頁 236-247 器 22	
				成王	陳夢家 1966（2004）：頁 61	與同人作尊的形制花紋極近成王時召卣（05416）、召尊（06004）。
				成王	白川靜 1975（1997）：頁 255	
				成王後期到康王後期	方善柱 1977：頁 5	王姜爲武王妃。
				昭王	唐蘭 1976—1978（1986）：頁 293	
				昭王	唐蘭 1978：頁 19-20	記昭王伐楚。
				康王	黃盛璋 1978：頁 196	"王姜"爲康王妃。
				康王	劉啓益 1978：頁 314-316	"王姜"爲康王妃，見於康王時令簋（04300）、旗鼎（02704）等器。
				昭王十九年	李學勤 1979：頁 32	銘文內容與作册折尊（06002）相聯繫，彼器作於昭王時。
				昭王十九年	伍士謙 1981：頁 97-126	
				昭王	唐蘭 1981：頁 91	
				成王十九年	周法高 1981（2004）：頁 201	
				成王	何幼琦 1982：頁 109	曆法。
				昭王	馬承源 1982：頁 54	提到"王姜"諸器多在昭王時。
				周公攝政六年	何幼琦 1983b：頁 82	
				昭王十九年	盧連成 1984：頁 75-79	厈地是昭王十九年南征的準備地。
				昭王	丁驌 1985：頁 28	曆日。
				昭王	高木森 1986：頁 61	記伐楚。
				康王	吳鎮烽 1987：頁 267-268	"王在厈"見康王時折尊（06002），"厈"不在荊楚，銘文記事與伐楚無關。"王姜"爲康王妃，見康王時叔簋（04132）、令簋（04300）。字體與昭時銘文不同。

序號	器 名	字數	銘文著録	時 代	出 處	依 據
				昭王	馬承源等 1988：頁 65 器 92	"王姜"爲昭王后，見昭王時令簋（04300）。
				康王	劉啓益 1989：頁 189	形制。
				昭王十九年	劉雨 1997：頁 247	
				成王	榮孟源 1997：頁 362	曆法。
				成王	黎東方 1997：頁 231	
				昭王	李學勤 1997b：頁 224–228	參靜方鼎（近出 0357）。
				昭王	李學勤 1997c	與作册析器爲同年所作，紀事大略相同，後者爲昭王時器。
				成王	王永波 1999：頁 49–51	王姜，當指武王后"邑姜"。
				昭王前後	王世民等 1999：頁 126 卣 13	器形。
				武王十九年	孫斌來 2001：頁 48	王姜爲武王后，成王母。所記非昭王伐楚事。
3141	作册睘卣 睘卣	33（又重文 2）	05407	康王十九年	杜勇 2001：頁 3–6	"王在㢱"見於作册睘器、遣器、作册折器等七器，其中作册折屬微史家族，據牆盤當不早於康昭。據所記事件的發生曆日與地望看，該組器不在昭世，作册折器紀年十九，故該組器當置於康王十九年。
				康王	劉啓益 2002：頁 120	"王姜"爲康王妃。形制較卿卣（05259）晚，後者成王時。
				約成康（康王）	杜勇、沈長雲 2002：頁 158、57	形制，紋飾，字體。
				成王	王永波 2003：頁 31–32	參令方彝（09901）。
				昭王	彭裕商 2003：頁 264	"王在㢱"亦見於昭王時遣器、作册析器，"㢱"爲昭王南征所經之地。
				昭王前後	賈洪波 2003：頁 6	類型排比。
				昭王	劉士莪 2004：頁 24–25	"在㢱"同微氏家族折器，後者當昭王時。
				昭王	張懋鎔 2005a：頁 4	形制、紋飾既有較早特點，亦有稍晚特徵，該現象可用"兩系説"解釋。
				穆王初年	張懋鎔 2006a：頁 212	與作册折器相聯繫，兩者皆記昭王十九年事，當鑄於穆王初年。

序號	器 名	字數	銘文著録	時 代	出 處	依 據
3141	作册䀠卣 䀠卣	33（又重文2）	05407	西周中期	吳鎮烽 2006：頁 341	䀠，西周中期人。
				昭王	王輝 2006：頁 91	
				昭王	張懋鎔 2008：頁 345	
				昭王	朱鳳瀚 2009：頁 1271	記昭王伐楚事。
3142	靜卣 靜彝、周靜卣	34（又重文2）	05408	西周早期	集成 2007（4）：頁 3506	
				厲王二十年	吳其昌 1929（2004）：頁 406	與靜啟（04273）記事、文例、字體全同，爲同時器。"靜"爲宣王名，《禮記·燕義》"司射學宫"爲太子之事，故作器當在厲世"靜"尚爲太子時。兩器日辰合於《曆譜》厲王二十年。
				穆王	郭沫若 1935（2002）：頁 129	作器者同穆王時靜啟（04273）。
				穆王	容庚 1941（2008）：頁 37	
				昭穆	白川靜 1966c：頁 132–138 器 84 附	
				穆王	唐蘭 1976—1978（1986）：頁 361	
				穆王	劉啓益 1984：頁 229	據干支聯繫，與靜簋（04273）作於同一年。
				夷王	丁驌 1985：頁 46	曆日。
				穆王	馬承源等 1988：頁 110 器 169	作器者同昭王時靜簋（04273）。
				穆王	黄盛璋 1990：頁 37	
				穆王	王占奎 1998：頁 89	作器者與靜方鼎（新收1795）爲同一人，彼爲昭王十三年器。
				穆王	劉啓益 2002：頁 225	形制似稱卣（05411），大鳥紋似彧簋（04322），字體與靜簋（04273）同，皆穆王器。
				穆恭之際	彭裕商 2003：頁 329	與靜簋（04273）之"靜"爲一人而字體稍晚，當穆恭之際。
				昭穆	吳鎮烽 2006：頁 391	靜，西周昭穆時期人。
				穆王	張懋鎔 2008：頁 346	
3143	貉子卣 周貉子卣	36	05409	西周早期	集成 2007（4）：頁 3507	
				西周前期	容庚 1941（2008）：頁 321 卣 68	
				西周初期（康王）	中科院 1962：頁 118A626	

續表

序號	器 名	字數	銘文著録	時 代	出 處	依 據
3143	貉子卣 周貉子卣	36	05409	康王	陳夢家 1966(2004):頁 122	
				昭王	白川靜 1966a:頁 830–839 器 75	
				穆王	唐 蘭 1976—1978(1986):頁 335	"貉子"爲己侯之名,參己侯簋(03977)。
				穆王	李學勤 1983a:頁 19	形制。
				西周中期	馬承源等 1988:頁 246	
				西周早期前段	吳鎮烽 2006:頁 345	貉子,西周早期前段人。
3144	啓卣	39	05410	西周早期	集成 2007(4):頁 3507	
				昭王	齊文濤 1972:頁 5、7	形制、紋飾爲周初。所記爲昭王南征。
				昭王	唐蘭 1976—1978(1986):頁 264	
				昭王	唐蘭 1981:頁 68	
				昭王十六年前	何琳儀、黃錫全 1984:頁 383	據銘文所載周王南征活動的範圍皆在中原腹地,此次南征必在十六年"涉漢"之前。
				昭王	吳鎮烽 1987:頁 269	昭王二次伐楚失敗,周人諱之,此當昭王十六年一次伐楚時。
				孝王	馬承源等 1988:頁 204 器 283	"上侯"見於孝王時師俞尊(05995)。
				昭王	劉啓益 1989:頁 188	
				昭王中期	李步青、王錫平 1992:頁 67	記昭王前幾次南征事。
				西周中期	辭典 1995:頁 147 器 506	
				西周中期	青全 1997(6):頁 88 器 90	
				昭王	劉啓益 2002:頁 152	見同出啓尊(05983)。
				穆王晚期	彭裕商 2003:頁 316	器形、字體有穆世特點,紋飾較晚。
3145	稒卣 秬卣	40	05411	西周中期	集成 2007(4):頁 3507	
				宣王	吳其昌 1929(2004):頁 457	"師雝"見於遇甗(0948)等宣世器。
				穆王	郭沫若 1935(2002):頁 138	此師雄父即穆王時簋鼎(02721)、遇甗(00948)之師雝父是一人。
				成王	容庚 1941(2008):頁 34	"師雝父"即成王時彔卣(05420)、彔簋(04122)之"伯雝父"。"古自"見於彔卣。
				康王	陳夢家 1966(2004):頁 116	

序號	器 名	字數	銘文著録	時 代	出 處	依 據
3145	稻卣 稻卣	40	05411	昭穆	白川靜 1967：頁 194–197 器 90 附	
				穆王	唐蘭 1976—1978（1986）：頁 393	
				穆王	馬承源等 1988：頁 120 器 182	
				穆王	劉啓益 2002：頁 214	"師雍父"見於伯雍父盤（10074）、彔簋（04122），"戍在古自"見於彔卣（05419），皆穆王器。
				穆王	彭裕商 2003：頁 302	記伐淮夷事。器形爲穆王時常見。"師雍父"即穆王時彔卣（05420）、彔簋（04122）之"伯雍父"。
				穆王	張懋鎔 2006a：頁 215	彔伯彧和師雍父爲同一人，是穆王時東征淮夷的主將。字形書體亦相合。
				西周中期前段	吳鎮烽 2006：頁 357	稻，西周中期前段人。
				穆王	張懋鎔 2008：頁 346	
3146	保卣 賓卣	46	05415	西周早期	集成 2007（4）：頁 3507	
				成王初年	黃盛璋 1957：頁 56	"及"義爲捕，至王命保捕獲殷東國五侯，即成王初年事。
				成王	郭沫若 1958：頁 1–2	結合《史記》《漢書》《左傳》等文獻記載，該銘記事當成王時。
				成王	白川靜 1962c：頁 173–196 器 16	
				成王	蔣大沂 1964：頁 94	"保"即周公之子明保，"王"即成王。記時方式也屬殷末周初。
				武王	陳夢家 1966（2004）：頁 7	"王令保及殷東國五侯"，指武王時王令保至殷東國五侯，"及"，逮也。字體、款式爲殷式。保卣及同銘尊的形制、花紋不晚於成王。
				成王	唐蘭 1976—1978（1986）：頁 64	當是召公與殷東國五侯助祭被命後，召公的僚屬爲賓相所做銅器。
				成王	平心 1979：頁 49	保是毛叔鄭，文王子。
				成王初年	陳公柔、張長壽 1980：頁 23–30	結合器形、紋飾，大保自作器當在成王初年。

序號	器名	字數	銘文著錄	時代	出處	依據
3146	保卣 賓卣	46	05415	成王初年	孫稚雛 1981：頁 194	"保"是召公奭，作器者爲五侯（五侯延）。文辭、書體、器形、花紋皆近殷器。
				成王八年	丁驌 1985：頁 20	曆日。
				成王	馬承源等 1988：頁 22	"保"爲太保。所記爲周公保受命伐殷東國五侯，與《史記·周本紀》記載相合。
				成王二年	何幼琦 1988：頁 10	據文風及父考名，保當爲殷人。結合周初史實，當爲成王二年。
				成王	馬承源 1989a：頁 94	形制、字體屬周初器。記時方式同商銘文。本銘的保是太保召公，東國五侯當指成王時叛亂的武庚與其東方盟國五侯。
				成王前期	殷瑋璋、曹淑琴 1991：頁 6、12	據該器和同銘尊（06004）的形制，當作於成王時，保是召公奭。
				成王	李仲操 1991：頁 130	
				西周前期	辭典 1995：頁 142 器 489	
				西周早期	張劍、孫新科 1996：頁 333	器形紋飾爲殷式，但月份名爲周制，當爲西周早期器。
				成王	青全 1997（5）：頁 164 器 172	
				成王	秦建明 1998：頁 323–328	銘文可與《洛誥》對照，器主爲保，即伯禽。
				成王六年	高智群 1999：頁 81–84	據何尊結合出土文獻排出成王時期月朔表，卣銘記事發生在成王營建成周的次年。"保"非太保召公，而是參加殷見禮的使者的私名。
				成王	王世民等 1999：頁 124 卣 8	器形。
				康王	劉啟益 2002：頁 127	字體近康王時令簋（04300），"保"即周公子"明保"。
				西周早期	馬承源 2003a：頁 218 卣 1	器形。
				武王	王永波 2003：頁 29	陳夢家以"王令"下只有所命之國名無所命之事，定其爲武王封齊、魯、燕、管，可從。銘文格式及裝飾風格有殷商遺風。成王東伐主帥非太保。

續表

序號	器 名	字數	銘文著録	時 代	出 處	依 據
3146	保卣 賓卣	46	05415	成王二十五年	彭裕商 2003: 頁 220	銘末與《康誥》"四方民大和會"相似,當於成周,據《竹書紀年》在 25 年。"保"非"太保召公"。
				成王	陳佩芬 2004: 頁 161 器 264	
				成王	張懋鎔 2006a: 頁 213	
				成王	王輝 2006: 頁 53	本銘記事當在周召二公東伐淮夷、殘奄之後不久,應在成王之世。
				成王	張懋鎔 2008: 頁 344	
3147	召卣	46	05416	西周早期	集成 2007(4): 頁 3508	
				成王	郭沫若 1935(2002): 頁 204	有"伯懋父",乃成王時。
				康王	白川静 1964b: 頁 460 器 43 附	
				成王	陳夢家 1966(2004): 頁 32 器 16 附	形制及銘文内容可以聯繫成王時令簋(04301)、作册睘器(05989、05407)等器。
				康王	白川静 1975(1997): 頁 254	與圉圜器(10360)爲同人作器,彼器之"休王"指康王生稱。
				昭王	唐蘭 1976—1978(1986): 頁 279	
				穆王	丁驌 1985: 頁 35	曆日。
				昭王	馬承源等 1988: 頁 72 器 100	同出同銘召尊(06004)爲昭王器。
				武王	李仲操 1991: 頁 130	
				昭王	李零 1993: 頁 663	
				西周前期	辭典 1995: 頁 145 器 502	
				昭王前後	王世民等 1999: 頁 125 卣 12	器形。
				康王	劉啓益 2002: 頁 125	形制同康王時霎卣(05187)、趞卣(05402)、乍册睘卣(05407)等。
				不晚於康王	杜勇、沈長雲 2002: 頁 160	形制。
				昭王	彭裕商 2003: 頁 260	
				西周早期後段	馬承源 2003a: 頁 219 卣 7	器形。
				昭王	陳佩芬 2004: 頁 165 器 265	記昭王伐楚事。
				西周早期後段	吳鎮烽 2006: 頁 442	圉,西周早期後段人。
				昭王	張懋鎔 2008: 頁 345	

續表

序號	器 名	字數	銘文著錄	時 代	出 處	依 據
3147	召卣	46	05416	昭王	朱鳳瀚 2009：頁 1271	"炎自"即昭王時令簋（04300）之"炎"，記事亦當同令簋。
3148	免卣	49	05418	西周中期	集成 2007（4）：頁 3508	
				夷王十二年	吳其昌 1929（2004）：頁 346	參尤彝（06006）。
				懿王	郭沫若 1935（2002）：頁 198	同人作免簋（04240），爲懿王時器。
				懿王	李學勤 1959：頁 44	
				恭王	丁驌 1985：頁 37	曆日。
				夷王	李仲操 1998a：頁 320	右者"井叔"見於夷王時趠觶（06516）。曆日合於夷王三年。
				西周中期前段	吳鎮烽 2006：頁 210	免，西周中期前段人。
3149	彔威卣	49	05419-05420；近二 0548、新收 1961	西周中期	集成 2007（4）：頁 3508	
				西周中期	近二 2010（二）：頁 233	
				西周中期	新收 2006：頁 1307	
				宣王元年	吳其昌 1929（2004）：頁 451	作器者同宣王元年之彔伯威簋（04302）。
				穆王	郭沫若 1935（2002）：頁 140	"成周師氏"即"白雄父"，與穆王時�鼎（02721）、遇甗（00948）、稽卣（05411）、叡觶（06008）之"師雍父"爲一人。"■自"即遇甗、稽卣之"■自""■自"。
				成王	容庚 1941（2008）：頁 34	《周本紀》記成王襲淮夷事，即此淮夷。"乙公"亦見成王時宅簋（04201）。
				康王	陳夢家 1966（2004）：頁 116	
				昭穆	白川靜 1967：頁 202-208 器 91 附	
				穆王	扶風 A1976：頁 55、60	形制、紋飾與出土伯威器如出一轍，當爲同人作器。父、祖名不同，當是同輩兄弟行。
				穆王	唐蘭 1976—1978（1986）：頁 395	
				穆王	李學勤 1980：頁 37	
				穆王	高木森 1986：頁 77	人物"師雍父"見於穆王時器。所記與伐淮夷有關。

序號	器　名	字數	銘文著録	時　代	出　　處	依　　據
3149	彔戜卣	49	05419–05420；近二0548、新收1961	穆王	馬承源等1988：頁113器174	《後漢書·東夷傳》記載了穆王與徐淮夷的關係緊張，此銘所反映的即此段史實。
				未	汪中文1990：頁43–48	"伯戜""彔""彔伯戜"非同一人。
				穆王	劉啓益2002：頁213	同人作彔簋（04122），在穆王時。
				穆王	彭裕商2003：頁301	記伐淮夷事。
				西周中期前段	吳鎮烽2006：頁227	戜，西周中期前段人。
				穆王	張懋鎔2006a：頁215	彔伯戜和師雍父爲同一人，是穆王時東征淮夷的主將。字形書體亦相合。
3150	士上卣臣辰卣	50	05421–05422	西周早期	集成2007（4）：頁3508	
				昭王十一年	吳其昌1929（2004）：頁237	與昭王十年之夨彝（09901）等器同出，記事在其後次年五月。曆日合於《曆譜》昭王十一年。
				成王	郭沫若1935（2002）：頁81	
				西周前期	容庚1941（2008）：頁319卣52、32	參臣辰尊（05999）。
				西周初期（成王）	中科院1962：頁119A630	*05422。
				成王	白川靜1964a：頁339–356器30	
				昭王	唐蘭1976—1978（1986）：頁257	
				昭王	唐蘭1981：頁65	
				昭王	馬承源等1988：頁81器118	"殷成周"亦見於昭王時作册䰧卣（05400）、小臣傳簋（04206）。
				昭王元年	劉雨1997：頁242–246	王室礿祭必行於父王去世新王繼位之時，即新王元年時，稱"礿祭元年"。結合其他條件，可斷定此器爲昭王元年器。
				昭王	王世民等1999：頁129卣21	器形。
				成王	劉啓益2002：頁83	形制。
				成末康初	杜勇、沈長雲2002：頁157	紋飾。
				昭王	彭裕商2003：頁284	紋飾屬昭穆。"礿菶京"也見於昭王時麥方尊（06015）、小臣靜卣（新收1960）。

序號	器　名	字數	銘文著録	時　代	出　　處	依　　據
3150	士上卣 臣辰卣	50	05421– 05422	昭王	張懋鎔 2005a：頁 4	紋飾有晚殷風格，但形制上已有較晚表現。該現象可用"兩系説"解釋。
				西周早期	吳鎮烽 2006：頁 4	"士上"，名上，西周早期人，成王時任周王朝大士。
3151	匡卣 匡尊、匡 簋	51	05423	西周中期	集成 2007（4）：頁 3508	
				懿王元年	吳其昌 1929（2004）：頁 295	明言"懿王在射盧"。曆日合於《曆譜》懿王元年。
				懿王元年	吳其昌 1932（2004）：頁 717–745	合於曆譜懿王元年。
				懿王	郭沫若 1933（2002）：頁 208–211	懿王，王號生稱。
				懿王	郭沫若 1935（2002）：頁 182	"龏王"即恭王之子懿王。
				懿王	容庚 1941（2008）：頁 38	"懿王在射盧"，懿王時器。
				懿王	李學勤 1959：頁 44	明記"懿王"。
				懿王	陳夢家 1966（2004）：頁 177	"龏王"即懿王。
				懿王	白川靜 1968a：頁 1–8 器 123	
				懿王	唐蘭 1972：頁 59–60	"懿王在射盧"，該器在懿世。
				懿王	唐蘭 1976—1978（1986）：頁 469	
				孝王	盛冬鈴 1983：頁 42、55	王號爲死謚，銘文爲追記器主生前受該王賞賜。
				懿王	丁驌 1985：頁 41	曆日。
				懿王前期	高木森 1986：頁 100	
				懿王	馬承源等 1988：頁 167 器 239	"龏王"即懿王，生稱。
				懿王	黃盛璋 1990：頁 36	王號生稱。
				懿王	榮孟源 1997：頁 359	曆法。
				懿王	劉啓益 2002：頁 293	生稱"懿王"。
				懿王	杜勇、沈長雲 2002：頁 25–27	王號爲死謚，但銘文記事發生在該王之世，可從銘文角度判斷爲該王之世。其鑄作在下一王世，形制、花紋、書體屬下個王世。
				孝王初年	彭裕商 2003：頁 345	王號爲死謚，記懿王生時事，在孝王初年。
				懿王	葉正渤 2006：頁 198	不可能在王死若干年才鑄器。
				孝王初年	張懋鎔 2006a：頁 212	懿王爲謚號。
				西周中期後段	吳鎮烽 2006：頁 115	匡，西周中期後段人。

續表

序號	器 名	字數	銘文著錄	時 代	出 處	依 據
3151	匡卣 匡尊、匡 簠	51	05423	懿王	張懋鎔 2008：頁 348	
				孝王	劉華夏 2010：頁 65	王號死謚。
				懿王	葉正渤 2010：頁 6、167	銘文記述懿王在射盧作象 虛的活動。
3152	農卣 周伯啓卣	51（蓋 48 器 3）	05424	西周中期	集成 2007（4）：頁 3508	
				穆王	唐蘭 1976—1978（1986）：頁 385	
				穆王後期	彭裕商 2003：頁 331	"伯矩"即寶雞茹家裝 M1 乙伯矩方鼎器主，後者當 穆王時。器形、紋飾、字 體、措辭等亦當穆王時。
				西周中期 前段	吳鎮烽 2006：頁 340	農，西周中期前段人。
3153	競卣	51	05425	西周早期	集成 2007（4）：頁 3509	
				宣王元年	吳其昌 1929（2004）：頁 452	記宣王伐淮夷事，日辰合 於《曆譜》宣王元年。
				穆王	郭沫若 1935（2002）：頁 149	形制，紋飾。
				西周前期	容庚 1941（2008）：頁 320 卣 59	
				康王	陳夢家 1966（2004）：頁 119 器 79 附	形制，花紋，人物。
				昭穆	白川靜 1967：頁 153–166 器 87	
				穆王	唐蘭 1976—1978（1986）：頁 389	
				穆王	馬承源等 1988：頁 122 器 188	
				西周中期 偏早	王世民等 1999：頁 126 卣 15	器形。
				穆王	劉啓益 2002：頁 217	"競"見於穆王時彧尊。 形制花紋同穆王時彔卣。
				穆王	彭裕商 2003：頁 306	"競"即穆王時彧尊 （06008）之"仲競父"。器 形、紋飾、字體有穆王時 特色。
				西周中期 偏早	張懋鎔 2008：頁 346	
3154	庚嬴卣 庚罷卣、 庚嬴乍文 姑卣	51（又 重文 2）	05426	西周早期	集成 2007（4）：頁 3509	
				康王二十 二年	吳其昌 1929（2004）：頁 182	同人作庚嬴鼎（02748） 的曆日合於《曆譜》康王 二十二年。"衣事"，商祭 之一種，去殷未遠。
				康王	郭沫若 1935（2002）：頁 103	字體同康王時盂鼎（02839）。
				康王	莫非斯 1936：頁 242	形制，花紋。

序號	器 名	字數	銘文著録	時 代	出　處	依　據
3154	庚嬴卣 庚罷卣、 庚嬴乍文 姑卣	51（又 重文 2）	05426	西周初期 （康王）	中科院 1962：頁 119A631	
				康王	陳夢家 1966（2004）：頁 98	此式鳥紋行於康王以後。
				昭王	白川靜 1966c：頁 69-85 器 80	
				穆王	唐蘭 1976—1978（1986）：頁 387	
				康王	伍士謙 1981：頁 97-126	從陳夢家《斷代》之説，定爲康王器。
				穆王	丁驌 1985：頁 32	曆日。
				穆王	高木森 1986：頁 75	同人作鼎（02748）在穆王時。形制紋飾同穆王時豐器。
				康末昭初	馬承源等 1988：頁 37 器 61	"庚嬴"即庚嬴鼎（02748）之"庚嬴"。此卣形制較晚，爲康末或昭初。
				穆王	劉啓益 1989：頁 190	形制。
				穆王	黃盛璋 1990：頁 37	
				西周早期 偏晚	王世民等 1999：頁 128 卣 18	器形。
				穆王	劉啓益 2002：頁 229	綜合形制、紋飾、字體，當屬穆世器。
				西周早期 後段	馬承源 2003a：頁 219 卣 6	器形。
				穆王	彭裕商 2003：頁 333	據器形、紋飾、字體歸入穆世。
				穆王	張懋鎔 2006：頁 190	銘文字形書體及其他。
				穆王	吳鎮烽 2006：頁 212	庚嬴，西周穆王時期嬴姓婦女。
				穆王	張懋鎔 2008：頁 346	
				穆王	張懋鎔 2010：頁 83	
3155	齹卣	55（蓋 器同 銘）	近出 0605、 新收 1452	西周中期	近出 2002（三）：頁 66	
				西周中期	新收 2006：頁 1005	
				昭穆	唐友波 1996：頁 45	就器形及裝飾風格而言，爲昭穆之際或穆王早期器。
3156	作册益卣 作 册 休 卣、作册 嗌卣	61	05427	西周早期	集成 2007（4）：頁 3509	
				康王	陳夢家 1966（2004）：頁 124	項下顧龍紋同成王時士上卣。
				西周早期	馬承源等 1988：頁 95 器 142	
				西周早期	陳佩芬 2004：頁 174 器 268	
				西周中期 前段	吳鎮烽 2006：頁 151	作册嗌，西周中期前段人。

續表

序號	器　名	字數	銘文著錄	時　代	出　　處	依　　據
3157	叔趠父卣	62	05428–05429	西周早期	西周早期	
				周初	河北 A1979：頁 26	形制，銘文。
				康王	李學勤、唐雲明 1979：頁 58	"叔趠父"與"臣諫"爲同一人。臣諫簋（04237）作於成康之際，本器稍晚。
				康王（或昭王）	馬承源等 1988：頁 61 器 85	
				穆王前後	李豐 1988a：頁 396	墓葬。
				二期後段（約昭王）	盧連成、胡智生 1988a：頁 508–513	墓葬。
				西周前期	辭典 1995：頁 141 器 488	
				康昭	李先登 1999：頁 115	器形。
				昭王	劉啓益 2002：頁 166	"其"寫作"丌"，寫法與昭王時刺鼎（02776）、師旅鼎（02809）相同。形制近員卣（05024）。
				穆王	彭裕商 2003：頁 317	據器形、紋飾、字體當屬穆王時。
				西周中期前段	吳鎮烽 2006：頁 200	叔趠父。西周中期前段人。
				康王	楊文山 2007：頁 26	
				昭王	朱鳳瀚 2009：頁 1431	形制。
3158	繁卣 緐卣	62	05430	西周中期	集成 2007（4）：頁 3509	
				穆王	陳佩芬 1983：頁 17	字體接近穆王時班簋。
				穆王	馬承源等 1988：頁 125 器 191	
				穆王	李學勤 1990：頁 295–297	參趞簋（04159）。
				西周前期	辭典 1995：頁 146 器 504	
				昭王	劉啓益 2002：頁 176	形制同銅作祖乙卣（05261）。疑"癸丑"爲"辛丑"之訛。
				穆王	彭裕商 2003：頁 324	器形，字體，常用詞。
				中期偏早	王世民等 1999：頁 126 卣 17	器形。
				穆王	陳佩芬 2004：頁 364 器 346	
				西周中期前段	吳鎮烽 2006：頁 408	繁，西周中期前段人。
3159	高卣 㸓卣、尹卣	62（又重文2）	05431	西周早期	集成 2007（4）：頁 3509	
				康王初年	唐蘭 1976—1978（1986）：頁 132	"王初舝旁"，可見在康王初年。"尹"指太保奭。

續表

序號	器 名	字數	銘文著錄	時 代	出 處	依 據
3159	高卣 㝬卣、尹卣	62(又重文2)	05431	康王元年	劉雨 1997:頁 242–246	王室饗祭必行於父王去世新王繼位之時,即新王元年時,稱"饗祭元年"。結合其他條件,可斷定此器爲康王元年器。
				西周早期	吳鎮烽 2006:頁 270	高,西周早期人。
				成康	殷瑋璋、曹淑琴 1991:頁 9–12	根據召公一生的活動及相應的稱謂變化排序,"皇尹""天尹""皇天尹"等稱謂與召公晚年聲望較高有關,年代較武成之際召公器、成王前期太保器晚。
3160	作册䰧卣	63	05432	西周早期	集成 2007(4):頁 3509	
				康王	白川靜 1965a:頁 589–596 器 58	
				成王	陳夢家 1966(2004):頁 56	稱太史而不具名,"公大史"應即作册畢公,文王子。
				穆王初年	唐蘭 1976—1978(1986):頁 326	"公太史"在豐,疑爲同公。據書法看在穆初。
				昭王	唐蘭 1981:頁 54	
				康王	劉啓益 1984:頁 232	形制。
				康王	劉啓益 1984a:頁 51	形制介於成王時卿卣(05258)與康王後期作册睘卣(05407)間,而尤近後者。"公太史"應即畢公,亦見於公太史媵女器(02339 等),其女姓姬,亦證明公太史即畢公。
				西周早期	馬承源等 1988:頁 88 器 130	
				康王	劉啓益 1989:頁 187	
				西周早期偏晚	王世民等 1999:頁 126 卣 14	器形。
				康王前期	劉啓益 2002:頁 111	"公太史"即畢公,畢公爲史,在康王時。
				昭王	彭裕商 2003:頁 287	據器形、紋飾、字體定在昭王前後。
				西周早期	吳鎮烽 2006:頁 152	作册䰧,西周早期人,名䰧。
				昭王	張懋鎔 2008:頁 346	

序號	器 名	字數	銘文著録	時 代	出 處	依 據
3161	效卣	65（又重文2）	05433	西周中期	集成 2007（4）：頁 3509	
				孝王十年	吳其昌 1929（2004）：頁 330、317	日辰合於《曆譜》孝王十年。人物"效""東宮"在懿、孝間。
				孝王	郭沫若 1935（2002）：頁 220	
				康王	陳夢家 1966（2004）：頁 120 器 80 附	據鳥紋定於康世。
				昭王	白川靜 1966c：頁 100–106 器 81 附	
				穆王	唐 蘭 1976—1978（1986）：頁 386	
				恭王	陳佩芬 1981：頁 32	"東宮""效"見於恭王時智鼎（02838）。
				懿王前期	高木森 1986：頁 100	
				恭王	馬承源等 1988：頁 152 器 223	效及東宮皆見於懿王時智鼎（02838），此器形制較早，歸恭王。
				西周中期	辭典 1995：頁 147 器 507	
				孝王	張劍、孫新科 1996：頁 335	
				恭王	青全 1997（5）：頁 167 器 175	
				西周中期偏早	王世民等 1999：頁 128 卣 20	器形。
				懿王	劉啓益 2002：頁 332	"效"及"東宮"見於智鼎（02838）二、三段銘文，彼記懿王時事。
				穆王	彭裕商 2003：頁 331	據器形、紋飾、字體等當在穆世。
				恭王	陳佩芬 2004：頁 367 器 347	形制紋飾有西周中期偏早的特徵。器主效即懿王時智鼎（02838）銘之效父，該器可定爲穆恭之際器。
				穆王	張懋鎔 2006：頁 190	銘文字形書體及其他。
				西周早期後段	吳鎮烽 2006：頁 272	效，西周早期後段人。
				穆王	張懋鎔 2008：頁 346	
				穆王	張懋鎔 2010：頁 84	

十一、尊類

序號	器名	字數	銘文著錄	時代	出處	依據
3162	夕尊	1	05453、新收 0778	西周早期	集成 2007（5）: 頁 4384	
				商晚－西周早期	新收 2006: 頁 566	
				西周初期	葛今 1972: 頁 5-8	同出各器的器質，銘文，造型，紋飾。
				西周早期	陝西 1984（4）: 頁 20 器 136	
				武王至成王早年	李豐 1988a: 頁 396	墓葬。
				二期早段（約武成）	盧連成、胡智生 1988a: 頁 500	墓葬。
				商末周早	陝西 A1995: 頁 121	紋飾。
				西周初年	張長壽 1998: 頁 290-294	銅器形制、花紋、組合。
				約武王至康王	朱鳳瀚 2009: 頁 1228-1265	墓葬。
3163	史尊 周史尊	1	05462	西周早期	集成 2007（5）: 頁 4384	
3164	奐尊	1	05465	殷或西周早期	集成 2007（5）: 頁 4384	
3165	戈尊	1	05472	西周早期	集成 2007（5）: 頁 4385	
3166	戈尊	1	05473	西周早期	集成 2007（5）: 頁 4385	
3167	戈尊	1	05474	西周早期	集成 2007（5）: 頁 4385	
3168	戈尊	1	05475	西周早期	集成 2007（5）: 頁 4385	
3169	戈尊	1	05476	西周早期	集成 2007（5）: 頁 4385	
3170	獸形銘鳥尊 獸鳥尊	1	05478	殷或西周早期	集成 2007（5）: 頁 4385	
3171	弔尊 叔尊	1	05479	殷或西周早期	集成 2007（5）: 頁 4385	
3172	夙尊	1	05489	殷或西周早期	集成 2007（5）: 頁 4386	
3173	夙尊	1	05490	西周早期	集成 2007（5）: 頁 4386	
3174	酉尊	1	05492	西周早期	集成 2007（5）: 頁 4386	
3175	入尊	1	05493	殷或西周早期	集成 2007（5）: 頁 4386	
				商代晚期	陳佩芬 2004a: 頁 289 器 141	
3176	入尊	1	05494	殷或西周早期	集成 2007（5）: 頁 4386	
3177	鼎尊	1	05496	西周早期	集成 2007（5）: 頁 4386	
				商末文丁前後	李學勤 1999d: 頁 126	

續表

序號	器 名	字數	銘文著錄	時 代	出 處	依 據
3178	凡尊	1	05497	西周早期	集成 2007（5）：頁 4386	形制似屬王時公臣簋（04184），紋飾同恭王三年衛盉（09456）。
				不晚於昭穆	祈健業 1984：頁 10-13	
				西周早期	曹瑋等 2005（10）：頁 2171	
3179	且辛尊 祖辛尊	2	05511	西周早期	集成 2007（5）：頁 4387	
3180	且癸尊 祖癸尊	2	05513	殷或西周早期	集成 2007（5）：頁 4387	
3181	父甲尊	2	05515	西周早期	集成 2007（5）：頁 4387	
3182	父乙尊	2	05517	殷或西周早期	集成 2007（5）：頁 4388	
3183	父乙尊	2	05518	殷或西周早期	集成 2007（5）：頁 4388	
				西周前期	郭寶鈞 1970（1981）：頁 55	與穆王時長安普渡村長囟墓對照。
				殷晚至成康	趙永福 1984：頁 788	
				武王至成王早年	李豐 1988a：頁 396	墓葬。
				約武王至康王	朱鳳瀚 2009：頁 1228–1265	墓葬。
3184	父乙尊	2	05519	西周早期	集成 2007（5）：頁 4388	
3185	父乙尊	2	05520	西周早期	集成 2007（5）：頁 4388	
3186	父乙尊	2	05521	西周早期	集成 2007（5）：頁 4388	
3187	父丙尊	2	05522	殷或西周早期	集成 2007（5）：頁 4388	
				周初	羅西章 1980：頁 6-22	
				西周早期	陝西 1980（3）：頁 11 器 66	
				西周早期	張懋鎔 2006a：頁 232	
3188	父丁尊 商父丁尊	2	05523	殷或西周早期	集成 2007（5）：頁 4388	
3189	父丁尊	2	05524	西周早期	集成 2007（5）：頁 4388	
3190	父戊尊	2	05525	西周早期	集成 2007（5）：頁 4388	
3191	父己尊	2	05527	西周早期	集成 2007（5）：頁 4388	
3192	父己尊	2	05528	西周早期	集成 2007（5）：頁 4388	
3193	父辛尊 周父辛尊	2	05532	西周早期	集成 2007（5）：頁 4389	

續表

序號	器 名	字數	銘文著錄	時 代	出 處	依 據
3194	父癸尊 商父癸尊	2	05533	西周早期	集成 2007（5）：頁 4389	
3195	父癸尊	2	05534	西周早期	集成 2007（5）：頁 4389	
				西周早期	陳賢芳 1986：頁 44	形制，紋飾。
3196	子廟尊 周子尊	2	05544	殷或西周早期	集成 2007（5）：頁 4390	
3197	𢆶己尊	2	05552	西周早期	集成 2007（5）：頁 4390	
3198	己𢆶尊	2	05553	殷或西周早期	集成 2007（5）：頁 4390	
3199	天己尊	存 2	05554	西周早期	集成 2007（5）：頁 4390	
3200	𢆶柎尊	2	05557	西周早期	集成 2007（5）：頁 4390	
3201	亞𢆶尊	2	05567	殷	集成 2007（5）：頁 4391	
				西周早期	吳鎮烽 2006：頁 188	亞寁，西周早期人。
3202	亞𢆶尊	2	05568	殷或西周早期	集成 2007（5）：頁 4391	
3203	亞此犧尊	2	05569	西周早期	集成 2007（5）：頁 4391	
				西周初期	中科院 1962：頁 128A677	
				西周早期	李學勤、艾蘭 1995：頁 341 器 93	
3204	𢆶射尊	2	05574	西周早期	集成 2007（5）：頁 4392	
				西周	傅永魁 1959：頁 187–188	
				武王至成王早年	李豐 1988a：頁 396	墓葬。
				二期中段（約成康）	盧連成、胡智生 1988a：頁 502–507	墓葬。
				約武王至康王	朱鳳瀚 2009：頁 1228–1265	墓葬。
3205	牧正尊	2	05575	西周早期	集成 2007（5）：頁 4392	
				西周早期	陝西 1980（3）：頁 24 器 156	
				武王至成王早年	李豐 1988a：頁 396	墓葬。
				二期早段（約武成）	盧連成、胡智生 1988a：頁 500	墓葬。
3206	丂甫尊	2	05576	西周中期	集成 2007（5）：頁 4392	
				西周初期	中科院 1962：頁 86A423	
3207	𢆶叔尊	2	05581	西周早期	集成 2007（5）：頁 4392	
				西周中期	吳鎮烽 2006：頁 395	遽叔，西周中期人。

續表

序號	器名	字數	銘文著錄	時代	出處	依據
3208	𠂤戈尊	2	05582	殷或西周早期	集成 2007（5）：頁 4392	
3209	巫鳥尊癸鳥尊	2	05586	西周早期	集成 2007（5）：頁 4392	
				商代	容庚 1941（2008）：頁 302 尊 25	
3210	魚從尊	2	05588	西周早期	集成 2007（5）：頁 4393	
				西周早期前段	張劍、孫新科 1996：頁 331	該組器雖器形近商代晚期，但已出現尊卣組合。
				西周早期	吳鎮烽 2006：頁 289	魚從，西周早期人。
3211	魚尊	2	05589	殷	集成 2007（5）：頁 4393	
				商晚	喀左 A1977：頁 24	花紋、銘文、十字形漏孔皆有商晚風格。
				西周早期偏早	朱鳳瀚 2009：頁 1429	
3212	用征尊	2	05591	西周早期或中期	集成 2007（5）：頁 4393	
				成王	王光永 1991：頁 8、14	與召尊相似。
3213	作旅尊	2	05592	西周早期	集成 2007（5）：頁 4393	
3214	作𢼸尊	2	05593	西周早期	集成 2007（5）：頁 4393	
				西周前期	容庚 1941（2008）：頁 304 尊 50	
3215	作彝尊周虹紋尊	2	05594	西周早期	集成 2007（5）：頁 4393	
3216	隣息尊	2（又合文1）	05595	殷	集成 2007（5）：頁 4393	
				晚商	信陽 B1981：頁 118	形制，紋飾。
3217	父乙尊	2	近出 0611、新收 0720	西周早期	近出 2002（三）：頁 74	
				西周早期	新收 2006：頁 529	
				西周早期後段	王長啓 1990：頁 28	
3218	父癸尊	2	近出 0612、新收 0794	西周早期	近出 2002（三）：頁 75	
				商晚–西周早期	新收 2006：頁 582	
				西周早期前段	陝西 A1995：頁 123	形制，花紋。
				成王	張長壽 1998：頁 290–294	銅器形制，花紋，組合。
				約武王至康王	朱鳳瀚 2009：頁 1228–1265	墓葬。

續表

序號	器　名	字數	銘文著録	時　代	出　　處	依　　據
3219	子口尊	2	近二 0556、新收 0558	西周早期	近二 2010（二）：頁 241	
				西周早期	新收 2006：頁 420	
				西周初期（不晚於成王）	河南 E2000a：頁 199–209	據墓葬形制、埋葬習俗及伴出物的時代特徵。
				西周初期（不晚於成王）	韓維龍、張志清 2000：頁 24–29	墓葬形制、埋藏習俗有商末特色。出土器物的組合、器形、紋飾和銘文有周初特徵。長子口爲臣服於周的商末長氏諸侯，故葬俗爲殷式而出土器物有周初特色。
				商末周初	朱鳳瀚 2009：頁 1365–1369	形制，組合。
3220	己且乙尊 己祖乙尊	3	05596	殷或西周早期	集成 2007（5）：頁 4393	
3221	己且乙尊 己祖乙尊	3	05597	殷或西周早期	集成 2007（5）：頁 4393	
3222	爵且丙尊 爵祖丙尊	3	05599	西周早期	集成 2007（5）：頁 4393	
				成康	中科院 A1974：頁 320	據隨葬器物判斷約屬成康時期。
				商末	李學勤 1975：頁 274	
				成康	李豐 1988a：頁 396	墓葬。
				二期後段（約昭王）	盧連成、胡智生 1988a：頁 508–513	墓葬。
				西周早期	北京 C1995：頁 245	伴出物的形制、紋飾。
				成康	朱鳳瀚 2009：頁 1407	形制，紋飾。
3223	🀄且丁尊 🀄祖丁尊	3	05600	殷或西周早期	集成 2007（5）：頁 4393	
3224	⺊且丁尊 ⺊祖丁尊	3	05602	西周早期	集成 2007（5）：頁 4394	
				西周早期	陝西 F1980：頁 47、53	形制、紋飾、銘文皆有西周早期作風。
				西周早期	陝西 1980（3）：頁 11 器 69	
				二期後段（約昭王）	盧連成、胡智生 1988a：頁 508–513	墓葬。
				西周早期	曹瑋等 2005（7）：頁 1469	
				康昭	張懋鎔 2006a：頁 220	器形、紋飾、字體與標準器對照。
				康晚至昭王	朱鳳瀚 2009：頁 1266–1283	墓葬。

續表

序號	器　名	字數	銘文著録	時　代	出　　處	依　　據
3225	戈且己尊 戈祖己尊	3	05603	西周早期	集成 2007(5):頁 4394	
				西周早期	陜西 1984(4):頁 17 器 114	
3226	[illegible]且己尊 [illegible]祖己尊	3	05604	殷或西周早期	集成 2007(5):頁 4394	
				西周早期	陳佩芬 2004:頁 144 器 257	
3227	作且庚尊 作祖庚尊	3	05605	西周早期	集成 2007(5):頁 4394	
3228	作且庚尊 作祖庚尊	3	05606	西周早期	集成 2007(5):頁 4394	
3229	[illegible]且辛尊 周舉尊	3	05607	西周早期	集成 2007(5):頁 4394	
3230	且辛[illegible]尊 祖辛[illegible]尊	3	05608	殷或西周早期	集成 2007(5):頁 4394	
3231	象且辛尊 象祖辛尊	3	05609	西周早期	集成 2007(5):頁 4394	
3232	[illegible]且癸尊	3	05611	殷或西周早期	集成 2007(5):頁 4394	
3233	咸匕癸尊 咸妣癸尊	3	05613	殷或西周早期	集成 2007(5):頁 4394	
3234	[illegible]乙父尊 東乙父尊、周車尊	3	05615	殷或西周早期	集成 2007(5):頁 4394	
3235	舌父乙尊	3	05616	殷或西周早期	集成 2007(5):頁 4394	
				西周早期	王文强 1986:頁 126	銘文用肥筆，筆道波磔明顯。
3236	[illegible]父乙尊	3	05617	商晚	集成 2007(5):頁 4394	
				殷或西周初期	中科院 1962:頁 85A417	
3237	父乙𦉢尊	3	05618	殷或西周早期	集成 2007(5):頁 4395	
3238	甫父乙尊 周父乙尊	3	05619	西周中期	集成 2007(5):頁 4395	
				商代	容庚 1941(2008):頁 303 尊 38	
3239	父乙[illegible]尊 周舉尊	3	05621	西周早期	集成 2007(5):頁 4395	
3240	[illegible]父乙尊	3	05622	西周早期	集成 2007(5):頁 4395	
3241	黿父乙尊 商父乙尊、黿父乙尊	3	05623	殷或西周早期	集成 2007(5):頁 4395	

續表

序號	器　名	字數	銘文著録	時　代	出　　處	依　　據
3242	夲乙父尊	3	05625	殷或西周早期	集成 2007（5）: 頁 4395	
3243	尹父丁尊	3	05630	西周早期	集成 2007（5）: 頁 4396	
3244	入父丁尊周舉尊	3	05633	殷或西周早期	集成 2007（5）: 頁 4396	
3245	黿父丁尊周犧首尊、黿父丁尊	3	05636	殷或西周早期	集成 2007（5）: 頁 4396	
3246	父丁尊	3	05639	西周早期	集成 2007（5）: 頁 4396	
3247	父己尊	3	05643	西周早期	集成 2007（5）: 頁 4397	
3248	父己尊	3	05644	西周早期	集成 2007（5）: 頁 4397	
				殷或西周初期	中科院 1962: 頁 84A414	
3249	遽父己象尊	3	05645	西周早期	集成 2007（5）: 頁 4397	
				西周前期	容庚 1941（2008）: 頁 327 尊 14	
				西周中期晚段	張劍、孫新科 1996: 頁 336	
3250	耒父己尊	3	05647	西周早期	集成 2007（5）: 頁 4397	
3251	鼎父己尊	3	05648	殷或西周早期	集成 2007（5）: 頁 4397	
3252	鼎父己尊	3	05649	殷或西周早期	集成 2007（5）: 頁 4397	
3253	作父己尊	3	05652	西周早期	集成 2007（5）: 頁 4397	
3254	父庚觥尊	3	05653	西周早期	集成 2007（5）: 頁 4397	
				西周早期後段	張劍、孫新科 1996: 頁 336	
3255	父辛尊	3	05654	西周早期或中期	集成 2007（5）: 頁 4397	
3256	取父辛尊	3	05656	殷或西周早期	集成 2007（5）: 頁 4398	
3257	父辛尊	3	05659	西周早期	集成 2007（5）: 頁 4398	
				文王	劉啓益 1993: 頁 380-381	該墓葬出土銅器的形制。
				周初（不晚於成康）	社科院 A1980: 頁 485-487	同墓銅器的組合、形制及紋飾。據伴出陶器的發展序列及分期，當屬第二期。
				二期早段（約武成）	盧連成、胡智生 1988a: 頁 500	墓葬。
				約武王至康王	朱鳳瀚 2009: 頁 1228-1265	墓葬。

序號	器　名	字數	銘文著錄	時　代	出　　處	依　　據
3258	膚父辛尊	3	05660	西周早期	集成 2007（5）：頁 4398	
				武王至成王早年	李豐 1988a：頁 396	墓葬。
3259	𦥑父辛尊	3	05661	西周早期	集成 2007（5）：頁 4398	獸面紋角上的薄的鰭形花邊，爲西周早期特有。
				西周早期	陳佩芬 2004：頁 142 器 256	
3260	舟父壬尊	3	05663	殷或西周早期	集成 2007（5）：頁 4398	
3261	𡘜父癸尊	3	05665	西周早期	集成 2007（5）：頁 4398	
				商代晚期	陝西 1979（1）：頁 4 器 19	
3262	史父癸尊	3	05666	西周早期	集成 2007（5）：頁 1398	
				西周初期	中科院 1962：頁 87A428	
3263	史父癸尊	3	05667	西周早期	集成 2007（5）：頁 1398	
3264	𡉉父癸尊	3	05672	西周早期	集成 2007（5）：頁 4399	
3265	爵父癸尊	3	05675	西周早期	集成 2007（5）：頁 4399	
3266	𠬝父癸尊	3	05676	西周早期	集成 2007（5）：頁 4399	
3267	子麛圖尊 周饕餮尊	3	05682	西周早期	集成 2007（5）：頁 4399	
3268	𤯍兄丁尊	3	05683	殷或西周早期	集成 2007（5）：頁 4399	
3269	亞𦟛𪔲尊	3	05684	西周早期	集成 2007（5）：頁 4399	
				西周	湖南 A1966：頁 3-4	
3270	天御尊 天御𪐀尊	3	05687	西周早期	集成 2007（5）：頁 4400	
				商 代（不早於殷墟三期）	張吟午 1984：頁 108	
3271	天作從尊	3	05688	西周早期	集成 2007（5）：頁 4400	
3272	𠂤册亯尊 𠂤册享尊	3	05689	殷或西周早期	集成 2007（5）：頁 4400	
				殷或西周初期	中科院 1962：頁 83A406	
3273	伯作彝尊 周伯尊	3	05690	西周早期	集成 2007（5）：頁 4400	
3274	仲作彝尊	3	05691	西周中期	集成 2007（5）：頁 4400	
3275	員作旅尊	3	05692	西周早期或中期	集成 2007（5）：頁 4400	
				成王	白川靜 1963：頁 233-235 器 21 附	

序號	器 名	字數	銘文著録	時 代	出 處	依 據
3275	員作旅尊	3	05692	昭王	唐蘭 1976—1978（1986）：頁 224	人物"員"亦見員卣（05387）。
				昭王	唐蘭 1981：頁 26	
				昭王	劉啓益 2002：頁 165	見員卣（05387）。
				西周中期前段	吳鎮烽 2006：頁 256	員，西周中期前段人。
3276	明作旅尊	3	05693	西周中期	集成 2007（5）：頁 4400	
				西周初期	中科院 1962：頁 89A443	
				西周中期前段	吳鎮烽 2006：頁 202	明，西周中期前段人。
3277	長隹壺尊	3	05695	西周早期	集成 2007（5）：頁 4400	
				殷或西周初期	中科院 1962：頁 82A404	
3278	作旅彝尊周旅尊	3	05698	西周早期	集成 2007（5）：頁 4400	
3279	作旅彝尊	3	05699	西周早期	集成 2007（5）：頁 4400	
3280	作旅彝尊	3	05700	西周早期	集成 2007（5）：頁 4400	
3281	作從單尊	3	05701	西周早期	集成 2007（5）：頁 4401	
				成王	陳夢家 1966（2004）：頁 68	出土地、花紋、族名同成王時壴卣（05401）。
3282	作從彝尊	3	05702	西周早期	集成 2007（5）：頁 4401	
3283	作從彝尊	3	05703	西周早期	集成 2007（5）：頁 4401	
3284	作從彝尊	3	05704	西周早期	集成 2007（5）：頁 4401	
3285	作寶彝尊	3	05705	西周早期	集成 2007（5）：頁 4401	
3286	作寶彝尊	3	05706	西周早期	集成 2007（5）：頁 4401	
3287	作寶彝尊	3	05707	西周早期	集成 2007（5）：頁 4401	
3288	作寶彝尊	3	05708	西周早期	集成 2007（5）：頁 4401	
3289	作寶彝尊	3	05709	西周早期	集成 2007（5）：頁 4401	
				西周初期	中科院 1962：頁 87A427	
3290	作寶彝尊	3	05710	西周早期	集成 2007（5）：頁 4401	
				西周早期	張劍 1980：頁 41	形制，紋飾。
3291	作寶彝尊	3	05711	西周早期	集成 2007（5）：頁 4401	
				成康	北京 C1995：頁 244	形制，花紋，銘文。
				西周早期	王世民等 1999：頁 110 尊 2	器形。
				成康之際	朱鳳瀚 2009：頁 1409	組合，形制，紋飾。
3292	作障彝尊	3	05712	西周早期	集成 2007（5）：頁 4401	

續表

序號	器 名	字數	銘文著録	時 代	出 處	依 據
3293	作障彝尊	3	05713	西周早期	集成 2007(5):頁 4401	
				成康	陝西 D1986:頁 26–31	
				穆王	李學勤 1986:頁 33–35	器形,字體。
				穆王前後	李豐 1988a:頁 396	墓葬。
				穆王	盧連成、胡智生 1988a:頁 514	墓葬。
				昭王	劉啓益 2002:頁 172	同墓葬銅器形制多近昭王器。
				穆恭	朱鳳瀚 2009:頁 1284–1301	墓葬。
3294	[illegible]父丁尊 冄父丁尊	3	近出 0615、新收 0377	西周早期	近出 2002(三):頁 78	
				西周早期	新收 2006:頁 261	
				西周初期	張劍、蔡運章 1998:頁 40	伴出器形制、紋飾。
				約武王至康王	朱鳳瀚 2009:頁 1228–1265	墓葬。
3295	戈父辛尊	3	近出 0618、新收 0723	西周早期	近出 2002(三):頁 81	
				西周早期	新收 2006:頁 530	
				西周早期	王長啓 1990:頁 27	造型與紋飾。
3296	□父癸尊	3	近出 0620、新收 0843	商代後期	近出 2002(三):頁 83	
				商晚 – 西周早期	新收 2006:頁 618	
				商末周初	麟游 A1990:頁 881	
3297	戈父壬尊	3	近二 0560	商代後期	近二 2010(二):頁 245	
				西周早期	吴鎮烽 2006b:頁 6	
3298	史父乙尊一	3	近二 0561	商代後期	近二 2010(二):頁 246	
				西周早期	社科院 2005:頁 523	
				一期(約武王至康王)	朱鳳瀚 2009:頁 1383	器形。
3299	史父乙尊二	3	近二 0562	西周早期	近二 2010(二):頁 247	
				西周早期早段	社科院 2005:頁 513	
				一期(約武王至康王)	朱鳳瀚 2009:頁 1383	器形。
3300	長子口尊	3	近二 0563、新收 0557	西周早期	近二 2010(二):頁 248	
				西周早期	新收 2006:頁 420	

續表

序號	器　名	字數	銘文著錄	時　代	出　　處	依　　據
3300	長子口尊	3	近二 0563、新收 0557	西周初期（不晚於成王）	韓維龍、張志清 2000：頁 24–29	墓葬形制、埋藏習俗有商末特色。出土器物的組合、器形、紋飾和銘文有周初特徵。長子口爲臣服於周的商末長氏諸侯，故葬俗爲殷式而出土器物有周初特色。
				西周早期前段	吳鎮烽 2006：頁 178	長子口，西周早期前段人。
				商末周初	朱鳳瀚 2009：頁 1365–1369	形制，組合。
3301	長子口方尊	3	近二 0564、新收 0555	西周早期	近二 2010（二）：頁 249	
				西周早期	新收 2006：頁 418	
				商末周初	河南 E2000：頁 22	
				西周初期（不晚於成王）	河南 E2000a：頁 199–209	據墓葬形制、埋葬習俗及伴出物的時代特徵。
				西周初期（不晚於成王）	韓維龍、張志清 2000：頁 24–29	墓葬形制、埋藏習俗有商末特色。出土器物的組合、器形、紋飾和銘文有周初特徵。長子口爲臣服於周的商末長氏諸侯，故葬俗爲殷式而出土器物有周初特色。
				西周早期前段	吳鎮烽 2006：頁 178	長子口，西周早期前段人。
				商末周初	朱鳳瀚 2009：頁 1365–1369	形制，組合。
3302	六父丁尊	3	近二 0565、新收 1912	西周早期	近二 2010（二）：頁 250	
				西周早期	新收 2006：頁 1279	
3303	作旅彝尊一	3	近二 0566、新收 0949	西周早期	近二 2010（二）：頁 251	
				西周早期	新收 2006：頁 691	
				西周早期	山西·北京 2000：頁 334	M6214 在西周早期。
				約昭王	徐天進 2000：頁 335–337	墓葬。
				二期（康晚至昭王）	朱鳳瀚 2009：頁 1473	墓葬。
3304	作旅彝尊二	3	近二 0567、新收 1914	西周早期	近二 2010（二）：頁 252	
				西周	新收 2006：頁 1280	

續表

序號	器　名	字數	銘文著錄	時　代	出　處	依　據
3305	魚父丙尊	3	近二 0568	西周早期	近二 2010（二）：頁 253	
				殷晚至周初	咸陽 A2006：頁 30-32	墓葬形制，隨葬器物種類、伴出銅器的形制紋飾。
				約武王至康王	朱鳳瀚 2009：頁 1228-1265	墓葬。
3306	齒受且丁尊 齒受祖丁尊	4	05714	殷或西周早期	集成 2007（5）：頁 4401	
3307	作且丁尊 作祖丁尊	4	05715	西周早期	集成 2007（5）：頁 4401	
3308	子且辛步尊 子祖辛步尊	4	05716	殷或西周早期	集成 2007（5）：頁 4402	
3309	且辛父丁尊 祖辛父丁尊	4	05717	西周早期	集成 2007（5）：頁 4402	
3310	且辛册尊 祖辛册尊	4	05718	西周早期	集成 2007（5）：頁 4402	
3311	伯且癸尊 伯祖癸尊	4	05719	西周早期	集成 2007（5）：頁 4402	
3312	牽旅父甲尊	4	05720	西周早期	集成 2007（5）：頁 4402	
				西周初期	周世榮 1983：頁 246	
3313	作父乙𤰈尊	4	05723	西周早期	集成 2007（5）：頁 4402	
				昭王	吳其昌 1929（2004）：頁 241	作器者同昭王十一年之臣辰卣（05421）。
				成王	容庚 1941（2008）：頁 33	臣辰器，參臣辰尊（05999）。
3314	父乙尊	4	05725	西周早期	集成 2007（5）：頁 4402	
				西周中期到晚期	安徽 1959：頁 85-86	銘文、花紋、冶鑄、器形、器類。
				西周	李國梁 2006：頁 103	形制，紋飾。
				西周中期	朱鳳瀚 2009：頁 1508	形制，紋飾。
3315	亞𢼸父乙尊 亞啓父乙尊	4	05730	殷	集成 2007（5）：頁 4402	
				西周早期	陳佩芬 2004：頁 151 器 260	
3316	作父乙旅尊	4	05732	西周早期	集成 2007（5）：頁 4403	

續表

序號	器名	字數	銘文著錄	時代	出處	依據
3317	文父丁鼎尊	4	05733	西周早期	集成 2007（5）：頁 4403	
3318	文父丁鼎尊	4	05734	西周早期	集成 2007（5）：頁 4403	
3319	豕馬父丁尊 騙父丁尊	4	05737	殷或西周早期	集成 2007（5）：頁 4403	
				殷周	潁上縣 1984：頁 1132–1133	
3320	父丁享鼎尊	4	05738	西周早期	集成 2007（5）：頁 4403	
				康王	社科院 1999：頁 366	形態近成康時耳簋（10574），花紋同成王時德簋（03733）圈足。
3321	亞眾父己尊	4	05742	西周早期	集成 2007（5）：頁 4403	
				西周初期	程長新 1983：頁 67	組合，造型，紋飾，銘文。
				約昭王	朱鳳瀚 2009：頁 1411	形制。
3322	鼎父己尊	4	05743	殷或西周早期	集成 2007（5）：頁 4403	
3323	冊父庚尊	4	05744	殷或西周早期	集成 2007（5）：頁 4404	
3324	亞鼎父辛尊 周亞尊	4	05746	西周早期	集成 2007（5）：頁 4404	
3325	車父辛尊	4	05750	西周早期	集成 2007（5）：頁 4404	
3326	亞天父癸尊	4	05751	殷或西周早期	集成 2007（5）：頁 4404	
3327	荔冊父癸尊	4	05753	殷或西周早期	集成 2007（5）：頁 4404	
3328	荔冊父癸尊	4	05754	殷或西周早期	集成 2007（5）：頁 4404	
3329	父癸告正尊	4	05755	西周早期	集成 2007（5）：頁 4404	
				商代	容庚 1941（2008）：頁 301 尊 21	
3330	弓夆父癸尊	4	05758	殷或西周早期	集成 2007（5）：頁 4405	
3331	作母旅彝尊	4	05759	西周早期	集成 2007（5）：頁 4405	
				昭穆	張劍、孫新科 1996：頁 334	
3332	珥鼎婦鼎尊	4	05760	商晚 商末周初	集成 2007（5）：頁 4405 唐愛華 1985：頁 27	
3333	北子作彝尊 周北子尊	4	05762	西周早期	集成 2007（5）：頁 4405	
				成康	陳夢家 1966（2004）：頁 77	出江陵，爲周初楚之與國之器。
				西周早期	吳鎮烽 2006：頁 84	北子，西周早期人，北國族首領。

續表

序號	器 名	字數	銘文著錄	時 代	出 處	依 據
3334	伯作旅彝尊	4	05763	西周早期	集成 2007（5）: 頁 4405	
3335	伯作寶彝尊	4	05764	西周早期	集成 2007（5）: 頁 4405	
3336	伯作寶彝尊	4	05765	西周早期	集成 2007（5）: 頁 4405	
3337	黿作從彝尊黿作從彝尊	4	05766	殷或西周早期	集成 2007（5）: 頁 4405	
3338	孖尊周友尊	4	05767	西周早期	集成 2007（5）: 頁 4405	
				西周早期	吳鎮烽 2006: 頁 82	孖，西周早期人。
3339	登尊	4	05768	西周早期	集成 2007（5）: 頁 4405	
				西周前期	洛陽 A1972a: 頁 36	同出銅器的形制、花紋爲殷末周初，同出觶上兔紋的寫實作風亦見於康王時貉子卣。
				商末周初	陳新、獻本 1995: 頁 61	該墓銅器多瘦高，有商末周初特徵。
				西周早期	吳鎮烽 2006: 頁 330	登，西周早期人。
3340	歿由方尊	4	05769	西周早期	集成 2007（5）: 頁 4406	
				西周前期	辭典 1995: 頁 129 器 447	
				西周早期	青全 1997（5）: 頁 147 器 155	
				西周早期	陳佩芬 2004: 頁 153 器 261	
				西周早期	吳鎮烽 2006: 頁 351	歿由，西周早期人。
3341	凸尊并尊	4	05770	西周早期	集成 2007（5）: 頁 4406	
				成王	白川靜 1964b: 頁 436–439 器 41 附	
				西周早期	吳鎮烽 2006: 頁 448	凸，西周早期人。
3342	作從彝戈尊	4	05771	西周早期	集成 2007（5）: 頁 4406	
3343	戈作障彝尊戈作尊彝尊	4	05772	西周早期	集成 2007（5）: 頁 4406	
3344	戈作旅彝尊	4	05773	西周早期	集成 2007（5）: 頁 4406	
3345	辛作寶彝尊	4	05774	西周早期	集成 2007（5）: 頁 4406	
				西周早期後段	馬承源 2003a: 頁 187 尊 6	器形。
				西周早期	吳鎮烽 2006: 頁 163	辛，西周早期後段人。

續表

序號	器 名	字數	銘文著録	時 代	出 處	依 據
3346	狀尊	4	05775	西周早期	集成 2007（5）：頁 4406	
				西周初期	中科院 1962：頁 90A447	
				西周早期	吴鎮烽 2006：頁 287	狀，西周早期人。
3347	莫尊	4	05776	西周早期	集成 2007（5）：頁 4406	
				西周早期	吴鎮烽 2006：頁 281	莫，西周早期人。
3348	穽尊	4	05777	西周早期或中期	集成 2007（5）：頁 4406	
				西周前期	容庚 1941（2008）：頁 304 尊 53	
				西周早期	吴鎮烽 2006：頁 349	穽，西周早期人。
3349	俞尊	4	05778	西周早期	集成 2007（5）：頁 4406	
				西周早期	吴鎮烽 2006：頁 447	俞，西周早期人。
3350	米宮尊	4	05779	西周早期	集成 2007（5）：頁 4406	
3351	作旅彝尊	4	05780	西周早期	集成 2007（5）：頁 4406	
3352	作寶障彝尊 作寶尊彝尊	4	05781	西周早期	集成 2007（5）：頁 4406	
3353	作寶障彝尊 作寶尊彝尊	4	05782	西周早期	集成 2007（5）：頁 4407	
3354	作寶障彝尊 作寶尊彝尊	4	05783	西周早期	集成 2007（5）：頁 4407	
3355	作寶障彝尊 作寶尊彝尊	4	05784	西周早期	集成 2007（5）：頁 4407	
				西周初期（約康王）	中科院 1962：頁 90A448	
				昭穆	張懋鎔 2010：頁 84	
3356	作寶障彝尊 作寶尊彝尊	4	05785	西周早期	集成 2007（5）：頁 4407	
3357	作寶障彝尊 作寶尊彝尊	4	05786	西周早期	集成 2007（5）：頁 4407	
3358	作寶障彝尊 作寶尊彝尊	4	05787	西周早期	集成 2007（5）：頁 4407	
				西周前期	容庚 1941（2008）：頁 304 尊 56	
				穆王	張懋鎔 2010：頁 84	

續表

序號	器　名	字數	銘文著錄	時　代	出　　處	依　　據
3359	作寶障彝尊 作寶尊彝尊	4	05788	西周早期	集成 2007（5）：頁 4407	
3360	作寶障彝尊 作寶尊彝尊	4	05789	西周早期	集成 2007（5）：頁 4407	
				穆恭之際	陝西 F1979a：頁 6	伴出銅器的形制、紋飾。
				西周中期	陝西 1980（3）：頁 4 器 24	
				穆王前後	李豐 1988a：頁 396	墓葬。
				三 期（穆共）	盧連成、胡智生 1988a：頁 513–521	墓葬。
				西周中期	曹瑋等 2005（8）：頁 1573	
				穆共之際	張懋鎔 2006a：頁 228	
				穆恭	朱鳳瀚 2009：頁 1284–1301	墓葬。
3361	作寶尊彝尊	4	05790	西周中期	集成 2007（5）：頁 4407	
3362	作從障彝尊	4	05791	西周早期	集成 2007（5）：頁 4407	
3363	作從彝𠁣尊	4	05792	西周早期	集成 2007（5）：頁 4407	
3364	亞瘞父丁尊	4	近出 0622、新收 1395	西周早期	近出 2002（三）：頁 85	
				西周	新收 2006：頁 965	
3365	邞姀父己尊 叔姀父己尊	4	近出 0623	西周早期	近出 2002（三）：頁 86	
3366	伯尊	4	近出 0624	西周早期	近出 2002（三）：頁 87	
				西周早期（約康王）	李學勤、艾蘭 1995：頁 340 器 91	形制花紋近琉璃河 M52 復尊。
3367	作寶尊彝尊	4	近出 0625、新收 0678	西周早期	近出 2002（三）：頁 88	
				西周早期	新收 2006：頁 504	
				西周早期後段	王長啓 1990：頁 28	
3368	作寶尊彝尊	4	近出 0626、新收 0824	西周早期	近出 2002（三）：頁 89	
				西周早期	新收 2006：頁 605	
				成康	盧連成、胡智生 1988：頁 267	組合，形制，紋飾。
				二期中段（約成康）	盧連成、胡智生 1988a：頁 502–507	墓葬。
				二 期（約昭王）	朱鳳瀚 2009：頁 1520	組合，形制，紋飾。

續表

序號	器　名	字數	銘文著錄	時　代	出　　處	依　　據
3369	作寶尊彝尊	4	近出 0627、新收 0353	西周中期	近出 2002（三）：頁 90	
				西周中期	新收 2006：頁 242	
				穆、恭	蔡運章 1996：頁 56	形制，紋飾。
				西周中期	洛陽 B1999a：頁 210	
3370	伯尊	4	近二 0571、新收 0951	西周早期	近二 2010（二）：頁 256	
				西周早期	新收 2006：頁 692	
				西周早期	山西·北京 2000：頁 334	M6231 在西周早期。
				二 期（康晚 至 昭王）	朱鳳瀚 2009：頁 1473	墓葬。
3371	作寶尊	4	近二 0572、新收 1501	西周早期	近二 2010（二）：頁 257	
				商 代 晚期 – 西周早期	新收 2006：頁 1036	
				商末周初	劉曉燕、孫承晉 2004：頁 93–94	
3372	伯尊	4	近二 0573	西周早期	近二 2010（二）：頁 258	
3373	婦𤔲兄癸尊	4	近二 0574	西周早期	近二 2010（二）：頁 259	
				西周早期早段	社科院 2005：頁 510	
				一 期（約武王至康王）	朱鳳瀚 2009：頁 1383	器形。
3374	作且丁尊作祖丁尊	5	05793	西周早期	集成 2007（5）：頁 4407	
				西周初期	中科院 1962：頁 88A434	
3375	臣辰父乙尊	5	05795	西周早期	集成 2007（5）：頁 4407	
3376	競作父乙尊	5	05796	西周早期	集成 2007（5）：頁 4407	
				穆王	郭沫若 1935（2002）：頁 150	
				康王	陳夢家 1966（2004）：頁 120 器 79 附	形制，花紋，人物。
				穆王	唐蘭 1976—1978（1986）：頁 391	
				穆王	劉啓益 2002：頁 216	"競"見於穆王時㝬尊（06008）。
3377	季甫父乙尊	5	05797	西周早期	集成 2007（5）：頁 4408	
3378	戈作父丙尊	5	05798	西周早期	集成 2007（5）：頁 4408	

序號	器　名	字數	銘文著録	時　代	出　　處	依　　據
3379	作旅父丁尊 詠尊	5	05799	西周早期	集成 2007（5）：頁 4408	
				西周中期前段	吳鎮烽 2006：頁 202	咏，西周中期前段人。
3380	干子父戊尊 父戊尊	5	05800	西周早期	集成 2007（5）：頁 4408	
				西周初期	北京 C1995：頁 242	形制，花紋。
				西周早期	王世民等 1999：頁 110 尊 1	器形。
				成康之際	朱鳳瀚 2009：頁 1409	組合，形制，紋飾。
3381	魚父庚尊	5	05801	殷或西周早期	集成 2007（5）：頁 4408	
				商代	容庚 1941（2008）：頁 301 尊 12	
				西周早期	吳鎮烽 2006：頁 289	魚，西周早期人。
3382	豕馬作父辛尊 周犧尊、驕作父辛尊	5	05803	殷或西周早期	集成 2007（5）：頁 4408	
				康王	劉啓益 2002：頁 168	形制近康王器。
3383	牢作父辛尊	5	05804	西周早期	集成 2007（5）：頁 4408	
				西周早期	吳鎮烽 2006：頁 174	牢，西周早期人。
3384	𢊈父壬尊	5	05806	殷或西周早期	集成 2007（5）：頁 4408	
				西周早期	陳佩芬 2004：頁 147 器 258	
3385	王作母癸尊	5	05807	西周早期	集成 2007（5）：頁 4408	
				康王七年	唐 蘭 1976—1978（1986）：頁 139	以康王時太保鼎（01735）"太保鑄"例之，該器爲康王七年時器。
3386	亢父癸尊	5	05808	殷或西周早期	集成 2007（5）：頁 4408	
3387	作龍母尊	5	05809	西周早期	集成 2007（5）：頁 4409	
				西周早期	吳鎮烽 2006：頁 400	龍母，西周早期女子。
3388	作彭史从尊	5	05810	西周早期	集成 2007（5）：頁 4409	
3389	羨史尊	5	05811	西周早期	集成 2007（5）：頁 4409	
				西周早期	吳鎮烽 2006：頁 294	羨史，西周早期人。
3390	見尊	5	05812	西周早期	集成 2007（5）：頁 4409	
				西周初期	中科院 1962：頁 86A420	
				西周早期	吳鎮烽 2006：頁 144	見，西周早期人。
3391	事伯尊	5	05813	西周中期	集成 2007（5）：頁 4409	

續表

序號	器 名	字數	銘文著錄	時 代	出 處	依 據
3392	舀尊	5	05814	西周早期或中期	集成 2007（5）：頁 4409	
				西周早期後段	吳鎮烽 2006：頁 210	舀，西周早期後段人。
3393	史舀尊史舀尊	5	05815	西周早期	集成 2007（5）：頁 4409	
3394	𢦚赤尊	5	05816	西周早期	集成 2007（5）：頁 4409	
				西周初期	中科院 1962：頁 89A445	
				西周早期	吳鎮烽 2006：頁 448	𢦚赤，西周早期人。
3395	事作小旅尊	5	05817	西周早期	集成 2007（5）：頁 4409	
				西周初期	中科院 1962：頁 88A439	
3396	矩尊	5	05818	西周早期	集成 2007（5）：頁 4409	
				成王	唐蘭 1976—1978（1986）：頁 104	
				西周早期	吳鎮烽 2006：頁 232	矩，西周早期人。
3397	憲尊	5	05819–05820	西周早期	集成 2007（5）：頁 4409	
				昭王	吳其昌 1929（2004）：頁 255	“憲”見於昭王時憲鼎（02731）。
				昭王	唐蘭 1976—1978：頁 243	人名“憲”見於憲鼎（02731）。
				昭王	唐蘭 1981：頁 37	
				康王	劉啓益 2002：頁 123	參憲鼎（02731）。
				昭穆	吳鎮烽 2006：頁 341	憲，西周昭穆時期人。
3398	盧尊盧尊	5	05821	西周中期	集成 2007（5）：頁 4409	
				西周初期（約康王）	中科院 1962：頁 90A449	
				西周中期前段	吳鎮烽 2006：頁 339	盧，西周中期前段人。
3399	作父辛尊	5	近出 0629、新收 1102	西周中期	近出 2002（三）：頁 92	
				西周中晚期	新收 2006：頁 787	
				穆王	齊文濤 1972：頁 7	整批文物的風格近長安普度村長由墓，爲西周穆王時。
				西周早、中期	李步青、林仙庭 1991a：頁 914	與曲阜魯城甲組墓類似。
3400	庚建尊	5	近出 0630	西周早期	近出 2002（三）：頁 93	

續表

序號	器 名	字數	銘文著錄	時 代	出 處	依 據
3401	伯尊	5	近二 0575、新收 0928	西周早期	近二 2010（二）：頁 260	
				西周早期	新收 2006：頁 674	
				西周早期	山西·北京 2000：頁 334	M6081 在西周早期。
				約昭王	徐天進 2000：頁 335–337	墓葬。
				一期（約武王至康王）	朱鳳瀚 2009：頁 1473	墓葬。
3402	作且乙尊周祖乙尊、作祖乙尊	6	05822	西周早期	集成 2007（5）：頁 4410	
				商代	容庚 1941（2008）：頁 300 尊 7	
3403	陵作父乙尊	6	05823	西周中期	集成 2007（5）：頁 4410	
				西周早期	寶雞 A1976：頁 43–44	器形，紋飾，字體。
				穆王	盧連成、胡智生 1988：頁 441	
				穆王前後	李豐 1988a：頁 396	墓葬。
				三期（穆共）	盧連成、胡智生 1988a：頁 513–521	墓葬。
				西周中期前段	吳鎮烽 2006：頁 301	陵，西周中期前段人。
				約穆王	朱鳳瀚 2009：頁 1523	組合，形制，紋飾。
3404	作父乙癸尊作父乙尊	6	05824	西周中期	集成 2007（5）：頁 4410	
				西周初期	中科院 1962：頁 89A444	
3405	衍耳父乙尊	6	05825	西周早期	集成 2007（5）：頁 4410	
3406	作父丁癸尊	6	05826	西周早期	集成 2007（5）：頁 4410	
3407	柚作父丁尊商父丁尊	6	05827	西周早期	集成 2007（5）：頁 4410	
				西周早期	吳鎮烽 2006：頁 251	柚，西周早期人。
3408	商作父丁犧尊蓋	6	05828	西周早期	集成 2007（5）：頁 4410	
				康王	伍士謙 1981：頁 97–126	作器者同康王時庚嬴卣（05426）。
				西周早期	吳鎮烽 2006：頁 293	商，西周早期人。
3409	作父丁尊	6	05829	西周早期	集成 2007（5）：頁 4410	
				西周初期	中科院 1962：頁 87A426	
3410	作父戊尊	6	05830	西周早期	集成 2007（5）：頁 4410	
				西周初期	中科院 1962：頁 86A421	

續表

序號	器 名	字數	銘文著録	時 代	出 處	依 據
3411	作父己𢆡尊 商父己尊	6	05831	西周中期	集成 2007（5）：頁 4410	
3412	作父庚尊	存 6	05832	西周早期	集成 2007（5）：頁 4410	
				西周初期（約成王）	中科院 1962：頁 87A430	
3413	魚作父庚尊	6	05833	殷或西周早期	集成 2007（5）：頁 4410	
				西周早期	吳鎮烽 2006：頁 289	魚，西周早期人。
3414	𢀚作父辛尊	6	05834	西周早期	集成 2007（5）：頁 4411	
				西周早期	吳鎮烽 2006：頁 110	考，西周早期人。
3415	小臣辰父辛尊	6	05835	西周早期	集成 2007（5）：頁 4411	
				昭王	吳其昌 1929（2004）：頁 241	作器者同昭王十一年之臣辰卣（05421）。
				成王	容庚 1941（2008）：頁 33	參臣辰尊（05999）。
				昭王	唐蘭 1981：頁 66	
3416	亞子父辛尊	6	05836	殷或西周早期	集成 2007（5）：頁 4411	
3417	作父辛尊	6	05837	西周早期	集成 2007（5）：頁 4411	
3418	臣辰父癸尊	6	05838	西周早期	集成 2007（5）：頁 4411	
3419	狽日辛尊	6	05839	殷或西周早期	集成 2007（5）：頁 4411	
				西周中期前段	吳鎮烽 2006：頁 269	西周中期前段人。
3420	雁公尊 應公尊	6	05841	西周中期	集成 2007（5）：頁 4411	
				成康	白川靜 1965：頁 502–504 器 48 附	
				成康	陳夢家 1966（2004）：頁 78	《左傳僖公二十四》記"應"爲武王之穆，應公諸器當在周初。
				成王中後期	唐蘭 1976—1978（1986）：頁 90	
				西周初年	蔡培桂 1980：頁 17	形制，花紋。
				成王	徐錫臺 1998：頁 348	器形，紋飾，銘文字體書鑄風格。
				西周早期	吳鎮烽 2006：頁 412	應公，西周早期人。
3421	作公尊 作公尊彝尊	6	05842	西周早期	集成 2007（5）：頁 4411	

續表

序號	器　名	字數	銘文著錄	時　代	出　　處	依　　據
3422	燚子方尊 榮子方尊	6	05843	西周早期	集成 2007（5）：頁 4411	
				西周前期	容庚 1941（2008）：頁 305 尊 63	
				成康	白川靜 1965b：頁 607–617 器 59 附	
				西周中期前段	張劍、孫新科 1996：頁 335	
				西周早期	青全 1997（5）：頁 150 器 158	
				穆王前期	彭裕商 1998：頁 148	器形，紋飾。"尊彝"二字的寫法已具穆王時期特色。
				西周早期偏晚	王世民等 1999：頁 112 尊 8	器形。
				康王	劉啓益 2002：頁 117	形制同麥方尊，紋飾同作冊折尊，兩者皆康王時。
				穆王前期	彭裕商 2003：頁 320	屬榮子旅組器，參榮子旅卣（05256）。
				昭王	張懋鎔 2008：頁 345	
3423	伯各尊	6	05844	西周早期	集成 2007（5）：頁 4411	
				康晚昭前	盧連成、胡智生 1988：頁 263	伴出器物的組合、形制、紋飾。
				二期中段（約成康）	盧連成、胡智生 1988a：頁 502–507	墓葬。
				西周前期	辭典 1995：頁 127 器 443	
				西周早期	青全 1997（6）：頁 164 器 169	
				西周早期	王世民等 1999：頁 111 尊 4	器形。
				西周早期後段	吳鎮烽 2006：頁 154	伯各，西周早期後段人。
				一期（約成康）	朱鳳瀚 2009：頁 1520	組合，形制，紋飾。
3424	伯貉尊	6	05845	西周早期	集成 2007（5）：頁 4411	
				西周早期	吳鎮烽 2006：頁 159	伯貉，西周早期人。
3425	伯矩尊	6	05846	西周早期	集成 2007（5）：頁 4411	
3426	陵伯尊	6	05847	西周早期	集成 2007（5）：頁 4411	
				成康	甘肅 C1977：頁 124	形制，紋飾。
				成康	李豐 1988a：頁 396	墓葬。
				二期中段（約成康）	盧連成、胡智生 1988a：頁 502–507	墓葬。
				西周早期	青全 1997（6）：頁 183 器 188	

續表

序號	器 名	字數	銘文著錄	時 代	出 處	依 據
3426	隄伯尊	6	05847	西周早期後段	吳鎮烽 2006：頁 331	隄伯，西周早期後段人。
				約武王至康王	朱鳳瀚 2009：頁 1228–1265	墓葬。
3427	溧伯尊 涇伯尊	6	05848	西周早期	集成 2007（5）：頁 4412	
				西周早期	甘肅 A1972：頁 2–3	同出銅器的銘文、形制、花紋、器物組合。
				成康	甘肅 C1977：頁 124	形制，紋飾。
				成康	李豐 1988a：頁 396	墓葬。
				二期中段（約成康）	盧連成、胡智生 1988a：頁 502–507	墓葬。
				西周早期	吳鎮烽 2006：頁 273	涇伯，西周早期人。
3428	艅伯尊 俞伯尊	6	05849	西周早期	集成 2007（5）：頁 4412	
				西周早期	吳鎮烽 2006：頁 236	俞伯，西周早期俞氏族首領。
3429	鬳伯尊 鬳伯蒙尊	6	05850	西周早期	集成 2007（5）：頁 4412	
				西周早期	吳鎮烽 2006：頁 407	鬳伯蒙，西周早期人。
3430	仲纖尊	6	05851	西周早期	集成 2007（5）：頁 4412	
				西周早期後段	吳鎮烽 2006：頁 124	仲纖，西周早期後段人。
3431	異仲犧尊 登仲犧尊	6	05852–05853	西周早期	集成 2007（5）：頁 4412	
				西周	社科院 A1986：頁 22–27+ 頁 11	
				西周中期	青全 1997（5）：頁 158 器 166	
				康昭	社科院 1999：頁 367	據所飾花紋。
				西周早期後段	吳鎮烽 2006：頁 251	鄧仲，西周早期後段人。
3432	仲䙲尊 仲弔尊	6	05854	西周早期	集成 2007（5）：頁 4412	
				西周早期	吳鎮烽 2006：頁 120	仲夷，西周早期人。
3433	噩叔尊 鄂叔 尊、 鄂叔宁尊	6	05855	西周早期	集成 2007（5）：頁 4412	
				西周早期	吳鎮烽 2006：頁 316	鄂叔宁，西周早期人。
3434	戒叔尊	6	05856	西周早期	集成 2007（5）：頁 4412	
				西周中期前段	吳鎮烽 2006：頁 137	戒叔，西周中期前段人。
3435	叔魁尊 周叔猷尊	6	05857	西周早期	集成 2007（5）：頁 4412	
				西周早期	吳鎮烽 2006：頁 199	叔魁，西周早期人。
3436	彊季尊	6	05858	西周中期	集成 2007（5）：頁 4412	
				穆王	盧連成、胡智生 1988：頁 266	形制，紋飾，字體。

續表

序號	器名	字數	銘文著錄	時代	出處	依據
3436	彊季尊	6	05858	二期後段（約昭王）	盧連成、胡智生 1988a：頁 508–513	墓葬。
				西周前期	辭典 1995：頁 129 器 448	
				西周中期	青全 1997（6）：頁 163 器 168	
				西周早期	王世民等 1999：頁 120 尊 24	器形。
				西周早期後段	吳鎮烽 2006：頁 364	彊季，西周早期後段人。
				二期（約昭王）	朱鳳瀚 2009：頁 1520	組合，形制，紋飾。
3437	井季夒尊 邢季夒尊、周邢季尊	6	05859	西周中期	集成 2007（5）：頁 4412	
				夷王	吳其昌 1929（2004）：頁 360	"丼季夒"與夷王時丼季魯彝（03949）或爲一人，或爲兄弟。
				穆王	唐蘭 1976—1978（1986）：頁 379	字體。
				康昭	尚志儒 1987：頁 295	字體，款式。
				昭王	劉啓益 2002：頁 155	大鳥紋同庸伯簋（04169）。
				穆王後期	彭裕商 2003：頁 322	器形、紋飾、字體有穆世特點。
				西周中期前段	吳鎮烽 2006：頁 83	丼季夒，西周中期前段人。
3438	贏季尊	6	05860	西周早期	集成 2007（5）：頁 4412	
				西周早期	吳鎮烽 2006：頁 330	贏季，西周早期人。
3439	員父尊	6	05861	西周早期	集成 2007（5）：頁 4412	
				西周前期	容庚 1941（2008）：頁 304 尊 51	
				成王	白川靜 1963：頁 235–235 器 21 附	
3440	竟尊	6	05862	西周早期	集成 2007（5）：頁 4413	
				西周早期前段	吳鎮烽 2006：頁 293	竟，西周早期前段人。
3441	段金蠲尊	6	05863	西周中期	集成 2007（5）：頁 4413	
				西周前期	容庚 1941（2008）：頁 304 尊 57	
				西周中期前段	吳鎮烽 2006：頁 233	段金蠲，西周中期前段人。
3442	傳尊 周從尊	6	05864	西周中期	集成 2007（5）：頁 4413	
				西周早期	吳鎮烽 2006：頁 342	傳史，西周早期人。
3443	五伯尊	6	近出 0631	西周早期	近出 2002（三）：頁 94	

續表

序號	器 名	字數	銘文著錄	時 代	出 處	依 據
3444	即册尊	存6	近出 0632、新收 0301	西周早期	近出 2002（三）：頁 95	
				西周早期	新收 2006：頁 210	
				西周早期	信陽 A1989：頁 19	
3445	晉侯豬尊	6	近二 0590、新收 0910	西周早期	近二 2010（二）：頁 278	
				西周晚期	新收 2006：頁 661	
				西周早中期之際	山西·北京 2001：頁 21	墓葬形制及出土器物。
				西周早期末葉或西周中期偏早	朱鳳瀚 2002b：頁 72	據伴出器物形制。
				約穆王	孫慶偉 2002：頁 77	據伴出器物形制，該墓約穆王時。
				西周早期晚段	李伯謙 2002：頁 31	據出土器物的特徵。
				昭穆時期	張長壽 2002：頁 77	據出土陶瓮，M113 在西周昭穆時期。
				西周早期	吳鎮烽 2006：頁 254	晉侯，西周早期晉國某代國君。
3446	亞耳且丁尊 耳尊、亞耳祖丁尊	7	05865	西周早期	集成 2007（5）：頁 4413	
				昭王	吳其昌 1929（2004）：頁 251	"㠱" 即昭王時太保毁（04140）之 "录子㠱"、小臣夌鼎（02775）之 "楚㠱"。
				西周早期前段	吳鎮烽 2006：頁 111	耳，西周早期前段人。
3447	作且己🐦尊 作祖己尊	7	05866	西周早期	集成 2007（5）：頁 4413	
3448	竟作且癸尊 竟作祖癸尊	7	05867	西周早期	集成 2007（5）：頁 4413	
				西周早期前段	吳鎮烽 2006：頁 293	竟，西周早期前段人。
3449	史見父甲尊 史見尊	7	05868	西周早期	集成 2007（5）：頁 4413	
				西周早期	吳鎮烽 2006：頁 90	史見，西周早期人。
3450	辟東作父乙尊	7	05869	西周早期	集成 2007（5）：頁 4413	
				西周早期	吳鎮烽 2006：頁 349	辟東，西周早期人。
3451	小臣作父乙尊	7	05870	西周中期	集成 2007（5）：頁 4413	
				西周早期	王毓彤 1963：頁 55	形制，鑄法，紋飾，字體。
				西周	李健 1963：頁 224–225	

續表

序號	器　名	字數	銘文著錄	時　代	出　　處	依　　據
3451	小臣作父乙尊	7	05870	西周初年	郭沫若 1963a：頁 182–187	
				約穆王	劉彬徽 1986：頁 242	
				西周早期	青全 1997（6）：頁 111 器 114	
				西周早期	吳鎮烽 2006：頁 28	小臣指西周早期擔任小臣的某人。
3452	禾伯作父乙尊	7	05871	西周早期	集成 2007（5）：頁 4413	
				西周早期	吳鎮烽 2006：頁 94	禾伯，西周早期人。
3453	子殷作父丁尊	7	05872	西周早期	集成 2007（5）：頁 4413	
				西周早期	吳鎮烽 2006：頁 33	子殷，西周早期人。
3454	作父丁尊	7	05873	西周早期	集成 2007（5）：頁 4413	
3455	逆作父丁尊	7	05874	西周早期	集成 2007（5）：頁 4414	
				西周早期	吳鎮烽 2006：頁 239	逆，西周早期人。
3456	作父丁▮尊　商父丁尊、作父丁尊	7	05875	西周早期	集成 2007（5）：頁 4414	
3457	檾作父丁尊	7	05876	西周早期	集成 2007（5）：頁 4414	
				西周早期	吳鎮烽 2006：頁 258	檾，西周早期人。
3458	雗父丁尊　雗作文父日丁尊	7	05877	西周早期	集成 2007（5）：頁 4414	
				西周早期	吳鎮烽 2006：頁 429	雗，西周早期人。
3459	厈作父己尊	7	05878	殷或西周早期	集成 2007（5）：頁 4414	
				西周早期	吳鎮烽 2006：頁 82	厈，西周早期人。
3460	作父己尊　羌作父己尊、羌尊	7	05879	西周中期	集成 2007（5）：頁 4414	
				西周中期前段	吳鎮烽 2006：頁 273	羌，西周中期前段人。
3461	魚作父己尊	7	05880	殷或西周早期	集成 2007（5）：頁 4414	
				西周早期	吳鎮烽 2006：頁 289	魚，西周早期人。
3462	冶仲父己尊　冶仲尊	7	05881	西周中期	集成 2007（5）：頁 4414	
				西周中期前段	吳鎮烽 2006：頁 167	冶仲，或釋旨仲，西周中期前段人。
3463	甗作父辛尊	7	05882	西周早期	集成 2007（5）：頁 4414	
				商代	容庚 1941（2008）：頁 302 尊 28	
				西周早期後段	吳鎮烽 2006：頁 439	甗，西周早期後段人。
3464	賣作父辛尊	7	05883	西周早期	集成 2007（5）：頁 4414	
				西周早期	吳鎮烽 2006：頁 349	賣，西周早期人。

序號	器 名	字數	銘文著録	時 代	出 處	依 據
3465	良矢作父辛尊 𤉲矢作父辛尊	7	05884	西周早期	集成 2007（5）：頁 4414	
				西周初期	河南 B1977：頁 15	形制似浚縣辛村銅尊（M60：5）。
				成康	李豐 1988a：頁 396	墓葬。
				二期後段（約昭王）	盧連成、胡智生 1988a：頁 508–513	墓葬。
				西周早期	吳鎮烽 2006：頁 76	矢，西周早期人。
				西周早期偏早	朱鳳瀚 2009：頁 1356	
3466	耆史作父辛尊	7	05885	西周早期	集成 2007（5）：頁 4414	
				西周早期	吳鎮烽 2006：頁 221	耆史，西周早期人。
3467	此作父辛尊	7	05886	西周早期	集成 2007（5）：頁 4414	
				西周早期	吳鎮烽 2006：頁 117	此，西周早期人。
3468	咏作日戊尊 咏尊	7	05887	西周早期	集成 2007（5）：頁 4414	
				西周早期	吳鎮烽 2006：頁 202	咏，西周早期人。
3469	卿尊	7	05889	西周早期	集成 2007（5）：頁 4415	
				成王	容庚 1941（2008）：頁 31	作器者同成王時卿鼎（02595）。
				西周初期（成王）	中科院 1962：頁 88A438	
				成王	白川靜 1964a：頁 328–332 器 28 附	
				成王	陳夢家 1966（2004）：頁 66	作器者同成王時臣卿鼎（02595）。
				西周中期	張長壽 1990：頁 32–35	
				成王初年	劉啓益 2002：頁 70	與成王時臣卿簋（03948）爲同人作器。形制承襲殷式。
				成王	彭裕商 2003：頁 227	
				西周早期	王世民等 1999：頁 116 尊 12	器形。
3470	北伯 尊	7	05890	西周早期	集成 2007（5）：頁 4415	
				武、成間	陳夢家 1966（2004）：頁 77	出土於燕地，乃西周初邶國之器，爲武、成間殷遺作。
				成王	唐蘭 1976—1978（1986）：頁 91	
3471	𪔂尊	7	近二 0577、新收 0942	西周早期	近二 2010（二）：頁 262	
				西周早期	新收 2006：頁 684	
				西周早期	山西·北京 2000：頁 334	M6210 在西周早期。

續表

序號	器 名	字數	銘文著錄	時 代	出 處	依 據
3471	纖尊	7	近二 0577、新收 0942	成康	徐天進 2000：頁 335–337	墓葬。
				西周早期	吳鎮烽 2006：頁 432	纖，西周早期人。
				一 期（約武王至康王）	朱鳳瀚 2009：頁 1473	墓葬。
3472	貴尊	7	近二 0578	西周早期	近二 2010（二）：頁 263	
3473	陆尊	7	近二 0579、新收 0597	西周早期	近二 2010（二）：頁 264	
				西周早期	新收 2006：頁 452	
				武成	鄭州 A2001：頁 42	形制，紋飾，組合。
				商末周初	鄭州 A2001a：頁 9	器形，花紋。
				西周早期	吳鎮烽 2006：頁 244	陆，西周早期人。
				西周早期偏早	朱鳳瀚 2009：頁 1377	形制。
3474	長子口尊	7	近二 0580、新收 0556	西周早期	近二 2010（二）：頁 265	
				西周早期	新收 2006：頁 419	
				商末周初	朱鳳瀚 2009：頁 1365–1369	形制，組合。
3475	魁作祖乙尊	8	05891	西周中期	集成 2007（5）：頁 4415	
				西周早期後段	吳鎮烽 2006：頁 398	魁，西周早期後段人。
3476	獣作且辛尊獣作祖辛尊	8	05892	西周中期	集成 2007（5）：頁 4415	
				西周中期前段	吳鎮烽 2006：頁 418	獣，西周中期前段人。
3477	辇作匕癸尊辇作妣癸尊	8	05893	殷或西周早期	集成 2007（5）：頁 4415	
3478	𢼸作父乙尊睒尊	8	05895	西周早期	集成 2007（5）：頁 4415	
				西周早期	吳鎮烽 2006：頁 390	睒，西周早期人。
3479	令𠦄作父乙尊	8	05896	西周中期	集成 2007（5）：頁 4415	
				西周中期前段	吳鎮烽 2006：頁 95	令咢，西周中期前段人。
3480	史伏作父乙尊	8	05897	西周早期	集成 2007（5）：頁 4415	
				西周早期	吳鎮烽 2006：頁 90	史伏，西周早期人。
3481	作父丁豕馬尊作父丁驪尊	8	05898	西周早期	集成 2007（5）：頁 4415	
				商代	容庚 1941（2008）：頁 303 尊 40	
				西周初期（成王）	中科院 1962：頁 91A453	

續表

序號	器　名	字數	銘文著録	時　代	出　處	依　據
3482	叔作父戊尊	8	05899	西周早期	集成 2007（5）：頁 4415	
				西周早期	吳鎮烽 2006：頁 340	叔，西周早期人。
3483	亯册父己尊 亯册作父己尊、酓尊	8	05900	西周早期	集成 2007（5）：頁 4415	
				西周早期	吳鎮烽 2006：頁 313	酓，西周早期人。
3484	隹作父己尊	8	05901	西周早期	集成 2007（5）：頁 4415	
				西周初期	中科院 1962：頁 91A452	
				西周中期前段	吳鎮烽 2006：頁 207	隹，西周中期前段人。
3485	獸作父庚尊	8	05902	西周早期	集成 2007（5）：頁 4416	
				西周初、中期	中科院 1962：頁 89A442	
				西周早期後段	吳鎮烽 2006：頁 424	獸，西周早期後段人。
3486	乓子作父辛尊	8	05903	西周早期	集成 2007（5）：頁 4416	
				西周初期	中科院 1962：頁 88A437	
3487	貍作父癸尊	8	05904	西周中期	集成 2007（5）：頁 4416	
				西周中期前段	吳鎮烽 2006：頁 358	貍，西周中期前段人。
3488	單龏父癸尊	8	05905	西周早期	集成 2007（5）：頁 4416	
				西周早期	吳鎮烽 2006：頁 315	單龏，西周早期人。
3489	𩵋作父癸尊 䜌尊	8	05906	西周早期	集成 2007（5）：頁 4416	
				西周早期	吳鎮烽 2006：頁 446	䜌，西周早期人。
3490	猒作父癸尊	8	05907	西周中期	集成 2007（5）：頁 4416	
				西周早期	吳鎮烽 2006：頁 237	猒，西周早期人。
3491	作乓皇考尊 鼎觶、周鼎尊、鬸尊、員尊	8	05908	西周早期或中期	集成 2007（5）：頁 4416	
				西周中期	辭典 1995：頁 130 器 452	
				穆王	彭裕商 2002：頁 28–29	參員卣（05387）。
				西周中期前段	吳鎮烽 2006：頁 443	鬸，西周中期前段人。
3492	仲子作日乙尊	8	05909	西周早期	集成 2007（5）：頁 416	
3493	子夌作母辛尊	8	05910	西周早期	集成 2007（5）：頁 4416	
				成康	甘肅 C1977：頁 124	形制，紋飾。
				成康	李豐 1988a：頁 396	墓葬。

續表

序號	器 名	字數	銘文著錄	時 代	出 處	依 據
3493	子変作母辛尊	8	05910	二期中段（約成康）	盧連成、胡智生 1988a：頁 502-507	墓葬。
				西周早期	吳鎮烽 2006：頁 32	子変，西周早期人。
3494	厝季尊鄂侯厝季尊	8	05912	西周早期	集成 2007（5）：頁 4416	
				西周初期	隨州 A1984：頁 513	與上博藏鄂侯卣爲同人作器，據銘文及形制特徵當在周初。
				西周早期偏晚	劉彬徽 1986：頁 240	形制，紋飾。
				西周早期	馬承源等 1988：頁 102 器 158	
				西周早期	楊寶成 1991：頁 14-15	同墓銅器群的組合、器形、紋飾和銘文判斷，當屬西周早期。
				西周早期（約成康）	曹淑琴 1993：頁 60	形制，紋飾。
				昭穆	徐少華 1994：頁 89	形制，紋飾，器物組合。
				西周前期	辭典 1995：頁 126 器 438	
				西周早期	青全 1997（6）：頁 106 器 109	
				西周早期後段	吳鎮烽 2006：頁 283	厝季，西周早期後段人。
				周初	李學勤 2008e：頁 1	同出簋器形紋飾近於成康時史話簋（04030）。
3495	彊伯井姬羊尊彊伯作井姬用尊	8	05913	西周中期	集成 2007（5）：頁 4416	
				昭穆	寶雞 A1976：頁 43-44	
				穆王	盧連成、胡智生 1988：頁 441	形制、紋飾爲西周早期向中期過渡式。當彊伯作器中較晚者。
				穆王前後	李豐 1988a：頁 396	墓葬。
				三期（穆共）	盧連成、胡智生 1988a：頁 513-521	墓葬。
				西周中期	青全 1997（6）：頁 167 器 172	
				西周中期前段	吳鎮烽 2006：頁 432	彊伯，西周中期前段人。
				約穆王	朱鳳瀚 2009：頁 1523	組合，形制，紋飾。
3496	虢叔尊	8	05914	西周晚期	集成 2007（5）：頁 4416	
				厲王	白川靜 1969a：頁 380-381 器 155 附	
				宣王	劉啓益 2002：頁 390	參虢叔匜（04514）。
				西周晚期	吳鎮烽 2006：頁 378	虢叔，西周晚期人。

續表

序號	器 名	字數	銘文著錄	時 代	出 處	依 據
3497	衛尊	8	05915	西周早期	集成 2007（5）：頁 4417	
				西周早期	吳鎮烽 2006：頁 375	衛，西周早期人。
3498	戎佩尊 戎佩玉尊、戎佩玉人尊	8	05916	西周中期	集成 2007（5）：頁 4417	
				成康	陝西 D1986：頁 26–31	"戎佩玉人"爲小宗人名。M15 不晚於康王二十一年。
				穆王	李學勤 1986：頁 33–35	形制近 M17 尊、卣（05713、05040）。字體粗獷。
				穆王前後	李豐 1988a：頁 396	墓葬。
				穆王	盧連成、胡智生 1988a：頁 514	墓葬。
				昭王	劉啓益 2002：頁 171	同墓葬銅器形制多近昭王器。
				昭穆	吳鎮烽 2006：頁 109	戎帆，西周昭穆時期人。
				穆恭	朱鳳瀚 2009：頁 1284–1301	墓葬。
3499	邵尊	8	近出 0633、新收 1763	西周早期	近出 2002（三）：頁 96	
				西周早期	新收 2006：頁 1192	
				西周早期	任喜來、呼林貴 1991：頁 74	裝飾，器形，字體。
				西周早期	吳鎮烽 2006：頁 176	邵，西周早期人。
3500	陾王尊	8	文博 2008年 02 期頁 7 圖 8	西周早期前段	吳鎮烽 2008：頁 7	形制、紋飾看早於甘肅靈臺百草坡西周一號墓的陾伯器。
3501	鰲嗣土幽且辛尊 鰲司徒幽尊	9	05917	西周早期	集成 2007（5）：頁 4417	
				商代	容庚 1941（2008）：頁 303 尊 43	
				西周早期後段	吳鎮烽 2006：頁 230	幽，鰲地司土，西周早期後段人。
3502	對作父乙尊	9	05918-05919	西周早期	集成 2007（5）：頁 4417	
				西周中期前段	吳鎮烽 2006：頁 356	對，西周中期前段人。
3503	單作父乙尊	9	05920	西周中期	集成 2007（5）：頁 4417	
				西周中期前段	吳鎮烽 2006：頁 313	單，西周中期前段人。
3504	襄作父丁尊	9	05921	西周早期	集成 2007（5）：頁 4417	
				西周早期後段	吳鎮烽 2006：頁 355	奪，西周早期後段人。
3505	周免旁父丁尊	9	05922	西周中期	集成 2007（5）：頁 4417	
				西周中期前段	吳鎮烽 2006：頁 272	旁，西周中期前段人。
				昭穆	張懋鎔 2010：頁 84	
3506	父丁亞睘尊	9	05923-05924	西周早期	集成 2007（5）：頁 4417	

續表

序號	器 名	字數	銘文著錄	時 代	出 處	依 據
3507	傳作父戊尊	9	05925	西周早期	集成 2007（5）：頁 4417	
				西周早期	吳鎮烽 2006：頁 342	傳，西周早期人。
3508	僣作父癸尊 屑作父癸尊	9	05927	西周早期	集成 2007（5）：頁 4417	
3509	𠂤薛日癸尊 周癸公尊、𠂤薛作日癸尊	9	05928	西周早期	集成 2007（5）：頁 4418	
				西周早期	吳鎮烽 2006：頁 289	薛，西周早期人。
3510	䰗作母甲尊 周楚母尊	9	05929	殷或西周早期	集成 2007（5）：頁 4418	
3511	麃父尊	9	05930	西周中期	集成 2007（5）：頁 4418	
				成康	陝西 D1986：頁 26-31	"麃"音同"保"，即令彝之明保。《尚書·君陳》"陳"音同"塵"，"塵"當爲"麃"之誤。麃爲魯公伯禽的弟弟。
				穆王	李學勤 1986：頁 33-35	形制近 M17 尊、卣（05713、05040）。字體粗獷。
				穆王前後	李豐 1988a：頁 396	墓葬。
				穆王	盧連成、胡智生 1988a：頁 514	墓葬。
				昭王	劉啓益 2002：頁 171	同墓葬銅器形制多近昭王器。
				昭穆	吳鎮烽 2006：頁 383	麃父，西周昭穆時期人。
				穆恭	朱鳳瀚 2009：頁 1284-1301	墓葬。
3512	曶尊 㫚尊	9	05931	西周中期	集成 2007（5）：頁 4418	
				西周早期	陝西 F1980：頁 47、53	形制、紋飾、銘文皆有西周早期作風。從伴出陶器看，所出墓葬不晚於穆王。
				西周早期	陝西 1980（3）：頁 13 器 77	
				懿王	馬承源等 1988：頁 172 器 243	
				三期（穆共）	盧連成、胡智生 1988a：頁 513-521	墓葬。
				西周中期	曹瑋等 2005（7）：頁 1435	
				昭穆	張懋鎔 2006a：頁 220	器形、紋飾、字體與標準器對照。

續表

序號	器　名	字數	銘文著録	時　代	出　　處	依　　據
3512	詈尊 詈尊	9	05931	西周早期後段	吳鎮烽 2006：頁 210	詈，西周早期後段人。
				康晚至昭王	朱鳳瀚 2009：頁 1266–1283	墓葬。
3513	屯尊	9	05932	西周中期	集成 2007（5）：頁 4418	
				西周初期（成、康）	中科院 1962：頁 90A451	
				昭王	劉啓益 2002：頁 167	屯器，見屯卣（05337）。
				穆王	彭裕商 2003：頁 323	參屯鼎（02509）。
				西周中期前段	吳鎮烽 2006：頁 47	屯，西周中期前段人。
3514	珂兄日壬尊 周兄尊、 何作兄日壬尊	9	05933	殷或西周早期	集成 2007（5）：頁 4418	
				西周早期後段	吳鎮烽 2006：頁 228	何，西周早期後段人。
3515	述兄日乙尊 述作兄日乙尊	9	05934	西周早期	集成 2007（5）：頁 4418	
				西周中期前段	吳鎮烽 2006：頁 191	述，西周中期前段人。
3516	季盨尊	9	05940	西周早期	集成 2007（5）：頁 4418	
				西周早期	陝西 1980（3）：頁 7 器 38	
				康王	劉啓益 1984a：頁 52–53	形制，紋飾。
				西周早期	曹瑋等 2005（6）：頁 1173	
				昭穆之際	張懋鎔 2006a：頁 219	器形、紋飾、銘文字體與標準器對照。
				西周早期後段	吳鎮烽 2006：頁 205	季盨，西周早期後段人。
3517	𤔲尊	9	05941	西周早期	集成 2007（5）：頁 4419	
3518	參尊	9	05942	西周中期	集成 2007（5）：頁 4419	
				西周中期	吳鎮烽 2006：頁 95	參，西周中期人。
3519	作父辛尊	9	近二 0582	西周早期	近二 2010（二）：頁 267	
				約成王時	王光永 1991：頁 6、14	與成王時何尊相似。
3520	楷尊	9	近二 0583、 新收 1669	西周中期	近二 2010（二）：頁 268	
				西周中期	新收 2006：頁 1143	
3521	晉侯鳥尊	9	近二 0591、 新收 0914	西周早期	近二 2010（二）：頁 279	
				西周晚期	新收 2006：頁 664	
				西周早中期之際	山西·北京 2001：頁 21	墓葬形制及出土器物。

序號	器　名	字數	銘文著錄	時　代	出　　處	依　　據
3521	晉侯鳥尊	9	近二 0591、新收 0914	約穆王	孫慶偉 2002: 頁 77	據伴出器物形制，該墓約穆王時。
				西周早期晚段	李伯謙 2002: 頁 31	據出土器物的特徵。
				未	田建文、謝堯亭 2002: 頁 133	M114，該墓主人即爲燮父。
				未	馮時 2002: 頁 258－265	"晉侯"指叔虞之子燮父。
				穆王前後	張長壽 2002: 頁 77	據出土器物，M114 在西周中期之際即穆王前後。
3522	效作且辛尊 周效尊、效作祖辛尊	10	05943	西周早期	集成 2007（5）: 頁 4419	
				孝王	吳其昌 1929（2004）: 頁 331、317	人物"效"在懿、孝間。
				西周早期	吳鎮烽 2006: 頁 272	效，西周早期人。
3523	𣪘作父乙尊	10	05944	西周早期	集成 2007（5）: 頁 4419	
3524	夯者君父乙尊 夯者君尊	10	05945	西周早期	集成 2007（5）: 頁 4419	
				西周早期	吳鎮烽 2006: 頁 142	夯者君，西周早期人。
3525	作父癸尊	存 10（又重文 2）	05946	西周早期	集成 2007（5）: 頁 4419	
				西周初期（約康王）	中科院 1962: 頁 90A450	
3526	憧季遽父尊	10	05947	西周早期	集成 2007（5）: 頁 4419	
				西周早期	陝西 1980（3）: 頁 7	
				康王	劉啓益 1984a: 頁 52–53	形制，紋飾。
				西周早期	曹瑋等 2005（6）: 頁 1171	
				昭穆之際	張懋鎔 2006a: 頁 219	器形、紋飾、銘文字體與標準器對照。
				西周早期後段	吳鎮烽 2006: 頁 407	憧季遽父，西周早期後段人。
3527	公尊	10	05948	西周早期或中期	集成 2007（5）: 頁 4419	
				昭穆	張懋鎔 2010: 頁 84	
3528	引尊	10	05950	西周早期或中期	集成 2007（5）: 頁 4419	
				西周中期前段	吳鎮烽 2006: 頁 81	引，西周中期前段人。

續表

序號	器　名	字數	銘文著録	時　代	出　處	依　據
3529	省史趫且丁尊　省史趫祖丁尊、史趫尊	11	05951	西周早期	集成 2007（5）：頁 4419	
				西周早期	陳佩芬 2004：頁 149 器 259	
				西周早期	吳鎮烽 2006：頁 229	省史趫，西周早期人。
3530	叀攺諆父甲尊　叀啓諆父甲尊	11	05952	西周早期	集成 2007（5）：頁 4419	
3531	犀父己尊　犀肇尊	11	05953	西周中期	集成 2007（5）：頁 4419	
				西周中期前段	吳鎮烽 2006：頁 277	犀，西周中期前段人。
3532	濬伯逤尊	11	05954	西周早期	集成 2007（5）：頁 4419	
				武王	容庚 1941（2008）：頁 30、頁 303 尊 45	與濬司徒逤簋（04059）同出且同人作器，參之。
				成王	白川靜 1962c：頁 163–166 器 14 附	
				周公攝政	唐蘭 1976—1978（1986）：頁 29	參同出濬司徒逤簋（04059）。
				成康	王世民等 1999：頁 114 尊 11	據人物。
				成王初年	劉啓益 2002：頁 69	形制屬成王。與成王時濬司徒逤簋（04059）爲同人作器。
				成王	張懋鎔 2006a：頁 211	同人作濬司徒逤簋（04059），年代在成王時。
				西周早期	吳鎮烽 2006：頁 325	濬伯逤，西周早期人。
				一期（約武王至康王）	朱鳳瀚 2009：頁 1340	形制，組合。
3533	佣尊	11	05955	西周中期	集成 2007（5）：頁 4419	
				西周中期前段	吳鎮烽 2006：頁 258	佣，西周中期前段人。
				西周中期	吉琨璋、宋建忠、田建文 2006：頁 47	
3534	史觚敖尊	11	近出 0634、新收 0323	西周早期	近出 2002（三）：頁 97	
				西周中期	新收 2006：頁 225	
				昭王	蔡運章 1996：頁 60	形制，紋飾，書體。
				西周中期	洛陽 B1999a：頁 210	
				西周中期前段	吳鎮烽 2006：頁 94	史觚敖，西周中期前段人，名觚敖。

續表

序號	器　名	字數	銘文著錄	時　代	出　　處	依　　據
3535	叔尊	11	近二 0584、新收 0349	西周早期	近二 2010（二）: 頁 269	
				西周早期	新收 2006: 頁 240	
				西周早期	洛陽 B1999a: 頁 82	
3536	鬲作父甲尊	12	05956	西周中期	集成 2007（5）: 頁 4420	
				西周中期前段	吳鎮烽 2006: 頁 251	鬲，西周中期前段人。
3537	戩父乙尊 戩奂作父乙尊	12	05957	西周早期	集成 2007（5）: 頁 4420	
				西周早期	吳鎮烽 2006: 頁 374	戩，西周早期人。
3538	彈作父庚尊 啓作父庚尊、齡啓作父庚尊	12（又重文 2）	05958	西周早期或中期	集成 2007（5）: 頁 4420	
				西周中期	吳鎮烽 2006: 頁 330	彈，西周中期人。
3539	守宮父辛鳥尊 守宮鳥尊、守宮犧尊、守宮乍父辛雞形尊	12	05959	西周早期	集成 2007（5）: 頁 4420	
				西周初期	中科院 1962: 頁 128A673	
				西周初期	陳夢家 1966（2004）: 頁 186 器 133 附	形制屬西周初期。與守宮盤（10168）是一家之器而非同時。
				恭王	白川靜 1968: 頁 505–508 器 119	
				穆王	唐蘭 1976—1978（1986）: 頁 401	
				懿王	馬承源等 1988: 頁 182 器 255	
				西周早期	張劍、孫新科 1996: 頁 336	
				昭穆	彭裕商 2003: 頁 378	參守宮盤（10168）。
				西周早期後段	吳鎮烽 2006: 頁 128	守宮，西周早期後段擔任此官職的人。
3540	史喪尊	12	05960	西周中期	集成 2007（5）: 頁 4420	
				西周早期	陝西 F1980: 頁 47、53	形制、紋飾、銘文皆有西周早期作風。從伴出陶器看，所出墓葬不晚於穆王。
				西周中期	陝西 1980（3）: 頁 13 器 83	
				三期（穆共）	盧連成、胡智生 1988a: 頁 513–521	墓葬。
				西周中期	曹瑋等 2005（7）: 頁 1413	
				昭穆之際	張懋鎔 2006a: 頁 220	器形、紋飾與標準器對照。
				昭穆	吳鎮烽 2006: 頁 92	史喪，西周昭穆時期人，名喪。
				康晚至昭王	朱鳳瀚 2009: 頁 1266–1283	墓葬。
3541	伯尊	12	05961	西周早期	集成 2007（5）: 頁 4420	

續表

序號	器 名	字數	銘文著錄	時 代	出 處	依 據
3542	叔㦰方尊	12	05962	西周早期	集成 2007（5）：頁 4420	
				昭王	白川靜 1966a：頁 808–810 器 72 附	
				武王至成王初期	方善柱 1977：頁 3–5	王姒爲文王妃。
				康王	唐蘭 1976—1978（1986）：頁 191	“王姒”疑爲康王之后。雖器形不古，當據書法特徵，仍應置於康王時。
				成王	劉啓益 1980a：頁 85–89	形制、紋飾。“王姒”爲成王妃。
				成康	張劍、孫新科 1996：頁 333	
				成王	劉啓益 2002：頁 75	作器者同成王時叔㦰方彝（09888）。
				武王	王永波 2003：頁 28–29	參叔㦰方彝（09888）。
				昭王	彭裕商 2003：頁 286	“王姒”“南宫”繫聯昭王時中方鼎（02751）、保侃母簋（03744）。字體異於周初，寫法近穆王時。
				昭王	張懋鎔 2006：頁 190	銘文字形書體及其他。
				西周早期後段	吳鎮烽 2006：頁 198	叔㦰，西周早期後段人。
3543	盉仲尊 許仲尊、盉仲湅尊	12	05963	西周晚期	集成 2007（5）：頁 4420	
				西周早期	吳鎮烽 2006：頁 290	盉仲湅，西周早期人。
3544	典弜兔尊	12	近二 0592、新收 1608	西周早期	近二 2010（二）：頁 280	
				西周中期	新收 2006：頁 1104	
				穆王	李學勤 2001c：頁 145	字體類穆王時靜簋（04273）、遹簋（04207）等。
				西周早期	吳鎮烽 2006：頁 203	典，西周早期人。
3545	㲋作父乙方尊	13（又重文 2）	05964	西周早期	集成 2007（5）：頁 4420	
3546	員作父壬尊	13	05966	西周早期或中期	集成 2007（5）：頁 4420	
				成王	白川靜 1963：頁 234–235 器 21 附	
				未	劉啓益 2002：頁 165	字體與員組器有别，不做判定。
				西周中期前段	吳鎮烽 2006：頁 256	員，西周中期前段人。

續表

序號	器　名	字數	銘文著録	時　代	出　　處	依　　據
3547	雞尊	13	近出 0635、新收 0729	西周早期	近出 2002（三）：頁 98	
				西周早期	新收 2006：頁 533	
				西周早期後段	王長啓 1990：頁 41	
				西周早期	吳鎮烽 2006：頁 409	雞，西周早期人。
3548	仁再尊霉尊	13	近出 0636、新收 0068	西周中期	近出 2002（三）：頁 99	
				西周中期	新收 2006：頁 63	
				穆王	河南 C1998：頁 13–16	所飾鳳鳥紋與穆王時相當。與同銘卣（新收 0069）未稱侯當早於同墓應侯器（新收 0066、0067 等），後者爲穆恭時器。
				西周中期前段	吳鎮烽 2006：頁 375	霉，西周中期前段人。
				三 期（穆恭）	朱鳳瀚 2009：頁 1353	形制，紋飾，組合。
3549	小子夫父己尊	14（又合文 2）	05967	殷	集成 2007（5）：頁 4420	
				成王	唐蘭 1976—1978（1986）：頁 114	
3550	服方尊	14	05968	西周中期	集成 2007（5）：頁 4420	
				西周前期	容庚 1941（2008）：頁 306 尊 66	
				昭王	白川靜 1966a：頁 786–793 器 71 附	
				穆王	唐蘭 1976—1978（1986）：頁 516	
				昭王	劉啓益 2002：頁 151	形制近小子生方尊（06001）。
				穆王	彭裕商 2003：頁 321	器形、紋飾有昭穆時特色。字體有穆世特色。
				西周中期前段	吳鎮烽 2006：頁 209	服，西周中期前段人。
3551	伯作蔡姬尊	14	05969	西周中期	集成 2007（5）：頁 4421	
				西周中期前段	吳鎮烽 2006：頁 372	蔡姬，西周中期前段人。
3552	黃子魯天尊	14	05970	西周早期	集成 2007（5）：頁 4421	
				西周中期前段	吳鎮烽 2006：頁 310	黃子魯天，西周中期前段人。
3553	執尊	14	05971	西周早期	集成 2007（5）：頁 4421	
				西周早期	吳鎮烽 2006：頁 280	執，西周早期人。
3554	作乓考尊	存 14	05972	西周中期	集成 2007（5）：頁 4421	
				西周中期	中科院 1962：頁 89A440	

序號	器　名	字數	銘文著録	時　代	出　　處	依　　據
3555	漁尊	14	近二 0585、新收 0963	西周早期	近二 2010（二）：頁 270	
				西周早期	新收 2006：頁 701	
				西周中期偏早	山西·北京 2000：頁 334	M6384 在西周中期偏早。
				穆王至孝王	徐天進 2000：頁 335–337	墓葬。
				西周早期後段	吴鎮烽 2006：頁 359	敔，西周早期後段人。
				三 期（穆恭）	朱鳳瀚 2009：頁 1474	墓葬。
3556	殷父乙尊周 乙 卯尊、殷作父乙尊	15	05973	殷或西周早期	集成 2007（5）：頁 4421	
				西周早期	吴鎮烽 2006：頁 193	殷，西周早期人。
3557	蔡尊王在魯尊	15（又合文 1）	05974	西周早期或中期	集成 2007（5）：頁 4421	
				成王	吴其昌 1929（2004）：頁 141	"王在魯"即成王踐奄。
				成王	陳夢家 1966（2004）：頁 63	字體文例屬成王。
				成王	唐蘭 1976—1978（1986）：頁 122	
				西周中期前段	吴鎮烽 2006：頁 370	蔡，西周中期前段人。
3558	退作父乙尊作 父 乙尊、周父乙尊、微尊、徵尊	16	05975	西周早期	集成 2007（5）：頁 4421	
				西周早期	吴鎮烽 2006：頁 235	微，西周早期人。
3559	黄尊	16	05976	西周早期或中期	集成 2007（5）：頁 4421	
				西周中期前段	吴鎮烽 2006：頁 309	黄，西周中期前段人。
3560	犅劫尊岡 劫 尊、剛劫尊	16	05977	西周早期	集成 2007（5）：頁 4421	
				商代	容庚 1941（2008）：頁 302 尊 2	
				成王	白川靜 1963：頁 213–216 器 18	
				成王	陳夢家 1966（2004）：頁 29	成王伐商奄。形制花紋爲成王時。尊卣同銘，周初常制。
				周公攝政	唐蘭 1976—1978（1986）：頁 40	
				成王	馬承源等 1988：頁 19 器 29	
				成王初年	劉啓益 1989：頁 186	形制，花紋。

序號	器　名	字數	銘文著錄	時　代	出　　處	依　　據
3560	犅劫尊 岡劫尊、 剴劫尊	16	05977	西周早期	王世民等 1999：頁 116 尊 13	器形。
				成王初年	劉啓益 2002：頁 66	記征奄，在成王時。形制承襲殷式。
				武王	王永波 2003：頁 29–30	參禽簋（04041）。
				成王	彭裕商 2003：頁 217、42	成王平叛時器。
				成王	張懋鎔 2006a：頁 213	
				西周早期	吳鎮烽 2006：頁 317	剴劫，西周早期人。
				成王	葉正渤 2010a：頁 208	
3561	復作父乙尊 復尊	17	05978	西周早期	集成 2007（5）：頁 4421	
				成康	中科院 A1974：頁 320	據隨葬器物判斷約屬成康時期。
				康王	李學勤 1975：頁 274	形制屬周初。"賞"字寫法同康王時作册大鼎（02758）。"冂衣"一詞見於康王時麥尊（06015）、大盂鼎（02837）。
				成王	唐蘭 1976—1978（1986）：頁 105	
				成康	李豐 1988a：頁 396	墓葬。
				成王	馬承源等 1988：頁 31 器 52	此"燕侯"即燕侯旨，參燕侯旨鼎（02269）。
				二期後段（約昭王）	盧連成、胡智生 1988a：頁 508–513	墓葬。
				西周前期	辭典 1995：頁 128 器 445	
				西周早期	王世民等 1999：頁 116 尊 15	墓葬。
				康王	劉啓益 2002：頁 129	大小、形制、紋飾皆同康王時耳尊（06007）。
				康王	彭裕商 2003：頁 243	
				西周早期前段	吳鎮烽 2006：頁 320	復，西周早期前段人。
				成康	朱鳳瀚 2009：頁 1407	形制，紋飾。
3562	𡪍尊	17	05979	西周早期	集成 2007（5）：頁 4421	
				西周早期	吳鎮烽 2006：頁 358	𡪍，西周早期人。
3563	否叔尊	17	近出 0637、新收 1950	西周早期	近出 2002（三）：頁 100	
				西周早中期	新收 2006：頁 1300	
3564	作文考日己方尊	18（又重文1）	05980	西周中期	集成 2007（5）：頁 4421	
				西周早期	梁星彭、馮孝堂 1963：頁 415	形制，花紋。
				西周前期	郭寶鈞 1970（1981）：頁 54	與穆王時長安普渡村長囟墓對照。

續表

序號	器 名	字數	銘文著録	時 代	出 處	依 據
3564	作文考日己方尊	18（又重文1）	05980	西周中期	陝西 1980（2）：頁 17 器 121	
				西周中期	辭典 1995：頁 131 器 454	
				西周中期	青全 1997（5）：頁 154 器 162	
				西周中期	張懋鎔 2005a：頁 22	銘文字形書體只能放到西周中期。形制、紋飾、器類的較早現象，是商系統的特徵。該器可用"兩系説"解釋。
				西周中期	曹瑋等 2005（2）：頁 230	
				西周中期偏晚	張懋鎔 2006a：頁 229	
				西周中期前段	吳鎮烽 2006：頁 41	天，西周中期前段人。
				西周早期	黃盛璋 2006：頁 15	"日己"之名。
3565	歘尊 周季受尊、歘尊	18	05981	西周中期	集成 2007（5）：頁 4422	
				西周前期	容庚 1941（2008）：頁 304 尊 49	
				西周早期	吳鎮烽 2006：頁 330	器主爲西周早期人。
3566	東町尊	19	05982	西周中期	集成 2007（5）：頁 4422	
				西周中期前段	吳鎮烽 2006：頁 191	東町，西周中期前段人。
3567	啟作祖丁尊 啟作且丁尊、啟尊	21	05983	西周早期	集成 2007（5）：頁 442	
				昭王	齊文濤 1972：頁 5、7	形制、紋飾爲周初。所記爲昭王南征。
				昭王	唐蘭 1976—1978（1986）：頁 267	
				昭王	唐蘭 1981：頁 72	
				昭王十六年前	何琳儀、黃錫全 1984：頁 383	據銘文所載周王南征活動的範圍皆在中原腹地，此次南征必在十六年"涉漢"之前。
				昭王	吳鎮烽 1987：頁 269	昭王二次伐楚失敗，周人諱之，此當昭王十六年一次伐楚時。
				孝王	馬承源等 1988：頁 205 器 284	銘文記事、紋飾皆同孝王時啟卣（05410）。
				昭王中期	李步青、王錫平 1992：頁 67	記昭王前幾次南征事。
				西周中期	青全 1997（6）：頁 87 器 89	
				昭王	劉啟益 2002：頁 151	與同出啟卣（05410）的銘文記南征。尊、卣形制近穆王時器。

續表

序號	器 名	字數	銘文著錄	時 代	出 處	依 據
3567	啓作祖丁尊 啓作且丁尊、啓尊	21	05983	穆王晚期	彭裕商 2003：頁 316	器形、字體有穆世特點，紋飾較晚。
				西周早期後段	吳鎮烽 2006：頁 295	啓，西周早期後段人。
3568	能匋尊 周錫貝尊	23（又合文1）	05984	西周早期	集成 2007（5）：頁 4422	
				西周早期	吳鎮烽 2006：頁 279	能匋，西周早期人。
3569	鳴士卿尊 鳴士卿父戊尊、士卿尊、嗷士卿尊、嗷尊	23	05985	西周早期	集成 2007（5）：頁 4422	
				周公成王之間	吳其昌 1929（2004）：頁 108	“新邑”，周公成王初營洛陽時之稱。
				成王	容庚 1941（2008）：頁 31、頁 303 尊 44	出土洛陽，此新邑爲周初周公所營。
				成王	白川靜 1964a：頁 317–321 器 27	
				成王初期	陳夢家 1966（2004）：頁 65	稱“新邑”爲成王初期。形制同武王時保尊、成王時召尊。“新”和“█”字見於殷末卜辭。
				周公攝政	唐蘭 1976—1978（1986）：頁 46	
				成王	盛冬鈴 1983：頁 44–45	“新邑”爲洛邑初建成時之稱，洛邑作於成王平定武庚之後。
				西周早期	馬承源等 1988：頁 87 器 128	
				成王初年	劉啓益 2002：頁 69	新邑即洛邑，成王營建洛邑，見載於《召誥》《康誥》《洛誥》《多方》《多士》。
				成王	彭裕商 2003：頁 226	“新邑”爲王城初建成時之名。
				成王	張懋鎔 2006a：頁 210	成王時標準器。
				西周早期	吳鎮烽 2006：頁 357	鳴士卿，西周早期人。
3570	隩作父乙尊 隩尊、嬲尊、睦尊	24	05986	西周早期	集成 2007（5）：頁 4422	
				西周前期	容庚 1941（2008）：頁 304 尊 48	
				成康昭穆	郭寶鈞 1964：頁 72	墓葬與普渡村長囟墓對照。
				成王	白川靜 1964a：頁 373–384 器 34	
				成康	陳夢家 1966（2004）：頁 87	出土於濬縣，同地曾出土衛康侯諸器，故疑此器“公”即“衛康公”。同墓出土諸器形制、花紋、銘文都屬於成、康時。
				西周前期	郭寶鈞 1970（1981）：頁 51	

續表

序號	器 名	字數	銘文著錄	時 代	出 處	依 據
3570	隩作父乙尊 隩尊、罍尊、睦尊	24	05986	康王	唐蘭 1976—1978（1986）：頁 168	"公"當指衛公。
				康王	劉啓益 1984a：頁 51	形制似康王時復尊。"公"指康叔之子康伯。
				西周早期	馬承源等 1988：頁 91 器 135	
				成康	李豐 1988a：頁 396	墓葬。
				二期後段（約昭王）	盧連成、胡智生 1988a：頁 508–513	墓葬。
				康王	彭裕商 2003：頁 252	據器形紋飾、字體、同出鼻卣（05248），歸入康世。
				西周早期	吳鎮烽 2006：頁 301	陸，西周早期人。
				二期（康晚至昭王）	朱鳳瀚 2009：頁 1337	器物組合與形制。
3571	臣衛父辛尊 衛尊、臣衛宋尊	24	05987	西周早期	集成 2007（5）：頁 4422	
				西周早期	武漢 1985：頁 103	器形，紋飾，銘文字體。
				西周早期偏晚	劉彬徽 1986：頁 265	器形，紋飾，字體。
				西周早期	吳鎮烽 2006：頁 117	臣衛，西周早期人，名衛。
3572	新尊 尊	24	05988	西周中期	集成 2007（5）：頁 4422	
				成王	陳夢家 1966（2004）：頁 74、56	"中"字寫法同成王時𣪘方鼎（02729）"槁中"之"中"，疑即同一人。形制、花紋、銘文皆可定爲成王時。
				西周中期	陳佩芬 2004：頁 351 器 341	
				西周中期前段	吳鎮烽 2006：頁 312	新，西周中期前段人。
3573	作册睘尊 睘尊	25（又重文2）	05989	西周早期	集成 2007（5）：頁 4422	
				昭王十九年	吳其昌 1929（2004）：頁 256	"王姜"見於昭王十年之夨𣪘（04300），"在斥"同昭王十七年之趞尊（05992）等器，字體亦相肖。
				成王	容庚 1941（2008）：頁 32、頁 304 尊 52	作器者同成王時睘卣（05407）。
				昭王	唐蘭 1962：頁 34	同人作睘卣（05407），昭王時。
				成王	白川靜 1963：頁 245–247 器 22 附	
				成王	陳夢家 1966（2004）：頁 61	形制花紋極近成王時召卣（05416）、召尊（06004）。

序號	器 名	字數	銘文著録	時 代	出 處	依 據
				昭王	唐蘭 1976—1978（1986）：頁 293	
				昭王	唐蘭 1978：頁 19–20	記昭王伐楚。
				昭王十九年	李學勤 1979：頁 32	銘文内容與作册折尊相聯繫，彼器作於昭王時。
				昭王十九年	伍士謙 1981：頁 97–126	"考日癸" 的稱法是周器。
				昭王	唐蘭 1981：頁 91	
				康王	吴鎮烽 1987：頁 267–268	參睘卣（05407）。
				昭王	馬承源等 1988：頁 65 器 93	人物、記事、賞賜物皆同昭王時作册睘卣（05407）。
				康王	劉啓益 1989：頁 187	形制，花紋。
				昭王	李學勤 1997b：頁 224–228	參靜方鼎（近出 0357）。
				昭王	李學勤 1997c	與作册析器爲同年所作，後者爲昭王時器。
				昭王	盧連成 1984：頁 75–79	地点。
				昭王	王世民等 1999：頁 117 尊 18	
				康王十九年	杜勇 2001：頁 3–6	參作册睘卣（05407）。
3573	作册睘尊 睘尊	25（又重文 2）	05989	康王	劉啓益 2002：頁 121	"王姜" 爲康王妃。形制較濂伯送尊（05954）晚，後者成王時。
				不晚於康王	杜勇、沈長雲 2002：頁 158	形制，紋飾。
				西周早期	馬承源 2003a：頁 187 尊 5	器形。
				昭王前後	賈洪波 2003：頁 6	類型排比。
				成王	王永波 2003：頁 31–32	參令方彝（09901）。
				昭王	彭裕商 2003：頁 264	"王在厈" 亦見於昭王時遣器、作册析器，"厈" 爲昭王南征所經之地。
				昭王	劉士莪 2004：頁 24–25	"在厈" 同微氏家族折器，後者當昭王時。
				昭王	張懋鎔 2005a：頁 4	形制、紋飾既有較早特點，亦有稍晚特徵，該現象可用 "兩系説" 解釋。
				穆王初年	張懋鎔 2006a：頁 212	與作册折器相聯繫，兩者皆記昭王十九年事，當鑄於穆王初年。
				西周早期後段	吴鎮烽 2006：頁 151	作册睘，西周早期後段人。
				昭王	張懋鎔 2008：頁 345	
				昭王	王帥 2008：頁 43	形制紋飾，字形書體。

續表

序號	器　名	字數	銘文著録	時　代	出　　處	依　　據
3574	小臣艅犀尊 小臣俞尊、小臣艅犧尊、艅尊、小臣俞犀尊	26（又合文1）	05990	殷	集成 2007（5）：頁 4422	
				商末	陳公柔、張長壽 1980：頁 23–30	
3575	作册䰩父乙尊	27	05991	西周早期	集成 2007（5）：頁 4423	
				成王	白川靜 1964：頁 310–316 器 26 附	
				西周早期	李學勤、艾蘭 1995：頁 340 器 92	
				昭王	彭裕商 2003：頁 283	"唯明保殷成周年"與昭王時令方尊（06016）、方彝（09901）所記爲一事。
				西周早期	吳鎮烽 2006：頁 358	䰩，西周早期人。
3576	遣尊 趩尊、趩乍姞尊	27（又合文1）	05992	西周早期	集成 2007（5）：頁 4423	
				昭王十七年	吳其昌 1929（2004）：頁 253	"在斥"亦見於昭王十九年𡧧尊（05989），其附近而有閏十二月者唯昭王十七年。
				成王	郭沫若 1935（2002）：頁 48	詞組"王在斥"及字迹同成王時𡧧卣（05407）。
				成王	容庚 1941（2008）：頁 32	詞組"王在斥"及字體均同成王時𡧧卣（05407）。
				昭王	唐蘭 1962：頁 34	與昭王時𡧧卣（05407）都有"王在斥"。
				成王	白川靜 1963：頁 204–212 器 17 附	
				成王	陳夢家 1966（2004）：頁 60	與成王時遣卣（05402）同銘。
				昭王	唐蘭 1976—1978（1986）：頁 291	較中方鼎（02785）晚一天，亦伐楚後事。
				昭王	唐蘭 1978：頁 19–20	記昭王伐楚。
				康王	黃盛璋 1978：頁 196	銘文記事與伐楚無關。
				昭王	李學勤 1979：頁 32	銘文內容與作册折尊（06002）相聯繫，彼器作於昭王時。
				昭王	伍士謙 1981：頁 97–126	
				昭王	唐蘭 1981：頁 89	
				成王	何幼琦 1982：頁 109	曆法。

序號	器 名	字數	銘文著錄	時 代	出 處	依 據
3576	遣尊 趞尊、趞 乍姞尊	27（又 合文 1）	05992	周公攝政 五年	何幼琦 1983b：頁 82	
				昭王十八 年	盧連成 1984：頁 75–79	庐地是昭王十九年南征的 準備地。
				康王	吳鎮烽 1987：頁 267–268	"王在庐"見康王時折尊， "庐"不在荆楚，銘文記 事與伐楚無關。
				昭王	馬承源等 1988：頁 61 器 86	人物"趞"亦見康晚䍙鼎 （02731）。"王在庐"多見 於昭世銘文。
				昭王	李零 1993：頁 662	
				昭王	李學勤 1997b：頁 224–228	参靜方鼎（近出 0357）。
				昭王	李學勤 1997c	王所在地點與作册睘尊 （05989）有關，後者爲昭 王時器。
				成王	榮孟源 1997：頁 362	曆法。
				成王	黎東方 1997：頁 231	
				昭王前後	王世民等 1999：頁 120 尊 23	器形。
				武王	孫斌來 2001：頁 49	與中方鼎一（02785）相 關，皆作於十八年末，所 記皆非昭王伐楚事，彼器 作於武王時。
				康王十九 年	杜勇 2001：頁 3–6	参作册睘卣（05407）。
				康王	劉啓益 2002：頁 123	作器者同康王時趞卣 （05402）。形制處於三段 尊向二段尊的分野，在康 王時。
				康王中後 期	杜勇、沈長雲 2002：頁 159、57	形制，紋飾，字體。
				西 周 早、 中期	馬承源 2003a：頁 187 尊 8	器形。
				昭王	彭裕商 2003：頁 260	"王在庐"亦見於昭王時睘 卣、作册析器，"庐"爲昭 王南征所經之地。
				昭王	劉士莪 2004：頁 24–25	"在庐"同微氏家族折器， 後者當昭王時。
				昭王	張懋鎔 2005a：頁 4	形制、紋飾既有較早特 點，亦有稍晚特徵，該現 象可用"兩系説"解釋。
				昭穆	吳鎮烽 2006：頁 341	遣，西周昭穆時期人。
				昭王	王帥 2008：頁 43	字形書體。

續表

序號	器 名	字數	銘文著録	時 代	出 處	依 據
3577	作毕方尊 作毕文祖方尊	27（又重文3）	05993	西周中期	集成 2007（5）：頁 4423	
3578	次尊	30	05994	西周中期	集成 2007（5）：頁 4423	
				昭王	陳夢家 1966（2004）：頁 136 器 98 附	"公姞"亦見昭王時公姞鬲（00753）。
				昭王	白川靜 1966a：頁 803–810 器 72 附	
				共王	唐蘭 1976—1978（1986）：頁 439	
				共王	劉啟益 2002：頁 269	"公姞"即共王時尹姞鬲（00754）之"尹姞"。相同形制亦見於穆王晚期。
				懿孝	彭裕商 2003：頁 385	與次卣（05405）同人作，據二器器形紋飾推測大致在懿孝時期。
				西周中期前段	吳鎮烽 2006：頁 128	次，西周中期前段人。
3579	師鮌尊 師俞尊、師鮌象彝	30（又重文2）	05995	西周中期	集成 2007（5）：頁 4423	
				厲王	吳其昌 1929（2004）：頁 370	作器者同屬王三年之師鮌敦蓋（04277）。
				厲王	郭沫若 1935（2002）：頁 251	與厲王時師鮌殷（04277）作器者相同。
				懿王	陳夢家 1966（2004）：頁 194	形制紋飾屬西周中期，此師俞當是師俞簋蓋（04277）之器主。
				懿王	白川靜 1968a：頁 14–17 器 124 附	
				昭王	唐蘭 1976—1978（1986）：頁 265	
				昭王	唐蘭 1981：頁 70	
				昭王	吳鎮烽 1987：頁 269	昭王二次伐楚失敗，周人諱之，此當昭王十六年一次伐楚時。
				孝王	馬承源等 1988：頁 204 器 282	同人作師俞簋（04277）當孝王時。
				昭王	劉啟益 2002：頁 154	地名"上侯"見於啟卣（05410）。
				西周早期後段	吳鎮烽 2006：頁 235	俞，西周早期後段人。
3580	豐作父辛尊 豐尊	31（又重文2）	05996	西周中期	集成 2007（5）：頁 4423	
				西周早期偏晚	陝西 F1978：頁 4	

序號	器 名	字數	銘文著録	時 代	出 處	依 據
				穆王	唐蘭 1978：頁 19–20	
				穆王	黄盛璋 1978：頁 196	豐之子牆屬共世，豐當於穆世。大鳥紋見於彔戜器，後者郭沫若定爲穆世器。
				穆王	唐蘭 1976—1978（1986）：頁 516	
				穆王前後	李學勤 1979：頁 30、32–33	據史牆盤銘文所示該家族世系，豐活動於穆王時。大鳥紋類張家坡孟簋（04162），字體風格近班簋（04341）、孟簋，皆穆王時器。
				穆王	陝西 1980（2）：頁 3 器 18	
				穆王前期	伍士謙 1981：頁 97–126	
				昭王	丁驌 1985：頁 27	曆日。
				穆王	高木森 1986：頁 75	據牆盤（10175）銘世系。
				穆王前期	吳鎮烽 1987：頁 269	"登"的生世在昭王後期到穆王前期。據器形、紋飾和銘文風格，在穆前。
				穆王	馬承源等 1988：頁 107 器 166	據同墓出土銅器銘文内容，豐在穆世。
3580	豐作父辛尊 豐尊	31（又重文 2）	05996	穆王	何幼琦 1989b：頁 58	曆法。
				穆王	劉啓益 1989：頁 185	形制，花紋。
				穆王	李仲操 1991：頁 54	以"折"爲參照。
				穆王	尹盛平 1992：頁 91	在微氏家族世系中，爲𣱾之子，活動於穆王時。
				西周中期	辭典 1995：頁 130 器 451	
				穆王	青全 1997（5）：頁 152 器 160	
				懿王前後	羅泰 1997：頁 651–676	參牆盤（10175）。
				穆王	王世民等 1999：頁 119 尊 19	器形。
				穆王	劉啓益 2002：頁 228	同人作豐卣（05403），兩者的形制紋飾皆似穆王器。
				穆王	李零 2002a：頁 43	器形風格，字體特徵，年代序列。
				穆王	彭裕商 2003：頁 328	"豐"之子"牆"爲恭王時人，此器當穆世。器形、紋飾、字體亦當穆世。
				西周中期	曹瑋等 2005（4）：頁 608	
				穆王中晚期	張懋鎔 2006a：頁 212	豐之子牆作牆盤（10175），在恭王時。

續表

序號	器　名	字數	銘文著録	時　代	出　處	依　據
3580	豐作父辛尊 豐尊	31（又重文2）	05996	昭穆	吳鎮烽 2006：頁 416	豐，西周昭穆時人。
				穆王	朱鳳瀚 2009：頁 1289	
				穆王	張懋鎔 2010：頁 84	
3581	商尊 庚姬尊、 庚嬴尊	29（又合文1）	05997	西周早期	集成 2007（5）：頁 4423	
				西周初期	陝西 F1978：頁 2	
				西周初期	唐蘭 1978：頁 19–20	
				晚殷	黃盛璋 1978：頁 200	"帝后"指殷帝之后，此器作於克殷前。殷彝多用"賞"而周常用"賜"。形制、紋飾、徽識皆爲殷周之際流行。
				昭王	李學勤 1979：頁 30	形制、紋飾與折器相近，曆日爲相連的兩天，折器作於昭王末年。字體近昭王時蠱簋。
				西周早期	陝西 1980（2）：頁 1 器 3	
				康王	伍士謙 1981：頁 97–126	作器者同康王時庚嬴卣（05426）。
				成王	高木森 1986：頁 39	"商"即牆盤之"烈祖"或"乙祖"，當武成時。
				西周早期	馬承源等 1988：頁 94 器 140	
				成王	李仲操 1991：頁 41、130	
				成王	尹盛平 1992：頁 79–88	商是微氏家族烈祖，據牆盤（10175）銘，其入周時在武王時。此器造型、紋飾、字體皆有商末周初特點。"帝司（嗣）"指已故王之繼承人，此處是周公攝政期間對成王的稱呼。此器在成王五年內。
				西周前期	辭典 1995：頁 127 器 442	
				西周早期	青全 1997（5）：頁 145 器 153	
				昭王	王長豐 1998：頁 290–293	商爲微史家族乙祖，康昭時人。
				西周早期	王世民等 1999：頁 111 尊 5	器形。
				成王	劉啓益 2002：頁 83	形制。
				康王	李零 2002a：頁 42	風格，字體特徵，年代序列。
				康昭	彭裕商 2003：頁 296	據器形、紋飾、記日格式。

序號	器 名	字數	銘文著錄	時 代	出 處	依 據
3581	商尊 庚姬尊、 庚嬴尊	29（又 合文 1）	05997	昭王	張懋鎔 2005a：頁 22	造型、紋飾、字體均有商末周初作風，保留商傳統。但與折尊、折卣相比，可知該器可置於昭王時。該器可用"兩系説"解釋。
				西周早期	曹瑋等 2005（3）：頁 525	
				昭王	張懋鎔 2006a：頁 224	有殷商傳統風格，可用"兩系説"解釋。
				西周早期前段	吳鎮烽 2006：頁 293	商，西周早期前段人。
				昭王	張懋鎔 2008：頁 345	
3582	由伯尊 古伯尊	32	05998	西周早期	集成 2007（5）：頁 4423	
				西周早期	吳鎮烽 2006：頁 447	杁，西周早期由國族人。
3583	士上尊 臣辰尊	存 37	05999	西周早期	集成 2007（5）：頁 4423	
				成王	郭沫若 1935（2002）：頁 81	
				成王	容庚 1941（2008）：頁 32、頁 303 尊 46	與成王時令器、剌卣同出。記事同剌卣，同人作臣辰鼎等器之父名亦同剌卣。
				成王	白川靜 1964a：頁 350–356 器 30 附	
				昭王	唐蘭 1976—1978（1986）：頁 257	
				昭王	唐蘭 1981：頁 65	
				成王	劉啓益 2002：頁 82	形制。
				成末康初	杜勇、沈長雲 2002：頁 157	形制，紋飾。
				昭王	彭裕商 2003：頁 284	紋飾屬昭穆。"饗莽京"也見於昭王時麥方尊（06015）、小臣靜卣（新收 1960）。
				昭王	張懋鎔 2005a：頁 4	紋飾有晚殷風格，但形制上已有較晚表現。該現象可用"兩系説"解釋。
				西周早期	吳鎮烽 2006：頁 4	"士上"，名上，西周早期人，成王時任周王朝大士。
3584	子黄尊 乙卯尊、 子尊	存 34 （又合 文 1）	06000	殷或西周早期	集成 2007（5）：頁 4424	
				西周初期	陳賢芳 1986：頁 44	形制，紋飾。
				商末	王慎行 1987：頁 50–51	形制紋飾，字體書法，銘文語例。
				商末	王輝 2006：頁 28	

續表

序號	器　名	字數	銘文著録	時　代	出　　處	依　　據
3585	小子生方尊 周内事尊	存40 （又合文1）	06001	西周早期	集成 2007（5）：頁 4424	
				昭王	吳其昌 1929（2004）：頁 259	"王南征"見於昭王時𢾾彝（03976）。"▉"當爲"斥"字，見於昭王時𢼸尊（05989）、趞尊（05992）。
				昭王	容庚 1941（2008）：頁 36、頁 306 尊 67	《竹書紀年》《左傳》皆記昭王南征伐楚，合於此器。
				昭王	白川靜 1966a：頁 781–793 器 71	
				成末康初	陳夢家 1966（2004）：頁 85	"用饗出入事人"之語多見成、康器。圓口方腹的形制限於殷末周初成康間。
				昭王	唐蘭 1976—1978（1986）：頁 268	
				昭王	唐蘭 1981：頁 72	
				昭王	吳鎮烽 1987：頁 269	昭王二次伐楚失敗，周人諱之，此當昭王十六年一次伐楚時。
				昭王	馬承源等 1988：頁 74 器 104	南征當指伐荆楚，此事爲昭王時，見令簋（04300）。形制通行於昭、穆、恭之際。
				昭王	劉啓益 2002：頁 151	記"王南征"，當昭王時。雙大耳的形制爲西周中期偏前的形制。
				昭王	彭裕商 2003：頁 265	記昭王南征事。
				昭王	張懋鎔 2005a：頁 4	雖裝飾有較早特點，但腹部鼓起、飾鳥紋，"唯王南征"，可定爲昭王時器。該現象可用"兩系説"解釋。
				昭王	張懋鎔 2006a：頁 215	記昭王南征。
				西周早期後段	吳鎮烽 2006：頁 27	小子生，西周早期後段人。
				昭王	何景成 2008a：頁 51–55	象鼻形卷耳同穆王早期盉方尊（06013）。
				昭王	張懋鎔 2008：頁 345	
3586	作册旂尊 作册折尊、折尊、作册析觥	42	06002	西周早期	集成 2007（5）：頁 4424	
				昭王	陝西 F1978：頁 3	"王在庌"亦見於趞尊（05992）、𢼸尊（05989）、𢼸卣（05407）等器，皆昭王時器。

續表

序號	器 名	字數	銘文著錄	時 代	出　　處	依　　據
3586	作册旂尊 作册折 尊、折 尊、作册 析觥	42	06002	昭王	唐蘭 1976—1978（1986）：頁 294	
				昭王	唐蘭 1978：頁 19–20	
				康王	劉啓益 1978：頁 314–316	據微氏家族世系，折器不能早至成王時。"十九年王在斥"亦見於康王時瞏卣（05407）。
				康王	黃盛璋 1978：頁 196	微氏家族世系排，旂在康昭時。與之相關之瞏卣（05407）等器皆康世器。從形制、紋飾、字體看，歸入康王亦合適。
				昭王十九年	李學勤 1979：頁 30、32–33	據史牆盤（10175）銘文所示該家族世系，折活動於昭王至穆王初年。形制、紋飾與同窖藏商尊、商卣相近，曆日爲相連的兩天，彼器字體近昭王時䔲簋（03732）。尊、方彝的形制紋飾同令尊（06016）、令方彝（09901），亦爲昭王時器。
				昭王	陝西 1980（2）：頁 3 器 15	
				昭王	馬承源 1982：頁 54	記年同昭王時作册瞏卣（05407）。
				昭王十九年	盧連成 1984：頁 75–79	庠地是昭王十九年南征的準備地。
				昭王	丁驌 1985：頁 28	曆日。
				昭王	高木森 1986：頁 62	"王在庠"組。
				康王	吳鎮烽 1987：頁 267–268	據牆盤（10175）所記世系，"折"當在康王後期都昭王前期。"王在庠"見康王時瞏卣，"庠"不在荆楚，銘文記事與伐楚無關。字體與昭時銘文不同。
				昭王	馬承源等 1988：頁 64 器 90	記年及地點與昭王時作册瞏卣（05407）相同。
				昭王	何幼琦 1989b：頁 58	
				昭王十九年	尹盛平 1992：頁 89–91	"旂"是微氏家族亞祖，活動於康王前期至昭王時。"陳"在今河南淮陽一帶，昭王伐楚見載於牆盤及史書，故此十九年是昭王十九年。

續表

序號	器 名	字數	銘文著録	時 代	出 處	依 據
3586	作册旂尊作册折尊、折尊、作册析觥	42	06002	西周前期	辭典 1995：頁 127 器 441	
				昭王	李學勤 1997c	據該家族世系，牆在恭王時，析當昭王時。與作册環尊卣（05989、05407）爲同年所作，記事大略相同。
				昭王十九年	劉雨 1997：頁 247	
				昭王	李學勤 1997b：頁 224–228	參靜方鼎（近出 0357）。
				約穆恭	羅泰 1997：頁 651–676	參牆盤（10175）。
				昭王	青全 1997（5）：頁 146 器 154	
				昭穆之際	彭裕商 1998：頁 148	記年十九，爲昭王末年。
				昭王	王世民等 1999：頁 111 尊 6	器形。
				康王十九年	杜勇 2001：頁 3–6	參作册睘卣（05407）。
				昭王	張懋鎔 2002a：頁 125	
				康王	劉啓益 2002：頁 122	參乍册折方彝（9895）。
				昭王末年	李零 2002a：頁 42	器形風格，字體特徵，銘文内容，年代序列。
				約康王	杜勇、沈長雲 2002：頁 159、57	形制，紋飾，字體。
				昭王	彭裕商 2003：頁 264	同窖藏銅器分析，當昭王時。
				西周早期	曹瑋等 2005（3）：頁 547	
				穆王初年	張懋鎔 2006a：頁 212	折之孫牆作牆盤（10175），在恭王時。該器記昭王十九年事，鑄於穆王初年。
				西周早期後段	吴鎮烽 2006：頁 151	作册折，西周早期後段人，名折，昭王十七擔任周王朝作册。
				昭王	王恩田 2006：頁 55	根據方彝的形制及器銘字體風格可定於昭王時。
				昭王	張懋鎔 2008：頁 345	
				昭王	朱鳳瀚 2009：頁 1271	銘文内容。
3587	保尊	46	06003	西周早期	集成 2007（5）：頁 4424	
				成王	白川靜 1962c：頁 173–196 器 16 附	
				武王	陳夢家 1966（2004）：頁 7	同銘保卣（05415）爲武王器。

序號	器 名	字數	銘文著錄	時 代	出 處	依 據
3587	保尊	46	06003	成王	唐 蘭 1976—1978（1986）：頁 64	當是召公與殷東國五侯助祭被命後，召公的僚屬爲儐相所作銅器。
				成王初年	陳公柔、張長壽 1980：頁 23–30	結合器形、紋飾，大保自作器當在成王初年。
				成王	馬承源等 1988：頁 23 器 34	
				成王前期	殷瑋璋、曹淑琴 1991：頁 6、12	據該器和同銘卣的形制，當作於成王時，保是召公奭。
				西周前期	辭典 1995：頁 128 器 446	
				西周早期	張劍、孫新科 1996：頁 333	器形紋飾爲殷式，但月份名爲周制，當爲西周早期器。
				西周早期	青全 1997（5）：頁 151 器 159	
				成王	王世民等 1999：頁 114 尊 10	器形。
				武王	王永波 2003：頁 29	陳夢家以"王令"下只有所命之國名無所命之事，定其爲武王封齊、魯、燕、管，可從。銘文格式及裝飾風格有殷商遺風。成王東伐主帥非太保。
				成王	張懋鎔 2006a：頁 213	
				成康	朱鳳瀚 2009：頁 1260	
3588	𨤏尊 召尊	46	06004	西周早期	集成 2007（5）：頁 4424	
				康王	白川靜 1964b：頁 450–460 器 43	
				成王	陳夢家 1966（2004）：頁 31	形制及銘文内容可以聯繫成王時令簋（04301）、作册睘器（05989、05407）等器。
				康王	白川靜 1975（1997）：頁 254	與𨤏圜器（10360）爲同人作器，彼器之"休王"指康王生稱。
				昭王	唐蘭 1976—1978（1986）：頁 279	
				昭王	唐蘭 1981：頁 82	
				周公攝政五年	何幼琦 1983b：頁 82	
				成王八年	丁驌 1985：頁 20	曆日。
				穆王	高木森 1986：頁 70	
				昭王	馬承源等 1988：頁 71 器 99	"在炎"也見於昭王時令簋（04300）。伯懋父乃康、昭人，見康王時小臣謎簋（04238）。

續表

序號	器 名	字數	銘文著錄	時 代	出 處	依 據
3588	噩尊 召尊	46	06004	西周前期	辭典 1995：頁 126 器 439	
				昭王	李學勤 1997c	與昭王時令器相關。
				昭王前後	王世民等 1999：頁 117 尊 17	據銘文人物。
				昭王	彭裕商 2001：頁 226	銘文內容記昭王南征事，在昭王時。"伯懋父"即昭穆時祭公謀父。
				武王	孫斌來 2001：頁 49	與中方鼎一（02785）相關，皆作於十八年末，所記皆非昭王伐楚事，彼器作於武王時。
				康王	劉啟益 2002：頁 126	同人作召卣（05416）在康王時。
				不晚於康王	杜勇、沈長雲 2002：頁 160	形制。
				昭王	彭裕商 2003：頁 260	史實與昭王時令簋（04300）有聯繫。
				昭王	陳佩芬 2004：頁 139 器 255	
				昭王	王輝 2006：頁 88	
				西周早期後段	吳鎮烽 2006：頁 442	噩，西周早期後段人。
				昭王	張懋鎔 2008：頁 345	
3589	矞方尊	存 47（又合文 2）	06005	西周早期或中期	集成 2007（5）：頁 4424	
				穆王	李學勤 1990：頁 295–297	參矞簋（04159）。
				西周中期前段	吳鎮烽 2006：頁 433	矞，西周中期前段人。
3590	免尊 免觶、免卣、周象尊、尢彝	49	06006	西周中期	集成 2007（5）：頁 4424	
				夷王十二年	吳其昌 1929（2004）：頁 346	與尢卣（05418）、尢簋（04626）爲一人作器，"史懋"見於厲王二十七年史懋壺（09714），爲厲末宣初之人。"吳"最早見於懿王十二年之大簋（04298），在此時間範圍內，三器日辰排曆後以夷王十二年、十三年較適宜。
				懿王	容庚 1941（2008）：頁 38	作器者同懿王時免簋（04240）。
				懿王	李學勤 1959：頁 44	
				穆王	唐蘭 1962：頁 43	據文獻記載穆王住在鄭。人物井叔見於恭王時曶鼎（02838）銘第一段。

續表

序號	器 名	字數	銘文著録	時 代	出 處	依 據
3590	免尊免觶、免卣、周象尊、尤彝	49	06006	懿王	陳夢家 1966（2004）：頁 183	右者"井叔"。
				恭王	白川靜 1968：頁 455–478 器 115	
				穆王	唐 蘭 1976—1978（1986）：頁 369	有"史懋"，在穆王時。凡井伯、井叔當政，當在穆共之際。"載市冋黄"見於趞曹鼎等恭世器。免器在穆恭間，器形亦合。
				孝王前後	盛冬鈴 1983：頁 57	據人物"井叔"，與孝王時訇鼎、趩觶相去不遠。
				恭王	丁驌 1985：頁 37	曆日。
				懿王	馬承源等 1988：頁 178 器 249	
				懿孝	張長壽 1990：頁 32–35	人物"井叔"。
				懿王	張聞玉 1992：頁 63	曆日。
				懿王七年	李先登 1993（2001）：頁 203	"井叔"見於懿王時訇鼎（02838）。該器曆日合於懿王七年。
				懿王	劉啓益 2002：頁 303	同人亦作簋（04240、04626）、盤（10161），據幾器的形制和人物"井叔"，推斷免作之器在懿王時。
				西周中期	彭裕商 2003：頁 382	參免簋（04240）。
				西周中期前段	吳鎮烽 2006：頁 210	免，西周中期前段人。
3591	耳尊	52	06007	西周早期	集成 2007（5）：頁 4424	
				康王	白川靜 1965a：頁 580–583 器 56	
				成康	陳夢家 1966（2004）：頁 89	形制屬成康時，花紋近成王時遣卣。
				西周早期	馬承源等 1988：頁 93 器 138	
				成王	殷瑋璋、曹淑琴 1991：頁 13	形制，紋飾。據牆盤（10175）及太保盉（近出 0942）銘文內容，知微在分封時授燕侯管轄。"侯"指一代燕侯召公。
				西周早期	王世民等 1999：頁 117 尊 16	器形。
				康王稍後（西周早期偏晚到西周中期偏早）	金信周 2002：頁 247	"壽考""黄耇"等詞主要流行於西周中期以降。
				康王	劉啓益 2002：頁 128	

續表

序號	器 名	字數	銘文著録	時 代	出 處	依 據
3591	耳尊	52	06007	康晚至昭王	彭裕商 2003：頁 297	據記日格式、名詞"初吉"、慣用語"子孫永寶"及字體、器形。
				西周早期	吳鎮烽 2006：頁 11	耳，西周早期人。
3592	叡尊 叡尊	51（又重文2）	06008	西周中期	集成 2007（5）：頁 4424	
				宣王元年	吳其昌 1929（2004）：頁 462	"芺阜""師雝父"等皆見於宣王元年器。"十三月"爲"十二月"之誤，日辰合於《曆譜》宣王元年。
				穆王	郭沫若 1935（2002）：頁 139	師雝父亦見於穆王時殹鼎（02721）、遹甗（00948）、稫卣（05411）。"🔲自"見於遹甗、稫卣。
				成王	容庚 1941（2008）：頁 34	"師雝父"即成王時彔卣、彔簋之"伯雝父"。"芺自"即彔卣"古自"。
				康王	陳夢家 1966（2004）：頁 116	
				昭穆	白川靜 1967：頁 189–197 器 90	
				穆王	唐蘭 1976—1978（1986）：頁 394	
				穆王	劉啟益 1984：頁 230	據干支聯繫，與遹甗（00948）作於同一年。
				昭王	丁驌 1985：頁 27	曆日。
				穆王	馬承源等 1988：頁 121 器 186	
				西周中期	辭典 1995：頁 129 器 450	
				西周中期偏早	王世民等 1999：頁 119 尊 22	器形。
				穆王	劉啟益 2002：頁 214	"師雝父"見於伯雝父盤（10074）、彔簋（04122），"成在古自"見於彔卣（05419），皆穆王器。
				穆王	彭裕商 2003：頁 303	記伐淮夷事。
				穆王	陳佩芬 2004：頁 346 器 339	師雝父之名見於稫卣（05411）、遹甗（00948）、殹鼎（02721）等穆王時器。
				穆王	張懋鎔 2006a：頁 215	彔伯戜和師雝父爲同一人，是穆王時東征淮夷的主將。字形書體亦相合。
				西周早期前段	吳鎮烽 2006：頁 193	叡，西周早期前段人。
				穆王	張懋鎔 2008：頁 346	

序號	器 名	字數	銘文著録	時 代	出 處	依 據
3593	效尊效觶	存57（又重文3合文3）	06009	西周早期	集成2007（5）：頁4424	
				孝王十年	吳其昌1929（2004）：頁329、317	日辰合於《曆譜》孝王十年。人物"效""東宫"在懿、孝間。
				孝王	郭沫若1935（2002）：頁221	"東宫""效"即孝王時舀鼎（02838）之"東宫""效父"。形制、字體有周初風味，屬復古現象。
				西周前期	容庚1941（2008）：頁304尊54	
				康王	陳夢家1966（2004）：頁120	據鳥紋定於康世。
				昭王	白川靜1966c：頁86-106器81	
				穆王	唐蘭1976—1978（1986）：頁386	
				恭王	馬承源等1988：頁153器224	
				孝王	張劍、孫新科1996：頁335	
				西周中期	青全1997（5）：頁153器161	
				西周中期偏早	王世民等1999：頁119尊20	器形。
				懿王	劉啓益2002：頁332	"效"及"東宫"見於舀鼎二、三段銘文，彼記懿王時事。
				西周中期	馬承源2003a：頁187尊9	器形。
				穆王	彭裕商2003：頁331	據器形、紋飾、字體等當在穆世。器主效非舀鼎之"效父"。
				穆王	張懋鎔2006：頁190	銘文字形書體及其他。
				西周早期後段	吳鎮烽2006：頁272	效，西周早期後段人。
				穆王	張懋鎔2010：頁84	
3594	妹季姬尊	80	近二0586、新收0364	西周中期	近二2010（二）：頁271	
				西周中期	新收2006：頁250	
				穆王	蔡運章、張應橋2003：頁90	形制，扉棱，字體。"啓"即啓尊、啓卣之"啓"，兩者皆昭王時器。形制、扉棱、字體皆有穆王時期特色。
				穆王晚年	李學勤2003c：頁11-12	帶兩耳的尊與方彝是穆王晚年的。
				非穆王	凃白奎2006：頁111	不同意爲穆王時。
				穆王	韋心瀅2010：頁56	垂腹、鳥形耳的造型及向上内卷的大角饕餮紋飾特徵屬於穆王時。

續表

序號	器　名	字數	銘文著録	時　代	出　　處	依　　據
3595	盠駒尊 騾駒尊 盠駒尊蓋	103（器92又重文2）	06011–06012	西周中期	集成2007（5）：頁4425	
				西周	李長慶、田野1957：頁5–10	
				西周	羅福頤1957：頁70	文辭書體。
				約厲王	史樹青等1957：頁69	人名“駱子”。
				孝王	李學勤1957：頁58	“舊宗小子”的情形適宜於孝王時。“世子孫”的用語。同人作盠方尊（06013）的册命形式。相關銅器的形制紋飾。
				懿王	郭沫若1957：頁1–6	據人物“師豦”可繫聯師遽𣪕（04214）、師遽彝（09897），皆懿王時器。
				懿王	李學勤1959：頁44	有復古傾向。
				不晚於恭王	唐蘭1962：頁45	人物“師遽”見於恭王時師遽簋（04214），爲穆恭時人，該器不晚於恭王。
				共王	陳夢家1966（2004）：頁169	師豦即恭王師遽簋（04167）、師遽方彝（09897）器主。“世子孫”之語習見恭懿時而“之”字用法見於恭懿以後。
				穆王	白川静1967b：頁323–338器102	
				懿王	郭寶鈞1970（1981）：頁58	銘文。與穆王時長安普渡村長囟墓對照。
				懿王	唐蘭1976—1978（1986）：頁483	
				孝夷	吴鎮烽、王東海1980：頁65	盠爲孝夷時人，參盠方尊（06013）。
				西周中期	陝西1980（3）：頁31器194、195	
				懿王初年	盛冬鈴1983：頁56	據人名聯繫。
				穆王前後	李學勤1984a：頁6–8	聯繫穆公簋蓋（04191），後者爲穆王時器。
				共王初年	吴鎮烽1987：頁272–273	造型、紋飾、字體皆有穆恭特色。右者“穆公”見於穆公簋（04191）、尹姞鬲（00754），兩者據器形、紋飾、字體等知是穆王時器。“師遽”爲共王時人。“王初”，當指共王初年。

續表

序號	器　名	字數	銘文著録	時　代	出　　處	依　　據
3595	盠駒尊 騾駒尊 盠駒尊蓋	103 （器92 又重 文2）	06011- 06012	懿王	馬承源等1988：頁189器262、263	師遽即懿王時師遽方彝（09897）和師遽簋（04214）的器主。
				西周中期	辭典1995：頁131器456	
				孝王元年	張長壽1996：頁163–169	曆法。
				西周中期	青全1997（5）：頁161器169	
				共王	劉啓益2002：頁265	“師豦”即共王三祀師遽簋蓋（04214）之“師遽”。
				穆王偏晚	王占奎2003：頁45–47	
				昭、穆	劉軍社2003：頁47–49	
				不晚於穆王	張懋鎔2003：頁58–60	
				昭穆時期	陝西B2003：頁37	據逨盤中的單氏家族世系及對應周王，盠即惠仲盠父，昭穆時人。
				昭穆	高明2003：頁60–61	
				昭穆	王輝2003：頁85	據逹盤（新收0757）銘。
				昭王	張天恩2003：頁62–65	
				昭穆	董珊2003：頁42–46	據眉縣楊家村逑器世系，“猛”相當於逑盤的第四代“惠仲猛父”。伐楚事在昭王時。
				穆恭	李零2003：頁22	“盠”即逑器之“惠仲盠父”，當穆恭時。
				懿王（孝王）	彭裕商2003：頁345	參盠方彝（09899、09900）。父名“大中”亦見於西周中期器大簋（04165）。
				穆王早期	劉士莪2004：頁25	據單氏逨盤（近二0939）世系，盠當昭穆時人。
				穆王	張懋鎔2006a：頁215	盠任職於昭穆時。從形制、紋飾、人物“穆公”以及銘文字形書體來看，放於穆世比較妥當。
				穆王	王輝2006：頁133	據牆盤所述單氏家族世系。
				昭穆	吴鎮烽2006：頁364	盠父，逨的高祖，臣事周昭王、穆王。
				恭王初年	白光琦2006：頁67	參盠方尊（06013）。非眉縣之惠仲盠父。

續表

序號	器　名	字數	銘文著錄	時　代	出　　處	依　　據
3595	盠駒尊 騾駒尊 盠駒尊蓋	103 （器92 又重 文2）	06011- 06012	恭王	韓巍 2007a：頁 16–19	師遽作有方彝（09897）、 簋蓋（04214），爲恭懿 時器。又同人作盠方尊 （06013）、盠方彝（04979） 右者“穆公”見於穆公 簋蓋（04191）、尹姞鬲 （00754），爲穆恭時期人。 所記册命儀式，已接近西 周中期晚段的固定形式。 器形裝飾亦大約流行於穆 王末年到恭王時期。器主 在天子賞賜時自稱“盠” 當爲名，逨盤“惠仲盠父” 是“謐號＋排行＋某父” 的稱字形式，兩者非同一 人。且益氏主管軍政，單 氏管理虞林，亦不同。
				昭穆時期	陝西 B2008：頁 254	據逨盤所記單氏世系，盠 對應昭穆時。
				昭王晚年	何景成 2008a：頁 51–55	器主與逨盤“盠父”爲一 人，活動於昭世、穆世。 曆日與昭王伐楚時銅器遣 卣、中方鼎聯繫密切。
				穆王	張懋鎔 2008：頁 349	
3596	盠方尊	105 （又重 文2）	06013、新 收 0744	西周中期	集成 2007（5）：頁 4425	
				西周孝王	新收 2006：頁 542	
				西周	李長慶、田野 1957：頁5–10	
				西周	羅福頤 1957：頁 70	文辭書體。
				厲王	史樹青等 1957：頁 69	人名。
				孝王	李學勤 1957：頁 58	參盠駒尊蓋（06012）。
				懿王	郭沫若 1957：頁 1–6	據人物“師虘”可繫聯師 遽簋（04167）、師遽方彝 （09897），皆懿王時器。
				懿王	李學勤 1959：頁 44	有復古傾向。
				共王	陳夢家 1966（2004）：頁 169	穆公見於昭王時尹姞鬲 （00754）、穆王時趩簋蓋 （04255）。
				穆王	白川靜 1967b：頁 312–322 器 101	
				懿王	郭寶鈞 1970（1981）：頁 58	銘文。與穆王時長安普渡 村長囟墓對照。
				懿王	唐蘭 1976—1978（1986）：頁 481	

續表

序號	器名	字數	銘文著錄	時代	出處	依據
3596	盠方尊	105（又重文2）	06013、新收0744	孝夷	吳鎮烽、王東海1980：頁65	祖"益公"爲恭懿時人，參王臣簋（04268）。其孫子輩當在孝夷時。
				西周中期	陝西1980（3）：頁30 器193	"盠"爲孝夷時人。
				懿王初年	盛冬鈴1983：頁56	據人名聯繫。
				懿孝	唐復年1983：頁34–35	祖父"益公"爲共懿時人，參五年師旋簋（04216）。
				穆王前後	李學勤1984a：頁6–8	聯繫穆公簋蓋（04191），後者爲穆王時器。
				共王初年	吳鎮烽1987：頁272–273	參盠駒尊（06011）。
				孝王	馬承源等1988：頁229 器314	
				西周中期	辭典1995：頁131 器455	
				西周中期	青全1997（5）：頁156 器164	
				懿孝	王世民等1999：頁112 尊9	器形。
				共王	劉啓益2002：頁266	作器者同共王時盠駒尊（06011）。
				昭穆時期	陝西B2003：頁37	據逨盤（近二0939）中的單氏家族世系及對應周王，盠即惠仲盠父，昭穆時人。
				穆王偏晚	王占奎2003：頁45–47	
				昭、穆	劉軍社2003：頁47–49	
				不晚於穆王	張懋鎔2003：頁58–60	
				穆恭	李零2003：頁22	"盠"即逨器之"惠仲盠父"，當穆恭時。
				昭穆	高明2003：頁60–61	
				昭穆	王輝2003：頁85	據逨盤（新收0757）銘。
				穆王	張天恩2003：頁62–65	
				昭穆	董珊2003：頁42–46	據眉縣楊家村逨器世系，"猛"相當於逨盤的第四代"惠仲猛父"。伐楚事在昭王時。
				懿王（孝王）	彭裕商2003：頁344	參盠方彝（09899）。
				穆王早期	劉士莪2004：頁25	據單氏逨盤世系，盠當昭穆時人。
				穆王	張懋鎔2006a：頁215	盠任職於昭穆時。從形制、紋飾、人物"穆公"以及銘文字形書體來看，放於穆世比較妥當。

序號	器 名	字數	銘文著錄	時 代	出 處	依 據
3596	盠方尊	105（又重文2）	06013、新收0744	昭穆	吳鎮烽2006：頁397	穆公，西周昭穆時期人。
				穆王後期	白光琦2006：頁67	據穆公可聯繫穆公簋蓋（04191）、尹姞鼎（00754）等器，後者據紋飾、字體、賞賜物等可歸入恭王時。盠駒尊（06011）銘記盠受周王召賜，在恭王初年，爲老臣時。方尊、方彝記受册命，當稍早在穆王後期。非眉縣之惠仲盠父。
				恭王早期	韓巍2007：頁159–160	册命形式，賞賜物"亢"。右者"穆公"作簋（04191）爲穆王時器。
				恭王	韓巍2007a：頁16–19	參盠駒尊（06011）。
				昭穆時期	陝西B2008：頁254	據逨盤所記單氏世系，盠對應昭穆時。
				穆王早期	何景成2008a：頁51–55	器主與逨盤（近二0939）"盠父"爲一人，活動於昭世、穆世。此銘中盠的身份高於昭王時盠駒尊銘，當在其後。
				穆王	張懋鎔2008：頁349	
3597	五年琱生尊	113	近二0587-0588	西周晚期	近二2010（二）：頁273	
				厲王五年	李學勤2007：頁71–75	參五年琱生簋（04292）。
				厲王五年	寶雞C2007：頁26	琱生即五年、六年琱生簋（04292、04293）之琱生，皆厲王時。
				厲宣	寶雞C2007a：頁11	與五年、六年召伯虎簋（04292、04293）人物事件皆同，後者爲厲宣時器。
				宣王	王占奎2007：頁108	
				孝王	林澐2008：頁211	西周的陶大口尊尚未排定可靠的形態演變序列，難以據其形態判斷琱生尊年代。
				宣王五年	王輝2008：頁46–49	參五年琱生簋（04292）。
				宣王	韓巍2008：頁29注3	内容與五年、六年琱生簋相關。
3598	𣄰尊何尊	119（又合文3）	06014	西周早期	集成2007（5）：頁4425	
				成王五年	馬承源1976：頁64–65	武王死後成王即位第五年，周公攝政，紀年還是成王。

序號	器名	字數	銘文著録	時代	出處	依據
3598	砢尊 何尊	119（又合文3）	06014	成王五年	唐蘭 1976：頁 60-63	周公攝政七年後次年成王稱元年。
				攝王五年	張政烺 1976：頁 66	周公踐祚稱王，此五年是攝王五年。
				成王親政五年	唐蘭 1976b：頁 31	
				成王親政	唐蘭 1976—1978（1986）：頁 73	據《召誥》周公攝政五年始去營洛邑，新邑尚未建成，這裏的成王五祀實際指成王即政後。
				成王五年（即周公攝政）	嚴一萍 1978：頁 1-8	銘文"初遷宅"，記第一次營建洛邑，當成王五年。
				成王五年	張振林 1981：頁 51	
				康王五年	李學勤 1981：頁 39、45	據《召誥》成王五年召公至洛始卜宅經營，《洛誥》記成王至新邑在七年，故本器之五年不能爲成王五年。成王時東都新建，皆稱"新邑"，見於成王時卿所作器（02595），何尊、周甲戌方鼎（《西甲》1.36）、德方鼎（02405）等器的形制、紋飾、字體較之皆晚，而同於康王時器。本銘內容爲在成周祭祀。
				成王五年	陳昌遠 1982：頁 52-57	銘文內容。五年爲成王繼位五年。
				周公五年	何幼琦 1982：頁 109	曆法。
				成王	馬承源 1982：頁 56	
				成王五年	何幼琦 1983：頁 59-61+頁 16	曆日，銘文內容。
				周公五年	何幼琦 1983b：頁 82	
				周公攝政五年	楊寬 1983：頁 54	銘文與《召誥》《洛誥》相比。
				成王五年	馬承源 1983（2002）：頁 236	銘文內容。
				成王五年	劉啓益 1984：頁 239	
				成王	陝西 1984（4）：頁 13 器 97	
				周公攝政	徐喜辰 1984：頁 308-316	該銘之"王"當指周公。
				成王五年	丁驌 1985：頁 19	曆日。
				成王	高木森 1986：頁 38	伯禽在成王五年爲周公所作。

續表

序號	器名	字數	銘文著錄	時代	出處	依據
3598	砢尊 何尊	119 （又合 文 3）	06014	成王	吳鎮烽 1987：頁 265	何的父親公氏是文王舊臣，何的生世在武、成之世。"遷宅成周" 當成王時。
				成王五祀	馬承源等 1988：頁 20 器 32	"武王既克大邑商" 及 "王初█（雍）宅於成周"，"雍宅" 讀爲 "營宅"，見《尚書·洛誥序》。"隹王五祀" 與《尚書大傳》"五年營成周" 相合。
				周公五年	何幼琦 1989a：頁 45	曆法。
				武王	李仲操 1991：頁 130	
				成王五年	趙光賢 1991：頁 119	曆日。
				成王五年	劉桓 1992：頁 17	此處 "遷" 指甫平三監後遷殷頑民，五年當爲成王五年。
				約屬王	辭典 1995：頁 128 器 444	
				成王五年	劉雨 1997：頁 247	
				成王	青全 1997（5）：頁 144 器 152	
				周公攝政五年	張聞玉 1997a：頁 120	據曆日當在周公攝政五年。
				成王	王世民等 1999：頁 111 尊 3	據銘文内容。
				成王五年	劉啓益 2002：頁 71	成王遷都成周，見載於《史記·魯周公世家》。
				成王	杜勇、沈長雲 2002：頁 31	營建成周爲成王時事。"武王" 爲死謚。
				西周早期	馬承源 2003a：頁 187 尊 4	器形。
				成王五年	彭裕商 2003：頁 219、32	據銘文内容爲成王器。
				成王五年（即周公攝政五年）	楊寬 2003：頁 521-530	應斷句爲 "隹王初鄩，宅于成周"，鄩，登也，指初登王位。這句與《召誥》"惟王初服，宅新邑" 用意相同。《召誥》爲周公訓導成王語。
				成王	葉正渤 2006：頁 197	祭祀對象爲武王，時王爲成王。
				成王	張懋鎔 2006a：頁 210	成王時標準器。
				西周早期前段	吳鎮烽 2006：頁 228	何，西周早期前段人。
				成王	王輝 2006：頁 44	銘文提到文王、武王，時王爲成王。
				成康	朱鳳瀚 2009：頁 1260	

序號	器 名	字數	銘文著錄	時 代	出 處	依 據
3598	矤尊 何尊	119 （又合 文 3）	06014	成王	劉華夏 2010：頁 65	
				成王	葉正渤 2010：頁 3、81	銘文只言及文王、武王，成周建於成王時。
				成王五年	李學勤 2010：頁 2	合於《尚書大傳》五年營成周。
3599	麥方尊 麥尊、周 邢侯尊	164	06015	西周早期	集成 2007（5）：頁 4425	
				康王	吳其昌 1929（2004）：頁 191	"井侯"即康王時周公彝（04241）之"井侯"。"肜祀"爲殷祭，此器當在周初。"殷"即昭王時𣄰尊（05989）之"斥"。
				成王	徐中舒 1931：頁 279–294	"井侯"見於周公彝，爲同一人；器形、紋飾同矢彝、矢尊，幾器銘文中"周公"皆指周公旦。此"井侯"當即周公子邢侯也。
				康王	郭沫若 1935（2002）：頁 97	用辭古樸，用字同康王時盂鼎（02837）、周公簋（04241）。花紋屬昭穆之前。
				康王	容庚 1941（2008）：頁 36	"井侯"亦見於成王時周公簋（04241）。
				昭王	唐蘭 1962：頁 34	與昭王時𣄰卣（05407）都有"王在斥"。
				成康	白川靜 1965b：頁 628–646 器 60 附	
				成末康初	陳夢家 1966（2004）：頁 84	"井侯"見於成王時井侯簋（04241）。花紋爲成王時。
				昭王前期	唐蘭 1976—1978（1986）：頁 249	此爲二代邢侯。
				昭王	唐蘭 1981：頁 55	
				成王	周法高 1981（2004）：頁 200	
				康王	馬承源等 1988：頁 46 器 67	井（邢）爲周公子封國，亦見於邢侯簋（04241）、臣諫簋（04237）。以爲此"▓"即鄂侯馭方鼎（02810）之"▓"、競卣（5425）之"▓"。
				昭王元年	劉雨 1997：頁 242–246	王室饗祭必行於父王去世新王繼位之時，即新王元年時，稱"饗祭元年"。結合其他條件，可斷定此器爲昭王元年器。

續表

序號	器名	字數	銘文著録	時代	出處	依據
3599	麥方尊麥尊、周邢侯尊	164	06015	昭王	彭裕商 1998：頁 148	"饔鎬京"見於小臣靜卣（新收 1960）、士上尊（05999）等昭王時代器。"子孫永寶""子子孫孫其永無終"一類的話，自昭王時始有。麥尊的顧龍紋，起於康世，盛行於昭穆，如燕侯盂、鮮簋等器。麥器作於昭王時，不必昭王後期。
				成王末年	李先登 1999：頁 115	年代略早於邢侯簋（04241），後者爲成末康初器。
				成王後期	陳平 1999：頁 108–109	銘文稱"顯考"，足見邢國之封在周公死後，當成王後期。
				成王中期	楊文山 2001：頁 1–9	稱"周公"顯考，周公已去世。邢國始封當在成王親政後周公去世不久，當成王中期。
				康王	劉啓益 2002：頁 114	形制同康王時令方尊（06016）。記載邢侯始受封，當在康王時。
				約康王	杜勇、沈長雲 2002：頁 161	形制，紋飾。
				昭王	彭裕商 2003：頁 281	"饔鎬京"之説見於昭王時小臣靜卣（新收 1960）、士上卣（05421）等器。"孫孫子子其永無終終"爲昭王後説法。器形紋飾屬昭穆。
				成王親政前段	楊文山 2004a：頁 2	
				西周早期	吳鎮烽 2006：頁 282	麥，西周早期人。
				康王	王輝 2006：頁 78	
3600	矢令方尊作册令方尊、令尊	184（又重文 2）	06016	西周早期	集成 2007（5）：頁 4425	
				昭王十年	吳其昌 1929（2004）：頁 216	銘文曆日與《曆譜》密合。徽識同昭王時矢段（04300）及作册大鼎（02759）。"周公子明保""明保"與昭王時作册大鼎之"尹太保"爲一人。
				成王	郭沫若 1930（1960）：頁 303	據"明公"聯繫明公簋，後者有人物"魯侯"即伯禽。

序號	器 名	字數	銘文著録	時 代	出 處	依 據
3600	矢令方尊作册令方尊、令尊	184（又重文2）	06016	成王	徐中舒 1931：頁 279-294	
				昭王	唐蘭 1934（1995）：頁 6-14	"周公子明保"，周公旦之子明保，逮昭王。
				成康	莫非斯 1937：頁 10	字體。
				成王	容庚 1941（2008）：頁 32、頁 305 尊 64	康王時作册大鼎之"大"爲"矢令"之子輩，本器當爲成王時。
				西周初期	陳夢家 1955：頁 63-66	與成康時宜侯矢殷（04320）器主爲同一人，所記早於後者。
				昭王初期	唐蘭 1962：頁 18-21	參矢令方彝（09901）。
				成王	白川靜 1964：頁 308-309 器 25 附	
				成王	陳夢家 1966（2004）：頁 36	見令方彝（09901）。
				昭王	唐蘭 1976—1978（1986）：頁 204	見作册令方彝（09901）。
				昭王	唐蘭 1981：頁 18	"周公子明保"是周公之子或孫不確定，但肯定不是伯禽、君陳，排除了在成王時代的可能性。
				或在成王時	周法高 1981（2004）：頁 199-201	形制、紋飾繫聯的折作器可能在成康時；"王在斥"組器在成王時。"王姜"爲武王后，在成王時。
				昭王	丁驌 1985：頁 27	曆日。
				昭王	馬承源等 1988：頁 69 器 96	同出同作器者之令簋（04300）爲昭王器。
				昭王	李學勤 1989：頁 218	參令方彝（09901）。
				西周早期	張劍、孫新科 1996：頁 332	據器形和涉及到的人物，當在西周早期。
				昭王	李學勤 1997c	紋飾風格同昭王時作册析器。
				昭王	王世民等 1999：頁 112 尊 7	器形。
				康王	劉啓益 2002：頁 125	同人作令簋（04300）在康王時。形制近康王時麥方尊。
				成王末年或稍後	杜勇、沈長雲 2002：頁 155	形制，紋飾，字體。
				成王	王永波 2003：頁 31-32	參令方彝（09901）。
				昭王	彭裕商 2003：頁 256	同出同人所作令簋（04300）爲昭王時。

續表

序號	器 名	字數	銘文著録	時 代	出 處	依 據
3600	矢令方尊 作册令方 尊、令尊	184 （又重 文 2）	06016	昭王	賈洪波 2003：頁 6	"康宫"爲康王廟。
				昭王	張懋鎔 2005a：頁 3	造型、紋飾有商末周初特 點，但鼓腹爲西周早期後 段的演變通則。該現象可 用"兩系説"解釋。
				昭王	張懋鎔 2006：頁 189	銘文字形書體及其他。
				西周早期 後段	吳鎮烽 2006：頁 77、95、150	矢令，西周早期後段人。
				昭王	張懋鎔 2007（2010）：頁 191	器主與宜侯矢簋（04320） 之宜侯矢非同一人。
				昭王	張懋鎔 2008：頁 344	
				康昭之際	王帥 2008：頁 41	字形書體。

十二、鱓類

序號	器　名	字數	銘文著録	時　代	出　　處	依　　據
3601	夫觶	1	06025	西周早期	集成 2007（5）：頁 4426	
3602	文觶	1	06027	殷或西周早期	集成 2007（5）：頁 4426	
				殷末周初	裴琪 1958：頁 72–73	形制，紋飾，製作。
				二期中段（約成康）	盧連成、胡智生 1988a：頁 502–507	墓葬。
3603	✕觶	1	06029	西周早期	集成 2007（5）：頁 4426	
3604	龅觶	1	06031	西周早期	集成 2007（5）：頁 4426	
3605	戈觶	1	06056	西周早期	集成 2007（5）：頁 4428	
3606	戈觶	1	06057	西周早期	集成 2007（5）：頁 4428	
3607	戈觶	1	06058	西周早期	集成 2007（5）：頁 4428	
3608	戈觶	1	06059	西周早期	集成 2007（5）：頁 4428	
3609	戈觶	1	06060	西周早期	集成 2007（5）：頁 4428	
3610	戈觶	1	06061	西周早期	集成 2007（5）：頁 4428	
3611	戈觶	1	06062	西周早期	集成 2007（5）：頁 4428	
3612	戈觶	1	06063	西周早期	集成 2007（5）：頁 4428	
3613	戈觶	1	06064	西周早期	集成 2007（5）：頁 4428	
				西周前期	洛陽 A1972a：頁 36	同出銅器的形制、花紋爲殷末周初，同出觶上兔紋的寫實作風亦見於康王時貉子卣（05409）。
				商末周初	陳新、獻本 1995：頁 61	該墓銅器多瘦高，有商末周初特徵。
				西周前期	辭典 1995：頁 157 器 544	
				西周早期	青全 1997（5）：頁 114 器 119	
3614	戈觶	1	06065	西周早期	集成 2007（5）：頁 4428	
				西周初期	周世榮 1983：頁 244	
3615	戈觶	1	06066	西周早期	集成 2007（5）：頁 4428	
3616	弢觶	1	06067	殷或西周早期	集成 2007（5）：頁 4429	
3617	馬觶	1	06068	西周早期	集成 2007（5）：頁 4429	
				周初（不晚於成康）	社科院 A1980：頁 485–487	同墓銅器的組合、形制及紋飾。據伴出陶器的發展序列及分期，當屬第二期。
				武王至成王早年	李豐 1988a：頁 396	墓葬。
				二期後段（約昭王）	盧連成、胡智生 1988a：頁 508–513	墓葬。
				約武王至康王	朱鳳瀚 2009：頁 1228–1265	墓葬。

續表

序號	器　名	字數	銘文著録	時　代	出　處	依　據
3618	馬觶	1	06069	商代晚期	集成 2007(5):頁 4429	
3619	[illegible]觶	1	06075	西周早期	集成 2007(5):頁 4429	
3620	[illegible]觶	1	06076	西周早期	集成 2007(5):頁 4429	
3621	[illegible]觶	1	06078	西周早期	集成 2007(5):頁 4429	
3622	[illegible]觶	1	06079	西周早期	集成 2007(5):頁 4429	
3623	[illegible]觶	1	06080	西周早期	集成 2007(5):頁 4429	
3624	[illegible]觶	1	06081	西周早期	集成 2007(5):頁 4429	
				西周初期	周世榮 1983:頁 244	
3625	爻觶 周爻觶	1	06082	西周早期	集成 2007(5):頁 440	
				商代	容庚 1941(2008):頁 309 觶 17	
3626	[illegible]觶	1	06084	西周早期	集成 2007(5):頁 4430	
				殷或西周初期	中科院 1962:頁 103A536	
3627	巫觶	1	06086	西周早期	集成 2007(5):頁 4430	
				商代	容庚 1941(2008):頁 309 觶 12	
3628	中觶	1	06087	西周早期	集成 2007(5):頁 4430	
				商晚	王桂枝、高次若 1981:頁 8	器形，花紋，銘文。
				滅商前後	劉啓益 1993:頁 387	據伴出銅器。
3629	仲觶 中觶	1	06088	西周早期	集成 2007(5):頁 4430	
3630	仲觶 中觶	1	06089	西周早期	集成 2007(5):頁 4430	
3631	京觶	1	06090	西周早期	集成 2007(5):頁 4430	
				西周早期	德州 A1981:頁 24	造型，紋飾。
3632	[illegible]觶	1	近出 0638	西周早期	近出 2002(三):頁 101	
3633	戈觶	1	近出 0643	西周中期	近出 2002(三):頁 106	
3634	夆觶	1	近出 0645、新收 1158	西周早期	近出 2002(三):頁 108	
				西周早期	新收 2006:頁 811	
				昭王	山東 A1996:頁 22	參王姜鼎(新收 1157)。
				昭穆	吴鎮烽 2006:頁 163	夆，西周昭穆時期人。
				西周早期偏晚	朱鳳瀚 2009:頁 1391	形制。
3635	遣觶	1	近出 0646、新收 1956	西周早期	近出 2002(三):頁 109	
				西周早中期	新收 2006:頁 1303	

續表

序號	器 名	字數	銘文著錄	時 代	出 處	依 據
3636	史觶	1	近二 0594–0596	商代後期	近二 2010（二）：頁 282–284	
				西周早期早段	社科院 2005：頁 510	
				一期（約武王至康王）	朱鳳瀚 2009：頁 1383	器形。
3637	冈觶	1	近二 0597	商代後期	近二 2010（二）：頁 285	
				西周早期	社科院 2005：頁 523	
				一期（約武王至康王）	朱鳳瀚 2009：頁 1383	器形。
3638	戈觶一	1	近二 0598、新收 0811	西周早期	近二 2010（二）：頁 286	
				西周早期	新收 2006：頁 597	
				不晚於成王	肖琦 2002：頁 34、35	類高家堡 M2 觶。
3639	戈觶二	1	近二 0599	西周早期	近二 2010（二）：頁 287	
3640	觶觶 尹舟觶	1	近二 0600、新收 0559	西周早期	近二 2010（二）：頁 288	
				西周早期	新收 2006：頁 421	
				西周初期（不晚於成王）	河南 E2000a：頁 199–209	據墓葬形制、埋葬習俗及伴出物的時代特徵。
				西周初期（不晚於成王）	韓維龍、張志清 2000：頁 24–29	墓葬形制、埋藏習俗有商末特色。出土器物的組合、器形、紋飾和銘文有周初特徵。長子口爲臣服於周的商末長氏諸侯，故葬俗爲殷式而出土器物有周初特色。
				商末周初	朱鳳瀚 2009：頁 1365–1369	形制，組合。
3641	昃觶	1	近二 0601、新收 1798	西周早期	近二 2010（二）：頁 289	
				西周	新收 2006：頁 1214	
3642	且甲觶 祖甲觶	2	06091	西周早期	集成 2007（5）：頁 4430	
3643	且丙觶 祖丙觶	2	06092	西周早期	集成 2007（5）：頁 4430	
3644	且辛觶 祖辛觶	2	06095	西周早期	集成 2007（5）：頁 4430	
3645	且辛觶 祖辛觶	2	06096	西周早期	集成 2007（5）：頁 4430	

續表

序號	器　名	字數	銘文著錄	時　代	出　　處	依　　據
3646	父乙觶	2	06100	西周早期	集成 2007（5）：頁 4431	
				成康	中科院 A1974：頁 320	據隨葬器物判斷約屬成康時期。
				不晚於康王	李學勤 1975：頁 274	
				成康	李豐 1988a：頁 396	墓葬。
				西周早期	北京 C1995：頁 245	伴出物的形制、紋飾。
				約成康	朱鳳瀚 2009：頁 1407	形制，紋飾。
3647	乙父觶	2	06101	西周早期	集成 2007（5）：頁 4431	
3648	父乙觶	2	06102	西周早期	集成 2007（5）：頁 4431	
3649	父丁觶	2	06108	西周早期	集成 2007（5）：頁 4431	
3650	父丁觶	2	06109	西周早期	集成 2007（5）：頁 4431	
3651	父丁觶	2	06110	西周早期	集成 2007（5）：頁 4431	
3652	父丁觶	2	06111	西周早期	集成 2007（5）：頁 4431	
3653	父丁觶	2	06113	西周早期	集成 2007（5）：頁 4431	
3654	父丁觶	2	06114	西周早期	集成 2007（5）：頁 4431	
3655	父戊觶	2	06116	西周早期	集成 2007（5）：頁 4432	
				殷晚至成康	趙永福 1984：頁 788	
				西周前期	郭寶鈞 1970（1981）：頁 55	與穆王時長安普渡村長長囟墓對照。
				武王至成王早年	李豐 1988a：頁 396	墓葬。
				約武王至康王	朱鳳瀚 2009：頁 1228–1265	墓葬。
3656	父戊觶	2	06117	西周早期	集成 2007（5）：頁 4432	
3657	父戊觶	2	06118	西周早期	集成 2007（5）：頁 4432	
3658	父己觶	2	06121	西周早期	集成 2007（5）：頁 4432	
				西周	陝西 D1963：頁 682	
				西周早期	陝西 1980（3）：頁 3 器 14	
				西周早期	曹瑋等 2005（6）：頁 1075	
3659	父己觶	2	06122	西周早期	集成 2007（5）：頁 4432	
3660	父庚觶	2	06123	西周早期	集成 2007（5）：頁 4432	
3661	父庚觶	2	06124	西周早期	集成 2007（5）：頁 4432	
3662	父辛觶	2	06125	西周早期	集成 2007（5）：頁 4432	
3663	父辛觶	2	06126	西周早期	集成 2007（5）：頁 4432	
3664	父辛觶	2	06127	西周早期	集成 2007（5）：頁 4432	

續表

序號	器 名	字數	銘文著録	時 代	出 處	依 據
3665	父辛觶	2	06128	西周早期	集成 2007（5）：頁 4432	
3666	父辛觶	2	06129	西周早期	集成 2007（5）：頁 4432	
3667	父癸觶	2	06130	西周早期	集成 2007（5）：頁 4433	
3668	父癸觶	2	06131	西周早期	集成 2007（5）：頁 4433	
3669	父癸觶	2	06132	西周早期	集成 2007（5）：頁 4433	
3670	逆父觶	存 2	06133	西周早期	集成 2007（5）：頁 4433	
3671	丁母觶 周女觶	2	06135	西周早期	集成 2007（5）：頁 4433	
3672	婦嫡觶	2	06143	商代晚期	集成 2007（5）：頁 4433	
				西周早期	吳鎮烽 2006：頁 300	婦嫡，西周早期婦女。
3673	戈母觶	2	06151	西周早期	集成 2007（5）：頁 4434	
3674	亞䜌觶	2	06161	殷或西周早期	集成 2007（5）：頁 4435	
3675	牟旅觶	2	06167	西周早期	集成 2007（5）：頁 4435	
				商晚	陳佩芬 2004：頁 249 器 121	
3676	史犬觶	2	06168	西周早期	集成 2007（5）：頁 4435	
3677	史農觶	2	06169	西周早期	集成 2007（5）：頁 4435	
				厲王	吳其昌 1929（2004）：頁 432	"史農"即厲王三十二年散氏盤（10176）之"史正中農"。
3678	大丏觶	2	06170	殷或西周早期	集成 2007（5）：頁 4435	
3679	羊册觶	2	06171	西周早期	集成 2007（5）：頁 4435	
				西周早期	陝西 1980（2）：頁 2 器 11	
				西周中期	曹瑋等 2005（4）：頁 639	
3680	康侯觶	2	06173	西周早期	集成 2007（5）：頁 4435	
				西周早期	吳鎮烽 2006：頁 292	康侯即康侯封，西周早期人。
3681	應公觶	2	06174	西周早期	集成 2007（5）：頁 4435	
				成康	白川靜 1965：頁 499–504 器 48 附	
				成康	陳夢家 1966（2004）：頁 78	《左傳僖公二十四》記應是武王之穆，應公諸器當在周初。
				成王	徐錫臺 1998：頁 348	器形，紋飾，銘文字體書鑄風格。
				康王前後	彭裕商 2003：頁 292	
				西周早期	吳鎮烽 2006：頁 412	應公，西周早期人。
				西周早期偏早	朱鳳瀚 2009：頁 1355	

續表

序號	器 名	字數	銘文著錄	時 代	出 處	依 據
3682	伯頵觶 伯憂觶	2	06175	西周早期	集成 2007（5）：頁 4435	
				西周早期	吳鎮烽 2006：頁 158	伯頵，西周早期人。
3683	吴羊觶	2	06185	殷或西周 早期	集成 2007（5）：頁 4436	
3684	弓辜觶	2	06186	西周早期	集成 2007（5）：頁 4436	
3685	焂作觶	2	06193	西周早期	集成 2007（5）：頁 4437	
				西周早期	吳鎮烽 2006：頁 287	焂，西周早期人。
3686	作仲觶	2	06194	西周早期	集成 2007（5）：頁 4437	
				西周早期	陝西 1980（3）：頁 7	
				昭王前後	李豐 1988a：頁 396	墓葬。
				二期後段 （約昭王）	盧連成、胡智生 1988a：頁 508-513	墓葬。
				西周早期	曹瑋等 2005（6）：頁 1187	
				昭穆之際	張懋鎔 2006a：頁 219	器形、紋飾、銘文字體與 標準器對照。
				康晚至昭 王	朱鳳瀚 2009：頁 1266-1283	墓葬。
3687	叔作觶	2	06195	西周早期	集成 2007（5）：頁 4437	
3688	作侯觶	2	06196	西周早期	集成 2007（5）：頁 4437	
3689	作内觶	2	06197	西周早期	集成 2007（5）：頁 4437	
3690	作旅觶	2	06198	西周早期	集成 2007（5）：頁 4437	
3691	作障觶 作尊觶	2	06199	西周早期	集成 2007（5）：頁 4437	
3692	父癸觶	2	近出 0649、 新收 0680	商代後期	近出 2002（三）：頁 112	
				商晚 - 周 早	新收 2006：頁 505	
3693	舟癸觶 冉癸觶	2	近出 0651、 新收 0825	西周早期	近出 2002（三）：頁 114	
				西周早期	新收 2006：頁 606	
				康王前期	盧連成、胡智生 1988：頁 263	伴出器物的組合、形制、 紋飾。
				二期中段 （約成康）	盧連成、胡智生 1988a：頁 502-507	墓葬。
				一期（約 成康）	朱鳳瀚 2009：頁 1520	組合，形制，紋飾。
3694	馬家觶	2	近出 0655	西周早期	近出 2002（三）：頁 118	
3695	子蒦觶	2	近出 0656	西周早期	近出 2002（三）：頁 119	
3696	女心觶	2	近出 0657	西周早期	近出 2002（三）：頁 120	

續表

序號	器 名	字數	銘文著錄	時 代	出 處	依 據
3697	史乙觶	2	近二 0603	商代後期	近二 2010（二）: 頁 291	
				西周早期早段	社科院 2005: 頁 510	
				一期（約武王至康王）	朱鳳瀚 2009: 頁 1383	器形。
3698	母比觶	2	近二 0604、新收 1949	西周早期	近二 2010（二）: 頁 292	
				西周早期	新收 2006: 頁 1300	
				西周早期	陝西 1984（4）: 頁 24 器 165	
3699	父戊觶	2	近二 0605	西周早期	近二 2010（二）: 頁 293	
				西周早期	洛陽 B2006: 頁 19、71	形制，紋飾，組合。
				約武王至康王	朱鳳瀚 2009: 頁 1228–1265	墓葬。
3700	父乙觶	2	近二 0606	西周早期	近二 2010（二）: 頁 294	
				殷晚至周初	咸陽 A2006: 頁 30–32	墓葬形制，隨葬器物種類、伴出銅器的形制紋飾。
				約武王至康王	朱鳳瀚 2009: 頁 1228–1265	墓葬。
3701	且乙峕觶祖乙峕觶	3	06201	殷或西周早期	集成 2007（5）: 頁 4437	
3702	文且丙觶	3	06203	西周早期	集成 2007（5）: 頁 4437	
3703	𢆶且丁觶	3	06204	西周早期	集成 2007（5）: 頁 4437	
3704	𢦏且戊觶	3	06208	殷或西周早期	集成 2007（5）: 頁 4438	
3705	戈且己觶	3	06209	殷或西周早期	集成 2007（5）: 頁 4438	
3706	戈且辛觶	3	06211	西周早期	集成 2007（5）: 頁 4438	
3707	𢆶父甲觶	3	06214	西周早期	集成 2007（5）: 頁 4438	
3708	孚父甲觶	3	06215	西周早期	集成 2007（5）: 頁 4438	
				商代	容庚 1941（2008）: 頁 309 觶 14	
				西周初期	中科院 1962: 頁 104A545	
3709	天父乙觶	3	06217	西周早期	集成 2007（5）: 頁 4438	
				殷或西周初期	中科院 1962: 頁 103A532	
				商末文丁前後	李學勤 1999d: 頁 126	
3710	烕父乙觶	3	06222	殷或西周早期	集成 2007（5）: 頁 4439	

續表

序號	器　名	字數	銘文著錄	時　代	出　　處	依　　據
3711	牵父乙觶	3	06225	殷或西周早期	集成 2007（5）：頁 4439	
3712	𤔲父乙觶	3	06227	西周早期	集成 2007（5）：頁 4439	
3713	酨父乙觶	3	06230	西周早期	集成 2007（5）：頁 4439	
3714	亞父乙觶	3	06232	西周早期	集成 2007（5）：頁 4439	
3715	父乙𠆎觶	3	06233	西周早期	集成 2007（5）：頁 4439	
3716	入父乙觶	3	06234	殷或西周早期	集成 2007（5）：頁 4440	
3717	入父乙觶	3	06235、近出 0666	西周早期	集成 2007（5）：頁 4440	
				西周早期	近出 2002（三）：頁 129	
				西周初期	胡智生、劉寶愛、李永澤 1988：頁 27	形制，紋飾，組合，伴出陶器。
				不晚於成王前段	盧連成、胡智生 1988：頁 41	出土墓葬的器物組合及形制、紋飾。
				二期中段（約成康）	盧連成、胡智生 1988a：頁 502–507	墓葬。
				西周早期偏早	朱鳳瀚 2009：頁 1523	組合，形制，紋飾。
3718	父乙𩡑觶	3	06236	西周早期	集成 2007（5）：頁 4440	
				西周前期（約成王）	黃陂 1982：頁 57	同出器類，器形，紋飾，銘文。
				商末周初	朱鳳瀚 2009：頁 1517	形制，紋飾。
3719	辰父乙觶	3	06239	西周早期	集成 2007（5）：頁 4440	
				殷或西周初期	中科院 1962：頁 103A537	
3720	寋父乙觶	3	06240	西周早期	集成 2007（5）：頁 4440	
3721	父乙遽觶	3	06241	西周早期	集成 2007（5）：頁 4440	
3722	父乙束觶	3	06242	西周早期	集成 2007（5）：頁 4440	
3723	魚父乙觶	3	06243	殷或西周早期	集成 2007（5）：頁 4440	
3724	黿父乙觶 黿父乙觶	3	06244	殷或西周早期	集成 2007（5）：頁 4440	
3725	父乙寶觶	3	06246	西周早期	集成 2007（5）：頁 4440	
3726	父乙飮觶	3	06247	西周早期	集成 2007（5）：頁 4440	
3727	子父丙觶	3	06248	西周早期	集成 2007（5）：頁 4440	
3728	𫝀父丙觶	3	06250	西周早期	集成 2007（5）：頁 4441	
3729	戈父丙觶	3	06251	殷或西周早期	集成 2007（5）：頁 4441	

續表

序號	器 名	字數	銘文著錄	時 代	出 處	依 據
3730	戈父丙觶	3	06252	殷或西周早期	集成 2007（5）：頁 4441	
3731	作父丙觶	3	06253	西周早期	集成 2007（5）：頁 4441	
3732	子父丁觶	3	06254	殷或西周早期	集成 2007（5）：頁 4441	
3733	錐父丁觶	3	06258	殷或西周早期	集成 2007（5）：頁 4441	
3734	享父丁觶	3	06259	西周早期	集成 2007（5）：頁 4441	
3735	山父丁觶	3	06261	西周早期	集成 2007（5）：頁 4441	
				西周早期	首陽 2008：頁 80	同人作鼎（首陽 25）、盤（首陽 27）可歸入西周早期。
3736	夆父丁觶	3	06262	殷或西周早期	集成 2007（5）：頁 4441	
3737	亘父丁觶	3	06264	西周早期	集成 2007（5）：頁 4441	
3738	♈父丁觶	3	06265	西周早期	集成 2007（5）：頁 4442	
				西周初年至成康時期	社科院 A1986a：頁 208	
				約武王至康王	朱鳳瀚 2009：頁 1228–1265	墓葬。
3739	䍪父丁觶	3	06268	西周早期	集成 2007（5）：頁 4442	
3740	奴父戊觶	3	06269	西周早期	集成 2007（5）：頁 4442	
3741	兄父己觶	3	06273	西周早期	集成 2007（5）：頁 4442	
3742	䍪父己觶	3	06276	西周早期	集成 2007（5）：頁 4442	
				西周早期	周到、趙新來 1980：頁 37	
				成康	李豐 1988a：頁 396	墓葬。
				二期中段（約成康）	盧連成、胡智生 1988a：頁 502–507	墓葬。
3743	䍪父己觶	3	06277	西周早期	集成 2007（5）：頁 4442	
3744	八父己觶	3	06278	西周早期	集成 2007（5）：頁 4442	
				西周早期	寶雞 E1983：頁 11	
				西周早期	盧連成、胡智生 1988：頁 266	形制，紋飾，字體。
				成康	李豐 1988a：頁 396	墓葬。
				二期後段（約昭王）	盧連成、胡智生 1988a：頁 508–513	墓葬。
3745	奴父己觶	3	06284	西周中期	集成 2007（5）：頁 4443	
3746	黿父己觶黿父己觶	3	06290	殷或西周早期	集成 2007（5）：頁 4443	

續表

序號	器 名	字數	銘文著錄	時 代	出 處	依 據
3747	狱父庚觶	3	06293	殷或西周早期	集成 2007（5）：頁 4443	
3748	作父庚觶	3	06295	西周早期	集成 2007（5）：頁 4444	
				西周前期	辭典 1995：頁 157 器 543	
				西周早期	青全 1997（5）：頁 117 器 122	
				西周早期	陳佩芬 2004：頁 132 器 252	
				昭王	張懋鎔 2010：頁 85	
3749	子父辛觶	3	06296	殷或西周早期	集成 2007（5）：頁 4444	
3750	竟父辛觶	3	06299	西周早期	集成 2007（5）：頁 4444	
				西周早期前段	吳鎮烽 2006：頁 293	竟，西周早期前段人。
3751	⿱父辛觶	3	06302	殷或西周早期	集成 2007（5）：頁 4444	
3752	戈父辛觶	3	06304	西周早期	集成 2007（5）：頁 4444	
3753	行父辛觶	3	06305	西周早期	集成 2007（5）：頁 4444	
3754	⿱父辛觶	3	06307	西周早期	集成 2007（5）：頁 4444	
				商代	容庚 1941（2008）：頁 309 觶 7	
3755	八父辛觶	3	06308	殷或西周早期	集成 2007（5）：頁 4444	
3756	八父辛觶	3	06309	殷或西周早期	集成 2007（5）：頁 4444	
3757	八父辛觶	3	06310	殷或西周早期	集成 2007（5）：頁 4444	
3758	⿱父辛觶	3	06312	西周早期	集成 2007（5）：頁 4445	
3759	⿱父辛觶	3	06313	殷或西周早期	集成 2007（5）：頁 4445	
3760	雔父辛觶	3	06314	殷或西周早期	集成 2007（5）：頁 4445	
3761	榭父辛觶	3	06316	西周早期	集成 2007（5）：頁 4445	
				西周早期	陝西 1980（3）：頁 25 器 159	
				武王至成王早年	李豐 1988a：頁 396	墓葬。
				二期早段（約武成）	盧連成、胡智生 1988a：頁 500	墓葬。
3762	束父辛觶	3	06317	西周早期	集成 2007（5）：頁 4445	
3763	遽父辛觶商父辛觶	3	06318	西周早期	集成 2007（5）：頁 4445	
3764	⿱父辛觶	3	06319	西周早期	集成 2007（5）：頁 4445	

續表

序號	器　名	字數	銘文著録	時　代	出　　處	依　　據
3765	責父辛觶	3	06320	西周早期	集成 2007（5）：頁 4445	
				西周早期	吳鎮烽 2006：頁 349	責，西周早期人。
3766	⿰火父辛觶	3	06321	西周早期	集成 2007（5）：頁 4445	
3767	⿰火父壬觶	3	06322	西周早期	集成 2007（5）：頁 4445	
3768	子父癸觶	3	06323	殷或西周早期	集成 2007（5）：頁 4445	
				西周早期	隨州 A1982a：頁 53–54	形制，紋飾。
				西周早期	楊寶成 1989：頁 132	伴出器形制、紋飾、字體。
				西周早期	楊寶成 1991：頁 14–15	同墓銅器群的組合、器形、紋飾和銘文判斷，當屬西周早期。
3769	犾父癸觶	3	06329	西周早期	集成 2007（5）：頁 4446	
3770	犾父癸觶	3	06330	西周早期	集成 2007（5）：頁 4446	
3771	枏父癸觶 㺱父癸觶	3	06331	殷或西周早期	集成 2007（5）：頁 4446	
				殷到西周前期	甘肅 A1972：頁 2–3	形制，花紋，銘文，器物組合。
				成康	甘肅 C1977：頁 124	形制，紋飾。
				成康	李豐 1988a：頁 396	墓葬。
				二期中段（約成康）	盧連成、胡智生 1988a：頁 502–507	墓葬。
3772	弓父癸觶	3	06332	西周早期	集成 2007（5）：頁 4446	
3773	矢父癸觶	3	06333	殷或西周早期	集成 2007（5）：頁 4446	
3774	奴父癸觶	3	06334	西周早期	集成 2007（5）：頁 4446	
3775	奴父癸觶	3	06335	西周早期	集成 2007（5）：頁 4446	
3776	奴父癸觶	3	06336	殷或西周早期	集成 2007（5）：頁 4446	
3777	戈父癸觶	3	06337	西周早期	集成 2007（5）：頁 4446	
3778	⿴口父癸觶	3	06340	西周早期	集成 2007（5）：頁 4447	
3779	⿴口父癸觶	3	06341	西周早期	集成 2007（5）：頁 4447	
3780	屰父癸觶	3	06342	殷或西周早期	集成 2007（5）：頁 4447	
				殷末周初	王家祐 1961：頁 30	形制，花紋。
3781	魚父癸觶	3	06343	殷或西周早期	集成 2007（5）：頁 4447	
				商代晚期	陝西 1979（1）：頁 4 器 18	

序號	器　名	字數	銘文著錄	時　代	出　　處	依　　據
3782	亞𖣂婦觶	3	06347	西周早期	集成 2007（5）：頁 4447	
3783	女朱戈觶	3	06348	殷或西周早期	集成 2007（5）：頁 4447	
3784	彝女子觶子龍觶	3	06349	商代晚期	集成 2007（5）：頁 4447	
				殷或西周早期	中科院 1962：頁 102A529	
3785	作姞彝觶	3	06350	西周早期	集成 2007（5）：頁 4447	
3786	彭女𠃬觶	3	06352	西周早期	集成 2007（5）：頁 4447	
				西周早期	吳鎮烽 2006：頁 307	彭女，西周早期人。
3787	伯作彝觶周伯觶	3	06361	西周早期	集成 2007（5）：頁 4448	
3788	伯作彝觶蓋	3	06362	西周早期	集成 2007（5）：頁 4448	
3789	伯作彝觶	3	06363	西周早期	集成 2007（5）：頁 4448	
				成康	甘肅 C1977：頁 124	形制，紋飾。
				成康	李豐 1988a：頁 396	墓葬。
				二期中段（約成康）	盧連成、胡智生 1988a：頁 502–507	墓葬。
				約武王至康王	朱鳳瀚 2009：頁 1228–1265	墓葬。
3790	戚作彝觶	3	06365	西周早期	集成 2007（5）：頁 4448	
				西周早期	吳鎮烽 2006：頁 283	戚，西周早期人。
3791	戚作彝觶	3	06366	西周早期	集成 2007（5）：頁 4448	
3792	且戊觶	3	06369	西周早期	集成 2007（5）：頁 4449	
3793	父乙飤觶	3	近出 0658	西周早期	近出 2002（三）：頁 121	
3794	保父丁觶	3	近出 0659、新收 0796	西周早期	近出 2002（三）：頁 122	
				商晚－西周早期	新收 2006：頁 584	
				西周早期前段	陝西 A1995：頁 123	形制，花紋。
				成王	張長壽 1998：頁 290–294	銅器形制，花紋，組合。
				約武王至康王	朱鳳瀚 2009：頁 1228–1265	墓葬。
3795	戈父己觶	3（蓋器同銘）	近出 0660、新收 0795	西周早期	近出 2002（三）：頁 123	
				商晚－西周早期	新收 2006：頁 583	
				西周早期前段	陝西 A1995：頁 123	形制，花紋。

續表

序號	器　名	字數	銘文著錄	時　代	出　處	依　據
3795	戈父己觶	3（蓋器同銘）	近出 0660、新收 0795	成王	張長壽 1998：頁 290–294	銅器形制，花紋，組合。
				約武王至康王	朱鳳瀚 2009：頁 1228–1265	墓葬。
3796	鳥父辛觶	3	近出 0662、新收 0844	西周早期	近出 2002（三）：頁 125	
				商晚 – 西周早期	新收 2006：頁 619	
				商末周初	麟游 A1990：頁 881	
3797	羆母己觶蓋	3	近出 0664、新收 1752	西周早期	近出 2002（三）：頁 127	
				西周早期	新收 2006：頁 4487	
				西周早期後段	王長啓 1990：頁 28	
3798	萬父丁觶	3	近二 0608、新收 1841	商代後期	近二 2010（二）：頁 296	
				商代晚期 – 西周早期	新收 2006：頁 1238	
3799	子祖己觶	3	近二 0609、新收 1938	商代後期	近二 2010（二）：頁 297	
				商代晚期 – 西周早期	新收 2006：頁 1294	
3800	字父己觶	3	近二 0610、新收 1939	商代後期	近二 2010（二）：頁 298	
				商代晚期 – 西周早期	新收 2006：頁 1295	
3801	亞父丁觶	3	近二 0611	商代後期	近二 2010（二）：頁 299	
				西周早期早段	社科院 2005：頁 513	
				一期（約武王至康王）	朱鳳瀚 2009：頁 1383	器形。
3802	史妣庚觶	3	近二 0612、新收 0834	西周早期	近二 2010（二）：頁 300	
				西周早期	新收 2006：頁 613	
3803	羆父乙觶	3	近二 0613	西周早期	近二 2010（二）：頁 301	
3804	飲祖己觶	3	近二 0614、新收 0372	西周早期	近二 2010（二）：頁 302	
				西周早期	新收 2006：頁 257	
				西周早期	洛陽 B2003：頁 10	據伴出陶器判斷。
				約武王至康王	朱鳳瀚 2009：頁 1228–1265	墓葬。

續表

序號	器　名	字數	銘文著錄	時　代	出　　處	依　　據
3805	交父辛觶	3	近二 0615、新收 0384	西周早期	近二 2010（二）: 頁 303	
				西周	新收 2006: 頁 267	
				西周	洛陽 B2004: 頁 10	伴出器。
				約武王至康王	朱鳳瀚 2009: 頁 1228–1265	墓葬。
3806	亞且辛觶蓋	4	06371	西周早期	集成 2007（5）: 頁 4449	
3807	駕分父甲觶	4	06372	西周早期	集成 2007（5）: 頁 4449	
				西周早期	吳鎮烽 2006: 頁 420	駕，西周早期人。
3808	子廟父乙觶	4	06373	殷或西周早期	集成 2007（5）: 頁 4449	
				商代	容庚 1941（2008）: 頁 309 觶 15	
3809	天父乙觶晶天父乙觶	4	06374	西周早期	集成 2007（5）: 頁 4449	
3810	亞大父乙觶	4	06375	殷或西周早期	集成 2007（5）: 頁 4449	
3811	亞大父乙觶	4	06376	殷或西周早期	集成 2007（5）: 頁 4449	
3812	亞吳父乙觶	4	06377	西周早期	集成 2007（5）: 頁 4449	
				殷或西周初期	中科院 1962: 頁 100A521	
3813	亞餘父乙觶亞俞父乙觶	4	06379	西周早期	集成 2007（5）: 頁 4449	
				西周早期	吳鎮烽 2006: 頁 186	亞俞，西周早期人。
3814	川又父乙觶	4	06387	西周早期	集成 2007（5）: 頁 4450	
				西周早期	羅西章 1980: 頁 6–22	
				西周早期	陝西 1980（3）: 頁 5 器 27	
				西周早期	曹瑋等 2005（10）: 頁 2192	
3815	尹舟父丙觶	4	06388	西周早期	集成 2007（5）: 頁 4450	
				西周初期	中科院 1962: 頁 104A539	
3816	父丁告田觶	4	06391	西周早期	集成 2007（5）: 頁 4450	
3817	母父丁觶	4	06392	殷或西周早期	集成 2007（5）: 頁 4450	
3818	𠀇父戊觶	4	06397	殷或西周早期	集成 2007（5）: 頁 4451	

序號	器　名	字數	銘文著錄	時　代	出　處	依　據
3819	亞累父己觶	4	06402	西周早期	集成 2007（5）：頁 4451	
				西周初期	程長新 1983：頁 67	組合，造型，紋飾，銘文。
				約昭王	朱鳳瀚 2009：頁 1411	形制。
3820	亞𦥑父己觶	4	06403	西周早期	集成 2007（5）：頁 4451	
3821	田田父己觶	4	06405	西周早期	集成 2007（5）：頁 4451	
				商	天津 A1964：頁 34	紋飾，文字。
3822	牧正父己觶	4	06406	西周早期	集成 2007（5）：頁 4451	
				殷末周初	王家祐 1961：頁 30	形制，花紋。
3823	𡧛作父己觶周舉觶	4	06407	西周早期	集成 2007（5）：頁 4451	
3824	父己豕馬觶父己驪觶	4	06408	西周早期	集成 2007（5）：頁 4451	
3825	亞若父己觶	4	06409	殷或西周早期	集成 2007（5）：頁 4452	
3826	父辛亞龡觶父辛亞俞觶	4	06411	西周早期	集成 2007（5）：頁 4452	
3827	亞𣱩父辛觶	4	06412	殷或西周早期	集成 2007（5）：頁 4452	
3828	亞挈父辛觶	4	06414	西周早期	集成 2007（5）：頁 4452	
3829	弓辈父辛觶	4	06415	西周早期	集成 2007（5）：頁 4452	
3830	逆𣃧父辛觶	4	06416	西周早期	集成 2007（5）：頁 4452	
3831	宀作父辛觶父辛觶、宀觶、屋形父辛觶	4	06417	西周早期	集成 2007（5）：頁 4452	
				西周早期	吳鎮烽 2006：頁 26	宀，西周早期人。
3832	宁察父辛觶	4	06418	西周早期	集成 2007（5）：頁 4452	
3833	寧作父辛觶	4	06419	西周早期	集成 2007（5）：頁 4452	
				西周早期	吳鎮烽 2006：頁 349	寧，西周早期人。
3834	亞食父癸觶	4	06421	西周早期	集成 2007（5）：頁 4452	

序號	器 名	字數	銘文著録	時 代	出 處	依 據
3835	𣄼父癸觶	4	06425	西周早期	集成 2007（5）：頁 4452	
3836	泂兄日壬觶	4	06429	殷或西周早期	集成 2007（5）：頁 4453	
3837	員觶	4	06431–06432	西周早期或中期	集成 2007（5）：頁 4453	
				西周初期（成王）	中科院 1962：頁 102A527	
				昭王	唐蘭 1976—1978（1986）：頁 225	人物"員"亦見員卣（05387）。
				昭王	唐蘭 1981：頁 26	
				昭王	劉啓益 2002：頁 164	見員卣（05387）。
				穆王	彭裕商 2002：頁 28–29	參員卣（05387）。
				穆王	彭裕商 2003：頁 313	形制屬穆王。
				西周中期前段	吳鎮烽 2006：頁 256	員，西周中期前段人。
3838	員觶	4	06432	西周早期或中期	集成 2007（5）：頁 4453	
				西周初期（成王）	中科院 1962：頁 102A526	
3839	戈罟觶	4	06433	西周早期	集成 2007（5）：頁 4453	
				西周早期	吳鎮烽 2006：頁 285	戈罟，西周早期人。
3840	季作旅彝觶 周季觶	4	06434	西周早期或中期	集成 2007（5）：頁 4453	
3841	作邟從彝觶	4	06435	西周早期	集成 2007（5）：頁 4453	
				西周早期	吳鎮烽 2006：頁 203	封，西周早期人。
3842	逨觶	4	06436	西周早期	集成 2007（5）：頁 4453	
				西周早期後段	吳鎮烽 2006：頁 280	逨，西周早期後段人。
3843	耒作寶彝觶	4	06437	西周早期	集成 2007（5）：頁 4453	
				西周早期前段	吳鎮烽 2006：頁 108	耒，西周早期前段人。
3844	作寶障彝觶 作寶尊彝觶	4	06438	西周早期	集成 2007（5）：頁 4453	
				昭穆	張懋鎔 2010：頁 85	
3845	尹舟父甲觶	4	近出 0667	西周早期	近出 2002（三）：頁 130	

續表

序號	器 名	字數	銘文著錄	時 代	出 處	依 據
3846	亞天父癸觶	4	近出 0670	西周早期	近出 2002（三）:頁 133	
3847	穌觶	4	近二 0616、新收 1667	西周早期	近二 2010（二）:頁 304	
				西周早期	新收 2006:頁 1142	
3848	伯觶	4	近二 0617	西周中期	近二 2010（二）:頁 305	
3849	厚且戊觶	5	06439	西周早期	集成 2007（5）:頁 4453	
3850	亞吳父乙觶	5	06440	西周早期	集成 2007（5）:頁 4454	
3851	高作父乙觶	5	06441	西周早期	集成 2007（5）:頁 4454	
				西周早期	吳鎮烽 2006:頁 270	高，西周早期人。
3852	逋作父乙觶	5	06442	西周早期	集成 2007（5）:頁 4454	
				西周早期	吳鎮烽 2006:頁 2	"冂逋"，西周早期人。
3853	茒册父丁觶 茒册⌂父丁觶	5	06444	西周早期	集成 2007（5）:頁 4454	
3854	宁册父丁觶	5	06445	西周早期	集成 2007（5）:頁 4454	
3855	聓作父丁觶	5	06446	西周早期	集成 2007（5）:頁 4454	
				西周早期	吳鎮烽 2006:頁 309	聓子，西周早期人。
3856	虜作父丁觶	5	06447	西周早期	集成 2007（5）:頁 4454	
				西周早期	吳鎮烽 2006:頁 407	虜，西周早期人。
3857	作父辛觶	5	06448	西周早期	集成 2007（5）:頁 4454	
3858	夌作父癸觶 夌作父癸觶	5	06449	西周早期	集成 2007（5）:頁 4454	
				西周早期	吳鎮烽 2006:頁 182	夌，西周早期人。
3859	姞亘母觶	5	06451	西周早期	集成 2007（5）:頁 4454	
				西周早期	吳鎮烽 2006:頁 245	姞亘母，西周早期姞姓女子。
3860	矢王觶 矢王壺、矢王卣	5	06452	西周早期	集成 2007（5）:頁 4454	
				孝王	白川靜 1968c:頁 213–228 器 139 附	
				西周早期	馬承源等 1988:頁 98	
				西周早期	青全 1997（6）:頁 144 器 148	
				西周早期	曹定雲 1999:頁 109，頁 110	字體。
				西周早期	陳佩芬 2004:頁 130	
				西周早期後段	吳鎮烽 2006:頁 77	矢王，西周早期後段人，矢國族首領。

續表

序號	器 名	字數	銘文著錄	時 代	出 處	依 據
3861	夌伯觶	5	06453	西周早期	集成 2007（5）：頁 4455	
				西周早期	寶雞 E1983：頁 11	
				西周早期	盧連成、胡智生 1988：頁 266	形制，紋飾，字體。
				成康	李豐 1988a：頁 396	墓葬。
				二期後段（約昭王）	盧連成、胡智生 1988a：頁 508–513	墓葬。
				西周早期	吳鎮烽 2006：頁 182	夌伯，西周早期夌國族首領。
				二期（約昭王）	朱鳳瀚 2009：頁 1520	組合，形制，紋飾。
3862	伯戜觶伯戜飲壺	5	06454–06455	西周中期	集成 2007（5）：頁 4455	
				穆王	扶風 A1976：頁 58	形制，花紋，銘文字體。
				穆王	陝西 1980（2）：頁 14 器 105、106	
				穆王	吳鎮烽 1987：頁 270	形制，紋飾，字體。
				穆王前後	李豐 1988a：頁 396	墓葬。
				穆王	盧連成、胡智生 1988a：頁 514	墓葬。
				未	汪中文 1990：頁 43–48	"伯戜"與"彔""彔伯戜"非同一人。
				西周中期	辭典 1995：頁 158 器 547	
				穆王	青全 1997（5）：頁 119 器 124、125	
				穆王	劉啟益 2002：頁 211	伯戜墓的時代在穆王時。
				西周中期	馬承源 2003a：頁 176 壺 3	器形。
				西周中期	曹瑋等 2005（7）：頁 1382、1385	
				穆王前後	張懋鎔 2006a：頁 227	
				西周中期前段	吳鎮烽 2006：頁 156	伯戜，西周中期前段人。
				穆恭	朱鳳瀚 2009：頁 1284–1301	墓葬。
3863	伯作姬觶	5	06456	西周中期	集成 2007（5）：頁 4455	
3864	井叔觶邢叔觶、井叔杯	5	06457	西周早期	集成 2007（5）：頁 4455	
				西周中期	張長壽 1990：頁 32–35	據所出墓葬時代。
				夷王	李仲操 1998a：頁 317	參井叔采鐘（00356）。
				西周晚期	社科院 1999：頁 366	據墓葬打破關係及伴出陶鬲。
				西周中期前段	吳鎮烽 2006：頁 156	伯戜，西周中期前段人。

續表

序號	器 名	字數	銘文著錄	時 代	出 處	依 據
3865	叔偈父觶	5	06458	西周早期	集成 2007（5）：頁 4455	
				西周早期	吳鎮烽 2006：頁 198	叔偈父，西周早期人。
3866	邑觶	5	06459	殷或西周早期	集成 2007（5）：頁 4455	
				西周早期	洛陽 A1972：頁 26–27	伴出器物的器形、紋飾。
				西周早期	洛陽 B1999a：頁 91	
				成康	李豐 1988a：頁 396	墓葬。
				二期後段（約昭王）	盧連成、胡智生 1988a：頁 508–513	墓葬。
				西周早期	吳鎮烽 2006：頁 146	邑，西周早期後段人。
				約武王至康王	朱鳳瀚 2009：頁 1228–1265	墓葬。
3867	事作小旅彝觶事觶、周事尊、事作小旅觶	5	06460	西周早期	集成 2007（5）：頁 4455	
				西周早期後段	吳鎮烽 2006：頁 191	事，西周早期後段人。
3868	亘觶、恆觶	5	06461	西周中期	集成 2007（5）：頁 4455	
				西周中期	吳鎮烽 2006：頁 112	亘圭弔，西周中期人。
3869	父乙觶亞□□父乙觶	5	近二 0618	商代後期	近二 2010（二）：頁 306	
				西周早期早段	社科院 2005：頁 513	
				一期（約武王至康王）	朱鳳瀚 2009：頁 1383	器形。
3870	叔觶	5	近二 0619、新收 0950	西周早期	近二 2010（二）：頁 307	
				西周早期	新收 2006：頁 692	
				西周早期	青全 1997（6）：頁 47 器 48	
				西周早期	山西·北京 2000：頁 334	M6214 在西周早期。
				約昭王	徐天進 2000：頁 335–337	墓葬。
3871	亞聿豖父乙觶	6	06465	西周早期	集成 2007（5）：頁 4456	
3872	尚作父乙觶	6	06466	西周中期	集成 2007（5）：頁 4456	
				西周中期	任偉 2002：頁 57	器形，紋飾，字體。
				西周中期前段	吳鎮烽 2006：頁 201	尚，西周中期前段人。
3873	丰作父乙觶	6	06467	西周早期	集成 2007（5）：頁 4456	
				西周早期	吳鎮烽 2006：頁 37	豐，西周早期人。

序號	器 名	字數	銘文著録	時 代	出 處	依 據
3874	小臣作父乙觶	6	06468	西周早期	集成 2007（5）：頁 4456	
				西周早期	王毓彤 1963：頁 55	形制，鑄法，紋飾，字體。
				西周	李健 1963：頁 224-225	
				西周初年	郭沫若 1963a：頁 182-187	
				約穆王	劉彬徽 1986：頁 242	
				西周早期	吳鎮烽 2006：頁 28	小臣，指西周早期擔任小臣的某人。
3875	雁事作父乙觶 應事作父乙觶	6	06469	西周早期	集成 2007（5）：頁 4456	
				西周	張肇武 1984：頁 29-39	
				西周中期	徐錫臺 1998：頁 349	
				西周中期前段	吳鎮烽 2006：頁 412	應事，西周中期前段人。
				西周中期中葉	朱鳳瀚 2009：頁 1352	形制，紋飾。
3876	作父丙觶	6	06470	西周早期	集成 2007（5）：頁 4456	
3877	𩛥作父丁觶	6	06471	西周早期	集成 2007（5）：頁 4456	
3878	作禦父辛觶	6	06472	西周早期	集成 2007（5）：頁 4456	
				西周早期	吳鎮烽 2006：頁 112	耳𢪛，西周早期人。
3879	作父辛觶	存 6	06473	西周早期	集成 2007（5）：頁 4456	
3880	玆觶	6	06474	西周早期	集成 2007（5）：頁 4456	
				西周早期	吳鎮烽 2006：頁 245	玆，西周早期人。
3881	朕作父癸觶	6	06475	西周早期	集成 2007（5）：頁 4456	
				西周早期	陳佩芬 2004：頁 128	形制、紋飾屬西周早期，可能與天亡簋爲同人作器。
				西周早期	吳鎮烽 2006：頁 269	朕，西周早期人。
3882	北子𤘽觶	6	06476	西周早期	集成 2007（5）：頁 4456	
				成康	陳夢家 1966（2004）：頁 77	出江陵，爲周初楚之與國之器。
				西周中期前段	吳鎮烽 2006：頁 84	北子，西周中期前段人，名𤘽。
3883	伯旝觶	6	06477-06478	西周早期	集成 2007（5）：頁 4457	
				西周初期	中科院 1962：頁 105A555	
				西周早期	吳鎮烽 2006：頁 161	伯旝，西周早期人。
3884	者兒觶 諸兒觶	6	06479	西周早期	集成 2007（5）：頁 4457	
				西周中期前段	吳鎮烽 2006：頁 382	諸兒，西周中期前段人。

續表

序號	器 名	字數	銘文著録	時 代	出 處	依 據
3885	遜觶	6	06480	西周早期	集成 2007（5）：頁 4457	
				西周早期	吳鎮烽 2006：頁 357	遜，西周早期人。
3886	霖夒觶	6	06481	西周早期	集成 2007（5）：頁 4457	
				西周早期	吳鎮烽 2006：頁 445	霖夒，西周早期人。
3887	莽酲觶	6	近出 0672-0673、新收 0357-0358	西周中期	近出 2002（三）：頁 135	
				西周中期	新收 2006：頁 245	
				西周早期	洛陽 B1999a：頁 90	
				穆王	蔡運章 1996：頁 57	據同出器的特徵。
				西周中期前段	吳鎮烽 2006：頁 352	莽酲，西周中期前段人。
3888	朕觶	6	近二 0620、新收 1799	西周早期	近二 2010（二）：頁 308	
				西周	新收 2006：頁 1214	
3889	爝保㝅觶	6	近二 0621	商代後期	近二 2010（二）：頁 309	
				西周早期早段	社科院 2005：頁 510	
				一期（約武王至康王）	朱鳳瀚 2009：頁 1383	器形。
3890	中作匕己觶 作妣己觶、中作妣己觶	7	06482	西周早期	集成 2007（5）：頁 4457	
				西周初期	中科院 1962：頁 104A547	
				商末文丁前後	李學勤 1999d：頁 126	
				西周早期前段	吳鎮烽 2006：頁 48	中，西周早期前段人。
3891	作父戊觶	7	06483	西周早期	集成 2007（5）：頁 4457	
				商代晚期	陳佩芬 2004a：頁 262	
3892	叔儥觶	7	06486	西周早期	集成 2007（5）：頁 4457	
				西周早期	吳鎮烽 2006：頁 200	叔儥，西周早期人。
				康王前後	張懋鎔 2010b：頁 44	字體。
3893	征作笒觶	7	06487	西周早期	集成 2007（5）：頁 4457	
				西周早期	吳鎮烽 2006：頁 162	征，西周早期人。
3894	冶徚觶	7	06488	西周早期	集成 2007（5）：頁 4458	
				成康	殷瑋璋、曹淑琴 1991：頁 16	可能爲燕侯旨所作。
				西周早期	吳鎮烽 2006：頁 266	徚，西周早期人。
3895	衙觶	7	近出 0674	西周早期	近出 2002（三）：頁 137	
3896	耦作父己觶 耦觶	7	近出 0675、新收 0819	西周早期	近出 2002（三）：頁 138	
				西周早期	新收 2006：頁 601	

續表

序號	器　名	字數	銘文著錄	時　代	出　　處	依　　據
3896	繛作父己觶 繛觶	7	近出 0675、 新收 0819	康晚昭前	盧連成、胡智生 1988：頁 263	伴出器物的組合、形制、紋飾。
				二期中段 （約成康）	盧連成、胡智生 1988a：頁 502–507	墓葬。
				西周早期	吳鎮烽 2006：頁 439	繛，西周早期人。
				一期（約成康）	朱鳳瀚 2009：頁 1520	組合，形制，紋飾。
3897	其史作且己觶 其史作祖己觶	8	06489	西周早期	集成 2007（5）：頁 4458	
				成康	北京 C1995：頁 244	形制，花紋，銘文。
				西周早期	吳鎮烽 2006：頁 189	其史，西周早期人。
				成康之際	朱鳳瀚 2009：頁 1409	組合，形制，紋飾。
3898	旅史遷且辛觶 齊史遷祖辛觶	8	06490–06491	西周早期	集成 2007（5）：頁 4458	
				西周早期	吳鎮烽 2006：頁 359	齊史遷，西周早期人。
3899	凡作父乙觶	8	06492	殷或西周早期	集成 2007（5）：頁 4458	
				商代晚期或西周早期	吳鎮烽 2006：頁 26	凡，商代晚期或西周早期人。
3900	諫作父丁觶	8	06493	西周早期	集成 2007（5）：頁 4458	
				西周早期	吳鎮烽 2006：頁 399	諫，西周早期人。
3901	舌仲作父丁觶 周古仲尊	8	06494	西周早期	集成 2007（5）：頁 4458	
3902	遽仲作父丁觶	8	06495	西周早期	集成 2007（5）：頁 4458	
				西周早期	吳鎮烽 2006：頁 395	遽仲，西周早期人。
3903	甚父戊觶	8	06497	西周早期	集成 2007（5）：頁 4458	
				西周早期	吳鎮烽 2006：頁 222	甚，西周早期人。
3904	父己年鬳觶	8	06498	西周早期	集成 2007（5）：頁 4458	
3905	諫作父己觶	8	06499	西周早期	集成 2007（5）：頁 4458	
				西周早期	吳鎮烽 2006：頁 399	諫，西周早期人。
3906	鼓睾作父辛觶	8	06500	西周早期	集成 2007（5）：頁 4458	
				西周早期	吳鎮烽 2006：頁 332	鼓睾，西周早期人。
3907	作父癸觶 冬觶	8	06501	西周早期	集成 2007（5）：頁 4458	
				西周中期	吳鎮烽 2006：頁 448	冬，西周中期前段人。
				昭穆	張懋鎔 2010：頁 85	

序號	器 名	字數	銘文著錄	時 代	出 處	依 據
3908	木工册作母甲觶	8	06502	西周早期	集成 2007（5）：頁 4459	
3909	吕伯觶、伯觶	8	06503	西周早期	集成 2007（5）：頁 4459	
				西周初期（後半部）	中科院 1962：頁 103A	
				西周早期	吴鎮烽 2006：頁 145	吕伯，西周早期人。
3910	甾作父己觶	9	06504	西周早期	集成 2007（7）：頁 4459	
				西周中期前段	吴鎮烽 2006：頁 220	甾，西周中期前段人。
3911	束觶	9（蓋器同銘）	近出 0676、新收 1830	西周早期	近出 2002（三）：頁 139	
				西周早期	新收 2006：頁 1231	
				西周早期	李學勤、艾蘭 1995：頁 340 器 90	花紋近穆王時班簋（04341）而稍早。
3912	敦觶	10	近出 0677	西周中期	近出 2002（三）：頁 140	
3913	叀觶	11	近出 0678	西周早期	近出 2002（三）：頁 141	
3914	北子觶周草尊	12	06507	西周早期	集成 2007（5）：頁 4459	
				西周中期前段	吴鎮烽 2006：頁 84	北子，西周中期前段人。
3915	𢦏觶	12	06508	西周早期	集成 2007（5）：頁 4459	
				西周早期	吴鎮烽 2006：頁 448	𢦏，西周早期人。
3916	厝觶氒觶	13	06509、新收 1355	西周早期	集成 2007（5）：頁 4459	
				西周早期	新收 2006：頁 935	
				西周初期	北京 C1995：頁 242–244	形制、紋飾及伴出器物。
				西周早期	青全 1997（6）：頁 20 器 20	
				西周早期	吴鎮烽 2006：頁 252	厝，西周早期人。
				成康之際	朱鳳瀚 2009：頁 1409	組合，形制，紋飾。
3917	庶觶	14	06510	西周早期	集成 2007（5）：頁 4459	
				西周初期	北京 C1995：頁 242	形制、紋飾及伴出器物。
				西周早期	吴鎮烽 2006：頁 291	庶，西周早期人。
				成康之際	朱鳳瀚 2009：頁 1409	組合，形制，紋飾。
3918	紀仲觶旲仲壺、旲仲觶、旲仲卣	14	06511	西周中期	集成 2007（5）：頁 4459	
				恭王	郭沫若 1935（2002）：頁 181	"倗生"見於恭王時格伯毀（04262）。
				恭王	白川靜 1967c：頁 439–441 器 112 附	
				共王	唐蘭 1976—1978（1986）：頁 445	

續表

序號	器　名	字數	銘文著録	時　代	出　　處	依　　據
3918	紀仲觶 異仲壺、 異仲觶、 異仲卣	14	06511	恭懿	陳佩芬 1984:頁 22	銘文近恭懿時佣生簋（04264）、望簋（04272）。鳥紋見於恭王時效卣（05433）。
				恭王	馬承源等 1988:頁 144 器 211	
				西周中期	辭典 1995:頁 158 器 548	
				西周中期	青全 1997（6）:頁 86 器 88	
				西周中期	馬承源 2003a:頁 176 壺 2	器形。
				孝夷	彭裕商 2003:頁 347	"佣生"見於夷世格伯簋（04262），又據用詞及紋飾歸入孝夷時期。
				恭王	陳佩芬 2004:頁 353 器 342	器形，紋飾。
				西周中期前段	吳鎮烽 2006:頁 296	異仲，西周中期前段人。
				恭王	吉琨璋、宋建忠、田建文 2006:頁 47	
3919	奮觶	19	首陽 23	西周早期	首陽 2008:頁 74 器 23	銘文内容。
				周初	朱鳳瀚 2009:頁 1381	
3920	小臣單觶	21	06512	西周早期	集成 2007（5）:頁 4459	
				武王	吳其昌 1929（2004）:頁 103	銘文文字順序調整爲"王克商後反，在成師"，故定爲武王。
				武王	郭沫若 1935（2002）:頁 22	武王克商。
				武王	容庚 1941（2008）:頁 30	有"克商""周公"語。
				成王	白川靜 1962b:頁 89-102 器 9	
				成王	陳夢家 1966（2004）:頁 10	銘文"王後屋（黜）克商"記録第二次克商，即討伐武庚之叛。
				周公攝政	唐蘭 1976—1978（1986）:頁 36	
				成王	陳佩芬 1981:頁 30	"王後叛克商"指周公平息武庚的叛亂。
				成王	馬承源 1982:頁 56	記成王東伐。
				成王二年	馬承源 1983（2002）:頁 236	銘文内容。
				武王	高木森 1986:頁 31	銘文風格與武王時利簋極相似。
				成王（周公攝政時）	張政烺 1987（2011）:頁 4	

續表

序號	器 名	字數	銘文著錄	時 代	出 處	依 據
3920	小臣單觶	21	06512	成王二年	馬承源等 1988：頁 16	"王後取（屋）克商"指成王二年克殷，見《尚書大傳》。雒邑在成王營成之前已有成周之稱。
				成王二年（或三年）	馬承源 1989：頁 94	"王後屋克商"指成王平武庚之亂，該器作於成王二年或次年。
				西周前期	辭典 1995：頁 158 器 546	
				成王	青全 1997（5）：頁 113 器 118	
				武王	高木森 1997：頁 370	記武王伐商之役。
				成王初年	劉啓益 2002：頁 65	"王後紲克商"指平定武庚判亂之役。形制承襲殷式。生稱周公。
				成王	彭裕商 2003：頁 216、41	"後黜克商"即二次克商，對武王克商而言。
				成王	陳佩芬 2004 頁 125 器 249	成王平定武庚叛亂，是滅殷後的又一次克商。
				成王	張懋鎔 2006a：頁 210	成王時標準器。
				西周早期前段	吳鎮烽 2006：頁 29	小臣單，西周早期前段人。
				成王	葉正渤 2010a：頁 208	
3921	中觶召公尊	36	06514	西周早期	集成 2007（5）：頁 4460	
				成王	吳其昌 1929（2004）：頁 136	作器者同周公攝政及成王時 卣 鼎（02785、02751）與卣甗（00949）。"南宮月"即成王時南宮毛，見《顧命》。
				成王	郭沫若 1935（2002）：頁 54	與成王時中齋（02785）同爲"安州六器"。
				成王	容庚 1941（2008）：頁 35	同人作中方鼎（02785）爲成王時。
				成王	白川靜 1966a：頁 790–793 器 71 附	
				昭王	唐 蘭 1976—1978（1986）：頁 288	是昭王第一次南征歸來時振旅後作。
				昭王	李學勤 1979：頁 32	銘文内容與作册折尊（06002）相聯繫，彼器作於昭王時。
				昭王	唐蘭 1981：頁 82	
				昭王	馬承源等 1988：頁 77	
				武王	孫斌來 2001：頁 46–47	參中方鼎一（02785）。

序號	器 名	字數	銘文著録	時 代	出 處	依 據
3921	中觶 召公尊	36	06514	成王	劉啓益 2002: 頁 77	作器者同中方鼎（02751），同爲安州六器，後者作於成王時。
				昭王	彭裕商 2003: 頁 262	同出中方鼎二、三（02751、02752）和中甗（00949）皆昭王時器。
				昭王	張懋鎔 2005a: 頁 3	形制有晚殷特點，但裝飾簡單，是昭王時的新風尚。該現象可用"兩系説"解釋。
				昭王	張懋鎔 2006: 頁 190	銘文字形書體及其他。
				康昭	吳鎮烽 2006: 頁 48	中，西周康昭時期人。
				昭王	張懋鎔 2008: 頁 345	
3922	萬諆觶 周黀尊	36	06515	西周中期	集成 2007（5）: 頁 4460	
				康王	陳夢家 1966（2004）: 頁 127	依花紋定爲康世。
				西周中期前段	吳鎮烽 2006: 頁 333	萬諆，西周中期前段人。
3923	趩觶 趩尊、趩 簋、二祀 趩尊	67	06516	西周中期	集成 2007（5）: 頁 4460	
				夷王二年	吳其昌 1929（2004）: 頁 344、317	"咸井叔"即"鄭井叔"，懿、夷間人。文字氣韻、紀年方式皆同夷王時吳尊（09898）。
				孝王	郭沫若 1935（2002）: 頁 219	"咸井叔"見懿王時康鼎（02786）。曆日與孝王時舀鼎（02838）之元年日辰無牾。
				穆王	莫非斯 1936: 頁 245	人物"井叔"。曆日。
				共王二年（懿王）	容庚 1941（2008）: 頁 38、264	曆日與吳方彝蓋（09898）相連。
				恭王二年	董作賓 1952: 頁 695	曆法。
				恭王二年	董作賓 1959（1977）: 頁 53	曆法。
				懿王	李學勤 1959: 頁 44	稱"祀"，應屬懿王世。
				恭王二年	唐蘭 1962: 頁 44	人物井叔見於恭王時舀鼎（02838）銘第一段。
				恭王	白川靜 1965d: 頁 152	排入恭世曆譜。
				懿王	陳夢家 1966（2004）: 頁 184	咸井叔即懿王時免器之井叔。
				恭王	白川靜 1968: 頁 449–454 器 114	
				共王	唐蘭 1976—1978（1986）: 頁 445	
				恭王	周法高 1979: 頁 5	

續表

序號	器 名	字數	銘文著錄	時 代	出 處	依 據
3923	趞觶 趞尊、趞簋、二祀 趞尊	67	06516	昭王	何幼琦 1982：頁 109	曆法。
				懿王	馬承源 1982：頁 53	曆日。
				孝王	盛冬鈴 1983：頁 57	據人名聯繫。
				孝王二年	劉啓益 1984：頁 241	
				穆王（或恭王）	丁驌 1985：頁 29、36	曆日。
				懿王	馬承源等 1988：頁 178 器 248	曆日合於書後《年表》懿王二年曆日。
				昭王	何幼琦 1989a：頁 42	曆法。
				懿孝	張長壽 1990：頁 32–35	人物“井叔”。
				夷王	李仲操 1991：頁 71	曆日。
				懿王二年	李先登 1993（2001）：頁 203	該銘之“井叔”與懿王時曶鼎（02838）的“井叔”可能爲同一人。據《竹書紀年》“天再旦”，懿王元年當爲公元前 899 年。該器曆日合於懿王二年。
				西周中期	辭典 1995：頁 139 器 453	
				恭王二年	劉雨 1997：頁 247	
				孝王二年	榮孟源 1997：頁 359	曆法。
				宣王	黎東方 1997：頁 230	
				夷王	李仲操 1998a：頁 319–320	曆日合於夷王二年。
				孝王前後	王世民等 1999：頁 120 尊 25	井叔見於曶鼎、井叔鐘等西周中期器。
				懿王二年	斷代工程 2000：頁 20、31	類型排比。排西周金文曆譜。
				懿王	張懋鎔 2002：頁 33	
				孝王	劉啓益 2002：頁 332	據孝王時曶鼎（02838）曆日，本器的曆日合於孝王二年。
				懿王二年	彭裕商 2003：頁 343	器形、紋飾近穆世器，右者出現於恭王晚期，故定爲懿世。
				懿王	陳佩芬 2004：頁 348 器 340	
				懿王七年	朱鳳瀚 2004：頁 6	
				西周中期前段	吳鎮烽 2006：頁 418	趞，西周中期前段人。
				恭懿	張懋鎔 2008：頁 348	
				懿王	朱鳳瀚 2009：頁 1222	曆日。

十三、鮎類

序號	器 名	字數	銘文著録	時 代	出 處	依 據
3924	夫觚	1	06547	西周早期	集成 2007（5）：頁 4462	
3925	夫觚	1	06548	西周早期	集成 2007（5）：頁 4462	
3926	畐觚	1	06585	西周早期	集成 2007（5）：頁 4464	
3927	遽觚	1	06640	西周早期	集成 2007（5）：頁 4467	
3928	遽觚	1	06641	西周早期	集成 2007（5）：頁 4467	
3929	萬觚	1	06680	商代晚期	集成 2007（5）：頁 4469	
				西周早期前段	張劍、孫新科 1996：頁 331	該組器雖器形近商代晚期，但已出現尊卣組合。
3930	辛觚射觚	1	06723	西周早期	集成 2007（5）：頁 4472	
3931	鼎觚	1	06724	西周早期	集成 2007（5）：頁 4472	
3932	入觚	1	06765	殷或西周早期	集成 2007（5）：頁 4474	
3933	入觚	1	06766	殷或西周早期	集成 2007（5）：頁 4474	
3934	入觚	1	06767	殷或西周早期	集成 2007（5）：頁 4474	
3935	図觚	1	06769	西周早期	集成 2007（5）：頁 4474	
3936	図觚	1	06770	西周早期	集成 2007（5）：頁 4474	
3937	図觚	1	06771	西周早期	集成 2007（5）：頁 4474	
3938	図觚	1	06772	西周早期	集成 2007（5）：頁 4474	
3939	⅍觚周素觚	1	06799	殷或西周早期	集成 2007（5）：頁 4476	
3940	□己觚	1	06805	殷或西周早期	集成 2007（5）：頁 4476	
3941	史觚	1	近二 0644–0649	商代後期	近二 2010（二）：頁 322–337	
				西周早期早段	社科院 2005：頁 510	
				一 期（約武王至康王）	朱鳳瀚 2009：頁 1383	器形。
3942	䀠觚	1	近二 0650	西周早期	近二 2010（二）：頁 338	
3943	且辛觚	2	06807	西周早期	集成 2007（5）：頁 4476	
3944	且辛觚	2	06808	西周早期	集成 2007（5）：頁 4476	
3945	父癸觚	2	06817	西周早期	集成 2007（5）：頁 4477	
3946	婦𡧊觚	2	06868	殷或西周早期	集成 2007（5）：頁 4480	
3947	亞獸觚	2	06945	商代晚期	集成 2007（5）：頁 4485	
				西周早期前段	吳鎮烽 2006：頁 188	亞獸，西周早期前段人。

序號	器　名	字數	銘文著錄	時　代	出　　處	依　　據
3948	田告觚	2	07013	西周早期	集成 2007（5）：頁 4489	
3949	單光觚	2	07018	西周早期	集成 2007（5）：頁 4489	
3950	魚從觚	2	07057	西周早期	集成 2007（5）：頁 4491	
				西周早期前段	張劍、孫新科 1996：頁 331	該組器雖器形近商代晚期，但已出現尊卣組合。
				西周早期	吳鎮烽 2006：頁 289	魚從，西周早期人。
3951	𠭯𠘧觚	2	07065	西周早期	集成 2007（5）：頁 4491	
3952	屰宁觚	2	07070	殷或西周早期	集成 2007（5）：頁 4492	
				西周	唐愛華 1985：頁 30	
3953	父癸觚	2	近出 0715、新收 0797	西周早期	近出 2002（三）：頁 181	
				商晚－西周早期	新收 2006：頁 585	
				西周早期前段	陝西 A1995：頁 123	形制，花紋。
				成王	張長壽 1998：頁 290–294	銅器形制，花紋，組合。
				約武王至康王	朱鳳瀚 2009：頁 1228–1265	墓葬。
3954	大辛觚	2	近出 0716	西周早期	近出 2002（三）：頁 182	
3955	黽且乙觚	3	07073	殷或西周早期	集成 2007（5）：頁 4492	
3956	子且辛觚	3	07082	殷或西周早期	集成 2007（5）：頁 4492	
3957	戈且辛觚	3	07083	殷或西周早期	集成 2007（5）：頁 4493	
3958	子且癸觚	3	07085	殷或西周早期	集成 2007（5）：頁 4493	
3959	几父乙觚周睪觚	3	07098	殷或西周早期	集成 2007（5）：頁 4493	
3960	作父乙觚	3	07101	西周早期	集成 2007（5）：頁 4494	
				西周	傅永魁 1959：頁 187–188	
				武王至成王早年	李豐 1988a：頁 396	墓葬。
				二期中段（約成康）	盧連成、胡智生 1988a：頁 502–507	墓葬。
				約武王至康王	朱鳳瀚 2009：頁 1228–1265	墓葬。
3961	史父丙觚	3	07102	西周早期	集成 2007（5）：頁 4494	
				西周初期	賀梓城 1956：頁 73	

續表

序號	器 名	字數	銘文著錄	時 代	出 處	依 據
3961	史父丙觚	3	07102	武王至成王早年	李豐 1988a：頁 396	墓葬。
3962	子父丙觚	3	07103	西周早期	集成 2007（5）：頁 4494	
3963	亞父丁觚	3	07105	西周早期	集成 2007（5）：頁 4494	
3964	𰀀父丁觚	3	07108	殷或西周早期	集成 2007（5）：頁 4494	
3965	𰀀父丁觚	3	07110	西周早期	集成 2007（5）：頁 4494	
				商代晚期	陳佩芬 2004：頁 228 器 111	
3966	𰀀父丁觚	3	07111	西周早期	集成 2007（5）：頁 4494	
				西周早期	陝西 H1965a：頁 2-4	形制，紋飾。
3967	𰀀父丁觚	3	07113	西周早期	集成 2007（5）：頁 4494	
3968	𰀀父丁觚	3	07114	西周早期	集成 2007（5）：頁 4494	
3969	山父丁觚	3	07115-07117	西周早期	集成 2007（5）：頁 4494	
				西周早期	首陽 2008：頁 80	同人作鼎（《首陽》25）、盤（《首陽》27）可歸入西周早期。
3970	木父丁觚	3	07120	西周早期	集成 2007（5）：頁 4495	
3971	亞父己觚	3	07125	西周早期	集成 2007（5）：頁 4495	
				周初	程長新 1983：頁 67	
				約昭王	朱鳳瀚 2009：頁 1411	形制。
3972	𰀀父己觚	3	07128	西周早期	集成 2007（5）：頁 4495	
				西周前期	郭寶鈞 1970（1981）：頁 55	與穆王時長安普渡村長囟墓對照。
				西周初期	程長新 1983：頁 67	組合，造型，紋飾，銘文。
				殷晚至成康	趙永福 1984：頁 788	
				武王至成王早年	李豐 1988a：頁 396	墓葬。
				約武王至康王	朱鳳瀚 2009：頁 1228-1265	墓葬。
3973	入父己觚	3	07129	殷或西周早期	集成 2007（5）：頁 4495	
3974	𰀀父己觚	3	07130	西周早期	集成 2007（5）：頁 4496	
3975	雗父己觚	3	07134	殷或西周早期	集成 2007（5）：頁 4496	
3976	戈父己觚	3	07135	西周早期	集成 2007（5）：頁 4496	
3977	𰀀父庚觚	3	07139	西周早期	集成 2007（5）：頁 4496	
3978	𰀀父辛觚	3	07143	西周早期	集成 2007（5）：頁 4496	

序號	器　名	字數	銘文著錄	時　代	出　　處	依　　據
3979	口父辛觚	3	07145	西周早期	集成 2007（5）：頁 4497	
3980	𥎦父辛觚	3	07148	西周早期	集成 2007（5）：頁 4497	
3981	𥎦父辛觚	3	07149	西周早期	集成 2007（5）：頁 4497	
3982	行父癸觚	3	07157	西周早期	集成 2007（5）：頁 4497	
3983	甲母觚	3	07165	殷	集成 2007（5）：頁 4498	
				西周早期	陝西 1980（3）：頁 29 器 186	
				西周初年（稍早）	曹明檀、尚志儒 1984：頁 59	紋飾。
3984	𠂤𣪹册觚	3	07167–07168	商代後期	集成 2007（5）：頁 4498	
				殷或西周初期	中科院 1962：頁 99A513	
3985	丁𢦏𠂤觚	3	07199	西周早期	集成 2007（5）：頁 4500	
3986	丁𢦏𠂤觚	3	07200	西周早期	集成 2007（5）：頁 4500	
3987	米宮彝觚	3	07204	西周早期	集成 2007（5）：頁 4500	
3988	𠂤作彝觚 夭作彝觚	3	07205	西周早期	集成 2007（5）：頁 4500	
				西周早期	吳鎮烽 2006：頁 54	夭，西周早期人。
3989	𠂤作彝觚 夭作彝觚	3	07206	西周早期	集成 2007（5）：頁 4500	
3990	作從彝觚	3	07207	西周早期	集成 2007（5）：頁 4500	
3991	作從彝觚	3	07208	西周早期	集成 2007（5）：頁 4500	
3992	作從彝觚	3	07209	西周早期	集成 2007（5）：頁 4500	
3993	父辛觚	3	近二 0680、新收 0560	商代後期	近二 2010（二）：頁 368	
				西周早期	新收 2006：頁 422	
				西周初期（不晚於成王）	河南 E2000a：頁 199–209	據墓葬形制、埋葬習俗及伴出物的時代特徵。
				西周初期（不晚於成王）	韓維龍、張志清 2000：頁 24–29	墓葬形制、埋藏習俗有商末特色。出土器物的組合、器形、紋飾和銘文有周初特徵。長子口爲臣服於周的商末長氏諸侯，故葬俗爲殷式而出土器物有周初特色。
				商末周初	朱鳳瀚 2009：頁 1365–1369	形制，組合。
3994	魚祖己觚	3	近二 0681、新收 1048	西周早期	近二 2010（二）：頁 369	
				西周早期	新收 2006：頁 751	
				西周早期	青州 1999：頁 53	形制，紋飾。

續表

序號	器 名	字數	銘文著錄	時 代	出 處	依 據
3995	亞糞匕己觚	4	07219	西周早期	集成 2007（5）：頁 4501	
				商代	容庚 1941（2008）：頁 307 觚 1	
				西周初期（約成王）	中科院 1962：頁 96A494	
				商末文丁前後	李學勤 1999d：頁 126	
3996	夲旅父乙觚	4	07225	西周早期	集成 2007（5）：頁 4502	
				西周初期	唐蘭 1978：頁 19–20	
				康王	黃盛璋 1978：頁 196	參旅尊（06002）。
				西周早期	陝西 1980（2）：頁 2	
				西周前期	辭典 1995：頁 157 器 541	
				西周早期	青全 1997（5）：頁 91 器 96	
				西周早期	曹瑋等 2005（3）：頁 585	
3997	亞𠂤父丁觚	4	07232	西周早期	集成 2007（5）：頁 4502	
3998	省作父丁觚	4	07234	西周早期	集成 2007（5）：頁 4502	
				西周早期	吳鎮烽 2006：頁 258	省，西周早期人。
3999	作父丁糞觚 商父丁觚	4	07235	西周早期	集成 2007（5）：頁 4502	
4000	八戔父丁觚	4	07237	殷或西周早期	集成 2007（5）：頁 4502	
4001	亞吳父己觚	4	07241	西周早期	集成 2007（5）：頁 4503	
4002	亞㪤父己觚	4	07243	殷或西周早期	集成 2007（5）：頁 4503	
				商代後期	李學勤、艾蘭 1995：頁 319 器 26	鳥紋。
4003	夲旅父辛觚	4	07245	西周早期	集成 2007（5）：頁 4503	
4004	夲旅父辛觚	4	07246	西周早期	集成 2007（5）：頁 4503	
4005	亞母辛觚	4	07252	西周早期	集成 2007（5）：頁 4503	
				不晚於西周中期	陝西 D1957：頁 85	同墓出土銅盉銘文"穆王在下淢居"，在穆王時，該墓穿造年代當在西周中期。
				穆王	郭寶鈞 1970（1981）：頁 44	同出長由盉（09455）在穆王時。
				穆王前後	李豐 1988a：頁 396	墓葬。
				穆王	盧連成、胡智生 1988a：頁 514	墓葬。
				穆恭	朱鳳瀚 2009：頁 1284–1301	墓葬。

續表

序號	器 名	字數	銘文著錄	時 代	出 處	依 據
4006	戈器作乒觚 戈器作匕觚	4	07257	西周早期	集成 2007（5）：頁 4504	
				西周早期	吳鎮烽 2006：頁 285	戈昝，西周早期人。
4007	登作障彝觚 登觚	4	07258	西周早期	集成 2007（5）：頁 4504	
				西周前期	洛陽 A1972a：頁 36	同出銅器的形制、花紋爲殷末周初，同出觶上兔紋的寫實作風亦見於康王時貉子卣。
				武王至成王早年	李豐 1988a：頁 396	墓葬。
				二期早段（約武成）	盧連成、胡智生 1988a：頁 500	墓葬。
				商末周初	陳新、獻本 1995：頁 61	該墓銅器多瘦高，有商末周初特徵。
				西周早期	吳鎮烽 2006：頁 330	登，西周早期人。
				約武王至康王	朱鳳瀚 2009：頁 1228–1265	墓葬。
4008	◆作從彝觚	4	07259	西周早期	集成 2007（5）：頁 4504	
4009	羊建父丁觚	4	近出 0751	商代後期	近出 2002（三）：頁 217	
4010	用遣母觚	4	近出 0754、新收 1953	西周早期	近出 2002（三）：頁 220	
				西周早中期	新收 2006：頁 1302	
4011	宋婦觚	4	近二 0685	商代後期	近二 2010（二）：頁 373	
				西周早期早段	社科院 2005：頁 510	
				一期（約武王至康王）	朱鳳瀚 2009：頁 1383	器形。
4012	兴作且乙觚	5	07261	西周早期	集成 2007（5）：頁 4504	
4013	臣辰父辛觚	5	07267	西周早期	集成 2007（5）：頁 4504	
4014	臣辰父辛觚	5	07268	西周早期	集成 2007（5）：頁 4504	
4015	叔作母觚	5	07272	西周早期	集成 2007（5）：頁 4505	
4016	單光觚	5	07273	西周早期	集成 2007（5）：頁 4505	
				成王	陳夢家 1966（2004）：頁 68	族名同成王時壹卣（05401）。
				西周初期	張劍、孫新科 1996：頁 335	

續表

序號	器　名	字數	銘文著錄	時　代	出　　處	依　　據
4017	扶册作從彝觚	5	07274	殷或西周早期	集成 2007（5）：頁 4505	
4018	買王罘觚	5	07275–07276	西周早期	集成 2007（5）：頁 4505	
				西周早期	吳鎮烽 2006：頁 317	買王罘，西周早期人。
4019	責引觚	5	07278	西周早期	集成 2007（5）：頁 4505	
4020	否觚	5	近出 0755、新收 1952	西周早期	近出 2002（三）：頁 221	
				西周早中期	新收 2006：頁 1301	
4021	史見觚	6	07279	西周早期	集成 2007（5）：頁 4505	
				西周初期	中科院 1962：頁 96A495	
				西周早期	吳鎮烽 2006：頁 90	史見，西周早期人。
4022	𠄌作父丁觚	6	07280	殷或西周早期	集成 2007（5）：頁 4505	
4023	作父辛亞吳觚	6	07283	西周早期	集成 2007（5）：頁 4505	
				武王至成王早年	李豐 1988a：頁 396	墓葬。
				二期早段（約武成）	盧連成、胡智生 1988a：頁 500	墓葬。
4024	作父辛觚	6	07284	西周早期	集成 2007（5）：頁 4505	
4025	亞夫觚	6	07285	殷或西周早期	集成 2007（5）：頁 4506	
				西周早期	吳鎮烽 2006：頁 184	亞夫，西周早期人。
4026	鴛觚	6	首陽 22	西周早期	首陽 2008：頁 72 器 22	據同人作觶（《首陽》23）銘文内容。
				周初	朱鳳瀚 2009：頁 1381	
4027	亞夫觚	6	07286	殷或西周早期	集成 2007（5）：頁 4506	
4028	作且己觚吠觚	7	07289	西周早期	集成 2007（5）：頁 4506	
				西周早期	吳鎮烽 2006：頁 447	吠，西周早期人。
4029	亞作父乙觚	7	07290–07291	西周早期	集成 2007（5）：頁 4506	
				成王	唐蘭 1976—1978（1986）：頁 109	
				西周早期	吳鎮烽 2006：頁 184	亞，西周早期人。
4030	卿作父乙觚	7	07292	西周早期	集成 2007（5）：頁 4506	
				成王	容庚 1941（2008）：頁 31、頁 308 觚 13	作器者同成王時卿鼎（02595）。
				成王	白川靜 1964a：頁 331–頁 332 器 28 附	
				成王	陳夢家 1966（2004）：頁 66	作器者同成王時臣卿鼎（02595）。

續表

序號	器　名	字數	銘文著録	時　代	出　　處	依　　據
4030	卿作父乙 觚	7	07292	宣王	黎東方 1997：頁 230	
				成王初年	劉啓益 2002：頁 70	與成王時臣卿簋（03948） 爲同人作器。形制承襲殷 式。
				成王早中 期	彭裕商 2003：頁 227	父名同成王時臣卿鼎、簋。
4031	叔作父戊 觚	7	07294– 07295	西周早期	集成 2007（5）：頁 4506	
				西周早期	吳鎮烽 2006：頁 340	叔，西周早期人。
4032	天子耴觚	7	07296	西周早期	集成 2007（5）：頁 4506	
				昭王	吳其昌 1929（2004）：頁 251	"天子🄋" 即昭王時太保 毁（04140）之 "彔子🄋"、 小臣夌鼎（02775）之 "楚 篆"。
4033	奌丂觚 霏觚	7	07299	殷或西周 早期	集成 2007（5）：頁 4507	
				西周早期	吳鎮烽 2006：頁 446	霏，西周早期人。
4034	皿合觚 亞馭皿合 觚	7	07300	西周早期	集成 2007（5）：頁 4507	
				西周早期	吳鎮烽 2006：頁 94	皿合，西周早期人。
4035	妠作乙公 觚	8	07304	西周早期	集成 2007（5）：頁 4507	
				西周早期	吳鎮烽 2006：頁 130	妠，西周早期人。
4036	趦作日癸 觚	8	07305	西周早期	集成 2007（5）：頁 4507	
				西周早期	吳鎮烽 2006：頁 418	趦，西周早期人。
4037	寶尊彝觚	8	近二 0686、 新收 0371	西周早期	近二 2010（二）：頁 374	
				西周早期	新收 2006：頁 256	
				西周早期	洛陽 B2003：頁 10	據伴出陶器判斷。
				約武王至 康王	朱鳳瀚 2009：頁 1228–1265	墓葬。
4038	🄍作父丁 觚	9	07307	殷或西周 早期	集成 2007（5）：頁 4507	
4039	貝父乙觚 貝隹易 觚、周貝 觚	10	07310	西周早期	集成 2007（5）：頁 4507	
4040	槳婦觚	存 13	07312	殷	集成 2007（5）：頁 4507	
				成王	唐蘭 1976—1978（1986）：頁 115	
4041	晨觚	12	近出 0758、 新收 0300	西周早期	近出 2002（三）：頁 224	
				西周早期	新收 2006：頁 210	
				西周早期	信陽 A1989：頁 19	
				成康	吳鎮烽 2006：頁 285	晨，西周成康時人。

十四、爵類、角類

序號	器 名	字數	銘文著錄	時 代	出 處	依 據
4042	団爵	1	07321	西周早期	集成 2007（5）：頁 4508	
4043	爵	1	07322	殷或西周早期	集成 2007（5）：頁 4508	
4044	天爵	1	07325–07326	殷或西周早期	集成 2007（5）：頁 4509	
4045	天爵	1	07327	西周早期	集成 2007（5）：頁 4509	
				周初（不晚於成康）	社科院 A1980：頁 485–487	同墓銅器的組合、形制及紋飾。據伴出陶器的發展序列及分期。
				武王至成王早年	李豐 1988a：頁 396	墓葬。
				二期後段（約昭王）	盧連成、胡智生 1988a：頁 508–513	墓葬。
				約武王至康王	朱鳳瀚 2009：頁 1228–1265	墓葬。
4046	大爵	1	07328	西周早期	集成 2007（5）：頁 1509	
				西周初期	襄樊 A1986：頁 20	
4047	爵	1	07329	殷或西周早期	集成 2007（5）：頁 4509	
4048	爵	1	07332	殷或西周早期	集成 2007（5）：頁 4509	
4049	爵	1	07333	殷或西周早期	集成 2007（5）：頁 4509	
4050	夫爵	1	07340	西周早期	集成 2007（5）：頁 4509	
4051	夫爵	1	07341	西周早期	集成 2007（5）：頁 4509	
4052	爵	1	07347	殷或西周早期	集成 2007（5）：頁 4510	
4053	爵	1	07353	西周早期	集成 2007（5）：頁 4510	
				昭王	吳其昌 1929（2004）：頁 242	作器者同昭王十一年之臣辰卣（05421）。
4054	觥爵	1	07355–07356	西周早期	集成 2007（5）：頁 4510	
				西周早期後段	張劍、孫新科 1996：頁 336	
4055	爵	1	07360	西周早期	集成 2007（5）：頁 4510	
4056	休爵	1	07386	殷或西周早期	集成 2007（5）：頁 4512	
4057	爵	1	07403	殷或西周早期	集成 2007（5）：頁 4513	
4058	爵	1	07414	殷或西周早期	集成 2007（5）：頁 4514	

續表

序號	器　名	字數	銘文著録	時　代	出　處	依　據
4059	[illegible]爵	1	07415	殷或西周早期	集成 2007(5): 頁 4514	
4060	娂爵	1	07434	殷或西周早期	集成 2007(5): 頁 4515	
4061	[illegible]爵	1	07469	殷或西周早期	集成 2007(5): 頁 4517	
4062	[illegible]爵	1	07470	殷或西周早期	集成 2007(5): 頁 4517	
4063	伯趨角	2	07477	西周早期	集成 2007(5): 頁 4517	
				西周早期	吴鎮烽 2006: 頁 159	伯趨，西周早期人。
4064	正爵	1	07481	殷或西周早期	集成 2007(5): 頁 4517	
4065	呰爵	1	07483	西周早期	集成 2007(5): 頁 4517	
4066	目爵	1	07493	殷或西周早期	集成 2007(5): 頁 4518	
4067	目爵	1	07494	殷或西周早期	集成 2007(5): 頁 4518	
				西周早期	陝西 1980(3): 頁 11 器 67	
				西周早期	陝西 F1980: 頁 47、53	形制、紋飾、銘文皆有西周早期作風。
				二期後段(約昭王)	盧連成、胡智生 1988a: 頁 508–513	墓葬。
				西周早期	曹瑋等 2005(7): 頁 1479	
				昭王前後	張懋鎔 2006a: 頁 220	器形、紋飾、字體與標準器對照。
				康晚至昭王	朱鳳瀚 2009: 頁 1266–1283	墓葬。
4068	峣爵	1	07495	殷或西周早期	集成 2007(5): 頁 4518	
4069	[illegible]爵	1	07506	殷或西周早期	集成 2007(5): 頁 4519	
4070	豕爵	1	07517	殷或西周早期	集成 2007(5): 頁 4519	
4071	豕爵	1	07518	殷或西周早期	集成 2007(5): 頁 4519	
4072	豕爵	1	07519	殷或西周早期	集成 2007(5): 頁 4519	
4073	豕爵	1	07520	殷或西周早期	集成 2007(5): 頁 4519	

續表

序號	器　名	字數	銘文著錄	時　代	出　　處	依　　據
4074	𣂁爵	1	07522	殷或西周早期	集成 2007（5）：頁 4520	
4075	𣂁爵	1	07523	殷或西周早期	集成 2007（5）：頁 4520	
4076	龍爵	1	07532	殷或西周早期	集成 2007（5）：頁 4520	
4077	龍爵	1	07533	殷或西周早期	集成 2007（5）：頁 4520	
				商代	容庚 1941（2008）：頁 289 爵 15	
				西周前期	辭典 1995：頁 155 器 533	
				西周早期	青全 1997（5）：頁 83 器 87	
				西周早期	馬承源 2003a：頁 166 爵 3	器形。
				西周早期	陳佩芬 2004：頁 119 器 246	
4078	龍爵	1	07534	殷或西周早期	集成 2007（5）：頁 4520	
4079	黽爵	1	07536	殷或西周早期	集成 2007（5）：頁 4521	
4080	魚爵	1	07537	殷或西周早期	集成 2007（5）：頁 4521	
4081	魚爵	1	07538	殷或西周早期	集成 2007（5）：頁 4521	
				西周早期	陝西 1980（3）：頁 29 器 187	
				西周初年（稍早）	曹明檀、尚志儒 1984：頁 59	紋飾。
4082	魚爵	1	07539	殷或西周早期	集成 2007（5）：頁 4521	
4083	魚爵	1	07540	殷或西周早期	集成 2007（5）：頁 4521	
4084	魚爵	1	07541	殷或西周早期	集成 2007（5）：頁 4521	
4085	魚爵	1	07542	殷或西周早期	集成 2007（5）：頁 4521	
4086	魚爵	1	07543	殷或西周早期	集成 2007（5）：頁 4521	
4087	魚爵	1	07544	殷或西周早期	集成 2007（5）：頁 4521	
4088	魚爵	1	07545	殷或西周早期	集成 2007（5）：頁 4521	
4089	𣂁爵	1	07555	殷或西周早期	集成 2007（5）：頁 4522	

續表

序號	器　名	字數	銘文著錄	時　代	出　處	依　據
4090	爵	1	07566	殷或西周早期	集成 2007（5）：頁 4522	
4091	邑爵圍形節形爵	1	07588	殷或西周早期	集成 2007（5）：頁 4524	
4092	邑爵圍形節形爵	1	07589	殷或西周早期	集成 2007（5）：頁 4524	
4093	爵	1	07592	西周早期	集成 2007（5）：頁 4524	
				西周初器	中科院 B1962：頁 9	與安陽大司空村殷墓所出較接近。
4094	爵	1	07593	西周早期	集成 2007（5）：頁 4524	
4095	爵	1	07598	殷或西周早期	集成 2007（5）：頁 4524	
4096	爵	1	07599	殷或西周早期	集成 2007（5）：頁 4524	
4097	爵	1	07601	殷或西周早期	集成 2007（5）：頁 4524	
4098	爵	1	07602	殷或西周早期	集成 2007（5）：頁 4525	
4099	皿爵	1	07604	殷或西周早期	集成 2007（5）：頁 4525	
4100	皿爵	1	07605	殷或西周早期	集成 2007（5）：頁 4525	
4101	戈爵	1	07626	殷或西周早期	集成 2007（5）：頁 4526	
4102	戈爵	1	07627	殷或西周早期	集成 2007（5）：頁 4526	
4103	戈爵	1	07628	西周早期	集成 2007（5）：頁 4526	
4104	戈爵	1	07629	殷或西周早期	集成 2007（5）：頁 4526	
4105	戈爵	1	07630	殷或西周早期	集成 2007（5）：頁 4526	
4106	戈爵	1	07631	殷或西周早期	集成 2007（5）：頁 4526	
4107	矢爵	1	07632	殷或西周早期	集成 2007（5）：頁 4526	
4108	射爵	1	07634	殷或西周早期	集成 2007（5）：頁 4526	
4109	爵、冊爵	1	07644	殷或西周早期	集成 2007（5）：頁 4527	

續表

序號	器 名	字數	銘文著錄	時 代	出 處	依 據
4110	牌爵	1	07645	殷或西周早期	集成 2007（5）：頁 4527	
4111	單爵	1	07648	西周早期	集成 2007（5）：頁 4527	
4112	𡗗爵	1	07649	殷或西周早期	集成 2007（5）：頁 4527	
4113	𠁥爵	1	07652	殷或西周早期	集成 2007（5）：頁 4527	
4114	山爵	1	07653	西周早期	集成 2007（5）：頁 4527	
4115	山爵	1	07654	西周早期	集成 2007（5）：頁 4527	
				周初（不晚 於 成 康）	社科院 A1980：頁 485–487	同墓銅器的組合、形制及紋飾。據伴出陶器的發展序列及分期。
				二期早段（約武成）	盧 連 成、胡 智 生 1988a：頁 500	墓葬。
				文王	劉啓益 1993：頁 380–381	該墓葬出土銅器的形制。
				約武王至康王	朱鳳瀚 2009：頁 1228–1265	墓葬。
4116	𤔌爵	1	07661	殷或西周早期	集成 2007（5）：頁 4528	
4117	𤔌爵	1	07666	殷或西周早期	集成 2007（5）：頁 4528	
4118	𤔌爵	1	07667	殷或西周早期	集成 2007（5）：頁 4528	
				周 初（不晚 於 成 康）	社科院 A1980：頁 485–487	同墓銅器的組合、形制及紋飾。據伴出陶器的發展序列及分期。
				約武王至康王	朱鳳瀚 2009：頁 1228–1265	墓葬。
4119	甲爵	1	07668	殷或西周早期	集成 2007（5）：頁 4528	
4120	庚爵	1	07669	殷或西周早期	集成 2007（5）：頁 4528	
4121	𠁥爵	1	07684	殷或西周早期	集成 2007（5）：頁 4529	
4122	𠁥爵	1	07686	殷或西周早期	集成 2007（5）：頁 4529	
4123	𠁥爵	1	07687	殷或西周早期	集成 2007（5）：頁 4529	
4124	八爵	1	07688	殷或西周早期	集成 2007（5）：頁 4529	

續表

序號	器 名	字數	銘文著録	時 代	出 處	依 據
4125	𠂤爵	1	07689	殷或西周早期	集成 2007（5）: 頁 4529	
4126	𠂤爵	1	07690	殷或西周早期	集成 2007（5）: 頁 4529	
4127	𠂤爵	1	07691	殷或西周早期	集成 2007（5）: 頁 4529	
4128	𠂤爵	1	07692	殷或西周早期	集成 2007（5）: 頁 4529	
4129	𠂤爵	1	07693	西周早期	集成 2007（5）: 頁 4529	
4130	𠂤爵	1	07694	西周早期	集成 2007（5）: 頁 4529	
4131	𠂤爵	1	07695	西周早期	集成 2007（5）: 頁 4529	
4132	𡋄爵	1	07697	殷或西周早期	集成 2007（5）: 頁 4530	
4133	𡋄爵	1	07698	殷或西周早期	集成 2007（5）: 頁 4530	
4134	㿝爵	1	07701	殷或西周早期	集成 2007（5）: 頁 4530	
4135	𠃊爵	1	07702	殷或西周早期	集成 2007（5）: 頁 4530	
4136	㠯爵	1	07703	殷或西周早期	集成 2007（5）: 頁 4530	
4137	工爵	1	07706	殷或西周早期	集成 2007（5）: 頁 4530	
4138	卒爵	1	07708	殷或西周早期	集成 2007（5）: 頁 4530	
4139	皋爵	1	07709	殷或西周早期	集成 2007（5）: 頁 4531	
4140	丫爵	1	07710	殷或西周早期	集成 2007（5）: 頁 4531	
4141	丫爵	1	07711	殷或西周早期	集成 2007（5）: 頁 4531	
4142	丫爵	1	07712	殷或西周早期	集成 2007（5）: 頁 4531	
4143	㞢爵	1	07713	殷或西周早期	集成 2007（5）: 頁 4531	
4144	㐭爵	1	07720	殷或西周早期	集成 2007（5）: 頁 4531	
4145	㐭爵	1	07721	殷或西周早期	集成 2007（5）: 頁 4531	
4146	丵爵	1	07722	殷或西周早期	集成 2007（5）: 頁 4531	

序號	器 名	字數	銘文著錄	時 代	出 處	依 據
4147	🔸爵	1	07723	殷或西周早期	集成 2007（5）：頁 4531	
4148	🔸爵	1	07726	殷或西周早期	集成 2007（5）：頁 4531	
4149	🔸爵	1	07727	殷或西周早期	集成 2007（5）：頁 4532	
4150	🔸爵	1	07728	西周早期	集成 2007（5）：頁 4532	
				西周初期	北京 C1995：頁 242–244	形制、紋飾及伴出器物。
				成康之際	朱鳳瀚 2009：頁 1409	組合，形制，紋飾。
4151	🔸爵	1	07729	西周早期	集成 2007（5）：頁 4532	
4152	¥爵	1	07733	殷或西周早期	集成 2007（5）：頁 4532	
4153	¥爵	1	07734	殷或西周早期	集成 2007（5）：頁 4532	
4154	弓爵	1	07735	殷或西周早期	集成 2007（5）：頁 4532	
4155	困爵	1	07737–07738	西周早期	集成 2007（5）：頁 4532	
				成康	北京 C1995：頁 244	形制，花紋，銘文。
				西周早期	青全 1997（6）：頁 19 器 19	
				成康之際	朱鳳瀚 2009：頁 1409	組合，形制，紋飾。
4156	析爵	1	07742	殷或西周早期	集成 2007（5）：頁 4532	
4157	🔸爵	1	07749	西周早期	集成 2007（5）：頁 4533	
4158	🔸爵	1	07750	西周早期	集成 2007（5）：頁 4533	
				西周中期	陝西 1980（2）：頁 10 器 79	
				西周早期	曹瑋等 2005（3）：頁 578	
4159	🔸爵	1	07765	殷或西周早期	集成 2007（5）：頁 4533	
4160	🔸爵	1	07766	殷或西周早期	集成 2007（5）：頁 4534	
4161	🔸爵	1	07769	殷或西周早期	集成 2007（5）：頁 4534	
4162	須爵	1	近出 0761	西周早期	近出 2002（三）：頁 229	
4163	目爵	1	近出 0766	西周早期	近出 2002（三）：頁 234	
4164	臤爵	1	近出 0767、新收 0683	西周中期	近出 2002（三）：頁 235	
				西周中期	新收 2006：頁 507	
				西周中期	王長啓 1990：頁 41	器物特徵。
				西周早期	吳鎮烽 2006：頁 193	臤，西周早期人。

續表

序號	器　名	字數	銘文著録	時　代	出　處	依　據
4165	執爵	1	近出 0768	西周早期	近出 2002（三）：頁 236	
4166	卌爵	1	近出 0770	西周早期	近出 2002（三）：頁 238	
4167	戈爵	1	近出 0775、新收 1843	西周早期	近出 2002（三）：頁 243	
				西周早期	新收 2006：頁 1239	
				西周早期	李學勤、艾蘭 1995：頁339 器 89	鳥紋。
4168	生爵	1	近出 0790	西周早期	近出 2002（三）：頁 258	
4169	壬爵	1	近出 0792	西周早期	近出 2002（三）：頁 260	
4170	春爵	1	近出 0794	西周早期	近出 2002（三）：頁 262	
4171	亯爵	1	近出 0795	西周早期	近出 2002（三）：頁 263	
4172	[illegible]爵 冉爵	1	近出 0797、新收 0821	西周早期	近出 2002（三）：頁 265	
				西周早期	新收 2006：頁 602	
				成康	盧連成、胡智生 1988：頁 267	組合，形制，紋飾。
				二期中段（約成康）	盧連成、胡智生 1988a：頁 502–507	墓葬。
				二期（約昭王）	朱鳳瀚 2009：頁 1520	組合，形制，紋飾。
4173	[illegible]爵	1	近出 0804	西周早期	近出 2002（三）：頁 272	
4174	卝爵	1	近出 0805	西周早期	近出 2002（三）：頁 273	
4175	史爵	1	近二 0695–0706	商代後期	近出 2002（三）：頁 9–20	
				西周早期早段	社科院 2005：頁 510	
				一期（約武王至康王）	朱鳳瀚 2009：頁 1383	器形。
4176	史爵	1	近二 0707；新收 1568	西周早期	近二 2010（三）：頁 21	
				商代晚期	新收 2006：頁 1075	
				商代晚期	朱鳳瀚 2001c：頁 51	形制，紋飾。
4177	史爵	1	近二 0708	西周早期	近二 2010（三）：頁 22	
4178	戈爵	1	新收 1522	商代晚期－西周早期	新收 2006：頁 1047	
4179	[illegible]爵 丙爵	1	近二 0719	商代後期	近二 2010（三）：頁 33	
				西周早期	吴鎮烽 2006b：頁 6	
4180	[illegible]爵 冉爵	1	近二 0723–0724、新收 0319	西周早期	近二 2010（三）：頁 37–38	
				西周	新收 2006：頁 221	
				西周早期	洛陽 C2000：頁 10	墓葬。
				約武王至康王	朱鳳瀚 2009：頁 1228–1265	墓葬。

續表

序號	器 名	字數	銘文著錄	時 代	出 處	依 據
4181	叔爵	1	近二 0725、新收 0646	西周早期	近二 2010（三）: 頁 39	
				西周早期	新收 2006: 頁 480	
				西周早期	王長啓 2002: 頁 14	
4182	史角	1	近二 0793-0794	商代後期	近二 2010（三）: 頁 107–108	
				西周早期早段	社科院 2005: 頁 510	
				一 期（約武王至康王）	朱鳳瀚 2009: 頁 1383	器形。
4183	亞吳爵	2	07778	殷或西周早期	集成 2007（5）: 頁 4534	
4184	亞吳爵	2	07779	殷或西周早期	集成 2007（5）: 頁 4534	
4185	亞吳爵	2	07782	殷或西周早期	集成 2007（5）: 頁 4534	
4186	亞子爵	2	07788	殷或西周早期	集成 2007（5）: 頁 4535	
4187	亞㞢爵周庚角	2	07797	西周早期	集成 2007（5）: 頁 4535	
				商代	容庚 1941（2008）: 頁 291 角 8	
4188	亞獸爵	2	07802-07807	商代晚期	集成 2007（5）: 頁 4535	
				西周早期前段	吳鎮烽 2006: 頁 188	亞獸，西周早期前段人。
4189	亞𦊟爵	2	07814	殷或西周早期	集成 2007（5）: 頁 4536	
4190	亞�爵	2	07816	殷或西周早期	集成 2007（5）: 頁 4536	
4191	亞𤣥爵	2	07817	殷或西周早期	集成 2007（5）: 頁 4536	
4192	亞𤣥爵	2	07818	殷或西周早期	集成 2007（5）: 頁 4536	
4193	亞牌爵	2	07824	西周早期	集成 2007（5）: 頁 4537	
				西周早期	吳鎮烽 2006: 頁 188	亞牌，西周早期人。
4194	亞𥝪爵	2	07829	殷或西周早期	集成 2007（5）: 頁 4537	
4195	亞妗爵	2	07830	西周早期	集成 2007（5）: 頁 4537	
4196	且乙爵	2	07849	殷或西周早期	集成 2007（5）: 頁 4538	
4197	且乙爵	2	07850	殷或西周早期	集成 2007（5）: 頁 4538	

續表

序號	器　名	字數	銘文著錄	時　代	出　　處	依　　據
4198	且乙爵	2	07851	殷或西周早期	集成 2007（5）：頁 4538	
4199	且戊爵	2	07854	殷或西周早期	集成 2007（5）：頁 4539	
4200	且戊爵	2	07855	殷或西周早期	集成 2007（5）：頁 4539	
4201	且戊爵	2	07856	殷或西周早期	集成 2007（5）：頁 4539	
4202	且庚爵祖庚爵	2	07860	殷	集成 2007（5）：頁 4539	
				殷晚周初	楊澍 1985：頁 665	
4203	且庚爵祖庚爵	2	07861	殷或西周早期	集成 2007（5）：頁 4539	
4204	且辛爵	2	07864	西周早期	集成 2007（5）：頁 4539	
4205	且辛爵	2	07865	西周早期	集成 2007（5）：頁 4539	
4206	且辛爵	2	07866	西周早期	集成 2007（5）：頁 4539	
4207	且辛爵	2	07867	西周早期	集成 2007（5）：頁 4539	
4208	且癸爵	2	07871	殷或西周早期	集成 2007（5）：頁 4540	
4209	且癸爵	2	07872	殷或西周早期	集成 2007（5）：頁 4540	
4210	父甲爵	2	07876	殷或西周早期	集成 2007（5）：頁 4540	
4211	父甲爵	2	07877	殷或西周早期	集成 2007（5）：頁 4540	
4212	父甲爵	2	07879	西周早期	集成 2007（5）：頁 4540	
4213	父乙爵	2	07881	殷或西周早期	集成 2007（5）：頁 4540	
4214	父乙爵	2	07882	殷或西周早期	集成 2007（5）：頁 4540	
4215	父乙爵	2	07883	殷或西周早期	集成 2007（5）：頁 4540	
4216	父乙爵	2	07884	殷或西周早期	集成 2007（5）：頁 4540	
4217	父乙爵	2	07887	殷或西周早期	集成 2007（5）：頁 4540	
4218	父乙爵	2	07888	殷或西周早期	集成 2007（5）：頁 4540	
4219	父乙爵	2	07889	殷或西周早期	集成 2007（5）：頁 4540	
4220	父乙爵	2	07896	西周早期	集成 2007（5）：頁 4540	

續表

序號	器 名	字數	銘文著錄	時 代	出 處	依 據
4221	父乙爵	2	07897	西周早期	集成 2007（5）: 頁 4540	
4222	父乙爵	2	07898	西周早期	集成 2007（5）: 頁 4540	
				成康	中科院 A1974: 頁 320	據隨葬器物判斷約屬成康時期。
				康王	李學勤 1975: 頁 274	同墓出復尊爲康王時器，參復尊（05978）。
				成康	李豐 1988a: 頁 396	墓葬。
				西周早期	北京 C1995: 頁 245	伴出物的形制、紋飾。
				成康	朱鳳瀚 2009: 頁 1407	形制，紋飾。
4223	父乙爵	2	07899	西周早期	集成 2007（5）: 頁 4540	
				西周早期	祁健業 1982: 頁 7	形制，紋飾。
				西周早期	張懋鎔 2006a: 頁 232 器 100	
4224	父乙爵	2	07900	西周早期	集成 2007（5）: 頁 4540	
4225	父丙爵	2	07901	西周早期	集成 2007（5）: 頁 4541	
4226	父丁爵	2	07903	殷或西周早期	集成 2007（5）: 頁 4542	
4227	父丁爵	2	07904	殷或西周早期	集成 2007（5）: 頁 4542	
4228	父丁爵	2	07905	殷或西周早期	集成 2007（5）: 頁 4542	
4229	父丁爵	2	07907	殷或西周早期	集成 2007（5）: 頁 4542	
4230	父丁爵	2	07908	殷或西周早期	集成 2007（5）: 頁 4542	
4231	父丁爵	2	07909	殷或西周早期	集成 2007（5）: 頁 4542	
4232	父丁爵	2	07910	殷或西周早期	集成 2007（5）: 頁 4542	
4233	父丁爵	2	07911	殷或西周早期	集成 2007（5）: 頁 4542	
4234	父丁爵	2	07912	殷或西周早期	集成 2007（5）: 頁 4542	
				西周	陝西 D1963: 頁 682	
4235	父丁爵	2	07913	殷或西周早期	集成 2007（5）: 頁 4542	
4236	父丁爵	2	07914	殷或西周早期	集成 2007（5）: 頁 4542	
4237	父丁爵	2	07915	殷或西周早期	集成 2007（5）: 頁 4542	

續表

序號	器　名	字數	銘文著錄	時　代	出　　處	依　　據
4238	父丁爵	2	07916	殷或西周早期	集成 2007（5）: 頁 4542	
4239	父丁爵	2	07917	西周早期	集成 2007（5）: 頁 4542	
4240	父丁爵	2	07918	西周早期	集成 2007（5）: 頁 4542	
4241	父丁爵	2	07919	西周早期	集成 2007（5）: 頁 4542	
				殷周	潁上縣 1984: 頁 1132–1133	
4242	父丁爵	2	07920	西周早期	集成 2007（5）: 頁 4542	
				周初（不晚於成康）	社科院 A1980: 頁 485–487	同墓銅器的組合、形制及紋飾。據伴出陶器的發展序列及分期。
				武王至成王早年	李豐 1988a: 頁 396	墓葬。
				二期早段（約武成）	盧連成、胡智生 1988a: 頁 500	墓葬。
				約武王至康王	朱鳳瀚 2009: 頁 1228–1265	墓葬。
4243	父丁爵	2	07921	西周早期	集成 2007（5）: 頁 4542	
				西周早期	陝西 1980（3）: 頁 3 器 13	
				西周早期	曹瑋等 2005（6）: 頁 1075	
4244	父丁爵	2	07923	西周早期	集成 2007（5）: 頁 4542	
				西周早期	黃陂 1982: 頁 45	
4245	父丁爵	2	07924	西周早期	集成 2007（5）: 頁 4542	
4246	父丁爵	2	07925	西周早期	集成 2007（5）: 頁 4542	
4247	父丁爵	2	07926	西周早期	集成 2007（5）: 頁 4542	
4248	父戊爵	2	07930	殷或西周早期	集成 2007（5）: 頁 4543	
4249	父戊爵	2	07931	西周早期	集成 2007（5）: 頁 4543	
4250	父己爵	2	07939	殷或西周早期	集成 2007（5）: 頁 4544	
4251	父己爵	2	07940	殷或西周早期	集成 2007（5）: 頁 4544	
4252	父己爵	2	07941	殷或西周早期	集成 2007（5）: 頁 4544	
4253	父己爵	2	07943	殷或西周早期	集成 2007（5）: 頁 4544	
4254	父己爵	2	07944	殷或西周早期	集成 2007（5）: 頁 4544	
4255	父己爵	2	07945	殷或西周早期	集成 2007（5）: 頁 4544	

續表

序號	器　名	字數	銘文著錄	時　代	出　　處	依　　據
4256	父己爵	2	07946	殷或西周早期	集成 2007（5）: 頁 4544	
4257	父己爵	2	07947	殷或西周早期	集成 2007（5）: 頁 4544	
4258	父庚爵	2	07949	殷或西周早期	集成 2007（5）: 頁 4544	
4259	父庚爵	2	07950	殷或西周早期	集成 2007（5）: 頁 4544	
4260	父庚爵	2	07951	殷或西周早期	集成 2007（5）: 頁 4544	
4261	父辛爵	2	07958	殷或西周早期	集成 2007（5）: 頁 4545	
4262	父辛爵	2	07960	殷或西周早期	集成 2007（5）: 頁 4545	
4263	父辛爵	2	07961	殷或西周早期	集成 2007（5）: 頁 4545	
4264	父辛爵	2	07964	殷或西周早期	集成 2007（5）: 頁 4545	
4265	父辛爵	2	07965	殷或西周早期	集成 2007（5）: 頁 4545	
4266	父辛爵	2	07966	西周早期	集成 2007（5）: 頁 4545	
				成康	中科院 A1974: 頁 320	據隨葬器物判斷約屬成康時期。
4267	父辛爵	2	07967	西周早期	集成 2007（5）: 頁 4545	
4268	父辛爵	2	07968	西周早期	集成 2007（5）: 頁 4545	
4269	父辛爵	2	07969	西周早期	集成 2007（5）: 頁 4545	
				西周初年至成康時期	社科院 A1986a: 頁 208	
				約武王至康王	朱鳳瀚 2009: 頁 1228–1265	墓葬。
4270	父辛爵	2	07970	西周早期	集成 2007（5）: 頁 4545	
4271	父壬爵	2	07971	殷或西周早期	集成 2007（5）: 頁 4546	
4272	父壬爵	2	07972	殷或西周早期	集成 2007（5）: 頁 4546	
4273	父壬爵	2	07974	西周早期	集成 2007（5）: 頁 4546	
4274	父壬爵	2	07975	西周早期	集成 2007（5）: 頁 4546	
4275	父癸爵	2	07980	殷或西周早期	集成 2007（5）: 頁 4546	

續表

序號	器　名	字數	銘文著錄	時　代	出　　處	依　　據
4276	父癸爵	2	07982	殷或西周早期	集成 2007（5）：頁 4546	
4277	父癸爵	2	07983	殷或西周早期	集成 2007（5）：頁 4546	
4278	父癸爵	2	07984	殷或西周早期	集成 2007（5）：頁 4546	
4279	父癸爵	2	07985	殷或西周早期	集成 2007（5）：頁 4546	
4280	父癸爵	2	07986	西周早期	集成 2007（5）：頁 4546	
4281	父癸爵	2	07987	西周早期	集成 2007（5）：頁 4546	
				成康昭穆	郭寶鈞 1964：頁 72	墓葬與普渡村長囟墓對照。
				西周前期	郭寶鈞 1970（1981）：頁 51	
				成康	李豐 1988a：頁 396	墓葬。
				二期後段（約昭王）	盧連成、胡智生 1988a：頁 508–513	墓葬。
				二期（康晚至昭王）	朱鳳瀚 2009：頁 1337	器物組合與形制。
4282	父癸爵	2	07988	西周早期	集成 2007（5）：頁 4546	
4283	父癸爵	2	07989	西周早期	集成 2007（5）：頁 4546	
4284	父癸爵	2	07990	西周早期	集成 2007（5）：頁 4546	
4285	父□爵	2	07991	西周早期	集成 2007（5）：頁 4546	
				殷或西周初期	中科院 1962：頁 80A391	
4286	母己爵	2	07993	殷或西周早期	集成 2007（5）：頁 4547	
4287	母己爵	2	07994	殷或西周早期	集成 2007（5）：頁 4547	
4288	母癸爵	2	07995	西周早期	集成 2007（5）：頁 4547	
4289	母癸爵	2	07996	西周早期	集成 2007（5）：頁 4547	
4290	母癸爵	2	07997	西周早期	集成 2007（5）：頁 4547	
4291	愰甲爵帝甲爵	2	07999	殷或西周早期	集成 2007（5）：頁 4548	
4292	甲虫爵	2	08000	殷或西周早期	集成 2007（5）：頁 4548	
4293	甲夆爵	2	08002	殷或西周早期	集成 2007（5）：頁 4548	
4294	何乙爵	2	08004	殷或西周早期	集成 2007（5）：頁 4548	

續表

序號	器　名	字數	銘文著錄	時　代	出　　處	依　　據
4295	𫲀乙爵	2	08005	殷或西周早期	集成 2007（5）：頁 4548	
4296	𫲀乙爵	2	08006	殷或西周早期	集成 2007（5）：頁 4548	
4297	𫲀乙爵	2	08009	殷或西周早期	集成 2007（5）：頁 4548	
4298	𫲀乙爵	2	08010	殷	集成 2007（5）：頁 4548	
				西周早期	陳佩芬 2004：頁 111	
4299	𫲀乙爵	2	08011	殷或西周早期	集成 2007（5）：頁 4548	
4300	𫲀丙爵	2	08015	殷或西周早期	集成 2007（5）：頁 4549	
4301	丁𫲀爵	2	08025	殷或西周早期	集成 2007（5）：頁 4549	
4302	丁戈爵	2	08026	殷或西周早期	集成 2007（5）：頁 4549	
4303	屰丁爵	2	08027	殷或西周早期	集成 2007（5）：頁 4549	
4304	戈己爵	2	08033	殷或西周早期	集成 2007（5）：頁 4550	
4305	己𫲀爵	2	08034	殷或西周早期	集成 2007（5）：頁 4550	
4306	己入爵	2	08037	殷或西周早期	集成 2007（5）：頁 4550	
4307	己入爵	2	08038	西周早期	集成 2007（5）：頁 4550	
4308	己未爵	2	08039	西周早期	集成 2007（5）：頁 4550	
4309	己𫲀爵	2	08041	殷或西周早期	集成 2007（5）：頁 4550	
4310	己重爵	2	08043	殷或西周早期	集成 2007（5）：頁 4550	
4311	作己爵	2	08046	西周早期	集成 2007（5）：頁 4550	
4312	𫲀庚爵父庚爵、主庚爵	2	08047	殷或西周早期	集成 2007（5）：頁 4550	
4313	庚𫲀爵	2	08048	殷或西周早期	集成 2007（5）：頁 4550	
4314	庚子爵	2	08049	殷或西周早期	集成 2007（5）：頁 4551	
4315	口辛爵	2	08058	西周早期	集成 2007（5）：頁 4551	

序號	器 名	字數	銘文著錄	時 代	出 處	依 據
4316	𢎨癸爵	2	08066	西周早期	集成 2007（5）：頁 4551	
				昭王	吳其昌 1929（2004）：頁 239	作器者同昭王十一年之臣辰卣（05421）。
				成王	容庚 1941（2008）：頁 33	臣辰器，參臣辰尊（05999）。
4317	子𩁹爵	2	08072	殷或西周早期	集成 2007（5）：頁 4552	
4318	子𩁹爵	2	08073	殷或西周早期	集成 2007（5）：頁 4552	
4319	子𩁹爵、子何爵	2	08075	殷或西周早期	集成 2007（5）：頁 4552	
				商 晚（或周早）	吳鎮烽 2006：頁 31	子𢀖，商晚或周早期人。
4320	子守爵	2	08085	殷或西周早期	集成 2007（5）：頁 4553	
4321	子𩁹爵子左爵	2	08086	殷或西周早期	集成 2007（5）：頁 4553	
4322	子𩁹爵	2	08102	殷或西周早期	集成 2007（5）：頁 4554	
4323	子禾爵	2	08108	殷或西周早期	集成 2007（5）：頁 4554	
4324	子禾爵	2	08109	殷或西周早期	集成 2007（5）：頁 4554	
4325	𩁹子爵,免子爵	2	08119	殷或西周早期	集成 2007（5）：頁 4555	
4326	遣妊爵	2	08137	殷或西周早期	集成 2007（5）：頁 4556	
				商晚或西周早期	吳鎮烽 2006：頁 357	禣妊，商晚或西周早期妊姓婦女。
4327	𠙵天爵	2	08143	殷或西周早期	集成 2007（5）：頁 4556	
4328	𩁹天爵𩁹天爵	2	08145	西周早期	集成 2007（5）：頁 4556	
4329	𩁹𩁹爵	2	08149	西周早期	集成 2007（5）：頁 4557	
4330	𩁹行爵	2	08150	西周早期	集成 2007（5）：頁 4557	
4331	𩁹册爵先册爵	2	08160	西周早期	集成 2007（5）：頁 4557	
				昭王	唐蘭 1981：頁 67	
4332	光父爵	2	08161	西周早期	集成 2007（5）：頁 4557	
				西周早期	吳鎮烽 2006：頁 118	光父，西周早期人。
4333	單光爵	2	08163	西周早期	集成 2007（5）：頁 4558	
				西周早期	吳鎮烽 2006：頁 315	單光，西周早期人。

續表

序號	器　名	字數	銘文著錄	時　代	出　處	依　據
4334	戔)八爵	2	08173	殷或西周早期	集成 2007（5）：頁 4558	
4335	◆彳彳彳爵	2	08183	殷或西周早期	集成 2007（5）：頁 4559	
4336	伐口爵	2	08184	西周早期	集成 2007（5）：頁 4559	
4337	T敄爵	2	08190	殷或西周早期	集成 2007（5）：頁 4559	
4338	禾又爵	2	08194	殷或西周早期	集成 2007（5）：頁 4559	
4339	叉庍爵	2	08198	殷或西周早期	集成 2007（5）：頁 4560	
4340	工蛊爵	2	08203	殷或西周早期	集成 2007（5）：頁 4560	
4341	H龍爵	2	08223	殷或西周早期	集成 2007（5）：頁 4561	
4342	)(浩爵	2	08229–08231	西周早期	集成 2007（5）：頁 4562	
				成王	白川靜 1962c：頁164–166器 14 附	
				一期（約武王至康王）	朱鳳瀚 2009：頁 1340	形制，組合。
4343	戈父爵	2	08237	西周早期	集成 2007（5）：頁 4562	
4344	嘳葡爵	2	08242	殷或西周早期	集成 2007（5）：頁 4562	
4345	丫射爵	2	08246	西周早期	集成 2007（5）：頁 4563	
				西周	傅永魁 1959：頁 187–188	
				武王至成王早年	李豐 1988a：頁 396	墓葬。
				二期中段（約成康）	盧連成、胡智生 1988a：頁 502–507	墓葬。
				約武王至康王	朱鳳瀚 2009：頁 1228–1265	墓葬。
4346	忄⺊爵	2	08248	殷或西周早期	集成 2007（5）：頁 4563	
4347	工⊓爵	2	08254	殷或西周早期	集成 2007（5）：頁 4563	
				商晚或西周早期	吳鎮烽 2006：頁 54	壬舟，商代晚期或西周早期人。
4348	丫冈爵	2	08261	西周早期	集成 2007（5）：頁 4563	
				西周早期	陝西 1980（3）：頁 29 器 185	
				西周初年（稍早）	曹明檀、尚志儒 1984：頁 59	紋飾。

續表

序號	器 名	字數	銘文著錄	時 代	出 處	依 據
4349	册汌爵 汌册爵	2	08282	西周早期	集成 2007（5）：頁 4564	
4350	且大爵 祖大爵	2	08294	西周早期	集成 2007（5）：頁 4565	
4351	辰□爵	2	08297	殷或西周早期	集成 2007（5）：頁 4565	
4352	ヨ父爵	2	08298	西周早期	集成 2007（5）：頁 4565	
				西周早期	吳鎮烽 2006：頁 448	ヨ父，西周早期人。
4353	伯宁爵	2	08299	西周早期	集成 2007（5）：頁 4566	
				西周初期	陳夢家 1966（2004）：頁 141 器 103 附	形制，紋飾，銘文。
				穆王前後	李豐 1988a：頁 396	墓葬。
				穆王	盧連成、胡智生 1988a：頁 513–521	墓葬。
				穆恭	朱鳳瀚 2009：頁 1284–1301	墓葬。
4354	伯作爵	2	08300	西周早期	集成 2007（5）：頁 4566	
				成康	甘肅 C1977：頁 124	形制，紋飾。
				成康	李豐 1988a：頁 396	墓葬。
				二期中段（約成康）	盧連成、胡智生 1988a：頁 502–507	墓葬。
4355	□作爵	2	08301	西周早期	集成 2007（5）：頁 4566	
4356	□作爵	2	08302	西周早期	集成 2007（5）：頁 4566	
4357	作彝爵	2	08303	西周早期	集成 2007（5）：頁 4566	
				西周早期	陝西 1980（3）：頁 1 器 4	
				昭王前後	張懋鎔 2006a：頁 223	形制，紋飾。
4358	作從爵	2	08304	西周早期	集成 2007（5）：頁 4566	
4359	作寶爵	2	08305	西周早期	集成 2007（5）：頁 4566	
4360	作障爵 作尊爵	2	08306	西周早期	集成 2007（5）：頁 4566	
4361	遽從角	2	08307–08308	西周早期	集成 2007（5）：頁 4566	
				商代	容庚 1941（2008）：頁 291 角 7	
				殷或西周初期	中科院 1962：頁 81A393	
				西周早期	吳鎮烽 2006：頁 395	遽從，西周早期人。
4362	遽從角	2	08308	西周早期	集成 2007（5）：頁 4566	
				商代	容庚 1941（2008）：頁 291 角 6	

序號	器名	字數	銘文著録	時代	出處	依據
4363	康侯爵	2	08310	西周早期	集成 2007（5）：頁 4566	
				成王	白川靜 1962c：頁 161-166 器 14 附	
				西周前期	辭典 1995：頁 155 器 535	
				西周早期	吳鎮烽 2006：頁 292	康侯即康侯封，西周早期人。
4364	祖丁爵	2	近出 0806、新收 0711	西周早期	近出 2002（三）：頁 274	
				西周早期	新收 2006：頁 524	
				西周早期	王長啓 1990：頁 29	
4365	父乙爵	2	近出 0809、新收 1817	西周早期	近出 2002（三）：頁 277	
				西周早期	新收 2006：頁 1224	
				西周早期	李學勤、艾蘭 1995：頁 339 器 88	
4366	父己爵	2	近出 0810、新收 0799	西周早期	近出 2002（三）：頁 278	
				商晚－西周早期	新收 2006：頁 587	
				西周早期前段	陝西 A1995：頁 123	形制，花紋。
				成王	張長壽 1998：頁 290-294	形制，花紋，組合。
				約武王至康王	朱鳳瀚 2009：頁 1228-1265	墓葬。
4367	父己爵	2	近出 0811	西周早期	近出 2002（三）：頁 279	
4368	父己爵	2	近出 0812	西周早期	近出 2002（三）：頁 280	
4369	父己爵	2	近出 0813、新收 0699	西周中期	近出 2002（三）：頁 281	
				西周早中期	新收 2006：頁 516	
				昭穆	社科院 A1989：頁 528	
				昭穆	社科院 1999：頁 365	據同出器物斷爲昭穆時期。
				康晚至昭王	朱鳳瀚 2009：頁 1266-1283	墓葬。
4370	母己爵	2	近出 0816、新收 1353	西周早期	近出 2002（三）：頁 284	
				西周早期	新收 2006：頁 933	
				西周早期	北京 C1995：頁 246	形制。
4371	天乙爵	2	近出 0821、新收 0798	西周早期	近出 2002（三）：頁 289	
				商晚－西周早期	新收 2006：頁 596	
				西周早期前段	陝西 A1995：頁 123	形制，花紋。

續表

序號	器　名	字數	銘文著錄	時　代	出　　處	依　　據
4371	天乙爵	2	近出 0821、新收 0798	成王	張長壽 1998：頁 290–294	銅器形制、花紋、組合。
				約武王至康王	朱鳳瀚 2009：頁 1228–1265	墓葬。
4372	亞受爵	2	近出 0830	西周早期	近出 2002（三）：頁 298	
4373	冰亞爵 亞𥎦爵	2	近出 0831	西周早期	近出 2002（三）：頁 299	
4374	子口爵	2	近出 0845	西周早期	近出 2002（三）：頁 313	
4375	尹舟爵	2	近出 0846、新收 0718	商代後期	近出 2002（三）：頁 314	
				商晚—周早	新收 2006：頁 528	
				商末周初	王長啓 1990：頁 29	
4376	用遣爵	2	近出 0850–0851、新收 1954–1955	西周早期	近出 2002（三）：頁 318、319	
				西周早中期	新收 2006：頁 1302–1303	
4377	榮仲爵	2	近出 0865、新收 0347	西周早期	近出 2002（三）：頁 334	
				西周中期	新收 2006：頁 238	
				西周中期	洛陽 B1999a：頁 214	
				成康	蔡運章 1996：頁 54	同出器物的形制紋飾皆有西周初期特色。榮仲可能爲成王時榮伯之兄弟。
				昭王前後	王占奎 2005	與昭王末年榮仲方鼎（新收 1567）爲同人作器，後者爲昭王末年器。
				西周早期	吳鎮烽 2006：頁 274	榮仲，西周早期人。
				康晚至昭王	朱鳳瀚 2009：頁 1266–1283	墓葬。
				未	李學勤 2010a：頁 154	作器者不同於榮仲方鼎。
4378	□父爵	2	近二 0745、新收 0601	商代後期	近二 2010（三）：頁 59	
				商代晚期–西周早期	新收 2006：頁 454	
				殷晚周初	楊澍 1985：頁 665	
4379	父丁爵	2	近二 0748	商代後期	近二 2010（三）：頁 62	
				西周早期早段	社科院 2005：頁 513	
				一期（約武王至康王）	朱鳳瀚 2009：頁 1383	器形。
4380	𩵋丁爵	2	近二 0750	西周早期	近二 2010（三）：頁 64	

續表

序號	器　名	字數	銘文著錄	時　代	出　　處	依　　據
4381	父辛爵	2	近二 0751	西周早期	近二 2010（三）：頁 65	
				成康之際	朱鳳瀚 2009：頁 1409	組合，形制，紋飾。
4382	父癸爵	2	近二 0752–0753、新收 0355–0356	西周早期	近二 2010（三）：頁 66–67	
				西周早期	新收 2006：頁 344	
				西周早期	洛陽 B1999a：頁 90	
				穆王	蔡運章 1996：頁 58	形制，紋飾。
4383	父乙爵	2	近二 0754、新收 1596	西周早期	近二 2010（三）：頁 68	
				西周早期	新收 2006：頁 1094	
				西周早期	孫華、王藝 1999：頁 98	形制。
4384	父乙爵	2	近二 0755、新收 0710	西周早期	近二 2010（三）：頁 69	
				西周早期	新收 2006：頁 524	
				武王至成王早年	李豐 1988a：頁 396	墓葬。
				文王	劉啟益 1993：頁 381	該墓葬出土銅器的形制。
4385	祖癸爵	2	近二 0756	西周早期	近二 2010（三）：頁 70	
4386	父己爵一	2	近二 0757	西周早期	近二 2010（三）：頁 71	
4387	父己爵二	2	近二 0758	西周早期	近二 2010（三）：頁 72	
4388	作觚爵	2	近二附錄 53、新收 1739	西周早期	近二 2010（四）：頁 324	
				西周早期	新收 2006：頁 118	
				西周早期	馬琴莉 1996：頁 86、89	器形，紋飾。
				西周早期	吳鎮烽 2006：頁 407	戲，西周早期人。
4389	父辛爵	2	文物 2008 年 12 期頁 12 圖 11.1	成康（不晚於昭王）	周原 A2008：頁 19	
4390	吳祖乙爵 吳且乙爵	3	08312	殷或西周早期	集成 2007（6）：頁 5269	
4391	🐚且乙爵	3	08313	殷或西周早期	集成 2007（6）：頁 5269	
4392	🐚且乙爵	3	08314	殷或西周早期	集成 2007（6）：頁 5269	
4393	豕且乙爵 豕祖乙爵	3	08315	殷或西周早期	集成 2007（6）：頁 5269	
4394	入且乙爵	3	08316	殷或西周早期	集成 2007（6）：頁 5269	
4395	入且乙爵	3	08317	殷或西周早期	集成 2007（6）：頁 5269	
4396	口且乙爵	3	08318	殷或西周早期	集成 2007（6）：頁 5269	

續表

序號	器　名	字數	銘文著錄	時　代	出　處	依　據
4397	𠆢且丙爵	3	08320	西周早期	集成 2007（6）：頁 5269	
				西周早期	陝西 1980（3）：頁 26 器 166	
4398	𤔲且丙爵	3	08321	殷或西周早期	集成 2007（6）：頁 5269	
4399	車且丁爵	3	08322	殷或西周早期	集成 2007（6）：頁 5269	
4400	亞且丁爵	3	08323	殷或西周早期	集成 2007（6）：頁 5269	
4401	山且丁爵	3	08324	殷或西周早期	集成 2007（6）：頁 5269	
4402	𣎆且丁爵	3	08325	西周早期	集成 2007（6）：頁 5270	
				西周初期	周世榮 1983：頁 243–280	
4403	𤠙且丁爵	3	08326	殷或西周早期	集成 2007（6）：頁 5270	
4404	𥅀且丁爵	3	08328	殷或西周早期	集成 2007（6）：頁 5270	
4405	戈且戊爵	3	08329	殷或西周早期	集成 2007（6）：頁 5270	
4406	叔戊觥爵	3	08331–08332	西周早期	集成 2007（6）：頁 5270	
				西周早期後段	張劍、孫新科 1996：頁 336	
4407	𤕦且己爵	3	08333	殷或西周早期	集成 2007（6）：頁 5270	
4408	𤕦且己爵	3	08334	殷或西周早期	集成 2007（6）：頁 5270	
4409	戈且己爵	3	08335	西周早期	集成 2007（6）：頁 5270	
4410	奴且己爵	3	08336	殷或西周早期	集成 2007（6）：頁 5270	
4411	𠆢且己爵	3	08338	殷或西周早期	集成 2007（6）：頁 5271	
4412	𢦏且己爵	3	08339	西周早期	集成 2007（6）：頁 5271	
4413	𢦏且己爵	3	08340	西周早期	集成 2007（6）：頁 5271	
4414	屮且庚爵	3	08341	殷或西周早期	集成 2007（6）：頁 5271	
4415	𤔲且庚爵	3	08342	西周早期	集成 2007（6）：頁 5271	
4416	子且辛爵	3	08343	殷或西周早期	集成 2007（6）：頁 5271	
4417	齊且辛爵	3	08345	西周早期	集成 2007（6）：頁 5271	

續表

序號	器　名	字數	銘文著錄	時　代	出　　處	依　　據
4418	弗且辛爵	3	08346–08347	西周早期	集成 2007（6）：頁 5271	
				西周初期	石興邦 1954：頁 126	
				穆王	郭寶鈞 1970（1981）：頁 46	
				穆王前後	李豐 1988a：頁 396	墓葬。
				穆王	盧連成、胡智生 1988a：頁 514	墓葬。
				西周早期	青全 1997（5）：頁 80 器 84	*08346。
				西周中期	馬承源 2003a：頁 166 爵 2	器形。
				穆恭	朱鳳瀚 2009：頁 1284–1301	墓葬。
4419	㲋且辛爵	3	08348	西周早期	集成 2007（6）：頁 5271	
4420	戈且辛爵	3	08349	殷或西周早期	集成 2007（6）：頁 5271	
4421	木且辛爵	3	08350	西周早期	集成 2007（6）：頁 5271	
				商末周初	張劍 1980：頁 41	形制，紋飾。
4422	奴且壬爵	3	08355	西周早期	集成 2007（6）：頁 5272	
4423	山且壬爵	3	08356	殷或西周早期	集成 2007（6）：頁 5272	
4424	㲃且壬爵	3	08357	西周早期	集成 2007（6）：頁 5272	
				西周早期	陝西 1980（3）：頁 26 器 168	
4425	奀且癸爵	3	08358	殷或西周早期	集成 2007（6）：頁 5272	
4426	奀且癸爵	3	08359	殷或西周早期	集成 2007（6）：頁 5272	
4427	鳥且癸爵鳥祖巫爵	3	08363	殷	集成 2007（6）：頁 5272	
				殷晚周初	慶陽 A1985：頁 809	造型，紋飾。
				文王	劉啓益 1993：頁 390	形制。
				約武王至康王	朱鳳瀚 2009：頁 1228–1265	墓葬。
4428	㑒且癸爵	3	08364	西周早期	集成 2007（6）：頁 5272	
4429	入且癸爵	3	08365	殷或西周早期	集成 2007（6）：頁 5272	
4430	㽞且癸爵	3	08366	殷或西周早期	集成 2007（6）：頁 5272	
4431	□且癸爵	3	08367	殷或西周早期	集成 2007（6）：頁 5272	
4432	車父甲爵	3	08371	殷或西周早期	集成 2007（6）：頁 5273	
4433	陸父甲角	3	08372	殷或西周早期	集成 2007（6）：頁 5273	

續表

序號	器　名	字數	銘文著錄	時　代	出　　處	依　　據
4434	天父乙爵	3	08376	殷或西周早期	集成 2007（6）：頁 5273	
4435	𣄰父乙爵	3	08378	殷或西周早期	集成 2007（6）：頁 5273	
4436	愜父乙爵	3	08384	殷或西周早期	集成 2007（6）：頁 5273	
4437	𢀖父乙爵	3	08385	西周早期	集成 2007（6）：頁 5273	
4438	𢀖父乙爵	3	08387	西周早期	集成 2007（6）：頁 5273	
				西周初期（成王）	中科院 1962：頁 79A382	
4439	𢀖父乙爵	3	08388	西周早期	集成 2007（6）：頁 5274	
				西周初期（成王）	中科院 1962：頁 79A383	
4440	奂父乙爵	3	08389	殷或西周早期	集成 2007（6）：頁 5274	
4441	𢀖父乙爵	3	08391	殷或西周早期	集成 2007（6）：頁 5274	
4442	𢀖父乙爵	3	08392	殷或西周早期	集成 2007（6）：頁 5274	
4443	𢀖父乙爵　子父乙爵	3	08393	西周早期	集成 2007（6）：頁 5274	
				早於穆王	扶風 A1976：頁 58	形制，花紋，銘文字體。
				西周早期	陝西 1980（2）：頁 12 器 96	
				穆王前後	李豐 1988a：頁 396	墓葬。
				穆王	盧連成、胡智生 1988a：頁 514	墓葬。
				穆王	劉啟益 2002：頁 211	伯或墓的時代在穆王時。
				西周中期	曹瑋等 2005（7）：頁 1378	
				穆王前後	張懋鎔 2006a：頁 227	
				穆恭	朱鳳瀚 2009：頁 1284–1301	墓葬。
4444	臤父乙爵	3	08394	殷或西周早期	集成 2007（6）：頁 5274	
4445	黿父乙爵	3	08395	殷或西周早期	集成 2007（6）：頁 5274	
4446	𢀖父乙爵　虣父乙爵	3	08397	殷或西周早期	集成 2007（6）：頁 5274	
4447	𢀖父乙爵	3	08398	殷或西周早期	集成 2007（6）：頁 5274	
4448	魚父乙爵	3	08400	殷或西周早期	集成 2007（6）：頁 5274	

續表

序號	器　名	字數	銘文著錄	時　代	出　　處	依　　據
4449	魚父乙爵	3	08401	殷或西周早期	集成 2007（6）：頁 5274	
4450	魚父乙爵	3	08402	殷或西周早期	集成 2007（6）：頁 5274	
4451	魚父乙爵	3	08403	殷或西周早期	集成 2007（6）：頁 5274	
				西周	隨州 A1984：頁 510–514	
				西周早期	楊寶成 1989：頁 132	伴出器形制、紋飾、字體。
				西周早期	楊寶成 1991：頁 14–15	同墓銅器群的組合、器形、紋飾和銘文判斷，當屬西周早期。
4452	亞父乙爵	3	08404	西周早期	集成 2007（6）：頁 5275	
4453	亞父乙爵	3	08405	西周早期	集成 2007（6）：頁 5275	
4454	戈父乙爵	3	08408	殷或西周早期	集成 2007（6）：頁 5275	
4455	戈父乙爵	3	08409	殷或西周早期	集成 2007（6）：頁 5275	
4456	觷父乙爵	3	08412	西周早期	集成 2007（6）：頁 5275	
4457	中父乙爵	3	08414	殷或西周早期	集成 2007（6）：頁 5275	
4458	酉父乙爵	3	08415	殷或西周早期	集成 2007（6）：頁 5275	
4459	入父乙爵	3	08417	殷或西周早期	集成 2007（6）：頁 5275	
4460	屰父乙爵	3	08419	殷或西周早期	集成 2007（6）：頁 5275	
4461	鼎父乙爵	3	08420	殷或西周早期	集成 2007（6）：頁 5276	
4462	𦥑父乙爵	3	08423	西周早期	集成 2007（6）：頁 5276	
4463	𠁁父乙爵	3	08425	殷或西周早期	集成 2007（6）：頁 5276	
4464	𠁁父乙爵	3	08426	西周早期	集成 2007（6）：頁 5276	
				西周初期	周世榮 1983：頁 243–280	
4465	𠁁父乙爵	3	08428	殷或西周早期	集成 2007（6）：頁 5276	
4466	舟父乙爵	3	08430	殷或西周早期	集成 2007（6）：頁 5276	
4467	作父乙爵	3	08431	西周早期	集成 2007（6）：頁 5276	
4468	作父乙爵	3	08432	西周早期	集成 2007（6）：頁 5276	

序號	器 名	字數	銘文著録	時 代	出 處	依 據
4469	囗父乙爵	3	08433	殷或西周早期	集成 2007（6）：頁 5276	
4470	魚父丙爵	3	08437	殷或西周早期	集成 2007（6）：頁 5276	
4471	鼎父丙爵	3	08439	殷或西周早期	集成 2007（6）：頁 5277	
4472	子父丁爵	3	08441	殷或西周早期	集成 2007（6）：頁 5277	
4473	𣂁父丁爵	3	08446	殷或西周早期	集成 2007（6）：頁 5277	
4474	欠父丁爵	3	08447	西周早期	集成 2007（6）：頁 5277	
4475	旅父丁爵	3	08450	殷或西周早期	集成 2007（6）：頁 5277	
4476	鄉父丁爵	3	08452	殷	集成 2007（6）：頁 5278	
				西周早期	鄭洪春 1981：頁 123	
				成康	李豐 1988a：頁 396	墓葬。
				二期中段（約成康）	盧連成、胡智生 1988a：頁 502–507	墓葬。
				約武王至康王	朱鳳瀚 2009：頁 1228–1265	墓葬。
4477	𡴏父丁爵	3	08455	西周早期	集成 2007（6）：頁 5278	
4478	𦥑父丁爵	3	08456	西周早期	集成 2007（6）：頁 5278	
4479	𡼞父丁爵	3	08457	殷或西周早期	集成 2007（6）：頁 5278	
4480	龜父丁爵	3	08459	西周早期	集成 2007（6）：頁 5278	
				成康	甘肅 C1977：頁 124	形制，紋飾。
				成康	李豐 1988a：頁 396	墓葬。
				二期中段（約成康）	盧連成、胡智生 1988a：頁 502–507	墓葬。
4481	魚父丁爵	3	08460	殷或西周早期	集成 2007（6）：頁 5278	
4482	魚父丁爵	3	08461	殷或西周早期	集成 2007（6）：頁 5278	
4483	𣥏父丁爵	3	08463	殷或西周早期	集成 2007（6）：頁 5278	
4484	奴父丁爵	3	08466	殷或西周早期	集成 2007（6）：頁 5278	
4485	戈父丁爵	3	08468	殷或西周早期	集成 2007（6）：頁 5278	

序號	器　名	字數	銘文著錄	時　代	出　　處	依　　據
4486	戈父丁爵	3	08470	殷或西周早期	集成 2007（6）：頁 5278	
4487	𡔀父丁爵	3	08472	殷或西周早期	集成 2007（6）：頁 5279	
4488	𡚬父丁爵 丮父丁爵	3	08473	殷或西周早期	集成 2007（6）：頁 5279	
4489	皿父丁爵	3	08474	殷或西周早期	集成 2007（6）：頁 5279	
4490	皿父丁爵	3	08475	殷或西周早期	集成 2007（6）：頁 5279	
4491	禾父丁爵	3	08476	西周早期	集成 2007（6）：頁 5279	
4492	弗父丁爵	3	08478	西周早期	集成 2007（6）：頁 5279	
				西周早期	寶雞 B1978：頁 293	伴出器物的時代。
				西周早期	陝西 1984（4）：頁 3 器 13	
				康王	盧連成、胡智生 1988：頁 263	伴出器物的組合、形制、紋飾。
				成康	李豐 1988a：頁 396	墓葬。
				二期中段（約成康）	盧連成、胡智生 1988a：頁 502–507	墓葬。
				滅商前後	劉啓益 1993：頁 387	據伴出銅器。
				一期（約成康）	朱鳳瀚 2009：頁 1520	組合，形制，紋飾。
4493	𠂤父丁爵	3	08479	西周早期	集成 2007（6）：頁 5279	
4494	𩰬父丁爵	3	08482	西周早期	集成 2007（6）：頁 5279	
4495	𩰬父丁爵	3	08484	西周早期	集成 2007（6）：頁 5279	
4496	𩰬父丁爵	3	08485	西周早期	集成 2007（6）：頁 5280	
				商晚	王桂枝、高次若 1981：頁 8	器形，花紋，銘文。
4497	𩰬父丁爵	3	08486	西周早期	集成 2007（6）：頁 5280	
4498	𩰬父丁爵	3	08487	西周早期	集成 2007（6）：頁 5280	
4499	𤮍父丁爵	3	08488	殷或西周早期	集成 2007（6）：頁 5280	
4500	𤮍父丁爵	3	08489	殷或西周早期	集成 2007（6）：頁 5280	
4501	八父丁爵	3	08491	殷或西周早期	集成 2007（6）：頁 5280	
4502	八父丁爵	3	08492	殷或西周早期	集成 2007（6）：頁 5280	
4503	八父丁爵	3	08493	西周早期	集成 2007（6）：頁 5280	

續表

序號	器　名	字數	銘文著錄	時　代	出　　處	依　　據
4504	入父丁爵	3	08494	西周早期	集成 2007（6）：頁 5280	
4505	入父丁爵	3	08495	殷或西周早期	集成 2007（6）：頁 5280	
4506	入父丁爵	3	08496	西周早期	集成 2007（6）：頁 5280	
				殷或西周初期	中科院 1962：頁 80A392	
4507	系父丁爵	3	08497	殷或西周早期	集成 2007（6）：頁 5280	
4508	自父丁爵	3	08498	殷或西周早期	集成 2007（6）：頁 5280	
4509	禽父丁爵	3	08499	殷或西周早期	集成 2007（6）：頁 5280	
4510	ㄓ父丁爵 匚父丁爵	3	08502	殷或西周早期	集成 2007（6）：頁 5281	
4511	屮父丁爵	3	08504	西周早期	集成 2007（6）：頁 5281	
4512	爻父丁爵	3	08505	殷或西周早期	集成 2007（6）：頁 5281	
4513	車父丁爵	3	08506	殷或西周早期	集成 2007（6）：頁 5281	
4514	夆父丁爵 文父丁爵	3	08507	殷或西周早期	集成 2007（6）：頁 5281	
4515	召父丁爵	3	08508	西周早期	集成 2007（6）：頁 5281	
				西周早期	吳鎮烽 2006：頁 104	召，西周早期人。
4516	□父丁爵	3	08510	殷或西周早期	集成 2007（6）：頁 5281	
4517	作父丁爵	3	08512	西周早期	集成 2007（6）：頁 5281	
4518	子父戊爵	3	08513	西周早期	集成 2007（6）：頁 5281	
4519	子父戊爵	3	08514	西周早期	集成 2007（6）：頁 5281	
4520	子父戊爵	3	08515	西周早期	集成 2007（6）：頁 5281	
4521	子父戊爵	3	08516	西周早期	集成 2007（6）：頁 5281	
4522	央父戊角	3	08519	西周早期	集成 2007（6）：頁 5282	
4523	叔父戊爵	3	08523	殷或西周早期	集成 2007（6）：頁 5282	
4524	叔父戊爵	3	08524	殷或西周早期	集成 2007（6）：頁 5282	
4525	冓父戊爵	3	08525	西周早期	集成 2007（6）：頁 5282	
4526	孓父戊爵	3	08526	殷或西周早期	集成 2007（6）：頁 5282	

序號	器 名	字數	銘文著錄	時 代	出 處	依 據
4527	賣父戊爵	3	08528	西周早期	集成 2007（6）：頁 5282	
4528	父戊口爵	3	08530	西周早期	集成 2007（6）：頁 5283	
4529	爻父戊爵	3	08534	西周早期	集成 2007（6）：頁 5283	
4530	𢆶父己爵	3	08538	殷或西周早期	集成 2007（6）：頁 5283	
4531	𱭫父己爵	3	08542	殷或西周早期	集成 2007（6）：頁 5283	
4532	𦐇父己爵	3	08543	殷或西周早期	集成 2007（6）：頁 5283	
4533	𱁂父己爵 冂父己爵	3	08544	西周早期	集成 2007（6）：頁 5283	
4534	若父己爵	3	08545	殷或西周早期	集成 2007（6）：頁 5284	
4535	啓父己爵	3	08549	西周早期	集成 2007（6）：頁 5284	
4536	慊父己爵	3	08551	西周早期	集成 2007（6）：頁 5284	
				西周早期	陝西 G1982：頁 10–13	
				西周早期	曹瑋等 2005（10）：頁 2185	
				西周早期	張懋鎔 2006a：頁 230	
4537	戈父己爵	3	08555	殷或西周早期	集成 2007（6）：頁 5284	
4538	戈父己爵	3	08556	殷或西周早期	集成 2007（6）：頁 5284	
4539	戈父己爵	3	08557	殷或西周早期	集成 2007（6）：頁 5284	
4540	戈父己爵	3	08558	殷或西周早期	集成 2007（6）：頁 5284	
4541	戈父己爵	3	08559	西周早期	集成 2007（6）：頁 5284	
4542	戈父己爵	3	08560	西周早期	集成 2007（6）：頁 5284	
				西周前期	洛陽 A1972a：頁 36	同出銅器的形制、花紋爲殷末周初，同出觶上兔紋的寫實風格亦見於康王時貉子卣。
				商末周初	陳新、獻本 1995：頁 61	該墓銅器多瘦高，有商末周初特徵。
4543	舟父己爵	3	08562	殷或西周早期	集成 2007（6）：頁 5281	
4544	鼎父己爵	3	08566	殷或西周早期	集成 2007（6）：頁 5285	

續表

序號	器 名	字數	銘文著錄	時 代	出 處	依 據
4545	饕父己爵	3	08567	殷或西周早期	集成 2007（6）：頁 5285	
4546	肏父己爵	3	08568	西周早期	集成 2007（6）：頁 5285	
4547	肏父己爵	3	08570	殷或西周早期	集成 2007（6）：頁 5285	
4548	网父己爵	3	08573	西周早期	集成 2007（6）：頁 5285	
4549	冚父己爵 冚父己爵	3	08574	西周早期	集成 2007（6）：頁 5285	
				成康	中科院 A1974：頁 320	據隨葬器物判斷約屬成康時期。
				商末	李學勤 1975：頁 274	
				成康	李豐 1988a：頁 396	墓葬。
				西周早期	北京 C1995：頁 245	伴出物的形制、紋飾。
				成康	朱鳳瀚 2009：頁 1407	形制，紋飾。
4550	入父己爵	3	08575	殷或西周早期	集成 2007（6）：頁 5285	
4551	爻父己爵	3	08576	西周早期	集成 2007（6）：頁 5285	
				商代	容庚 1941（2008）：頁 288 爵 5	
4552	闇父己爵	3	08579	西周早期	集成 2007（6）：頁 5286	
4553	早父己爵	3	08580	殷或西周早期	集成 2007（6）：頁 5286	
4554	8父己爵	3	08581	西周早期	集成 2007（6）：頁 5286	
4555	舍父己爵 牵父己爵	3	08582	殷或西周早期	集成 2007（6）：頁 5286	
4556	父己册角	3	08583	西周早期	集成 2007（6）：頁 5286	
4557	乙父庚爵	3	08590	殷或西周早期	集成 2007（6）：頁 5286	
4558	八父庚爵	3	08591	殷或西周早期	集成 2007（6）：頁 5287	
4559	子父辛爵 父辛爵	3	08593	殷	集成 2007（6）：頁 5287	
				殷晚周初	北京 A1978：頁 14	
4560	子父辛爵	3	08595	殷或西周早期	集成 2007（6）：頁 5287	
4561	子父辛爵	3	08596	殷或西周早期	集成 2007（6）：頁 5287	
4562	疒父辛爵	3	08604	殷或西周早期	集成 2007（6）：頁 5287	
4563	癸父辛爵	3	08605	殷或西周早期	集成 2007（6）：頁 5287	

續表

序號	器　名	字數	銘文著録	時　代	出　　處	依　　據
4564	矢父辛爵	3	08606	西周早期	集成 2007（6）：頁 5287	
				商晚	河南 B1977：頁 15	形制近爻父己爵（《通考》圖 419）。
				成康	李豐 1988a：頁 396	墓葬。
				二期後段（約昭王）	盧連成、胡智生 1988a：頁 508–513	墓葬。
				西周早期	吳鎮烽 2006：頁 76	矢，西周早期人。
				西周早期偏早	朱鳳瀚 2009：頁 1356	
4565	貴父辛爵	3	08609	西周早期	集成 2007（6）：頁 5288	
4566	貴父辛爵	3	08610	西周早期	集成 2007（6）：頁 5288	
4567	貴父辛爵	3	08611	西周早期	集成 2007（6）：頁 5288	
4568	貴父辛爵	3	08612	西周早期	集成 2007（6）：頁 5288	
4569	叙父辛爵	3	08613	殷或西周早期	集成 2007（6）：頁 5288	
				商代晚期	陝西 1979（1）：頁 3	
				西周早期	曹瑋等 2005（10）：頁 2188	
4570	叔父辛爵	3	08614	殷或西周早期	集成 2007（6）：頁 5288	
4571	興父辛爵拱井父辛爵	3	08616	殷或西周早期	集成 2007（6）：頁 5288	
4572	獸父辛爵	3	08617	殷或西周早期	集成 2007（6）：頁 5288	
4573	黽父辛爵	3	08618	殷或西周早期	集成 2007（6）：頁 5288	
4574	鬲父辛爵	3	08620	殷或西周早期	集成 2007（6）：頁 5288	
4575	替父辛爵	3	08622	西周早期	集成 2007（6）：頁 5289	
4576	酉父辛爵	3	08623	殷或西周早期	集成 2007（6）：頁 5289	
4577	ᗤ父辛爵	3	08624	西周早期	集成 2007（6）：頁 5289	
				西周	傅永魁 1959：頁 187–188	
				武王至成王早年	李豐 1988a：頁 396	墓葬。
				二期中段（約成康）	盧連成、胡智生 1988a：頁 502–507	墓葬。
				約武王至康王	朱鳳瀚 2009：頁 1228–1265	墓葬。

續表

序號	器　名	字數	銘文著錄	時　代	出　　處	依　　據
4578	皿父辛爵	3	08625	殷或西周早期	集成 2007（6）: 頁 5289	
4579	辜父辛爵庸 父 辛爵、父辛爵	3	08629	西周早期	集成 2007（6）: 頁 5289	
				西周早期	陝西 1980（3）: 頁 27 器 174	
4580	中父辛爵	3	08630	殷或西周早期	集成 2007（6）: 頁 5289	
4581	亞父辛爵	3	08632	殷或西周早期	集成 2007（6）: 頁 5289	
4582	木父辛爵	3	08633	殷或西周早期	集成 2007（6）: 頁 5289	
4583	父辛爵	3	08634	殷或西周早期	集成 2007（6）: 頁 5289	
4584	父辛爵	3	08635	西周早期	集成 2007（6）: 頁 5289	
4585	父辛爵	3	08636	殷或西周早期	集成 2007（6）: 頁 5290	
4586	椸父辛爵	3	08637	殷或西周早期	集成 2007（6）: 頁 5290	
4587	鼎父辛爵	3	08638	殷或西周早期	集成 2007（6）: 頁 5290	
4588	鼎父辛爵	3	08639	殷或西周早期	集成 2007（6）: 頁 5290	
4589	鼎父辛爵	3	08640	殷或西周早期	集成 2007（6）: 頁 5290	
4590	父辛爵	3	08642	殷或西周早期	集成 2007（6）: 頁 5290	
4591	父辛爵	3	08643	殷或西周早期	集成 2007（6）: 頁 5290	
4592	父辛爵	3	08646	殷或西周早期	集成 2007（6）: 頁 5290	
4593	父辛爵	3	08647	殷或西周早期	集成 2007（6）: 頁 5290	
4594	父辛爵	3	08648	殷或西周早期	集成 2007（6）: 頁 5290	
4595	父辛爵	3	08649	西周早期	集成 2007（6）: 頁 5290	
4596	父辛爵	3	08651	殷或西周早期	集成 2007（6）: 頁 5290	
4597	父辛爵	3	08652	西周早期	集成 2007（6）: 頁 5291	
4598	父辛爵	3	08653	西周早期	集成 2007（6）: 頁 5291	
4599	父辛爵	3	08654	殷或西周早期	集成 2007（6）: 頁 5291	

續表

序號	器　名	字數	銘文著錄	時　代	出　　處	依　　據
4600	ʎ父辛爵	3	08655	殷或西周早期	集成 2007（6）：頁 5291	
4601	戈父辛爵	3	08656	西周早期	集成 2007（6）：頁 5291	
				西周早期	隨州 A1982a：頁 53–54	形制，紋飾。
				西周早期	楊寶成 1989：頁 132	伴出器形制、紋飾、字體。
				西周早期	楊寶成 1991：頁 14–15	同墓銅器群的組合、器形、紋飾和銘文判斷，當屬西周早期。
4602	戈父辛爵	3	08657	西周早期	集成 2007（6）：頁 5291	
4603	永父辛爵	3	08658	殷或西周早期	集成 2007（6）：頁 5291	
4604	作父辛爵	3	08659	西周早期	集成 2007（6）：頁 5291	
				西周初期	中科院 1962：頁 79A385	
4605	作父辛爵	3	08660	西周早期	集成 2007（6）：頁 5291	
4606	口父辛爵	3	08661	殷或西周早期	集成 2007（6）：頁 5291	
4607	木父壬爵	3	08663	殷或西周早期	集成 2007（6）：頁 5291	
4608	◫父壬爵	3	08664	西周早期	集成 2007（6）：頁 5291	
4609	◰父壬爵	3	08665	西周早期	集成 2007（6）：頁 5291	
4610	子父癸爵	3	08667	殷或西周早期	集成 2007（6）：頁 5291	
4611	天父癸爵	3	08668	殷或西周早期	集成 2007（6）：頁 5291	
4612	◰父癸爵	3	08669	西周早期	集成 2007（6）：頁 5292	
4613	◰父癸爵	3	08670	西周早期	集成 2007（6）：頁 5292	
4614	◰父癸爵	3	08671	西周早期	集成 2007（6）：頁 5292	
				西周初期（成王）	中科院 1962：頁 79A381	
				昭王	唐蘭 1981：頁 66	
4615	◰父癸爵	3	08672	殷或西周早期	集成 2007（6）：頁 5292	
4616	◰父癸爵	3	08677	殷或西周早期	集成 2007（6）：頁 5292	
4617	狄父癸爵	3	08678	殷或西周早期	集成 2007（6）：頁 5292	

續表

序號	器　名	字數	銘文著錄	時　代	出　　處	依　　據
4618	👁父癸爵	3	08679	西周早期	集成 2007（6）：頁 5292	
4619	吳父癸爵	3	08680	殷或西周早期	集成 2007（6）：頁 5292	
4620	旅父癸爵	3	08682	殷或西周早期	集成 2007（6）：頁 5292	
4621	旅父癸爵	3	08683	殷或西周早期	集成 2007（6）：頁 5292	
4622	母父癸爵	3	08684	殷或西周早期	集成 2007（6）：頁 5292	
4623	盇父癸爵	3	08685	殷或西周早期	集成 2007（6）：頁 5292	
4624	奴父癸爵	3	08687	殷或西周早期	集成 2007（6）：頁 5293	
4625	𣎼父癸爵	3	08691	西周早期	集成 2007（6）：頁 5293	
4626	獸父癸爵	3	08692	西周早期	集成 2007（6）：頁 5293	
4627	集父癸爵	3	08696	西周早期	集成 2007（6）：頁 5293	
4628	雔父癸爵	3	08698	殷或西周早期	集成 2007（6）：頁 5294	
4629	雔父癸爵	3	08699	殷或西周早期	集成 2007（6）：頁 5294	
4630	矢父癸爵	3	08701	殷或西周早期	集成 2007（6）：頁 5294	
4631	矢父癸爵	3	08702	殷或西周早期	集成 2007（6）：頁 5294	
4632	弓父癸爵	3	08703	西周早期	集成 2007（6）：頁 5294	
4633	夲父癸爵	3	08705	殷或西周早期	集成 2007（6）：頁 5294	
4634	夲父癸爵	3	08706	殷或西周早期	集成 2007（6）：頁 5294	
4635	🌿父癸爵	3	08707	殷或西周早期	集成 2007（6）：頁 5294	
4636	♣父癸爵	3	08709	西周早期	集成 2007（6）：頁 5294	
4637	𦥑父癸爵	3	08716	西周早期	集成 2007（6）：頁 5295	
4638	⅄父癸爵 幺父癸爵	3	08719	殷或西周早期	集成 2007（6）：頁 5295	
4639	𥫬父癸爵	3	08720	西周早期	集成 2007（6）：頁 5295	
4640	𥫬父癸爵	3	08721	西周早期	集成 2007（6）：頁 5295	

續表

序號	器　名	字數	銘文著録	時　代	出　處	依　據
4641	[illegible]父癸爵	3	08728	殷或西周早期	集成 2007(6):頁 5295	
4642	凡父癸爵	3	08729	殷或西周早期	集成 2007(6):頁 5295	
4643	凡父□爵	3	08733	西周早期	集成 2007(6):頁 5296	
4644	戈母乙爵	3	08734	西周早期	集成 2007(6):頁 5296	
				武王至成王早年	李豐 1988a:頁 396	墓葬。
				二期早段(約武成)	盧連成、胡智生 1988a:頁 500	墓葬。
4645	叒匕辛爵	3	08741	西周早期	集成 2007(6):頁 5296	
4646	僉兄癸爵	3	08742	西周早期	集成 2007(6):頁 5296	
4647	子[illegible]鄉爵	3	08765	殷	集成 2007(6):頁 5298	
				西周	唐愛華 1985:頁 31	
4648	子[illegible][illegible]爵	3	08766	殷或西周早期	集成 2007(6):頁 5298	
4649	子亯京爵	3	08767	西周早期	集成 2007(6):頁 5298	
4650	子口[illegible]爵	3	08768	殷或西周早期	集成 2007(6):頁 5298	
4651	嗣工丁爵	3	08792	西周早期	集成 2007(6):頁 5299	
				西周早期	吴鎮烽 2006:頁 434	嗣工丁，西周早期人。
4652	丁[illegible]乙爵	3	08793	殷或西周早期	集成 2007(6):頁 5299	
4653	丁[illegible]乙爵	3	08794	殷或西周早期	集成 2007(6):頁 5299	
4654	[illegible][illegible][illegible]爵	3	08803	殷或西周早期	集成 2007(6):頁 5300	
4655	[illegible][illegible][illegible]爵	3	08805	殷或西周早期	集成 2007(6):頁 5300	
4656	[illegible]且[illegible]爵	3	08810	殷或西周早期	集成 2007(6):頁 5300	
4657	[illegible]且[illegible]爵	3	08811	殷或西周早期	集成 2007(6):頁 5300	
4658	[illegible]且[illegible]爵	3	08812	殷或西周早期	集成 2007(6):頁 5300	
4659	長隹壺爵	3	08816–08817	西周早期	集成 2007(6):頁 5301	
				商代	容庚 1941(2008):頁 289 爵 21	
				西周早期前段	吴鎮烽 2006:頁 179	長隹壺，西周早期前段人。

序號	器　名	字數	銘文著錄	時　代	出　　處	依　　據
4660	長隹壺爵	3	08817	西周早期	集成 2007（6）：頁 5301	
				商代	容庚 1941（2008）：頁 289 爵 20	
				殷或西周初期	中科院 1962：頁 81A396	
4661	員作旅爵	3	08818–08819	西周早期	集成 2007（6）：頁 5301	
				西周中期前段	吳鎮烽 2006：頁 256	員，西周中期前段人。
4662	員作旅爵	3	08819	西周早期	集成 2007（6）：頁 5301	
4663	孟作旅爵	3	08820	西周早期	集成 2007（6）：頁 5301	
				西周中期	陝西 1980（2）：頁 10 器 78	
				西周中期	曹瑋等 2005（4）：頁 657–662	
				西周中期	吳鎮烽 2006：頁 216	孟，西周中期人。
4664	弓♠羊爵	3	08821	殷或西周早期	集成 2007（6）：頁 5301	
4665	爵寶彝爵	3	08822	西周早期	集成 2007（6）：頁 5301	
4666	爵寶彝爵	3	08823	西周早期	集成 2007（6）：頁 5301	
4667	仲作公爵	3	08824	西周中期	集成 2007（6）：頁 5301	
4668	作乙公爵	3	08825	西周早期	集成 2007（6）：頁 5301	
4669	黹子寶爵	3	08826	西周早期	集成 2007（6）：頁 5301	
				西周早期	吳鎮烽 2006：頁 443	黹子，西周早期人。
4670	黹子寶爵	3	08827	西周早期	集成 2007（6）：頁 5301	
4671	則作寶爵則爵	3	08828	西周中期	集成 2007（6）：頁 5302	
				西周早期	陝西 F1980：頁 47、53	形制、紋飾、銘文皆有西周早期作風。從伴出陶器看，所出墓葬不晚於穆王。
				西周早期	陝西 1980（3）：頁 13 器 82	
				三期（穆共）	盧連成、胡智生 1988a：頁 513–521	墓葬。
				西周中期	曹瑋等 2005（7）：頁 1417	
				昭穆之際	張懋鎔 2006a：頁 220	器形、紋飾與標準器對照。
				西周中期前段	吳鎮烽 2006：頁 229	則，西周中期前段人。
				康晚至昭王	朱鳳瀚 2009：頁 1266–1283	墓葬。
4672	右作彝爵	3	08829	西周早期	集成 2007（6）：頁 5302	
				西周早期	吳鎮烽 2006：頁 86	右，西周早期人。

續表

序號	器　名	字數	銘文著錄	時　代	出　　處	依　　據
4673	𧀎作彝爵 訆爵	3	08830	西周早期	集成 2007（6）：頁 5302	
				西周早期	吳鎮烽 2006：頁 237	訆，西周早期人。
4674	𠂤作彝爵	3	08831	西周早期	集成 2007（6）：頁 5302	
4675	奀作車爵 蔡爵	3	08832	西周早期	集成 2007（6）：頁 5302	
				西周早期	吳鎮烽 2006：頁 370	蔡，西周早期人。
4676	作從彝爵	3	08833	西周早期	集成 2007（6）：頁 5302	
4677	羊祖己爵	3	近出 0868、 新收 1762	西周早期	近出 2002（三）：頁 337	
				西周早期	新收 2006：頁 1192	
				西周早期	任喜來、呼林貴 1991：頁 74	裝飾，器形，字體。
4678	𠂤父乙爵	3（柱 1扳2）	近出 0871	西周早期	近出 2002（三）：頁 340	
4679	𠁩父丙爵	3	近出 0873	西周中期	近出 2002（三）：頁 342	
4680	𠂤父丁爵 𦥑父丁爵	3	近出 0875、 新收 0712	西周早期	近出 2002（三）：頁 344	
				西周早期	新收 2006：頁 525	
				西周早期	王長啟 1990：頁 29	
4681	龏父丁爵	3（柱 2扳1）	近出 0876	西周早期	近出 2002（三）：頁 345	
4682	伐父丁爵	3	近出 0878	西周早期	近出 2002（三）：頁 347	
4683	亞父己爵	3	近出 0879、 新收 1945	西周早期	近出 2002（三）：頁 348	
				西周早期	新收 2006：頁 1298	
				西周初期	程長新 1983：頁 67	組合，造型，紋飾，銘文。
				一期（約 康王）	朱鳳瀚 2009：頁 1411	形制。
4684	我父己爵	3	近出 0880	西周早期	近出 2002（三）：頁 349	
4685	魚父辛爵	3	近出 0882	西周早期	近出 2002（三）：頁 351	
4686	魚父辛爵	3	近出 0883	西周早期	近出 2002（三）：頁 352	
4687	𩵋父癸爵	3	近出 0884、 新收 0826	西周早期	近出 2002（三）：頁 353	
				西周早期	新收 2006：頁 606	
				康王前期	盧連成、胡智生 1988：頁 263	伴出器物的組合、形制、紋飾。
				二期中段 （約成康）	盧連成、胡智生 1988a：頁 502–507	墓葬。
				一期（約 成康）	朱鳳瀚 2009：頁 1520	組合，形制，紋飾。
4688	𠁩父癸爵	3	近出 0885	西周早期	近出 2002（三）：頁 354	

序號	器 名	字數	銘文著錄	時 代	出 處	依 據
4689	叔父癸爵	3	近出 0888、新收 1107	商代後期	近出 2002（三）：頁 357	
				商晚－西周早期	新收 2006：頁 789	
				商末周初	魏國 1992：頁 95	形制。
4690	劀父癸爵	3	近出 0889、新收 1062	商代後期	近出 2002（三）：頁 358	
				商晚－西周早期	新收 2006：頁 762	
4691	爻父乙角	3	近出附 51	西周	近出 2002（四）：頁 307	
4692	來己父爵	3	近出附 52	西周	近出 2002（四）：頁 307	
4693	囨心爵	3	近出附 54、新收 1725	西周早期	近出 2002（四）：頁 307	
				西周	新收 2006：頁 1173	
				西周	唐愛華 1985：頁 31	
4694	史父乙爵	3	近二 0767–0768	商代後期	近二 2010（三）：頁 81–82	
				西周早期早段	社科院 2005：頁 513	
				一期（約武王至康王）	朱鳳瀚 2009：頁 1383	器形。
4695	長子口爵	3	近二 0769、新收 0561	西周早期	近二 2010（三）：頁 83	
				西周早期	新收 2006：頁 423	
				商末周初	河南 E2000：頁 22	
				西周初期（不晚於成王）	河南 E2000a：頁 199–209	據墓葬形制、埋葬習俗及伴出物的時代特徵。
				西周初期（不晚於成王）	韓維龍、張志清 2000：頁 24–29	墓葬形制、埋藏習俗有商末特色。出土器物的組合、器形、紋飾和銘文有周初特徵。長子口爲臣服於周的商末長氏諸侯，故葬俗爲殷式而出土器物有周初特色。
				西周早期前段	吳鎮烽 2006：頁 178	長子口，西周早期前段人。
				商末周初	朱鳳瀚 2009：頁 1365–1369	形制，組合。
4696	□父乙爵	3	近二 0770	西周早期	近二 2010（三）：頁 84	
4697	丙㔾⻊爵	3	近二 0771、新收 0943	西周早期	近二 2010（三）：頁 85	
				西周早期	新收 2006：頁 685	
				西周早期	山西·北京 2000：頁 334	M6210 在西周早期。
				成康	徐天進 2000：頁 335–337	墓葬。

序號	器　名	字數	銘文著録	時　代	出　　處	依　　據
4697	丙余▲爵	3	近二0771、新收0943	一期（約武王至康王）	朱鳳瀚2009：頁1473	墓葬。
4698	戈祖丁爵	3	近二0772、新收1840	西周早期	近二2010（三）：頁86	
				商代晚期-西周早期	新收2006：頁1237	
4699	耒父己爵	3	近二0773、新收0688	西周早期	近二2010（三）：頁87	
				西周	新收2006：頁508	
4700	圀父丙爵	3	近二0774	西周早期	近二2010（三）：頁88	
				西周早期	洛陽B2006：頁19、71	形制，紋飾，組合。
				約武王至康王	朱鳳瀚2009：頁1228-1265	墓葬。
4701	其父辛爵	3	近二0775	西周早期	近二2010（三）：頁89	
				殷晚至周初	咸陽A2006：頁30-32	墓葬形制，隨葬器物種類、伴出銅器的形制紋飾。
				約武王至康王	朱鳳瀚2009：頁1228-1265	墓葬。
4702	束父丁爵	3	近二0776	西周早期	近二2010（三）：頁90	
				殷晚至周初	咸陽A2006：頁30-32	墓葬形制，隨葬器物種類、伴出銅器的形制紋飾。
				約武王至康王	朱鳳瀚2009：頁1228-1265	墓葬。
4703	旅父己爵	3	近二0777、新收1066	西周早期	近二2010（三）：頁91	
				西周	新收2006：頁764	
4704	黿父乙爵一	3	近二0778-0779	西周早期	近二2010（三）：頁92	
				西周早期	吳鎮烽2006b：頁4、6	形制，銘文字體。
4705	史父乙角	3	近二0796	商代後期	近二2010（三）：頁110	
				西周早期早段	社科院2005：頁513	
				一期（約武王至康王）	朱鳳瀚2009：頁1383	器形。
4706	巤父丁角	3	近二0797	商代後期	近二2010（三）：頁111	
				西周早期	社科院2005：頁518	
				一期（約武王至康王）	朱鳳瀚2009：頁1383	器形。
4707	夨己父爵	3	新收0813	西周早期	新收2006：頁598	

續表

序號	器　名	字數	銘文著錄	時　代	出　　處	依　　據
4708	⬚作且丁爵	4	08838	殷或西周早期	集成 2007（6）：頁 5302	
4709	牵旅且丁爵、旅祖丁爵	4	08839	殷或西周早期	集成 2007（6）：頁 5302	
				西周早期	陳佩芬 2004：頁 113	
4710	爵⬚且丁爵	4	08840	西周早期	集成 2007（6）：頁 5302	
4711	采⬚且戊爵	4	08841	殷或西周早期	集成 2007（6）：頁 5302	
4712	⬚伻且己爵	4	08842	殷或西周早期	集成 2007（6）：頁 5302	
4713	亞⬚且己爵	4	08844	殷或西周早期	集成 2007（6）：頁 5303	
4714	⬚⬚且己爵	4	08845	西周早期	集成 2007（6）：頁 5303	
4715	⬚作且辛爵	4	08846	殷或西周早期	集成 2007（6）：頁 5303	
4716	且辛父己爵	4	08847	殷或西周早期	集成 2007（6）：頁 5303	
4717	□竹且癸角	4	08848	西周早期	集成 2007（6）：頁 5303	
				商代	容庚 1941（2008）：頁 291 角 2	
				殷或西周初期	中科院 1962：頁 81A395	
4718	⬚伻父甲爵	4	08849	殷或西周早期	集成 2007（6）：頁 5303	
4719	⬚册父甲爵　⬚册父甲爵	4	08851	西周早期	集成 2007（6）：頁 5303	
4720	亞⬚父乙爵	4	08853	殷或西周早期	集成 2007（6）：頁 5303	
4721	亞⬚父乙爵	4	08855	西周早期	集成 2007（6）：頁 5303	
				西周前期	郭寶鈞 1970（1981）：頁 55	與穆王時長安普渡村長凶墓對照。
				殷晚至成康	趙永福 1984：頁 788	
				武王至成王早年	李豐 1988a：頁 396	墓葬。
				約武王至康王	朱鳳瀚 2009：頁 1228–1265	墓葬。

續表

序號	器　名	字數	銘文著録	時　代	出　處	依　據
4722	亞𤔲父乙角	4	08856	西周早期	集成 2007（6）：頁 5303	
				武王至成王早年	李豐 1988a：頁 396	墓葬。
4723	亞口父乙爵	4	08860	殷或西周早期	集成 2007（6）：頁 5304	
4724	乎子父乙爵	4	08862	西周早期	集成 2007（6）：頁 5304	
4725	乎子父乙爵	4	08863	西周早期	集成 2007（6）：頁 5304	
4726	大棘父乙爵	4	08864	殷或西周早期	集成 2007（6）：頁 5304	
4727	獸𡼏父乙爵	4	08866	殷或西周早期	集成 2007（6）：頁 5304	
4728	𡊍萬父乙爵	4	08868	殷或西周早期	集成 2007（6）：頁 5304	
4729	𤰈𢀌父乙爵	4	08869	西周早期	集成 2007（6）：頁 5304	
4730	𠙴伸父乙爵	4	08872	殷或西周早期	集成 2007（6）：頁 5304	
4731	旂作父乙爵	4	08876	西周早期	集成 2007（6）：頁 5305	
				西周早期	吳鎮烽 2006：頁 426	旂，西周早期人。
4732	愯作父乙爵	4	08877	西周早期	集成 2007（6）：頁 5305	
				西周早期	吳鎮烽 2006：頁 340	愯，西周早期人。
4733	𩻡作父乙爵	4	08878	西周早期	集成 2007（6）：頁 5305	
				西周早期	吳鎮烽 2006：頁 247	馬，西周早期人。
4734	□作父乙爵	4	08879	西周早期	集成 2007（6）：頁 5305	
4735	作父乙彝爵	4	08881	西周早期	集成 2007（6）：頁 5305	
4736	𧊸册父丙爵	4	08883	殷或西周早期	集成 2007（6）：頁 5305	
				西周早期	陳佩芬 2004：頁 117	形式特殊的獸紋，主要見於西周早期爵體上。
4737	𩵥作父丙爵	4	08885	西周早期	集成 2007（6）：頁 5305	
4738	𩵥作父丙爵	4	08886	西周早期	集成 2007（6）：頁 5305	
4739	亞芀父丁爵	4	08887	殷或西周早期	集成 2007（6）：頁 5306	

續表

序號	器 名	字數	銘文著錄	時 代	出 處	依 據
4740	亞弜父丁角	4	08891	殷或西周早期	集成 2007（6）：頁 5306	
4741	亞弜父丁角	4	08892	殷或西周早期	集成 2007（6）：頁 5306	
4742	亞旎父丁角	4	08893	西周早期	集成 2007（6）：頁 5306	
4743	亞獏父丁爵	4	08894	殷	集成 2007（6）：頁 5306	
				西周前期	容庚 1941（2008）：頁 290 爵 25	
4744	幺旅父丁爵	4	08897	西周早期	集成 2007（6）：頁 5306	
4745	戈岻父丁爵	4	08901	殷或西周早期	集成 2007（6）：頁 5306	
4746	田告父丁爵	4	08903	西周早期	集成 2007（6）：頁 5307	
4747	未＊父丁爵	4	08905	西周早期	集成 2007（6）：頁 5307	
				西周早期	陝西 1984（4）：頁 24 器 164	
4748	㓐亘父丁爵	4	08906	西周早期	集成 2007（6）：頁 5307	
				商代	容庚 1941（2008）：頁 289 爵 12	
4749	鬳册父丁爵	4	08907	殷或西周早期	集成 2007（6）：頁 5307	
4750	丂册父丁爵	4	08908	西周早期	集成 2007（6）：頁 5307	
				西周初期	中科院 1962：頁 78A379	
4751	困册父丁爵	4	08909	殷或西周早期	集成 2007（6）：頁 5307	
4752	壬册父丁爵	4	08910	殷或西周早期	集成 2007（6）：頁 5307	
4753	壬册父丁爵	4	08911	殷或西周早期	集成 2007（6）：頁 5307	
4754	册劜父丁角、耒册父丁角	4	08912	西周早期	集成 2007（6）：頁 5307	
				殷到西周前期	甘肅 A1972：頁 2–3	形制，花紋，銘文，器物組合。
				成康	甘肅 C1977：頁 124	形制，紋飾。
				成康	李豐 1988a：頁 396	墓葬。
				二期中段（約成康）	盧連成、胡智生 1988a：頁 502–507	墓葬。
				西周早期	青全 1997（6）：頁 180 器 185	
4755	□册父丁爵	4	08913	殷或西周早期	集成 2007（6）：頁 5307	

續表

序號	器　名	字數	銘文著錄	時　代	出　　處	依　　據
4756	宁戈父丁爵	4	08914	殷或西周早期	集成 2007（6）: 頁 5307	
4757	瘋作父丁爵	4	08916-08917	西周中期	集成 2007（6）: 頁 5307	
				懿孝	陝西 1980（2）: 頁 7 器 42-43	
				共王	伍士謙 1981: 頁 97-126	參三年瘋壺（09726）。
				懿王（或孝王）	馬承源等 1988: 頁 192 器 266	
				孝王	吳鎮烽 1987: 頁 279	據微氏家族世系排列，"瘋"爲懿孝時期人。造型、字體有較晚特徵。
				孝夷	盧連成、胡智生 1988a: 頁 522	
				宣王前後	羅泰 1997: 頁 651-676	參牆盤（10175）。
				懿孝	馬承源 2000a（2007）: 頁 174	父親是恭王時代史官，當懿孝時人。
				約孝夷屬	李零 2002a: 頁 44	器形風格，字體特徵，年代序列。
				西周中期	曹瑋等 2005（4）: 頁 786-788	
				孝懿	吳鎮烽 2006: 頁 434	瘋，西周孝懿時期人。
4758	𝄎矢父戊爵	4	08918	殷或西周早期	集成 2007（6）: 頁 5308	
4759	𝄎矢父戊爵	4	08919	殷或西周早期	集成 2007（6）: 頁 5308	
4760	𝄎矢父戊爵	4	08920	殷或西周早期	集成 2007（6）: 頁 5308	
4761	車犬父戊爵	4	08921	西周早期	集成 2007（6）: 頁 5308	
4762	車犬父戊爵	4	08922	西周早期	集成 2007（6）: 頁 5308	
4763	加作父戊爵	4	08924	西周早期	集成 2007（6）: 頁 5308	
				西周早期	吳鎮烽 2006: 頁 104	加，西周早期人。
4764	加作父戊爵	4	08925	西周早期	集成 2007（6）: 頁 5308	
4765	亞𝄎父己爵	4	08926	殷或西周早期	集成 2007（6）: 頁 5308	
4766	亞若父己爵	4	08928	殷或西周早期	集成 2007（6）: 頁 5308	
4767	𝄎旅父己爵	4	08931	殷或西周早期	集成 2007（6）: 頁 5308	
4768	𝄎旅父己爵	4	08932	西周早期	集成 2007（6）: 頁 5308	

續表

序號	器 名	字數	銘文著錄	時 代	出 處	依 據
4769	北𝌆父己爵	4	08934	西周早期	集成 2007（6）：頁 5309	
				西周早期	周到、趙新來 1980：頁 37	
				成康	李豐 1988a：頁 396	墓葬。
				二期中段（約成康）	盧連成、胡智生 1988a：頁 502–507	墓葬。
				一期（約武王至康王）	朱鳳瀚 2009：頁 1340	形制，組合。
4770	守册父己爵	4	08935	西周早期	集成 2007（6）：頁 5309	
4771	守册父己爵	4	08936	西周早期	集成 2007（6）：頁 5309	
4772	中俌父己爵	4	08938	殷或西周早期	集成 2007（6）：頁 5309	
4773	弓𧼯父庚爵	4	08939	殷或西周早期	集成 2007（6）：頁 5309	
4774	▽□父庚爵	4	08940	殷或西周早期	集成 2007（6）：頁 5309	
4775	亞𝌆父辛爵	4	08941	西周早期	集成 2007（6）：頁 5309	
4776	亞𝌆父辛爵	4	08942	西周早期	集成 2007（6）：頁 5309	
4777	大𢀡父辛爵	4	08944	西周早期	集成 2007（6）：頁 5309	
				西周初期	中科院 1962：頁 78A378	
4778	奐𢀡父辛爵	4	08945	殷或西周早期	集成 2007（6）：頁 5309	
4779	子𣄰父辛爵	4	08946	西周早期	集成 2007（6）：頁 5309	
4780	𢆶册父辛爵	4	08947	西周早期	集成 2007（6）：頁 5309	
4781	𢆶册父辛爵	4	08948	西周早期	集成 2007（6）：頁 5309	
4782	龟𧼯父辛爵	4	08949	殷或西周早期	集成 2007（6）：頁 5309	
4783	龟𧼯父辛爵	4	08950	殷或西周早期	集成 2007（6）：頁 5309	
4784	盧作父辛爵	4	08952–08953	西周早期	集成 2007（6）：頁 5310	
				西周早期	陝西 1980（3）：頁 7 器 42	
				康王	劉啓益 1984a：頁 52–53	疑爲墓主懷季之子，該墓在康王時。

序號	器　名	字數	銘文著錄	時　代	出　　處	依　　據
4784	盧作父辛爵	4	08952–08953	西周早期	曹瑋等 2005（6）：頁 1185	
				昭穆之際	張懋鎔 2006a：頁 219	器形、紋飾、銘文字體與標準器對照。
				西周早期後段	吳鎮烽 2006：頁 284	盧，西周早期後段人。
4785	亞✿父癸爵	4	08955	西周早期	集成 2007（6）：頁 5310	
4786	禾子父癸爵	4	08960	西周早期	集成 2007（6）：頁 5310	
				西周早期	寶雞 E1983：頁 11	
				西周早期	盧連成、胡智生 1988：頁 266	形制，紋飾，字體。
				成康	李豐 1988a：頁 396	墓葬。
				二 期（約昭王）	朱鳳瀚 2009：頁 1520	組合，形制，紋飾。
4787	鄉宁父癸爵	4	08963	西周早期	集成 2007（6）：頁 5310	
				殷或西周初期	中科院 1962：頁 78A380	
4788	屰目父癸爵	4	08964	西周早期	集成 2007（6）：頁 5310	
4789	屰目父癸爵	4	08965	西周早期	集成 2007（6）：頁 5310	
4790	屰目父癸爵	4	08966	西周早期	集成 2007（6）：頁 5310	
4791	✿旅父癸爵	4	08969	殷或西周早期	集成 2007（6）：頁 5311	
4792	✿✿父癸爵、盧夷父癸爵	4	08971	西周早期	集成 2007（6）：頁 5311	
				西周早期偏早	朱鳳瀚 2009：頁 1409	
4793	□册父癸爵	4	08974	西周早期	集成 2007（6）：頁 5311	
4794	□册父癸爵	4	08975	西周早期	集成 2007（6）：頁 5311	
4795	伯作父癸爵	4	08976	西周早期	集成 2007（6）：頁 5311	
4796	舌作妣丁爵	4	08978	西周早期	集成 2007（6）：頁 5311	
				西周早期	吳鎮烽 2006：頁 119	舌，西周早期人。
4797	舌作妣丁爵	4	08979	西周早期	集成 2007（6）：頁 5311	
4798	✿作✿女角	4	08980	西周早期	集成 2007（6）：頁 5311	
				西周早期	吳鎮烽 2006：頁 211	享，西周早期人。

續表

序號	器　名	字數	銘文著錄	時　代	出　處	依　據
4799	耴<svg>婦<svg>爵	4	08982	殷	集成 2007（6）：頁 5311	
				商末周初	唐愛華 1985：頁 27	
4800	⺈⺈作寶爵	4	08985	西周早期	集成 2007（6）：頁 5312	
				西周早期	吳鎮烽 2006：頁 81	㸷申，西周早期人。
4801	达馬作彝爵	4	08986	西周早期	集成 2007（6）：頁 5312	
				西周早期	吳鎮烽 2006：頁 137	走馬，西周早期擔任走馬的人。
4802	卅作⺗子爵　卅爵	4	08988	殷	集成 2007（6）：頁 5312	
				西周早期	吳鎮烽 2006：頁 447	卅，西周早期人。
4803	戈咢作⼊爵	4	08989–08990	西周早期	集成 2007（6）：頁 5312	
				西周早期	吳鎮烽 2006：頁 285	戈咢，西周早期人。
4804	過伯作彝爵	4	08991	西周早期	集成 2007（6）：頁 5312	
				昭王	吳其昌 1929（2004）：頁 236	"過白"亦見於昭王時過伯段（03907）。
				西周早期後段	吳鎮烽 2006：頁 203	過伯，西周早期後段人。
4805	亞貫父乙爵　亞弄父乙爵	4	近出 0898	西周早期	近出 2002（三）：頁 367	
4806	亞示父乙爵	4	近出 0899、新收 0325	西周早期	近出 2002（三）：頁 368	
				西周中期	新收 2006：頁 226	
				約成王	蔡運章 1996：頁 61	形制，紋飾，書體。
				西周早期	洛陽 B1999a：頁 215	
4807	糜癸爵	4（柱2扳2）	近出 0901	西周中期	近出 2002（三）：頁 370	
4808	⺈井父辛爵	4（柱2扳2）	近出 0903	西周早期	近出 2002（三）：頁 372	
4809	伯豐爵	4	近出 0904、新收 0354	西周中期	近出 2002（三）：頁 373	
				西周中期	新收 2006：頁 243	
				西周前期	辭典 1995：頁 155 器 536	
				穆王	蔡運章 1996：頁 56	與扶風莊白豐器爲同人作器，後者屬穆王時。
				西周中期	青全 1997（5）：頁 81 器 85	
				西周中期	洛陽 B1999a：頁 214	
				西周中期前段	吳鎮烽 2006：頁 161	伯豐，西周中期前段人。

續表

序號	器名	字數	銘文著錄	時代	出處	依據
4810	史纓爵	4	近二 0781	商代後期	近二 2010（三）：頁 95	
				西周早期早段	社科院 2005：頁 510	
				一期（約武王至康王）	朱鳳瀚 2009：頁 1383	器形。
4811	伯作父癸爵	4	近二 0783	西周早期	近二 2010（三）：頁 97	
4812	㵎姬爵	4	近二 0784	西周早期	近二 2010（三）：頁 98	
4813	子衛父己爵	4	近二 0785、新收 0373	西周早期	近二 2010（三）：頁 99	
				西周早期	新收 2006：頁 258	
				西周早期	洛陽 B2003：頁 10	據伴出陶器判斷。
				約武王至康王	朱鳳瀚 2009：頁 1228–1265	墓葬。
4814	史子日癸角	4	近二 0800–0801	商代後期	近二 2010（三）：頁 114–115	
				西周早期	社科院 2005：頁 523	
				一期（約武王至康王）	朱鳳瀚 2009：頁 1383	器形。
4815	日爲父癸爵	4	新收 1189	西周早期	新收 2006：頁 832	
4816	⊡且乙爵良祖乙爵、⊡祖乙爵、目爵	5	08992	西周早期	集成 2007（6）：頁 5312	
				西周早期	吳鎮烽 2006：頁 447	目，西周早期人。
4817	臣辰⌇父乙爵	5	08994–08997	西周早期	集成 2007（6）：頁 5312	
				昭王	吳其昌 1929（2004）：頁 240	作器者同昭王十一年之臣辰卣（05421）。
				成王	容庚 1941（2008）：頁 33	參臣辰尊（05999）。
				昭王	唐蘭 1981：頁 66	
4818	臣父乙爵	5	08998–08999	西周早期	集成 2007（6）：頁 5313	
				昭王十一年	吳其昌 1929（2004）：頁 240	作器者同昭王十一年之臣辰卣（05421），"臣"爲"臣辰"之省。
				西周早期	吳鎮烽 2006：頁 116	臣，西周早期人。
4819	亞吴父乙爵	5	09000	西周早期	集成 2007（6）：頁 5313	
4820	亞吴父乙爵	5	09001	西周早期	集成 2007（6）：頁 5313	

續表

序號	器 名	字數	銘文著錄	時 代	出 處	依 據
4821	亞吳父乙爵	5	09002	西周早期	集成 2007（6）：頁 5313	
4822	執父乙爵	5	09003	殷或西周早期	集成 2007（6）：頁 5313	
				西周早期	吳鎮烽 2006：頁 280	執，西周早期人。
4823	作父乙爵	5	09004	西周早期	集成 2007（6）：頁 5313	
4824	弓🔲羊父丁爵	5	09005	西周早期	集成 2007（6）：頁 5313	
4825	羊🔲獸父丁爵	5	09006	殷或西周早期	集成 2007（6）：頁 5313	
4826	亞父丁爵	5	09007	西周早期	集成 2007（6）：頁 5313	
4827	戈父丁爵	5	09009	西周早期	集成 2007（6）：頁 5314	
				西周早期	吳鎮烽 2006：頁 404	戴，西周早期人。
4828	亞向父戊爵	5	09010	殷或西周早期	集成 2007（6）：頁 5314	
4829	亞🔲父戊爵	5	09011	西周早期	集成 2007（6）：頁 5314	
				西周早期	吳鎮烽 2006：頁 187	亞商，西周早期人。
4830	舟父戊爵	5	09012	殷或西周早期	集成 2007（6）：頁 5314	
				商代	容庚 1941（2008）：頁 288 爵 6	
4831	舟父戊爵	5	09013	殷或西周早期	集成 2007（6）：頁 5314	
4832	亞🔲父乙爵 亞帝父己乂爵	5	09015	殷或西周早期	集成 2007（6）：頁 5314	
				武王至成王早年	李豐 1988a：頁 396	墓葬。
				二期早段（約武成）	盧連成、胡智生 1988a：頁 500	墓葬。
4833	亞🔲父辛爵	5	09016	殷或西周早期	集成 2007（6）：頁 5314	
4834	守宮父辛爵	5	09017-09018	西周早期	集成 2007（6）：頁 5314	
				西周初期	陳夢家 1966（2004）：頁 186 器 133 附	形制屬西周初期。與守宮盤（10168）是一家之器而非同時。
				恭王	白川靜 1968：頁 506–508 器 119	
				穆王	唐蘭 1976—1978（1986）：頁 401	
				西周早期	張劍、孫新科 1996：頁 336	
				西周早期後段	吳鎮烽 2006：頁 128	守宮，西周早期後段擔任此官職的人。

續表

序號	器 名	字數	銘文著録	時 代	出 處	依 據
4835	弓舟羊父辛爵	5	09019	殷或西周早期	集成 2007（6）：頁 5314	
4836	𤔲父辛爵 𤔲作父辛爵	5	09020	西周早期	集成 2007（6）：頁 5314	
				康王	陝西 D1986：頁 26-31	"𤔲" 即魯考公酋，音通，當康王時。
				早期偏晚（不晚於昭王）	黃盛璋 1986：頁 37-38	參𤔲𤭯方鼎（02726）。
				穆王前後	李豐 1988a：頁 396	墓葬。
				昭王	盧連成、胡智生 1988a：頁 514	
				昭王	劉啓益 2002：頁 171	同墓葬銅器形制多近昭王器。
				穆恭	朱鳳瀚 2009：頁 1284-1301	墓葬。
4837	作父辛爵	5	09021	殷或西周早期	集成 2007（6）：頁 5314	
4838	戠父癸爵	5	09024	西周早期	集成 2007（6）：頁 5315	
				西周早期	陝西 1980（3）：頁 28 器 180	
				西周初年（稍早）	曹明檀、尚志儒 1984：頁 59	紋飾。
				西周早期	吳鎮烽 2006：頁 314	戠，西周早期人。
4839	□父癸爵	5	09025	西周早期	集成 2007（6）：頁 5315	
4840	□父癸爵	5	09026	西周早期	集成 2007（6）：頁 5315	
4841	妊爵	5	09027-09028	西周早期	集成 2007（6）：頁 5315	
				西周早期	吳鎮烽 2006：頁 175	妊，西周早期人。
4842	龜婦爵	5	09029-09030	殷或西周早期	集成 2007（6）：頁 5315	
				成工	唐蘭 1976—1978（1986）：頁 116	
				商晚或西周早期	吳鎮烽 2006：頁 345	龜婦，商晚或西周早期婦女。
4843	立爵	5	09031	西周早期	集成 2007（6）：頁 5315	
				西周早期	吳鎮烽 2006：頁 97	立，西周早期人。
4844	聑爵	5	09032	西周早期	集成 2007（6）：頁 5315	
				西周早期	吳鎮烽 2006：頁 363	聞，西周早期人。
4845	剛爵	5	09033	西周早期	集成 2007（6）：頁 5315	
				西周早期	吳鎮烽 2006：頁 258	剛，西周早期人。
4846	伯舟爵	5	09035	西周早期	集成 2007（6）：頁 5315	
				成康	殷瑋璋、曹淑琴 1991：頁 16	可能爲燕侯旨所作。
				西周早期	吳鎮烽 2006：頁 157	白卽，西周早期人。

序號	器 名	字數	銘文著錄	時 代	出 處	依 據
4847	伯*爵 伯限爵	5	09036	西周早期	集成 2007（6）：頁 5316	
				西周早期	吳鎮烽 2006：頁 155	伯限，西周早期人。
4848	叔*爵	5	09037	西周早期	集成 2007（6）：頁 5316	
				西周早期	吳鎮烽 2006：頁 194	叔牙，西周早期人。
4849	*隻爵	5	09038	西周早期	集成 2007（6）：頁 5316	
4850	□*爵	5	09039	西周早期	集成 2007（6）：頁 5316	
				西周早期	吳鎮烽 2006：頁 80	尹公，西周早期人。
4851	*父爵	5	09040	西周早期	集成 2007（6）：頁 5316	
				西周早期	吳鎮烽 2006：頁 155	伯尾父，西周早期人。
4852	史召爵	5	09041	西周早期	集成 2007（6）：頁 5316	
				西周初期	中科院 1962：頁 79A384	
				西周早期	吳鎮烽 2006：頁 91	史召，西周早期人，名召。
4853	□□爵	5	近出附 56	西周	近出 2002（四）：頁 307	
4854	單爵	5	近二 0786、 新收 0382	西周早期	近二 2010（三）：頁 100	
				西周	新收 2006：頁 265	
				西周	洛陽 B2004：頁 10	伴出器。
				約武王至 康王	朱鳳瀚 2009：頁 1228–1265	墓葬。
4855	剞且乙爵	6	09043	西周早期	集成 2007（6）：頁 5316	
				西周早期	吳鎮烽 2006：頁 280	剞，西周早期人。
4856	剞且乙爵	6	09044	西周早期	集成 2007（6）：頁 5316	
4857	*且丁爵 嬴爵	6	09045	西周早期	集成 2007（6）：頁 5316	
				西周早期	吳鎮烽 2006：頁 438	嬴，西周早期人。
4858	盉且辛爵 盉爵	6	09046	西周早期	集成 2007（6）：頁 5316	
				西周早期	吳鎮烽 2006：頁 418	盉，西周早期人。
4859	*庚且辛 爵	6	09047	西周早期	集成 2007（6）：頁 5316	
				西周早期	吳鎮烽 2006：頁 412	襄庚，西周早期人。
4860	雁事父乙 爵 應事作父 乙爵	6	09048	西周早期	集成 2007（6）：頁 5316	
				西周	張肇武 1984：頁 29–39	
				西周中期	辭典 1995：頁 155 器 536	
				西周中期	徐錫臺 1998：頁 349	形制，紋飾，銘文字體書 鑄風格。
				西周中期	任偉 2002：頁 57	器形，紋飾，字體。
				西周早期	吳鎮烽 2006：頁 412	應史，西周早期應國人。
				西周中期 中葉	朱鳳瀚 2009：頁 1352	形制，紋飾。
4861	作甫丁爵	6	09052	西周早期	集成 2007（6）：頁 5317	

續表

序號	器 名	字數	銘文著錄	時 代	出 處	依 據
4862	獸父戊爵	6	09053–09054	西周早期	集成 2007（6）：頁 5317	
				西周早期	吴鎮烽 2006：頁 424	獸，西周早期人。
4863	催父庚爵	6	09058	西周早期	集成 2007（6）：頁 5317	
				西周早期	吴鎮烽 2006：頁 287	催，西周早期人。
4864	能父庚爵	6	09059	西周早期	集成 2007（6）：頁 5317	
				西周早期	吴鎮烽 2006：頁 279	能，西周早期人。
4865	木羊册父辛爵、父辛爵	6	09060	西周中期	集成 2007（6）：頁 5317	
				穆王	唐蘭 1978：頁 19–20	
				穆王（早至昭王）	黄盛璋 1978：頁 196	據紋飾當早於同人作豐尊、豐卣，後兩者爲穆世器。
				穆王	陝西 1980（2）：頁 4 器 23	
				穆王前期	伍士謙 1981：頁 97–126	
				穆王前期	吴鎮烽 1987：頁 270	父名及族徽名同穆王前期的登爵（09080）。
				穆王	尹盛平 1992：頁 91	在微氏家族世系中，爲㫃之子，活動於穆王時。
				西周中期	辭典 1995：頁 156 器 537	
				西周中期	青全 1997（5）：頁 84 器 88	
				穆王	劉啓益 2002：頁 228	作器者同穆王時豐尊（05996）。
				西周中期	曹瑋等 2005（4）：頁 629	
4866	父辛爵、㫃公爵	6	09061	西周早期	集成 2007（6）：頁 5317	
				西周早期	吴鎮烽 2006：頁 448	㫃公，西周早期人。
4867	儆父癸爵	6	09062	西周早期	集成 2007（6）：頁 5317	
				西周早期	吴鎮烽 2006：頁 387	儆，西周早期人。
4868	史速角、史速角、史速角、史速方鼎、史迹角	6	09063	西周早期	集成 2007（6）：頁 5317	
				西周	岐山 B1972：頁 74	
				昭穆	長水 1972：頁 26–27	"史速"可能是同出史唔簋（04030）"史唔"之嫡族，後者康世器，本器在康王後，不晚於穆王。
				西周早期	陝西 1979（1）：頁 24 器 156	
				成康	李豐 1988a：頁 396	墓葬。
				二期中段（約成康）	盧連成、胡智生 1988a：頁 502–507	墓葬。
				西周早期	青全 1997（5）：頁 88 器 93	

序號	器 名	字數	銘文著録	時 代	出 處	依 據
4868	史迷角 史遼角、 史迷角、 史迷方 鼎、史迹 角	6	09063	成康	徐錫臺 1998a：頁 233	同墓史貼簋（04030）銘"畢公"，爲文武成康四王重臣。伴出銅器的形制、紋飾。
				康王前期	劉啓益 2002：頁 110	與康王時史貼簋（04030）同出。
				西周早期	曹瑋等 2005（6）：頁 1103	
				成康	張懋鎔 2006a：頁 221	器形、紋飾、字體與標準器對照。
				西周早期	吳鎮烽 2006：頁 92	史遼，西周早期人，名遼。
				約武王至康王	朱鳳瀚 2009：頁 1228–1265	墓葬。
4869	亥爵	6	近出 0909、新收 0848	西周早期	近出 2002（三）：頁 378	
				商末–西周早期	新收 2006：頁 622	
				商末周初	麟游 A1990：頁 881	
4870	鄉爵	6	近二 0788、新收 0689	西周早期	近二 2010（三）：頁 102	
				西周早期	新收 2006：頁 509	
4871	子廟父乙角	6	近二 0802-0803	西周早期	近二 2010（三）：頁 116–117	
4872	南姬爵	6	首陽 21	西周早期	首陽 2008：頁 71 器 21	
				康昭	張懋鎔 2010a：頁 66	
4873	效且戊爵 效祖戊 爵、效爵	7	09065	西周早期	集成 2007（6）：頁 5318	
				西周早期	陝西 F1980：頁 47、53	形制、紋飾、銘文皆有西周早期作風。從伴出陶器看，所出墓葬不晚於穆王。
				西周中期	陝西 1980（3）：頁 13 器 78	
				三期（穆共）	盧連成、胡智生 1988a：頁 513–521	墓葬。
				昭王	劉啓益 2002：頁 163	
				西周中期	曹瑋等 2005（7）：頁 1441	
				昭穆	張懋鎔 2006a：頁 220	器形、紋飾、字體與標準器對照。
				西周早期後段	吳鎮烽 2006：頁 272	效，西周早期後段人。
				康晚至昭王	朱鳳瀚 2009：頁 1266–1283	墓葬。
4874	蠶且己爵 盤爵	7	09066	西周早期	集成 2007（6）：頁 5318	
				西周早期	吳鎮烽 2006：頁 374	盤，西周早期人。

續表

序號	器 名	字數	銘文著錄	時 代	出 處	依 據
4875	牆父乙爵 牆爵	7	09067- 09068	西周中期	集成 2007（6）：頁 5318	
				共王	唐蘭 1976—1978（1986）：頁 516	
				共王	唐蘭 1978：頁 19-20	
				共王	陝西 1980（2）：頁5 器 25、26	
				穆王	伍士謙 1981：頁 97-126	
				恭王	吳鎮烽 1987：頁 274	
				恭王	馬承源等 1988：頁 158 器 226	
				共王	尹盛平 1992：頁 91	同出同人作牆盤（10175） 爲共王時器。
				恭王	青全 1997（5）：頁 85 器 89	*09068。
				孝王	羅泰 1997：頁 651-676	參牆盤（10175）。
				恭懿	李零 2002a：頁 43、53	
				西周中期	曹瑋等 2005（4）：頁 654-656	
4876	作父乙爵 旻作父乙 爵	7	09069	西周早期	集成 2007（6）：頁 5318	
				西周早期	吳鎮烽 2006：頁 229	旻，西周早期人。
4877	瘋父丁爵 瘋爵	7	09070	西周中期	集成 2007（6）：頁 5318	
				懿孝	陝西 1980（2）：頁 6 器 41	
				共王	伍士謙 1981：頁 97-126	參三年瘋壺（09726）。
				懿 王（或 孝王）	馬承源等 1988：頁 192 器 266	
				宣王前後	羅泰 1997：頁 651-676	參牆盤（10175）。
				懿孝	馬承源 2000（2007）：頁 174	父親是恭王時代史官，當 懿孝時人。
				懿孝	劉啓益 2002：頁 297	"微伯瘋"的活動時間 在懿孝時，見三年瘋壺 （09726）。
				約孝夷厲	李零 2002a：頁 44	器形風格，字體特徵，年 代序列。
				西周中期	曹瑋等 2005（4）：頁 784	
				孝懿	吳鎮烽 2006：頁 434	瘋，西周孝懿時期人。
4878	小車父丁 爵	7	09071	西周早期	集成 2007（6）：頁 5318	
				西周早期	吳鎮烽 2006：頁 30	小車，西周早期人。
4879	𤔲作父己 爵 夾爵	7	09073	西周早期	集成 2007（6）：頁 5318	
				西周早期	吳鎮烽 2006：頁 227	夾，西周早期人。
4880	亞異吳母 癸爵	7	09075	西周早期	集成 2007（6）：頁 5318	

續表

序號	器　名	字數	銘文著錄	時　代	出　　處	依　　據
4881	攸作上父爵	7	09076	西周早期	集成 2007（6）：頁 5318	
				西周早期	吳鎮烽 2006：頁 149	攸，西周早期人。
4882	作毕父爵	7	09077	西周早期	集成 2007（6）：頁 5318	
4883	父辛爵	7	近出 0911、新收 1761	西周早期	近出 2002（三）：頁 380	
				西周早期	新收 2006：頁 1191	
				西周早期	王英、劉曉華 1991	祭詞爲繁式，屬西周早中期。器形、紋飾、作法沿襲晚商作風。
4884	量伯丞父爵	7	近二 0789	西周中期	近二 2010（三）：頁 103	
4885	夷爵尸爵	7	首陽 20	西周早期	首陽 2008：頁 66 器 20	
4886	嚣父丁角	8	09078	西周早期	集成 2007（6）：頁 5319	
				武王（武成之際）	殷瑋璋、曹淑琴 1991：頁 5、11	召公一生的活動及相應的稱謂變化排序，單稱召的銅器皆爲食邑於召時所作。較成王始見之太保器、燕侯器早。
				西周早期	吳鎮烽 2006：頁 442	嚣，西周早期人。
4887	達父己爵	8	09079	西周早期	集成 2007（6）：頁 5319	
				西周早期	吳鎮烽 2006：頁 309	達，西周早期人。
4888	豐父辛爵豐爵	8	09080–09082	西周中期	集成 2007（6）：頁 5319	
				穆王	唐蘭 1976—1978（1986）：頁 516	
				穆王	唐蘭 1978：頁 19–20	
				穆王（早至昭王）	黃盛璋 1978：頁 196	據紋飾當早於同人作豐尊（05996）、豐卣（05403），後兩者爲穆世器。
				穆王	陝西 1980（2）：頁4 器 21、22	*09081、09082。
				穆王前期	伍士謙 1981：頁 97–126	
				穆王前期	吳鎮烽 1987：頁 269	
				穆王	尹盛平 1992：頁 91	在微氏家族世系中，爲旅之子，活動於穆王時。
				懿王前後	羅泰 1997：頁 651–676	參牆盤（10175）。
				穆王	李零 2002a：頁 43	器形風格，字體特徵，年代序列。
				西周中期	曹瑋等 2005（4）：頁 623–627	
				昭穆	吳鎮烽 2006：頁 416	豐，西周昭穆時人。
				穆王	朱鳳瀚 2009：頁 1289	

續表

序號	器 名	字數	銘文著錄	時 代	出 處	依 據
4889	⊠大父辛爵 莫大父辛爵	8	09083	西周早期	集成 2007（6）：頁 5319	
				西周早期	吳鎮烽 2006：頁 333	莫大，西周早期人。
4890	美爵	8	09086	西周早期	集成 2007（6）：頁 5319	
				西周早期	吳鎮烽 2006：頁 238	美，西周早期人。
4891	美爵	8	09087	西周早期	集成 2007（6）：頁 5319	
4892	史殉爵	8	近出 0912、 新收 0324	西周早期	近出 2002（三）：頁 381	
				西周中期	新收 2006：頁 226	
				西周中期	洛陽 B1999a：頁 214	
				昭王	蔡運章 1996：頁 61	形制紋飾，同出器。
				西周中期前段	吳鎮烽 2006：頁 90	史殉，西周中期前段人。
4893	椎鼄爵 父癸爵	8	近二 0790、 新收 1287	西周早期	近二 2010（三）：頁 104	
				商晚－西周早期	新收 2006：頁 891	
				西周早期	吳鎮烽 2006：頁 285	雀鼄，西周早期人。
4894	子羿爵	8	近二 0791	西周早期	近二 2010（三）：頁 105	
				西周早期	陝西 H1965a：頁 2–4	形制，紋飾。
4895	子鑾父乙爵 子變爵	9	09088	殷	集成 2007（6）：頁 5319	
				西周前期	陳公柔、張長壽 1982：頁 16	
4896	穌父辛爵 穌爵	9	09089	西周早期	集成 2007（6）：頁 5319	
				昭王	吳其昌 1929（2004）：頁 245	與昭王十一年之嗇鼎（02749）父名相同，"穌""嗇"是兄弟。
				成王	容庚 1941（2008）：頁 34	"召伯父辛"見成王時伯憲盉（09430）。
				康王	陳夢家 1966（2004）：頁 96	受祭父考同康王時憲鼎（02749）。
				康王	唐 蘭 1976—1978（1986）：頁 146	"召伯父辛"指一代燕侯，非召公。
				約康王	高木森 1986：頁 52	
				康昭	張亞初 1993a：頁 325	父辛指燕侯旨之父，即召公長子。穌即伯穌，與伯憲爲同一人。
				康昭	朱鳳瀚 1998：頁 306–307	"召伯父辛"指"召公"，伯憲是其子輩。
				昭王	劉啓益 2002：頁 157	人名"召伯父辛"亦見於憲鼎（02749）。

序號	器 名	字數	銘文著錄	時 代	出 處	依 據
4896	穌父辛爵穌爵	9	09089	康王	任偉 2003：頁 78	"召伯父辛"是召公之子而非一代燕侯，伯穌爲其侄子。
				西周早期	吳鎮烽 2006：頁 437	穌，西周早期人。
4897	索諆爵	9	09091	西周早期	集成 2007（6）：頁 5320	
				西周前期	辭典 1995：頁 154 器 532	
				西周早期	陳佩芬 2004：頁 121	
				西周早期	吳鎮烽 2006：頁 251	索諆，西周早期人。
4898	朢父甲爵朢爵	10	09094	西周早期	集成 2007（6）：頁 5320	
				昭王	吳其昌 1929（2004）：頁 248	"朢"寫法與昭王時朢殷（04272）全同，爲一人。
				夷王	白川靜 1968a：頁 71–80 器 130 附	
				恭王	馬承源等 1988：頁 148 器 215	朢即師朢，見師朢鼎（02812）、師朢壺（09661）。
				西周早期	吳鎮烽 2006：頁 293	朢，西周早期人。
4899	呂仲僕爵	10	09095	西周早期	集成 2007（6）：頁 5320	
				成康	徐少華 1996：頁 67	筆畫波磔明顯，"寶"所從貝呈原始貝形，爲西周早期風格。
				西周早期後段	吳鎮烽 2006：頁 145	呂仲僕，西周早期後段人。
4900	魯侯爵魯侯角、魯侯簋	10	09096	西周早期	集成 2007（6）：頁 5320	
				成王	容庚 1941（2008）：頁 32	"魯侯"亦見成王時明公簋（04029）。
				成王	白川靜 1962b：頁 125–131 器 12	
				康王	唐蘭 1976—1978（1986）：頁 151	此魯侯可能即魯侯熙，當康王時。
				成王	馬承源等 1988：頁 32 器 54	形制爲周初，故以"魯侯"爲伯禽。
				西周早期	吳鎮烽 2006：頁 38	魯侯，西周早期人。
				西周早期	朱鳳瀚 2009：頁 1379	形制。
4901	盟□斞東爵盟爵	11	09097	西周早期	集成 2007（6）：頁 5320	
				西周早期	吳鎮烽 2006：頁 444	穌夷，西周早期人。
4902	奴爵作祖丁爵	11	近出 0905、新收 1946	商代後期	近出 2002（三）：頁 374	
				西周早期	新收 2006：頁 1298	

續表

序號	器名	字數	銘文著録	時代	出　處	依　據
4903	晨角	12（蓋器同銘）	近出0913-0914、新收0302、0303	西周早期	近出2002（三）：頁382	
				西周早期	新收2006：頁211	
				西周早期	信陽A1989：頁19	
				西周早期	青全1997（6）：頁99器101	＊新收0302。
				成康	吴鎮烽2006：頁285	晨，西周成康時人。
4904	亿作父辛角 征角	13	09099	西周早期	集成2007（6）：頁5320	
				成王	白川靜1962c：頁185-196器16附	
				成王	唐蘭1976—1978（1986）：頁114	
				西周早期	陳佩芬2004：頁123	"規"見於1973喀左罌方鼎（02702），且族名相同，後者爲成王時器。
4905	御正良爵大保爵、陽君太保爵	20	09103	西周早期	集成2007（6）：頁5321	
				昭王十二年	吴其昌1929（2004）：頁245	曆朔與《曆譜》昭王十二年密合。"尹太保"見於昭王時作册大伯鼎（02759）。
				成王	容庚1941（2008）：頁34、頁290爵27	"父辛"見成王時伯憲盉（09430）。
				成康	白川靜1962a：頁86-88器8	
				昭王	唐蘭1976—1978（1986）：頁217	"今太保"即"明保"，見作册令方彝（09901）。
				成康	陳公柔、張長壽1980：頁23-30	據器形及大保所在王世。
				康王後期	唐蘭1981：頁22	"今太保"即"明保"。
				約康王	高木森1986：頁52	
				成王	馬承源等1988：頁26器39	
				成康	殷瑋璋、曹淑琴1991：頁9-12	參高卣（05431）。
				康王前期	杜勇2001：頁13	"今太保"表明召公當時已不經常參加政治活動，以一"今"字强調受賜之榮寵。
				康王初年	杜勇、沈長雲2002：頁70	稱"今太保"如何，太保召公已不從事政治活動，當在康王初年。
				康王	彭裕商2003：頁240	"公太保"，爲召公地位較高時稱呼。字體近康王時太保方鼎（02157）。
				西周早期	吴鎮烽2006：頁321	御正良，西周早期人，名良。

序號	器 名	字數	銘文著録	時 代	出 處	依 據
4906	盂爵	21	09104	西周早期	集成 2007（6）：頁 5321	
				成王	吳其昌 1929（2004）：頁 184	"盂"見於成王時大盂鼎（02837）、康王時小盂鼎（02839）。據"初裸于成周"，時在大盂鼎之前。
				昭王	郭沫若 1935（2002）：頁 116	作器者盂同盂鼎（02837），然盂器爲祖作器，盂父尚未死，而此器爲父作器，晚於盂鼎。又言"王初禱"，故置昭王初。
				昭王	容庚 1941（2008）：頁 36	爲王初即位時事，康王在位二十六年，盂鼎（02839）二做於康王廿五年，故定爲昭王。
				成康	白川靜 1964a：頁 385-394 器 35	
				成王	陳夢家 1966（2004）：頁 63	"王初裸于成周"同成王時獻侯鼎（02626）"成王大禱在宗周"，唯地點有異。
				康王	唐蘭 1976—1978（1986）：頁 131	"盂"即大盂鼎（02837）、小盂鼎（02839）之"盂"。
				康王	馬承源等 1988：頁 44 器 64	"盂"見小盂鼎（02839）。
				康王元年	高木森 1986：頁 47	
				康王	劉啓益 2002：頁 112	作器者同康王晚期大盂鼎（02837），此"王初裸成周"在昭王時。
				西周早期	馬承源 2003a：頁 166 爵 1	
				康王	彭裕商 2003：頁 251	字體近成王時伯矩鬲（00689），措辭近康王初獻侯鼎（02626），"盂"當即康世小盂鼎（02839）之"盂"。
				康王	吳鎮烽 2006：頁 182	盂，西周康王時期人。

十五、鴞類

序號	器名	字數	銘文著録	時代	出處	依據
4907	[illegible]斝	1	09109	殷或西周早期	集成 2007(6):頁 5322	
4908	史斝	1	近二 0806	西周早期	近二 2010(三):頁 120	
				西周早期早段	社科院 2005:頁 510	
				一期(約武王至康王)	朱鳳瀚 2009:頁 1383	器形。
4909	未斝	1	近二 0807	西周早期	近二 2010(三):頁 121	
				西周早期早段	社科院 2005:頁 510	
				一期(約武王至康王)	朱鳳瀚 2009:頁 1383	器形。
4910	覀斝	1	文物 2008 年 12 期頁 12 圖 11.3	成康(不晚於昭王)	周原 A2008:頁 19	
4911	[illegible][illegible]斝	2	09191	西周早期	集成 2007(6):頁 5327	
				商代	容庚 1941(2008):頁 293 斝 11	
				商末文丁前後	李學勤 1999d:頁 126	
4912	隹[illegible]斝	2	09192	西周早期	集成 2007(6):頁 5327	
4913	[illegible][illegible]斝	2	09194	西周早期	集成 2007(6):頁 5327	
4914	祖□斝	2	近出 0918	西周早期	近出 2002(三):頁 390	
4915	尊彝斝	2	近二 0810、新收 1685	西周早期	近二 2010(三):頁 124	
				西周早期	新收 2006:頁 1151	
4916	戈丁斝	2	近二 0811、新收 0562	西周早期	近二 2010(三):頁 125	
				西周早期	新收 2006:頁 424	
				西周初期(不晚於成王)	河南 E2000a:頁 199–209	據墓葬形制、埋葬習俗及伴出物的時代特徵。
				西周初期(不晚於成王)	韓維龍、張志清 2000:頁 24–29	墓葬形制、埋藏習俗有商末特色。出土器物的組合、器形、紋飾和銘文有周初特徵。長子口爲臣服於周的商末長氏諸侯,故葬俗爲殷式而出土器物有周初特色。
				商末周初	朱鳳瀚 2009:頁 1365–1369	形制,組合。
4917	✻父乙斝	3	09206	西周早期	集成 2007(6):頁 5328	
				西周初期	中科院 1962:頁 66A323	

序號	器 名	字數	銘文著錄	時 代	出 處	依 據
4918	辇父辛罍	3	09218	西周早期	集成 2007（6）: 頁 5329	
				殷到西周前期	甘肅 A1972: 頁 2-3	形制，花紋，銘文，器物組合。
				成康	甘肅 C1977: 頁 124	形制，紋飾。
				成康	李豐 1988a: 頁 396	墓葬。
				二期中段（約成康）	盧連成、胡智生 1988a: 頁 502-507	墓葬。
4919	亞㽬其罍	3	近出 0925	商代後期	近出 2002（三）: 頁 398	
				商晚－西周早期	新收 2006: 頁 483	
4920	爻父乙罍	3	近出 0926、新收 0837	西周早期	近出 2002（三）: 頁 399	
				西周	新收 2006: 頁 615	
				西周初期	王光永 1991: 頁 10、15	形制。
4921	𢆶父癸罍 父癸𢆶罍	3	近出 0927	西周早期	近出 2002（三）: 頁 400	
4922	矢宁父丁罍	4	09229	西周早期	集成 2007（6）: 頁 5329	
4923	彝作尊彝罍 鄧作尊彝罍	4	09236	西周早期	集成 2007（6）: 頁 5330	
				西周前期	洛陽 A1972a: 頁 36	同出銅器的形制、花紋屬殷末周初，同出觶上兔紋的寫實作風亦見於康王時貉子卣。
				商末周初	陳新、獻本 1995: 頁 61	該墓銅器多瘦高，有商末周初特徵。
				西周早期	吳鎮烽 2006: 頁 330	登，西周早期人。
4924	登罍	4	新收 0363	西周	新收 2006: 頁 249	
4925	菁罍	5	09239	西周早期	集成 2007（6）: 頁 5330	
				西周早期後段	吳鎮烽 2006: 頁 249	菁，西周早期後段人。
4926	𨸏父丁罍 戈御作父丁罍	6	09240	殷或西周早期	集成 2007（6）: 頁 5330	
4927	劦閦父丁罍 劦闢父丁罍	6	09241	西周早期	集成 2007（6）: 頁 5330	
				西周早期	吳鎮烽 2006: 頁 329	閦，西周早期人。
4928	宁狽父丁罍 虎父丁罍、子啓罍	6	09242	西周早期	集成 2007（6）: 頁 5330	

續表

序號	器　名	字數	銘文著錄	時　代	出　　處	依　　據
4929	黽作婦姑斝	6	09243	殷或西周早期	集成 2007（6）：頁 5330	
4930	□作康公斝 微斝	7	09244	西周早期	集成 2007（6）：頁 5330	
				成王	唐蘭 1976—1978（1986）：頁 122	"康公"應即康叔封。
				西周早期	吳鎮烽 2006：頁 257	微，西周早期人。
4931	亞矣吳母癸斝 亳作母癸斝、亞其斝	7	09245	西周早期	集成 2007（6）：頁 5330	
				西周早期	陳佩芬 2004：頁 134 器 253	
4932	折斝 旂斝	10	09248	西周早期	集成 2007（6）：頁 5331	
				西周早期	陝西 F1978：頁 3	形制，紋飾。
				昭王	唐蘭 1978：頁 19–20	
				康王	黃盛璋 1978：頁 196	參旂尊（06002）。
				昭王	陝西 1980（2）：頁 3 器 17	
				穆王	伍士謙 1981：頁 97–126	字體風格晚於昭王十九年旂觥（09303），可能入穆世。
				康王	吳鎮烽 1987：頁 267–268	參折尊（06002）。
				康王後期	尹盛平 1992：頁 89–91	形制、紋飾、字體等早於昭王十九年器旂觥（09303）、旂尊（06002）等，時代在康王後。
				西周前期	辭典 1995：頁 156 器 540	
				昭王	青全 1997（5）：頁 89 器 94	
				約穆恭	羅泰 1997：頁 651–676	參牆盤（10175）。
				康王	劉啓益 2002：頁 122	同人作乍冊折方彝（09895），在康王時。
				昭王末年	李零 2002a：頁 42	器形風格，字體特徵，銘文內容，年代序列。
				西周早期	曹瑋等 2005（3）：頁 573	
				西周早期後段	吳鎮烽 2006：頁 142	折，西周早期後段人。
				昭王	王恩田 2006：頁 55	根據方彝的形制及器銘字體風格可定於昭王時。
				昭王	朱鳳瀚 2009：頁 1271	銘文內容。

十六、鮋類

序號	器　名	字數	銘文著錄	時　代	出　　處	依　　據
4933	沬觥	1	09252	西周早期	集成 2007（6）：頁 5331	
				西周初期	中科院 1962：頁 126A665	
4934	告田觥	2	09257	殷	集成 2007（6）：頁 5331	
				西周初期	王光永 1991：頁 10、14	形制。
				西周早期	李學勤、艾蘭 1995：頁 341 器 95	
4935	癸萬觥	2	09265	西周早期	集成 2007（6）：頁 5332	
				西周初期	中科院 1962：頁 126A664	
4936	告田觥	2	近出 0929	西周早期	近出 2002（三）：頁 402	
4937	光父乙觥	3	09273	西周早期	集成 2007（6）：頁 5332	
4938	父丁障觥	3	09274	西周早期	集成 2007（6）：頁 5332	
4939	天父丁觥	3	09275	西周早期	集成 2007（6）：頁 5332	
4940	殳父庚觥	3	09277	西周早期	集成 2007（6）：頁 5333	
4941	戎父辛觥 戉父辛觥	3	09278	殷或西周早期	集成 2007（6）：頁 5333	
4942	王子耶觥	3	09282	西周早期	集成 2007（6）：頁 5333	
				西周早期	吳鎮烽 2006：頁 37	王子聽，西周早期人。
4943	長子口兒觥一	3	近二 0815、 新收 563	西周早期	近二 2010（三）：頁 129	
				西周早期	新收 2006：頁 425	
				商末周初	河南 E2000：頁 22	
				西周初期（不晚於成王）	河南 E2000a：頁 199–209	據墓葬形制、埋葬習俗及伴出物的時代特徵。
				西周初期（不晚於成王）	韓維龍、張志清 2000：頁 24–29	墓葬形制、埋藏習俗有商末特色。出土器物的組合、器形、紋飾和銘文有周初特色。長子口爲臣服於周的商末長氏諸侯，故葬俗爲殷式而出土器物有周初特色。
				西周早期前段	吳鎮烽 2006：頁 178	長子口，西周早期前段人。
				商末周初	朱鳳瀚 2009：頁 1365–1369	形制，組合。
4944	長子口兒觥二	3	近二 0816、 新收 0564	西周早期	近二 2010（三）：頁 130	
				西周早期	新收 2006：頁 426	
				商末周初	河南 E2000：頁 22	
				西周初期（不晚於成王）	河南 E2000a：頁 199–209	據墓葬形制、埋葬習俗及伴出物的時代特徵。

序號	器 名	字數	銘文著錄	時 代	出 處	依 據
4944	長子口兒觥二	3	近二 0816、新收 0564	西周初期（不晚於成王）	韓維龍、張志清 2000: 頁 24-29	墓葬形制、埋藏習俗有商末特色。出土器物的組合、器形、紋飾和銘文有周初特徵。長子口爲臣服於周的商末長氏諸侯，故葬俗爲殷式而出土器物有周初特色。
				西周早期前段	吳鎮烽 2006: 頁 178	長子口，西周早期前段人。
				商末周初	朱鳳瀚 2009: 頁 1365-1369	形制，組合。
4945	爵𠂤父癸觥	4	09285	西周早期	集成 2007（6）: 頁 5333	
4946	叡作寶彝觥 罄觥	4	09286	西周早期	集成 2007（6）: 頁 5333	
				西周早期	吳鎮烽 2006: 頁 398	罄，西周早期人。
4947	王之女叙觥 周女匜	4	09287	西周早期	集成 2007（6）: 頁 5333	
4948	費引觥	5	09288	西周早期	集成 2007（6）: 頁 5333	
				西周前期	辭典 1995: 頁 153 器 526	
				西周早期	青全 1997（5）: 頁 94 器 99	
				西周早期	陳佩芬 2004: 頁 195 器 277	
4949	疐父丁觥 疐作父丁觥、疐觥	6	09289	西周早期	集成 2007（6）: 頁 5334	
				西周初期（成王）	中科院 1962: 頁 125A662	
				昭王	唐蘭 1976—1978（1986）: 頁 243	人名"疐"見於疐鼎（02731）。
				昭王	唐蘭 1981: 頁 37	
				康王	劉啓益 2002: 頁 124	作器者同康王時疐鼎（02731）。
				昭王	張懋鎔 2005a: 頁 4	形制、紋飾有晚殷風格，但腹部圓鼓，圈足外撇、圈足下有臺階。該現象可用"兩系説"解釋。
				昭穆	吳鎮烽 2006: 頁 341	疐，西周昭穆時期人。
4950	𠀠父辛觥 周舉匜	6	09290	西周早期	集成 2007（6）: 頁 5334	
				商代	容庚 1941（2008）: 頁 324 觥 7	
4951	匜父辛觥 匜作父辛觥	8	09292	西周早期	集成 2007（6）: 頁 5334	
				西周中期前段	吳鎮烽 2006: 頁 373	匜，西周中期前段人。

續表

序號	器　名	字數	銘文著錄	時　代	出　　處	依　　據
4952	旖觥	8	09293	西周早期	集成 2007（6）：頁 5334	
				西周早期	吳鎮烽 2006：頁 426	旖，西周早期人。
4953	𣬩父乙觥	10	09296	西周早期	集成 2007（6）：頁 5334	
4954	守宫觥	10	09297	西周早期	集成 2007（6）：頁 5334	
				西周前期	容庚 1941（2008）：頁 325 觥 16	
				西周初期	陳夢家 1966（2004）：頁 186 器 133 附	形制屬西周初期。
				恭王	白川靜 1968：頁 504–508 器 119 附	
				穆王	唐蘭 1976—1978（1986）：頁 401	
				西周早期	張劍、孫新科 1996：頁 336	
				西周早期	青全 1997（5）：頁 101 器 106	
				西周早期	馬承源 2003a：頁 230 觥 9	器形。
				西周早期後段	吳鎮烽 2006：頁 128	守宫，西周早期後段擔任此官職的人。
4955	仲子觥 仲子昊污觥	12	09298	殷或西周早期	集成 2007（6）：頁 5334	
				西周早期	陳公柔、張長壽 1982：頁 15	器形，紋飾。
				西周早期	青全 1997（5）：頁 95 器 100	
				西周早期	馬承源 2003a：頁 230 觥 7	器形。
				商末周初	梁彥民、雒有倉 2006：頁 18	長冠大鳥紋多用於商末周初器。
4956	般觥 䚢丂函觥、周般匜	14	09299	西周早期	集成 2007（6）：頁 5334	
				商帝辛時	李學勤 2005a：頁 5	同人作甗（00944）記征人方，在帝辛時。
				西周早期	吳鎮烽 2006：頁 361	䚢丂函，西周早期人。
				帝辛時	陳榮軍 2007：頁 207	同人作甗（00944）記征人方，在帝辛時。
4957	犾駿觥蓋 犾簋蓋、吳犾馭觥蓋	16	09300	西周早期	集成 2007（6）：頁 5335	
				昭王	周文 1972：頁 9–12	族名、父名、作器者名、字體、筆劃皆同犾馭簋（03976），爲同人同時作器，簋爲昭世器。紋飾亦符合。
				昭王	唐蘭 1976—1978（1986）：頁 270	
				昭王	陝西 1980（3）：頁 15 器 95	
				昭王	唐蘭 1981：頁 72	

續表

序號	器名	字數	銘文著錄	時代	出處	依據
4957	仧駿觥蓋 仧簋蓋、吳仧馭觥蓋	16	09300	昭王十六年	吳鎮烽 1987：頁 268-269	與昭王時仧馭簋（03976）作器者、族徽、祭祀對象全同。
				西周前期	辭典 1995：頁 154 器 530	
				昭王	劉啓益 2002：頁 150	作器人、父名、族徽、字體均同仧馭簋（03976）。
				西周早期	曹瑋等 2005（10）：頁 2197	
				昭王	張懋鎔 2006a：頁 211	與昭王南征有關。
4958	文考日己觥 日己觥、日己方觥	18	09302	西周中期	集成 2007（6）：頁 5335	
				西周早期	梁星彭、馮孝堂 1963：頁 415	形制，花紋。
				西周前期	郭寶鈞 1970（1981）：頁 54	與穆王時長安普渡村長囚墓對照。
				西周中期	陝西 1980（2）：頁 17 器 122	
				西周中期	辭典 1995：頁 153 器 528	
				西周中期	青全 1997（5）：頁 102 器 107	
				西周中期	馬承源 2003a：頁 230 觥 11	器形。
				西周中期	張懋鎔 2005a：頁 22	銘文字形書體只能放到西周中期。形制、紋飾、器類的較早現象，是商系統的特徵。該器可用"兩系説"解釋。
				西周中期	曹瑋等 2005（2）：頁 240	
				西周中期偏晚	張懋鎔 2006a：頁 229	
				西周中期	吳鎮烽 2006：頁 50	日己，天的父親，生世在西周中期。
				西周早期	黃盛璋 2006：頁 15	"日己"之名。
4959	作册折觥 作册旂觥、折觥、作册析觥	42	09303	西周早期	集成 2007（6）：頁 5335	
				昭王	陝西 F1978：頁 3	"王在厈"亦見於趞尊（05992）、罸尊（05989）、罸卣（05407）等器，皆昭王時器。
				昭王	唐蘭 1976—1978（1986）：頁 294	
				昭王	唐蘭 1978：頁 19-20	
				康王	黃盛璋 1978：頁 196	微氏家族世系排，旂在康昭時。與之相關之罸卣（05407）等器皆康世器。從形制、紋飾、字體看，歸入康王亦合適。

續表

序號	器 名	字數	銘文著録	時 代	出　　處	依　　據
4959	作册折觥 作册旂 觥、折 觥、作册 析觥	42	09303	康王	劉啓益 1978：頁 314–316	據微氏家族世系，折器不能早至成王時。"十九年王在斥"亦見於康王時矞卣（05407）。
				昭王十九年	李學勤 1979：頁 30、32–33	據史牆盤（10175）銘文所示該家族世系，折活動於昭王至穆王初年。形制、紋飾與同窖藏商尊（05997）、商卣（05404）相近，曆日爲相連的兩天，彼器字體近昭王時薦簋（03732）。
				昭王	陝西 1980（2）：頁 2 器 14	
				昭王十九年	伍士謙 1981：頁 97–126	
				昭王十九年	盧連成 1984：頁 75–79	斥地是昭王十九年南征的準備地。
				昭王	高木森 1986：頁 62	"王在斥"組。
				康王	吳鎮烽 1987：頁 267–268	參折尊（06002）。
				昭王	馬承源等 1988：頁 63 器 89	記年及地點與昭王時作册矞卣（05407）相同。
				昭王十九年	何幼琦 1989a：頁 47	曆法。
				康王	李仲操 1991：頁 48	世系。
				昭王十九年	尹盛平 1992：頁 89–91	"旂"是微氏家族亞祖，活動於康王前期至昭王時。"陳"在今河南淮陽一帶，昭王伐楚見載於牆盤（10175）及史書，故此十九年是昭王十九年。
				西周前期	辭典 1995：頁 153 器 527	
				昭王十九年	劉雨 1997：頁 247	
				昭王	李學勤 1997b：頁 224–228	參靜方鼎（近出 0357）。
				昭王	李學勤 1997c	據該家族世系，牆在恭王時，析當昭王時。與作册矞尊卣（05989、05407）爲同年所作，紀事大略相同。
				昭王	青全 1997（5）：頁 97 器 102、103、104	
				約穆恭	羅泰 1997：頁 651–676	參牆盤（10175）。

序號	器　名	字數	銘文著録	時　代	出　　處	依　　據
4959	作册折觥 作册旂 觥、折 觥、作册 析觥	42	09303	康王十九年	杜勇 2001：頁 3–6	參作册睘卣（05407）。
				昭王	張懋鎔 2002a：頁 125	
				康王	劉啓益 2002：頁 122	同人作乍册折方彝（09895），在康王時。
				昭王末年	李零 2002a：頁 42	器形風格，字體特徵，銘文内容，年代序列。
				康王	杜勇、沈長雲 2002：頁 57	
				昭王	彭裕商 2003：頁 264	同窖藏銅器分析，當昭王時。
				西周中期前段	馬承源 2003a：頁 230 觥 8	器形。
				西周早期	曹瑋等 2005（3）：頁 552	
				穆王初年	張懋鎔 2006a：頁 212	折之孫牆作牆盤（10175），在恭王時。該器記昭王十九年事，當鑄於穆王初年。
				昭王	王恩田 2006：頁 55	根據方彝的形制及器銘文字體風格可定於昭王時。
				西周早期後段	吳鎮烽 2006：頁 151	作册折，西周早期後段人，昭王十七年擔任周王朝作册。
				昭王	朱鳳瀚 2009：頁 1271	銘文内容。

十七、盃類

序號	器　名	字數	銘文著錄	時　代	出　　處	依　　據
4960	宫盉 宏盉	1	09308	西周晚期	集成 2007（6）：頁 5335	
				西周晚期	梁星彭、馮孝堂 1963：頁 415	形制，花紋。
				夷王	陳夢家 1966（2004）：頁 290	形制、花紋。
				西周晚期	陝西 1980（2）：頁 17 器 125	
				西周後期	辭典 1995：頁 152 器 524	
				西周晚期	青全 1997（5）：頁 111 器 116	
				西周晚期	王世民等 1999：頁 150 盉 12	器形。
				西周晚期	曹瑋等 2005（2）：頁 252	
				西周中期 偏晚	張懋鎔 2006a：頁 229	
				西周中期 後段	吳鎮烽 2006：頁 128	宫，即字，西周中期後段人。
				宣王	黄盛璋 2006：頁 14	與逨盉（近二 0834）形制相同，後者爲宣王時器。
4961	𤔲盉	1	09309	西周早期	集成 2007（6）：頁 5335	
4962	魚盉	1	09311	殷或西周早期	集成 2007（6）：頁 5335	
				西周早期	吳鎮烽 2006：頁 289	魚，西周早期人。
4963	𠂤盉	1	09313	殷	集成 2007（6）：頁 5336	
				西周早期	陳佩芬 2004：頁 208 器 284	
4964	𣂪盉	1	09314	西周早期	集成 2007（6）：頁 5336	
4965	中盉	1	09316	商代後期	集成 2007（6）：頁 5336	
				西周早期 前段	吳鎮烽 2006：頁 48	中，西周早期前段人。
4966	𠙻盉	1	09320	西周早期	集成 2007（6）：頁 5336	
4967	人盉	1	09321	殷或西周早期	集成 2007（6）：頁 5336	
4968	夆盉	1	近出 0932、新收 1159	西周早期	近出 2002（三）：頁 405	
				西周早期	新收 2006：頁 811	
				昭王	山東 A1996：頁 22	參王姜鼎（新收 1157）。
				昭穆	吳鎮烽 2006：頁 163	夆，西周昭穆時期人。
				西周早期 偏晚	朱鳳瀚 2009：頁 1391	形制。
4969	□盉	1	近出附 57	西周	近出 2002（四）：頁 307	
4970	敓盉	1	近二 0817	商代後期	近二 2010（三）：頁 131	
				西周早期	社科院 2005：頁 523	

續表

序號	器　名	字數	銘文著錄	時　代	出　　處	依　　據
4970	敫盉	1	近二 0817	一期（約武王至康王）	朱鳳瀚 2009：頁 1383	器形。
4971	史盉	1	近二 0818	商代後期	近二 2010（三）：頁 132	
				西周早期早段	社科院 2005：頁 510	
				一期（約武王至康王）	朱鳳瀚 2009：頁 1383	器形。
4972	宂盉	1	近二 0819、新收 1444	西周早期	近二 2010（三）：頁 133	
				西周早期	新收 2006：頁 998	
4973	羊盉	1	近二 0820	西周早期	近二 2010（三）：頁 134	
4974	宀盉	1	近二 0821、新收 1801	西周早期	近二 2010（三）：頁 135	
				西周	新收 2006：頁 1215	
4975	狛盉	1	新收 1396	西周	新收 2006：頁 965	
4976	◆單盉單盉、粦盉	2	09328	西周中期	集成 2007（6）：頁 5337	
				西周中期	羅西章 1980：頁 6–22	
				西周中期	陝西 1980（3）：頁 14 器 85	
				西周中期偏早	張懋鎔 2006a：頁 232 器 86	
4977	宂乙盉	2	09329	西周早期	集成 2007（6）：頁 5337	
4978	魚從盉	2	09331	西周早期	集成 2007（6）：頁 5337	
				商代	容庚 1941（2008）：頁 296 盉 5	
				西周早期前段	張劍、孫新科 1996：頁 331	該組器雖器形近商代晚期，但已出現尊卣組合。
				西周早期	吳鎮烽 2006：頁 289	魚從，西周早期人。
4979	子蝠盉	2	09332	西周早期	集成 2007（6）：頁 5337	
				西周初期	中科院 1962：頁 72A332	
4980	作彝盉	2	近出 0934、新收 0836	西周早期	近出 2002（三）：頁 407	
				西周	新收 2006：頁 614	
				西周初期	王光永 1991：頁 11、15	形制。
4981	子口盉	2	近二 0824、新收 0565	西周早期	近二 2010（三）：頁 138	
				西周早期	新收 2006：頁 427	
				商末周初	河南 E2000：頁 22	
				西周初期（不晚於成王）	河南 E2000a：頁 199–209	據墓葬形制、埋葬習俗及伴出物的時代特徵。

續表

序號	器 名	字數	銘文著録	時 代	出 處	依 據
4981	子口盉	2	近二0824、新收0565	西周初期（不晚於成王）	韓維龍、張志清2000：頁24-29	墓葬形制、埋藏習俗有商末特色。出土器物的組合、器形、紋飾和銘文有周初特徵。長子口爲臣服於周的商末長氏諸侯，故葬俗爲殷式而出土器物有周初特色。
				商末周初	朱鳳瀚2009：頁1365-1369	形制，組合。
4982	作且辛盉	3	09336	西周早期	集成2007（6）：頁5337	
4983	子且辛盉	3	09337	西周早期	集成2007（6）：頁5337	
				商代	容庚1941（2008）：頁296盉11	
4984	子父乙盉	3	09338	殷或西周早期	集成2007（6）：頁5337	
				西周初期	中科院1962：頁69A328	
4985	子父乙盉	3	09339	殷或西周早期	集成2007（6）：頁5337	
4986	子父乙盉	3	09340	殷或西周早期	集成2007（6）：頁5337	
4987	子父乙盉	3	09341	殷或西周早期	集成2007（6）：頁5337	
4988	黿父乙盉商父乙盉、黿父乙盉	3	09342	殷或西周早期	集成2007（6）：頁5338	
4989	癸父乙盉周父乙盉	3	09343	殷或西周早期	集成2007（6）：頁5338	
				殷或西周初期	中科院1962：頁68A326	
4990	🐦父乙盉	3	09345	西周早期	集成2007（6）：頁5338	
				商代	容庚1941（2008）：頁296盉8	
4991	父乙🏺盉	3	09347	西周早期	集成2007（6）：頁5338	
4992	父乙飤盉	3	09348	西周早期	集成2007（6）：頁5338	
				商代	容庚1941（2008）：頁296盉9	
4993	🐦父丁盉	3	09350	殷或西周早期	集成2007（6）：頁5338	
4994	臣父丁盉皀父丁盉	3	09353	西周早期	集成2007（6）：頁5338	
4995	戈父戊盉	3	09355、新收0781	西周早期	集成2007（6）：頁5339	
				西周初期	葛今1972：頁5-8	同出器，銘文，造型，紋飾。

續表

序號	器　名	字數	銘文著錄	時　代	出　　處	依　　據
4995	戈父戊盉	3	09355、新收 0781	西周早期	陝西 1984（4）：頁 21 器 144	
				武王至成王早年	李豐 1988a：頁 396	墓葬。
				二期早段（約武成）	盧連成、胡智生 1988a：頁 500	墓葬。
				文王	劉啓益 1993：頁 383	該墓葬出土銅器的形制。
				殷晚	陝西 A1995：頁 122	花紋。
				西周初年	張長壽 1998：頁 290–294	形制，花紋，組合。
				西周早期	馬承源 2003a：頁 243 盉 3	器形。
				約武王至康王	朱鳳瀚 2009：頁 1228–1265	墓葬。
4996	𦉢父戊盉	3	09356	殷或西周早期	集成 2007（6）：頁 5339	
4997	𦉢父戊盉	3	09357	殷或西周早期	集成 2007（6）：頁 5339	
4998	𡙡父己盉	3	09358	西周早期	集成 2007（6）：頁 5339	
				西周早期	陝西 1980（3）：頁 25 器 158	
				武王至成王早年	李豐 1988a：頁 396	墓葬。
4999	史父癸盉	3	09361	西周早期	集成 2007（6）：頁 5339	
				西周初期	中科院 1962：頁 68A325	
5000	爵父癸盉	3	09362	西周早期	集成 2007（6）：頁 5339	
5001	𠂤父癸盉	3	09363	殷或西周早期	集成 2007（6）：頁 5339	
				殷或西周初期	中科院 1962：頁 69A327	
5002	𦉢父癸盉 商父癸盉、𦉢父癸盉	3	09364	西周早期	集成 2007（6）：頁 5339	
5003	員作盉 員盉	3	09367	西周早期	集成 2007（6）：頁 5339	
				昭王	唐蘭 1976—1978（1986）：頁 224	人物"員"亦見員卣（05387）。
				昭王	唐蘭 1981：頁 26	
				昭王	劉啓益 2002：頁 165	見員卣（05387）。
				西周中期前段	吳鎮烽 2006：頁 256	員，西周中期前段人。
5004	𠃝作彝盉	3	09368	西周早期	集成 2007（6）：頁 5339	
				西周早期	吳鎮烽 2006：頁 41	元，西周早期人。

續表

序號	器　名	字數	銘文著録	時　代	出　處	依　據
5005	伯彭作盉	3	09369	西周早期	集成 2007（6）：頁 5339	
				西周早期	吳鎮烽 2006：頁 158	伯彭，西周早期人。
5006	盍父丁盉	3	近出 0935、新收 0674	西周早期	近出 2002（三）：頁 408	
				西周早期	新收 2006：頁 502	
				西周早期	姬乃軍、陳明德 1993：頁 12	
5007	叔父丁盉	3（蓋器同銘）	近出 0936、新收 0845	西周早期	近出 2002（三）：頁 409	
				商晚－西周早期	新收 2006：頁 619	
				商末周初	麟游 A1990：頁 881	
5008	丰父辛盉	3	近出 0937、新收 1359	西周早期	近出 2002（三）：頁 410	
				殷末周初	北京 C1995：頁 244	形制，花紋類商器。
				西周早期	王世民等 1999：頁 146 盉 6	器形。
				西周早期	新收 2006：頁 939	
				成康之際	朱鳳瀚 2009：頁 1409	組合，形制，紋飾。
5009	史父乙盉	3	近二 0827	西周早期	近二 2010（三）：頁 141	
				商末周初	寶雞 D2007：頁 47	
				殷末周初	朱鳳瀚 2009：頁 1524	形制。
5010	父乙盉	4	09371	西周早期	集成 2007（6）：頁 5340	
				西周初期	北京 C1995：頁 242–244	形制、紋飾及伴出器物。
				西周早期	王世民等 1999：頁 145 盉 1	器形。
				成康之際	朱鳳瀚 2009：頁 1409	組合，形制，紋飾。
5011	翼父乙盉	4	09372	西周早期	集成 2007（6）：頁 5340	
5012	臣辰冊盉	4	09380	西周早期	集成 2007（6）：頁 5340	
5013	戈嚞作乒盉	4	09381	西周早期	集成 2007（6）：頁 5340	
				商代	容庚 1941（2008）：頁 296 盉 4	
				成康	白川靜 1965b：頁 610–617 器 59 附	
				西周早期	馬承源 2003a：頁 243 盉 6	器形。
				西周早期	吳鎮烽 2006：頁 285	戈嚞，西周早期人。
5014	佣作宗彝盉	4	09382	西周早期	集成 2007（6）：頁 5340	
				西周初期（康王）	中科院 1962：頁 72A333	
5015	中作從彝盉	4	09383	西周早期	集成 2007（6）：頁 5340	
5016	作彔從彝盉	4	09384	西周早期	集成 2007（6）：頁 5341	
				西周早期	吳鎮烽 2006：頁 25	中，西周早期人。

續表

序號	器 名	字數	銘文著錄	時 代	出 處	依 據
5017	此作寶彝盉	4	09385	西周早期	集成 2007（6）：頁 5341	
				西周早期	吳鎮烽 2006：頁 117	此，西周早期人。
5018	𰀝𰀞般盉 𭩇𰀞盉	4	09386	西周早期	集成 2007（6）：頁 5341	
				西周早期	吳鎮烽 2006：頁 245	𭩇𰀞，西周早期人。
5019	鄧共盉	4	近二 0829	西周早期	近二 2010（三）：頁 143	
5020	作寶尊彝盉	4	文物 2008年 12 期頁 12 圖 11.2、6	成康（不晚於昭王）	周原 A2008：頁 19	
5021	子未父乙盉 父乙盉、宁未父乙盉	5	09388	西周早期	集成 2007（6）：頁 5341	
5022	答子父戊盉 榮子父戊盉	5	09390–09391	西周早期	集成 2007（6）：頁 5341	
				西周前期	容庚 1941（2008）：頁 296 盉 12	
				成康	白川靜 1965b：頁 609–617 器 59 附	
				康王	劉啓益 2002：頁 117	作器者同康王時榮子方尊（05843）。
				穆王前期	彭裕商 2003：頁 320	屬榮子旅組器，參榮子旅卣（05256）。
5023	臣辰父癸盉 父癸臣辰先盉	5	09392	西周早期	集成 2007（6）：頁 5341	
				昭王	吳其昌 1929（2004）：頁 238	作器者同昭王十一年之臣辰卣（05421）。
				成王	容庚 1941（2008）：頁 33	臣辰器，參臣辰尊（05999）。
5024	作公丹鎣	5	09393	西周早期	集成 2007（6）：頁 5341	
				成康	白川靜 1965b：頁 611–617 器 59 附	
				西周早期	吳鎮烽 2006：頁 58	公丹，西周早期人。
5025	亞夫盉	5	09394	殷或西周早期	集成 2007（6）：頁 5341	
5026	𰀟父盉	5	09395	殷或西周早期	集成 2007（6）：頁 5341	
				穆王	扶風 A1976：頁 58	形制，花紋，銘文字體。
				西周中期	陝西 1980（2）：頁 15 器 108	
				昭王	馬承源等 1988：頁 81 器 116	"𰀟父"即作册𰀟卣（05400）之"𰀟"，後者爲昭王器。

續表

序號	器　名	字數	銘文著錄	時　代	出　　處	依　　據
5026	鄭父盉	5	09395	穆王前後	李豐 1988a：頁 396	墓葬。
				三　期（穆共）	盧連成、胡智生 1988a：頁 513–521	墓葬。
				西周中期	辭典 1995：頁 152 器 522	
				西周中期	青全 1997（5）：頁 108 器 113	
				康王	劉啓益 2002：頁 127	同人作乍冊鄭卣（05400）在康王時。
				西周中期	曹瑋等 2005（7）：頁 1393	
				穆王前後	張懋鎔 2006a：頁 227	
				西周早期	吳鎮烽 2006：頁 358	鄭，西周早期人。
				穆恭	朱鳳瀚 2009：頁 1284–1301	墓葬。
5027	單光盉	5	09396	西周早期	集成 2007（6）：頁 5341	
				成王	陳夢家 1966（2004）：頁 68	族名同成王時壹卣（05401）。
				西周早期	吳鎮烽 2006：頁 315	單，西周早期人。
5028	公盉 公作盉	5	09397	西周早期	集成 2007（6）：頁 5341	
				康王	陝西 D1986：頁 26–31	所屬墓葬是嫡妘（魯考公）墓。
				康昭	李學勤 1986：頁 33–35	器形，字體。
				穆王前後	李豐 1988a：頁 396	墓葬。
				穆王	盧連成、胡智生 1988a：頁 514	墓葬。
				西周中期	辭典 1995：頁 151 器 519	
				昭王	劉啓益 2002：頁 173	同墓葬銅器形制多近昭王器。
				穆恭	朱鳳瀚 2009：頁 1284–1301	墓葬。
5029	伯矩盉	5	09398	西周早期	集成 2007（6）：頁 5342	
				周初	曹淑琴 1989：頁 400	字體。
				西周早期前段	吳鎮烽 2006：頁 156	伯矩，西周早期前段人。
5030	伯春盉	5	09399	西周中期	集成 2007（6）：頁 5342	
				西周中期（約共王）	中科院 1962：頁 70A330	
				西周中期	吳鎮烽 2006：頁 157	伯春，西周中期人。
5031	伯定盉 周伯定盉	5	09400	西周中期	集成 2007（6）：頁 5342	
				西周前期	容庚 1941（2008）：頁 297 盉 16	
				西周中期前段	吳鎮烽 2006：頁 155	伯定，西周中期前段人。

續表

序號	器　名	字數	銘文著録	時　代	出　　處	依　　據
5032	師轉鎣	5	09401	西周中期	集成 2007（6）：頁 5342	
				西周中期	馬承源 2003a：頁 244 盉 11	器形。
				西周中期	吳鎮烽 2006：頁 265	師轉，西周中期人。
5033	鄉父乙盉	5	09402	西周早期	集成 2007（6）：頁 5342	
				西周早期	吳鎮烽 2006：頁 269	卿，西周早期人。
5034	子彈盉	5（蓋器同銘）	近出 0938、新收 0800	西周早期	近出 2002（三）：頁 411	
				商晚－西周早期	新收 2006：頁 588	
				西周早期前段	陝西 A1995：頁 123	形制，花紋。
				成王	張長壽 1998：頁 290–294	形制，花紋，組合。
				約武王至康王	朱鳳瀚 2009：頁 1228–1265	墓葬。
5035	廗册父乙盉	5	近二 0830	西周早期	近二 2010（三）：頁 144	
5036	南姬盉	5	論集（三）頁 66	昭王前後	張懋鎔 2010a：頁 66	形制。
5037	中父丁盉	6	09405	殷或西周早期	集成 2007（6）：頁 5342	
5038	僕父己盉巖盉、徙遽盉	6	09406	西周早期	集成 2007（6）：頁 5342	
				殷到西周前期	甘肅 A1972：頁 2–3	形制，花紋，銘文，器物組合。
				成康	甘肅 C1977：頁 124	形制，紋飾。
				成康	李豐 1988a：頁 396	墓葬。
				二期中段（約成康）	盧連成、胡智生 1988a：頁 502–507	墓葬。
				西周前期	辭典 1995：頁 150 器 517	
				西周早期	青全 1997（6）：頁 181 器 186	
				西周早期	馬承源 2003a：頁 243 盉 9	器形。
				西周早期	吳鎮烽 2006：頁 424	巖，西周早期人。
5039	吳盉	6	09407	西周早期	集成 2007（6）：頁 5342	
				西周早期	吳鎮烽 2006：頁 146	吳，西周早期人。
5040	魯侯盉蓋	6	09408	西周中期	集成 2007（6）：頁 5343	
				成王	白川靜 1962b：頁 111–121 器 10 附	
				成王	陳夢家 1966（2004）：頁 68	“姜”即“王姜”，成王后，見令簋（04301）。
				康王	唐蘭 1976—1978（1986）：頁 152	
				西周中期	馬承源等 1988：頁 242 器 339	
				西周早期	吳鎮烽 2006：頁 381	魯侯，西周早期人。

序號	器名	字數	銘文著錄	時代	出處	依據
5041	强伯盨	6	09409	西周中期	集成 2007（6）：頁 5343	
				昭穆	寶雞 A1976：頁 43–44	器形、紋飾屬西周早期。
				西周早期	陝西 1984（4）：頁 8 器 61	
				西周中期	馬承源等 1988：頁 252 器 360	
				穆王	盧連成、胡智生 1988：頁 411	形制、紋飾屬强伯作器中較晚者。
				穆王前後	李豐 1988a：頁 396	墓葬。
				三 期（穆共）	盧連成、胡智生 1988a：頁 513–521	墓葬。
				西周中期	辭典 1995：頁 166 器 579	
				西周中期	全 1997（6）：頁 162 器 167	
				西周中期前後	王世民等 1999：頁 150 盉 10	器形。
				約穆王	朱鳳瀚 2009：頁 1523	組合，形制，紋飾。
5042	仲自父盉周仲皇盉	6	09410	西周中期	集成 2007（6）：頁 5343	
5043	燮王盉燮王盉	6	09411	西周中期	集成 2007（6）：頁 5343	
				厲王	吳其昌 1929（2004）：頁 414	"燮王"即屬王時靜段（04273）之"燮盨自"、趞鼎（4266）之"燮自"。
				孝王	劉雨 2003：頁 102–105	燮王可能即孝王。
				西周中期	吳鎮烽 2006：頁 443	燮王，西周中期人。
5044	伯矩盉蓋伯矩盉	6	09412	西周早期	集成 2007（6）：頁 5343	
				成王	唐蘭 1976—1978（1986）：頁 103	
				周初	曹淑琴 1989：頁 400	字體。
				成王	劉啓益 2002：頁 82	形制同安陽四盤磨 M6 出土陶盉，後者爲屬成王時。
				成王	彭裕商 2003：頁 234	器形、紋飾、字體有周初特色。
				西周早期前段	吳鎮烽 2006：頁 156	伯矩，西周早期前段人。
5045	伯㠱盉	6	09413	西周晚期	集成 2007（6）：頁 5343	
				西周晚期	吳鎮烽 2006：頁 161	伯㝮，西周晚期人。
5046	隈伯盉	6	09414	西周早期	集成 2007（6）：頁 5343	
				成康	甘肅 C1977：頁 124	形制，紋飾。
				成康	李豐 1988a：頁 396	墓葬。
				二期中段（約成康）	盧連成、胡智生 1988a：頁 502–507	墓葬。

續表

序號	器 名	字數	銘文著錄	時 代	出 處	依 據
5046	隩伯盉	6	09414	西周早期	馬承源 2003a：頁 243 盉 5	器形。
				西周早期後段	吳鎮烽 2006：頁 331	隩伯，西周早期後段人。
				約武王至康王	朱鳳瀚 2009：頁 1228–1265	墓葬。
5047	獸宮盉	6	近出 0939、新收 0063	西周中期	近出 2002（三）：頁 412	
				西周中期	新收 2006：頁 60	
				恭王	河南 C1998：頁 13–16	形制，紋飾。
				三期（穆恭）	朱鳳瀚 2009：頁 1353	形制，紋飾，組合。
5048	父丁盉	6	近二 0831	西周早期	近二 2010（三）：頁 145	
				西周早期	北京 B2002：頁 126 器 97	
5049	畣父盉	7	09416	西周中期	集成 2007（6）：頁 5343	
5050	伯魝盉	7	09417–09418	西周早期	集成 2007（6）：頁 5343	
				成王	白川靜 1964：頁 310–316 器 26 附	
				康王	劉啓益 2002：頁 127	同人作乍册魝卣（05400）在康王時。
				西周中期前段	吳鎮烽 2006：頁 160	伯魝，西周中期前段人。
5051	季嬴霝德盉	7	09419	西周中期	集成 2007（6）：頁 5343	
				西周中期	中科院 1962：頁 72A334	
5052	□作父戊盉	8	09423	西周早期	集成 2007（6）：頁 5344	
5053	𣄰遣盉	8	09424	西周早期	集成 2007（6）：頁 5344	
				西周初期（成王）	中科院 1962：頁 69A329	
				成王	白川靜 1962c：頁 164–166 器 14 附	
				周公攝政	唐蘭 1976—1978（1986）：頁 31	參同出湗司徒遣簋（04059）。
				成王初年	劉啓益 2002：頁 69	形制屬成王。與成王時湗司徒遣簋（04059）爲同人作器。
				成王	張懋鎔 2006a：頁 211	同人作湗司徒遣簋（04059），年代在成王時。
				一期（約武王至康王）	朱鳳瀚 2009：頁 1340	形制，組合。

續表

序號	器　名	字數	銘文著錄	時　代	出　　處	依　　據
5054	伯百父盨	8	09425	西周中期	集成 2007（6）：頁 5344	
				西周	中科院 C1965a：頁 11	
				懿王	陳夢家 1966（2004）：頁 212	同人所作諸器的形制紋飾。稱盂爲盨是孝、懿時代的風尚。
				西周後期	郭寶鈞 1970（1981）：頁 58–60	與穆王時長安普渡村長凶墓對照。
				西周晚期	青全 1997（5）：頁 112 器 117	
				西周中期	王世民等 1999：頁 150 盂 11	器形。
				西周晚期	馬承源 2003a：頁 244 盂 12	器形。
5055	伯𠭯盂	9	09427	西周中期	集成 2007（6）：頁 5344	
				西周中期前段	吳鎮烽 2006：頁 153	伯匝，西周中期前段人。
5056	𠭯盂	9	09428	西周早期	集成 2007（6）：頁 5344	
				西周早期	吳鎮烽 2006：頁 447	𠭯，西周早期人。
5057	崇父盂	9	09429	西周中期	集成 2007（6）：頁 5344	
				西周中期	吳鎮烽 2006：頁 191	來父，西周中期人。
5058	伯憲盂 伯憲盂、白憲盂	10	09430	西周早期	集成 2007（6）：頁 5344	
				昭王	吳其昌 1929（2004）：頁 243	父名同昭王十一年憲鼎（02749），字體亦同，"白憲"即"憲"。形制同昭王十一年之臣辰盂（09454）。
				成王	容庚 1941（2008）：頁 34、頁 297 盂 14	"召伯"即召公。"父辛"是召伯之父。
				成王	白川靜 1964b：頁 421–424 器 39	
				康王	陳夢家 1966（2004）：頁 97	出土地及受祭父考同康王時憲鼎（02749）。
				康王	唐蘭 1976—1978（1986）：頁 146	"召伯父辛"指一代燕侯，非召公。
				康王	陳公柔、張長壽 1980：頁 23–30	"憲"爲召公奭子輩。
				約康王	高木森 1986：頁 52	
				康王	馬承源等 1988：頁 54 器 77	"憲""召伯父辛"皆見於憲鼎（02749）。
				康昭	張亞初 1993a：頁 325	父辛指燕侯旨之父，即召公長子。伯憲即穌，爲同一人。
				康昭	朱鳳瀚 1998：頁 306–307	"召伯父辛"指"召公"，伯憲是其子輩。

序號	器　名	字數	銘文著錄	時　代	出　　處	依　　據
5058	伯憲盉 伯 憲 盉、 白憲盉	10	09430	昭王	劉啟益 2002：頁 156	伯憲器，與憲鼎（02749）同出。人名"憲""召伯父辛"相同。
				康王	任偉 2003：頁 78	器形，銘文字體。"召伯父辛"是召公之子而非一代燕侯，伯憲爲其子。
				昭王	彭裕商 2003：頁 278	"伯憲"即昭王時憲鼎（02749）之"憲"。器形屬昭王。
				西周早期	吳鎮烽 2006：頁 159	伯憲，西周早期人。
				康昭	張懋鎔 2008：頁 344	
5059	甲盉 周田盉	11	09431	西周早期	集成 2007（6）：頁 5344	
				西周初期	中科院 1962：頁 72A335	
				西周中期	馬承源 2003a：頁 243 盉 4	器形。
				西周早期	吳鎮烽 2006：頁 88	甲，西周早期人。
5060	扮子盉 師子于匹盉	12	09432	西周中期	集成 2007（6）：頁 5344	
				西周中期	吳鎮烽 2006：頁 320	師子于匹，西周中期人。
5061	遣盉	12	09433	西周早期	集成 2007（6）：頁 5344	
				西周中期	吳鎮烽 2006：頁 341	遣，西周中期人。
5062	⊗君盉 ⊗ 君 鼎、 圉君盉	存 12	09434	西周中期	集成 2007（6）：頁 5344	
				兩周之際	陳公柔 1989：頁 213	
5063	晉仲韋父盉	12	近二 0832、 新收 0965	西周早期	近二 2010（三）：頁 146	
				西周早期	新收 2006：頁 703	
				穆王至孝王	徐天進 2000：頁 335–337	墓葬。
				西周中期前段	吳鎮烽 2006：頁 253	晉仲韋父，西周中期前段人。
5064	伯衛父盉	13	09435	西周早期	集成 2007（6）：頁 5345	
				西周前期	容庚 1941（2008）：頁 297 盉 17	
				康王	陳夢家 1966（2004）：頁 100	形制爲康王。
				西周中期前段	吳鎮烽 2006：頁 160	伯衛父，西周中期前段人。
5065	才盉 才盉、堯盉	14	09436	西周中期	集成 2007（6）：頁 5345	
				康王	陳夢家 1966（2004）：頁 128 器 89 附	器主即康王時方簋蓋（04139）之"方"。
				西周中期	吳鎮烽 2006：頁 109	堯，西周中期人。

續表

序號	器 名	字數	銘文著錄	時 代	出　　處	依　　據
5066	伯庸父盉	14	09437	西周中期	集成 2007（6）：頁 5345	
				西周	中科院 C1965a：頁 11	
				懿王	陳夢家 1966（2004）：頁 211	花紋同懿王時元年師事簋（04279）。
				西周後期	郭寶鈞 1970（1981）：頁 58–60	與穆王時長安普渡村長囟墓對照。
				西周中晚期	青全 1997（5）：頁 110 器 115	
				西周中期後段	吳鎮烽 2006：頁 158	伯庸父，西周中期後段人。
5067	王盉 王作豐妊盉、又稱王盉	14	09438	西周晚期	集成 2007（6）：頁 5345	
				西周晚期	臨潼 A1977：頁 4	
				宣王	蔡運章 1983：頁 41	形制，紋飾，銘文。
				成康	李豐 1988a：頁 396	墓葬。
				西周晚期	馬承源 2003a：頁 244 盉 14	器形。
				西周晚期	張懋鎔 2004：頁 2	
				厲王	黃盛璋 2006：頁 14	與逨盉（新收 0758）同型，後者爲厲王時。
5068	亞𣂏侯父乙盉 亞盉	15	09439	西周早期	集成 2007（6）：頁 5345	
				成康	白川靜 1964b：頁 419–420 器 38 附	
				成王	唐蘭 1976—1978（1986）：頁 107	
				成王	馬承源等 1988：頁 30 器 50	此"燕侯"即燕侯旨，見匽侯旨鼎（02269）。
				西周初期	殷瑋璋、曹淑琴 1991：頁 13–14	"父乙"二字字體很有特色，同琉璃河 M50、M52 所出銅觶器銘，後者爲周初器。燕侯很可能指召公。
				西周早期	王世民等 1999：頁 145 盉 2	器形。
				成王	彭裕商 2003：頁 235	據形制當爲成王器。
				成王	陳佩芬 2004：頁 203 器 281	
				西周早期前段	吳鎮烽 2006：頁 184	亞，西周早期前段人。
				成康	朱鳳瀚 2009：頁 1260	
5069	伯角父盉	15	09440	西周中期	集成 2007（6）：頁 5345	
				西周中期	吳鎮烽 2006：頁 155	伯角父，西周中期人。
5070	白玉盉	15	09441	西周中期	集成 2007（6）：頁 5345	
				西周中期	吳鎮烽 2006：頁 153	伯玉毃，西周中期人。

續表

序號	器　名	字數	銘文著録	時　代	出　　處	依　　據
5071	毚盉	16	09442	西周晚期	集成 2007（6）：頁 5345	
				西周晚期	張劍、孫新科 1996：頁 336	
				西周中期	吳鎮烽 2006：頁 317	毚，西周中期人。
5072	季良父盉 周季高盉	16	09443	西周晚期	集成 2007（6）：頁 5345	
				春秋時期	容庚 1941（2008）：頁 297 盉 21	
				西周晚期	吳鎮烽 2006：頁 204	季良父，西周晚期人。
5073	季老或盉	16	09444	西周中期	集成 2007（6）：頁 5345	
				西周中期	馬承源 2003a：頁 243 盉 8	器形。
				西周中期前段	吳鎮烽 2006：頁 204	季老或，西周中期前段人。
5074	雍伯盉 首毛盉	16	近二 0833	商代後期	近二 2010（三）：頁 147	
				西周早期早段	社科院 2005：頁 513	
				一期（約武王至康王）	朱鳳瀚 2009：頁 1383	器形。
5075	王仲皇父盉	17（重文 2）	09447	西周晚期	集成 2007（6）：頁 5345	
				夷王	白川靜 1969b：頁 413-416 器 158 附	
				西周晚期	吳鎮烽 2006：頁 38	王仲皇父，西周晚期人。
5076	逨盉	20	近二 0834、新收 0758	西周晚期	近二 2010（三）：頁 148	
				西周晚期	新收 2006：頁 554	
				宣王	陝西 B2003：頁 28	據形制、紋飾、銘文，與逨鼎（近二 0328、0330）、逨盤（近二 0939）爲同時期器，兩者皆宣世器。
				西周	陝西 C2003：頁 16	
				宣王	王世民 2003：頁 44-45	
				宣王後半	李學勤 2003a：頁 71-72	在同窖盤、鼎銘文内容之外，類型對比。
				宣王	高明 2003：頁 60-61	
				宣王	曹瑋 2003：頁 63-65	
				宣王	周曉陸 2003：頁 62-69	此窖藏之 27 件器器主爲同一人，作於同時。參四十二年逨鼎（新收 0745-0746）。
				宣王早期	張天恩 2003：頁 62-65	

續表

序號	器 名	字數	銘文著録	時 代	出 處	依 據
5076	逨盂	20	近二 0834、新收 0758	宣王	李零 2003：頁 16–22	作器者名"逨"，行輩爲"叔"，字"五父"。據"逨"的世系，逨當宣世。
				宣王	李伯謙 2003：頁 53–55	
				宣王	董珊 2003：頁 42–46	除天盂（近二 0966）外，其他 26 器皆爲同人作器，當宣王時。
				宣王	劉軍社 2003：頁 47–49	
				宣王	劉懷君 2003：頁 49–50	浮雕紋，當在四十三年鼎（近二 0330）之後造。
				宣王	張懋鎔 2006a：頁 213	
				宣王	吳鎮烽 2006：頁 280	逨，宣王時人。
				宣王	李先登 2006：頁 51	曆日合於宣王。
				宣王	黃盛璋 2006：頁 14	宣王紀年向後推一年，可合曆。
				宣王	陝西 B2008：頁 222	形制、紋飾。與逨盤（近二 0939）爲同時期器物，逨盤爲宣王時。
5077	麥盂 周邢侯盂	30	09451	西周早期	集成 2007（6）：頁 5346	
				康王	吳其昌 1929（2004）：頁 192	"井侯""麥"見於康王時作册麥尊（06015）、麥彝（09893）。"旋走"爲康昭間專門名詞。
				成王	徐中舒 1931：頁 279–294	參井侯尊（06015）。
				康王	郭沫若 1935（2002）：頁 102	用辭古樸，用字同康王時盂鼎（02837）、周公簋（04241）。
				康王	容庚 1941（2008）：頁 36、頁 297 盂 15	"井侯"亦見於成王時周公簋（04241）。
				昭王	唐蘭 1962：頁 34	聯繫昭王時麥尊（06015）。
				成康	白川靜 1965b：頁 618–646 器 60	
				成康	陳夢家 1966（2004）：頁 84	"井侯"見於成王時井侯簋（04241）。
				昭王	唐蘭 1976—1978（1986）：頁 255	
				昭王	唐蘭 1981：頁 64	
				康王	馬承源等 1988：頁 49 器 70	"麥""井侯"皆見於麥方尊（06015）。
				昭王	彭裕商 1998：頁 148	參麥方尊（06015）。
				康王初以後	李先登 1999：頁 115	

序號	器　名	字數	銘文著録	時　代	出　　處	依　　據
5077	麥盉 周邢侯盉	30	09451	康王	劉啓益 2002：頁 116	作器者同康王時麥方尊（06015）。
				昭王	彭裕商 2003：頁 281	
				成王親政後段	楊文山 2004a：頁 2	
				西周早期	吳鎮烽 2006：頁 282	麥，西周早期人。
5078	回畀盉	33（合文 2）	中原文物 2010 年 06 期頁 69	穆恭時期	王長豐 2010：頁 68	形制可比穆恭時長囟盉（09455）、三年衛盉（09456）。
5079	克盉	43（蓋器同銘）	近出 0942、新收 1367	西周早期	近出 2002（三）：頁 416	
				西周早期	新收 2006：頁 946	
				成康	社科院 D1990：頁 31	
				成王早期	殷瑋璋 1990：頁 72	匽的册封在武成之際。形制、紋飾有周初特徵。
				成王早年	陳平 1991：頁 852–853	"克"爲實際上的初封燕侯，册命之年當在成王早年。
				成王前期	殷瑋璋、曹淑琴 1991：頁 12	
				成王	孫華 1992（1995）：頁 280	作器者克爲一代燕侯，據《詩·閟宫》，魯封於成王之世。
				早於成王晚期	張亞初 1993：頁 65	燕封國時間不可能晚至成王晚期。
				不晚於成王早期	張亞初 1993a：頁 324	
				西周前期	辭典 1995：頁 150 器 518	
				成王	李仲操 1997：頁 70–72	册封時稱"太保"，時王應爲成王。形制、紋飾亦合。
				西周早期	青全 1997（6）：頁 21 器 21	
				成王	杜迺松 1998：頁 61	前褒揚召公稱"太保"，後直呼燕侯"克"，當爲成王語氣。
				成王	朱鳳瀚 1998：頁 303	克爲一代燕侯。
				成王	劉雨 1998：頁 302	克爲二代燕侯，時王爲成王。
				成王	王世民等 1999：頁 145 盉 4	克爲第一代燕侯。
				成王	斷代工程 2000：頁 14	"太保"指召公，據《史記·周本紀》《燕世家》知"克"爲一代燕侯，召公在成王時爲三公。

續表

序號	器　名	字數	銘文著錄	時　代	出　　處	依　　據
5079	克盉	43（蓋器同銘）	近出 0942、新收 1367	成王	彭裕商 2003：頁 228	器形紋飾應屬成王。稱召公爲太保，應是成王口吻。
				成王	張懋鎔 2006a：頁 210	成王時標準器。
				成康	朱鳳瀚 2009：頁 1260	
5080	甸盉	44	近出 0943、新收 0062	西周早期	近出 2002（三）：頁 418	
				西周中期	新收 2006：頁 59	
				西周中期	辭典 1995：頁 152 器 543	
				西周中期	青全 1997（6）：頁 92 器 94	
				穆王晚段	王龍正、姜濤、婁金山 1998：頁 88	形制，紋飾，字體。
				穆王	李學勤 1999i：頁 66-67	青公即吳方彝蓋（09898）之"青尹"，後者作於恭懿時。
				穆王	王龍正、王聰敏 2000：頁 39	銘文内容反映的是頫聘禮。
				西周中期前段	吳鎮烽 2006：頁 237	甸，西周中期前段人。
5081	義盉蓋	49	09453	西周中期	集成 2007（6）：頁 5346	
				兩周晚期	社科院 A1986b：頁 981	*按：據文意"兩周晚期"當爲"西周晚期"。
				穆王	社科院 1999：頁 366	形態似穆王時長囟盉蓋（09455）。銘文記周王行射禮，當穆王時。
				西周中期前段	吳鎮烽 2006：頁 347	義，西周中期前段人。
5082	士上盉臣辰盉	54	09454	西周早期	集成 2007（6）：頁 5346	
				昭王十一年	吳其昌 1929（2004）：頁 236	參見臣辰卣（05421）。
				成王	郭沫若 1935（2002）：頁 81	
				成王	容庚 1941（2008）：頁 32、頁 296 盉 13	參臣辰尊（05999）。
				西周初期（成王）	中科院 1962：頁 70A331	
				成王	白川靜 1964a：頁 349-356 器 30 附	
				昭王	唐蘭 1976—1978（1986）：頁 257	
				昭王	唐蘭 1981：頁 65	
				昭王	馬承源等 1988：頁 82 器 119	"殷成周"亦見於昭王時作册睘卣（05400）、小臣傳簋（04206）。

序號	器 名	字數	銘文著録	時 代	出 處	依 據
5082	士上盉 臣辰盉	54	09454	成王	何幼琦 1989a：頁 46	參照獻侯鼎（02627）"佳成王大奉在宗周" 的銘辭，該盉是成王時器。曆法。
				昭王	青全 1997（5）：頁 105 器 110	
				昭王元年	劉雨 1997：頁 242–246	王室饗祭必行於父王去世新王繼位之時，即新王元年時，稱 "饗祭元年"。
				成王	陳夢家 1955–1956（2004）：頁 41 器 21	據同出器。
				昭王前後	王世民等 1999：頁 146 盉 5	器形。
				成王	劉啓益 2002：頁 83	形制。
				成末康初	杜勇、沈長雲 2002：頁 157	形制，紋飾。
				昭王	彭裕商 2003：頁 284	"饗（館）蒡（鎬）京" 也見於昭王時麥尊（06015）、小臣靜卣（新收 1960）。器形爲昭王時。
				康王	孫斌來、范有芳 2004：頁 48–50	記年方式似麥尊（06015），比照銘文内容，兩者所記爲同王、同時、同地之事，麥尊爲康王時器。
				昭王	張懋鎔 2005a：頁 4	紋飾有晚殷風格，但形制上已有較晚表現。該現象可用 "兩系說" 解釋。
				西周早期	吳鎮烽 2006：頁 4	"士上"，名上，西周早期人，成王時任周王朝大士。
				西周早期偏晚	張懋鎔 2008：頁 345	
				康昭之際	王帥 2008：頁 42	字形書體。
5083	長由盉	54	09455	西周中期	集成 2007（6）：頁 5346	
				穆王	郭沫若 1955：頁 128	生稱 "穆王"。
				穆王	陝西 D1957：頁 85	銘文 "穆王在下减居"，知此盉鑄於穆王生時。
				穆王	陳夢家 1966（2004）：頁 141	生稱穆王。
				穆王	郭寶鈞 1970（1981）：頁 44	同出長由盉（09455）在穆王時。
				穆王	唐蘭 1976—1978（1986）：頁 377	穆王生稱。"井伯" 見於共王七年趞曹鼎（02783）、共王十二年永盂（10322），故該盉當穆晚。
				恭王	盛冬鈴 1983：頁 42	王號爲死謚，銘文爲追記器主生前受該王賞賜。

續表

序號	器　名	字數	銘文著錄	時　代	出　　處	依　　據
5083	長由盉	54	09455	穆王	高木森 1986：頁 80	
				穆王後期	吳鎮烽 1987：頁 271–272	穆王生稱。"邢伯"見於共王世的衛盉（09456）、永盉（10322）等。
				穆王	馬承源等 1988：頁 105 器 163	
				穆王前後	李豐 1988a：頁 396	墓葬。
				穆王	盧連成、胡智生 1988a：頁 514	墓葬。
				穆王	黃盛璋 1990：頁 34	穆王爲生稱。同出長由器的形制、紋飾皆屬西周偏早。
				恭王	趙光賢 1992：頁 45	稱穆王諡。
				西周中期	辭典 1995：頁 151 器 520	
				穆王	青全 1997（5）：頁 106 器 111	
				穆王	王世民等 1999：頁 146	
				穆王	馬承源 1999：頁 361–364	姬滿生稱穆王。
				穆王	王世民等 1999：頁 146 盉 8	器形。
				穆王	杜勇、沈長雲 2002：頁 25–26	王號爲死諡，但銘文記事發生在該王之世，可從銘文角度判斷爲該王之世。形制、花紋、書體屬下個王世。
				穆王	劉啓益 2002：頁 206	自銘"穆王"，時王爲穆王。
				共王初年	彭裕商 2003：頁 338	記穆王生時事，"穆王"爲死諡，在共王初年。
				西周中期	曹瑋等 2005（2）：頁 331	
				穆王	葉正渤 2006：頁 198	記述穆王之行事。
				恭王	王輝 2006：頁 109	銘有"穆王"，爲追述前事。
				西周中期前段	吳鎮烽 2006：頁 178	長由，西周中期前段人。
				穆共	朱鳳瀚 2009：頁 1289	
				恭王	劉華夏 2010：頁 65	王號死諡。
				穆王	葉正渤 2010：頁 5、133	穆王是生稱。
5084	獄盉	75	近二 0836	西周中期	近二 2010（三）：頁 151	
				穆王前期	吳鎮烽 2006a：頁 63–64	形制，花紋，銘文字體。
				穆共	張懋鎔 2006e：頁 64–65	從形制、紋飾、字形書體、用語、賞賜地點、賞賜品、人物、日名等角度看，獄器當西周中期穆共時。雖私名相同，但器主"獄"非魯侯熙。

續表

序號	器　名	字數	銘文著録	時　代	出　　處	依　　據
5084	獄盉	75	近二 0836	穆恭之際	韓巍 2007：頁 156–157	形制，紋飾。
				恭王	李學勤 2007c：頁 183	鳥紋。
				穆共之際	朱鳳瀚 2008a：頁 4–5	參十一月獄簋（近二 0438）。
5085	裘衛盉 衛盉、三 年衛盉	118	09456	西周中期	集成 2007（6）：頁 5346	
				恭王三年	岐山 A1976：頁 28	同人作鼎（02832）有銘"余執恭王恤工"，是恭王在世之稱，"定伯""單伯"等爲恭王時大臣。造型同長由盉（09455）。
				共王	唐蘭 1976a：頁 55	
				共王	唐蘭 1976—1978（1986）：頁 459	
				共王	陝西 1979（1）：頁 27 器 172	
				懿王三年	李學勤 1979：頁 36	字體。
				穆王	周法高 1979：頁 7	曆日。
				穆王	戚桂宴 1980：頁 61–64	
				厲王三年	何幼琦 1982：頁 112	曆法。
				恭王	馬承源 1982：頁 53	曆日。
				懿王	盛冬鈴 1983：頁 56	據人名聯繫。
				懿王三年	劉啓益 1984：頁 241	
				恭王	丁驌 1985：頁 37	
				懿王初年	高木森 1986：頁 98	形制，紋飾，人物。
				共王三年	吳鎮烽 1987：頁 272、273	
				恭王三年	馬承源等 1988：頁 127 器 193	據書後《年表》，此銘曆日合於恭王三年。
				夷王	張聞玉 1990：頁 10	
				恭王	李仲操 1991：頁 56	
				懿王三年	趙光賢 1992：頁 46	曆日。
				懿王	李零 1993：頁 665	
				恭王三年	辭典 1995：頁 151 器 521	
				恭王三年	劉雨 1997：頁 247	
				恭王	青全 1997（5）：頁 107 器 112	
				孝夷	彭裕商 1999：頁 60	
				恭王	王世民等 1999：頁 148 盉 9	據銘文人物和形制。
				恭王	周言、魏宜輝 1999：頁 56	
				夷王（孝王）	彭裕商 2000：頁 83	參同人作五祀衛鼎（02832）、衛簋（04256）。

續表

序號	器 名	字數	銘文著錄	時 代	出 處	依 據
5085	裘衛盉衛盉、三年衛盉	118	09456	共王三年	斷代工程 2000：頁 20、30	類型排比。排西周金文曆譜。
				懿王	劉啓益 2002：頁 294	人物多見於共王器。日辰不合於五年衛鼎（02832），合於《張表》懿王三年。
				恭王	范毓周、周言 2002：頁 21	五年衛鼎（02832）、十五年趞曹鼎（02784）皆記恭王時曆日，該銘曆日合於前兩器所構恭王基準曆譜。
				恭、懿	王占奎 2003：頁 45–47	
				恭王	張天恩 2003：頁 62–65	
				恭王三年	朱鳳瀚 2002a：頁 5	
				孝夷時期	彭裕商 2003：頁 347	參五年衛鼎（02832）。
				恭王三年	朱鳳瀚 2004：頁 6	
				共王	張懋鎔 2006：頁 191	銘文字形書體及其他。
				共王	張懋鎔 2006a：頁 215	同人作二十七年衛簋爲穆世器。同人作鼎垂腹已至極，近懿王初年趞曹鼎（02784）。
				恭王	張懋鎔 2008：頁 348	
				共王	朱鳳瀚 2009：頁 1289、1221	曆日。

十八、壺類

序號	器 名	字數	銘文著錄	時 代	出 處	依 據
5086	𤕌壺 先壺	1	09457	殷或西周早期	集成 2007（6）：頁 5347	
				商代晚期	陳佩芬 2004a：頁 302 器 148	
5087	秣壺	1	09469–09470	西周中期	集成 2007（6）：頁 5347	
				西周中期	珠葆 1984：頁 66	器形，紋飾。
5088	子壺	1	近出 0945	西周早期	近出 2002（三）：頁 420	
5089	弓壺	1	09473	殷或西周早期	集成 2007（6）：頁 5347	
5090	宁𢆶壺 周格刀尊	2	09483	西周早期	集成 2007（6）：頁 5348	
5091	叔姜壺	存 2	09492	西周中期	集成 2007（6）：頁 5349	
				西周中期	吳鎮烽 2006：頁 196	叔姜，西周中期姜姓婦女。
5092	寧戈壺	2（蓋器同銘）	近出 0946、新收 0687	西周晚期	近出 2002（三）：頁 421	
				西周晚期	新收 2006：頁 508	
				西周晚期	王長啓 1990：頁 42	
				宣王	張懋鎔 2006d：頁 58	器型最近眉縣單五父壺，後者爲宣王時器。
5093	父癸壺	2	新收 1352	西周早期	新收 2006：頁 932	
5094	子父乙壺	3	09500	殷或西周早期	集成 2007（6）：頁 5349	
5095	嗥父乙壺 趨父乙壺、趨父乙壺、𩵋父乙壺	3	09501	西周早期	集成 2007（6）：頁 5349	
				西周早期	寶雞 E1983：頁 11	
				西周早期	盧連成、胡智生 1988：頁 266	形制，紋飾，字體。
				成康	李豐 1988a：頁 396	墓葬。
				西周前期	辭典 1995：頁 134 器 463	
				二期（約昭王）	朱鳳瀚 2009：頁 1520	組合，形制，紋飾。
5096	史父丁壺蓋	3	09502	殷或西周早期	集成 2007（6）：頁 5349	
5097	秣父丁壺 弣父丁壺	3	09503	西周早期	集成 2007（6）：頁 5349	
				商代	容庚 1941（2008）：頁 329 壺 1	
				西周初期	中科院 1962：頁 131A695	
5098	叔作寶壺	3	09512	西周早期	集成 2007（6）：頁 5350	
5099	才作壺 才作壺、堯壺	3	09518	西周中期	集成 2007（6）：頁 5350	
				西周前期	容庚 1941（2008）：頁 330 壺 11	
				康王	陳夢家 1966（2004）：頁 128 器 89 附	器主即康王時方簋蓋（04139）之"方"。
				西周中期	吳鎮烽 2006：頁 109	堯，西周中期人。

續表

序號	器 名	字數	銘文著錄	時 代	出 處	依 據
5100	作旅壺	3	09519	西周早期	集成 2007（6）：頁 5350	
5101	作旅彝壺	3	09520	西周早期	集成 2007（6）：頁 5350	
5102	作從彝壺	3	09521	西周早期	集成 2007（6）：頁 5350	
5103	冀父丁壺	3	近出 0948	西周早期	近出 2002（三）：頁 423	
5104	刀父己壺	3	近出 0949、新收 0828	西周早期	近出 2002（三）：頁 424	
				西周早期	新收 2006：頁 608	
				康王前期	盧連成、胡智生 1988：頁 263	伴出器物的組合、形制、紋飾。
				二期中段（約成康）	盧連成、胡智生 1988a：頁 502–507	墓葬。
				一 期（約成康）	朱鳳瀚 2009：頁 1520	組合，形制，紋飾。
5105	爵父癸壺	3	近出 0950	西周早期	近出 2002（三）：頁 425	
5106	犾父丙壺	3	近二 0845、新收 0722	西周早期	近二 2010（三）：頁 161	
				西周晚期	新收 2006：頁 530	
				西周晚期	王長啓 1990：頁 42	
5107	伯彭壺	3	近二 0846、新收 1963	西周中期	近二 2010（三）：頁 162	
				西周	新收 2006：頁 1309	
5108	作寶彝壺	3	近二 0847	西周中期	近二 2010（三）：頁 163	
				穆王前期	吳鎮烽 2006a：頁 63–64	形制，花紋，銘文字體。
				西周早期	李學勤 2007c：頁 184	紋飾字體屬西周早期。
5109	冀父丁壺	3	新收 1333	西周早期	新收 2006：頁 920	
5110	斿父癸壺	3	新收 1443	西周早期	新收 2006：頁 997	
5111	宁戈父乙壺蓋商父乙尊	4	09522	西周早期	集成 2007（6）：頁 5351	
5112	宁戈父乙壺蓋商父乙尊	4	09523	西周早期	集成 2007（6）：頁 5351	
5113	辰作父己壺	4	09525	西周早期	集成 2007（6）：頁 5351	
				西周早期	吳鎮烽 2006：頁 136	辰，西周早期人。
5114	臣辰冊壺	4	09526	西周早期	集成 2007（6）：頁 5351	
				昭王	吳其昌 1929（2004）：頁 238	作器者同昭王十一年之臣辰卣（05421）。
				成王	容庚 1941（2008）：頁 33	臣辰器，參臣辰尊（05999）。
				昭王	唐蘭 1981：頁 66	

續表

序號	器名	字數	銘文著錄	時代	出處	依據
5115	母壺 考母作㫃壺	4	09527	西周早期	集成 2007(6):頁 5351	
				西周早期	洛陽 A1972:頁 26–27	器形，紋飾。
				穆王前後	李豐 1988a:頁 396	墓葬。
				三期(穆共)	盧連成、胡智生 1988a:頁 513–521	墓葬。
				西周中期	洛陽 B1999a:頁 214	
				西周中期前段	吳鎮烽 2006:頁 110	考母，西周中期前段人。
				穆恭	朱鳳瀚 2009:頁 1284–1301	墓葬。
5116	伯作寶壺	4	09528–09529	西周中期	集成 2007(6):頁 5351	
				西周	中科院 C1965a:頁 11	
				西周中期	陳夢家 1966(2004):頁 213	
				西周後期	郭寶鈞 1970(1981):頁 58–60	與穆王時長安普渡村長長囟墓對照。
5117	吏從作壺	4	09530	西周早期	集成 2007(6):頁 5351	
				西周初期	中科院 1962:頁 131A694	
				西周中期前段	吳鎮烽 2006:頁 112	吏從，西周中期前段人。
5118	龜作寶彝壺	4	09531	西周早期	集成 2007(6):頁 5351	
				西周早期	吳鎮烽 2006:頁 429	龜，西周早期人。
5119	屮作寶彝壺 卪作寶彝壺、周節壺	4	09532	西周早期	集成 2007(6):頁 5351	
				西周早期	吳鎮烽 2006:頁 82	卪，西周早期人。
5120	夾作彝壺	4	09533	西周早期	集成 2007(6):頁 5351	
				西周早期	吳鎮烽 2006:頁 142	夾，西周早期人。
5121	員作旅壺 員壺	4	09534	西周早期	集成 2007(6):頁 5351	
				成王	白川靜 1963:頁 234–235 器 21 附	
				昭王	唐蘭 1976—1978(1986):頁 225	人物"員"亦見員卣(05387)。
				昭王	唐蘭 1981:頁 26	
				昭王	劉啟益 2002:頁 165	見員卣(05387)。
				西周中期前段	吳鎮烽 2006:頁 256	員，西周中期前段人。
5122	皆作障壺	4	09535	西周中期	集成 2007(6):頁 5352	
				西周後期	容庚 1941(2008):頁 331 壺 16	
				西周中期	吳鎮烽 2006:頁 243	皆，西周中期人。

序號	器　名	字數	銘文著錄	時　代	出　　處	依　　據
5123	𤔲作寶壺	4	09536	西周中期	集成 2007（6）：頁 5352	
				西周中期	吳鎮烽 2006：頁 448	𤔲，西周中期人。
5124	亞囗壺	5	09545	西周早期	集成 2007（6）：頁 5352	
				西周早期	吳鎮烽 2006：頁 187	亞舀，西周早期人。
5125	册劦𤔲父丁壺 父丁壺	5	09546；05158	西周早期	集成 2007（6）：頁 5352	
				西周早期	扶風 B1976：頁 63	形制，紋飾，伴出陶器。
				西周早期	陝西 1980（3）：頁 6 器 33	
				成康	李豐 1988a：頁 396	墓葬。
				二期後段（約昭王）	盧連成、胡智生 1988a：頁 508–513	墓葬。
				西周早期	曹瑋等 2005（7）：頁 1332	
				西周早期	張懋鎔 2006a：頁 219	形制、紋飾與標準器對照。
				約武王至康王	朱鳳瀚 2009：頁 1228–1265	墓葬。
5126	作父己壺 周父己尊	5	09548	西周早期	集成 2007（6）：頁 5352	
5127	觽册父庚壺	5	09549	殷或西周早期	集成 2007（6）：頁 5352	
				西周中期	辭典 1995：頁 135 器 467	
				西周中期	陳佩芬 2004：頁 359	器形，紋飾。
5128	飄壺	5	09550	西周早期	集成 2007（6）：頁 5352	
				西周早期	吳鎮烽 2006：頁 407	飄，西周早期人。
5129	王七祀壺蓋	5	09551	西周早期	集成 2007（6）：頁 5352	
				康王七年	唐蘭 1976—1978（1986）：頁 139	以康王時太保鼎（01735）"太保鑄"例之，該器為康王七年時器。
5130	天姬壺	5	09552	西周中期	集成 2007（6）：頁 5353	
				春秋戰國	容庚 1941（2008）：頁 333 壺 29	
				西周中期前段	吳鎮烽 2006：頁 42	天姬，西周中期前段人。
5131	橘侯壺 周旅壺	5	09553	西周中期	集成 2007（6）：頁 5353	
				康王	陳夢家 1966（2004）：頁 128 器 89 附	器主即康王時方簋蓋（04139）之"方"。
				不晚於穆王	李學勤 2001f：頁 3	
				西周中期前段	吳鎮烽 2006：頁 334	楷侯，西周中期前段楷國國君。
				西周中期偏早	張懋鎔 2010b：頁 44	

續表

序號	器 名	字數	銘文著錄	時 代	出 處	依 據
5132	𫉄伯壺蓋	5	09554	西周早期	集成 2007（6）：頁 5353	
				西周早期	吳鎮烽 2006：頁 448	𫉄伯，西周早期人。
5133	劃嬀壺	5	09555	西周中期	集成 2007（6）：頁 5353	
				西周中期前段	吳鎮烽 2006：頁 439	劃嬀，西周中期前段嬀姓婦女。
5134	嬗妊壺	5	09556	西周晚期	集成 2007（6）：頁 5353	
				西周前期	容庚 1941（2008）：頁 330 壺 13	
				西周早期	吳鎮烽 2006：頁 438	嬗妊，西周早期妊姓婦女。
5135	敁姬壺	5	09557	西周早期	集成 2007（6）：頁 5353	
				西周早期	吳鎮烽 2006：頁 345	敁姬，西周早期姬姓婦女。
5136	康伯壺蓋	5	近出 0953、新收 0362	西周早期	近出 2002（三）：頁 428	
				西周早期	新收 2006：頁 248	
				成康	蔡運章 1996a：頁 328-330	康伯即伯懋父，衛國第二代國君，成康時人。形制、紋飾亦有成康時期特徵。
				西周早期	洛陽 B1999a：頁 89	
5137	能奚壺	5	近出 0954、新收 1100	西周早期	近出 2002（三）：頁 429	
				西周早期	新收 2006：頁 785	
				西周早期	王錫平、唐禄庭 1986：頁 72	形制，花紋，銘文字體。
				西周早期	李步青、王錫平 1992：頁 70	
				西周中期	吳鎮烽 2006：頁 279	能奚，西周中期人。
				三 期（穆恭）	朱鳳瀚 2009：頁 1400	形制，紋飾。
5138	應伯方壺	5	近出附 58、新收 0071	西周晚期	近出 2002（四）：頁 307	
				西周中晚期	新收 2006：頁 64	
				西周晚期偏早	河南 C1992：頁 102	形制，紋飾，製作及作器人。
				昭穆	徐錫臺 1998：頁 348	形制，紋飾，銘文字體書鑄風格。
				西周晚期偏早	朱鳳瀚 2009：頁 1353	形制，組合。
5139	尸曰壺	5	近二 0851、新收 1691	西周中期	近二 2010（三）：頁 167	
				西周中期	新收 2006：頁 1155	
				穆恭	張懋鎔 2007a：頁 1-14	器形風格同於夷曰盤（新收 1609）、夷曰匜（新收 1670），後者為穆恭時器。

序號	器　名	字數	銘文著錄	時　代	出　處	依　據
5140	恆作且辛壺 恆作祖辛壺	6	09564	西周早期	集成 2007（6）：頁 5353	
				西周早期	吳鎮烽 2006：頁 238	恒，西周早期人。
5141	伯矩壺	6	09567–09568	西周早期	集成 2007（6）：頁 5354	
				西周初期	中科院 1962：頁 131A692	*09567。
				成王	唐蘭 1976—1978（1986）：頁 102	
				周初	曹淑琴 1989：頁 400	字體。
				西周早期	王世民等 1999：頁 131 壺 1	器形。
				成王	劉啓益 2002：頁 81	
				成王	彭裕商 2003：頁 234	器形、紋飾、字體有周初特色。
				西周早期	馬承源 2003a：頁 201 壺 1、壺 4	器形。
				西周早期前段	吳鎮烽 2006：頁 156	伯矩，西周早期前段人。
5142	伯侄方壺 伯到方壺	6	09569	西周晚期	集成 2007（6）：頁 5354	
				西周中期前段	吳鎮烽 2006：頁 155	伯㲋，西周中期前段人。
5143	伯濼父壺	6	09570	西周晚期	集成 2007（6）：頁 5354	
				西周中期	吳鎮烽 2006：頁 161	伯濼父，西周中期人。
5144	孟㦸父壺 周樊壺	6	09571	西周中期	集成 2007（6）：頁 5354	
				西周後期	容庚 1941（2008）：頁 331 壺 15	
				西周中期前段	吳鎮烽 2006：頁 219	孟㦸父，西周中期前段人。
5145	鬲仲多壺	6	09572	西周晚期	集成 2007（6）：頁 5354	
				西周晚期	吳鎮烽 2006：頁 271	唐仲多，西周晚期人。
5146	叔作父辛壺	7	09577	西周早期	集成 2007（6）：頁 5354	
				西周早期	吳鎮烽 2006：頁 340	叔，西周早期人。
5147	□父壺	7	09578	西周早期	集成 2007（6）：頁 5355	
				西周早期	吳鎮烽 2006：頁 147	吳父，西周早期人。
5148	魯侯壺	7	09579	西周晚期	集成 2007（6）：頁 5355	
				成王	白川靜 1962b：頁 112–121 器 10 附	
5149	伯㬈壺	7	近二 0856、新收 1655	西周中期	近二 2010（三）：頁 172	
				西周中期	新收 2006：頁 1133	
5150	鬼作父丙壺 鬼壺	8	09584	西周中期	集成 2007（6）：頁 5355	
				西周中期前段	吳鎮烽 2006：頁 207	鬼，西周中期前段人。

續表

序號	器　名	字數	銘文著錄	時　代	出　　處	依　　據
5151	内伯壺 芮 伯 匡 壺、内白 匡乍鬲公 壺、芮伯 壺	8	09585	西周中期	集成 2007（6）：頁 5355	
				西周後期	容庚 1941（2008）：頁 332 壺 24	
				西周中期	馬承源等 1988：頁 249 器 353	
				西周晚期	馬承源 2003a：頁 201 圓壺 4	器形。
5152	樁侯壺	8	09586－09587	西周晚期	集成 2007（6）：頁 5355	
				西周晚期	吳鎮烽 2006：頁 354	樁侯，西周晚期人。
5153	虢季壺	8	近出 0958－0959、新收 0038－0039	西周晚期	近出 2002（三）：頁 433	
				西周晚期	新收 2006：頁 38－39 器 38、39	
				西周晚期	張長壽 1991	青銅器和玉器與豐鎬遺址 中、晚期墓對比，M2001 當在西周晚期。車馬坑的 不同跟年代無關。
				東周	賈峨 1991：頁 75	係西虢隨平王東遷後所 鑄。
				東周初	李學勤 1991：頁 60	
				西周晚期	馬承源 1991：頁 61	出土物更有西周晚期特徵。 同出虢季鐘（近出 0086） 銘 "與" 不可讀爲 "舉" 釋 "拔"，非平王東遷後器。
				兩周之際	杜迺松 1991：頁 67	形制，紋飾。
				西周晚期	姜濤 1991：頁 90	形制紋飾皆爲西周晚期流 行。
				宣王晚年	蔡運章 1994b：頁 42－43	該墓銅器形制近西周中晚 期。該墓銅器形制略晚 於 M2009，後者在宣王初 年，該墓當在宣王晚年。
				西周晚期 後段	王世民等 1999：頁 139 壺 16	器形。
				西周晚期 晚 段（宣 幽）	河南 D 1999：頁 524	形制，紋飾。
				兩周之際	寧會振 2000：頁 55－57	
				宣王	張彥修 2004：頁 76－78	墓主爲周宣王時虢文公。
				兩周之際	張懋鎔 2010：頁 85	
5154	奪作父丁 壺	9	09592	西周早期	集成 2007（6）：頁 5355	
				西周早期 後段	吳鎮烽 2006：頁 355	奪，西周早期後段人。
5155	奪作父丁 壺	9	09593	西周早期	集成 2007（6）：頁 5356	

續表

序號	器　名	字數	銘文著録	時　代	出　　處	依　　據
5156	嬴妝進壺	9	09594-09595	西周早期	集成 2007（6）：頁 5356	
				成康	陝西 D1986：頁 26-31	"嬴"即魯考公酉，音通。
				早期偏晚（不晚於昭王）	黄盛璋 1986：頁 37-38	參嬴妝方鼎（02726）。
				昭王	李學勤 1986：頁 33-35	族名、父名、字體同昭世厚趠方鼎（02730），兩器器主當爲兄弟行。
				穆王前後	李豐 1988a：頁 396	墓葬。
				約昭王	盧連成、胡智生 1988a：頁 514	
				西周中期前段	張劍、孫新科 1996：頁 335	器形。
				西周中期	青全 1997（5）：頁 118 器 123	*09594。
				昭王	劉啓益 2002：頁 173	同墓葬銅器形制多近昭王器。
				昭王	吳鎮烽 2006：頁 422	嬴妝進，西周昭王時人。
				穆恭	朱鳳瀚 2009：頁 1284-1301	墓葬。
5157	内公壺芮公壺	9	09596-09598	西周晚期	集成 2007（6）：頁 5356	
				西周後期	容庚 1941（2008）：頁 332 壺 25	
				厲王	唐蘭 1976—1978（1986）：頁 517	
5158	伯魚父壺	9	09599	西周晚期	集成 2007（6）：頁 5356	
				西周晚期	中科院 1962：頁 133A704	
				孝王	劉啓益 2002：頁 340	字體與孝王時伯鮮盨（04361）如一人手筆。鮮與伯魚爲一人。形制似懿王時師望壺（09661）。
				西周中期	馬承源 2003a：頁 201 圓壺 2	器形。
				西周晚期	吳鎮烽 2006：頁 158	伯魚父，西周晚期人。
5159	伯魯父壺	9	09600	西周晚期	集成 2007（6）：頁 5356	
				西周晚期	吳鎮烽 2006：頁 160	魯父，西周晚期人。
5160	餐車父壺	9	09601-09602	西周晚期	集成 2007（6）：頁 5356	
				西周晚期	臨潼 A1977：頁 4	
				西周晚期	吳鎮烽 2006：頁 243	餐車父，西周晚期人。
5161	子叔壺	9	09603	春秋早期	集成 2007（6）：頁 5356	
5162	子叔壺	9	09604	西周早期	集成 2007（6）：頁 5356	
5163	楊姞壺	9（蓋器同銘）	近出 0960、近二 0858、新收 0889-0890	西周晚期	近出 2002（三）：頁 435	
				西周晚期	近二 2010（三）：頁 174	
				西周晚期	新收 2006：頁 652-653	

續表

序號	器名	字數	銘文著錄	時代	出處	依據
5163	楊姞壺	9（蓋器同銘）	近出 0960、近二 0858、新收 0889-0890	西周末年	山西·北京 1994b：頁 19	
				宣王	李學勤 1994	楊姞，晉穆侯夫人。
				西周末年	王光堯 1995：頁 82-85	楊姞，晉侯邦父之妻。
				西周晚期	青全 1997（6）：頁 50 器 51	*近出 0960。
				西周晚期偏晚	王世民等 1999：頁 133 壺 10	器形。
				未	李伯謙 2000：頁 78	楊爲姞姓，立國甚早，非姬姓楊。該墓時代不晚。
				宣王	徐天進 2000：頁 335-337	墓葬。
				西周晚期	朱鳳瀚 2000：頁 192-198	在公元前 793 年後。
				未	李伯謙 2002：頁 31	據出土器物的特徵，M63 在西周晚期晚段。
				西周晚期後段	吳鎮烽 2006：頁 334	楊姞，西周晚期後段姞姓女子。
5164	楷侯宰娿壺	9	近二 0859	西周晚期	近二 2010（三）：頁 175	
				西周晚期至春秋早期	張懋鎔 2010b：頁 45	
5165	伯山父壺蓋白火父壺蓋、伯山尊蓋	10	09608	西周中期	集成 2007（6）：頁 5357	
				西周晚期	吳鎮烽 2006：頁 152	伯山父，西周晚期人。
5166	成伯邦父壺	10	09609	西周晚期	集成 2007（6）：頁 5357	
				西周晚期	吳鎮烽 2006：頁 115	成伯邦父，西周晚期人，字邦父。
5167	呂季姜壺	11（又合文 2）	09610-09611	西周晚期	集成 2007（6）：頁 5357	
				西周晚期	李學勤 1984c：頁 137	
				西周晚期	徐少華 1996：頁 68	
				西周晚期	吳鎮烽 2006：頁 145	呂季姜，西周晚期姜姓婦女。
5168	大作父乙壺	11（又重文 2）	09612	西周中期	集成 2007（6）：頁 5357	
				懿王	吳其昌 1929（2004）：頁 302	作器者同懿王時大𣪘（04298）。
				西周晚期	吳鎮烽 2006：頁 19	大，西周晚期人。
5169	伯多壺周黎伯壺	11	09613	西周晚期	集成 2007（6）：頁 5357	
				西周晚期	陳佩芬 2004：頁 540 器 413	
				西周晚期	吳鎮烽 2006：頁 154	伯多人非，西周晚期人。

序號	器　名	字數	銘文著錄	時　代	出　　處	依　　據
5170	孟上父壺	11（蓋1器10）	09614	西周晚期	集成 2007（6）：頁 5357	
				西周晚期	吳鎮烽 2006：頁 21	孟上父，西周晚期人
5171	寏伯戁生壺	11	09615	西周晚期	集成 2007（6）：頁 5357	
				西周晚期	吳鎮烽 2006：頁 239	寏伯戁生，西周晚期人。
5172	應侯壺	11	近二 0863-0864、新收 0080-0081	西周晚期	近二 2010（三）：頁 179	
				西周晚期	新收 2006：頁 71	
				西周晚期	朱鳳瀚 2001a：頁 155	形制紋飾近幾父壺（09721）、番匊生壺（09705），皆屬西周晚期。
				西周晚期	吳鎮烽 2006：頁 412	應侯，西周晚期人。
				西周晚期中晚葉	朱鳳瀚 2009：頁 1355	
5173	高壺尚壺	12（又重文2）	09618	西周中期	集成 2007（6）：頁 5357	
				西周晚期	關玉翠、趙新來 1966：頁 56-57	器形、花紋、銘文皆有西周晚期特徵。
				西周後期	辭典 1995：頁 137 器 473	
				昭王	青全 1997（6）：頁 102 器 104	
				西周中期	吳鎮烽 2006：頁 201	尚，西周中期前段人。
5174	伯庶父壺周寧父壺	12	09619	西周晚期	集成 2007（6）：頁 5358	
				西周後期	容庚 1941（2008）：頁 331 壺 20	
				西周晚期	吳鎮烽 2006：頁 158	伯庶父，西周晚期人。
5175	伯濼父壺蓋	12	09620	西周晚期	集成 2007（6）：頁 5358	
5176	成周邦父壺	12	09621	西周晚期	集成 2007（6）：頁 5358	
				西周晚期	吳鎮烽 2006：頁 115	成周邦父，西周晚期人，名周，字邦父。
5177	鄧孟壺蓋鼎孟壺蓋、鄧孟乍監嫚壺蓋	12	09622	西周早期	集成 2007（6）：頁 5358	
				西周晚期	吳鎮烽 2006：頁 251	鄧孟，西周晚期人。
5178	王伯姜壺	12	09623-09624	西周晚期	集成 2007（6）：頁 5358	
				西周晚期	中科院 1962：頁 133A703	*09624。
				西周中期	陳夢家 1966（2004）：頁 209 器 148 附	
				懿王	劉啓益 1980a：頁 85-89	形制同懿王時師望壺。
				懿王	青全 1997（5）：頁 137 器 145	

序號	器 名	字數	銘文著錄	時 代	出 處	依 據
5178	王伯姜壺	12	09623–09624	夷厲	王世民 1999：頁 85–86	形制，紋飾。
				懿王	劉啓益 2002：頁 312	形制同師望壺（09661），懿王時。"王白姜"即元年蔡簋中懿王的后妃"姜氏"。
				西周晚期	彭裕商 2003：頁 481	器形、紋飾、銘文字體。
				王伯姜	吳鎮烽 2006：頁 39	西周中期後段姜姓婦女。
5179	□侯壺	存 12	09627	西周中期	集成 2007（6）：頁 5358	
				春秋戰國	容庚 1941（2008）：頁 333 壺 31	
				西周晚期	吳鎮烽 2006：頁 371	蔡侯，西周晚期人。
5180	曾仲斿父方壺	12	09628–09629	春秋早期	集成 2007（6）：頁 5358	
				西周晚期至春秋早期	湖北 A1972：頁 49	組合、形制、花紋與《上村嶺》《通考》的西周晚至春秋早器相近。
				兩周之際	劉彬徽 1986：頁 246	
				西周晚期	楊寶成 1989：頁 132	伴出器形制、紋飾、字體。
				西周晚期	楊寶成 1991：頁 15–16	同墓銅器群的組合、器形、紋飾和銘文判斷，當屬西周晚期。
5181	晉侯㬅馬圓壺	12	近出 0962、新收 0904；近二 0865、新收 0906	西周晚期	近出 2002（三）：頁 437、181	
				西周晚期	新收 2006：頁 658、659	
				孝夷	山西·北京 1995：頁 36–37	
				未	李學勤 1995：頁 160–170	㬅馬，即晉厲侯福。
				未	李伯謙 1998：頁 118	晉侯㬅馬即晉厲侯。
				未	黃錫全 1998：頁 150	晉侯㬅馬即晉成侯服人。
				未	李伯謙 2000：頁 77	據墓葬排序及年代範圍，晉侯㬅馬即晉厲侯。
				厲王前後	徐天進 2000：頁 335–337	墓葬。
				西周中期偏晚	朱鳳瀚 2000：頁 192–198	㬅馬，晉厲侯。
				未	李伯謙 2002：頁 31	據出土器物的特徵，M92 在西周晚期早段。
				宣幽	張長壽 2002：頁 77	據出土器物，M92 在宣幽時期。
				西周中期	吳鎮烽 2006：頁 255	晉侯㬅馬，西周中期人。
5182	呂王壺	13	09630	西周晚期	集成 2007（6）：頁 5358	
				西周晚期	馬承源等 1988：頁 345 器 503	
				夷厲	徐少華 1996：頁 68	銘文風格。
				西周晚期	吳鎮烽 2006：頁 144	呂王，西周晚期呂國國君。

續表

序號	器名	字數	銘文著録	時代	出處	依據
5182	吕王壺	13	09630	西周中期偏晚	朱鳳瀚 2009：頁 1447	該器形制紋飾當西周中期偏晚約懿孝時。
				西周晚期	李學勤 2010c：頁 3	
5183	鄭楙叔賓父壺	13（又重文 2）	09631	西周晚期	集成 2007（6）：頁 5359	
				西周晚期	吴鎮烽 2006：頁 325	奠楙叔賓父，西周晚期人。
5184	己侯壺	13	09632	西周晚期	集成 2007（6）：頁 5359	
				不早於西周中期	李步青 1983：頁 8、17	同批器有匜和重環紋，皆爲西周中期始見。
				西周末年	李學勤 1983a：頁 18	同出鼎年代較晚，甗是整體的，所出墓葬爲西周末年。
				西周中期	馬承源等 1988：頁 246 器 349	
				西周後期	辭典 1995：頁 137 器 474	
				西周晚期	青全 1997（6）：頁 85 器 87	
				西周晚期	馬承源 2003a：頁 271 壺 1	器形。
				西周晚期	朱鳳瀚 2009：頁 1396	
5185	䣄侯壺	13	09633	春秋早期	集成 2007（6）：頁 5359	
				西周晚至春秋早	齊文濤 1972：頁 9–10	
				宣幽	徐少華 1995：頁 61	形制同扶風齊家壺，時代在宣幽之際。
				西周晚期	青全 1997（6）：頁 96 器 98	
5186	眉敖壺	13（又重文 2）	09635	西周晚期	集成 2007（6）：頁 5359	
				西周中期	吴鎮烽 2006：頁 317	眉敖，西周中期人。
5187	仲畐父壺	13	近二 0866、新收 0955	西周早期	近二 2010（三）：頁 182	
				西周早期	新收 2006：頁 695	
				西周早期	山西•北京 2000：頁 334	M6231 在西周早期。
				二期（康晚至昭王）	朱鳳瀚 2009：頁 1473	墓葬。
5188	嗣寇良父壺	14（又重文 2）	09641	西周晚期	集成 2007（6）：頁 5359	
				春秋早期	陳佩芬 2004b：頁 72 器 462	
				西周晚期	吴鎮烽 2006：頁 411	嗣寇良父，西周晚期人，字良父。
5189	仲南父壺	14（又重文 2）	09642–09643	西周晚期	集成 2007（6）：頁 5359	
				懿孝時期	岐山 A1976：頁 30	形制，紋飾。
				西周中期	陝西 1979（1）：頁28 器 177、178	

續表

序號	器名	字數	銘文著録	時代	出處	依據
5189	仲南父壺	14（又重文2）	09642-09643	厲王	彭裕商 2003：頁 421	據器形、紋飾、字體推斷，在厲王時。
				西周中期	曹瑋等 2005（2）：頁 374-378	
				西周中期後段	吳鎮烽 2006：頁 121	仲南父，西周中期後段人。
5190	内大子白壺蓋 周子伯壺、芮太子伯壺	14	09644-09645	西周晚期	集成 2007（6）：頁 5360	
				西周後期	容庚 1941（2008）：頁 332 壺 26	
				西周晚期	馬承源等 1988：頁 350 器 515	
				西周晚期	彭裕商 2003：頁 511	器形，紋飾，字體。
				春秋早期	吳鎮烽 2006：頁 190	芮大子白，春秋早期人。
				春秋早期	張懋鎔 2010：頁 84	
5191	保侃母壺	14	09646	西周晚期	集成 2007（6）：頁 5360	
				幽王	楊樹達 1951a（1997）：頁 175	王姻疑即幽王后之褒姒。
				昭王	陳夢家 1966（2004）：頁 138 器 101 附	賜命者"王𤰈"同昭王時寓鼎（02718）。"保侃母"亦見於昭王時保侃母簋（03743）。
				昭王	白川静 1966a：頁 808-810 器 72 附	
				成王	劉啓益 1980a：頁 85-89	字體屬西周早期。"王姒"爲成王妃。
				成王	劉啓益 2002：頁 76	"王姒"爲成王妃。
				昭王	彭裕商 2003：頁 285	人物"南宮""王姒"亦見於昭王時中方鼎（02751）、叔像方尊（05962）等。
				西周早期	吳鎮烽 2006：頁 234	保侃母，西周早期女子。
5192	貴仲壺	14（蓋器同銘）	近出 0965	西周早期	近出 2002（三）：頁 442	
5193	矩叔壺	15（又重文2）	09651-09652	西周晚期	集成 2007（6）：頁 5360	
				西周後期	容庚 1941（2008）：頁 331 壺 17	
				西周中期	馬承源等 1988：頁 261 器 380	
				西周晚期	彭裕商 2003：頁 483	器形，紋飾，字體。
				西周晚期	吳鎮烽 2006：頁 233	矩叔，西周晚期人。
5194	史僕壺	15（重文2）	09653-09654	西周晚期	集成 2007（6）：頁 5360	
				西周晚期	吳鎮烽 2006：頁 358	僕，西周晚期人。
5195	虢季氏子組壺	15（又重文2）	09655	西周晚期	集成 2007（6）：頁 5360	
				宣王	吳其昌 1929（2004）：頁 509	"虢季子組"與宣王十二年虢季子白盤（10173）器主爲兄弟行。

續表

序號	器 名	字數	銘文著錄	時 代	出 處	依 據
5195	虢季氏子組壺	15（又重文2）	09655	宣王	容庚 1941（2008）：頁 42、頁 332 壺 27	作器者同宣王時虢季氏子組簋（03971）。
				宣王	唐蘭 1976—1978（1986）：頁 517	
				夷王	劉啓益 2002：頁 356	參虢季氏子組盉（00662）。
				西周晚期到春秋早期	吳鎮烽 2006：頁 379	虢季氏子組，西周晚期到春秋早期人，名子組。
5196	伯公父壺蓋	15（又重文2）	09656	西周晚期	集成 2007（6）：頁 5361	
				西周後期	陝西 F1978a：頁 8	
				西周晚期	陝西 1980（3）：頁 15 器 92	
				孝王	馬承源等 1988：頁 220 器 303	
				宣王	劉啓益 2002：頁 394	與伯公父匜（04628）爲同人作器，後者爲宣王時。
				宣王	彭裕商 2003：頁 468	參伯公父簠（04628）。
				西周晚期	曹瑋等 2005（3）：頁 482	
				西周晚期	張懋鎔 2006a：頁 231	
				西周晚期	吳鎮烽 2006：頁 153	伯公父，西周晚期人。
5197	蘇衛壺蘇鬺壺	15（又重文2）	近出 0967、新收 0677	西周中期	近出 2002（三）：頁 445	
				西周中期	新收 2006：頁 503	
				西周中期	姬乃軍、陳明德 1993：頁 12	
				西周中期後段	吳鎮烽 2006：頁 377	鬺，西周中期後段人。
				西周晚期	張懋鎔 2010：頁 84	
5198	大師小子師望壺師望壺	16	09661	西周中期	集成 2007（6）：頁 5361	
				恭王	郭沫若 1935（2002）：頁 178	作器者同恭王時師望鼎（02812）。
				夷王	白川靜 1968a：頁 80 器 130 附	
				恭王	馬承源等 1988：頁 147 器 214	師望活動在恭王後期。
				西周中期偏晚	王世民等 1999：頁 133 壺 6	器形。
				懿王	劉啓益 2002：頁 309	"師望"即望簋（04272）之"望"，後者作於懿王時。
				西周中期	馬承源 2003a：頁 201 圓壺 3	器形。
				厲王	彭裕商 2003：頁 425	與厲王時師望鼎（02812）爲一人作器，且字體亦是晚期寫法。
				西周中期後段	吳鎮烽 2006：頁 264	師望，西周中期後段人。

續表

序號	器 名	字數	銘文著錄	時 代	出 處	依 據
5198	大師小子師望壺、師望壺	16	09661	宣王（或更晚）	韓巍 2007b：頁 71	師望四器的形制紋飾接近西周晚期。與強家器群無關。
5199	交君子㝬壺	16	09662	西周晚期	集成 2007（6）：頁 5361	
				西周後期	容庚 1941（2008）：頁 330 壺 14	
5200	晉叔家父壺、晉叔家父方壺	16（又重文2）	近出 0968、新收 0908、近二 0869	西周晚期	近出 2002（三）：頁 446	
				西周晚期	新收 2006：頁 660	
				西周晚期	近二 2010（三）：頁 185	
				西周晚期	山西·北京 1995：頁 36–37	
				宣王	李學勤 1995：頁 160–170	叔家父，即殤叔，據《史記》當宣王時。
				未	黃錫全 1998：頁 152	晉叔家父爲晉穆侯之弟，很可能是殤叔。
				未	馮時 1998：頁 31–34	叔家父，即殤叔。
				未	劉啓益 1998：頁 101–103	叔家父，是晉昭侯之孫、孝侯之子晉鄂侯郤。
				未	李伯謙 2000：頁 78	晉叔家父非殤叔。
				春秋早期	朱鳳瀚 2000：頁 192–198	
				幽平	徐天進 2000：頁 335–337	墓葬。
				未	李伯謙 2002：頁 31	據出土器物的特徵，M93 約在幽王、平王時，已進入春秋。
				西周晚期	張長壽 2002：頁 77	據出土器物，M93 在西周晚期。
				西周晚期	吳鎮烽 2006：頁 254	晉叔家父，西周晚期人，字家父。
5201	中伯壺蓋	17（又重文2）	09667-09668	西周中期	集成 2007（6）：頁 5361	
				西周晚期	吳鎮烽 2006：頁 48	中伯，西周晚期人，中國族首領。
5202	椒氏車父壺、散車父壺、散氏車父壺	17（又重文2）	09669	西周中期	集成 2007（6）：頁 5362	
				西周中期	史言 1972：頁 32	形制，紋飾，銘文。
				西周中期	陝西 1980（3）：頁 19 器 124	
				西周晚期	馬承源等 1988：頁 358 器 530	
				厲王	盧連成、胡智生 1988a：頁 525	
				夷王	劉啓益 2002：頁 353	同人作鼎（02697）在夷王四年。
				西周晚期	曹瑋等 2005（2）：頁 195	

續表

序號	器　名	字數	銘文著錄	時　代	出　　處	依　　據
5203	番壺	存17（又重文2）	09670	西周晚期	集成2007（6）：頁5362	
				西周晚期	吴鎮烽2006：頁319	番，西周晚期人。
5204	分敖壺	17（又重文2）	09671	西周晚期	集成2007（6）：頁5362	
				西周晚期	吴鎮烽2006：頁56	分敖，西周晚期人。
5205	仲自父壺周卓父壺蓋	17	09672	西周晚期	集成2007（6）：頁5362	
				西周中期前段	吴鎮烽2006：頁120	仲師父，西周中期前段人。
5206	單五父壺	17	近二0870-0871、新收0760-0761	西周晚期	近二2010（三）：頁186–187	
				西周晚期	新收2006：頁556	
				西周	陝西C2003：頁20	
				宣王	陝西B2003：頁28	據形制、紋飾、銘文，與逨鼎（近二0328）、逨盤（近二0939）爲同時期器，兩者皆宣世器。"單五父"與"逨"爲一名一字。
				宣王	王世民2003：頁44–45	單五父方壺（新收0761）宣王。
				宣王	劉軍社2003：頁47–49	
				宣王	劉懷君2003：頁49–50	浮雕紋，當在四十三年鼎之後造。
				厲王	張天恩2003：頁62–65	"單五父""叔五父""單叔"爲一人，是逨的父親"龔叔"，當厲王時。
				宣王	周曉陸2003：頁62–69	此窖藏之27件器器主爲同一人，作於同時，參四十二年逨鼎（新收0745-0746）。
				宣王後半	李學勤2003a：頁71–72	類型對比。
				宣王	李零2003：頁16–22	作器者名"逨"，行輩爲"叔"，字"五父"。據"逨"的世系，逨當宣世。
				宣王	董珊2003：頁42–46	除天盂（近二0966）外，其他26器皆爲同人作器。
				西周晚期	吴鎮烽2006：頁315	單五父，西周晚期人。
				厲王	黃盛璋2006：頁18	器主非逨，爲逨之子所做。與晉侯壺、頌壺、史頌壺、長青仙人臺邢國M6出土壺等比較，該壺爲西周晚末之器。
				宣王	陝西B2008：頁222	形制、紋飾。與逨盤（近二0939）爲同時期器物，逨盤爲宣王時。

續表

序號	器名	字數	銘文著錄	時代	出處	依據
5207	殷句壺 骰句壺	19（又重文2）	09676	西周中期	集成 2007（6）：頁 5362	
				西周後期	容庚 1941（2008）：頁 333 壺 28	
				西周中期	吳鎮烽 2006：頁 318	骰句，西周中期人。
5208	黽壺蓋	存 19	09677	西周晚期	集成 2007（6）：頁 5362	
				西周晚期	吳鎮烽 2006：頁 341	黽，西周晚期人。
5209	呂行壺 呂壺、周伯恭壺	21	09689	西周早期	集成 2007（6）：頁 5363	
				成王四年	吳其昌 1929（2004）：頁 116	伯懋父見於御正衛簋（04044）、小臣宅段（04201）等，皆成王四年器。
				成王	郭沫若 1935（2002）：頁 67	"伯懋父"見於成王器小臣謎段（04238）。
				成王	容庚 1941（2008）：頁 34	"伯懋父"見成王時小臣遯簋（04238）。
				康昭	白川靜 1966：頁 749–751 器 66	
				成王	陳夢家 1966（2004）：頁 35	"伯懋父"見於成王時小臣謎簋（04238）、小臣宅簋（04201）、御正衛簋（04044），康王時旟鼎（02809）。
				康王	白川靜 1975（1997）：頁 254	伯懋父見於康王時醫尊（06004）、醫卣（05416）。
				昭王	唐蘭 1976—1978（1986）：頁 245	
				昭王	唐蘭 1981：頁 38	
				周公攝政二年	何幼琦 1983b：頁 82	
				康王（或昭王）	馬承源等 1988：頁 59 器 83	伯懋父存於康昭，見康王時小臣謎簋（04238）。
				昭王	徐少華 1996：頁 67	伯懋父曾與周王南征。
				昭王或穆王前期	彭裕商 2001：頁 226	形制同長安花園村 M17 銅壺、長安普渡村長凶墓銅壺，皆穆王時。據伯毛父北征事，當在昭王或穆王前期。"伯懋父"即昭穆時祭公謀父。
				穆王	劉啓益 2002：頁 219	形制同長由墓貫耳壺，後者當是穆世器。
				昭王	彭裕商 2003：頁 273、271	"伯懋父"爲昭穆時人。
				西周早期前段	吳鎮烽 2006：頁 145	呂行，西周早期前段人。
				昭王	張懋鎔 2008：頁 345	

序號	器　名	字數	銘文著錄	時　代	出　　處	依　　據
5210	周坙壺 周宜尊	21（又重文2）	09690	西周中期	集成 2007（6）：頁 5363	
				西周後期	容庚 1941（2008）：頁 331 壺 21	
				西周中期	吳鎮烽 2006：頁 209	周坙，西周中期人。
5211	周坙壺 周宜尊	21（又重文2）	09691	西周中期	集成 2007（6）：頁 5363	
5212	虞嗣寇壺 虞司寇伯吹壺	21（又重文2）	09694	西周晚期	集成 2007（6）：頁 5364	
				西周晚期	吳鎮烽 2006：頁 411	嗣寇伯吹，西周晚期人，名伯吹。
5213	呂壺蓋	21	近二 0873、新收 1894	西周早期	近二 2010（三）：頁 189	
				西周早期	新收 2006：頁 1268	
5214	虞嗣寇壺	22（又重文2）	09695	西周晚期	集成 2007（6）：頁 5364	
5215	虞侯政壺	22（又重文2）	09696	春秋	集成 2007（6）：頁 5364	
				西周晚期	馬承源等 1988：頁 347 器 508	
				西周後期	辭典 1995：頁 138 器 475	
				西周晚期	彭裕商 2003：頁 499	器形，紋飾，字體，措辭。
				西周中期	吳鎮烽 2006：頁 339	虞侯政，西周中期人。
5216	椒氏車父壺 散氏車父壺、散車父壺	25（又重文2）	09697	西周晚期	集成 2007（6）：頁 5364	
				西周中期	史言 1972：頁 32	形制，紋飾，銘文。
				西周中期	陝西 1980（3）：頁 19 器 123	
				西周晚期	馬承源等 1988：頁 358 器 530	
				厲王	盧連成、胡智生 1988a：頁 525	
				西周後期	辭典 1995：頁 136 器 471	
				夷王	劉啓益 2002：頁 353	同人作鼎在夷王四年。
				西周中期	青全 1997（5）：頁 139 器 147	
				宣王	彭裕商 2003：頁 447	器形，紋飾，字體。
				西周晚期	曹瑋等 2005（2）：頁 192	
				西周中期後段	吳鎮烽 2006：頁 310	散車父，西周中期後段人。
				中晚期之交	張懋鎔 2006a：頁 231	
5217	晉侯斷壺	25	近出 0969；近二 0875、新收 0868–0869	西周晚期	近出 2002（三）：頁 447	
				西周中期	近二 2010（三）：頁 191	
				西周晚期	新收 2006：頁 638	

續表

序號	器名	字數	銘文著錄	時代	出　　處	依　　據
5217	晉侯斳壺	25	近出 0969、近二 0875、新收 0868-0869	未	李朝遠 1993：頁 232	晉侯斳即晉文侯仇。
				宣王	山西·北京 1994a：頁 23	＊近出 0969。
				兩周之際	白光琦 1995：頁 71	"萬音永寶用"句只見於春秋器。
				宣王	李學勤 1995：頁 160-170	晉侯熙，即晉獻侯之字，據《史記》在宣王時。
				西周中期	青全 1997（6）：頁 48 器 49	＊近二 0875。
				未	李伯謙 1998：頁 118	穌，即晉獻侯籍；斳，即斯字，晉獻侯字。
				未	黃錫全 1998：頁 151	晉侯斳，即晉釐侯司徒。
				共和至宣王	劉啓益 1998：頁 102	晉侯斳，即晉釐侯司徒，當共和二年至宣王五年時。
				厲王前後	王世民等 1999：頁 138 壺 13	器形。
				西周晚期中葉	朱鳳瀚 2000：頁 192-198	斳即釐侯司徒。
				宣王	徐天進 2000：頁 335-337	墓葬。
				未	李伯謙 2002：頁 31	據出土器物的特徵，M8 在西周晚期晚段。
				宣王	李伯謙 2003：頁 53-55	形制紋飾近宣王時逨器。
				宣王前後	王世民 2003：頁 44-45	與宣王時逨器相聯繫。
				未	朱鳳瀚 2009：頁 1449	墓葬年代當西周晚期偏晚約宣王時。
5218	蔡公子壺	27（又重文 2）	09701	西周晚期	集成 2007（6）：頁 5364	
				西周晚期	吳鎮烽 2006：頁 370	蔡公子，西周晚期人。
5219	夨伯壺蓋	28	09702	西周中期	集成 2007（6）：頁 5364	
				兩周晚期（似當爲西周晚期）	社科院 A1986b：頁 981	
				西周晚期	社科院 1999：頁 366	據同出陶器判斷。
5220	番匊生壺	30（又重文 2）	09705	西周中期	集成 2007（6）：頁 5365	
				康王二十六年	吳其昌 1929（2004）：頁 185	曆日合於《曆譜》康王二十六年。"番匊生"與成王時番生殷（04326）之"番生"爲一人。"孟妃▨"爲康王時羌白敔（04331）器主之夫人。
				厲王	郭沫若 1935（2002）：頁 285	"番匊生"即厲王時番生殷（04326）之"番生"。

續表

序號	器 名	字數	銘文著錄	時 代	出　　處	依　　據
5220	番匊生壺	30（又重文2）	09705	康王	莫非斯 1936：頁 242	形制，字體。
				西周後期	容庚 1941（2008）：頁 331 壺 18	
				孝王二十六年	董作賓 1952：頁 695	曆法。
				孝王二十六年	董作賓 1959（1977）：頁 56	曆法。
				夷王	白川靜 1965d：頁 152	排入夷世曆譜。
				夷王	白川靜 1969b：頁 417–420 器 159	
				夷王	劉啓益 1980：頁 80–85	曆日與厲王𫖮攸从鼎（02818）不合，置於夷王。
				西周後期	陳公柔、張長壽 1982：頁 17	
				厲王二十六年	何幼琦 1982：頁 113	曆法。
				厲王偏安中	何幼琦 1983a：頁 57	厲王奔彘，偏安十三年間作。
				夷王廿六年	劉啓益 1984：頁 243	
				穆王	丁驌 1985：頁 33	曆日。
				厲王	高木森 1986：頁 131	造型，銘文。
				孝王	馬承源等 1988：頁 224 器 309	壺的形制、紋飾同興壺。同人作番生簋的大鳥紋爲西周中期的典型式樣。該壺銘 26 年，當爲孝王 26 年。
				成王	張聞玉 1990：頁 10	曆日。
				宣王	夏含夷 1990（2005）：頁 243	據器形、花紋、人名屬西周晚期。該器曆日合於以前 825 年爲元年的宣王 26 年。
				厲王二十六年	趙光賢 1992：頁 48	曆日。
				宣王	劉雨 1997：頁 247–248	
				厲王	榮孟源 1997：頁 358	曆法。
				夷王	黎東方 1997：頁 230	
				成王	張聞玉 1997a：頁 120	據曆日在成王二十六年，包括周公攝政。
				夷厲前後	王世民等 1999：頁 133 壺 5	此壺具有西周中期偏晚特徵，考慮王年較高，可晚至夷厲前後。
				宣王	周言、魏宜輝 1999：頁 57	曆日。

續表

序號	器 名	字數	銘文著錄	時 代	出 處	依 據
5220	番匊生壺	30（又重文2）	09705	厲王二十六年	斷代工程 2000：頁 20、33	類型排比。排西周金文曆譜。
				宣王前後	王世民 2003：頁 44–45	與宣王時逨器相聯繫。
				宣王	夏含夷 2003：頁 53–55	曆日合於宣王，參大祝追鼎（新收 1455）。
				厲王	彭裕商 2003：頁 411	據器形、紋飾、字體風格斷在厲世。
				西周中期後段	吳鎮烽 2006：頁 320	番匊生，西周中期後段人。
				厲王	張懋鎔 2008：頁 351	
				厲王	朱鳳瀚 2009：頁 1315、1222	曆日。
				宣王	夏含夷 2010	曆日合於以公元前 825 年為元年的宣王年曆。
5221	曾伯陭壺	39（又重文2）	09712	春秋早期	集成 2007（6）：頁 5365	
				西周後期	容庚 1941（2008）：頁 331 壺 19	
				西周晚期	馬承源等 1988：頁 333 器 475	
				西周晚期	彭裕商 2003：頁 495	器形，紋飾，字體，字形結構。
5222	晉侯㯙馬壺	39（又重文2）	近出 0971–0972、新收 0888、新收 0902	西周晚期	近出 2002（三）：頁 449	
				西周晚期	新收 2006：頁 651、657	
				夷王至厲王早年	鄒衡 1994：頁 29–32	㯙馬，即晉厲侯福，當夷王至厲王早年。
				孝夷	山西·北京 1995：頁 36–37	晉厲侯。
				厲王前後	李學勤 1995：頁 160–170	㯙馬，即晉厲侯福。
				未	林聖傑 1997：頁 371	㯙馬，即晉厲侯福。
				未	李伯謙 1998：頁 118	晉侯㯙馬即晉厲侯。
				未	黃錫全 1998：頁 150	晉侯㯙馬即晉成侯服人。
				未	李伯謙 2000：頁 77	據墓葬排序及年代範圍，晉侯㯙馬即晉厲侯。
				西周中期偏晚	朱鳳瀚 2000：頁 192–198	㯙馬，晉厲侯。
				厲王前後	徐天進 2000：頁 335–337	墓葬。
				未	陳秉新 2001：頁 82–83	晉侯㯙馬，即晉成侯服人。
				未	李伯謙 2002：頁 31	據出土器物的特徵，該墓在西周中期晚段。
				早於懿王	劉克甫 2002：頁 57	㯙馬作壺的形制略早於懿王時瘐器，字體不晚於昭穆時。

序號	器　名	字數	銘文著錄	時　代	出　處	依　據
5222	晉侯僰馬壺	39（又重文2）	近出 0971–0972、新收 0888；新收 0902	孝夷	張懋鎔 2006a：頁 216	器主即《晉世家》之晉厲侯，結合該壺形制、紋飾，宜置於孝夷時。
				西周中期	吳鎮烽 2006：頁 255	晉侯僰馬，西周中期人。
				西周中期偏晚	朱鳳瀚 2009：頁 1447	墓葬年代當西周中期偏晚約懿孝時。
5223	夋季良父壺	40（又重文2）	09713	西周晚期	集成 2007（6）：頁 5365	
				東周初期	徐中舒 1963（1998）：頁 534	言"霝冬"是西周之物，言"霝命""難老"多爲春秋之物，此器在過渡時。
				西周中期	陳佩芬 2004：頁 361 器 345	
				西周晚期	吳鎮烽 2006：頁 191	夋季良父，西周晚期人。
5224	史懋壺　史懋壺蓋、史懋作父丁壺蓋	41	09714	西周中期	集成 2007（6）：頁 5366	
				厲王二十七年	吳其昌 1929（2004）：頁 422	"王在莽"同屬王二十年靜卣（05408）等器，"伊白"即屬王二十七年伊敦（04287）之"伊"，日辰合於《曆譜》厲王二十七年。
				懿王	郭沫若 1935（2002）：頁 200	"史懋"亦見於懿王時免卣（05418）。
				懿王	容庚 1941（2008）：頁 39	史懋見懿王時免尊（06006）。
				懿王	李學勤 1959：頁 44	
				穆王	唐蘭 1962：頁 44	人物"史懋"見於穆王時免觶（06006）。
				懿王	陳夢家 1966（2004）：頁 183 器 130 附	器主名見懿王時免尊（06006），兩銘字體亦近。
				恭王	白川靜 1968：頁 484–490 器 117	
				穆王	唐蘭 1976—1978（1986）：頁 367	
				孝王前後	盛冬鈴 1983：頁 57	據人物"井叔"，與孝王時舀鼎（02838）、趩觶（06516）相去不遠。
				恭王	丁驌 1985：頁 37	曆日。
				恭王	馬承源等 1988：頁 158 器 227	
				懿王	劉啓益 2002：頁 305	"史懋"見於懿王時免尊（06006）。
				西周中期	彭裕商 2003：頁 381	據器形、紋飾、字體、人名"史懋"聯繫，可能在恭夷之間。
				恭王	陳佩芬 2004：頁 356	伊伯與恭王廿七年伊簋（04287）之伊爲同一人。
				西周中期前段	吳鎮烽 2006：頁 406	懋，西周中期前段人。

續表

序號	器　名	字數	銘文著錄	時　代	出　　　處	依　　　據
5225	沙其壺 梁其壺	43（又 重文 2）	09716- 09717	西周晚期	集成 2007（6）：頁 5366	
				西周中期 之末	中科院 1962：頁 132A699	
				夷王	陳夢家 1966（2004）：頁 277	據梁其所作諸器的形制、 花紋，當屬夷王時。
				夷王	白川靜 1969a：頁 395-400 器 157 附	
				厲王	唐蘭 1976—1978（1986）：頁 516	
				夷厲	陳佩芬 1983：頁 23	參梁其鐘（00187）。
				夷王（或 厲王）	馬承源等 1988：頁 276 器 401	
				西周晚期	青全 1997（5）：頁 140 器 148	
				西周晚期 偏早	王世民等 1999：頁 136 壺 12	器形。
				西周晚期	馬承源 2003a：頁 202 壺 2	器形。
				厲王（宣 王）	彭裕商 2003：頁 432	參梁其鐘（00187）。
				西周末年	梁彥民 2005：頁 188-191	接近晉侯墓地 M8、M64、 虢國墓地 M2001 銅壺， 皆西周晚期晚段墓。同 時的梁其鼎（02768）其器 形、紋飾與幽王時函皇父 乙鼎（02548）同。
				宣王	張懋鎔 2006a：頁 217	器形紋飾。
				西周晚期	吳鎮烽 2006：頁 294	梁其，西周晚期人。
				宣王	張懋鎔 2008：頁 351	
5226	𩵦史䕨壺 𩵦史屍壺	44（又 重文 2）	09718	西周晚期	集成 2007（6）：頁 5366	
				西周中期	穆海亭 1998：頁 386	形制，紋飾，銘文。
				西周晚期	吳鎮烽 2006：頁 372	𩵦史屍，西周晚期人。
5227	幾父壺	55（又 重文 2）	09721- 09722	西周中期	集成 2007（6）：頁 5366	
				近厲王	陳公柔 1962：頁 89	形制，花紋。
				夷厲	段紹嘉 1963：頁 10	據銘文書法、格式推斷， 在夷厲間。
				西周中葉 以後	郭沫若 1963：頁 5	文體，字體，器制，花紋。
				幽王	白川靜 1965d：頁 156	
				孝王	陳夢家 1966（2004）：頁 242	"同中"見於孝王時元年 師兌簋（04275）。花紋形 制似夷王前後器。

續表

序號	器 名	字數	銘文著録	時 代	出 處	依 據
5227	幾父壺	55（又重文2）	09721- 09722	西周後期	郭寶鈞 1970（1981）：頁 60–62	與穆王時長安普渡村長囟墓對照。
				宣幽	白川靜 1971：頁 889–897 器 197	
				西周中期	陝西 1980（2）：頁18 器 134、135	
				幽王	高木森 1986：頁 135	形制，紋飾，銘文。
				孝王	馬承源等 1988：頁 200 器 277	同仲見於孝王時師兑簋（04275）。
				西周中期	辭典 1995：頁 135 器 466	
				西周中期	青全 1997（5）：頁 131 器 138	*09722。
				西周中期偏晚	王世民等 1999：頁 133 壺 7	器形。
				屬王	彭裕商 2003：頁 430	器形、紋飾近屬王時器，字體較晚，"同仲"見於宣王元年師兑簋（04274）。
				西周晚期	曹瑋等 2005（1）：頁 84、89	
				西周中晚期	張懋鎔 2006a：頁 230	
				西周晚期	吳鎮烽 2006：頁 331	幾父，西周晚期人。
5228	十三年癲壺	56	09723- 09724	西周中期	集成 2007（6）：頁 5366	
				西周中期	陝西 F1978：頁 5	
				夷王	黃盛璋 1978：頁 198	"犀父"見於屬王時害簋（04258），彼銘稱宰，當晚於本器，故本器歸入夷王時。
				懿王	唐蘭 1976—1978（1986）：頁 516	
				孝王十三年	李學勤 1979：頁 35	字體晚於癲盨（04462），彼爲孝王四年器。
				懿王	陝西 1980（2）：頁 5 器 29、30	
				共王十三年	伍士謙 1981：頁 97–126	參三年癲壺（09726）。
				夷王十三年	何幼琦 1982：頁 111	曆法。
				孝王	馬承源 1982：頁 52	曆日。
				夷王	盛冬鈴 1983：頁 58	據人名聯繫。
				孝王十三年	劉啓益 1984：頁 241	
				孝王	丁驌 1985：頁 43	曆日。
				恭王十三年	高木森 1986：頁 92	據曆日當在恭王時。據人物關係亦當在恭王時。

續表

序號	器　名	字數	銘文著錄	時　代	出　　處	依　　據
5228	十三年㝬壺	56	09723-09724	懿王	吳鎮烽 1987：頁 277	據微氏家族世系排列。"作冊尹"最早見於共王十二年永盂（10322）。
				孝王	馬承源等 1988：頁 211 器 292	曆日合於孝王時。
				孝夷	盧連成、胡智生 1988a：頁 522	
				厲王	晁福林 1989：頁 81	儐右"犀父"即厲王時害簋（04258）之"宰犀父"。㝬組他器據人物繫聯之蔡簋（04340）、頌簋（04332）等亦皆夷厲時器。
				孝王	劉啓益 1989：頁 180	人物聯繫。
				夷王	李仲操 1991：頁 72	人物，曆日。
				夷王十三年	趙光賢 1992：頁 48	曆日。
				孝王十三年	尹盛平 1992：頁 92	形制紋飾早於同人作三年㝬壺（09726），彼器在夷王三年。
				非恭王時	汪中文 1992：頁 20-25	據曆日不在共世，諸㝬器分屬不同王世。
				西周中期	辭典 1995：頁 136 器 469	
				懿王十三年	劉雨 1997：頁 247	
				西周中期	青全 1997（5）：頁 133 器 140	
				宣王前後	羅泰 1997：頁 651-676	參牆盤（10175）。
				孝王前後	王世民等 1999：頁 133 壺 9	器形。
				厲王	李學勤 2000b：頁 91	形制，曆日，右者"遲父"。
				懿孝	馬承源 2000（2007）：頁 174	父親是恭王時代史官，當懿孝時人。
				厲王十三年	斷代工程 2000：頁 20、33	類型排比。排西周金文曆譜。
				厲王前期	晁福林 2001：頁 179	"遲父"繫聯害簋（04258），後者爲厲王時器。
				夷王	張懋鎔 2002：頁 33	
				孝王	劉啓益 2002：頁 337	據孝王七年牧簋（04343）曆日下排，㝬壺曆日合於十三年。曆日亦合於《張表》孝王十三年。
				約孝夷厲	李零 2002a：頁 44	器形風格，字體特徵，年代序列。
				厲王	彭裕商 2003：頁 403	器形，紋飾，字體。

續表

序號	器 名	字數	銘文著録	時 代	出 處	依 據
5228	十三年瘋壺	56	09723-09724	西周中期	曹瑋等 2005（4）：頁 687-695	
				懿孝	張懋鎔 2006a：頁 216	是牆的兒子，牆盤（10175）爲恭王時器。微史家族器中牆作器較少，可見牆任職時間不長，瘋器最多，瘋任職時間較長，夷王至屬王均有可能。
				孝懿	吳鎮烽 2006：頁 434	瘋，西周孝懿時期人。
				屬王	李學勤 2006b：頁 21-25	曆日合於屬王十三年，右者"夷父"見於害簋（04258），該銘"夷宮"見於宣王時此鼎（02821）、虞虎鼎（近出 0364）等。
				屬王	史紅慶 2007：頁 54-60	考察該器的形制、紋飾、銘文書體和内容皆有晚期特徵，懿孝夷三王在位不超過十年。
				孝夷	張懋鎔 2008：頁 349	
				屬王	朱鳳瀚 2009：頁 1224	
5229	伯克壺中朝事後中尊、高克尊、克壺、廿六年伯克壺	56（又重文 2）	09725	西周晚期	集成 2007（6）：頁 5367	
				屬王十六年	吳其昌 1929（2004）：頁 396	日辰皆合於《曆譜》屬王十六年。
				夷王	郭沫若 1935（2002）：頁 238	"伯克"即克盨（04465）、大克鼎（02836）、小克鼎（02796-02802）、克鐘（00204）之"克"。據大克鼎知"克"之祖"師華父"在恭王時，則諸克器在恭王後。此群器之年月不盡銜接，故分置相連的二王。恭王後列王積年可容納此諸器年月者，當在夷、屬時。
				屬王十六年	容庚 1941（2008）：頁 39	作器者同屬王時大克鼎（02836）。
				孝王二十六年	董作賓 1952：頁 695	曆法。
				夷王	俞靜安 1957：頁 17	曆日，月相。
				孝王二十六年	董作賓 1959（1977）：頁 56	曆法。
				屬王	陳夢家 1966（2004）：頁 314	紋飾近於夷王時頌壺（09731）而略晚。

續表

序號	器　名	字數	銘文著錄	時　代	出　　處	依　　據
5229	伯克壺 中朝事後中尊、高克尊、克壺、廿六年伯克壺	56（又重文2）	09725	夷王	白川靜 1969c：頁 525–530 器 170	
				夷王	唐蘭 1976—1978（1986）：頁 500	
				夷王十六年	何幼琦 1982：頁 111	曆法。
				孝王	馬承源 1982：頁 52	曆日。
				夷王	何幼琦 1983a：頁 57	
				宣王二十六年	劉啓益 1984：頁 245	
				穆王	丁驌 1985：頁 33	曆日。
				孝王	吳鎮烽 1987：頁 279	參師克盨蓋（04468）。
				孝王	馬承源等 1988：頁 217 器 298	曆日合於《年表》孝王十六年。
				成王	張聞玉 1990：頁 10	曆日合成王二十六年。
				宣王	李仲操 1991：頁 88	曆日。
				夷王十六年	趙光賢 1992：頁 48	曆日。
				宣王	劉雨 1997：頁 247	
				宣王	榮孟源 1997：頁 356	宣王十六年是公元前 811 年。
				宣王	白光琦 1997：頁 309	蟠龍紋同兩周之際頌壺（09731）、秦公壺（近出0955）等而稍早。相關之伯太師盨（04394）、伯公父盨（04384）等器皆爲西周晚期形式。
				厲王	黎東方 1997：頁 230	
				厲王前後	王世民等 1999：頁 139 壺 18	器形。
				厲王	周言、魏宜輝 1999：頁 57	曆日。
				宣王	李學勤 1999e：頁 149–150	曆日與宣王時克鐘、克鎛、吳虎鼎一致，皆失閏一月，合於《張表》八月曆日。與扶風任家村克器之克非一人。曆正建丑。
				厲王十六年	斷代工程 2000：頁 21、33	類型排比。排西周金文曆譜。
				宣王	白光琦 2001：頁 128	形制，人物。
				宣王廿六年	劉啓益 2002：頁 392	形制、紋飾屬晚期。曆日合於張表宣王廿六年。

序號	器 名	字數	銘文著錄	時 代	出　　處	依　　據
5229	伯克壺 中朝事後 中尊、高 克尊、克 壺、廿六 年伯克壺	56（又 重文 2）	09725	夷王	杜勇、沈長雲 2002：頁 88	克器曆日不相容，根據克的職務不同，本器稍早置於夷王時。
				宣王	朱鳳瀚 2003：頁 50–52	宣王元年爲前 826 年，據《張表》，該器曆日可排入宣王。
				宣王	彭裕商 2003：頁 451	腹部蛟龍紋同宣王時頌壺（09731）。曆日與宣王時克鐘（00204）相合。
				厲王	葉正渤 2006：頁 199	從《史記》説，厲王在位 51（37+14）年，則厲王元年爲前 878 年。既生霸是初九。據張表、董譜，該器曆日合曆。
				宣王	張懋鎔 2006a：頁 217	器形紋飾。
				宣王	黃盛璋 2006：頁 28	宣王紀年向後推一年，可合曆。
				西周中期 後段	吳鎮烽 2006：頁 139、154	克，又稱伯克、師克、善夫克，西周中期後段人。
				宣王	張懋鎔 2008：頁 350	
				宣王	朱鳳瀚 2009：頁 1223	曆日。
5230	鈇壺	58（又 重文 2）	古文字研究 28 輯 頁 230–232 圖 2、3	西周末	朱鳳瀚 2010：頁 224–235	此種壺的形制紋飾屬西周末至春秋初，考慮銘文内容歸入西周末。"尹叔"亦見於傳出山東蓬萊之蔡姞簋。
5231	三年瘋壺	60	09726–09727	西周中期	集成 2007（6）：頁 5367	
				孝王	黃盛璋 1978：頁 199	日辰與傳世瘋鼎（02742）相接，皆有"虢叔召瘋"。瘋鼎曆日與瘋盨（04462）曆日不合，後者作於懿王四年。"虢叔"可能即厲王時虢叔旅。又此壺與夷王十三年瘋壺（09723）形制紋飾有較大差別，故歸入孝王。
				懿王	唐蘭 1976—1978（1986）：頁 516	
				夷王三年	李學勤 1979：頁 35	字體晚於瘋盨（04462），彼爲孝王四年器。
				孝王	陝西 1980（2）：頁 5 器 31、32	

續表

序號	器名	字數	銘文著錄	時代	出　處	依　據
5231	三年瘋壺	60	09726-09727	共王三年	伍士謙 1981: 頁 97-126	據微氏世系，瘋當共王時。瘋所作全部銅器銘文中出現的人物聯繫得到的銅器，大體在共王時。瘋器賞賜儀式不見於穆王以前。
				孝王三年	劉啓益 1984: 頁 241	
				孝王	丁驌 1985: 頁 42	曆日。
				孝王	高木森 1986: 頁 111	世系。
				孝王	吳鎮烽 1987: 頁 279	據微氏家族世系排列，"瘋"爲懿孝時期人。造型、字體有較晚特徵。
				懿王三年	馬承源等 1988: 頁 183 器 256	曆日合於書後《年表》懿王三年曆日。
				孝夷	盧連成、胡智生 1988a: 頁 522	
				厲王三年	何幼琦 1989a: 頁 48	曆法。
				夷王三年	尹盛平 1992: 頁 92	"瘋"最早見於懿王四年瘋盨（04462），"虢叔"見於厲王時禹从鼎（02818）、虢叔旅鼎（02492）。紋飾、形制在夷厲之間，考慮瘋之年紀，定此器在夷王三年。
				西周中期	辭典 1995: 頁 135 器 468	
				懿王三年	劉雨 1997: 頁 247	
				西周中期	青全 1997（5）: 頁 136 器 144	
				宣王前後	羅泰 1997: 頁 651-676	參牆盤（10175）。
				孝王前後	王世民等 1999: 頁 133 壺 4	器形。
				懿孝	馬承源 2000a（2007）: 頁 174	父親是恭王時代史官，當懿孝時人。
				厲王前期	晁福林 2001: 頁 179	"虢叔"又稱虢叔旅，其所作諸器形制紋飾皆屬厲世。
				孝王	張懋鎔 2002: 頁 33	
				懿王	劉啓益 2002: 頁 296	形制同懿世王白姜壺（09624）。
				約孝夷厲	李零 2002a: 頁 44	器形風格，字體特徵，年代序列。
				西周中期	馬承源 2003a: 頁 201 圓壺 1	器形。
				宣王前後	王世民 2003: 頁 44-45	與宣王時逨器相聯繫。
				厲王	彭裕商 2003: 頁 403	器形，紋飾，字體。

序號	器 名	字數	銘文著錄	時 代	出 處	依 據
5231	三年癲壺	60	09726-09727	西周中期	曹瑋等 2005（4）：頁 663-669	
				懿孝	張懋鎔 2006a：頁 216	是牆的兒子，牆盤（10175）爲恭王時器。微史家族器中牆作器較少，可見牆任職時間不長，癲器最多，癲任職時間較長，夷王至厲王均有可能。
				孝懿	吳鎮烽 2006：頁 434	癲，西周孝懿時期人。
				夷王三年	李學勤 2006b：頁 21-25	曆日可排入斷代工程曆譜夷王三年。
				孝夷	張懋鎔 2008：頁 349	
5232	曶壺蓋	100（又重文2）	09728	西周中期	集成 2007（6）：頁 5367	
				厲王十七年	吳其昌 1929（2004）：頁 402	"曶"即厲王十六年克鐘（00204）之"士曶"，非孝王初年曶鼎（02838）之"曶"。
				孝王	郭沫若 1935（2002）：頁 216	
				昭王	莫非斯 1937：頁 7、10	爵必命於祖廟，該銘有"成宮"，當爲昭世器。
				西周後期	容庚 1941（2008）：頁 332 壺 23	
				恭王元年	唐蘭 1962：頁 44	
				夷厲	徐中舒 1963（1998）：頁 524	與曶鼎（02838）之曶非同一人。字體與史頌諸器時代相近，後者在夷厲時。
				孝王	白川靜 1968b：頁 147-152 器 136	
				穆王	唐蘭 1976—1978（1986）：頁 399	
				穆王（或懿王）	丁驌 1985：頁 35、41	曆日。
				孝王	馬承源等 1988：頁 214 器 296	
				懿孝以後	金信周 2002：頁 258	祝嘏銘文的風格。
				西周晚期	彭裕商 2003：頁 486	"尹氏"見於西周晚期。"正月初吉丁亥"多見晚期器銘。可推知的形制也流行於晚期。器主"曶"非曶鼎之"曶"，祖之名及職位不同。
				西周中期後段	吳鎮烽 2006：頁 210	曶，西周中期後段人。
5233	頌壺	149（又重文2）	09731-09732、新收 1962	西周晚期	集成 2007（6）：頁 5367	
				西周晚期	新收 2006：頁 1308	
				宣王	王國維 1915（1959）：頁 23	據文字辭命觀之，皆屬宣以降之器。而曆日合於宣王三年。

續表

序號	器名	字數	銘文著錄	時代	出　處	依　據
5233	頌壺	149（又重文2）	09731–09732、新收1962	宣王三年	吳其昌 1929（2004）：頁 476	日辰合於《曆譜》宣王三年。記事同宣王三年史頌鼎（02787）。
				宣王三年	容庚 1941（2008）：頁 42、頁 331 壺 22	參史頌盤（10093）。
				夷王	陳夢家 1966（2004）：頁 279 器 192 附	
				孝王	白川靜 1968c：頁153–173 器 137	
				夷王	唐蘭 1976—1978（1986）：頁 497	
				幽王	高木森 1986：頁 148	曆日，風格。
				宣王	馬承源等 1988：頁 304 器 436	
				厲王	張聞玉 1992：頁 64	曆日。
				西周晚期	陳昭容 1995：頁 65–66	形制，紋飾。
				幽王	白光琦 1995：頁 71	册命程式之繁亦見宣王中期器，文字的綫條和結構已見春秋特徵，曆日不合於厲世宣世。
				夷王三年	劉雨 1997：頁 247	
				宣王	黎東方 1997：頁 230	
				西周晚期	青全 1997（5）：頁 143 器 151	
				宣王三年	周曉陸、穆曉軍 1998	以前 841±1 年爲宣王元年，該器曆日合。
				厲王前後	王世民等 1999：頁 139 壺 17	器形。
				厲王	周言、魏宜輝 1999：頁 57	曆日。
				宣王三年	斷代工程 2000：頁 21、34	類型排比。排西周金文曆譜。
				幽王	白光琦 2001：頁 129	形制，紋飾，字體，册命儀式。
				西周晚期	馬承源 2003a：頁 202 方壺 1	器形。
				宣王前後	王世民 2003：頁 44–45	與宣王時逨器相聯繫。
				宣王	彭裕商 2003：頁 446	器形，紋飾。
				幽王	張懋鎔 2005：頁 8	造型、紋飾、銘文字體、器主職務等方面，與逨器十分相近，且父考名同，逨與頌爲兄弟行。逨鼎作於宣王四十二、四十三年，頌鼎所記三年，當爲幽王三年。
				幽王	張懋鎔 2006a：頁 218	
				西周晚期	吳鎮烽 2006：頁 345	頌，西周晚期人。

續表

序號	器　名	字數	銘文著錄	時　代	出　　處	依　　據
5233	頌壺	149（又重文 2）	09731–09732、新收 1962	宣王三年	王輝 2006：頁 240	
				幽王	白光琦 2006a：頁 72	形制、紋飾、頌辭皆與逨器相似。書法近秦篆，創春秋形體。
				宣王三年	李學勤 2006：頁 160–164	頌與史頌爲一人，參史頌鼎（02787）。
				宣王	朱鳳瀚 2009：頁 1315	

十九、蠹類

序號	器　名	字數	銘文著錄	時　代	出　　處	依　　據
5234	鼖罍 周析子孫 罍	1	09737	西周早期	集成 2007（6）：頁 5368	
5235	史方罍	1	09740	西周早期	集成 2007（6）：頁 5368	方罍多爲商器，然此器製作粗獷，可能較商晚。
				周初	喀左 A1977：頁 25	
				西周早期偏早	朱鳳瀚 2009：頁 1429	
5236	戈罍	1	09754	西周早期	集成 2007（6）：頁 5369	
5237	卧罍	1	09757	西周早期	集成 2007（6）：頁 5369	
				西周早期	陝西 1980（3）：頁 16 器 96	
5238	耒罍	1	09758	西周中期	集成 2007（6）：頁 5369	
5239	周罍	1	09759	西周早期	集成 2007（6）：頁 5369	
				西周早期	陝西 1984（4）：頁 6 器 39	
				西周早期	吳鎮烽 2006：頁 208	周，西周早期人。
5240	川罍	1	09760	西周早期	集成 2007（6）：頁 5369	
				西周初期	中科院 1962：頁 144A785	
5241	史方罍	1	近二 0880	西周早期	近二 2010（三）：頁 198	
				西周早期早段	社科院 2005：頁 510	
				一期（約武王至康王）	朱鳳瀚 2009：頁 1383	器形。
5242	亞吳罍	2	09761	殷或西周早期	集成 2007（6）：頁 5369	
5243	亞旁罍	2	09768	西周早期	集成 2007（6）：頁 5370	
				西周早期	吳鎮烽 2006：頁 187	亞旁，西周早期人。
5244	峃甲罍	2	09773	西周早期	集成 2007（6）：頁 5370	
				商	段紹嘉 1963a：頁 43	
				商代晚期	陳佩芬 2004a：頁 268 器 131	
5245	田告罍	2	09777	西周早期	集成 2007（6）：頁 5371	
5246	父癸罍	2	09778	西周早期	集成 2007（6）：頁 5371	
				西周早期	陳平 2002：頁 161	形制、紋飾、鏽斑與琉璃河 M1193 克罍最近，彼爲西周早期器。
5247	母鼓罍	2	09780	商代後期	集成 2007（6）：頁 5371	
				西周早期	青全 1997（5）：頁 169 器 177	
				西周早期	洛陽 B1999a：頁 86	

續表

序號	器　名	字數	銘文著錄	時　代	出　處	依　據
5248	子媚罍	2	09784	西周早期	集成 2007(6)：頁 5371	
5249	子媚罍	2	近出 0980	西周早期	近出 2002(三)：頁 458	
5250	婦妃罍	2	近出 0981、新收 0820	西周早期	近出 2002(三)：頁 459	
				西周早期	新收 2006：頁 601	
				康晚昭前	盧連成、胡智生 1988：頁 263	
				二期中段（約成康）	盧連成、胡智生 1988a：頁 502-507	墓葬。
				一期（約成康）	朱鳳瀚 2009：頁 1520	組合，形制，紋飾。
5251	人父乙罍 父乙人罍	3	09786	殷或西周早期	集成 2007(6)：頁 5371	
5252	人父丁罍	3	09787	西周早期	集成 2007(6)：頁 5371	
				商代	容庚 1941(2008)：頁 339 罍 9	
5253	𥀬父己罍	3	09789	西周早期	集成 2007(6)：頁 5372	
5254	正𢆶又罍 丽正𢆶罍	3	09790	殷或西周早期	集成 2007(6)：頁 5372	
				西周	社科院 B1984：頁 416	
5255	魚罍	存 3	09791	西周早期	集成 2007(6)：頁 5372	
5256	史作彝方罍	3	近出 0982	西周早期	近出 2002(三)：頁 460	
5257	長子口方罍	3	近二 0887、新收 0566	西周早期	近二 2010(三)：頁 205	
				西周早期	新收 2006：頁 428	
				西周初期（不晚於成王）	河南 E2000a：頁 199-209	據墓葬形制、埋葬習俗及伴出物的時代特徵。
				西周初期（不晚於成王）	韓維龍、張志清 2000：頁 24-29	墓葬形制、埋藏習俗有商末特色。出土器物的組合、器形、紋飾和銘文有周初特徵。長子口爲臣服於周的商末長氏諸侯，故葬俗爲殷式而出土器物有周初特色。
				西周早期前段	吳鎮烽 2006：頁 178	長子口，西周早期前段人。
				商末周初	朱鳳瀚 2009：頁 1365-1369	形制，組合。
5258	✿倗父乙方罍 盾倗父乙方罍	4	09795	殷或西周早期	集成 2007(6)：頁 5372	
				西周初年	尚志儒、吳鎮烽、朱捷元 1978：頁 24	花紋，銘文。
				西周早期	陝西 1980(3)：頁 5 器 28	
				西周前期	辭典 1995：頁 139 器 480	

續表

序號	器　名	字數	銘文著錄	時　代	出　　處	依　　據
5259	何𰋰父癸罍　何𰋰父癸罍	4	09800	西周早期	集成 2007（6）：頁 5372	
5260	考母作匜罍	4	09801	西周早期	集成 2007（6）：頁 5372	
				西周	洛陽 A1972：頁 26–27	器形，紋飾。
				穆王前後	李豐 1988a：頁 396	墓葬。
				三　期（穆共）	盧連成、胡智生 1988a：頁 513–521	墓葬。
				西周中期	洛陽 B1999a：頁 210	
				西周中期前段	吳鎮烽 2006：頁 110	考母，西周中期前段人。
				穆恭	朱鳳瀚 2009：頁 1284–1301	墓葬。
5261	竟作彝罍	4	09802	西周早期	集成 2007（6）：頁 5372	
				西周早期前段	吳鎮烽 2006：頁 293	竟，西周早期前段人。
5262	作員從彝罍	4	09803–09804	西周早期	集成 2007（6）：頁 5373	
				西周早期後段	吳鎮烽 2006：頁 256	員，西周早期後段人。
5263	※繭父戊罍　繭父戊罍	4	近出 0984、新收 0801	西周早期	近出 2002（三）：頁 462	
				商晚–西周早期	新收 2006：頁 589	
				西周早期前段	陝西 A1995：頁 123	形制，花紋。
				成王	張長壽 1998：頁 290–294	銅器形制，花紋，組合。
				約武王至康王	朱鳳瀚 2009：頁 1228–1265	墓葬。
5264	工敓父己罍	4	近出 0985、新收 1362	西周早期	近出 2002（三）：頁 463	
				西周	新收 2006：頁 942	
				西周	社科院 B1984：頁 416	
				昭王前後	李豐 1988a：頁 396	墓葬。
				約昭王	朱鳳瀚 2009：頁 1409	
5265	伯方罍	4	近二 0888	西周早期	近二 2010（三）：頁 206	
5266	作且戊罍	5	09805	西周早期	集成 2007（6）：頁 5373	
5267	朋父庚罍	5	09808	殷或西周早期	集成 2007（6）：頁 5373	
5268	大史罍	5	09809	西周早期	集成 2007（6）：頁 5373	
				成王	陳夢家 1966（2004）：頁 56	稱太史而不具名，"大史" 應即作冊畢公。文王子。形制爲成王時。

續表

序號	器 名	字數	銘文著錄	時 代	出 處	依 據
5268	大史甗	5	09809	西周早期後段	吳鎮烽 2006：頁 20、45	此太史指西周早期後段擔任太史的人，即濂季。
5269	𢓊𠬝父丁甗	6	09810	西周早期	集成 2007（6）：頁 5373	
5270	𣄰父丁甗	6	09811	西周早期	集成 2007（6）：頁 5373	
				西周前期	辭典 1995：頁 138 器 478	
				西周早期	青全 1997（5）：頁 170 器 178	
				西周早期	陳佩芬 2004：頁 197 器 278	
				西周早期	馬承源 2003a：頁 235 甗 8	器形。
5271	皿父己甗	6	09812	殷或西周早期	集成 2007（6）：頁 5373	
				商代	容庚 1941（2008）：頁 339 甗 1	
5272	伯甗	6	09813	西周早期	集成 2007（6）：頁 5373	
5273	冄父丁甗	7	09814	西周早期	集成 2007（6）：頁 5373	
				西周早期	吳鎮烽 2006：頁 236	冄，西周早期人。
5274	中父乙甗作父乙寶中甗	8	09815	西周早期	集成 2007（6）：頁 5373	
				成王	吳其昌 1929（2004）：頁 137	作器者同成王時中器（02785、02751 等），父名相同。
				西周早期	吳鎮烽 2006：頁 48	中，西周早期人。
5275	陵父日乙甗陵作父日乙甗、陵甗、陵方甗	9	09816	西周早期	集成 2007（6）：頁 5373	
				西周早期	陝西 F1978：頁 2	
				西周初期	唐蘭 1978：頁 19–20	
				周初	黃盛璋 1978：頁 200	圓渦紋流行於殷周之際。"陵"可能即牆盤（10175）"牆"之"乙祖"。
				西周早期	陝西 1980（2）：頁 1 器 5	
				穆王	伍士謙 1981：頁 97–126	父名日乙，字體較晚，故當爲牆之兄弟輩，牆作盤於穆王時。
				穆王初年	尹盛平 1992：頁 89–91	陵與昭王十九年𣄰觥（09303）、𣄰尊（06002）之𣄰同輩，且銘文字體晚於𣄰器，定此器在穆王初年。
				西周前期	辭典 1995：頁 141 器 485	
				西周早期	曹瑋等 2005（3）：頁 581	
				昭王（穆王初年）	張懋鎔 2006a：頁 224	銘文字形書體。
				西周早期	吳鎮烽 2006：頁 301	陵，西周早期人。

續表

序號	器名	字數	銘文著録	時代	出處	依據
5276	趥父戊罍 趥作父戊罍、趥乍文父戊鼎	9	09817	西周早期	集成 2007（6）：頁 5373	
				西周早期	吳鎮烽 2006：頁 369	趥，西周早期人。
5277	藤罍	12（又重文 2）	09822	西周早期	集成 2007（6）：頁 5374	
				不晚於西周中期	陝西 D1957：頁 85	同墓出土銅盉銘文"穆王在下減居"，知此盉鑄於穆王生時，該墓穿造年代當在西周中期。
				西周初期	陳夢家 1966（2004）：頁 143、頁 141 器 103 附	銘文形式屬西周初期。
				穆王	郭寶鈞 1970（1981）：頁 44	同出長由盉（09455）在穆王時。
				穆王前後	李豐 1988a：頁 396	墓葬。
				穆王	盧連成、胡智生 1988a：頁 514	墓葬。
				穆王	劉啟益 2002：頁 207	長由墓的時代爲穆王時。
				西周早期後段	馬承源 2003a：頁 234 罍 4	器形。
				西周中期前段	吳鎮烽 2006：頁 418	藤，西周中期前段人。
				穆恭	朱鳳瀚 2009：頁 1284-1301	墓葬。
5278	乃孫罍	17	09823	西周早期	集成 2007（6）：頁 5374	
5279	洺御事罍	17（又重文 2）	09824	西周中期	集成 2007（6）：頁 5374	
				西周中期	吳鎮烽 2006：頁 293	洺御事，西周中期人。
5280	洺御事罍	17（又重文 2）	09825	西周中期	集成 2007（6）：頁 5374	
				西周後期	容庚 1941（2008）：頁 340 罍 11	
5281	對罍	23（又重文 2）	09826	西周中期	集成 2007（6）：頁 5374	
				西周中期	陝西 1980（3）：頁 30 器 189	
				西周中期	曹明檀、尚志儒 1984：頁 59	竊曲紋，變體竊曲紋。
				西周中期	辭典 1995：頁 141 器 486	
				西周早期	青全 1997（5）：頁 174 器 182	
				西周中期	馬承源 2003a：頁 235 罍 5	器形。
				西周中期	吳鎮烽 2006：頁 356	對，西周中期人。
5282	季婤彗蓋 季姒彗罍	24（又重文 2 又合文 1）	09827	西周中期	集成 2007（6）：頁 5374	
				西周中期	吳鎮烽 2006：頁 204	季婤彗，西周中期姒姓婦女。

續表

序號	器名	字數	銘文著錄	時代	出　處	依　據
5284	克罍	43	近出 0987、新收 1368	西周早期	近出 2002（三）：頁 465	
				西周早期	新收 2006：頁 947	
				成王早年	陳平 1991：頁 852–853	"克"爲實際上的初封燕侯，册命當在成王早年。
				成康	社科院 D1990：頁 31	
				成王早期	殷瑋璋 1990：頁 72	匽的册封在武成之際。形制、紋飾有周初特徵。
				早於成王晚期	張亞初 1993：頁 65	燕封國時間不可能晚至成王晚期。
				成王前期	殷瑋璋、曹淑琴 1991：頁 12	
				成王	孫華 1992：頁 29–37	作器者克爲一代燕侯，據《詩·閟宫》，魯封於成王之世。
				未	李學勤 1993：頁 207	克爲一代燕侯，周公子。
				不晚於成王早期	張亞初 1993a：頁 324	
				成王	李仲操 1997：頁 70–72	册封時稱"太保"，時王應爲成王。形制、紋飾亦合。
				成王	杜廼松 1998：頁 63	前褒揚召公稱"太保"，後直呼燕侯"克"，當爲成王語氣。
				成王	朱鳳瀚 1998：頁 303	克爲一代燕侯。
				成王	劉雨 1998：頁 302	克爲二代燕侯，時王爲成王。
				成王	斷代工程 2000：頁 14	"太保"指召公，據《史記·周本紀》《燕世家》知"克"爲一代燕侯，召公在成王時爲三公。
				西周早期早段	任偉 2003：頁 80–81	
				成王	彭裕商 2003：頁 228	器形紋飾應屬成王。稱召公爲太保，應是成王口吻。
				成王	張懋鎔 2006a：頁 210	成王時標準器。
				成王	王輝 2006：頁 50	克爲第一代燕侯，當成王時。
				成康	朱鳳瀚 2009：頁 1409	形制。

二○、方彝類

序號	器　名	字數	銘文著錄	時　代	出　　處	依　　據
5285	叔方彝 周叔方彝	1	09842	西周早期	集成 2007（6）：頁 5375	
5286	𫝀方彝	1	09844	商代後期	集成 2007（6）：頁 5375	
				西周初期	中科院 1962：頁 123A647	
5287	廟辰方彝 周饗餮方 彝	2	09859	西周早期	集成 2007（6）：頁 5376	
5288	子蝠方彝	2	09865	殷	集成 2007（6）：頁 5377	
				西周初期	中科院 1962：頁 120A639	
5289	𣶒父乙方 彝	3	09866	西周早期	集成 2007（6）：頁 5377	
5290	子廟圖方 彝	3	09870	西周早期	集成 2007（6）：頁 5377	
5291	丼叔方彝 邢叔方彝	5	09875	西周中期	集成 2007（6）：頁 5377	
				約孝王	社科院 A1990：頁 506	形制、紋飾同眉縣盝方彝（09899），後者孝王時器。
				孝王晚期	張長壽 1990：頁 32–35	據所出墓葬時代。
				夷王	李仲操 1998a：頁 317	參丼叔采鐘（00356）。
				懿孝	社科院 1999：頁 365	形態及中央渦紋酷似盝方彝，在懿、孝時。同出陶鬲流行於西周中晚期。
				共王	劉啓益 2002：頁 335	形制同共王師遽方彝。
				懿孝前後	王世民等 1999：頁 144 方彝 10	器形。
				恭懿	吳鎮烽 2006：頁 136	邢叔，即邢叔采，西周恭、懿時期的執政大臣。
5292	伯豐方彝	5	09876	西周早期	集成 2007（6）：頁 5378	
				西周初期	中科院 1962：頁 120A634	
				西周中期 前段	吳鎮烽 2006：頁 161	伯豐，西周中期前段人。
5293	焚子方彝 榮子方彝	6	09880– 09881	西周中期	集成 2007（6）：頁 5378	
				西周初期 （約　成、 康）	中科院 1962：頁 123A648	
				成康	白川靜 1965b：頁 608–617 器 59 附	
				康王	劉啓益 2002：頁 117	銘文、字體及榮字寫法均同榮子方尊（05843），後者在康王時。
				穆王前期	彭裕商 2003：頁 320	屬榮子旅組器，參榮子旅卣（05256）。

序號	器 名	字數	銘文著錄	時 代	出 處	依 據
5294	仲追父方彝	6	09882	西周中期	集成 2007（6）：頁 5378	
				西周中期前段	吳鎮烽 2006：頁 121	仲追父，西周中期前段人。
5295	匜父辛方彝	8	09884-09885	西周中期	集成 2007（6）：頁 5378	
				西周前期	容庚 1941（2008）：頁 311 觶 11	
				西周中期前段	吳鎮烽 2006：頁 373	匜，西周中期前段人。
5296	叔毗方彝	12	09888	西周早期	集成 2007（6）：頁 5378	
				昭王	白川靜 1966a：頁 808-810 器 72 附	
				武王（或稱成王）	郭沫若 1972b（2002）：頁 447-449	由器形、紋飾、文字看，王姒爲文王妃。叔毗是文王之子、武王弟成叔武。
				武王至成王初期	方善柱 1977：頁 3-5	王姒爲文王妃。
				康王	唐蘭 1976—1978（1986）：頁 191	"王姒"疑爲康王之后。雖器形不古，當據書法特徵，仍應置於康王時。
				西周初期	張劍 1980：頁 41	形制，紋飾。
				成王	劉啓益 1980a：頁 85-89	形制，紋飾。"王姒"爲成王妃。
				西周前期	辭典 1995：頁 148 器 510	
				康昭	周書燦 1996：頁 58-60	從器形看，具有西周早期偏晚的特徵。獸面紋兩側未配置其他紋飾、飾典型鳳紋，亦屬此期。器形、紋飾極近令方彝（09901）、作冊折方彝（09895），皆康昭時器。銘文書體結構和風格可判定爲康昭之際。"王姒"爲時王之后。出土於洛陽，而洛邑在成王以後才被視作天下之中。
				成康	張劍、孫新科 1996：頁 333	
				西周早期	青全 1997（5）：頁 125 器 132	
				昭王	王世民等 1999：頁 141 方彝 3	形制，人物。
				成王晚期	劉啓益 2002：頁 75	王姒爲成王妃。形制及花紋與康王時令方彝（09901）、乍冊折方彝（09895）相近。
				成王末年	杜勇、沈長雲 2002：頁 154	形制，紋飾。

續表

序號	器 名	字數	銘文著録	時 代	出 處	依 據
5296	叔㚪方彝	12	09888	武王	王永波 2003：頁 28-29	直腹、鼓腹不能作爲方彝類銅器分期的證據。王姒爲文王妃，武王母。
				昭王	彭裕商 2003：頁 286	"王姒""南宫"繫聯昭王時中方鼎（02751）、保侃母簋（03743）。字體異於周初，寫法近穆王時。
				昭王	張懋鎔 2006：頁 190	銘文字形書體及其他。
				西周早期後段	吳鎮烽 2006：頁 198	叔㚪，西周早期後段人。
				昭王	張懋鎔 2008：頁 345	
5297	彊啓方彝	12（又重文2）	09889	西周早期	集成 2007（6）：頁 5378	
5298	企方彝蓋	12	近出 0995、新收 0304	西周早期	近出 2002（三）：頁 474	
				西周早期	新收 2006：頁 212	
				西周早期	信陽 A1989：頁 19	
5299	遹方彝蓋	17	09890	商代後期	集成 2007（6）：頁 5378	
				穆王	唐蘭 1976—1978（1986）：頁 385	
				西周早期	陳佩芬 2004：頁 201	
				商代晚期	吳鎮烽 2006：頁 403	遹，商代晚期人。
5300	日己方彝	18（又重文2）	09891	西周中期	集成 2007（6）：頁 5379	
				西周早期	梁星彭、馮孝堂 1963：頁 415	形制，花紋。
				西周前期	郭寶鈞 1970（1981）：頁 54	與穆王時長安普渡村長囟墓對照。
				西周中期	陝西 1980（2）：頁 16 器 120	
				西周中期	辭典 1995：頁 149 器 513	
				西周中期	青全 1997（5）：頁 128 器 135	
				西周早期	王世民等 1999：頁 140 方彝 2	器形。
				西周中期	馬承源 2003a：頁 228 方彝 4	器形。
				西周中期	張懋鎔 2005a：頁 22	銘文字形書體只能放到西周中期。形制、紋飾、器類的較早現象，是商系統的特徵。該器可用"兩系説"解釋。
				西周中期	曹瑋等 2005（2）：頁 235	
				西周中期	吳鎮烽 2006：頁 50	日己，天的父親，生世在西周中期。
				西周中期偏晚	張懋鎔 2006a：頁 229	
				西周早期	黃盛璋 2006：頁 15	"日己"之名。

續表

序號	器名	字數	銘文著録	時代	出處	依據
5301	馮方彝	20	近二 0902、新收 1845	西周中期	近二 2010(三):頁 220	
				西周中期	新收 2006:頁 1240	
5302	[illegible]方彝 頍方彝、 頂方彝	31	09892	西周早期	集成 2007(6):頁 5379	
				西周初期	中科院 1962:頁 122A645	
				西周早期	馬承源等 1988:頁 96 器 144	
				昭王	彭裕商 2003:頁 299	習慣用語、字體。
				西周早期後段	吴鎮烽 2006:頁 278	頂，西周早期後段人。
5303	井侯方彝 邢侯方彝、麥方彝、周邢侯方彝	35(又重文 2)	09893	西周早期	集成 2007(6):頁 5379	
				康王	吴其昌 1929(2004):頁 192	"井侯"即康王時周公彝(04241)、作册麥尊(06015)之"井侯"，字體亦同。"麥"即"作册麥"。
				成王	徐中舒 1931:頁 279–294	參井侯尊(06015)。
				康王	郭沫若 1935(2002):頁 101	用辭古樸，用字同康王時盂鼎(02837)、周公簋(04241)。花紋屬昭穆之前。
				康王	容庚 1941(2008):頁 36	"井侯"亦見於成王時周公簋(04241)。
				昭王	唐蘭 1962:頁 34	聯繫昭王時麥尊(06015)。
				成康	白川静 1965b:頁 626–646 器 60 附	
				成末康初	陳夢家 1966(2004):頁 84	"井侯"見於成王時井侯簋(04241)。花紋爲成王時。
				昭王	唐蘭 1976—1978(1986):頁 254	
				昭王	唐蘭 1981:頁 63	
				康王	馬承源等 1988:頁 49 器 69	"井侯"和作器者麥同於麥方尊(06015)。
				昭王	彭裕商 1998:頁 148	參麥方尊(06015)。
				成末康初	李先登 1999:頁 115	器形，紋飾。
				康王	劉啓益 2002:頁 115	作器者同康王時麥方尊(06015)。
				昭王	彭裕商 2003:頁 281	"孫孫子子其永寶"爲昭王後説法。
				成王親政前段	楊文山 2004a:頁 2	
				西周早期	吴鎮烽 2006:頁 282	麥，西周早期人。

序號	器　名	字數	銘文著錄	時　代	出　　處	依　　據
5304	戍鈴方彝 康方彝	37（又 合文 1）	09894	商代後期	集成 2007（6）：頁 5379	
				成王	莫非斯 1936：頁 241	
				昭王	黎東方 1997：頁 230	
5305	折方彝 作册旂方 彝、作册 析觥	42	09895	西周早期	集成 2007（6）：頁 5379	
				昭王	陝西 F1978：頁 3	"王在斥"亦見於趠尊 （05992）、𤳖尊（05989）、 𤳖卣（05407）等器，皆昭 王時器。
				昭王	唐蘭 1976—1978（1986）：頁 294	
				昭王	唐蘭 1978：頁 19–20	
				康王	黃盛璋 1978：頁 196	微氏家族世系排，旂在康 昭時。與之相關之𤳖卣 （05407）等器皆康世器。 從形制、紋飾、字體看， 歸入康王亦合適。
				康王	劉啓益 1978：頁 314–316	據微氏家族世系，折器不 能早至成王時。"十九年 王在斥"亦見於康王時𤳖 卣（05407）。
				昭王十九 年	李學勤 1979：頁 30、32–33	據史牆盤（10175）銘文所示 該家族世系，折活動於昭 王至穆王初年。形制、紋 飾與同窖藏商尊（05997）、 商卣（05404）相近，曆日爲 相連的兩天，彼器字體近 昭王時𩰫簋（03732）。
				昭王	陝西 1980（2）：頁 3 器 16	
				成王十九 年	周法高 1981（2004）：頁 201	
				昭王	馬承源 1982：頁 54	紀年同昭王時作册𤳖卣 （05407）。
				昭王十九 年	盧連成 1984：頁 75–79	斥地是昭王十九年南征的 準備地。
				昭王	丁驌 1985：頁 28	曆日。
				康王	吳鎮烽 1987：頁 267–268	參折尊（06002）。
				昭王	馬承源等 1988：頁 64 器 91	記年及地點與昭王時作册 𤳖卣（05407）相同。
				昭王十九 年	尹盛平 1992：頁 89–91	"旂"是微氏家族亞祖， 活動於康王前期至昭王 時。"陳"在今河南淮陽一 帶，昭王伐楚見載於牆 盤（10175）及史書，故此 十九年是昭王十九年。
				西周前期	辭典 1995：頁 148 器 511	

序號	器 名	字數	銘文著錄	時 代	出 處	依 據
5305	折方彝 作册旅方彝、作册析觥	42	09895	昭王十九年	劉雨 1997: 頁 247	
				昭王	李學勤 1997b: 頁 224–228	參靜方鼎(近出 0357)。
				昭王	李學勤 1997c	據該家族世系,牆在恭王時,析當昭王時。與作册環尊、卣(05989、05407)爲同年所作,紀事大略相同。
				昭王	青全 1997(5): 頁 123 器 130	
				約穆恭	羅泰 1997: 頁 651–676	參牆盤(10175)。
				昭王	王世民等 1999: 頁 143 方彝 5	器形。
				康王十九年	杜勇 2001: 頁 3–6	參作册睘卣(05407)。
				康王	劉啓益 2002: 頁 122	十九年王在厈,同康王時乍册睘卣(05407)。形制紋飾均同康王時榮子方彝(09880),同人作尊形制同康王器乍册睘尊(05989)。
				昭王末年	李零 2002a: 頁 42	器形風格,字體特徵,銘文内容,年代序列。
				約康王	杜勇、沈長雲 2002: 頁 159、57	形制,紋飾,字體。
				昭王	彭裕商 2003: 頁 264	同窖藏銅器分析,當昭王時。
				西周早期	曹瑋等 2005(3): 頁 566	
				穆王初年	張懋鎔 2006a: 頁 212	折之孫牆作牆盤(10175),在恭王時。該器記昭王十九年事,當鑄於穆王初年。
				西周早期後段	吳鎮烽 2006: 頁 151	作册折,西周早期後段人,名折,昭王十七擔任周王朝作册。
				昭王	王恩田 2006: 頁 55	根據方彝的形制及器銘文字體風格可定於昭王時。
				昭王	朱鳳瀚 2009: 頁 1271	銘文内容。
5306	齊生魯方彝蓋 魯方彝	46	09896	西周中期	集成 2007(6): 頁 5379	
				恭王	李學勤 1985b: 頁 32	蓋的形狀近懿王時吳方彝(09898),饕餮紋及不分尾小鳥紋較早,像昭王時令方彝(09901)等器。銘文字體近尹姞鼎(00754)。該器曆日與恭王八年師虎鼎(02830)曆日調諧。齊生魯應爲齊氏,爲齊國公族,據《史記·齊世家》,"乙公"當昭穆時。

續表

序號	器 名	字數	銘文著錄	時 代	出 處	依 據
5306	齊生魯方彝蓋魯方彝	46	09896	孝王八年	劉雨 1997：頁 247	
				懿孝前後	王世民等 1999：頁 143 方彝 7	器形。
				恭王八年	斷代工程 2000：頁 20/31	類型排比。排西周金文曆譜。
				孝王	張懋鎔 2002：頁 33	
				共王	劉啓益 2002：頁 263	日辰合於張表共王八年。
				恭王八年	朱鳳瀚 2002a：頁 5	
				恭王八年	朱鳳瀚 2004：頁 6	
				西周中期前段	吳鎮烽 2006：頁 359	齊生魯，西周中期前段人。
				恭王	朱鳳瀚 2009：頁 1221	曆日。
				孝王八年	葉正渤 2010：頁 184	孝王元年爲前 912 年，該器曆日合於孝王八年。
5307	師遽方彝師遽彝、師遽方尊	66	09897	西周中期	集成 2007（6）：頁 5379	
				共王二年	吳其昌 1929（2004）：頁 287	與穆王三年師遽敾（04214）爲同一人作器，據曆日當在其前一年，即共王二年。
				懿王	郭沫若 1935（2002）：頁 185	
				孝王	莫非斯 1936：頁 244	
				共王	容庚 1941（2008）：頁 38、頁 312 觶 13	作器者同共王時師遽簋蓋（04214）。
				懿王	李學勤 1959：頁 44	有復古傾向。
				約共王	徐中舒 1963（1998）：頁 523	人物"宰利"。
				共王（懿王）	陳夢家 1966（2004）：頁 159、162	"利"見於恭王時利鼎（02804）。紋飾字體亦合。
				穆王	白川靜 1967b：頁 293–303 器 99	
				孝夷	吳鎮烽、王東海 1980：頁 65	"師遽"見於盉駒尊（06011），後者爲孝夷時器。
				懿王初年	盛冬鈴 1983：頁 56	據人名聯繫。
				穆王前後	李學勤 1984a：頁 6–8	聯繫穆公簋蓋（04191），後者爲穆王時器。
				康王	何幼琦 1985：頁 12	曆日。
				恭王元年	高木森 1986：頁 85	據形制、紋飾在恭王初年。據其他恭世器曆日，該器當恭王元年。人物宰利的年齡。
				恭王	馬承源等 1988：頁 130 器 197	
				西周中期	辭典 1995：頁 149 器 512	
				恭王	青全 1997（5）：頁 126 器 133	

序號	器 名	字數	銘文著録	時 代	出 處	依 據
5307	師遽方彝 師遽彝、 師遽方尊	66	09897	恭懿前後	王世民等 1999：頁 144 方彝 8	器形。
				共王	金信周 2002：頁 251	
				共王	劉啓益 2002：頁 265	"師遽"見於共王三祀師遽簋蓋（04214）。
				共王	彭裕商 2003：頁 340	人物"宰利""師遽"分別見於穆王之後的穆公簋蓋（04191）和盠駒尊（06012），又據器形、紋飾、字體、用詞等可歸入共王時。
				恭王	陳佩芬 2004：頁 378	本銘"王在周，格新宫"與曹鼎"王在周新宫"相合，新宫是恭王父穆王廟，該器作於恭王時。
				共王	張懋鎔 2006a：頁 215	據十五年趞曹鼎（02784），"王在周，客新宫"之王爲共王。
				西周中期前段	吳鎮烽 2006：頁 264	師遽，西周中期前段人。
				穆王	何景成 2008a：頁 51–55	形制同穆王早期盠方彝（09899）。
				穆王	張懋鎔 2008：頁 347	
5308	吳方彝蓋 作册吳方彝蓋、吳彝、二祀吳方彝蓋、吳尊蓋	101	09898	西周中期	集成 2007（6）：頁 5379	
				宣王	王國維 1915（1959）：頁 23	曆日。
				夷王二年	吳其昌 1929（2004）：頁 343、317	日辰與《曆譜》夷王二年密合。"吳"爲龏夷間人。
				恭王	郭沫若 1935（2002）：頁 166	作册吳即恭王時師虎殷（04316）之內史吳。
				恭王	莫非斯 1936：頁 243	"内史吳"見於恭王時師虎簋。
				恭王	莫非斯 1937：頁 7	人物聯繫。
				共王二年（懿王）	容庚 1941（2008）：頁 38、頁 312 觶 14	"作册吳"即"内史吳"，見於共王時牧簋（04343）。
				幽王二年	董作賓 1952：頁 696	曆法。
				懿王	李學勤 1959：頁 44	有復古傾向。
				幽王二年	董作賓 1959（1977）：頁 59	曆法。
				恭王	白川靜 1965d：頁 152	排入恭世曆譜。
				共王二年（懿王）	陳夢家 1966（2004）：頁 157、162	"乍册吳"即恭王時師虎簋（04316）之"内史吳"，兩銘字體相近。紋飾屬此時。

續表

序號	器 名	字數	銘文著錄	時 代	出 處	依 據
5308	吳方彝蓋作册吳方彝蓋、吳彝、二祀吳方彝蓋、吳尊蓋	101	09898	恭王	白川靜 1967b：頁 370-376 器 105	
				共王	唐蘭 1976—1978（1986）：頁 413	
				懿王	李學勤 1979：頁 36	
				恭王	周法高 1979：頁 5	
				共王	何幼琦 1982：頁 110	曆法。
				懿王	馬承源 1982：頁 53	曆日。
				孝王	盛冬鈴 1983：頁 57	據人名聯繫。
				孝王二年	劉啓益 1984：頁 24	
				穆王	丁驌 1985：頁 36	曆日。
				恭王	高木森 1986：頁 89	人物"井叔"爲恭王時重臣。
				懿王	馬承源等 1988：頁 176 器 246	曆日合於書後《年表》懿王二年。
				宣王	李仲操 1991：頁 84	曆日。
				宣王	張聞玉 1992：頁 64	曆日。
				西周中期	辭典 1995：頁 150 器 515	
				恭王二年	劉雨 1997：頁 247	
				宣王	黎東方 1997：頁 230	
				穆王	常金倉 1998：頁 61	曆日。
				懿王前後	王世民等 1999：頁 143 方彝 6	作册吳與師虎簋（04316）、師痲簋蓋（04230）之內史吳爲一人。
				懿王二年	斷代工程 2000：頁 20、31	類型排比。排西周金文曆譜。
				懿王	張懋鎔 2002：頁 33	
				孝王二年	劉啓益 2002：頁 329	"作册吳"即孝王時師虎簋（04316）的"內史吳"。曆日合於師虎簋及張表孝王二年。
				厲王	彭裕商 2003：頁 402	紋飾，賞賜物，字體。
				懿王	陳佩芬 2004：頁 383	賞賜物同懿王三年師兌簋（04318）。曆日合於懿王。
				懿王二年	朱鳳瀚 2004：頁 6	
				西周中期前段	吳鎮烽 2006：頁 146、151	吳，西周中期前段人。
				西周中期偏晚	張懋鎔 2008：頁 346	
				懿王	朱鳳瀚 2009：頁 1222	曆日。

序號	器 名	字數	銘文著錄	時 代	出　處	依　據
5309	盠方彝	106	09899-09900	西周中期	集成 2007（6）：頁 5379	
				西周	李長慶、田野 1957：頁5–10	
				西周	羅福頤 1957：頁 70	文辭書體。
				厲王或稍晚	史樹青等 1957：頁 69	人名“益公”“穆公”。
				孝王	李學勤 1957：頁 58	參盠駒尊蓋（06012）。
				懿王	李學勤 1959：頁 44	有復古傾向。
				共王	陳夢家 1966（2004）：頁 169	穆公見於昭王時尹姞鬲（00754）、穆王時載簋蓋（04255）。
				穆王	白川靜 1967b：頁 322 器 101 附	
				懿王	郭寶鈞 1970（1981）：頁 58	銘文。與穆王時長安普渡村長囟墓對照。
				懿王	唐蘭 1976—1978（1986）：頁 481	
				孝夷	吳鎮烽、王東海 1980：頁 65	祖“益公”爲恭懿時人，參王臣簋（04268）。其孫子輩當在孝夷時。
				西周中期	陝西 1980（3）：頁31 器 196、197	
				懿王初年	盛冬鈴 1983：頁 56	據人名聯繫。
				懿孝	唐復年 1983：頁 34–35	祖父“益公”爲共懿時人，參五年師旋簋（04216）。
				穆王前後	李學勤 1984a：頁 6–8	聯繫穆公簋蓋（04191），後者爲穆王時器。
				共王初年	吳鎮烽 1987：頁 272–273	參盠駒尊（06011）。
				孝王	馬承源等 1988：頁 228 器 313	“穆公”見於孝王時尹姞鼎（00755）、載簋蓋（04255）。
				西周中期	辭典 1995：頁 149 器 513	
				西周中期	青全 1997（5）：頁 127 器 134	*09900。
				懿孝前後	王世民等 1999：頁 144 方彝 9	器形。
				共王	劉啓益 2002：頁 266	作器者同共王時盠駒尊（06011）。
				昭穆時期	陝西 B2003：頁 37	據逑盤（近二 0939）中的單氏家族世系及對應周王，盠即惠仲盠父，昭穆時人。
				穆王偏晚	王占奎 2003：頁 45–47	
				昭、穆	劉軍社 2003：頁 47–49	

續表

序號	器名	字數	銘文著録	時代	出處	依據
5309	盠方彝	106	09899–09900	不晚於穆王	張懋鎔 2003：頁 58–60	
				昭穆	高明 2003：頁 60–61	
				穆王	張天恩 2003：頁 62–65	
				穆恭	李零 2003：頁 22	“盠”即逑器之“惠仲盠父”，當穆恭時。
				昭穆	董珊 2003：頁 42–46	據眉縣楊家村逑器世系，“猛”相當於逑盤（近二 0939）的第四代“惠仲猛父”。伐楚事在昭王時。
				昭穆	王輝 2003：頁 85	據逹盤（新收 0757）銘。
				懿王（孝王）	彭裕商 2003：頁 344	盠方尊（06013）、盠方彝（09899）、盠駒尊（06012）皆爲盠作器，銘文所記“穆公”“師豦”皆見於共王時師遽方彝（09897），因紋飾、字體稍晚而入懿孝二世。
				西周中期	馬承源 2003a：頁 228 方彝 3	器形。
				穆王早期	劉士莪 2004：頁 25	據單氏逨盤世系，盠當昭穆時人。
				穆王	張懋鎔 2006a：頁 215	盠任職於昭穆時。從形制、紋飾、人物“穆公”以及銘文字形書體來看，放於穆世比較妥當。
				昭穆	吴鎮烽 2006：頁 397	穆公，西周昭穆時期人。
				穆王後期	白光琦 2006：頁 67	參盠方尊（06013）。非眉縣之惠仲盠父。
				恭王早期	韓巍 2007：頁 159–160	册命形式，賞賜物用字“亢”。右者“穆公”作簋（04191）爲穆王時器。
				恭王	韓巍 2007a：頁 16–19	參盠駒尊（06011）。
				昭穆時期	陝西 B2008：頁 254	據逨盤（近二 0939）所記單氏世系，盠對應昭穆時。
				穆王早期	何景成 2008a：頁 51–55	器主與逨盤（近二 0939）“盠父”爲一人，活動於昭世、穆世。在此銘中盠的身份高於昭王時盠駒尊（06011）銘，當在其後。
				穆王	張懋鎔 2008：頁 349	

序號	器　名	字數	銘文著録	時　代	出　　處	依　　據
5310	矢令方彝作册令方彝、矢方彝、令彝、矢令彝、矢作父丁彝、作册令彝	185（又重文2）	09901	西周早期	集成 2007（6）：頁 5380	
				成康之後	羅振玉 1929（2004）：頁 1-6	"康宫"爲康王廟，又有"成周"字樣。
				昭王十年	吴其昌 1929（2004）：頁 216	銘文曆日與《曆譜》密合。徽識同昭王時矢段（04300）及作册大鼎（02759）。"周公子明保""明保"與昭王時作册大鼎之"尹太保"爲一人。
				昭王	吴其昌 1931：頁 1661-1732	曆日。
				成王	徐中舒 1931：頁 279-294	鳥形及二册字，全同康王時作册大鼎，矢爲作册大的上一代，當成王時。
				昭王	唐蘭 1934：頁 21-30	"周公子明保"，周公旦之子明保，逮昭王。
				昭王	馬叙倫 1934：頁 15-16	"用牲於康宫""用牲於王"，明康王已崩，時王爲昭王。
				成王	郭沫若 1935（2002）：頁 28	"明保""明公"指一人，即魯公伯禽，見明公簋（04029）。"康宫"非康王之宫。
				成王	温廷敬 1936：頁 342	周公尚在，當成王時。
				成康	莫非斯 1937：頁 10	字體。
				成王	容庚 1941（2008）：頁 32、頁 311 觶 12	康王時作册大鼎（02759）之"大"爲"矢令"之子輩，本器當爲成王時。
				周初	楊樹達 1943（1997）：頁 7	文辭與《洛誥》《召誥》《多方》《康誥》近似。
				西周初期	陳夢家 1955：頁 63-66	與成康時宜侯矢毁（04320）器主爲同一人，所記早於後者。
				西周初期（成王）	中科院 1962：頁 122A646	
				昭王初期	唐蘭 1962：頁 18-21	此處"周公"是第二代周公，是周公旦之子；"明公"是周公旦之孫。形制有穆恭時期特點；書法有康昭時風格。同人作矢令簋（04300）有人物"王姜"，爲康王后；記敘伐楚，昭王時事。
				成王	白川静 1964：頁 276-309 器 25	

續表

序號	器 名	字數	銘文著錄	時 代	出 處	依 據
5310	矢令方彝、作册令方彝、矢方彝、令彝、矢令彝、矢作父丁彝、作册令彝	185（又重文2）	09901	成王	陳夢家 1966（2004）：頁 35	"周公宮""康宮"皆爲生人住宮室，"周公"爲生稱，在成王時。"明保"是周公次子君陳。
				成王	白川靜 1975（1997）：頁 256	敘述明保在成周行舍命式的事，與《周書》五誥的文字接近。王姜是成王的夫人。
				昭王	唐 蘭 1976—1978（1986）：頁 204	"周公子明保"爲君陳之子，周文公旦之孫，亦見於作册䚢卣（05400，稱"明保"）和小盂鼎（02839，稱"明伯"）。"康宮"是康王之廟。"父丁"爲作册大鼎之"祖丁"。"作册矢"亦見於作册矢令簋（04300）。
				昭王	李學勤 1979：頁 34	同人作令簋（04300）記"伐楚伯"之事。
				成王	平心 1979：頁 49	"明保"是毛叔鄭，文王子。
				昭王	唐蘭 1981：頁 18	"周公子明保"是周公之子或孫不確定，但肯定不是伯禽、君陳，排除了在成王時代的可能性。
				或在成王時	周法高 1981（2004）：頁 199-201	形制、紋飾繫聯的折作器可能在成康時；"王在斥"組器在成王時。"王姜"爲武王后，在成王時。
				成王	趙光賢 1982：頁 195	此處"王"是成王，"周公"指周公旦。
				周公攝政六年	何幼琦 1983b：頁 82	
				成王	何幼琦 1985：頁 12	曆日。
				昭王中期	高木森 1986：頁 64	"宮"非廟。"明保"爲周公旦的子輩或孫輩。器形，紋飾。
				成王	梁曉景 1987：頁 98	"明公"即周公次子君陳，"明"爲其封邑，"公"是其爵稱，"保"是其官職。
				昭王	張政烺 1987（2011）：頁 5、6	據《竹書紀年》。
				昭王	馬承源等 1988：頁 67 器 95	同出同作器者之令簋（04300）爲昭王器。

序號	器名	字數	銘文著録	時代	出處	依據
5310	矢令方彝作册令方彝、矢方彝、令彝、矢令彝、矢作父丁彝、作册令彝	185（又重文2）	09901	昭王	李學勤1989：頁218	近似折方彝（09895），後者是昭王時器。"惟八月辰在甲申"的記日形式約在西周早期後半至中期。"明"爲美稱，"明公"即周公。
				成王二十四年	趙光賢1991：頁120	型式屬殷末周初。"用牲於王"指"王城"。
				成王二十四年	趙光賢1992：頁43	"用牲於王"之"王"指"王之所"。曆日。
				西周早期	張劍、孫新科1996：頁332	據器形和涉及到的人物，當在西周早期。
				成王	榮孟源1997：頁362	曆法。
				西周早期	青全1997（5）：頁124器131	
				昭王	李學勤1997c	紋飾風格同昭王時作册析器。
				成康	沈長雲1997：頁72	形制、紋飾、書體都屬周初。"明保"爲周公旦之子；"王姜"爲武王之后。令簋（04300）銘文内容與召尊（06004）接近，後者有"伯懋父"，當康王時。
				昭王	王世民等1999：頁141方彝4	器形。
				成王	杜勇2001：頁3-16	"王姜"見於康王十九年作册夨卣。作册夨與宜侯夨爲同人，前者職位低於後者，作器時代當稍早，宜侯夨簋作於康王時。作册夨令是作册大之父，作册大鼎爲康初器。"周公子明保"爲周公之子明保，即明公，"周公宫"應爲生人周公住所。
				康王	劉啓益2002：頁124	同人作令簋（04300）在康王時。形制近康王時榮子方彝（09880）。
				成王末年或稍後	杜勇、沈長雲2002：頁155、52	形制，紋飾，字體。父祖名及私名與宜侯夨簋（04320）同，後者作於康王時，封侯當晚於爲作册時。作册大爲作册夨之子，所作鼎在康王初。可見康初作册大已經襲職，則夨令爲作册當在成王時。

續表

序號	器　名	字數	銘文著録	時　代	出　　處	依　　據
5310	矢令方彝作册令方彝、矢方彝、令彝、矢令彝、矢作父丁彝、作册令彝	185（又重文2）	09901	昭穆	馬承源2003a：頁227方彝2	器形。
				成王	王永波2003：頁31-32	"公令"表明周公旦尚在，當成王時。"周公子明保"是周公之子。王姜更可能是武王妃。
				昭王	彭裕商2003：頁256	同出同人所作令簋（04300）爲昭王時。
				昭王	賈洪波2003：頁6	"康宫"爲康王廟。
				昭王	張懋鎔2005a：頁3	造型、紋飾有商末周初特點，但鼓腹爲西周早期後段的演變通則。該現象可用"兩系説"解釋。
				昭王	張懋鎔2006：頁189	銘文字形書體及其他。
				西周早期後段	吳鎮烽2006：頁77、95	矢令，西周早期後段人。
				昭王	王輝2006：頁83	
				昭王	張懋鎔2007（2010）：頁191	器主與宜侯矢簋（04320）之宜侯矢非同一人。
				昭王	張懋鎔2008：頁344	
				康昭之際	王帥2008：頁41	字形書體。
				昭王	朱鳳瀚2009：頁1271	形制近昭王時折方彝（09895）。"康宫"爲康王之宫。

二一、勺類

序號	器　名	字數	銘文著録	時　代	出　　處	依　　據
5311	◉勺	2	09909	殷或西周早期	集成 2007（6）：頁 5380	
5312	責弘勺	2	09915	西周早期	集成 2007（6）：頁 5381	
5313	伯公父勺白公父勺、伯公父勺（爵）	14	09935–09936	西周晚期	集成 2007（6）：頁 5382	
				西周後期	陝西 F1978a：頁 8	
				西周晚期	陝西 1980（3）：頁 15 器 93	
				孝王	馬承源等 1988：頁 320 器 304	
				西周後期	辭典 1995：頁 156 器 538	
				西周晚期	青全 1997（5）：頁 87 器 92	
				宣王	劉啓益 2002：頁 394	與伯公父匜（04628）爲同人作器，後者爲宣王時。
				宣王	彭裕商 2003：頁 468	參伯公父簠（04628）。
				西周早、中期	馬承源 2003a：頁 166 爵 4	器形。
				西周晚期	曹瑋等 2005（3）：頁 487–492	
				西周晚期	張懋鎔 2006a：頁 231	
				西周晚期	吳鎮烽 2006：頁 153	伯公父，西周晚期人。

二二、鱬類

序號	器　名	字數	銘文著錄	時　代	出　　處	依　　據
5314	昶伯鐳	3	09960	西周晚期	集成 2007（6）：頁 5384	
				周代	王儒林 1965：頁 372	
5315	曾伯文鐳	12	09961	春秋早期	集成 2007（6）：頁 5384	
				西周末春秋初	鄂兵 1973：頁 22-23	據紋飾和器形在兩周之交。伴出黃國銅器，黃國春秋僖公十二年滅於楚，這批器不晚於春秋初年。
				西周晚期較早	劉彬徽 1986：頁 244	形制，紋飾。
				西周晚期	馬承源等 1988：頁 331 器 472	
				西周晚期	楊寶成 1989：頁 132	伴出器形制、紋飾、字體。
				西周晚期	楊寶成 1991：頁 15-16	同墓銅器群的組合、器形、紋飾和銘文判斷，當屬西周晚期。
				西周晚期	青全 1997（6）：頁 107 器 110	
5316	善夫吉父鐳	13（又重文2）	09962	西周晚期	集成 2007（6）：頁 5384	
				宣王	郭沫若 1943：頁 154	"善夫吉父" 即《小雅·六月》之 "文武吉甫"，宣王時人。
				商周	周世榮 1983：頁 243-280	
				西周晚期	吳鎮烽 2006：頁 322	善夫吉父，西周晚期人。
5317	仲義父鐳	14（又重文2）	09964-09965	西周晚期	集成 2007（6）：頁 5384	
				孝王	陳夢家 1966（2004）：頁 247	據中義父組各器的形制、花紋，可歸於孝王時。
				西周中期	辭典 1995：頁 150 器 516	
				西周晚期	青全 1997（5）：頁 175 器 183	*09964。
				西周晚期	馬承源 2003a：頁 237 鐳 1	器形。
				西周中期	陳佩芬 2004：頁 387 器 353	
				西周晚期	吳鎮烽 2006：頁 123	仲義父，西周晚期人。
5318	伯睘父鐳	16（又重文2）	09967-09968	西周晚期	集成 2007（6）：頁 5385	
				西周後期	容庚 1941（2008）：頁 341 鐳 1	*09967。
				西周晚期	陳佩芬 2004：頁 542 器 414	*09968。
				西周晚期	吳鎮烽 2006：頁 156	伯夏父，西周晚期人。
5319	昶鐳	16（又重文1）	09969-09970	西周晚期	集成 2007（6）：頁 5385	
				西周晚期	吳鎮烽 2006：頁 243	昶戉，西周晚期人。
5320	番伯鐳	18（又重文2）	09971	西周晚期	集成 2007（6）：頁 5385	
				春秋早期	陳佩芬 2004b：頁 76 器 464	
				西周晚期	吳鎮烽 2006：頁 319	番伯宦曾，西周晚期人。

續表

序號	器 名	字數	銘文著錄	時 代	出 處	依 據
5321	甫昍鑐 甫昍鑐	19	09972	西周晚期	集成 2007（6）：頁 5385	
				春秋戰國	容庚 1941（2008）：頁 364 瓵 15	
				西周晚期	吳鎮烽 2006：頁 141	甫昍，西周晚期人，名昍，甫氏。
5322	鄭義伯鑐	32	09973	春秋	集成 2007（6）：頁 5385	
				西周晚期	吳鎮烽 2006：頁 324	奠義伯，西周晚期鄭國人。

二三、盤類

序號	器　名	字數	銘文著録	時　代	出　　處	依　　據
5323	魚盤	1	10018	殷或西周早期	集成 2007（7）：頁 6157	
5324	⛬盤	1	10019	西周早期	集成 2007（7）：頁 6157	
5325	它盤	1	10020	西周早期	集成 2007（7）：頁 6157	
				西周晚期	梁星彭、馮孝堂 1963：頁 413-415	形制，花紋。
				西周晚期	雒忠如 1963：頁 65-66	
				西周晚期	陝西 1980（2）：頁 17 器 124	
				西周後期	辭典 1995：頁 160 器 555	
				西周晚期	青全 1997（5）：頁 190 器 200	
				西周晚期	王世民等 1999：頁 156 盤 14	器形。
				西周晚期	曹瑋等 2005（2）：頁 263	
				西周中期偏晚	張懋鎔 2006a：頁 229	
				西周中期後段	吳鎮烽 2006：頁 128	它，即字，西周中期後段人。
5326	夆盤	1	近出 0996、新收 1160	西周早期	近出 2002（四）：頁 3	
				西周早期	新收 2006：頁 812	
				昭王	山東 A1996：頁 22	參王姜鼎（新收 1157）。
				穆共	高西省、秦懷戈 1998：頁 41	有地區特色。
				昭穆	吳鎮烽 2006：頁 163	夆，西周昭穆時期人。
				西周早期偏晚	朱鳳瀚 2009：頁 1391	形制。
5327	史盤	1	近二 0914	商代後期	近二 2010（三）：頁 234	
				西周早期早段	社科院 2005：頁 510	
				一期（約武王至康王）	朱鳳瀚 2009：頁 1383	器形。
5328	父辛盤	2	10025	西周早期	集成 2007（7）：頁 6258	
5329	聚册盤	2	10030	西周早期	集成 2007（7）：頁 6158	
5330	魚從盤	2	10036	西周早期	集成 2007（7）：頁 6128	
				商代	容庚 1941（2008）：頁 347 盤 8	
				西周早期	吳鎮烽 2006：頁 289	魚從，西周早期人。
5331	遽從盤	2	10037	西周早期	集成 2007（7）：頁 6159	
				西周早期	吳鎮烽 2006：頁 395	遽從，西周早期人。
5332	奄父乙盤	2	10040	商代後期	集成 2007（7）：頁 6159	
				殷或西周初期	中科院 1962：頁 152A817	

續表

序號	器　名	字數	銘文著録	時　代	出　　處	依　　據
5333	父辛盤	2	近出 0997、新收 0829	西周早期	近出 2002(四):頁 4	
				西周早期	新收 2006:頁 609	
				康王前期	盧連成、胡智生 1988:頁 263	伴出器物的組合、形制、紋飾。
				二期中段(約成康)	盧連成、胡智生 1988a:頁 502–507	墓葬。
				西周早期	王世民等 1999:頁 151 盤 2	器形。
				一期(約成康)	朱鳳瀚 2009:頁 1520	組合，形制，紋飾。
5334	獸宮盤	2	近出 1001、新收 0064	西周中期	近出 2002(三):頁 8	
				西周中期	新收 2006:頁 60	
				恭王	河南 C1998:頁 13–16	形制，紋飾。
				三期(穆恭)	朱鳳瀚 2009:頁 1353	形制，紋飾，組合。
5335	作彝盤	2	近出附 63	西周	近出 2002(四):頁 308	
5336	□□盤	存 2	近出附 64	春秋	近出 2002(四):頁 308	
				西周末至春秋初期	夏麥陵 1993:頁 73–80	
5337	子申盤	2	近二 0918、新收 1844	西周早期	近二 2010(三):頁 238	
				西周早期	新收 2006:頁 1239	
5338	[illegible]父己盤	3	10043	西周早期	集成 2007(7):頁 6159	
				商代	容庚 1941(2008):頁 347 盤 1	
5339	亞吴妃盤	3	10045	西周早期	集成 2007(7):頁 6159	
				成康	中科院 A1974:頁 320	據隨葬器物判斷約屬成康時期。
				成王	李學勤 1975:頁 275	
				西周早期	北京 C1995:頁 245	伴出物的形制、紋飾。
				成康	朱鳳瀚 2009:頁 1407	形制，紋飾。
5340	季作寶盤	3	10048	西周中期	集成 2007(7):頁 6159	
				西周早期	寶雞 E1983:頁 11	
				康昭	盧連成、胡智生 1988:頁 266	形制，紋飾，字體。
				成康	李豐 1988a:頁 396	墓葬。
				二期(約昭王)	朱鳳瀚 2009:頁 1520	組合，形制，紋飾。
5341	作從彝盤	3	10049	西周早期	集成 2007(7):頁 6159	
5342	作從彝盤	3	10050	西周早期	集成 2007(7):頁 6159	

續表

序號	器 名	字數	銘文著錄	時 代	出 處	依 據
5343	戈父辛盤	3	近二 0919、新收 0929	西周早期	近二 2010（三）: 頁 239	
				商代晚期	新收 2006: 頁 675	
				西周早期	山西・北京 2000: 頁 334	M6081 在西周早期。
				約昭王	徐天進 2000: 頁 335-337	墓葬。
				一期（約武王至康王）	朱鳳瀚 2009: 頁 1473	墓葬。
5344	長由盤	3	近二 0920	西周中期	近二 2010（三）: 頁 240	
				穆王後期	吳鎮烽 1987: 頁 271-272	同人作長由盉（09455），該銘生稱穆王，人物"邢伯"見於共王世的衛盉（09456）、永盂（10322）等器。
				穆王前後	王世民等 1999: 頁 151 盤 6	應與同墓長由盉（09455）同時。
				西周中期前段	吳鎮烽 2006: 頁 178	長由，西周中期前段人。
5345	戠作父戊盤	4	10052	西周早期	集成 2007（7）: 頁 6160	
				西周早期	吳鎮烽 2006: 頁 364	戠，西周早期人。
5346	臣辰𠁁册盤 臣辰册盤	4	10053	西周早期	集成 2007（7）: 頁 6160	
5347	太保盤 大保盤	4	10054	西周早期	集成 2007（7）: 頁 6160	
				成王	殷瑋璋、曹淑琴 1991: 頁 8	形制同琉璃河出癸伯矩盤（10073），年代相當，屬成王時。
				康王	劉啓益 2002: 頁 139	
				西周早期	吳鎮烽 2006: 頁 22	大儵郼，西周早期人，召公奭的後裔，以太保爲氏。
5348	轉作寶䀇盤	4	10055	西周早期	集成 2007（7）: 頁 6160	
				西周早期	吳鎮烽 2006: 頁 419	轉，西周早期人。
5349	尌中作盤	4	10056	西周早期	集成 2007（7）: 頁 6160	
5350	作𢆶從彝盤	4	10057	西周早期	集成 2007（7）: 頁 6160	
				西周早期	吳鎮烽 2006: 頁 203	封，西周早期人。
5351	鑄大司□盤	4	新收 1024	西周晚期	新收 2006: 頁 738	
5352	曆盤	5	10059	西周早期	集成 2007（7）: 頁 6160	
				西周早期	吳鎮烽 2006: 頁 395	曆，西周早期人。
5353	矩盤	5	10060	西周早期	集成 2007（7）: 頁 6160	

續表

序號	器　名	字數	銘文著錄	時　代	出　　處	依　　據
5354	吏從盤	5	10061	西周早期	集成 2007（7）：頁 6160	
				西周早期後段	吳鎮烽 2006：頁 191	事，西周早期後段人。
5355	公盤	5	10062	西周早期	集成 2007（7）：頁 6160	
				康王	陝西 D1986：頁 26-31	所屬墓葬是嬭規（魯考公）墓。
				康昭	李學勤 1986：頁 33-35	器形，字體。
				穆王前後	李豐 1988a：頁 396	墓葬。
				穆王	盧連成、胡智生 1988a：頁 514	墓葬。
				昭王	劉啓益 2002：頁 173	同墓葬銅器形制多近昭王器。
				穆恭	朱鳳瀚 2009：頁 1284-1301	墓葬。
5356	彊伯盤	5	10063-10064	西周中期	集成 2007（7）：頁 6160	
				昭穆	寶雞 A1976：頁 43-44	器形，紋飾。
				西周早期	陝西 1984（4）：頁 8 器 60	*10063。
				穆王	盧連成、胡智生 1988：頁 411	形制，紋飾。屬彊伯作器中較晚者。
				穆王前後	李豐 1988a：頁 396	墓葬。
				三期（穆共）	盧連成、胡智生 1988a：頁 513-521	墓葬。
				西周前期	辭典 1995：頁 159 器 552	
				約穆王	朱鳳瀚 2009：頁 1523	組合，形制，紋飾。
5357	大□盤	5	近出附 65	西周晚期	近出 2002（四）：頁 308	
				西周晚期	李常松 1986：頁 367	形制，紋飾。
5358	伯羋盤	5	新收 1732	西周早期	新收 2006：頁 1176	
5359	令盤	6	10065	西周早期	集成 2007（7）：頁 6160	
				昭王	馬承源等 1988：頁 70 器 98	作器者及父名皆同昭王時作冊令方彝（09901）。
				昭王	彭裕商 2003：頁 258	父考名及族徽均同昭王時令器（06016、09901、04300）。
				昭王	陳佩芬 2004：頁 210 器 285	與洛陽馬坡作冊令方彝（09901）、方尊（06016）爲同人作，作器對象和族徽皆同，爲同時器。
				西周早期後段	吳鎮烽 2006：頁 95	令，西周早期後段人。
5360	吳盤	6	10066	西周早期	集成 2007（7）：頁 6160	
				西周早期	吳鎮烽 2006：頁 146	吳，西周早期人。

續表

序號	器 名	字數	銘文著録	時 代	出 處	依 據
5361	延盤 征盤	6	10067	西周早期	集成 2007（7）：頁 6161	
				昭王	吳其昌 1929（2004）：頁 235	"征"即昭王時矢彝（09901）之"徏"。"周公"即矢彝（09901）之"周公子明保"。
				康王	容庚 1941（2008）：頁 36、頁 348 盤 9	
				成王	白川靜 1962b：頁 122–124 器 11	
				成康	陳夢家 1966（2004）：頁 84	"𢼸"與成王時麥方鼎（02706）之"𢼸"都是井侯名，時代相近。
				成王	唐蘭 1976—1978（1986）：頁 94	當爲周公死後所作。
				西周早期	李學勤、艾蘭 1995：頁 342 器 96	
				西周早期	王世民等 1999：頁 151 盤 4	器形。
				西周早期	馬承源 2003a：頁 259 盤 2	器形。
				成王	張懋鎔 2006a：頁 213	
				西周早期	吳鎮烽 2006：頁 162	征，西周早期人。
5362	𣪕父盤	6	10068	西周早期	集成 2007（7）：頁 6161	
				西周前期	容庚 1941（2008）：頁 348 盤 11	
				懿王	李學勤 1959：頁 44	
				成王	白川靜 1964：頁 310–316 器 26 附	
				康王	劉啓益 2002：頁 127	參乍册𣪕卣（05400）。
				西周早期	吳鎮烽 2006：頁 358	𣪕，西周早期人。
5363	燓子盤 榮子盤	6	10069	西周早期	集成 2007（7）：頁 6161	
5364	單子白盤 單子伯盤	6	10070	西周早期	集成 2007（7）：頁 6161	
5365	宗仲盤	6	10071	西周晚期	集成 2007（7）：頁 6161	
				西周晚期	吳鎮烽、朱捷元、尚志儒 1979：頁 120	
				西周晚期	青全 1997（6）：頁 135 器 139	
				西周晚期	王世民等 1999：頁 158 盤 17	器形。
				西周晚期	馬承源 2003a：頁 260 盤 7	器形。
				西周晚期	吳鎮烽 2006：頁 213	宗仲，西周晚期人。
5366	尸日盤 蛇紋盤	6	近二 0922、 新收 1609	西周中期	近二 2010（三）：頁 242	
				西周中期	新收 2006：頁 1105	

續表

序號	器 名	字數	銘文著録	時 代	出 處	依 據
5366	尸日盤蛇紋盤	6	近二 0922、新收 1609	西周早期	孫華 1999a：頁 112	造型，紋飾。
				西周中期前段	吳鎮烽 2006：頁 27	尸曰，西周中期前段人。
				西周中期前段	吳鎮烽 2006b：頁 4	造型，紋飾，銘文字體。
				穆恭	張懋鎔 2007a：頁 1–14	形制、字體略早於休盤（10170），後者在恭王前後。
5367	應侯盤	6	近二 0923、新收 0077	西周晚期	近二 2010（三）：頁 243	
				西周晚期	新收 2006：頁 68	
				西周晚期	李家浩 1999a：頁 115	形態，花紋，銘文風格。
				西周晚期中晚葉	朱鳳瀚 2009：頁 1355	
5368	伯矩盤	7	10073	西周早期	集成 2007（7）：頁 6161	
				成王	唐蘭 1976—1978（1986）：頁 103	
				周初	曹淑琴 1989：頁 400	字體。
				西周初期	北京 C1995：頁 244	形制，花紋。
				西周早期	王世民等 1999：頁 151 盤 1	形制。
				西周晚期	馬承源 2003a：頁 260 盤 9	器形。
				成王	彭裕商 2003：頁 234	器形、紋飾、字體有周初特色。
				西周早期前段	吳鎮烽 2006：頁 449	伯矩，西周早期前段人。
				成康之際	朱鳳瀚 2009：頁 1409	組合，形制，紋飾。
5369	伯雍父盤	7	10074	西周中期	集成 2007（7）：頁 6161	
				穆王	扶風 A1976：頁 58	形制，花紋，銘文字體。
				穆王	陝西 1980（2）：頁 14 器 107	
				穆王	吳鎮烽 1987：頁 271	"伯雍父" 見於遇甗（00948）、𪾔鼎（02721）、稫卣（05411）等器，皆穆王時器，與 "彔" 不是同一人。
				穆王	馬承源等 1988：頁 121 器 185	
				穆王前後	李豐 1988a：頁 396	墓葬。
				穆王	盧連成、胡智生 1988a：頁 514	墓葬。
				西周中期	辭典 1995：頁 159 器 553	
				穆王	青全 1997（5）：頁 187 器 196	
				西周中期	王世民等 1999：頁 158 盤 16	器形。
				穆王	劉啓益 2002：頁 211	伯戏墓的時代在穆王時。

續表

序號	器 名	字數	銘文著錄	時 代	出 處	依 據
5369	伯雍父盤	7	10074	西周中期	馬承源 2003a：頁 260 盤 6	器形。
				西周中期	曹瑋等 2005（7）：頁 1398	
				穆王前後	張懋鎔 2006a：頁 227	
				西周中期前段	吳鎮烽 2006：頁 160	伯雒父，西周中期前段人。
				穆恭	朱鳳瀚 2009：頁 1284–1301	墓葬。
5370	畗父盤	7	10075	西周早期	集成 2007（7）：頁 6161	
				西周早期	吳鎮烽 2006：頁 345	畗父，西周早期人。
5371	季嬴霝德盤	7	10076	西周中期	集成 2007（7）：頁 6161	
				西周中期	吳鎮烽 2006：頁 206	季嬴霝德，西周中期人。
5372	遘盤 丨（遘盤）	8	10078	西周早期	集成 2007（7）：頁 6161	
				武王	容庚 1941（2008）：頁 30	與濬司徒遘簋（04059）同出且同人作器，參之。
				成王	白川靜 1962c：頁 164–166 器 14 附	
				周公攝政	唐蘭 1976—1978（1986）：頁 31	參同出濬司徒遘簋（04059）。
				成王初年	劉啓益 2002：頁 69	形制屬成王。與成王時濬司徒遘簋（04059）爲同人作器。
				成王	張懋鎔 2006a：頁 211	同人作濬司徒遘簋（04059），年代在成王時。
				一期（約武王至康王）	朱鳳瀚 2009：頁 1340	形制，組合。
5373	伯百父盤	8	10079	西周中期	集成 2007（7）：頁 6161	
				西周	中科院 C1965a：頁 11	
				懿王	陳夢家 1966（2004）：頁 212	同人所作諸器的形制紋飾。
				西周後期	郭寶鈞 1970（1981）：頁 58–60	與穆王時長安普渡村長囚墓對照。
5374	虢季盤	8	近出 1002、新收 0040	西周晚期	近出 2002（三）：頁 9	
				西周晚期	新收 2006：頁 40 器 40	
				西周晚期	河南 D1999：頁 526	形制，紋飾。
				夷王	劉啓益 2002：頁 356	同人亦作有鬲（662）、方壺（9655）、 簋（3971），形制皆西周中期偏晚。曆日合於《日月食典》夷王十二年，本器十一當爲十二之誤。
				宣王	張彥修 2004：頁 76–78	墓主爲周宣王時虢文公。

續表

序號	器 名	字數	銘文著錄	時 代	出 處	依 據
5375	穌甫人盤 蘇 甫 人盤、穌甫人乍嬴妃盤、穌甫人乍嬴妃襄盤	9	10080	西周晚期	集成 2007（7）：頁 6162	
				西周晚期	馬承源等 1988：頁 352 器 518	
				西周晚期	彭裕商 2003：頁 504	器形，紋飾。
				西周晚期	陳佩芬 2004：頁 552 器 420	
				西周晚期	吳鎮烽 2006：頁 380	穌甫人，西周晚期人。
5376	㫚伯宨父盤	9	10081	西周晚期	集成 2007（7）：頁 6162	
				春秋早期	王獻唐 1960：頁 50	春秋時期在器名前常加一個形容詞。
				宣王	陳夢家 1966（2004）：頁 331	紋飾，形制。
				西周晚期	李步青、王錫平 1992：頁 68	形制，紋飾。
5377	虢宮父盤	9	近出 1003、新收 0051	西周晚期	近出 2002（四）：頁 10	
				西周晚期	新收 2006：頁 51	
				西周晚期	河南 D1999：頁 484、513	
				西周晚期	河南 F2009：頁 31	
5378	蘇公盤	9	近二 0925	西周晚期	近二 2010（三）：頁 245	
				西周晚期至春秋早期	張懋鎔 2007c：頁 100–101	形制，紋飾。據史書記載蘇國在春秋早期被滅。
5379	京隓仲盤	10	10083	西周早期	集成 2007（7）：頁 6162	
				西周早期	吳鎮烽 2006：頁 350	隓仲僕，西周早期人。
5380	北子宋盤	10	10084	西周早期	集成 2007（7）：頁 6162	
				成康	陳夢家 1966（2004）：頁 77	出江陵，爲周初楚之與國之器。
				西周早期	馬承源等 1988：頁 100	
				西周中期前段	吳鎮烽 2006：頁 84	北子宋，西周中期前段人。
5381	🔶🔶盤 麥宎盤	10（又重文2）	10085	西周晚期	集成 2007（7）：頁 6162	
				西周晚期	吳鎮烽 2006：頁 282	麥宎，西周晚期人。
5382	魯伯厚父盤	10	10086	春秋早期	集成 2007（7）：頁 6162	
				西周晚期	馬承源等 1988：頁 337 器 484	
				西周晚期	彭裕商 2003：頁 500	"仲姬俞"見魯伯大父簋二（03989），亦西周晚期器。器形紋飾也屬晚期。
5383	虢嬗改盤	存10（又重文2）	10088	春秋早期	集成 2007（7）：頁 6162	
				西周晚期到東周早期	中科院 1959：頁 49	

續表

序號	器 名	字數	銘文著録	時 代	出 處	依 據
5383	虢嬱攺盤	存10（又重文2）	10088	宣幽	李豐 1988：頁 1039	該墓爲虢國墓一期，當宣幽時。
				宣幽	李豐 1988a：頁 397	墓葬。
5384	應伯盤	10	近出附66、新收 0073	西周晚期	近出 2002（四）：頁 308	
				西周中晚期	新收 2006：頁 65	
				西周晚期偏早	河南 C1992：頁 102	形制、紋飾、製作及作器人。
				西周中期	吴鎮烽 2006：頁 412	應伯，西周中期人。
5385	自作盤	11（又重文1）	10089	西周晚期	集成 2007（7）：頁 6162	
				西周晚期	侯毅 2006：頁 69	形制似西周晚期晉侯喜父盤、晉侯 M53：2 銅盤。紋飾。銘文書寫格式、金文特色也同晉國西周時期銅器。
				西周晚期	吴鎮烽 2006：頁 124	自，西周晚期人。
5386	真盤貞盤	12（又重文2）	10091	西周早期	集成 2007（7）：頁 6162	
				西周中期偏前	臨潼 B1982：頁 89	紋飾。
				穆王前後	李豐 1988a：頁 396	墓葬。
				三期（穆共）	盧連成、胡智生 1988a：頁 513–521	墓葬。
				西周中期	馬承源 2003a：頁 259 盤 4	器形。
				西周中期前段	吴鎮烽 2006：頁 278	真，西周中期前段人。
				穆恭	朱鳳瀚 2009：頁 1284–1301	墓葬。
5387	晨盤振盤、孝盤	12（又重文2）	10092	西周晚期	集成 2007（7）：頁 6163	
				屬宣時期	祈健業 1984：頁 10–13	作器人孝見於師孝鼎諸器。
				懿王	劉啓益 2002：頁 301	形制近同共王時史牆盤（10175）。"晨" 即懿王時師晨鼎（02817）之 "師晨"。
				西周中期	曹瑋等 2005（10）：頁 2221	
				成康	吴鎮烽 2006：頁 285	晨，西周成康時人。
5388	史頌盤	12（又重文1）	10093	西周晚期	集成 2007（7）：頁 6163	
				宣王三年	吴其昌 1929（2004）：頁 474、473	作器者"史頌"同宣王三年之史頌鼎（02787）。
				恭王	郭沫若 1935（2002）：頁 159	參史頌段（04229）。

續表

序號	器 名	字數	銘文著錄	時 代	出 處	依 據
5388	史頌盤	12（又重文1）	10093	宣王	容庚 1941（2008）：頁 42	據同人作頌鼎（02827）、史頌鼎（02787）的形制，皆可歸入宣王時。
				孝王	白川靜 1968c：頁 188-190 器 138 附	
				共和	馬承源等 1988：頁 301 器 432	
				幽王	白光琦 2001：頁 129	形制，紋飾，字體，册命儀式。
				夷王	劉啓益 2002：頁 352	同人作史頌簋（04229），夷王時器。
				宣王	彭裕商 2003：頁 445	器形，紋飾。
				宣王	陳佩芬 2004：頁 548 器 418	同人作史頌鼎（02787）的器形、紋飾和銘文内容皆宜置於宣王時。
				幽王	張懋鎔 2005：頁 8	造型、紋飾、銘文字體、器主職務等方面，與遶器十分相近，且父考名同，遶與頌爲兄弟行。遶鼎（近二 0328、0330）作於宣王四十二、四十三年，頌鼎所記三年，當爲幽王三年。
				宣王三年	李學勤 2006：頁 160-164	參史頌鼎（02787）。
				西周晚期	吳鎮烽 2006：頁 93	史頌，西周晚期人，名頌。
5389	京叔盤	12（又重文1）	10095	西周晚期	集成 2007（7）：頁 6163	
				西周中期後段	吳鎮烽 2006：頁 211	京叔，西周中期後段人。
5390	筍侯盤	12	10096	西周晚期	集成 2007（7）：頁 6163	
				西周	中科院 C1965a：頁 11	
				懿王	陳夢家 1966（2004）：頁 212	花紋同懿王時元年師事簋（04279）。
				西周後期	郭寶鈞 1970（1981）：頁 58-60	與穆王時長安普渡村長囱墓對照。
				西周中期	馬承源等 1988：頁 248 器 351	
				西周中期	青全 1997（6）：頁 60 器 62	
				西周中期後段	吳鎮烽 2006：頁 249	筍侯，西周中期後段人。
5391	曾仲盤	12（又重文1）	10097	西周晚期	集成 2007（7）：頁 6163	
				西周中晚期	曾昭岷、李瑾 1980：頁 84	
				西周晚期	馬承源等 1988：頁 330 器 469	
				西周晚期	吳鎮烽 2006：頁 326	曾仲，西周晚期人。

續表

序號	器 名	字數	銘文著錄	時 代	出 處	依 據
5392	虜金氏孫盤、賭金氏孫盤	12（又重文2）	10098	春秋早期	集成 2007（7）：頁 6163	
				西周晚期到東周早期	中科院 1959：頁 49	
				宣幽	李豐 1988：頁 1039	該墓爲虢國墓一期，當宣幽時。
				宣幽	李豐 1988a：頁 397	墓葬。
5393	家父盤	12	近二 0928、新收 0960	西周早期	近二 2010（三）：頁 248	
				西周早期	新收 2006：頁 698	
				西周中期偏早	山西·北京 2000：頁 334	M6384 在西周中期偏早。
				穆王至孝王	徐天進 2000：頁 335–337	墓葬。
				西周晚期（晉穆侯時）	吉琨璋 2006：頁 29	"家父"可能即《史記·晉世家》所載晉穆侯之地殤叔，此器作於穆侯生前，穆侯死後作爲贈賻下葬。
				三 期（穆恭）	朱鳳瀚 2009：頁 1474	墓葬。
5394	仲𢼊臣盤	13	10101	西周早期	集成 2007（7）：頁 6163	
				西周早期	陳佩芬 2004：頁 214	
				西周早期	吳鎮烽 2006：頁 121	仲𢼊臣𠂔，西周早期人。
5395	中友父盤 仲友父盤	13（又重文2）	10102	西周晚期	集成 2007（7）：頁 6163	
				接近共和時期	段紹嘉 1963：頁 10	
				西周中葉以後	郭沫若 1963：頁 5	文體，字體，器制，花紋。
				西周後期	郭寶鈞 1970（1981）：頁 60–62	與穆王時長安普渡村長凶墓對照。
				西周中晚期	陝西 1980（2）：頁 20 器 153	
				西周後期	辭典 1995：頁 161 器 560	
				西周中期	曹瑋等 2005（1）：頁 43	
				西周中晚期	張懋鎔 2006a：頁 230	
				西周晚期	吳鎮烽 2006：頁 48	中友父，西周晚期人。
5396	伯駉父盤	13（又重文2）	10103	西周晚期	集成 2007（7）：頁 6164	
				西周後期	王軒 1965：頁 547	同墓銅器的花紋、銘文、製作形式及同出玉器。

序號	器　名	字數	銘文著錄	時　代	出　　處	依　　據
5396	伯馴父盤	13（又重文2）	10103	西周晚期	馬承源等 1988：頁 340 器 491	
				西周晚期	彭裕商 2003：頁 503	竊曲紋流行於宣王前後。"姬淪""伯馴父"即魯宰馴父鬲（00707）的"姬雕""魯宰馴父"。
5397	晉韋父盤	13	近二 0929、新收 1453	西周中期	近二 2010（三）：頁 249	
				西周中期	新收 2006：頁 1006	
				西周中期偏早	周亞 2004：頁 63	紋飾佈局、銘文内容、字體等皆近家父盤（新收 0960），與晉仲韋父盂（新收 0965）爲同人作器，兩器皆出自天馬—曲村遺址 M6384，該墓屬西周中期偏早。
5398	陶子盤	14	10105	西周早期	集成 2007（7）：頁 6164	
				西周早期	陳佩芬 2004：頁 212 器 286	
				西周早期	吳鎮烽 2006：頁 305	陶子，西周早期人。
5399	堯盤 才盤	14	10106	西周中期	集成 2007（7）：頁 6164	
				康王	陳夢家 1966（2004）：頁 128 器 89 附	器主即康王時方簋蓋（04139）之"方"。
				西周中期前段	吳鎮烽 2006：頁 307	堯，西周早期堯氏家族人。
5400	叔五父盤 周叔五父盤	14	10107	西周中期	集成 2007（7）：頁 6164	
				宣王	董珊 2003：頁 42–46	"叔五父"即述盤（新收 0745）之"述"，後者爲宣王時。
				西周中期	吳鎮烽 2006：頁 194	叔五父，西周中期人。
5401	伯考父盤	14（又重文2）	10108	西周晚期	集成 2007（7）：頁 6164	
				西周	陝西 H1965：頁 17	
				孝王	陳夢家 1966（2004）：頁 256	
				西周晚期	吳鎮烽 2006：頁 154	考父，西周晚期人。
5402	德盤	15	10110	西周中期	集成 2007（7）：頁 6164	
				西周晚期	吳鎮烽 2006：頁 355	㜏，西周晚期人。
5403	師寏父盤	15（又重文2）	10111	西周晚期	集成 2007（7）：頁 6164	
				西周後期	容庚 1941（2008）：頁 349 盤 18	
5404	伯碩餾盤	15	10112	西周晚期	集成 2007（7）：頁 6164	
				懿孝夷	葉向榮 1985：頁 105	形制，紋飾。
				西周中晚期之交	劉彬徽 1992：頁 180	器形，紋飾。
				西周晚期	吳鎮烽 2006：頁 159	伯碩夆，西周晚期人。

續表

序號	器　名	字數	銘文著錄	時　代	出　　處	依　　據
5405	虤盤	16	10119	西周晚期	集成 2007（7）：頁 6165	
				西周晚期	陳公柔 1989：頁 213	
				西周晚期	張劍、孫新科 1996：頁 336	
				夷厲時期	彭裕商 2000：頁 85	參虤簋（03931）。
				西周晚期	陳佩芬 2004：頁 550 器 419	
				西周中期	吳鎮烽 2006：頁 317	虤，西周中期人。
5406	周棘生盤周夒紋盤	存 16	10120	西周晚期	集成 2007（7）：頁 6165	
				西周後期	容庚 1941（2008）：頁 348 盤 15	
				西周中期	吳鎮烽 2006：頁 209	周棘生，西周中期人。
				西周中期	張懋鎔 2010b：頁 45	
5407	殷毃盤	17（又重文 2）	10127–10128	西周中期	集成 2007（7）：頁 6165	
				西周後期	容庚 1941（2008）：頁 349 盤 17	*10127。
				西周晚期	吳鎮烽 2006：頁 267	殷毃，西周晚期人。
5408	伯侯父盤	17	10129	西周晚期	集成 2007（7）：頁 6166	
				西周晚期	吳鎮烽 2006：頁 156	伯侯父，西周晚期人。
5409	昶伯庸盤	17	10130	西周晚期	集成 2007（7）：頁 6166	
				周代	王儒林 1965：頁 372	
5410	子□伯盤	17（又重文 2）	近出附 67	西周	近出 2002（四）：頁 308	
				西周中晚期	隨州 A1984：頁 512	形制，紋飾，風格特徵。
				春秋早期	楊寶成 1989：頁 132	伴出器形制、紋飾、字體。
5411	應姚盤	17	近二 0930、新收 0059	西周晚期	近二 2010（三）：頁 250	
				西周晚期	新收 2006：頁 57	
				西周晚期偏早	婁金山 2003：頁 93	伴出銅器與平頂山應國墓 M95 出土銅器形制相似，亦爲西周晚期偏早階段。
				西周晚期	吳鎮烽 2006：頁 413	應姚，西周晚期人。
				五期（厲宣幽）	朱鳳瀚 2009：頁 1354	形制。
5412	薛侯盤	18（又重文 2）	10133	西周晚期	集成 2007（7）：頁 6166	
				西周晚期	中科院 1962：頁 153A822	
				西周晚期	吳鎮烽 2006：頁 289	薛侯，西周晚期薛國國君。
5413	□仲盤欮仲履盤、段仲盤	18（又重文 2）	10134	西周晚期	集成 2007（7）：頁 6166	
				兩周之際	劉彬徽 1992：頁 184	
				西周晚期	吳鎮烽 2006：頁 207	欮仲履，西周晚期人。

續表

序號	器　名	字數	銘文著錄	時　代	出　處	依　據
5414	尋仲盤	18（又重文2）	10135	春秋早期	集成 2007（7）：頁 6166	
				兩周之際	臨朐 A1983：頁 6	組合，造型，紋飾，字體結構。
5415	麻子□伯盤	19	新收 1229	西周晚期	新收 2006：頁 861	
5416	句它盤	20（又重文2）	10141	西周晚期	集成 2007（7）：頁 6167	
				西周晚期	吳鎮烽 2006：頁 96	句它□，西周晚期人。
5417	齊叔姬盤	20（又重文2）	10142	西周晚期	集成 2007（7）：頁 6167	
				西周中期	青全 1997（6）：頁 81 器 83	
				西周晚期	吳鎮烽 2006：頁 360	齊叔姬，西周晚期姬姓婦女。
5418	曹公盤	20（又重文2）	10144	春秋晚期	集成 2007（7）：頁 6167	
				西周	淮陽 A1981：頁 59	
5419	楚嬴盤	22（又重文2）	10148	西周晚期	集成 2007（7）：頁 6167	
				西周晚期	吳鎮烽 2006：頁 337	楚嬴，西周晚期嬴姓女子。
5420	囂伯盤	23（又重文1）	10149	西周晚期	集成 2007（7）：頁 6167	
				春秋早期	夏麥陵 1993：頁 75	銘文書體及用語。
				西周晚期	吳鎮烽 2006：頁 433	囂伯，西周晚期人。
5421	𢵀右盤	24（又重文2）	10150	春秋	集成 2007（7）：頁 6167	
				春秋早期	隨州 A1982a：頁 54	形制，紋飾。
5422	晉侯喜父盤	25（又重文2）	近出 1006、新收 0905	西周晚期	近出 2002（四）：頁 13	
				西周晚期	新收 2006：頁 659	
				厲王前後	山西・北京 1995：頁 36–37	
				厲王	李學勤 1995：頁 160–170	喜父，即晉靖侯宜臼，據《史記》當厲王時。
				未	李伯謙 1998：頁 118	喜父爲晉靖侯，爲其父厲侯作器。
				未	黃錫全 1998：頁 150	喜父即晉厲侯福，一字一名。
				未	李伯謙 2000：頁 77	據墓葬排序及年代範圍，喜父爲晉靖侯。
				厲王前後	徐天進 2000：頁 335–337	墓葬在厲王前後。
				西周中期偏晚	朱鳳瀚 2000：頁 192–198	
				未	李伯謙 2002：頁 31	據出土器物的特徵，M92 在西周晚期早段。

續表

序號	器 名	字數	銘文著録	時 代	出 處	依 據
5422	晉侯喜父盤	25（又重文2）	近出 1006、新收 0905	宣幽	張長壽 2002：頁 77	據出土器物，M92 在西周宣幽時。
				西周中期偏晚	朱鳳瀚 2009：頁 1447	該器形制紋飾當西周中期偏晚約懿孝時。
5423	湯叔盤	27（又重文2）	10155	西周晚期	集成 2007（7）：頁 6168	
5424	棘馬盤	存 28	近二 0935	西周晚期	近二 2010（三）：頁 255	
				西周中期或西周晚期早段	李伯謙 2007：頁 31–35	該器風格與 M31 其他銅器不一致，當在西周中期至西周晚期早段，是前代遺留器。棘馬即成侯之子晉厲侯福。
5425	仲樂父盤中盤	約 30	總集 06775	成王	陳夢家 1966（2004）：頁 75	"中"字寫法同成王時斲尊（05988），應是同一人。
5426	免盤尤盤、鄭王藏盤	33	10161	西周中期	集成 2007（7）：頁 6168	
				夷王	吳其昌 1929（2004）：頁 356	作器者同夷王時尤彝（06006）。
				懿王	郭沫若 1935（2002）：頁 198	同人作免簋（04240），爲懿王時器。
				懿王	容庚 1941（2008）：頁 38、頁 348 盤 13	作器者同懿王時免簋（04240）。
				懿王	李學勤 1959：頁 44	
				懿王	陳夢家 1966（2004）：頁 183	器形，紋飾，器類組合。
				恭王	白川靜 1968：頁 468–478 器 115 附	
				穆王	唐蘭 1976—1978（1986）：頁 374	參免尊（06006）。
				恭王	丁驌 1985：頁 37	曆日。
				懿王	馬承源等 1988：頁 179 器 250	
				懿孝	張長壽 1990：頁 32–35	人物"井叔"。
				西周中期懿孝	王世民等 1999：頁 156 盤 13	器形。
				懿王	劉啓益 2002：頁 304	參免尊（06006）。
				西周中期	彭裕商 2003：頁 382	參免簋（04240）。
				西周中期	馬承源 2003a：頁 259 盤 5	器形。
				西周中期前段	吳鎮烽 2006：頁 210	免，西周中期前段人。

序號	器 名	字數	銘文著録	時 代	出 處	依 據
5427	函皇父盤	37（又重文2）	10164	西周晚期	集成 2007（7）：頁 6169	
				幽王	董作賓 1953（1978）：頁 806-811	"皇父""周娟"即《十月》的"皇父""艷妻"。據《董譜》，《十月》詩首的交食在幽王時，該器亦當作於幽王時。
				夷王	白川靜 1969b：頁 408-416 器 158 附	
				宣王	唐蘭 1976—1978（1986）：頁 517	
				厲王	吳鎮烽 1987：頁 281	同意郭沫若意見。
				幽王	馬承源等 1988：頁 322 器 452	
				西周晚期前段	王世民等 1999：頁 153 盤 11	銘文内容與函皇父鼎（02548）、簋（04141）基本相同。
				宣王	彭裕商 2003：頁 475	參函皇父鼎（02745）。
				宣王	張懋鎔 2006a：頁 218	
				西周晚期	吳鎮烽 2006：頁 220	函皇父，西周晚期人。
5428	鮮盤鮮簋	43	10166、近出 0482	西周中期	集成 2007（7）：頁 6169	*按：此條見鮮簋（近出 0482）。
5429	繇伯盤	54（又重文2）	10167	西周晚期	集成 2007（7）：頁 6169	
				懿孝夷	葉向榮 1985：頁 105	形制，紋飾。
				西周中晚期之交	劉彬徽 1992：頁 181	紋飾。
				西周中期後段	吳鎮烽 2006：頁 427	繇伯，西周中期後段人。
5430	龍紋盤	56（又重文2）	首陽 35	西周中期早段	首陽 2008：頁 104 器 35	
5431	守宮盤守宮尊	62	10168	西周中期	集成 2007（7）：頁 6169	
				厲王六年	吳其昌 1929（2004）：頁 374	册命地點同厲王時諫段（04285）、師晨鼎（02817）等，時日當相近。日辰與《曆譜》厲王六年密合。
				懿王	郭沫若 1935（2002）：頁 202	"周師"亦見於懿王時免段（04240）。
				懿王（恭王）	陳夢家 1966（2004）：頁 185	周師見懿王時免簋。形制紋飾字體屬恭世。
				恭王	白川靜 1968：頁 495-508 器 119	
				穆王	唐蘭 1976—1978（1986）：頁 379	

續表

序號	器名	字數	銘文著錄	時代	出處	依據
5431	守宮盤 守宮尊	62	10168	孝王前後	盛冬鈴 1983：頁 57	據人物"井叔"，與孝王時智鼎（02838）、趞觶（06516）相去不遠。
				懿王	馬承源等 1988：頁 181 器 254	
				西周中期	張長壽 1990：頁 32–35	人物"井叔"。
				西周中期後段	張劍、孫新科 1996：頁 336	
				西周中期偏早	王世民等 1999：頁 152 盤 9	器形。
				懿王	劉啟益 2002：頁 304	形制似懿王時晨盤（10092）。"周師"見懿王時免簋（04240）。
				約穆恭	彭裕商 2003：頁 378	與守宮鳥尊（05959）、守宮卣（05359）爲同人作器，據三器之器形、紋飾、字體推斷，尊、卣在昭王時期或穆王早年，盤在穆恭時期。
				西周中期前段	吳鎮烽 2006：頁 128	守宮，西周中期前段人。
5432	吕服余盤	65（又重文2）	10169	西周中期	集成 2007（7）：頁 6269	
				共懿	王慎行 1986：頁 6	紋飾同共王時十五年趞曹鼎（02784）、師奎父鼎（02813）。字體爲玉箸體。"市"作"叔"同西周中期癲盨（04463）。赤色市爲共、懿銘文常言。盤盉連銘爲西周中期用語。"右者"的出現與命服之賜皆西周中期形式。
				西周晚期前段	彭裕商 2003：頁 479	器形、紋飾在西周晚期前段。赤色市非僅限恭懿時，至西周晚期仍常見。
				西周中期前段	吳鎮烽 2006：頁 210	吕服余，西周中期前段人。
5433	獄盤	75	近二 0937	西周中期	近二 2010（三）：頁 258	
				穆王前期	吳鎮烽 2006a：頁 63–64	形制，花紋，銘文字體。
				穆共	張懋鎔 2006e：頁 64–65	從形制、紋飾、字形書體、用語、賞賜地點、賞賜品、人物、日名等角度看，獄器當西周中期穆共時。雖私名相同，但器主"獄"非魯侯熙。

序號	器　名	字數	銘文著錄	時　代	出　　處	依　　據
5433	獄盤	75	近二 0937	穆恭之際	韓巍 2007：頁 156–157、159	形制，紋飾。"右告"一詞出現與穆恭時期，該銘未出現代王宣命的史官，表明年代較早。
				恭王	李學勤 2007c：頁 183	鳥紋。
				穆共之際	朱鳳瀚 2008a：頁 4–5	參十一月獄簋（近二 0438）。
5433–1	叔多父盤	78	金文總集 6786	西周晚期	李學勤 2001f：頁 108–111	稱父的方式及"百子千孫"的用語，皆見於西周晚期器。
5434	山父丁盤	83	首陽 27	西周早期	首陽 2008：頁 85 器 27	
5435	休盤 走馬休盤	89（又重文 2）	10170	西周中期	集成 2007（7）：頁 6169	
				穆王二十年	吳其昌 1929（2004）：頁 276	日辰與《曆譜》穆王二十年密合。"益公"爲羌白簋（04331）"益公"之子。字體同穆王時遹簋（04207）。
				宣王	郭沫若 1935（2002）：頁 321	休"即《常武》之"程伯休父"。"益公"亦見於宣王時兂伯簋（04331），二器字體相仿。
				康王	莫非斯 1936：頁 241	人物益公見於康王時歸伯簋（04331）。
				孝王二十年	董作賓 1952：頁 695	曆法。
				孝王二十年	董作賓 1959（1977）：頁 56	曆法。
				懿王	白川靜 1965d：頁 152	曆日可排入懿世曆譜。
				夷王	陳夢家 1966（2004）：頁 288	右者"益公"見於夷王十七年詢簋（04321）。
				夷王	白川靜 1969：頁 296–300 器 146	
				共王	唐蘭 1972：頁 59–60	西周中期積年達到二十的只有共王、懿王。據人物"益公"等繫聯他器。
				共王	唐蘭 1976—1978（1986）：頁 429	
				穆王	周法高 1979：頁 7	
				孝王	何幼琦 1982：頁 111	曆法。
				懿王二十年	劉啓益 1984：頁 241	
				恭王	丁驌 1985：頁 40	曆日。
				孝王	何幼琦 1985：頁 12	曆日。

續表

序號	器名	字數	銘文著錄	時代	出處	依據
5435	休盤 走馬休盤	89（又重文2）	10170	懿王二十年	高木森 1986：頁 104	形制，紋飾，人物。
				恭王	馬承源等 1988：頁 151 器 221	右者"益公"是恭懿時人，懿王積年 17，此二十年當恭王世。
				懿王	劉啓益 1989：頁 179	人物聯繫。
				懿王	李仲操 1991：頁 62	曆日。
				懿王二十年	趙光賢 1992：頁 46	曆日。
				夷王	黎東方 1997：頁 230	
				恭王二十年	劉雨 1997：頁 247	
				恭王	青全 1997（5）：頁 189 器 199	
				厲王二十年	彭裕商 1999：頁 59	右者"益公"同屬王二年王臣簋（04268）、厲王十七年詢簋（04321）。冊命形式見於夷厲宣而以厲宣器爲多。
				恭王前後	王世民等 1999：頁 151 盤 7	器形。
				宣王	周言、魏宜輝 1999：頁 57	曆日。
				共王二十年	斷代工程 2000：頁 20、31	類型排比。排西周金文曆譜。
				恭王二十年	朱鳳瀚 2002a：頁 5	
				懿王	劉啓益 2002：頁 315	"益公"亦見於共王時乖伯簋（04331）。曆日不合於共王時十五年趞曹鼎（02784），合於《張表》懿王廿年。
				共王	張懋鎔 2002a：頁 125	形制，紋飾，紀年。
				厲王二十年	彭裕商 2003：頁 411、364	與厲王十七年詢簋（04321）記年差三年，右者同爲益公，當在厲世。
				恭王二十年	朱鳳瀚 2004：頁 6	
				西周中期前段	吳鎮烽 2006：頁 119、137	休，西周中期前段人，擔任周王朝走馬之職。
				西周中期	張懋鎔 2008：頁 347	
				共王	朱鳳瀚 2009：頁 1289、1221	曆日。

續表

序號	器 名	字數	銘文著錄	時 代	出 處	依 據
5435	休盤 走馬休盤	89（又重文2）	10170	宣王	夏含夷 2010	器形和銘文字體顯示出西周晚期特徵。"益公"或與西周晚期益公鐘（00016）之益公爲同人，非西周中期之益公。走馬休當即《詩·常武》之"大司馬程伯休父"，兩者官職相同。且《常武》所記征伐南國事在宣王18年、23年，與該銘之20年年底記載相仿佛。該器曆日與公認的宣王在位年曆（即前827年爲元年）不合，却合於以前825年爲元年的年曆。前825年或爲宣王服喪三年後正式"稱王"的那年。
				夷王二十年	葉正渤 2010: 頁 187	夷王元年爲公元前903年，該器曆日合於夷王二十年。
5436	士山盤	96	近二 0938、新收 1555	西周中期	近二 2010（三）: 頁 260	
				西周中期	新收 2006: 頁 1065	
				恭王十六年	李學勤 2002a: 頁 47–48	"周新宫"之稱見於穆王後半期至恭王時。該盤可排進斷代工程曆譜恭王十六年。
				共王	李學勤 2003b: 頁 1–3	
				恭王十六年	朱鳳瀚 2004: 頁 6	形制紋飾具有西周中期特徵，銘文字體不晚至西周中期晚葉。曆日與恭王三年衛盉（09456）、十五年趞曹鼎（02784）等器曆日相合。"新宫""作册尹"等詞見於恭王、孝王間器。
				西周中期前段	吴鎮烽 2006: 頁 4	"士山"，西周中期前段人。
				懿王十六年	劉啓益 2009: 頁 52	定懿王元年爲前944年，本器曆日合於《張表》懿王十六年。
				恭王	朱鳳瀚 2009: 頁 1221	曆日。
5437	師酉盤	98（又重文2）	王仲殊紀念文集397頁圖三	厲王四年	張長壽 2005: 頁 398	曆日。

續表

序號	器 名	字數	銘文著錄	時 代	出 處	依 據
5438	袁盤	101（又重文2）	10172	西周晚期	集成 2007（7）：頁 6169	
				或爲春秋	新城新藏 1929：頁 145	曆日。
				厲王二十八年	吳其昌 1929（2004）：頁 424	日辰合於《曆譜》二十八年。
				厲王	郭沫若 1935（2002）：頁 269	"袁" 即宣王初年師袁簋（04313）之元老 "師袁"，此當早於彼器。日辰與厲王時伊簋（04287）銜接。紋樣同厲王時器。
				厲王	莫非斯 1936：頁 245	
				懿王	莫非斯 1937：頁 8	爵必命於祖廟，該銘有 "穆宮"，當在懿王時。
				厲王二十八年	容庚 1941（2008）：頁 40	日辰與厲王時伊簋（04287）銜接。
				夷王二十八年	董作賓 1952：頁 695	曆法。
				夷王二十八年	董作賓 1959（1977）：頁 57	曆法。
				厲王	唐蘭 1962：頁 45	據 "王在周康穆宮"。
				厲王	白川靜 1970：頁 590–599 器 177	
				厲王	唐蘭 1976—1978（1986）：頁 516	
				厲王	馬承源 1982：頁 52	曆日。
				厲王二十八年	劉啓益 1984：頁 221	"五月既望庚寅" 應爲 "五月既望丙寅" 之訛，合於《日月食典》厲王二十八年。
				宣王	丁驌 1985：頁 52	曆日。
				夷王	何幼琦 1985：頁 12	曆日。
				宣王	高木森 1986：頁 142	形制，紋飾。
				厲王	馬承源等 1988：頁 295 器 425	曆日合於《年表》厲王二十八年。
				西周後期	辭典 1995：頁 161 器 561	
				宣王	劉雨 1997：頁 247–248	
				穆王	榮孟源 1997：頁 360	曆法。
				宣王後期	白光琦 1997：頁 309	字體已創春秋書體。册命儀式非常完備。
				西周晚期厲王前後	王世民等 1999：頁 153 盤 10	器形。
				宣王	周言、魏宜輝 1999：頁 57	曆日。

續表

序號	器 名	字數	銘文著録	時 代	出 處	依 據
5438	逨盤	101（又重文2）	10172	厲王二十八年	斷代工程 2000：頁 21、33	類型排比。排西周金文曆譜。
				宣王	夏含夷 1990（2005）：頁 243	據器形、花紋、人名屬西周晚期。該器曆日合於以前 825 年爲元年的宣王 28 年。
				宣王	白光琦 2001：頁 128	同人作簋（04313）的形制紋飾。字體。
				厲王	杜勇、沈長雲 2002：頁 95	高王年，宜置厲世。
				厲王	馬承源 2003：頁 43–44	
				宣王前後	王世民 2003：頁 44–45	與宣王時逨器相聯繫。
				宣王	朱鳳瀚 2003：頁 50–52	宣王元年爲前 826 年，據《張表》，該器曆日可排入宣王。
				宣王	李伯謙 2003：頁 53–55	"史減"見於宣王四十二年逨鼎。
				宣王	張培瑜 2003：頁 57–58	
				宣王	李學勤 2003b：頁 1–3	
				宣王	董珊 2003：頁 42–46	"史減"見於宣王時逨鼎（新收 0745）。
				宣王	彭裕商 2003：頁 459	紋飾，銘文格式。曆日與宣王時伊簋（04287）、厲王時番匊生壺不合。
				宣王	夏含夷 2003：頁 53–55	曆日合於宣王，參大祝追鼎（新收 1455）。
				厲王	葉正渤 2006：頁 199	從《史記》説，厲王在位 37+14=51 年，則厲王元年爲前 878 年。既望是十四日。據《張表》《董譜》，該器曆日合曆。
				宣王二十八年	李峰 2006：頁 70–71	積年二十八，不可能是幽王時器。"史減"亦見於宣王四十二、四十三年逨鼎（近二 0328、0330），故該盤不可能是厲王時器。
				宣王	張懋鎔 2006a：頁 213	"史減"見於逨鼎（近二 0330），後者爲宣王時器。
				厲王	吳鎮烽 2006：頁 348	逨，西周厲王時人。
				宣王	白光琦 2006a：頁 70	"史減"見於逨鼎（近二 0330），後者爲宣王時器。
				厲王	朱鳳瀚 2009：頁 1315、1223	曆日。

序號	器　名	字數	銘文著録	時　代	出　　處	依　　據
5438	裘盤	101（又重文2）	10172	宣王	夏含夷 2010	曆日合於以公元前825年爲元年的宣王年曆。
				厲王二十八年	葉正渤 2010：頁192	厲王元年爲公元前878年，曆日與厲王二十八年相合。
5439	虢季子白盤 虢季盤、 虢季子盤	106（又重文4合文1）	10173	西周晚期	集成 2007（7）：頁6169	
				宣王	王國維 1915（1959）：頁23	曆日。
				宣王十二年	吳其昌 1929（2004）：頁504	曆朔合於《曆譜》宣王十二年。
				夷王	郭沫若 1935（2002）：頁224	"虢季子白"即《後漢書·西羌傳》引《竹書紀年》所記周夷王時"虢公"，記事亦同。
				平王	莫非斯 1937：頁7、11	爵命必出於祖廟，銘中有"宣榭"，當平王時。
				宣王十二年	容庚 1941（2008）：頁42、頁349 盤21	"搏伐厰狁"合於《小雅·六月》。
				東周（桓王十二年）	孫次舟 1941：頁1–20	字體。
				宣王十二年	董作賓 1952：頁696	曆法。
				平王十二年	高鴻縉 1952：頁7–9	盤銘記戎侵東周。虢季爲小虢之祖，該器曆日合於平王。
				平王十二年	董作賓 1952b：頁9	曆日合於平王十二年。
				宣王十二年	董作賓 1959（1977）：頁59	曆法。
				宣王	李學勤 1959：頁46	人名。
				夷王	徐中舒 1963（1998）：頁524	贊同《大系》之説。
				宣王	陳夢家 1966（2004）：頁327	曆日。
				宣王	白川靜 1970c：頁800–813 器192	
				宣王	馬承源 1982：頁52	曆日。
				共和	何幼琦 1982：頁27	曆法。
				宣王	唐蘭 1976–1978（1986）：頁517	
				宣王十二年	劉啟益 1984：頁217	合於《日月食典》宣王十二年。
				宣王	丁驌 1985：頁52	曆日。
				宣王（或平王）	張政烺 1987（2011）：頁71	當爲宣王，否則更晚。傅斯年先生以爲平王時，是。

序號	器　名	字數	銘文著録	時　代	出　　處	依　　據
5439	虢季子白盤　虢季盤、虢季子盤	106（又重文4合文1）	10173	宣王	馬承源等1988:頁308器440	曆日合於《年表》宣王十二年。
				共和十二年	何幼琦1989a:頁27	曆法。
				夷王	李仲操1991:頁72	曆日。
				宣王	張聞玉1992:頁63	曆日。
				夷王十二年	趙光賢1992:頁48	曆日。
				夷王	蔡運章1994:頁44	據《西羌傳》，伐玁狁在夷王時。
				宣王	青全1997（6）:頁138器143	
				宣王	劉雨1997:頁247	
				孝王	榮孟源1997:頁360	曆法。
				東周	黎東方1997:頁230	
				宣王十二年	周曉陸、穆曉軍1998	以前841±1年爲宣王元年，該器曆日合。
				宣王	王世民等1999:頁159盤19	器形。
				宣王十二年	李學勤1999h:頁221	依宣王早年建子，本器曆日合於曆表宣王十二年。
				厲王	周言、魏宜輝1999:頁57	曆日。
				宣王十二年	斷代工程2000:頁21、34	類型排比。排西周金文曆譜。
				宣王十二年	劉啓益2002:頁381	曆日合於張表宣王十二年。
				厲王	范毓周、周言2002:頁24	曆日與晉侯蘇鐘（近出0035）合，後者爲厲王時器。
				宣王前後	王世民2003:頁44–45	與宣王時逨器相聯繫。
				宣王	朱鳳瀚2003:頁50–52	宣王元年爲前826年，據《張表》，該器曆日可排入宣王。
				宣王	彭裕商2003:頁436	字體較晚，用韻，記伐玁狁，幽王積年無十二年。
				宣王	張懋鎔2006a:頁218	形制，紋飾，字形書體。
				夷王	吳鎮烽2006:頁379	虢季子白，西周夷王時期人，名子白。
				宣王	王輝2006:頁250	曆法。
				宣王	黃盛璋2006:頁28	宣王紀年向後推一年，可合曆。

續表

序號	器　名	字數	銘文著錄	時　代	出　　處	依　　據
5439	虢季子白盤 虢季盤、 虢季子盤	106 （又重文4合文1）	10173	宣王十二年	葉正渤2008：頁202	已知宣王於公元前827年即位，初吉指初一朔，本器曆日與《張表》《董譜》宣王十二年相合。
				宣王	張懋鎔2008：頁351	
				宣王	朱鳳瀚2009：頁1223	曆日。
				宣王	夏含夷2010	曆日合於以公元前827年爲元年的宣王年曆。
				宣王	葉正渤2010：頁235	記抗擊玁狁，宣王時事。
5440	兮甲盤 兮田盤、 兮伯盤、 兮伯吉父盤、伯吉父盤	129 （又重文4）	10174	西周晚期	集成2007（7）：頁6170	
				宣王	王國維1915（1959）：頁23	"伯吉父"之名，"伐玁狁"之事，可對照《詩·六月》，當宣王時器。曆日可合。
				宣王三年	王國維1922（1959）：頁1209	曆日。
				宣王五年	吴其昌1929（2004）：頁479	《小雅》之伐獫狁之詩皆宣王時。曆朔合於《曆譜》宣王五年。
				宣王	郭沫若1935（2002）：頁304	"兮伯吉父甲"即《小雅·六月》之"吉甫"。
				宣王	莫非斯1936：頁247	兮伯吉父，宣王時人。
				宣王五年	容庚1941（2008）：頁42、頁349盤19	記格伐玁狁。"兮伯吉父"即《小雅·六月》之"吉父"。
				夷王五年	董作賓1952：頁695	曆法。
				夷王五年	董作賓1959（1977）：頁57	曆法。
				宣王	李學勤1959：頁45	人名。
				宣王	徐中舒1963（1998）：頁525	"兮甲"即《詩》之"尹吉甫"，宣王時人。
				宣王	陳夢家1966（2004）：頁323	銘文所述是周宣王伐戎之事。
				宣王	白川靜1970c：頁785—799器191	
				宣王	唐蘭1976—1978（1986）：頁517	
				宣王五年	何幼琦1982：頁114	曆法。
				宣王	馬承源1982：頁52	曆日。
				宣王五年	李學勤1984b：頁266、267	"兮伯吉父"即尹吉甫，銘文講到南淮夷。
				厲王五年	劉啓益1984：頁237	曆日合於《日月食典》厲王五年。伐獫狁事當歷夷、厲、宣三世。

續表

序號	器 名	字數	銘文著錄	時 代	出 處	依 據
				宣王	丁驌 1985：頁 52	曆日。
				宣王	高木森 1986：頁 139	銘文内容。
				宣王	馬承源等 1988：頁 305 器 437	盤銘内容與《詩・六月》相似，後者記宣王時事。
				宣王	李仲操 1991：頁 85	曆日。
				夷王	張聞玉 1992：頁 63	曆日。
				宣王	王人聰、杜廼松 1992：頁 74	"兮甲"即《詩・六月》之"吉甫"，宣王時人。
				宣王	劉雨 1997：頁 247	
				宣王	榮孟源 1997：頁 355	宣王五年是公元前 822 年。
				宣王	黎東方 1997：頁 230	
				夷王	常金倉 1998：頁 62	曆日。
				宣王五年	周曉陸、穆曉軍 1998	以前 841±1 年爲宣王元年，該器曆日合。
				宣王	王世民等 1999：頁 156 盤 12	器形。
5440	兮甲盤、兮田盤、兮伯盤、兮伯吉父盤、伯吉父盤	129（又重文 4）	10174	宣王五年	李學勤 1999h：頁 220–221	依宣王早年建子，本器曆日合於曆表宣王五年。
				厲王	周言、魏宜輝 1999：頁 57	曆日。
				宣王五年	斷代工程 2000：頁 21、34	類型排比。排西周金文曆譜。
				厲王	范毓周、周言 2002：頁 24	曆日與晉侯蘇鐘（近出 0035）合，後者爲厲王時器。
				宣王	朱鳳瀚 2003：頁 50–52	宣王元年爲前 826 年，據《張表》，該器曆日可排入宣王。
				宣王	張長壽 2003：頁 56–57	
				宣王（幽王五年）	彭裕商 2003：頁 436	伐玁狁和告南淮夷之事在宣王時。又 "淮夷舊我員晦人"，淮夷已臣服周，恐在宣王後幽王五年。
				宣王	張懋鎔 2006a：頁 218	形制，紋飾，字形書體。
				宣王	吳鎮烽 2006：頁 55	兮甲，又稱兮伯吉父吉父等，西周宣王時期的重臣。
				宣王	黃盛璋 2006：頁 28	宣王紀年向後推一年，可合曆。
				宣王五年	王輝 2006：頁 243	
				宣王	杜廼松 2006：頁 124	兮甲即《詩》之尹吉甫，宣王時人。

續表

序號	器　名	字數	銘文著録	時　代	出　　處	依　　據
5440	兮甲盤、兮田盤、兮伯盤、兮伯吉父盤、伯吉父盤	129（又重文4）	10174	宣王五年	葉正渤 2008：頁 202	已知宣王於公元前 827 年即位，既死霸是月二十三日，本器曆日與《張表》《董譜》宣王五年相合。
				宣王	朱鳳瀚 2009：頁 1315、1223	曆日。
				宣王	夏含夷 2010	曆日合於以公元前 827 年爲元年的宣王年曆。
				宣王	葉正渤 2010：頁 231	記征伐玁狁，宣王時事。
5441	史牆盤、牆盤	276（又重文5合文3）	10175	西周中期	集成 2007（7）：頁 6170	
				共王	陝西 F1978：頁 4	銘文内容，鳥紋。
				共王	唐蘭 1978：頁 19–20	
				共王	黄盛璋 1978：頁 195	據文意“天子”指共王。“牆”與師𤲸簋（04288）之“牆”爲同一人，後者的形制紋飾皆屬西周晚期。
				共王	李學勤 1978：頁 156	穆王和“天子”爲兩人，後者指史牆時在位的周王，當是共王。器形、字體也符合。
				恭王	裘錫圭 1978：頁 25–32	
				恭王	洪家義 1978（1992）：頁 354–361	“緟寧天子，天子𧶠𡩡”指繼承了升平盛世的天子，保持了先王遺留下來的功業。
				穆王	徐中舒 1978：頁 147	牆是穆王時人。
				共王	唐蘭 1976—1978（1986）：頁 448	
				穆王	李仲操 1978：頁 33 34	“寒祁⋯⋯尢保”與《君雅》可以互證。君雅《書序》作君牙，穆王時大臣。
				恭王	戴家祥 1979（1992）：頁 318–353	
				恭王	李學勤 1979：頁 34	銘文内容。“史牆”見於師𤲸簋（04288），彼爲孝王元年器。
				共王	陝西 1980（2）：頁 4 器 24	
				穆王	李仲操 1981：頁 186–189	“𩁹寧”與“天子𧶠𡩡文武長烈”均指繼先王之道，合於《周本紀》有關穆王的記載。“寒祁”等句與《禮記·緇衣》《書序》所記近同，爲穆王命君牙爲大司徒時所説。

序號	器 名	字數	銘文著録	時 代	出 處	依 據
5441	史牆盤 牆盤	276 （又重 文 5 合文 3）	10175	恭王	于省吾 1981：頁 1–16	"重寧"指恭王時較穆王時更加安寧。
				穆王	伍士謙 1981：頁 97–126	牆的烈祖在武王時，至牆大約在穆王時。"龘寧天子"指穆王安定天子之位。王號皆生稱，未提到共王。從器形、紋飾、字體等方面亦需歸入穆王。
				恭懿	周法高 1981（2004）：頁 201	
				恭王	于豪亮 1982：頁 87–102	"天子"指共王。
				恭王	連劭名 1983：頁 29–30	
				恭王	盛冬鈴 1983：頁 54、56	銘文歷舉先王功業止於穆王，繼之頌揚當世"天子"，此"天子"當是恭王。
				恭王	高木森 1986：頁 91	
				恭王	吳鎮烽 1987：頁 274	
				恭王	馬承源等 1988：頁 153 器 225	天子爲生稱時王，此處指恭王。
				恭王	王明閣 1989：頁 74	
				共王	何幼琦 1989b：頁 58	
				夷王	晁福林 1989：頁 78–81	高祖至牆爲六世的説法靠不住。據形制、紋飾，在恭懿之後。"龘寧天子，天子貂厝文武長烈"，意爲天子使大統重返并因而使文武的豐功偉業繼續下去，故而當爲夷王時器。胡簋（04317）稱頌"前文人"之辭與牆盤對時王的稱頌近同，胡簋之"前文人"指其父夷王，則牆盤之時王當爲夷王。"龘邢上下，亟熙逗慕""方蠻亡不规見"等事與夷王符合。其子"癲"作器據人物可聯繫蔡簋（04340）、頌簋（04332）等，皆爲夷厲時。癲組器當屬厲王時代。
				穆王	李仲操 1991：頁 54	以"折"爲參照。
				共王	尹盛平 1992：頁 91	據銘文内容分析，時王爲共王。鳥紋是穆、共之際流行紋飾。

續表

序號	器名	字數	銘文著録	時代	出　處	依　據
5441	史牆盤 牆盤	276 （又重 文 5 合文 3）	10175	共王	李零 1993：頁 663	
				恭王	陳秉新 1993：頁 161	"天子"指時王恭王。
				西周中期	辭典 1995：頁 160 器 554	
				恭王	青全 1997（5）：頁 188 器 198	
				孝王	羅泰 1997：頁 651–676	"高祖"指立族者，"烈祖"是數代微氏祖先的統稱，"亞祖"爲小宗立族者，都是世代供奉的特定祖先。根據周王世系每代的平均數，該銘"高祖""乙祖"兩者之間還有 3、4 代，折、豐、牆、𤼈之年代皆當後推：折器約穆恭時；豐器約懿王前後；𤼈器約宣王前後；牆盤可能作於孝王時，因政治原因，銘文只歷數從文王至穆王而不提恭王、懿王。
				恭王	王世民等 1999：頁 152 盤 8	器形。
				夷王後期	晁福林 2001：頁 179	形制紋飾相同的矢人盤（10176）、袠盤（10172）皆屬王時器。器銘并非敘述歷史，不會全面敘述周王室，避談共、懿、孝三世。"方蠻無不규見"與共王向左而與夷王相符，征蠻事見載於夷王時虢季子白盤（10173）、禹鼎（02833）等。
				共王	張懋鎔 2002a：頁 125	
				共王	劉啓益 2002：頁 263	稱頌列周王，時王爲共王。
				共王	金信周 2002：頁 253	
				恭懿	李零 2002a：頁 43、53	該銘前兩個先公與後四個先公不是接敘，高祖是微氏在殷的始祖，烈祖是微氏在周的始祖。"史牆"見於懿王元年師酉簋（04288）。
				恭王	杜勇、沈長雲 2002：頁 30	"天子"爲最晚一位先王穆王的繼位者。
				西周中期	馬承源 2003a：頁 259 盤 3	器形。
				共王	彭裕商 2003：頁 339	歷數武王至穆王諸王美稱，時王稱天子，當共王時。

續表

序號	器　名	字數	銘文著錄	時　代	出　　處	依　　據
5441	史牆盤 牆盤	276 （又重文5合文3）	10175	西周中期	曹瑋等2005（4）：頁646	
				穆王	葉正渤2006：頁198	“天子”即穆王。
				恭王	張懋鎔2006a：頁210	恭王時標準器。
				共王	王輝2006：頁155	銘文歷述六王功德，六王前所加稱號皆謚號，而時王則稱“天子”，天子乃穆王子共王。
				西周中期前段	吳鎮烽2006：頁93	史牆，西周中期前段人。
				共王	朱鳳瀚2009：頁1289	
				恭王	劉華夏2010：頁65	
				穆王	葉正渤2010：頁6、145	時王在本銘中或稱穆王，或稱天子。據史籍看穆王時期的顯赫功績很多，恭王時則寥寥。“天子眉無害”指穆王年壽長。
5442	散氏盤 散盤、矢人盤	349 （又合文1）	10176	西周晚期	集成2007（7）：頁6170	
				厲王	王國維1924（2009）：頁313	據人物“克”“鬲攸從”聯繫二人作器，這些器的記年可在穆王、厲王、宣王等世；又據《史記·周本紀》，銘文内容合於厲王時事。
				厲王三十二年	吳其昌1929（2004）：頁430	“鬲攸從”見於厲王三十一年鬲攸從鼎（02818），此後日辰合於《曆譜》者唯三十二年、三十三年，取最近三十二年。
				厲王	郭沫若1935（2002）：頁275	“攸從鬲”即厲王時鬲攸從鼎（02818）之作器者，“旅”即彼器之“虢旅”。
				厲王	容庚1941（2008）：頁41、頁348盤16	
				夷王	李學勤1959：頁45	
				厲王	唐蘭1960：頁10–11	
				孝王	白川靜1968c：頁191–228器139	
				厲王	唐蘭1976—1978（1986）：頁517	
				西周末	張政烺1987（2011）：頁87	“矢王”爲《竹書紀年》西周末“二王”之一而處“矢”者。
				厲王	馬承源等1988：頁297器428	鬲攸從，見於厲王時鬲從鼎（02818）。

序號	器　名	字數	銘文著錄	時　代	出　　處	依　　據
5442	散氏盤 散盤、矢 人盤	349 （又合 文1）	10176	厲王	王明閣 1989：頁 176	從李學勤先生授課時説法。
				厲王	李零 1993：頁 666	
				宣王	劉啓益 2002：頁 389	"攸从禹"見於宣王時禹从 盨（04466），爲同一人。
				厲王	彭裕商 2003：頁 419	據器形、字體推斷在厲王 時。
				厲王	吳鎮烽 2006：頁 77	矢，西周厲王時期人。
				厲王	王輝 2006：頁 235	
5443	逨盤	364	近二 0939、 新收 0757	西周晚期	近二 2010（三）：頁 262	
				西周晚期	新收 2006：頁 551	
				宣王	陝西 B2003：頁 28	"天子"指時王，當爲宣 王。
				西周	陝西 C2003：頁 30	
				宣王	劉懷君、辛怡華、劉棟 2003： 頁 85–89	早於逨鼎。
				宣王	王世民 2003：頁 44–45	
				宣王早期	張天恩 2003：頁 62–65	
				宣王	王占奎 2003：頁 45–47	
				宣王	劉軍社 2003：頁 47–49	
				宣王	劉懷君 2003：頁 49–50	與四十三年逨鼎（近二 0330）爲一批鑄器。
				宣王	李伯謙 2003：頁 53–55	
				宣王	董珊 2003：頁 42–46	除天盂外，同出其他 26 器 皆爲同人作器，當宣王時。
				宣王	李學勤 2003：頁 55–56	
				宣王後半	李學勤 2003a：頁 71–72	銘文内容，類型對比。
				宣王	張長壽 2003：頁 56–57	
				宣王	王輝 2003：頁 89	時王"天子"在厲王之後， 同窖出土四十二、四十三 年逨鼎符合宣王積年。
				宣王	高明 2003：頁 60–61	
				宣王	李零 2003：頁 16–22	作器者名"逨"，行輩爲 "叔"，字"五父"。據"逨" 的世系，逨當宣世。
				宣王	曹瑋 2003：頁 63–65	
				宣王	周曉陸 2003：頁 62–69	此窖藏之 27 件器器主爲 同一人，作於同時。參 四十二年逨鼎（新收 0745）。

續表

序號	器　名	字數	銘文著録	時　代	出　　處	依　　據
5443	逨盤	364	近二 0939、新收 0757	宣王	張懋鎔 2003：頁 58–60	
				宣王	彭裕商 2005：頁 100	
				厲王	葉正渤 2006：頁 199	此王是厲王。曆日與宣王不合，而與厲王相合。
				宣王	張懋鎔 2006a：頁 213	
				宣王	吳鎮烽 2006：頁 280	逨，宣王時人。
				宣王	李先登 2006：頁 51	"天子"指宣王。
				宣王	黃盛璋 2006：頁 14	宣王，宣王紀年向後推一年，可合曆。
				宣王	陝西 B2008：頁 222	形制，紋飾，銘文内容。
				宣王	劉華夏 2010：頁 65	
				厲王	葉正渤 2010：頁 6、212	銘文中的厲王和天子是同一人。曆日合於厲王時。

二四、匜類

序號	器 名	字數	銘文著錄	時 代	出 處	依 據
5444	𩁹匜	1	10177	西周晚期	集成 2007（7）：頁 6170	
5445	册𩰪匜	3	10178	西周晚期	集成 2007（7）：頁 6170	
5446	季姬匜	4	10179	西周晚期	集成 2007（7）：頁 6170	
				西周晚期	吳鎮烽 2006：頁 205	季姬，西周晚期姬姓婦女。
5447	𩰪叔匜	4	10180	西周晚期	集成 2007（7）：頁 6170	
5448	叔匜 唯叔匜、隹叔匜、隹叔匜、𩰪叔匜	5	10181	西周晚期	集成 2007（7）：頁 6170	
				春秋戰國	容庚 1941（2008）：頁 353 匜 14	
5449	宗仲匜	6	10182	西周晚期	集成 2007（7）：頁 6170	
				西周晚期	吳鎮烽、朱捷元、尚志儒 1979：頁 120	
				西周晚期	馬承源 2003a：頁 266 匜 2	器形。
5450	姞口母匜	6	10183	西周晚期	集成 2007（7）：頁 6171	
				西周中期	西安 A1974：頁 1–5	銘文，器形。
				西周晚期	吳鎮烽 2006：頁 245	姞𩰪母，西周晚期姬姓婦女。
5451	作子口匜	存 6	10184	西周晚期	集成 2007（7）：頁 6171	
5452	孟皇父匜	6	10185	西周晚期	集成 2007（7）：頁 6171	
				西周晚期	吳鎮烽 2006：頁 217	孟皇父，西周晚期人。
5453	作吳姬匜 吳姬匜	6	10186	西周晚期	集成 2007（7）：頁 6171	
				西周晚期	吳鎮烽 2006：頁 124	自，西周晚期吳國人。
5454	魯士商馭匜	6	10187	西周晚期	集成 2007（7）：頁 6171	
				西周晚期	彭裕商 2003：頁 501	器形，紋飾，字體。
5455	作父乙匜	6	10191	西周中期	集成 2007（7）：頁 6171	
5456	🏴父辛匜	6	近二 0946	西周中期	近二 2010（三）：頁 271	
5457	尸曰匜	6	近二 0947、新收 1670	西周中期	近二 2010（三）：頁 272	
				西周中期	新收 2006：頁 1143	
				西周中期前段	吳鎮烽 2006：頁 27	尸曰，西周中期前段人。
				西周中期前段	吳鎮烽 2006b：頁 4	造型，紋飾，銘文字體。
				穆恭	張懋鎔 2007a：頁 1–14	同人作盤（新收 1609），爲穆恭時器。
5458	作中姬匜 虢季匜	7	10192	西周中期	集成 2007（7）：頁 6171	
				西周中期	吳鎮烽 2006：頁 378	虢季，西周中期人。

續表

序號	器　名	字數	銘文著錄	時　代	出　　處	依　　據
5459	散伯匜	7	10193	西周晚期	集成 2007（7）：頁 6171	
				孝王	白川靜 1968c：頁 219–228 器 139 附	
				西周晚期	青全 1997（6）：頁 143 器 147	
				西周晚期	彭裕商 2003：頁 487	據器形，紋飾斷在屬宣之際。同人所作簋（03777），字體是西周晚期寫法。
				西周晚期	吳鎮烽 2006：頁 310	散伯，西周晚期人。
5460	蔡侯匜姬單匜、龙侯匜、蔡侯乍姬單匜	7	10195	西周晚期	集成 2007（7）：頁 6171	
				西周晚期	馬承源等 1988：頁 328 器 465	
				西周晚期	陳佩芬 2004：頁 558 器 423	
5461	伯庶父匜	8	10200	西周晚期	集成 2007（7）：頁 6172	
				西周晚期	吳鎮烽 2006：頁 158	伯庶父，西周晚期人。
5462	匽伯聖匜燕伯聖匜	8	10201	西周晚期	集成 2007（7）：頁 6172	
				西周晚期	吳鎮烽 2006：頁 227	燕伯聖，西周晚期人。
5463	冎匜	存 8	10202	西周晚期	集成 2007（7）：頁 6172	
				西周晚期	吳鎮烽 2006：頁 448	冎姬，西周晚期姬姓婦女。
5464	叔□父匜	8	10203	西周晚期	集成 2007（7）：頁 6172	
				西周晚期	吳鎮烽 2006：頁 196	叔侯父，西周晚期人。
5465	仲原父匜	8	近出 1012、新收 0326	西周晚期	近出 2002（四）：頁 19	
				西周晚期	新收 2006：頁 227	
				西周晚期	蔡運章 1996：頁 59	"中原父"可能與鄭饔原父鼎（02493）的器主爲一人，鄭封於宣王時，此器當宣幽時器。
				西周晚期	洛陽 B1999a：頁 280	
				西周晚期後段	吳鎮烽 2006：頁 124	仲邉父，即仲原父，西周晚期後段人，字原父。
5466	鄭義伯匜周姜伯匜	9	10204	西周晚期	集成 2007（7）：頁 6172	
				西周晚期	吳鎮烽 2006：頁 324	奠義伯，西周晚期鄭國人。
5467	鮇甫人匜蘇甫人匜	9	10205	西周晚期	集成 2007（7）：頁 6172	
				西周晚期	馬承源等 1988：頁 353 器 519、521	
				西周晚期	彭裕商 2003：頁 504	字體。同人所作盤（10080）、盨（04406）皆爲西周晚期之器。
				西周晚期	吳鎮烽 2006：頁 380	鮇甫人，西周晚期人。

序號	器 名	字數	銘文著録	時 代	出 處	依 據
5468	曩伯㝫父匜 紀伯㝫父匜	9	10211	西周晚期	集成 2007（7）：頁 6173	
				春秋早期	王獻唐 1960：頁 50	春秋時期在器名前常加一個形容詞。
				宣王	陳夢家 1966（2004）：頁 331	紋飾，形制。
				西周晚期	李步青、王錫平 1992：頁 68	形制，紋飾。
5469	蘇公匜	9	近二 0950、 新收 1916	西周晚期	近二 2010（三）：頁 275	
				西周晚期	新收 2006：頁 1282	
				西周晚期	張光裕 2002c：頁 502	器形，紋飾。
				西周晚期	吳鎮烽 2006：頁 382	鮛公，西周晚期人。
5470	虢宮父匜	9	文物 2009 年 02 期頁 24 圖 6.4	西周晚期	河南 F2009：頁 31	
5471	寒戊匜	10	10213	西周晚期	集成 2007（7）：頁 6173	
				西周晚期	吳鎮烽 2006：頁 329	寒戊，西周晚期人。
5472	黃仲匜	10	10214	春秋早期	集成 2007（7）：頁 6173	
				西周晚期	吳鎮烽 2006：頁 310	黃仲，西周晚期人。
5473	季隡父匜	10	近二 0952、 新收 0047	西周晚期	近二 2010（三）：頁 277	
				西周晚期	新收 2006：頁 47	
				西周晚期	河南 D2000：頁 33	隨葬的銅禮器的組合、形制、紋飾有西周晚期特點。
				西周晚期	吳鎮烽 2006：頁 206	季隡父，西周晚期人。
5474	應侯匜	10	近二 0953、 新收 0060	西周晚期	近二 2010（三）：頁 278	
				西周晚期	新收 2006：頁 58	
				西周晚期偏早	婁金山 2003：頁 93	伴出銅器與平頂山應國墓 M95 出土銅器形制相似，亦爲西周晚期偏早階段。
				西周晚期	吳鎮烽 2006：頁 412	應侯，西周晚期人。
				五 期（屬 宣幽）	朱鳳瀚 2009：頁 1354	形制。
5475	弭伯匜	11（又 重文 2）	10215	西周晚期	集成 2007（7）：頁 6173	
				宣王	吳其昌 1929（2004）：頁 486	"弭伯"與宣王時弭仲簠（04627）之"弭仲"爲兄弟行。
				孝王	白川靜 1968：頁 482-483 器 116 附	
				穆王	唐蘭 1976—1978（1986）：頁 403	
				孝王	劉啓益 2002：頁 333	據銅匜的形制演變過程歸於孝王。

序號	器　名	字數	銘文著録	時　代	出　　處	依　　據
5476	召樂父匜	11	10216	西周晚期	集成 2007（7）：頁 6173	
				西周晚期	吳鎮烽 2006：頁 105	召樂父，西周晚期人，字樂父。
5477	周宅匜	12（又重文 1）	10218	西周晚期	集成 2007（7）：頁 6173	
				西周晚期	吳鎮烽 2006：頁 209	周宅，西周晚期人。
5478	叔毃匜	12	10219	西周晚期	集成 2007（7）：頁 6173	
				西周晚期	吳鎮烽 2006：頁 199	叔毃，西周晚期人。
5479	史頌匜	12（又重文 2）	10220	西周晚期	集成 2007（7）：頁 6173	
				宣王三年	吳其昌 1929（2004）：頁 474、473	作器者"史頌"同宣王三年之史頌鼎（02787）。
				恭王	郭沫若 1935（2002）：頁 159	參史頌毀（04229）。
				宣王	容庚 1941（2008）：頁 42、頁 351 匜 1	參史頌盤（10093）。
				孝王	白川静 1968c：頁 186–190 器 138 附	
				共和	馬承源等 1988：頁 302 器 433	
				夷王	劉啓益 2002：頁 352	同人作史頌簋（04229），夷王時器。
				宣王	彭裕商 2003：頁 445	器形，紋飾。
				幽王	張懋鎔 2005：頁 8	造型、紋飾、銘文字體、器主職務等方面，與遙器十分相近，且父考名同，遙與頌爲兄弟行。遙鼎（近二 0328、0330）作於宣王四十二、四十三年，頌鼎所記三年，當爲幽王三年。
				宣王三年	李學勤 2006：頁 160–164	參史頌鼎（02787）。
				西周晚期	吳鎮烽 2006：頁 93	史頌，西周晚期人，名頌。
5480	尋伯匜	存 12	10221	西周早期	集成 2007（7）：頁 6173	
				西周晚期	吳鎮烽 2006：頁 329	尋伯，西周晚期尋國族首領。
5481	睹金氏孫匜	12	10223	春秋早期	集成 2007（7）：頁 6173	
				西周晚期到東周早期	中科院 1959：頁 49	
				宣幽	李豐 1988：頁 1039	該墓爲虢國墓一期，當宣幽時。
				宣幽	李豐 1988a：頁 397	墓葬。

續表

序號	器　名	字數	銘文著錄	時　代	出　　處	依　　據
5482	中友父匜	13（又重文2）	10224	西周晚期	集成 2007（7）：頁 6174	
				接近共和時期	段紹嘉 1963：頁 10	
				西周中葉以後	郭沫若 1963：頁 5	文體，字體，器制，花紋。
				西周後期	郭寶鈞 1970（1981）：頁 60–62	與穆王時長安普渡村長囟墓對照。
				西周中晚期	陝西 1980（2）：頁 20 器 152	
				西周後期	辭典 1995：頁 163 器 566	
				西周中期	曹瑋等 2005（1）：頁 45	
				西周中晚期	張懋鎔 2006a：頁 230	
				西周晚期	吳鎮烽 2006：頁 48	中友父，西周晚期人。
5483	函皇父匜	13（又重文1）	10225	西周晚期	集成 2007（7）：頁 6174	
				厲王二十五年	吳其昌 1929（2004）：頁 419	與《詩·十月》同時，《十月》日辰與《曆譜》厲王二十五年合。
				厲王	郭沫若 1935（2002）：頁 280	參見函皇父殷（04141）。
				幽王	董作賓 1953（1978）：頁 806–811	"皇父""周娟"即《十月》的"皇父""艷妻"。據《董譜》，《十月》詩首的交食在幽王時，該器亦當作於幽王時。
				夷王	白川靜 1969b：頁 411–416 器 158 附	
				幽王	馬承源等 1988：頁 322 器 453	
				宣王	彭裕商 2003：頁 475	參函皇父鼎（02745）。
				幽王	陳佩芬 2004：頁 556 器 422	
				宣王	張懋鎔 2006a：頁 218	
				西周晚期	吳鎮烽 2006：頁 220	函皇父，西周晚期人。
5484	伯吉父匜	13（又重文2）	10226	西周晚期	集成 2007（7）：頁 6174	
				厲宣時期	劉啟益 2002：頁 373	參兮吉父簋（04008）。
				宣王	吳鎮烽 2006：頁 154	伯吉父，名甲，字吉父，西周宣王時人。
5485	𦥑飲生匜 陽飲生匜	13	10227	西周晚期	集成 2007（7）：頁 6174	
				西周晚至春秋初	襄樊 A1986：頁 20	
				西周晚期	劉彬徽 1992：頁 183	器形，紋飾。
				西周晚期	吳鎮烽 2006：頁 354	埽飲生，西周晚期人。

續表

序號	器 名	字數	銘文著録	時 代	出 處	依 據
5486	伯正父匜	14	10231	西周晚期	集成 2007（7）：頁 6174	
				西周晚期	吳鎮烽 2006：頁 153	伯正父，西周晚期人。
5487	筍侯匜	14（又重文2）	10232	西周晚期	集成 2007（7）：頁 6174	
				西周晚期	馬承源等 1988：頁 346 器 507	
				西周中期	青全 1997（6）：頁 61 器 63	
				西周晚期	彭裕商 2003：頁 498	紋飾，字體，"萬壽"爲流行於東周時的詞語。
5488	齊侯子行匜	14	10233	春秋早期	集成 2007（7）：頁 6174	
				兩周之際	臨朐 A1983：頁 6	組合，造型，紋飾，字體結構。
				兩周之際	孫敬明、何琳儀、黄錫全 1983：頁 15	形制，組合，花紋，銘文特點。
5489	叔五父匜	14	近二 0955、新收 0762	西周晚期	近二 2010（三）：頁 280	
				西周晚期	新收 2006：頁 558	
				宣王	陝西 B2003：頁 28	據形制、紋飾、銘文，與逨鼎（近二 0328）、逨盤（近二 0939）爲同時期器，兩者皆宣世器。"叔五父"與"逨"爲一名一字。
				宣王	王世民 2003：頁 44–45	
				宣王	劉軍社 2003：頁 47–49	
				厲王	張天恩 2003：頁 62–65	"單五父""叔五父""單叔"爲一人，是逨的父親"龔叔"，當厲王時。
				西周	陝西 C2003：頁 38	
				宣王	周曉陸 2003：頁 62–69	此窖藏之 27 件器器主爲同一人，作於同時。參四十二年逨鼎（新收 0745）。
				宣王	董珊 2003：頁 42–46	除天盂（新收 0759）外，其他 26 器皆爲同人作器，當宣王時。
				宣王	李零 2003：頁 16–22	作器者名"逨"，行輩爲"叔"，字"五父"。據"逨"的世系，逨當宣世。
				宣王後半	李學勤 2003a：頁 71–72	
				西周中期	吳鎮烽 2006：頁 194	叔五父，西周中期人。
				厲王	黄盛璋 2006：頁 19	器主非逨。據形制、紋飾，當屬西周末期器。爲逨之子所作。
				宣王	陝西 B2008：頁 222	形制、紋飾。與逨盤（近二 0939）爲同時期器物，逨盤爲宣王時。

續表

序號	器名	字數	銘文著録	時代	出處	依據
5490	魯侯匜	14	近二 0956	西周晚期	近二 2010（三）：頁 281	
5491	袓伯匜	15（又重文 2）	10237	西周晚期	集成 2007（7）：頁 6175	
5492	仲姞義母匜	15（又重文 2）	10238	西周晚期	集成 2007（7）：頁 6175	
				西周晚期	吴鎮烽 2006：頁 122	仲姞義母，西周晚期姞姓女子。
5493	叔高父匜	15（又重文 2）	10239	西周晚期	集成 2007（7）：頁 6175	
				西周晚期	吴鎮烽 2006：頁 197	叔高父，西周晚期人。
5494	巽孟姜匜 王婦匜	15	10240	西周晚期	集成 2007（7）：頁 6175	
				西周晚期	陳佩芬 2004：頁 565 器 426	
5495	嗣馬南叔匜	15（又重文 2）	10241	西周晚期	集成 2007（7）：頁 6175	
				西周晚期	吴鎮烽 2006：頁 226	南叔，西周晚期南國族人。
5496	吕仲生匜	15	10243	西周晚期	集成 2007（7）：頁 6175	
				西周晚期偏後	徐少華 1996：頁 68	銘文字體。
				西周晚期	吴鎮烽 2006：頁 145	吕仲生⿰乃中，西周晚期人，名生⿰乃中。
5497	鄭伯匜	15（又重文 2）	近出 1013	西周晚期	近出 2002（四）：頁 20	
				西周晚期	新收 2006：頁 76	
				西周末年	李俊山 1990：頁 104	形制、紋飾近扶風中友父匜（10224）及史頌匜（10220），當西周末年時。
				西周晚期	吴鎮烽 2006：頁 324	奠伯，西周晚期人。
5498	□伯匜	15	近出附 69	西周晚期	近出 2002（四）：頁 308	
5499	毳匜	16	10247	西周晚期	集成 2007（7）：頁 6175	
				西周後期	容庚 1941（2008）：頁 352 匜 3	
				西周晚期	陳公柔 1989：頁 213	
				西周晚期	張劍、孫新科 1996：頁 336	
				夷厲時期	彭裕商 2000：頁 85	參毳簋（03931）。
				西周中期	吴鎮烽 2006：頁 317	毳，西周中期人。
5500	叔□父匜 叔屐父匜	16（又重文 2）	10248	西周晚期	集成 2007（7）：頁 6175	
				西周晚期	吴鎮烽 2006：頁 198	叔屐父，西周晚期人。
5501	伯㞢匜	16（又重文 2）	10250	西周晚期	集成 2007（7）：頁 6176	
				周代	王儒林 1965：頁 372	
				西周晚期	吴鎮烽 2006：頁 153	伯㞢，西周晚期人。

續表

序號	器　名	字數	銘文著錄	時　代	出　　處	依　　據
5502	𠤳匜 篳匜	16	10251	西周晚期	集成 2007（7）：頁 6176	
				西周晚期	吳鎮烽 2006：頁 357	篳，西周晚期人。
5503	貯子己父匜 貯子匜、賈子匜	16（又重文2）	10252	西周晚期	集成 2007（7）：頁 6176	
				西周晚期	馬承源等 1988：頁 346 器 506	
				西周後期	辭典 1995：頁 162 器 564	
				西周晚期	彭裕商 2003：頁 503	紋飾，字體。
5504	□伯匜	16	新收 0043	西周晚期	新收 2006：頁 43	
				西周晚期晚段（宣幽）	河南 D1999：頁 379、527	同出青銅禮器的形制、紋飾皆有西周晚期特點。
5505	有伯君黃生匜 有伯君匜、伯𠻬匜、有伯君董生匜、洧伯君董生匜	18（又重文2）	10262	西周晚期	集成 2007（7）：頁 6177	
				西周晚期	馬承源等 1988：頁 345 器 504	
				西周晚期	陳佩芬 2004：頁 563 器 425	
				西周晚期	吳鎮烽 2006：頁 239	洧伯君董生，西周晚期人。
5506	薛侯匜	18（又重文2）	10263	春秋早期	集成 2007（7）：頁 6177	
				西周晚期	吳鎮烽 2006：頁 404	薛侯，西周晚期人。
5507	田季加匜	19（又重文2）	10265	西周晚期	集成 2007（7）：頁 6177	
				西周晚期	吳鎮烽 2006：頁 141	甫季加，西周晚期人，名加。
5508	尋仲匜	19（又重文2）	10266	春秋早期	集成 2007（7）：頁 6177	
				兩周之際	臨朐 A1983：頁 6	組合，造型，紋飾，字體結構。
				兩周之際	孫敬明、何琳儀、黃錫全 1983：頁 15	形制，組合，花紋，銘文特點。
5509	鬵伯匜 鄵伯歕夷匜、鄵伯歕弟匜	19（又重文2）	近出 1014、新收 0589	春秋前期	近出 2002（四）：頁 21	
				西周晚期-春秋早期	新收 2006：頁 444	
				西周末至春秋初期	夏麥陵 1993：頁 76	形制紋飾。銘文書體、用語。鑄造技術。該器"鄵"字寫法晚於同人作鄵伯盤（10149），後者爲春秋早期器。
				西周晚期	確山 1993：頁 85	
				西周晚期	吳鎮烽 2006：頁 445	鄵伯歕弟，名歕弟，西周晚期人。

續表

序號	器 名	字數	銘文著錄	時 代	出 處	依 據
5510	叔男父匜	20（又重文2）	10270	西周晚期	集成 2007（7）：頁 6177	
				西周晚期	吳鎮烽 2006：頁 196	叔男父，西周晚期人。
5511	番𩰍□匜	20	10271	春秋早期	集成 2007（7）：頁 6177	
				西周晚期	吳鎮烽 2006：頁 319	番君，西周晚期人。
5512	齊侯匜、齊侯作良女匜、齊侯乍虢孟姬匜、齊侯乍虢孟姬良女匜	20（又重文2）	10272	春秋早期	集成 2007（7）：頁 6177	
				西周晚期	馬承源等 1988：頁 342 器 497	
				西周晚期	青全 1997（6）：頁 82 器 84	
				西周晚期	彭裕商 2003：頁 503	紋飾，字體。
				西周晚期	陳佩芬 2004：頁 560 器 424	
				西周晚期或春秋早期	吳鎮烽 2006：頁 379	虢孟姬良女，西周晚期或春秋早期人，字良母，齊侯夫人。
5513	叔良父匜	20（又重文2）	近出 1016、新收 0602	西周晚期	近出 2002（四）：頁 23	
				西周晚期	新收 2006：頁 454	
				西周晚期	臨汝 A1984：頁 156	器形，紋飾，銘文字體。
				西周晚期	吳鎮烽 2006：頁 196	叔良父，西周晚期人，鑄（祝）國大正。
5514	晉侯對匜	21	近出 1017、新收 0858	西周晚期	近出 2002（四）：頁 24	
				西周晚期	新收 2006：頁 630	
				宣王	李伯謙 2003：頁 53–55	形制紋飾近宣王時逨器。
				西周晚期	陳佩芬 2004：頁 554 器 421	
				西周晚期	吳鎮烽 2006：頁 255	晉侯對，西周晚期人，名對，晉國國君。
5515	儠匜	154（又合文3）	10285	西周晚期	集成 2007（7）：頁 6179	
				夷厲	岐山 A1976：頁 32	有西周中期作風，器形爲匜而稱盉，爲屬匜的初期形式。
				未	唐蘭 1976a：頁 58–59	"荓"即荓京，成王時稱"旁"，穆王以後寫作"荓"而稱"京"，西周晚期不稱京，古書稱爲方。盤盉一組，西周後期，以匜代替盉，有時還叫盉。
				西周後期	唐蘭 1976b：頁 31	形制、紋飾、字體不早於夷、厲時。據"白揚父"身份、所處地區、時代看，此人即《國語·周語》所記幽王三年之伯陽父。代詞"乃"與虛詞"迺"早期絕不混用，此處混用爲晚期現象，亦見於宣王時駒父盨蓋（04464）。

續表

序號	器名	字數	銘文著錄	時代	出處	依據
5515	僰匜	154（又合文3）	10285	屬宣之際	黃盛璋1976:頁42-43	
				宣王	李學勤1976:頁46	匜自名"盂"，同毳盂（10247），爲西周晚期現象。字體似毛公鼎（02841）。
				屬王	唐蘭1976—1978（1986）:頁508	
				西周中期偏晚	陝西F1979:頁12	"伯揚父"亦見於伯朄父鼎（02465），與《國語·周語》之"伯揚父"非一人，非西周晚期器。
				西周晚期初年	李學勤1979a:頁149–156	據器形紋飾應屬西周晚期偏早。"吏智"即夷王時克鐘（00204）之"士智"，訓匜在西周晚期之初。
				西周中期	陝西1979（1）:頁32器207	
				幽王	高木森1986:頁145	"白揚父"即伯陽父甫，宣末幽初人。
				懿王	馬承源等1988:頁184器258	伯揚父即懿王時揚簋（04295）之揚。
				西周後期	辭典1995:頁162器562	
				西周中期	青全1997（5）:頁186器194	
				宣王	魏娉娥2001:頁380–381	曆日與宣王時兮甲盤（10174）相合。銘文的書體、結構、章法都與宣王時青銅器銘文酷似。紋飾屬西周晚期。
				宣王三十三年	龐懷靖2002:頁49–50	伯陽父於幽王三年講述地震成因，在其可能的年壽範圍內，宣王三十三年合朔。
				懿王	劉啟益2002:頁300	爲西周銅匜形制中之最早者。
				西周中期後段	馬承源2003a:頁265匜1	器形。
				屬王（夷末）	彭裕商2003:頁428	據器形、紋飾、字體判斷，當在屬王，或早至夷王晚期。吏智非智鼎（02838）之智。
				西周中期	曹瑋等2005（2）:頁385	
				西周中期後段	吳鎮烽2006:頁426	僰，西周中期後段人。
				懿王	王輝2006:頁179	

二五、盂類

序號	器　名	字數	銘文著録	時　代	出　　處	依　　據
5516	伯盂	4	近二 0962、新收 1451	西周中期	近二 2010（三）：頁 287	
				西周中期	新收 2006：頁 1004	
				西周中期	陳佩芬 2004：頁 342	
5517	叔盂弔盂	4	近二 0963、新收 1686	西周中期	近二 2010（三）：頁 288	
				西周中期	新收 2006：頁 1152	
5518	匽侯盂燕侯盂	5	10303–10304	西周早期	集成 2007（7）：頁 6180	
				成王	唐蘭 1976—1978（1986）：頁 110	
				成王	殷瑋璋、曹淑琴 1991：頁 15	
				西周早期	吳鎮烽 2006：頁 228	燕侯，西周早期燕國國君。
5519	匽侯盂燕侯盂	5	10305	西周早期	集成 2007（7）：頁 6181	
				西周	熱河 1955：頁 16–27	
				成康	白川靜 1964b：頁 417–420 器 38 附	
				成王	陳夢家 1966（2004）：頁 48	據花紋看屬成王，同出他器的紋飾亦皆爲成王時。
				殷末周初	郭寶鈞 1970（1981）：頁 49–51	器形多有殷遺風。
				成王	唐蘭 1976—1978（1986）：頁 109	
				成王	馬承源等 1988：頁 29 器 46	此"燕侯"即燕侯旨，見於晏侯旨鼎（02269）。
				成王	殷瑋璋、曹淑琴 1991：頁 15	形體碩大，裝飾華麗，與燕侯旨之器難以配置，而與太保之器一致，爲燕召公所作。
				西周前期	辭典 1995：頁 120 器 417	
				西周早期	青全 1997（6）：頁 16 器 16	
				康王	劉啓益 2002：頁 129	圈足花紋同康王時邢侯簋（04241）。腹部花紋同康王時乍册折尊（06002）。
				康王	彭裕商 2003：頁 242	
				西周早期	馬承源 2003a：頁 149 盂 4	器形。
				西周早期	吳鎮烽 2006：頁 228	燕侯，西周早期燕國國君。
				西周早期偏早	朱鳳瀚 2009：頁 1428	器形。
5520	虢叔盂	5	10306–10307	西周中期	集成 2007（7）：頁 6181	
				厲王	白川靜 1969a：頁 380–381 器 155 附	
				西周中期	馬承源等 1988：頁 250 器 357	*10306。
				西周晚期	青全 1997（6）：頁 138 器 142	
				宣王	劉啓益 2002：頁 391	參虢叔匝（04514）。

續表

序號	器　名	字數	銘文著錄	時　代	出　　處	依　　據
5521	迺盂	6	10308	西周早期	集成 2007（7）：頁 6181	
				西周初期	中科院 1962：頁 151A813	
				成康	唐蘭 1972：頁 59	文字，花紋。
				西周早期後段	吳鎮烽 2006：頁 214	迺，西周早期後段人。
5522	丹叔番盂	6	近二 0964、新收 0669	西周晚期	近二 2010（三）：頁 289	
				西周	新收 2006：頁 498	
				西周晚期	張恩賢、魏興興 2001：頁 89-90	器形，銘文風格。
				西周晚期偏早	張懋鎔 2006a：頁 232	
				西周中晚期	吳鎮烽 2006：頁 76	丹叔番，西周中晚期人，名番，丹氏家族。
5523	🦌盂　退盂	7	10309	西周早期	集成 2007（7）：頁 6181	
				西周初期（約成、康）	中科院 1962：頁 151A814	
				成王	唐蘭 1976—1978（1986）：頁 122	"康公"應即康叔封。
				康王前後	彭裕商 2003：頁 293	"康公"爲衛始封者康侯之子。
				西周早期	吳鎮烽 2006：頁 235	微，西周早期人，康公後人。
5524	王盂	8	近出 1024、新收 0668	西周早期	近出 2002（四）：頁 33	
				西周早期	新收 2006：頁 498	
				成康	羅西章 1998a：頁 77	據"王"最下一筆呈鉞形、"中"作六條旗形、圈足上有饕餮紋，此器爲西周早期成康時。作器者可能爲成王或康王。
				成康	李仲操 1998：頁 83	圈足上有饕餮紋，是莽京中寢專作的禮器，當在中寢最初建成之時。
				周初	王輝 2003a：頁 51	器形，文字風格。
				西周早期	曹瑋等 2005（10）：頁 2218	
				成康	張懋鎔 2006a：頁 230	
5525	皇考武君盂	存 10	近出附 70	西周	近出 2002（四）：頁 308	
5526	天盂	10	近二 0966、新收 0759	西周晚期	近二 2010（三）：頁 291	
				西周中期	新收 2006：頁 555	
				西周中期	陝西 B2003：頁 28	

序號	器 名	字數	銘文著録	時 代	出 處	依 據
5526	天盂	10	近二 0966、新收 0759	西周	陝西 C2003：頁 36	
				宣王	劉軍社 2003：頁 47-49	
				未	董珊 2003：頁 42-46	天盂與同出其他 26 器非同人作器。
				穆、恭時期	劉懷君 2003：頁 49-50	器形、紋飾、銘文字體。
				宣王	周曉陸 2003：頁 62-69	此窖藏之 27 件器器主爲同一人，作於同時。參四十二年徠鼎（新收 0745）。
				西周中期	李學勤 2003a：頁 70	形制近曲沃晉侯墓地 M32、33 殘盂，兩墓爲晉屬侯及其夫人墓。
				屬世中期	黄盛璋 2006：頁 15	形制、紋飾晚於恭世標準器永盂（10322）。
5527	滋盂	12（又重文 2）	10310	西周中期	集成 2007（7）：頁 6181	
				西周中期	劉東亞 1982：頁 65	器形，紋飾。
				西周中期	吳鎮烽 2006：頁 325	滋，西周中期人。
5528	庶盂	12	10311	西周早期	集成 2007（7）：頁 6181	
				西周中期	吳鎮烽 2006：頁 291	庶，西周中期人。
5529	伯盂白盂、周伯盂	14（又重文 2）	10312	西周早期	集成 2007（7）：頁 6181	
				西周後期	容庚 1941（2008）：頁 356 盂 4	
				西周中期	辭典 1995：頁 121 器 419	
5530	□作父丁盂	存 14	10313	西周中期	集成 2007（7）：頁 6181	
				恭王	陝西 H1965：頁 17	器形、紋飾同 1962 永壽好時河出土銅盂，後者爲恭王時器。
				孝王	陳夢家 1966（2004）：頁 255	
				西周中期	馬承源 2003a：頁 151 盂 6	器形。
5531	伯公父盂	14（又重文 1）	10314	西周晚期	集成 2007（7）：頁 6181	
				西周後期	陝西 F1978a：頁 8	作器者同云塘出土伯公父 器（09935、09656、04384），後者爲西周後期器。
				宣王	劉啓益 2002：頁 394	與伯公父匜（04628）爲同人作器，後者爲宣王時。
				西周晚期	吳鎮烽 2006：頁 153	伯公父，西周晚期人。

序號	器 名	字數	銘文著録	時 代	出 處	依 據
5532	善夫吉父盂 膳夫吉父盂	14（又重文2）	10315	西周晚期	集成 2007（7）: 頁 6181	
				西周晚期	趙學謙 1959: 頁 635	
				宣王	吳鎮烽 1987: 頁 282	伯吉父、善夫吉父與兮甲、兮吉父是同一個人，兮甲作盤（10174）爲宣王時器。
				厲宣時期	劉啟益 2002: 頁 373	參兮吉父簋（04008）。
				西周晚期	馬承源 2003a: 頁 151 盂 7	器形。
				西周晚期	張懋鎔 2006a: 頁 233 器 94	
				西周晚期	吳鎮烽 2006: 頁 322	善夫吉父，西周晚期人。
5533	趞盂	49	10321	西周中期	集成 2007（7）: 頁 6182	
				西周中期	陝西 H1977: 頁 71	形制、紋飾、銘文字體近西周中期永盂（10322）。
				恭王	馬承源等 1988: 頁 129 器 195	趞即恭王時小臣趞鼎（02581）之趞。
				西周中期	青全 1997（5）: 頁 70 器 74	
				共王	劉啟益 2002: 頁 270	"天君"即共王時尹姞鬲（00754）之"天君"。
				西周晚期	吳鎮烽 2006: 頁 252	趞，西周晚期人。
5534	永盂 師永盂	121（又重文2）	10322	西周中期	集成 2007（7）: 頁 6182	
				共王十二年	岐山 B1972	
				共王十二年	唐蘭 1972: 頁 59-60	據"益公""邢伯"等人物聯繫他器。
				穆、恭	夏鼐 1972: 頁 30	"井白"屢見於恭王時器。
				共王	唐蘭 1976—1978（1986）: 頁 420	
				懿王十二年	李學勤 1979: 頁 36	
				共王	唐復年 1983: 頁 34-35	
				懿王	盛冬鈴 1983: 頁 56	據人名聯繫。
				懿王	李學勤 1983: 頁 58	參夷王時師同鼎（02779），考慮到師同之參戰年齡，不可前移至恭王，排於懿王更合理。
				共王十二年	劉啟益 1984: 頁 240	
				恭王	丁驌 1985: 頁 39	曆日。
				懿王後期	高木森 1986: 頁 101	形制，紋飾。

續表

序號	器　名	字數	銘文著錄	時　代	出　　處	依　　據
5534	永盂 師永盂	121 （又重 文 2）	10322	恭王十二 年	吳鎮烽 1987：頁 274	"邢伯"多見於恭王時器。
				恭王	馬承源等 1988：頁 141 器 207	
				厲王十二 年	何幼琦 1989b：頁 54	邢伯、伯俗父見於厲王時 衛鼎（02832）。
				恭王	劉啓益 1989：頁 179	人物聯繫。
				共王	李零 1993：頁 663	
				西周中期	辭典 1995：頁 121 器 418	
				恭王	青全 1997（5）：頁 69 器 72	
				恭王十二 年	劉雨 1997：頁 247	
				恭王十二 年	榮孟源 1997：頁 358	曆法。
				夷王	彭裕商 1999：頁 60	據人物聯繫該不早於孝 世。"益公"在厲王時爲右 者，參休盤（10170）。"尹 氏"多見於厲宣時。
				共王	劉啓益 2002：頁 260	日辰合於《張表》共王 十二年。
				西周中期	馬承源 2003a：頁 149 盂 5	器形。
				夷王	彭裕商 2003：頁 356、364	據人物聯繫、"尹氏"出現 時間、紋飾、字體等推 斷，該器在夷世，詳參虎 簋蓋（新收 0633）。
				西周中期	張懋鎔 2006d：頁 61	饕餮紋，形制。
				西周中期	吳鎮烽 2006：頁 260	師永，西周中期人。
				共王	王輝 2006：頁 163	益公、邢伯是共懿時人， 師同是共懿孝時人，師 虎、榮伯、遣仲是共王時 人，師永盂（10322）爲共 王時器。
				恭王十二 年	張聞玉 2007：頁 39	"井伯"見於穆恭時器， 該器曆日可放入恭王十二 年。
				恭王	何景成 2008a：頁 51–55	象鼻形裝飾同穆王時盠 方彝（09899）、盠方尊 （06013）。
				恭懿	張懋鎔 2008：頁 347	
				恭王十二 年	夏含夷 2010	

二六、其他類

序號	器 名	字數	銘文著録	時 代	出 處	依 據
5535	微瘋盆	4	10324–10325	西周中期	集成 2007（7）：頁 6182	
				懿孝	陝西 1980（2）：頁 7 器 49、50	
				共王	伍士謙 1981：頁 97–126	參三年瘋壺（09726）。
				孝王	吳鎮烽 1987：頁 279	據微氏家族世系排列，"瘋"爲懿孝時期人。造型、字體有較晚特徵。
				孝夷	盧連成、胡智生 1988a：頁 522	
				宣王前後	羅泰 1997：頁 651–676	參牆盤（10175）。
				懿孝	馬承源 2000a（2007）：頁 174	父親是恭王時代史官，當懿孝時人。
				懿孝	劉啓益 2002：頁 298	"微伯瘋"的活動時間在懿孝時，見三年瘋壺（09726）。
				約孝夷屬	李零 2002a：頁 44	器形風格，字體特徵，年代序列。
				西周中期	曹瑋等 2005（4）：頁 773–775	
5536	羣氏膚鎗	6	10350	西周晚期	集成 2007（7）：頁 6184	
				春秋戰國	容庚 1941（2008）：頁 285	
				西周晚期	吳鎮烽 2006：頁 283	羣氏膚，西周晚期人。
5537	亞夨侯殘圜器	9	10351	西周早期	集成 2007（7）：頁 6184	
5538	召圜器圕圜器、召睘器、召卣二	44	10360	西周早期	集成 2007（7）：頁 6185	
				昭王七年	吳其昌 1929（2004）：頁 213	日辰合於《曆譜》昭王七年。字體與昭王時矢彝（09901）、矢 毁（04300）相肖。
				孝王	郭沫若 1935（2002）：頁 204	"休王"即懿王子弟孝王，王名生稱。
				成王	陳夢家 1966（2004）：頁 51	王賞畢土的召疑是畢公高，文王子。
				康王	白川靜 1965：頁 467–484 器 45	
				康王	白川靜 1965d：頁 148–150	"休王"爲康王在世之稱。形制、文字亦屬康王。
				康王	白川靜 1975（1997）：頁 254	或以"休王"爲康王生稱。
				昭王	唐蘭 1981：頁 88。	
				昭王	馬承源等 1988：頁 72 器 101	此"召"與召尊（06004）、召卣（05416）之"召"爲同一人。"畢"在陝西咸陽北，文王周公葬於此，見《史記・魯世家》。
				武王（武成之際）	殷瑋璋、曹淑琴 1991：頁 5、11–12	參召角（09078）。

續表

序號	器　名	字數	銘文著録	時　代	出　　處	依　　據
5538	召圜器、晉圜器、召晨器、召卣二	44	10360	康王	劉啓益 2002：頁 126	同人作召卣（05416）在康王時。
				西周早期後段	馬承源 2003a：頁 219 卣 2	器形。
				昭王	彭裕商 2003：頁 261	字體同昭王時召尊（06004）、召卣（04868），當爲同一人所作。
				西周早期後段	吳鎮烽 2006：頁 442	晉，西周早期後段人。
5539	嗣工量（鎣）	2	10363	西周早期	集成 2007（7）：頁 6185	
5540	競器	1	10479	西周早期	集成 2007（7）：頁 6193	
5541	嫵器	1	10480	殷或西周早期	集成 2007（7）：頁 6193	
5542	龍器	1	10486	殷或西周早期	集成 2007（7）：頁 6193	
5543	父癸器	2	10501	西周早期	集成 2007（7）：頁 6194	
5544	壴父辛器	3	10523	商代後期	集成 2007（7）：頁 6195	
				康晚昭前	盧連成、胡智生 1988：頁 263	伴出器物的組合、形制、紋飾。
				西周早期	青全 1997（6）：頁 168 器 173	
5545	夨父癸器	1	10525	西周早期	集成 2007（7）：頁 6195	
5546	作寶彝器	3	10528	西周早期	集成 2007（7）：頁 6196	
5547	作寶彝器	3	10529	西周早期	集成 2007（7）：頁 6196	
5548	作寶彝器	3	10530	西周早期	集成 2007（7）：頁 6196	
5549	作寶彝器	3	10531	西周早期	集成 2007（7）：頁 6196	
5550	叔姞父乙器	4	10533	西周早期	集成 2007（7）：頁 6196	
5551	觥作父乙器	4	10534	西周早期	集成 2007（7）：頁 6196	
				西周早期	吳鎮烽 2006：頁 364	觥，西周早期人。
5552	田告父丁器	4	10536	西周早期	集成 2007（7）：頁 6196	
5553	光作從彝器	4	10538	西周早期	集成 2007（7）：頁 6196	
				西周早期	吳鎮烽 2006：頁 118	光，西周早期人。
5554	作狽寶彝器	4	10539	西周早期	集成 2007（7）：頁 6196	
5555	伯作寶彝器	4	10540	西周早期	集成 2007（7）：頁 6196	
5556	伯作寶彝器	4	10541	西周早期	集成 2007（7）：頁 6196	

續表

序號	器 名	字數	銘文著錄	時 代	出 處	依 據
5557	叔作寶彝器	4	10542	西周早期	集成 2007（7）：頁 6196	
5558	邵作寶彝器	4	10543	西周早期	集成 2007（7）：頁 6197	
				西周早期	吳鎮烽 2006：頁 176	邵，西周早期人。
5559	宵作旅彝器	4	10544	西周早期	集成 2007（7）：頁 6197	
				西周早期	吳鎮烽 2006：頁 275	宵，西周早期人。
5560	伯魚器	5	10545	西周早期	集成 2007（7）：頁 6197	
				西周早期前段	吳鎮烽 2006：頁 158	伯魚，西周早期前段人。
5561	艅伯器	5	10546	西周早期	集成 2007（7）：頁 6197	
				西周早期	吳鎮烽 2006：頁 358	艅伯，西周早期人。
5562	叔器	5	10547	西周早期	集成 2007（7）：頁 6197	
5563	叔器	5	10548	西周早期	集成 2007（7）：頁 6197	
5564	羴姬器	5	10549	西周早期	集成 2007（7）：頁 6197	
				西周早期	吳鎮烽 2006：頁 372	羴姬，西周早期姬姓婦女。
5565	呎禾器	5	10550	西周早期	集成 2007（7）：頁 6197	
				西周早期	吳鎮烽 2006：頁 118	呎禾，西周早期人。
5566	从器	5	10551	西周早期	集成 2007（7）：頁 6197	
				西周早期	吳鎮烽 2006：頁 80	比，西周早期人。
5567	凡器	5	10552	西周早期	集成 2007（7）：頁 6197	
5568	矣器	5	10553	西周早期	集成 2007（7）：頁 6197	
5569	衍作父乙器	6	10554	西周早期	集成 2007（7）：頁 6197	
				西周早期	吳鎮烽 2006：頁 235	衍耳，西周早期人。
5570	子作父乙器	6	10555	殷或西周早期	集成 2007（7）：頁 6197	
5571	柚作父丁器	6	10556	西周早期	集成 2007（7）：頁 6197	
				西周早期	吳鎮烽 2006：頁 251	柚，西周早期人。
5572	作父丁器	6	10557	西周早期	集成 2007（7）：頁 6197	
5573	壽作父戊器	6	10558	西周早期	集成 2007（7）：頁 6197	
				西周早期	吳鎮烽 2006：頁 352	壽，西周早期人。
5574	圽作父辛器	6	10560	西周早期	集成 2007（7）：頁 6198	
				西周早期	吳鎮烽 2006：頁 203	封，西周早期人。
5575	次气簋寒簋、次气作父辛器	6	10561	西周早期	集成 2007（7）：頁 6198	
				西周早期	吳鎮烽 2006：頁 276	西周早期人。

續表

序號	器 名	字數	銘文著録	時 代	出 處	依 據
5576	伯享父器	6	10563	西周早期	集成 2007（7）：頁 6198	
				西周早期	吳鎮烽 2006：頁 155	伯享父，西周早期人。
5577	伯丙器	6	10564	西周早期	集成 2007（7）：頁 6198	
				西周早期	吳鎮烽 2006：頁 153	伯丙，西周早期人。
5578	師高器	6	10565	西周早期	集成 2007（7）：頁 6198	
				西周早期	吳鎮烽 2006：頁 262	師高，西周早期人，名高。
5579	俞伯器	6	10566	西周早期	集成 2007（7）：頁 6198	
				西周早期	吳鎮烽 2006：頁 236	俞伯，西周早期俞氏族首領。
5580	向器	6	10567	西周早期	集成 2007（7）：頁 6198	
				西周早期	吳鎮烽 2006：頁 125	向，西周早期人。
5581	山御作父乙器	6	10568	西周早期	集成 2007（7）：頁 6198	
				西周早期	吳鎮烽 2006：頁 25	山，西周早期人。
5582	畢作父戊器	7	10569	西周早期	集成 2007（7）：頁 6198	
				西周	吳鎮烽 2006：頁 257	岬，西周時期人。
5583	◆乚作父丁簋	8	10572	西周早期	集成 2007（7）：頁 6198	
				成王	陳夢家 1966（2004）：頁 75	族名、考名皆同成王時中盤（三代·17.15）。
5584	田作父己器	8	10573	西周早期	集成 2007（7）：頁 6198	
				西周早期	吳鎮烽 2006：頁 88	田，西周早期人。
5585	耳作父癸器	8	10574	西周早期	集成 2007（7）：頁 6198	
				康王	白川靜 1965a：頁 580–583 器 56 附	
				西周早期	吳鎮烽 2006：頁 111	耳，西周早期人。
5586	趩子作父庚器	9	10575	西周早期	集成 2007（7）：頁 6198	
				西周早期	吳鎮烽 2006：頁 404	趩子僕 西周早期人。
5587	庚姬器	9	10576	西周早期	集成 2007（7）：頁 6199	
				西周早期	吳鎮烽 2006：頁 212	庚姬，西周早期姬姓婦女。
5588	保侲母器	12	10580	西周早期	集成 2007（7）：頁 6199	
				康王	陳夢家 1966（2004）：頁 128 器 87 附	銘辭行款體例同康王時保侃母簋（03743）。
				昭王	白川靜 1966a：頁 809–810 器 72 附	
				西周早期	吳鎮烽 2006：頁 233	

續表

序號	器 名	字數	銘文著錄	時 代	出 處	依 據
5589	㝬作父辛器	21（又合文1）	10581	西周早期	集成 2007（7）：頁 6199	
				成王	陳夢家 1966（2004）：頁 69	
				成王	唐蘭 1976—1978（1986）：頁 120	"公仲"疑爲康叔封之子。
				西周早期	吳鎮烽 2006：頁 233	㝬，西周早期人。
5590	伊器	25	10582	西周早期	集成 2007（7）：頁 6199	
				西周早期	吳鎮烽 2006：頁 164	辛事，西周早期人。
5591	猾斗	1	近出 1027、新收 1243	西周早期	近出 2002（四）：頁 41	
				西周早期	新收 2006：頁 872	
				西周早期（不晚於康王）	湖北 B1997：頁 33	形制，紋飾，銘文。
5592	右瓿又瓿	1	近出 1028、新收 0802	西周早期	近出 2002（四）：頁 42	
				商晚–西周早期	新收 2006：頁 590	
				西周早期前段	陝西 A1995：頁 123	形制，花紋。
				成王	張長壽 1998：頁 290–294	形制，花紋，組合。
				約武王至康王	朱鳳瀚 2009：頁 1228–1265	墓葬。
5593	梁姬罐	5	近出 1046、新收 0045	西周晚期	近出 2002（四）：頁 69	
				西周晚期	新收 2006：頁 45	
				西周晚期晚段（宣幽）	河南 D1999：頁 313、527	同出青銅禮器的形制、紋飾皆有西周晚期特點。
5594	邢叔杯	6	近出 1048	西周中期	近出 2002（四）：頁 71	
5595	作敗器	2	近出 1057、新收 0352	西周中期	近出 2002（四）：頁 80	
				西周中期	新收 2006：頁 242	
				穆、恭時期	蔡運章 1996：頁 56	據同出陶器。
5596	※祖乙器蓋	3	近出 1058	西周早期	近出 2002（四）：頁 81	
5597	初吉殘片	存 11（又重文 2）	近出 1059、新收 0859	西周晚期	近出 2002（四）：頁 82	
				西周晚期	新收 2006：頁 631	
				西周晚期	山西·北京 1993：頁 11–30	
				夷厲	孫華 1995：頁 50	殘鈕與上博晉侯𩛥盨（近出 0501）形式同。晉侯𩛥當爲晉靖侯宜臼。
				西周晚期	朱鳳瀚 2000：頁 192–198	對，即靖侯宜臼。

續表

序號	器 名	字數	銘文著錄	時 代	出 處	依 據
5598	晉侯喜父鉦	25（又重文2）	近出 1060、新收 0903	西周晚期	近出 2002（四）：頁 83	
				西周晚期	新收 2006：頁 658	
				厲王前後	山西・北京 1995：頁 36-37	晉靖侯。
				厲王	李學勤 1995：頁 160-170	喜父，即晉靖侯宜臼，據《史記》當厲王時。
				未	林聖傑 1997：頁 371	喜父，爲靖侯之字。
				未	李伯謙 1998：頁 118	喜父爲晉靖侯，爲其父厲侯作器。
				未	黃錫全 1998：頁 150	喜父即晉厲侯福，一字一名。
				未	李伯謙 2000：頁 77	據墓葬排序及年代範圍，喜父爲晉靖侯。
				西周中期偏晚	朱鳳瀚 2000：頁 192-198	
				宣王	徐天進 2000：頁 335-337	墓葬在宣王時。
				未	陳秉新 2001：頁 82-83	喜父，即晉厲侯福。
				未	李伯謙 2002：頁 31	據出土器物的特徵，M91 在西周晚期早段。
				夷厲	張懋鎔 2006a：頁 216	器主即晉靖侯，當夷厲時。
				西周中期偏晚	朱鳳瀚 2009：頁 1447	該器形制紋飾當西周中期偏晚約懿孝時。

參考文獻

（簡稱對照表）

A

艾延丁

1991　　　《仲俋父銅器及其相關的問題》，《南都學刊（社會科學版）》1991 年 03 期，頁 116–117。

安　徽：安徽省文化局文物工作隊

1959　　　《安徽屯溪西周墓葬發掘報告》，《考古學報》1959 年 04 期，頁 59–90。

B

白川靜

1962　　　《金文通釋》，《白鶴美術館志》01 輯，1962 年（昭和 37 年），白鶴美術館，頁 1–38。

1962a　　《金文通釋》，《白鶴美術館志》02 輯，1962 年（昭和 37 年），白鶴美術館，頁 39–88。

1962b　　《白鶴美術館志》03 輯，1962 年（昭和 37 年），白鶴美術館，頁 89–140。

1962c　　《白鶴美術館志》04 輯，1962 年（昭和 37 年），白鶴美術館，頁 141–196。

1963　　　《白鶴美術館志》05 輯，1963 年（昭和 38 年），白鶴美術館，頁 141–196。

1964　　　《白鶴美術館志》06 輯，1964 年（昭和 39 年），白鶴美術館，頁 197–316。

1964a　　《白鶴美術館志》07 輯，1964 年（昭和 39 年），白鶴美術館，頁 317–394。

1964b　　《白鶴美術館志》08 輯，1964 年（昭和 39 年），白鶴美術館，頁 395–466。

1965　　　《白鶴美術館志》09 輯，1965 年（昭和 40 年），白鶴美術館，頁 467–528。

1965a　　《白鶴美術館志》10 輯，1965 年（昭和 40 年），白鶴美術館，頁 529–596。

1965b　　《白鶴美術館志》11 輯，1965 年（昭和 40 年），白鶴美術館，頁又 591–646。

1965c　　《白鶴美術館志》12 輯，1965 年（昭和 40 年），白鶴美術館，頁 647–718。

1965d　　《西周彝器斷代小記》，《歷史語言研究集刊》第 36 本，1965 年，頁 147–157。

1966　　　《白鶴美術館志》13 輯，1966 年（昭和 41 年），白鶴美術館，頁 719–770。

1966a　　《白鶴美術館志》14 輯，1966 年（昭和 41 年），白鶴美術館，頁 771–842。

1966b　　《白鶴美術館志》15 輯，1966 年（昭和 41 年），白鶴美術館，頁 1–68。

1966c　　《白鶴美術館志》16 輯，1966 年（昭和 41 年），白鶴美術館，頁 69–152。

1967　　　《白鶴美術館志》17 輯，1967 年（昭和 42 年），白鶴美術館，頁 153–232。

1967a　　《白鶴美術館志》18 輯，1967 年（昭和 42 年），白鶴美術館，頁 233–292。

1967b　　《白鶴美術館志》19 輯，1967 年（昭和 42 年），白鶴美術館，頁 293–376。

1967c　　《白鶴美術館志》20 輯，1967 年（昭和 42 年），白鶴美術館，頁 377–448。

1968　　　《白鶴美術館志》21 輯，1968 年（昭和 43 年），白鶴美術館，頁 449–532。

1968a　　《白鶴美術館志》22 輯，1968 年（昭和 43 年），白鶴美術館，頁 1–80。

1968b　　《白鶴美術館志》23 輯，1968 年（昭和 43 年），白鶴美術館，頁 81–152。

1968c　　《白鶴美術館志》24 輯，1968 年（昭和 43 年），白鶴美術館，頁 153–228。

1969　　　《白鶴美術館志》25 輯，1969 年（昭和 44 年），白鶴美術館，頁 229–304。

1969a   《白鶴美術館志》26 輯，1969 年（昭和 44 年），白鶴美術館，頁 305-400。

1969b   《白鶴美術館志》27 輯，1969 年（昭和 44 年），白鶴美術館，頁 401-484。

1969c   《白鶴美術館志》28 輯，1969 年（昭和 44 年），白鶴美術館，頁 485-552。

1970   《白鶴美術館志》29 輯，1970 年（昭和 45 年），白鶴美術館，頁 553-636。

1970a   《白鶴美術館志》30 輯，1970 年（昭和 45 年），白鶴美術館，頁 637-700。

1970b   《白鶴美術館志》31 輯，1970 年（昭和 45 年），白鶴美術館，頁 701-784。

1970c   《白鶴美術館志》32 輯，1970 年（昭和 45 年），白鶴美術館，頁 785-840。

1971   《白鶴美術館志》33 輯，1971 年（昭和 46 年），白鶴美術館，頁 841-917。

1975（1997） 《西周斷代和年曆譜》，《武王克商之年研究》，北京師範大學出版社，1997 年，頁 253-258（彭林譯部分）。原載於《金文通釋》卷五，1975 年，頁 355-367。

白光琦

1995   《秦公壺應爲東周初期器》，《考古與文物》1995 年 04 期，頁 71。

1997   《西周的年代與曆法》，《武王克商之年研究》，北京師範大學出版社，1997 年，頁 307-312。

2001   《幽王滅年辨》，《考古與文物叢刊第四號——古文字論集（二）》，《考古與文物》編輯部，2001 年，頁 127-134。

2005   《師酉鼎與師酉簋非一人器》，《考古與文物——古文字論集（三）》，2005 年增刊，頁 69-71。

2006   《單伯世系小議》，《周秦文明論叢》01 輯，2006 年，頁 66-69。

2006a   《楊家村窖藏銅器與宣幽二世年份》，《周秦文明論叢》01 輯，2006 年，頁 70-73。

寶 雞 A：寶雞茹家莊西周墓發掘隊

1976   《陝西省寶雞市茹家莊西周墓發掘簡報》，《文物》1976 年 04 期，頁 34-56。

寶 雞 B：寶雞市博物館、渭濱區文化館

1978   《寶雞竹園溝等地西周墓》，《考古》1978 年 05 期，頁 289-296、300。

寶 雞 C：寶雞市考古研究所、扶風縣博物館

2007   《陝西扶風五郡西村西周青銅器窖藏發掘簡報》，《文物》2007 年 08 期，頁 4-27。

2007a   《陝西扶風縣新發現一批西周青銅器》，《考古與文物》2007 年 04 期，頁 3-12。

寶 雞 D：寶雞市考古研究所

2007   《陝西寶雞紙坊頭西周早期墓葬清理簡報》，《文物》2007 年 08 期，頁 28-47。

寶 雞 E：寶雞市博物館

1983   《寶雞竹園溝西周墓地發掘簡報》，《文物》1983 年 02 期，頁 1-11、90。

寶 雞 F：寶雞市博物館、寶雞縣圖博館

1980   《寶雞縣西高泉村春秋秦墓發掘記》，《文物》1980 年 09 期，頁 1-9。

北 京 A：北京市文物管理處

1978   《北京市新徵集的商周青銅器》，《文物資料叢刊》1978 年 02 輯，頁 14-21。

北 京 B：《北京文物精粹大系》編委會、北京市文物局

2002   《北京文物精華大系·青銅器卷》，2002 年。

北 京 C：北京市文物研究所

1995   《琉璃河西周燕國墓地（1973-1977）》，文物出版社，1995 年。

C

蔡崇明

1993   《師㝨殷銘文綜合研究》，《第三屆中國文字學國際學術研討會論文集》，輔仁大學出版社，1993 年，頁 121-150。

蔡培桂

1980   《應公尊》，《山東師院學報（哲社版）》1980 年 04 期，頁 17-18。

蔡運章

1983　　　《西周金文中周王的任姓后妃》,《考古與文物叢刊第二號——古文字論集(一)》,考古與文物編輯部,1983 年,頁 40-42。

1992　　　《輔師嫠簋諸器及倗陽國史再探》,《甲骨金文與古史研究》,中州古籍出版社,1992 年,頁 72-80。

1994　　　《洛陽北窰西周墓墨書文字略論》,《文物》1994 年 07 期,頁 64-69、79。

1994a　　《論虢仲其人》,《中原文物》1994 年 02 期,頁 86-89、100。

1994b　　《虢文公墓考——三門峽虢國墓地研究之二》,《中原文物》1994 年 03 期,頁 42-44、94。

1996　　　《洛陽北窰西周墓青銅器銘文簡論》,《文物》1996 年 07 期,頁 54-68。

1996a　　《康伯壺蓋跋》,《河南文物考古論集》,河南人民出版社,1996 年,頁 328-330。

2007　　　《虢碩父其人考辨》,《中國文物報》2007 年 3 月 23 日。

蔡運章、張應橋

2003　　　《季姬方尊銘文及其重要價值》,《文物》2003 年 09 期,頁 87-90、93。

曹定雲

1999　　　《西周矢國考》,《出土文獻研究》05 輯,科學出版社,1999 年,頁 108-121。

曹發展、陳國英

1981　　　《咸陽地區出土西周青銅器》,《考古與文物》1981 年 01 期,頁 8。

曹明檀、尚志儒

1984　　　《陝西鳳翔出土的西周青銅器》,《考古與文物》1984 年 01 期,頁 53-65。

曹淑琴

1986　　　《記我們看到的一批傳世商周銅器》,《考古》1986 年 09 期,頁 834-840、848。

1989　　　《伯矩銅器群及其相關問題》,《慶祝蘇秉琦考古五十五年論文集》,文物出版社,1989 年,頁 398-407。

1993　　　《噩器初探》,《江漢考古》1993 年 02 期,頁 60-64。

曹　瑋

2003　　　《陝西眉縣出土窖藏青銅器筆談》,《文物》2003 年 06 期,頁 63-65。亦名《單氏家族銅器群》,載於《周原遺址與西周銅器研究》,科學出版社,2004 年,頁 87-89。

曹　瑋等:曹瑋主編

2005(1)　　《周原出土青銅器》,第一卷,2005 年,巴蜀書社。

2005(2)　　《周原出土青銅器》,第二卷,2005 年,巴蜀書社。

2005(3)　　《周原出土青銅器》,第三卷,2005 年,巴蜀書社。

2005(4)　　《周原出土青銅器》,第四卷,2005 年,巴蜀書社。

2005(5)　　《周原出土青銅器》,第五卷,2005 年,巴蜀書社。

2005(6)　　《周原出土青銅器》,第六卷,2005 年,巴蜀書社。

2005(7)　　《周原出土青銅器》,第七卷,2005 年,巴蜀書社。

2005(8)　　《周原出土青銅器》,第八卷,2005 年,巴蜀書社。

2005(9)　　《周原出土青銅器》,第九卷,2005 年,巴蜀書社。

2005(10)　《周原出土青銅器》,第十卷,2005 年,巴蜀書社。

曹永斌、樊維嶽

1986　　　《藍田泄湖鎮發現西周車馬坑》,《文博》1986 年 05 期,頁 1-3。

長　水

1972　　　《岐山賀家村出土的西周銅器》,《文物》1972 年 06 期,頁 25-29。

常金倉

1998　　　《晉侯蘇鐘銘的月相年代問題》,《吉林大學古籍整理研究所建所十五周年紀念文集》,吉林大學出版社,1998 年,頁 57-66。

2006 《西周青銅器斷代研究的兩個問題》，《考古與文物》2006 年 02 期，頁 36-45。

常興照、寧蔭堂

1989 《山東章丘出土青銅器述要兼談相關問題》，《文物》1989 年 06 期，頁 66-72。

晁福林

1989 《〈牆盤〉斷代再議》，《中原文物》1989 年 01 期，頁 78-81。

2001 《伯和父諸器與"共和行政"》，《古文字研究》21 輯，中華書局，2001 年，頁 174-190。

陳邦懷

1964 《金文叢考三則》，《文物》1964 年 02 期，頁 48-50。

1972 《克鎛簡介》，《文物》1972 年 06 期，頁 14-16。

陳秉新

1993 《墙盤銘文集釋》，《文物研究》1993 年 08 期，頁 157-167。

2001 《北趙出土銅器銘文中之晉侯斷及其他晉侯名新考》，《東南文化》2001 年 03 期，頁 82-83。

陳昌遠

1982 《有關何尊的幾個問題》，《中原文物》1982 年 02 期，頁 52-57。

陳公柔

1962 《記幾父壺、柞鐘及其同出的銅器》，《考古》1962 年 02 期，頁 88-91。

1986 《滕國、邾國青銅器及其相關問題》，《中國考古學研究——夏鼐先生考古五十年紀念論文集》，文物出版社，1986 年，頁 176-190。

1989 《說媿氏即懷姓九宗》，《古文字研究》16 輯，中華書局，1989 年，頁 211-217。

2004 《康侯簋考釋》，《古文字研究》25 輯，中華書局，2004 年，頁 167-169。

陳公柔、張長壽

1980 《大保簋的復出和大保諸器》，《考古與文物》1980 年 04 期，頁 23-30。又見於《商周考古論集》，文物出版社，2007 年，頁 168-177。

1982 《布倫戴奇藏品補遺》，《考古與文物》1982 年 05 期，頁 82。

陳　絜

2008 《淺談榮仲方鼎的定名及其相關問題》，《中國歷史文物》2008 年 02 期，頁 61-68。

2008a 《應公鼎銘與周代宗法》，《南開學報（哲學社會科學版）》2008 年 06 期，頁 8-17。

2010 《"仲催父鼎"補釋及其相關歷史問題》，《古文字研究》28 輯，中華書局，2010 年，頁 212-217。

陳　絜、祖雙喜

2005 《亢鼎銘文與西周土地所有制》，《中國歷史文物》2005 年 01 期，頁 19-27。

陳久金

1997 《晉侯蘇鐘筆談》，《文物》1997 年 03 期，頁 54-66。

2003 《吳逨鼎月相曆日發現的重大科學意義》，《自然科學史研究》2003 年 04 期，頁 368-373。

陳立信

1986 《鞏縣發現西周早期青銅鬲》，《中原文物》1986 年 04 期，頁 99。

陳連慶

1984 《敔簋銘文淺釋》，《古文字研究》09 輯，中華書局，1984 年，頁 305-320。

1986 《〈晉姜鼎〉銘新釋》，《古文字研究》13 輯，中華書局，1986 年，頁 189-201。

陳夢家

1955 《宜侯夨毁和它的意義》，《文物參考資料》1955 年 05 期，頁 63-66。

1966（2004） 陳夢家於 1955—1956 年在《考古學報》連續發表"西周銅器斷代（一至六）"，後連同未發表的遺稿（截至 1966 年），由考古研究所學者整理，於 2004 年 4 月中華書局出版，名爲《西周銅器斷代》。

陳佩芬

1981　　《上海博物館新收集的西周青銅器》,《文物》1981 年 09 期,頁 30–36。

1983　　《繁卣、趙鼎及梁其鐘銘文詮釋》,《上海博物館集刊》第二期,新華書店,1983 年,頁 15–25。

1984　　《曇仲壺》,《文物》1984 年 06 期,頁 21–23。

1989　　《甲簋》,《上海博物館藏寶録》,上海文藝出版社、三聯書店(香港)聯合出版,1989 年,頁 97。

1989a　　《鄂叔簋》,《上海博物館藏寶録》,上海文藝出版社、三聯書店(香港)聯合出版,1989 年,頁 97。

2000　　《新獲兩周青銅器》,《上海博物館集刊》第八期,上海書畫出版社,2000 年,頁 124–143。

2001　　《保利藝術博物館收藏的王作左守鼎》,《文物》2001 年 12 期,頁 62–64。

2001a　　《論王作左守鼎》,《保利藏金續——保利藝術博物館精品選》,嶺南美術出版社,2001 年,頁 254–255。

2003　　《陝西眉縣出土窖藏青銅器筆談》,《文物》2003 年 06 期,頁 52。

2004　　《夏商周青銅器研究·西周卷》,上海古籍出版社,2004 年 12 月。

2004a　　《夏商周青銅器研究·夏商卷》,上海古籍出版社,2004 年 12 月。

2004b　　《夏商周青銅器研究·東周卷》,上海古籍出版社,2004 年 12 月。

陳　平

1991　　《克罍、克盉銘文及其有關問題》,《考古》1991 年 09 期,頁 843–854。又見於《燕秦文化研究——陳平學術文集》,北京燕山出版社,2003 年,頁 3–13。

1999　　《邢侯簋再研究》,《1998 年河北邢臺中國商周文明國際學術研究會論文集——三代文明研究(一)》,科學出版社,1999 年,頁 105–113。

2002　　《頤和園藏商周銅器及銘文選析》,《古文字研究》24 輯,中華書局,2002 年,頁 161–165。

陳仁濤

1952　　《金匱論古初集》,香港亞洲石印局,1952 年,頁 57–61。

陳榮軍

2007　　《西周金文辭例札記》,《求索》2007 年 09 期,頁 207–209。

陳世輝

1958　　《虢宣公子白鼎略記》,《考古》1958 年 08 期,頁 22。

1984　　《師同鼎銘文考釋》,《史學集刊》1984 年 01 期,頁 1–5。

陳　壽,見陳公柔、張長壽。

陳松長

2002　　《"❀" 字小考》,《晉侯墓地出土青銅器國際學術研討會論文集》,上海書畫出版社,2002 年,頁 298–302。

陳賢芳

1986　　《父癸尊與子尊》,《文物》1986 年 01 期,頁 44–45。

陳　新、獻　本

1995　　《洛陽北窑 M120 墓主人的身份及相關問題》,《中原文物》1995 年 02 期,頁 61–65。

陳　穎

1985　　《長安縣新旺村出土的兩件青銅器》,《文博》1985 年 03 期,頁 89–90。

陳英傑

2004　　《讀金小札》,《古文字研究》25 輯,中華書局,2004 年,頁 124–128。

陳昭容

1995　　《談新出秦公壺的時代》,《考古與文物》1995 年 04 期,頁 64–70。

程長新

1983 《北京市順義縣牛欄山出土一組周初帶銘青銅器》,《文物》1983 年 11 期, 頁 64-67。

1984 《北京市揀選古代青銅器續志》,《文物》1984 年 12 期, 頁 35-39。

程長新、張先得

1980 《伯椃虘簋之再發現》,《文物》1980 年 05 期, 頁 61-62。

程繼林、呂繼祥

1986 《泰安城前村出土魯侯銘文銅器》,《文物》1986 年 04 期, 頁 12-14。

程學華

1959 《寶雞扶風發現西周銅器》,《文物》1959 年 11 期, 頁 72-73。

成　楠、馬偉峰、胡小平

2007 《虢石父銅鬲與銅匜賞析》,《文博》2007 年 06 期, 頁 62-64。

辭　典

1995 《中國文物精華大辭典・青銅卷》, 上海辭書出版社、商務印書館, 1995 年。

崔慶明

1984 《南陽市北郊出土一批申國青銅器》,《中原文物》1984 年 04 期, 頁 13-16、121。

D

戴家祥

1979（1992）《牆盤銘文通釋》,《上海師範大學學報（哲學社會科學版）》1979 年 02 期。又見於《西周微氏
家族青銅器群研究》, 陝西周原考古隊、尹盛平主編, 文物出版社, 1992 年, 頁 318-353。
（頁碼據後者）

戴尊德

1984 《芮城柴村銅器銘文考釋》,《古文字研究》09 輯, 中華書局, 1984 年, 頁 321-324。

戴尊德、劉岱瑜

1989 《山西芮城柴村出土的西周銅器》,《考古》1989 年 10 期, 頁 906-909。

德州 A：德州行署文化局文物組、濟陽縣圖書館

1981 《山東濟陽劉臺子西周早期墓發掘簡報》,《文物》1981 年 09 期, 頁 18-24。

1985 《山東濟陽劉臺子西周墓地第二次發掘》,《文物》1985 年 12 期, 頁 15-20。

丁　驌

1985 《西周金器年譜》,《中國文字》新 10 期, 美國藝文印書館, 1985 年, 頁 1-56。

董　珊

2003 《略論西周單氏家族窖藏青銅器銘文》,《中國歷史文物》2003 年 04 期, 頁 40-50。

2005 《冉方鼎與榮仲方鼎銘文的釋讀》,《古代文明研究通訊》2005 年 27 輯, 北京大學震旦古代文
明研究中心, 頁 14-21。

董作賓

1952 《西周年曆譜》,《歷史語言研究所集刊》第 23 本下冊, 東方印刷廠, 1952 年, 頁 681-760。

1952a 《毛公鼎考年》,《大陸雜誌》1952 年 05 卷 08 期, 頁 3-6。

1952b 《虢季盤時代》,《大陸雜誌》1952 年 02 卷 02 期, 頁 9。

1953（1978）《函皇父諸器之年代》,《真理世界》1953 年 45 期, 即《于右任七十晉五華誕紀念特刊》。又
見於《董作賓先生全集乙編》第四冊《平盧文存》下冊卷四, 藝文印書館, 1978 年, 頁 806-
811。（頁碼據後者）

1959（1977）《中國年曆總譜》, 香港大學, 1959 年。又見於《董作賓先生全集》第四冊, 藝文印書館印
行, 1977 年。

杜廼松

1982　　《榮毀銘文考釋及其意義》，《故宮博物院院刊》1982 年 03 期，頁 89-91。又載於《吉金文字與青銅文化論集》，紫禁城出版社，2003 年，頁 66-69。

1991　　《談虢國墓地新出銅器》，《中國文物報》1991 年 2 月 10 日。

1998　　《克罍克盉銘文新釋》，《故宮博物院院刊》1998 年 01 期，頁 61-64。

2002　　《古亞毀與寓鼎銘文考釋——爲〈中國文物報〉1000 期而作》，《中國文物報》2002 年 4 月 3 日。

2006　　《兮甲盤銘文再考釋與意義》，《周秦文明論叢》2006 年 01 輯，頁 119。

杜　勇

2001　　《關於令方彝的年代問題》，《中國史研究》2001 年 02 期，頁 3-16。

2002　　《令簋、禽簋中的“伐楚”問題》，《中國歷史文物》2002 年 02 期，頁 7-13。

杜　勇、沈長雲

2002　　《金文斷代方法探微》，人民出版社，2002 年 7 月第 1 版。

段紹嘉

1960　　《陝西藍田縣出土弭壺等彝器簡介》，《文物》1960 年 02 期，頁 9-10。

1963　　《扶風齊家村出土西周青銅器簡介》，《扶風齊家村青銅器群》，文物出版社，1963 年 1 月，頁 7-10。

1963a　《介紹陝西省博物館的幾件青銅器》，《文物》1963 年 03 期，頁 43-45。

斷代工程：夏商周斷代工程專家組

2000　　《夏商周斷代工程 1996—2000 年階段成果報告（簡本）》，世界圖書出版公司，2000 年 10 月。

E

鄂兵

1973　　《湖北隨縣發現曾國銅器》，《文物》1973 年 05 期，頁 21-25。

F

范汝森

1959　　《太保鼎》，《文物》1959 年 11 期，頁 59。

范毓周、周言

2002　　《西周金文曆譜與歷史年代探論》，《史學月刊》2002 年 01 期，頁 19-28。

方善柱

1977　　《初周青銅器銘文中的文武王后》，《大陸雜誌》1977 年 52 卷 05 期，頁 3-8。

方述鑫

1998　　《談談晉侯蘇鍾曆日的有關問題》，《徐中舒先生百年誕辰紀念文集》，巴蜀書社出版，1998 年，頁 151-154。

肥　西

1972　　《肥西、合肥發現西周晚期銅器》，《文物》1972 年 01 期，頁 77。

馮　時

1997　　《略論晉侯對與晉侯匹》，《中國文物報》1997 年 8 月 24 日。

1997a　《晉侯蘇鐘與西周曆法》，《考古學報》1997 年 04 期，頁 407-499。

1998　　《略論晉侯邦父及其名、字問題》，《文物》1998 年 05 期，頁 31-34。

2002　　《叔矢考》，《晉侯墓地出土青銅器國際學術研討會論文集》，上海書畫出版社，2002 年，頁 258-265。

扶風 A：扶風縣文化館、陝西省文管會

1976　　　　《陝西扶風出土西周伯威諸器》，《文物》1976 年 06 期，頁 51–60。

扶風 B：扶風縣文化館、陝西省文管會

1976　　　　《陝西扶風縣召李村一號周墓清理簡報》，《文物》1976 年 06 期，頁 61–65、100–101。

扶風 C：扶風縣博物館

1986　　　　《扶風縣官務窰出土西周銅器》，《文博》1986 年 05 期，頁 67–68。

付升岐

1984　　　　《扶風新出土的青銅器》，《文博》1984 年 01 期，頁 38、117。

傅斯年

1941　　　　《再釋函皇父》，《説文月刊》1941 年 02 卷 10 期，頁 6。又見於《金文文獻集成》29 卷，綫裝
　　　　　　書局，2005 年，頁 43。（原文作者名用傅師年）

傅永魁

1959　　　　《洛陽東郊西周墓發掘簡報》，《考古》1959 年 04 期，頁 187–188。

G

甘肅 A：甘肅省博物館文物組

1972　　　　《靈臺白草坡西周墓》，《文物》1972 年 12 期，頁 2–8。

甘肅 B：甘肅省博物館文物隊、靈臺縣文化館

1976　　　　《甘肅靈臺縣兩周墓葬》，《考古》1976 年 01 期，頁 38–48。

甘肅 C：甘肅省博物館文物隊

1977　　　　《甘肅靈臺白草坡西周墓》，《考古學報》1977 年 02 期，頁 99–130。

高次若

1984　　　　《寶雞賈村再次發現夨國銅器》，《考古與文物》1984 年 04 期，頁 94、107。

高鴻縉

1952　　　　《虢季子白盤考釋》，《大陸雜誌》1952 年 02 卷 02 期，頁 7–9。

高　明

2003　　　　《陝西眉縣出土窖藏青銅器筆談》，《文物》2003 年 06 期，頁 60–61。

高木森

1986　　　　《西周青銅彝器彙考》，中國文化大學出版部印，1986 年。

1997　　　　《略論西周武王的年代問題與重要青銅彝器》，《武王克商之年研究》，北京師範大學出版社，
　　　　　　1997 年，頁 366–371。

高西省

1994　　　　《扶風巨良海家出土大型爬龍等青銅器》，《文物》1994 年 02 期，頁 91–96。

2005　　　　《長子口墓銅方鼎及相關問題》，《黃盛璋先生八秩華誕紀念文集》，中國教育文化出版社，
　　　　　　2005 年，頁 82–90。

高西省、秦懷戈

1998　　　　《劉臺子六號墓的年代及墓主問題》，《文博》1998 年 06 期，頁 40–44。

高至喜

1963　　　　《湖南寧鄉黄材發現商代銅器和遺址》，《考古》1963 年 12 期，頁 646–648。

1991　　　　《西周士父鐘的再發現》，《文物》1991 年 05 期，頁 86–87。

2002　　　　《晉侯墓出土楚公逆編鐘的幾個問題》，《晉侯墓地出土青銅器國際學術研討會論文集》，上
　　　　　　海書畫出版社，2002 年，頁 346–354。

高智群

1999　　　　《〈保卣〉銘文考釋中的幾個問題》，《學術集林》15 卷，上海遠東出版社，1999 年，頁 73–

86。

葛 今

1972　《涇陽高家堡早周墓葬發掘記》,《文物》1972 年 07 期, 頁 5–8。

耿鐵華

1981　《應監甗考釋》,《東北師大學報》1981 年 06 期, 頁 68–71。

關玉翠、趙新來

1966　《泌陽縣出土的兩件西周銅壺》,《文物》1966 年 01 期, 頁 56–57。

郭寶鈞

1964　《濬縣辛村》, 科學出版社, 1964 年。

1970（1981）《商周銅器群綜合研究》, 成書於 1970 年, 後由鄒衡、徐自強整理, 文物出版社, 1981 年。

郭沫若

1930（1960）《由矢彝考釋論到其他》, 1930 年作, 後收入《中國古代社會研究》, 科學出版社, 1960 年, 頁 309–319。

1930a（1960）《矢令簋考釋》, 1930 年作, 後收入《中國古代社會研究》, 科學出版社, 1960 年, 頁 324–333。

1931　《毛公鼎之年代》,《東方雜誌》1931 年 28 卷 13 期, 頁 79–97。

1933（2002）《謚法之起源》, 見《金文叢考》第五, 1932 年初編, 日本文求堂書店影印。此據科學出版社 2002 年《郭沫若全集・考古編》卷五《金文叢考》, 頁 201–226。

1935（2002）《兩周金文辭大系》, 1931 年日本文求堂出版。1935 年增訂爲《兩周金文辭大系考釋》, 原書作廢。本文據《兩周金文辭大系圖錄考釋》, 科學出版社, 2002 年。

1943　《陝西新出土器銘考釋》,《說文月刊》1943 年 03 卷 10 期, 頁 153–155。

1951（2002）《禹鼎跋》,《光明日報》1951 年 7 月 7 日。又見於《郭沫若全集・考古編》卷六《金文叢考補錄》, 科學出版社, 2002 年, 頁 70–76。（頁碼據後者）

1954　《矢令設追記》,《金文叢考》, 人民出版社, 1954 年, 頁 367–369。

1954a　《師旅鼎》,《金文叢考》, 人民出版社, 1954 年, 頁 370–372。

1954b　《獻彝（附康鼎）》,《金文叢考》, 人民出版社, 1954 年, 頁 373–376。

1955　《長由盉銘釋文》,《文物參考資料》1955 年 02 期, 頁 128。

1956　《矢設銘考釋》,《考古學報》1956 年 01 期, 頁 7–9。

1957　《盠器銘考釋》,《考古學報》1957 年 02 期, 頁 1–6。

1958　《保卣銘釋文》,《考古學報》1958 年 01 期, 頁 1–2。

1958a　《輔師嫠簋考釋》,《考古學報》1958 年 02 期, 頁 1–3。

1959　《三門峽出土銅器二三事》,《文物》1959 年 01 期, 頁 13–15。

1959a　《由周初四德器的考釋談到殷代已在進行文字簡化》,《文物》1959 年 07 期, 頁 1–2。

1960　《弭叔簋及訇簋考釋》,《文物》1960 年 02 期, 頁 5–6。

1960a　《釋應監甗》,《考古學報》1960 年 01 期, 頁 7。

1962　《長安縣張家坡銅器群銘文匯釋》,《考古學報》1962 年 01 期, 頁 1–14。

1962a　《師克盨銘考釋》,《文物》1962 年 06 期, 頁 9–14。

1963　《扶風齊家村器群銘文彙釋》,《扶風齊家村青銅器群》, 文物出版社, 1963 年, 頁 2–6。

1963a　《跋江陵與壽縣出土銅器群》,《考古》1963 年 04 期, 頁 181。

1972　《關於眉縣大鼎銘辭考釋》,《文物》1972 年 07 期, 頁 2。

1972a　《〈班設〉的再發現》,《文物》1972 年 09 期, 頁 2–13。

1972b（2002）《跋王姒方彝》, 1972 年作, 載於《郭沫若全集・考古編》卷六《金文叢考補錄》, 科學出版社, 2002 年, 頁 447–449。

1973　《〈屎敖簋銘〉考釋》,《考古》1973 年 02 期, 頁 66–70。

郭偉川

2006　　　　《宗周鐘（周王鐶鐘）新考》,《華學》08 輯, 紫禁城出版社, 2006 年, 頁 26-37。

H

韓　巍

2007　　　　《親簋年代及相關問題》,《古代文明》第 6 卷, 文物出版社, 2007 年, 頁 155-170。

2007a　　　《眉縣盠器群的族姓、年代及相關問題》,《考古與文物》2007 年 04 期, 頁 16-21。

2007b　　　《周原强家西周銅器群世系問題辨析》,《中國歷史文物》2007 年 03 期, 頁 70-78。

2008　　　　《單逑諸器銘文習語的時代特點和斷代意義》,《南開學報（哲學社會科學版）》2008 年 06 期,
　　　　　　頁 26-33。

2009　　　　《西周金文中的"異人同名"現象及其對斷代研究的影響》,《東南文化》2009 年 06 期, 頁
　　　　　　113-116。

2009a　　　《册命銘文的變化與西周厲、宣銅器分界》,《文物》2009 年 01 期, 頁 80-85。

韓維龍、張志清

2000　　　　《長子口墓的時代特徵及墓主》,《考古》2000 年 09 期, 頁 24-29。

韓　偉、吳鎮烽

1982　　　　《鳳翔南指揮西村周墓的發掘》,《考古與文物》1982 年 04 期, 頁 15-38。

河北 A：河北省文物管理處

1979　　　　《河北元氏縣西張村的西周遺址和墓葬》,《考古》1979 年 01 期, 頁 23-26。

何景成

2008　　　　《試論夆戒鼎所反映的"羡卒"問題》,《中原文物》2008 年 06 期, 頁 69-72。

2008a　　　《盠駒尊與昭王南征——兼論相關銅器的年代》,《東南文化》2008 年第 4 期總第 204 期, 頁
　　　　　　51-55。

2008b　　　《論師詢簋的史實和年代》,《南方文物》2008 年 04 期, 頁 104-107、114。

何琳儀

2002　　　　《晉侯斷器考》,《晉侯墓地出土青銅器國際學術研討會論文集》, 上海書畫出版社, 2002 年,
　　　　　　頁 289-295。

何琳儀、黃錫全

1984　　　　《啓卣、啓尊銘文考釋》,《古文字研究》09 輯, 中華書局, 1984 年, 頁 373-389。

河南 A：河南省文物研究所、禹縣文管會

1988　　　　《禹縣吳灣西周晚期墓葬清理簡報》,《中原文物》1988 年 03 期, 頁 5-7。

河南 B：河南省博物館

1977　　　　《河南省襄縣西周墓發掘簡報》,《文物》1977 年 08 期, 頁 13-16。

河南 C：河南省文物（考古）研究所、平頂山市文物管理委員會

1992　　　　《平頂山應國墓地九十五號墓的發掘》,《華夏考古》1992 年 03 期, 頁 92-103。

1998　　　　《平頂山應國墓地八十四號墓發掘簡報》,《文物》1998 年 09 期, 頁 4-17。

2007　　　　《河南平頂山應國墓地八號墓發掘簡報》,《華夏考古》2007 年 01 期, 頁 20-49。

河南 D：河南省文物考古研究所、三門峽市文物工作隊

1995　　　　《上村嶺虢國墓地 M2006 的清理》,《文物》1995 年 01 期, 頁 4-31。

1999　　　　《三門峽虢國墓》, 文物出版社, 1999 年。

2000　　　　《三門峽虢國墓地 M2013 的發掘清理》,《文物》2000 年 12 期, 頁 23-34。

河南 E：河南省文物考古研究所、周口地區文化局；河南省文物考古研究所、周口市文化局

2000　　　　《河南鹿邑太清宮西周墓的發掘》,《考古》2000 年 09 期, 頁 9-23。

2000a　　　《鹿邑太清宮長子口墓》, 中州古籍出版社, 2000 年。

河南 F：河南省文物考古研究所、三門峽市文物考古研究所

2009　　　　《河南三門峽虢國墓地 M2008 發掘簡報》,《文物》2009 年 02 期，頁 18–31。

何幼琦

1982　　　　《西周銅器年代舉例》,《學術研究》1982 年 06 期，頁 108–117。

1983　　　　《關於〈何尊〉的年代問題》,《中原文物》1983 年 04 期，頁 16、59–61。

1983a　　　《西周四世軼史初探》,《江漢考古》1983 年 02 期，頁 57–60、73。

1983b　　　《周公東征概述》,《東嶽論叢》1983 年 01 期，頁 81–84。

1984　　　　《西周年代學諏議》,《西北大學學報（哲學社會科學版）》1984 年 02 期，頁 11–25。

1985　　　　《論 "康宮"》,《西北大學學報（哲學社會科學版）》，1985 年 02 期，頁 10–16。

1988　　　　《評〈保卣銘新釋〉的人物考釋——兼論金文的有關語詞》,《殷都學刊》1988 年 02 期，頁 6–12。

1989　　　　《〈宜侯夨簋〉的年代問題》,《西周年代學論叢》，人民出版社，1989 年，頁 107–117。

1989a　　　《西周銅器紀時簡易推算法》,《西周年代學論叢》，人民出版社，1989 年，頁 39–51。

1989b　　　《無紀時彝銘的斷代舉例》,《西周年代學論叢》，人民出版社，1989 年，頁 52–62。

賀梓城

1956　　　　《耀縣發現一批周代銅器》,《文物》1956 年 11 期，頁 73。

洪家義

1978（1992）　《牆盤銘文考釋》,《南京大學學報（哲學社會科學版）》1978 年 01 期。又見於《西周微氏家族青銅器群研究》，文物出版社，1992 年，頁 354–361。

侯　毅

2006　　　　《首都師範大學收藏的兩件西周青銅器》,《文物》2006 年 12 期，頁 68–72。（遺作）

呼林貴、薛東星

1986　　　　《耀縣丁家溝出土西周窖藏青銅器》,《考古與文物》1986 年 04 期，頁 4–5。

湖北 A：湖北省博物館

1972　　　　《湖北京山發現曾國銅器》,《文物》1972 年 02 期，頁 47–53。

1975　　　　《湖北棗陽縣發現曾國墓葬》,《考古》1975 年 04 期，頁 222–225。

湖北 B：湖北黃岡市博物館、湖北蘄春縣博物館

1997　　　　《湖北蘄春達城新屋壪西周銅器窖藏》,《文物》1997 年 12 期，頁 29–33。

湖南 A：湖南省博物館

1963　　　　《介紹幾件館藏周代銅器》,《考古》1963 年 12 期，頁 679–682。

1966　　　　《湖南省博物館新發現的幾件銅器》,《文物》1966 年 04 期，頁 1–6。

湖南 B：湖南省文物考古研究所、長沙市博物館、長沙市考古研究所、望城縣文物管理所

2001　　　　《湖南望城縣高砂脊商周遺址的發掘》,《考古》2001 年 04 期，頁 27–44。

胡智生、劉寶愛、李永澤

1988　　　　《寶雞紙坊頭西周墓》,《文物》1988 年 03 期，頁 20–27。

淮陽 A：淮陽縣太昊陵文物保管所

1981　　　　《淮陽縣發現兩件西周銅器》,《中原文物》1981 年 02 期，頁 59。

黃懷信

2001　　　　《金文曆法二題》,《考古與文物叢刊第四號——古文字論集（二）》,《考古與文物》編輯部，2001 年，頁 123–126。

黃陂：黃陂縣文化館、孝感地區博物館、湖北省博物館

1982　　　　《湖北黃陂魯臺山兩周遺址與墓葬》,《江漢考古》1982 年 02 期，頁 37–61。

黃然偉

2009　　　　《利簋及其時代》,《香港中文大學中文學院八十周年紀念學術論文集》，上海古籍出版社，2009 年，頁 532–538。

黃盛璋

1957　　　《保卣銘的時代與史實》,《考古學報》1957 年 03 期, 頁 51–59。亦以《保卣銘的年代、地理
　　　　　與歷史問題》見載於《歷史地理與考古論叢》, 齊魯書社, 1982 年, 頁 213–229。

1960　　　《大豐毀銘製作的年代、地點與史實》,《歷史研究》1960 年 06 期, 頁 81–95。

1961　　　《關於詢毀的製作年代與虎臣的身份問題》,《考古》1961 年 06 期, 頁 330–333。

1976　　　《岐山新出僻匜若干問題探索》,《文物》1976 年 06 期, 頁 40–44。

1978　　　《西周微家族窖藏銅器群初步研究》,《社會科學戰綫》1978 年 03 期, 頁 194–206。

1981　　　《班簋的年代、地理與歷史問題》,《考古與文物》1981 年 01 期, 頁 75–82。

1982　　　《利毀的作者身分、地理與歷史問題》,《歷史地理與考古論叢》, 齊魯書社, 1982 年, 頁
　　　　　256–268。

1983　　　《多友鼎的歷史與地理問題》,《考古與文物叢刊第二號——古文字論集（一）》, 考古與文物
　　　　　編輯部, 1983 年, 頁 12–20。

1983a　　《彔伯威銅器及其相關問題》,《考古與文物》1983 年 05 期, 頁 43–49。

1983b　　《駒父盨蓋銘文研究》,《考古與文物》1983 年 04 期, 頁 52–55。

1984　　　《扶風強家村新出西周銅器群與相關史實之研究》,《西周史研究》,《人文雜誌叢刊》第二輯,
　　　　　1984 年, 頁 278–293。

1986　　　《長安鎬京地區西周墓新出銅器群初探》,《文物》1986 年 01 期, 頁 37–42。

1990　　　《穆世標準器——鮮盤的發現及其相關問題》,《徐中舒先生九十壽辰紀念文集》, 巴蜀書社,
　　　　　1990 年, 頁 23–52。

1999　　　《晉侯蘇墓與晉侯蘇鐘絕對年代》,《中國文物報》, 1999 年 9 月 19 日。

2002　　　《晉侯墓地 M114 與叔矢方鼎主人、年代和墓葬世次年代排列新證》,《晉侯墓地出土青銅器
　　　　　國際學術研討會論文集》, 上海書畫出版社, 2002 年, 頁 212–231。

2006　　　《眉縣楊家村逨家窖藏銅器解要》,《中國歷史文物》2004 年 03 期, 頁 33–46。後以《眉縣楊
　　　　　家村逨家窖藏銅器初論解要》,《周秦文明論叢》第 1 輯, 2006 年, 頁 13–30。（後者内容微
　　　　　有改動, 今徑引後者）

黃錫全

1998　　　《晉侯墓地幾位晉侯順序的排列問題》,《跋涉集——北京大學歷史系考古專業七五屆畢業生
　　　　　論文集》, 北京圖書館出版社, 1998 年, 頁 147–152。

黃錫全、于炳文

1995　　　《山西晉侯墓地所出楚公逆鐘銘文初釋》,《考古》1995 年 02 期, 頁 170–178。

黃彰健

1998　　　《釋〈武成〉與金文月相——兼論〈晉侯蘇編鐘〉及武王伐紂年》,《歷史研究》1998 年 02 期,
　　　　　頁 5–24。

J

姬乃軍、陳明德

1993　　　《陝西延長出土一批西周青銅器》,《考古與文物》1993 年 05 期, 頁 8–12。

集　成：

2007（1）　《殷周金文集成》修訂增補本, 中國社會科學院考古所編, 第 1 册, 中華書局, 2007 年。

2007（2）　《殷周金文集成》修訂增補本, 中國社會科學院考古所編, 第 2 册, 中華書局, 2007 年。

2007（3）　《殷周金文集成》修訂增補本, 中國社會科學院考古所編, 第 3 册, 中華書局, 2007 年。

2007（4）　《殷周金文集成》修訂增補本, 中國社會科學院考古所編, 第 4 册, 中華書局, 2007 年。

2007（5）　《殷周金文集成》修訂增補本, 中國社會科學院考古所編, 第 5 册, 中華書局, 2007 年。

2007（6）　《殷周金文集成》修訂增補本, 中國社會科學院考古所編, 第 6 册, 中華書局, 2007 年。

2007（7）　　　《殷周金文集成》修訂增補本，中國社會科學院考古所編，第 7 冊，中華書局，2007 年。

吉琨璋

2006　　　　　《"晉叔家父"器和 M93 組晉侯墓的歸屬》，《古代文明研究通訊》2006 年 29 輯，北京大學震旦古代文明研究中心，頁 27–30。

吉琨璋、宋建忠、田建文

2006　　　　　《山西橫水西周墓地研究三題》，《文物》2006 年 08 期，頁 45–49。

繼　才

1956　　　　　《洛陽文物工作隊登記和接收群衆捐獻文物》，《文物參考資料》1956 年 10 期，頁 79。

賈　峨

1991　　　　　《關於上村嶺虢國墓地的幾個問題》，《中國文物報》1991 年 3 月 31 日。

賈洪波

2003　　　　　《論令彝銘文的年代與人物糾葛——兼略申唐蘭先生西周金文 "康宫説"》，《中國史研究》2003 年 01 期，頁 3–18。

江林昌

1999　　　　　《夏商周斷代工程金文曆譜研討會紀要》，《文物》1999 年 06 期，頁 62、94–96。

2004　　　　　《由新出燹公盨、逨氏銅器論夏商周世系及虞代問題》，《中華文史論叢》總 77 輯，上海古籍出版社，2004 年，頁 100–131。

姜　濤

1991　　　　　《虢國墓地的再發現與認識》，《中國文物報》1991 年 12 月 8 日。

蔣大沂

1964　　　　　《保卣銘考釋》，《中華文史論叢》總 05 輯，中華書局，1964 年，頁 93–142。

近　出：《近出殷周金文集録》

2002（一）　　《近出殷周金文集録》第一冊，劉雨、盧岩編，中華書局，2002 年。

2002（二）　　《近出殷周金文集録》第二冊，劉雨、盧岩編，中華書局，2002 年。

2002（三）　　《近出殷周金文集録》第三冊，劉雨、盧岩編，中華書局，2002 年。

2002（四）　　《近出殷周金文集録》第四冊，劉雨、盧岩編，中華書局，2002 年。

近　二：《近出殷周金文集録二編》

2010（一）　　《近出殷周金文集録二編》第一冊，劉雨、嚴志斌編，中華書局，2010 年。

2010（二）　　《近出殷周金文集録二編》第二冊，劉雨、嚴志斌編，中華書局，2010 年。

2010（三）　　《近出殷周金文集録二編》第三冊，劉雨、嚴志斌編，中華書局，2010 年。

2010（四）　　《近出殷周金文集録二編》第四冊，劉雨、嚴志斌編，中華書局，2010 年。

金信周

2002　　　　　《兩周祝嘏銘文研究》，臺灣政治大學碩士論文，2002 年。

莒　縣：莒縣博物館

1999　　　　　《山東莒縣西大莊西周墓葬》，《考古》1999 年 07 期，頁 38–45。

巨萬倉

1985　　　　　《陝西岐山王家咀、衙里西周墓葬發掘簡報》，《文博》1985 年 05 期，頁 1–7。

K

喀　左 A：喀左縣文化館、朝陽地區博物館、遼寧省博物館

1977　　　　　《遼寧省喀左縣山灣子出土殷周青銅器》，《文物》1977 年 12 期，頁 23–33、43。

喀　左 B：喀左縣文化館、朝陽地區博物館、遼寧省博物館、北洞文物發掘小組

1974　　　　　《遼寧喀左縣北洞村出土的殷周青銅器》，《考古》1974 年 06 期，頁 364–372。

開　封 A：開封地區文管會、新鄭縣文管會、鄭州大學歷史系考古專業

1978　　　《河南省新鄭縣唐戶兩周墓葬發掘簡報》，《文物資料叢刊》1978 年 02 輯，頁 45–65。

康　樂

1985　　　《陝西武功縣徵集到三件西周青銅器》，《考古與文物》1985 年 04 期，頁 1–2。

柯昌濟

1935　　　《韡華閣集古録跋尾》，1935 年餘園叢刻鉛字本。

柯鶴立

2002　　　《試論晉侯邦父墓中的楚公逆編鐘》，《晉侯墓地出土青銅器國際學術研討會論文集》，上海書畫出版社，2002 年，頁 355–365。

L

黎東方

1997　　　《西周青銅器銘文中之年代學資料》，《武王克商之年研究》，北京師範大學出版社，1997 年，頁 219–233。

李伯謙

1997　　　《晉侯蘇鐘的年代問題》，《中國文物報》1997 年 3 月 9 日。

1998　　　《天馬——曲村遺址發掘與晉國始封地的推定》，《中國青銅文化結構體系研究》，科學出版社，1998 年，頁 114–123。

2000　　　《晉侯墓地墓主之再研究》，《文化的饋贈——漢學研究國際會議論文集》，北京大學出版社，2000 年，頁 74–80。

2001　　　《叔夨方鼎銘文考釋》，《文物》2001 年 08 期，頁 39–42。

2002　　　《晉侯墓地發掘與研究》，《晉侯墓地出土青銅器國際學術研討會論文集》，上海書畫出版社，2002 年，頁 29–40。

2003　　　《陝西眉縣出土窖藏青銅器筆談》，《文物》2003 年 06 期，頁 53–55。

2007　　　《㶇馬盤銘文考釋》，《古代文明研究通訊》2007 年 34 期，頁 31–35。

2009　　　《覞公簋與晉國早期歷史若干問題的再認識》，《中原文物》2009 年 01 期，頁 48–51、83。

李步青

1983　　　《山東萊陽縣出土己國銅器》，《文物》1983 年 12 期，頁 7–8、17。

1983a　　《煙臺市上夼村出土㠱國銅器》，《考古》1983 年 04 期，頁 289–292。

李步青、林仙庭

1991　　　《山東省龍口市出土西周銅鼎》，《文物》1991 年 05 期，頁 84–85。

1991a　　《山東黃縣歸城遺址的調查與發掘》，《考古》1991 年 10 期，頁 910–918。

李步青、林仙庭、楊文玉

1994　　　《山東招遠出土西周青銅器》，《考古》1994 年 04 期，頁 377–378。

李步青、王錫平

1992　　　《建國來煙臺地區出土商周銘文青銅器概述》，《古文字研究》19 輯，中華書局，1992 年，頁 66–84。

李長慶、田　野

1957　　　《祖國文物的又一次重要發現——陝西眉縣發掘出四件周代銅器》，《文物參考資料》1957 年 04 期，頁 5–10。

李常松

1986　　　《平邑蔡莊出土一批青銅器》，《考古》1986 年 04 期，頁 366–367。

李朝遠

1993　　　《晉侯𡘋方座簋銘管見》，《第二屆國際中國古文字學研討會論文集》（香港中文大學三十周年校慶），1993 年，頁 231–235。

2000（2007）　《師道簋銘文考釋》，《草原瑰寶——内蒙古文物考古精品》，上海書畫出版社，2000 年。《青銅器學步集》，文物出版社，2007 年，頁 243–250。

2001　　　　《白大祝追鼎剩義》，《中國文物報》2001 年 3 月 21 日。

2002　　　　《晉侯青銅器探識》，《晉侯墓地出土青銅器國際學術研討會論文集》，上海書畫出版社，2002 年，頁 431–445。

2002a　　　《“獣簋爲屬王之器” 説獻疑》，《古文字研究》24 輯，中華書局，2002 年，頁 220–224。

2003　　　　《眉縣新出逨盤與大克鼎的時代》，《第四届國際中國古文字學研討會論文集》，信雅達印製公司，2003 年，頁 89–96。

2004　　　　《〈大盂鼎〉證補二三例》，《上海文博論叢》2004 年 01 輯，上海辭書出版社，頁 24–30。

2004a　　　《〈五祀獣鐘〉新讀》，《華學》07 輯，中山大學出版社，2004 年，頁 104–116。

2005　　　　《雁侯見工鼎》，《上海博物館集刊》第十期，上海書畫出版社，2005 年，頁 104–113。

2005a　　　《師兑簋復議》，《黄盛璋先生八秩華誕紀念文集》，中國教育文化出版社，2005 年，頁 114–121。

2006　　　　《西周金文中的 “王” 與 “王器”》，《文物》2006 年 05 期，頁 74–79。

李殿福

1980　　　　《巳殼初釋》，《社會科學戰綫》1980 年 03 期，頁 221–222。

李發旺

1963　　　　《山西省翼城縣發現殷周銅器》，《文物》1963 年 04 期，頁 51。

1963a　　　《山西翼城發現青銅器》，《考古》1963 年 04 期，頁 225。

李　峰

1989　　　　《强家一號墓的時代特點》，《文博》1989 年 03 期，頁 46–48。

2006　　　　《西周金文中的鄭地和鄭國東遷》，《文物》2006 年 09 期，頁 70–78。

李　豐

1988　　　　《虢國墓地銅器群的分期及其相關問題》，《考古》1988 年 11 期，頁 1035–1043。

1988a　　　《黄河流域西周墓葬出土青銅禮器的分期與年代》，《考古學報》1988 年 04 期，頁 383–419。

李福泉

1979　　　　《訇殼銘文的綜合研究》，《湖南師院學報》1979 年 02 期，頁 58–66。

李國梁

2006　　　　《屯溪土墩墓發掘報告》，安徽人民出版社，2006 年。

李家浩

1999　　　　《應國再簋銘文考釋》，《文物》1999 年 09 期，頁 83–84、95。

1999a　　　《應侯盤》，《保利藏金——保利藝術博物館精品選》，嶺南美術出版社，1999 年，頁 113–116。

李　健

1963　　　　《湖北江陵萬城出土西周銅器》，《考古》1963 年 04 期，頁 224–225。

李健永、賈　峨

1957　　　　《洛陽專區文物普查中調查得三十七處古遺址》，《文物參考資料》1957 年 05 期，頁 85。

李俊山

1990　　　　《永城出土西周宋國銅匜》，《中原文物》1990 年 01 期，頁 104。

李　凱、周曉陸

2005　　　　《“豳公盨” 銘文再箋》，《陝西歷史博物館館刊》12 輯，三秦出版社，2005 年，頁 1–10。

李　零

1986　　　　《楚國銅器銘文編年匯釋》，《古文字研究》13 輯，中華書局，1986 年，頁 353–398。

1993　　　　《西周金文中的土地制度》，《考古學研究——紀念陝西省考古研究所成立三十周年》，三秦出版社，1993 年，頁 658–678。

2002　　　《論燹公盨發現的意義》，《中國歷史文物》2002 年 06 期，頁 35–45。

2002a　　《重讀史牆盤》，《吉金鑄國史——周原出土西周青銅器精華》，文物出版社，2002 年，頁 42–57。

2003　　　《讀楊家村出土的虞逑諸器》，《中國歷史文物》2003 年 03 期，頁 16–27。

李　零、董　珊

1999　　　《獸面紋甗》，《保利藏金——保利藝術博物館精品選》，嶺南美術出版社，1999 年，頁 59–62。

1999a　　《有蓋叔豐簋》，《保利藏金——保利藝術博物館精品選》，嶺南美術出版社，1999 年，頁 69–72。

1999b　　《虎叔作佣姒簋》，《保利藏金——保利藝術博物館精品選》，嶺南美術出版社，1999 年，頁 83–86。

1999c　　《翏氏簋》，《保利藏金——保利藝術博物館精品選》，嶺南美術出版社，1999 年，頁 87–90。

李啟良

1989　　　《陝西安康市出土西周史密簋》，《考古與文物》1989 年 03 期，頁 7–8。

李先登

1984　　　《禹鼎集釋》，《中國歷史博物館館刊》1984 年 06 期，頁 110–119。又見於《夏商周青銅文明探研》，科學出版社，2001 年，頁 206–218。

1993（2001）《西周井叔青銅器年代的初步研究》，《西周史論文集》，陝西人民教育出版社，1993 年。又見於《夏商周青銅文明探研》，科學出版社，2001 年，頁 202–205。（頁碼據後者）

1999　　　《邢國青銅器的初步分析》，《1998 年河北邢臺中國商周文明國際學術研究會論文集——三代文明研究一》，科學出版社，1999 年，頁 114–118。

2004　　　《德簋的再發現》，《古文字研究》25 輯，中華書局，2004 年，頁 182–185。

2006　　　《對眉縣楊家村青銅器窖藏的幾點認識》，《周秦文明論叢》2006 年 01 輯，頁 49–53。

李曉東

1965　　　《河北省文化局收得一件有銘文銅提梁卣》，《文物》1965 年 05 期，頁 5、17。

李學勤

1957　　　《郿縣李家村銅器考》，《文物參考資料》1957 年 07 期，頁 58–59。

1959　　　《殷代地理簡論》，科學出版社，1959 年。

1975　　　《北京、遼寧出土銅器與周初的燕》，《考古》1975 年 05 期，頁 270、274–279。

1976　　　《矩伯、裘衛兩家族的消長與周禮的崩壞——試論董家青銅器群》，《文物》1976 年 06 期，頁 45–50。

1978　　　《論史牆盤及其意義》，《考古學報》1978 年 02 期，頁 149–158。

1979　　　《西周中期青銅器的重要標尺——周原莊白、强家兩處青銅器窖藏的綜合研究》，《中國歷史博物館館刊》1979 年 01 期，頁 29–36。

1979a　　《岐山董家村訓匜考釋》，《古文字研究》01 輯，中華書局，1979 年，頁 149–156。

1979b　　《論美澳收藏的幾件商周文物》，《文物》1979 年 12 期，頁 72–76。

1980　　　《從新出青銅器看長江下游文化的發展》，《文物》1980 年 08 期，頁 35–40。

1980a　　《秦國文物的新認識》，《文物》1980 年 09 期，頁 25–31。

1981　　　《何尊新釋》，《中原文物》1981 年 01 期，頁 35–39、45。

1981a　　《論多友鼎的時代及意義》，《人文雜誌》1981 年 06 期，頁 87–92。

1983　　　《師同鼎試探》，《文物》1983 年 06 期，頁 58–61。

1983a　　《試論山東新出青銅器的意義》，《文物》1983 年 12 期，頁 18–22。

1984　　　《論仲爯父簋與申國》，《中原文物》1984 年 04 期，頁 31–32、39。

1984a　　《穆公簋蓋在青銅器分期上的意義》，《文博》1984 年 02 期，頁 6–8。

1984b 《兮甲盤與駒父盨——論西周末年周朝與淮夷的關係》,《西周史研究》,《人文雜誌叢刊》1984
年 02 輯, 頁 266–277。

1984c 《東周與秦代文明》, 文物出版社, 1984 年。

1985 《宜侯夨簋與吳國》,《文物》1985 年 07 期, 頁 13–16、25。

1985a 《史惠鼎與史學淵源》,《文博》1985 年 06 期, 頁 14–16。

1985b 《魯方彝與西周商賈》,《史學月刊》1985 年 01 期, 頁 31–34。

1986 《論長安花園村兩墓青銅器》,《文物》1986 年 01 期, 頁 32–36。

1986a 《班簋續考》,《古文字研究》13 輯, 中華書局, 1986 年, 頁 181–188。

1987 《應監甗新釋》,《江西歷史文物》1987 年 01 期, 頁 23–25。

1989 《令方尊、令方彝新釋》,《古文字研究》16 輯, 中華書局, 1989 年, 頁 218–226。

1990 《黽尊考釋》,《新出青銅器研究》, 文物出版社, 1990 年, 頁 295–297。

1991 《三門峽虢墓新發現與虢國史》,《中國文物報》1991 年 2 月 3 日。

1991a 《史密簋銘所記西周重要史實》,《中國社會科學院研究生院學報》1991 年 02 期, 頁 5–9。

1993 《克罍克盉的幾個問題》,《第二屆國際中國古文字學研討會論文集》, 問學社, 1993 年, 頁
205–208。

1993a(1997)《宜侯夨簋的人與地》,《傳統文化研究》(二), 古吳軒出版社, 1993 年。又載於《走出疑古
時代》, 遼寧大學出版社, 1997 年, 頁 260–263。

1994 《晉侯邦父與楊姞》,《中國文物報》, 1994 年, 5 月 29 日。

1995 《〈史記晉世家〉與新出金文》,《學術集林》卷四, 上海遠東出版社, 1995 年, 頁 160–170。

1995a 《試論楚公逆編鐘》,《文物》1995 年 02 期, 頁 69–72。

1996 《晉侯蘇編鐘的時、地、人》,《中國文物報》1996 年 12 月 1 日。

1997 《談盂方鼎及其他》,《文物》1997 年 12 期, 頁 55–57。

1997b 《靜方鼎考釋》,《第三屆國際中國古文字學研討會論文集》, 問學社, 1997 年, 頁 223–230。

1997c 《靜方鼎與周昭王曆日》,《光明日報》1997 年 12 月 23 日。

1998 《吳虎鼎考釋——夏商周斷代工程考古學筆記》,《考古與文物》1998 年 03 期, 頁 29–31。

1998a 《鈇伯慶鼎續釋》,《徐中舒先生百年誕辰紀念文集》, 巴蜀書社, 1998 年, 頁 98–100。

1998b 《釋郭店簡祭公之顧命》,《文物》1998 年 07 期, 頁 44–45。

1998c 《柞伯簋銘考釋》,《文物》1998 年 11 期, 頁 67–70。

1999 《膳夫山鼎年世的確定》,《文物》1999 年 06 期, 頁 54–56。

1999a 《戎生編鐘論釋》,《文物》1999 年 09 期, 頁 75–82。

1999b 《異形獸面紋卣論析》,《保利藏金——保利藝術博物館精品選》, 嶺南美術出版社, 1999 年,
頁 357–360。

1999c 《戎生編鐘試論》,《保利藏金——保利藝術博物館精品選》, 嶺南美術出版社, 1999 年, 頁
375–378。

1999d 《郭家莊與鬥雞臺——從卣的關聯看殷周文化異同》,《學習與探索》1999 年 03 期, 頁 126–
128。

1999e 《吳虎鼎研究的擴充》,《夏商周年代學札記》, 遼寧大學出版社, 1999 年, 頁 147–150。

1999f 《論克器的區分》,《夏商周年代學札記》, 遼寧大學出版社, 1999 年, 頁 151–156。

1999g 《利簋銘與歲星》,《夏商周年代學札記》, 遼寧大學出版社, 1999 年, 頁 204–205。

1999h 《試說宣王早年曆日》,《夏商周年代學札記》, 遼寧大學出版社, 1999 年, 頁 220–223。

1999i 《論應國墓地出土的匍盉》,《平頂山師專學報》1999 年 01 期, 頁 66–67。

2000 《師詢簋與〈祭公〉》,《古文字研究》22 輯, 中華書局, 2000 年, 頁 70–72。

2000a 《論虎簋蓋二題》,《華學》04 輯, 紫禁城出版社, 2000 年, 頁 37–40。

2000b 《西周青銅器研究的堅實基礎——讀〈西周青銅器分期斷代研究〉》,《文物》2000 年 05 期,
頁 88–93。

2001　　　　　《談叔夨方鼎及其他》，《文物》2001 年 10 期，頁 67–70。

2001a　　　　《王鼎的性質與時代》，《文物》2001 年 12 期，頁 60–61。

2001b　　　　《木羊簋》，《保利藏金續——保利藝術博物館精品選》，嶺南美術出版社，2001 年，頁 112–117。

2001c　　　　《立兔形典尊》，《保利藏金續——保利藝術博物館精品選》，嶺南美術出版社，2001 年，頁 144–147。

2001d　　　　《𣄨伯卣考釋》，《保利藏金續——保利藝術博物館精品選》，嶺南美術出版社，2001 年，頁 250–251。

2001e　　　　《𦰏簋銘文考釋》，《故宮博物院院刊》2001 年 01 期，頁 1–4。

2001f　　　　《叔多父盤與〈洪範〉》，《華學》05 輯，中山大學出版社，2001 年，頁 108–111。

2002　　　　　《論燹公盨及其重要意義》，《中國歷史文物》2002 年 06 期，頁 5–12。

2002a　　　　《對 “夏商周斷代工程” 西周曆譜的兩次考驗》，《中國社會科學院研究生院學報》2002 年 05 期，頁 46–48。

2002b　　　　《叔虞方鼎試證》，《晉侯墓地出土青銅器國際學術研討會論文集》，上海書畫出版社，2002 年，頁 249–252。

2003　　　　　《陝西眉縣出土窖藏青銅器筆談》，《文物》2003 年 06 期，頁 55–56。

2003a　　　　《眉縣楊家村新出青銅器研究》，《文物》2003 年 06 期，頁 66–73。

2003b　　　　《眉縣楊家村器銘曆日的難題》，《寶雞文理學院學報（社會科學版）》2003 年 05 期，頁 1–3。

2003c　　　　《季姬方尊研究》，《中國史研究》2003 年 04 期，頁 11–14。

2005　　　　　《試論新發現的𣄉方鼎和榮仲方鼎》，《文物》2005 年 09 期，頁 59–65、69。

2005a　　　　《作册般黿考釋》，《中國歷史文物》2005 年 01 期，頁 4–5。

2006　　　　　《頌器的分合及其年代的推定》，《古文字研究》26 輯，中華書局，2006 年，頁 160–164。

2006a　　　　《論親簋的年代》，《中國歷史文物》2006 年 03 期，頁 7–8。

2006b　　　　《莊白興器的再考察》，《華學》08 輯，紫禁城出版社，2006 年，頁 21–25。

2007　　　　　《珊生諸器銘文聯讀研究》，《文物》2007 年 08 期，頁 71–75。

2007a　　　　《論𣪘甗銘及周昭王南征》，《仰止集——王玉哲先生紀念文集》，天津人民出版社，2007 年，頁 76–80。

2007b（2010）《隨記一則》，《中國書法》2007 年 09 期。載於《通向文明之路》，商務印書館，2010 年，頁 136–137。（頁碼據後者）

2007c　　　　《伯狱青銅器與西周典祀》，《古文字與古代史》01 輯，中研院歷史語言研究所，2007 年，頁 179–189。

2007d　　　　《從柞伯鼎銘談〈世俘〉文例》，《江海學刊》2007 年 05 期，頁 13–15。

2007e　　　　《談西周屬王時器伯㦰父簋》，《安作璋先生史學研究六十周年紀念文集》，齊魯書社，2007 年，頁 86–89。

2008　　　　　《文盨與周宣王中興》，《文博》2008 年 02 期，頁 4–5。

2008a　　　　《殷商至周初的𩵥與𩵥臣》，《殷都學刊》2008 年 03 期，頁 13–14、19。

2008b　　　　《論覺公簋年代及有關問題》，《慶祝何炳棣先生九十華誕論文集》，三秦出版社，2008 年，頁 425–428。

2008c　　　　《新出應公鼎釋讀》，《古文字學論稿》，安徽大學出版社，2008 年，頁 1–4。

2008d（2010）《論西周的南國湘侯》，《湖南省博物館館刊》05 輯，2008 年。載於《通向文明之路》，商務印書館，2010 年，頁 175–179。（頁碼據後者）

2008e　　　　《論周初的鄂國》，《中華文史論叢》2008 年 04 期，頁 1–8。

2010　　　　　《何簋與何尊的關係》，《出土文獻研究》09 輯，中華書局，2010 年，頁 1–3。

2010a　　　　《論榮仲方鼎有關的幾個問題》，爲河南大學黃河文明與可持續發展研究中心研究課題。載於《通向文明之路》，商務印書館，2010 年，頁 153–158。

| 2010b | 《〈首陽吉金〉應侯簋考釋》，《通向文明之路》，商務印書館，2010 年，頁 188–191。 |

2010c　《試説青銅器銘文中的吕王》，《文博》2010 年 02 期，頁 3、42。

李學勤、艾蘭

1990　《鮮簋的初步研究》，《中國文物報》1990 年 02 月 22 日。

1995　《歐洲所藏中國青銅器遺珠》，文物出版社，1995 年。

李學勤、唐雲明

1979　《元氏銅器與西周的邢國》，《考古》1979 年 01 期，頁 56–59、88。

李裕民

1996　《晉侯𩛥壺考》，《汾河灣—丁村文化與晉文化考古學術討論會論文集》，山西高校聯合出版社，1996 年，頁 204–207。

李元芝、曹國朋

2009　《葉縣、保利博物館藏索氏劫簋銘文與年代》，《中原文物》2009 年 06 期，頁 105–107。

李仲操

1978　《史牆盤銘文試釋》，《文物》1978 年 03 期，頁 33–34。

1981　《再論牆盤年代、微宗國别——兼與黄盛璋同志商榷》，《社會科學戰綫》1981 年 01 期，頁 186–189。

1991　《西周年代》，文物出版社，1991 年。

1997　《燕侯克罍盉銘文簡釋》，《考古與文物》1997 年 01 期，頁 70–72。

1998　《王作歸盂銘文簡釋——再談蒡京爲西周宫室之名》，《考古與文物》1998 年 01 期，頁 82–83。

1998a　《論井叔年代》，《周秦文化研究》，陝西人民出版社，1998 年，頁 316–321。

1999　《西周厲王在位之年的原始憑證——再釋晉侯蘇鐘曆日》《文博》1999 年 03 期，頁 17–19。

2000　《也談靜方鼎銘文》，《文博》2000 年 05 期，頁 15–16。《文博》2001 年 03 期，頁 75–76，重出。

連劭名

1983　《史牆盤銘文研究》，《古文字研究》08 輯，中華書局，1983 年，頁 29–30。

梁景津

1978　《廣西出土的青銅器》，《文物》1978 年 10 期，頁 93–96。

梁寧森

2006　《試論班簋所屬時代兼及虢城公其人》，《河南師範大學學報》2006 年 06 期，頁 129–132。

梁曉景

1987　《明公封邑考——兼談周公後裔封國的若干問題》，《中原文物》1987 年 03 期，頁 98–101。

梁星彭、馮孝堂

1963　《陝西長安、扶風出土西周銅器》，《考古》1963 年 08 期，頁 413–415。

梁彦民

2005　《梁其壺年代小考》，《陝西歷史博物館館刊》12 輯，三秦出版社，2005 年，頁 188–191。

梁彦民、雒有倉

2006　《殷末周初長冠大鳥紋略説》，《文博》2006 年 04 期，頁 17–19。

梁 雲

2001　《"晉公宗室"考辯》，《古代文明研究通訊》2001 年 08 期，頁 15–18。

臨　汝 A：臨汝縣文化館

1984　《河南臨汝縣出土西周銅匜》，《考古》1984 年 02 期，頁 156。

臨　潼 A：臨潼縣文化館

1977　《陝西臨潼發現武王征商簋》，《文物》1977 年 08 期，頁 1–7、73。

臨　潼 B：臨潼縣博物館

1982　《臨潼南羅西周墓出土青銅器》，《文物》1982 年 01 期，頁 87–89。

臨　朐 A：臨朐縣文化館、濰坊地區文物管理委員會

1983　《山東臨朐發現齊、鄩、曾諸國銅器》,《文物》1983 年 12 期，頁 1–6。

麟　游 A：麟游縣博物館

1990　《陝西省麟游縣出土商周青銅器》,《考古》1990 年 10 期，頁 879–881、942。

林聖傑

1997　《晉侯[illegible]小考》,《第三屆國際中國古文字學術討論會》，香港中文大學中文系編集，1997 年，頁 371–382。

林壽晉

1960　《〈上村嶺虢國墓地〉補記》,《考古》1961 年 09 期，頁 505–507。

林仙庭

1997　《黃河流域的青銅文化》,《故宮文物月刊》1997 年總 175 期。

林　澐

1980　《琱生𣪘新釋》,《古文字研究》03 輯，中華書局，1980 年，頁 120–135。

2008　《琱生尊與琱生簋的聯讀》,《古文字研究》27 輯，中華書局，2008 年，頁 206–211。

2008a　《覭公簋質疑》，見於復旦大學出土文獻與古文字研究中心，2008 年 1 月 29 日，據林澐教授 12 月 23 日演講整理，見 http://www.gwz.fudan.edu.cn/SrcShow.asp?Src_ID=328。

劉彬徽

1984　《楚國銅器銘文編年概述》,《古文字研究》1984 年 09 輯，頁 331–372。

1986　《湖北出土兩周金文國別年代考述》,《古文字研究》13 輯，中華書局，1986 年，頁 239–352。

1992　《湖北出土的兩周金文國別與年代補記》,《古文字研究》19 輯，中華書局，1992 年，頁 179–195。

劉長源

1982　《勉縣出土西周師𤞷父鼎》,《考古與文物》1982 年 01 期，頁 108。

劉得禎

1981　《甘肅靈臺兩座西周墓》,《考古》1981 年 06 期，頁 557–558。

劉東亞

1982　《介紹新發現的幾件商周青銅器》,《中原文物》1982 年 04 期，頁 64–65。

劉合心

1975　《陝西省周至縣發現西周王器一件》,《文物》1975 年 07 期，頁 91。

1981　《陝西周至縣出土西周太師簋》,《考古與文物》1981 年 01 期，頁 128。

劉華夏

2010　《金文字體與銅器斷代》,《考古學報》2010 年 01 期，頁 43–72。

劉　桓

1992　《金文五則》,《文博》1992 年 03 期，頁 16–19。

劉懷君

1987　《眉縣出土一批西周窖藏青銅樂器》,《文博》1987 年 02 期，頁 17–25、97–99。

2003　《陝西眉縣出土窖藏青銅器筆談》,《文物》2003 年 06 期，頁 49–50。

劉懷君、辛怡華、劉棟

2003　《四十二年、四十三年逨鼎銘文試釋》,《文物》2003 年 06 期，頁 85–89。

劉懷君、任周芳

1982　《眉縣出土“王作仲姜”寶鼎》,《考古與文物》1982 年 02 期，頁 5–6、13。

劉軍社

2003　《陝西眉縣出土窖藏青銅器筆談》,《文物》2003 年 06 期，頁 47–49。

劉俊琪

1984　《北京發現又一件伯嘉父簋》,《考古》1984 年 07 期，頁 590。

劉克甫

2002　《"北趙晉國墓地即晉侯墓" 一説質疑》,《晉侯墓地出土青銅器國際學術研討會論文集》, 上海書畫出版社, 2002 年, 頁 53–73。

劉啟益

1978　《微氏家族銅器與西周銅器斷代》,《考古》1978 年 05 期, 頁 314–317。

1979　《伯窺父盨銘與厲王在位年數》,《文物》1979 年 11 期, 頁 16–20。

1980　《西周厲王時期銅器與 "十月之交" 的時代》,《考古與研究》1980 年 01 期, 頁 80–85。

1980a　《西周金文所見的周王后妃》,《考古與文物》1980 年 04 期, 頁 85–89。

1984　《西周金文中的月相與共和宣幽紀年銅器》,《古文字研究》09 輯, 中華書局, 1984 年, 頁 207–250。

1984a　《黄陂魯臺山 M30 與西周康王時期銅器墓》,《江漢考古》1984 年 01 期, 頁 50–60。

1989　《讀〈論金文月相與西周王年〉後記》,《古文字研究》16 輯, 中華書局, 1989 年, 頁 160–206。

1993　《文王遷豐至武王滅商前後銅器例證》,《考古學研究——紀念陝西省考古研究所成立三十周年》, 三秦出版社, 1993 年, 頁 376–397。

1997　《晉侯蘇編鐘是宣王時銅器》,《中國文物報》1997 年 3 月 9 日。

1998　《晉侯邦父墓出土有銘銅器及相關問題》,《徐中舒先生百年誕辰紀念文集》, 巴蜀書社, 1998 年, 頁 101–103。

2000　《六年宰獸簋的時代與西周紀年》,《古文字研究》22 輯, 中華書局, 2000 年, 頁 79–82。

2002　《西周紀年》, 廣東教育出版社, 2002 年。

2009　《西周懿王時期紀年銅器續記》,《中原文物》2009 年 05 期, 頁 51–53。

2009a　《靜方鼎等三器是西周昭王十六年銅器》,《中國歷史文物》2009 年 04 期, 頁 66–67。

劉士莪

2004　《牆盤、逨盤之對比研究——兼談西周微氏、單公家族窖藏銅器群的歷史意義》,《文博》2004 年 05 期, 頁 21–27、49。

劉先枚

1993　《父乙甗考釋》,《江漢考古》1993 年 03 期, 頁 77–83。

劉　翔

1987　《介紹幾件流傳海外的青銅器銘文》,《江漢考古》1987 年 03 期, 頁 79–81。

劉曉東

1987　《天亡簋與武王東土度邑》,《考古與文物》1987 年 01 期, 頁 92–96。

劉曉燕、孫承晉

2004　《山東榮成市學福村商周墓葬的清理》,《考古》2004 年 09 期, 頁 93–94。

劉　興

1983　《申簋蓋銘考釋》,《考古與文物》1983 年 02 期, 頁 18–19。

劉　雨

1983　《多友鼎銘的時代與地名考訂》,《考古》1983 年 02 期, 頁 152–157。

1990　《伯唐父鼎的銘文與時代》,《考古》1990 年 08 期, 頁 741–742。

1992　《南陽仲爯父殷不是宣王標準器》,《古文字研究》18 輯, 中華書局, 1992 年, 頁 390–397。

1997　《金文賽祭的斷代意義》,《第三屆國際中國古文字學研討會論文集》, 問學社（香港）, 1997 年, 頁 241–259。

1998　《燕侯克罍盉銘考》,《遠望集——陝西省考古研究所華誕四十周年紀念文集》, 陝西人民美術出版社, 1998 年, 頁 302。

2002　《曲沃北趙晉侯墓地 M114 出土叔夨方鼎及其相關問題研究筆談》,《文物》2002 年 05 期, 頁 69–77。

2003 　　　　《豳公考》,《第四屆國際中國古文字學研討會論文集》,信雅達印製公司,2003 年,頁 97–106。

2006 　　　　《師宷鐘和姬宷母豆》,《古文字研究》26 輯,中華書局,2006 年,頁 165–171。

2006a 　　　《金文中的王稱》,《故宮博物院院刊》2006 年 04 期,頁 6–29。

婁金山

2003 　　　　《河南平頂山市出土的應國青銅器》,《考古》2003 年 03 期,頁 92–93。

盧連成

1984 　　　　《𡊪地與昭王十九年南征》,《考古與文物》1984 年 06 期,頁 75–79。

盧連成、羅英傑

1981 　　　　《陝西武功縣出土楚殷諸器》,《考古》1981 年 02 期,頁 128–133。

盧連成、尹盛平

1982 　　　　《古矢國遺址、墓地調查記》,《文物》1982 年 02 期,頁 48–57。

盧連成、胡智生

1988 　　　　《寶雞強國墓地》,文物出版社,1988 年。

1988a 　　　《陝西地區西周墓葬和窖藏出土的青銅禮器》,《寶雞強國墓地》,文物出版社,1988 年,頁 470–529。

羅伯建

1993 　　　　《斱从簋蓋銘文考釋及金文中的訴訟》,《中國歷史文物》1993 年 01 期,頁 1–5。

羅福頤

1957 　　　　《鄗縣銅器銘文試釋》,《文物參考資料》1957 年 05 期,頁 70。

1959 　　　　《克盨》,《文物》1959 年 03 期,頁 64。

1965 　　　　《陝西省永壽縣出土青銅器的離合》,《文物》1965 年 11 期,頁 46、48。(筆名梓溪)

羅　泰

1997 　　　　《有關西周晚期禮制改革及莊白微氏青銅器年代的新假設:從世系銘文説起》,《中國考古學與歷史學之整合研究》,1997 年,頁 651–676。

羅西章

1973 　　　　《扶風新徵集了一批西周青銅器》,《文物》1973 年 11 期,頁 78–79。

1974 　　　　《陝西扶風縣北橋出土一批西周青銅器》,《文物》1974 年 11 期,頁 85–86。

1977 　　　　《楊家堡出土的商周之際的銅器》,《文物》1977 年 12 期,頁 86。

1978 　　　　《扶風白龍大隊發現西周早期墓葬》,《文物》1978 年 02 期,頁 94–95。

1979 　　　　《陝西扶風發現西周厲王胡簋》,《文物》1979 年 04 期,頁 89–91。

1980 　　　　《扶風出土的商周青銅器》,《考古與文物》1980 年 04 期,頁 6–22。

1982 　　　　《扶風溝原發現叔趙父禹》,《考古與文物》1982 年 04 期,頁 106–107。

1998 　　　　《宰獸簋銘略考》,《文物》1998 年 08 期,頁 83–87。

1998a 　　　《西周王盂考——兼論菶京地望》,《考古與文物》1998 年 01 期,頁 76–81。

1999 　　　　《陝西周原新出土的青銅器》,《考古》1999 年 04 期,頁 18–21。

羅振玉

1929(2004) 　《矢彝考釋》,1929 年,後收於《金文文獻集成》28 冊,中華書局,2004 年,頁 1–6。

駱賓基

1987 　　　　《“單壹卣”銘新解》,《金文新考(下冊)》,山西人民出版社,1987 年,頁 1–30。

雒忠如

1963 　　　　《扶風縣又出土了周代銅器》,《文物》1963 年 09 期,頁 65–66。

洛　陽 A:洛陽博物館

1972 　　　　《洛陽龐家溝五座西周墓的清理》,《文物》1972 年 09 期,頁 20–31。

1972a 　　　《洛陽北瑤西周墓清理記》,《考古》1972 年 02 期,頁 35–36。

洛　陽 B：洛陽市文物工作隊

1984　　　　《洛陽近幾年來搜集的珍貴歷史文物》，《中原文物》1984 年 03 期，頁 76–80、126–128。

1999　　　　《洛陽東郊西周墓》，《文物》1999 年 09 期，頁 19–28。

1999a　　　《洛陽北窰西周墓》，文物出版社，1999 年。

2003　　　　《洛陽東車站兩周墓發掘簡報》，《文物》2003 年 12 期，頁 4–11。

2004　　　　《洛陽市唐城花園 C3M417 西周墓發掘簡報》，《文物》2004 年 07 期，頁 4–11。

2006　　　　《洛陽瀍河東岸西周墓的發掘》，《文物》2006 年 03 期，頁 17–19、71。

2010　　　　《洛陽老城北大街西周墓》，《文物》2010 年 08 期，頁 4–7。

洛　陽 C：洛陽市第二文物工作隊

2000　　　　《洛陽五女冢西周早期墓葬發掘簡報》，《文物》2000 年 10 期，頁 4–11。

M

馬承源

1963　　　　《德方鼎銘文管見》，《文物》1963 年 11 期，頁 56–57。《上海博物館藏寶録》，上海文藝出版社、三聯書店（香港）聯合出版，1989 年，頁 95。

1964　　　　《記上海博物館新收集的青銅器》，《文物》1964 年 07 期，頁 10–19。

1976　　　　《何尊銘文初釋》，《文物》1976 年 01 期，頁 64–65、93。

1979　　　　《關於翏生盨和者減鐘的幾點意見》，《考古》1979 年 01 期，頁 60–65。

1982　　　　《西周金文和周曆的研究》，《上海博物館集刊》1982 年 02 輯，頁 26–74。又見於《中國青銅器研究》，上海古籍出版社，2002 年，頁 122–171。

1983（2002）《何尊銘文和周初史實》，《王國維學術研究論集》01 輯，華東師範大學出版社，1983 年，頁 45–61。《中國青銅器研究》，上海古籍出版社，2002 年，頁 225–237。（頁碼據後者）

1989　　　　《小臣單觶》，《上海博物館藏寶録》，上海文藝出版社、三聯書店（香港）聯合出版，1989 年，頁 94。

1989a　　　《保卣》，《上海博物館藏寶録》，上海文藝出版社、三聯書店（香港）聯合出版，1989 年，頁 94。

1991　　　　《虢國大墓參觀記》，《中國文物報》1991 年 3 月 3 日。

1992　　　　《新獲西周青銅器研究二則》，《上海博物館集刊》第六期，新華書店上海發行所，1992 年，頁 150–154。

1993　　　　《晉侯𩫈盨》，《第二屆國際中國古文字學研討會論文集》，香港中文大學中文系，1993 年，頁 221–230。

1996　　　　《晉侯穌編鐘》，《上海博物館集刊》第七期，上海書畫出版社，1996 年，頁 1–14。

1999　　　　《戎生鐘銘文的探討》，《保利藏金——保利藝術博物館精品選》，嶺南美術出版社，1999 年，頁 361–364。

2000　　　　《亢鼎銘文——西周早期用貝幣交易玉器的記録》，《上海博物館集刊》第八期，上海書畫出版社，2000 年，頁 120–123。

2000a（2007）《西周中期青銅鐘鑄作技術的發展》，2000 年中國青銅器學術討論會論文。《馬承源文博論集》，上海古籍出版社，2007 年，頁 174–175。

2001　　　　《論𤔲伯卣》，《保利藏金續——保利藝術博物館精品選》，嶺南美術出版社，2001 年，頁 240–243。

2002　　　　《晉侯穌編鐘》，《晉侯墓地出土青銅器國際學術研討會論文集》，上海書畫出版社，2002 年，頁 8–28。

2003　　　　《陝西眉縣出土窖藏青銅器筆談》，《文物》2003 年 06 期，頁 43–44。

2003a　　　《中國青銅器》，上海古籍出版社，2003 年。

馬承源等：馬承源主編，陳佩芬、潘建明、陳建敏、濮茅左編撰

1988 《商周青銅器銘文選（三）》，文物出版社，1988 年。

馬琴莉

1996 《三原县博物館收藏的商周銅器和陶器》，《文博》1996 年 04 期，頁 86–89、91。

馬敘倫

1934 《令矢彝》，《國立北京大學國學季刊》1934 年 04 卷 01 期，頁 15–20。

馬志敏

2004 《山東省龍口市出土西周銅簋》，《文物》2004 年 08 期，頁 79–80。

綿　竹 A：綿竹縣文管所

1988 《四川綿竹縣發現西周小臣伯鼎》，《考古》1988 年 06 期，頁 571。

莫非斯

1936 《西周曆朔新譜及其他》，《考古社刊》1936 年 05 期，頁 209–269。

1937 《西周銅器中之宮廟及由之而考訂其年代》，《考古社刊》1937 年 06 期，頁 87–135。

穆海亭

1998 《堅史屖壺蓋銘文考釋》，《周秦文化研究》，陝西人民出版社，1998 年，頁 382–386。

穆海亭、朱捷元

1983 《新發現的西周王室重器五祀默鐘考》，《人文雜誌》1983 年 02 期，頁 118–121。

穆海亭、鄭洪春

1987 《夷伯簋銘文箋釋》，《中國考古學研究論集——紀念夏鼐先生考古五十周年》，三秦出版社，1987 年 12 月，頁 292–293。

穆曉軍

1998 《陝西長安縣出土西周吳虎鼎》，《考古與文物》1998 年 03 期，頁 69–71。

N

寧會振

2000 《上村嶺虢國墓地時代芻議》，《華夏考古》2000 年 03 期，頁 55–57、93。又見於《虢國墓地的發現與研究》，社會科學文獻出版社，2000 年，頁 191–195。

P

龐懷靖

2002 《對西周銅器梁其鼎及儼匜王年的推斷》，《考古與文物》2002 年 05 期，頁 49–55。

龐文龍

1994 《岐山縣博物館藏商周青銅器錄遺》，《考古與文物》1994 年 03 期，頁 28–40。

龐文龍、崔玫英

1990 《陝西岐山近年出土的青銅器》，《考古與文物》1990 年 01 期，頁 50–52、57。

裴　琪

1958 《魯山縣發現一批重要銅器》，《文物》1958 年 05 期，頁 72–73。

彭　曦、許俊成

1981 《穆公簋蓋銘文簡釋》，《考古與文物》1981 年 04 期，頁 27。

彭裕商

1998 《麥四器與周初的邢國》，《徐中舒先生百年誕辰紀念文集》，巴蜀書社，1998 年，頁 147–150。

1999 《也論新出虎簋蓋的年代》，《文物》1999 年 06 期，頁 57–62。

1999a	《謚法探源》，《中國史研究》1999 年 01 期，頁 3–11。
2000	《董家村裘衛四器年代新探》，《古文字研究》22 輯，中華書局，2000 年，頁 83–87。
2001	《伯懋父考》，《四川大學考古專業創建四十周年暨馮漢驥教授百年誕辰紀念文集》，四川大學出版社，2001 年。
2002	《班簋補録》，《追尋中華古代文明的蹤迹——李學勤先生學術活動五十年紀念文集》，復旦大學出版社，2002 年，頁 26–29。
2002a	《晉侯蘇鐘年代淺議》，《晉侯墓地出土青銅器國際學術研討會論文集》，上海書畫出版社，2002 年，頁 314–320。
2003	《西周青銅器年代綜合研究》，巴蜀書社，2003 年。
2005	《逨器的啓示》，《黃盛璋先生八秩華誕紀念文集》，中國教育文化出版社，2005 年，頁 99–102。
2005a	《保利藝術博物館收藏的兩件銅方鼎筆談》，《文物》2005 年 10 期，頁 73–74。
2007	《覺公簋年代管見》，《考古》2008 年 10 期，頁 57–61。

平盧，見董作賓

平頂山 A：平頂山市文管會

1981	《河南平頂山市發現西周銅殷》，《考古》1981 年 04 期，頁 314、370。
1988	《平頂山市新出土西周青銅器》，《中原文物》1988 年 01 期，頁 21–22。

平　心

1979	《〈保卣銘〉新釋》，《中華文史論叢》總 09 輯，中華書局，1979 年，頁 49–80。

Q

戚桂宴

1980	《董家村西周衛器斷代》，《山西大學學報（哲社版）》1980 年 03 期，頁 61–64。
1981	《厲王銅器斷代問題》，《文物》1981 年 11 期，頁 77–82。

祁健業

1982	《岐山縣北郭公社出土的西周青銅器》，《考古與文物》1982 年 02 期，頁 7–9。
1984	《岐山縣博物館近幾年來徵集的商周青銅器》，《考古與文物》1984 年 05 期，頁 10–13。

祈延霈

1947	《山東益都蘇埠屯出土銅器調查記》，《中國考古學報（田野考古學報）》02 冊，商務印書館，1947 年，頁 167–178。

岐　山 A：岐山縣文化館、陝西省文管會等

1976	《陝西省岐山縣董家村西周銅器窖穴發掘簡報》，《文物》1976 年 05 期，頁 26–44。

岐　山 B

1972	《岐山、藍田等地發現西周銅器》，《文物》1972 年 01 期，頁 74–75。

岐山 C：岐山縣博物館

1992	《陝西岐山新出土周初青銅器等文物》，《文物》1992 年 06 期，頁 76–78。

齊文濤

1972	《概述近年來山東出土的商周青銅器》，《文物》1972 年 05 期，頁 3–18。

錢柏泉

1958	《"説天亡簋爲武王滅商以前銅器" 一文的幾點商榷》，《文物參考資料》1958 年 12 期，頁 56–57。

秦建明

1998	《保卣之我見》，《遠望集——陝西省考古研究所華誕四十周年紀念文集》，陝西人民美術出版社，1998 年，頁 323–328。

秦永軍、韓維龍、楊鳳翔

1989　　　　《河南商水縣出土周代青銅器》,《考古》1989 年 04 期, 頁 310–313。

青　全: 中國青銅器全集編輯委員會

1997(5)　　《中國青銅器全集》, 文物出版社, 1997 年, 第 5 冊。

1997(6)　　《中國青銅器全集》, 文物出版社, 1997 年, 第 6 冊。

1997(7)　　《中國青銅器全集》, 文物出版社, 1997 年, 第 7 冊。

1998(10)　　《中國青銅器全集》, 文物出版社, 1997 年, 第 10 冊。

青　州: 青州市博物館

1999　　　　《山東青州市發現 "魚伯己" 銅瓿》,《考古》1999 年 12 期, 頁 53。

慶　陽 A: 慶陽地區博物館

1985　　　　《甘肅慶陽韓家灘廟嘴發現一座西周墓》,《考古》1985 年 09 期, 頁 809、853–854。

仇士華、張長壽

1999　　　　《晉侯墓地 M8 的碳十四年代測定和晉侯穌鐘》,《考古》1999 年 05 期, 頁 90–92。

裘錫圭

1978　　　　《史牆盤銘解釋》,《文物》1978 年第 3 期, 頁 25–32。

1994　　　　《關於晉侯銅器銘文的幾個問題》,《傳統文化與現代化》1994 年 02 期, 頁 35–41。

1996　　　　《文字學概要》, 商務印書館, 1996 年。

1997　　　　《晉侯蘇鐘筆談》,《文物》1997 年 03 期, 頁 54–66。

1999　　　　《戎生編鐘銘文考釋》,《保利藏金——保利藝術博物館精品選》, 嶺南美術出版社, 1999 年, 頁 365–374。

2001　　　　《牆伯卣的形制和銘文》,《保利藏金續——保利藝術博物館精品選》, 嶺南美術出版社, 2001 年, 頁 244–249。

2002a　　　《燹公盨銘文考釋》,《中國歷史文物》2002 年 06 期, 頁 13–27。

曲　沃: 曲沃縣博物館

1996《天馬—曲村遺址青銅器介紹》,《文物季刊》1996 年 03 期, 頁 53–83。

確　山: 確山縣文物管理所

1993　　　　《河南確山出土西周晚期銅器》,《考古》1993 年 01 期, 頁 85。

R

饒澤民

1993　　　　《湖南株洲發現二件商周青銅器》,《考古》1993 年 10 期, 頁 952。

熱　河: 熱河省博物館籌備組

1955　　　　《熱河凌源縣海島營子村發現的古代青銅器》,《文物》1955 年 08 期, 頁 16–27。

韌　松、樊維嶽

1975　　　　《記陝西藍田縣新出土的應侯鐘》,《文物》1975 年 10 期, 頁 68–69。

任　偉

2002　　　　《"應史" 諸器與周代異姓史官》,《華夏考古》2002 年 03 期, 頁 57–59。

2003　　　　《西周早期金文中的召公家族與燕君世系》,《中國歷史文物》2003 年 01 期, 頁 78–83。

任喜來、呼林貴

1991　　　　《韓城市博物館收藏的幾件青銅器》,《文博》1991 年 02 期, 頁 71–74。

容　庚

1941(2008)　《商周彝器通考》, 1941 年, 哈佛燕京學社出版。又上海人民出版社出版, 2008 年。(頁碼據後者)

榮孟源

1997　　　　　《試談西周紀年》,《武王克商之年研究》, 北京師範大學出版社, 1997 年, 頁 354–365。

S

山　東 A：山東省文物考古研究所

1996　　　　　《山東濟陽劉臺子西周六號墓清理報告》,《文物》1996 年 12 期, 頁 4–25。

山　東 B：山東大學考古系

1998　　　　　《山東長清縣仙人臺周代墓地》,《考古》1998 年 09 期, 頁 11–25。

山西・北京：山西省考古研究所、北京大學考古學系；北京大學考古學系、山西省考古研究所；北京大學歷史系考古專業山西實習組、山西省文物工作委員會；北京大學考古系商周組、山西省考古研究所編著

1992　　　　　《翼城曲沃考古勘探記》,《考古學研究(一)》, 文物出版社, 1992 年。

1993　　　　　《1992 年春天馬——曲村遺址墓葬發掘報告》,《文物》1993 年 03 期, 頁 11–30。

1994a　　　　《天馬——曲村遺址北趙晉侯墓地第二次發掘》,《文物》1994 年 01 期, 頁 4–28。

1994b　　　　《天馬——曲村遺址北趙晉侯墓地第四次發掘》,《文物》1994 年 08 期, 頁 4–21。

1995　　　　　《天馬——曲村遺址北趙晉侯墓地第五次發掘》,《文物》1995 年 07 期, 頁 4–39。

2000　　　　　《天馬——曲村(1980—1989)》, 科學出版社, 2000 年。

2001　　　　　《天馬——曲村遺址北趙晉侯墓地第六次發掘》,《文物》2001 年 08 期, 頁 4–21、55。

山　西：山西省文物管理委員會

1955　　　　　《山西洪趙縣坊堆村古遺址墓群清理簡報》,《文物參考資料》1955 年 04 期, 頁 46–54。

1959　　　　　《山西長子的殷周文化遺存》,《文物》1959 年 02 期, 頁 36。

山　西 A：山西省考古研究所、運城市文物工作站、絳縣文化局

2006　　　　　《山西絳縣橫水西周墓發掘簡報》,《文物》2006 年 08 期, 頁 4–18。

陝　西：陝西省考古研究所, 陝西省文物管理委員會, 陝西省博物館編

1979(1)　　　《陝西出土商周青銅器(一)・圖版説明》, 文物出版社, 1979 年。

1980(2)　　　《陝西出土商周青銅器(二)・圖版説明》, 文物出版社, 1980 年。

1980(3)　　　《陝西出土商周青銅器(三)・圖版説明》, 文物出版社, 1980 年。

1984(4)　　　《陝西出土商周青銅器(四)・圖版説明》, 文物出版社, 1984 年。

陝　西 A：陝西省考古研究所

1995　　　　　《高家堡戈國墓》, 三秦出版社, 1995 年。

陝　西 B：陝西省考古研究所、寶雞市考古工作隊、眉縣文化館、楊家村聯合考古隊

2003　　　　　《陝西眉縣楊家村西周青銅器窖藏發掘簡報》,《文物》2003 年 06 期, 頁 4–42。

2008　　　　　《吉金鑄華章——寶雞眉縣楊家村單氏青銅器窖藏》, 文物出版社, 2008 年。

陝　西 C：陝西省文物局、中華世紀壇藝術館編

2003　　　　　《盛世吉金——陝西寶雞眉縣青銅器窖藏》, 北京出版社, 2003 年。

陝　西 D：陝西省文物管理委員會

1957　　　　　《長安普渡村西周墓的發掘》,《考古學報》1957 年 01 期, 頁 75–86。

1963　　　　　《陝西扶風、岐山周代遺址和墓葬調查發掘報告》,《考古》1963 年 12 期, 頁 654–658、682。

1964　　　　　《陝西省永壽縣、武功縣出土西周銅器》,《文物》1964 年 07 期, 頁 7、20–27。

1986　　　　　《西周鎬京附近部分墓葬發掘簡報》,《文物》1986 年 01 期, 頁 1–31。

陝　西 E：陝西省博物館、陝西省文物管理委員會

1976　　　　　《陝西岐山賀家村西周墓葬》,《考古》1976 年 01 期, 頁 31–38。

陝　西 F：陝西周原考古隊

1978　　　　　《陝西扶風莊白一號西周青銅器窖藏發掘報告》,《文物》1978 年 03 期, 頁 1–18。

1978a　　　　《陝西扶風縣云塘、莊白二號西周銅器窖藏》,《文物》1978 年 11 期, 頁 6–10。

1979　　　《陝西岐山鳳雛村西周青銅器窖藏簡報》,《文物》1979 年 11 期, 頁 12–15。

1979a　　《陝西扶風齊家十九號西周墓》,《文物》1979 年 11 期, 頁 1–11。

1980　　　《扶風雲塘西周墓》,《文物》1980 年 04 期, 頁 39–55。

1983　　　《陝西岐山賀家村西周墓發掘簡報》,《文物資料叢刊》1983 年 08 輯, 頁 77–94。

1986　　　《扶風黃堆西周墓地鑽探清理簡報》,《文物》1986 年 08 期, 頁 56–68。

陝　西 G：陝西周原扶風文管所

1982a　　《周原發現師同鼎》,《文物》1982 年 12 期, 頁 43–46。

1982　　　《周原西周遺址扶風地區出土幾批青銅器》,《考古與文物》1982 年 02 期, 頁 10–13。

陝　西 H：陝西省博物館

1965　　　《陝西省博物館新近徵集的幾件西周銅器》,《文物》1965 年 07 期, 頁 17–19。

1965a　　《陝西省博物館鑒選一批歷史文物》,《文物》1965 年 05 期, 頁 2–4。

1977　　　《陝西長安灃西出土的遹盂》,《考古》1977 年 01 期, 頁 71–72。

陝　西 I：陝西省文物局

1983　　　《陝西省周至縣近年徵集的幾件西周青銅器》,《文物》1983 年 07 期, 頁 93。

陝　西 J：陝西省文物工作委員會、洪洞縣文化館

1987　　　《山西洪洞永凝堡西周墓葬》,《文物》1987 年 02 期, 頁 1–16。

陝　西 K：陝西省考古研究所、渭南市文物保護考古研究所、韓城市文物旅遊局

2007　　　《陝西韓城梁帶村遺址 M19 發掘簡報》,《考古與文物》2007 年 02 期, 頁 3–14。

2010　　　《陝西韓城梁帶村墓地北區 2007 年發掘簡報》,《文物》2010 年 06 期, 頁 4–20。

上　海：上海市文物保管委員會

1959　　　《近年來上海市從廢銅中搶救出的重要文物》,《文物》1959 年 10 期, 頁 32–36。

尚志儒

1987　　　《奠井國銅器及其史迹之研究》,《中國考古學研究論集——紀念夏鼐先生考古五十周年》,
　　　　　　三秦出版社, 1987 年, 頁 294–303。

尚志儒、樊維嶽、吳梓林

1976　　　《陝西藍田縣出土㝬叔鼎》,《文物》1976 年 01 期, 頁 94。

尚志儒、吳鎮烽、朱捷元

1978　　　《陝西省近年收集的部分商周青銅器》,《文物資料叢刊》1978 年 02 輯, 頁 22–25。

社科院：中國社會科學院考古研究所

1999　　　《張家坡西周墓地》, 中國大百科全書出版社, 1999 年。

2005　　　《滕州前掌大墓地》, 文物出版社, 2005 年。

社科院 A：中國社會科學院考古研究所灃西發掘隊

1980　　　《1967 年長安張家坡西周墓的發掘》,《考古學報》1980 年 04 期, 頁 457–502。

1981　　　《1976—1978 年長安灃西發掘簡報》,《考古》1981 年 01 期, 頁 13–18。

1986　　　《長安張家坡西周井叔墓發掘簡報》,《考古》1986 年 01 期, 頁 11、22–27。

1986a　　《1979—1981 年長安灃西、灃東發掘簡報》,《考古》1986 年 03 期, 頁 197–209。

1986b　　《1984 年灃西大原村西周墓地發掘簡報》,《考古》1986 年 11 期, 頁 977–981。

1989　　　《長安張家坡 M183 西周洞室墓發掘簡報》,《考古》1989 年 06 期, 頁 524–529。

1990　　　《陝西長安張家坡 M170 號井叔墓發掘簡報》,《考古》1990 年 06 期, 頁 504–510。

社科院 B：中國社會科學院考古研究所、北京市文物工作隊琉璃河考古隊

1984　　　《1981—1983 年琉璃河西周燕國墓地發掘簡報》,《考古》1984 年 05 期, 頁 404–416。

社科院 C：中國社會科學院考古研究所豐鎬發掘隊

1984　　　《長安灃西早周墓葬發掘記略》,《考古》1984 年 09 期, 頁 779–783。

社科院 D：中國社會科學院考古研究所、北京市文物研究所琉璃河考古隊

1990　　　《北京琉璃河 1193 號大墓發掘簡報》,《考古》1990 年 01 期, 頁 20–31。

社科院 E：中國社會科學院考古研究所山東隊、滕縣博物館

1980　　　　《山東滕縣古遺址調查簡報》，《考古》1980 年 01 期，頁 32–44。

社科院 F：中國社會科學院考古研究生山東工作隊、鄒縣文物保管所

1983　　　　《山東鄒縣古代遺址調查》，《考古學集刊》1983 年 03 輯，頁 98–108。

沈長雲

1989（2002）　《〈詩經·小雅·十月之交〉日食及相關歷史問題辨析》，《中國文化與中國哲學》1989 年號，三聯書店。又見於《上古史探研》，中華書局，2002 年，頁 272–286。（頁碼據後者）

1997　　　　《論成康時代和成康時代的銅器銘刻》，《中原文物》1997 年 02 期，頁 68–75。

2002　　　　《新出叔夨方鼎中夨字的釋讀問題》，《晉侯墓地出土青銅器國際學術研討會論文集》，上海書畫出版社，2002 年，頁 253–257。

沈之瑜

1965　　　　《仲冉父鬲跋》，《文物》1965 年 01 期，頁 6、59。

盛冬鈴

1983　　　　《西周銅器銘文中的人名及其對斷代的意義》，《文史》1983 年 17 期，頁 27–64。

盛　張，見黃盛璋。

施勁松

2003　　　　《長江流域青銅器研究》，文物出版社，2003 年。

師小群、萬　曉

2001　　　　《新徵集文物叢刊》，《陝西歷史博物館館刊》2001 年 08 輯，頁 297–305。

石興邦

1954　　　　《長安普渡村西周墓葬發掘記》，《考古學報》1954 年 02 期，頁 109–126。

石志廉

1959　　　　《瀟簋》，《文物》1959 年 12 期，頁 59。

史紅慶

2007　　　　《十三年㝬壺斷代新考》，《殷都學刊》2007 年 04 期，頁 54–60。

史可暉

1987　　　　《甘肅省靈臺縣又發現一座西周墓葬》，《考古與文物》1987 年 05 期，頁 100–101。

史樹青等：史樹青、石志廉、張榮、楊文和

1957　　　　《盉尊、盉彝及騋駒尊釋文》，《文物參考資料》1957 年 06 期，頁 69。

史　言

1972　　　　《扶風莊白大隊出土的一批西周銅器》，《文物》1972 年 06 期，頁 30–35。

1972a　　　《眉縣楊家村大鼎》，《文物》1972 年 07 期，頁 3–4。

首　陽：首陽齋、上海博物館、香港中文大學文物館

2008　　　　《首陽吉金——胡盈瑩、范季融藏中國古代青銅器》，上海古籍出版社，2008 年。

隨　州 A：隨州市博物館

1982　　　　《湖北隨縣新發現古代青銅器》，《考古》1982 年 02 期，頁 138–141。

1982a　　　《湖北隨縣安居出土青銅器》，《文物》1982 年 12 期，頁 51–57。

1984　　　　《湖北隨縣發現商周青銅器》，《考古》1984 年 06 期，頁 510–514。

孫斌來

2001　　　　《“中”組銅器銘文及年代考——附論㽙卣的年代及周武王在位年數》，《考古與文物叢刊第四號——古文字論集（二）》，《考古與文物》編輯部，2001 年，頁 37–52。

孫斌來、范有芳

2003　　　　《菟侯鼎銘文考釋》，《陝西歷史博物館館刊》10 輯，三秦出版社，2003 年，頁 54–56。

2004　　　　《臣辰盉之年代考》，《陝西歷史博物館館刊》11 輯，三秦出版社，2004 年，頁 48–50。

2005　　　　《聃簋銘文及年代考》，《陝西歷史博物館館刊》12 輯，三秦出版社，2005 年，頁 11–17。

孫常敍

1963　《天亡毁問字疑年》,《吉林師大學報》社會科學版, 1963 年 01 期, 頁 25-58。

孫次舟

1941　《虢季子白盤年代新考》,《齊大國學季刊》新 01 卷 02 期, 1941 年, 頁 1-20。

孫　華

1992　《匽侯克器銘文淺見——兼談召公建燕及相關問題》,《文物春秋》1992 年 03 期, 頁 29-37。

1995　《關於晉侯對組墓的幾個問題》,《文物》1995 年 09 期, 頁 50-57。

1997　《晉侯槸／斷組墓的幾個問題》,《文物》, 1997 年 08 期, 頁 27-35。

1999　《弦紋垂腹鼎》,《保利藏金——保利藝術博物館精品選》, 嶺南美術出版社, 1999 年, 頁 57-58。

1999a　《蛇紋盤》,《保利藏金——保利藝術博物館精品選》, 嶺南美術出版社, 1999 年, 頁 109-112。

2001　《王作左守鼎》,《保利藏金續——保利藝術博物館精品選》, 嶺南美術出版社, 2001 年, 頁 96-101。

孫　華、王　藝

1999　《保利藏金——保利藝術博物館精品選》, 嶺南美術出版社, 1999 年, 頁 97-98。

孫敬明、何琳儀、黄錫全

1983　《山東臨朐新出銅器銘文考釋及有關問題》,《文物》1983 年 12 期, 頁 13-17。

孫慶偉

2001　《也辯"晉公宗室"——兼論晉侯墓地 M114 主人》,《古代文明研究通訊》2001 年 10 期, 頁 15-20。

2002　《曲沃北趙晉侯墓地 M114 出土叔矢方鼎及其相關問題研究筆談》,《文物》2002 年 05 期, 頁 76-77。

2007　《從新出戟甗看昭王南征與晉侯燮父》,《文物》2007 年 01 期, 頁 64-68。

孫善德

1964　《青島市文物管理委員會收集的幾件青銅器》,《文物》1964 年 04 期, 頁 50-52。

孫作雲

1958　《説"天亡毁"爲武王滅商以前銅器》,《文物參考資料》1958 年 01 期, 頁 29-31。

1960　《再論"天亡毁"二三事》,《文物》1960 年 05 期, 頁 50-52。

孫稚雛

1980　《天亡毁銘文匯釋》,《古文字研究》03 輯, 中華書局, 1980 年, 頁 166-180。

1981　《保卣銘文匯釋》,《古文字研究》05 輯, 中華書局, 1981 年, 頁 191-210。

1998　《毛公鼎銘今譯》,《容庚先生百年誕辰紀念文集》, 廣東人民出版社, 1998 年, 頁 283-292。

T

譚戒甫

1963　《西周"旨"器銘文綜合研究》,《中華文史論叢》1963 年 03 輯, 頁 65-90。

唐愛華

1985　《新鄉館藏殷周銅器銘文選》,《中原文物》1985 年 01 期, 頁 26-31。

1986　《新鄉市博物館藏西周矢伯甗》,《文物》1986 年 03 期, 頁 93。

唐復年

1983　《師旂簋新釋》,《考古與文物叢刊第二號——古文字論集（一）》, 考古與文物編輯部, 1983 年, 頁 30-35。

1986　《輔師嫠簋三考及斷代》,《古文字研究》13 輯, 中華書局, 1986 年, 頁 227-238。

唐蘭

1934　　《作册令尊及作册令彝銘考釋》,《國立北京大學國學季刊》1934 年 04 卷 01 期, 頁 21–30。

1936　　《周王㝬鐘考》,《國立故宮博物院年刊》, 故宮博物院, 1936 年 7 月, 頁 1–16。

1956　　《宜厌夨毀考釋》,《考古學報》1956 年 02 期, 頁 79–83。

1958　　《朕簋》,《文物參考資料》1958 年 09 期, 頁 69。

1960　　《記美帝國主義陰謀劫奪我國青銅重器》,《文物》1960 年 10 期, 頁 10–11。

1962　　《西周銅器斷代中的 "康宮" 問題》,《考古學報》1962 年 01 期, 頁 15–48。

1972　　《永盂銘文解釋》,《文物》1972 年 01 期, 頁 58–62。

1972a　　《史話簋銘考釋》,《考古》1972 年 05 期, 頁 46–48。

1976　　《牁尊銘文解釋》,《文物》1976 年 01 期, 頁 60–63。

1976a　　《陝西省岐山縣董家村新出西周重要銅器銘辭的譯文和註釋》,《文物》1976 年 05 期, 頁 55–59、63。

1976b　　《用青銅器銘文來研究西周史——綜論寶雞市近年發現的一批青銅器的重要歷史價值》,《文物》1976 年 06 期, 頁 31–39。

1976—1978（1986）　《西周青銅器銘文分代史徵》, 中華書局, 1986 年。

1978　　《略論西周微史家族窖藏銅器群的重要意義——陝西扶風新出牆盤銘文解釋》,《文物》1978 年 03 期, 頁 19–24、42。

1981　　《論周昭王時代的青銅器銘刻》,《古文字研究》02 輯, 中華書局, 1981 年, 頁 12–143。

1985　　《關於大克鐘》, 原載《出土文獻研究》01 輯, 文物出版社, 1985 年, 頁 121–125。

唐祿庭、姜國鈞

1989　　《山東黃縣東營周家村西周殘墓清理簡報》,《海岱考古》01 輯, 山東大學出版社, 1989 年, 頁 314–320。

唐友波

1996　　《"𩰪卣" 與周獻功之禮》,《上海博物館集刊》07 期, 上海書畫出版社, 1996 年, 頁 45–52。

2002　　《晉侯墓群銅器 "叔" 氏及其相關銘文雜議》,《晉侯墓地出土青銅器國際學術研討會論文集》, 上海書畫出版社, 2002 年, 頁 366–370。

藤縣 A：滕縣博物館

1984　　《山東滕縣發現滕侯銅器墓》,《考古》1984 年 04 期, 頁 333–337。

田建文、謝堯亭

2002　　《問疑晉侯墓》,《晉侯墓地出土青銅器國際學術研討會論文集》, 上海書畫出版社, 2002 年, 頁 132–140。

田　率

2008　　《陝西眉縣青銅器窖藏與西周單逨家族》,《中國歷史文物》2008 年 04 期, 頁 82–88。

田醒農、雒忠如

1981　　《多友鼎的發現及其銘文試釋》,《人文雜誌》1981 年 04 期, 頁 115–118。

田學祥、張振華

1975　　《陝西長武縣文化大革命以來出土的幾件西周銅器》,《文物》1975 年 05 期, 頁 89–90。

天津 A：天津市文化局文物組

1964　　《天津市新收集的商周青銅器》,《文物》1964 年 09 期, 頁 33–36。

天津 B：天津市文物管理處

1979　　《天津市發現西周㲉毀蓋》,《文物》1979 年 02 期, 頁 94。

銅　川：銅川市文化館

1982　　《陝西銅川發現商周青銅器》,《考古》1982 年 01 期, 頁 102、107。

童書業

2004　　《晉公盞銘 "□宅京自" 解——春秋晉都辨疑》,《童書業歷史地理論集》, 中華書局, 2004

年，頁 200–206。

涂白奎

2006　《〈季姬方尊〉銘文釋讀補正》，《考古與文物》2006 年 04 期，頁 111。

W

萬樹瀛

1981　《滕縣後荊溝出土不嬰簋等青銅器群》，《文物》1981 年 09 期，頁 25–29。

萬樹瀛、楊孝義

1978　《山東滕縣出土杞薛銅器》，《文物》1978 年 04 期，頁 94–96。

1979　《山東滕縣出土西周滕國銅器》，《文物》1979 年 04 期，頁 88–89。

王長豐

1998　《西周微氏家族青銅器群及其世系研究中的一個誤區》，《文物研究》11 輯，黃山書社，1998
　　　年，頁 290–293。

2003　《〈周公方鼎〉銘文的時代及其銘文書寫者》，《中原文物》2003 年 05 期，頁 48–50。

2005　《〈靜方鼎〉的時代及其銘文書寫者職官考》，《考古與文物 2005 年古文字論集（三）》，2005
　　　年，頁 60–63。

2010　《近出囶卑盉銘文考釋》，《中原文物》2010 年 06 期，頁 68–70、75。

王長啟

1990　《西安市文物中心收藏的商周青銅器》，《考古與文物》1990 年 05 期，頁 25–43。

2002　《西安豐鎬遺址發現的車馬坑及青銅器》，《文物》2002 年 12 期，頁 4–14。

王恩田

1993　《讀〈西周金文年代辨證〉》，《中華文史論叢》總 51 輯，上海古籍出版社，1993 年，頁 257–
　　　258。

1996　《晉侯蘇鐘與周宣王東征伐魯》，《中國文物報》1996 年 9 月 8 日。

2002　《鹿邑太清宮西周大墓與微子封宋》，《中原文物》2002 年 04 期，頁 41。

2006　《鹿邑微子墓補證——兼釋相侯與子口尋（脂）》，《中原文物》2006 年 06 期，頁 53–60。

王冠英

2002　《作册封鬲銘文考釋》，《中國歷史文物》2002 年 02 期，頁 4–6。

2004　《任鼎銘文考釋》，《中國歷史文物》2004 年 02 期，頁 20–24。

2006　《觀簋考釋》，《中國歷史文物》2006 年 03 期，頁 4–6。

王光堯

1995　《從新出土之楊姞壺看楊國》，《故宮博物院院刊》1995 年 02 期，頁 82–85。

王光永

1975　《陝西省寶雞市峪泉生產隊發現西周早期墓葬》，《文物》1975 年 03 期，頁 72–73。

1980　《寶雞市茹家莊發現西周早期銅器》，《考古與文物》1980 年 01 期，頁 14–15。

1984　《寶雞縣賈村塬發現矢王簋蓋等青銅器》，《文物》1984 年 06 期，頁 18–20。

1991　《陝西寶雞戴家灣出土商周青銅器調查報告》，《考古與文物》1991 年 01 期，頁 3–22。（遺作）

王桂枝、高次若

1981　《寶雞地區發現幾批商周青銅器》，《考古與文物》1981 年 01 期，頁 5–7。

1983　《寶雞新出土及館藏的幾件青銅器》，《考古與文物》1983 年 06 期，頁 6–8。

王國維

1915（1959）《生霸死霸考》，1915 年作，後收入《觀堂集林》卷一，1959 年，中華書局，頁 19。

1915a（2009）《不嬰敦蓋銘考釋》，1915 年作，《王國維全集（11）·觀堂古金文考釋》，浙江教育出版社，2009
　　　年，頁 315–324。

1916（2009）　《毛公鼎銘考釋》，《學術叢編》第一集，1916 年。又見於《王國維全集（11）·觀堂古金文考釋》，浙江教育出版社，2009 年，頁 285–303。（頁碼據後者）

1922（1959）　《夨甲盤跋》，1922 年作，後收入《觀堂集林·別集》卷二，中華書局，1959 年，頁 1206。

1924（2009）　《散氏盤考釋》，作於 1924 年，後發表於《國學月報》2 卷 8、9、10 號合刊《王靜安先生專號》，1927 年。《王國維全集（11）·觀堂古金文考釋》，浙江教育出版社，2009 年，頁 304–314。

1925（1959）　《遹敦跋》，《學衡》43 期，1925 年。後收入《觀堂集林》，中華書局，1959 年，頁 895–896。

1926（2009）　《盂鼎銘考釋》，《國學月報》2 卷 8、9、10 號合刊《王靜安先生專號》，1927 年。《王國維全集（11）·觀堂古金文考釋》，浙江教育出版社，2009 年，頁 325–329。

王海文

1960　　　《叔卣》，《故宮博物院院刊》1960 年 02 期，頁 184。

王翰章、陳良和、李保林

1995　　　《虎簋蓋銘簡釋》，《考古與文物》1997 年 03 期，頁 75、78–80。

王　輝

1982　　　《駒父盨蓋銘文試釋》，《考古與文物》1982 年 05 期，頁 56–59。

1983　　　《逆鐘銘文箋釋》，《考古與文物叢刊第二號——古文字論集（一）》，考古與文物編輯部，1983 年，頁 53–56。

1983a　　《羋奰鼎通讀及其相關問題》，《考古與文物》1983 年 06 期，頁 64–68。

1990　　　《秦銅器銘文編年集釋》，三秦出版社，1990 年。

1997　　　《虎簋蓋銘座談紀要》，《考古與文物》1997 年 03 期，頁 81–82。

1998　　　《吳虎鼎銘座談紀要》，《考古與文物》1998 年 03 期，頁 73–75。又以《談吳虎鼎的時代和幾個地名》收於《一粟集》，藝文印書館，2003 年，頁 87–90。

2003　　　《逨盤銘文箋釋》，《考古與文物》2003 年 03 期，頁 81–91。

2003a　　《周初王盂考跋》，《第三屆國際中國古文字學研討會論文集》，問學社（香港），1997 年，頁 343–353。又見於《一粟集》，藝文印書館，2003 年，頁 51–57。

2006　　　《商周金文》，文物出版社，2006 年。

2008　　　《珷生三器考釋》，《考古學報》2008 年 01 期，頁 39–64。

王　輝、蕭春源

2003　　　《新見銅器銘文考跋二則》，《考古與文物》2003 年 02 期，頁 81–85。

王家祐

1961　　　《記四川彭縣竹瓦街出土的銅器》，《文物》1961 年 11 期，頁 28–31。

王進先

1979　　　《山西長子縣發現西周銅器》，《文物》1979 年 09 期，頁 90。

王龍正

1995　　　《平頂山應國墓地九十五號墓年代、墓主及相關問題》，《華夏考古》1995 年 04 期，頁 6、68–72。

王龍正、姜濤、婁金山

1998　　　《匍鴨銅盉與頫聘禮》，《文物》1998 年 04 期，頁 88–91、95。

王龍正、姜濤、袁俊杰

1998　　　《新發現的柞伯簋及其銘文考釋》，《文物》1998 年 09 期，頁 53–58。

王龍正、劉曉紅、曹國朋

2009　　　《新見應侯見工簋銘文考釋》，《中原文物》2009 年 05 期，頁 54–58。

王龍正、王聰敏

2000　　　《應國墓地有銘銅器》，《收藏家》2000 年 08 期，頁 37–43。

王龍正、楊海青、喬斌

2000　　《虢石父銅器的再發現與西虢國的歷史地位》，《虢國墓地的發現與研究》，社會科學文獻出版社，2000 年，頁 231–234。

王龍正、趙成玉

1998　　《季嬴銅鬲與虢石父及虢國墓地年代》，《中國文物報》1998 年 11 月 4 日。

王雷生

1990　　《也談師同鼎斷代及其相關問題》，《考古與文物》1990 年 02 期，頁 26–34。

王明閣

1989　　《西周金文選注》，黑龍江人民出版社，1989 年。

王人聰、杜迺松

1992　　《香港中文大學文物館藏"兮甲盤"及相關問題研究》，《故宮博物院院刊》1992 年 02 期，頁 66–78。

王儒林

1965　　《河南桐柏發現周代銅器》，《考古》1965 年 07 期，頁 371–372。

王慎行

1980　　《默簋銘文考釋》，《人文雜誌》1980 年 05 期，頁 90–93。

1986　　《呂服余盤銘考釋及其相關問題》，《文物》1986 年 04 期，頁 1–7。

1987　　《論乙卯尊的時代及相關問題——兼與陳賢芳同志商榷》，《文博》1987 年 02 期，頁 46–52。

王世民

1999　　《王作姜氏簋》，《文物》1999 年 09 期，頁 85–86。

1999a　《皇鼎》，《保利藏金——保利藝術博物館精品選》，嶺南美術出版社，1999 年，頁 55–56。

1999b　《从簋》，《保利藏金——保利藝術博物館精品選》，嶺南美術出版社，1999 年，頁 63–64。

1999c　《叔豐簋》，《保利藏金——保利藝術博物館精品選》，嶺南美術出版社，1999 年，頁 65–68。

1999d　《王作姜氏簋》，《保利藏金——保利藝術博物館精品選》，嶺南美術出版社，1999 年，頁 79–82。

1999e　《白敢卣盨》，《保利藏金——保利藝術博物館精品選》，嶺南美術出版社，1999 年，頁 91–96。

1999f　《戎生編鐘》，《保利藏金——保利藝術博物館精品選》，嶺南美術出版社，1999 年，頁 117–128。

2001　　《顧首龍紋四足圓鼎》，《保利藏金續——保利藝術博物館精品選》，嶺南美術出版社，2001 年，頁 102–105。

2001a　《曆簋》，《保利藏金續——保利藝術博物館精品選》，嶺南美術出版社，2001 年，頁 106–111。

2001b　《公仲簋》，《保利藏金續——保利藝術博物館精品選》，嶺南美術出版社，2001 年，頁 118–121。

2001c　《觸伯卣》，《保利藏金續——保利藝術博物館精品選》，嶺南美術出版社，2001 年，頁 128–135。

2001d　《應侯見工鐘的組合與時代》，《保利藏金續——保利藝術博物館精品選》，嶺南美術出版社，2001 年，頁 256–257。

2001e　《駉仲簋》，《保利藏金續——保利藝術博物館精品選》，嶺南美術出版社，2001 年，頁 136–143。

2003　　《陝西眉縣出土窖藏青銅器筆談》，《文物》2003 年 06 期，頁 44–45。

王世民等：王世民、陳公柔、張長壽

1998　　《西周青銅器分期斷代研究》，文物出版社，1999 年。

王　帥

2008　　《西周昭王銅器新探》,《殷都學刊》2008 年 03 期, 頁 41-45。

2008a　《西周金文字形書體研究芻議》,《陝西歷史博物館館刊》15 輯, 三秦出版社, 2008 年, 頁 64-68。

王文强

1986　　《鶴壁市辛村出土四件西周青銅器》,《中原文物》1986 年 01 期, 頁 126。

王錫平、唐祿庭

1985　　《山東黃縣莊頭西周墓清理簡報》,《文物》1986 年 08 期, 頁 69-72。

王獻唐

1960　　《黃縣曩器》, 山東人民出版社, 1960 年。

1964　　《岐山出土康季鼎銘讀記》,《考古》1964 年 09 期, 頁 472-474。

王　軒

1965　　《山東鄒縣七家峪村出土的西周銅器》,《考古》1965 年 11 期, 頁 541-547。

王　英

1989　　《咸陽市渭城區出土西周銅鼎》,《考古與文物》1989 年 02 期, 頁 53。

王　英、劉曉華

1991　　《西周早期銘文銅爵》,《中國文物報》1991 年 8 月 11 日 3 版。

王永波

1999　　《宜侯夨簋及其相關的歷史問題》,《中原文物》1999 年 04 期, 頁 45-53。

1999a　《班簋年代淺議》,《東南文化》1999 年 05 期, 頁 111-113。

2001　　《夨令組銅器相關人物及其年代》,《考古與文物叢刊第四號——古文字論集（二）》,《考古與文物》編輯部, 2001 年, 頁 65-80。

2003　　《關於西周早期銅器分期的一點意見》,《中原文物》2003 年 01 期, 頁 28。

王毓彤

1963　　《江陵發現西周銅器》,《文物》1963 年 02 期, 頁 53-55。

王玉清

1959　　《岐山發現西周時代大鼎》,《文物》1959 年 10 期, 頁 84-85。

王澤文

2008　　《覍公簋試讀》,《甲骨文與殷商史》新一輯, 綫裝書局, 2008 年, 頁 227-238。

王占奎

1996　　《周宣王紀年與晉獻侯墓考辨》,《中國文物報》1996 年 7 月 7 日。

1997　　《虎簋蓋銘座談紀要》,《考古與文物》1997 年 03 期, 頁 82。

1998　　《關於靜方鼎的幾點看法》,《文物》1998 年 05 期, 頁 89-90。

2002　　《曲沃北趙晉侯墓地 M114 出土叔夨方鼎及其相關問題研究筆談》,《文物》2002 年 5 期, 頁 75-76。

2002a　《再談共和紀年問題——附論僖侯對與司徒的關係》,《晉侯墓地出土青銅器國際學術研討會論文集》, 上海書畫出版社, 2002 年, 頁 277-288。

2003　　《陝西眉縣出土窖藏青銅器筆談》,《文物》2003 年 06 期, 頁 45-47。

2005　　《新出現榮仲方鼎的年代學意義》,《中國文物報》2005 年 12 月 2 日。

2007　　《琱生三器銘文考釋》,《考古與文物》2007 年 05 期, 頁 105-108。

汪中文

1990　　《"伯夨"與"彔""彔伯夨"諸器間繫聯問題之檢討》,《大陸雜誌》1989 年 79 卷 03 期, 頁 43-48。

1992　　《瘋器斷代問題檢討》,《大陸雜誌》1991 年 82 卷 05 期, 頁 20-25。

王子初

1998　　《戎生編鐘的音樂學研究》,《保利藏金——保利藝術博物館精品選》, 嶺南美術出版社, 1999

年，頁 379–386。

韋心瀅

2010　　　《季姬方尊再探》，《中原文物》2010 年 03 期，頁 56–66。

魏　國

1992　　　《山東新泰出土商周青銅器》，《文物》1992 年 03 期，頁 93–95。

魏娉娥

2001　　　《僱匜新讀》，《陝西歷史博物館館刊》08 輯，三秦出版社，2001 年，頁 377–381。

温廷敬

1936　　　《令彝令毀與其它諸器之重研》，《史學專刊》1936 年 02 期，頁 339–349。（亦名温丹銘）

1936a　　《毛公鼎之年代》，《史學專刊》1936 年 03 期，頁 309–314。

武　漢：武漢市文物商店

1985　　　《西周衛尊》，《江漢考古》1985 年 01 期，頁 103。

伍士謙

1981　　　《微氏家族銅器群年代初探》，《古文字研究》05 輯，中華書局，1981 年，頁 97–138。

1987　　　《楚簋銘文考釋》，《考古與文物》1987 年 06 期，頁 87–90、110。

吳大焱、羅英傑

1976　　　《陝西武功縣出土駒父盨蓋》，《文物》1976 年 05 期，頁 94。

吳靜淵

1979　　　《謚法探源》，《中華文史論叢》總 11 輯，上海古籍出版社，1979 年，頁 79–94。

吳闓生

1936　　　《題公違鼎》，《藝文雜誌》1936 年 05 期，頁 10。

吳其昌

1929（2004）《金文曆朔疏證》，《燕京學報》1929 年 06 期，頁 1047–1128。又北京圖書館出版社，2004 年。

1931　　　《矢彝攷釋》，《燕京學報》1931 年 09 期，頁 1661–1732。

1932（2004）《駁郭鼎堂先生毛公鼎之年代》，《東方雜誌》1932 年 30 卷 23 號。《金文曆朔疏證》，北京圖
　　　　　書館，2004 年，頁 717–766。（頁碼據後者）

吳婉莉

2010　　　《記新發現的幾件西周銅器》，《考古與文物》2010 年 04 期，頁 41–44。

吳毅強

2009　　　《晉姜鼎補論》，《中國歷史文物》2009 年 06 期，頁 79–83。

吳鎮烽

1987　　　《陝西西周青銅器斷代與分期研究》，《中國考古學研究論集——紀念夏鼐先生考古五十周
　　　　　年》，三秦出版社，1987 年，頁 264–291。

1997　　　《虎簋蓋銘座談紀要》，《考古與文物》1997 年 03 期，頁 82。

2005　　　《夨鼎銘文考釋》，《考古與文物 2005 年古文字論集（三）》，2005 年，頁 72–75。

2006　　　《金文人名彙編》，中華書局，2006 年。

2006a　　《熙器銘文考釋》，《考古與文物》2006 年 06 期，頁 58–65。

2006b　　《近年所見所拓兩周秦漢青銅器銘文》，《文博》2006 年 03 期，頁 4–9。

2008　　　《近年新出現的銅器銘文》，《文博》2008 年 02 期，頁 6–9。

吳鎮烽、朱捷元、尚志儒

1979　　　《陝西永壽、藍田出土西周青銅器》，《考古》1979 年 02 期，頁 119–121。

吳鎮烽、雒忠如

1975　　　《陝西省扶風縣强家村出土的西周銅器》，《文物》1975 年 08 期，頁 57–62。

吳鎮烽、王東海

1980　　　《王臣簋的出土與相關銅器的時代》，《文物》1980 年 05 期，頁 63–66。

吳鎮烽、李娟

2010　　　《扶風任家村西周遺寶離合記》,《文博》2010 年 01 期, 頁 24-30。

吳振彔

1972　　　《保德縣新發現的殷代青銅器》,《文物》1972 年 04 期, 頁 62-67。

吳振武

2006　　　《新見西周禹簋銘文釋讀》,《史學集刊》2006 年 02 期, 頁 84-88。

X

西　安 A：西安市文物管理處

1974　　　《陝西長安新旺村、馬王村出土的西周銅器》,《考古》1974 年 01 期, 頁 1-5。

夏含夷

1985　　　《測定多友鼎的年代》,《考古與文物》1985 年 06 期, 頁 58-60。

1990（2005）《此鼎銘文與西周晚期年代考》,《大陸雜誌》1990 年 84 卷 04 期, 頁 16-24。亦見於《古史異
　　　　　觀》, 上海古籍出版社, 2005 年, 頁 226-245。（頁碼據後者）

1999（2005）《父不父, 子不子：試論西周中期詢簋和師西簋的斷代》,《中國古文字與古文獻》01 輯,
　　　　　1999。又見於《古史異觀》, 上海古籍出版社, 2005 年, 頁 201-204。（頁碼據後者）

2003　　　《上博新獲大祝追鼎對西周斷代研究的意義》,《文物》2003 年 05 期, 頁 53-55。

2003a　　《四十二年、四十三年兩件吳逨鼎的年代》,《中國歷史文物》2003 年 05 期, 頁 49-52。

2005　　　《西周朝代的絕對年代》,《古史異觀》, 上海古籍出版社, 2005 年, 頁 131-190。

2006　　　《從親簋看周穆王在位年數及年代問題》,《中國歷史文物》2006 年 03 期, 頁 9-10。

2010　　　《由新出土絳縣佣伯偁伯重新思考西周重器休盤的年代》, 芝加哥大學"二十年來新見古代
　　　　　中國青銅器國際學術研討會", 2010 年。

夏　淥

1985　　　《銘文所見楚王名字考》,《江漢考古》1985 年 04 期, 頁 52-59。

夏麥陵

1993　　　《鄦伯匜斷代與䣅之地望》,《考古》1993 年 01 期, 頁 73-80。

1998　　　《公作敬簋及其二、三史事》,《徐中舒先生百年誕辰紀念文集》, 巴蜀書社, 1998 年, 頁
　　　　　137-141。

夏　鼐

1972　　　《無產階級文化大革命中的考古新發現》,《考古》1972 年 01 期, 頁 29-42。

咸　陽 A：咸陽市文物考古研究所、旬邑縣博物館

2006　　　《陝西旬邑下魏洛西周早期墓發掘簡報》,《文物》2006 年 08 期, 頁 19-34。

襄　樊 A：襄樊市博物館、穀城縣文化館

1986　　　《襄樊市、穀城縣館藏青銅器》,《文物》1986 年 04 期, 頁 15-20。

襄　樊 B：襄樊市文物管理處

1982　　　《湖北襄樊揀選的商周青銅器》,《文物》1982 年 09 期, 頁 84-86。

項春松

2000　　　《"許季姜簋"銘文考》,《北方文物》2000 年 03 期, 頁 16-21。

肖　琦

2002　　　《陝西隴縣八渡鎮發現的西周青銅器窖藏》,《考古與文物》2002 年增刊, 頁 32-39。

解希恭

1957　　　《山西洪趙縣永凝東堡出土的銅器》,《文物參考資料》1957 年 08 期, 頁 42-43。

謝堯亭等：謝堯亭、王金平、李兆祥、狄跟飛、解雲霞、王英澤

2008　　　《山西翼城大河口西周墓地》,《文物天地》2008 年 10 期, 頁 80-87。

新城新藏

1929　　　《周初之年代》，戴家祥譯，《國學論叢》1929 年 02 卷 01 期，頁 55–148。

鑫

1957　　　《上海文物整理倉庫從廢銅鐘發現西周斜角雷文鐘等文物》，《文物參考資料》1957 年 02 期，頁 81。

新　收：鍾柏生、陳昭容、黃銘崇、袁國華等《新收》編輯組

2006　　　《新收殷周青銅器銘文暨器影彙編》，藝文印書館，2006 年。

新　來、周　到

1966　　　《河南省博物館所藏幾件青銅器》，《考古》1966 年 04 期，頁 219–220。

信　陽 A：信陽地區文管會、信陽縣文管會

1989　　　《河南信陽縣溮河港出土西周早期銅器群》，《考古》1989 年 01 期，頁 10–19。

信　陽 B：信陽地區文管會、羅山縣文化館

1981　　　《河南羅山縣蟒張商代墓地第一次發掘簡報》，《考古》1981 年 02 期，頁 111–118。

徐　堅

1999　　　《神面卣》，《保利藏金——保利藝術博物館精品選》，嶺南美術出版社，1999 年，頁 101–108。

徐少華

1994　　　《鄂國銅器及其歷史地理綜考》，《考古與文物》1994 年 02 期，頁 87–93。

1995　　　《陳國銅器及其歷史地理與文化綜論》，《江漢考古》1995 年 02 期，頁 59–66。

1996　　　《呂國銅器及其歷史地理探疑》，《中原文物》1996 年 04 期，頁 66–71、75。

徐天進

1998　　　《日本出光美術館收藏的靜方鼎》，《文物》1998 年 05 期，頁 85–87。

2000　　　《西周至春秋初年晉國墓葬的編年研究》，《文化的饋贈——漢學研究國際會議論文集·考古學卷》，北京大學中國傳統文化研究中心編，北京大學出版社，2000 年，頁 335–337。

徐錫臺

1998　　　《應、申、鄧、柞等國銅器銘文考釋》，《容庚先生百年誕辰紀念文集》，廣東人民出版社，1998 年，頁 347–359。

1998a　　《周原賀家村周墓分期斷代研究》，《周秦文化研究》，陝西人民出版社，1998 年，頁 229–239。

徐喜辰

1984　　　《〈何尊〉銘中的"王"當指周公說》，《西周史研究》，人文雜誌編輯部，1984 年，頁 308–316、333。

徐中舒

1931　　　《㝬敦考釋》，《中研院歷史語言研究所集刊》第 3 本第 2 冊，1931 年，頁 279–294。

1959　　　《禹鼎的年代及其相關問題》，《考古學報》1959 年 03 期，頁 53–66。

1963（1998）《金文嘏辭釋例》，《中研院歷史語言研究所集刊》第 6 本第 1 分冊，1963 年。《徐中舒歷史論文選輯》，中華書局，1998 年，頁 502–564。（頁碼據後者）

1978　　　《西周牆盤銘文箋釋》，《考古學報》1978 年 02 期，頁 139–148。

1980　　　《西周利簋銘文箋釋》，《四川大學學報（哲學社會科學版）》1980 年 02 期，頁 109。

許　傑

2002　　　《晉侯墓地中南排晉侯墓的早晚序列及其相關問題》，《晉侯墓地出土青銅器國際學術研討會論文集》，上海書畫出版社，2002 年，頁 84–113。

許俊臣

1983　　　《甘肅慶陽地區出土的商周青銅器》，《考古與文物》1983 年 03 期，頁 8–11。

許俊臣、劉得禎

1985 《甘肅寧縣宇村出土西周青銅器》,《考古》1985 年 04 期,頁 349–352。

許齊平

2008 《八系氏刮簋考證》,《中原文物》2008 年 05 期,頁 63–65。

許彥濤

1957 《一件西周重要青銅器在故宮博物院陳列出來》,《文物參考資料》1957 年 08 期,頁 79。

Y

晏 琬,見李學勤

嚴一萍

1978 《何尊與周初的年代》,《董作賓先生逝世十四周年紀念刊》,藝文印書館,1978 年,頁 1–8。

楊寶成

1989 《試論隨棗地區的兩周銅器》,《中國考古學會第七次年會論文集》,1989 年,頁 127–139。

1991 《試論曾國銅器的分期》,《中原文物》1991 年 04 期,頁 14–20。

楊 寬

1983 《釋何尊銘文兼論周開國年代》,《文物》1983 年 06 期,頁 53–57。

2003 《西周史》,上海人民出版社,2003 年。

楊 坤

2010 《利簋跋》,先秦史網站,2010 年,http://www.xianqin.org/blog/archives/1892.html。

楊深富

1984 《山東日照崮河崖出土一批青銅器》,《考古》1984 年 07 期,頁 594–597、606。

楊 澍

1985 《河南臨汝出土一批商周青銅器》,《考古》1985 年 07 期,頁 664–665。

1985a 《河南臨汝出土西周早期青銅器》,《考古》1985 年 12 期,頁 1113、1141。

楊樹達

1941(2005) 《説函皇父》,《説文月刊》1941 年 02 卷 10 期。又見於《金文文獻集成》,綫裝書局,2005 年,29 卷,頁 43。

1943(1997) 《矢令彝再跋》,1948 年作,《積微居金文説(增訂本)》,中華書局,1997 年,頁 7。

1943a(1997) 《眉鼎跋》,1943 年作,《積微居金文説(增訂本)》,中華書局,1997 年,頁 61。

1943b(1997) 《鼎鼎跋》,1943 年作,《積微居金文説(增訂本)》,中華書局,1997 年,頁 62。

1943c(1997) 《賢毀跋》,1943 年作,《積微居金文説(增訂本)》,中華書局,1997 年,頁 63–64。

1943d(1997) 《大保毀跋》,1943 年作,《積微居金文説(增訂本)》,中華書局,1997 年,頁 69–70。

1946(1997) 《毛伯班毀跋》,1946 年作,《積微居金文説(增訂本)》,中華書局,1997 年,頁 103–104。

1947(1997) 《記月中齋跋》,1947 年作,《積微居金文説(增訂本)》,中華書局,1997 年,頁 109–110。

1947a(1997) 《宗周鐘跋》,1947 年作,《積微居金文説(增訂本)》,中華書局,1997 年,頁 117–119。

1947b(1997) 《師獸毀跋》,1947 年作,《積微居金文説(增訂本)》,中華書局,1997 年,頁 119。

1948(1997) 《大豐毀跋》1948 年作,《積微居金文説(增訂本)》,中華書局,1997 年,頁 142。

1951(1997) 《靜毀跋》,1951 年作,《積微居金文説(增訂本)》,中華書局,1997 年,頁 168–170。

1951a(1997) 《保侃母壺跋》,1951 年作,《積微居金文説(增訂本)》,中華書局,1997 年,頁 175–176。

楊文山

2001 《青銅器"麥尊"與邢國始封——兩周邢國歷史綜合研究之一》,《文物春秋》2001 年 03 期,頁 1–9。

2002 《青銅器"邢侯簋"與邢國遷封——兩周邢國歷史綜合研究之二》,《文物春秋》2002 年 01 期,頁 1–10。

2003 《青銅器 "巳簋" 與邢齊通婚——兩周邢國歷史綜合研究之三》,《文物春秋》2003 年 01 期,頁 17–27。

2004a 《青銅器麥盉與 "邢侯征事"——兩周邢國歷史綜合研究之四》,《文物春秋》2004 年 02 期,頁 1–14。

2005 《青銅器臣諫簋與 "邢侯搏戎"——兩周邢國歷史綜合研究之五》,《文物春秋》2005 年 06 期,頁 20–29。

2007 《青銅器叔趞父卣與邢、軝關係——兩周邢國歷史綜合研究之六》,《文物春秋》2007 年 05 期,頁 25–30、44。

楊曉能

1994 《美國聖路易斯市私藏師克盨的再考察》,《考古》1994 年 01 期,頁 70–73。

楊向奎

2000 《太公望與〈天亡殷〉》,《楊向奎學術文選》,人民出版社,2000 年,頁 90–97。

姚孝遂

1962 《〈曶鼎〉銘文研究》,《吉林大學社會科學學報》1962 年 02 期,頁 81–89。

姚生民

1990 《陝西淳化縣新發現的商周青銅器》,《考古與文物》1990 年 01 期,頁 53–57。

葉向榮

1985 《浠水縣出土西周有銘銅盤》,《江漢考古》1985 年 01 期,頁 104–105。

葉正渤

2006 《厲王紀年銅器銘文及相關問題研究》,《古文字研究》26 輯,中華書局,2006 年,頁 195–200。

2007 《從曆法的角度看逨鼎諸器及晉侯穌鐘的時代》,《史學月刊》2007 年 12 期,頁 21–28。

2007a 《亦談覭簋銘文的曆日和所屬年代》,《中國歷史文物》2007 年 04 期,頁 40–43。

2008 《宣王紀年銅器銘文及相關問題研究》,《古文字研究》27 輯,中華書局,2008 年,頁 200–205。

2010 《金文標準器銘文綜合研究》,綫裝書局,2010 年。

2010a 《周公攝政與相關銅器銘文》,《古文字研究》28 輯,中華書局,2010 年,頁 206–211。

殷滌非

1960 《試論 "大豐殷" 的年代》,《文物》1960 年 05 期,頁 53–54。

殷瑋璋

1990 《新出土的太保銅器及其相關問題》,《考古》1990 年 01 期,頁 66–77。

殷瑋璋、曹淑琴

1991 《周初太保器綜合研究》,《考古學報》1991 年 01 期,頁 1–22。

尹俊敏、劉富亭

1992 《南陽市博物館藏兩周銘文銅器介紹》,《中原文物》1992 年 02 期,頁 87–90。

尹盛平

1992 《西周微氏家族青銅器群研究·微氏家族銅器斷代》,文物出版社,1992 年,頁 79–93。

尹松鵬

2010 《覭公簋銘文 "唯王廿又八祀" 與西周年表》,《中國歷史文物》2010 年 05 期,頁 57–62。

尹稚寧

2007 《由覭簋銘文窺探西周冊命禮儀的變化》,《中原文物》2007 年 06 期,頁 79–82。

潁上縣：潁上縣文化局文物工作組

1984 《安徽潁上縣出土一批商周青銅器》,《考古》1984 年 12 期,頁 1113、1132–1133。

應 新、子 敬

1966 《記藍田縣出土的西周銅簋》,《文物》1966 年 01 期,頁 4–6。

于豪亮

1982　《牆盤銘文考釋》,《古文字研究》07 輯, 中華書局, 1982 年, 頁 87–102。

于少特

2006　《天亡簋爲武王滅商以前銅器——兼駁 "先周無銅器論"》,《周秦文明論叢》2006 年 01 輯, 頁 141–145。

于省吾

1960　《關於 "天亡簋" 銘文的幾點論證》,《考古》1960 年 08 期, 頁 34–36、41。

1981　《牆盤銘文十二解》,《古文字研究》05 輯, 中華書局, 1981 年, 頁 1–16。

于中航

1989　《濟南市博物館藏商周青銅器選粹》,《海岱考古》01 輯, 山東大學出版社, 1989 年, 頁 320–324。

俞靜安

1957　《"大克鼎" 銘文之研究》,《山西師範學院學報》1957 年 01 期, 頁 17–29。

Z

曾昭岷、李瑾

1980　《曾國和曾國銅器綜考》,《江漢考古》1980 年 01 期, 頁 69–84。

張長壽

1983　《記陝西長安灃西新發現的兩件銅鼎》,《考古》1983 年 03 期, 頁 244–248、259。

1990　《論井叔銅器——1983—1986 年灃西發掘資料之二》,《文物》1990 年 07 期, 頁 32–35。

1991　《虢國墓地的新發現》,《中國文物報》1991 年 3 月 17 日。又見於《虢國墓地的發現與研究》, 社會科學文獻出版社, 2000 年, 頁 76–77。

1996　《達盨蓋銘——1983—1986 年灃西發掘資料之三》,《燕京學報》1996 年新 02 期, 頁 163–170。

1998　《論涇陽高家堡周墓》,《遠望集》, 陝西人民美術出版社, 1998 年, 頁 290–294。

2002　《晉侯墓地的墓葬序列和晉侯銅器》,《晉侯墓地出土青銅器國際學術研討會論文集》, 上海書畫出版社, 2002 年, 頁 75–83。

2003　《陝西眉縣出土窖藏青銅器筆談》,《文物》2003 年 06 期, 頁 56–57。

2005　《師酉鼎和師酉盤》,《新世紀的中國考古學——紀念王仲殊先生八十華誕紀念論文集》, 科學出版社, 2005 年, 頁 395–401。

張長壽·陳公柔, 見陳壽。

張恩賢、魏興興

2001　《周原遺址出土 "丹叔番" 盂》,《考古與文物》2001 年 05 期, 頁 89–90。

張光裕

1991　《新見保鼎殷銘試釋》,《考古》1991 年 07 期, 頁 649–652。

2000　《新見匄簋銘文對金文研究的意義》,《文物》2000 年 06 期, 頁 86–89。

2002　《虎簋甲、乙蓋銘合校小記》,《古文字研究》24 輯, 中華書局, 2002 年, 頁 183–188。

2002a　《新見西周 "大" 簋銘文說釋》, 鐘柏生主編《古文字與商周文明》, 第三屆國際漢學會議論文集文字學組, 臺北中研院, 2002 年, 頁 107–144。

2002b　《香江新見彝銘兩則》,《揖芬集——張政烺先生九十華誕紀念文集》, 社會科學文獻出版社, 2002 年, 頁 281–288。

2002c　《新見蘇公乍晉妃匜側記》,《晉侯墓地出土青銅器國際學術研討會論文集》, 上海書畫出版社, 2002 年, 頁 502–507。

2004　《讀新見西周羚簋銘文札迻》,《古文字研究》25 輯, 中華書局, 2004 年, 頁 174–177。

2005　　　　《新見老簋銘文及其年代》，《考古與文物——古文字論集（三）》，2005 年，頁 64-68、71。

2005a　　　《思源堂新藏西周薔簋銘文識小》，《雪齋學術論文二集》，藝文印書館，2005 年，頁 185-201。

2007　　　　《西周士百父盨銘所見史實試釋》，陳昭容編《古文字與古代史》01 輯，中研院歷史語言研究所，2007 年，頁 213-221。

2009　　　　《珂簋銘文與西周史實新證》，《文物》2009 年 02 期，頁 53-56。

張　頷

1994　　　　《晉侯斷簋銘文初識》，《文物》1994 年 01 期，頁 33-34。

張　劍

1980　　　　《洛陽博物館館藏的幾件青銅器》，《文物資料叢刊》1980 年 03 輯，頁 41-45。

張　劍、孫新科

1996　　　　《洛陽傳世的西周青銅器研究》，《河南文物考古論集》，河南人民出版社，1996 年，頁 331-336。

張　劍、蔡運章

1998　　　　《洛陽東郊 13 號西周墓的發掘》，《文物》1998 年 10 期，頁 38-41。

張　經

2002　　　　《賢簋新釋》，《中原文物》2002 年 03 期，頁 38-40。

張連航

2008　　　　《讀新出土銘文札記三則》，《古文字學論稿》，安徽大學出版社，2008 年，頁 147-149。

張懋鎔

1997　　　　《虎簋蓋銘座談紀要》，《考古與文物》1997 年 03 期，頁 82。

1998　　　　《靜方鼎小考》，《文物》1998 年 05 期，頁 88、90。

2000　　　　《再論虎簋蓋及相關銅器的年代問題》，《陝西歷史博物館館刊》07 輯，三秦出版社，2000 年，頁 10-15。

2001（2002）《靜方鼎的史學價值》，西北大學史學叢刊《周秦漢唐文明國際學術研討會論文集》，三秦出版社，2001 年。《古文字與青銅器論集》，科學出版社，2002 年，頁 44-48。（頁碼據後者）

2002　　　　《宰獸簋王年試說》，《文博》2002 年 01 期，頁 32-35。

2002a　　　《周原出土西周有銘青銅器散論》，《古文字與青銅器論集》，科學出版社，2002 年，頁 112-137。

2002b　　　《晉侯墓地文化解讀三題》，《古文字與青銅器論集》，科學出版社，2002 年，頁 69-74。

2002c　　　《西周王年問題瑣談》，《追尋中華古代文明的蹤迹——李學勤先生學術活動五十年紀念文集》，復旦大學出版社，2002 年，頁 30-34。

2002d　　　《再論西周方座簋》，《陝西歷史博物館館刊》2002 年 09 輯。《古文字與青銅器論集》，科學出版社，2002 年，頁 98-111。（頁碼據後者）

2003　　　　《陝西眉縣出土窖藏青銅器筆談》，《文物》2003 年 06 期，頁 58-60。

2004　　　　《西周周王銅器論列》，《寶雞文理學院學報（社會科學版）》2004 年 06 期，頁 1-5。

2005　　　　《幽王銅器新探》，《文博》2005 年 01 期，頁 5-9。

2005a　　　《西周青銅器斷代兩系説芻議》，《考古學報》2005 年 01 期，頁 1-26。

2006　　　　《金文字形書體與 20 世紀的西周銅器斷代研究》，《古文字研究》26 輯，中華書局，2006 年，頁 188-192。

2006a　　　《周原出土西周青銅器分期斷代研究》，《西北大學考古專業成立 50 周年紀念文集》，三秦出版社，2006 年，頁 145-164。《古文字與青銅器論集（第二輯）》，科學出版社，2006 年，頁 209-234。（頁碼據後者）

2006b　　　《關於中國青銅器大型圖錄書的訂正意見》，《文博》2006 年 02 期。《古文字與青銅器論集（第二輯）》，科學出版社，2006 年，頁 159-174。（頁碼據後者）

2006c　　　《試論寶雞漁國青銅器的特點》，《周秦文明論叢》01 輯，陝西人民出版社，2006 年，頁 97-105。

2006d	《西安市文物庫房所藏青銅器擷英》,《古文字與青銅器論集(第二輯)》,科學出版社,2006年,頁 57-64。
2006e	《"魯侯熙銅器"獻疑》,《收藏》2006 年 07 期,頁 64-65。
2007(2010)	《談談半個世紀以來圍繞宜侯夨簋論爭給我們的啓示》,《先秦史研究動態·先秦區域文化專刊》,2007 年。《古文字與青銅器論集(第三輯)》,科學出版社,2010 年,頁 180-193。(頁碼據後者)
2007a	《夷曰匜研究——兼論商周青銅器功能的轉化問題》,《故宮學術季刊》2007 年 25 卷 01 期,頁 1-14。
2007b(2010)	《芮姞簋賞析》,《收藏》2007 年 05 期。《古文字與青銅器論集(第三輯)》,科學出版社,2010 年,頁 72-74。
2007c	《蘇公盤鑒賞》,《收藏界》2007 年 04 期,頁 100-101。
2008	《試論西周青銅器演變的非均衡性問題》,《考古學報》2008 年 03 期,頁 337-353。
2008a	《芮國銅器初探——附論陝西韓城梁帶村墓地的國別》,《中原文物》2008 年 02 期,頁 47-49。
2010	《芮公簋蓋識小——兼論垂冠大鳥紋》,《古文字與青銅器論集(第三輯)》,科學出版社,2010 年,頁 80-88。
2010a	《首陽齋藏金兩議》,《中國古代青銅器國際研討會論文集》,2010 年。《古文字與青銅器論集(第三輯)》,科學出版社,2010 年,頁 64-68。(頁碼據後者)
2010b	《新見西周金文叢考》,《古文字與青銅器論集(第三輯)》,科學出版社,2010 年,頁 35-48。

張懋鎔、王勇

2009	《采獲簋小考》,《上海文博論叢》2009 年 03 期,頁 92-94。
2010	《遣伯盨銘考釋》,《出土文獻》2010 年 01 輯,中西書局,頁 133-139。《古文字與青銅器論集(第三輯)》,科學出版社,2010 年,頁 49-54。(頁碼據後者)

張懋鎔、趙榮、鄒東濤

1989	《安康出土的史密簋及其意義》,《文物》1989 年 07 期,頁 42、64-71。

張培瑜

2003	《陝西眉縣出土窖藏青銅器筆談》,《文物》2003 年 06 期,頁 57-58。

張素琳

2006	《山西洪洞永凝堡西周墓葬再析》,《跋涉續集——北京大學歷史系考古專業七五屆畢業生論文集》,文物出版社,2006 年,頁 194-209。

張天恩

2003	《從逨盤銘文談西周單氏家族的譜系及其相關銅器》,《文物》2003 年 07 期,頁 62-65。

張 婷

2009	《兩周青銅簠初步研究》,《四川文物》2009 年 01 期,頁 45-51。

張聞玉

1987	《西周七銅器曆日的推算及斷代》,《社會科學戰綫》1987 年 02 期,頁 152-156。
1988	《曶鼎王年考》,《貴州社會科學》1988 年 02 期,頁 58-63。
1989	《善夫山鼎王世考》,《中國文物報》1989 年 10 月 20 日 3 版。
1990	《西周銅器斷代研究三題》,《史學月刊》1990 年 06 期,頁 9-15。
1991	《小盂鼎非康王器》,《人文雜誌》,1991 年 06 期,頁 76-78。
1992	《王國維〈生霸死霸考〉志誤》,《貴州大學學報(社科版)》1992 年 04 期,頁 58。
1994	《昭王在位年數考》,《人文雜誌》1994 年 02 期,頁 90-93。
1997	《晉侯蘇鐘與厲王無涉》,《貴州大學學報(社科版)》1997 年 04 期,頁 64-65。
1997a	《關於成王的紀年》,《中原文物》1997 年 03 期,頁 115-120。
1999	《銅器曆日研究》,貴州人民出版社,1999 年。

2000　《虎簋蓋與穆王紀年》,《考古與文物》2000 年 05 期, 頁 25–27。

2001　《金文曆法的幾個問題》,《考古與文物叢刊第四號——古文字論集(二)》,《考古與文物》編輯部, 2001 年, 頁 110–122。

2007　《親簋及穆王年代》,《中國歷史文物》2007 年 04 期, 頁 36–39。

張　維

1984　《介紹廣東省博物館收藏的四件青銅器》,《考古與文物》1984 年 03 期, 頁 5–7。

張曉軍、尹俊敏

1992　《談與"申"有關的幾個問題》,《中原文物》1992 年 02 期, 頁 43–46。

張亞初

1981　《周厲王所作祭器㝬簋考——兼論與之相關的幾個問題》,《古文字研究》05 輯, 中華書局, 1981 年, 頁 151–168。

1982　《談多友鼎銘文的幾個問題》,《考古與文物》1982 年 03 期, 頁 64–68。

1984　《論魯臺山西周墓的年代和族屬》,《江漢考古》1984 年 02 期, 頁 23–28。

1984a　《論楚公豪鐘和楚公逆鎛的年代》,《江漢考古》1984 年 04 期, 頁 95–96。

1993　《太保罍、盉銘文的再探討》,《考古》1993 年 01 期, 頁 60–67。

1993a　《燕國青銅器銘文研究》,《中國考古學論叢——中國社會科學院考古研究所建所 40 年紀念》, 科學出版社, 1993 年, 頁 323–330。

張彥修

2004　《河南三門峽市虢國墓地 M2001 墓主考》,《考古》2004 年 02 期, 頁 76。

張吟午

1984　《商代銅尊、魚鈎和陶扺手》,《江漢考古》1984 年 03 期, 頁 108。

張應橋、蔡運章

2009　《奠登伯盨跋》,《文物》2009 年 01 期, 頁 45–47。

張永山

1996　《史密簋銘與周史研究》,《盡心集——張政烺先生八十慶壽論文集》, 中國社會科學出版社, 1996 年, 頁 187–201。

2003　《燮公盨銘"陸山叡川"考》,《華學》06 輯, 紫禁城出版社, 2003 年, 頁 31–34。

2006　《親簋作器者的年代》,《中國歷史文物》2006 年 03 期, 頁 11–13。

張肇武

1983　《河南平頂山市又出土一件鄧公簋》,《考古與文物》1983 年 01 期, 頁 79、109。

1984　《河南平頂山市出土西周應國青銅器》,《文物》1984 年 12 期, 頁 29–32。

1985　《平頂山市出土周代青銅器》,《考古》1985 年 03 期, 頁 284–286。

張振林

1981　《試論銅器銘文形式上的時代標記》,《古文字研究》05 輯, 中華書局, 1981 年, 頁 49–88。

2005　《師祈鼎銘文講疏》,《黃盛璋先生八秩華誕紀念文集》, 中國教育文化出版社, 2005 年, 頁 146–157。

張政烺

1976　《何尊銘文解釋補遺》,《文物》1976 年 01 期, 頁 66。

1987(2011)　《張政烺批註〈兩周金文辭大系考釋〉》, 張政烺著, 朱鳳瀚等整理, 中華書局, 2011 年。(按:據朱鳳瀚先生《讀〈張政烺批註《兩周金文辭大系考釋》〉》, 該書批註可見的引用書刊最晚年代是 1987 年, 故將張先生斷代意見定爲 1987。)

趙光賢

1982　《"明保"與"保"考辨》,《中華文史論叢》總 21 輯, 中華書局, 1982 年, 頁 181–196。

1991　《西周金文年代辨證》,《中華文史論叢》總 48 輯, 中華書局, 1991 年, 頁 119–126。

1992　《武王克商與西周諸王年代考》,《北京圖書館館刊》1992 年 01 期, 頁 41–50。

趙學謙

1959　　《記岐山發現的三件青銅器》,《考古》1959 年 11 期, 頁 634–635。

1963　　《陝西寶雞、扶風出土的幾件青銅器》,《考古》1963 年 10 期, 頁 574–576。

趙永福

1984　　《1961—1962 年灃西發掘簡報》,《考古》1984 年 09 期, 頁 784–789。(趙永福遺作)

鎮　江 A: 鎮江博物館、丹徒縣文管會

1984　　《江蘇丹徒大港母子墩西周銅器墓發掘簡報》,《文物》1984 年 05 期, 頁 1–10。

鄭洪春

1981　　《長安縣河迪村西周墓清理簡報》,《文物資料叢刊》1981 年 05 輯, 頁 122–123。

鄭傑祥

1973　　《河南新野發現的曾國銅器》,《文物》1973 年 05 期, 頁 14–20。

鄭　州 A: 鄭州市文物考古研究所

2001　　《鄭州市洼劉村西周早期墓葬(ZGW99M1)發掘簡報》,《文物》2001 年 06 期, 頁 28–44。

2001a　《鄭州洼劉西周貴族墓出土青銅器》,《中原文物》2001 年 02 期, 頁 4–9。

中科院: 中國科學院考古研究所

1959　　《上村嶺虢國墓地》, 科學出版社, 1959 年。

1962　　《美帝國主義劫掠的我國殷周銅器集錄》, 科學出版社, 1962 年。

中科院 A: 中國科學院考古研究所、北京市文物管理處、房山縣文教局琉璃河考古工作隊

1974　　《北京附近發現的西周奴隸殉葬墓》,《考古》1974 年 05 期, 頁 309–321。

中科院 B: 中國科學院考古研究所湖北發掘隊

1962　　《湖北圻春毛家咀西周木構建築》,《考古》1962 年 01 期, 頁 1–9。

中科院 C: 中國科學院考古研究所灃西考古隊；考古研究所灃西工作隊

1965　　《陝西長安張家坡西周墓清理簡報》,《考古》1965 年 09 期, 頁 447–450。

1965a　《長安縣張家坡西周銅器群的説明》,《長安張家坡西周銅器群》, 文物出版社, 1965 年。

周　到、趙新來

1980　　《河南鶴壁龐村出土的青銅器》,《文物資料叢刊》1980 年 03 輯, 頁 35–40。

周法高

1979　　《陝西省岐山縣董家村西周銅器的年代問題》,《大陸雜誌》1979 年 58 卷 03 期, 頁 1–11。

1981(2004)　《西周金文斷代的一些問題》,《中研院國際漢學會議論文集》歷史考古組, 中册, 1981 年。《金文文獻集成》39 卷, 綫裝書局, 2004 年, 頁 199–201。(頁碼據後者)

周鳳五

2004　　《眉縣楊家村窖藏〈四十二年逨鼎〉銘文初探》,《華學》2004 年 07 輯, 頁 93–103。

周世榮

1983　　《湖南出土戰國以前青銅器銘文考》,《古文字研究》10 輯, 中華書局, 1983 年, 頁 243–280。

周書燦

1996　　《叔牝方彝斷代新論》,《中原文物》1996 年 04 期, 頁 58–60。

1999　　《由員卣銘文論及西周王朝對南土經營的年代》,《考古與文物》1999 年 03 期, 頁 55–60。

周　文

1972　　《新出土的幾件西周銅器》,《文物》1972 年 07 期, 頁 9–12。

周錫䪥

2002　　《天亡簋應爲康王時器》,《古文字研究》24 輯, 中華書局, 2002 年, 頁 211–216。

周曉陸

1997　　《虎簋蓋銘座談紀要》,《考古與文物》1997 年 03 期, 頁 82。

2003　　《西周"倈器"及相關問題探討》,《南京大學學報》2003 年第 4 期(總 154 期), 頁 62–69。

2004　　《西周中殷盨蓋、有司簋簠蓋跋》,《文物》2004 年 03 期, 頁 94–96。

周曉陸、穆曉軍

1998　　　《吳虎鼎銘考略——兼討論可能爲西周宣王時的銅器》,《中國文物報》1998 年 5 月 13 日 3 版。

周　亞

1996　　　《館藏晉侯青銅器概論》,《上海博物館集刊》1996 年 07 期, 頁 34–44。

2004　　　《晉韋父盤與盤盉組合的相關問題》,《文物》2004 年 02 期, 頁 61–69。

周　言

2000　　　《曆表、繫連與年代史料(續)——關於西周諸王年代的討論》,《東南文化》2000 年 01 期, 頁 65–68。

2005　　　《也談強家村西周青銅器群世系問題》,《考古與文物》2005 年 04 期, 頁 54–57、80。

周　言、魏宜輝

1999　　　《曆表、繫連與年代史料——關於西周年代學研究中若干方法的討論》,《東南文化》1999 年 05 期, 頁 49–62。

周　瑗,見李學勤。

周　原 A : 周原考古隊

1982　　　《周原出土伯公父簠》,《文物》1982 年 06 期, 頁 87–88。

2008　　　《陝西扶風縣周原遺址莊李西周墓發掘簡報》,《考古》2008 年 12 期, 頁 3–21。

周　原 B : 周原扶風文管所

1985　　　《扶風齊家村七、八號西周銅器窖藏清理簡報》,《考古與文物》1985 年 01 期, 頁 12–18。

1987　　　《陝西扶風強家一號西周墓》,《文博》1987 年 04 期, 頁 5–20。

周　原 C : 周原博物館

2005　　　《1995 年扶風黃堆老堡子西周墓清理簡報》,《文物》2005 年 04 期, 頁 4–25。

珠　葆

1984　　　《長安灃西馬王村出土"郾男"銅鼎》,《考古與文物》1984 年 01 期, 頁 66–68。

朱德熙、裘錫圭、李家浩

1996　　　《望山一、二號墓竹簡釋文與考釋》,《江陵望山沙冢楚墓》, 文物出版社, 1996 年, 頁 237–309。

朱鳳瀚

1996　　　《僕麻卣銘考釋》,《于省吾教授百年誕辰紀念文集》, 吉林大學出版社, 1996 年, 頁 85–89。

1998　　　《房山琉璃河出土之克器與西周早期的召公家族》,《遠望集——陝西省考古研究所華誕四十周年紀念文集》, 陝西人民美術出版社, 1998 年, 頁 303–308。

2000　　　《關於北趙晉侯諸墓年代與墓主人的探討》,《文化的饋贈——漢學研究國際會議論文集(考古學卷)》, 北京大學出版社, 2000 年, 頁 192–198。

2001　　　《應侯見工簋》,《保利藏金續——保利藝術博物館精品選》, 嶺南美術出版社, 2001 年, 頁 122–127。

2001a　　　《應侯壺》,《保利藏金續——保利藝術博物館精品選》, 嶺南美術出版社, 2001 年, 頁 148–155。

2001b　　　《應侯見工鐘》,《保利藏金續——保利藝術博物館精品選》, 嶺南美術出版社, 2001 年, 頁 156–159。

2001c　　　《史爵》,《保利藏金續——保利藝術博物館精品選》, 嶺南美術出版社, 2001 年, 頁 51。

2002　　　《燹公盨銘文初釋》,《中國歷史文物》2002 年 06 期, 頁 28–34。

2002a　　　《士山盤銘文初釋》,《中國歷史文物》2002 年 01 期, 頁 4–7。

2002b　　　《曲沃北趙晉侯墓地 M114 出土叔矢方鼎及其相關問題研究筆談》,《文物》2002 年 05 期, 頁 71–72。

2003　　　《陝西眉縣出土窖藏青銅器筆談》,《文物》2003 年 06 期, 頁 50–52。

2004　　　《師酉鼎與師酉簋》,《中國歷史文物》2004 年 01 期, 頁 4–10、35。

2006 《柞伯鼎與周公南征》,《文物》2006 年 05 期, 頁 67–73、96。

2007 《覎公簋與唐伯侯於晉》,《考古》2007 年 03 期, 頁 64–69。

2008 《由伯笈父簋銘再論周厲王征淮夷》,《古文字研究》27 輯, 中華書局, 2008 年, 頁 192–199。

2008a 《衛簋與伯獄諸器》,《南開學報（哲學社會科學版）》2008 年 06 期, 頁 1–8。

2009 《中國青銅器綜論》, 上海古籍出版社, 2009 年。

2010 《射壺銘文考釋》,《古文字研究》28 輯, 中華書局, 2010 年, 頁 224–235。

朱捷元、李域錚

1983 《西安東郊三店村西漢墓》,《考古與文物》1983 年 02 期, 頁 22–25。

朱俊明

1986 《論〈中鼎〉及其銘文虎方的相關問題》,《貴州社會科學》1986 年 02 期, 頁 34–43。

朱 亮、高西省

2003 《西周青銅銅方鼎初論》,《西周文明論集》, 朝華出版社, 2004 年, 頁 93–115。

宗靜航

1993 《詞語斷代法——以敔器爲例》,《第三屆中國文字學國際學術研討會論文集》, 輔仁大學
      出版社, 1993 年, 頁 151–178。

鄒 衡

1994 《論早期晉都》,《文物》1994 年 01 期, 頁 29–32。

檢索對照表

《集成》號與本書號對照表

《集成》號	本書號	《集成》號	本書號	《集成》號	本書號	《集成》號	本書號
00002	2	00109–00112	38	00468	76	00516–00520	121
00004	3	00133–00139	39	00469	77	00521	122
00005–00006	6	00141	40	00470	78	00522	123
00014	7	00143	41	00471	79	00523	124
00016	8	00145–00148	42	00474	82	00524–00525	125
00017	9	00181	43	00475	83	00526	126
00018	10	00187–00192	44	00477	84	00527	127
00020	11	00204–00208	45	00479	85	00528	128
00021–00022	13	00209	48	00480	86	00529	129
00023–00030	14	00238–00244	49	00486	87	00530	130
00031	15	00246	51	00488	88	00531	131
00032–00033	16	00247–00250	52	00489	89	00532	132
00035	17	00251–00256	53	00490	90	00533	133
00036	18	00257–00259	54	00491	91	00534	134
00039	19	00260	55	00492	92	00535	135
00040–00041	20	00356–00357	34	00493	93	00536	136
00042–00045	21	00358	50	00494	94	00540	139
00046	22	00450	59	00495	95	00541	140
00048	23	00451–00452	60	00497–00498	106	00542	141
00049	17	00453	61	00500	107	00543	142
00054–00058	25	00454	66	00501	108	00544	143
00060–00063	26	00455	67	00504	109	00545	144
00064	27	00457	68	00506	110	00546	145
00065–00071	28	00458	69	00507	111	00547–00558	146
00082	30	00459	70	00508	112	00559	147
00088–00092	31	00460	71	00509	113	00560	148
00103	32	00462	72	00510	114	00561	149
00104–00105	33	00464	73	00511	115	00562	150
00106	36	00465	74	00512	116	00563	151
00107–00108	37	00466	75	00514–00515	120	00564	152

續表

《集成》號	本書號	《集成》號	本書號	《集成》號	本書號	《集成》號	本書號
00565	157	00614	198	00682	236	00770	278
00566	158	00615	199	00683	237	00771	279
00567	159	00616–00623	200	00684	238	00772	280
00568	160	00625	201	00685	239	00773	281
00569	161	00626	202	00688	240	00775	282
00570	162	00627	203	00689	243	00783	283
00571	163	00628–00629	204	00696	244	00785	284
00572–00574	164	00630	205	00697	245	00787	285
00575	165	00631	208	00698	246	00788	286
00576	166	00632	209	00699	247	00797	291
00578	167	00633	210	00700–00704	248	00799	292
00579	168	00634	211	00707	249	00801	293
00580	171	00635	212	00708	250	00802	294
00581	172	00636	213	00709	253	00803	295
00582–00583	173	00637–00640	214	00710	254	00805	296
00584–00585	174	00641	215	00711–00712	255	00806	299
00586	175	00642	216	00713–00714	256	00807	300
00587	176	00643	217	00715–00716	257	00808	301
00588	177	00644	218	00718	258	00809	302
00589–00591	178	00645	219	00719–00728	259	00810	303
00592	179	00646	220	00729	260	00811	304
00593	180	00647	191	00730	261	00812	305
00594	181	00648	222	00731	262	00814	306
00595	182	00649–00658	223	00736	263	00816	307
00597–00599	183	00659–00660	224	00737	264	00817	308
00600	184	00661–00662	225	00738–00740	265	00818	309
00602	185	00663–00665	226	00742	266	00819	310
00603	186	00666–00667	227	00743	267	00820	311
00604	187	00668	228	00744	268	00823	312
00605	188	00669	229	00745	271	00826	313
00606–00607	191	00671	230	00746–00752	272	00828	314
00609–00610	192	00672–00673	231	00753	273	00829	315
00611	193	00679	232	00754–00755	275	00830	316
00612	194	00680	234	00764	276	00831	317
00613	197	00681	235	00768	277	00832	318

續表

《集成》號	本書號	《集成》號	本書號	《集成》號	本書號	《集成》號	本書號
00833	319	00871	364	00910	405	00989	454
00834	320	00872	365	00911	406	00995	455
00835	321	00873	366	00912	407	00996	456
00836	322	00874	367	00913	408	00997	457
00837	323	00875	368	00915	409	00998	458
00838	331	00876	369	00916	410	01000	459
00839	332	00877	370	00917	411	01005	460
00840	333	00878–00879	375	00918	412	01019	461
00841	334	00880	376	00919	413	01026	462
00842	335	00881	377	00920	414	01028	463
00843	336	00882	378	00921	415	01035	464
00845	337	00883	379	00923	418	01037–01039	465
00847	338	00884	380	00924	419	01046	466
00848	339	00885	381	00925	420	01049	467
00849	340	00887	382	00926	421	01091	468
00850	341	00888	383	00927	422	01103	469
00851	342	00889	384	00928	423	01104	470
00852	343	00890	385	00929	424	01111	471
00853	344	00892–00893	386	00930	427	01112	472
00854	345	00894	387	00931	428	01119	473
00855	346	00895	388	00932	429	01133	474
00856	347	00896	389	00934	431	01144	475
00857	348	00897	390	00935	432	01146	476
00858	349	00898	391	00937	433	01149	477
00859	350	00899	392	00940	437	01155	478
00860	351	00900	393	00941	439	01156	479
00861	352	00901	396	00942	440	01157	480
00862	353	00902	397	00943	441	01175	481
00863	354	00903	398	00944	442	01177	482
00864	355	00904	399	00948	446	01183	483
00865	356	00905	400	00949	449	01184	484
00867	360	00906	401	00970	450	01185	485
00868	361	00907	402	00972–00973	451	01186	486
00869	362	00908	403	00979	452	01187	487
00870	363	00909	404	00984	453	01188	488

續表

《集成》號	本書號	《集成》號	本書號	《集成》號	本書號	《集成》號	本書號
01189	489	01310	541	01511	590	01585	625
01190	490	01313	542	01513	591	01587–01589	626
01194	491	01314	543	01514	592	01590	627
01198	492	01318	544	01516	593	01592	628
01205	493	01341	545	01517	594	01595	629
01214	494	01342	546	01518	595	01597	630
01218	495	01343	547	01519	596	01598	631
01231	496	01351	548	01528	597	01600	632
01232	497	01352	549	01529	598	01601	633
01233	498	01354	550	01531	599	01606	634
01234	499	01359	551	01532	600	01608	635
01239	500	01387	552	01534	601	01618	636
01240	501	01388	553	01538	602	01619	637
01242	502	01403	554	01540	603	01620	638
01243	503	01408	555	01542	604	01621	639
01249	504	01412	556	01543	605	01624	640
01254	522	01414	557	01544	606	01626	641
01255	523	01425	558	01549	607	01629	642
01256	524	01448	559	01550	608	01630	643
01261	525	01449	560	01551	609	01631	644
01262	526	01457	561	01552	610	01632	645
01263	527	01458	562	01553	611	01633	646
01270	528	01460	563	01554–01559	612	01637	647
01271	529	01461	564	01560	613	01638	648
01272	530	01465	565	01562	614	01639	649
01273	531	01484	566	01563	615	01640–01641	650
01274	532	01485	567	01564	616	01643	651
01277	533	01486	568	01567	617	01646	652
01278	534	01489	569	01568	618	01648–01649	653
01279	535	01491	570	01569	619	01650	654
01283	536	01492–01496	571	01574–01575	620	01653	655
01291	537	01504	572	01576	621	01655	656
01293	538	01505	573	01577	622	01658	657
01296	539	01506	574	01583	623	01659	658
01299	540	01510	589	01584	624	01668	659

續表

《集成》號	本書號	《集成》號	本書號	《集成》號	本書號	《集成》號	本書號
01670	660	01742	695	01791	730	01883	800
01671	661	01745	696	01792	731	01885	801
01672	662	01746	697	01793	732	01886	802
01674	663	01751	698	01794	733	01887	803
01675	664	01753–01755	699	01795	734	01888	804
01678	665	01756	700	01796	735	01890	805
01684	666	01757	701	01797	736	01892	806
01686	667	01759	702	01809	737	01899	807
01690	668	01761	703	01810	738	01901	808
01691	669	01765	704	01811	774	01902	809
01692	670	01766	705	01812	775	01903	810
01696	671	01767	706	01814	776	01904	811
01697	672	01768	707	01815	777	01906	812
01703	673	01769	708	01816	778	01907–01908	813
01704	674	01770	709	01822	779	01910	814
01705	675	01771	710	01823	780	01911	815
01709	676	01772	711	01825	781	01912	816
01712	677	01773	712	01827	782	01913	817
01714	678	01774	713	01830	783	01914	818
01719	679	01775	714	01831	784	01915	819
01720	680	01776	715	01832	785	01916	820
01721	681	01777	716	01833	786	01917	821
01722	682	01778	717	01836	787	01918	822
01724	683	01779	718	01849	788	01919	823
01725	684	01780	719	01852	789	01920	824
01726	685	01781	720	01859	790	01921	825
01727	686	01782	721	01860	791	01922	826
01728	687	01783	722	01861	792	01923	827
01729	688	01784	723	01863	793	01924	828
01730	689	01785	724	01873	794	01925	829
01731	690	01786	725	01876	795	01926	830
01732	691	01787	726	01877	796	01927	831
01733	692	01788	727	01878	797	01928	832
01734	693	01789	728	01879	798	01929	833
01735	694	01790	729	01881	799	01930	834

《集成》號	本書號	《集成》號	本書號	《集成》號	本書號	《集成》號	本書號
01931	835	01979	870	02040	923	02076	958
01934	836	01981	871	02041	924	02077	959
01936	837	01983	872	02042	925	02078	960
01937–01938	838	01984	873	02043	926	02079	961
01940	839	01985	874	02044	927	02080	962
01942	840	01986	875	02045	928	02081	963
01943	841	01987	876	02046	929	02107	964
01948	842	01988	877	02047	930	02109	979
01949	843	01989	878	02048	931	02110	980
01950	844	01997	897	02049	932	02115	981
01951–01952	845	01999	898	02050	933	02119	982
01952	846	02003–02006	899	02051	934	02120	983
01953	847	02007	900	02052	935	02121	984
01954	848	02009	901	02053	936	02122	985
01956	849	02010	902	02054	937	02123	986
01957	850	02012	903	02055–02056	938	02124	987
01958	851	02013	904	02057	939	02125	988
01960	852	02014	905	02058	940	02126	989
01961	853	02021	906	02059	941	02127	990
01962	854	02022	907	02060	942	02128	991
01963	855	02023	908	02061	943	02129	992
01964	856	02024	909	02062	944	02130	993
01965	857	02025	910	02063	945	02131	994
01966	858	02027	911	02064	946	02132	995
01967	859	02028	912	02065	947	02133	996
01968	860	02029	913	02066	948	02134	997
01969–01970	861	02030	914	02067	949	02135	998
01971	862	02031	915	02068	950	02139	999
01972	863	02032	916	02069	951	02140	1000
01973	864	02034	917	02070	952	02141	1001
01974	865	02035	918	02071	953	02142	1002
01975	866	02036	919	02072	954	02143	1003
01976	867	02037	920	02073	955	02144	1004
01977	868	02038	921	02074	956	02145	1005
01978	869	02039	922	02075	957	02146	1006

《集成》號	本書號	《集成》號	本書號	《集成》號	本書號	《集成》號	本書號
02147	1007	02189	1042	02258	1088	02326	1134
02148	1008	02190	1043	02259	1089	02327	1135
02149	1009	02191	1044	02260	1090	02328	1136
02150–02151	1010	02192	1045	02261	1091	02329	1137
02152	1011	02193	1046	02263	1092	02330	1138
02153	1012	02194	1047	02264–02267	1093	02331–02332	1139
02154	1013	02195	1048	02268	1094	02333	1140
02155	1014	02196	1049	02269	1095	02334	1141
02156	1015	02197	1050	02270	1096	02336	1142
02157–02159	1016	02198	1051	02271	1097	02337	1143
02158–02159	1017	02199	1052	02272	1098	02338	1144
02160–02161	1018	02200	1053	02273	1099	02339	1145
02162–02163	1019	02201	1054	02274	1100	02340	1146
02164–02165	1020	02202	1055	02275	1101	02341	1147
02166	1021	02204	1056	02276	1102	02342	1148
02167	1022	02205	1057	02277	1103	02343	1149
02168	1023	02206	1058	02278	1104	02344	1150
02169	1024	02207–02211	1059	02280	1105	02345	1151
02170	1025	02212	1060	02281	1106	02346	1152
02171	1026	02213	1061	02282	1107	02347	1153
02172	1027	02214	1062	02284	1108	02348	1154
02174	1028	02244	1074	02310	1120	02349	1155
02175	1029	02245	1075	02312	1121	02350	1156
02176	1030	02246	1076	02313	1122	02351	1157
02177–02178	1031	02247	1077	02314	1123	02352	1158
02179	1032	02248	1078	02315	1124	02353	1159
02180	1033	02249	1079	02316	1125	02354	1160
02181	1034	02250	1080	02317	1126	02363–02364	1169
02182	1035	02251	1081	02319	1127	02365	1170
02183	1036	02252	1082	02320	1128	02366	1171
02184	1037	02253	1083	02321	1129	02367	1172
02185	1038	02254	1084	02322	1130	02368	1173
02186	1039	02255	1085	02323	1131	02369	1174
02187	1040	02256	1086	02324	1132	02370–02371	1175
02188	1041	02257	1087	02325	1133	02372	1176

續表

《集成》號	本書號	《集成》號	本書號	《集成》號	本書號	《集成》號	本書號
02373	1177	02432	1215	02486	1253	02533	1295
02374	1178	02433-02434	1216	02487	1254	02534	1296
02375	1179	02435	1217	02488	1255	02535	1297
02376	1180	02436	1218	02489	1256	02536	1298
02377	1181	02437	1219	02490	1257	02537	1299
02378	1182	02438	1220	02491	1258	02538	1300
02379	1183	02439	1221	02492	1259	02539-02540	1301
02380	1184	02440	1222	02493	1260	02541-02545	1302
02381-02384	1185	02441	1223	02496	1261	02546	1303
02385	1186	02442	1224	02499	1262	02547	1304
02386	1187	02443-02447	1225	02500	1263	02548	1305
02398	1188	02448	1226	02501	1264	02549	1306
02399	1189	02449	1227	02502	1268	02550	1307
02404	1191	02453-02455	1228	02503	1269	02553-02554	1314
02405	1192	02456	1229	02504	1270	02555	1315
02406	1193	02457	1230	02505	1271	02556	1316
02407	1194	02458	1231	02506	1272	02557	1317
02408	1195	02459	1232	02507	1273	02558	1318
02409	1196	02460	1233	02508	1274	02559	1319
02410	1197	02461	1234	02509-02510	1275	02560	1320
02411	1198	02462	1235	02511	1276	02561	1321
02412	1199	02463-02464	1236	02512	1277	02562	1322
02413	1200	02465	1237	02513-02514	1278	02564	1323
02414	1201	02466	1238	02515	1279	02565	1324
02415	1202	02467	1239	02516	1280	02572	1325
02416	1203	02468	1240	02517	1281	02575	1326
02417	1204	02469	1241	02518	1282	02579	1328
02418	1205	02470	1242	02519	1283	02580	1329
02419	1206	02471	1243	02521	1284	02581	1330
02420	1207	02472	1244	02524	1285	02582-02583	1331
02423	1208	02473	1245	02525	1286	02584	1332
02425	1209	02475	1246	02528	1287	02585	1333
02426	1210	02483	1247	02529	1288	02586	1334
02429	1211	02484	1248	02531	1293	02595	1337
02431	1214	02485	1252	02532	1294	02596	1338

《集成》號	本書號	《集成》號	本書號	《集成》號	本書號	《集成》號	本書號
02597	1339	02670	1381	02733	1428	02789	1471
02598	1340	02671–02672	1382	02734	1429	02790	1472
02599	1341	02673	1383	02735–02736	1430	02791	1474
02600	1342	02674	1384	02739	1431	02792	1475
02601	1343	02676–02677	1387	02740–02741	1432	02796–02802	1477
02612–02613	1344	02678	1388	02742	1433	02803	1478
02614	1347	02679	1389	02743–02744	1434	02804	1479
02615	1348	02680	1390	02745	1435	02805	1480
02616	1349	02681	1391	02747	1436	02806–02808	1481
02619	1350	02682	1392	02748	1437	02809	1483
02620	1351	02690–02692	1393	02749	1438	02810	1484
02622	1352	02695	1400	02750	1439	02812	1486
02625	1355	02696	1401	02751–02752	1440	02813	1487
02626–02627	1356	02697–02700	1402	02754	1442	02814	1488
02628	1357	02702	1403	02755	1443	02815	1489
02629	1358	02703	1404	02756	1444	02816	1490
02630	1359	02704	1405	02758–02761	1446	02817	1491
02631	1360	02705	1406	02762	1447	02818	1492
02634–02636	1361	02706	1407	02763	1448	02819	1493
02637	1362	02710、02711	1409	02765	1449	02820	1494
02638	1363	02712	1410	02767	1450	02821–02823	1495
02642	1364	02713	1411	02768–02770	1451	02824	1497
02643	1365	02714	1412	02774	1452	02825	1498
02644–02645	1366	02718	1416	02775	1454	02826	1499
02646	1367	02719	1417	02776	1455	02827–02829	1500
02649	1368	02720	1418	02777	1456	02830	1502
02650	1369	02721	1419	02778	1460	02831	1503
02654	1371	02723	1420	02779	1461	02832	1504
02655	1372	02724	1421	02780	1462	02833–02834	1505
02656	1374	02725–02726	1422	02781	1463	02835	1506
02659	1375	02727	1423	02783	1464	02836	1508
02660	1377	02728	1424	02784	1465	02837	1509
02661	1378	02729	1425	02785	1466	02838	1511
02662	1379	02730	1426	02786	1468	02839	1512
02663–02666	1380	02731	1427	02787–02788	1469	02841	1513

續表

《集成》號	本書號	《集成》號	本書號	《集成》號	本書號	《集成》號	本書號
02911	1514	03036	1549	03161	1602	03231	1637
02914	1515	03037	1550	03162	1603	03235	1638
02915	1516	03043	1551	03164	1604	03236	1639
02926	1517	03046–03048	1552	03165–03166	1605	03242	1640
02930	1518	03051	1553	03167	1606	03244	1641
02932–02935	1519	03052	1566	03168	1607	03245	1642
02936	1520	03053	1567	03171	1608	03247	1643
02938–02940	1521	03054	1568	03174	1609	03248	1644
02952	1522	03055	1569	03176	1610	03249–03250	1645
02954	1523	03056	1570	03180	1611	03251	1646
02955	1524	03057	1571	03181	1612	03252	1647
02972	1525	03060	1572	03182	1613	03253	1648
02973	1526	03066	1573	03183–03184	1614	03254	1649
02974–02977	1527	03069	1574	03186	1615	03255	1650
02982	1528	03070	1575	03190	1616	03256	1651
02983–02984	1529	03079	1576	03194	1617	03257	1652
02985	1530	03080	1577	03197	1618	03258	1653
02987	1531	03085	1578	03198	1619	03259	1654
02993	1532	03088	1579	03200	1620	03260	1655
03003–03004	1533	03092	1580	03205	1621	03261	1656
03005	1534	03104	1581	03206	1622	03262	1657
03006	1535	03105	1582	03207	1623	03263	1658
03012	1536	03125	1583	03208	1624	03264	1659
03013	1537	03128–03129	1584	03209	1625	03265	1660
03014	1538	03130	1585	03214	1626	03266	1661
03015	1539	03131	1586	03215	1627	03267	1662
03017	1540	03132	1587	03216	1628	03268	1663
03023	1541	03133	1588	03217	1629	03269	1664
03024	1542	03139	1595	03218	1630	03270	1665
03026	1543	03143	1596	03219	1631	03272	1666
03027	1544	03144	1597	03220	1632	03273	1667
03028	1545	03152	1598	03221	1633	03274	1668
03029	1546	03158	1599	03225	1634	03275	1669
03032	1547	03159	1600	03226	1635	03276	1670
03034	1548	03160	1601	03230	1636	03277	1671

續表

《集成》號	本書號	《集成》號	本書號	《集成》號	本書號	《集成》號	本書號
03278	1672	03336	1737	03376	1772	03416	1807
03279	1673	03341	1738	03377	1773	03422	1822
03280	1674	03342	1739	03378	1774	03423–03424	1823
03281	1675	03343	1740	03379	1775	03430	1824
03282	1676	03344	1741	03380	1776	03431	1825
03283	1677	03345	1742	03381	1777	03432	1826
03284	1678	03346	1743	03382	1778	03433	1827
03285	1679	03347	1744	03383–03384	1779	03436	1828
03286	1680	03348	1745	03385	1780	03437	1829
03287	1681	03349	1746	03386	1781	03438	1830
03288	1682	03350	1747	03387	1782	03439–03440	1831
03290	1683	03351	1748	03388	1783	03441	1832
03291	1684	03352	1749	03389	1784	03442	1833
03292	1685	03353	1750	03390	1785	03443	1834
03293	1686	03354	1751	03391	1786	03444	1835
03294	1687	03355	1752	03392	1787	03445	1836
03295	1688	03356	1753	03394–03396	1788	03446	1837
03296	1719	03357	1754	03397	1789	03447	1838
03299	1720	03358	1755	03399	1790	03448	1839
03300	1721	03359	1756	03400	1791	03449	1840
03301	1722	03360	1757	03401	1792	03450	1841
03304	1723	03361	1758	03402	1793	03451	1842
03305	1724	03362	1759	03403	1794	03452	1843
03306	1725	03363	1760	03404	1795	03453	1844
03307	1726	03364	1761	03405	1796	03454	1845
03315	1727	03365	1762	03406	1797	03455–03456	1846
03317	1728	03366	1763	03407	1798	03458–03459	1847
03318	1729	03367	1764	03408	1799	03460	1848
03319	1730	03368–03369	1765	03409	1800	03461	1849
03322	1731	03370	1766	03410	1801	03462	1850
03323	1732	03371	1767	03411	1802	03463	1851
03328	1733	03372	1768	03412	1803	03464	1852
03329	1734	03373	1769	03413	1804	03465	1853
03334	1735	03374	1770	03414	1805	03466	1854
03335	1736	03375	1771	03415	1806	03467	1855

《集成》號	本書號	《集成》號	本書號	《集成》號	本書號	《集成》號	本書號
03468	1856	03506	1903	03549	1938	03588	1973
03469	1857	03507	1904	03550	1939	03589	1974
03470	1858	03508	1905	03551	1940	03590	1975
03471	1859	03509	1906	03552–03554	1941	03600	1990
03472	1860	03510	1907	03555	1942	03602	1991
03473	1861	03511	1908	03556	1943	03603	1992
03474	1862	03512	1909	03557	1944	03605	1993
03475	1863	03513	1910	03558	1945	03606	1994
03476	1864	03514	1911	03559	1946	03607	1995
03477–03478	1865	03515	1912	03560	1947	03608	1996
03479	1866	03516	1913	03561	1948	03609	1997
03480	1867	03517	1914	03562	1949	03610	1998
03481	1868	03518	1915	03563	1950	03611	1999
03482	1869	03519	1916	03564	1951	03612	2000
03483	1870	03520	1917	03565	1952	03613	2001
03484	1871	03521	1918	03566	1953	03614	2002
03485	1872	03522–03523	1919	03567	1954	03615	2003
03486	1873	03524–03525	1920	03568	1955	03616–03618	2004
03487	1874	03526	1921	03569	1956	03619	2005
03488	1875	03527–03529	1922	03570	1957	03620	2006
03489	1876	03530–03531	1923	03571	1958	03621	2007
03490	1877	03532	1924	03572	1959	03622	2008
03491	1878	03533	1925	03573	1960	03623	2009
03492	1879	03534–03535	1926	03574	1961	03624	2010
03493	1880	03536	1927	03575	1962	03625	2011
03494	1881	03537	1928	03576	1963	03626–03627	2012
03495	1882	03538–03539	1929	03577	1964	03628	2013
03496	1883	03540	1930	03578	1965	03629	2014
03497	1884	03541–03542	1931	03579	1966	03630	2015
03498	1885	03543	1932	03580	1967	03631	2016
03499	1886	03544	1933	03581–03582	1968	03632	2017
03500–03501	1899	03545	1934	03583	1969	03633	2018
03503	1900	03546	1935	03584	1970	03644	2031
03504	1901	03547	1936	03585	1971	03645	2032
03505	1902	03548	1937	03586–03587	1972	03646	2033

續表

《集成》號	本書號	《集成》號	本書號	《集成》號	本書號	《集成》號	本書號
03647	2034	03689	2076	03738	2116	03786	2158
03648	2035	03690	2077	03739	2117	03787	2159
03649–03650	2036	03691	2078	03740	2118	03788	2160
03651	2037	03692–03693	2079	03741	2119	03789	2161
03652	2038	03694	2080	03742	2120	03790	2168
03653	2039	03695	2081	03743–03744	2121	03791	2169
03654	2040	03696–03697	2082	03745	2122	03792	2170
03655	2041	03698	2083	03746	2123	03793–03796	2171
03656–03658	2042	03699	2084	03747	2124	03797–03801	2172
03659	2043	03700–03701	2085	03748	2125	03802–03803	2173
03660–03662	2044	03702	2086	03749	2126	03804	2174
03663	2045	03703	2087	03750	2127	03805	2175
03664	2046	03704	2088	03751	2128	03807	2176
03666	2047	03705–03706	2089	03752	2129	03808–03814	2177
03667	2048	03707–03709	2090	03753–03754	2130	03815	2178
03668	2049	03711	2096	03755–03756	2131	03816	2179
03669	2050	03712	2097	03757–03759	2132	03817–03818	2180
03670	2051	03714–03716	2098	03760	2133	03819	2181
03671	2052	03717	2099	03761	2134	03820	2182
03672	2053	03718	2100	03762	2135	03821	2183
03673	2054	03719	2101	03763	2143	03822–03823	2184
03674	2055	03720–03721	2102	03764	2144	03824	2185
03675	2056	03722	2103	03765–03766	2145	03825	2186
03676	2057	03723	2104	03767–03768	2146	03826	2187
03677	2058	03724	2105	03769	2147	03827	2188
03678	2059	03725	2106	03770	2148	03828–03832	2189
03679–03680	2060	03726–03727	2107	03771	2149	03833–03834	2190
03681	2061	03728–03729	2108	03772	2150	03835	2191
03682	2062	03730	2109	03773–03774	2151	03836	2192
03683	2070	03731	2110	03775–03776	2152	03837–03839	2193
03684	2071	03732	2111	03777–03780	2153	03840–03841	2194
03685	2072	03733	2112	03781–03782	2154	03842–03844	2195
03686	2073	03734	2113	03783	2155	03845	2196
03687	2074	03735–03736	2114	03784	2156	03846	2197
03688	2075	03737	2115	03785	2157	03847	2198

續表

《集成》號	本書號	《集成》號	本書號	《集成》號	本書號	《集成》號	本書號	《集成》號	本書號
03848	2199	03905	2242	03958–03959	2280	04028	2318		
03849–03855	2200	03906	2243	03960–03963	2281	04029	2320		
03856–03857	2201	03907	2244	03964–03970	2282	04030–04031	2321		
03858	2202	03908	2245	03971–03973	2283	04032	2322		
03859	2203	03909	2246	03974	2284	04033–04034	2323		
03860	2204	03910–03911	2247	03976	2285	04035	2324		
03861	2210	03912–03913	2248	03977	2286	04036–04037	2325		
03862	2211	03914	2249	03978	2287	04038	2326		
03863	2212	03915	2250	03979	2288	04039	2327		
03864	2213	03916	2251	03980–03982	2289	04041	2329		
03865	2214	03917	2252	03983	2290	04042–04043	2330		
03866	2215	03918	2253	03984–03985	2291	04044	2331		
03867	2216	03919	2254	03986	2292	04045	2332		
03868	2217	03920	2255	03987	2293	04046	2333		
03869	2218	03921–03922	2256	03988	2294	04047	2334		
03870	2219	03923	2257	03989	2295	04048–04050	2335		
03871	2220	03924	2258	03991–03992	2298	04051–04053	2336		
03872	2221	03925–03926	2259	03993	2299	04054	2337		
03873	2222	03927	2260	03996	2300	04055	2338		
03874–03876	2223	03928–03930	2261	03997–04000	2301	04056–04058	2339		
03877	2224	03931–03934	2262	04001–04003	2302	04059	2341		
03878–03880	2225	03935	2263	04004–04006	2303	04060	2342		
03881–03883	2226	03936–03938	2264	04007	2304	04061	2343		
03884–03885	2227	03942	2266	04008	2305	04062–04067	2344		
03886	2226	03943	2267	04009	2306	04065–04067	2345		
03887	2228	03945	2268	04010	2307	04068–04070	2346		
03888–03889	2229	03946–03947	2269	04011–04013	2308	04071–04072	2347		
03890	2230	03948	2272	04014–04015	2309	04073	2349		
03891	2231	03949	2273	04016–04017	2310	04074–04075	2350		
03892	2232	03950–03951	2274	04019	2311	04088	2352		
03893	2233	03952	2275	04020	2313	04089	2353		
03894	2234	03953	2276	04021–04022	2314	04090	2354		
03895	2235	03954	2277	04023	2315	04091–04094	2355		
03896	2236	03955	2278	04024–04026	2316	04095	2356		
03903	2237	03956	2279	04027	2317	04097	2358		

《集成》號	本書號	《集成》號	本書號	《集成》號	本書號	《集成》號	本書號
04098	2359	04154–04155	2403	04215	2451	04285	2496
04099	2360	04156	2404	04216–04218	2452	04286	2497
04100–04101	2361	04157–04158	2405	04219–04224	2453	04287	2498
04102–04103	2362	04159	2406	04225–04228	2454	04288–04291	2499
04104–04106	2363	04160–04161	2408	04229–04236	2455	04292	2500
04107	2364	04162–04164	2409	04237	2456	04293	2501
04108	2365	04165	2410	04238–04239	2460	04294–04295	2502
04109	2366	04166	2411	04240	2461	04296–04297	2503
04110–04111	2367	04167	2412	04241	2462	04298–04299	2504
04112	2370	04168	2413	04242	2464	04300–04301	2505
04113	2371	04169	2414	04243	2465	04302	2506
04114	2372	04170–04177	2415	04244	2466	04303–04310	2507
04115	2374	04178	2416	04246–04249	2468	04311	2508
04116–04117	2375	04179–04181	2417	04250	2469	04312	2509
04118–04119	2376	04182	2418	04251–04252	2470	04313–04314	2511
04120	2377	04184–04187	2420	04253–04254	2471	04316	2513
04121	2379	04188–04189	2422	04255	2472	04317	2514
04122	2380	04191	2424	04256	2473	04318–04319	2515
04123	2381	04192–04193	2425	04257	2474	04320	2516
04124	2382	04194	2426	04258–04260	2475	04321	2518
04125	2383	04195	2428	04261	2477	04322	2519
04126	2384	04196	2432	04262–04265	2478	04323	2520
04129	2386	04197	2433	04266	2479	04324–04325	2521
04130	2387	04198	2434	04267	2481	04326	2522
04131	2390	04199–04200	2435	04268	2482	04327	2523
04132–04133	2391	04201	2437	04269	2483	04328–04329	2524
04134–04135	2392	04202	2438	04270–04271	2485	04330	2525
04136	2393	04203–04204	2439	04272	2486	04331	2526
04137	2394	04205	2440	04273	2487	04332–04339	2527
04139	2395	04206	2441	04274–04275	2488	04340	2528
04140	2397	04207	2445	04276	2490	04341	2530
04141–04143	2398	04208	2446	04277	2492	04342	2531
04146	2399	04209–04212	2447	04278	2493	04343	2532
04147–04151	2400	04213	2448	04279–04282	2494	04344	2534
04153	2402	04214	2450	04283–04284	2495	04345	2536

續表

《集成》號	本書號	《集成》號	本書號	《集成》號	本書號	《集成》號	本書號
04346	2537	04400–04401	2583	04459–04461	2630	04565	2671
04347	2538	04402–04403	2584	04462–04463	2631	04572	2674
04348–04349	2539	04404	2585	04464	2633	04578	2675
04350	2540	04405	2586	04465	2635	04579	2676
04351	2541	04406	2587	04466	2636	04580	2677
04352	2544	04407	2590	04467–04468	2637	04592	2678
04353	2545	04408	2591	04469	2638	04593	2679
04354	2546	04409	2592	04473–04474	2639	04598	2682
04355–04356	2547	04410	2593	04479–04480	2640	04600	2683
04357–04360	2551	04411	2594	04481	2641	04615	2686
04361–04364	2552	04412	2595	04482–04483	2642	04621–04622	2687
04365	2553	04413	2596	04484	2643	04626	2688
04366–04367	2554	04414	2597	04485	2644	04627	2689
04368–04371	2557	04415	2600	04487	2645	04628	2690
04372–04373	2558	04416–04418	2601	04491	2646	04659	2692
04374	2559	04419	2602	04497	2647	04666–04667	2693
04375–04376	2560	04420–04421	2603	04498	2648	04669	2694
04377	2561	04422	2604	04499	2649	04672	2695
04378	2562	04424	2605	04514–04515	2651	04673–04674	2696
04380	2564	04425	2607	04516	2652	04681	2699
04381	2565	04426	2608	04517–04520	2653	04682–04683	2700
04382–04383	2567	04427	2609	04522	2654	04684	2701
04384	2568	04428	2610	04523	2655	04685	2702
04385	2569	04429	2611	04524	2656	04692	2704
04386–04387	2570	04430	2612	04530	2657	04693	2705
04388	2571	04431–04434	2613	04531	2658	04704	2706
04389	2572	04435	2614	04532	2659	04706	2707
04390	2573	04436	2615	04533	2660	04708	2708
04391	2574	04437	2616	04536	2661	04709	2709
04392–04393	2575	04438–04439	2617	04537–04538	2662	04710	2710
04394–04395	2576	04442–04445	2619	04552	2663	04745	2711
04396	2577	04446–04447	2621	04553	2664	04756	2712
04397	2578	04448–04452	2622	04554	2665	04757	2713
04398	2579	04453	2625	04555	2666	04762–04763	2714
04399	2582	04454–04457	2626	04563–04564	2670	04764	2715

續表

《集成》號	本書號	《集成》號	本書號	《集成》號	本書號	《集成》號	本書號
04765	2716	04921	2763	05025	2798	05104	2858
04766	2717	04935	2764	05026	2799	05105	2859
04774	2718	04940	2765	05028	2800	05106	2860
04784	2719	04942	2766	05029	2801	05107	2861
04804	2720	04951	2767	05030	2802	05108	2862
04818	2725	04954	2768	05031	2803	05109	2863
04822	2726	04955	2769	05032	2804	05110	2864
04836	2727	04959	2770	05033	2805	05112	2865
04841	2728	04962	2771	05034	2806	05113	2866
04845–04846	2729	04964	2772	05035	2807	05115	2867
04849	2730	04968	2773	05036	2808	05116	2868
04853	2731	04970	2774	05037	2809	05117	2869
04854	2732	04971	2775	05038	2810	05118	2870
04858–04859	2733	04974	2776	05039	2811	05119	2871
04868	2734	04977	2777	05040	2812	05120	2872
04875	2735	04982	2778	05041	2813	05121	2873
04881	2736	04984	2779	05042	2814	05122	2874
04883	2737	04986	2780	05043	2815	05123	2875
04884	2738	04988	2781	05044	2841	05124	2876
04885	2739	04990	2782	05056	2842	05125	2877
04886	2740	04991	2783	05061	2843	05126	2878
04887	2741	04996	2784	05062–05063	2844	05127	2879
04888	2742	04997	2785	05066	2845	05128	2880
04895	2751	05001	2786	05069	2846	05129	2881
04896	2752	05002	2787	05070	2847	05130	2882
04898	2753	05003	2788	05071	2848	05131	2883
04907	2754	05005	2789	05072	2849	05132	2884
04908	2755	05006	2790	05078	2850	05133	2885
04909	2756	05008	2791	05079	2851	05134	2886
04911	2757	05018	2792	05080	2852	05135	2887
04912	2758	05020	2793	05088	2853	05136	2888
04914	2759	05021	2794	05089	2854	05137	2889
04915	2760	05022	2795	05090	2855	05138	2890
04916	2761	05023	2796	05098	2856	05139	2891
04917	2762	05024	2797	05103	2857	05140	2892

《集成》號	本書號	《集成》號	本書號	《集成》號	本書號	《集成》號	本書號
05141	2893	05197	2941	05245	2981	05288	3019
05143	2894	05198	2942	05246	2982	05289	3020
05144	2895	05200	2948	05248	2983	05290	3021
05149	2909	05204	2949	05249	2984	05291	3022
05150	2910	05205	2950	05250	2985	05292	3023
05151	2911	05207	2951	05251	2986	05296	3024
05152	2912	05209	2952	05252	2987	05297–05298	3025
05153	2913	05210	2953	05253	2988	05299	3026
05154	2914	05212	2954	05254	2989	05300–05301	3027
05157	2915	05213	2955	05255	2990	05302	3028
05158	2916	05214	2956	05256	2991	05303	3029
05159	2917	05215	2957	05257	2992	05304	3030
05160	2918	05216	2958	05258–05259	2993	05305	3031
05162	2919	05217	2959	05260	2997	05306	3032
05164	2920	05218	2960	05261	2998	05307	3040
05165	2921	05219	2961	05262	2999	05308	3041
05170	2922	05220	2962	05263	3000	05309	3042
05177	2923	05221	2963	05264	3001	05310	3043
05178	2924	05222	2964	05266	3002	05311	3044
05179	2925	05223	2965	05267	3003	05312	3045
05180	2926	05224–05225	2966	05268	3004	05313	3046
05181	2927	05226–05227	2967	05269	3005	05314	3047
05182	2928	05228–05230	2968	05270	3006	05315	3048
05183	2929	05231–05232	2969	05272	3007	05316	3049
05184	2930	05233	2970	05273	3008	05317	3050
05185	2931	05234	2971	05274	3009	05318	3051
05187	2932	05235	2972	05275	3010	05319	3052
05189	2933	05236	2973	05276	3011	05320	3053
05190	2934	05237	2974	05277	3012	05321	3054
05191	2935	05239	2975	05278	3013	05322	3055
05192	2936	05240	2976	05279	3014	05323	3056
05193	2937	05241	2977	05282	3015	05324	3057
05194	2938	05242	2978	05284	3016	05325	3058
05195	2939	05243	2979	05286	3017	05326	3059
05196	2940	05244	2980	05287	3018	05328	3064

續表

《集成》號	本書號	《集成》號	本書號	《集成》號	本書號	《集成》號	本書號
05329	3065	05373	3104	05419–05420	3149	05520	3185
05330–05331	3066	05374	3109	05421–05422	3150	05521	3186
05331	3067	05376	3111	05423	3151	05522	3187
05332	3068	05377	3112	05424	3152	05523	3188
05333	3069	05380	3114	05425	3153	05524	3189
05334	3070	05381	3115	05426	3154	05525	3190
05335	3071	05382	3116	05427	3156	05527	3191
05336	3072	05383	3117	05428–05429	3157	05528	3192
05337	3073	05384	3119	05430	3158	05532	3193
05338	3074	05385–05386	3120	05431	3159	05533	3194
05339	3075	05387	3121	05432	3160	05534	3195
05340	3076	05388–05389	3122	05433	3161	05544	3196
05341	3077	05390	3123	05453	3162	05552	3197
05342	3078	05391	3124	05462	3163	05553	3198
05343	3079	05392	3126	05465	3164	05554	3199
05344	3080	05393	3127	05472	3165	05557	3200
05345	3081	05396	3128	05473	3166	05567	3201
05346	3082	05397	3129	05474	3167	05568	3202
05348	3083	05398	3130	05475	3168	05569	3203
05352	3084	05399	3131	05476	3169	05574	3204
05354	3085	05400	3132	05478	3170	05575	3205
05355	3086	05401	3133	05479	3171	05576	3206
05356	3087	05402	3134	05489	3172	05581	3207
05357–05358	3088	05403	3135	05490	3173	05582	3208
05359	3089	05404	3136	05492	3174	05586	3209
05361	3092	05405	3137	05493	3175	05588	3210
05362	3093	05406	3140	05494	3176	05589	3211
05363–05364	3094	05407	3141	05496	3177	05591	3212
05365	3095	05408	3142	05497	3178	05592	3213
05366	3096	05409	3143	05511	3179	05593	3214
05368	3098	05410	3144	05513	3180	05594	3215
05369	3099	05411	3145	05515	3181	05595	3216
05370	3100	05415	3146	05517	3182	05596	3220
05371	3101	05416	3147	05518	3183	05597	3221
05372	3102	05418	3148	05519	3184	05599	3222

續表

《集成》號	本書號	《集成》號	本書號	《集成》號	本書號	《集成》號	本書號
05600	3223	05660	3258	05713	3293	05769	3340
05602	3224	05661	3259	05714	3306	05770	3341
05603	3225	05663	3260	05715	3307	05771	3342
05604	3226	05665	3261	05716	3308	05772	3343
05605	3227	05666	3262	05717	3309	05773	3344
05606	3228	05667	3263	05718	3310	05774	3345
05607	3229	05672	3264	05719	3311	05775	3346
05608	3230	05675	3265	05720	3312	05776	3347
05609	3231	05676	3266	05723	3313	05777	3348
05611	3232	05682	3267	05725	3314	05778	3349
05613	3233	05683	3268	05730	3315	05779	3350
05615	3234	05684	3269	05732	3316	05780	3351
05616	3235	05687	3270	05733	3317	05781	3352
05617	3236	05688	3271	05734	3318	05782	3353
05618	3237	05689	3272	05737	3319	05783	3354
05619	3238	05690	3273	05738	3320	05784	3355
05621	3239	05691	3274	05742	3321	05785	3356
05622	3240	05692	3275	05743	3322	05786	3357
05623	3241	05693	3276	05744	3323	05787	3358
05625	3242	05695	3277	05746	3324	05788	3359
05630	3243	05698	3278	05750	3325	05789	3360
05633	3244	05699	3279	05751	3326	05790	3361
05636	3245	05700	3280	05753	3327	05791	3362
05639	3246	05701	3281	05754	3328	05792	3363
05643	3247	05702	3282	05755	3329	05793	3374
05644	3248	05703	3283	05758	3330	05795	3375
05645	3249	05704	3284	05759	3331	05796	3376
05647	3250	05705	3285	05760	3332	05797	3377
05648	3251	05706	3286	05762	3333	05798	3378
05649	3252	05707	3287	05763	3334	05799	3379
05652	3253	05708	3288	05764	3335	05800	3380
05653	3254	05709	3289	05765	3336	05801	3381
05654	3255	05710	3290	05766	3337	05803	3382
05656	3256	05711	3291	05767	3338	05804	3383
05659	3257	05712	3292	05768	3339	05806	3384

續表

《集成》號	本書號	《集成》號	本書號	《集成》號	本書號	《集成》號	本書號
05807	3385	05844	3423	05880	3461	05918–05919	3502
05808	3386	05845	3424	05881	3462	05920	3503
05809	3387	05846	3425	05882	3463	05921	3504
05810	3388	05847	3426	05883	3464	05922	3505
05811	3389	05848	3427	05884	3465	05923–05924	3506
05812	3390	05849	3428	05885	3466	05925	3507
05813	3391	05850	3429	05886	3467	05927	3508
05814	3392	05851	3430	05887	3468	05928	3509
05815	3393	05852–05853	3431	05889	3469	05929	3510
05816	3394	05854	3432	05890	3470	05930	3511
05817	3395	05855	3433	05891	3475	05931	3512
05818	3396	05856	3434	05892	3476	05932	3513
05819–05820	3397	05857	3435	05893	3477	05933	3514
05821	3398	05858	3436	05895	3478	05934	3515
05822	3402	05859	3437	05896	3479	05940	3516
05823	3403	05860	3438	05897	3480	05941	3517
05824	3404	05861	3439	05898	3481	05942	3518
05825	3405	05862	3440	05899	3482	05943	3522
05826	3406	05863	3441	05900	3483	05944	3523
05827	3407	05864	3442	05901	3484	05945	3524
05828	3408	05865	3446	05902	3485	05946	3525
05829	3409	05866	3447	05903	3486	05947	3526
05830	3410	05867	3448	05904	3487	05948	3527
05831	3411	05868	3449	05905	3488	05950	3528
05832	3412	05869	3450	05906	3489	05951	3529
05833	3413	05870	3451	05907	3490	05952	3530
05834	3414	05871	3452	05908	3491	05953	3531
05835	3415	05872	3453	05909	3492	05954	3532
05836	3416	05873	3454	05910	3493	05955	3533
05837	3417	05874	3455	05912	3494	05956	3536
05838	3418	05875	3456	05913	3495	05957	3537
05839	3419	05876	3457	05914	3496	05958	3538
05841	3420	05877	3458	05915	3497	05959	3539
05842	3421	05878	3459	05916	3498	05960	3540
05843	3422	05879	3460	05917	3501	05961	3541

續表

《集成》號	本書號	《集成》號	本書號	《集成》號	本書號	《集成》號	本書號
05962	3542	05998	3582	06075	3619	06127	3664
05963	3543	05999	3583	06076	3620	06128	3665
05964	3545	06000	3584	06078	3621	06129	3666
05966	3546	06001	3585	06079	3622	06130	3667
05967	3549	06002	3586	06080	3623	06131	3668
05968	3550	06003	3587	06081	3624	06132	3669
05969	3551	06004	3588	06082	3625	06133	3670
05970	3552	06005	3589	06084	3626	06135	3671
05971	3553	06006	3590	06086	3627	06143	3672
05972	3554	06007	3591	06087	3628	06151	3673
05973	3556	06008	3592	06088	3629	06161	3674
05974	3557	06009	3593	06089	3630	06167	3675
05975	3558	06011–06012	3595	06090	3631	06168	3676
05976	3559	06013	3596	06091	3642	06169	3677
05977	3560	06014	3598	06092	3643	06170	3678
05978	3561	06015	3599	06095	3644	06171	3679
05979	3562	06016	3600	06096	3645	06173	3680
05980	3564	06025	3601	06100	3646	06174	3681
05981	3565	06027	3602	06101	3647	06175	3682
05982	3566	06029	3603	06102	3648	06185	3683
05983	3567	06031	3604	06108	3649	06186	3684
05984	3568	06056	3605	06109	3650	06193	3685
05985	3569	06057	3606	06110	3651	06194	3686
05986	3570	06058	3607	06111	3652	06195	3687
05987	3571	06059	3608	06113	3653	06196	3688
05988	3572	06060	3609	06114	3654	06197	3689
05989	3573	06061	3610	06116	3655	06198	3690
05990	3574	06062	3611	06117	3656	06199	3691
05991	3575	06063	3612	06118	3657	06201	3701
05992	3576	06064	3613	06121	3658	06203	3702
05993	3577	06065	3614	06122	3659	06204	3703
05994	3578	06066	3615	06123	3660	06208	3704
05995	3579	06067	3616	06124	3661	06209	3705
05996	3580	06068	3617	06125	3662	06211	3706
05997	3581	06069	3618	06126	3663	06214	3707

《集成》號	本書號	《集成》號	本書號	《集成》號	本書號	《集成》號	本書號
06215	3708	06277	3743	06340	3778	06411	3826
06217	3709	06278	3744	06341	3779	06412	3827
06222	3710	06284	3745	06342	3780	06414	3828
06225	3711	06290	3746	06343	3781	06415	3829
06227	3712	06293	3747	06347	3782	06416	3830
06230	3713	06295	3748	06348	3783	06417	3831
06232	3714	06296	3749	06349	3784	06418	3832
06233	3715	06299	3750	06350	3785	06419	3833
06234	3716	06302	3751	06352	3786	06421	3834
06235	3717	06304	3752	06361	3787	06425	3835
06236	3718	06305	3753	06362	3788	06429	3836
06239	3719	06307	3754	06363	3789	06431–06432	3837
06240	3720	06308	3755	06365	3790	06432	3838
06241	3721	06309	3756	06366	3791	06433	3839
06242	3722	06310	3757	06369	3792	06434	3840
06243	3723	06312	3758	06371	3806	06435	3841
06244	3724	06313	3759	06372	3807	06436	3842
06246	3725	06314	3760	06373	3808	06437	3843
06247	3726	06316	3761	06374	3809	06438	3844
06248	3727	06317	3762	06375	3810	06439	3849
06250	3728	06318	3763	06376	3811	06440	3850
06251	3729	06319	3764	06377	3812	06441	3851
06252	3730	06320	3765	06379	3813	06442	3852
06253	3731	06321	3766	06387	3814	06444	3853
06254	3732	06322	3767	06388	3815	06445	3854
06258	3733	06323	3768	06391	3816	06446	3855
06259	3734	06329	3769	06392	3817	06447	3856
06261	3735	06330	3770	06397	3818	06448	3857
06262	3736	06331	3771	06402	3819	06449	3858
06264	3737	06332	3772	06403	3820	06451	3859
06265	3738	06333	3773	06405	3821	06452	3860
06268	3739	06334	3774	06406	3822	06453	3861
06269	3740	06335	3775	06407	3823	06454–06455	3862
06273	3741	06336	3776	06408	3824	06456	3863
06276	3742	06337	3777	06409	3825	06457	3864

《集成》號	本書號	《集成》號	本書號	《集成》號	本書號	《集成》號	本書號
06458	3865	06501	3907	07013	3948	07199	3985
06459	3866	06502	3908	07018	3949	07200	3986
06460	3867	06503	3909	07057	3950	07204	3987
06461	3868	06504	3910	07065	3951	07205	3988
06465	3871	06507	3914	07070	3952	07206	3989
06466	3872	06508	3915	07073	3955	07207	3990
06467	3873	06509	3916	07082	3956	07208	3991
06468	3874	06510	3917	07083	3957	07209	3992
06469	3875	06511	3918	07085	3958	07219	3995
06470	3876	06512	3920	07098	3959	07225	3996
06471	3877	06514	3921	07101	3960	07232	3997
06472	3878	06515	3922	07102	3961	07234	3998
06473	3879	06516	3923	07103	3962	07235	3999
06474	3880	06547	3924	07105	3963	07237	4000
06475	3881	06548	3925	07108	3964	07241	4001
06476	3882	06585	3926	07110	3965	07243	4002
06477–06478	3883	06640	3927	07111	3966	07245	4003
06479	3884	06641	3928	07113	3967	07246	4004
06480	3885	06680	3929	07114	3968	07252	4005
06481	3886	06723	3930	07115–07117	3969	07257	4006
06482	3890	06724	3931	07120	3970	07258	4007
06483	3891	06765	3932	07125	3971	07259	4008
06486	3892	06766	3933	07128	3972	07261	4012
06487	3893	06767	3934	07129	3973	07267	4013
06488	3894	06769	3935	07130	3974	07268	4014
06489	3897	06770	3936	07134	3975	07272	4015
06490–06491	3898	06771	3937	07135	3976	07273	4016
06492	3899	06772	3938	07139	3977	07274	4017
06493	3900	06799	3939	07143	3978	07275–07276	4018
06494	3901	06805	3940	07145	3979	07278	4019
06495	3902	06807	3943	07148	3980	07279	4021
06497	3903	06808	3944	07149	3981	07280	4022
06498	3904	06817	3945	07157	3982	07283	4023
06499	3905	06868	3946	07165	3983	07284	4024
06500	3906	06945	3947	07167–07168	3984	07285	4025

續表

《集成》號	本書號	《集成》號	本書號	《集成》號	本書號	《集成》號	本書號
07286	4027	07481	4064	07604	4099	07701	4134
07289	4028	07483	4065	07605	4100	07702	4135
07290–07291	4029	07493	4066	07626	4101	07703	4136
07292	4030	07494	4067	07627	4102	07706	4137
07294–07295	4031	07495	4068	07628	4103	07708	4138
07296	4032	07506	4069	07629	4104	07709	4139
07299	4033	07517	4070	07630	4105	07710	4140
07300	4034	07518	4071	07631	4106	07711	4141
07304	4035	07519	4072	07632	4107	07712	4142
07305	4036	07520	4073	07634	4108	07713	4143
07307	4038	07522	4074	07644	4109	07720	4144
07310	4039	07523	4075	07645	4110	07721	4145
07312	4040	07532	4076	07648	4111	07722	4146
07321	4042	07533	4077	07649	4112	07723	4147
07322	4043	07534	4078	07652	4113	07726	4148
07325–07326	4044	07536	4079	07653	4114	07727	4149
07327	4045	07537	4080	07654	4115	07728	4150
07328	4046	07538	4081	07661	4116	07729	4151
07329	4047	07539	4082	07666	4117	07733	4152
07332	4048	07540	4083	07667	4118	07734	4153
07333	4049	07541	4084	07668	4119	07735	4154
07340	4050	07542	4085	07669	4120	07737–07738	4155
07341	4051	07543	4086	07684	4121	07742	4156
07347	4052	07544	4087	07686	4122	07749	4157
07353	4053	07545	4088	07687	4123	07750	4158
07355–07356	4054	07555	4089	07688	4124	07765	4159
07360	4055	07566	4090	07689	4125	07766	4160
07386	4056	07588	4091	07690	4126	07769	4161
07403	4057	07589	4092	07691	4127	07778	4183
07414	4058	07592	4093	07692	4128	07779	4184
07415	4059	07593	4094	07693	4129	07782	4185
07434	4060	07598	4095	07694	4130	07788	4186
07469	4061	07599	4096	07695	4131	07797	4187
07470	4062	07601	4097	07697	4132	07802–07807	4188
07477	4063	07602	4098	07698	4133	07814	4189

續表

《集成》號	本書號	《集成》號	本書號	《集成》號	本書號	《集成》號	本書號	《集成》號	本書號
07816	4190	07901	4225	07951	4260	08005	4295		
07817	4191	07903	4226	07958	4261	08006	4296		
07818	4192	07904	4227	07960	4262	08009	4297		
07824	4193	07905	4228	07961	4263	08010	4298		
07829	4194	07907	4229	07964	4264	08011	4299		
07830	4195	07908	4230	07965	4265	08015	4300		
07849	4196	07909	4231	07966	4266	08025	4301		
07850	4197	07910	4232	07967	4267	08026	4302		
07851	4198	07911	4233	07968	4268	08027	4303		
07854	4199	07912	4234	07969	4269	08033	4304		
07855	4200	07913	4235	07970	4270	08034	4305		
07856	4201	07914	4236	07971	4271	08037	4306		
07860	4202	07915	4237	07972	4272	08038	4307		
07861	4203	07916	4238	07974	4273	08039	4308		
07864	4204	07917	4239	07975	4274	08041	4309		
07865	4205	07918	4240	07980	4275	08043	4310		
07866	4206	07919	4241	07982	4276	08046	4311		
07867	4207	07920	4242	07983	4277	08047	4312		
07871	4208	07921	4243	07984	4278	08048	4313		
07872	4209	07923	4244	07985	4279	08049	4314		
07876	4210	07924	4245	07986	4280	08058	4315		
07877	4211	07925	4246	07987	4281	08066	4316		
07879	4212	07926	4247	07988	4282	08072	4317		
07881	4213	07930	4248	07989	4283	08073	4318		
07882	4214	07931	4249	07990	4284	08075	4319		
07883	4215	07939	4250	07991	4285	08085	4320		
07884	4216	07940	4251	07993	4286	08086	4321		
07887	4217	07941	4252	07994	4287	08102	4322		
07888	4218	07943	4253	07995	4288	08108	4323		
07889	4219	07944	4254	07996	4289	08109	4324		
07896	4220	07945	4255	07997	4290	08119	4325		
07897	4221	07946	4256	07999	4291	08137	4326		
07898	4222	07947	4257	08000	4292	08143	4327		
07899	4223	07949	4258	08002	4293	08145	4328		
07900	4224	07950	4259	08004	4294	08149	4329		

續表

《集成》號	本書號	《集成》號	本書號	《集成》號	本書號	《集成》號	本書號
08150	4330	08313	4391	08359	4426	08420	4461
08160	4331	08314	4392	08363	4427	08423	4462
08161	4332	08315	4393	08364	4428	08425	4463
08163	4333	08316	4394	08365	4429	08426	4464
08173	4334	08317	4395	08366	4430	08428	4465
08183	4335	08318	4396	08367	4431	08430	4466
08184	4336	08320	4397	08371	4432	08431	4467
08190	4337	08321	4398	08372	4433	08432	4468
08194	4338	08322	4399	08376	4434	08433	4469
08198	4339	08323	4400	08378	4435	08437	4470
08203	4340	08324	4401	08384	4436	08439	4471
08223	4341	08325	4402	08385	4437	08441	4472
08229–08231	4342	08326	4403	08387	4438	08446	4473
08237	4343	08328	4404	08388	4439	08447	4474
08242	4344	08329	4405	08389	4440	08450	4475
08246	4345	08331–08332	4406	08391	4441	08452	4476
08248	4346	08333	4407	08392	4442	08455	4477
08254	4347	08334	4408	08393	4443	08456	4478
08261	4348	08335	4409	08394	4444	08457	4479
08282	4349	08336	4410	08395	4445	08459	4480
08294	4350	08338	4411	08397	4446	08460	4481
08297	4351	08339	4412	08398	4447	08461	4482
08298	4352	08340	4413	08400	4448	08463	4483
08299	4353	08341	4414	08401	4449	08466	4484
08300	4354	08342	4415	08402	4450	08468	4485
08301	4355	08343	4416	08403	4451	08470	4486
08302	4356	08345	4417	08404	4452	08472	4487
08303	4357	08346–08347	4418	08405	4453	08473	4488
08304	4358	08348	4419	08408	4454	08474	4489
08305	4359	08349	4420	08409	4455	08475	4490
08306	4360	08350	4421	08412	4456	08476	4491
08307–08308	4361	08355	4422	08414	4457	08478	4492
08308	4362	08356	4423	08415	4458	08479	4493
08310	4363	08357	4424	08417	4459	08482	4494
08312	4390	08358	4425	08419	4460	08484	4495

續表

《集成》號	本書號	《集成》號	本書號	《集成》號	本書號	《集成》號	本書號
08485	4496	08542	4531	08610	4566	08656	4601
08486	4497	08543	4532	08611	4567	08657	4602
08487	4498	08544	4533	08612	4568	08658	4603
08488	4499	08545	4534	08613	4569	08659	4604
08489	4500	08549	4535	08614	4570	08660	4605
08491	4501	08551	4536	08616	4571	08661	4606
08492	4502	08555	4537	08617	4572	08663	4607
08493	4503	08556	4538	08618	4573	08664	4608
08494	4504	08557	4539	08620	4574	08665	4609
08495	4505	08558	4540	08622	4575	08667	4610
08496	4506	08559	4541	08623	4576	08668	4611
08497	4507	08560	4542	08624	4577	08669	4612
08498	4508	08562	4543	08625	4578	08670	4613
08499	4509	08566	4544	08629	4579	08671	4614
08502	4510	08567	4545	08630	4580	08672	4615
08504	4511	08568	4546	08632	4581	08677	4616
08505	4512	08570	4547	08633	4582	08678	4617
08506	4513	08573	4548	08634	4583	08679	4618
08507	4514	08574	4549	08635	4584	08680	4619
08508	4515	08575	4550	08636	4585	08682	4620
08510	4516	08576	4551	08637	4586	08683	4621
08512	4517	08579	4552	08638	4587	08684	4622
08513	4518	08580	4553	08639	4588	08685	4623
08514	4519	08581	4554	08640	4589	08687	4624
08515	4520	08582	4555	08642	4590	08691	4625
08516	4521	08583	4556	08643	4591	08692	4626
08519	4522	08590	4557	08646	4592	08696	4627
08523	4523	08591	4558	08647	4593	08698	4628
08524	4524	08593	4559	08648	4594	08699	4629
08525	4525	08595	4560	08649	4595	08701	4630
08526	4526	08596	4561	08651	4596	08702	4631
08528	4527	08604	4562	08652	4597	08703	4632
08530	4528	08605	4563	08653	4598	08705	4633
08534	4529	08606	4564	08654	4599	08706	4634
08538	4530	08609	4565	08655	4600	08707	4635

續表

《集成》號	本書號	《集成》號	本書號	《集成》號	本書號	《集成》號	本書號
08709	4636	08828	4671	08885	4737	08938	4772
08716	4637	08829	4672	08886	4738	08939	4773
08719	4638	08830	4673	08887	4739	08940	4774
08720	4639	08831	4674	08891	4740	08941	4775
08721	4640	08832	4675	08892	4741	08942	4776
08728	4641	08833	4676	08893	4742	08944	4777
08729	4642	08838	4708	08894	4743	08945	4778
08733	4643	08839	4709	08897	4744	08946	4779
08734	4644	08840	4710	08901	4745	08947	4780
08741	4645	08841	4711	08903	4746	08948	4781
08742	4646	08842	4712	08905	4747	08949	4782
08765	4647	08844	4713	08906	4748	08950	4783
08766	4648	08845	4714	08907	4749	08952–08953	4784
08767	4649	08846	4715	08908	4750	08955	4785
08768	4650	08847	4716	08909	4751	08960	4786
08792	4651	08848	4717	08910	4752	08963	4787
08793	4652	08849	4718	08911	4753	08964	4788
08794	4653	08851	4719	08912	4754	08965	4789
08803	4654	08853	4720	08913	4755	08966	4790
08805	4655	08855	4721	08914	4756	08969	4791
08810	4656	08856	4722	08916–08917	4757	08971	4792
08811	4657	08860	4723	08918	4758	08974	4793
08812	4658	08862	4724	08919	4759	08975	4794
08816–08817	4659	08863	4725	08920	4760	08976	4795
08817	4660	08864	4726	08921	4761	08978	4796
08818–08819	4661	08866	4727	08922	4762	08979	4797
08819	4662	08868	4728	08924	4763	08980	4798
08820	4663	08869	4729	08925	4764	08982	4799
08821	4664	08872	4730	08926	4765	08985	4800
08822	4665	08876	4731	08928	4766	08986	4801
08823	4666	08877	4732	08931	4767	08988	4802
08824	4667	08878	4733	08932	4768	08989–08990	4803
08825	4668	08879	4734	08934	4769	08991	4804
08826	4669	08881	4735	08935	4770	08992	4816
08827	4670	08883	4736	08936	4771	08994–08997	4817

續表

《集成》號	本書號	《集成》號	本書號	《集成》號	本書號	《集成》號	本書號
08998–08999	4818	09043	4855	09096	4900	09290	4950
09000	4819	09044	4856	09097	4901	09292	4951
09001	4820	09045	4857	09099	4904	09293	4952
09002	4821	09046	4858	09103	4905	09296	4953
09003	4822	09047	4859	09104	4906	09297	4954
09004	4823	09048	4860	09109	4907	09298	4955
09005	4824	09052	4861	09191	4911	09299	4956
09006	4825	09053–09054	4862	09192	4912	09300	4957
09007	4826	09058	4863	09194	4913	09302	4958
09009	4827	09059	4864	09206	4917	09303	4959
09010	4828	09060	4865	09218	4918	09308	4960
09011	4829	09061	4866	09229	4922	09309	4961
09012	4830	09062	4867	09236	4923	09311	4962
09013	4831	09063	4868	09239	4925	09313	4963
09015	4832	09065	4873	09240	4926	09314	4964
09016	4833	09066	4874	09241	4927	09316	4965
09017–09018	4834	09067–09068	4875	09242	4928	09320	4966
09019	4835	09069	4876	09243	4929	09321	4967
09020	4836	09070	4877	09244	4930	09328	4976
09021	4837	09071	4878	09245	4931	09329	4977
09024	4838	09073	4879	09248	4932	09331	4978
09025	4839	09075	4880	09252	4933	09332	4979
09026	4840	09076	4881	09257	4934	09336	4982
09027–09028	4841	09077	4882	09265	4935	09337	4983
09029–09030	4842	09078	4886	09273	4937	09338	4984
09031	4843	09079	4887	09274	4938	09339	4985
09032	4844	09080–09082	4888	09275	4939	09340	4986
09033	4845	09083	4889	09277	4940	09341	4987
09035	4846	09086	4890	09278	4941	09342	4988
09036	4847	09087	4891	09282	4942	09343	4989
09037	4848	09088	4895	09285	4945	09345	4990
09038	4849	09089	4896	09286	4946	09347	4991
09039	4850	09091	4897	09287	4947	09348	4992
09040	4851	09094	4898	09288	4948	09350	4993
09041	4852	09095	4899	09289	4949	09353	4994

《集成》號	本書號	《集成》號	本書號	《集成》號	本書號	《集成》號	本書號
09355	4995	09407	5039	09454	5082	09551	5129
09356	4996	09408	5040	09455	5083	09552	5130
09357	4997	09409	5041	09456	5085	09553	5131
09358	4998	09410	5042	09457	5086	09554	5132
09361	4999	09411	5043	09469–09470	5087	09555	5133
09362	5000	09412	5044	09473	5089	09556	5134
09363	5001	09413	5045	09483	5090	09557	5135
09364	5002	09414	5046	09492	5091	09564	5140
09367	5003	09416	5049	09500	5094	09567–09568	5141
09368	5004	09417–09418	5050	09501	5095	09569	5142
09369	5005	09419	5051	09502	5096	09570	5143
09371	5010	09423	5052	09503	5097	09571	5144
09372	5011	09424	5053	09512	5098	09572	5145
09380	5012	09425	5054	09518	5099	09577	5146
09381	5013	09427	5055	09519	5100	09578	5147
09382	5014	09428	5056	09520	5101	09579	5148
09383	5015	09429	5057	09521	5102	09584	5150
09384	5016	09430	5058	09522	5111	09585	5151
09385	5017	09431	5059	09523	5112	09586–09587	5152
09386	5018	09432	5060	09525	5113	09592	5154
09388	5021	09433	5061	09526	5114	09593	5155
09390–09391	5022	09434	5062	09527	5115	09594–09595	5156
09392	5023	09435	5064	09528–09529	5116	09596–09598	5157
09393	5024	09436	5065	09530	5117	09599	5158
09394	5025	09437	5066	09531	5118	09600	5159
09395	5026	09438	5067	09532	5119	09601–09602	5160
09396	5027	09439	5068	09533	5120	09603	5161
09397	5028	09440	5069	09534	5121	09604	5162
09398	5029	09441	5070	09535	5122	09608	5165
09399	5030	09442	5071	09536	5123	09609	5166
09400	5031	09443	5072	09545	5124	09610–09611	5167
09401	5032	09444	5073	09546	5125	09612	5168
09402	5033	09447	5075	09548	5126	09613	5169
09405	5037	09451	5077	09549	5127	09614	5170
09406	5038	09453	5081	09550	5128	09615	5171

續表

《集成》號	本書號	《集成》號	本書號	《集成》號	本書號	《集成》號	本書號
09618	5173	09696	5215	09795	5258	09890	5299
09619	5174	09697	5216	09800	5259	09891	5300
09620	5175	09701	5218	09801	5260	09892	5302
09621	5176	09702	5219	09802	5261	09893	5303
09622	5177	09705	5220	09803–09804	5262	09894	5304
09623–09624	5178	09712	5221	09805	5266	09895	5305
09627	5179	09713	5223	09808	5267	09896	5306
09628–09629	5180	09714	5224	09809	5268	09897	5307
09630	5182	09716–09717	5225	09810	5269	09898	5308
09631	5183	09718	5226	09811	5270	09899–09900	5309
09632	5184	09721–09722	5227	09812	5271	09901	5310
09633	5185	09723–09724	5228	09813	5272	09909	5311
09635	5186	09725	5229	09814	5273	09915	5312
09641	5188	09726–09727	5231	09815	5274	09935–09936	5313
09642–09643	5189	09728	5232	09816	5275	09960	5314
09644–09645	5190	09731–09732	5233	09817	5276	09961	5315
09646	5191	09737	5234	09822	5277	09962	5316
09651–09652	5193	09740	5235	09823	5278	09964–09965	5317
09653–09654	5194	09754	5236	09824	5279	09967–09968	5318
09655	5195	09757	5237	09825	5280	09969–09970	5319
09656	5196	09758	5238	09826	5281	09971	5320
09661	5198	09759	5239	09827	5282	09972	5321
09662	5199	09760	5240	09842	5285	09973	5322
09667–09668	5201	09761	5242	09844	5286	10018	5323
09669	5202	09768	5243	09859	5287	10019	5324
09670	5203	09773	5244	09865	5288	10020	5325
09671	5204	09777	5245	09866	5289	10025	5328
09672	5205	09778	5246	09870	5290	10030	5329
09676	5207	09780	5247	09875	5291	10036	5330
09677	5208	09784	5248	09876	5292	10037	5331
09689	5209	09786	5251	09880–09881	5293	10040	5332
09690	5210	09787	5252	09882	5294	10043	5338
09691	5211	09789	5253	09884–09885	5295	10045	5339
09694	5212	09790	5254	09888	5296	10048	5340
09695	5214	09791	5255	09889	5297	10049	5341

續表

《集成》號	本書號	《集成》號	本書號	《集成》號	本書號	《集成》號	本書號
10050	5342	10093	5388	10168	5431	10219	5478
10052	5345	10095	5389	10169	5432	10220	5479
10053	5346	10096	5390	10170	5435	10221	5480
10054	5347	10097	5391	10172	5438	10223	5481
10055	5348	10098	5392	10173	5439	10224	5482
10056	5349	10101	5394	10174	5440	10225	5483
10057	5350	10102	5395	10175	5441	10226	5484
10059	5352	10103	5396	10176	5442	10227	5485
10060	5353	10105	5398	10177	5444	10231	5486
10061	5354	10106	5399	10178	5445	10232	5487
10062	5355	10107	5400	10179	5446	10233	5488
10063–10064	5356	10108	5401	10180	5447	10237	5491
10065	5359	10110	5402	10181	5448	10238	5492
10066	5360	10111	5403	10182	5449	10239	5493
10067	5361	10112	5404	10183	5450	10240	5494
10068	5362	10119	5405	10184	5451	10241	5495
10069	5363	10120	5406	10185	5452	10243	5496
10070	5364	10127–10128	5407	10186	5453	10247	5499
10071	5365	10129	5408	10187	5454	10248	5500
10073	5368	10130	5409	10191	5455	10250	5501
10074	5369	10133	5412	10192	5458	10251	5502
10075	5370	10134	5413	10193	5459	10252	5503
10076	5371	10135	5414	10195	5460	10262	5505
10078	5372	10141	5416	10200	5461	10263	5506
10079	5373	10142	5417	10201	5462	10265	5507
10080	5375	10144	5418	10202	5463	10266	5508
10081	5376	10148	5419	10203	5464	10270	5510
10083	5379	10149	5420	10204	5466	10271	5511
10084	5380	10150	5421	10205	5467	10272	5512
10085	5381	10155	5423	10211	5468	10285	5515
10086	5382	10161	5426	10213	5471	10303–10304	5518
10088	5383	10164	5427	10214	5472	10305	5519
10089	5385	10166	2421	10215	5475	10306–10307	5520
10091	5386	10166	5428	10216	5476	10308	5521
10092	5387	10167	5429	10218	5477	10309	5523

續表

《集成》號	本書號	《集成》號	本書號	《集成》號	本書號	《集成》號	本書號
10310	5527	10523	5544	10546	5561	10565	5578
10311	5528	10525	5545	10547	5562	10566	5579
10312	5529	10528	5546	10548	5563	10567	5580
10313	5530	10529	5547	10549	5564	10568	5581
10314	5531	10530	5548	10550	5565	10569	5582
10315	5532	10531	5549	10551	5566	10572	5583
10321	5533	10533	5550	10552	5567	10573	5584
10322	5534	10534	5551	10553	5568	10574	5585
10324–10325	5535	10536	5552	10554	5569	10575	5586
10350	5536	10538	5553	10555	5570	10576	5587
10351	5537	10539	5554	10556	5571	10580	5588
10360	5538	10540	5555	10557	5572	10581	5589
10363	5539	10541	5556	10558	5573	10582	5590
10479	5540	10542	5557	10560	5574	10581	5589
10480	5541	10543	5558	10561	5575	10582	5590
10486	5542	10544	5559	10563	5576		
10501	5543	10545	5560	10564	5577		

《新收》號與本書號對照表

《新收》號	本書號	《新收》號	本書號	《新收》號	本書號	《新收》號	本書號
0001-0008	46	0066	887	0325	4806	0391	2066
0009-0015	1327	0067	372	0326	5465	0394	2265
0016-0021	2063	0068	3548	0334	1716	0542-0543	761
0022-0029	241	0069	3106	0335	886	0544	1164
0030	434	0070	221	0347	4377	0545	758
0031-0034	2549	0071	5138	0349	3535	0546-0548	762
0035	2650	0072	2535	0351	2093	0549	516
0036-0037	2697	0073	5384	0352	5595	0550	761
0038-0039	5153	0074	2369	0353	3369	0551	1563
0040	5374	0075	1408	0354	4809	0552	328
0041	2624	0076	2476	0355-0356	4382	0553	2833
0043	5504	0077	5367	0357-0358	3887	0554	3034
0045	5593	0078-0079	2443	0359	2019	0555	3301
0046	2669	0080-0081	5172	0361	1707	0556	3474
0047	5473	0082-0083	37	0362	5136	0557	3300
0048-0049	270	0084	883	0363	4924	0558	3219
0050	195	0085	2899	0364	3594	0559	3640
0051	5377	0298	2162	0371	4037	0560	3993
0052	2668	0299	2818	0372	3804	0561	4695
0054	967	0300	4041	0373	4813	0562	4916
0055-0056	2164	0301	3444	0374	2550	0563	4943
0057	233	0302-0303	4903	0375	1112	0564	4944
0058	2378	0304	5298	0376	324	0565	4981
0059	5411	0305-0306	2022	0377	3294	0566	5257
0060	5474	0307	2821	0378	1689	0588	153
0061	1212	0319	4180	0381	1117	0589	5509
0062	5080	0321	745	0382	4854	0590	764
0063	5047	0322	2312	0383	104	0591	893
0064	5334	0323	3534	0384	3805	0592	765
0065	2620	0324	4892	0390	2548	0593	1714

續表

《新收》號	本書號	《新收》號	本書號	《新收》號	本書號	《新收》號	本書號
0594-0595	3037	0679	2896	0720	3217	0786	2825
0596	3036	0680	3692	0721	1696	0787	1110
0597	3473	0682	1715	0722	5106	0788	753
0599	169	0683	4164	0723	3295	0789	575
0601	4378	0684-0686	742	0724	1395	0790	1691
0602	5513	0687	5092	0725	2209	0791	371
0603	1692	0688	4699	0726	3062	0792-0793	2721
0633	2529	0689	4870	0727	751	0794	3218
0634-0635	2206	0690	744	0728	3107	0795	3795
0636	2489	0691	519	0729	3547	0796	3794
0646	4181	0692-0694	2627	0730	1695	0797	3953
0647	2996	0695	1981	0731-0733	2388	0798	4371
0651	506	0696	443	0734	1394	0799	4366
0652	747	0697	1353	0735	2599	0800	5034
0653	1888	0698	1476	0736	2373	0801	5263
0654	1891	0699	4369	0738	749	0802	5592
0656	12	0701	447	0742-0743	154	0804	155
0657	35	0702	770	0744	3596	0806	969
0658	1291	0703	1116	0745-0746	1507	0808	62
0659	21	0704	2028	0747-0756	1510	0809	327
0660	1290	0705	1986	0757	5443	0810	1814
0662	1819	0706	1066	0758	5076	0811	3638
0663-0664	2517	0707	977	0759	5526	0812	2897
0666	1808	0708	1713	0760-0761	5206	0813	4707
0667	2401	0709	1501	0762	5489	0817-0818	1699
0668	5524	0710	4384	0763-0771	242	0819	3896
0669	5522	0711	4364	0772-0775	56	0820	5250
0670	760	0712	4680	0778	3162	0821	4172
0671	2427	0713	1690	0779	3045	0822-0823	2900
0672	2141	0714	2819	0780	2732	0824	3368
0674	5006	0715	2822	0781	4995	0825	3693
0675	2163	0716	2744	0782	325	0826	4687
0676	80	0717	2820	0783	965	0827	2691
0677	5197	0718	4375	0784	326	0828	5104
0678	3367	0719	508	0785	1110	0829	5333

續表

《新收》號	本書號	《新收》號	本書號	《新收》號	本書號	《新收》號	本書號
0830	1556	0901	1309	0941	767	1024	5351
0831	2138	0902	5222	0942	3471	1034	1890
0832	748	0903	5598	0943	4697	1042	2681
0834	3802	0904	5181	0944	3103	1045–1046	2672
0835	578	0905	5422	0945	1982	1048	3994
0836	4980	0906	5181	0946	1705	1062	4690
0837	4920	0907	1376	0947	584	1066	4703
0838	137	0908	5200	0948	2840	1067	1308
0839	290	0909	896	0949	3303	1068	2667
0840–0841	2480	0910	3445	0950	3870	1089	416
0842	740	0912	374	0951	3370	1091	1345
0843	3296	0913	3033	0952	1706	1098	2136
0844	3796	0914	3521	0953	1821	1099	3061
0845	5007	0915	1457	0953	2903	1100	5137
0846	2823	0916	358	0954	585	1101	2065
0847	2817	0917	3091	0955	5187	1102	3399
0848	4869	0918	1704	0956	892	1103	2902
0850	1063	0919–0920	768	0957	1893	1104	1
0851	1413	0921–0922	1710	0958	769	1105	741
0852–0856	2623	0923	1163	0959	1068	1106	96
0857	2703	0925–0926	1115	0960	5393	1107	4689
0858	5514	0927	2946	0961	298	1108	138
0859	5597	0928	3401	0962	2067	1148	2442
0860–0864	1265	0929	5343	0963	3555	1149	1064
0865–0867	2357	0930	1069	0964	3113	1157	1162
0868–0869	5217	0931	1564	0965	5063	1158	3634
0870–0885	58	0932	891	0966	1708	1159	4968
0886	1898	0933	1815	0967	99	1160	5326
0887	974	0934	515	0968	2026	1161	889
0888	5222	0935	1984	0969	1712	1162	505
0889–0890	5163	0936	580	0980	2091	1189	4815
0891–0898	47	0937	1165	0981	582	1229	5415
0897–0898	5	0938	579	0982	2165	1236	2684
0899	2348	0939	1983	0983	1887	1243	5591
0900	430	0940	117	0984	97	1244–1245	1161

《新收》號	本書號	《新收》號	本書號	《新收》號	本書號	《新收》號	本書號
1246	507	1444	4972	1598	975	1690	1414
1247–1248	520	1445	1445	1599	1336	1691	5139
1287	4893	1446	1459	1600	1485	1696	1370
1301	1976	1447	272	1601	2166	1700–1701	252
1302	752	1448	1711	1602–1603	2271	1711	1292
1314	1592	1449	2389	1604–1605	2270	1724	1565
1315	3090	1450	2585	1606	2449	1725	4693
1316	2906	1451	5516	1607	2634	1732	5358
1333	5109	1452	3155	1608	3544	1739	4388
1336	1558	1453	5397	1609	5366	1740	251
1351	373	1454	1396	1610	1980	1748	576
1352	5093	1455	1441	1611	2239	1749	1335
1353	4370	1456	1467	1612	2297	1750	287
1355	3916	1457	435	1613–1620	57	1751	1694
1356	978	1458	2543	1621–1622	2606	1752	3797
1359	5008	1459	2618	1623	2945	1753	3138
1361	884	1460	2698	1637	118	1754	888
1362	5264	1461	29	1655	5149	1755	1065
1367	5079	1462	2296	1664	1354	1756	2025
1368	5284	1501	3371	1665	1988	1757	1346
1378	1809	1522	4178	1666	2029	1761	4883
1382	514	1554	1473	1667	3847	1762	4677
1385	521	1555	5436	1668	2137	1763	3499
1393	2208	1556–1557	274	1669	3520	1764	743
1394	2491	1567	1453	1670	5457	1765	2555
1395	3364	1568	4176	1671–1672	156	1795	1482
1396	4975	1588	3118	1673	207	1796	1114
1417	586	1589	885	1674	2319	1797	190
1437	581	1590	1070	1683	895	1798	3641
1438	971	1591	395	1684	1113	1799	3888
1439	1458	1592	2027	1685	4915	1800	2747
1440	359	1593	2092	1686	5517	1801	4974
1441	1894	1594–1595	2095	1687	100	1804	1703
1442	2429	1596	4383	1688	438	1817	4365
1443	5110	1597	2947	1689	2533	1824	2898

續表

《新收》號	本書號	《新收》號	本書號	《新收》號	本書號	《新收》號	本書號
1826	2827	1864	1702	1937	2722	1952	4020
1828	1385	1874	2529	1938	3799	1953	4010
1830	3911	1875	2423	1939	3800	1954–1955	4376
1834	64	1891	2419	1940	518	1956	3635
1839	1593	1894	5213	1941	1816	1957	2431
1840	4698	1907	2637	1942	1813	1958–1959	2458
1841	3798	1908	2839	1943	1897	1960	3139
1842	1985	1911	2829	1945	4683	1961	3149
1843	4167	1912	3302	1946	4902	1962	5233
1844	5337	1913	3063	1947	394	1963	5107
1845	5301	1914	3304	1948	2994	1964	2556
1851	1118	1915	2444	1949	3698	1964	2556
1852	1554	1916	5469	1950	3563		
1853	2020	1936	757	1951	3125		

《近出》號與本書號對照表

《近出》號	本書號	《近出》號	本書號	《近出》號	本書號	《近出》號	本書號
0003	21	0158	373	0263	879	0325	1309
0027–0034	57	0159	394	0266	880	0326	1310
0035–0050	58	0160	395	0267	881	0328–0334	1327
0086–0093	46	0161	434	0268	882	0335	1335
0097	47	0162	435	0269	883	0336	1345
0106–0109	56	0164	443	0270	884	0337	1346
0118	62	0191	505	0271	885	0338	1353
0119	80	0195	506	0272	886	0340	1370
0120	96	0198	507	0273	887	0342	1376
0121	97	0200	508	0274	888	0343	1385
0122	137	0202	508	0275	889	0345	1394
0124	153	0204	575	0286	965	0346	1395
0125–0126	154	0205	576	0287	966	0347	1396
0127	155	0217	577	0288	967	0350	1413
0128	169	0225	578	0292	1063	0352	1445
0129	189	0231	739	0297	1064	0356	1476
0130	195	0237	740	0298	1065	0357	1482
0131	206	0238	741	0300	1066	0364	1501
0136–0143	241	0242–0244	742	0301	1109	0373	1554
0144	251	0248	743	0302–0303	1110	0376	1555
0145	248	0249	744	0304	1111	0380	1556
0146–0147	270	0250	745	0305	1112	0381	1557
0149	287	0251	746	0306–0307	1161	0384	1558
0150	286	0252	747	0308	1162	0386	1559
0151	297	0254	748	0315–0318	1265	0388	1589
0152	324	0255	749	0320	1289	0390	1590
0153	325	0256	750	0321	1290	0391	1591
0154	326	0257	751	0322	1291	0392	1689
0156	371	0258	752	0323	1292	0393	1690
0157	372	0260	753	0324	1308	0395	1691

續表

《近出》號	本書號	《近出》號	本書號	《近出》號	本書號	《近出》號	本書號
0396	1692	0447	2066	0497	2550	0580	2896
0397	1693	0448	2091	0498	2555	0582	2897
0398	1694	0449	2092	0499–0500	2606	0583	2898
0399	1695	0450	2093	0501	2623	0584	2899
0400	1696	0452	2136	0502	2620	0585–0586	2900
0401	1697	0455	2162	0503–0505	2623	0587	2901
0402	1698	0456	2163	0506	2627	0588	2902
0403–0404	1699	0457–0458	2164	0507	2637	0589	2943
0405	1700	0459–0460	2206	0512	2650	0591	2944
0406	1701	0461	2207	0518	2667	0592	2945
0409	1808	0462	2208	0520	2668	0594	2994
0414	1809	0463	2209	0522	2680	0595	3027
0415	1810	0464	2238	0526	2681	0597	3060
0416	1811	0465	2265	0529	2684	0598	3061
0418	1887	0466–0467	2270	0530–0532	2685	0599	3062
0419	1888	0468–0469	2271	0539	2691	0600	3105
0420	1889	0470	2296	0541–0542	2697	0601	3106
0421	1890	0471	2312	0555–0556	2721	0602	3107
0422	1891	0472–0474	2340	0557	2743	0603	3125
0425	1976	0475	2348	0558	2744	0604	3138
0426	1977	0476–0477	2357	0559	2745	0605	3155
0427	1978	0478–0480	2388	0562	2746	0611	3217
0428	1979	0481	2401	0563	2747	0612	3218
0429	1980	0482	2421	0566	2816	0615	3294
0430	1981	0482	5428	0567	2817	0618	3295
0432	2019	0483	2427	0568	2818	0620	3296
0433	2020	0484	2429	0569	2819	0622	3364
0434	2021	0485	2449	0570	2820	0623	3365
0435–0436	2022	0486	2476	0571	2821	0624	3366
0436	2023	0487–0488	2480	0572	2822	0625	3367
0437	2024	0489	2489	0573	2823	0626	3368
0438	2025	0490	2517	0574	2824	0627	3369
0439–0444	2063	0491	2529	0576	2825	0629	3399
0445	2064	0492	2548	0577	2826	0630	3400
0446	2065	0493–0496	2549	0578	2827	0631	3443

續表

《近出》號	本書號	《近出》號	本書號	《近出》號	本書號	《近出》號	本書號	《近出》號	本書號
0632	3444	0761	4162	0882	4685	0953	5136
0633	3499	0766	4163	0883	4686	0954	5137
0634	3534	0767	4164	0884	4687	0958–0959	5153
0635	3547	0768	4165	0885	4688	0960	5163
0636	3548	0770	4166	0888	4689	0962	5181
0637	3563	0775	4167	0889	4690	0965	5192
0638	3632	0790	4168	0898	4805	0967	5197
0643	3633	0792	4169	0899	4806	0968	5200
0645	3634	0794	4170	0901	4807	0969	5217
0646	3635	0795	4171	0903	4808	0971–0972	5222
0649	3692	0797	4172	0904	4809	0980	5249
0651	3693	0804	4173	0905	4902	0981	5250
0655	3694	0805	4174	0909	4869	0982	5256
0656	3695	0806	4364	0911	4883	0984	5263
0657	3696	0809	4365	0912	4892	0985	5264
0658	3793	0810	4366	0913–0914	4903	0987	5284
0659	3794	0811	4367	0918	4914	0995	5298
0660	3795	0812	4368	0925	4919	0996	5326
0662	3796	0813	4369	0926	4920	0997	5333
0664	3797	0816	4370	0927	4921	1001	5334
0666	3717	0821	4371	0929	4936	1002	5374
0667	3845	0830	4372	0932	4968	1003	5377
0670	3846	0831	4373	0934	4980	1006	5422
0672–0673	3887	0845	4374	0935	5006	1012	5465
0674	3895	0846	4375	0936	5007	1013	5497
0675	3896	0850–0851	4376	0937	5008	1014	5509
0676	3911	0865	4377	0938	5034	1016	5513
0677	3912	0868	4677	0939	5047	1017	5514
0678	3913	0871	4678	0942	5079	1024	5524
0715	3953	0873	4679	0943	5080	1027	5591
0716	3954	0875	4680	0945	5088	1028	5592
0751	4009	0876	4681	0946	5092	1046	5593
0754	4010	0878	4682	0948	5103	1048	5594
0755	4020	0879	4683	0949	5104	1057	5595
0758	4041	0880	4684	0950	5105	1058	5596

續表

《近出》號	本書號	《近出》號	本書號	《近出》號	本書號	《近出》號	本書號
1059	5597	附 13	756	附 27	2542	附 65	5357
1060	5598	附 14	890	附 30	2748	附 66	5384
附 01	98	附 15	968	附 51	4691	附 67	5410
附 03	221	附 18	1397	附 52	4692	附 69	5498
附 04	357	附 19	1398	附 54	4693	附 70	5525
附 05	509	附 22	1702	附 56	4853	附 69	5498
附 07	510	附 23	1812	附 57	4969	附 70	5525
附 08	579	附 24	1892	附 58	5138		
附 11	754	附 25	2351	附 63	5335		
附 12	755	附 26	2535	附 64	5336		

《近二》號與本書號對照表

《近二》號	本書號	《近二》號	本書號	《近二》號	本書號	《近二》號	本書號
0001	4	0094–0095	274	0197	757	0246	1068
0002	5	0096	288	0198	758	0247	1069
0003	12	0097–0099	289	0199	759	0248	1070
0004	24	0104	298	0200	760	0249–0250	1071
0005	29	0107	327	0201–0203	761	0260	1113
0008	35	0108	328	0204–0205	762	0261	1114
0009–0010	37	0109	329	0206	763	0262–0263	1115
0055	63	0110	358	0207	764	0264	1116
0056	64	0111	359	0208	765	0265	1117
0057	65	0115	416	0209	766	0271	1163
0058	81	0117	425	0210	767	0272	1164
0059	99	0119	430	0211–0212	768	0273	1165
0060	100	0120	436	0213	769	0274	1166
0061	101	0121	438	0214	770	0275	1167
0062	102	0123	445	0215	771	0277	1190
0063	103	0125	447	0220	891	0280	1212
0064	104	0126	448	0221	892	0282	1249
0065	105	0137–0139	511	0222	893	0283	1250
0066	117	0140–0147	512	0223–0224	894	0291	1311
0067	118	0148–0149	513	0225	895	0292	1312
0068–0069	156	0153	514	0230	969	0297	1313
0071	170	0157	515	0231	970	0298	1336
0073	190	0158	516	0232	971	0300	1354
0074	196	0159	517	0233	972	0307	1386
0076	207	0160	518	0234	973	0309	1414
0079	233	0161	519	0235	974	0310	1415
0080–0088	242	0189	580	0236	975	0315	1441
0089	248	0190	581	0237	976	0318–0319	1453
0090–0091	252	0191	582	0238	977	0320	1457
0093	272	0192	583	0245	1067	0321	1458

《近二》號	本書號	《近二》號	本書號	《近二》號	本書號	《近二》號	本書號
0322	1459	0378	1894	0422	2389	0490–0493	2723
0323	1467	0379	1895	0424–0425	2419	0494	2724
0324	1470	0380	1896	0426	2423	0501	2749
0325	1473	0381	1897	0427	2430	0502	2750
0326	1485	0382	1898	0428	2436	0508	2828
0327	1496	0383	1982	0429	2442	0509	2829
0328–0329	1507	0384	1983	0430–0431	2443	0510	2830
0330–0339	1510	0385	1984	0432	2444	0511	2831
0341	1560	0386	1985	0433	2457	0512	2832
0342	1561	0387	1986	0434–0435	2458	0513	2833
0343	1562	0388	1987	0436	2459	0514	2834
0344	1563	0389	1988	0437	2480	0515	2835
0350	1593	0390	1989	0438	2484	0516	2836
0351	1594	0393	2026	0439	2491	0517	2837
0352	1703	0394	2027	0440	2510	0518	2838
0353	1704	0395	2028	0441	2517	0519	2839
0354	1705	0396	2067	0442	2529	0521	2903
0355	1706	0397	2068	0443	2533	0522	2904
0356	1707	0399–0400	2094	0444–0445	2543	0523	2905
0357	1709	0401–0402	2095	0446	2556	0524	2906
0358–0359	1710	0404	2137	0447	2580	0525	2907
0360	1711	0405	2138	0448	2581	0526	2946
0361	1712	0406	2139	0449	2585	0527	2947
0362	1713	0407	2140	0450–0451	2598	0529	2995
0363	1714	0408–0409	2141	0452	2618	0530	2996
0364	1715	0410	2165	0453	2623	0531	3033
0365	1716	0411	2166	0454	2624	0532	3034
0369	1813	0412	2239	0455–0456	2627	0533	3035
0370	1814	0413	2240	0457	2628	0534	3036
0371	1815	0414	2297	0458	2634	0535–0536	3037
0372	1816	0415	2328	0470	2669	0537–0538	3038
0373	1817	0418	2357	0472–0473	2672	0539	3063
0374	1818	0419	2368	0482	2698	0543	3090
0375	1819	0420	2373	0483	2703	0544	3097
0377	1893	0421	2378	0488	2722	0545	3110

續表

《近二》號	本書號	《近二》號	本書號	《近二》號	本書號	《近二》號	本書號	《近二》號	本書號
0546	3118	0600	3640	0751	4381	0811	4916		
0547	3139	0601	3641	0752–0753	4382	0815	4943		
0548	3149	0603	3697	0754	4383	0816	4944		
0556	3219	0604	3698	0755	4384	0817	4970		
0560	3297	0605	3699	0756	4385	0818	4971		
0561	3298	0606	3700	0757	4386	0819	4972		
0562	3299	0608	3798	0758	4387	0820	4973		
0563	3300	0609	3799	0767–0768	4694	0821	4974		
0564	3301	0610	3800	0769	4695	0824	4981		
0565	3302	0611	3801	0770	4696	0827	5009		
0566	3303	0612	3802	0771	4697	0829	5019		
0567	3304	0613	3803	0772	4698	0830	5035		
0568	3305	0614	3804	0773	4699	0831	5048		
0571	3370	0615	3805	0774	4700	0832	5063		
0572	3371	0616	3847	0775	4701	0833	5074		
0573	3372	0617	3848	0776	4702	0834	5076		
0574	3373	0618	3869	0777	4703	0836	5084		
0575	3401	0619	3870	0778–0779	4704	0845	5106		
0577	3471	0620	3888	0781	4810	0846	5107		
0578	3472	0621	3889	0783	4811	0847	5108		
0579	3473	0644–0649	3941	0784	4812	0851	5139		
0580	3474	0650	3942	0785	4813	0856	5149		
0582	3519	0680	3993	0786	4854	0858	5163		
0583	3520	0681	3994	0788	4870	0859	5164		
0584	3535	0685	4011	0789	4884	0863–0864	5172		
0585	3555	0686	4037	0790	4893	0865	5181		
0586	3594	0695–0706	4175	0791	4894	0866	5187		
0587–0588	3597	0707	4176	0793–0794	4182	0869	5200		
0590	3445	0708	4177	0796	4705	0870–0871	5206		
0591	3521	0719	4179	0797	4706	0873	5213		
0592	3544	0723–0724	4180	0800–0801	4814	0875	5217		
0594–0596	3636	0725	4181	0802–0803	4871	0880	5241		
0597	3637	0745	4378	0806	4908	0887	5257		
0598	3638	0748	4379	0807	4909	0888	5265		
0599	3639	0750	4380	0810	4915	0902	5301		

續表

《近二》號	本書號	《近二》號	本書號	《近二》號	本書號	《近二》號	本書號
0914	5327	0929	5397	0950	5469	0966	5526
0918	5337	0930	5411	0952	5473	附 15	968
0919	5343	0935	5424	0953	5474	附 25	2351
0920	5344	0937	5433	0955	5489	附 53	4388
0922	5366	0938	5436	0956	5490	附 53	4388
0923	5367	0939	5443	0962	5516		
0925	5378	0946	5456	0963	5517		
0928	5393	0947	5457	0964	5522		

其他著錄與本書號對照表

器名	其他	本書號
亞牧父乙鬲	周原 09 冊 1881 頁	119
冊父戊簋	周原 10 冊 2122 頁	1717
作寶尊簋	周原 10 冊 2114 頁	1820
弓鼎	周原 10 冊 2074 頁	506
仲樂父盤、中盤	總集 06775	5425
叔多父盤	總集 06786	5433
南姬爵	首陽 21	4872
夷爵	首陽 20	4885
𦈫觚	首陽 22	4026
𦈫觶	首陽 23	3919
山父丁鼎	首陽 25	772
𦈫簋	首陽 26	2385
山父丁盤	首陽 27	5434
晉伯卣	首陽 30	3108
◆乚鼎	首陽 31	587
仲枏父鬲	首陽 32	272
芮伯簋	首陽 34	2069
龍紋盤	首陽 35	5430
伯㦂父簋	首陽 36	2467
晉侯鼎	首陽 38	1266
應侯視工簋	首陽 39	2205
柞鐘	首陽 41	39
逨編鐘	首陽 42	56
内作寶彝卣、入卣	文物 2008 年 12 期頁 12 圖 11.4、5	2908
父辛爵	文物 2008 年 12 期頁 12 圖 11.1	4389
賈斝	文物 2008 年 12 期頁 12 圖 11.3	4910
作寶尊彝盉	文物 2008 年 12 期頁 12 圖 11.2、6	5020
奠登伯盨	文物 2009 年 01 期頁 46 圖二.1、2	2566
虢宮父鬲	文物 2009 年 02 期頁 24 圖 6.1	195
虢宮父匜	文物 2009 年 02 期頁 24 圖 6.4	5470
何簋、柯簋	文物 2009 年 02 期頁 55 圖 2	2396

續表

器名	其他	本書號
畢伯克鼎	文物 2010 年 06 期頁 17 圖 35.2	1399
㝬族丮卣	文物 2010 年 08 期頁 7 圖 7	3039
作旅甗	文物天地 2008 年 10 期 85 頁	330
咠相伯甗	文物天地 2008 年 10 期 87 頁	417
季嬴鬲、虢石父鬲	文博 2007 年 06 期頁 63	269
虢石父簠	文博 2007 年 06 期頁 64	2673
芮子仲鼎	文博 2008 年 02 期頁 6 圖 2	1213
伯友父鼎	文博 2008 年 02 期頁 6 圖 1	1251
戎盨	文博 2008 年 02 期頁 6 圖 4	2563
自父甲簋	文博 2008 年 02 期頁 6 封 2.8	1718
陻王尊	文博 2008 年 02 期頁 7 圖 8	3500
叔駒父簋	文博 2008 年 02 期頁 8 圖 9	2167
大丏簋	文博 2008 年 02 期頁 8 圖 10	2030
弔祖辛鼎	文博 2008 年 02 期頁 8 圖 14	773
作旅鼎	文博 2008 年 02 期頁 9 圖 15	588
伯父盨	文博 2008 年 02 期頁 9 圖 16、17	2588
大師盧簋	文博 2010 年 01 期頁 26 圖 1、圖 2	2470
大師盧盨	文博 2010 年 01 期頁 27 圖 4	2632
伯戚父簋	古文字研究 27 輯頁 197 圖 2	2463
射壺	古文字研究 28 輯頁 230–232 圖 2、3	5230
長子方鼎	考古與文物 2010 年 04 期頁 41 圖二	1168
應監甗	考古與文物 2010 年 04 期頁 42 圖六	426
昔須甗	考古與文物 2010 年 04 期頁 42 圖四	444
采獲簋	上海文博論叢 2009 年 03 期頁 93 圖 5、6	2407
衛簋	南開學報 2008 年 06 期封三：1–4	2512
遣伯盨	出土文獻 2010 年 01 期頁 34 圖 4	2629
回卑盉	中原文物 2010 年 06 期頁 69	5078
禺簋	史學集刊	2436
疑鼎	論集（三）頁 35 圖 2	1072
楷侯貞盨	論集（三）頁 43 圖 6	2589
南姬盉	論集（三）頁 66	5036
芮公簋蓋	論集（三）頁 81	2241
鄂侯鼎	中國古董器 38	1073
師西盤	王仲殊紀念文集 397 頁圖三	5437
方規各鼎	雪齋二集頁 209 圖 2	1267

附：部分斷代專著收録銅器與本書對照表

目録

吴其昌《金文曆朔疏證》，北京圖書館出版社，2004 年。

頁碼	器名	本書編號
卷一		
頁 99	大豐毁	2477
頁 103	小臣單觶	3920
頁 106	㠯鼎一	1466
頁 108	噉尊	3569
頁 109	公違鼎	1337
頁 109	公違毁	2272
頁 110	周公東征鼎	1431
頁 113	𡍮盨	2638
頁 115	𡍮鬲	210
頁 115	叔邦父簠	2677
頁 116	吕行壺	5209
頁 116	御正衛彝	2331
頁 119	小臣宅毁	2437
頁 120	小臣謎毁	2460
頁 126	㝑鼎	1432
頁 128	鼎卣	3121
頁 130	㠯鼎二、三	1440
頁 135	㠯甗	449
頁 136	㠯尊	3921
頁 137	㠯罍	5275
頁 138	㞢鼎	1406
頁 139	㞢毁	2358
頁 139	作册般甗	442
頁 141	王在魯尊	3557
頁 143	㞦趞鼎	1426
頁 143	𤔲鼎	1375
頁 143	沈子它毁	2525
頁 144	伯懋父師旅鼎	1483
頁 147	毛父班彝	2530
頁 156	吕伯毁	2288
頁 156	大盂鼎	1509
頁 156	毛公鼎	1513
頁 159	毛公䈞鼎	1421
頁 160	番生毁	2522
頁 162	叔向父禹毁	2464
頁 162	叔向父毁	2200
頁 163	獻侯鼎	1356
頁 163	作册豐鼎	1409
頁 164	成王鼎	693
頁 164	師𩛥敦	2531
頁 168	𤺊鼎	1433
頁 171	㪔季𣪕	2384
頁 172	羌白敚	2526
頁 174	益公鐘	8
頁 175	㬎毁	2402
頁 176	畢鮮毁	2343
頁 176	鄦㠱毁	2454
頁 177	畢𣪘毁	2446

頁碼	器名	本書編號	頁碼	器名	本書編號
頁 40	禽毀	2329	頁 125	迥伯毀	2244
頁 45	鼂卣	3141	頁 125	甄毀	2111
頁 48	趞卣	3134	頁 127	適毀	2445
頁 48	趞尊	3576	頁 128	靜毀	2487
頁 49	中齋	1466	頁 129	靜卣一	3142
頁 51	中齋又二	1440	頁 130	小臣靜彝	3139
頁 51	中齋又二	1440	頁 130	趠簋	2479
頁 54	中觶	3921	頁 133	呂齋	1442
頁 55	中甗	449	頁 134	君夫毀	2416
頁 20	臺鼎	1427	頁 135	剌鼎	1455
頁 58	班毀	2530	頁 136	窳鼎	1419
頁 63	小臣諫毀	2460	頁 138	遇甗	446
頁 66	衛毀	2331	頁 138	穭卣	3145
頁 67	呂行壺	5209	頁 139	臤觶	3592
頁 68	小臣宅毀	2437	頁 140	彔臤卣	3149
頁 69	師旅鼎	1483	頁 141	彔毀	2380
頁 71	旅鼎	1424	頁 141	彔伯臤毀	2374
頁 71	大保毀	2397	頁 146	伯臤毀	2506
頁 73	窞鼎	1432	頁 147	善鼎	1494
頁 74	員卣	3121	頁 149	競卣	3153
頁 75	員鼎	1400	頁 150	競毀	2392
頁 76	厚趠齋	1426	頁 150	競卣二	2914
頁 78	令鼎	1478	頁 150	競尊	3376
頁 80	獻侯鼎	1356	頁 151	縣妃毀	2483
頁 81	臣辰盉	5082	頁 153	趞曹鼎其一	1464
頁 81	臣辰卣	3150	頁 155	趞曹鼎其二	1465
頁 81	臣辰尊	3583	頁 157	師湯父鼎	1462
頁 83	作冊大齋	1446	頁 159	史頌毀	2455
頁 84	大盂鼎	1509	頁 159	史頌鼎	1469
頁 87	小盂鼎	1512	頁 159	史頌匜	5479
頁 95	周公毀	2462	頁 159	史頌盤	5388
頁 97	麥尊	3599	頁 161	頌鼎	1500
頁 101	麥彝	5303	頁 161	頌簋	2527
頁 102	麥盉	5077	頁 164	師虎毀	2513
頁 103	庚嬴卣	3154	頁 166	吳彝	5308
頁 104	庚嬴鼎	1437	頁 168	牧毀	2532
頁 107	史臨彝	2321	頁 170	師毛父毀	2432
頁 108	獻彝	2440	頁 171	豆閉毀	2490
頁 109	沈子毀	2525	頁 174	師酓父鼎	1487
頁 116	盂爵	4906	頁 175	走毀	2466
頁 117	盂卣	3131	頁 175	走鐘	25
頁 117	段毀	2446	頁 176	利鼎	1479
頁 119	宗周鐘	55	頁 177	望毀	2486
頁 124	狀毀	2285	頁 177	師望鼎	1486

陳夢家《西周銅器斷代》，中華書局，2004 年。

頁碼	器名	本書編號	頁碼	器名	本書編號
頁 3 器 1	天亡簋	2477	頁 69 器 41	中乍且癸鼎	1231
頁 3 器 1 附	中禺簋	2124	頁 69 器 42	奢簋	2352
頁 7 器 2	保卣	3146	頁 69 器 43	丂簋	5589
頁 10 器 3	小臣單觶	3920	頁 69 器 44	亳鼎	1371
頁 11 器 4	康侯簋	2341	頁 70 器 45	交鼎	1232
頁 14 器 5	宜侯夨簋	2516	頁 70 器 46	鄂叔簋	1961
頁 17 器 6	塱方鼎	1431	頁 70 器 47	鄂侯弟□季卣	3058
頁 19 器 7	旅鼎	1424	頁 70 器 48	鄂季簋	2050
頁 20 器 8	小臣謎簋	2460	頁 72 器 49	德方鼎	1378
頁 22 器 9	寈鼎	1427	頁 73 器 50	德簋	2112
頁 23 器 10	寽鼎	1432	頁 74 器 51	叔德簋	2266
頁 24 器 11	明公簋	2320	頁 74 器 52	斿尊	3572
頁 24 器 12	班簋	2530	頁 75 器 53	中盤	5425
頁 27 器 13	禽簋	2329	頁 76 器 54	史叔遲器	2391
頁 29 器 14	岡劫尊	3560	頁 77 器 55	北子方鼎	1137
頁 29 器 15	令簋	2505	頁 78 器 56	應公觶	3681
頁 31 器 16	召尊	3588	頁 79 器 57	朢簋	2406
頁 33 器 17	小臣宅簋	2437	頁 81 器 58	井侯簋	2462
頁 34 器 18	御正衛簋	2331	頁 85 器 59	小子生尊	3585
頁 34 器 18	衛鼎	1428	頁 87 器 60	睦尊	3570
頁 35 器 19	令方彝	5310	頁 89 器 61	耳尊	3591
頁 40 器 20	作册翻卣	3132	頁 89 器 62	嗣鼎	1375
頁 41 器 21	士上盉	5082	頁 90 器 63	史獸鼎	1460
頁 43 器 22	小臣邋鼎	1316	頁 90 器 64	小臣靜卣	3139
頁 44 器 23	大保簋	2397	頁 91 器 65	耳卣	3119
頁 48 器 24	匽侯盂	5519	頁 92 器 66	魯侯熙鬲	222
頁 51 器 25	召圜器	5538	頁 93 器 67	作册大方鼎	1446
頁 53 器 26	獻簋	2440	頁 94 器 68	大保方鼎	694
頁 54 器 27	奚方鼎	1425	頁 95 器 69	成王方鼎	693
頁 55 器 28	小臣趙鼎	1330	頁 96 器 70	憲鼎	1438
頁 56 器 29	作册魁卣	3160	頁 97 器 71	伯憲盉	5058
頁 60 器 30	遣卣	3134	頁 97 器 72	太史友甗	409
頁 61 器 31	作册睘卣	3141	頁 98 器 73	庚嬴卣	3154
頁 62 器 32	獻侯鼎	1356	頁 100 器 74	大盂鼎	1509
頁 63 器 33	盂爵	4906	頁 104 器 75	小盂鼎	1512
頁 63 器 34	蔡尊	3557	頁 113 器 76	師旂鼎	1483
頁 64 器 35	新邑鼎	1392	頁 114 器 77	它簋	2525
頁 65 器 36	士卿尊	3569	頁 115 器 78	禹甗	446
頁 66 器 37	臣卿鼎	1337	頁 119 器 79	競卣	3153
頁 66 器 38	克作父辛鼎	1410	頁 120 器 80	效尊	3593
頁 68 器 39	壴卣	3133	頁 122 器 81	寧簋蓋	2314
頁 68 器 40	息白卣	3120	頁 122 器 82	貉子卣	3143

頁碼	器名	本書編號	頁碼	器名	本書編號
頁 225 器 159	白顤父鼎	1368	頁 277 器 191	梁其簋	2400
頁 225 器 160	害簋	2475	頁 277 器 191	梁其盨	2621
頁 227 器 161	遟父鐘	32	頁 277 器 191	梁其壺	5225
頁 228 器 162	兩簋	2428	頁 279 器 192	頌鼎	1500
頁 228 器 163	己侯鐘	7	頁 279 器 192	頌簋	2527
頁 229 器 164	南宮柳鼎	1480	頁 279 器 192	頌壺	5233
頁 229 器 165	敔簋	2520	頁 281 器 193	微緣鼎	1472
頁 231 器 166	瑚生簋	2501	頁 282 器 194	趞鼎	1489
頁 235 器 167	瑚生鬲	268	頁 282 器 195	十七祀詢簋	2518
頁 236 器 168	師㝅簋	2521	頁 287 器 196	归쓹簋	2526
頁 237 器 169	師猷簋	2508	頁 288 器 197	休盤	5435
頁 240 器 170	元年師兌簋	2488	頁 288 器 198	善夫山鼎	1498
頁 242 器 171	三年師兌簋	2515	頁 290 器 199	宏鬲	60
頁 242 器 172	幾父壺	5227	頁 290 器 199	宏簋	1552
頁 244 器 173	師酉簋	2499	頁 290 器 199	宏盉	4960
頁 245 器 174	白鮮組	437	頁 291 器 200	杜祁鋪	2701
頁 246 器 175	中伋父鼎	1429	頁 292 器 201	毛公鼎	1513
頁 247 器 176	中義父鬲	146	頁 302 器 202	益公鐘	8
頁 247 器 176	中義父鼎	1059	頁 302 器 203	井人鐘	38
頁 247 器 176	中義父鼎	1302	頁 303 器 204	柞鐘	39
頁 247 器 176	中義父盨	2570	頁 304 器 205	聘鐘	23
頁 247 器 176	中義父䤴	5317	頁 303	兮仲鐘	28
頁 250 器 177	函皇父鼎	1305	頁 303	魯原鐘二器	10
頁 250 器 177	函皇父鼎	1435	頁 303	虢叔旅鐘	49
頁 250 器 177	函皇父簋	2398	頁 306 器 206	史頌鼎	1469
頁 254 器 178	衛始簋	2693	頁 307 器 207	元年師詢簋	2531
頁 255 器 179	何簋	2438	頁 310 器 208	胡鐘	55
頁 255 器 180	□作父□盂	5530	頁 314 器 209	白克壺	5229
頁 256 器 181	白考父盤	5401	頁 314 器 210	師克盨	2637
頁 256 器 182	大鼎	1481	頁 317 器 211	虢仲盨蓋	2614
頁 257 器 183	大簋蓋	2504	頁 318 器 212	不其簋蓋	2524
頁 259 器 184	克鐘	45	頁 323 器 213	兮甲盤	5440
頁 260 器 185	大克鼎	1508	頁 327 器 214	虢文公子作鼎	1361
頁 263 器 186	小克鼎	1477	頁 327 器 214	虢文公子作鬲	263
頁 264 器 187	克盨	2635	頁 327 器 215	虢季子白盤	5439
頁 266 器 188	鬲攸比鼎	1492	頁 330 器 216	虢宣公子白鼎	1362
頁 267 器 189	鬲比盨	2636	頁 331 器 217	杲白盨	2619
頁 268 器 190	禹鼎	1505	頁 331 器 217	杲白盤	5376
頁 277 器 191	梁其鐘	44	頁 331 器 217	杲白匜	5468
頁 277 器 191	梁其鼎	1451	頁 332 器 218	妊小簋	2381

唐蘭《西周青銅器銘文分代史徵》，中華書局，1986 年。

頁碼	器名	本書編號	頁碼	器名	本書編號
頁 423 器 14	史趞曹鼎	1465	頁 474 器 7	大師盧簋	2470
頁 124 器 15	帥湯父鼎	1462	頁 476 器 8	大師盧豆	2704
頁 425 器 16	望簋	2486	頁 476 器 9	盧鐘	31
頁 425 器 17	詢簋	2518	頁 476 器 10	虩編鐘	31
頁 426 器 18	師𨙴簋	2499	頁 477 器 11	元年師旋簋	2494
頁 429 器 19	休盤	5435	頁 478 器 12	五年師旋	2452
頁 429 器 20	益公鐘	8	頁 480 器 13	敔簋一	2520
頁 430 器 21	師遽簋蓋	2450	頁 481 器 14	敔簋二	2411
頁 430 器 22	康鼎	1468	頁 481 器 15	盠方尊	3596
頁 432 器 23	同簋	2485	頁 481 器 15	盠方彝	5309
頁 433 器 24	卯簋	2523	頁 483 器 16、17	盠駒尊	3595
頁 434 器 25	大簋	2504			
頁 435 器 26	大鼎	1481	**附件一孝王**		
頁 436 器 27	南季鼎	1463	頁 485 器 1	師詢簋	252
頁 435 器 28	尹姞鬲	275	頁 486 器 2	禹鼎	1505
頁 438 器 29	公姞鬲	273	頁 488 器 3	塑盨	2638
頁 439 器 30	次尊	3578	頁 489 器 4	番生簋蓋	2522
頁 439 器 30	次卣	3137	頁 490 器 5	卻彡簋	2433
頁 439 器 31	𣪕鼎	1401	頁 490 器 6	史頌簋	2455
頁 440 器 32	襃鼎	1384	頁 490 器 6	史頌鼎	1469
頁 440 器 33	龥簋	2451	頁 492 器 7	師𩵦鼎	1502
頁 441 器 34	季㝅簋	2273			
頁 442 器 35	守鼎	1443	**附件一夷王**		
頁 442 器 36	倗生簋	2478	頁 495 器 1	祝遣簋	2503
頁 444 器 37	格伯作晉姬簋	2275	頁 497 器 2	頌鼎	1500
頁 445 器 38	紀仲觶	3918	頁 497 器 2	頌簋	2527
頁 445 器 39	趠觶	3923	頁 497 器 2	頌壺	5233
頁 446 器 40	仲枏父鬲	272	頁 499 器 3	不㪥簋	2524
頁 446 器 40	仲枏父簋	2403	頁 500 器 4	伯克壺	5229
頁 447 器 40	仲枏父匕	452	頁 500 器 5	王白姜鬲	191
頁 448 器 41	載簋蓋	2472	頁 501 器 6	叔向父簋	2464
頁 448 器 42	牆盤	5441	頁 501 器 7	叔向父作婷姒簋	2200
頁 459 器 43	衛盉	5085	頁 502 器 8	畢鮮簋	2343
頁 462 器 44	五祀衛鼎	1504	頁 502 器 9	覺簋	2402
頁 464 器 45	九年衛鼎	1503			
			附件一厲王		
附件一懿王			頁 503 器 1	猷鐘	55
頁 469 器 1	匡卣	3151	頁 507 器 2	公臣簋	2420
頁 469 器 2	師晨鼎	1491	頁 508 器 3	訓匜	5515
頁 470 器 3	師俞簋	2492			
頁 471 器 4	諫簋	2496	**附件一宣王**		
頁 472 器 5	揚簋	2502	頁 514 器 1	此鼎	1495
頁 473 器 6	蔡簋	2528	頁 514 器 2	此簋	2507

王世民、陳公柔、張長壽《西周青銅器分期斷代研究》，文物出版社，1999 年。

頁碼	器名	本書編號	頁碼	器名	本書編號
頁 16 鼎 13	豐大母方鼎	1116	頁 40 鼎 62	七年趞曹鼎	1464
頁 16 鼎 14	㲄方鼎甲	1471	頁 41 鼎 63	獻叔鼎	1450
頁 16 鼎 15	伯姞方鼎	1038	頁 41 鼎 64	吳虎鼎	1501
頁 16 鼎 16	塑方鼎	1431	頁 41 鼎 65	康鼎	1468
頁 17 鼎 17	白作彝方鼎	688	頁 42 鼎 66	南宮柳鼎	1480
頁 18 鼎 18	圉方鼎	1271	頁 46 鼎 67	梁其鼎	1451
頁 18 鼎 19	滕侯入鼎	1013	頁 46 鼎 68	函皇父鼎乙	1305
頁 18 鼎 20	㲄方鼎乙	1497	頁 47 鼎 69	毛公鼎	1513
頁 19 鼎 21	戈鼎	493	頁 47 鼎 70	此鼎乙	1495
頁 19 鼎 22	父癸鼎	535	頁 47 鼎 71	辭从鼎	1492
頁 19 鼎 23	揚鼎	1085	頁 47 鼎 72	山鼎	1498
頁 21 鼎 26	井叔鼎	744	頁 47 鼎 73	頌鼎	1500
頁 22 鼎 27	獻侯鼎	1356	頁 47 鼎 74	此鼎甲	1495
頁 22 鼎 28	匽侯旨鼎	1357	頁 47 鼎 75	大鼎甲	1481
頁 22 鼎 29	旅鼎	1424	頁 48 鼎 76	趞鼎	1489
頁 23 鼎 30	父辛鼎	737	頁 48 鼎 77	多友鼎	1506
頁 23 鼎 31	父丙鼎	787	頁 48 鼎 78	晉侯穌鼎	1265
頁 25 鼎 34	乍寶彝鼎	731	頁 48 鼎 79	大鼎乙	1481
頁 26 鼎 36	亞異矣鼎	918			
頁 26 鼎 37	堇鼎	1404	**（二）鬲**		
頁 26 鼎 38	德鼎	1192	頁 49 鬲 1	伯矩鬲	243
頁 26 鼎 39	大盂鼎	1509	頁 50 鬲 2	魯侯熙鬲	222
頁 27 鼎 40	庚嬴鼎	1437	頁 50 鬲 3	麥鬲	90
頁 27 鼎 41	師虤鼎	1502	頁 50 鬲 4	矢伯鬲	120
頁 27 鼎 42	複鼎	1273	頁 50 鬲 5	弢伯鬲	111
頁 28 鼎 43	父乙鼎	1078	頁 52 鬲 6	尹姞鬲	275
頁 28 鼎 44	豐公鼎	1011	頁 52 鬲 7	公姞鬲	273
頁 28 鼎 45	父辛鼎	1083	頁 52 鬲 8	琱生鬲	268
頁 29 鼎 46	㝮鼎	1438	頁 54 鬲 10	師趛父鬲	271
頁 29 鼎 47	師旂鼎	1483	頁 55 鬲 13	微伯鬲	121
頁 29 鼎 48	徼鼎	1419	頁 55 鬲 14	弢叔鬲	164
頁 29 鼎 49	十五年趞曹鼎	1465	頁 55 鬲 15	杜伯鬲	246
頁 30 鼎 50	師㝅父鼎	1487	頁 55 鬲 16	伯邦父鬲	148
頁 30 鼎 51	五年衛鼎	1504	頁 56 鬲 17	仲枏父鬲	272
頁 31 鼎 52	九年衛鼎	1503	頁 56 鬲 18	虢文公子㱃鬲	263
頁 31 鼎 53	師湯父鼎	1462	頁 56 鬲 19	虢季氏子㱃鬲	237
頁 31 鼎 54	小克鼎	1477	頁 56 鬲 20	虢季鬲	241
頁 32 鼎 55	史頌鼎	1469			
頁 32 鼎 56	函皇父鼎甲	1435	**（三）簋**		
頁 32 鼎 57	晉侯邦父鼎	1309	頁 57 簋 3	大保簋	2397
頁 34 鼎 58	無叀鼎	1488	頁 57 簋 4	宜侯矢簋	2516
頁 34 鼎 59	散伯車父鼎	1402	頁 57 簋 5	邢侯簋	2462
頁 40 鼎 60	弢伯鼎	1102	頁 58 簋 6	臣諫簋	2456
頁 40 鼎 61	伯唐父鼎	1476	頁 58 簋 7	康侯簋	2341

頁碼	器名	本書編號	頁碼	器名	本書編號
（四）盨			**（六）卣**		
頁 102 盨 1	白鮮盨	2552	頁 122 卣 2	澅伯送卣	3094
頁 102 盨 2	弭叔盨	2569	頁 122 卣 3	作寶彝卣	2807
頁 103 盨 3	伯寬父盨	2617	頁 122 卣 4	父戊卣	2939
頁 103 盨 4	翏生盨	2630	頁 124 卣 5	卿卣	2993
頁 103 盨 5	晉侯鮇盨甲	2623	頁 124 卣 6	商卣	3140
頁 105 盨 6	四年瘐盨	2631	頁 124 卣 7	伯各卣	2969
頁 105 盨 7	鬲从盨	2636	頁 124 卣 8	保卣	3146
頁 105 盨 8	鄭季盨	2626	頁 125 卣 9	趞卣	3134
頁 106 盨 9	晉侯鮇盨乙	2623	頁 125 卣 10	競卣甲	2914
頁 108 盨 10	白太師盨	2576	頁 125 卣 11	彊季卣	2977
頁 108 盨 11	克盨	2635	頁 125 卣 12	召卣	3147
頁 109 盨 12	師克盨	2637	頁 126 卣 13	作冊睘卣	3141
頁 109 盨 13	杜伯盨	2622	頁 126 卣 14	作冊虎卣	3160
頁 109 盨 14	虢季盨	2549	頁 126 卣 15	競卣乙	3153
頁 109 盨 15	梁其盨	2621	頁 126 卣 16	墉刧卣	3117
頁 109 盨 16	默叔盨	2624	頁 126 卣 17	繁卣	3158
			頁 128 卣 18	庚嬴卣	3154
（五）尊			頁 128 卣 19	豐卣	3135
頁 110 尊 1	父戊尊	3380	頁 128 卣 20	效卣	3161
頁 110 尊 2	作寶彝尊	3291	頁 129 卣 21	士上卣	3150
頁 111 尊 3	何尊	3598	頁 130 卣 22	隩伯卣	2966
頁 111 尊 4	伯各尊	3423			
頁 111 尊 5	商尊	3581	**（七）壺**		
頁 111 尊 6	折尊	3586	頁 131 壺 1	伯矩壺	5141
頁 112 尊 7	令方尊	3600	頁 133 壺 4	三年瘐壺	5231
頁 112 尊 8	榮子方尊	3422	頁 133 壺 5	番匊生壺	5220
頁 112 尊 9	盠方尊	3596	頁 133 壺 6	師望壺	5198
頁 114 尊 10	保尊	3587	頁 133 壺 7	幾父壺	5227
頁 114 尊 11	澅伯送尊	3532	頁 133 壺 9	十三年瘐壺	5228
頁 116 尊 12	卿尊	3469	頁 133 壺 10	楊姞壺	5163
頁 116 尊 13	墉刧尊	3560	頁 136 壺 12	梁其壺	5225
頁 116 尊 15	複尊	3561	頁 138 壺 13	晉侯昕壺	5217
頁 117 尊 16	耳尊	3591	頁 139 壺 15	晉叔家父壺	5200
頁 117 尊 17	召尊	3588	頁 139 壺 16	虢季壺	5153
頁 117 尊 18	作冊睘尊	3573	頁 139 壺 17	頌壺	5233
頁 119 尊 19	豐尊	3580	頁 139 壺 18	伯克壺	5229
頁 119 尊 20	效尊	3593			
頁 119 尊 22	臤尊	3592	**（八）方彝**		
頁 120 尊 23	趞尊	3576	頁 140 方彝 2	日己方彝	5229
頁 120 尊 24	彊季尊	3436	頁 141 方彝 3	叔牝方彝	5296
頁 120 尊 25	趠尊	3923	頁 141 方彝 4	令方彝	5310
			頁 143 方彝 5	折方彝	5305

劉啟益《西周紀年》，廣東教育出版社，2002 年。

頁碼	器名	本書編號	頁碼	器名	本書編號
頁 210	伯戔簋	1876	頁 231	應公卣	2923
頁 210	戔方鼎甲	1471	頁 231	應公觶	3681
頁 210	戔方鼎乙	1497	頁 232	鼂簋	2406
頁 211	戔鼎	956	頁 257	十五年趞曹鼎	1465
頁 211	戔甗	323	頁 258	七年趞曹鼎	1464
頁 211	飲壺 2 號	3862	頁 258	五祀衛鼎	1504
頁 211	飲壺 1 號	3862	頁 259	九年衛鼎	1503
頁 211	伯雍父盤	5369	頁 260	十二年永盂	5534
頁 211	卿父盂	5026	頁 260	九年乖伯簋	2526
頁 212	不壽簋	2342	頁 261	三祀師遽簋蓋	2450
頁 213	彔卣	3149	頁 262	八祀師訊鼎	1502
頁 213	彔簋	2380	頁 263	史牆盤	5441
頁 214	遇甗	446	頁 263	八年齊生魯方彝蓋	5306
頁 214	嶽鼎甲	1419	頁 265	師遽方彝	5307
頁 214	臥尊	3592	頁 265	盠駒尊	3595
頁 214	穑卣	3145	頁 266	盠方彝	5309
頁 215	仲競方簋	2155	頁 266	盠方尊	3596
頁 216	競簋	2392	頁 266	畢鮮簋	2343
頁 216	競尊	3376	頁 267	十四祀段簋	2446
頁 217	競卣甲	2915	頁 267	戠簋蓋	2472
頁 217	競卣乙	3153	頁 268	尹姞鬲	275
頁 217	縣妃簋	2483	頁 268	公姞鬲	273
頁 219	呂壺	5209	頁 269	次尊	3578
頁 219	呂方鼎	1442	頁 269	次卣	3137
頁 220	師旂鼎	1483	頁 270	遹盂	5533
頁 220	御正衛簋	2331	頁 270	小臣遹鼎	1330
頁 221	小臣宅簋	2437	頁 271	邢伯甗	366
頁 221	小臣謎簋	2460	頁 271	師奎父鼎	1487
頁 222	孟簋	2409	頁 271	豆閉簋	2490
頁 222	班簋	2530	頁 272	師毛父簋	2432
頁 224	呂伯簋	2288	頁 273	申簋蓋	2481
頁 224	靜簋	2487	頁 273	益公鐘	8
頁 225	靜卣	3142	頁 274	馬王村 7 號簋（衛簋）	2447
頁 226	廿七年衛簋	2473	頁 274	馬王村 3 號鼎（衛鼎）	1349
頁 227	利簋	1967	頁 275	同簋	2485
頁 227	利鼎	1479	頁 275	應侯見工鐘	37
頁 228	豐尊	3580	頁 275	卯簋蓋	2523
頁 228	豐卣	3135	頁 277	南季鼎	1463
頁 228	豐爵	4888	頁 277	宎鼎	1443
頁 228	父辛爵	4865	頁 293	匡尊	3151
頁 229	庚嬴卣	3154	頁 293	曶鼎	1511
頁 229	庚嬴鼎	1437	頁 294	三年衛盂	5085
頁 230	應公方鼎	1010	頁 296	四年瘐盨	2631
頁 231	應公簋	1865	頁 296	三年瘐壺	5231

彭裕商《西周青銅器年代綜合研究》，巴蜀書社，2003 年。

頁碼	器名	本書編號	頁碼	器名	本書編號
			頁 385 器 11	次卣	3137
夷王時期			頁 386 器 12	伯遲父鼎	1048
頁 354 器 1	師晨鼎	1491	頁 387 器 13	善鼎	1494
頁 354 器 2	師俞簋蓋	2492	頁 387 器 14	豆閉簋	2490
頁 354 器 3	癲盨	2631	頁 388 器 15	師毛父簋	2432
頁 354 器 4	諫簋	2496	頁 389 器 16	小臣守簋蓋	2417
頁 355 器 5	大師盧簋	2470			
頁 355 器 5	大師盧豆	2704	**厲王時期**		
頁 356 器 5	大師虘編鐘	31	頁 389 器 1	㝬簋	2514
頁 356 器 6	永盂	5534	頁 390 器 2	㝬宗周鐘	55
頁 357 器 7	望簋	2486	頁 390 器 2	㝬五祀㝬鐘	50
頁 357 器 8	揚簋	2502	頁 391 器 3	無𧈪簋	2454
頁 358 器 9	衛簋	2447	頁 391 器 4	禹鼎	1505
頁 359 器 10	格伯簋	2478	頁 392 器 4	禹簋	2464
頁 360 器 11	是要簋	2247	頁 393 器 4	禹簋	2200
頁 361 器 12	南季鼎	1463	頁 393 器 5	鄂侯馭方鼎	1484
頁 361 器 13	虎簋蓋	2529	頁 393 器 6	敔簋	2520
頁 364 器 13	史密簋	2489	頁 394 器 7	翏生盨	2630
頁 374 器 14	即簋	2469	頁 395 器 8	虢仲盨蓋	2614
頁 374 器 15	師𡎤父鼎	1487	頁 395 器 8	虢仲鬲	250
頁 374 器 16	恒簋蓋	2435	頁 395 器 9	公臣簋	2420
頁 375 器 17	趞簋	2479	頁 396 器 10	何簋	2438
頁 376 器 18	伯寬父盨	2617	頁 396 器 11	多友鼎	1506
頁 377 器 19	𦭽簋	2428	頁 397 器 12	南宮柳鼎	1480
頁 377 器 20	利鼎	1479	頁 398 器 13	元年師旋簋	2494
			頁 398 器 13	五年師旋簋	2452
西周中期			頁 399 器 14	師虎簋	2513
頁 378 器 1	守宮盤	5431	頁 401 器 15	曶鼎	1511
頁 378 器 1	守宮鳥尊	3539	頁 401 器 16	蔡簋	2528
頁 378 器 1	守宮卣	3089	頁 401 器 17	王臣簋	2482
頁 379 器 2	師眉鼎	1406	頁 402 器 18	吳方彝蓋	5308
頁 379 器 2	師眉簋	2358	頁 403 器 19	三年癲壺	5231
頁 380 器 3	不栺方鼎	1430	頁 403 器 19	十三年癲	5228
頁 380 器 4	宮簋	2426	頁 403 器 19	癲簋	2415
頁 381 器 5	敔簋	2360	頁 403 器 19	癲鐘	51
頁 381 器 6	史懋壺蓋	5224	頁 406 器 20	宰獸簋	2517
頁 382 器 7	免尊	3590	頁 407 器 21	牧簋	2532
頁 382 器 7	免簋	2461	頁 408 器 22	乖伯簋	2526
頁 382 器 7	免簠	2688	頁 408 器 23	大簋蓋	2504
頁 382 器 7	免盤	5426	頁 409 器 24	大鼎	1481
頁 384 器 8	毛公旅方鼎	1421	頁 370 器 25	走簋	2466
頁 384 器 9	尹姞鬲	275	頁 410 器 26	大作大中簋	2410
頁 385 器 10	公姞鬲	273	頁 410 器 27	詢簋	2518
頁 385 器 11	次尊	3578	頁 411 器 28	休盤	5435

頁碼	器名	本書編號	頁碼	器名	本書編號
頁 463 器 31	善夫山鼎	1498	頁 488 器 13	杜伯鬲	246
頁 465 器 32	毛公鼎	1513	頁 488 器 14	趞叔吉父盨	2601
頁 467 器 33	楚公逆鐘	36	頁 489 器 15	榮有司鼎	1242
頁 467 器 33	楚公逆鐘	47	頁 488 器 15	榮有司鬲	232
頁 467 器 34	虢叔大父鼎	1259	頁 489 器 16	陳侯簠	2237
頁 468 器 35	伯公父簠	2690	頁 490 器 17	虢文公子㪍鼎	1361
頁 468 器 35	伯公父盨蓋	2568	頁 490 器 17	虢文公子㪍鬲	263
頁 468 器 35	伯公父壺蓋	5196	頁 491 器 18	虢季氏子㪍鬲	237
頁 468 器 35	伯公父勺	5313	頁 491 器 19	鄭義伯盨	2574
頁 469 器 35	伯多父盨	2557	頁 491 器 20	陳侯作王嬀簠	2178
頁 470 器 36	追簋	2453	頁 492 器 21	許男鼎	1306
頁 470 器 37	芮叔㝬父簋	2345	頁 493 器 22	楚公𪇩鐘一	21
頁 470 器 38	敔叔簋	2344	頁 493 器 22	楚公𪇩鐘二	21
頁 471 器 39	敔叔鼎	1450	頁 493 器 23	曾仲大父螽簠	2439
頁 471 器 40	史免簠	2676	頁 494 器 24	曾伯文簠	2336
頁 472 器 41	斲叔山父簋	2172	頁 494 器 25	曾子仲誨鼎	1351
頁 473 器 43	塑盨	2638	頁 494 器 25	曾子仲誨甗	441
頁 473 器 44	無惠鼎	1488	頁 495 器 26	曾伯陭壺	5221
頁 474 器 45	南宮乎鐘	43	頁 495 器 27	曾伯從寵鼎	1307
頁 475 器 46	函皇父鼎	1435	頁 496 器 28	會娟鼎	1280
頁 475 器 46	函皇父鼎	1305	頁 496 器 29	屄敖簋蓋	2448
頁 475 器 46	函皇父簋	2398	頁 497 器 30	邾伯鬲	229
頁 475 器 46	函皇父盤	5427	頁 497 器 31	己華父鼎	1205
頁 475 器 46	函皇父匜	5483	頁 498 器 32	己侯鐘	7
頁 477 器 47	虢叔旅鐘	49	頁 498 器 33	伯郜父鼎	1339
頁 477 器 48	仲枏父簋	2403	頁 498 器 34	筍侯匜	5487
頁 478 器 48	仲枏父鬲	272	頁 499 器 35	虞侯政壺	5215
			頁 500 器 36	彙侯壺	1363
西周晚期			頁 500 器 37	魯伯大父簋一、二	2294
頁 478 器 1	師湯父鼎	1462	頁 500 器 37	魯伯大父簋三	2284
頁 479 器 2	呂服余盤	5432	頁 500 器 38	魯伯厚父盤	5382
頁 480 器 3	王伯姜鼎	1320	頁 501 器 39	魯原鐘	10
頁 480 器 3	王伯姜鬲	191	頁 501 器 39	魯太宰原父簋	2293
頁 481 器 3	王伯姜壺	5178	頁 501 器 40	魯士商戲簋戲	2367
頁 482 器 4	虢姜簋蓋	2418	頁 501 器 40	魯士商戲匜戲	5454
頁 482 器 5	君夫簋	2416	頁 502 器 41	魯士俘父簋	2653
頁 483 器 6	矩叔壺	5193	頁 502 器 42	魯宰馭父鬲	249
頁 483 器 7	鄭虢仲簋	2316	頁 503 器 43	伯馭父盤	5396
頁 483 器 8	師酉簋	2499	頁 503 器 44	齊侯匜	5512
頁 485 器 9	伯晨鼎	1490	頁 503 器 45	賈子匜	5503
頁 486 器 10	㐭壺蓋	5232	頁 504 器 46	蘇公簋	2117
頁 487 器 11	散伯簋	2153	頁 504 器 47	蘇甫人匜	5467
頁 487 器 11	散伯匜	5459	頁 504 器 47	蘇甫人盤	5375
頁 487 器 12	杜伯盨	2622	頁 504 器 48	甫人盨	2587

後　　記

　　這本小書是在我的吉林大學博士學位論文基礎上修改而成的，如今有機會出版，照例應該介紹一下與這本小書有關的因緣。

　　西周有銘銅器的斷代是利用銘文研究西周歷史文化的前提，歷來倍受學界重視。自宋代開始，學者就有意識地在銅器著錄書中標明籠統的時代信息。甲骨文發現之後，古文字釋讀取得較大進展，此後以銘文內容主要手段的斷代研究日漸活躍，"標準器斷代法"及許多斷代標準也逐漸建立起來。20世紀80年代以來，科學的類型學方法更加廣泛地用於西周銅器斷代，以銘文內容爲主的斷代研究也愈加深入。尤其是2000年前後，融合多學科的夏商周斷代工程的開展，大大推動了銅器斷代研究的進程。縱觀整個銅器斷代史，這些研究存在"各抒己見，有論無爭"這樣一種"矛盾共處"的局面。學者各自立論，却較少引用及評價其他觀點。究其原因，主要是銅器斷代文獻數量龐大，可謂汗牛充棟，加之有很多斷代觀點散見於其他以銘文爲材料的各學科文獻中，搜索不易。因此，對其進行綜合整理是十分必要的。此前有學者對部分銅器的代表性斷代觀點進行過整理，如張懋鎔先生《試論西周青銅器演變的非均衡性問題》、白冰先生《青銅器銘文研究——白川靜金文學著作的成就與疏失》、李剛先生《唐蘭的青銅器及銘文研究》等，都做了開創性的工作，很有價值。不過，上述學者收錄的銅器數量和文獻範圍皆有限，學界亟需一份對西周有銘銅器斷代研究成果進行系統整理的資料彙編。正是出於這樣的考慮，吳振武老師建議我將全面匯集西周有銘銅器斷代成果作爲博士論文選題。

　　西周銅器斷代牽涉歷史、考古、古文字、天文學等多個學科，是綜合性的研究課題。在因得到論文題目而喜悦的同時，我也惴惴不安，唯恐力所不及。但是，我的導師馮勝君先生鼓勵我，要充分利用吉林大學的綜合資源。在師友的提點下，經過思索和衡量，我覺得論文選題具備開展研究的條件。首先，銘文在銅器斷代中往往提供了明確的時間節點和豐富的斷代信息，其正確釋讀是斷代研究的先決條件，而較爲扎實的古文字專業訓練，幫助我克服了釋讀的障礙。其次；確定題目後我立刻去考古系聽了林澐先生"古代中國青銅器"、王立新先生"夏商周考古"、趙賓福先生"考古學導論"等課程，並盡力熟悉銅器型式特點，將王世民、張長壽、陳公柔先生的《西周銅器分期斷代研究》複印之後，剪下銅器圖片，打亂後反復排序。通過這些"補短"，終於有一些信心開始此項工作。

　　作爲資料彙編，體例的確定和資料的搜集是工作的關鍵。在體例的設計上，我們借鑒松丸道雄、高島謙一先生的《甲骨文字字釋綜覽》，以表格的形式匯集各家斷代意見。再結合有銘銅器斷代的特點，設置"序號""器名""字數""銘文著錄""時代""出處""依據"等欄目。《凡例》中很多具體問題的處理方法，是在博士課上得到馮勝君、吳振武、林澐、吳良寶諸位老師以及崎川隆、單育辰、周忠兵、湯志彪等學長的很多建議而最後確定的。在資料的搜集上，學界一般講究"迎頭趕上"，即從時代最晚的研究成果開始，順藤摸瓜，上溯繫聯以往的其他相關文獻。然而銅器斷代研究的文獻並不能完全適用該方法，只能以地毯式搜索爲主。這方面吉林大學古籍所和考古系資料室、圖書館古籍部和過刊室的豐富收藏爲論文的完成提供了可靠的保證。在此基礎上，再擴大範圍繫聯以查漏補缺。"板凳要坐十年冷，文章不寫一句空"，吉大古籍所古文字各位師長對這句話身體力行，爲後學之楷模。回想那些日子，從東榮大廈到圖書館，從匡亞明樓到逸夫樓，從古籍部泛黃脆弱的舊紙到過刊室吱呀吱呀手搖打開的書架，那些純粹的時光、恬淡的氛圍，令人記憶猶新。

2013 年 6 月博士學位論文答辯，彭裕商、王輝、趙平安、陳偉武、董蓮池、徐在國、胡平生、林澐、張世超、李守奎諸位先生給我的論文提出了非常寶貴的修改意見，爲論文後期的修改和出版指明了具體方向。

在小書即將付梓之際，向以上論文完成過程中給予我啓迪與幫助的各位學者、老師及同學致以誠摯的謝意。我的心中滿懷感激之情，尤其要萬分感謝我的導師馮勝君先生，老師學識淵博、治學嚴謹，對學生則春風化雨，溫煦寬容。自 2007 年碩士拜師門下，繼而 2009 年有幸直博，在吉大六年的學習生涯裏，老師給予我太多關懷與幫助。大到論文結構和凡例的修改確定、資格論文的寫作發表、書稿的後續出版，小到個別字詞甚或標點的使用，老師總是想我之未想，給我十分詳盡的指導。師恩浩蕩，永誌不忘。

我還要萬分感謝吳振武老師對我學業和生活的關懷，不但幫我確定了博士論文選題，並一直關心論文的寫作進展及出版事宜，此次出版又蒙老師不棄，撥冗題字。我也要感激吉大的各位授業恩師，他們學養深厚，又平易近人，是我成長道路上的領路人。我也要感謝我的同學和朋友，他們長久以來督促我、鼓勵我，像手足一樣關照我。

感謝哈爾濱師範大學李連元老師，是他生動有趣的授課風格，將我引上出土文獻的道路。我還要感謝于茀老師、侯敏老師，在我回到母校工作後給予我很多關心和幫助。感謝我所在的古代漢語古代文獻教研室的同事們對我工作與生活的關照。

感謝我的家人一直以來對我的鼓勵和支持，尤其感謝我的父母，對我沒有任何要求地付出。

感謝全國高校古籍整理委員會對書稿的資助；感謝哈爾濱師範大學文學院對出版的資助。感謝上海古籍出版社顧莉丹女士、石帥帥先生爲書稿出版所作的努力，特別感謝責任編輯石帥帥先生付出的心血。

我是一個非常幸運的人，能夠有幸遇到這麼多美好的人，僅以小書的出版感恩所有溫暖的你們。限於個人能力，此書一定會有疏漏錯訛之處，真誠歡迎讀者諸君批評指正。

黃　鶴

2021 年 8 月於哈爾濱

圖書在版編目（CIP）數據

西周有銘銅器斷代研究綜覽 / 黃鶴著 . — 上海：
上海古籍出版社，2021.12
ISBN 978－7－5732－0208－6

Ⅰ.①西⋯ Ⅱ.①黃⋯ Ⅲ.①青銅器（考古）—斷代學
—研究—中國—西周時代 Ⅳ.① K876.414

中國版本圖書館 CIP 數據核字（2021）第 267315 號

西周有銘銅器斷代研究綜覽

（全二冊）

黃鶴　著

上海古籍出版社出版發行

（上海市閔行區號景路 159 弄 1—5 號 A 座 5F　郵政編碼 201101）

（1）網址：www.guji.com.cn

（2）E-mail：guji1@guji.com.cn

（3）易文網網址：www.ewen.co

上海展强印刷有限公司印刷

開本 889×1194　1/16　印張 73　插頁 10　字數 1809,000

2021 年 12 月第 1 版　2021 年 12 月第 1 次印刷

印數：1—1,300

ISBN 978－7－5732－0208－6

K·3120　定價：368.00 元

如有質量問題，請與承印公司聯繫